経済解析 展開篇

経済解析
展開篇

宇沢弘文著

岩波書店

はしがき

本書は，『経済解析——基礎篇』で解説した経済解析の考え方と分析的手法を使って，いくつかの重要な現代的課題を考察し，その政策的，制度的意味を明らかにする．あわせて，20 世紀を通じて経済学の歩んできた道を振り返り，新しい経済学の展開に対する期待を語りたい．

『経済解析——基礎篇』を上梓してからすでに 10 年の年月を経た．『基礎篇』は，経済解析の考え方と分析的手法について，できるだけ平易に解説して，将来経済理論の研究者を志す人々，あるいは先端的な理論研究の源流を探りたいと思う人々が必要とする経済解析の知識を提供することを目的として書かれた．本書は，『基礎篇』で説明した経済解析の方法がさらに精緻化され，その取り扱う問題が拡大化され，基本的視点がどのように深められてきたかについて述べたものである．とくに，社会的共通資本にかかわる諸問題に焦点を当てて，資本主義，あるいは社会主義という既成の体制概念を超えて，制度主義の制度的前提条件をどのようにして経済学の理論的枠組みのなかで定式化し，その経済循環のメカニズムをどのようにして解析するかについて，この 10 年間に得られた知見を解説し，新しい分析手法を展開する．

『基礎篇』でもっぱら問題としたのは，資本主義的市場経済であった．資本主義的市場経済の制度的特質やそれを構成する経済主体の行動様式をどのように抽象化して，論理的考察をおこなうかに重点がおかれた．『展開篇』では主として，ソースティン・ヴェブレン(Thorstein B. Veblen)に始まる制度主義の考え方を，どのようにして経済解析の手法を用いて分析できるような形に定式化するかという問題意識から出発する．そのさい，中心的な役割をはたすのが，社会的共通資本(social overhead capital)の考え方である．

社会的共通資本の考え方は，ある意味では，経済学の歴史とともに古い．経済学が今日のように 1 つの学問分野として，その存在が確立されるようになったのは，アダム・スミス(Adam Smith)の『国富論』に始まる．アダム・スミスは，『国富論』の第 5 編で，国家主権のはたすべき責務として，国防の責務，司法の責務，そして公共的な土木事業および青少年の教育にかかわる責務を挙げている．社会的共通資本の形成ならびに維持にかかわることであって，市場経済が円滑に機能することができるような環境を形成するものとして，社会的共通資本のはたす役割にその分析の焦点が当てられている．

1930 年代までの経済学の教科書には，社会的共通資本にかんする叙述が 1 つの大きな章で論じられていた．しかし，第二次世界大戦後は，ほとんどの教科書あるいは研究書から，社会的共通資本，あるいはそれに類する言葉は，姿を消してしまった．唯一の例外は，1955 年に刊行されたアルバート・ハーシュマン(Albert Hirshman)の『経済発展の諸戦略』であるといってよい．

『基礎篇』のはしがきにも述べたように，1970 年代に入ってから経済学は，1 つの大きな危機を迎えた．ジョーン・ロビンソンの言葉を借りれば，それは思想的，政治的な観点から起こった「経済学の第二の危機」であって，経済学者の間に深刻な亀裂を生みだした．そして，資本主義的市場経済に信仰的な信頼を抱き，それを弁護するための経済学の考え方が，南海の孤島を襲った悪疫のように流行したときがあった．私はかつて，この現象を「歴史の捻転」の言葉をもって表現したことがある．

1980 年代も半ばを過ぎる頃になってから，このようなスキソフレニックな現象につよい安定力が働くようになり，経済学本来の目的と機能が経済学者の間で徐々にではあるがはっきり再認識されるようになってきた．そして，現実の経済社会の制度的諸条件を，論理的，数学的な枠組みをもつ分析視点のもとで，謙虚に，そして創造的に集約し，その社会的インプリケーションを見極めようとする作業が多くの経済学者によって始められることになった．そのとき，中心的な問題意識は制度主義の経済学であった．社会的共通資本は，制度主義の考え方を具現化するものとして，経済学の中心的課題となっていったのである．

しかし，この道程は必ずしも平坦なものではなかった．もともと，ソースティン・ヴェブレンの制度主義の考え方は，経済解析の理論的枠組みのなかに組み入れることが困難なものであったからである．

本書では，『基礎篇』で導入した経済解析の考え方と分析的手法をできるだけ有効に使って，社会的共通資本，あるいはそれに関連する制度主義的な問題を分析することを試みた．しかし，その成果は必ずしも満足できるものではない．著者のもつ問題意識を理解していただける若い経済学者の手によって，実り多い発展をとげることを期待するものである．

本書の出版に当たって，著者として非常に名誉であり，またうれしいことがある．それは本書が，このたび新しく始まる岩波書店と Cambridge University Press による共同の出版計画の一冊として，出版されることになったことである．本書は，Cambridge University Press から出版される予定の *Economic Theory and Global Warming* の岩波版であるが，日本の読者のための解説的な文章を数多く加えた．

第 21 章，22 章はそれぞれ，『近代経済学の再検討――批判的展望』(岩波新書，1977 年)，「21 世紀に経済学は生き残れるか――新しい時代を切り開く経済学への道」(『新経済学がわかる。』AERA Mook，朝日新聞社，1998 年)に加筆，修正を加えたものである．このような形での収録を快諾された朝日新聞社，岩波書店の編集部に心から謝意を表したい．

本書の準備段階で数多くの同僚，友人，学生の方々から有益なコメント，助言をいただいた．また，The Royal Swedish Academy of Sciences，日本学士院，文部省科学研究費補助金，旭硝子学術振興財団，日産科学振興財団から，財政的，その他，さまざまな形での支援を受けた．

心から，感謝の意を表したい．

本書は，その企画の段階から，出版の最終段階にいたるまで，岩波書店の大塚信一さんと杉田忠史さんの御力によるところが大きい．おふたりのきびしい御鞭撻と暖かい御配慮によってはじめて本書がこのような形で上梓されることが可能になった．大塚さん，杉田さんに改めて感謝の意を表したい．

2003年5月

宇沢弘文

目　　次

はしがき

第Ⅰ部　地球温暖化と経済理論

第1章　地球温暖化と動学的帰属理論 …… 3

1. はじめに …… 3
2. 地球温暖化 …… 5
3. 地球温暖化と経済理論 …… 8
4. 地球温暖化の動学モデル …… 11
5. 大気中の CO_2 の帰属価格 …… 16
6. 森林と地球温暖化 …… 22
7. 多数の国々を含む一般的なモデル …… 27
8. 炭素税の効果と競争均衡 …… 29
9. 一般化の可能性 …… 31
10. 炭素税の効果：1つの数値例 …… 33
11. 大気安定化国際基金の構想 …… 34

第2章　地球温暖化とリンダール均衡の安定性 …… 39

1. はじめに …… 39
2. CO_2 の排出とパレート最適性 …… 40
3. パレート最適と帰属理論 …… 42
4. 取引可能な排出権の市場均衡 …… 44
5. リンダール均衡と取引可能な CO_2 の排出権 …… 48
6. リンダール均衡と配分機構の公正性 …… 49
7. リンダール均衡の存在――市場的観点から …… 52
8. リンダール均衡の安定性 …… 54

第3章　地球温暖化とゲーム理論 …… 58
1. は じ め に …… 58
2. 地球温暖化のモデル …… 59
3. Concave プログラミングにかんするいくつかの命題…… 63
4. 地球温暖化にかんする協調ゲーム …… 69
5. 地球温暖化にかんする協調ゲームのコア…… 72
6. リンダール均衡と協調ゲームのコア …… 76
7. お わ り に …… 80
第4章　地球温暖化と世代間の公正 …… 83
1. は じ め に …… 83
2. 動学的最適性 …… 84
3. 世代間の公正 …… 87
4. 私的な資本が数種類存在する場合 …… 89
5. 地球温暖化と世代間の公正 …… 91
6. 地球温暖化の一般的なモデル …… 95
第II部　経済分析の精緻化
第5章　パレート最適,競争均衡,リンダール均衡…… 101
1. パレート最適の厚生経済学的意味 …… 101
2. 最適解と帰属価格 …… 107
3. パレート最適と競争均衡 …… 108
4. 競争均衡の比較静学 …… 112
5. 競争均衡の安定性 …… 113
6. リンダール均衡の存在と安定性 …… 118
7. 地球温暖化とリンダール均衡 …… 122
8. 排出権の取引市場とリンダール均衡 …… 126

第6章　競争均衡とコアの理論 …… 130
1. 交換経済のコア …… 130
2. 生産の可能性 …… 132
3. 構成員の数が連続体の場合 …… 133
4. レプリカ経済 …… 136

第7章　サミュエルソン的公共財とゲーム理論 …… 140
1. はじめに …… 141
2. サミュエルソン的公共財の一般的なモデル …… 142
3. Coalition について Optimum な配分 …… 148
4. Coalition の価値の決定 …… 150
5. 一般的な公共財のモデルのコア …… 156
6. 公共財の一般的なモデルにかんする協調ゲームの代替的な定義 …… 159
7. リンダール均衡と一般的な公共財のモデルのコア …… 164
8. おわりに …… 172

第8章　クールノー均衡のゲーム理論的アプローチ：プレリュード …… 175
1. クールノー・モデルの原型 …… 175
2. 単純化されたクールノー・モデル …… 177

第9章　オリゴポリーの経済分析 …… 184
1. はじめに …… 184
2. クールノー理論の再検討 …… 186
3. オリゴポリーにかんするクールノー＝ナッシュ解 …… 192
4. Differentiated Product とオリゴポリー市場 …… 205
5. Differentiated Product とクールノー＝ナッシュ均衡 … 207
6. クールノー＝ナッシュ均衡と産出量の Admissible なパターン …… 210

7. 協調ゲームとオリゴポリー企業の行動 …… 213

第10章 時間選好と資本蓄積にかんする動学的双対原理 …… 221

1. は じ め に …… 221
2. 時間選好関係 …… 222
3. 時 間 選 好 率 …… 225
4. 帰属価格と時間選好率 …… 227
5. 分離的な時間選好関係 …… 230
6. 内生的な時間選好率 …… 232
7. 動学的生産過程と時間生産性 …… 240
8. 動学的双対原理 …… 245
9. 最適な貯蓄と消費パターン …… 248

第11章 内生的時間選好，ペンローズ効果，環境の質の動学的最適化 …… 254

1. は じ め に …… 254
2. 時間選好と帰属価格 …… 255
3. 資本蓄積と帰属価格 …… 258
4. 動学的双対原理：単純化された資本蓄積モデル …… 264
5. 社会的共通資本に対する投資の動学的最適性 …… 271

第12章 内生的時間選好にかんするクープマンス＝宇沢＝エプシタイン理論 …… 277

1. は じ め に …… 277
2. Functional Analysis と内生的時間選好理論 …… 277

第III部 社会的共通資本の理論

第13章 「コモンズの悲劇」と社会的共通資本の理論 …… 285

1. はじめに …… 285
2. ハーディンの「コモンズの悲劇」…… 285
3. 漁業コモンズのモデル …… 287
4. 森林コモンズにかんする動学モデル …… 299
5. コモンズと社会的共通資本 …… 307

第14章　社会的共通資本の一般理論 …… 313

1. はじめに …… 313
2. 社会的共通資本としての自然環境 …… 315
3. 社会的共通資本としての社会的インフラストラクチャー …… 324
4. 外部性と帰属価格 …… 328
5. 自然資本に対する最適投資 …… 333
6. 一般的な社会的共通資本の動学モデル …… 338
7. 競争均衡と社会的共通資本 …… 345
補論　ポントリャーギンの最大原理が十分条件となっている …… 348

第15章　社会的共通資本の静学的，動学的外部性 …… 354

1. はじめに …… 354
2. 漁業コモンズ …… 356
3. 森林コモンズ …… 375
4. 農業にかんするコモンズ …… 381
5. おわりに …… 393

第16章　社会的共通資本とリンダール均衡 …… 396

1. はじめに …… 396
2. 社会的共通資本の一般的なモデル …… 397
3. 社会的最適性と社会的共通資本 …… 402
4. 社会的最適性と競争均衡 …… 406

5. 社会的最適性とリンダール均衡 …………………………… 410
6. 社会的共通資本の最適な供給 ……………………………… 413
7. 世代間の公正とコモンズの理論 …………………………… 419
8. お わ り に ………………………………………………… 423

第 17 章 社会的不安定性と社会的共通資本 …………… 425

1. は じ め に ………………………………………………… 425
2. 純粋な意味における市場経済制度での
価格決定メカニズム ………………………………………… 425
3. 需要の弾力性 ………………………………………………… 430
4. 市場価格体系の決定 ………………………………………… 433
5. ミニマム・インカムと社会的不安定性………………… 436
6. 社会的共通資本の役割……………………………………… 437
7. 社会的費用と社会的共通資本の最適配分……………… 441
8. 社会的共通資本の中立性と独立採算の原則 ………… 443
9. 社会的共通資本の社会的管理 …………………………… 445
10. 完全雇用の場合 …………………………………………… 447
11. 労働と実物資本とがともに可変的な場合……………… 452

第 IV 部 国際経済学にかんする若干の問題

第 18 章 経済統合と政策協調のゲーム理論的
アプローチ ………………………………………… 457

1. は じ め に ………………………………………………… 457
2. 国際貿易を含む一般均衡理論 …………………………… 458
3. 政策協調を協調ゲームとして考える …………………… 463
4. お わ り に ………………………………………………… 469

第 19 章 資本蓄積と対外債務の最適なパターン …… 470

1. は じ め に ………………………………………………… 470

2. 国際経済にかんする二部門経済成長モデル …… 470
3. 技術的な制約条件 …… 472
4. 最適径路の一意性 …… 476
5. 最適径路の構造 …… 477
6. おわりに …… 483

第20章　インフレーション過程の国際的拡散 …… 487
1. はじめに …… 487
2. マネタリー・ダイナミクスにかんするケインズ理論 …… 488
3. 価格安定性と完全雇用の条件 …… 497
4. 国際貿易の動学モデル …… 499

第V部　経済学の新しい展開を求めて

第21章　20世紀の経済学を振り返って …… 507
1. 新古典派理論の輪郭——ワルラスの一般均衡モデル …… 509
2. 新古典派理論の基本的枠組み …… 523
3. ケインズ理論の展開 …… 543
4. 動学的不均衡理論の構想 …… 560
5. 社会的共通資本の理論 …… 570
6. 社会的共通資本と社会的安定性 …… 588

第22章　新しい経済学への展望 …… 605
1. 現代経済学の展開 …… 605
2. 新しい経済学への展望 …… 626

付論　ゲーム理論入門

付論1　ゲーム理論入門 …… 637
1. はじめに …… 637

2. Non-cooperative Games ………………………………… 638
3. Two-Person Zero-Sum Game ………………………………… 640
4. Cooperative Game――Two-Person Game の場合 ………… 642
5. n-Person Cooperative Game ………………………………… 645
6. 無限個のプレイヤーをもつ Cooperative Game ………… 657
7. Cooperative Game with Non-transferable Utility … 660
8. Repeated Game with Complete Information ………… 665

付論 2 オーマン・レクチャー
――ゲーム理論の数学的基礎 ……………………… 676

1. 非協力ゲーム(Non-cooperative Games) ……………… 676
2. 協力ゲーム(Cooperative Game)にかんする Shapley Value ………………………………… 679
3. コ ア ………………………………… 682
4. マーケットゲーム ………………………………… 687
5. von Neumann-Morgenstern 解 ……………………… 688
6. Repeated Game ………………………………… 690

事項索引 ………………………………… 697
人名索引 ………………………………… 712

第Ⅰ部　地球温暖化と経済理論

第1章　地球温暖化と動学的帰属理論

1. はじめに

自然環境と経済発展のプロセスとの間の関係は，著しく複雑で，錯綜したものとなってきた．これは主として，世界の多くの国々における経済成長のペースが，第二次世界大戦後，とくにこの30年から40年ほどの期間年々加速化されつづけてきたことに起因する．国民総生産，鉱工業生産額などいずれの経済的尺度をとってみても，また都市への人口集中度などの統計についても，過去40年間の経済成長のペースは，かつて経験したことのないほど高いものであった．さらに，資本主義諸国と社会主義諸国とはどちらも，資源配分にかんする制度的条件が必ずしも経済発展と自然環境との間に存在する複雑な関係を十分留意したものではなく，自然環境の汚染，破壊はかつて人類が経験したことのないほど深刻かつ広範となってきた．

この30年ほどの間に，自然環境が経済発展のプロセスに及ぼす社会的，経済的，文化的影響について，その基本的性格が大きく変わってきた．この変化は，国連が主催して開かれた2つの国際環境会議における議題に象徴的な形で現われている．1972年のストックホルム会議と1992年のリオデジャネイロ会議の2つである．

1972年のストックホルム会議の主要な議題は，1960年代における急速な工業化にともなって惹き起こされた自然環境の破壊と人々の健康被害についてであった．これらの公害問題は，硫黄酸化物，窒素酸化物などによる自然環境の汚染，破壊が原因であった，これらの化学物質は，工業活動のプロセスで排出されるが，それ自体人々の健康にとって有害なものであった．その結果惹き起こされた公害問題は，急性ないし亜急性ともいうべき性格をもっていた．水俣病，四日市喘息などの公害問題に示された通りである．

これに反して，1992年のリオ会議の主題は地球環境の破壊，不安定化であった．地球温暖化，生物種の多様性の喪失，砂漠化，海洋の汚染などに代表されるように，工業化と都市化の加速によって惹き起こされた，地球環境全体にかかわる環境破壊の現象であった．これらの現象は，二酸化炭素など，それ自体は無害であるが，地球的規模のもとで大気の不安定化をはじめとして深刻な問題を惹き起こす．それは，かつての公害問題とは異なって慢性疾患の様相を呈し，たんに現在の世代だけでなく，ずっと将来の世代にわたって大きな影響を及ぼすものである．

経済発展のペースが高まるにしたがって，自然環境と経済活動との間の関係に対して，さまざまな観点から再検討が必要となってきた．ここでとくに問題となってきたのは，自然環境と調和して，しかも市場経済制度のもとで長期間にわたって維持することができる経済発展は，どのような制度的諸条件のもとで実現しうるであろうかという課題である．このような制度的諸条件は一般に，さまざまな自然資源に対する所有権ないしは管理権をどのような形で，どのような社会的組織に委ねたらよいかという，いわゆる制度学派的問題として提起されてきた．

また，ストックホルム会議からリオ会議にかけての環境問題の基本的性格の変化は，経済制度のあり方，経済政策の機能に対してかなり重要な転換をもたらした．環境問題の解決は基本的には，個別的な経済主体の私的なインセンティブをできるだけ有効に使い，中央集権的ないしは強制的な手段は社会的ないしは文化的な観点からみて望ましくないという考え方が支配的になりつつある．

したがって，地球環境問題を解決するための中心的な政策的手法は，環境税，炭素税，あるいは帰属価格などを使って，広い意味における市場機構の制度が有効に働いて，資源配分のプロセスに影響を与え，持続的な経済発展が可能になるような条件を形成することである．

しかし，市場機構あるいは私的なインセンティブを中心とするとき，所得分配のプロセスに，不公平な影響を与える可能性が大きい．このことはとくに，発展途上諸国における経済発展のプロセスについて妥当する．第二次世界大戦後の半世紀を通じて，先進工業諸国と発展途上諸国との間の経済的，社会的格差が一般に拡大化し，深刻化しつつあるとき，地球環境にかかわる諸問題を考察するさいに，公正，公平にかかわる問題意識はとくに重要な意味をもつ．

本章では，地球温暖化の現象に焦点を当てて，その経済的，社会的な合意を明らかにし，持続的な経済発展を具現化するためにどのような制度的ないしは政策的手段があるのかという問題を考察する．そのために，地球温暖化にかんする簡単な動学的モデルを作成し，それを使って，地球温暖化の経済的，社会的合意を明確にし，大気という環境と市場経済という環境にともに調和する経済発展の時間的径路をくわしく分析する．ここでとくに留意したいのは，異なる世代の間および異なる国々の間にかんする公正の問題である．

本章で考察する政策的手段は，炭素税ないしはその変型であるが，その理論的根拠は動学的帰属理論によって与えられる．

二酸化炭素，あるいは一般に温室効果ガスについて，帰属価格は，現時点における大気中の温室効果ガスの蓄積が限界的に1単位増加したとき，現在から将来に世代がどれだけ被害をこうむるかをあらわすものである．帰属価格の概念にかんしては，『基礎篇』でくわしく述べてきた．とくに，『基礎篇』の第34章で，社会的共通資本の理論との関連で，帰属価格の動学的理論を展開した．本章は，これらの理論的考察にもとづいて，地球温暖化の現象をどのようにして解決したらよいかという課題に対して1つの解答を与えるという意味をもつ．

2. 地球温暖化

気象学者，海洋学者，地球科学者たちによって，地球大気の均衡が大きく崩されつつあることが指摘されてからすでに久しい．地表平均気温の持続的上昇，南極における氷床，氷棚の変化，海水面の上昇，気象条件の不安定など地球温暖化を示唆する数多くの症候群が顕著にみられるようになったのは1980年代に入ってからである．地球環境の不均衡化を象徴するのが地球温暖化の現象である．

地球温暖化がどの程度深刻となっているかをあらわす尺度としてもっとも適切なものは全地球平均地表温度あるいは平均気温(global average surface air temperature)の概念である．最近出されたIntergovernmental Panel on Climate Change(IPCC)の報告によれば，平均気温は，2025年には，現在より1℃高くなると予想されている．産業革命以前の水準に比べると2℃高くなるわけである．地球が経験した最後の氷河期，ヴュルム氷期，が終わってから約1万年経つが，その間に平均気温の上昇は1℃以下でしかないことを考えると，これから100年ほどの間に起こる気候条件がいかに大きいものであるかわかるであろう．

このような規模の平均気温の上昇は，降雨のパターンの変化をはじめとしてさまざまな形での気候変化をもたらす．とくに目立つ現象としてあげなければならないのは海水面の上昇であろう．IPCC報告によれば，2030年には海水面が現在の水準より20 cm高くなり，2070年には40 cm高くなると推測されている．20〜45 cmの海水面の上昇は，人類の生活に，大きな影響を及ぼす．人類の生存は水と密接な関係をもち，都市の多くは河川の辺りか，海岸の近くにつくられている．IPCCの予測通りに海水面の上昇が起こったとすれば，5億人近い人口をもつ都市が海面下に没してしまうことになるであろう．

台風やハリケーン，サイクロンの強度もつよくなり，頻度も高くなると予想されている．また降雨のパターンも大きく変わる．一般的に，アメリカ中西部，中国黄河流域，アフリカのサハラ砂漠，中近東などこれまで降雨量の少ない地域ではますます雨量が少なくなり，逆に，バングラデシュ，インドネシアを中心とした東南アジアなど降雨量の多い地域では，雨量がふえることが予想されている．

地球温暖化にともなう気象条件の不安定化によってもっとも大きな被害を受けるのは農民(漁民なども含めて)である．農作物の栽培は長い年月をかけて，それぞれの地域の気象条件，風土的条件に適応してきた．この適応のプロセスはきわめて長期的な時間的経過を必要とし，地球温暖化にともなって，今後予想される急激な気候の変化に対して農作物の種類，栽培方法を適応させてゆくのは技術的に困難であるだけでなく，経済的費用の面からも農民にとって大きな負担となるのは不可避であろう．漁業についても同じような影響が出てくる．魚介類の生存は，水温，海流のパターン，プランクトンなどの生息状況に微妙な形で関係している．これらの条件のわずかな変化によって，漁業は場合によっては致命的な打撃を受けることになるであろう．

熱帯地域特有の病原菌や害虫が，中・高緯度の地域に拡散する恐れもまた指摘されている．

地球温暖化の影響によって，世界各地で数多くの人々が定住地を失って環境難民となることはほぼ確実である．研究者によって異なった推計がなされているが，21世紀半ば頃までには，すくなくとも1億5000万人の環境難民が，地球温暖化の直接的な影響によって発生すると考えられている．

地球温暖化の主な原因は，地表からの赤外線の放射を阻害し，地表大気の温度を高く保つ働きをする，放射阻害物質が大気中に存在するからである．これらの放射阻害物質はしばしば，温室効果ガス(greenhouse gases)と呼ばれる．水蒸気の他に，二酸化炭素(CO_2)，メタン(CH_4)，亜酸化窒素(N_2O)，フロンガス(CFCs)が存在する．

温室効果ガスのなかで，とくに重要なのはCO_2である．もし大気が存在しなかったとすれば，平均地表気温は－18℃にまで下がり生物が快適に生存することはできない．大気中のCO_2の濃度が高くなると，平均地表気温はずっと高くなる．たとえば，金星は地球と同じような大気構成をもち，地球型惑星と呼ばれているが，金星の大気中のCO_2の濃度は地球の約80倍で，平均地表気温は470℃を超える．鉛が熱水のように溶けて流れ，硫酸の雨が降り注いで，とても生物が生存できるような環境ではない．

地球大気のなかにはCO_2が微量ではあるが，最適な濃度を保っていて，平均地表気温が15℃に保たれ，美しい自然が形成され，人間をはじめとして生物が快適に生存できるような環境をつくり出しているのである．

大気中のCO_2の濃度は現在360 ppmである．ppmというのはpart per millionの略で，350 ppmは，大気の分子100万個のなかにCO_2が360個含まれていることを意味する．大気中に含まれているCO_2の総量は，炭素(C)の含有量で測って7500億トンと推計されている．

大気中のCO_2の濃度は，産業革命の頃(およそ1760年代)には280 ppmと推定されているから，この200年ほどの間に約25％増えたことになる．1958年からは，ハワイのマウナロアと南極で，大気中のCO_2の濃度が連続的に正確に計測されている．1958年から2000年にかけて，年間1.3 ppmのペースでCO_2の濃度が上昇している．1880年から1958年までの約100年間の平均年間上昇率の0.3～0.5 ppmに比べると，最近の上昇率がいかに高いかわかるであろう．とくにこの10年の上昇率は著しい．もし現在のペースで大気中のCO_2の濃度が高まるとすれば，2070年には560 ppmの水準に達し，産業革命以前の水準に比べると約2倍の濃度となり，平均地表気温も現在の水準より2.5～4.5℃高くなると推定されている．

このような大気中のCO_2の濃度の上昇は自然現象ではなく，人類の活動によって惹き起こされたものである．それは主として，化石燃料の燃焼と熱帯雨林の伐採にもとづくものである．石炭，石油などの化石燃料の燃焼によって大気中にCO_2が排出されるが，その量は年間約60億トンと推定されている．また，熱帯雨林の伐採によって，植物の光合成作用によるCO_2の吸収の減少，露出した土壌の分解，木材の燃焼によって大気中のCO_2の濃度の上昇に寄与するが，その温暖化効果は，化石燃料の燃焼による効果の1/3にも達するとみられている．

大気の均衡が，CO_2の排出によって攪乱されるプロセスを理解するために，地球全体における炭素の循環がどうなっているか，簡単にみてみよう．

地球の表面には，3つの大きな炭素のレゼルボアール(貯蔵庫)が存在していて，ほぼ同じ程度の規模をもつ．大気圏，表層海洋圏(深さ75mまでの海洋)，陸上生物圏の3つで，それぞれ7000億トン，7000億トン，8000億トンのCO_2を含んでいる．

大気圏と表層海洋圏の間で，年間750億～1000億トンの炭素が交換されているが，ほぼ均衡している．また，陸上生物圏は，植物の光合成作用を通じて，年間約600億トンのCO_2を吸収する．しかし，生物の呼吸，枯死体の分解などを通じて，ほぼ同じ量のCO_2を大気中に放出している．このようにして，地表上の炭素の3大レゼルボアールの間での炭素の交換は全体として均衡している．

産業革命以前には，この3大炭素圏の間での炭素交換のアンバランスは，火山の噴火その他の自然活動によってほぼ相殺されていた．しかし，産業革命以降，大気の均衡は急速に崩されはじめた．現在，化石燃料の燃焼によって，年々50億トンから60億トンのCO_2が大気中に放出されている．もともと化石燃料は，数億年前から数千万年も昔，石炭紀から白亜紀にかけて，地球上に植物が繁茂し，大森林が出現した頃の植物が枯れ，炭化して，地底深く固定化されたものである．それを，わずか200年から300年という短い期間に，人類が大量に掘り出して，燃焼して，大気中にCO_2として放出してきたのである．

化石燃料の燃焼によって，年間排出される約60億トンに上るCO_2のうち，最大の排出国はいうまでもなくアメリカで約22.5%，つづいて，中国13.0%，ロシア連邦5.9%，日本4.7%，インド4.4%の順となっている．また，実質国民総生産当たりのCO_2の排出量は，国によって大きな差違が存在する．たとえば，アメリカの場合，日本の約2倍となっている．

森林の伐採も，地球上の炭素循環のプロセスに対する大きな攪乱要因となっている．とくに，この30年間における熱帯雨林の伐採は著しい．1991年のWorld Resources Instituteの推計によれば，熱帯雨林は年間1億6000万～2億4000万ヘクタール消滅しつつある．1980年にFAOのおこなった調査では，年間の消滅は1億1000万ヘクタールであったから，この10年間，熱帯雨林の伐採は加速度的に増えていることがわかる．土地利用形態の変化によって，年間4億～26億トンのCO_2が大気中に放出されているが，そのうち95%は熱帯雨林の伐採に起因すると考えられている．

温暖化効果のうち，その55%がCO_2に起因すると推計されている．その他はメタンが15%，N_2Oが6%，フロンガスが24%である．このうち，フロンガスは，1920年代に最初に人工的につくり出されたもので，それまで存在しなかった化学物質である．1980年代に入ってから，フロンガスによってオゾン層が大きく破壊され，紫外線が地表にとどくようになった．このため，現実に皮膚癌の発症率が高まる心配が出てきた．1987年には，カナダのモントリオールで国際会議が開かれ，20世紀末までにフロンガスの製造，使用を禁止する国際協定が結ばれた．

地球温暖化の現象が科学的に確かめられ，経済的，社会的，政治的な観点から大きな問題となってきた．地球温暖化の問題をめぐって，数多くの国際会議が開かれ，政府間の交渉がもたれてきたが，地球大気の均衡を効果的に安定化する可能性はまだ得られていない．その，もっとも重要な原因の1つは，政府間の交渉がもっぱら，各国のCO_2の排出量をどれだけ抑制するかという点に焦点がおかれているからである．各国で，それぞれのCO_2の総排出量をある量に抑制することを約束しても，それを実際に実現するための，行政的メカニズムは一般に存在しない．しかも，このような量的規制を問題とするときには，アメリカ，EU，日本をはじめとして，いわゆる先進工業諸国が，これまでの排出量を既得権益として主張するために，発展途上諸国の同意を得られないという，公正という点からの矛盾も内在する．

本章では，大気均衡を安定化し，地球温暖化の問題を解決するために，どのような政策的，制度的手段が存在するかについて，これまで展開してきた社会的共通資本の理論と最適経済成長理論との枠組みのなかで考察を進める．そのさい，たんに資源配分の動学的効率性だけでなく，国際間および異なる世代間の所得配分の公正性にかんしても留意しながら議論を展開したい．この点については，とくに第4章で展開する，世代間の公正にかかわる問題に1つの焦点を当てたい．

3. 地球温暖化と経済理論

地球温暖化の現象は，究極的には，化石燃料の大量消費と熱帯雨林の大量伐採という人工的営為によって惹き起こされるものである．したがって，地球温暖化を抑えようとするとき，経済的，社会的，政治的な面を十分考慮しなければならない．このような観点に立つとき，地球温暖化は，これまでの正統派の経済理論の枠組みのなかでは取り扱うことのできない2つの問題を提起する．第1の問題点は，地球温暖化は地球大気という社会的共通資本の管理，維持のあり方にかかわるものであるということである．大気は，どの国，どの私的経済主体にも帰属するものではない．人類，あるいは地球上の生物全体にとって共通の財産であり，しかも，人類あるいは生物全体が生存してゆくために不可欠のものだということである．伝統的な経済理論は主として，私的管理ないしは私的所有を前提として理論が組み立てられていて，大気のような，私的管理，あるいは私的所有を想定しえないような資源について，的確な分析的枠組みをもっていない．

第 2 の問題点は，地球温暖化は，異なる世代間，あるいは異なる国の間の公正にかかわる問題だということである．CO_2 の排出によって利益を受けるのは現在の世代であるが，地球温暖化の被害をこうむるのは将来の世代である．同じように，CO_2 の排出によって利益を享受するのは主として先進工業諸国であるが，地球温暖化の被害をこうむるのは発展途上諸国の人々である．しかし，伝統的な経済理論はもっぱら，資源配分の効率性に，その分析の焦点を当てて，所得分配の公正性については必ずしも十分な理論的検討をしてこなかった．

したがって，地球温暖化の問題は，伝統的な経済学の理論前提を再検討し，そこに提起された諸問題を解決するための理論的枠組みをつくるという，またとない機会を与えてくれるものとなっている．これらの理論的枠組みは，この 30 年ほどの間に展開された最適経済成長理論と社会的共通資本の理論によって提供される．この 2 つの理論については『基礎篇』の第 VII 部でくわしく説明した通りである．この章では，『基礎篇』の説明を前提として議論を進めるが，地球温暖化の問題に則して，その基本的な考え方，分析的手法に若干の修正を必要とする．

環境問題との関連で，環境経済学における動学的アプローチを最初に展開したのは Karl-Göran Mäler (1974) であった．メーラーはそこで，地球温暖化をはじめとする環境問題がどのようにして生起するかにかんする動学的な理論モデルをつくり，自然環境を安定化するためにどのような政策的，制度的手法が必要となるかについて，最適経済成長理論を拡大して，論じた．メーラーの理論は，環境の質と経済成長との間に最適なバランスが保たれるような，資源配分の動学的なパターンを求めるものであるが，そこで中心的な役割をはたしたのが帰属価格 (imputed price) の概念である．

『基礎篇』で説明したように，帰属価格は Carl Menger (1871) によって最初に導入された概念である．メンガーは，近代的経済理論を構築するさいに，帰属価格を，そのもっとも基礎的な概念として使ったのである．

メンガーが最初に取り扱ったのは，主観的な効用価値を，その効用を生み出す，さまざまな消費財にどのように帰属 (impute) するかという問題であった．メンガーが想定した基数的 (cardinal) な効用概念のもとでは，各消費財の帰属価格は，その限界効用と一致する．最適な消費のパターンは，すべての消費財について，帰属価格が市場価格と比例するときに実現する．この命題が新古典派経済理論の出発点だったのである．

メンガーはさらに進んで，帰属価格の概念を生産活動について拡大した．ある生産要素の帰属価格はその生産要素の限界生産に等しくなる．生産要素の最適な組み合わせは，各生産要素の帰属価格が市場価格に等しいときに実現する．この命題は，いわゆるFrank Knightの定理として，オーストリア学派の経済理論の基礎を形成するものである[『基礎編』第17章参照]．

メンガーの帰属理論は基本的には静学的であった．そこには時間要素が明示的に取り入れられていなかったからである．メンガーの帰属理論の動学化に先鞭をつけたのはFrank Ramsey(1928)であるが，その理論的インプリケーションが明らかにされたのは，1960年代の半ば頃であった．Uzawa(1964)，Koopmans(1965)，Cass(1965)などによって展開された最適経済成長理論で，帰属価格の概念を使って，真の意味における動学的プロセスの分析が全面的におこなわれるようになった．

Ramsey-Koopmans-Cassの最適経済成長理論はさらに，Mäler(1974)によって，環境の質を考慮に入れて，くわしい分析が展開されることになったわけであるが，メーラーの理論は，Nordhaus(1980, 1982)によって地球温暖化の現象に焦点を当ててさらに詳細に検討された．

環境の質を経済学の枠組みのなかに取り組んだのは1960年代の初め，Resources for the FutureにおいてAlan Kneeseを中心とする研究者であった[Kneese et al.(1968)]．クニースたちは，経済活動のプロセスで使われる自然資源，化学物質をすべてリストアップして，そのフローと循環とを調べ上げて，アロー＝デブリュー型の一般均衡モデルの枠組みのなかで整理した．したがって，クニースたちの環境を含めた一般均衡モデルは本質的に静学的であった．

1960年代の半ば頃から，資本主義経済と社会主義経済とのどちらの経済体制についても，資源配分の動学的インプリケーションを明示的に分析する作業が始まった．この間の事情は，『基礎篇』の第VII部でくわしく述べた．Mäler(1974)の業績は，環境の質にかんして，その動学的インプリケーションを，変分法ないしはポントリャーギンの最大法を使って検討するものであって，新しい問題領域への展開を示唆するものであった．とくに漁場，森林などの自然資源にかんしてメーラーのあとを受けて，動学的な観点から最適な資源配分にかんする分析が，数多くの経済学者によっておこなわれた[たとえばClark(1990)参照]．この点にかんしては，本書でも第2章で論ずる予定である．

上にふれたように，地球温暖化の問題は，大気という社会的共通資本の管理にかかわるものである．大気は，私的財のように市場を通じて取引することができない．したがって，大気の汚染ないし破壊をどのように評価するかについて，帰属理論の考え方が適用されなければならない．また，社会的共通資本としての大気を管理，維持するために，どのような社会的組織をつくり，どのような規準にしたがうべきかという，いわゆる制度学派的な問題意識が中心的な役割をはたすことになる．この点については，本書でよりくわしく分析する．

本章で展開する，大気均衡の不安定化にかんする理論的枠組みは，Uzawa(1991a, 1993a)によって導入されたものである．Uzawa(1991a)ではとくに，環太平洋地域に焦点を当てて，その分析が展開されているが，基本的な考え方はそのまま一般の場合にも適用される．

4. 地球温暖化の動学モデル

本章で展開される地球温暖化にかんする動学モデルは，基本的にマクロ経済的な性格をもつ．地球温暖化の現象が惹き起こされるプロセスについても，また地球温暖化がもたらす経済的，社会的影響についても，マクロ経済的な変数を使って分析が展開され，しかも，これらのマクロ経済的変数の間の関係があたかもミクロ経済的なルールにしたがっているかのように説明されると考える．

この章で展開する動学モデルはとくに，地球温暖化にかんする気象学的ないしは地球科学的なモデルとの対比において象徴的である．これらの地球温暖化モデルはいずれも巨大な規模をもち，地球温暖化によってもたらされる気象学的変化について，くわしい分析をおこなおうとするものである．このような巨大な地球温暖化モデルに比べると，われわれの動学モデルはあまりにも単純すぎると思われるかも知れない．しかし，本章で導入する動学モデルは，地球温暖化を惹き起こす経済的，自然的要因について，その基本的性格を的確にとらえ，地球温暖化によってもたらされる経済的，社会的条件の変化について操作可能な形で分析を展開しようとするものである．そして，大気均衡の安定化を実現するためにどのような政策的，制度的手段が存在しうるかについて，最適経済成長理論と社会的共通資本の理論とを有効に使って論じようとする．われわれの動学モデルは基本的にはきわめて単純な構造をもっているが，その数理経済学的操作は必ずしも単純ではない．そこでまずもっとも単純なケースから始めることにしたい．

ここで考察の対象としている地域は，世界全体かあるいは環太平洋地域のように，大気的および海洋的環境を通じて，相互に密接な関係をもつ国々から構成されているとする．はじめに，1つの国だけを考察の対象として，一般的なモデルは，後節で導入することにしよう．また，温室効果ガスは1種類，CO_2 だけとする．

各時点 t で，大気中に蓄積されている CO_2 の量を V_t とする．V_t は，大気中の CO_2 のなかに含まれている炭素の重さではかり，産業革命の頃の大気中の CO_2 の量6000億トン(280 ppm の濃度)を原点としてとる．たとえば，現在の大気中の CO_2 の量は7500億トン(350 ppm)であるから，

$$V_t = 7500 - 6000 = 1500(\text{億トン})$$

となる．

大気中の CO_2 の量 V_t は時間的経過にともなって変化するが，自然的要因と人為的要因に分

けられる．

大気中の CO_2 の約 50% は海洋によって吸収され，残りは，陸上生物圏の植物によって，光合成作用を通じて吸収される．最初に取り上げる単純化されたモデルでは大気圏と表層海洋圏との間の炭素交換のみを考察の対象とする．陸上生物圏のはたす役割については，一般的なモデルで取り扱うことにする．

大気圏と表層海洋圏の間では，年々750〜1000 億トンの炭素が，CO_2 の形で交換されている．大気中の CO_2 が表層海洋圏に吸収されるプロセスは複雑である．大気圏および表層海洋圏のなかに CO_2 がどれだけ吸収されているか，また大気，海水の温度によっても左右される．ここでは，単純化のために，産業革命当時の水準を超えた大気中の CO_2 のうち，ある一定比率の CO_2 が表層海洋圏に吸収されると仮定しよう．この点にかんして，Keeling(1968, 1983), Takahashi et al.(1980) などによってくわしい分析がおこなわれているが，この仮定はほぼ妥当すると考えて差し支えないであろう．

各時点 t における大気中の CO_2 の量が V_t のとき，表層海洋圏に吸収される CO_2 の量は年々 μV_t であるとする．ここで，μ は正の定数であると仮定する．Takahashi et al.(1980), Ramanathan et al.(1985) などから，μ は 2〜4% の範囲内にあると考えられる．ここでは

$$\mu = 0.04$$

の値を設定することにしよう．

大気中の CO_2 は人為的な活動によって増加する．単純化したモデルでは，森林の役割を無視しているから，大気中の CO_2 の人為的な増加はもっぱら化石燃料の消費によって惹き起こされる．いま，大気中の CO_2 の人為的要因にもとづく増加量を年率 v_t であらわすとする．たとえば 1995 年には，$v_t=60$ 億トン程度と考えてよい．

大気中の CO_2 の動学的変化をあらわす微分方程式はつぎのようになる．

$$\dot{V}_t = v_t - \mu V_t.$$

ここで，$\dot{V}_t=\dfrac{dV_t}{dt}$ は V_t の時間的変化をあらわす．

大気中の CO_2 の，人為的要因にもとづく時間的変化 v_t は，化石燃料の燃焼によって左右されるが，それはまた，生産，消費にともなう経済活動の水準によって大きく左右される．単純化されたモデルでは，これらの経済活動の水準は，最終的消費のベクトル $x_t=(x_{it})$ によってあらわされると仮定する．

消費財を一般に i であらわし，最終的消費のベクトルを $x=(x_i)$ のようにあらわす．以下の議論では，消費ベクトルは x で記し，その構成にはふれないものとする．単純化されたモデルでは，経済は同質の経済主体から構成されているものとし，最終消費財の，異なる個人間への分配にかかわる問題は無視できるものとする．また人口 N は一定の水準に保たれ，時間を通じて変わらないと仮定する．

いま，a_i を最終消費財 i を1単位だけ生産するときに，大気中に排出される CO_2 の量とする．a_i は正の定数であると仮定する($a_i>0$)．

最終消費のベクトルが $x_t=(x_{it})$ のとき，大気中に排出される CO_2 の量 v_t は，つぎのようになる．

$$v_t = ax_t = \sum_i a_i x_{it}.$$

消費財の生産にはさまざまな希少資源あるいは生産要素を必要とする．希少資源を generic に ℓ であらわし，$a_{\ell i}$ は，最終消費財 i を1単位生産するために必要な希少資源 ℓ の量とする．したがって，最終消費のベクトルが $x=(x_i)$ のとき，必要とされる希少資源 ℓ の量は，

$$\sum_i a_{\ell i} x_i$$

によって与えられる．マトリックス記号 $A=(a_{\ell i})$ を用いれば，Ax によって，希少資源の必要量があらわされることになるわけである．

経済全体で利用可能な希少資源の量が $K=(K_\ell)$ によって与えられているとすれば，最終消費のベクトル $x=(x_i)$ が feasible となるために必要にして十分な条件はつぎのようになる．

$$x \geqq 0,\quad Ax \leqq K.$$

生産された消費財は，すべての構成員の間に等しく分配されると仮定したから，1人当たりの最終消費財のベクトル $c=(c_i)$ はつぎの制約式をみたす．

$$c \leqq \frac{1}{N}x.$$

生産のために必要とされる希少資源はすべて，私的財として，完全競争的な市場で取引されるとする．希少資源のうち，社会的共通資本の性格をもつものが存在するときにも，同じような議論を展開することができる[Uzawa(1991a)参照]．

つぎに，さまざまな財の最終消費量と，それによって得られる主観的効用との間の関係を特定化しよう．各時点における最終消費ベクトルの間にかんする主観的価値基準は，選好関係 $>$ によってあらわされるとする．選好関係 $>$ は，『経済解析——基礎篇』第I部で導入した諸条件をみたすと仮定する．

以下の分析では，与えられた選好関係 $>$ に対して，特定の効用指標を用いる．まず，基準となる価格ベクトル $p^0=(p_i^0)$ を考え，以下の議論を通じて一定不変に保たれるものとする．

任意の最終消費ベクトル $c=(c_i)$ に対して，効用指標 y をつぎのように定義する．

$$y = \min\{p^0 c' : c' = (c_i') \gtrsim c = (c_i)\}.$$

このとき，y は最終消費ベクトル $c=(c_i)$ によって一意的に定まるから，

$$y = y(c)$$

のようにあらわすことができる．

このようにして定義された効用指標 $y(c)$ はすべての $c=(c_i)>0$ について定義され，常に正の値をとり，厳密な意味で concave，かつ連続 2 回微分可能となる．

ここで導入した効用指標 $y(c)$ は，最終消費ベクトル c に依存するだけでなく，市場経済の諸条件に直接関係のない要因によって大きく左右される．われわれの場合，地球温暖化によって惹き起こされるさまざまな気象条件の変化と，それにともなう自然環境の変化とによって，効用指標 $y(c)$ の決定に影響を受ける．

いま，地球温暖化の影響が大気中の CO_2 の量あるいは濃度によってあらわされるとすれば，上に導入した効用指標関数 $y(c)$ はつぎのような形をとる．

$$y = y(c,\ V).$$

ここで，$y(c,\ V)$ は大気中の CO_2 の量あるいは濃度 V の減少関数である．また $y(c,\ V)$ はすべての $(c,\ V)>0$ について定義され，$(c,\ V)$ について厳密な意味で concave，かつ連続 2 回微分可能とする．

以下の分析では，効用指標は強い意味で分離的であるとし，つぎのような形であらわされるとする[『基礎篇』第 3 章]．

$$y(c,\ V) = u(c)\phi(V).$$

ここで，$u(c)$ は通例の意味における効用水準をあらわす尺度で，最終消費ベクトル $c=(c_i)$ のみの関数とする．これに対して，$\phi(V)$ は，大気中の CO_2 の濃度が高くなって，気象条件が不安定化し，自然環境の条件が大きく変化することによって，人類の生活に及ぼされる影響をなんらかの形で尺度化したもので，環境影響指標(environmental impact index)と呼ぶことにしよう．

$u(c)$ は，常に正の値をとり，$c=(c_i)>0$ について厳密な意味で concave で，連続 2 回微分可能であるとする．他方，環境影響指標 $\phi(V)$ はつぎの条件をみたすと仮定する．

$$\phi(V) > 0,\ \ \phi'(V) < 0,\ \ \phi''(V) < 0,\ \ \text{for all } 0 < V < \hat{V}.$$

ここで，$\hat{V}$ は，大気中の CO_2 の臨界的水準で，大気中の CO_2 の量が $\hat{V}$ を超えたとき，地球温暖化によってもたらされる気象条件の変化はきわめて大きく，自然環境の破壊も著しく，人類の生活を営むことがきわめて困難となり，

$$\phi(\hat{V}) = 0.$$

以下の分析では，$\hat{V}$ は産業革命以前(6000 億トン)の 2 倍の水準(12000 億トン)と仮定する．したがって，$\hat{V}=6000$ 億トンで，560 ppm の濃度とする．

また，環境影響指標 $\phi(V)$ についてつぎの関数を仮定する．

$$\phi(V) = (\hat{V} - V)^{\beta} \qquad (0 < V < \hat{V}).$$

ここで，β は定数で

$$0 < \beta < 1$$

とする．

地球温暖化の問題は本質的に動学的な性向をもつ．現在の世代は，これまでの人類の活動によってもたらされた，大気中の CO_2 の蓄積によって，気象条件の不安定化と自然環境の変化という遺産を過去から受けついでいる．そして，現在の世代が，化石燃料の燃焼，熱帯雨林の伐採によって，大気中の CO_2 の蓄積を多くし，将来の世代が，地球温暖化による影響を受ける．動学的な観点から最適な資源配分のパターンを求めるために，現在の世代が，経済活動によって，その効用水準を高めようとするとき，大気中の CO_2 の蓄積によって，将来の世代がこうむる効用水準の減少を考慮にいれなければならない．このとき，将来の経済的，技術的，市場的条件の変化はきわめて不確定性の高いものであることに留意する必要があろう．ここでは，不確定性についてはまったく無視して分析を進めるが，将来の事象の不確定性については，これからの研究に期待したい．

以下の分析で重要な役割をはたす概念の1つに，時間選好(intertemporal preference or time preference)がある．時間選好の概念については，『基礎篇』第II部でくわしく論じた．また本書でも第10章，第11章，第12章で最近の理論的展開について説明する．

時間選好は，異なる消費ベクトルあるいは効用の時間的径路を比較するための選好関係である．ここでは，時間選好 $>$ は，2つの効用の時間的径路 $y=(y_t)$，$y'=(y_t')$ を比較する基準であるとする．

『基礎篇』で証明したように，時間選好関係 $>$ が irreflexive，transitive，連続，かつ分離的であるとすれば，つぎの Ramsey-Koopmans-Cass 積分

$$U(y) = \int_0^\infty y_t e^{-\delta t} dt, \quad y = (y_t)$$

によって表現される．(ここで効用割引率 δ は正の定数である)すなわち，

$$y > y' \Longleftrightarrow U(y) > U(y').$$

地球温暖化の動学的問題はつぎのように定式化される．

初期時点 $t=0$ における大気中の CO_2 の量 V^0 は所与とする．最終消費ベクトル c_t と大気中の CO_2 の量 V_t との時間的径路 (c_t, V_t) が feasible というのは，つぎの諸条件がみたされるときである．

(1) $$\dot{V}_t = v_t - \mu V_t, \quad V_0 = V^0,$$

(2) $$v_t = a x_t,$$

(3) $$x_t \geqq 0, \quad A x_t \leqq K,$$

(4) $$N c_t \leqq x_t, \quad c_t \geqq 0.$$

ある時間的径路 (c_t^0, V_t^0) が feasible でしかも，すべての feasible な時間的径路 (c_t, V_t) のなかで，つぎの Ramsey-Koopmans-Cass 効用積分

(5)
$$U=\int_0^\infty y_t e^{-\delta t}dt,$$

(6)
$$y_t=y_t(c_t,\ V_t)=u(c_t)\phi(V_t)$$

を最大にするとき，$(c_t^0,\ V_t^0)$は動学的に最適(dynamically optimum)な時間的径路という．

動学的最適性の概念は，sustainability(持続可能性)と似ているが，所得分配の公正性を明示的に取り扱っていない点で区別する必要がある．

5. 大気中の CO_2 の帰属価格

前節で定式化した地球温暖化にかんする単純な動学モデルについて，動学的に最適な時間的径路は，大気中の CO_2 の帰属価格の概念を使って求めることができる．帰属価格の概念はまた，大気中の CO_2 の濃度を安定化させるための政策的ないしは制度的手段を与えるものともなっている．

各時点 t における大気中の CO_2 の帰属価格 p_t は，t 時点における大気中の CO_2 が限界的に増加したとき，それによってもたらされる地球温暖化によって将来のすべての世代がどれだけ限界的な被害をこうむるかを推計し，効用の限界的損失を，ある適当な社会的割引率 δ で割り引いた割引現在価値によってあらわす．このようにして，大気中の CO_2 の帰属価格 p_t を求めるためには，将来の世代が，地球温暖化によってどれだけの効用の損失をこうむるかを推計するという作業をともなう．しかし，動学的最適性を問題とするとき，将来の効用の限界的損失を正確に推計できるという前提が暗黙裡に想定されている．

大気中の CO_2 の帰属価格 p_t はまず第1に，静学的な観点から最適な資源配分のパターンを求めるために使われる．各時点 t における帰属実質国民所得 H_t をつぎのように定義する．

(7)
$$H_t=Ny_t-p_t(v_t-\mu V_t).$$

ここで y_t は，(6)式で定義された1人当たりの実質国民所得，v_t は，(2)式で定義された消費財ベクトル x_t の生産にともなって大気中に排出された CO_2 の量である．(7)式の右辺は，大気中の CO_2 は負の値をもつことをあらわしている．

各時点 t における，1人当たりの消費ベクトル c_t，消費財の全産出量 x_t，CO_2 の排出量 v_t の最適値は，(7)式で定義された帰属実質国民所得 H_t を，(2)，(3)，(4)，(6)という制約条件のもとで最大化することによって求められる．

この，静学的最適問題を解くために，消費財の帰属価格の概念を導入しよう．各時点 t における帰属価格のベクトルを $\pi_t=(\pi_{it})$ と記す．

第1に，消費財ベクトル x_t の最適産出量は，帰属純国民生産

$$\pi_t x_t-p_t(v_t-\mu V_t)$$

を制約条件(2)，(3)のもとで最大化することによって得られる．

第2に，1人当たりの消費ベクトル c_t の最適水準は，

$$y_t - \pi_t c_t = u(c_t)\phi(V_t) - \pi_t c_t$$

を最大化することによって得られる．

したがって，1人当たりの消費ベクトル c_t が最適水準となるためには，つぎの限界条件が必要かつ十分となることがわかる．

(8)
$$u_c(c) = \frac{1}{\phi(V_t)}\pi_t.$$

ここで，$u_c(c)$は，効用関数 $u(c)$の偏微分のベクトルである．

各時点 t における静学的最適は，消費財の帰属価格 π_t に対応する消費財の最適産出量 x_t と1人当たりの消費の最適水準 c_t とが，均衡条件(4)をみたすときに実現する．

大気中のCO_2の帰属価格 p_t はどのようにして決定されるであろうか．このために，大気中のCO_2があたかも市場で取引される資産，その市場価格が帰属価格 p_t であるかのように考えてみよう．ただし，この資産は負の価格をもつ．

いま，大気中のCO_2をごく短期間$[t, t+\Delta t]$だけ，1単位だけ保有していたとしよう．このとき，市場価格は p_t から $p_{t+\Delta t}$ に変わったとすれば，大気中のCO_2を1単位だけ$[t, t+\Delta t]$の期間保有していたため受けた被害は $-u(c_t)\phi'(V_t)\Delta t$ となる．他方，キャピタル・ゲインは $-\Delta p_t$，減耗による損失は $-\mu p_t \Delta t$ であるから，

$$-u(c_t)\phi'(V_t)\Delta t + \Delta p_t - \mu p_t \Delta t = \delta p_t \Delta t.$$

ここで，効用割引率 δ は市場利子率とみなしている．

この式の両辺を Δt で割って，$\Delta t \to 0$ のときの極限をとれば

(9)
$$\frac{\dot{p}_t}{p_t} = \delta + \mu + \frac{u(c_t)\phi'(V_t)}{p_t}.$$

均衡条件(9)はまた，大気中のCO_2の帰属価格 p_t の定義から直接導き出すことができる．大気中のCO_2の帰属価格 p_t は，t 時点における大気中のCO_2が限界的に1単位だけ増えたときに，将来の世代がこうむる効用の限界的損失を割引率 δ で割り引いて割引現在価格をとったものである．

いま，t 時点における，大気中のCO_2が V_t から ΔV_t だけ限界的に増えたとする．このとき，将来時点 t における効用の限界的損失は

$$-u(c_\tau)\phi'(V_\tau)\Delta V_t e^{-\mu(\tau-t)}$$

によって与えられる．

したがって，大気中のCO_2の「減耗率」が μ であることを考慮に入れて，

$$p_t=\int_t^{\infty}[-u(c_\tau)\phi'(V_\tau)]e^{-(\delta+\mu)(\tau-t)}d\tau.$$

この式の両辺を時間 t で微分して，整理することによって(9)式を求めることができる．

(9)式は，変分法における Euler-Lagrange の方程式に他ならない．最適経済成長理論ではしばしば，Ramsey-Keynes の方程式と呼ばれる[『基礎篇』第5章]．

ある時間的径路(c_t^0, x_t^0, V_t^0)が動学的に最適であるために必要かつ十分な条件はつぎの通りである．

まず，(c_t^0, x_t^0, V_t^0)が feasible，すなわち(1)-(4)の条件がみたされていて，しかも正の値をとり，連続な時間的径路 $p=(p_t)$で，(9)式をみたし，transversality condition

(10)
$$\lim_{t\to+\infty}p_tV_te^{-\delta t}=0$$

がみたされるようなものが存在することである．

大気中の CO_2 の帰属価格 p_t を明示的に導き出すために，新しい変数を定義する．

$$p_t'=\frac{p_t}{\phi(V_t)},\quad \pi_t'=\frac{\pi_t}{\phi(V_t)}.$$

この2つの変数はそれぞれ，最終消費財，消費財の全産出量について，環境影響指標当たりの帰属価格である．

消費財の最適産出量 x_t^0 は，環境影響指標当たりの帰属純国民生産

$$\pi_t'x_t-p_t'v_t$$

を，制約条件(2)，(3)のもとで最大化することによって求められる．

他方，1人当たりの最終消費の最適量 c_t^0 はつぎの限界条件から求められる．

$$u_t(c_t^0)=\pi_t'.$$

したがって，最適なベクトル c_t^0，x_t^0 は，p_t'，π_t' のみによって決まってきて，大気中の CO_2 の量 V_t には無関係となる．

さて，(9)式をつぎのように書きなおす．

(11)
$$\frac{\dot{p}_t}{p_t}=(\delta+\mu)-\frac{u(c_t^0)}{p_t}\left[\frac{-\phi'(V_t)}{\phi(V_t)}\right]N.$$

Phase diagram の手法を適用して，新しく定義された時間径路(c_t^0, x_t^0, V_t^0)について，動学的に最適な時間的径路を求めることができる．しかし，ここで分析の焦点を当てたいのは，厳密な意味で動学的に最適な時間的径路ではなく，むしろ第4章で展開する世代間を通じて公正な(intergenerationally equitable)時間的径路(c_t^0, x_t^0, V_t^0)である．第4章で証明するように，この世代間を通じて公正な時間的径路は長期的には，動学的に最適な時間的径路に収斂する．

そのために，方程式(11)の右辺が0となるような p_t' の値を考える．

(12)
$$\frac{p_t'^0}{u(c_t^0)}=\frac{1}{\delta+\mu}\frac{-\phi'(V_t)}{\phi(V_t)}N.$$

さきに注意したように，(c_t^0, x_t^0)の最適値は，大気中のCO_2の量 V_t には無関係に決まってくる．じじつ，(c_t^0, x_t^0)はつぎの最大問題の最適解として求められる．

制約条件(2)，(3)，(4)のもとで，環境影響指標当たりの帰属国民所得

$$Nu(c_t^0) - p_t' V_t$$

を最大にするような(c_t^0, x_t^0)を求めよ．

いまかりに，環境影響指標当たりの帰属価格 p_t' が p_t' から $p_t' + \varDelta p_t'$ に変わったとして，$u(c_t)$，v_t もそれぞれ $\varDelta u(c_t)$，$\varDelta v_t$ だけ変わったとしよう．このとき，つぎの不等式が成立する．

(13)　$$\varDelta u(c_t) - \varDelta p_t' \leqq 0, \quad \varDelta v_t \varDelta p_t' \leqq 0.$$

(13)式の証明は，最大問題一般にかんするつぎの Lemma からただちにわかる．

Lemma　つぎの最大問題を考える．

制約条件

$$x \leqq 0, \quad g(x) = (g_l(x)) \geqq 0$$

のもとで，目的関数

$$pf(x) = \sum_i p_i f_i(x)$$

を最大にするような $x = (x_j)$ を求めよ．ここで，$f(x) = (f_i(x))$，$g(x) = (g_l(x))$ は $x = (x_j)$ の関数で，$p = (p_i)$ は所与の定ベクトルである．

２つの定ベクトル p^0，p^1 に対する最適解をそれぞれ x^0，x^1 とし，

$$\varDelta p = p^1 - p^0, \quad \varDelta x = x^1 - x^0, \quad \varDelta f(x) = f(x^1) - f(x^0)$$

とする．

このとき，つぎの不等式が成立する．

(14)　$$\varDelta p \varDelta f(x) \geqq 0.$$

証明はかんたんである．x^0 は p^0 にかんする最大問題の最適解で，x^1 は feasible であるから，

$$p^0 f(x^0) \geqq p^0 f(x^1).$$

同じように，

$$p^1 f(x^1) \geqq p^1 f(x^0).$$

この２つの不等式の両辺を足し合わせて，整理すれば不等式(14)が得られる．

不等式(13)によって，(12)式の左辺は，p_t' の増加関数となることがわかる．したがって，与

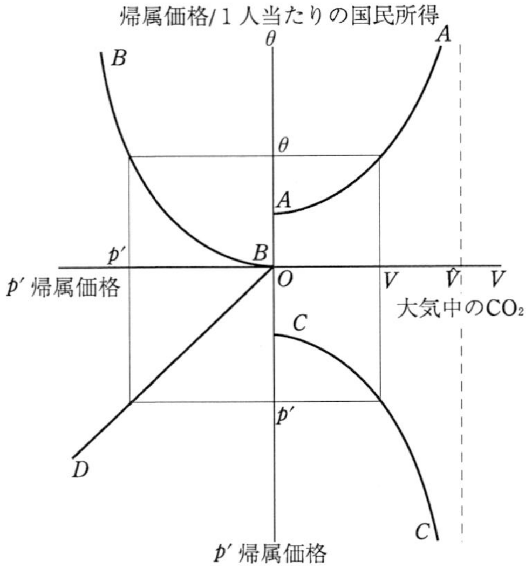

図 1-1　大気中の CO_2 の帰属価格の決定

えられた V_t の値に対して，環境影響指標当たりの帰属価格 $p_t{}'$ は(12)式によって一意的に定まる．このような $p_t{}'$ の値を p'^0_t であらわす．

(12)式の左辺は，

$$\theta_t = \frac{p_t{}'}{u(c_t^0)} = \frac{p_t^0}{u(c_t^0)\phi(V_t)}\frac{p_t^0}{y_t} \tag{15}$$

のように書きあらわすことができる．

図 1-1 に，環境影響指標当たりの帰属価格 $p_t{}'$ の決定を図示する．第 2 象限には，$p_t{}'$ が横軸に沿ってとられ，θ_t は縦軸に沿ってとられている．左上がりの曲線 BB が，$p_t{}'$ と θ_t の間の関係をあらわす．

大気中の CO_2 の量 V_t が変わったときに，環境影響指標当たりの帰属価格 $p_t{}'$ がどのように変わるかをみるために，(12)式の右辺を微分して，

$$\frac{d}{dV}\left\{\frac{-\phi'(V)}{\phi(V)}\right\} = \frac{-\phi''(V)\phi(V)+[\phi'(V)]^2}{[\phi(V)]^2} > 0.$$

とくに，環境影響指標 $\phi(V)$ が，第 4 節で導入したように，

$$\phi(V) = (\hat{V}-V)^\beta \qquad (0 < \beta < 1) \tag{16}$$

の形をしているときには，(12)式はつぎにようになる．

$$\theta_t = \frac{p_t}{y_t} = \frac{1}{\delta+\mu}\frac{\beta}{(\hat{V}-V_t)}N. \tag{17}$$

図 1-1 で，第 1 象限は，θ_t と V_t との間の関係が右上がりの曲線 AA によってあらわされて

いる．環境影響指標当たりの帰属価格 p_t' は，第 2 象限の横軸から，第 4 象限の縦軸(負の方向にはかって)に変換され，V_t と p_t' との間の関係が CC 曲線によってあらわされている．

図 1-1 から明らかなように，V_t が臨界水準 $\hat{V}$ に近づくとき，環境影響指標当たりの帰属価格 p_t' は無限大に近づく．

大気中の CO_2 の帰属価格 p_t は

$$p_t = \phi(V_t)p_t'$$

によって与えられる．

最適な c_t^0，x_t^0 の値もまた一意的に決まり，動学方程式(1)によって，大気中の CO_2 の時間的径路 V_t もまた一意的に決まってくる．

このようにして求められた動学的に最適な時間的径路(c_t^0, x_t^0, V_t^0)は動学的に安定的となることも，図 1-1 からただちによみとれる．V_t が増加すると，p_t' は高くなり，排出量 v_t は減少するからである．

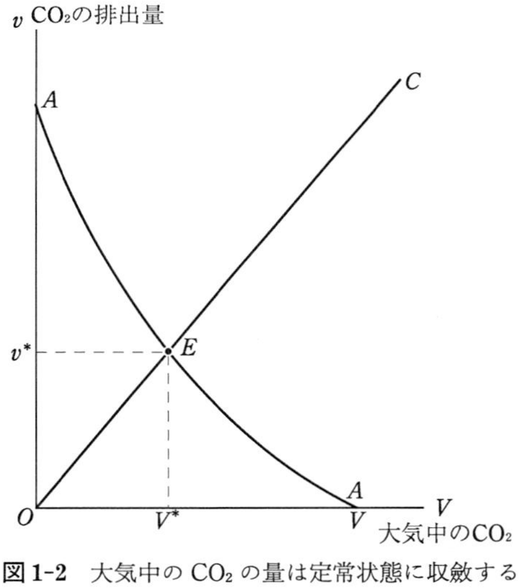

図 1-2　大気中の CO_2 の量は定常状態に収斂する

微分方程式(1)の動学的安定性はまた，図 1-2 からも容易に示すことができる．図 1-2 で V_t は横軸に沿ってはかられ，v_t は縦軸に沿ってはかられている．大気中の CO_2 の量 V_t が与えられたとき，最適な CO_2 の排出量 v_t は，右下がりの AA 曲線によってあらわされる．AA 曲線と，勾配 μ をもつ直線 OC との交点 E は，大気中の CO_2 および排出量について，安定的な長期定常状態 V^*，v^* を与えることになる．

大気中の CO_2 の量 V_t が長期定常状態の水準 V^* に等しいときには，最適な CO_2 の排出量 v^* は表層海洋圏に吸収される量 μV^* にちょうど等しくなって，大気中の CO_2 は定常状態の

水準 V^* に保たれる．

長期定常状態 E＝(V^*, v^*)が動学的に安定であることは図 1-2 からわかる．もし大気中の CO_2 の量 V_t が長期定常水準 V^* より大きければ，最適な CO_2 の排出量 v_t は，表層海洋圏に吸収される量 μV_t より小さくなる$(v_t<\mu V_t)$．したがって，V_t は減少する傾向をもち，定常水準 V^* に単調に収斂する．他方，V_t が V^* より小さいときには，最適な CO_2 の排出量 v_t は表層海洋圏に吸収される量 μV_t より大きくなり$(v_t>\mu V_t)$，V_t は単調に増加しつづけて，定常水準 V^* に収斂する．

6. 森林と地球温暖化

前節までに展開した地球温暖化の動学的モデルでは，大気均衡の不安定化は，化石燃料の燃焼のみによって惹き起こされ，表層海洋圏だけが，大気圏と CO_2 の交換をおこなうと仮定した．この節では，大気均衡の安定化のプロセスで，森林，とくに熱帯雨林が大きな役割をはたすことに注目して，議論を進めることにしよう．

新しい変数として，各時点 t において存在する森林の面積 R_t を導入する．森林を構成する植物によって年々吸収される大気中の CO_2 の量は，森林の面積に比例するという単純な場合を想定する．森林が大気中の CO_2 をどれだけ吸収するかは，森林を構成するさまざまな樹木の種類，平均樹齢などによって異なるし，また，気候条件の影響を受ける．これらの要因はすべて捨象して，きわめて単純化された場合を考えているわけである．ただし，熱帯雨林と温帯雨林との 2 種類の森林を想定して，CO_2 を吸収する能力について大きな差違があることについて留意する．この問題については数多くの研究がなされているが，ここでは，Dyson and Marland(1979)，Marland(1988)，Myers(1988)などの研究にもとづいてつぎのような仮定をもうける．熱帯雨林について，森林面積 1 ヘクタール当たり，年間 15 トンの CO_2 を吸収し，温帯林については，1 ヘクタール当たり，年間 5 トンの CO_2 を吸収すると仮定する．この係数を γ であらわす．

$$\gamma = \begin{cases} 15\ \mathrm{tC/ha/yr} & (\text{熱帯雨林の場合}), \\ 5\ \mathrm{tC/ha/yr} & (\text{温帯林の場合}). \end{cases}$$

基本的な動学方程式(1)は，森林のはたす役割を考慮に入れると，つぎのようになる．

$$\dot{V}_t = v_t - \mu V_t - \gamma R_t. \tag{18}$$

森林面積 R_t の時間的変化は，育林活動と一般の経済活動との 2 つの要因によって影響を受ける．各時点 t において，年間の育林面積を r_t であらわし，伐採面積を s_t であらわす．

森林面積 R_t の時間的変化はつぎの動学方程式によって記述される．

$$\dot{R}_t = r_t - s_t. \tag{19}$$

育林活動を f であらわし，m_f をアクティビティ(activity) f が単位水準で働いたときにつくり出される森林の面積とする．育林活動をあらわすベクトルを $z_f=(z_{ft})$ とすれば，

$$r_t = mz_t = \sum_f m_f z_{ft}.$$

また，$b=(b_i)$ は，経済活動のアクティビティ i に対応して喪失する森林面積をあらわすベクトルとすれば，

$$s_t = bx_t = \sum_i b_i x_{it}.$$

育林活動もまた希少資源を使っておこなわれる．したがって，M を育林活動にともなって必要とされる希少資源の投入係数のマトリックスとすれば，(3)式はつぎのような形に修正される．

$$Ax_t + Mz_t \leqq K, \quad x_t, z_t \geqq 0.$$

森林を含む動学的最適問題はつぎのように定式化される．

初期時点 $t=0$ における，大気中の CO_2 の量と森林の面積とをそれぞれ V^0，R^0 とする．時間的径路 $(c_t, x_t, z_t, V_t, R_t)$ が feasible というのは，動学方程式(18)，(19)が初期条件 V^0，R^0 をもち，つぎの制約条件とともにみたされているときである．

(20) $$Nc_t \leqq x_t, \quad c_t \geqq 0,$$

(21) $$v_t = ax_t,$$

(22) $$r_t = mz_t, \quad s_t = bx_t,$$

(23) $$Ax_t + Mz_t \leqq K, \quad x_t, z_t \geqq 0.$$

ここで，c_t は1人当たりの消費ベクトル，x_t は消費財の全産出量，z_t は育林活動のアクティビティ・ベクトル，N は人口の大きさ，K は希少資源の賦与量のベクトルである．

動学的最適問題　すべての feasible な時間的径路 $(c_t, x_t, z_t, V_t, R_t)$ のなかで，効用積分

(24) $$U = \int_0^\infty y_t e^{-\delta t} dt, \quad y_t = (c_t)\phi(V_t)$$

を最大にするような feasible な時間的径路 $(c_t^0, x_t^0, z_t^0, V_t^0, R_t^0)$ を求めよ．

この動学的最適問題もまた，relevant な変数にかんする帰属価格の概念を使って解くことができる．ここで relevant な変数は，大気中の CO_2 の量 V_t に加えて，森林面積 R_t である．各時点 t において，大気中の CO_2 と森林面積の帰属価格をそれぞれ p_t，q_t とし，Hamiltonian

(25) $$H_t = Nu(c_t) + \pi_t(x_t - Nc_t) + p_t(\mu V_t + \gamma R_t - v_t) + q_t(r_t - s_t)$$

をつくる．H_t はさきに帰属国民所得と呼んだものに他ならない．

各時点 t において，最適な c_t^0, x_t^0, z_t^0 は，V_t, R_t, p_t, q_t の値が所与のとき，Hamiltonian(25)を資源制約(23)のもとで最大化することによって求められる．単純なモデルの場合と同じように，Hamiltonian(25)を環境影響指標 $\phi(V_t)$ で割って，

$$H_t' = Nu(c_t) + \pi_t'(x_t - Nc_t) + p_t'(\mu V_t + \gamma R_t - v_t) + q_t'(r_t - s_t)$$

で置き換えることによって，計算を簡単化することができる．ここで，

$$p_t' = \frac{p_t}{\phi(V_t)},\ \ q_t' = \frac{q_t}{\phi(V_t)},\ \ \pi_t' = \frac{\pi_t}{\phi(V_t)}.$$

静学的最適解はつぎのようにして求められる．まず1人当たりの消費ベクトル c_t^0 の最適水準は，限界条件

(26) $$u_c(c_t^0) = \pi_t'$$

によって求められ，消費財ベクトル(x_t^0)の最適産出水準は

$$\pi_t' x_t + p_t'(\mu V_t + \gamma R_t - v_t) + q_t'(r_t - s_t)$$

を制約条件(23)のもとで最大化することによって得られる．

したがって，最適な x_t^0，z_t^0 は π_t'，p_t'，q_t' のみによって決定され，V_t，R_t の値には無関係となる．前節で証明したLemmaを適用すれば，つぎの不等式が得られる．

(27) $$\Delta p_t' \Delta v_t \leqq 0,\ \ \Delta p_t' \Delta(r_t - s_t) \leqq 0,$$

(28) $$\Delta q_t' \Delta v_t \geqq 0,\ \ \Delta q_t' \Delta(r_t - s_t) \geqq 0.$$

帰属価格 p_t，q_t はポントリャーギンの最大原理を使って求めることができる[『基礎篇』数学付論]．すなわち，

$$\frac{dp_t}{dt} = -\frac{d}{dt}\left(\frac{\partial H_t}{\partial V_t}\right) + \delta p_t,$$

$$\frac{dq_t}{dt} = -\frac{d}{dt}\left(\frac{\partial H_t}{\partial R_t}\right) + \delta q_t.$$

したがって，つぎのEuler-Lagrange方程式

(29) $$\frac{\dot{p}_t}{p_t} = (\delta + \mu) - \left\{\frac{-\phi'(V_t)}{p_t'}\right\} N,$$

(30) $$\frac{\dot{q}_t}{q_t} = \delta - \mu \frac{p_t}{q_t},$$

およびtransversality condition

$$\lim_{t\to+\infty} p_t V_t e^{-\delta t} = 0,\ \ \lim_{t\to+\infty} q_t R_t e^{-\delta t} = 0$$

が成立する．

単純なモデルの場合と同じようにして，世代間を通じて公正な時間的径路を求めることができる．すなわち，Euler-Lagrange方程式(29)，(30)の右辺を0とおいて得られる帰属価格を p_t'，q_t' とおけば，

(31) $$p_t' = \frac{1}{(\delta+\mu)}\{-\phi'(V_t)\}N,$$

(32) $$q_t' = \frac{\gamma}{\delta}p_t'.$$

(31)式は単純なモデルの場合と同じである．(32)式は，森林面積の限界的増加によって，大気中の CO_2 が，森林面積1ヘクタール当たり γ だけ限界的減少することをあらわす．

各時点 t における帰属価格 p_t' が(31)式によって一意的に決定されることは前節で説明したところである．ここで，新しくつぎの変数を導入する．

$$\theta_t = \frac{p_t}{y_t} = \frac{p_t'}{u(c_t)},\quad \eta_t = \frac{q_t}{y_t} = \frac{q_t'}{u(c_t)}.$$

方程式(31)，(32)はつぎのように書きあらわされる．

(33) $$\theta_t = \frac{1}{(\delta+\mu)}\left\{\frac{-\phi'(V_t)}{\phi(V_t)}\right\}N,$$

(34) $$\eta_t = \frac{\gamma}{\delta}\theta_t.$$

環境影響指標関数 $\phi(V)$ が $(\hat{V}-V)^{\beta}$ の形をしているときには，(31)式は(17)式のようにあらわされる．

世代間を通じて公正な時間的径路 (V_t, R_t) は(18)，(19)という2つの微分方程式によって完全に特徴づけられる．Phase diagram を求めるためにまず，大気中の CO_2 の量 V_t が定常的となる場合を考える．すなわち，

(35) $$R_t = \frac{1}{\gamma}(v_t - \mu V_t).$$

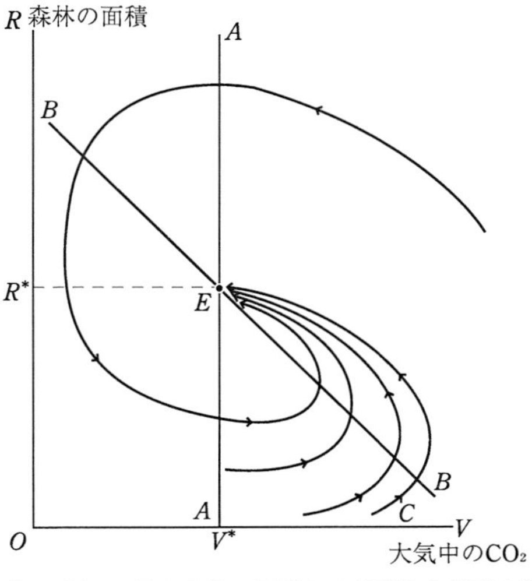

図1-3　大気中の CO_2 の量と森林の面積とは長期的な最適水準に収斂する

大気中のCO_2の量 V_t が増加すると，環境影響指標単位当たりの帰属価格 p_t' は高くなり，(27)式からわかるように，CO_2の排出量 v_t は減少する．したがって，(35)式がみたされるような(V_t, R_t)の組み合わせは，図 1-3 で示すように，右下がりの曲線 BB によってあらわされる．図 1-3 で，大気中のCO_2の量 V_t は横軸に沿ってはかられ，森林面積 R_t は縦軸に沿ってはかられている．(V_t, R_t)が，BB 曲線の右上方にあるときには，V_t は減少する傾向をもち$(\dot{V}_t<0)$，BB 曲線の左下方にあるときには，V_t は増加する傾向をもつ$(\dot{V}_t>0)$．

つぎに，森林面積 R_t が定常的となる場合を考えてみよう．すなわち，

(36)　　$$r_t - s_t = 0.$$

帰属価格 p_t' が与えられているときに，r_t，s_t はともに一意的に決まり，V_t，R_t には無関係となる．大気中のCO_2の量 V_t が増加すると，帰属価格 p_t' は高くなり，$(r_t - s_t)$の水準は低下する．したがって，定常条件(36)をみたすような V_t の値は一意的に決まってくる．V_t の定常水準を V^* とする．図 1-3 では，縦軸からの距離が V^* に等しい垂直な直線 AA が，定常条件(36)に対応する．もし(V_t, R_t)が AA 直線の右方に位置していれば，森林面積 R_t は増加する傾向をもつ$(\dot{R}_t>0)$．逆に，(V_t, R_t)が AA 直線の左方に位置しているときには，R_t は減少する傾向をもつ$(\dot{R}_t<0)$．長期均衡条件(V^*, R^*)は，AA 直線と BB 曲線の交点 E として一意的に決まってくる．

微分方程式体系(18)，(19)の右辺が，2 つの安定的な根をもつことは容易に示すことができる．したがって，微分方程式体系(18)，(19)の解径路(V_t, R_t)は図 1-3 に例示するように矢印のついた曲線群によってあらわされ，長期均衡状態 $E=(V^*, R^*)$に収斂する．

図 1-3 に示されているように，任意に与えられた大気中のCO_2の水準 V_t に対応して，森林面積 R_t にある値が存在して，(V_t, R_t)を初期条件とする微分方程式体系(18)，(19)の解は必ず長期均衡状態 $E=(V^*, R^*)$に収斂する．このような(V_t, R_t)の組み合わせは，臨界曲線 CE によって求められる．

もし初期条件(V_0, R_0)が臨界曲線 CE の上方にあり，しかも AA 直線の右側に位置しているときには，V_t は減少しつづけ，逆に R_t は，V_t が長期均衡水準 V^* に到達するまでは，増加しつづける．そのあと，V_t，R_t ともに減少しつづけて，(V_t, R_t)が BB 曲線の上に到達する．そして，V_t は増加しはじめ，長期均衡水準 V^* に到達すると，今度は R_t が増加しはじめて，(V_t, R_t)が BB 曲線上の一点に到達する．このあと，(V_t, R_t)は，長期均衡状態 $E=(V^*, R^*)$に単調に収斂する．

ここで考察した世代間を通じて公正な時間的径路は長期的には，動学的に最適な時間的径路と同じ構造をもつ．

7. 多数の国々を含む一般的なモデル

これまで展開してきた，地球温暖化の動学的モデルは，多数の国々を含む一般的な場合に拡張することができる．世界全体あるいはある特定の地域を考える．これらの国々は，共通の大気と海洋とによって，相互に連関しているとする．国は generic に($\nu=1, \cdots, \Gamma$)であらわし，各国 ν は前節までに説明したような構造をもつと仮定する．各時点 t において，各国 ν に存在する森林の面積は R_t^ν とし，人口の大きさは N^ν とする．また，希少資源の賦与量のベクトルは K^ν であらわす．技術係数のマトリックスは B^ν，M^ν，育林活動の技術係数は m^ν とする．また CO_2 の排出係数は a^ν，森林の伐採係数は b^ν であらわす．

前節と同じように，大気中の CO_2 が表層海洋に吸収される率 μ は一定であるとする．また，森林が光合成作用を通じて吸収する大気中の CO_2 の量もまた一定で，森林面積１ヘクタール当たり γ とする．

各国 ν について，１人当たりの実質国民所得 y^ν も前と同じように，ある与えられた基準価格 $p^0=(p_1^0, \cdots, p_n^0)$ のもとで，１人当たりの最終消費ベクトル $c_t^\nu=(c_{1t}^\nu, \cdots, c_{nt}^\nu)$ と同じだけの効用を生み出す最小の所得水準として定義される．１人当たりの実質国民所得 y^ν はつぎの形であらわされるとする．

$$y_t^\nu = u^\nu(c_t^\nu)\phi(V_t).$$

ここで，環境影響指標 $\phi(V_t)$ はすべての国にとって同じであると仮定する．

多数の国々を含む地球温暖化の動学的モデルについて，動学的最適問題はつぎのように定式化される．

制約条件

(37) $$y_t^\nu = u^\nu(c_t^\nu)\phi(V_t) \geqq \bar{y}_t,$$

(38) $$\sum_\nu N^\nu c_t^\nu \leqq \sum_\nu x_t^\nu,$$

(39) $$B^\nu x_t^\nu + M^\nu z_t^\nu \leqq K^\nu,\quad x_t^\nu, z_t^\nu \geqq 0,$$

(40) $$v_t^\nu = a^\nu x_t^\nu,\quad s_t^\nu = b^\nu x_t^\nu,\quad r_t^\nu = m^\nu z_t^\nu,$$

(41) $$v_t = \sum_\nu v_t^\nu,\quad s_t = \sum_\nu s_t^\nu,\quad r_t = \sum_\nu r_t^\nu,$$

(42) $$\dot{V}_t = v_t - \mu V_t - \gamma R_t,\quad V_0 = V^0,$$

(43) $$\dot{R}_t^\nu = r_t^\nu - s_t^\nu,\quad R_0^\nu = R^{\nu 0},$$

(44) $$R_t = \sum_\nu R_t^\nu$$

のもとで，効用積分

$$\int_0^\infty \bar{y}_t e^{-\delta t} dt$$

を最大にするような時間的径路(V_t, R_t^ν, c_t^ν, x_t^ν, z_t^ν)を求めよ．

世代間を通じて公正な時間的経路を考えるために，まず大気中の CO_2 の量 V_t をつぎのように分解する．

(45)
$$V_t = \sum_\nu V_t^\nu,$$

(46)
$$\dot{V}_t^\nu = v_t^\nu - \mu V_t^\nu - \gamma R_t^\nu.$$

各時点 t における Hamiltonian はつぎのように定義される．

$$H_t = Ny_t + \sum_\nu \alpha_t^\nu N^\nu \{u^\nu(c_t^\nu)\phi(V_t) - \bar{y}_t\} + \pi_t\{\sum_\nu x_t^\nu - \sum_\nu N^\nu c_t^\nu\}$$
$$+ \sum_\nu p_t^\nu(\mu V_t^\nu - v_t^\nu + \gamma R_t^\nu) + \sum_\nu q_t^\nu(r_t^\nu - s_t^\nu).$$

ここで，

$$N = \sum_\nu N^\nu.$$

また α_t^ν，π_t^ν，p_t^ν，q_t^ν はそれぞれ制約条件(37)，(38)，(42)，(43)にかんするラグランジュの未定係数である．

ある時間的経路が世代間を通じて公正であるためには，つぎの条件がみたされなければならない．

(47)
$$\sum_\nu \alpha_t^\nu N^\nu = N,$$

(48)
$$\alpha_t^\nu u_c^\nu(c_t^\nu) = \pi_t.$$

かつ，帰属純国民生産

$$\pi_t x_t + p_t^\nu(\mu V_t^\nu - v_t^\nu + \gamma R_t^\nu) + q_t^\nu(r_t^\nu - s_t^\nu)$$

は制約条件(39)，(40)のもとで最大となっている．

また，帰属価格 p_t^ν，q_t^ν は Euler-Lagrange の微分方程式をみたす．

(49)
$$\frac{\dot{p}_t^\nu}{p_t^\nu} = (\delta + \mu) + \frac{u^\nu(c_t^\nu)\phi'(V_t)}{p_t^\nu}N,$$

(50)
$$\frac{\dot{q}_t^\nu}{q_t^\nu} = \delta - \gamma\frac{p_t^\nu}{q_t^\nu}.$$

近似的な意味における動学的最適解を求めるために，(49)，(50)式の右辺が 0 となるような帰属価格 p_t^ν，q_t^ν をとる．すなわち，

(51)
$$\frac{p_t^\nu}{u^\nu(c_t^\nu)} = \frac{1}{(\delta + \mu)}\{-\phi'(V_t)\}N,$$

(52)
$$q_t^\nu = \frac{1}{(\delta + \mu)}p_t^\nu.$$

ラグランジュの未定係数 α_t^ν，π_t^ν は，制約条件(37)，(38)をみたすように決められる．

ここで，新しい変数 θ_t^ν，η_t^ν を導入する．

$$\theta_t^\nu = \frac{p_t^\nu}{y_t^\nu} = \frac{p_t^\nu}{u^\nu(c_t^\nu)\phi(V_t)}, \tag{53}$$

$$\eta_t^\nu = \frac{q_t^\nu}{y_t^\nu} = \frac{q_t^\nu}{u^\nu(c_t^\nu)\phi(V_t)}. \tag{54}$$

したがって，(51)，(52)式はつぎのように書きあらわすことができる．

$$\theta_t = \frac{1}{\delta+\mu}\left\{\frac{-\phi'(V_t)}{\phi(V_t)}\right\}N, \tag{55}$$

$$\eta_t = \frac{1}{\delta(\delta+\mu)}\left\{\frac{-\phi'(V_t)}{\phi(V_t)}\right\}N. \tag{56}$$

このようにして，世代間を通じて公正な時間的径路について，大気中の CO_2 の量 V_t も，また森林面積 R_t^ν も，１人当たりの実質国民所得 y_t^ν 当たりの帰属価格はすべての国について等しくなる．

$$\frac{p_t^\nu}{y_t^\nu} = \theta_t, \quad \frac{q_t^\nu}{y_t^\nu} = \eta_t.$$

環境影響指標関数 $\phi(V)$ がつぎの形をとる場合を考える．

$$\phi(V) = (\hat{V} - V_t)^\beta \qquad (0 < \beta < 1).$$

このとき(55)，(56)式はつぎのようになる．

$$\theta_t = \frac{1}{\delta+\mu}\frac{\beta}{(\hat{V} - V_t)}N, \tag{57}$$

$$\eta_t = \frac{\gamma}{\delta(\delta+\mu)}\frac{\beta}{(\hat{V} - V_t)}N. \tag{58}$$

8. 炭素税の効果と競争均衡

これまで大気中の CO_2 および森林にかんして動学的帰属理論を展開してきた．この節では，近似的な意味における動学的に最適な時間的径路を，分権的な完全競争経済の制度的な枠組みのなかでどのようにすれば実現しうるかという問題を考察することにしたい．

多数の国々を含む一般的なモデルを考えて，技術的，構造的諸条件はすべて前節までに展開してきた通りであるとする．しかし，各国において，希少資源の配分を中央集権的に管理する政府は存在しないものとして，分権的かつ完全競争的な市場経済制度のもとで資源配分がおこなわれているとする．そして，大気中への CO_2 の排出および森林の伐採に対して，前節で導入したように，帰属価格に見合う額が炭素税および森林税として賦課されるとする．育林活動に対しては，その帰属価格に見合う額が，育林補助金として交付されることはいうまでもない．

生産された財は国際間で自由に取引されるとするが，各国に賦与されている希少資源は国際間で取引されないものとする．消費財の価格は，価格ベクトル π であらわす．各国 ν における，大気中の CO_2 および森林の帰属価格はそれぞれ p^ν，q^ν とし，希少資源の価格ベクトルは w^ν であらわす．

各国 ν におけるアクティビティ・レベルのベクトル x^ν は純利潤

$$\pi x^\nu - p^\nu v^\nu + q^\nu(r^\nu - s^\nu) - w^\nu(B^\nu x^\nu + M^\nu z^\nu)$$

を資源制約条件のもとで最大にするように選ばれる．

これまで前提としてきたように，各国は，同質の消費者から構成され，産出された消費財は各個人の間で平等に分配されると仮定する．したがって，各国 ν の代表的消費者は，その効用 $y^\nu = u^\nu(c^\nu)\phi(V)$ を予算制約条件

$$N^\nu \pi c^\nu \leqq g^\nu + \tau^\nu$$

のもとで最大化する．ここで，g^ν は純国民生産

$$g^\nu = \pi x^\nu - p^\nu v^\nu + q^\nu(r^\nu - s^\nu)$$

で，τ^ν は ν 国に対するトランスファー・ペイメントである．

トランスファー・ペイメント τ^ν については，つぎの条件が常にみたされているとする．

$$\sum_\nu \tau^\nu = \sum_\nu \{p^\nu v^\nu + q^\nu(r^\nu - s^\nu)\}.$$

さらに，異なった国々の間で，1人当たりの実質国民所得に乖離が存在するときには，所得の高い国から所得の低い国に対してネットのトランスファー・ペイメントがおこなわれるように配慮されているとする．

いま仮に，各国は CO_2 の排出および森林の伐採(育林は常に negative な伐採と考えて)に対して賦課される炭素税から得られる税収のうち，σ の割合だけ，全体のトランスファー基金として出すものとする．

全体のトランスファー基金 ξ はつぎの式で与えられることになる．

$$\xi = \sum_\nu \xi^\nu.$$

ここで，

$$\xi^\nu = \sigma\{p^\nu v^\nu - q^\nu(r^\nu - s^\nu)\}.$$

各国 ν の受け取るネットのトランスファー・ペイメント τ^ν は，

$$\tau^\nu = (1-\sigma)\{p^\nu v^\nu - q^\nu(r^\nu - s^\nu)\} + \frac{1}{N}\sum_\nu N^\nu\{(\bar{y} - y^\nu)\} + \xi.$$

ここで，

$$\bar{y} = \frac{1}{N}\sum_\nu N^\nu y^\nu.$$

各国 ν における希少資源の価格ベクトル w^ν はつぎの均衡条件がみたされるような水準に決

まってくる.

$$B^\nu x^\nu + M^\nu z^\nu = K^\nu.$$

消費財の均衡価格 π は，世界全体の需要と供給が均等となるような水準に決められる.

$$\sum_\nu N^\nu c^\nu = \sum_\nu x^\nu.$$

大気中の CO_2 の量 V_t，各国 ν の森林面積 R_t^ν は，それぞれ基本的動学方程式(42)，(44)によって規定される．この動学体系について，その長期定常状態は，これまで議論してきた，動学的に最適なプロセスの長期定常状態と一致する.

以上みてきたように，各国において CO_2 の排出に対して，大気中の CO_2 の帰属価格に見合う率で炭素税が賦課され，また森林の伐採に対しては，森林の帰属価格に見合う率で炭素税が賦課されるとき，完全競争的な市場経済制度のもとにおける資源配分のパターンは，動学的に最適な時間的径路を実現する．ただし，国際間のトランスファーは，上に述べたような形でおこなわれるものと仮定する.

9. 一般化の可能性

これまで展開されてきた，地球温暖化の動学的分析は，より一般的な状況に拡張するとができる．その可能性についてかんたんに述べておこう.

温暖化効果をもつ気体は CO_2 だけであるという前提のもとで議論を進めてきたが，一般の場合も容易に取り扱うことができる．メタン，亜酸化窒素，フロンガスなどの温暖化効果ガスについては，それぞれの地球温暖化効果を計算に入れて，CO_2 の量に換算する．換算係数として，つぎの数字をとろう.

メタン＝12,　　亜酸化窒素＝350,

CFC11＝25,000,　　CFC12＝28,000.

前節までに展開した地球温暖化の動学モデルでは，希少資源の賦与量は一定に保たれ，投資によって，私的資本のストックが増加する可能性を考慮に入れなかった．地球温暖化と経済活動の水準との間の，長期的な観点からの最適なバランスを達成するためには，私的資本に対する投資の限界効率(marginal efficiency of investment)と，大気中の CO_2 の増加あるいは森林面積の減少にともなう社会的費用とが均等となるような状態を求める必要がある．この問題については，Uzawa(1998)で展開した社会的共通資本の一般理論の枠組みのなかで分析を進めることができる．この点については，本書の第III部でくわしく論じたい.

人口が変化する場合を取り扱うのは，いくつかの点で困難な面をもつ．しかし，これまで想定してきたように，近似的な意味における動学的に最適な時間的径路については，効用割引率

δ の代わりに，effective な率 $\delta-\nu$(ν は人口の増加率)を使って，同じような形で分析を進めることができる．

いま，人口 N_t がある一定の率 ν で増加しているとする．動学的最適性はつぎの効用積分の最大化によって特徴づけられる．

$$U=\int_0^\infty N_t y_t e^{-\delta t}dt,\ \ y_t=u(c_t)\phi(V_t). \tag{59}$$

効用積分(59)はまたつぎのようにも書きあらわせる．

$$U=N_0\int_0^\infty y_t e^{-(\delta-\nu)t}dt.$$

したがって，世代間を通じて公正な時間的経路における帰属係数 θ_t，η_t は，

$$\theta_t=\frac{1}{(\delta-\nu)+\mu}\frac{\dot{\beta}}{\hat{V}-V_t}N_t, \tag{60}$$

$$\eta_t=\frac{\gamma}{\delta}\theta_t=\frac{\gamma}{\delta(\delta-\nu+\mu)}\frac{\beta}{\hat{V}-V_t}N_t. \tag{61}$$

(60)，(61)からただちにわかるように，人口の増加率 ν が高くなると，大気中の CO_2 と森林の帰属価格はどちらも高くなる．したがって，大気中の CO_2 の長期定常水準は低くなる．

本章で展開した，地球温暖化にかんする動学モデルでは，いくつかの限定的な条件をもうけたが，そのうちの大部分は，取り除いても，分析の結果に影響を及ぼさない．しかし，希少資源の malleability にかんする前提条件は，以上の分析にさいして決定的な役割をはたしている．

ある希少資源が malleable というのは，その希少資源がある特定の生産過程に組み込まれているとき，他の用途に振り替えることが可能で，大きな費用や長い時間を必要としないときをいう．

この，malleability の前提条件は，地球温暖化の動学的分析の観点から，大きな問題を含んでいる．近代的技術の特徴は，機械，設備のなかに技術が組み込まれていて，これらの機械，設備は，ある特定の生産技術を具体化したもので，その目的，用途を変えることは一般的に不可能である．また，これらの機械，設備を固定的な資本として生産活動をおこなっている企業もまた non-malleable な組織となっている．

企業の構造も，生産技術もともに non-malleable のときに，炭素税あるいはそれに類似した形で大気均衡の安定化をはかろうとするとき，企業のなかに固定的に蓄積されている機械，設備を改造，改編するさいに発生する社会的ならびに私的な費用を考慮に入れなければならない．

つぎに考慮に入れなければならないのは，所得分配にかんする問題である．分析をかんたんにするために，各国の構成員は同一の選好と私的な希少資源をもっていると仮定した．この仮

定が制約的となることはいうまでもない.

10. 炭素税の効果：1つの数値例

本章で展開した，地球温暖化にかんする動学的な帰属理論は，大気均衡の安定化を長期的に実現するための，1つの政策的な可能性を示唆する．この節では，Uzawa(1991a)で環太平洋地域の場合に考察した数値例を世界全体に拡張して考えてみたい.

ここで数値例は，relevant なパラメータ変数について，つぎのような数値を想定する.

まず，大気中の CO_2 の臨界値 $\hat{V}$ として，

$$\hat{V} = 6000 \text{ 億トン}$$

を想定し，現時点 t，大気中の CO_2 の量は 7500 億トンとする．すなわち，

$$V_t = 1500 \text{ 億トン} \qquad (= 7500 - 6000 \text{ 億トン}).$$

大気中の CO_2 が年々表層海洋圏に吸収される率 μ は 4% と仮定する.

$$\mu = 0.04.$$

世界の総人口 N_t については

$$N_t = 56 \text{ 億人}$$

として，人口は定常的と仮定する.

また，地球温暖化の現象に対して人口はあまり sensitive でないとし，sensitive parameter β については

$$\beta = 0.01$$

の程度とする.

このとき，これまで導入した公式を用いれば，

$$\theta_t = 0.01$$

という値が得られる.

CO_2 以外の温室効果ガスについて，第9節の換算係数を使う.

表1-1は，ヨーロッパ，北アメリカ，アジアの主要な国々について，炭素税率の大きさと，その税額を示す.

森林についても，同じような計算をおこなうことができる．温帯林および熱帯林について，CO_2 の吸収係数 γ をつぎのように想定する.

$$\gamma = \begin{cases} 5\,\text{tC/ha/yr} & (\text{温帯林の場合}), \\ 15\,\text{tC/ha/yr} & (\text{熱帯林の場合}). \end{cases}$$

このとき，森林の帰属係数 η_t について，

表 1-1　温室効果ガスの帰属価格

国	人　口 1990年 (百万人)	1人当たり 国民所得 (仮定，ドル)	大気中の年間純 炭酸ガス (CO_2) (百万トン)	メタン (CH_4) (百万トン)	炭素換算 (百万トンC)	フロン (CFC)使用 (千トン)	炭素換算 (百万トンC)
アメリカ	249.2	17,000	582	6.3	116.3	130	236.0
カナダ	26.5	16,000	57	0.7	12.9	11	20.0
イギリス	57.2	13,000	68	0.7	12.3	25	45.4
イタリア	57.1	15,000	46	0.3	6.3	25	45.4
オランダ	15	15,000	15	0.2	3.8	6	10.9
スウェーデン	8.4	19,000	7	0.0	0.8	3	5.4
デンマーク	5.1	18,000	6	0.0	0.8	2	3.6
ドイツ	77.6	15,000	115	0.6	11.6	34	61.7
フランス	56.2	16,000	42	0.4	8.2	24	43.6
インドネシア	184.7	400	31	1.1	20.4	1	1.8
韓国	42.8	3,500	26	0.2	3.8	5	9.1
シンガポール	2.7	8,400	4	0.0	0.0	1	1.8
タイ	55.7	900	44	1.1	19.8	3	5.4
日本	123.5	19,000	124	0.7	12.9	95	172.4
フィリピン	62.4	500	27	0.4	7.5	1	1.8
マレーシア	17.9	1,800	39	0.2	2.8	2	3.6
オーストラリア	16.9	12,000	31	0.8	15.7	8	14.5
ニュージーランド	3.4	9,000	3	0.2	3.5	1	1.8

(出典)　World Resources Institute (1992), Table 24.1, and Table 24.2, pp. 346-349, and others.

$$\eta_t = \begin{cases} 1 & \text{(温帯林の場合)}, \\ 3 & \text{(熱帯林の場合)}. \end{cases}$$

表 1-2 は，各国の森林の帰属価格と炭素税の税額とを示す．

11. 大気安定化国際基金の構想

地球温暖化の現象は，過去 50 年間，工業化，都市化がきわめて高いペースで進行してきた結果として起こったものである．この急速な経済発展によって，地球規模における環境問題が惹き起こされることになったわけであるが，その主要な原因は，CO_2 をはじめとする温室効果ガスの大気中の濃度が異常に高まってきたからであり，この傾向は今後いっそう加速化されることは明らかである．

本章では，地球温暖化の動学的モデルをつくって，経済発展のプロセスと大気均衡の不安定化とがどのような形で連関しているかについて動学的な分析を展開した．とくに，大気均衡の長期的安定化をはかり，同時に調和的な経済発展を可能とするために，1 つの有効な政策的手段として，1 人当たりの国民所得に比例的な炭素税を，CO_2 の排出あるいは森林の伐採に対し

増加		帰属価格	炭素税	
合計（百万トンC）	1人当たり（トンC）	（ドル/トンC）	合計（百万ドル）	1人当たり（ドル）
934	3.7	170	158,753	637.0
90	3.4	160	14,417	544.0
125	2.2	130	16,280	284.6
98	1.7	150	14,700	257.4
30	2.0	150	4,429	295.3
13	1.6	190	2,527	300.8
10	2.0	180	1,812	355.3
189	2.4	150	28,311	364.8
94	1.7	160	15,073	268.2
53	0.3	4	212	1.1
39	0.9	35	1,370	32.0
6	2.3	84	511	189.3
69	1.2	9	621	11.1
309	2.5	190	58,719	475.5
37	0.6	5	184	3.0
46	2.5	18	820	45.8
61	3.6	120	7,303	432.1
8	2.5	90	755	222.0

て賦課し，持続的な経済発展を実現しようとするものであった．

この，比例的炭素税は，本章で展開した動学的帰属理論の枠組みのなかで導き出されたもので，伝統的な炭素税の考え方と基本的に異なる性格をもっている．すなわち，伝統的な経済理論では，大気中の CO_2 の帰属価格はすべての国にとって共通であって，それにもとづく炭素税の税率も同一でなければならないとされている．大気中の CO_2 の拡散度はきわめてはやく，平均して1週間で地球を一回りするからである．したがって，たとえば日本やアメリカで CO_2 の排出に対して1トン(炭素含有量ではかって)当たり150ドルの炭素税を賦課するとすれば，インドネシアあるいはフィリピンでも同じ率で炭素税がかけられることになる．日本やアメリカは，1人当たりの国民所得が20,000ドル前後であって，炭素税の額も，1人当たり日本で380ドル，アメリカで560ドル程度である．他方，インドネシア，フィリピンの1人当たりの国民所得はそれぞれ400ドル，500ドルであって，炭素税の負担は1人当たり45ドル，90ドルとなる．先進工業諸国にとってはほとんど効果のないほど低い炭素税でも，発展途上諸国にとっては，経済活動に対して潰滅的な影響を及ぼすことになる．

比例的炭素税方式は，先進工業諸国と発展途上諸国との間に存在する大きな経済的格差を考慮に入れながら，大気均衡の安定化を長期的な視点からみて最適な形で実現しようとするもの

表 1-2　森林の帰属価格

国	森林面積（百万 ha）	年間純育林面積（千 ha）	帰属価格（1 ha 当たりドル）	炭素税 合計（百万ドル）	炭素税 1人当たり（ドル）
アメリカ	296	1,616	17,000	27,472	110.2
カナダ	436	720	16,000	11,520	434.7
イギリス	2	40	13,000	520	9.1
イタリア	8	15	15,000	225	3.9
オランダ	0.4	2	15,000	30	2.0
スウェーデン	28	207	19,000	3,933	468.2
デンマーク	0.5	x	x	x	x
ドイツ	10	62	15,000	930	12.0
フランス	15	51	16,000	816	14.5
インドネシア	120	−896	1,200	−1,075	−5.8
韓国	5	67	3,500	235	5.5
シンガポール	x	x	x	x	x
タイ	16	−211	2,700	−570	−10.2
日本	25	240	19,000	4,560	36.9
フィリピン	10	−100	1,500	−150	−2.4
マレーシア	20	−250	5,400	−1,350	−75.4
オーストラリア	110	62	12,000	744	44.0
ニュージーランド	10	43	9,000	387	113.8

（出典）World Resources Institute (1992), Table 19.1, pp. 286-287.

である．たしかに，比例的炭素税を導入するとき，国際貿易，投資のパターンが，完全競争的な条件の場合と異なって，短期的ないしは静学的な基準のもとでは必ずしも最適なものではなくなる．しかし，この，貿易，投資のパターンの偏向は逆に，発展途上諸国の経済発展をいっそう高める結果を生み出す．

しかし先進工業諸国と発展途上諸国との間は経済的，社会的格差が著しく，とくにこの30年の間にいっそう拡大化する傾向をもつ．この間，さまざまな政策的手段によって，この格差を縮小する努力が重ねられてきたが，その効果はほとんどみられなかった．逆に，先進工業諸国と発展途上諸国の間の経済的格差は今後いっそう拡大化する傾向をもっている．本章で導入した，比例的炭素税の制度は，先進工業諸国と発展途上諸国の間の公正にかんしてとくに配慮したものであって，その経済的格差を縮小するために効果をもつ．

しかし，現在先進工業諸国と発展途上諸国との間に存在する経済的格差はあまりにも大きく，ここで導入した比例的炭素税方式の類いの政策をとっても，本質的な意味での解決の途を見出しえない．この点にかんして十分な配慮をしたのが，「大気安定化国際基金」(The International Fund for Atmospheric Stabilization)の構想である．

各国政府は，比例的炭素税方式によって徴収した総税収から育林に対する補助金支払いを差し引いた純税収額のうち，ある一定比例(たとえば5%)を「大気安定化国際基金」に拠出する．

「基金」は，各国政府からの拠出金を集計して，ある一定の算出方式にもとづいて，発展途上諸国に分配する．この算出方式は，1人当たりの国民所得水準と人口数とに依存して定められ，政治的，その他の要因は考慮に入れないことを原則とすることが望ましい．

発展途上諸国はその配分額を持続可能な経済発展を可能とするために，環境保全などの経済活動，森林の育成，代替的エネルギーの開発などに対して支出するが，「基金」はその支出に対しては関与しないこととする．

ここで提案する「大気安定化国際基金」はあくまでも原則的な考え方を示したものにすぎない．その具現化のためには，炭素税率の算定方式，その徴収の具体的な方法，モニタリングの制度，「基金」の配分方式などについてより詳細な検討が必要となることはいうまでもない．しかし，地球環境問題，とくに地球温暖化問題に対して，積極的な解決をはかるための国際機関の設置は現在，もっとも緊急度の高い課題であり，そのために，日本が主導的な役割をはたすことに対して，世界の多くの国々から大きな期待が寄せられている．

参考文献

Cass, D. (1965). "Optimum Growth in an Aggregative Model of Capital Accumulation," *Review of Economic Studies* **32**, 233-240.

Clark, C. W. (1990). *Mathematical Bioeconomics : The Optimal Management of Renewable Resources*, Second Edition, New York : John Wiley.

Dyson, F., and G. Marland (1979). "Technical Fixes for the Climatic Effects of CO_2," in *Workshop on the Global Effects of Carbon Dioxide from Fossils Fuels*, edited by B. Bolin et al., Washington, D. C.: United States Department of Energy, 111-118.

Keeling, C. D. (1968). "Carbon Dioxide in Surface Ocean Waters, 4 : Global Distribution," *Journal of Geophysical Research* **73**, 4543-53.

——(1983). "The Global Carbon Cycle : What We Know from Atmospheric, Biospheric, and Oceanic Observations," *Proceedings of Carbon Dioxide Research, Science and Consensus* **II**, Washington, D. C.: United States Department of Energy, 3-62.

Kneese, A. V., R. U. Ayres, and R. C. d'Arge (1965). *Economics and the Environment : A Materials Balance Approach*, Washington, D.C.: Resources for the Future.

Koopmans, T. C. (1965). "On the Concept of Optimum Economic Growth," *Semaine d'Etude sur le Role de l'Analyse Econometrique dans la Formation de Plans de Development*, Pontificae Academemiae Scientiarium Seprita Varia, 225-287.

Mäler, K.-G. (1974). *Environmental Economics : A Theoretical Inquiry*, Baltimore and London : The Johns Hopkins University Press.

Marland, G. (1988). *The Prospect of Solving the CO_2 Problem through Global Reforestation*, Washington, D. C : United States Department of Energy.

Menger. C. (1871). *Grundsätze der Volkswirtschaftslehre*, Wien : Wilhelm Barunmüller. Translated

by J. Dingwell and B. Hoselitz, as *Principles of Economics*, Illinois: Free Press, 1950.
Myers, N. (1988). "Tropical Forests and Climate," referred to in *Policy Options for Stabilizing Global Climate*, Washington, D. C.: United States Environmental Protection Agency, 1989.
Nordhaus, W. (1980). "Thinking about Carbon Dioxide: Theoretical and Empirical Aspects of Optimal Control Strategies," *Cowles Foundation Discussion Paper*, No. 565, Yale University.
—— (1982). "How Fast Should We Gaze the Global Commons," *American Economic Review* **72**, 242-246.
Ramanathan, V., et al. (1985). "Trace Gas Trends and their Potential Role in Climate Change," *Journal of Geophysical Research* **90**, 5547-66.
Ramsey, F. P. (1928). "A Mathematical Theory of Saving," *Economic Journal* **38**, 543-559.
Takahashi, T., et al. (1980). "Carbonate Chemistry of the Surface Waters of the World Oceans," in *Isotope Marine Chemistry*, edited by E. Goldber, Y. Horibe, and K. Saruhashi, Tokyo: Uchida Rokkakubo, 291-326.
Uzawa, H. (1964). "Optimal Growth in a Two-Sector Model of Capital Accumulation," *Review of Economic Studies* **31**, 1-24.
—— (1991a). "Global Warming: The Pacific Rim," in *Global Warming: Economic Policy Responses*, edited by R. Dornbusch and J. M. Poterba, Cambridge and London: MIT Press, 275-324.
—— (1991b). "*Rerum Novarum* Inverted: Abuses of Capitalism and Illusions of Socialism," *Rivista di Politica Economica* **81** (4), 19-31.
—— (1992). "The Tragedy of The Commons and The Theory of Social Overhead Capital," The Beijer Institute and JDB Research Center on Global Warming Discussion Paper.
—— (1993a). "Imputed Prices of Greenhouse Gases and Land Forests," *Renewable Energy* **3** (4/5), 499-511.
World Resources Institute (1992). *World Resources 1992-93*, New York: Oxford University.
宇沢弘文(1989).『経済学の考え方』岩波新書.
——(1995a).『地球温暖化の経済学』岩波書店.
——(1995b).『地球温暖化を考える』岩波新書.
宇沢弘文・國則守生(1993).『地球温暖化の経済分析』東京大学出版会.
——(1995).『制度資本の経済学』東京大学出版会.
宇沢弘文・茂木愛一郎(1994).『社会的共通資本：コモンズと都市』東京大学出版会.

第2章　地球温暖化とリンダール均衡の安定性

1. は じ め に

温室効果ガス(greenhouse gases)，とくに二酸化炭素(CO_2)の大気中における過剰な蓄積によって惹き起こされる気候条件の変化は，現在私たちが直面する最大の課題の1つとなりつつある．そして地球大気の均衡を回復するために，どのような制度的，政策的対応がありうるかという設問が私たち経済学者に課せられた大きな課題となっている．大気均衡安定化のためにもっとも効果的な政策的手段としてまずあげられるのは，比例的炭素税(Proportional Carbon Tax Scheme)と取引可能な排出権(Tradable Emission Permits)という2つの制度である．比例的炭素税の制度についてはUzawa(1991)で提案され，そのくわしい分析については，宇沢(1995)で展開された通りである[第1章]．この章では，取引可能な排出権の制度を取り上げ，その厚生経済学的インプリケーションをくわしく分析し，排出権を取引する市場の安定性を検討することにしたい．

本章の分析は基本的に，サミュエルソンによって導入された公共財(public goods)の理論的枠組みのなかで展開される．サミュエルソンの公共財の概念はもともとSamuelson(1954)によって導入され，公共経済学の理論的基礎をつくったものであるといってよい．とくに，Lindahl(1919)によって導入されたリンダール均衡の概念との関連で，Foley(1967, 1970)，MillerON(1972)，Roberts(1974)，Mas-Colell(1980)によって展開され，公共経済学の理論的枠組みの構築に重要な役割をはたしてきた．地球温暖化との関連では，Uzawa(1991, 1995)，宇沢・國則(1993)でくわしい分析がおこなわれている．

ここではまず，地球温暖化との関連で，パレート最適の概念について再検討を加える．その議論は，Uzawa(1995)で導入された方法にもとづくものであるが，CO_2の排出に関連して，社会的公正とパレート最適との関係に焦点を当てて考察する．リンダール均衡の概念はもともと，社会的公正という視点から，公共財の費用負担の問題を考察しようとしたものであるが，地球温暖化との関連では，二酸化炭素の排出は負の公共財という特質をもつため，かなり異なった分析的枠組みを必要とする．

リンダール均衡については，パレート最適と社会的最適との間の対応原理にもとづいて，その存在証明がなされる．この手法は一般的な公共財モデルの特殊な場合であるが，地球温暖化が負の公共財であることを考慮して，ここで改めてくわしく述べることにする．

取引可能なCO_2の排出権の市場について，任意に与えられた排出権の各国への割り当て

(allotment)のもとで，国際的な市場均衡は必ず存在することが証明される．この存在証明はFoley(1970)，Roberts(1974)によって考案されたアプローチに多少修正を加えたものであるが，リンダール均衡の経済学的意味づけを明確にするものでもある．

取引可能なCO_2の排出権の各国への割り当てに対して，それに対応する国際的市場均衡がリンダール均衡となっているとき，初期の排出権の割り当てをリンダール配分(Lindahl allocation)とよぶことにする．リンダール配分を実際に求めることが可能であろうか．各国へのCO_2の排出権の割り当てにもとづいて調節しようとすると，一般的に不安定となることがすぐわかる．排出権の割り当てを基準にするのではなく，地球温暖化の及ぼす影響に対する各国の主観的価値判断を基準にして，調節のメカニズムを想定するときに，リンダール均衡は必ず安定化となることが示される．この主観的価値判断の意味を明確にし，それにもとづくリンダール均衡の安定性を証明するのが本章の主な目的である．本章で展開する議論は主として，Mäler and Uzawa(1994)に準拠する．

2. CO_2の排出とパレート最適性

第6章でくわしく説明するように，年々大気中に排出される二酸化炭素(CO_2)の量は一方では，経済全体の経済的，産業的活動の水準によって影響を受けると同時に，他方では，CO_2の排出の抑制のために希少資源がどれだけ使われたかによっても左右される．

各国$\nu(\nu=1, 2, \cdots, n)$について，所与の生産技術，生産要素の賦与量，自然環境の制約的条件のもとで可能な産出物のベクトルx^νとCO_2の排出a^νとのすべての組み合わせをあらわす生産可能集合(production possiblity set)をT^νとする．

$$T^\nu = \{(x^\nu, a^\nu)\}.$$

ここで，$x^\nu=(x_j^\nu)$は各財jの産出量x_j^νをあらわすベクトルであり，a^νは大気中に排出されるCO_2の量(含有される炭素(C)の重さではかって)とする．

生産可能集合$T^\nu=\{(x^\nu, a^\nu)\}$に含まれる(x^ν, a^ν)はすべてnon-negative($x^\nu \geqq 0, a^\nu \geqq 0$)である．生産可能集合$T^\nu$はclosed，convexであり，$(0, 0)$は必ず含まれていると仮定する．さらに，任意に与えられたnon-negative，non-zeroの価格ベクトルの組み合わせ$p=(p_j)$，q ($p \geqq 0$，$q \geqq 0$，$(p, q) \neq (0, 0)$)に対して，

$$(1) \qquad (x^\nu, a^\nu) \in T^\nu$$

の制約条件のもとで，

$$px^\nu - qa^\nu$$

を最大にするような(x^ν, a^ν)は必ず存在して，しかも，一意的に定まり，(p, q)について2回連続微分可能であると仮定する．

この(x^ν, a^ν)は

$$x^\nu = x^\nu(p, q),\quad a^\nu = a^\nu(p, q)$$

のように関数記号を用いてあらわすことができる．

各国νの社会的選好関係は，(x^ν, a^ν)にかんする選好関係(preference relation)によってあらわすことができると仮定する．ここで，$c^\nu=(c_j^\nu)$は各国νの集計的消費ベクトルをあらわし，aは大気中へのCO_2の全排出量である．

(2)
$$a = \sum_\nu a^\nu.$$

各国νの社会的選好関係は社会的効用関数$U^\nu(c^\nu, a)$によって表現されているとする．社会的効用関数$U^\nu(c^\nu, a)$はつぎの諸条件をみたしていると仮定する．

各国νの効用関数$U^\nu(c^\nu, a)$はすべての$(c^\nu, a) \geqq (0, 0)$で定義され，(c^ν, a)について連続，2回連続微分可能，concave，かつ厳密な意味でquasi-concaveである．さらに，

$$U^\nu_{c^\nu}(c^\nu, a) > 0,\quad U^\nu_a(c^\nu, a) < 0,\quad \text{for all } (c^\nu, a) \geqq (0, 0).$$

産出された財が国際的に自由に交換されるとすれば，消費ベクトルの組み合わせ(c^ν)がfeasibleであるためには，

(3)
$$\sum_\nu c^\nu = \sum_\nu x^\nu.$$

消費ベクトル(c^ν)とCO_2の全排出量aの組み合わせ$(c^1, \cdots, c^n, a)$が上の3つの条件(1)，(2)，(3)をみたすとき，feasibleな配分(allocation)という．$(c^1, \cdots, c^N, a)$がパレート最適な配分であるというのは，$(c^1, \cdots, c^N, a)$がfeasibleな配分であって，すべての国の社会的効用水準が低くなることはなく，しかも少なくとも1つの国についてはその社会的効用水準が実際に高くなっているようなfeasibleな配分が他に存在しないときをいう．

パレート最適の概念は，CO_2の全排出量が所与の水準aとなるような配分のパターン$(c^1, \cdots, c^N, a)$について同じようにして定義される．

つぎの命題は，パレート最適と全世界の効用関数との間にかんする基本的関係を示す．この命題はUzawa(1995)に用いられた手法をそのまま適用して証明することができる．この点は簡単にわかるので，証明は省略することにする．

定理1　Feasibleな配分$(\bar{c}^1, \cdots, \bar{c}^N, \bar{a})$がパレート最適となるための必要にして十分な条件は，ある適当な正のウェイト・ベクトル$\alpha=(\alpha^1, \cdots, \alpha^n)\ (\alpha^\nu>0)$が存在して，$(\bar{c}^1, \cdots, \bar{c}^n, \bar{a})$がつぎの最大問題の最適解となっていることである．

(4)
$$\sum_\nu \alpha^\nu U^\nu(c^\nu, a)$$

を最大とするような(1)，(2)，(3)をみたすfeasibleな配分$(\bar{c}^1, \cdots, \bar{c}^n, \bar{a})$を求めよ．

定理１の証明をそのまま使って，つぎの命題もかんたんに証明される．

定理２　Feasible な配分 $(\bar{c}^1, \cdots, \bar{c}^n, \bar{a})$ が CO_2 の全排出量を所与の水準 $\bar{a}$ としたときに，パレート最適であるために必要にして十分な条件は，$(\bar{c}^1, \cdots, \bar{c}^n, \bar{a})$ がつぎの最大問題の最適解となっていることである．

CO_2 の全排出量が所与の水準 $\bar{a}$ のときに，全世界の効用関数(4)を制約条件(1)，(2)，(3)のもとで最大にせよ．

3. パレート最適と帰属理論

前節で証明した２つの基本定理からただちにわかるように，パレートの意味で最適な配分を求めるという問題は，結局つぎの最大問題を解くことに帰着される．

社会的効用関数

$$(4)\qquad \sum_{\nu} \alpha^{\nu} U^{\nu}(c^{\nu}, a)$$

を制約条件(1)，(2)，(3)のもとで最大にせよ．

効用関数 $U^{\nu}(c^{\nu}, a)$ と生産可能集合 $T^{\nu}=\{(x^{\nu}, a^{\nu})\}$ にかんする仮定によって，上の最大問題の concave プログラミングの問題となる．したがって，『基礎篇』第 16 章で展開した手法をそのまま適用することができる．

まず，ラグランジュ形式を定義する．

$$(5)\qquad L(c^1, \cdots, c^n, x^1, \cdots, x^n, a ; p, q) = \sum_{\nu} \alpha^{\nu} U^{\nu}(c^{\nu}, a) + p\left(\sum_{\nu} x^{\nu} - \sum_{\nu} c^{\nu}\right) + q\left(a - \sum_{\nu} a^{\nu}(y^{\nu}, x^{\nu})\right),$$

ここで，$p=(p_j)$ および q はそれぞれ，制約条件(3)，(2)に対応するラグランジュ変数であり，すべての変数 c^{ν}，x^{ν}，a^{ν} は non-negative である．

CO_2 の全排出量 a が変数でなく，与えられた定数のときには，ラグランジュ形式は $L(c^1, \cdots, c^n, x^1, \cdots, x^n, a ; p, q)$ のようにあらわす．

Kuhn-Tucker の定理[『基礎篇』第 16 章]によって，ある配分 $(\bar{c}^1, \cdots, \bar{c}^N, \bar{x}^1, \cdots, \bar{x}^n, \bar{a})$ が，上の最大問題の最適解となるための必要十分条件は，$(\bar{c}^1, \cdots, \bar{c}^N, \bar{x}^1, \cdots, \bar{x}^n, \bar{a})$ が，ラグランジュ形式(5)の non-negative な鞍点(saddle-point)となるような $\bar{p}=(\bar{p}_j)$，$\bar{q}$ が存在することである．すなわち，

$$(6)\qquad L(c^1, \cdots, c^n, x^1, \cdots, x^n, a ; \bar{p}, \bar{q}) \leqq L(\bar{c}^1, \cdots, \bar{c}^n, \bar{x}^1, \cdots, \bar{x}^n, \bar{a} ; \bar{p}, \bar{q}) \leqq L(\bar{c}^1, \cdots, \bar{c}^n, \bar{x}^1, \cdots, \bar{x}^n, \bar{a} ; p, q),$$

$$\text{for all } c^1, \cdots, c^n, x^1, \cdots, x^n, a, p, q \geqq 0.$$

鞍点条件(6)はつぎのように表現される．

(7) $$\tilde{a} = \sum_{\nu} \tilde{a}^{\nu}, \quad \tilde{a}^{\nu} = a^{\nu}(y^{\nu}, \tilde{x}^{\nu}),$$

(8) $$\sum_{\nu} \tilde{c}^{\nu} = \sum_{\nu} y^{\nu} - \sum_{\nu} \tilde{x}^{\nu},$$

(9) $$\alpha^{\nu} U^{\nu}_{c^{\nu}} \leqq \tilde{p} \qquad (\mathrm{mod.}\ \tilde{c}^{\nu}),$$

［$\alpha^{\nu} U^{\nu}_{c_j{}^{\nu}} \leqq \tilde{p}_j$ で，$\tilde{c}^{\nu}_j > 0$ のときには等号で成立することを意味する］．

(10) $$x^{\nu} = x^{\nu}(p, q), \quad a^{\nu} = a^{\nu}(p, q),$$

(11) $$-\sum_{\nu} \alpha^{\nu} U^{\nu}_{a} = \tilde{q}.$$

上の最大問題に対する最適解$(\tilde{c}^1, \cdots, \tilde{c}^n, \tilde{x}^1, \cdots, \tilde{x}^n, \tilde{a})$は必ず存在し，一意的に定まり，またラグランジュ変数 $\tilde{p}=(\tilde{p}_j)$，$\tilde{q}$ もまた一意的に定まる．また，$\tilde{p}=(\tilde{p}_j)>0$ となる．ラグランジュ変数 $\tilde{p}=(\tilde{p}_j)$，$\tilde{q}$ はそれぞれ，生産された産出物および CO_2 の排出に対する帰属価格(imputed price)である．

以下の分析では，変数はすべて positive で，したがって Kuhn-Tucker の諸条件はすべて等号で成立するとして議論を進める．一般の場合も容易に適用することができる．

上の Kuhn-Tucker の諸条件のなかで，とくに注目したいのは(11)式である．(11)式は，CO_2 の排出にかんする帰属価格 $\tilde{q}$ が，CO_2 排出量の限界的増加にともなう全効用水準の限界的減少に等しいことを示す．

(9)式を(11)式に代入すれば，

(12) $$\tilde{q} = \tilde{p}_j \sum_{\nu} \frac{-U^{\nu}_{a}}{U^{\nu}_{c_j{}^{\nu}}}, \quad \text{for all } j.$$

この(12)式の右辺は，CO_2 排出と各消費財 j との間の限界代替率を価格 p_j であらわしたものを，すべての国 ν について集計したもの，すなわち CO_2 排出にともなう社会的限界費用(marginal social costs)に等しい．一般に，θ であらわす．

(13) $$\theta = \tilde{p}_j \sum_{\nu} \frac{-U^{\nu}_{a}}{U^{\nu}_{c_j{}^{\nu}}}, \quad \text{for all } j.$$

(11)式は

$$\tilde{q} = \theta$$

と書きあらわされることになるわけである．また，社会的限界費用 θ の各成分

$$\theta^{\nu} = \tilde{p}_j \frac{-U^{\nu}_{a}}{U^{\nu}_{c_j{}^{\nu}}}$$

は，CO_2 排出にともなう私的限界費用(marginal private costs)である．

4. 取引可能な排出権の市場均衡

CO_2 の排出権を取引する国際市場が機能していると仮定しよう．各国 ν に当初割り当てられた CO_2 の排出権の量を b^ν とする．各国 ν が実際に排出する CO_2 の量を a^ν とすれば，ν 国は市場を通じて $a^\nu - b^\nu$ だけ排出権を購入しなければならない(あるいは，$b^\nu - a^\nu$ だけ売却する)．各国 ν にかんする収支均衡の条件は

(14)
$$pc^\nu = px^\nu - q(a^\nu - b^\nu)$$

によってあらわされる．ここで，$p=(p_j)$ は財の価格ベクトルで，q は CO_2 の排出権の国際市場での価格である．

各国 ν における集計的消費ベクトル $c^\nu=(c_j^\nu)$ は，収支均衡の条件(14)式のもとで，社会的効用水準 $U^\nu(c^\nu, a)$ を最大にするように決められる．ここで，CO_2 の全排出量 a はつぎの式によって与えられる．

(2)
$$a = \sum_\nu a^\nu.$$

取引可能な CO_2 の排出権にかんする市場均衡 $(c^1, \cdots, c^N, a^1, \cdots, a^N ; p, q)$ はつぎの均衡条件をみたす．

(15)
$$\sum_\nu c^\nu = \sum_\nu x^\nu,$$

(16)
$$\sum_\nu a^\nu = \sum_\nu b^\nu.$$

ここで，

$$x^\nu = x^\nu(p, q), \quad a^\nu = a^\nu(p, q).$$

CO_2 の排出権の全量 $a=\sum_\nu b^\nu$ はじつは，排出権市場での取引がおこなわれる前に決められることに留意したい．このとき，つぎの命題が成立する．

定理 3　各国に対して初めに割り当てられる CO_2 の排出権が (b^ν) によって与えられるとし，

$$a = \sum_\nu b^\nu > 0$$

と仮定する．

このとき，排出権市場の均衡 $(c^1, \cdots, c^n, a^1, \cdots, a^n ; p, q)$ がパレート最適となるための必要十分条件は，排出権の市場価格 q が CO_2 の排出にともなう社会的限界費用 θ に等しいことである．

(17)
$$q = \theta.$$

ここで，θ は(13)で定義された量である．

［証明］　各国νについて，(c^ν, a)が制約条件(14)のもとで効用水準$U^\nu(c^\nu, a)$を最大にするための必要十分条件は

(18)
$$\tilde{\alpha}^\nu U^\nu_{c^\nu} = p,$$

(19)
$$x^\nu = x^\nu(p, q),\quad a^\nu = a^\nu(p, q)$$

をみたすような$\tilde{\alpha}^\nu$が存在することである．したがって，$(c^1, \cdots, c^N, a)$はつぎの最大問題の最適解となっていることがわかる．

全世界の効用水準

$$\sum_\nu \tilde{\alpha}^\nu U^\nu(c^\nu, a)$$

を最大にするような$(c^1, \cdots, c^n, a)$を求めよ．

もし排出権市場の均衡$(c^1, \cdots, c^n, a)$が(17)の条件をみたしているとすれば，$(c^1, \cdots, c^n, a)$は上の最大問題の最適解となる．ここで，CO_2の全排出量aは最適な水準となり，定理1によって，$(c^1, \cdots, c^n, a)$がパレート最適となることが示される．

他方，$(c^1, \cdots, c^n, a)$が排出権市場の均衡で，かつパレート最適であるとしよう．このとき，定理1をふたたび使って，$(c^1, \cdots, c^n, a)$が，

$$\sum_\nu \tilde{\alpha}^\nu U^\nu(c^\nu, a)$$

を最大にするという最大問題の最適解となるような$\alpha=(\alpha^\nu)$が存在することがわかる．Kuhn-Tuckerの定理によってこのベクトル$\alpha=(\alpha^\nu)$は$\tilde{\alpha}=(\tilde{\alpha}^\nu)$に比例的でなければならない．Kuhn-Tuckerの定理をふたたび援用して(17)式がみたされることが示される．　Q.E.D.

CO_2の排出量を最適な水準に抑制するためにどのような制度的ないしは，政策的な手段が存在するであろうか．このとき，炭素税がもっとも重要な手段として考えられているが，排出権市場で異なった価格を用いたり，あるいは，生産および消費のプロセスにおける化石燃料の使用に対して，異なった率で賦課するという政策が，これまで多くの経済学者によって提案されてきた．その代表的な例はUzawa(1991)で導入された「比例的炭素税」の方式である(第1章)．「比例的炭素税」は，炭素税率を，それぞれの国の1人当たりの国民所得に比例させるもので，第5章で展開することになる世代間の公正という観点からすぐれた考え方である．しかし，差別的な炭素税はパレート最適性の基準に相反する．

定理4　各国νにおけるCO_2の排出に対して，ある税率t^νが課せられ，CO_2排出の価格q^νは

(20)
$$q^\nu = (1+t^\nu)q$$

となるとする．ここで，qは国際的な市場における排出権の帰属価格である．

差別価格の制度(20)が採用されたときの国際市場の均衡$(c^1, \cdots, c^n, a)$がパレート最適であるための必要十分条件は，

$$t^\nu = 0, \text{ すなわち } q^\nu = q$$

がすべての国νについて成立することである．

［証明］ 各国νにおける課税率がt^νのとき，排出権市場における国際的市場の均衡$(c^1, \cdots, c^n, a)$に対して，つぎの諸条件がみたされている．

(i) 各国νにおいて，c^νは効用$U^\nu(c^\nu, a)$を収支均衡条件

$$pc^\nu = px^\nu + qb^\nu - q^\nu a^\nu$$

のもとで最大にする，ここで$q^\nu = (1+t^\nu)q$.

(ii) 各国νについて，

$$x^\nu = x^\nu(p, q), \quad a^\nu = a^\nu(p, q).$$

(iii) すべての市場は均衡している．

$$\sum_\nu c^\nu = \sum_\nu x^\nu, \quad \sum_\nu a^\nu = a = \sum_\nu b^\nu.$$

条件(i)から，つぎの条件をみたす正のベクトル$\alpha = (\alpha^\nu)$が存在することがわかる．

(21) $$\alpha^\nu U^\nu_{c^\nu} = p, \text{ for all } \nu,$$

(22) $$x^\nu = x^\nu(p, q), \quad a^\nu = a^\nu(p, q).$$

もし$(c^1, \cdots, c^N, a)$がパレート最適であるとすれば，$(c^1, \cdots, c^n, a)$が

$$\sum_\nu \tilde{\alpha}^\nu U^\nu(c^\nu, a)$$

を最大にするような正のベクトル$\tilde{\alpha} = (\tilde{\alpha}^\nu)$が存在する．したがって，つぎのKuhn-Tucker条件がみたされる．

(23) $$\tilde{\alpha}^\nu U^\nu_{c^\nu} = \tilde{p}, \text{ for all } \nu,$$

(24) $$x^\nu = x^\nu(p, q), \quad a^\nu = a^\nu(p, q), \text{ for all } \nu,$$

(25) $$\tilde{q} = \sum_\nu -\tilde{\alpha}^\nu U^\nu_{c^\nu}.$$

ここで$\tilde{p}$, $\tilde{q}$は上の最大問題にかんするラグランジュ未知数で，$\tilde{a}^\nu$はCO_2の排出量である．

(21)，(23)の両式からpと$\tilde{p}$とは比例的となることが示される．したがって，$p = \tilde{p}$, $\alpha = \tilde{\alpha}$と仮定してもよい．

他方，

$$\sum_\nu a^\nu(p, q) = a.$$

したがって，$x^\nu = x^\nu(p, q)$, $a^\nu = a^\nu(p, q)$が厳密な意味でquasi-concaveな関数であるという前提条件から，かりに$(x^\nu) \neq (\tilde{x}^\nu)$であるとすると，

$$\tilde{a} < a$$

となるような feasible な配分$(c^1, \cdots, c^N, \tilde{a})$が存在することになり，$(c^1, \cdots, c^N, a)$のパレート最適性にかんする仮定と矛盾する．　Q.E.D.

定理3の証明を吟味すれば，つぎの定理が得られる．

定理5　もし$(c^1, \cdots, c^n, a)$がパレート最適であるとすれば，国際的市場均衡$(c^1, \cdots, c^n, a)$がパレート最適となるようなCO_2の排出権にかんする初期時点での割り当て(b^ν)が存在する．

定理4と定理5とを組み合わせて，つぎの命題が成立することがわかる．

定理6　CO_2の排出権の初期時点での割り当てを(b^ν)とする．国際的な排出権市場の均衡$(c^1, \cdots, c^N, a)$はCO_2の全排出量$a = \sum_\nu b^\nu$を所与としたとき，パレート最適となる．

逆に，ある配分$(c^1, \cdots, c^n, a)$がCO_2の全排出量aを所与としたとき，パレート最適となっていれば，$(c^1, \cdots, c^n, a)$が国際的排出権市場の市場均衡となるような，CO_2排出量の初期時点での割り当て(b^ν)が存在する．ここで，$\sum_\nu b^\nu = a$.

定理7　CO_2の排出権の割り当て(b^ν)が任意に与えられているとする．

$$b^\nu \geqq 0, \text{ for all } \nu, \quad a = \sum_\nu b^\nu > 0.$$

このとき，国際的排出権市場の市場均衡は必ず存在する．

［証明］　Kを十分に大きくとった正数とする．また，$(J+1)$次元の空間における simplex をSとする．すなわち，

$$S = \{(p, q) : q \geqq 0, \ p_j \geqq 0, \ \text{for all } j, \ \sum_j p_j = 1\}.$$

このとき，Sの上で定義された$(J+1)$次元のベクトルを値にもつ関数

$$(z_0(p, q), z_1(p, q), \cdots, z_J(p, q))$$

をつぎのように定義する．

各$(p, q) \in S$に対して，つぎの最大問題を考える．

収支均衡条件

(26)　$pc^\nu = q(b^\nu - a^\nu) + px^\nu, \ x^\nu = x^\nu(p, q), \ a^\nu = a^\nu(p, q), \ c^\nu, x^\nu \leqq K$

のもとで，各国νの社会的効用関数$U^\nu(c^1, \cdots, c^N, a)$を最大にするような配分のパターン$(c^1, \cdots, c^n, x^1, \cdots, x^n)$を求めよ．

ここで，b^ν は国 ν に対する排出権の割り当て量で，全体の $a=\sum_\nu b^\nu$ とする．

収支均衡条件(26)をみたすような$(c^1, \cdots, c^n, x^1, \cdots, x^n)$の集合は，$2J$ 次元の空間のなかでコンパクトとなり，効用関数 $U^\nu(c^\nu, a)$および生産可能集合 T^ν にかんする仮定から，上の最大問題の最適解$(c^1, \cdots, c^n, x^1, \cdots, x^n)$は必ず存在して，一意的に定まる．したがってつぎのような関数記号を用いることができる．

$$c^\nu = c^\nu(p, q),\ \ x^\nu = x^\nu(p, q),\ \ a^\nu = a^\nu(p, q).$$

ここで，つぎのような関数を定義する．

$$z_0(p, q) = \sum_\nu \{a^\nu(p, q) - b^\nu\},$$

$$z_j(p, q) = \sum_\nu \{c^\nu(p, q) - x^\nu(p, q)\},\ \ j = 1, \cdots, J.$$

関数 $z_0(p, q)$，$z_j(p, q)$はすべての$(p, q) \in S$ について定義され，S の上で連続，しかもつぎのワルラスの等式をみたす．

$$qz_0(p, q) + \sum_j p_j z_j(p, q) = 0,\ \text{for all}\ (p, q) \in S. \tag{27}$$

したがって，競争均衡の存在定理[『基礎篇』第 18 章]を適用することができ，

$$z_0(\tilde{p}, \tilde{q}) \leqq 0,\ \ z_j(\tilde{p}, \tilde{q}) \leqq 0,\ \text{for all}\ j \tag{28}$$

をみたすような$(\tilde{p}, \tilde{q}) \in S$ が存在することがわかる．

効用関数にかんする前提条件から，

$$\tilde{q} > 0,\ \ \tilde{p}_j > 0,\ \text{for all}\ j.$$

したがって，(28)式はすべての成分についての等号で成立する．

$$z_0(\tilde{p}, \tilde{q}) = 0,\ \ z_j(\tilde{p}, \tilde{q}) = 0,\ \text{for all}\ j.$$

このとき，$(\tilde{p}, \tilde{q})$に対応する c^ν，x^ν，a^ν 所与の排出権の初期配分(b^ν)に対する国際的排出権市場の競争均衡となっていることがわかる． Q.E.D.

5. リンダール均衡と取引可能な CO_2 の排出権

リンダール均衡の概念は，公共財の理論において基本的な役割を演ずる．CO_2 の排出にともなう地球温暖化との関連では，リンダール均衡はつぎのように定義される．すなわち，国際的排出権市場の競争均衡について，全排出量に対する各国の主観的評価額と初期の排出権の割り当て量の市場価格での評価額とが等しいときに，リンダール均衡が成立しているという．より厳密に定義すればつぎのようになる．

初期の CO_2 の排出量の割り当てを(b^ν)とし，国際的排出権市場における競争均衡を$(c^1, \cdots, c^N, a)$とする．生産財の価格ベクトルを $p=(p_j)$とし，排出権の価格を q とする．CO_2 の全排出量 a は

$$a = \sum_\nu a^\nu,\ \ a^\nu = a^\nu(p, q).$$

このとき，$(c^1, \cdots, c^N, a)$がリンダール均衡であるというのはつぎの条件がみたされるときである．

(29) $$qb^\nu = \theta^\nu a,\ \text{for all}\ \nu.$$

ここで，θ^νはCO_2の排出に対する私的限界費用である．

$$\theta^\nu = P_j \frac{-U_a^\nu}{U_{c_j^\nu}^\nu},\ \text{for all}\ \nu.$$

このようにして，定義された私的限界費用θ^νは，基準としてとられている財jに無関係に定まり，CO_2排出に対する社会的限界費用θは

(30) $$\theta = \sum_\nu \theta^\nu.$$

CO_2の全排出量aについては，

$$a = \sum_\nu b^\nu$$

が成立するから，リンダール均衡の条件(29)から

$$q = \theta$$

となることがわかる．したがって，定理3によって，つぎの命題が成立する．

定理8　リンダール均衡は必ずパレート最適である．

6. リンダール均衡と配分機構の公正性

リンダール均衡の概念を，配分の公正性という観点から考察するために，各国の効用に対するウェイトが変わったときに資源配分のパターンがどのように変化するかをみることにしよう．

定理1によって，ある配分$(c^1, \cdots, c^N, a)$がパレート最適であるとすれば，その配分$(c^1, \cdots, c^N, a)$が最大問題の最適解となるような効用のウェイト・ベクトル$\alpha = (\alpha^\nu)\ (\alpha^\nu > 0)$が存在する．

全世界の効用水準

$$U(\alpha) = \sum_\nu \alpha^\nu U^\nu(c^\nu, a)$$

をつぎの制約条件のもとで最大にせよ．

(31) $$\sum_\nu c^\nu = \sum_\nu x^\nu,$$

(32) $$\sum_\nu a^\nu = a,\ \ (x^\nu, a^\nu) \in T^\nu.$$

ここで，CO_2の全排出量aは所与ではなく，最適な水準に選ぶことができるものとする．

この最大問題の最適解は，$\alpha=(\alpha^\nu)\,(\alpha^\nu>0)$が与えられたとき一意的に定まり，つぎの限界条件がみたされる．

(33)　$$\alpha^\nu U^\nu_{c^\nu}=p,$$

(34)　$$x^\nu=x^\nu(p,q),\quad a^\nu=a^\nu(p,q).$$

ここで，p，q はそれぞれ制約条件(31)，(32)に対応するラグランジュの未知数である．

すべての変数 c^ν，a^ν，a，x^ν，p，q は与えられたウェイト・ベクトル $\alpha=(\alpha^\nu)$ の関数としてあらわすことができる．

$$c^\nu(\alpha),\quad a^\nu(\alpha),\quad a(\alpha),\quad x^\nu(\alpha),\quad p(\alpha),\quad q(\alpha).$$

また，社会的および私的限界費用もつぎのようにあらわされる．

$$\theta(\alpha)=\sum_\nu \theta^\nu(\alpha),\quad \theta^\nu(\alpha)=p_j(\alpha)\frac{-U^\nu_a(\alpha)}{U^\nu_{c_j^\nu}(\alpha)}.$$

定理5によって，国際的排出権市場の競争均衡は常にパレート最適となる．したがって限界条件(33)，(34)と feasibility 条件(31)，(32)とから，$p(\alpha)$，$q(\alpha)$はそれぞれ財および排出権の国際市場価格となることがわかる．

また，排出権の割り当てを(b^ν)とあらわすと，

$$q(\alpha)b^\nu(\alpha)=q(\alpha)a^\nu(\alpha)+p(\alpha)(c^\nu(\alpha)-x^\nu(\alpha)).$$

このようにして，効用のウェイト・ベクトル $\alpha=(\alpha^\nu)$に対して，国際的な排出権市場の競争均衡がちょうど$(c^1(\alpha),\cdots,c^N(\alpha),a(\alpha),p(\alpha),q(\alpha))$となるような排出権の各国への割り当て$(b^\nu)$が一意的に定まることがわかる．しかし，排出権市場の競争均衡は初期の排出権の各国への割り当てに対して必ずしも一意的に決まるとはかぎらない．

リンダール均衡が存在するか，否かは，つぎの諸条件をみたすような効用のウェイト・ベクトル $\alpha=(\alpha^\nu)$ の存在に帰着される．

$$\theta^\nu(\alpha)a(\alpha)=q(\alpha)b^\nu(\alpha),\quad \text{for all}\ \ \nu,$$
$$\theta(\alpha)=\sum_\nu \theta^\nu(\alpha),$$
$$a(\alpha)=\sum_\nu a^\nu(\alpha).$$

定理9　効用関数，生産可能集合にかんしてこれまでの前提条件がみたされているとする．このとき，リンダール均衡は必ず存在する．

［証明］　n次元の simplex を S であらわす．

$$S=\{\alpha=(\alpha^\nu):\alpha^\nu\geqq 0,\ \sum_\nu \alpha^\nu=1\}.$$

つぎの最大問題を考える．

全世界の効用水準

$$U(\alpha)=\sum_{\nu}\alpha^{\nu}U^{\nu}(c^{\nu},a^{(\nu)})\qquad(\alpha\in S)$$

をつぎの制約条件のもとで最大にするような配分$(c^1,\cdots,c^n,a)$を求めよ．

(35) $$\sum_{\nu}(x^{\nu}-c^{\nu})\geqq 0,$$

(36) $$a\geqq\sum_{\nu}a^{\nu},\ \ (x^{\nu},a^{\nu})\in T^{\nu},$$

(37) $$a^{(\nu)}\geqq a.$$

この最大問題に対する最適解は一意的に決まるから$(c^1(\alpha),\cdots,c^n(\alpha),a(\alpha))$とあらわし，対応する帰属価格も$p(\alpha)$，$q(\alpha)$，$q^{\nu}(\alpha)$とあらわすことにする．これらの変数は，feasibilityの条件(35)-(37)に加えて，つぎの諸条件によって一意的に決められる．

(38) $$\alpha^{\nu}U^{\nu}_{c^{\nu}}(c^{\nu}(\alpha),a(\alpha))\leqq p(\alpha)\qquad(\mathrm{mod.}\ c^{\nu}(\alpha)),$$

(39) $$-\alpha^{\nu}U^{\nu}_{a}(c^{\nu}(\alpha),a(\alpha))\leqq q^{\nu}(\alpha),$$

$$x^{\nu}(\alpha)=x^{\nu}(p(\alpha),q(\alpha)),\ \ a^{\nu}(\alpha)=a^{\nu}(p(\alpha),q(\alpha)).$$

各国νについて，限界条件(38)，(39)は，

(40) $$\alpha^{\nu}U^{\nu}(c^{\nu},a^{(\nu)})-\{p(\alpha)c^{\nu}-q^{\nu}(\alpha)a^{(\nu)}\}$$

を最大にするような解に対応する．

(40)式を最大にするという問題の最適解を考えると，α^{ν}が大きくなると，$U^{\nu}(c^{\nu},a^{(\nu)})$も$\{p(\alpha)c^{\nu}-q^{\nu}(\alpha)a^{(\nu)}\}$もともに大きくなる．したがって，ある適当な$\bar{\alpha}^{\nu}>0$をとると，

(41) $$p(\alpha)\bar{c}^{\nu}-q^{\nu}(\alpha)\bar{a}^{(\nu)}=p(\alpha)x^{\nu}(\alpha)-q(\alpha)a^{\nu}(p(\alpha),q(\alpha))$$

を最大にするような最適解$(\bar{c}^{\nu},\bar{a}^{(\nu)})$がつぎの条件をみたすようにできる．

$$\bar{\alpha}^{\nu}U^{\nu}(c^{\nu},a^{(\nu)})-\{p(\alpha)c^{\nu}-q^{\nu}(\alpha)a^{(\nu)}\}.$$

このとき，$\beta(\alpha)=(\beta^{\nu}(\alpha))$をつぎのように定義する．

$$\beta^{\nu}(\alpha)=\frac{1}{\lambda(\alpha)}\bar{\alpha}^{\nu},\ \ \lambda(\alpha)=\sum_{\nu}\bar{\alpha}^{\nu}>0.$$

ここで，定義された$\beta(\alpha)[\alpha\in S\longrightarrow\beta(\alpha)\in S]$は$S$から$S$の上への連続な写像となる．したがって，ブラウワーの不動点定理を使って，

$$\beta(\tilde{\alpha})=\tilde{\alpha}$$

となるような$\tilde{\alpha}\in S$が存在することがわかる．

このとき，

(42) $$\lambda(\tilde{\alpha})=1.$$

かりに(42)式が成立しないとし，$\lambda(\tilde{\alpha})>1$としよう．

このとき，(41)式は$(\bar{c}^{\nu},\bar{a}^{(\nu)})$で最大値をとるから，

(43) $$p(\alpha)\bar{c}^{\nu}-q^{\nu}(\alpha)\bar{a}^{(\nu)}>p(\alpha)\bar{c}^{\nu}(\bar{a})-q^{\nu}(\alpha)a(\alpha).$$

他方，(41)式をすべての国 ν について足し合わせると，

$$(44) \qquad p(\tilde{a})\sum_{\nu}\bar{c}^{\nu}-\sum_{\nu}q^{\nu}(\tilde{a})\bar{a}^{(\nu)}=p(\tilde{a})\sum_{\nu}c^{\nu}(\tilde{a})-q(\tilde{a})a(\tilde{a}).$$

この2つの関係式(43)と(44)とはお互いに矛盾する．
したがって，$\lambda(\tilde{a})>1$ ではありえない．同じように，$\lambda(\tilde{a})<1$ の場合もありえないことが示されるから(42)式が成立する．

すなわち，

$$\bar{a}^{\nu}=\tilde{a}^{(\nu)}, \text{ for all } \nu$$

となって，$(c^1(\tilde{a}),\cdots,c^n(\tilde{a}),a(\tilde{a}))$ はリンダール均衡となる．　Q.E.D.

7. リンダール均衡の存在——市場的観点から

前節でリンダール均衡が必ず存在することを証明した．この節では，リンダール均衡の意味づけについて，Foley(1967, 1970)，Roberts(1974)によって導入されたquasi-market solutionの考え方を使って，もう1つの存在証明を与えることにしよう．

初期時点で与えられた排出権の各国への割り当てを(b^{ν})とする．このとき，

$$b^{\nu}\geqq 0, \text{ for all } \nu, \quad a=\sum_{\nu}b^{\nu}>0.$$

国際的排出権市場の競争均衡$(c^1,\cdots,c^n,a;p,q)$はつぎの均衡条件によって特徴づけられる．

$$(45) \qquad \sum_{\nu}c^{\nu}=\sum_{\nu}x^{\nu},$$

$$(46) \qquad px^{\nu}-qa^{\nu}, \ (x^{\nu},a^{\nu})\in T^{\nu} \text{ は最大となる}$$

効用水準 $U^{\nu}(c^{\nu},a)$ はつぎの収支均衡条件のもとで最大化される．

$$(47) \qquad pc^{\nu}=px^{\nu}+q(b^{\nu}-a^{\nu}),$$

かつ

$$(48) \qquad \sum_{\nu}a^{\nu}=a\left(=\sum_{\nu}b^{\nu}\right).$$

国際的排出権市場の競争均衡$(c^1,\cdots,c^n,a;p,q)$が，上の(45)-(48)式に加えて，つぎの条件をみたすとき，でリンダール均衡と定義することにしよう．

各国 ν について(c^{ν},a)は $U^{\nu}(\bar{c}^{\nu},\bar{a}^{\nu})$ を制約条件

$$p\bar{c}^{\nu}-q\bar{a}^{\nu}=px^{\nu}-qa^{\nu}(p,q)$$

のもとで最大化し，かつ，

$$\sum_{\nu}q^{\nu}=q, \quad q^{\nu}>0, \text{ for all } \nu.$$

このように定義されたリンダール均衡について

$$q^{\nu}a=qb^{\nu}, \text{ for all } \nu$$

となり，前節での定義と完全に一致することがわかる．

初期時点における各国への CO_2 の排出権の割り当て (b^ν) について，それに対応する国際的排出権市場の競争均衡がリンダール均衡となっているとき，(b^ν) をリンダール配分(Lindahl allocation)という．

以上の準備をふまえて，リンダール均衡の存在証明を，Foley(1967, 1970)で導入された手法を使っておこなうことにしよう．

まず，$(J+n)$ 次元の simplex を S であらわす．

$$S = \{(p_1, \cdots, p_J, q^1, \cdots, q^n) : p_j \geqq 0,\ \ q^\nu \geqq 0,\ \ \sum_j p_j + \sum_\nu q^\nu = 1\}.$$

ここで，S の要素は generic に $(p, q^1, \cdots, q^N)$ と記す．各国 ν について q^ν は CO_2 の排出にかんして，個別的に特定化された価格と考えてよい．CO_2 の排出に対する価格 q は

$$q = \sum_\nu q^\nu$$

によって与えられる．

各国 ν について，CO_2 の排出量 a^ν は帰属国民所得

$$px^\nu - qa^\nu,\ \ (x^\nu, a^\nu) \in T^\nu$$

を最大にするように決められる．すなわち，

$$x^\nu = x^\nu(p, q),\ \ a^\nu = a^\nu(p, q).$$

つぎの最大問題を考える．収支均衡条件

$$pc^\nu - q^\nu a^{(\nu)} = (px^\nu - qa^\nu) + (qb^\nu - q^\nu a^\nu)$$

のもとで $U^\nu(c^\nu, a^{(\nu)})$ を最大にするような $(c^\nu, a^{(\nu)})$ を求めよ．

この最適解を $(c^\nu(p, q^\nu), a^\nu(p, q^\nu))$ であらわす．このとき，リンダール均衡は

$$\sum_\nu c^\nu(p, q^\nu) = \sum_\nu x^\nu(p, q^\nu), \tag{49}$$

$$a^{(\nu)}(p, q^\nu) = a(p, q^\nu),\ \ \text{for all}\ \ \nu \tag{50}$$

をみたすような $(p, q^1, \cdots, q^N) \in S$ を求めることに帰着する．したがって，リンダール均衡の存在は，競争均衡にかんする Arrow-Debreu の存在定理をそのまま適用することができる．

まず超過需要関数(excess demand function)をつぎのように定義する．

$$z(p, q^\nu) = \sum_\nu \{c^\nu(p, q^\nu) - x^\nu(p, q^\nu)\},$$

$$w^\nu(p, q^\nu) = a(p, q^\nu) - a^{(\nu)}(p, q^\nu) \quad \text{for all}\ \ \nu.$$

このとき，つぎのワルラスの法則が成立する．

$$pz(p, q^\nu) + \sum_\nu q^\nu w^\nu(p, q^\nu) = 0,\ \ \text{for all}\ \ (p, q^1, \cdots, q^N) \in S. \tag{51}$$

ここで，定理 7 の証明のときと同じように，十分に大きな正数 K をとってきて，すべての変数が K の大きさをもつ立方体のなかに含まれるとして，考察を進めてよいとしよう．上に定義

された超過需要関数は，simplex　S の境界の上では必ずしも single-valued とは限らないが，correspondence として，convex かつ compact となる．したがって，Kakutani の不動点定理［『基礎篇』数学付論］を適用することができ，均衡条件(49)，(50)をみたすような$(\tilde{p}, \tilde{q}^1, \cdots, \tilde{q}^n) \in S$ が存在することが示される．$(\tilde{p}, \tilde{q}^1, \cdots, \tilde{q}^n)$がリンダール均衡となることはただちにわかる．

8. リンダール均衡の安定性

前節では，多数の国からなる国際的な排出権市場について，リンダール均衡が存在することを証明した．この節では，取引可能な排出権の割り当てにかんして，安定的な調節のメカニズムが存在するかどうかという問題を考察する．取引可能な排出権の割り当てについて，CO_2 の排出量にかんする調節のメカニズムは一般に不安定となるが，CO_2 の排出にかんする各国の私的限界費用を，それぞれの国にかんする特定価格として考えて，「大気安定化国際基金」がそのような価格を使って調節するとき，安定的となるようなメカニズムが存在することが示される．

「大気安定化国際基金」によって，各国に割り当てられる特定価格のベクトルを $\theta^\nu = (\theta^\nu)$ であらわそう．各国 ν にとって，割り当てられた特定価格 θ^ν は，望ましい CO_2 の全排出量 $a^{(\nu)}$ の水準を決定するためのシグナルとしての役割をはたす．

すなわち，各国 ν はその国にとって最適と思われる CO_2 の全排出量 $a^{(\nu)}$ をつぎのようにして求める．

各国 ν はその効用 $U^\nu(c^\nu, a^{(\nu)})$ がつぎの収支均衡条件

(52)
$$pc^\nu - \theta^\nu a^{(\nu)} = px^\nu - qa^\nu$$

のもとで最大となるように$(x^\nu, a^{(\nu)})$を選ぶ．このとき，

$$q = \sum_\nu \theta^\nu$$

で，(x^ν, a^ν)は純国民生産

$$px^\nu - qa^\nu, \quad (x^\nu, a^\nu) \in T^\nu$$

が最大となるような組み合わせである．

$$x^\nu = x^\nu(p, q), \quad a^\nu = a^\nu(p, q).$$

世界経済の均衡はつぎの条件によって特徴づけられる．

(53)
$$\sum_\nu c^\nu = \sum_\nu x^\nu,$$

(54)
$$a = \sum_\nu a^\nu.$$

(54)式に注目すれば，均衡条件(53)からつぎの関係式が得られる．

(55)
$$\sum_{\nu} \theta^{\nu} a^{(\nu)} = qa.$$

リンダール均衡の存在は，前節に用いた手法をそのまま適用して証明できる．以下，特定価格体系 $\theta=(\theta^{\nu})$ が与えられたとき，リンダール均衡は一意的に決まると仮定する．ただし，

$$\theta^{\nu} \geqq 0, \ \sum_{\nu} \theta^{\nu} > 0.$$

特定価格体系 $\theta=(\theta^{\nu})$ の調節は，つぎの微分方程式体系によって与えられるとする．

(56)
$$\dot{\theta}^{\nu} = \alpha^{\nu}\{U^{\nu}(c^{\nu}, a^{(\nu)}) - U^{\nu}(c^{\nu}, a)\}, \ \text{for all } \nu.$$

ここで，a は実際の CO_2 の全排出量で，(54)式で与えられる．また，α^{ν} は，上の最大問題にかんするラグランジュ未知数の逆数である．すなわち，

$$\alpha^{\nu} U^{\nu}_{c^{\nu}}(c^{\nu}, a^{(\nu)}) = p,$$

(57)
$$-\alpha^{\nu} U_a(c^{\nu}, a^{(\nu)}) = \theta^{\nu}.$$

定理10　微分方程式体系(56)の解 $\theta(t)=(\theta^{\nu}(t))$ は，任意に与えられた初期条件 $\theta_0=(\theta_0^{\nu})$ に対して必ず存在し，リンダール均衡に収斂する．

［証明］　効用関数 $U^{\nu}(c^{\nu}, a)$ の厳密な意味での convexity を使えば，(56)式から

$$\dot{\theta}^{\nu} \geqq \alpha^{\nu}\{U^{\nu}_c(c^{\nu}, a^{(\nu)})(a^{(\nu)} - a)\}.$$

ここで，$a \neq a^{(\nu)}$ のときには，不等号＞で成立する．したがって，(57)式を使えば，

(58)
$$\dot{\theta}^{\nu} \geqq -\theta^{\nu}(a^{(\nu)} - a).$$

ここで，$a \neq a^{(\nu)}$ のときには，不等号＞で成立する．

$W(\theta)$ をつぎのように定義する．

$$W(\theta) = \sum_{\nu} \theta^{\nu}.$$

このとき，(52)，(55)に注目すれば，(58)式からつぎの関係が得られる．

$$\dot{W}(\theta(t)) \geqq 0.$$

ここで，$\theta(t)=(\theta^{\nu}(t))$ に対応する排出権市場の市場均衡がリンダール均衡でないときには，不等号で成立する．

したがって，$\lim_{t\to\infty} W(\theta(t)) < +\infty$ のときには，Lyapunov の安定性定理[『基礎篇』第19章]を適用して，$\theta(t)=(\theta^{\nu}(t))$ がリンダール均衡に収斂することがわかる．

また，$\lim_{t\to\infty} W(\theta(t)) = +\infty$ のときは，Uzawa(1995)で用いられた手法を使って，

$$\beta^{\nu} = \frac{\theta^{\nu}}{W(\theta)}$$

によって定義される $\beta(t)=(\beta^{\nu}(t))$ がリンダール均衡に収斂することを示すことができる．じじつ，

(59)
$$\dot{\beta}^{\nu} = \frac{\dot{\theta}^{\nu}}{W(\theta)} - \frac{\dot{W}(\theta)}{W(\theta)}\beta^{\nu}.$$

したがって，$t \to \infty$ のときの $\beta(t) = (\beta^{\nu}(t))$ の集積点は必ずリンダール均衡となる．もし，リンダール均衡でないとすると，その点の近傍を十分小さくとると，(59)式の右辺が必ず負となって，集積点の仮定と矛盾するからである．

つぎに，取引可能な CO_2 の排出権について，各国 ν に対して割り当てられる量のベクトル $b = (b^{\nu})$ を用いて，なんらかの「国際機構」が調節するとき，内在的(inherently)に不安定となることを示そう．このとき，調節のメカニズムはつぎの微分方程式によってあらわされるとする．

(60)
$$\dot{b}^{\nu} = \theta^{\nu} a - q b^{\nu}.$$

ここで，θ^{ν} は実際の CO_2 の全排出量 a のもとで，各国 ν にとっての地球温暖化現象と私的消費との間の限界代替率である．

このとき，つぎの関係式が容易に求められる．

(61)
$$\dot{a} = (\sum_{\nu} \theta^{\nu} - q) a.$$

ここで，$a = \sum_{\nu} b^{\nu}$.

いま，国際的な排出権市場の市場均衡に対応する効率のウェイト・ベクトルを $\alpha = (\alpha^{\nu})$ とすれば，CO_2 の全排出量の critical な水準 $a^*(\alpha)$ が存在することがわかる．

(62)
$$\theta \gtreqless 1, \text{ according to } a \gtreqless a^*(\alpha).$$

(62)の関係式から，微分方程式体系(60)が内在的(inherently)に不安定となることが示される．

参 考 文 献

Foley, D.(1967). "Resource Allocation and the Public Sector," *Yale Economic Essays* **7**, 43-98.

——(1970). "Lindahl Solution and the Core of an Economy with Public Goods," *Econometrica* **38**, 66-72.

Kaneko, M.(1977). "The Ratio Equilibrium and a Voting Game in a Public Goods Economy," *Journal of Economic Theory* **16**, 123-136.

Lindahl, E.(1919). "Positive Lösung," in *Die Gerechtigkeit der Besteuerung*, Lund, Part I, Chapter 4, 85-98. Translated as "Just Taxation——A Positive Solution," in *Classics in the Theory of Public Finance,* R. A. Musgrave and A. T. Peacock(ed), London and New York : Macmillan, 1958, 168-176.

Mäler, K.-G., and H. Uzawa(1994). "Tradable Emission Permits, Pareto Optimality, and Lindahl Equilibrium," *JDB Research Center on Global Warming Discussion Paper* No. 8.

Malinvaud, E.(1971). "A Planning Approach to the Public Goods Problem," *Swedish Journal of Economics* **11**, 96-112.

Mas-Colell, A.(1980). "Efficiency and Decentralization in the Pure Theory of Public Goods," *Quarterly Journal of Economics* **94**(4), 625-641.

Milleron, J.-C. (1972). "The Theory of Value with Public Goods: A Survey Article," *Journal of Economic Theory* **5**, 419–477.

Roberts, D. J. (1974). "The Lindahl Solution for Economies with Public Goods", *Journal of Public Economics* **3**, 23–42.

Samuelson, P. A. (1954). "The Pure Theory of Public Expenditures," *Review of Economics and Statistics* **37**, 387–389.

Uzawa, H. (1991). "Global Warming Initiatives: The Pacific Rim," in *Global Warming: Economic Policy Responses*, edited by R. Dornbusch and J. M. Poterba, Cambridge, Mass.: The MIT Press, 275–324.

——(1995). "Pareto Optimality, Competitive Equilibrium, and Lindahl Equilibrium," *The Beijer Institute Discussion Paper Series*.

——(1998). "Toward a General Theory of Social Overhead Capital," in *Markets, Information, and Uncertainty*, edited by G. Chichilinsky, New York and Cambridge: Cambridge University Press, 1998, pp. 253–304.

——(2004). *Economic Theory and Global Warming*, New York and Cambridge: Cambridge University Press.

宇沢弘文(1989).『経済学の考え方』岩波新書.

——(1995a).『地球温暖化の経済学』岩波書店.

——(1995b).『地球温暖化を考える』岩波新書.

宇沢弘文・國則守生(1993).『地球温暖化の経済分析』東京大学出版会.

——(1995).『制度資本の経済学』東京大学出版会.

第3章　地球温暖化とゲーム理論

1. は じ め に

地球温暖化の現象は，本質的な意味で困難な問題を含んでいる．それは，各国が地球温暖化の問題を解決するために，化石燃料の消費を抑制したり，あるいは熱帯雨林の伐採を中止したりしたときの私的限界費用が，各国が地球温暖化によって受ける私的な損失をはるかに上まわることである．しかも，地球温暖化によって被害をこうむるのは主として，他の国々の人々，とくに発展途上諸国の人々であり，また将来の世代の人々であって，その社会的限界費用はきわめて大きいと考えられている．このような状況のもとで，地球温暖化にかんする国際的同意を得ることは必ずしも容易ではない．とくに，化石燃料の消費を大幅に抑えて，工業化，都市化の流れを変えることは不可能に近い．

このような意味からも，地球温暖化の問題は，ゲーム理論の概念や分析方法が効果的に適用されるといってよい．本章では，地球温暖化の問題を1つの協調ゲーム(cooperative game)としてとらえ，分析を展開することを考えたい．

本章で展開する地球温暖化のモデルはもともと，Mäler and Uzawa(1994)，Uzawa(1998)で導入されたもので，本書でも，第1章，第2章でくわしく説明した通りである．この章の前半ではまず，各国の経済厚生はある cardinal な効用尺度によって，比較可能な形ではかることができる場合を取り上げる．各国の効用は，その国での消費の総量に依存して決まってくる社会的効用を考えるが，その効用は，世界全体の CO_2 の排出量によって大きく影響を受けると仮定する．

各国が選ぶことのできる strategy は，消費，生産のパターンであるが，それによって大気中に排出される CO_2 の量もまた strategy の一部であるとする．各国の pay-off は，その効用である．

地球温暖化の問題を協調ゲームとして考えたとき，いくつかの国々から構成される coalition の値として，coalition に属する国々の効用の和を最大にしたものをとる．このとき，coalition に属さない国々も coalition を形成し，その効用の和を最大にするような strategy を選択すると考える．したがって，coalition の値は，residual な coalition との間で，ナッシュ均衡が成立したときの価値である．このことはのちに重要な意味をもつことになるであろう．

地球温暖化を transferable utility のもとにおける協調ゲームと考えたとき，当然，そのコアが存在するか否かという問題が起こってくる．地球温暖化ゲームについて，一般にコアの存在を証明することは非常に困難な問題であって，満足できる分析はこれまでなされてこなかった．本章でも残念ながら，きわめて中途半端な結論しか得られていない．

つぎに，地球温暖化の問題を，non-transferable utility のもとにおける協調ゲームと考える．このとき，事情はまったく異なったものとなる．地球温暖化のモデルについて，リンダール均衡の存在が証明されることは第2章でくわしく述べたが，このリンダール均衡が，non-transferable utility をもった地球温暖化の協調ゲームのコアのなかに入っていることを示す．

2. 地球温暖化のモデル

本章では，第1章，第2章で展開してきた地球温暖化のモデルにもとづいて議論をするわけであるが，いくつかの重要な点で，これまでのモデルの構成と異なる面をもっている．そこで改めて，地球温暖化モデルの構成を説明することにしよう．

温室効果をもつ気体はすべて，CO_2 を基準として測られるものとし，CO_2 だけを考察の対象とする．また，地球温暖化が経済厚生に及ぼす影響は，毎年大気中に排出される CO_2 の総量に依存すると仮定する．大気中に現に存在する CO_2 のストック量の影響ははるかに大きいわけであるが，ここでは短期の問題を考察するので，CO_2 のストック量は一定であるとして取り扱う．

世界には N 国存在するとし，各国は generic に ν を用いてあらわす($\nu=1, \cdots, N$)．各国 ν の効用水準はつぎの効用関数によって決まる．

$$u^\nu = u^\nu(c^\nu, a).$$

ここで，$c^\nu=(c_j^\nu)$ は ν 国で消費される財のベクトルをあらわし，j は財の種類であるとする($j=1, \cdots, m$)．また，a は年々大気中に排出される CO_2 の総量である．

(1)
$$a = \sum_\nu a^\nu.$$

ここで，a^ν は ν 国で生産活動にともなって大気中に排出される CO_2 の量である．

各国 ν の効用関数 $u^\nu(c^\nu, a)$ は，つぎの新古典派の諸条件をみたすと仮定する．

(U1)　$u^\nu(c^\nu, a)$ は，すべての $(c^\nu, a) \geqq (0, 0)$ について定義され，2回連続微分可能である．

(U2)　私的消費財 $c^\nu=(c_j^\nu)$ の限界効用は常に正であるが，CO_2 の排出は負の限界効用をもつ．

$$u_{c^\nu}^\nu(c^\nu, a) > 0,\ \ u_a^\nu(c^\nu, a) < 0,\ \ \text{for all}\ \ (c^\nu, a) \geqq (0, 0).$$

(U3)　$u^\nu(c^\nu, a)$ は (c^ν, a) にかんして厳密な意味で concave である．

$$u^\nu((1-\theta)c_0^\nu + \theta c_1^\nu,\ \ (1-\theta)a_0 + \theta a_1) > (1-\theta)u^\nu(c_0^\nu, a_0) + \theta u^\nu(c_1^\nu, a_1),$$

$$\text{for all } (c_0^\nu, a_0) \neq (c_1^\nu, a_1),\ 0<\theta<1.$$

効用関数 $u^\nu(c^\nu, a)$ の厳密な意味での concavity の仮定(U3)は，つぎのようなよりきびしい形で表現されることもある.

(U3)′ 2次偏微分係数からなるマトリックス

$$\begin{pmatrix} u_{c^\nu c^\nu}^\nu & u_{c^\nu a}^\nu \\ u_{ac^\nu}^\nu & u_{aa}^\nu \end{pmatrix}$$

がすべての $(c^\nu, a) \geqq (0, 0)$ において negative-definite である.

(U3)′ はまた，つぎの2つの条件としてあらわすこともできる.

(i) $(u_{c^\nu c^\nu}^\nu)$: negative-definite,

(ii) $u_{aa}^\nu - u_{ac^\nu}^\nu (u_{c^\nu c^\nu}^\nu)^{-1} u_{c^\nu a}^\nu < 0,\ \text{for all } (c^\nu, a) \geqq (0, 0).$

(U3)′ と(i)，(ii)とが同値であることは，つぎの対称行列 $A=A'$ にかんする公式からただちにわかるであろう.

$$\begin{pmatrix} I & 0 \\ -b'A^{-1} & 1 \end{pmatrix} \begin{pmatrix} A & b \\ b' & c \end{pmatrix} \begin{pmatrix} I & -A^{-1}b \\ 0 & 1 \end{pmatrix} = \begin{pmatrix} A & 0 \\ 0 & c-b'A^{-1}b \end{pmatrix}.$$

また，地球温暖化に対するゲーム理論的アプローチのさい，つぎの条件がしばしば重要な役割をはたす.

(iii) $u_{c^\nu}^\nu (u_{c^\nu c^\nu}^\nu)^{-1} u_{c^\nu a}^\nu > 0,\ \text{for all } (c^\nu, a) \geqq (0, 0).$

条件(iii)の意味しているところについては，以下の議論からわかるであろう．条件(iii)は，効用関数 $u^\nu(c^\nu, a)$ が c^ν と a にかんしてつよい意味で separable のときには必ずみたされている[『基礎篇』第3章].

$$u^\nu(c^\nu, a) = u^\nu(c^\nu)\phi(a).$$

ここで，

$$u^\nu(c^\nu) > 0,\ \phi(a) > 0,\ \phi'(a) < 0,\ \phi''(a) < 0.$$

各国 ν における生産の条件は生産可能集合 T^ν によって表現される．T^ν は (x^ν, a^ν) の組み合わせの集合である．ここで，$x^\nu=(x_j^\nu)$ は各財 j の産出量 x_j^ν からなるベクトルで，a^ν は ν 国で生産活動にともなって大気中に排出される CO_2 の量である.

各国 ν の生産可能集合 T^ν はつぎの条件をみたすと仮定する.

(T1) T^ν は non-empty で closed，T^ν に属するベクトルは non-negative である.

$$(x^\nu, a^\nu) \geqq (0, 0),\ \text{for all } (x^\nu, a^\nu) \in T^\nu,\ \text{かつ}\ (0, 0) \in T^\nu$$

(T2) T^ν は convex で monotone である.

(i) すべての (x_0^ν, a_0^ν)，$(x_1^\nu, a_1^\nu) \in T^\nu$ に対して，

$$((1-\theta)x_0^\nu+\theta x_1^\nu, (1-\theta)a_0^\nu+\theta a_1^\nu) \in T^\nu, \text{ for all } 0 \leqq \theta \leqq 1.$$

(ii) $$(x^\nu, a^\nu) \in T^\nu,\ x^{\nu\prime} \leqq x^\nu,\ a^{\nu\prime} \geqq a^\nu \Longrightarrow (x^{\nu\prime}, a^{\nu\prime}) \in T^\nu.$$

(T3)　任意に与えられたnon-negativeな価格ベクトル $p=(p_j)$ とnon-negativeな $\lambda>0$ に対して，

$$px^\nu-\lambda a^\nu$$

をすべての $(x^\nu, a^\nu) \in T^\nu$ のなかで最大にするような (x^ν, a^ν) が必ず存在して一意的に決まる．この (x^ν, a^ν) は $(x^\nu(p,\lambda), a^\nu(p,\lambda))$ としてあらわされる．$(x^\nu(p,\lambda), a^\nu(p,\lambda))$ は連続2回微分可能と仮定する．

条件(T3)から，2次偏微分係数のマトリックス

$$\begin{pmatrix} x_p^\nu & a_p^\nu \\ x_\lambda^\nu & a_\lambda^\nu \end{pmatrix}$$

が対称的で，positive-definiteとなることがわかる．

消費ベクトル $(c^1, \cdots, c^N)$ と CO_2 の全排出量 a のパターンがfeasibleとなるのは，

(2) $$\sum_{\nu\in N} c^\nu \leqq \sum_{\nu\in N} x^\nu,$$

(3) $$a=\sum_{\nu\in N} a^\nu$$

がみたされるような生産のプラン $(x^\nu, a^\nu) \in T^\nu (\nu \in N)$，が存在するときである．[ここで，$\sum_{\nu\in N}$ はすべての $\nu \in N$ について集計することを意味する．]

Feasibleなパターン $(c_0^1, \cdots, c_0^N, a_0)$ がoptimum(最適)であるというのは，全世界の効用

$$\sum_{\nu\in N} u^\nu(c^\nu, a)$$

が，feasibleな消費ベクトル $(c^1, \cdots, c^N)$ と CO_2 の排出量 a について最大となっているときと定義する．

同じように，任意のcoalitionについてもoptimumの概念を導入することができる．ここで，coalition S は $N=\{1, \cdots, n\}$ の任意の部分集合 $S \subset N$ である．Coalition S にかんする消費ベクトル $c^\nu(\nu \in S)$ と CO_2 排出量 a_S が S についてfeasibleというのは，

(4) $$\sum_{\nu\in S} c^\nu \leqq \sum_{\nu\in S} x^\nu,$$

(5) $$a_S=\sum_{\nu\in S} a^\nu$$

がみたされるような生産のプラン $(x^\nu, a^\nu) \in T^\nu$，$\nu \in S$，が存在するときである．Coalition S についてfeasibleな消費ベクトル $c^{\nu_0}(\nu_0 \in S)$ と CO_2 の排出量がcoalition S についてoptimumであるというのは，S の全効用

$$\sum_{\nu\in S} u^\nu(c^\nu, a)$$

を，S にかんしてfeasibleなパターン $\{c^\nu(\nu \in S), a_S\}$ のなかで最大となっているときである．

ここで,

$$a = a_S + a_{N-S}$$

で, a_{N-S} を所与とする.

効用関数と生産可能集合についてもうけた(U1)-(U3), (T1)-(T3)の仮定から, 任意の coalition S が与えられたとき, S について optimum な消費ベクトルと CO_2 の排出量 a_S は必ず存在して, a_{N-S} が与えられたとき一意的に定まる. Coalition S にかんして, optimum な消費ベクトル, CO_2 の排出量, ならびに関連する諸変数の値はつぎのようにあらわすことにする.

$$c^{\nu}(S, a_{N-S}),\ \ x^{\nu}(S, a_{N-S}),\ \ a^{\nu}(S, a_{N-S}),\ \ a_S(S, a_{N-S}),\ \ a(S, a_{N-S}).$$

ここで,

$$\sum_{\nu \in S} c^{\nu}(S, a_{N-S}) = \sum_{\nu \in S} x^{\nu}(S, a_{N-S}),$$

$$a_S(S, a_{N-S}) = \sum_{\nu \in S} a^{\nu}(S, a_{N-S}),$$

$$a(S, a_{N-S}) = a_S(S, a_{N-S}) + a_{N-S}.$$

Coalition S に属する国々の全効用の最大値を $v(S, a_{N-S})$ であらわせば,

$$v(S, a_{N-S}) = \sum_{\nu \in S} u^{\nu}(c^{\nu}(S, a_{N-S}), a(S, a_{N-S})).$$

このとき, a_{N-S} は complementary coalition $N-S$ に属する国々にかんする CO_2 の全排出量である.

$$a_{N-S} = \sum_{\nu \in N-S} a^{\nu}.$$

与えられた coalition S に属さない国々は, 自分たちの coalition $N-S$ を形成して, その全効用

$$\sum_{\nu \in N-S} u^{\nu}(c^{\nu}, a)$$

を最大化しようとする. このとき,

$$a = \sum_{\nu \in N-S} a^{\nu} + a_S,$$

a_S は所与となるわけである.

Coalition $N-S$ について, optimum な消費ベクトル, CO_2 の排出量などの変数の値は, coalition S の場合と同じような記号を用いてあらわす.

$$\sum_{\nu \in N-S} c^{\nu}(N-S, a_S) = \sum_{\nu \in N-S} x^{\nu}(N-S, a_S),$$

$$a_{N-S}(N-S, a_S) = \sum_{\nu \in N-S} a^{\nu}(N-S, a_S),$$

$$a(N-S, a_S) = a_{N-S}(N-S, a_S) + a_S.$$

Coalition $N-S$ の値 $v(N-S, a_S)$ もまたつぎのようにあらわされる.

$$v(N-S, a_S) = \sum_{\nu \in N-S} u^{\nu}(c^{\nu}(N-S, a_S), a(N-S, a_S)).$$

2つのcoalition S，$N-S$ の間で均衡が成立しているのは，つぎの関係が成立するときである．

$$a_S = a_S(S, a_{N-S}),\quad a_{N-S} = a_{N-S}(N-S, a_S).$$

このときの $v(S, a_{N-S})$ および $v(N-S, a_S)$ をそれぞれcoalition S およびcoalition $N-S$ の値 $v(S)$，$v(N-S)$ としてあらわす．

このとき，

$$v(S) = \sum_{\nu \in S} u^\nu(c^\nu(S), a(S)). \tag{6}$$

ここで，均衡における諸変数の値を $c^\nu(S)$，$x^\nu(S)$，$a^\nu(S)$，$a_S(S)$，$a(S)$ であらわす．

$$\sum_{\nu \in S} c^\nu(S) = \sum_{\nu \in S} x^\nu(S), \tag{7}$$

$$a_S(S) = \sum_{\nu \in S} a^\nu(S), \tag{8}$$

$$a(S) = a_S(S) + a_{N-S}(S). \tag{9}$$

同じように，complementary coalition $N-S$ についてもつぎのようにあらわす．

$$c^\nu(N-S),\quad x^\nu(N-S),\quad a^\nu(N-S),\quad a_{N-S}(N-S),\quad a(N-S).$$

2つのcoalitions S，$N-S$ との間の均衡の条件から

$$a(S) = a(N-S),\quad a_S(S) = a_S(N-S),\quad a_{N-S}(N-S) = a_{N-S}(S) \tag{10}$$

とする．

上の関係式(10)は地球温暖化ゲームのコアにかんする議論で重要な役割をはたすことになる．

以下，地球温暖化にかんする協調ゲームの理論を展開するが，そのために必要なconcaveプログラミングについていくつかの命題を導き出しておこう．

3. Concaveプログラミングにかんするいくつかの命題

2つのcoalition S，$N-S$ の間の均衡条件は，2つのconcaveプログラミングの最適解の間の関係として定義された．この節で，concaveプログラミングの分析をおこなうために，標準的な記号法を用いることにする．まず，coalition S に属する国々の消費ベクトル

$$x = (c^\nu : \nu \in S)$$

をまとめて $x=(x_j)$ と記す．このベクトル x は，前節の x^ν と混同しないよう留意されたい．

また，coalition S に属している国の効用の和を $f(x, a)$ であらわす．

$$f(x, a) = \sum_{\nu \in S} u^\nu(c^\nu, a),\quad x = (c^\nu : \nu \in S).$$

所与のベクトル x に対して，消費財をベクトル x だけ生産するために必要な CO_2 の排出量の最小なものを $\phi(x)$ であらわす．

すなわち，

$$\phi(x) = \min\{a_S = \sum_{\nu\in S} a^\nu : \sum_{\nu\in S} c^\nu \leqq \sum_{\nu\in S} x^\nu,\ (x^\nu, a^\nu) \in T^\nu \quad (\nu \in S)\}.$$

ここで，$x=(c^\nu : \nu \in S)$とおく．

生産可能集合 T^ν にかんする仮定(T1)-(T3)によって，このようなCO_2の排出量に対して関係する諸変数の値もすべて一意的に定まる．

Coalition S について，optimum な値 $v(N)$はつぎの最大問題の解として得られる．

制約条件

$$a = \phi(x)+z \qquad (z=a_{N-S}\text{は所与})$$

のもとで$f(x, a)$を最大にするような(x^0, a^0)を求めよ．

(U1)-(U3)，(T1)-(T3)の仮定によって，$f(x, a)$は(x, a)にかんして厳密な意味で concave，$\phi(x)$は x にかんして厳密な意味で convex，しかもどちらも2回連続微分可能となる．したがって，つぎの条件がみたされる．

(f_{xx})は negative-definite

(11)　　$$f_{aa}-f_{ax}(f_{xx})^{-1}f_{xa} < 0,\ \text{for all}\ (x, a) \geqq (0, 0).$$

(ϕ_{xx})は positive-definite，for all $x \geqq 0$.

さらに，

$$f_a(x, a) < 0,\ \text{for all}\ (x, a) \geqq (0, 0),$$

$$\phi_x(x) > 0,\ \text{for all}\ x \geqq 0.$$

効用関数 $u^\nu(c^\nu, a)$について仮定した追加的条件(iii)はつぎのように表現される．

(12)　　$$f_x(f_{xx})^{-1}f_{xa} > 0,\ \text{for all}\ (x, a) \geqq (0, 0).$$

したがって，coalition S は concave プログラミングの問題を解くことになるわけで，Kuhn-Tucker 定理を適用することができる［たとえば，Arrow, Hurwicz, and Uzawa(1958)，『基礎篇』第16章］．すなわち，(x^0, a^0)が coalition S の最大問題の最適解となるために必要にして十分な条件は，ラグランジュ形式

$$L(x, a ; \lambda) = f(x, a)+\lambda(a-\phi(x)-z)$$

について，non-negative な鞍点$(x^0, a^0 ; \lambda^0)$が存在することである．

以下，一般性を失うことなく，optimum では変数はすべて正で，Kuhn-Tucker の限界条件はすべて等式で成立している場合を考える．

(13)　　$$f_x(x, a) = \lambda\phi_x(x),$$

(14)　　$$f_a(x, a) = -\lambda,$$

(15)　　$$a = \phi(x)+z.$$

与えられた coalition S に対して，最適解が必ず存在して，一意的に決まることは容易にわ

かる．ここで，最適解に必ず収斂するような，帰属価格λにかんする調節過程を導入しよう．そのために帰属価格λは所与として，(x^0, a^0)を$x \geqq 0$について制約条件なしに最大にするという問題を考える．このとき，最適解xは必ず存在して，一意的に定まる．関数記号を用いて$x=x(\lambda, a)$のようにあらわす．

最適解$x=x(\lambda, a)$は限界条件(13)の解として特徴づけられる．(13)式の両辺の全微分をとれば，

$$(f_{xx}-\lambda\phi_{xx})dx = \phi_x d\lambda - f_{xa}da.$$

したがって，

(16) $$dx = A^{-1}\phi_x d\lambda - A^{-1}f_{xa}da.$$

ここで，

(17) $$A = f_{xx}-\lambda\phi_{xx}.$$

(17)で定義されたマトリックスAはnegative-definiteになり，その逆A^{-1}もまたnegative-definiteとなる．

さて，coalition Sに属する国々のCO_2排出量の合計aは制約条件(15)によって決まってくるから，(15)式の両辺の全微分をとって，

(18) $$da = \phi_x dx.$$

したがって，(13)，(16)に留意すれば，

$$da = \frac{f_x A^{-1} f_x}{\lambda + f_x A^{-1} f_{xa}} \frac{d\lambda}{\lambda}.$$

すなわち，

(19) $$\frac{da}{d\lambda} < 0$$

が成立することになる．

(19)式が意味するところは単純，明快である．CO_2排出の帰属価格λが高くなると，coalition Sに属する国々の全CO_2排出量$\phi(x)$は減少し，世界の全排出量aも低下する．

さてここで，CO_2排出にともなう限界非効用θを

(20) $$\theta = -f_a(x, a)$$

によって定義する．CO_2排出の帰属価格λが高くなるとき，CO_2排出にともなう限界非効用θはどのように変化するであろうか．

(20)式の両辺の全微分をとって，(13)，(16)，(18)に留意すれば，つぎの関係式が得られる．

$$d\theta = \left\{ \frac{-f_x A^{-1} f_x (f_{aa} - f_{ax} A^{-1} f_{xa})}{\lambda + f_x A^{-1} f_{xa}} - f_x A^{-1} f_{xa} \right\} \frac{d\lambda}{\lambda}.$$

したがって，

(21)
$$\frac{d\theta}{d\lambda} < 0.$$

不等式(21)の意味も明快である．CO_2 排出の帰属価格 λ が高くなると，各国は，その経済活動の規模を縮小し，CO_2 の排出量も減少し，CO_2 排出にともなう限界非効用 θ が低くなる．

つぎに，coalition S に属する国々の効用の合計 $f(x, a)$ がどのように変化するかをみよう．

$$df = f_x dx + f_a da = \lambda \phi_x dx + f_a da$$

に(18)を代入すれば，

(22)
$$\frac{df}{d\lambda} = (\lambda - \theta)\frac{da}{d\lambda}.$$

(21)，(22)式からつぎの結論が導き出される．

(23)
$$\frac{df}{d\lambda} \gtreqqless 0, \text{ according to } \lambda \gtreqqless \theta.$$

Kuhn-Tucker の限界条件からただちにわかるように，coalition S の最大問題の最適解は $\lambda = \theta$ のときに得られ，またそのときに限られる．

上の分析から，帰属価格 λ にかんする調節過程が想定される．

(24)
$$\dot{\lambda} = k(\theta - \lambda),$$

ここで，初期条件 λ_0 は任意の正数($\lambda_0 > 0$)で，調節のスピード k は任意に与えられた正の定数($k > 0$)とする．

定理1　(24)によって定義される CO_2 排出の帰属価格 λ にかんする調節過程は大局的に安定である．すなわち，任意の初期条件 $\lambda_0 > 0$ に対して，(24)の解 $\lambda(t, \lambda_0)$は，時間 t が無限大に近づくとき，最適なレベル λ_o に収斂する．

調節過程(24)の収斂は，帰属価格 λ，coalition S の CO_2 の全排出量 a_S，全効用 $f = f(x, a)$，CO_2 排出にともなう限界非効用 θ にかんして単調である．とくに，初期条件 λ_0 が最適水準 λ_o より高いとき($\lambda_0 > \lambda_o$)，帰属価格 $\lambda(t, \lambda_0)$は単調に減少しつづけ，CO_2 排出の限界非効用 $\theta(t)$は単調に増加しつづける．さらに，CO_2 の全排出量 $a_S(t, \lambda_0)$は単調に増加しつづけ，全効用 $f(t, \lambda_0)$は減少しつづけ，それぞれの最適水準に収斂する．

［証明］　(19)，(21)，(22)，(23)に留意すればよい．　　Q.E.D.

つぎに coalition S の CO_2 排出量 a_S が，complementary coalition $N - S$ の CO_2 排出量 a_{N-S} の変化によってどのように変化するかをみてみよう．Kuhn-Tucker の限界条件(13)，(14)，(15)の両辺についてそれぞれ全微分をとって，整理すれば，つぎの方程式体系が得られる．

(25)
$$\begin{pmatrix} f_{aa}-f_{ax}A^{-1}f_{xa} & \lambda+f_xA^{-1}f_{xa} \\ -(\lambda+f_xA^{-1}f_{xa}) & f_xA^{-1}f_x \end{pmatrix}\begin{pmatrix} da \\ \dfrac{d\lambda}{\lambda} \end{pmatrix} = \begin{pmatrix} 0 \\ -\lambda dz \end{pmatrix}.$$

ここで，方程式体系(25)の行列式を $\varDelta$ とすれば，

$$\varDelta = (f_{aa}-f_{ax}A^{-1}f_{xa})(f_xA^{-1}f_x)+(\lambda+f_xA^{-1}f_{xa})^2 > 0.$$

方程式体系(25)を解けば，

$$\frac{da}{dz} = \frac{\lambda(\lambda+f_xA^{-1}f_{xa})}{\varDelta},\quad \frac{d\lambda}{dz} = \frac{-(f_{aa}-f_{ax}A^{-1}f_{xa})\lambda^2}{\varDelta}.$$

したがって，

(26)
$$0 < \frac{da}{dz} < 1,\quad \frac{d\lambda}{dz} > 0.$$

(26)式を使ってつぎの命題が得られる．

定理2　Coalition S が complementary coalition $N-S$ の CO_2 排出量 a_{N-S} に対応して決める最適な CO_2 排出量 a_S が反応関数

$$a_S = \alpha(a_{N-S})$$

によって与えられているとする．すなわち，前節の記号法を用いれば，

$$\alpha(a_{N-S}) = a_S(S, a_{N-S}).$$

このとき，つぎの関係が成立する．

(27)
$$-1 < \alpha'(a_{N-S}) < 0,\quad \text{for all}\ \ a_{N-S} > 0.$$

［証明］　上に求めた(26)と $a_S=a-z$, $z=a_{N-S}$ に留意すればよい．　Q.E.D.

Complementary coalition $N-S$ に対して定理2を適用するため，coalition $N-S$ の反応関数を

$$a_{N-S} = \beta(a_S)$$

のようにあらわす．前節の記号法を用いれば，

$$\beta(a_S) = a_{N-S}(S, a_S).$$

定理2を使って，

(28)
$$-1 < \alpha'(a_S) < 0,\quad \text{for all}\ \ a_S > 0.$$

2つの coalition S, $N-S$ が均衡しているために必要，十分な条件は，

(29)
$$a_S = \alpha(a_{N-S}),\quad a_{N-S} = \beta(a_S)$$

となる．

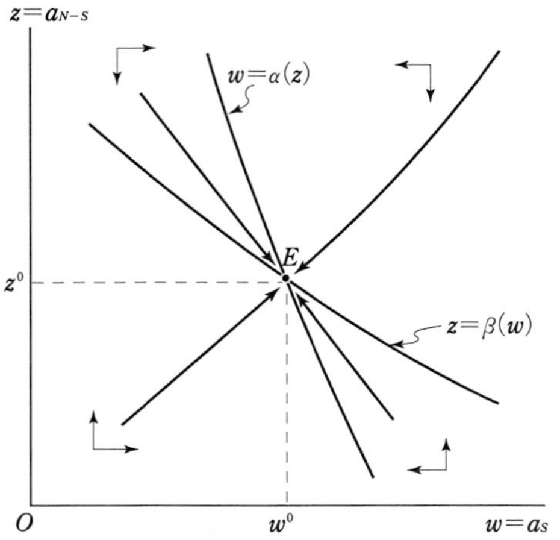

図 3-1　Coalition の値の決定

定理 3　任意の coalition S に対して均衡条件(29)をみたすような CO_2 排出量(a_S, a_{N-S})は必ず存在して，一意的に定まる．したがって，coalition の値 $v(S)$ も必ず存在して，一意的となる．

［証明］　説明をかんたんにするためにつぎの表現を用いる．

$$w = a_S, \quad z = a_{N-S}.$$

このとき，均衡条件(29)はつぎのようにあらわされる．

(30) $$w = \alpha(z), \quad z = \beta(w).$$

ここで，$\alpha(z)$，$\beta(w)$について，

(31) $$-1 < \alpha'(z), \quad \beta'(w) < 0, \quad \text{for all } z, \ w > 0.$$

2 つの関数 $\alpha(z)$，$\beta(w)$はともに連続だから，(30)，(31)によって(30)式をみたすような(w^0, z^0)が必ず存在して一意的に定まる．(w^0, z^0)が一意的に決まることは，図 3-1 から明らかであろう．図 3-1 では，$w=a_S$ は横軸にはかられ，縦軸は $z=a_{N-S}$ をはかる．2 つの曲線 $\alpha(z)$，$\beta(w)$は常に一点 $E=(w^0, z^0)$で交わる．　Q.E.D.

このとき，$w=a_S$，$z=a_{N-S}$ にかんして大局的に安定的となり，常に(w^0, z^0)に収斂するような調節過程を導入することができる．

(32) $$\begin{cases} \dot{w} = \alpha(z) - w, \\ \dot{z} = \beta(w) - z. \end{cases}$$

ここで，初期条件は$(w_0, z_0) > (0, 0)$．

微分方程式体系(32)の右辺の偏微分マトリックスをとって，その行列式 ∇ を計算すれば，

$$\nabla = \begin{pmatrix} -1 & \alpha'(z) \\ \beta'(w) & -1 \end{pmatrix}.$$

このとき，

$$\mathrm{Tr}(\nabla) = -2 < 0, \quad 0 < \mathrm{Det}(\nabla) < 1.$$

だから，∇ の特性根は，2つとも負の実数となることがわかる．

微分方程式体系(32)の解径路は，図3-1で矢印の付いた曲線群によって例示される．解径路が常に均衡点 $E=(w^0, z^0)$ に収斂することは明らかであろう．

以上の議論をまとめてつぎの命題が得られる．

定理4　2つの coalition S, $N-S$ について，(a_S, a_{N-S}) にかんする調節過程を微分方程式体系(32)，あるいはつぎのように定義する．

(33)
$$\begin{cases} \dot{a}_S = a_S(S, a_{N-S}), \\ \dot{a}_{N-S} = a_{N-S}(N-S, a_S). \end{cases}$$

このとき，(33)によって与えられる調節過程は大局的に安定的となる．

任意の初期条件に対して，微分方程式体系(33)の解径路は，均衡点 $E=(w^0, z^0)$ に必ず収斂する．

$$w^0 = a_S(S), \quad z^0 = a_{N-S}(N-S) = a_{N-S}(S).$$

4．地球温暖化にかんする協調ゲーム

つぎに，協調ゲームにかんしていくつかの命題を証明しておこう．与えられた coalition S が complementary coalition $N-S$ の CO_2 排出量 a_{N-S} に対応する response のプロセスは，つぎの concave プログラミングの問題として定式化された．

(S)　制約条件

$$a = \phi(x) + z \qquad (z = a_{N-S})$$

のもとで $f(x, a)$ を最大にするような (x^0, a^0) を求めよ．

つぎの関係式をくり返しておこう．

$$f(x, a) = \sum_{\nu \in S} u^\nu(c^\nu, a), \quad x = (c^\nu : \nu \in S),$$

$$\phi(x) = \sum_{\nu \in S} a^\nu,$$

$$\sum_{\nu \in S} c^\nu \leqq \sum_{\nu \in S} x^\nu, \quad (x^\nu, a^\nu) \in T^\nu \quad (\nu \in S).$$

プログラミング(S)の最適解は必ず存在して，一意的に定まる．$f(x^0, a^0)$ の最大値および関

係変数の最適値は第2節で導入した通りである．

$$f(x^0, a^0) = \nu(S, a_{N-S}),$$
$$\phi(x^0) = a_S(S, a_{N-S}) = \sum_{\nu\in S} a^\nu(S, a_{N-S}),$$
$$a^0 = a(S, a_{N-S}) = \sum_{\nu\in S} a_S(S, a_{N-S}) + a_{N-S}.$$

Complementary coalition $N-S$ についても同様である．Coalition $N-S$ の optimum response のプロセスは，つぎの concave プログラミングの問題として定式化される．

(N-S)　制約条件

$$a = \psi(y) + w$$

のもとで，$g(y, a)$ を最大にするような (y^0, a^0) を求めよ．ここで，$w = a_S$ は与えられているものとする．

このとき，

$$g(y, a) = \sum_{\nu\in N-S} u^\nu(c^\nu, a),\ \ y = (c^\nu;\ \nu \in N-S),$$
$$\psi(y) = \sum_{\nu\in N-S} a^\nu,$$
$$\sum_{\nu\in N-S} c^\nu \leqq \sum_{\nu\in N-S} x^\nu,\ \ (x^\nu, a^\nu) \in T^\nu\ \ (\nu \in N-S).$$

プログラミング(N-S)の最適解も必ず存在して，一意的に定まる．

この2つの concave プログラミングの問題(S)，(N-S)とで同じ a^0 という記号を用いたが，一般に異なる水準となっていることに留意されたい．同じ a^0 となるのは (a_S, a_{N-S}) が均衡しているときで，またそのときに限る．ここで，$f(x^0, a^0)$，$g(y^0, a^0)$ の最適値はそれぞれ coalition S，$N-S$ の値となる．

$$f(x^0, a^0) = \nu(S) = \nu_S(S, a_{N-S}),$$
$$g(y^0, a^0) = \nu(N-S) = \nu_{N-S}(N-S, a_S),$$
$$a^0 = a(S) = a(N-S) = \sum_{\nu\in S} a^\nu(S) + \sum_{\nu\in N-S} a^\nu(N-S).$$

つぎに全体の coalition $N = \{1, 2, \cdots, n\}$ を取り上げよう．Coalition N の最大問題はつぎのようにして与えられる．

(N)　制約条件

$$a = \phi(x) + \psi(y)$$

のもとで，

$$f(x, a) + g(y, a)$$

を最大にするよう $(\bar{x}, \bar{y}, \bar{a})$ を求めよ．

この最大問題の最適解$(\bar{x}, \bar{y}, \bar{a})$も一意的に定まるから，つぎのように書きあらわすことにする．

$$\bar{x} = x(N),\quad \bar{y} = y(N),\quad \bar{a} = a(N).$$

このとき，帰属価格$\bar{\lambda}=\lambda(N)$が存在して，$(\bar{x}, \bar{y}, \bar{a}\,;\,\bar{\lambda})$がつぎのラグランジュ形式の non-negative な鞍点となる．

$$L(x, y, a\,;\,\lambda) = f(x, a)+g(y, a)+\lambda(a-\phi(x)-\psi(y)).$$

Kuhn-Tucker 条件はつぎのように書きあらわされる．

$$f_x(\bar{x}, \bar{a}) = \bar{\lambda}\phi_x(\bar{x}),$$
$$g_y(\bar{y}, \bar{a}) = \bar{\lambda}\psi_y(\bar{y}),$$
$$-f_a(\bar{x}, \bar{a})-g_a(\bar{y}, \bar{a}) = \bar{\lambda},$$
$$\bar{a} = \phi(\bar{x})+\psi(\bar{y}).$$

さて，(N)と(S)について，最適解の間にどのような関係が存在するであろうか．(N)の最適解$(\bar{x}, \bar{y}, \bar{a})$と帰属価格$\bar{\lambda}$の間にはつぎの関係が成立する．

(34)　$$-f_a(\bar{x}, \bar{a}) < \bar{\lambda}.$$

この不等式(34)が意味することは単純である．全 coalition N については，CO_2排出の限界非効用は

$$\bar{\theta} = -f_a(\bar{x}, \bar{a})-g_a(\bar{y}, \bar{a})$$

によって与えられるが，coalition S については，CO_2排出の限界非効用は$\bar{\theta}$の一部分にすぎない．したがって，(N)の最適解については，その帰属価格$\bar{\lambda}$はCO_2排出の社会的限界費用に等しく，coalition S についてのCO_2排出の限界非効用θ_Sより大きくなる．

(35)　$$\theta_S = -f_a(x, a).$$

ここで，最大問題(S)についての調節過程を考えよう．

(36)　$$\dot{\lambda}_S = k(\theta_S-\lambda_S).$$

ここで，初期条件$\bar{\lambda}$は(N)の最適値とし，θ_Sは coalition S にかんするCO_2排出の限界非効用とする．

不等式(34)は

$$\theta_S-\lambda_S < 0$$

を意味する．

定理1によって，解径路$\lambda_S(t, \bar{\lambda})$は，調節過程(36)の均衡値$\lambda_S^0$に収斂する．また，$a_S(t, \bar{\lambda})=\phi(x(t\,;\,\bar{\lambda}))$は均衡値$a_S^0=a_S(S, \bar{a}_{N-S})$に収斂する．ここで，

$$\bar{a}_{N-S} = \psi(\bar{y}) = a_S(N).$$

上の議論をまとめて，つぎの命題が得られる．

定理 5　地球温暖化ゲーム $G=(N, v(S))$ について，

(37)
$$a(S) \geqq a(N),$$

(38)
$$v(S)+v(N-S) \leqq v(N).$$

5. 地球温暖化にかんする協調ゲームのコア

この節では，これまで議論してきた地球温暖化ゲームについて，コアが存在するか否かについて考察したい．協調ゲームのコアについては，[付論：ゲーム理論入門]でくわしいことは説明するが，この節では地球温暖化ゲームを念頭に置きながら解説をする．

ある協調ゲーム $G=(N, v(\cdot))$ が与えられたとき，ゲームの全価値 $v(N)$ の割り当て(allotment)が，どのような coalition によってもブロックされないとき，コア(core)のなかに入っているという．形式的に定義すればつぎの通りである．

ゲームの全価値 $v(N)$ の割り当てというのは，つぎの条件をみたすようなベクトル $x=(x^\nu)$ を指す．

(39)
$$\sum_{\nu \in N} x^\nu = v(N).$$

ゲームの割り当て $x=(x^\nu)$ がコアに入っているのはつぎの条件がみたされるときを指す．

(40)
$$\sum_{\nu \in S} x^\nu \geqq v(S), \text{ for all coalitions } S \subset N.$$

コアが空集合でないための条件は Bondareva-Shapley の定理によって与えられる．

Bondareva-Shapley の定理　協調ゲーム $G=(N, v(\cdot))$ が与えられている．$v(S)\,(S \subset N)$ はゲームの特性関数である．ゲーム G のコアが空集合でないための必要，十分な条件は，

(41)
$$\sum_{S} \pi_S v(S) \leqq v(N)$$

がすべての balancing weight (π_S) について成り立つことである．ここで，$\sum_S$ はすべての coalition S についての和を意味する．

この定理は最初に Bondareva(1962, 1963)によって証明された．のちに Shapley によって別証明が与えられた[Aumann(1989)，Kannai(1992)，付論：ゲーム理論入門]．

ここで，ウェイト (π_S) というのは，

$$\pi_S \geqq 0, \text{ for all } S \subset N$$

をみたすようなベクトルを指す．

あるウェイト (π_S) が balancing というのは，

(42)
$$\sum_{S \ni \nu} \pi_S = 1, \text{ for all } \nu \in N$$

がみたされているときを指す．

Bondareva-Shapley 不等式(41)が必要条件となっていることは trivial である．もし仮に，コアのなかに $x=(x^\nu)$ が入っていたとすれば，(39)，(40)がみたされている．したがって，任意の balancing weight(π_S)に対して，(40)式の両辺に π_S を掛けて，すべての coalition S について足し合わせれば，

$$\sum_S \pi_S v(S) \leqq \sum_S \pi_S \sum_{\nu \in S} x^\nu = \sum_{\nu \in N} \sum_{S \ni \nu} \pi_S x^\nu = \sum_{\nu \in N} x^\nu = v(N).$$

Bondareva-Shapley 不等式(41)が十分条件となっていることを証明するために，つぎの 2 つのリニヤー・プログラミング問題(C)，(B)を考える．(C)と(B)とは dual となっている．

(C)　制約条件

(43)
$$\sum_{\nu \in N} \Lambda_S(\nu) x^\nu \geqq v(S), \text{ for all } S \subset N$$

のもとで，$\sum_{\nu \in N} x^\nu$ を最小にするような $x=(x^\nu)$を求めよ．

(B)　制約条件

(44)
$$\sum_S \Lambda_S(\nu) y_S = 1, \text{ for all } \nu \in N,$$
$$y_S \geqq 0, \text{ for all } S \subset N$$

のもとで，$\sum_S v(S) y_S$ を最大にするような $y=(y_S)$を求めよ．

リニヤー・プログラミングにかんする双対定理によって，この 2 つのリニヤー・プログラミングの値は等しい[『基礎篇』第 16 章]．

ところで，プログラミング(B)の値は少なくとも $v(N)$を超えない．Bondareva-Shapley 不等式(41)が成立しているとすれば，プログラミング(B)の値はちょうど $v(N)$に等しくなる．双対定理によって，プログラミング(C)の値も $v(N)$に等しくなる．すなわち，制約条件(44)をみたす $x=(x^\nu)$で，

$$\sum_{\nu \in N} x^\nu = v(N)$$

をみたすようなものが存在する．このような $x=(x^\nu)$がコアに入っていることは，プログラミング(C)の構造から明らか．したがって，Bondareva-Shapley の定理が証明された．

地球温暖化ゲーム $G=(N, v(\cdot))$についてコアが空集合でない条件を求めるために，つぎのような考察をおこなう．まず，coalition N について optimum における変数の値を

$$c^\nu(N),\ x^\nu(N),\ a^\nu(N),\ a(N),\ \theta(N),\ \theta^\nu(N),\ p(N)$$

とすれば，つぎの関係が成立する．

$$v(N) = \sum_{\nu \in N} u^{\nu}(c^{\nu}(N), a(N)),$$

$$u^{\nu}_{c^{\nu}}(c^{\nu}(N), a(N)) = p(N), \text{ for all } \nu \in N,$$

$$\sum_{\nu \in N} c^{\nu}(N) = \sum_{\nu \in N} x^{\nu}(N),$$

$$(x^{\nu}(N), a^{\nu}(N)) \in T^{\nu}, \text{ for all } \nu \in N,$$

$$p(N)x^{\nu}(N) - \theta(N)a^{\nu}(N) \geqq p(N)x^{\nu} - \theta(N)a^{\nu}, \text{ for all } (x^{\nu}, a^{\nu}) \in T^{\nu},$$

$$\theta(N) = \sum_{\nu \in N} \theta^{\nu}(N), \quad \theta^{\nu}(N) = -u^{\nu}_{a}(c^{\nu}(N), a(N)).$$

同じように coalition S について，optimum における変数の値を

$$c^{\nu}(S), \quad x^{\nu}(S), \quad a^{\nu}(S), \quad a(S), \quad v(S)$$

とすれば，つぎの関係が成立する．

$$v(S) = \sum_{\nu \in S} u^{\nu}(c^{\nu}(S), a(S)),$$

$$\sum_{\nu \in S} c^{\nu}(S) = \sum_{\nu \in S} x^{\nu}(S),$$

$$a(S) = \sum_{\nu \in N} a^{\nu}(S), \quad (x^{\nu}(S), a^{\nu}(S)) \in T^{\nu}, \text{ for all } \nu \in N.$$

したがって，

$$a(S) = a_S(S) + a_{N-S}(S) = \sum_{\nu \in S} a^{\nu}(S) + \sum_{\nu \in N-S} a^{\nu}(S).$$

効用関数 $u^{\nu}(c^{\nu}, a)$ は (c^{ν}, a) にかんして concave な関数であると仮定したから，

$$u^{\nu}(c^{\nu}(N), a(N)) - u^{\nu}(c^{\nu}(S), a(S))$$
$$\geqq u^{\nu}_{c^{\nu}}(c^{\nu}(N), a(N))(c^{\nu}(N) - c^{\nu}(S)) + u^{\nu}_{a}(c^{\nu}(N), a(N))(a(N) - a(S)).$$

すなわち，

(45) $$u^{\nu}(c^{\nu}(N), a(N)) - u^{\nu}(c^{\nu}(S), a(S)) \geqq p(N)(c^{\nu}(N) - c^{\nu}(S)) - \theta^{\nu}(N)(a(N) - a(S)).$$

ここで，(π_S) を任意の balancing weight とする．すなわち，

$$\pi_S \geqq 0 \qquad (S \subset N),$$

$$\sum_{S \ni \nu} \pi_S = 1, \text{ for all } \nu \in N.$$

つぎの変数を定義する．

$$c^{\nu} = \sum_{S \ni \nu} \pi_S c^{\nu}(S), \quad x^{\nu} = \sum_{S \ni \nu} \pi_S x^{\nu}(S),$$

$$a^{\nu} = \sum_{S \ni \nu} \pi_S a^{\nu}(S).$$

このとき，

$$\sum_{\nu \in N} c^{\nu} = \sum_{\nu \in N} \sum_{S \ni \nu} \pi_S c^{\nu}(S) = \sum_{S} \pi_S \sum_{\nu \in S} c^{\nu}(S)$$
$$= \sum_{S} \pi_S \sum_{\nu \in S} x^{\nu}(S) = \sum_{\nu \in N} \sum_{S \ni \nu} \pi_S x^{\nu}(S) = \sum_{\nu \in N} x^{\nu}, \quad (x^{\nu}, a^{\nu}) \in T^{\nu}, \text{ for all } \nu \in N.$$

さて，(45)式の両辺に π_S を掛けて，$\sum_{\nu\in N}\sum_{S\ni\nu}$ の和をとれば

$$\sum_{\nu\in N} u^\nu(c^\nu(N), a(N)) - \sum_{\nu\in N}\sum_{S\ni\nu} \pi_S u^\nu(c^\nu(S), a(S))$$

$$\geqq p(N)\Big(\sum_{\nu\in N} c^\nu(N) - \sum_{\nu\in N} c^\nu\Big) - \theta(N)a(N) + \sum_{\nu\in N}\theta^\nu(N)\sum_{S\ni\nu}\pi_S a(S).$$

したがって，

(46)
$$v(N) - \sum_S \pi_S v(S) \geqq p(N)\Big(\sum_{\nu\in N} x^\nu(N) - \sum_{\nu\in N} x^\nu\Big)$$
$$- \theta(N)a(N) + \sum_{\nu\in N}\theta^\nu(N)\sum_{S\ni\nu}\pi_S a(S).$$

ここで，

$$p(N)(x^\nu(N) - x^\nu) - \theta(N)(a^\nu(N) - a^\nu) \geqq 0$$

に留意すれば，(46)式はつぎのようになる．

(47)
$$v(N) - \sum_S \pi_S v(S) \geqq \sum_S \pi_S\{\theta_S(N)a(S) - \theta(N)a_S(S)\},$$
$$\theta_S(N) = \sum_{\nu\in S}\theta^\nu(N),\quad \theta(N) = \sum_{\nu\in N}\theta^\nu(N),$$
$$a_S(S) = \sum_{\nu\in S} a^\nu(S),\quad a(S) = \sum_{\nu\in N} a^\nu(S).$$

したがって，(47)式から明らかなように，Bondareva-Shapley 不等式(41)はつぎの条件がみたされているとき成立する．

(48)
$$\theta_S(N)a(S) = \theta(N)a_S(S) \qquad (S \subset N).$$

この条件(48)は，Bondareva-Shapley 不等式(41)が一般的に成立するために，ほぼ必要条件に等しいといってもよい．しかし，地球温暖化ゲームのうちで(48)の条件をみたすものは見出しがたい．たとえば，すべての効用関数が(c^ν, a)にかんしてつよい意味で separable で，しかも，

$$u^\nu(c^\nu, a) = u^\nu(c^\nu)\varphi(a)$$

のようにすべての国にとって共通の $\varphi(a)$であらわされている場合を考えよう．このとき(48)がみたされるために必要，十分な条件は

$$\frac{a_S(S)}{a(S)} = \frac{\sum_{\nu\in S} u^\nu(c^\nu(N))}{\sum_{\nu\in N} u^\nu(c^\nu(N))} \qquad (S \subset N)$$

となってきわめてきびしいものであることがわかるであろう．

以上をまとめて，つぎの命題が得られる．

定理6　地球温暖化の協調ゲームを transferable utility のもとで考えたとき，(48)の条件がみたされているとき，そのコアは空集合ではない．

6. リンダール均衡と協調ゲームのコア

これまで，地球温暖化を1つの協調ゲームとみなして，コアが空集合でないための条件を検討してきた．そのさい，transferable utility をもったゲームとして考えたが，この節では，non-transferable utility をもつゲームとして考えて，そのコアが空集合ではないための条件を求めることにしたい．地球温暖化ゲームを non-transferable utility のもとに考えたとき，コアの構造がはるかに明快となる．じつは，リンダール均衡が常にコアのなかに入っていることが証明される．第2章で，リンダール均衡の存在を証明したから，このことはまた，non-transferable utility のもとで地球温暖化ゲームを考えたとき，そのコアが空集合ではないことを証明したことにもなる．

まずはじめに，第2章で展開したリンダール均衡の存在証明を改めて思い起こしておこう．第1章で導入した地球温暖化モデルを考えるが，各国の効用関数は，ある効用指標をあらわすものとなって，与えられた選好関係に対して自由に選べる．いま，各国の効用関数 $u^\nu(c^\nu, a)$ に対して，それぞれ α^ν というウェイトを付けたつぎのような社会的効用を考える．

$$\sum_{\nu \in N} \alpha^\nu u^\nu(c^\nu, a). \tag{49}$$

社会的効用のウェイトをベクトル $\alpha=(\alpha^\nu)$ であらわすことにする．社会的効用(49)を feasible な allocation のなかで最大にするような optimum な allocation は必ず存在して，一意的に決まる．社会的な optimum$(c^1, \cdots, c^n, a)$ における x^ν，a^ν の値，およびラグランジュ乗数 $p=(p_j)$，θ の値を $c^\nu(\alpha)$，$x^\nu(\alpha)$，$a^\nu(\alpha)$，$a(\alpha)$，$p(\alpha)$，$\theta(\alpha)$ のようにあらわすことにする．このとき，つぎの関係が成り立つ．

$$\sum_{\nu \in N} c^\nu(\alpha) = \sum_{\nu \in N} x^\nu(\alpha),$$

$$a(\alpha) = \sum_{\nu \in N} a^\nu(\alpha),$$

$$(x^\nu(\alpha), a^\nu(\alpha)) \text{ maximizes } p(\alpha)x^\nu - \theta(\alpha)a^\nu \quad \text{over } (x^\nu, a^\nu) \in T^\nu,$$

$$\alpha^\nu u^\nu_{c^\nu}(c^\nu(\alpha), a(\alpha)) = p(\alpha),$$

$$-\sum_{\nu \in N} \alpha^\nu u^\nu_a(c^\nu(\alpha), a(\alpha)) = \theta(\alpha).$$

第5節に述べた，効用関数および生産可能集合にかんする諸条件のもとで，社会的な optimum がリンダール均衡となっているような効用ウェイトのベクトル $\alpha=(\alpha^\nu)$，$\alpha^\nu>0(\nu \in N)$ が存在する．すなわち，feasible な allocation のなかで社会的効用関数(49)を最大にするような allocation$(c^1, \cdots, c^n, a)$ について，つぎのリンダール関係が成立する．

各国 ν について，$(c^\nu(\alpha), a(\alpha))$ は効用関数 $u^\nu(c^\nu, a^{(\nu)})$ を予算制約条件

(50) $$p(\alpha)c^\nu - \theta^\nu(\alpha)a^{(\nu)} = p(\alpha)x^\nu(\alpha) - \theta(\alpha)a^\nu(\alpha)$$

のもとで最大にする．ここで，

$$\theta^\nu(\alpha) = -\alpha^\nu u_a^\nu(c^\nu(\alpha), a(\alpha)) \qquad (\nu \in N).$$

また，つぎの関係も成り立つ．

$$\theta(\alpha) = \sum_{\nu \in N} \theta^\nu(\alpha).$$

さて，地球温暖化ゲームを transferable utility のもとで考えよう．各国の cardinal utility は $\alpha^\nu u^\nu(c^\nu, a)$ によって与えられているとする．このとき，任意に与えられた coalition $S(S \subset N)$ について，optimum な allocation および関連する諸変数の値は，これまでと同じようなかたちで表現する．

$$c^\nu(S),\ x^\nu(S),\ a^\nu(S),\ a(S),\ p(S),\ \theta(S),\ \theta^\nu(S).$$

Coalition S の値 $v(S)$ は

$$v(S) = \sum_{\nu \in S} \alpha^\nu u^\nu(c^\nu(S), a(S))$$

によって与えられる．ここで，

$$\sum_{\nu \in S} c^\nu(S) = \sum_{\nu \in S} x^\nu(S),$$

$$a(S) = \sum_{\nu \in N} a^\nu(S),\ (x^\nu(S), a^\nu(S)) \in T^\nu.$$

[$a(S)$ は，coalition S に属していない国もふくめて，$a^\nu(S)$ をすべての $\nu \in N$ について，足し合わせたものであることに留意されたい．]

とくに，全世界からなる coalition $N=\{1, 2, \cdots, n\}$ について，つぎの関係が成立する．

$$v(N) = \sum_{\nu \in N} \alpha^\nu u^\nu(c^\nu(N), a(N)),$$

$$\sum_{\nu \in N} c^\nu(N) = \sum_{\nu \in N} x^\nu(N),$$

$$a(N) = \sum_{\nu \in N} a^\nu(N),$$

$$(x^\nu(N), a^\nu(N)) \in T^\nu \quad (\nu \in N).$$

さらに，

$$\alpha^\nu u_{c^\nu}^\nu(c^\nu(N), a(N)) = p(N) \qquad (\nu \in N),$$

$$\theta(N) = \sum_{\nu \in N} \theta^\nu(N),\ \theta^\nu(N) = -\alpha^\nu u_a^\nu(c^\nu(N), a(N)) \qquad (\nu \in N).$$

また，リンダール関係はつぎのように表現される．

$$p(N)c^\nu(N) - \theta^\nu(N)a(N) = p(N)x^\nu(N) - \theta(N)a^\nu(N) \qquad (\nu \in N).$$

効用関数が concave であるという仮定から，つぎの不等式が導き出される．

$$\alpha^\nu u^\nu(c^\nu(N), a(N)) - \alpha^\nu u^\nu(c^\nu(S), a(S))$$
$$\geqq \alpha^\nu u_{c^\nu}^\nu(c^\nu(N), a(N))(c^\nu(N) - c^\nu(S)) + \alpha^\nu u_a^\nu(c^\nu(N), a(N))(a(N) - a(S))$$

$$= p(N)(c^\nu(N) - c^\nu(S)) - \theta^\nu(N)(a(N) - a(S))$$
$$= p(N)(x^\nu(N) - x^\nu(S)) - \theta(N)a^\nu(N) + \theta^\nu(N)a(S)$$
$$\geqq \theta^\nu(N)a(S) - \theta(N)a^\nu(S).$$

したがって，

$$(51)\quad \sum_{\nu\in S}\alpha^\nu u^\nu(c^\nu(N), a(N)) - \sum_{\nu\in S}\alpha^\nu u^\nu(c^\nu(S), a(S)) \geqq \theta_S(N)a(S) - \theta(N)a_S(S).$$

ここで，

$$\theta_S(N) = \sum_{\nu\in S}\theta^\nu(N),\quad a_S(S) = \sum_{\nu\in S}a^\nu(S).$$

さて，任意の coalition S が与えられたとき，coalition S および coalition $N-S$ に属する国の効用に対してそれぞれ $(\beta_S\alpha^\nu : \nu\in S)$，$(\beta_{N-S}\alpha^\nu : \nu\in N-S)$ のウェイトをつけたときに，つぎの関係が成り立つようにすることができることを示そう．

$$(52)\qquad \theta_S(N)a(S) = \theta(N)a_S(S),$$

$$(53)\qquad \theta_{N-S}(N)a(S) = \theta(N)a_{N-S}(S).$$

ここで，$a(S)$，$a_S(S)$，$a_{N-S}(S)$ は，2つの coalition S と $N-S$ が均衡しているときの値である．とくに，

$$a(S) = a(N-S),\quad a_{N-S}(S) = a_{N-S}(N-S).$$

このときの諸変数の値はつぎのように記す．

$c^\nu(S)$，$x^\nu(S)$，$a^\nu(S)$，$a(S)$，$p(S)$，$\theta^\nu(S)$，$\theta(S)$，

$c^\nu(N-S)$，$x^\nu(N-S)$，$a^\nu(N-S)$，$a(N-S)$，$p(N-S)$，$\theta^\nu(N-S)$，$\theta(N-S)$．

これらの変数は，より正確には $c^\nu(S ; \beta_S\alpha_S, \beta_{N-S}\alpha_{N-S})$ などのようにあらわすべきであるが，記述を簡単にするために上のような表現を用いることにする．

(52)，(53)の関係をみたすような (β_S, β_{N-S}) の存在を示すために，1次元の open simplex $\Sigma = \{\beta = (\beta_S, \beta_{N-S}) : \beta_S, \beta_{N-S} > 0, \beta_S + \beta_{N-S} = 1\}$ からそれ自体への mapping $\beta = (\beta_S, \beta_{N-S}) \longrightarrow \bar{\beta} = (\bar{\beta}_S, \bar{\beta}_{N-S})$ をつぎのように定義する．

まず，

$$t_S = \frac{\theta_S(N)}{\theta(N)},\quad t_{N-S} = \frac{\theta_{N-S}(N)}{\theta(N)}.$$

このとき，

$$(54)\qquad t_S, t_{N-S} \geqq 0,\quad t_S + t_{N-S} = 1.$$

任意の $(\beta_S, \beta_{N-S}) \in \Sigma$ に対して，$(\bar{\beta}_S, \bar{\beta}_{N-S})$ をつぎの条件によって定義する．

$$(\mathrm{S})\qquad \bar{\beta}_S\alpha^\nu \sum_{\nu\in S} u^\nu(c^\nu(S), a^{(S)}) + \theta_S(S)a_S,\quad a^{(S)} = a_S + a_{N-S}(S)$$

は $\bar{a}^{(S)} = \bar{a}_S + a_{N-S}(S)$ において最大化され，そのとき

$$(55)\qquad \bar{a}_S = t_S a(S)$$

がみたされている.

$$\text{(N-S)} \quad \bar{\beta}_{N-S}\alpha^{\nu} \sum_{\nu \in N-S} u^{\nu}(c^{\nu}(S),\, a^{(S)}) + \theta_{N-S}(S)\, a_{N-S}, \quad a^{(N-S)} = a_{N-S} + a_S(S)$$

は $\bar{a}^{(N-S)} = \bar{a}_{N-S} + a_S(S)$ において最大化され，そのとき

$$\bar{a}_{N-S} = t_{N-S}a(S) \tag{56}$$

がみたされている.

ここで，

$$\bar{\bar{\beta}}_S = \frac{1}{\lambda}\bar{\beta}_S, \quad \bar{\bar{\beta}}_{N-S} = \frac{1}{\lambda}\bar{\beta}_{N-S},$$

$$\lambda = \bar{\beta}_S + \bar{\beta}_{N-S} > 0.$$

このようにして定義された mapping $(\beta_S, \beta_{N-S}) \longrightarrow (\bar{\bar{\beta}}_S, \bar{\bar{\beta}}_{N-S})$ は Σ からそれ自体への連続な mapping であって，つぎの性質をもつ.

$$\lim_{\beta_S \to 0} \bar{\bar{\beta}}_S = 1, \quad \lim_{\beta_S \to 1} \bar{\bar{\beta}}_S = 0$$

したがって，図3-2からただちにわかるように，

$$(\bar{\beta}_S, \bar{\beta}_{N-S}) = \lambda(\beta_S, \beta_{N-S})$$

をみたすような $(\beta_S, \beta_{N-S}) \in \Sigma$ が必ず存在する.

このとき，$\lambda=1$ となる．仮に $\lambda=1$ がみたされなかったとしよう．もし $\lambda>1$ だとすれば，(54)，(55)，(56)から

$$a(S) = t_S a(S) + t_{N-S}a(S) = \bar{a}_S + \bar{a}_{N-S} < a_S(S) + a_{N-S} < a(S)$$

となって，矛盾する．同じように，$\lambda<1$ となり，(52)，(53)をみたすような (β_S, β_{N-S}) の存在が示される.

Coalition S の optimum における諸変数の値を(51)式に代入すれば，つぎの不等式が求められる.

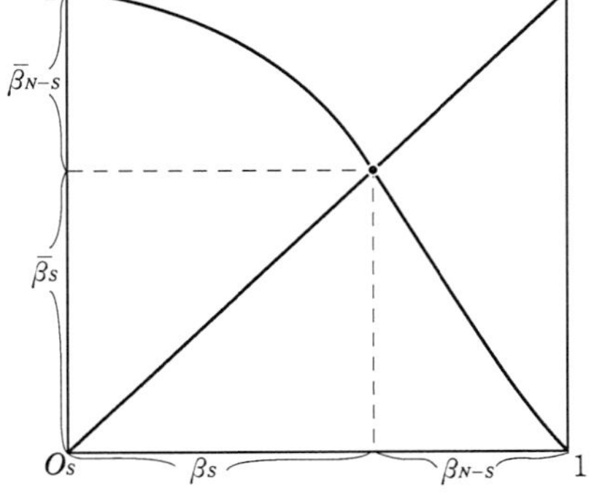

図3-2　Coalition $S, N-S$ に対するウェイト (β_S, β_{N-S}) の決定

(57) $$\sum_{\nu \in S} \alpha^{\nu} u^{\nu}(c^{\nu}(N), a(N)) \geqq \sum_{\nu \in S} \alpha^{\nu} u^{\nu}(c^{\nu}(S), a(S)), \text{ for all } S.$$

ここで，coalition S に属する国々の効用に対するウェイトは

$$\{\beta_S \alpha^{\nu}(\nu \in S),\ \beta_{N-S} \alpha^{\nu}(\nu \in N-S)\}$$

によって与えられている．

不等式(57)を使って，リンダール均衡$(c^1(N), \cdots, c^n(N), a(N))$が，non-transferable utility のもとにおける地球温暖化ゲームのコアのなかに入っていることを示すことができる．

もし仮に，リンダール均衡$(c^1(N), \cdots, c^n(N), a(N))$がコアのなかに入っていなかったとすれば，ある coalition S が存在して，

$$u^{\nu}(c^{\nu}(N), a(N)) < u^{\nu}(c^{\nu}, a), \text{ for all } \nu \in S$$

をみたすような，coalition S について feasible な$(c^{\nu}(\nu \in S), a)$が存在することになって，(57)と矛盾する．

以上の議論によって，つぎの定理が成立することがわかる．

定理 7　地球温暖化ゲームを non-transferable utility のもとで考える．第 2 節で述べた諸条件がみたされているとすれば，リンダール均衡は必ず存在して，ゲームのコアのなかに入っている．

7. お わ り に

本章の主な結論は，地球温暖化のモデルを，non-transferable utility のもとにおける協調ゲームとして考えたとき，リンダール均衡は必ずコアのなかに入っていることであった．Mäler and Uzawa (1994) で地球温暖化の一般的なモデルについて，リンダール均衡の存在を証明したが，その証明は，各国の効用に対するウェイトのベクトル $\alpha=(\alpha^{\nu})$をうまく選ぶと，対応する社会的 optimum がリンダール均衡の条件をみたすことを利用したものであった．地球温暖化モデルを non-transferable utility をもった協調ゲームの 1 つと考えているが，この，リンダール均衡に対応する効用のウェイトのベクトルを使って，transferable utility のもとにおける協調ゲームとみなして議論を進める．このとき，任意の coalition S の値 $v(S)$は，coalition S に属する国 ν の効用 $u^{\nu}(c^{\nu}, a)$にウェイト α^{ν} を付けて足し合わせた社会的効用

(58) $$\sum_{\nu \in S} \alpha^{\nu} u^{\nu}(c^{\nu}, a)$$

について，coalition S にかんして feasible な allocation のパターン$(c^{\nu}, (\nu \in S), a)$のなかで最大値をとったものとして定義される．ここで，a は CO_2 の全排出量である．

(59) $$a = \sum_{\nu \in N} a^{\nu} = a_S + a_{N-S},$$

$$(60)\qquad a_S = \sum_{\nu\in S} a^\nu,\quad a_{N-S} = \sum_{\nu\in N-S} a^\nu.$$

したがって，(58)によって定義されるcoalition Sにかんする社会的効用の最大値$v(S)$は，complementary coalition $N-S$に属する国々によるCO_2の排出量a_{N-S}に依存することになる．

そこで，各coalition Sの値$v(S)$を一意的に定義するために，coalition Sとそのcomplementary $N-S$が均衡している状態を考える．すなわち，2つのcoalitions S，$N-S$がそれぞれoptimumで想定している世界の全排出量aが共通のときを考えて，そのときの値として，coalition Sの値$v(S)$を定義する．このように定義した各coalition Sの値$v(S)$が一意的に定まることを若干の計算の上証明したのが第4節であった．

第5節では，一般の，transferable utilityのもとにおける協調ゲームのコアが空集合でないための条件を検討した．このとき，もっともよく援用されるのがBondareva-Shapleyの定理である．この定理はゲーム理論でもっとも基本的な定理の1つでしばしば引用されるが，[付論]で改めて，Bondareva-Shapleyの定理をくわしく説明して，リニヤー・プログラミングの双対原理を巧みに用いた証明を紹介する．しかし，地球温暖化モデルをtransferable utilityをもった協調ゲームと考えるとき，Bondareva-Shapleyの定理は必ずしも効果的なかたちで適用することができない．CO_2の排出がSamuelsonの意味における公共財(pablic goods，あるいはpablic bads)の特徴をもっていて，外部性(externalities)が大きいからである．定理6に示されているように，Bondareva-Shapleyの不等式が成立することを示すために，きわめてきびしい条件がみたされていなければならないのである．

しかし，地球温暖化モデルをnon-transferable utilityをもつ協調ゲームとみなしたとき，事情はまったく異なったものとなる．このとき，リンダール均衡が常に協調ゲームのコアのなかに入っていることが証明される．第6節での証明は，Bondareva-Shapleyの定理を用いない．全世界のcoalition Nに対応する社会的optimumを$(c^1(N), \cdots, c^n(N), a(N))$とするとき，

$$(61)\qquad v_S(N) = \sum_{\nu\in S} \alpha^\nu u^\nu(c^\nu(N), a(N)) \geqq v_S(S) = \sum_{\nu\in S} \alpha^\nu u^\nu(c^\nu(S), a(S))$$

という不等式(61)を導き出すことができる．(61)を導き出すために，リンダールの条件がessentialに必要となってくる．

(61)式から，$(c^1(N), \cdots, c^n(N), a(N))$が，各coalition Sの社会的効用を(58)で定義して得られたtransferable utilityをもった地球温暖化ゲームのコアのなかに入っていることがただちに証明される．したがって，$(c^1(N), \cdots, c^n(N), a(N))$はnon-transferable utilityのもとで協調ゲームのコアのなかに入っていることになる．

本章で展開した地球温暖化モデルにかんする協調ゲームにかんする分析とその主要な結論はさらに一般に，多数のSamuelson的公共財をもった経済モデルにも拡張することができる．

このことは，第7章でくわしく展開する．

参考文献

Arrow, K. J., L. Hurwicz, and H. Uzawa (1958). *Studies in Linear and Non-linear Programing*, Stanford : Stanford University Press.

Aumann, R. J. (1989). *Lectures on Game Theory*, Boulder : Westview Press.

Bondareva, O. N. (1962). "Teoriia Idra v Igre n Lits (The Theory of Core in an n-Person Came)," *Bulletin of Leningrad University*, Mathematics, Mechanics, and Astronomy Series, No. 13, 141-142.

——(1963). "Some Applications of Linear Programming to the Theory of Cooperative Games," *Problemy Kybernikiti* **10**, 119-139 (in Russian).

Kannai, Y. (1992). "The Core and Balancedness," in *Handbook of Game Theory* **I**, edited by R. J. Aumann and S. Hart, Amsterdam : Elsevier Science B. V., 355-395.

Mäler, K.-G., and H. Uzawa (1994). "Tradable Emission Permits, Pareto Optimality, and Lindahl Equilibrium," *Beijer Institute Discussion Paper Series*.

Shapley, L. S. (1973). "On Balanced Games Without Side Payments," in *Mathematical Programing*, edited by T. C. Hu and S. M. Robinson, New York : Academic Press, 261-290.

Uzawa, H. (1999). "Global Warming as a Cooperative Game," *Environmental Economics and Policy Studies*, Vol. 2, pp. 1-37.

第4章　地球温暖化と世代間の公正

この章では，消費と資本蓄積の時間的径路にかんする世代間の公正(intergenerational equity)についての概念を導入して，世代間を通じて公正な消費と資本蓄積の時間的径路を実現するためには，どのような制度ないしは政策が必要になるかという問題を考察する．とくに，地球温暖化について，効用関数が適当な条件をみたすとき，消費と資本蓄積の時間的径路が世代間を通じて公正であるために必要，十分な条件は，CO_2 の排出に対する比例的炭素税の制度であることを証明する．

1. はじめに

地球温暖化の問題は，国際間の公正にかかわるとともに，世代間の公正とも重要なかかわりをもつ．地球温暖化は，先進工業諸国の経済活動，とくに工業的生産の過程を通じて，CO_2，その他の温室効果ガスを大気中に排出することによって惹き起こされるのが主な原因であるが，さらには，熱帯雨林の伐採を中心とする陸上植物圏の破壊も地球温暖化の原因となっている．このように，地球温暖化の原因は主として，先進工業諸国の経済活動であるが，その影響はもっぱら，発展途上諸国が背負わなければならない．地球温暖化はまた，現在の世代の経済活動によって惹き起こされ，その被害はもっぱら将来の世代がこうむるものである．現在の世代が，高い消費生活を享受するためにおこなっている経済活動によって，大気の均衡が大幅に破壊され，将来の世代が，地球温暖化によって，その実質的生活水準が大きく低下するという結果を招来しつつある．

この章では，地球温暖化をはじめとする地球環境問題を，実質的所得分配の世代間の不平等性という観点から分析し，世代間を通じて公正な消費と資本蓄積の時間的径路が，どのような制度的ないしは政策的な条件のもとで実現するかをみることにしたい．以下の分析は主として，Frank Ramsey にはじまり，Karl-Goran Mäler[Mäler(1974)]によって展開された，環境の質にかんする動学的最適理論枠組みのなかでおこなわれる．ここで，とくに分析の焦点をおきたいのは，ペンローズ効果(Penrose effect)によって資本蓄積のプロセスが非可逆的(irreversibility of processes of capital accumulation)となる場合である．ペンローズ効果はもともと，マクロ経済の動学的分析のために導入された概念であるが[Uzawa(1969)]，世代間を通じて公正な資源配分のパターンを考察するさいに，基本的な役割をはたす．

本章の考察を通じて，中心的な役割を演ずる動学的双対原理は，Epstein and Haynes

(1983)，Lucas and Stokey(1984)，Epstein(1987)，Uzawa(1996)などの貢献を通じて展開されてきた．この原理を，たんに私的な資本だけでなく，環境の質にかんする動学的分析に適用するわけである．そのさい，私的資本，さらには社会的共通資本の帰属価格(imputed price)が重要となる．

消費と資本蓄積の時間的径路が世代間を通じて公正(intergenerationally equitable)であるというのは，動学的に最適であると同時に，私的資本，社会的共通資本を問わず，資本の各種類について，その帰属価格が時間を通じて一定の水準に保たれているときとして定義される．言いかえれば，消費と資本蓄積の時間的径路が世代間を通じて公正であるというのは，将来の世代がすべて，同じ環境に生まれるようになっているときとして定義されると考えてもよい．

任意に与えられた資本のストックのベクトルから出発して，世代間を通じて公正な時間的径路が存在するために，ペンローズ効果(Penrose effect)が重要な役割をはたす．ペンローズ効果は，資本の各種類について，投資の限界効率が逓減的であることとほぼ同じ意味をもつからである．

2. 動学的最適性

以下展開される資本蓄積と環境の質の変化の動学的分析の基本的前提は，社会の intertemporal preference ordering が，技術的な諸条件や資本蓄積の段階には，無関係に与えられていることである．この前提条件は，ラムゼイにはじまり，クープマンス，キャスによって展開されてきた最適経済成長理論に共通するものである[Ramsey(1928)，Koopmans(1965)，Cass(1965)]．その典型は，Ramsey-Koopmans-Cass タイプの効用積分(utility integral)に象徴されている．

$$(1)\qquad U(x) = \int_0^\infty \omega_t u(x_t) e^{-\delta t} dt,\ \ x = (x_t).$$

ここで，$u_t = u(x_t)$は，各時点 t における瞬時的効用の水準をあらわし，δ は効用の時間的割引率($\delta > 0$)，ω_t は t 時点における効用に対するウェイトで，つぎの条件がみたされているとする．

$$\omega_t > 0,\ \ \lim_{t\to\infty} \omega_t = \bar{\omega},\ \ \text{for some}\ \ \bar{\omega}.$$

効用関数 $u = u(x)$はすべての non-negative $x \geqq 0$について定義され，連続的に2回微分可能で，つぎの条件をみたす．

$$\text{(i)}\qquad u(x) > 0,\ \ u'(x) > 0,\ \ u''(x) < 0,\ \ \text{for all}\ \ x > 0,$$

$$\text{(ii)}\qquad u(0) = 0,\ \ u(+\infty) = +\infty.$$

はじめに，私的資本が1種類しかない場合を考える．t 時点における資本のストックを k_t と

し，x_t，A_t をそれぞれ，t 時点における消費，投資とすれば，

(2) $$x_t + A_t = f(k_t).$$

ここで，$f(k)$は生産関数で，時間 t には無関係に一定とする．生産関数 $f(k)$はすべての正の $k>0$ について定義され，連続的に2回微分可能で，つぎの条件をみたす．

(i)′ $$f(k) > 0,\ f'(k) > 0,\ f''(k) < 0,\ \text{for all}\ k > 0,$$

(ii)′ $$f(0) = 0,\ f(+\infty) = +\infty;\ f'(0) = +\infty,\ f'(+\infty) = 0.$$

t 時点における資本の蓄積率 $\dot{k}_t$ は，つぎの式によって与えられるとする．

(3) $$\dot{k}_t = \alpha(A_t, k_t),\ k_0 = K.$$

ここで，K は初期時点における資本のストックとし，$\alpha(A_t, k_t)$はペンローズ関数(Penrose function)とする．ペンローズ関数は，資本の蓄積率 $\dot{k}_t$ を投資 A_t および資本のストック k_t に関連づけるものである．ペンローズ関数 $\alpha(A, k)$の値は，ネットの資本蓄積をあらわすから，つぎの条件をみたすと仮定してよい．

$$\alpha_A = \alpha_A(A, k) > 0,\ \alpha_k = \alpha_k(A, k) < 0.$$

ペンローズ効果(Penrose effect)は，ペンローズ関数が(A, k)にかんして concave，かつ厳密な意味で quasi-concave という条件であらわされる．

$$\alpha_{kk} < 0,\ \alpha_{AA} < 0,\ \alpha_{kk}\alpha_{AA} - \alpha_{kA}{}^2 \geqq 0.$$

ペンローズ関数 $\alpha(A, k)$は，つぎの条件もみたすと仮定する．

$$\alpha_{Ak} = \alpha_{kA} < 0.$$

投資の限界効率(marginal efficiency of investment)，$m = m(A, k)$，はつぎのように定義される．

$$m = m(A, k) = r\alpha_A + \alpha_k.$$

ここで，$r = f'(k)$は資本の限界生産に他ならない．

ペンローズ効果の考え方は，Uzawa(1969)ではじめて導入された．もともと，動学的不均衡のプロセスにかんするケインズ的分析の展開に重要な役割をはたすものである．以下の議論でも，決定的な役割をはたす．

ここで，変数はすべて正の値をとるとする．

$$K, x_t, k_t, A_t > 0 \qquad (\forall t \geqq 0).$$

また，以下の説明で，時間の suffix t は省くことがある．

動学的最適径路

消費と資本蓄積の時間的径路(x_t, k_t)が動学的に最適(dynamically optimum)であるというのは，Ramsey-Koopmans-Cass タイプの効用積分

(1)　$$U(x)=\int_0^\infty \omega_t u(x_t)e^{-\delta t}dt,\quad x=(x_t)$$

がすべての feasible な消費と資本蓄積の時間的径路のなかで最大となっているときとして定義する．

(2)　$$x_t+A_t=f(k_t),$$

(3)　$$\dot{k}_t=\alpha(A_t,k_t),\quad k_0=K.$$

動学的に最適な消費と資本蓄積の時間的径路は，資本の帰属価格(imputed price of capital)の概念を使って求めることができる．ある時点 t における資本の帰属価格 ψ_t は，現時点 t における投資水準の限界的増加によってもたらされる将来の産出量の限界的増加の割引現在価値(discounted present value)として定義される．すなわち，

(4)　$$\psi_t=\int_t^\infty m_\tau e^{-\delta(\tau-t)}d\tau.$$

ここで，

$$m=m(A,k)=r\alpha_A+\alpha_k,\quad r=f'(k).$$

(4)式の両辺を時間 t について微分すれば，つぎの Euler-Lagrange の微分方程式が得られる．

(5)　$$\frac{\dot{\psi}_t}{\psi_t}=\delta-m_t.$$

t 時点における帰属実質所得(imputed real income)は，つぎの式によって定義される．

(6)　$$H_t=\omega_t u(x_t)+\psi_t\alpha(A_t,k_t).$$

動学的に最適な消費と資本蓄積の時間的径路(x_t^o,k_t^o)が得られるために必要，十分な条件は，各時点 t における帰属実質所得 H_t が制約条件(2)のもとで最大となり，かつつぎの transversality condition がみたされていることである．

(7)　$$\lim_{t\to+\infty}\psi_t k_t^o e^{-\delta t}=0.$$

したがって，

(8)　$$\omega_t u'(x_t)=\psi_t\alpha_A(A_t,k_t).$$

効用関数，生産関数，ペンローズ関数にかんする適性的制約条件(constraints qualifications)がみたされているときには，初期時点における資本のストック $K>0$ が任意に与えられたとき，動学的に最適な消費と資本蓄積の時間的径路は必ず存在し，一意的に定まる．

動学的双対原理(dynamic duality principle)は，つぎの命題としてあらわすことができる．

動学的双対原理

消費と資本蓄積の時間的径路$(x^o,k^o)=((x_t^o,k_t^o))$が動学的に最適となるために必要，十分な条件は，つぎの性質をみたす帰属価格の時間的径路 $p=(p_t)$ が存在することである．

(I)　$x^o = (x_t^o)$は,

$$\int_0^\infty p_t x_t e^{-\delta t} dt$$

を，すべての feasible な消費の時間的径路 $x=(x_t)$のなかで最大にする.

(II)　$x^o = (x_t^o)$は,

$$\int_0^\infty p_t x_t e^{-\delta t} dt$$

を，つぎの条件をみたすすべての消費の時間的径路 $x=(x_t)$のなかで最小にする.

$$U(x) = \int_0^\infty \omega_t u(x_t) e^{-\delta t} dt \geqq U(x^o) = \int_0^\infty \omega_t u(x_t^o) e^{-\delta t} dt.$$

［証明］　$p_t = \omega_t u'(x_t^o) = \psi_t \alpha_A(A_t^o, k_t^o)$が(I)，(II)をみたす.　Q.E.D.

3.　世代間の公正

(1)の形をした効用積分は，すべての世代にわたる効用水準について，あたかも世代間の公正(intergenerational equity)が実現しているかの印象を与える．しかし，各世代はそれぞれ異なった資本とストックをもつだけでなく，それぞれ異なった技術的，制度的条件を賦与されている．したがって，じっさいに享受することのできる効用水準は，世代間によってことなり，たとえ，各世代の効用に対して等しいウェイトが与えられていたとしても，世代間の公正が実現しているとはいえない.

このとき，もしかりに，資本蓄積の帰属価格が，すべての世代について等しくなるような制度的アレンジメントがなされていたとすれば，結果として得られる intertemporal な資源配分と実質所得分配が世代間にわたって公正であるといってよいであろう．すなわち,

$$\psi_t = \psi, \text{ for all } t \geqq 0.$$

ここで，$\psi>0$ は正の定数である．このとき,

(9)　$$m_t = (r\alpha_A + \alpha_k)_t = \delta, \text{ for all } t \geqq 0.$$

世代間の公正の定義

消費と投資の時間的径路(x_t, A_t)が世代間を通じて公正(intergenerationally equitable)であるのは，つぎの条件をみたす Ramsey-Koopmans-Cass 効用積分について動学的に最適であるときと定義する.

(10)　$$U(x) = \int_0^\infty \omega_t u(x_t) e^{-\delta t} dt, \ x = (x_t) \qquad [\omega_t > 0 (\text{for all } t \geqq 0)].$$

ここで，資本の帰属価格 ψ_t は常に一定の大きさ ψ とする．

$$\psi_t = \psi, \ \text{for all} \ t \geqq 0.$$

すなわち，(x_t, A_t)が世代間を通じて公正となるのは，つぎの動学的最適条件がみたされているときである．

$$x_t + A_t = f(k_t),$$
$$\dot{k}_t = \alpha(A_t, k_t), \ k_0 = K,$$
$$m_t = (r\alpha_A + \alpha_k)_t = \delta.$$

ここで，効用に対するウェイトは，つぎの式によって与えられる．

$$\omega_t = \frac{\psi \alpha_A(A_t^o, k_t^o)}{u'(x_t^o)}, \ \text{for all} \ t \geqq 0.$$

消費の時間的径路が世代間を通じて公正であるのは，将来の世代がすべて，現在の世代と同じ資本の帰属価格を与えられているときである．

世代間を通じて公正な消費と投資の水準

世代間を通じて公正な消費と投資の時間的径路について，各時点における消費と投資の水準(x, A)は，その時点における資本のストック $k>0$ によって一意的に定まる．このことをみるために，世代間を通じて公正な消費と投資にかんする条件を，時間の suffix を省略して書き出すとつぎのようになる．

(11)　$$x + A = f(k),$$

(12)　$$m = \delta \qquad (m = r\alpha_A + \alpha_k),$$

(13)　$$\dot{k} = \alpha(A, k).$$

2つの関係式(11)，(12)の両辺の微分をとると，

$$\begin{pmatrix} 1 & 1 \\ 0 & m_A \end{pmatrix}\begin{pmatrix} dx \\ dA \end{pmatrix} = \begin{pmatrix} r & 0 \\ -m_k & 1 \end{pmatrix}\begin{pmatrix} dk \\ d\delta \end{pmatrix}.$$

ここで，

$$m_A = r\alpha_{AA} + \alpha_{kA} < 0, \ m_k = r'\alpha_A + (r\alpha_{Ak} + \alpha_{kk}) < 0 \qquad [r' = f''(k) < 0],$$

$$\begin{pmatrix} dx \\ dA \end{pmatrix} = \begin{pmatrix} 1 & 1 \\ 0 & m_A \end{pmatrix}^{-1}\begin{pmatrix} r & 0 \\ -m_k & 1 \end{pmatrix}\begin{pmatrix} dk \\ d\delta \end{pmatrix} = \frac{1}{m_A}\begin{pmatrix} rm_A + m_k & -1 \\ -m_k & 1 \end{pmatrix}\begin{pmatrix} dk \\ d\delta \end{pmatrix},$$

$$\frac{\partial x}{\partial k} = r + \frac{m_k}{m_A} > 0, \ \frac{\partial A}{\partial k} = -\frac{m_k}{m_A} < 0, \ \frac{\partial x}{\partial \delta} = -\frac{1}{m_A} > 0, \ \frac{\partial A}{\partial \delta} = \frac{1}{m_A} < 0.$$

したがって，世代間を通じて公正な消費と投資の水準(x, A)が，所与の資本のストック k によって一意的に決まることがわかる．さらに，

$$\left.\frac{d\alpha}{dk}\right|_{k=0} = \alpha_A \frac{dA}{dk} + \alpha_k = -\alpha_A \frac{m_k}{m_A} + \alpha_k < 0 \qquad [\alpha_A > 0, \ \alpha_k < 0].$$

したがって，微分方程式(13)の定常状態(stationary state)は一意的に決まり，大局的に安定(globally stable)であることがわかる．

つぎの命題が得られたわけである．

定理 1　私的資本が 1 種類しか存在しないとし，効用関数，生産関数，ペンローズ関数にかんする適性的制約条件がみたされているとする．

このとき，任意に与えられた私的資本のストック $k>0$ に対して，世代間を通じて公正な消費と投資の時間的径路のもとにおける消費と投資の水準 (x, A) は一意的に決まる．

私的資本のストック k が大きくなると，世代間を通じて公正な消費と投資の時間的径路のもとにおける消費の水準は高くなるが，投資の水準は低くなる．社会的割引率 δ が高くなると，世代間を通じて公正な消費と投資の時間的径路のもとにおける消費の水準は高くなるが，投資の水準は低くなる．

世代間を通じて公正な消費と投資の時間的径路 (x, A) は，時間 t が無限大に近づくとともに，長期の定常状態に収斂する．

4.　私的な資本が数種類存在する場合

私的な資本が数種類存在する場合についても，世代間を通じて公正な消費と投資の時間的径路のもとにおける消費と投資の水準 (x, A) は一意的に決まる．このとき，効用関数，生産関数，ペンローズ関数にかんする適性的制約条件はみたされているとする．

数種類の私的な資本のストックのベクトルを $k=(\cdots, k_\ell, \cdots)$ とする(時間の suffix t は省略する)．ここで，ℓ は generic に私的資本のタイプをあらわす．生産関数は $f(k)=f(\cdots, k_\ell, \cdots)$ であらわし，新古典派的条件はすべてみたされているとする．すなわち，$f(k)$ は時間 t を通じて一定で，技術進歩はないとする．$f(k)$ はすべての non-negative なベクトル $k=(\cdots, k_\ell, \cdots) \geqq 0$ について定義され，連続的に 2 回微分可能，$k=(\cdots, k_\ell, \cdots)$ にかんして concave，かつ厳密な意味で quasi-concave で，限界生産は常に正である．

私的資本のストック $k(t)=(\cdots, k_\ell(t), \cdots)$ は，つぎの微分方程式体系によって決められる．

$$\dot{k}_\ell(t) = \alpha_\ell(A_\ell(t), k_\ell(t)).$$

ここで，初期条件は $k(0)=K$，すなわち，$(\cdots, k_\ell(0), \cdots)=(\cdots, K_\ell, \cdots)$ とする．$K=(\cdots, K_\ell, \cdots)>0$ は，初期時点において存在する私的資本のストックである．$\alpha_\ell(A_\ell, k_\ell)$ は，タイプ ℓ の私的資本にかんするペンローズ関数で，タイプ ℓ の私的資本について，蓄積率 $\dot{k}_\ell(t)$ と投資 $A_\ell(t)$ との間の関係を規定する．以下，時間変数 t は省略する．

ペンローズ効果は，各タイプ ℓ の私的資本について，$\alpha_\ell(A_\ell, k_\ell)$ が (A_ℓ, k_ℓ) にかんして concave，かつ厳密な意味で quasi-concave であり，しかも，

$$\frac{\partial \alpha_\ell}{\partial A_\ell} > 0, \ \ \frac{\partial \alpha_\ell}{\partial k_\ell} < 0$$

という条件によってあらわされる．

各種類の私的資本に対する投資の限界効率は，つぎの関数によってあらわされる．

$$m = (\cdots, m_\ell, \cdots), \ \ m_\ell = \frac{\partial f}{\partial k_\ell}\frac{\partial \alpha_\ell}{\partial A_\ell} + \frac{\partial \alpha_\ell}{\partial k_\ell} > 0.$$

消費と資本蓄積の時間的径路 (x_t, k_t) が世代間を通じて公正となるのは，私的資本について，つぎの条件をみたすような，時間を通じて一定の大きさをもつ帰属価格のベクトル

$$\psi = (\cdots, \psi_\ell, \cdots), \ \ \psi_\ell > 0$$

が存在するときである．

$$x + \sum_\ell A_\ell = f(k),$$

$$m = (\cdots, m_\ell, \cdots), \ \ m_\ell = \frac{\partial f}{\partial k_\ell}\frac{\partial \alpha_\ell}{\partial A_\ell} + \frac{\partial \alpha_\ell}{\partial k_\ell} > 0,$$

$$\omega_t u'(x_t) = \psi_\ell \frac{\partial \alpha_\ell}{\partial A_\ell},$$

$$\dot{k}_\ell = \alpha_\ell(A_\ell, k_\ell).$$

すぐわかるように，世代間を通じて公正な消費と資本蓄積の時間的径路 (x_t, k_t) は，つぎの効用積分について，動学的に最適な時間的径路となっている．

$$U(x) = \int_0^\infty \omega_t u(x_t) e^{-\delta t} dt.$$

ここで，効用に対するウェイトは

$$\omega_t = \frac{\psi_\ell \frac{\partial \alpha_\ell}{\partial A_\ell}}{u'(x_t)} > 0, \ \ \text{for all } t \geqq 0$$

によって与えられる．

定理 2　数種類の私的資本が存在する場合を考える．効用関数，生産関数，ペンローズ関数にかんする適性的制約条件がみたされているとする．

このとき，任意に与えられた私的資本のストック $k = (\cdots, k_\ell, \cdots) > 0$ に対して，世代間を通じて公正な時間的径路のもとにおける消費と投資の水準 (x, A)，$A = (\cdots, A_\ell, \cdots)$，は一意的に決まる．

私的資本のストック k が大きくなると，世代間を通じて公正な時間的径路のもとにおける消費の水準は高くなるが，投資の水準は低くなる．社会的割引率 δ が高くなると，世代間を通じて公正な時間的径路のもとにおける消費の水準は高くなるが，投資の水準は低くなる．

世代間を通じて公正な時間的径路(x, A)は，時間 t が無限大に近づくとともに，長期の定常状態に収斂する．

5. 地球温暖化と世代間の公正

これまでの節で導入してきた世代間の公正の概念を，地球温暖化に代表される社会的共通資本が存在する場合に拡張することは容易である．

これまでと同じ理論的枠組みを考えるが，私的資本の他に，社会的共通資本の存在が各個人の選好関係に影響を及ぼす場合を考慮に入れることにする．ここで使われている社会的共通資本の概念は，Uzawa (1974)で最初に導入されたもので，その後，Uzawa (1991, 1998)で地球温暖化の問題に適用された．この間の経緯は，第 III 部にくわしく述べることにする．

各時点 t において存在する社会的共通資本のストックを V_t であらわし，私的資本のストックを k_t であらわす．各時点 t における産出量 $f(k_t)$は消費 x_t，および私的資本に対する投資 A_t，社会的共通資本に対する投資 B_t に分けられる．

$$x_t+A_t+B_t = f(k_t).$$

ここで，生産関数 $f(k)$は，これまでと同じように，すべての新古典派的条件をみたすと仮定する．

私的資本のストックの蓄積 $\dot{k}_t$ はペンローズ関数 $\alpha(A, k)$によって規定される．

$$\dot{k} = \alpha(A, k).$$

社会的共通資本に対する投資もペンローズ効果に支配されるとする．社会的共通資本のストックの蓄積 $\dot{V}_t$ もペンローズ関数 $\beta(B, V)$によって規定されると仮定する．

$$\dot{V} = \beta(B, V).$$

社会的共通資本の蓄積にかんするペンローズ関数 $\beta(B, V)$についてもペンローズ効果がみられると仮定する．

ペンローズ関数 $\beta(B, V)$はすべての $B \geqq 0$，$V>0$ で定義され，(B, V)について concave，かつ厳密な意味で quasi-concave である．

$$\beta_{BB} < 0,\ \ \beta_{VV} < 0,\ \ \beta_{BB}\beta_{VV}-{\beta_{BV}}^2 \geqq 0.$$

ペンローズ関数 $\beta(B, V)$は，つぎの条件もみたすと仮定する．

$$\beta_B(B, V) > 0,\ \ \beta_V(B, V) < 0.$$

地球温暖化の場合，V は，大気中の二酸化酸素の蓄積について，critical な水準と現水準の乖離としてはかられている．

時間選好関係は，これまでと同じ条件をみたすと仮定する．各時点 t における効用水準 u_t

は，消費 x_t と社会的共通資本 V_t の関数となる

$$u_t = u(x_t, V_t).$$

ここで，効用関数 $u(x, V)$は，すべて$(x, V) \geqq (0, 0)$で定義され，正の値をとり，連続的に 2 回微分可能で，(x, V)について concave，かつ厳密な意味で quasi-concave である．

$$u(x, V) > 0, \ \ u_x(x, V) > 0, \ \ u_V(x, V) > 0,$$

$$u_{xx}, u_{VV}, u_{xx}u_{VV} - u_{xV}{}^2 > 0, \ \text{for all} \ (x, V) \geqq (0, 0).$$

消費と私的資本および社会的共通資本の蓄積の時間的径路にかんする動学的最適性は，私的資本および社会的共通資本の帰属価格の概念を使って求めることができる．各時点 t における社会的共通資本の帰属価格 λ_t は，私的資本の場合と同じように，現時点 t における社会的共通資本に対する投資の限界的増加によってもたらされる将来の産出量の限界的増加の割引現在価値として定義される．すなわち，

$$\lambda_t = \int_t^\infty n_\tau e^{-\delta(\tau - t)} d\tau. \tag{14}$$

ここで，

$$n = n(B, V) = s\beta_B + \beta_V, \ \ s = s(x, V) = \frac{u_V}{u_x},$$

$n = s\beta_B + \beta_V$ ：社会的共通資本に対する投資の限界効率，

$s = \dfrac{u_V}{u_x}$ ：消費と社会的共通資本との間の限界代替率．

(14)式の両辺を時間 t について微分すれば，社会的共通資本の帰属価格 λ_t にかんするつぎの Euler-Lagrange 微分方程式が得られる．

$$\frac{\dot{\lambda}_t}{\lambda_t} = \delta - n_t, \ \ n_t = (s\beta_B + \beta_V)_t.$$

私的資本の帰属価格 ψ_t にかんする Euler-Lagrange 微分方程式はさきに求めた通りである．

$$\frac{\dot{\psi}_t}{\psi_t} = \delta - m_t, \ \ m = (r\alpha_A + \alpha_k)_t.$$

各時点 t における帰属実質所得 H_t は，つぎの式によって与えられる．

$$H_t = \omega_t u(x_t) + \psi_t \alpha(A_t, k_t) + \lambda_t \beta(B_t, V_t).$$

消費と私的資本および社会的共通資本の蓄積にかんする動学的に最適な時間的径路(x_t^o, k_t^o, V_t^o)の上では，各時点 t において帰属実質所得 H_t が，制約条件

$$x_t + A_t + B_t = f(k_t)$$

のもとで最大化され，しかも transversality condition がみたされている．

$$\lim_{t\to+\infty} \psi_t k_t^o e^{-\delta t} = 0, \ \ \lim_{t\to+\infty} \lambda_t V_t^o e^{-\delta t} = 0.$$

とくに，つぎの関係が成り立つ．

$$\omega_t u'(x_t) = \psi_t \alpha_A(A_t, k_t) = \lambda_t \beta_B(B_t, V_t).$$

効用関数，生産関数，ペンローズ関数にかんする適性的制約条件がみたされているとき，任意に与えられた私的資本および社会的共通資本の初期時点におけるストック$(K, V) > (0, 0)$に対して，動学的に最適な時間的径路は必ず存在して，一意的に決まる．

消費と私的資本および社会的共通資本の蓄積にかんする時間的径路(x_t, k_t)が，世代間を通じて公正となるのは，つぎの条件をみたす私的資本および社会的共通資本の帰属価格ψ，$\lambda(\psi, \lambda > 0)$が存在するときである．すべての時点$t$において

(15) $$\dot{k}_t = \alpha(A_t, k_t),\ (k_0 = K),$$

(16) $$\dot{V}_t = \beta(A_t, V_t),\ (V_0 = V),$$

$$x_t + A_t + B_t = f(k_t),$$

$$m_t = r(k_t)\alpha_A(A_t, k_t) + \alpha_k(A_t, k_t) = \delta,$$

$$n_t = s(x_t, V_t)\beta_B(B_t, V_t) + \beta_x(B_t, V_t) = \delta,$$

$$\frac{\psi}{\alpha_A(A_t, k_t)} = \frac{\lambda}{\beta_B(B_t, V_t)}.$$

各時点tにおいて，与えられた私的資本および社会的共通資本のストック$(k, V) > (0, 0)$に対して，世代間を通じて公正な時間的径路の上における消費と投資の水準(x, A, B)は一意的に決まってくる．このことは，つぎのようにしてみることができる．

$$x + A + B = f(k),$$

$$m = r\alpha_A + \alpha_k = \delta,$$

$$n = s\beta_B + \beta_V = \delta.$$

これらの関係式の両辺の全微分をとれば，

$$\begin{pmatrix} 1 & 1 & 1 \\ 0 & m_A & 0 \\ n_x & 0 & n_B \end{pmatrix} \begin{pmatrix} dr \\ dA \\ dB \end{pmatrix} = \begin{pmatrix} r & 0 & 0 \\ -m_k & 0 & 1 \\ 0 & -n_V & 1 \end{pmatrix} \begin{pmatrix} dk \\ dV \\ d\delta \end{pmatrix},$$

$$\begin{pmatrix} dr \\ dA \\ dB \end{pmatrix} = \begin{pmatrix} 1 & 1 & 1 \\ 0 & m_A & 0 \\ n_x & 0 & n_B \end{pmatrix}^{-1} \begin{pmatrix} r & 0 & 0 \\ -m_k & 0 & 1 \\ 0 & -n_V & 1 \end{pmatrix} \begin{pmatrix} dk \\ dV \\ d\delta \end{pmatrix}$$

$$= \frac{1}{\Delta} \begin{pmatrix} 1 & -\frac{1}{m_A} & -\frac{1}{n_B} \\ 0 & \frac{1}{m_A}\left(1 - \frac{n_x}{n_B}\right) & 0 \\ -\frac{n_x}{n_B} & \frac{1}{m_A}\frac{n_x}{n_B} & \frac{1}{n_B} \end{pmatrix} \begin{pmatrix} r & 0 & 0 \\ -m_k & 0 & 1 \\ 0 & -n_V & 1 \end{pmatrix} \begin{pmatrix} dk \\ dV \\ d\delta \end{pmatrix}$$

$$= \frac{1}{\Delta}\begin{pmatrix} r+\frac{m_k}{m_A} & \frac{n_V}{n_B} & -\frac{1}{m_A}-\frac{1}{n_B} \\ -\frac{m_k}{m_A}\left(1-\frac{n_x}{n_B}\right) & 0 & \frac{1}{m_A}\left(1-\frac{n_x}{n_B}\right) \\ -\left(r+\frac{m_k}{m_A}\right)\frac{n_x}{n_B} & -\frac{n_V}{n_B} & \frac{1}{m_A}\frac{n_x}{n_B}+\frac{1}{n_B} \end{pmatrix}\begin{pmatrix} dk \\ dV \\ d\delta \end{pmatrix}.$$

ここで，

$$\Delta = 1-\frac{n_x}{n_B} > 0,\quad m_A, m_k < 0,\quad n_B, n_V < 0,\quad n_x > 0,$$

$$\begin{pmatrix} dk \\ dV \\ d\delta \end{pmatrix} = \begin{pmatrix} + & + & + \\ - & 0 & - \\ + & - & \pm \end{pmatrix}\begin{pmatrix} dk \\ dV \\ d\delta \end{pmatrix},$$

$$\begin{pmatrix} d\dot{k} \\ d\dot{V} \end{pmatrix} = \begin{pmatrix} d\alpha \\ d\beta \end{pmatrix} = \begin{pmatrix} \alpha_k-\frac{\alpha_A}{\Delta}\frac{m_k}{m_A}\left(1-\frac{n_x}{n_B}\right) & 0 \\ -\frac{\beta_B}{\Delta}\left(r+\frac{m_k}{m_A}\right)\frac{n_x}{n_B} & \beta_V-\beta_B\frac{n_V}{n_B} \end{pmatrix}\begin{pmatrix} dk \\ dV \end{pmatrix}.$$

ここで，

$$\alpha_k-\frac{\alpha_A}{\Delta}\frac{m_k}{m_A}\left(1-\frac{n_x}{n_B}\right) < 0,\quad \beta_V-\beta_B\frac{n_V}{n_B} < 0.$$

したがって，微分方程式体系(15)，(16)が大局的に安定となることがわかる．以上の議論を整理すれば，つぎの命題が得られる．

定理 3　数種類の私的資本と社会的共通資本が存在する場合を考える．効用関数，生産関数，ペンローズ関数にかんする適性的制約条件がみたされているとする．

このとき，任意に与えられた私的資本と社会的共通資本のストック$(k, V)>0$に対して，世代間を通じて公正な時間的径路のもとにおける消費と投資の水準(x, A, B)は一意的に決まる．

私的資本のストックkが大きくなると，世代間を通じて公正な時間的径路のもとにおける消費と社会的共通資本に対する投資の水準は高くなるが，私的資本に対する投資の水準は低くなる．社会的共通資本のストックkが大きくなると，世代間を通じて公正な時間的径路のもとにおける消費と私的資本に対する投資の水準は高くなるが，社会的共通資本に対する投資の水準は低くなる．社会的割引率δが高くなると，世代間を通じて公正な時間的径路のもとにおける消費の水準は高くなるが，私的資本に対する投資の水準は低くなる．社会的共通資本に対する投資への影響は不確定である．

世代間を通じて公正な時間的径路(x, A, B)は，時間tが無限大に近づくとともに，長期の定常状態に収斂する．

6. 地球温暖化の一般的なモデル

地球温暖化の問題について，比例的炭素税の考え方が重要な役割をはたす．比例的炭素税は，炭素税率を1人当たりの国民所得に比例して決めようとするものである．Uzawa(1991, 1992, 1993, 1995)で提案された制度であるが，二酸化炭素などの温室効果ガスの排出によって惹き起こされる大気均衡の不安定化を効果的に防ぎ，しかも発展途上諸国に対して過度な負担をかけることがなく，国際的な観点から公正な制度と考えられている．じつは，ある一定の条件のもとで，比例的炭素税の制度が，世代間の公正の条件をみたす．このことを，証明したい．そのため，くり返しになるが，第1章で導入した比例的炭素税の考え方について考えることからはじめる．

第1章で展開してきた地球温暖化にかんする多数の国々を含む一般的な動学的モデルについて考える．念のため，くり返しておく．世界全体あるいはある特定の地域を考える．これらの国々は，共通の大気と海洋とによって，相互に連関しているとする．国はgenericに$(\nu=1, \cdots, \Gamma)$であらわし，各国νは前節までに説明したような構造をもつと仮定する．各時点tにおいて，各国νに存在する森林の面積はR_t^νとし，人口の大きさはN^νとする．また，希少資源の賦与量のベクトルはK^νであらわす．技術係数のマトリックスはB^ν，M^ν，育林活動の技術係数はm^νとする．またCO_2の排出係数はa^ν，森林の伐採係数はb^νであらわす．

大気中のCO_2が表層海洋に吸収される率μは一定であるとする．また，森林が光合成作用を通じて吸収する大気中のCO_2の量もまた一定で，森林面積1ヘクタール当たりγとする．

各国νについて，1人当たりの実質国民所得y^νも前と同じように，ある与えられた基準価格$p^0=(p_1^0, \cdots, p_n^0)$のもとで，1人当たりの最終消費ベクトル$c_t^\nu=(c_{1t}^\nu, \cdots, c_{nt}^\nu)$と同じだけの効用を生み出す最小の所得水準として定義される．1人当たりの実質国民所得y^νはつぎの形であらわされるとする．

$$y_t^\nu = u^\nu(c_t^\nu)\phi(V_t).$$

ここで，環境影響指標$\phi(V_t)$はすべての国にとって同じであると仮定する．

多数の国々を含む地球温暖化の動学的モデルについて，動学的最適問題はつぎのように定式化される．

制約条件

$$y_t^\nu = u^\nu(c_t^\nu)\phi(V_t) \geqq \bar{y}_t,$$

$$\sum_\nu N^\nu c_t^\nu \leqq \sum_\nu x_t^\nu,$$

$$B^\nu x_t^\nu + M^\nu z_t^\nu \leqq K^\nu,\ \ x_t^\nu,\ z_t^\nu \geqq 0,$$

$$v_t^\nu = a^\nu x_t^\nu,\quad s_t^\nu = b^\nu x_t^\nu,\quad r_t^\nu = m^\nu z_t^\nu,$$
$$v_t = \sum_\nu v_t^\nu,\quad s_t = \sum_\nu s_t^\nu,\quad r_t = \sum_\nu r_t^\nu,$$
$$\dot{V}_t = v_t - \mu V_t - \gamma R_t,\quad V_0 = V^0,$$
$$\dot{R}_t^\nu = r_t^\nu - s_t^\nu,\quad R_0^\nu = R^{\nu 0},$$
$$R_t = \sum_\nu R_t^\nu$$

のもとで，効用積分

$$\int_0^\infty \bar{y}_t e^{-\delta t} dt$$

を最大にするような時間的径路$(V_t, R_t^\nu, c_t^\nu, x_t^\nu, z_t^\nu)$を求めよ．

世代間を通じて公正な時間的径路を考えるために，まず大気中のCO_2の量V_tをつぎのように分解する．

$$V_t = \sum_\nu V_t^\nu,$$
$$\dot{V}_t^\nu = v_t^\nu - \mu V_t^\nu - \gamma R_t^\nu.$$

各時点tにおける Hamiltonian はつぎのように定義される．

$$H_t = Ny_t + \sum_\nu \alpha_t^\nu N^\nu \{u^\nu(c_t^\nu)\phi(V_t) - \bar{y}_t\} + \pi_t\left\{\sum_\nu x_t^\nu - \sum_\nu N^\nu c_t^\nu\right\}$$
$$+ \sum_\nu p_t^\nu(\mu V_t^\nu - v_t^\nu + \gamma R_t^\nu) + \sum_\nu q_t^\nu(r_t^\nu - s_t^\nu).$$

ここで，

$$N = \sum_\nu N^\nu.$$

またα_t^ν，π_t，p_t^ν，q_t^νは上の制約条件にかんするラグランジュの未定係数である．

ある時間的径路が世代間を通じて公正であるためには，つぎの条件がみたされなければならない．

$$\sum_\nu \alpha_t^\nu N^\nu = N,$$
$$\alpha_t^\nu u_c^\nu(c_t^\nu) = \pi_t.$$

かつ，帰属純国民生産

$$\pi_t x_t + p_t^\nu(\mu V_t^\nu - v_t^\nu + \gamma R_t^\nu) + q_t^\nu(r_t^\nu - s_t^\nu)$$

は，上の制約条件のもとで最大となっている．

また，帰属価格p_t^ν，q_t^νは Euler-Lagrange の微分方程式をみたす．

$$\frac{\dot{p}_t^\nu}{p_t^\nu} = (\delta + \mu) + \frac{u^\nu(c_t^\nu)\phi'(V_t)}{p_t^\nu}N,$$
$$\frac{\dot{q}_t^\nu}{q_t^\nu} = \delta - \gamma\frac{p_t^\nu}{q_t^\nu}.$$

近似的な意味における動学的最適解を求めるために，上の2つの式の右辺が0となるような帰属価格 p_t^ν，q_t^ν をとる．すなわち，

$$\frac{p_t^\nu}{u^\nu(c_t^\nu)} = \frac{1}{(\delta+\mu)}\{-\phi'(V_t)\}N,$$

$$q_t^\nu = \frac{1}{(\delta+\mu)}p_t^\nu.$$

ラグランジュの未定係数 α_t^ν，π_t は，上の制約条件をみたすように決められる．

ここで，新しい変数 θ_t^ν，η_t^ν を導入する．

$$\theta_t^\nu = \frac{p_t^\nu}{y_t^\nu} = \frac{p_t^\nu}{u^\nu(c_t^\nu)\phi(V_t)},$$

$$\eta_t^\nu = \frac{q_t^\nu}{y_t^\nu} = \frac{q_t^\nu}{u^\nu(c_t^\nu)\phi(V_t)}.$$

したがって

$$\theta_t = \frac{1}{\delta+\mu}\left\{\frac{-\phi(V_t)}{\phi(V_t)}\right\}N,$$

$$\eta_t = \frac{1}{\delta(\delta+\mu)}\left\{\frac{-\phi(V_t)}{\phi(V_t)}\right\}N.$$

このようにして，世代間を通じて公正な時間的径路について，大気中の CO_2 の量 V_t も，また森林面積 R_t^ν も，1人当たりの実質国民所得 y_t^ν 当たりの帰属価格はすべての国について等しくなる．

$$\frac{P_t^\nu}{y_t^\nu} = \theta_t, \quad \frac{q_t^\nu}{y_t^\nu} = \eta_t.$$

環境影響指標関数 $\phi(V)$ がつぎの形をとる場合を考える．

$$\phi(V) = (\hat{V} - V_t)^\beta \qquad (0 < \beta < 1).$$

このとき，

$$\theta_t = \frac{1}{\delta+\mu}\frac{\beta}{(\hat{V} - V_t)}N,$$

$$\eta_t = \frac{\gamma}{\delta(\delta+\mu)}\frac{\beta}{(\hat{V} - V_t)}N.$$

参 考 文 献

Cass, D. (1965). "Optimum Savings in an Aggregative Model of Capital Accumulation," *Review of Economic Studies*, **32**, 233-240.

Epstein, L. G. (1987). "A Simple Dynamic General Equilibrium Model," *Journal of Economic Theory*, **41**, 68-95.

Epstein, L. E., and J. A. Haynes (1983). "The Rate of Time Preference and Dynamic Economic

Analysis," *Journal of Political Economy*, **91**, 611-681.

Koopmans, T. C. (1965). "On the Concept of Optimum Economic Growth," *Semaine d'Etude sur le Role de l'Analyse dans la Formation de Plans de Development*, Pontificae Academemiae Scientiarum Scripta Varia, 225-287.

Lucas, R. E., Jr., and N. L. Stokey (1984). "Optimal Growth with Many Consumers," *Journal of Economic Theory*, **32**, 139-171.

Mäler, K.-G. (1974). *Environmental Economics : A Theoretical Inquiry*, Baltimore and London: Johns Hopkins University Press.

Ramsey, F. P. (1928). "A Mathematical Theory of Saving," *Economic Journal*, **38**, 543-559.

Shapley, L. S. (1973). "On Balanced Games without Side Payments," in *Mathematical Programing*, edited by T.C. Hu and S.M. Robinson, New York : Academic Press, 261-290.

Uzawa, H. (1969). "Time Preference and the Penrose Effect in a Two-Class Model of Economic Growth," *Journal of Political Economy*, Vol.77 (1969), 628-652. Reprinted in *Preference, Production, and Capital : Selected Papers of Hirofumi Uzawa*, Cambridge and New York : Cambridge University Press, 1988, 223-248.

——(1974). "Sur la thēorie ēconomique de capital collectif social," *Cahier du Sēminaire d'Ēconometrie*, 103-122. Translated in *Preference, Production, and Capital : Selected Papers of Hirofumi Uzawa*, Cambridge and New York : Cambridge University Press, 1988, 340-362.

——(1991). "Global Warming Initiatives : The Pacific Rim," in *Global Warming : Economic Policy Responses*, edited by R. Dornbusch and J. M. Poterba, Cambridge, Massachusetts: MIT Press, 275-324.

——(1992). "Imputed Prices of Greenhouse Gases and Land Forests," *Renewable Energy* **3**, 499-511.

——(1993). "Equity and Evaluation of Environmental Degradation," in *Monitoring Social Development in the 1990s : Data Constraint, Concerns, and Priorities*, edited by D. Ghai and D. Westendorff, Avebury : Aldershot.

——(1995). "Global Warming and the International Fund for Atmospheric Stabilization," in *Equity and Social Considerations related to Climate Change, Proceedings of IPCC WG III Workshop, Nairobi 1994*, Nairobi : ICIPE Science Press, 49-54.

——(1996). "An Endogenous Rate of Time Preference, the Penrose Effect, and Dynamic Optimality of Environmental Quality," *Proceedings of the National Academy of Sciences of the United States of America*, Vol. 93, June 1996, pp. 5770-76.

——(1998). "Toward a General Theory of Social Overhead Capital," in *Markets, Information, and Uncertainty*, edited by G. Chichilnsky, New York and Cambridge : Cambridge University Press, 253-304.

第 II 部　経済分析の精緻化

第5章　パレート最適，競争均衡，リンダール均衡

1. パレート最適の厚生経済学的意味

『経済解析——基礎篇』では，パレート最適(Pareto-optimum)の概念について，競争均衡の問題との関連で，また，エッジワース・プロセス，あるいはワルラスのタトヌマン・プロセスにかんする議論を展開するさいに副次的にふれた．この節では，パレート最適の概念のもつ厚生経済学的意味についてくわしく述べておきたい．

競争均衡については，Arrow-Debreu(1954)の古典的な論文に始まって，新しい経済分析の中心的課題となってきた．この点については『基礎篇』でくわしく解説したところであるが，この節では，アロー＝デブリュー論文の流れとは多少異なった視点に焦点を当てたい．パレート最適の概念のもつ意味がむしろ明確なかたちで打ち出されるだけでなく，競争均衡の存在定理，そして，競争均衡の安定性にかんして新しいアプローチを提示するものとなっているからである．

パレート最適の概念

いまある1つの経済を考える．その構成員は，消費者と生産者に，機能的に分かれているものとする．消費者は一般的に $\nu(\nu=1,\cdots,N)$ であらわし，生産者は $\eta(\eta=1,\cdots,M)$ であらわす．いずれも有限とする．

消費者は，労働その他の生産要素の本源的所有者であって，その所得を一部消費財の購入にあて，残りを固定的生産要素の蓄積，すなわち新古典派的意味における貯蓄にあてると仮定する．

消費者が消費するさまざまな財は $j=1,\cdots,J$ によってあらわされるとし，消費者 ν が消費する消費財のベクトルを一般的に，

$$c^{\nu}=(c_j^{\nu})$$

によってあらわす．

消費者 ν が消費財のベクトル $c^{\nu}=(c_j^{\nu})$ から得る効用は可測的であるとし，cardinal utility の大きさ U^{ν} によってはかることができ，効用の大きさ U^{ν} は，消費ベクトル $c^{\nu}=(c_j^{\nu})$ の関数としてあらわされると仮定する．

$$U^{\nu}=U^{\nu}(c^{\nu}) \qquad (\nu=1,\cdots,N).$$

効用関数 $U^{\nu}=U^{\nu}(c^{\nu})$ については，つぎの条件がみたされているとする．

(U1)　$U^\nu = U^\nu(c^\nu)$はすべての$c^\nu = (c_j^\nu) \geqq 0$について定義されていて，$c^\nu$について連続で，しかも2回連続微分可能である．

(U2)　$U^\nu(c^\nu)$はc^νにかんして厳密な意味で単調増大(strictly monotone)である．

$$U_{c_j^\nu}^\nu > 0 \qquad (j = 1, \cdots, J).$$

(U3)　$U^\nu = U^\nu(c^\nu)$は，c^νにかんして厳密な意味で凹関数(strictly concave)である．

(1)　$$U^\nu((1-\theta)c_0^\nu + \theta c_1^\nu) > (1-\theta)U^\nu(c_0^\nu) + \theta U^\nu(c_1^\nu)$$

という不等式が，$c_0^\nu \neq c_1^\nu$，$0 < \theta < 1$に対して常に成立する．

FenchelのLemma

効用関数$U^\nu(c^\nu)$にかんする(U1)-(U3)の条件は必ずしも一般的に使われているものではない．しかし『基礎篇』で考えていた一般的な選好関係(preference ordering)も，おおむね，(U1)-(U3)の場合に帰着されると考えてもよい．この点にかんして，FenchelのLemmaといわれる命題が存在する．1953年，数学者Fenchelがプリンストン大学で，新しい経済解析の数学的知識について，きわめて特徴的な講義をおこなったが，その最終回の講義で議論されたのが，FenchelのLemmaと呼ばれるようになった命題である．

Lemma(Fenchel)　消費者νの主観的価値基準$\gtrsim$は，non-negativeな消費ベクトル$c^\nu \geqq 0$にかんする選好関係(preference ordering)によってあらわされているとする．選好関係$\gtrsim$はつぎの条件をみたすとする．

(P1)　選好関係$\gtrsim$は，$\Omega = \{c : c = (c_j) \geqq 0\}$の上で定義されていて，連続的かつ，厳密な意味で単調増加である．

(P2)　すべての無差別曲面は，smoothで，厳密な意味でconcaveである．

ここで，ある曲面がsmoothであるというのは，連続かつ2回連続微分可能な関数によって表現できるということを意味する．また，厳密な意味でconcaveであるというのは，つぎの条件がみたされているときである．

(2)　$$c_0 \sim c_1,\ c_0 \neq c_1,\ 0 < \theta < 1 \text{ならば},\ (1-\theta)c_0 + \theta c_1 > c_0 \sim c_1.$$

ここで，$c' \sim c''$は$c' \gtrsim c''$，$c'' \gtrsim c'$のとき，また$c' > c''$は，$c' \gtrsim c''$，$c'' \not\gtrsim c'$を意味する．

任意の正数Kに対して，

$$\Gamma = \{c = (c_j) : 0 \leqq c \leqq K\}$$

と定義する．このとき，Γの上で定義され，(U1)-(U3)をみたすような効用関数$U = U(c)$が存在する．すなわち，

(3)　$$U(c_0) \geqq U(c_1) \iff c_0 \gtrsim c_1.$$

［証明］ 仮定により，連続２回微分可能な効用関数 $U(c)$ が存在する．(P2)の前提条件によって，効用関数 $U(c)$ は必ず厳密な意味で qnasi-concave となる．したがって，

任意のベクトル $\xi=(\xi_j)$ に対して，

$$U_c\xi = 0,\ \ \xi \neq 0 \Longrightarrow \xi' U_{cc}\xi < 0,$$

ここで，$U_c=(U_{c_j})$，$U_{cc}=(U_{c_ic_j})$．

したがって，

$$U_{cc}-\lambda U_c' U_c = (U_{c_ic_j}-\lambda U_{c_i}U_{c_j})_{ij}$$

が negative definite となるような λ が必ず存在する．このとき，関数 $\lambda(c)$ をつぎのように定義する．

$$\lambda(c) = \inf\{\lambda : U_{cc}(c)-\lambda U_c'(c)U_c(c) \text{ negative semi-definite}\}.$$

じつは，inf は min になり，$\lambda(c)$ はベクトル $c\geqq 0$ の連続関数となる．いま，

$$\lambda > \max\{\lambda(c) : 0 \leqq c \leqq K\}$$

となるような λ をとってくる．

新しい効用関数 $V(c)$ をつぎのように定義する．

$$V(c) = \varphi(U(c)),\ \ \varphi(U) = e^{-\lambda U}.$$

このとき，

$$V_{ij} = \varphi'(U)(U_{ij}-\lambda U_iU_j),$$

ただし，$U_i=U_{c_i}$，$U_{ij}=U_{c_ic_j}$，etc.

したがって，すべての $c\in\Gamma$ について，(V_{ij}) は negative definite，すなわち，$V(c)$ は Γ の上で厳密な意味で concave な関数となる．　Q.E.D.

実現可能な配分

各生産者 η は，さまざまな生産要素を所有し，あるいは，市場を通じてさまざまな生産要素を雇用ないしは購入することによって，生産活動をおこなう．ここでは，各生産者 η が，どのような生産要素を，どれだけ所有しているかについては所与とし，その具体的な内容は問わない．各生産者 η が，その所有している生産技術，生産要素，あるいは市場を通じて調達した生産要素を用いて，産出することのできる生産物の組み合わせの全体を T^η とする．T^η は生産者 η の生産可能集合(production possibility set)ないしは技術集合(technology set)と呼ばれる．生産者 η の技術集合 T^η はつぎの諸条件をみたしていると仮定する．

(T1)　T^η は non-negative な産出ベクトル $x=(x_j)$ からなる non-empty，bounded な集合で，$x\in T^\eta$，$0\leqq x'\leqq x$ のとき，$x'\in T^\eta$．

(T2)　T^η は closed かつ convex である．

技術集合 T^η が convex であるというのは，いうまでもなく，

(4)　　$x_0,\ x_1 \in T^\eta,\ 0 \leqq \theta \leqq 1$ のとき，$(1-\theta)x_0+\theta x_1 \in T^\eta$

という条件がみたされているときである．

いま，価格ベクトルが $p=(p_j)$ で与えられているとする．価格ベクトル $p=(p_j)$ は，non-zero，non-negative なベクトルを指す．

$$p \geq 0,\ \text{すなわち},\ p_j \geqq 0,\ \sum_j p_j > 0\ \ (j=1,\cdots,J).$$

このとき，

(5)　　$$px^\eta(p) = \max\{px^\eta,\, x^\eta \in T^\eta\}$$

となるような $x^\eta(p) \in T^\eta$ が必ず存在する．

(T3)　すべての価格ベクトル $p=(p_j) \geq 0$ に対して，利潤最大条件(5)をみたすような $x^\eta(p) \in T^\eta$ が一意的に定まり，$x^\eta(p)$ は価格ベクトル p にかんして連続 2 回微分可能である．

すなわち，

$$x^\eta_{pp} = \left(\frac{\partial^2 x^\eta}{\partial p_i \partial p_j}\right)_{ij}$$

は常に存在して，p にかんして連続である．

(T2)がみたされているから，$(x^\eta_{pp}$ は symmetrical，positive semi-definite なマトリックスである．

消費ベクトルのパターン $(c^1, \cdots, c^N)$ が，つぎの条件をみたすような $(x^1, \cdots, x^N)$ が存在するとき，実現可能な配分(feasible allocation)という．

(6)　　$$\sum_\nu c^\nu \leqq \sum_\eta x^\eta,\ \ c^\nu \geqq 0,\ \ x^\eta \in T^\eta.$$

Feasible な配分の全体は，closed かつ convex な集合となる．

$\alpha=(\alpha^1, \cdots, \alpha^N)$ を任意に与えられた正のベクトルとし，

$$\alpha > 0\,;\ \alpha^\nu > 0 \qquad (\text{すべての}\ \nu\ \text{について}).$$

社会的効用関数

(7)　　$$\sum_\nu \alpha^\nu U^\nu(c^\nu)$$

を考える．

最大問題(A)：実現可能な配分 $(c^1, \cdots, c^N)$ のなかで社会的効用関数(7)を最大とするような $(c^1_*, \cdots, c^N_*)$ を求めよ．

パレート最適の概念について，その厚生経済学的意味は，つぎの定理によって明確になるであろう．

定理 1　消費ベクトルのパターン $(c^1_*, \cdots, c^N_*)$ がパレート最適であるために必要にして十分

な条件は$(c_*^1, \cdots, c_*^N)$が最大問題(A)の最適解となるような正のベクトル$\alpha=(\alpha^1, \cdots, \alpha^N)>0$が存在することである．

［証明］　まず十分条件の方から証明しよう．消費ベクトルのパターン$(c_*^1, \cdots, c_*^N)$が最大問題(A)の最適解であるとする．すなわち，$(c_*^1, \cdots, c_*^N)$はfeasibleで，しかもつぎの条件がみたされている．

(8)　$(c^1, \cdots, c^N)$がfeasibleならば，$\sum_\nu \alpha^\nu U^\nu(c_*^\nu) \geqq \sum_\nu \alpha^\nu U^\nu(c^\nu)$.

もし仮に，$(c_*^1, \cdots, c_*^N)$がパレート最適でなかったとすれば，

(9)　$$U^\nu(c^\nu) \geqq U^\nu(c_*^\nu)$$

がすべてのνについて成立し，少なくとも1つのνについて(9)が不等号をもって成立するようなfeasibleな消費ベクトルのパターン$(c^1, \cdots, c^N)$が存在する．

$\alpha=(\alpha^1, \cdots, \alpha^N)>0$であるから，(9)式から

$$\sum_\nu \alpha^\nu U^\nu(c^\nu) > \sum_\nu \alpha^\nu U^\nu(c_*^\nu)$$

となって，条件(8)に矛盾する．

つぎに，必要条件の方を証明しよう．ある与えられたfeasibleな消費ベクトルのパターン$(c_*^1, \cdots, c_*^N)$がパレート最適であるとする．このとき，N次元のベクトル空間のなかで，つぎの2つの集合を定義しよう．

$B=\{b=(b^\nu)：(b^\nu)\leqq(U^\nu(c^\nu)-U^\nu(c_*^\nu))$となるようなfeasibleな消費ベクトルのパターン$(c^1, \cdots, c^N)$が存在する$\}$.

$$C=\{c=(c^\nu)：(c^\nu)>0\}.$$

この2つの集合B，Cは，いずれもnon-emptyでconvexな集合である．$(c_*^1, \cdots, c_*^N)$のパレート最適性によって，BとCとは共通点をもたない．

したがって，2つのconvexな集合B，Cを分離(separate)するようなベクトル$\alpha=(\alpha^\nu)$が存在する．すなわち，$\alpha=(\alpha^\nu)$はnon-zero$(\alpha\neq 0)$であって，

(10)　$\alpha b \leqq \alpha c$,　for all $b \in B$,　$c \in C$.

したがって，(10)とB，Cの定義とから，

(11)　$\alpha=(\alpha^\nu) \geqq 0$；すなわち，$\alpha^\nu > 0$,　$\sum_\nu \alpha^\nu > 0$,

(12)　$\sum_\nu \alpha^\nu U^\nu(c_*^\nu) \geqq \sum_\nu \alpha^\nu U^\nu(c^\nu)$,　for all feasible $(c^1, \cdots, c^N)$.

ここでもし，$\alpha=(\alpha^\nu)>0$となるような分離ベクトルが存在すれば，(12)によって，$(c_*^1, \cdots, c_*^N)$が最大問題(A)の最適解となって，証明が完了する．

仮に，$\alpha=(\alpha^\nu)>0$となるような分離ベクトルが存在しなかったとしよう．集合Bのpolar cone B^- をつぎのように定義する．

$$B^- = \{\alpha = (\alpha^\nu) : \alpha b \leqq 0, \text{ for all } b \in B\}.$$

このとき，

(13)　$$B^- \subset \{\alpha = (\alpha^\nu) : \alpha^{\nu_0} = 0, \ \alpha^\nu \leqq 0 \quad (\nu \neq \nu_0)\}$$

となるような ν_0 が存在する．

(13)式の両辺の集合について，その polar cone をとれば

(14)　$$(B^-)^- \supset \{b = (b^\nu) : b^{\nu_0} \geqq 0, \ b^\nu = 0 \quad (\nu \neq \nu_0)\}.$$

ここで，$(B^-)^-$ は $[B]=\{\lambda b : \lambda \geqq 0, \ b \in B\}$ を含む最小の closed な集合，すなわち $[B]$ の閉包に等しくなる．

したがって(14)式が成立しているとすれば，

(15)　$$\lim_{k\to\infty} \lambda_k b_k^{\nu_0} = 1, \ \lim_{k\to\infty} \lambda_k b_k^\nu = 0 \quad (\nu \neq \nu_0)$$

となるような列 $\lambda_k \geqq 0$，$b_k \in B$ が存在する．

すべての k について，$b_k \in B$ であるから

$$b_k^\nu \leqq U^\nu(c_k^\nu) - U^\nu(c_*^\nu)$$

となるような feasible な消費ベクトルのパターン $(c_k^1, \cdots, c_k^N)$ が存在する．Feasible な消費ベクトルのパターン $(c^1, \cdots, c^N)$ の集合は，有界かつ closed であるから，

$$\lim_{s\to\infty} c_{k_s}^\nu = c_0^\nu$$

が存在するような部分列 $\{k_s\}$ が存在する．

このとき，$\lim_{s\to\infty}\lambda_{k_s}=\lambda_0 \geqq 0$ も存在するような部分列 $\{k_s\}$ を考える．(15)式から

$$\lim_{s\to\infty} \lambda_{k_s}[U^{\nu_0}(c_{k_s}^{\nu_0}) - U^{\nu_0}(c_*^{\nu_0})] = 1, \ \lim_{s\to\infty} \lambda_{k_s}[U^\nu(c_{k_s}^\nu) - U^\nu(c_*^\nu)] = 0.$$

したがって，

$$\lambda_0[U^{\nu_0}(c_0^{\nu_0}) - U^{\nu_0}(c_*^{\nu_0})] = 1, \ \lambda_0[U^\nu(c_0^\nu) - U^\nu(c_*^\nu)] = 0,$$

かつ $\lambda_0 \geqq 0$ である．すなわち，

$$U^{\nu_0}(c_0^{\nu_0}) > U^{\nu_0}(c_*^{\nu_0}), \ U^\nu(c_0^\nu) = U^\nu(c_*^\nu).$$

ここで，$(c_0^1, \cdots, c_0^N)$ は feasible であるから，$(c_*^1, \cdots, c_*^N)$ のパレート最適性にかんする前提と矛盾する．したがって，polar cone B^- のなかに $\alpha=(\alpha^\nu)>0$ となるようなベクトル α が存在しなければならない．　　Q.E.D.

定理1によって，パレート最適性の概念は純粋な意味で効率性(efficiency)に関連するものであって，公正性(equity)とはまったくかかわりのない概念であることが明らかになったであろう．公共財あるいは環境，さらに一般的に社会的共通資本について考察しようとするとき，効率性よりもむしろ公正性にかかわる問題に，焦点が当てられなければならない．しかし，差

し当たっては，正統派の経済解析の問題意識にしたがって，しばらくパレート最適性を中心として分析を進めることにしたい．

2. 最適解と帰属価格

効用関数 $U^\nu(c^\nu)$ はすべて concave と仮定しているから，最大問題(A)は concave プログラミングの問題となる．したがって，『基礎篇』(第16章)で展開した分析がそのまま適用される．ここで，とくに重要な役割をはたすのは，Kuhn-Tucker の定理である．

最大問題(A)をくわしく書き上げるとつぎのようになる．

最大問題(A)　社会的効用関数

$$\sum_\nu \alpha^\nu U^\nu(c^\nu)$$

をつぎの制約条件

$$c^\nu \geqq 0, \quad x^\eta \in T^\eta,$$
$$\sum_\nu c^\nu \leqq \sum_\eta x^\eta$$

のもとで，最大化するようなベクトルのパターン $(c^1_*, \cdots, c^N_*, x^1_*, \cdots, x^M_*)$ を求めよ．

この最大問題に対して，Kuhn-Tucker の定理を適当に修正した形で適用することができる．$(c^1_*, \cdots, c^N_*, x^1_*, \cdots, x^M_*)$ が最大問題(A)の最適解であるとすれば，つぎのラグランジュ形式

(16)
$$L(c^1, \cdots, c^N, x^1, \cdots, x^M\,;\,p) = \sum_\nu \alpha^\nu U^\nu(c^\nu) + p\left(\sum_\eta x^\eta - \sum_\nu c^\nu\right)$$
$$(c^\nu \geqq 0, \quad x^\eta \in T^\eta)$$

の鞍点(saddle-point)となるような non-negative なベクトル $p=(p_j)\geqq 0$ が存在する．

ここで，$(c^1_*, \cdots, c^N_*, x^1_*, \cdots, x^M_*\,;\,p)$ がラグランジュ形式(16)の鞍点であるというのは，つぎの不等式がすべての $c^\nu \geqq 0$，$x^\eta \in T^\eta$，$p \geqq 0$ について成立するときである．

(17)
$$L(c^1, \cdots, c^N, x^1, \cdots, x^M\,;\,p) \leqq L(c^1_*, \cdots, c^N_*, x^1_*, \cdots, x^M_*\,;\,p)$$
$$\leqq (c^1_*, \cdots, c^N_*, x^1_*, \cdots, x^M_*\,;\,p).$$

ラグランジュ形式にかんする鞍点条件(17)はさらに，つぎの一次条件に帰着されることはよく知られている．

(18)
$$\sum_\nu c^\nu_* \leqq \sum_\eta x^\eta_*, \quad c^\nu_* \geqq 0, \quad x^\eta_* \in T^\eta,$$

(19)
$$\alpha^\nu U^\nu_{c^\nu}(c^\nu_*) \leqq p \qquad (\text{mod. } c^\nu_*),$$

(20)
$$p x^\eta \leqq p x^\eta_*, \ \text{for all} \ x^\eta \in T^\eta.$$

ここで，(19)式の(mod. c^ν_*)の意味は，

$$\alpha^\nu U^\nu_{c_j^\nu}(c^\nu_*) \leqq P_j$$

がすべての j について成立し，$c^\nu_{*j}>0$ のときには等号で成立することである．

これらの関係は，$\alpha=(\alpha^\nu)\geq 0$（すなわち，$\alpha^\nu>0$, $\sum_\nu \alpha^\nu>0$）のときにも成立することに注意しておきたい．

また，各生産者 η にかんする産出最大化の条件(20)は，さきに仮定した(T3)によって，

$$x^\eta_* = x^\eta(p)$$

を意味する．

逆に，消費と生産ベクトルのパターン$(c^1_*, \cdots, c^N_*, x^1_*, \cdots, x^M_*)$に対して，$(c^1_*, \cdots, c^N_*, x^1_*, \cdots, x^M_*; p)$がラグランジュ形式(16)の鞍点となるような non-negative なベクトル $p\geqq 0$ が存在するとき，$(c^1_*, \cdots, c^N_*, x^1_*, \cdots, x^M_*)$は feasible で，パレート最適となる．

したがって，(18)-(20)の条件によって，パレート最適性が完全に特徴づけられることになる．

3. パレート最適と競争均衡

競争均衡(competitive equilibrium)については『基礎篇』でくわしく論じた．また，競争均衡とパレート最適性の概念との関係についても，かんたんにふれた．この節では，公共財，環境，さらには社会的共通資本の問題を意識しながら，競争均衡とパレート最適性との間の関係を明確にしたい．

競争均衡の定義をまず与えておこう．生産者が用いる生産要素は究極的には消費者によって所有されているとし，市場価格がベクトル $p=(p_j)\geq 0$ のとき各生産者 η の産出額 px^ν $(x^\nu \in T^\nu)$について，その一定割合 $\theta^{\nu\eta}$ が消費者 ν に支払われると仮定する．

したがって，各消費者 ν の受け取る所得 Y^ν はつぎの式によって与えられる．

$$Y^\nu = \sum_\eta \theta^{\nu\eta} p x^\eta.$$

このとき，

$$\theta^{\nu\eta} \geqq 0,\ \sum_\eta \theta^{\nu\eta} = 1,$$

という条件がみたされているとする．

各消費者 ν について，fictitious な生産可能集合，あるいは技術集合 T^ν をつぎのように定義しよう．

$$T^\nu = \omega^\nu + \sum_\eta \theta^{\nu\eta} T^\eta,$$

ここで，$\omega^\nu=(\omega^\nu_j)\geqq 0$ は各消費者 ν がはじめに所有している財ベクトルであるとする．

このとき，T^ν に対して(T1)-(T3)の条件がみたされていることは明白であろう．

消費および生産のパターン$(c_*^1, \cdots, c_*^N, x_*^1, \cdots, x_*^N)$が競争均衡(competitive equilibrium)であるというのは，つぎの諸条件をみたすような non-zero，non-negative な価格ベクトル $p=(p_j)\geqq 0$ が存在するときである．

(i)　$(c_*^1, \cdots, c_*^N, x_*^1, \cdots, x_*^N)$は feasible である．すなわち，

(21)
$$\sum_\nu c_*^\nu \leqq \sum_\nu x_*^\nu,\quad c_*^\nu \geqq 0,\quad x_*^\nu \in T^\eta.$$

(ii)　生産ベクトルについて $x_*^\nu = x^\nu(p)$．すなわち，

$$x_*^\nu \in T^\nu,\quad px_*^\nu \geqq px^\nu,\quad \text{for all}\ \ x^\nu \in T^\nu.$$

(22)
$$x_*^\nu = x^\nu(p).$$

(iii)　消費ベクトル c_*^ν は予算制約条件：$pc^\nu \leqq px_*^\nu$，$c^\nu \geqq 0$ のもとで効用 $U^\nu(c^\nu)$ を最大とする．すなわち，

(23)
$$pc_*^\nu \leqq px_*^\nu,\quad c_*^\nu \geqq 0,$$

(24)
$$pc^\nu \leqq px^\nu,\quad c^\nu \geqq 0 \Longrightarrow U^\nu(c_*^\nu) \geqq U^\nu(c^\nu).$$

効用関数 $U^\nu(c^\nu)$は(U1)-(U3)の条件をみたすから，(iii)あるいは(23)，(24)がみたされるのはつぎの条件をみたすような α^ν が存在するとき，またそのときに限られる．

(25)
$$pc_*^\nu \leqq px_*^\nu,\quad c_*^\nu \geqq 0,\quad x_*^\nu = x^\nu(p),$$

(26)
$$\alpha^\nu U_{c^\nu}^\nu(c_*^\nu) = p.$$

競争均衡$(c_*^1, \cdots, c_*^N, x_*^1, \cdots, x_*^N\,;\,p)$は，(21)，(22)，(25)，(26)の条件によって特徴づけられる．したがって，$(c_*^1, \cdots, c_*^N, x_*^1, \cdots, x_*^N)$は，さきに導入した最大問題(A)の最適解となることがわかる．ここで，ウェイト・ベクトル $\alpha=(\alpha^\nu)$は(25)，(26)をみたすようなベクトルである．したがって，定理1によって，競争均衡$(c_*^1, \cdots, c_*^N, x_*^1, \cdots, x_*^N)$は必ずパレート最適となる．

したがって，競争均衡$(c_*^1, \cdots, c_*^N, x_*^1, \cdots, x_*^N)$の存在は，最適解が予算制約条件(25)をみたすようなウェイト・ベクトル $\alpha=(\alpha^\nu)>0$ が存在するか，否かに帰着される．

定理2　(競争均衡の存在定理)

(U1)-(U3)および(T1)-(T3)がみたされているとき，競争均衡は必ず存在する．

［証明］　まず，(N-1)次元の simplex

$$S = \left\{\alpha = (\alpha^\nu) : \alpha^\nu \geqq 0,\ \sum_\nu \alpha^\nu = 1\right\}$$

を考え，S の上の mapping $\beta=\beta(\alpha)$，$\alpha \in S$，をつぎのように定義する．

任意の $\alpha=(\alpha^\nu)\in S$ に対して，最大問題(A)の最適解$(c_*^\nu, x_*^\nu)=(c_*^1, \cdots, c_*^N, x_*^1, \cdots, x_*^N)$および帰属価格 p は，つぎの関数関係としてあらわされる．

$$c_*^\nu = c^\nu(\alpha),\quad x_*^\nu = x^\nu(\alpha) \qquad (\nu = 1, \cdots, N),$$

$$p = p(\alpha).$$

したがって

(27)　$\sum_\nu c^\nu(\alpha) = \sum_\nu x^\nu(\alpha),\ c^\nu(\alpha) \geqq 0,\ x^\nu(\alpha) = x^\nu(p^{(\alpha)}) \qquad (\nu = 1, \cdots, N),$

(28)　$\alpha^\nu U^\nu_{c^\nu}(c^\nu(\alpha)) = p(\alpha) \qquad (\nu = 1, \cdots, N).$

このとき，$\bar{\alpha} = (\bar{\alpha}^\nu)$，$\bar{c} = (\bar{c}^\nu)$をつぎのように定義する．

(29)　$\bar{\alpha}^\nu U^\nu_{c^\nu}(\bar{c}^\nu) = p(\alpha) \qquad (\nu = 1, \cdots, N),$

(30)　$p(\alpha)\bar{c}^\nu = p(\alpha)x^\nu(\alpha) \qquad (\nu = 1, \cdots, N).$

(27)-(30)をみたすような$\bar{c} = (\bar{c}^\nu)$，$\bar{\alpha} = (\bar{\alpha}^\nu)$は，つぎの最大問題の最適解との関連で求められる．

$$\sum_\nu \{\bar{\alpha}^\nu U^\nu(\bar{c}^\nu) - [p(\alpha)x^\nu(\alpha) - p(\alpha)\bar{c}^\nu]\}$$

の最大解$(\bar{c}^\nu)$について(30)が成立する．

このような$\bar{\alpha} = (\bar{\alpha}^\nu)$について，

$$\bar{\alpha}^\nu > 0 \qquad (\nu = 1, \cdots, N),$$

このとき

$$\lambda(\alpha) = \sum_\nu \bar{\alpha}^\nu > 0$$

とし，mapping $\beta(\alpha) = \beta^\nu(\alpha)$をつぎのように定義する．

$$\beta^\nu(\alpha) = \frac{\bar{\alpha}^\nu}{\lambda(\alpha)} \qquad (\nu = 1, \cdots, N).$$

$\beta(\alpha) = (\beta^\nu(\alpha))$はすべての$\alpha \in S$に対して，定義され，

$$\sum_\nu \beta^\nu(\alpha) = 1,\ \beta^\nu(\alpha) > 0 \qquad (\nu = 1, \cdots, N).$$

したがって，$\alpha \to \beta(\alpha)$は，Sの上で定義され，S自身への mapping となる．$\beta(\alpha)$が連続となることは効用関数$U^\nu(c^\nu)$および生産可能集合T^νにかんする条件から明らかである．したがって，ブラウワーの不動点定理[『基礎篇』数学付論]を適用することができ，

$$\beta(\alpha) = \alpha$$

となるような$\alpha \in S$が存在する．

したがって，

$$\bar{\alpha}^\nu = \lambda(\alpha^\nu)\alpha^\nu \qquad (\nu = 1, \cdots, N)$$

となる．

ここで，

(31)　$\lambda(\alpha) = 1$

となることを証明しよう．

仮に(31)が成立しないとし，たとえば

$$\lambda(\alpha) > 1$$

とする．

$$\lambda(\alpha) \sum_{\nu} \alpha^{\nu} U^{\nu}(\bar{c}^{\nu}) + [p(\alpha) x^{\nu}(\alpha) - p(\alpha) \bar{c}^{\nu}]$$

の最大解$(\bar{c}^{\nu})$について

$$0 = p(\alpha) x^{\nu}(\alpha) - p(\alpha) \bar{c}^{\nu} < p(\alpha) x^{\nu}(\alpha) - p(\alpha) c^{\nu}(\alpha) \qquad (\nu = 1, \cdots, N).$$

したがって，

$$0 < p(\alpha) \left[\sum_{\nu} x^{\nu}(\alpha) - c^{\nu}(\alpha) \right] = 0$$

となって矛盾する．

同じようにして，$\lambda(\alpha)<1$ のときも矛盾する．したがって(31)が成立する．すなわち，$(c^{\nu}(\alpha), x^{\nu}(\alpha), p(\alpha))$が競争均衡となる．　Q.E.D.

Note

定理2の証明のなかで用いたLemmaはよく使われるので，ここに一般的な形で述べておこう．

Lemma

$$f(x) = (f_j(x)), \ g(x) = (g_k(x)) \qquad (x = (x_i))$$

は，それぞれJ次元，K次元のベクトル関数として，つぎの最大問題を考える．

最大問題(B)：　$\sum_j p_j f_j(x)$

を制約条件

(32)　$$g_k(x) \geqq 0 \qquad (k = 1, \cdots, K)$$

のもとで最大にするような$x=(x_i)$を求めよ．ここで$p=(p_j)$は任意に与えられたパラメータである．

最大問題(B)の最適解はパラメータ$p=(p_j)$に依存する．2つのパラメータ$p^0=(p_j^0)$，$p^1=(p_j^1)$に対する最適解をそれぞれ$x^0=(x_i^0)$，$x^1=(x_i^1)$とする．このとき，

$$\sum_j \Delta p_j \Delta f_j \geqq 0.$$

ただし，

$$\Delta p_j = p_j^1 - p_j^0, \ \Delta f_j = f_j(x^1) - f_j(x^0).$$

［証明］　$x^0=(x_i^0)$，$x^1=(x_i^1)$はともに制約条件(32)をみたすから，

$$p^0 f(x^0) - p^0 f(x^1) \geqq 0,$$

$$p^1 f(x^1) - p^1 f(x^0) \geqq 0.$$

この2つの式を足し合わせると,

$$(p^1 - p^0)[f(x^1) - f(x^0)] \geqq 0. \qquad \text{Q.E.D.}$$

4. 競争均衡の比較静学

まず，最大問題(A)の最適解$(c^\nu(\alpha), x^\nu(\alpha))$および帰属価格$p(\alpha)$が，ウェイト・ベクトル$\alpha = (\alpha^\nu)$の微分的変化に対してどのように変化するかを解析的に表現しておこう．

(26)，(21)，(22)の両辺の微分をとると，

$$\alpha^\nu U^\nu_{c^\nu c^\nu} dc^\nu = dp - p\frac{d\alpha^\nu}{\alpha^\nu}, \tag{33}$$

$$\sum_\nu dc^\nu = \sum_\nu dx^\nu, \tag{34}$$

$$dx^\nu = x^\nu_p dp. \tag{35}$$

ここで,

$$B^\nu = (-\alpha^\nu U^\nu_{c^\nu c^\nu})^{-1}, \ \ A^\nu = (x^\nu_p)$$

とおく．

B^νはpossitive definiteな対称行列，A^νはpositive semi-definiteな対称行列となる．

(33)，(34)，(35)から,

$$dc^\nu = B^\nu p\frac{d\alpha^\nu}{\alpha^\nu} - B^\nu dp, \tag{36}$$

$$dp = (A+B)^{-1} \sum_\nu B^\nu p\frac{d\alpha^\nu}{\alpha^\nu}. \tag{37}$$

ここで,

$$A = \sum_\nu A^\nu, \ \ B = \sum_\nu B^\nu,$$

また,

$$A^\nu p = 0$$

であるから，(36)，(37)はつぎのようにあらわされる．

$$dp = (A+B)^{-1} \sum_\nu (A^\nu + B^\nu) p\frac{d\alpha^\nu}{\alpha^\nu}, \tag{38}$$

$$dc^\nu = (A^\nu + B^\nu) p\frac{d\alpha^\nu}{\alpha^\nu} - B^\nu (A+B)^{-1} \sum_\mu (A^\mu + B^\mu) p\frac{d\alpha^\mu}{\alpha^\mu}. \tag{39}$$

競争均衡の静学的変分をみるために

$$p(\alpha) x^\nu(\alpha) = p(\alpha) c^\nu(\alpha)$$

の両辺の微分をとれば

$$pA^\nu dp + dp\cdot x^\nu = pdc^\nu + dp\cdot c^\nu,$$

$$p'(A^\nu+B^\nu)p\frac{d\alpha^\nu}{\alpha^\nu} - \{p'(A^\nu+B^\nu)+(x^\nu-c^\nu)'\}(A+B)^{-1}\sum_\mu (A^\mu+B^\mu)p\frac{d\alpha^\mu}{\alpha^\mu} = 0.$$

あるいは

(40) $$C^\nu = A^\nu + B^\nu,\quad C = \sum_\nu C^\nu$$

とおけば

(41) $$p'C^\nu p\frac{d\alpha^\nu}{\alpha^\nu} - [p'C^\nu + (x^\nu-c^\nu)']C^{-1}\sum_\mu C^\nu p\frac{d\alpha^\mu}{\alpha^\mu} = 0.$$

ここで，つぎのマトリックスに焦点を当てる．

$$\Lambda = (p'C^\nu p\delta^{\nu\mu} - p'C^\nu C^{-1}C^\mu p)_{\nu\mu}.$$

$\delta^{\nu\mu}$ はクロネッカーの δ である．

$$\delta^{\nu\nu} = 1,\quad \delta^{\nu\mu} = 0 \qquad (\nu \neq \mu).$$

このマトリックス Λ は，symmetric で positive semi-definite となる．このことをみるために，つぎのベクトルを定義しよう．

$$a^\nu = C^{-\frac{1}{2}}C^\nu p,\quad a = C^{\frac{1}{2}}p.$$

いま，

$$\alpha^\nu \geqq 0 \qquad (\nu = 1, \cdots, N)$$

と仮定する．

$$\Lambda = (a^\nu a\delta^{\nu\mu} - a^\nu a^\mu)_{\nu\mu},$$
$$a = \sum_\nu a^\nu.$$

このとき，Λ は positive semi-definite なマトリックスとなることを証明しよう．

任意のベクトル $\xi=(\xi_\nu)$ に対して，つぎの二次形式をつくる．

(42) $$\xi'\Lambda\xi = a\cdot\sum_\nu a^\nu\xi_\nu^2 - \sum_\nu a^\nu\xi_\nu\cdot\sum_\nu a^\nu\xi_\nu.$$

ここで，さらにつぎの二次式を考えると，

$$\begin{aligned} f(t) &= at^2 - 2\sum_\nu a^\nu\xi_\nu t + \sum_\nu a^\nu\xi_\nu^2 \qquad (t = (t^\nu)) \\ &= \sum_\nu a^\nu(t^2 - 2\xi_\nu t + \xi_\nu^2) \\ &= \sum_\nu a^\nu(t-\xi_\nu)^2 \geqq 0. \end{aligned}$$

したがって，(42)の二次形式は常に non-negative となる．

5．競争均衡の安定性

競争均衡の存在については，アロー＝デブリュー論文以来，数多くの論文が発表された．しかし，市場機構ないしはプライス・メカニズムの安定性にかんしては，かなり特殊な場合を除いては検証されていない．この節では，プライス・メカニズムとは異なった調節のメカニズム(adjustment mechanism)を考えて，きわめて一般的な条件のもとで，その安定性を証明することにしよう．

$\alpha=(\alpha^\nu)$を任意に与えられたウェイト・ベクトルとする．$\alpha=(\alpha^\nu)$はnon-zero，non-negativeである．

$$\sum_\nu \alpha^\nu > 0,\ \ \alpha^\nu \geqq 0 \qquad (\nu=1,\cdots,N).$$

最大問題(A)の最適解および帰属価格をそれぞれ$c^\nu(\alpha)$，$x^\nu(\alpha)$および$p(\alpha)$とする．$(c^\nu(\alpha), x^\nu(\alpha), p(\alpha))$はすべて一意的に決まり，$\alpha=(\alpha^\nu)$にかんして連続2回微分可能となる．

(43)　$$\sum_\nu c^\nu(\alpha)=\sum_\nu x^\nu(\alpha),\ \ c^\nu(\alpha)\geqq 0,\ \ x^\nu(\alpha)\in T^\nu,$$

(44)　$$x^\nu(\alpha)=x^\nu(p(\alpha)) \qquad (\nu=1,\cdots,N),$$

(45)　$$\alpha^\nu U^\nu_{c^\nu}(c^\nu(\alpha))=p(\alpha) \qquad (\nu=1,\cdots,N).$$

最適解および帰属価格$(c^\nu(\alpha), x^\nu(\alpha), p(\alpha))$が競争均衡のとき，ウェイト・ベクトル$\alpha=(\alpha^\nu)$もまた競争均衡と呼ぶことにしよう．

いま

(46)　$$z^\nu(\alpha)=p(\alpha)x^\nu(\alpha)-p(\alpha)c^\nu(\alpha) \qquad (\nu=1,\cdots,N)$$

とおけば，

(47)　$$\sum_\nu z^\nu(\alpha)=0.$$

$\alpha=(\alpha^\nu)$が競争均衡であるために必要かつ十分な条件は

(48)　$$z^\nu(\alpha)=0 \qquad (\nu=1,\cdots,N).$$

任意のウェイト・ベクトル$\alpha=(\alpha^\nu)$に対して，$\bar{\alpha}=(\bar{\alpha}^\nu)$および$\bar{c}=(\bar{c}^\nu)$をつぎのように定義する．

(49)　$$\bar{\alpha}^\nu U^\nu_{c^\nu}(\bar{c}^\nu)=p(\alpha),$$

(50)　$$p(\alpha)\bar{c}^\nu=p(\alpha)x^\nu(\alpha).$$

このとき，$\alpha=(\alpha^\nu)$が競争均衡となるために必要かつ十分な条件は，

$$\bar{\alpha}=(\alpha^\nu) \qquad (\nu=1,\cdots,N)$$

である．

ウェイト・ベクトル$\alpha=(\alpha^\nu)$にかんして，つぎの調節メカニズムを考えよう．

(51)　$$\dot{\alpha}^\nu=\alpha^\nu[U^\nu(\bar{c}^\nu)-U^\nu(c^\nu(\alpha))],$$

ただし初期条件は$\alpha(0)=\alpha_0>0$．

(U1)-(U3)，(T1)-(T2)を仮定しているから，微分方程式体系(51)の解径路$\alpha(t)$は初期条件$\alpha_0>0$によって一意的に決まる．したがって，

$$\alpha(t) = \alpha(t\,;\,\alpha_0)$$

と表現することができる．

このとき，$\alpha(t\,;\,\alpha_0)$ は α_0 にかんして連続で，2回連続微分可能となる．

定理3　(競争均衡の安定性)

条件(U1)-(U3)，(T1)-(T2)がみたされているとき，任意の初期条件 $\alpha_0>0$ に対して微分方程式(51)は一意的に定まり，均衡状態に必ず収斂する．すなわち(51)は大局的に安定である．

［証明］　まず次の関係が成立することに留意しておこう．

(52)
$$\sum_\nu c^\nu(t) = \sum_\nu x^\nu(t),$$

(53)
$$\alpha^\nu(t)\,U^\nu_{c^\nu}(c^\nu(t)) \leqq p(t) \qquad (\text{mod. } c^\nu(t)).$$

ここで，

$$c^\nu(t) = c^\nu(\alpha(t)),\ \ x^\nu(t) = x^\nu(\alpha(t)) = x^\nu p(t),\ \ p(t) = p(\alpha(t)),\ \text{etc.}$$

(52)の条件はつぎの2つの方程式の形で表現される．

(54)
$$\begin{cases} \bar{\alpha}^\nu(t)\,U^\nu_{c^\nu}(\bar{c}^\nu(t)) = p(t), \\ p(t)\,\bar{c}^\nu(t) = p(t)\,x^\nu(t). \end{cases}$$

このとき，つぎの関数 $W(\alpha)$ が微分方程式体系(51)にかんして，Lyapunov関数となることを証明しよう．

(55)
$$W(\alpha) = \sum_\nu \alpha^\nu,\ \ \alpha = (\alpha^\nu).$$

まず，仮定(U1)からつぎの関係式が得られることはよく知られている．

(56)
$$\alpha^\nu(t)\{U^\nu(\bar{c}^\nu(t)) - U^\nu(c^\nu(t))\} \leqq \alpha^\nu(t)\,U^\nu_{c^\nu}(c^\nu(t))\{\bar{c}^\nu(t) - c^\nu(t)\}.$$

ここで，$\bar{c}^\nu(t) \neq c^\nu(t)$ となるような ν が存在するときには(56)式は不等号で成り立つ．

(53)式を(56)式に代入して，(51)，(54)を使えば

(57)
$$\dot{\alpha}^\nu(t) \leqq p(t)\{\bar{c}^\nu(t) - c^\nu(t)\} = p(t)\,x^\nu(t) - p(t)\,c^\nu(t).$$

ここでも，$\bar{\alpha}^\nu(t) \neq \alpha^\nu(t)$ となるような ν が存在するときには，不等号で成立する．

(55)を t について微分し，(57)を使うと

$$\dot{W}(t) \leqq \sum_\nu \{p(t)\,x^\nu(t) - p(t)\,c^\nu(t)\} = 0.$$

ここで，$\bar{\alpha}^\nu(t) \neq \alpha^\nu(t)$ となるような ν が存在するときには不等号で成立する．

したがって，初期条件 $\alpha_0 = (\alpha_0^\nu)$ に対する微分方程式体系(51)の解径路 $\alpha(t\,;\,\alpha_0)$ について，つぎのLyapunovの不等号が成立する．

$$\dot{W}(t) \leqq 0.$$

ここで，$\alpha(t\,;\,\alpha_0)$ が均衡ベクトルでないときには，不等号で成立する．

『基礎篇』第 19 章で証明した Lyapunov の定理を適用すれば，微分方程式体系(51)が quasi-stable となることがわかる．すなわち，微分方程式(51)の解径路 $\alpha(t\,;\,\alpha_0)$ について，その収斂部分列 $\{\alpha(t_k\,;\,\alpha_0)\}$ の極限 $\lim_{k\to\infty}\alpha(t_k\,;\,\alpha_0)$ は常に均衡ベクトルとなる．

競争均衡 $\alpha_*=(\alpha_*^\nu)$ がスケーラー量を除いて一意的に決まるときには，解径路 $\alpha(t\,;\,\alpha_0)$ 自体が常に均衡点 $\alpha_*=(\alpha_*^\nu)$ に収斂し，微分方程式体系(51)は大局的に安定となる．

$$W(\alpha_*)=\sum_\nu \alpha_*^\nu=\lim_{t\to\infty} W(t : \alpha_0).$$

また，ある ν について α^ν が 0 に近づくとき，$U^\nu(\bar{c}^\nu(\alpha))-U^\nu(c^\nu(\alpha))$ は正値をとるから，解径路 $\alpha(t\,;\,\alpha_0)$ は有界で，0 から常に離れている．しかし，

$$\lim_{t\to\infty} W(\alpha(t))=0$$

の可能性を排除することはできず，この場合には上の証明は適用できない．

このとき，$\beta=(\beta^\nu)$ をつぎのように定義する．

$$\beta^\nu=\frac{\alpha^\nu}{W(\alpha)},$$

$$\beta^\nu \geqq 0,\ \sum_\nu \beta^\nu=1,$$

$$\dot{\beta}^\nu=\beta^\nu\{U^\nu(\bar{c}^\nu)-U^\nu(c^\nu)\}-\beta^\nu\frac{\dot{W}(\alpha)}{W(\alpha)},$$

$$\dot{W}(\alpha)\leqq 0.$$

$\beta_*=(\beta_*^\nu)$ を $\{\beta(t)\}$ の集積点とする．すなわち，

$$\beta_*=\lim_{k\to\infty}\beta(t_k),\ \ \lim_{k\to\infty} t_k=\infty.$$

もしかりに，β_* が競争均衡でないとするとつぎの条件をみたすような ν が存在する．

$$z^\nu(\beta_*)>0,\ \text{あるいは}\quad U^\nu(\bar{c}_*^\nu)-U^\nu(c_*^\nu)>0.$$

したがって，

$$\dot{\beta}^\nu(t_k)\geqq\varepsilon>0\qquad(\text{for all } k)$$

となるような正数 ε が存在する．これは，β_* が $\{\beta(t)\}$ の集積点であるという仮定と矛盾する．すなわち，$\{\beta(t)\}$ の集積点はすべて競争均衡となり，微分方程式体系(51)は quasi-stable となる．

以下の議論は

$$\lim_{t\to\infty} W(\alpha(t))>0$$

の場合に限定する．一般的な場合については，$\beta(t)$ を使って同じようにして議論を進めることができる．

Lyapunov の定理からさらに，つぎのような条件をみたすような集積点 α_* の近傍 V，V_0 が存在することがわかる．

$$V=\{\alpha:\|\alpha-\alpha_*\|<\varepsilon\},$$
$$V_0=\{\alpha:\|\alpha-\alpha_*\|<\varepsilon_0\},\quad 0<\varepsilon_0<\varepsilon.$$

初期条件が $\alpha_0\in V$ のときには，微分方程式体系(51)の解径路 $\{\alpha(t\,;\,\alpha_0)\}$ は常に V_0 のなかに止まる．

均衡ベクトル $\alpha_*=(\alpha_*^\nu)$ からの乖離を $\xi=(\xi^\nu)$ であらわす．

$$\xi^\nu=\alpha^\nu-\alpha_*^\nu.$$

微分方程式体系(51)の右辺を

$$z^\nu(\alpha)=\alpha^\nu\{U^\nu(\bar{c}^\nu(\alpha))-U^\nu(c^\nu(\alpha))\}$$

であらわす．均衡条件は

$$z^\nu(\alpha_*)=0,\quad \text{for all } \nu.$$

ここで，$\Lambda(\alpha)=(\lambda^{\nu\eta}(\alpha))$ を $z(\alpha)=(z^\nu(\alpha))$ の Jacobian マトリックスとする．

$$\lambda^{\nu\eta}(\alpha)=\left(\frac{\partial z^\nu}{\partial\alpha^\eta}\right)_\alpha$$

(U1)-(U3)，(T1)-(T2)の仮定から，Jacobian マトリックス $\Lambda(\alpha)$ の要素はすべて α にかんして連続となる．

Lyapunov の定理によって得られた2つの近傍 V，V_0 を十分小さくとれば，初期条件 $\alpha_0\in V$ に対する微分方程式体系(51)の解は漸近的につぎの線型微分方程式体系の解と一致する．

$$\dot{\xi}^\nu=\sum_\eta\lambda_*^{\nu\eta}\xi^\eta,\quad \dot{\xi}=\Lambda_*\xi.$$

ここで，Jacobian マトリックス $\Lambda_*=(\lambda_*^{\nu\eta})$ は競争均衡 α_* での値である．

微分方程式体系(51)は quasi-stable であるから，Jacobian マトリックス $\Lambda_*=(\lambda_*^{\nu\eta})$ の特性根は必ず負かあるいは0である．とくに

$$\Lambda_*\alpha_*=0.$$

したがって，初期条件 α_0 が V に入っていれば，微分方程式体系(51)の解径路 $\{\alpha(t\,;\,\alpha_0)\}$ は必ず均衡ベクトルに収斂する．すなわち，微分方程式体系(51)は局所的に安定である．

近傍 V_0 のなかのベクトル α が競争均衡であるための必要十分条件は

$$\alpha=\alpha_*+\xi,\quad \Lambda_*\xi=0.$$

したがって，V_0 のなかの均衡ベクトルの集合は convex である．すなわち，均衡ベクトルの集合 Γ_* は局所的に convex となる．

V_0 のなかのベクトル α_0 はつぎのように分解される．

$$\alpha_0=\alpha_*+\xi,\quad \xi=\xi_*+\xi_{**},\quad \xi_*\in V\cap H_*,\quad \xi_{**}\in H_{**}$$

ここで，H_*, H_{**} はそれぞれ0および負の特性根に対応する特性ベクトルから成る部分空間である．このような分解は一意的に定まり，ξ_* は α_0 にかんして連続微分可能な関数となる．

したがって，

$$\lim_{t\to\infty} \alpha(t\,;\,\alpha_0) = \alpha_* + \xi_*.$$

しかも，微分方程式体系(51)は quasi-stable であるから，大局的にも安定となることがわかる．　Q.E.D.

6. リンダール均衡の存在と安定性

これまで展開してきたアプローチを適用して，公共財にかんするリンダール均衡(Lindahl equilibrium)の存在と安定性を証明することができる．

ふつう使われている公共財の概念は，サミュエルソンによって定式化された[Samuelson (1954)]．

その後，リンダール均衡の概念について研究の焦点があてられてきた．リンダール均衡の概念はもともと Lindahl(1919)で導入されたものであるが，その正確な意味は必ずしも明確ではなかった．リンダール均衡を最初に整合的な形で定式化したのはヨハンセン[Johansen (1963)]であった．ついで Foley(1967, 1970)，Fabre-Sender(1969)，Malinvaud(1971)，Milleron(1972)，Roberts(1974)，Kaneko(1977)，Mas-Colell(1980, 1985)などで，多様な観点からの分析が展開された．この節では主として，Foley(1970)，Roberts(1974)の流れに沿って，リンダール均衡の概念を考えることから始めよう．

私的財と公共財との2種類の財を考える．私的財は $j=1, \cdots, J$ であらわし，公共財は $k=1, \cdots, K$ であらわす．消費者は $\nu=1, \cdots, N$ であらわし，生産者は1人だけとする．

各消費者 ν について，選好関係は私的財の消費 $c^\nu=(c_j^\nu)$ だけでなく，公共財の供給量 $a=(a_k)$ にも依存する．消費者 ν の選好関係はつぎの条件をみたすような効用関数 $U^\nu(c^\nu, a)$ で表現されるとする．

(U1)′　$U^\nu(c^\nu, a)$ はすべての $(c^\nu, a) \geqq (0, 0)$ について定義され，(c^ν, a)にかんして連続かつ連続2回微分可能である．

(U2)′　限界効用は正または負となり得る．

$$U_{c^\nu}^\nu > 0,\quad U_a^\nu < 0,\quad \text{for all } (c^\nu, a) \geqq (0, 0).$$

(U3)′　$U^\nu(c^\nu, a)$ は(c^ν, a)にかんして厳密な意味で concave な関数である．

$$U^\nu(c^\nu(\theta), a(\theta)) > (1-\theta)\,U^\nu(c_0^\nu, a_0) + \theta U^\nu(c_1^\nu, a_1),$$

$$\text{for all } (c_0^\nu, a_0) \neq (c_1^\nu, a_1),\quad 0 < \theta < 1,$$

$$c^\nu(\theta) = (1-\theta)\,c_0^\nu + \theta c_1^\nu,\quad a(\theta) = (1-\theta)\,a_0 + \theta a_1.$$

この条件(U3)′はつぎのように表現される(必ずしも厳密な意味ではないが)．

(1)′　$$U^\nu(c_1^\nu, a_1) - U^\nu(c_0^\nu, a_0) < U_{c^\nu}^\nu(c_0^\nu, a_0)(c_1^\nu - c_0^\nu) + U_a^\nu(c_0^\nu, a_0)(a_1 - a_0),$$

$$\text{for all } (c_0^\nu, a_0) \neq (c_1^\nu, a_1).$$

あるいはよりつよい形で，

(2)′　2階偏微分のマトリックス

$$\begin{pmatrix} U_{c^\nu c^\nu} & U_{c^\nu a} \\ U_{ac^\nu} & U_{aa} \end{pmatrix}_{(c^\nu, a)}$$

が negative definite である．

生産者については，生産要素の賦与量は与えられていて，技術的に生産可能な私的財 $x=(x_j)$ と公共財 a の産出量のベクトル (x, a) の全体は $T=\{(x, a)\}$ であらわし，生産可能集合と呼ぶ．

生産可能集合 T について，つぎの条件がみたされていると仮定する．

(T1)′　生産可能集合 T は non-empty で，コンパクトである．$(x, a) \in T$ のときには，

$$(x, a) \geqq (0, 0),\quad (0, 0) \in T$$

(T2)′　任意の non-zero，non-negative な価格ベクトル $(p, q) \geq (0, 0)$ に対して，$px+qa$, $(x, a) \in T$ を最大にするようなベクトル (x, a) は一意的に定まる．$(x(p, q), a(p, q))$ であらわす．このとき，$(x(p, q), a(p, q))$ は (p, q) にかんして，連続2回微分可能で，

$$px(p, q)+qa(p, q) > 0,\quad \text{for all } (p, q) \geq (0, 0).$$

(T2)′ がみたされているときには，2階偏微分のマトリックス

$$A = \begin{pmatrix} x_p & a_p \\ x_q & a_q \end{pmatrix}_{(p, q)}$$

は対称的で positive semi-definite となる．

私的財の消費ベクトルと公共財の供給量 $(c^1, \cdots, c^N;\ a)$，がつぎの条件をみたすとき，feasible という．

(3)′
$$\sum_\nu (c^\nu - \omega^\nu) \leqq x,\quad c^\nu \geqq 0,\quad (x, a) \in T.$$

ここで，ω^ν は各消費者 ν の初期における私的財の賦与をあらわすベクトルで，

$$\omega^\nu \geqq 0 \qquad (\text{for all } \nu)$$

と仮定する．

ある配分 $(c_*^1, \cdots, c_*^N;\ a_*)$ がパレート最適(Pareto-optimum)というのは，$(c_*^1, \cdots, c_*^N;\ a_*)$ が feasible でかつつぎの条件をみたすような feasible な配分が存在しないときである．

$$U^\nu(c^\nu, a) \geqq U^\nu(c_*^\nu, a_*),\quad \text{for all } \nu,$$

$$U^\nu(c^\nu, a) > U^\nu(c_*^\nu, a_*),\quad \text{for some } \nu.$$

定理1′　(U1)′-(U3)′，(T1)′-(T2)′ がみたされているとする．Feasible な配分 $(c_*^1, \cdots, c_*^N;\ a_*)$ がパレート最適であるために必要十分な条件はある正のウェイト・ベクトル $\alpha=(\alpha^\nu)>0$ に対して，$(c_*^1, \cdots, c_*^N;\ a_*)$ がつぎの最大問題の最適解となることである．

Feasible な配分全体のなかで，社会的効用関数

(4)′　　$$\sum_\nu \alpha^\nu U^\nu(c^\nu, a)$$

を最大にするような配分$(c_*^1, \cdots, c_*^N ; a_*)$を見出せ．

定理1は，定理1′と同じようにして証明できる．

上の最大問題に対する最適解$(c_*^1, \cdots, c_*^N ; a_*)$は一意的に定まる．私的財の産出ベクトル$x_*$もまた一意的である．したがって，

$$c_*^\nu = c^\nu(\alpha), \quad a_* = a(\alpha), \quad x_* = x(\alpha)$$

という関数であらわすことができる．

上の最大問題に対して，Kuhn-Tucker の定理を適用することができる[『基礎篇』第16章]．Lagrange 形式をつぎのように定義する．

$$L(c^1, \cdots, c^N, a, x ; p, q) = \sum_\nu \alpha^\nu U^\nu(c^\nu, a) + p\{x - \sum_\nu (c^\nu - \omega^\nu)\} + qa,$$

$$c^\nu \geqq 0, \quad (x, a) \in T.$$

ここで，p, q はそれぞれ私的財および公共財の価格ベクトルである．

$(c_*^1, \cdots, c_*^N, a_*, x_*)$が上の最大問題の最適解となるために必要十分な条件を考えてみると，$(c_*^1, \cdots, c_*^N, a_*, x_* ; p_*, q_*)$が Lagrange 形式 $L(c^1, \cdots, c^N, a, x ; p, q)$ の non-negative な鞍点となることである．

このとき，帰属価格ベクトル p_*, q_* もまた一意的に定まってくる．したがって，

$$p_* = p(\alpha), \quad q_* = q(\alpha)$$

という関数表現を用いることができる．

Kuhn-Tucker の定理から，つぎの条件がみたされることがわかる．

$$x(\alpha) = x(p(\alpha), q(\alpha)), \quad a(\alpha) = a(p(\alpha), q(\alpha)),$$

$$\sum_\nu (c^\nu(\alpha) - \omega^\nu) = x(\alpha),$$

$$\alpha^\nu U^\nu_{c^\nu}(c^\nu(\alpha), a(\alpha)) \leqq p(\alpha) \qquad (\text{mod. } c^\nu(\alpha)),$$

$$\sum_\nu \alpha^\nu U^\nu_a(c^\nu(\alpha), a(\alpha)) = q(\alpha).$$

ここで，

$$p(\alpha) > 0, \quad q(\alpha) > 0, \quad \text{for all } \alpha = (\alpha^\nu) > 0$$

いま，全収入

$$px + qa, \quad (x, a) \in T$$

のうち，θ^ν の割合で各消費者 ν に分配されるとし，各消費者 ν の初期賦与ベクトル ω^ν について，つぎの条件がみたされているとする．

$$\theta^\nu > 0, \text{ for all } \nu, \ \sum_\nu \theta^\nu = 1,$$

$$\omega^\nu \geqq 0, \text{ for all } \nu.$$

ある配分$(c_*^1, \cdots, c_*^N; a_*)$がリンダール均衡であるのは，$(c_*^1, \cdots, c_*^N; a_*)$がfeasible，しかもnon-zero，non-negativeな価格ベクトル$p_*, q_*, q_*^1, \cdots, q_*^N$と私的財の産出ベクトル$x_*$でつぎの条件をみたすようなものが存在するときである．

(x_*, a_*)は

$$p_* x + q_* a, \ (x, a) \in T$$

を最大にする．

各消費者νについて，(c_*^ν, a_*)は$U^\nu(c^\nu, a^{(\nu)})$をつぎの制約条件のもとで最大にする．

$$p_* c^\nu + q_*^\nu a^{(\nu)} \leqq p_* \omega^\nu + \theta^\nu (p_* x_* + q_* a_*), \ c^\nu, a^{(\nu)} \geqq 0,$$

$$\sum_\nu (c_*^\nu - \omega^\nu) \leqq x_*,$$

$$q_* = \sum_\nu q_*^\nu.$$

リンダール均衡の定義からただちにわかるように，

$$q_* = \sum_\nu -\alpha^\nu U_a^\nu(c_*^\nu, a_*), \ q_*^\nu = -\alpha U_a^\nu(c_*^\nu, a_*).$$

リンダール均衡はまた，パレート最適となる．したがって，定理1′によって，

$$c_*^\nu = c^\nu(\alpha_*), \ a_* = a(\alpha_*), \ x_* = x(\alpha_*),$$

$$p_* = p(\alpha_*), \ q_* = q(\alpha_*)$$

となるような効用のウェイト・ベクトル$\alpha_* = (\alpha_*^\nu) > 0$が存在する．また，つぎのようにあらわす．

$$q_*^\nu = q^\nu(\alpha_*).$$

$\alpha = (\alpha^\nu) \geqq 0$が任意のnon-zero，non-negativeな効用のウェイト・ベクトルであるとき，$z^\nu(\alpha)$をつぎのように定義する．

$$z^\nu(\alpha) = \{p(\alpha)\omega^\nu + \theta^\nu(p(\alpha)x(\alpha) + q(\alpha)a(\alpha))\} - \{p(\alpha)c^\nu(\alpha) + q^\nu(\alpha)a(\alpha)\}.$$

効用のウェイト・ベクトル$\alpha_* = (\alpha_*^\nu) > 0$がリンダール均衡となるための必要十分条件は

$$z^\nu(\alpha_*) = 0, \text{ for all } \nu$$

である．

定理2′　(U1)′-(U3)′，(T1)′-(T2)′がみたされているとする．このときリンダール均衡は必ず存在する．

定理2′は，定理2とまったく同じようにして証明することができる．つぎのような修正をす

ればよい．

任意の $\alpha=(\alpha^\nu)\in S$ に対して，$(\bar{c}^\nu, \bar{a}^{(\nu)})$ をつぎのように定義する．

$$\bar{\alpha}^\nu U^\nu_{c^\nu}(\bar{c}^\nu, \bar{a}^{(\nu)}) = p(\alpha),$$
$$\bar{\alpha}^\nu U^\nu_a(\bar{c}^\nu, \bar{a}^{(\nu)}) = q^\nu(\alpha),$$
$$p(\alpha)\bar{c}^\nu + q^\nu(\alpha)\bar{a}^{(\nu)} = p(\alpha)\omega^\nu + \theta^\nu(p(\alpha)x(\alpha)+q(\alpha)a(\alpha)).$$

このとき，

$$\bar{\alpha}^\nu \gtreqless \alpha^\nu \Longleftrightarrow z^\nu(\alpha) \gtreqless 0.$$

定理 3′　(U1)′-(U3)′，(T1)′-(T2)′ がみたされているとし，つぎの微分方程式体系を考える．

(51)′　　$\dot{\alpha}^\nu(t) = \alpha^\nu(t)\{U^\nu(\bar{c}^\nu(t), \bar{a}^{(\nu)}(t)) - U^\nu(c^\nu(t), a(t))\}$, for all t.

ここで，$(\bar{c}^\nu(t), \bar{a}^{(\nu)}(t))$ は $\alpha=\alpha(t)$ のときの (51)，(52)，(53) の解である．

任意の初期条件 $\alpha_0>0$ に対して，(51)′ の解径路 $\alpha(t;\alpha_0)$ は一意的に決まり，リンダール均衡に対応する効用のウェイト・ベクトル $\alpha_*>0$ に収斂する．

定理 3′ もまた，定理 3 と同じようにして証明できる．つぎの点に留意すればよい．

$$\begin{aligned}
&\alpha^\nu(t)\{U^\nu(\bar{c}^\nu(t), \bar{a}^{(\nu)}(t)) - U^\nu(c^\nu(t), a(t))\}\\
&\quad \leqq \alpha^\nu(t)\{U^\nu_{c^\nu}(c^\nu(t), a(t))(\bar{c}^\nu(t)-c^\nu(t)) + U^\nu_a(c^\nu(t), a(t))(\bar{a}^{(\nu)}(t)-a(t))\}\\
&\quad = p(t)(\bar{c}^\nu(t)-c^\nu(t)) + q^\nu(t)(\bar{a}^{(\nu)}(t)-a(t))\\
&\quad = z^\nu(\alpha^\nu(t)).
\end{aligned}$$

ここで，$\bar{\alpha}^\nu(t)\neq\alpha^\nu(t)$ となるような ν が存在するときには，不等号で成立する．

しかも，

$$\sum_\nu z^\nu(\alpha) = 0, \text{ for all } \alpha \in S.$$

7. 地球温暖化とリンダール均衡

これまで，説明してきたアプローチを使って，二酸化炭素や他の温室効果ガスの排出にともなう経済厚生的影響を分析することができる．くわしい議論は他の章にゆずって，ここでは，分析の概略を述べるに留めておきたい．

温室効果ガス，とくに二酸化炭素の大気中の蓄積は，産業革命を契機として大幅に増加してきたが，この 10 年間ほどの間についてとくに著しい．

二酸化炭素をはじめとする温室効果ガスの大気中における蓄積が現在のペースで進行するとすれば，平均気温は 2030 年には，産業革命以前に比べて 2〜3℃ 高くなると予想されている．

それにともなって，気候条件に大きな変化が起こり，生物的，エコロジカルな環境条件が激変し，人類の生活に不可逆的な衝撃を与えることになると考えられている．この数年の間に，数多くの政策的，制度的措置が提案され，大気均衡の安定性を求めようとする動きがみられるようになった．この問題については第I部でくわしく展開したので，差し当たっては，Uzawa (1991)による公正の視点にたった炭素税の提案に言及するに止めよう[第3章参照].

この節では，地球温暖化の問題にかんするリンダール均衡の意味を明確にし，リンダール均衡の安定性条件を検討することにしたい[Mäler and Uzawa (1994)].

これまでと同じように，二酸化炭素が唯一の温室効果ガスという前提のもとで議論を進める．一般の場合も同じようにして分析をおこなうことができる．

私的財の生産にともなって，大気中に二酸化炭素が排出されるが，その間の関係は生産可能集合 $T=\{(x, a)\}$ によってあらわされるとする．$T=\{(x, a)\}$ は，私的財のベクトル $x=(x_j)$ とそれにともなって大気中に排出される二酸化炭素の量 a との間に存在する技術的条件を集約したものである．

生産可能集合 $T=\{(x, a)\}$ について，つぎの条件がみたされていると仮定する．

(T1)″　T は non-empty かつ closed な集合である．$(x, a)\in T$ ならば

$(x, a)\geqq(0, 0)$，$(x, a)\in T$，さらに $(x, a)\in T$，$0\leqq x'\leqq x$，$a'\leqq a$，のとき $(x', a')\in T$.

(T2)″　(p, q) が任意の non-zero，non-negative な価格ベクトルとするとき，

$$px-qa,\ \ (x, a)\in T$$

を最大とするような生産計画 $(x(p, q), a(p, q))$ は一意的に定まり，(p, q) にかんして，連続2回微分可能となる．

(T2)″ によって2階偏微分のマトリックス

$$A=\begin{pmatrix} x_p & x_q \\ a_p & a_q \end{pmatrix}_{(p,q)}$$

は対称的で，positive semi-definite となる．

各消費者 $\nu(\nu=1, \cdots, N)$ の選好関係は，私的財の消費ベクトル $c^\nu=(c_j^\nu)$ と二酸化炭素の大気中への全排出量 a とについて定義される．選好関係はつぎの条件をみたすような効用関数 $U^\nu(c^\nu, a)$ によって表現できると仮定する．

(U1)″　$U^\nu(c^\nu, a)$ はすべての $(c^\nu, a)\geqq(0, 0)$ について定義され，連続かつ連続2回微分可能である．

(U2)″　私的消費財 $c^\nu=(c_j^\nu)$ にかんする限界効用は常に正であるが，二酸化炭素の全排出量 a にかんしては常に負である．

$$U_{c^\nu}^\nu>0,\ \ U_a^\nu<0,\ \ \text{for all}\ \ (c^\nu, a)\geqq(0, 0).$$

(U3)″　$U^\nu(c^\nu, a)$ は (c^ν, a) にかんして厳密な意味で concave である．

$$U^\nu(c^\nu(\theta), a(\theta)) > (1-\theta)\,U^\nu(c_0^\nu, a_0) + \theta U^\nu(c_1^\nu, a_1),$$
$$\text{for all }(c_0^\nu, a_0) \neq (c_1^\nu, a_1),\ 0 < \theta < 1.$$

この場合にも，(U3)″ の条件は(1)′ あるいは(2)′ の形にあらわすことができる．

私的財の消費ベクトルと二酸化炭素の排出量の組み合わせ$(c^1, \cdots, c^N; a)$が feasible な配分であるというのは，

(3)″ $$\sum_\nu (c^\nu - \omega^\nu) \leqq x,\ c^\nu \geqq 0,\ (x, a) \in T$$

をみたすような私的財の産出ベクトル x が存在するとして定義する．ここで，ω^ν は各消費者 ν がはじめに保有している消費財のベクトルである．前と同じように

$$\omega^\nu \geqq 0 \qquad (\text{for all } \nu)$$

と仮定する．

配分$(c_*^1, \cdots, c_*^N; a_*)$がパレート最適であるというのは，$(c_*^1, \cdots, c_*^N; a_*)$が feasible な配分で，

$$U^\nu(c^\nu, a) \geqq U^\nu(c_*^\nu, a_*),\ \text{for all } \nu,$$
$$U^\nu(c^\nu, a) > U^\nu(c_*^\nu, a_*),\ \text{for some } \nu$$

という条件をみたすような feasible な配分$(c^1, \cdots, c^N; a)$が存在しないときである．

定理 1″　(U1)″-(U3)″，(T1)″-(T2)″ の条件がみたされているとする．このとき，feasible な配分$(c_*^1, \cdots, c_*^N; a_*)$がパレート最適となるために必要にして十分な条件はつぎの通りである．

$(c_*^1, \cdots, c_*^N; a_*)$が

(4)″ $$\sum_\nu \alpha^\nu U^\nu(c^\nu, a)$$

を feasible な配分全体のなかで最大にするという最大問題の最適解となるような正の効用のウェイト・ベクトル $\alpha=(\alpha^\nu)>0$ が存在することである．

定理 1″ も，定理 1′ の場合とまったく同じようにして証明することができる．

ここで，全収入 $px-qa$，$(x, a) \in T$ のある一定割合 θ^ν が各消費者 ν に分配されるとしよう．Feasible な配分$(c_*^1, \cdots, c_*^N; a_*)$がリンダール均衡というのはつぎの条件がみたされているときである．

Non-zero，non-negative な価格ベクトル $p_*, q_*, \cdots, q_*^1, \cdots, q_*^N$ と私的財の産出ベクトル x_* が存在して，

(58)　(x_*, a_*)は $p_*x - q_*a$，$(x, a) \in T$ を最大にする．

(59)　各消費者 ν について，(c_*^ν, a_*)は効用 $U^\nu(c^\nu, a^{(\nu)})$ を制約条件

$$p_* c^\nu - q_*^\nu a^{(\nu)} \leqq p_* \omega^\nu + \theta^\nu (p_* x_* - q_* a_*),\quad c^\nu \geqq 0,\quad a^{(\nu)} \geqq 0$$

のもとで，最大にする．

$$\sum_\nu (c_*^\nu - \omega^\nu) \leqq x_*, \tag{60}$$

$$q_* = \sum_\nu q_*^\nu. \tag{61}$$

(59)，(61)の条件から，

$$q_* = \sum_\nu -\alpha_*^\nu U_a^\nu (c_*^\nu, a_*),\quad q_*^\nu = -\alpha_*^\nu U_a^\nu (c_*^\nu, a_*).$$

$\alpha=(\alpha^\nu)$ が任意の non-zero，non-negative な効用のウェイト・ベクトルであるとき，関数 $z^\nu(\alpha)$ を定義する．

$$z^\nu(\alpha) = \{p(\alpha)\omega^\nu + \theta^\nu(p(\alpha)x(\alpha) - q(\alpha)a(\alpha))\} - \{p(\alpha)c^\nu(\alpha) - q^\nu(\alpha)a(\alpha)\}. \tag{62}$$

このとき，

$$\sum_\nu z^\nu(\alpha) = 0,\ \text{for all}\ \alpha \in S. \tag{63}$$

$(c^1(\alpha), \cdots, c^N(\alpha);\ a(\alpha))$がリンダール均衡となるための必要十分条件は

$$z^\nu(\alpha) = 0,\ \text{for all}\ \nu. \tag{64}$$

各 $\alpha=(\alpha^\nu) \in S$ に対して，$(\bar{c}^\nu, \bar{a}^{(\nu)})$はつぎの条件によって定義される．

$$\bar{\alpha}^\nu U_{c^\nu}^\nu (\bar{c}^\nu, \bar{a}^{(\nu)}) = p(\alpha),$$
$$-\bar{\alpha}^\nu U_a^\nu (\bar{c}^\nu, \bar{a}^{(\nu)}) = q^\nu(\alpha),$$
$$p(\alpha)\bar{c}^\nu - q^\nu(\alpha)\bar{a}^{(\nu)} = p(\alpha)\omega^\nu + \theta^\nu\{p(\alpha)x(\alpha) - q^\nu(\alpha)a(\alpha)\}.$$

このとき，

$$\bar{a}^{(\nu)} \gtreqless a^{(\nu)} \iff z^{(\nu)} \gtreqless 0.$$

定理 2′，定理 3′ の場合とまったく同じようにしてつぎの 2 つの定理を証明することができる．

定理 2″　(U1)″-(U3)″，(T1)″-(T2)″ の条件がみたされているとする．このとき，リンダール均衡は必ず存在する．

定理 3″　(U1)″-(U3)″，(T1)″-(T2)″ の条件がみたされているとして，つぎの微分方程式体系を考える．

$$\dot{\alpha}^\nu(t) = \alpha^\nu(t)\{U^\nu(\bar{c}^\nu(t), \bar{a}^\nu(t)) - U^\nu(c^\nu(t), a(t))\},\ \text{for all}\ \nu. \tag{51″}$$

任意の初期条件 $\alpha_0>0$ に対して，微分方程式体系(51)″ の解径路 $\alpha(t\,;\,\alpha_0)$ は一意的に定まり，$t\to\infty$ のときにリンダール均衡に収斂する．

8. 排出権の取引市場とリンダール均衡

二酸化炭素の排出権を取引する市場の設定が経済学者の間でしばしば議論の対象となってきた．この節では，数多くの国から成り立つ国際経済を考え，二酸化炭素の排出権を取引するような(完全競争的)市場がつくられている場合を考察する．

各国は generic に ν であらわし，$\nu=1,\cdots,N$ とする．各国 ν について，生産要素の賦与量は所与とする．私的財の産出ベクトル $x^\nu=(x_j^\nu)$ と二酸化炭素の排出量 a^ν との間に存在する技術的制約条件は各国 ν の生産可能な集合 $T^\nu=\{(x^\nu, a^\nu)\}$ に集約されるとする．

各国 ν の生産可能集合 T^ν は(T1)″，(T2)″ の条件をみたすと仮定し，$(x^\nu(p,q), a^\nu(p,q))$ は

$$px^\nu - qa^\nu,\quad (x^\nu, a^\nu)\in T^\nu$$

を最大にするような生産計画をあらわす．

二酸化炭素の排出量 a は

$$a=\sum_\nu a^\nu.$$

各国 ν における私的財の消費ベクトル $c^\nu=(c_j^\nu)$ と二酸化炭素の全排出量 a の組み合わせ $(c^1,\cdots,c^N;\ a)$ が feasible な配分であるというのは，各国 ν の生産計画 $(x^\nu, a^\nu)\in T^\nu$ が存在して，

$$(3)''' \qquad \sum_\nu (c^\nu-\omega^\nu) \leqq \sum_\nu x^\nu,\quad a=\sum_\nu a^\nu,\quad (x^\nu, a^\nu)\in T^\nu$$

がみたされるときとして定義される．

Feasible な配分 $(c_*^1,\cdots,c_*^N;\ a_*)$ がリンダール均衡というのは，(54)，(55)，(56)，(57)がみたされているときである．ここで，

$$x_*=\sum_\nu x_*^\nu,\quad a_*=\sum_\nu a_*^\nu,\quad (x_*^\nu, a_*^\nu)\in T^\nu,\ \text{for all } \nu.$$

このとき，$z^\nu(\alpha)$ をつぎのように定義する．

$$(65) \qquad z^\nu(\alpha)=\{p(\alpha)\omega^\nu+[(p(\alpha)x^\nu(\alpha)-q(\alpha)a^\nu(\alpha))]\}-\{p(\alpha)c^\nu(\alpha)-q^\nu(\alpha)a(\alpha)\}.$$

ここで $x^\nu(\alpha)=x^\nu(p(\alpha), q(\alpha))$，$a^\nu(\alpha)=a^\nu(p(\alpha), q(\alpha))$，

$$x(\alpha)=\sum_\nu x^\nu(\alpha),\quad a(\alpha)=\sum_\nu a^\nu(\alpha).$$

(65)式で導入された $z^\nu(\alpha)$ は(63)，(64)をみたす．

いま，二酸化炭素の排出権を取引する国際市場を想定し，各国 ν ははじめにある一定量の排出権 b^ν $(b^\nu\geqq 0)$ を配分されるとする．このとき

$$a=\sum_\nu b^\nu$$

が二酸化炭素の全排出量である．

排出権市場の競争均衡は，二酸化炭素の全排出量 a という制約条件のもとでパレート最適となる．したがって，排出権市場の競争均衡は，効用のウェイト・ベクトル $\alpha_*=(\alpha_*^\nu)>0$ を適当に選ぶことによって，つぎの最大問題の最適解$(c_*^1, \cdots, c_*^N ; a_*)$に対応することがわかる．

社会的効用関数

$$(4)''' \qquad \sum_\nu \alpha^\nu U^\nu(c^\nu, a)$$

を制約条件

$$\sum_\nu c^\nu \leqq \sum_\nu x^\nu, \quad a = \sum_\nu a^\nu, \quad (x^\nu, a^\nu) \in T^\nu, \text{ for all } \nu$$

のもとで，最大とするような配分$(c_*^1, \cdots, c_*^N ; a_*)$を求めよ．

一般に，二酸化炭素の全排出量 a が所与のとき，効用のウェイト・ベクトル $\alpha_*=(\alpha_*^\nu)>0$ に対して，上の最大問題の最適解および帰属価格ベクトルを $c^\nu(\alpha)$，$a^\nu(\alpha)$，$x^\nu(\alpha)$，$p(\alpha)$，$q(\alpha)$ であらわす．

$$\sum_\nu a^\nu(\alpha) = a = \sum_\nu b^\nu.$$

$z^\nu(\alpha)$ をつぎのように定義する．

$$z^\nu(\alpha) = p(\alpha)\omega^\nu + \{p(\alpha)x^\nu(\alpha) - q(\alpha)a^\nu(\alpha)\} + q(\alpha)b^\nu.$$

このとき，

$$\sum_\nu z^\nu(\alpha) = 0, \text{ for all } \alpha \in S.$$

また，排出権市場の均衡はつぎの条件によって表現される．

$$z^\nu(\alpha) = 0, \text{ for all } \nu.$$

各国 ν について，$\bar{\alpha}^\nu$ をつぎの条件で決める．

$$\bar{\alpha}^\nu U_{c^\nu}^\nu(\bar{c}^\nu, a) = p(\alpha),$$
$$p(\alpha)\bar{c}^\nu = p(\alpha)\omega^\nu + \{p(\alpha)x^\nu(\alpha) - q(\alpha)a^\nu(\alpha)\} + q(\alpha)b^\nu.$$

このとき，

$$\bar{\alpha}^\nu \gtreqqless \alpha^\nu \iff z^\nu(\alpha) \gtreqqless 0.$$

したがって，排出権市場の競争均衡について前節に展開した議論を適用して，つぎの命題が得られる．すなわち，初期の排出権の配分$(b^1, \cdots, b^N)$に対して，排出権市場の競争均衡は必ず存在する．

参 考 文 献

Arrow, K. J., and G. Debreu (1954). "Existence of an Equilibrium for a Competitive Economy," *Econometrica* **22**, 265-290. Reprinted in *Collected Papers of Kenneth J. Arrow*, Vol. 2: *General*

Equilibrium, Cambridge, Mass.: Harvard University Press, 1983.

Arrow, K. J., L. Hurwicz, and H. Uzawa (1958). *Studies in Linear and Non-linear Programming*, Stanford : Stanford University Press.

Chichilnisky, G., and G. Heal (1994). "Who Should Abate Carbon Emissions?: An International Viewpoint," *Economics Letters* **44** (4), 443-449.

Farbre-Sender, F. (1969). "Biens colectifs et biens ēualitē variable," CEPREMAP.

Fenchel, W. (1953). *Convex Cones, Sets, and Functions*, Department of Mathematics, Princeton University.

Foley, D. (1967). "Resource Allocation and the Public Sector," *Yale Economic Essays* **7**, 43-98.

—— (1970). "Lindahl Solution and the Core of an Economy with Public Goods," *Econometrica* **38**, 66-72.

Johansen, L. (1963). "Some Notes on the Lindahl Theory of Determination of Public Expenditures," *International Economic Review* **4**, 346-358.

Kaneko, M. (1977). "The Ratio Equilibrium and a Voting Game in a Public Goods Economy", *Journal of Economic Theory* **16**, 123-136.

Lindahl, E. (1919). *Positive Löung, die Gerechtigkeit der Besteuring*, Lund. Translated as "Just Taxation—A Positive Solution," in *Classics in the Theory of Public Finance*, edited by R. A. Musgrave and A. T. Peacock, London : Macmillan, 1958.

Mäler, K.-G., and H. Uzawa (1994). "Tradable Emission permits, Pareto Optimality, and Lindahl Equilibrium", *JDB Research Center on Global Warming Discussion Paper*, No. 8.

Malinvaud, E. (1971). "A Planning Approach to the Public Goods Problem," *Swedish Journal of Economics* **11**, 96-112.

Mas-Colell, A. (1980). "Efficiency and Decentralization in the Pure Theory of Public Goods," *Quarterly Journal of Economics* **94** (4), 625-641.

—— (1985). *The Theory of General Economic Equilibrium : A Differentiable Approach*, Cambridge and New York : Cambridge University Press.

Milleron, J.-C. (1972). "The Theory of Value with Public Goods : A Survey Article," *Journal of Economic Theory* **5**, 419-477.

Roberts, D. J. (1974). "The Lindahl Solution for Economies with Public Goods," *Journal of Public Economics* **3**, 23-42.

Samuelson, P. A. (1954). "The Pure Theory of Public Expenditures," *Review of Economics and Statistics* **37**, 387-389.

Uzawa, H. (1961). "On the Stability of Dynamic Processes," *Econometrica* **29**, 617-631.

—— (1991). "Global Warming Initiatives : The Pacific Rim," in *Global Warming : Economic Policy Responses*, edited by R. Dornbusch and J. M. Poterba, Cambridge, Mass.: The MIT Press, 275-324.

—— (1998). "Toward a General Theory of Social Overhead Capital," in *Markets, Information, and Uncertainty*, edited by G. Chichilinsky, New York and Cambridge : Cambridge University Press, 1998, pp. 253-304.

——(1999). “Global Warming as a Cooperative Game,” *Environmental Economics and Policy Studies*, Vol. 2, pp. 1-37.

——(2004). *Economic Theory and Global Warming*, New York and Cambridge: Cambridge University Press.

——(1995).『地球温暖化の経済学』岩波書店.

宇沢弘文・國則守生(1993).『地球温暖化の経済分析』東京大学出版会.

第6章　競争均衡とコアの理論

一般均衡理論の精緻な数学的定式は，Arrow-Debreu(1954)に始まるといってよい．Arrow-Debreu による競争均衡のモデルについて，その経済学的意味づけを明確にしたのが，Scarf (1962), Debreu(1963), Debreu and Scarf(1963)によって導入されたコア(core)の理論である．本章では，コアの理論について，その概略を解説することにしたい．本章の記述はもっぱら Hildenbrand(1974, 1977)に準拠する．

1. 交換経済のコア

財は l 種類存在するとし，generic に $j=1, \cdots, l$ であらわす．財ベクトル $x=(x_j)$ はすべて non-negative ; $x_j \geqq 0$ $(j=1, \cdots, l)$ と仮定する．選好関係は $>$ であらわし，通常の性質をみたすものとする．

交換経済の構成員は generic に ν $(\nu=1, \cdots, N)$ であらわし，各構成員の初期保有ベクトルは e^ν とする．初期保有ベクトル $e^\nu=(e_j^\nu)$ は l 次元のベクトルで，non-negative とする．各構成員 ν の選好関係を $>^\nu$ であらわすとすれば，交換経済は $(>^\nu, e^\nu)$ によって特徴づけられるわけである．

交換経済 $(>^\nu, e^\nu)$ について，交換の結果，各人 ν の保有する財ベクトルの組み合わせ (x^ν) が feasible となるのはつぎの条件がみたされるときである．

$$\sum_\nu x^\nu = \sum_\nu e^\nu.$$

何人かの構成員からなる coalition を一般に S であらわす．いま，ある配分 (x^ν) が coalition S について，他の配分 (y^ν) によって dominate されるというのは，つぎの条件がみたされるときと定義する．

(i) $$y^\nu >^\nu x^\nu, \quad \text{for all } \nu \in S,$$

(ii) $$\sum_{\nu \in S} y^\nu = \sum_{\nu \in S} x^\nu.$$

ある交換経済 $(>^\nu, e^\nu)$ について，他の配分によって dominate されるような coalition が存在しないような feasible な配分の全体を，経済のコア(core)と定義する．交換経済 $(>^\nu, e^\nu)$ のコアを $\zeta(>^\nu, e^\nu)$ であらわす．

ここで定義されたような意味でのコアの概念はすでに Edgeworth(1881)の recontract あるいは contract curve という概念の形で導入された．Edgeworth の概念が注目されるようになったのは，ゲーム理論との関連であった．たとえばShubik(1959)の業績が存在するが，純粋交換の理論のコンテクストでは，Scarf(1962)が最初であった．Scarfがコアの概念を導入したのは，競争均衡との関係であった．ついで，Debreu and Scarf(1963, 1972), Vind(1965), Böm(1974)によって精緻化された．

ある交換経済$(>^\nu, e^\nu)$が与えられているとする．配分(x^ν)が競争均衡(competitive equilibrium)であるというのは，つぎの条件をみたすような価格ベクトル$p=(p_j)$が存在するときである．

各構成員νについて，

(i)
$$px^\nu \leqq pe^\nu,\quad x^\nu \geqq 0,$$

かつ，

$$py^\nu \leqq pe^\nu,\quad y^\nu \geqq 0 \Longrightarrow x^\nu \gtrsim^\nu y^\nu,$$

(ii)
$$\sum_\nu x^\nu = \sum_\nu e^\nu.$$

定理1　配分(x^ν)が競争均衡のとき，(x^ν)はコアのなかに入っている．

［証明］　競争均衡(x^ν)がコアのなかに入っていなかったとすれば，適当なcoalition Sが存在して，(x^ν)をSについてdominateするような配分(y^ν)が存在する．すなわち，

$$y^\nu >^\nu x^\nu (\nu \in S),$$
$$p\sum_\nu y^\nu > p\sum_\nu x^\nu.$$

このとき，$y^\nu >^\nu x^\nu \Longrightarrow py^\nu > px^\nu (\nu \in S)$.

したがって，

$$p\sum_\nu y^\nu > p\sum_\nu x^\nu$$

となって矛盾する．　Q.E.D.

したがって，つぎの定理が成立する．

定理2　選好関係$>^\nu$が連続，convex，monotoneのとき，交換経済$(>^\nu, e^\nu)$のコアは空集合ではない．

［証明］　Arrow-Debreuの存在定理[『基礎篇』第18章]を使えば競争均衡が存在することがわかる．　Q.E.D.

2. 生産の可能性

これまで，純粋交換の経済を考えてきたが，生産の可能性を考慮に入れて，一般化することは容易である．各経済主体 ν にかんして，初期の賦与量 e^{ν} に加えて，生産可能集合 T^{ν} が与えられているとする．各 ν について，生産可能集合 T^{ν} は non-empty，convex，closed で $0 \in T^{\nu}$ と仮定する．ある配分 $x=(x^{\nu})$ が feasible あるいは attainable というのは，すべての ν について

$$x^{\nu} \in e^{\nu}+T^{\nu}$$

となっているときとして定義される．

このとき，配分 $x=(x^{\nu})$ が coalition S について，もう1つの配分 $y=(y^{\nu})$ によって dominate されるというのは，つぎの条件がみたされているときである．

(i) $$x^{\nu} <^{\nu} y^{\nu}, \quad \text{for all } \nu \in S,$$

(ii) $$\sum_{\nu \in S} y^{\nu} \in \sum_{\nu \in S} e^{\nu}+T^{S}.$$

ここで，

$$T^{S} = \sum_{\nu \in S} T^{\nu}.$$

ある attainable な配分 $x=(x^{\nu})$ について，どのような coalition S をとっても，coalition S について，$x=(x^{\nu})$ を dominate するような配分が存在しないとき，配分 $x=(x^{\nu})$ はコアのなかに入っているという．

与えられた経済 $(<^{\nu}, e^{\nu}, T^{\nu})$ のコアが空集合ではないことを証明するためには，生産可能集合 (T^{ν}) にかんして，balanced という概念を導入しなければならない．

まず，coalition の集まり $\mathfrak{B}=\{S\}$ が balanced であるというのは，$\mathfrak{B}=\{S\}$ の要素で coalition S に対して，weight $\delta^{S}(S \in \mathfrak{B})$ が存在していて，すべての構成員 ν について，

$$\sum_{S \in \mathfrak{B}, S \ni \nu} \delta^{S} = 1$$

が成立するときとして定義する．つぎに，(T^{ν}) が balanced であるというのは，すべての balanced な $\mathfrak{B}$ に対して

$$\sum_{S \in \mathfrak{B}} \delta^{S} T^{S} \subset T^{*}.$$

ここで，

$$T^{*} = \sum_{\nu \in S} T^{\nu}.$$

このとき，つぎの命題が成立する．

定理3［Böm(1974)］　ある経済$(>^{\nu}, e^{\nu}, T^{\nu})$について，選好関係 $\gtrsim^{\nu}$ はconvex，各νについて生産可能集合 T^{ν} はclosed，$0 \in T^{\nu}$ かつ，$T^* \cap R_t^N$ のasymptotic coreに含まれるベクトルは0でしかないとする．さらに，(T^{ν})がbalancedであると仮定するとコアは空集合ではない．

経済$(>^{\nu}, e^{\nu}, T^{\nu})$の配分 $x=(x^{\nu})$が与えられたとき，価格均衡(price equilibrium)であるというのは，価格ベクトル $p=(p_j)$，$p \neq 0$ が存在して，つぎの条件がみたされているときである．

(i)　各νについて，x^{ν} は $\{\bar{x}^{\nu}: p\bar{x}^{\nu} \leqq pe^{\nu}+py^{\nu},\ y^{\nu} \in T^{\nu}\}$ のなかでもっとも選好されている．

(ii)
$$\sum_{\nu} x^{\nu} = \sum_{\nu} e^{\nu} + \sum_{\nu} y^{\nu},\quad y^{\nu} \in T^{\nu}.$$

［証明］　任意の経済$(>^{\nu}, e^{\nu}, T^{\nu})$について，$x=(x^{\nu})$が価格ベクトル$p$にかんして，価格均衡であるとする．もしかりに $x=(x^{\nu})$がコアのなかに入っていないとすれば，1つのcoalition Sが存在して，coalition Sについて $x=(x^{\nu})$をdominateするような配分 $\bar{x}=(\bar{x}^{\nu})$が存在するはずである．すなわち，

(1)
$$\bar{x}^{\nu} > x^{\nu} \qquad (\nu \in S),$$

(2)
$$\sum_{\nu \in S} \bar{x}^{\nu} = \sum_{\nu \in S} x^{\nu} + \sum_{\nu \in S} e^{\nu}.$$

他方(i)から，

(3)
$$p\bar{x}^{\nu} > pe^{\nu} + px^{\nu} (\nu \in S)$$

となって，(i)と矛盾する．　Q.E.D.

3. 構成員の数が連続体の場合

構成員の数が連続となっているような経済については，ワルラス配分(Walras allocation)とコアとの2つの概念が完全に一致する．この命題を定式化し，証明することにしよう．

一般に完全競争の条件は，経済を構成する経済主体が無限にあって，1つ1つの経済主体の行動が市場全体になんら影響を及ぼさず，無視することができるようなときにはじめてみたされる．連続体の経済の概念は，この，完全競争の状態を数学的に表現したものだといってよい．

まず，測度空間(measure space)がatomlessであるということを定義しておこう．測度空間 A が与えられているとき，任意の測度 $\nu(E)>0$ の可測集合 E に対して，$\nu(E)>\nu(S)>0$ となるような部分集合 $S \subset E$ が存在するときに，所与空間 A はatomlessであるという．

連続体の交換経済$(A, >^a, e^a)$［A は構成員の全体，$>^a$ は各構成員 a の選好関係，e^a は初期

の賦与量]は，A が測度 ν をもつ atomless な測度空間で，$\nu(A)=1$，$\int e^a d\nu<\infty$ のときとして定義する．

このような atomless な連続体の交換経済$(A, >^a, e(a))$が与えられているとき，配分 $x=(x(a))$について，$x(a)\,(a\in A)$が A の上での可測関数となっているようなものだけを考察の対象とする．経済の配分 $x=(x(a))$は，$x(a)\,(a\in A)$が A の上での可測関数で，

$$\int x(a)\,d\nu=\int e(a)\,d\nu$$

がみたされているとき，$x=(x(a))$を実現可能な状態(attainable state)という．ここで，任意の定数 z に対して$\{a: a\in A,\ z+e(a)>^a x(a)\}$は常に可測集合となっていることに留意しておこう．

さて，coalition S が与えられているとする．すなわち，$S\subset A$，$\nu(A)>0$．ある配分 $x=(x(a))$が与えられているとき，coalition S について，他の配分 $y=(y(a))$が dominant であるというのは，

$$y(a)>x(a),\ \text{a.e.in}\ S \qquad [\text{a.e.}=\text{almost everywhere}],$$

$$\int_S y(a)\,d\nu=\int_S e(a)\,d\nu$$

という 2 つの条件がみたされているときである．

ある実現可能な状態 $x=(x(a))$について，どんな coalition についても dominate されるような状態が存在しないとき，コアのなかに入っていると定義しよう．

また，経済の状態 $x=(x(a))$がワルラス配分であるというのはつぎの条件がみたされているときである．

(i) $x(a)$は$\{y=(y(a)): y\geqq 0,\ py(a)<pe(a)\}$のなかで，$>^a$ を最大にする[a.e.]

(ii) $$\int_A x(a)\,d\nu=\int_A e(a)\,d\nu.$$

定理 4 ［Aumann(1964)］ $(A, >^a, e(a))$が atomless な交換経済で，$\int e(a)\,d\nu>0$ と仮定する．このとき，コアはワルラス配分の全体と完全に一致する．

［証明］ ワルラス配分がコアのなかに入っていることは，定理 1 と同じように証明することができる．

いま $x=(x(a))$がコアのなかに入っているとしよう．このとき，つぎの条件をみたすような価格ベクトル p の存在を示せば，$x=(x(a))$がワルラス均衡となっていることが証明されるわけである．

(i) $$px(a)=pe(a)\ [\text{a.e.}],$$

(ii)
$$z+e(a) >^a x(a) \Longrightarrow pz > 0.$$

このためには，測度 $\nu(A')=1$ をもつような集合 A' について，

$$\bigcup_{a\in A'}\{z : z+e(a) >^a x(a)\}$$

に対して，supporting hyperplane の存在を示せばよい．しかし，連続体経済の場合，

(4)
$$A_z = \{a : z+e(a) >^a x(a)\}$$

について，$\nu(A_z)=0$ となってしまうことがある．そこでつぎのような手法を考える．まず，有理数 z について(4)式で定義された集合 A_z が $\nu(A_z)=0$ となる場合を考え，その全体の集合を Q であらわす．

$$Q = \cup A_z,\ \ z: 有理数,\ \ \nu(A_z) = 0.$$

このとき，

$$A' = A-Q$$

と定義すれば

$$\nu(Q) = 0,\ \ \nu(A') = 1.$$

しかも，有理数 z について $\nu(A_z)=0$ のとき，

$$A'\cap A_z = \phi.$$

さて，つぎの集合 C を導入する．

$$C = \text{Convex Hull of } \bigcup_{a\in A'}\{z : z\ 有理数,\ \ z+e(a) >^a f(a)\}.$$

このとき，

(5)
$$0 \notin C$$

となることを証明しよう．

もしかりに(5)が成立しなかったとする．すなわち，$0\in C$ とすれば，

$$\sum_{j=1}^{r}\alpha_j z_j = 0$$

となるような $\alpha_j>0$，$\sum_{j=1}^{r} z_j=1$，かつ，$z_j+e(a_j) >^{a_j} x(a_j)$ となるような $a_j\in A'$ が存在する．

$$\nu(A_{z_j}) > 0 \qquad (j = 1, \cdots, r).$$

A は atomless な位相空間であったから，$t>0$ を十分小さくとれば，

$$S_j \subset A_{z_j},\ \ \nu(S_j) = t\alpha_j$$

としたとき，S_j はお互いに共通要素をもたない集合となる．したがって，

$$S = S_1+\cdots+S_r$$

という coalition を考え，

$$y(a) = z_j+e(a) \qquad (j = 1, \cdots, r)$$

とすれば，

$$y(a) \succ^a x(a) \qquad (a \in S),$$

$$\int_S y(a)\,d\mu = \int_S e(a)\,d\mu.$$

すなわち，coalition S について，$x(a)$ は $y(a)$ によって dominate されたことになり，$x(a)$ がコアのなかに入っているという前提と矛盾する．すなわち(5)が成立しなければならない．

したがって，convex な集合 C について，Minkowski の定理を適用することができる．すなわち，

$$pz \geqq 0 \qquad (z \in C)$$

をみたすようなベクトル $p \neq 0$ が存在する．

すなわち，任意の $a \in A'$ に対して，

$$z + e(a) \succ^a x(a) \Longrightarrow pz \geqq 0,$$

あるいは，

$$pe(a) > py \Longrightarrow x(a) \succ^a y.$$

選好関係 $\succ^a$ の連続性と単調性とから

$$p \geqq 0, \quad p \neq 0,$$

$$pe(a) = px(a),$$

$$pe(a) \geqq py \Longrightarrow x(a) \succ^a y.$$

すなわち，$x = (x(a))$ はワルラス配分となる． Q.E.D.

ノート 上の存在定理を証明するために，選好関係 $\succ^a$ の convexity という性質を用いなかった．経済主体が連続体となっているという仮定が中心的な役割をはたしたのである．

4. レプリカ経済

Edgeworth(1881)が，コアの概念を導入したとき，2財の経済について，2つのタイプの経済主体がくり返し出てくるレプリカ経済(replica economy)を考えた．この，Edgeworth の考え方は，Debreu and Scarf(1972)によって，厳密な数学的定式化が与えられた．この節では，Debreu and Scarf(1972)，Hildenbrand(1974, 1977)に沿って，レプリカ経済のコアを考察することにしたい．

交換経済 $E = (A, \succ^a, e(a))$ の n-レプリカ $E^{(n)} = [A^{(n)}, \succ^{(a,i)}, e(a,i)]$ をつぎのように定義する．ここで，

$$A^{(n)} = A \times \cdots \times A \qquad (n\text{ 回}),$$

$$\succ^{(a,i)} = \succ^a, \quad e(a,j) = e(a) \qquad (a \in A,\ i = 1, \cdots, n).$$

与えられた交換経済 $E=(A, >^a, e(a))$ について，すべてのコアの配分 $x=(x(a))$ に対して，

$$|x(a)-x^*(a)| \leqq \delta$$

をみたすワルラス配分 $x^*=(x^*(a))$ が必ず存在するような正数 δ の最小を交換経済 $E=(A, >^a, e(a))$ の特性レベル $\delta=\delta(E)$ とよぶことにしよう．

定理5 [Debreu-Scarf]　所与の交換経済 $E=(A, >^a, e(a))$ について，選好関係 $>^a$ は単調，つよい意味で convex，かつ $e(a)>0 (a \in A)$ とすれば，

$$\lim_{n\to\infty} \delta(E^{(n)}) = 0.$$

定理を証明するために，いくつかの Lemma を必要とする．

Lemma 1　$(x(a, i))$ がレプリカ経済 $E^{(n)}=(A^{(n)}, >^{(a,i)}, e(a, i))$ のコアのなかに入っているとき，

$$x(a, i) = x(a, j) \qquad (a \in A, \ \ i, j = 1, \cdots, n).$$

[証明]　もし，$(x(a, i))$ が $E^{(n)}$ のコアのなかに入っていて，

$$x(a^*, i) \neq x(a^*, j)$$

となるような $a^* \in A, i, j$ が存在したとしよう．このとき，

$$\frac{1}{n}\sum_{i=1}^{n} x(a^*, i) >^{a^*} x(a^*, 1),$$

$$\frac{1}{n}\sum_{i=1}^{n} x(a, i) >^{a} x(a, 1) \qquad (a \in A).$$

したがって，coalition $S=\{(a, 1):(a \in A)\}$ を考えると，$x(a, 1)$ は S について $\left(\frac{1}{n}\sum_{i=1}^{n} x(a, i)\right)$ によって dominate され，コアの定義と矛盾する．　Q.E.D.

Lemma 1 によってレプリカ経済 $E^{(n)}$ のコアは $x(a, 1) (a \in A)$ によって表現されることになる．いま，価格ベクトル $p=(p_j) (j=1, \cdots, l)$ について，つぎの simplex Δ のなかに限定して考えよう．

$$\Delta = \left\{p = (p_j) : p_j \geqq 0, \ \ \sum_{j=1}^{l} p_j = 1\right\}.$$

また，

$$B(E) = \sup\left\{\sum_{j=1}^{l} l_h(a_j) : h = 1, \cdots, l, \ \ a_j \in A \ (j = 1, \cdots, l)\right\}$$

とする．

Lemma 2 有限の交換経済 $E=(A, >^a, e(a))$ のコアのなかの任意の配分 $x=x(a)$ に対して，つぎの条件をみたすような価格ベクトル $p\in\Delta$ が存在する．

(i) $$\sum_{a\in A}|px(a)-pe(a)|\leqq 2B(E),$$

(ii) $$\sum_{a\in A}|\inf\{py: y>^a x(a)\}-pe(a)|\leqq 2B(E).$$

この Lemma 2 をレプリカ経済 $E^{(n)}$ に適用すれば，

(i) $$n\sum_{a\in A}|p^{(n)}(x^{(n)}(a,1)-e(a))|\leqq 2B(E),$$

(ii) $$n\sum_{a\in A}|\inf\{p^{(n)}y: y>^a x^{(n)}(a,1)\}-p^{(n)}e(a)|\leqq 2B(E).$$

したがって，

$$\lim_{n\to\infty} p^{(n)}(x^{(n)}(a,1)-e(a))=0,$$

$$\lim_{n\to\infty}[\inf\{p^{(n)}y: y>^a x^{(n)}(a,1)\}-p^{(n)}e(a)]=0.$$

$\{p_n\}$ の部分列をとって，$\lim_{n\to\infty} p_n=p$ と仮定してもよい．したがって，

$$px(a)=pe(a) \qquad (a\in A).$$

また，(ii)から

$$\inf\{py: y>^a x(a)\}=pe(a).$$

したがって，$x=(x(a))$ がワルラス配分となることが示された． Q.E.D.

つぎの 2 つの定理については，証明を省略する．

定理 6 $x=(x(a))$ がある有限の交換経済のワルラス配分となるための必要十分条件は，$x^{(n)}=(x^{(n)}(a))$ をレプリカ経済 $E^{(n)}$ で，$x=(x(a))$ に対応する配分とするとき，すべての $n=1,2,\cdots$ について，$x^{(n)}=(x^{(n)}(a))$ がレプリカ経済 $E^{(n)}$ のコアのなかにあることである．

定理 7 有限の交換経済 $E=(A, >^a, e(a))$ について，選好関係 $>^a$ は smooth で，$e(a)>0$ かつ，超過需要関数 $z(p)$ は連続微分可能であるとする．このとき，

$$s(E^{(n)})=O\left(\frac{1}{n}\right)$$

参考文献

Arrow, K. J., and G. Debreu. (1954). "Existence of an Equilibrium for a Competitive Economy," *Econometrica* **22**, 265-290.

Aumann, R. J. (1964). "Markets with a Continuum of Traders," *Econometrica* **32**, 39-50.

Böm, V. (1974). "The Core of an Economy with Production," *Review of Economic Studies* **41**, 429-436.

Debreu, G. (1963). "On a Theorem of Scarf," *Review of Economic Studies* **30**, 177-180.

Debreu, G., and H. Scarf (1963). "A Limit Theorem on the Core of an Economy," *International Economic Review* **4**, 235-246.

——(1972). "The Limit of the Core of an Economy," in *Decision and Organization. Amsterdam*, edited by C. B. McGuire and R. Radner, Amsterdam: North-Holland.

Edgeworth, F. Y. (1881). *Mathematical Psychics*, London: Paul Kegan.

Hildenbrand, W. (1974). *Core and Equilibria of a Large Economy*, Princeton: Princeton University Press.

——(1977). "Limit Theorems on the Core of an Economy," in *Frontiers of Quantitative Economics*, edited by M. D. Intriligator, Amsterdam: North Holland.

Scarf, H. E. (1962). "An Analysis of Markets with a Large Number of Participants," in *Recent Advances in Game Theory*, The Princeton University Conference.

Shubik, M. (1959). "Edgeworth Market Games," *Annals of Mathematical Studies* **40**, Princeton: Princeton University Press, 267-278.

Vind, K. (1965). "A Theorem on the Core of an Economy," *Review of Economic Studies* **5**, 165-177.

第7章　サミュエルソン的公共財とゲーム理論

サミュエルソンの意味における公共財が数種類存在するような経済の一般的なモデルを構築し，それを1つの協調ゲームと考える．この協調ゲームは，transferable utility をもつ場合と，non-transferable utility をもつ場合と，どちらの場合についても，くわしく，その構造を分析し，そのコアが空集合でないための条件をしらべる．主な結論は，この経済のモデルについて，リンダール均衡がつねに存在して，non-transferable utility をもつ協調ゲームのコアに入っているということである．

本章で展開する分析は，第3章における地球温暖化の協調ゲームの分析を一般化したものである．

本章の前半では，サミュエルソンの意味における公共財をもつ経済の一般的なモデルを transferable utility をもつ協調ゲームとして考える．各 coalition S の価値として，coalition S に属する経済主体の効用の総和を最大にしたものをとる．このとき，coalition に属さない経済主体も coalition $N-S$ を形成し，その効用の総和を最大にするような strategy を選択すると考える．したがって，coalition S の値は，residual な coalition $N-S$ との間で，ナッシュ均衡が成立したときの価値である．つぎに，サミュエルソンの意味における公共財をもつ経済を transferable utility をもとにおける協調ゲームと考えたとき，そのコアが存在するか否かという問題を考察する．第3章と同じように，コアが空集合でないための条件を求めるために，Bondareva-Shapley の定理を援用する．コアが空集合でないための条件は，きわめてきびしく，例外的な場合にしかみたされない．

そこで，協調ゲームにおける coalition S の価値について，これまでと異なった考え方を導入する．この新しい基準のもとでは，transferable utility をもとにおける協調ゲームについても，一般的に，コアが空集合でないことを証明することができる．

本章の後半では，サミュエルソンの意味における公共財をもつ経済の一般的なモデルを non-transferable utility をもつ協調ゲームとして考える．このとき，リンダール均衡に対応する配分が必ず存在することを証明する．さらに，リンダール解がサミュエルソンの意味における公共財をもつ経済を non-transferable utility をもとにおける協調ゲームと考えたとき，そのコアのなかにあることを示すことができる．

1. はじめに

リンダール解(Lindahl solution)の概念は，1919年，エリック・リンダール(Erik Lindahl)によって，その古典的な論文において導入された[Lindahl(1919)]．リンダールの意図は，「公正」あるいは「公平」の概念を税理論に持ち込もうというものであった．以来，このリンダールの概念を，経済理論の1つの基本的な考え方として定式化したのが，サミュエルソンの公共財の概念であった[Samuelson(1954)]．サミュエルソンの公共財の概念によって，リンダール解がはたす資源の配分過程における役割が明らかにされるとともに，「公正」あるいは「公平」の概念が，経済理論のなかではたす役割の解明もはじめられた．サミュエルソンの論文の後を受けて，数多くの論文が出された，Johansen(1963), Foley(1967, 1970), Fabre-Sender(1969), Malinvaud(1971), Milleron(1972), Roberts(1974), Kaneko(1977), Mas-Colell(1980)の諸論文が，その主なものである．このなかで，とくに注目したいのが，Foley(1970)とRoberts(1974)の2つの論文である．この2つの論文で問題として取り上げられたのは，どのようなメカニズムをつくれば，リンダール均衡を実現できるかという問題であった．Foley(1970)では，当時ようやく完成の域に近づきつつあった協調ゲームの手法をたくみに使って，incentive mechanismの問題を解こうとしたのであった．

Foleyの問題意識は，地球温暖化をはじめとする地球環境問題がクローズアップするとともに，その重要性が再認識されることになった．第3章で展開した地球温暖化のゲーム論的アプローチも，この流れのなかから生まれたものである．

地球温暖化をはじめとする地球環境問題については，主要な関心事は，資源配分の効率性ではなく，国際間，および世代間の公正ということである．そして，地球温暖化に象徴されるように，世界中の国がすべてかかわり，しかも，往々にして，利害が鮮明に対立している．このとき，どのようにすれば，国際的な観点から，政策的ないしは制度的条件についての合意を形成することができるであろうか．この問題を考察しようとするとき，協調ゲームの手法が重要なものとなる．リンダール均衡にかんするゲーム論的なアプローチについては，クルツによるすぐれたsurvey articleがある[Kurz(1994)]．

このとき，1つの注意を喚起しておきたいことがある．それは，サミュエルソン的な公共財をもつ経済モデルについて，transferable utilityをもつ協調ゲームとして考えるとき，coalition Sの価値の定義についてである．Foley論文では，つぎのように定義されている．Coalition Sに属する各国の効用が，世界中のすべての国々によって排出されるCO_2の排出量の総和ではなく，そのcoalition Sに属する国々によって排出されるCO_2の排出量の和に依存して決まるという仮定がおかれていることである．同じように，residual coalition $N-S$についても，同様な定義がとられている．

地球温暖化の分析でもっとも，重要な点は，どのcoalition Sについても，そのcoalitionに属する各国の効用が，世界中のすべての国々によって排出されるCO_2の排出量の総和に依存するということである．分析がきわめて困難となるのも，この点に起因するといってよい．以下で，展開するサミュエルソン的な公共財をもつ経済モデルにかんする協調ゲームの分析が，きわめて輻輳，かつ難渋したものとなっているのも，このためである．

2. サミュエルソン的公共財の一般的なモデル

この節では，サミュエルソン的公共財をもつ経済の一般的なモデルを導入する．以下のモデルは，Foley(1967)，Roberts(1974)によって構築され，地球温暖化との関連で，Mäler and Uzawa(1994)，Uzawa(1999)によって定式化されたものである．この点については，すでに，第1章，第2章でくわしく説明した．

n人の経済主体によって構成される経済を考える．各経済主体はgenericにνであらわす($\nu=1, \cdots, n$)．各経済主体は消費者であるとともに，生産者の役割もはたす．

財は，私的財と公共財とに分類される．それぞれ，j, kによってあらわす($j=1, \cdots, J$; $k=1, \cdots, K$)．各経済主体νの主観的選好関係は効用関数$u^\nu(c^\nu, a)$によってあらわされると仮定する．$c^\nu=(c_j^\nu)$は各経済主体νによって消費される消費財のベクトルをあらわすが，$a=(a_k)$は経済のなかに全体として存在するサミュエルソン的な公共財のベクトルである．各経済主体νは$c^\nu=(c_j^\nu)$を選ぶことはできるが，$a=(a_k)$は，社会全体に存在するものとして，所与であって，勝手に選ぶことはできない．各経済主体νについて，私的な財の間の消費にかかわる限界代替率のスケジュールは，公共財の存在によって影響を受ける．以下の分析では，簡単化のため，私的な財の間の生産にかかわる限界代替率のスケジュールは，公共財の存在によって影響を受けないと仮定する．一般化するのは容易である．

各経済主体νの効用関数$u^\nu(c^\nu, a)$は，つぎの新古典派の諸条件をみたすと仮定する．

(U1)　$u^\nu(c^\nu, a)$は，すべての$(c^\nu, a) \geqq (0, 0)$について定義され，2回連続微分可能である．

(U2)　私的消費財および公共財の限界効用は常に正である．

$$u_{c^\nu}^\nu > 0, \quad u_a^\nu > 0, \quad \text{for all } (c^\nu, a) \geqq (0, 0).$$

(U3)　$u^\nu(c^\nu, a)$は(c^ν, a)にかんして厳密な意味でconcaveである．

$$u^\nu((1-\theta)c_0^\nu + \theta c_1^\nu, (1-\theta)a_0 + \theta a_1) > (1-\theta)u^\nu(c_0^\nu, a_0) + \theta u^\nu(c_1^\nu, a_1),$$
$$\text{for all}(c_0^\nu, a_0) \neq (c_1^\nu, a_1), \quad 0 < \theta < 1.$$

ここで，

$$c^\nu(\theta) = (1-\theta)c_0^\nu + \theta c_1^\nu, \quad a(\theta) = (1-\theta)a_0 + \theta a_1.$$

効用関数 $u^\nu(c^\nu, a)$ の厳密な意味での concavity の仮定(U3)は，つぎの形で表現されることもある.

(1)　$u^\nu(c_1^\nu, a_1) - u^\nu(c_0^\nu, a_0) < u_{c^\nu}^\nu(c_0^\nu, a_0)(c_1^\nu, c_0^\nu) + u_a^\nu(c_0^\nu, a_0)(a_1 - a_0).$

仮定(U3)はさらに，つぎのよりきびしい形で表現されることもある.

(U3)′　2次偏微分係数からなるマトリックス

$$\begin{pmatrix} u_{c^\nu c^\nu}^\nu & u_{c^\nu a}^\nu \\ u_{ac^\nu}^\nu & u_{aa}^\nu \end{pmatrix}$$

は，すべての $(c^\nu, a) \geqq (0, 0)$ において negative definite である.

効用関数 $u^\nu(c^\nu, a)$ の厳密な意味での concavity の仮定(U3)′は，価格理論でふつう仮定されている条件よりきびしい．しかし，選好関係が，ある convex な領域で，厳密な意味で concave，かつ smooth[無差別曲面が連続的に2回微分可能]であるとすれば，連続的に2回微分可能で，(U3)′をみたすような効用関数によって表現することができる．このことは，Fenchel の Lemma を使ってかんたんに証明することができる[Fenchel(1953)].

(U3)′はまた，つぎのようにもあらわされる.

(U3)″　2次偏微分係数からなるマトリックス $\begin{pmatrix} u_{c^\nu c^\nu}^\nu & u_{c^\nu a}^\nu \\ u_{ac^\nu}^\nu & u_{aa}^\nu \end{pmatrix}$ について，

(i)　$(u_{c^\nu c^\nu}^\nu)$: negative definite,

(ii)　$(u_{aa}^\nu - u_{ac^\nu}^\nu(u_{c^\nu c^\nu}^\nu)^{-1}u_{c^\nu a}^\nu)$: negative definite, for all $(c^\nu, a) \geqq (0, 0)$.

(U3)′と(U3)″とが同値であることは，つぎの対称行列 $A=A'$ にかんする公式からただちにわかるであろう.

(A)　$$\begin{pmatrix} I & -A^{-1}B \\ 0 & I \end{pmatrix}'\begin{pmatrix} A & B \\ B' & C \end{pmatrix}\begin{pmatrix} I & -A^{-1}B \\ 0 & I \end{pmatrix} = \begin{pmatrix} A & 0 \\ 0 & C-B'A^{-1}B \end{pmatrix}.$$

また，以下の分析で，つぎの条件を仮定することがある.

(iii)　$u_{c^\nu}^\nu(u_{c^\nu c^\nu}^\nu)^{-1}u_{c^\nu a}^\nu \ll 0$, for all $(c^\nu, a) \geqq (0, 0)$.

ここで，≪ という記号は，左辺のベクトルなり，マトリックスの各成分が負であることを意味する.

条件(iii)の意味しているところについては，以下の議論からわかるであろう．条件(iii)は，効用関数 $u^\nu(c^\nu, a)$ がつよい意味で separable のときには必ずみたされている[『基礎篇』第3章].

効用関数 $u^\nu(c^\nu, a)$ が Goldman and Uzawa(1964)で定義されたつよい意味で separable であるとき，

$$u^\nu(c^\nu, a) = u^\nu(c^\nu)\phi(a).$$

ここで，$u^\nu(c^\nu)>0$，$u_{c^\nu}^\nu(c^\nu, a)>0$，$u_{c^\nu c^\nu}^\nu(c^\nu)$ は negative　definite，$\phi(a)>0$，$\phi_a(a)>0$,

$\phi_{aa}(a)>0$ は negative definite であるとすれば，条件(iii)は必ずみたされている．

地球温暖化，酸性雨など環境破壊にかかわる問題については，公共財(public goods)というより，公共悪(public bads)であるといってよい．この場合には，変数 $a=(a_k)$ として，問題になっている量にマイナスの符号をつけて考えればよい．

生産者としての各経済主体 ν の生産にかかわる技術的，組織的諸条件は生産可能集合 T^ν によって表現される．T^ν は $(J+K)$ 次元のベクトルからなる集合で，生産可能な (x^ν, a^ν) の組み合わせの集合である．$x^\nu=(x_j^\nu)$ の j 成分 x_j^ν は，経済主体 ν によって生産される私的財 j の産出量をあらわし $(j=1, \cdots, J)$，$a^\nu=(a_k^\nu)$ の k 成分 a_k^ν は，経済主体 ν によって生産される公共財 k の産出量をあらわす $(k=1, \cdots, K)$．

各経済主体 ν の生産可能集合 T^ν はつぎの新古典派的条件をみたすと仮定する．

(T1)　T^ν は non-empty で closed，T^ν に属するベクトルはすべて non-negative である．

$$(x^\nu, a^\nu) \geqq (0,0), \quad \text{for all } (x^\nu, a^\nu) \in T^\nu, \quad \text{かつ} (0,0) \in T^\nu.$$

(T2)　T^ν は convex で monotone である．

(i)　$(x_0^\nu, a_0^\nu), (x_1^\nu, a_1^\nu) \in T^\nu \Longrightarrow (x^\nu(\theta), a^\nu(\theta)) \in T^\nu$, for all $0 \leqq \theta \leqq 1$,

(ii)　$(x^\nu, a^\nu) \in T^\nu, \ 0 \leqq x^{\nu\prime} \leqq x^\nu, \ 0 \leqq a^{\nu\prime} \leqq a^\nu \Longrightarrow (x^\nu, a^\nu) \in T^\nu$.

(T3)　任意に与えられた non-negative な価格ベクトル (p, q), $[p=(p_j), q=(q_j)]$ に対して，

$$px^\nu + qa^\nu$$

をすべての $(x^\nu, a^\nu) \in T^\nu$ のなかで最大にするような (x^ν, a^ν) が必ず存在して一意的に決まる．この (x^ν, a^ν) は $(x^\nu(p,q), a^\nu(p,q))$ としてあらわされる．$(x^\nu(p,q), a^\nu(p,q))$ は，(p,q) について連続2回微分可能である．

条件(T3)はしばしば，つぎのよりつよい形であらわされることがある．

(T3)′　2次偏微分係数のマトリックス

$$\begin{pmatrix} x_p^\nu & x_q^\nu \\ a_p^\nu & a_q^\nu \end{pmatrix}, \quad (\nu \in N)$$

は，すべての $(p,q)>(0,0)$ について，対称的で，positive definite である．

さきに述べた対称的なマトリックスにかんする基本的関係(A)を使えば，条件(T3)′は，つぎの2つの関係として表現できる．

(i)　(x_p^ν): positive definite,

(ii)　$(a_{qq}^\nu - a_p^\nu (x_p^\nu)^{-1} x_q^\nu)$: positive definite.

ここで，$\begin{pmatrix} x_p^\nu & x_q^\nu \\ a_p^\nu & a_q^\nu \end{pmatrix}$ は対称的であるから，

$$(a_p^\nu) = (x_q^\nu)'.$$

さらに，つぎの条件を仮定することもある．

(T4)　各経済主体 ν の生産可能集合 T^ν は有界である．

このとき，T^ν はコンパクトな集合となる．

各経済主体が消費者であるとともに，生産者の役割もはたすという前提条件は，現実の経済の制度を反映していない，きわめて不自然な前提条件である．ここで考えている経済モデルはもともと，第３章で論じたように，地球温暖化にかんする国際的側面を考察するために導入されたモデルである．そこでは，経済を構成する経済主体は国であって，消費者であるとともに，生産者の役割もはたすという前提条件はみたされている．しかし，一国経済を考察の対象とするとき，この前提条件は必ずしも妥当しない．じつは，ここで考えているモデルは，適当な変換をおこなうことによって，経済の実態に適合したものとみなすことができる．

経済を構成する経済主体を２つのクラスに分類する．消費者としての経済主体と，生産者の役割をはたす経済主体との２つのクラスである．消費者のクラスに属する経済主体を generic に ν という記号であらわす．各経済主体 ν の選好関係は，これまで考えてきた効用関数 $u^\nu(c^\nu, a)$ であらわされるとする．他方，生産者のクラスに属する経済主体を generic に μ という記号であらわす．各経済主体 μ の生産可能集合を T^μ とし，条件(T1)-(T3)を，ν を μ で置き換えた形でみたすとする．

ここで，消費者のクラスに属する各経済主体 ν は，生産者のクラスに属する経済主体 μ の share(株)をもっていて，その純収入のある一定割合 $\sigma_{\nu\mu}$ を受け取ることになっているとする．経済主体 μ の純収入は

$$px^\mu + qa^\mu, \quad (x^\mu, a^\mu) \in T^\nu$$

によって与えられる．ここで，

(2)
$$\sum_\nu \sigma_{\nu\mu} = 1, \quad \sigma_{\nu\mu} \geqq 0, \quad \text{for all } \nu, \mu.$$

このとき，消費者のクラスに属する各経済主体 ν の fictitious な生産可能集合 T^ν をつぎのように定義する．

(3)
$$T^\nu = \sum_\mu \sigma_{\nu\mu} T^\mu = \{\sum_\mu \sigma_{\nu\mu}(x^\mu, a^\mu) : (x^\mu, a^\mu) \in T^\mu, \text{ for all } \mu\}.$$

このようにして，各経済主体が消費者であるとともに，生産者の役割もはたすような経済モデルに変換できたわけである．

この変換については，１つ問題がある．それは，最初に定式化されたモデルでは，各経済主体 ν が，それぞれ自由に，その生産可能集合 T^ν から生産計画 (x^ν, a^ν) を選択することができる．ところが，(3)によって与えられる生産可能集合 T^ν の場合には，この自由度は失われてしまう．各経済主体 ν の選択は，お互いに関連づけられているからである．しかし，本章で考察の対象としているように，サミュエルソン的な公共財をもつ経済を協調ゲームとして考え，そのコアが空集合であるか，否かを考察しているときには，問題とならないであろう．

消費ベクトル$(c^1, \cdots, c^N)$と公共財の全供給量aのパターン$(c^1, \cdots, c^n; a)$がfeasibleとなるのは，

(4) $$\sum_{\nu \in N} c^\nu \leqq \sum_{\nu \in N} x^\nu,$$

(5) $$a = \sum_{\nu \in N} a^\nu$$

がみたされるような生産のプラン$(x^\nu, a^\nu) \in T^\nu (\nu \in N)$，が存在するときである．［ここで，$\sum_{\nu \in N}$はすべての$\nu \in N$について集計することを意味する．］

Feasibleなパターン$(c_0^1, \cdots, c_0^N; a_0)$がoptimum(最適)であるというのは，経済の全効用

(6) $$\sum_{\nu \in N} u^\nu (c^\nu, a)$$

が，feasibleなパターン$(c^1, \cdots, c^n; a)$のなかで，最大となっているときと定義する．

同じように，任意のcoalitionについても，optimumの概念を導入することができる．ここで，coalition Sは$N=\{1, \cdots, n\}$の任意の部分集合$S \subset N$である．SがN, ϕ(空集合)の場合も含まれる．

Coalition Sにかんする消費ベクトル$c^\nu (\nu \in S)$と公共財の供給量a_Sのパターン$(c^\nu (\nu \in S); a_S)$がSについてfeasibleというのは，

(7) $$\sum_{\nu \in S} c^\nu \leqq \sum_{\nu \in S} x^\nu,$$

(8) $$a_S = \sum_{\nu \in S} a^\nu$$

をみたすような生産計画$(x^\nu, a^\nu) \in T^\nu (\nu \in S)$が存在するときである．

Coalition Sにかんする消費ベクトル$c^\nu (\nu \in S)$と公共財の供給量a_Sのfeasibleなパターン$(c^\nu (\nu \in S); a_S)$が，coalition Sについてoptimum(最適)であるというのは，coalition Sの全効用

$$\sum_{\nu \in S} u^\nu (c^\nu, a)$$

が，coalition Sにかんしてfeasibleなパターン$(c^\nu (\nu \in S); a_S)$のなかで最大となっているときである．ここで，

(9) $$a = a_S + a_{N-S}.$$

a_{N-S}はcomplementary coalition $N-S$の公共財の全供給量で，所与とする．

(10) $$a_{N-S} = \sum_{\nu \in N-S} a^\nu.$$

このように，coalition Sについてoptimumであるという性質は，coalition Sに属さない経済主体が全体として，公共財をどれだけ供給しているかに依存することになる．

効用関数と生産可能集合についてもうけた(U1)-(U3)，(T1)-(T3)の仮定から，任意のcoalition Sが与えられたとき，Sについてoptimumな消費ベクトルと公共財の供給量a_Sは必ず存在して，a_{N-S}が与えられたとき一意的に定まる．Coalition Sにかんして，optimumな消費

ベクトル，公共財の供給量，ならびに関連する諸変数の値はつぎのようにあらわすことにする．

$$c^{\nu}(S, a_{N-S}),\ x^{\nu}(S, a_{N-S}),\ a^{\nu}(S, a_{N-S}),\ a_S(S, a_{N-S}),\ a(S, a_{N-S}).$$

ここで，

$$\sum_{\nu\in S} c^{\nu}(S, a_{N-S}) = \sum_{\nu\in S} x^{\nu}(S, a_{N-S}),$$

$$a_S(S, a_{N-S}) = \sum_{\nu\in S} a^{\nu}(S, a_{N-S}),$$

$$a(S, a_{N-S}) = a_S(S, a_{N-S}) + a_{N-S}.$$

Coalition S に属する国々の全効用の最大値を $v(S, a_{N-S})$ であらわせば，

$$v(S, a_{N-S}) = \sum_{\nu\in S} u^{\nu}(c^{\nu}(S, a_{N-S}), a(S, a_{N-S})).$$

Coalition S に属さない経済主体も，自分たちの coalition $N-S$ を形成して，その全効用

$$\sum_{\nu\in N-S} u^{\nu}(c^{\nu}, a)$$

を最大化すると仮定する．このとき，

$$a = \sum_{\nu\in N-S} a^{\nu} + a_S,$$

a_S は所与となるわけである．

Coalition $N-S$ について，optimum な消費ベクトル，公共財の供給量などの変数の値は，coalition S の場合と同じような記号を用いてあらわす．

$$\sum_{\nu\in N-S} c^{\nu}(N-S, a_S) = \sum_{\nu\in N-S} x^{\nu}(N-S, a_S),$$

$$a_{N-S}(N-S, a_S) = \sum_{\nu\in N-S} a^{\nu}(N-S, a_S),$$

$$a(N-S, a_S) = a_{N-S}(N-S, a_S) + a_S.$$

Coalition $N-S$ の値 $v(N-S, a_S)$ もまたつぎのようにあらわされる．

$$v(N-S, a_S) = \sum_{\nu\in N-S} u^{\nu}(c^{\nu}(N-S, a_S), a(N-S, a_S)).$$

2つの coalition S，$N-S$ の間で均衡が成立しているのは，つぎの関係が成立するときである．

$$a_S = a_S(S, a_{N-S}),\ a_{N-S} = a_{N-S}(N-S, a_S).$$

このときの $v(S, a_{N-S})$ および $v(N-S, a_S)$ をそれぞれ coalition S および coalition $N-S$ の値 $v(S)$，$v(N-S)$ としてあらわす．

このようにして，サミュエルソン的な公共財をもつ経済を transferable utility をもとにおける協調ゲーム $G=(N, v(S))$ と考えることができるわけである．このゲームの特性関数(characteristic function) $v(S)$ はつぎの式で与えられる．

$$v(S) = \sum_{\nu\in S} u^{\nu}(c^{\nu}(S), a(S)). \tag{11}$$

ここで，$c^{\nu}(S), a(S)$ などの変数は，2つの coalition S，$N-S$ が均衡にあるときの値である．

しかし，ここで定義された協調ゲーム $G=(N, v(S))$ が，ゲーム理論における協調ゲームとなっているためには，$v(S)$ がすべての coalition $S(S\subset N)$ について，その値が一意的に定まることを示さなければならない．この証明は非常に困難である．そのためにまず，任意の coalition S にかんする optimum な配分のくわしい分析を必要とする．

3. Coalition について Optimum な配分

この節では，任意の coalition について optimum な配分の構造をくわしくしらべることにしたい．

最初に，経済を構成する経済主体すべてからなる coalition を考える．すなわち，

$$S = N.$$

Coalition N について optimum な配分のパターン $(\bar{c}^1, \cdots, \bar{c}^n; \bar{a})$ は，社会的効用関数(6)を，feasibility 条件(4)，(5)のもとで最大にする．上にあげた条件(U1)-(U3)，(T1)-(T3)のもとで，concave プログラミングにかんする Kuhn-Tucker の定理を適用することができる[Arrow, Hurwicz, and Uzawa(1958)]．配分のパターン $(\bar{c}^1, \cdots, \bar{c}^n; \bar{a})$ が coalition N について optimum となるために必要，十分な条件は，$(\bar{c}^1, \cdots, \bar{c}^n; \bar{x}^1, \cdots, \bar{x}^n, \bar{a}^1, \cdots, \bar{a}^n, \bar{a}; \bar{p}, \bar{q})$ が，つぎのラグランジュ形式の non-negative な鞍点となるような生産のプラン $(\bar{x}^\nu, \bar{a}^\nu)$ $(\nu\in N)$ と帰属価格のベクトル $\bar{p}=(\bar{p}_j)$，$\bar{q}=(\bar{q}_k)$ が存在することである．

$$L(c^\nu, x^\nu, a^\nu, a; p, q) = \sum_{\nu\in N} u^\nu(c^\nu, a) + p\Big(\sum_{\nu\in N} x^\nu - \sum_{\nu\in N} c^\nu\Big) + q\Big(\sum_{\nu\in N} a^\nu - a\Big).$$

ここで，feasibility 条件 $(x^\nu, a^\nu)\in T^\nu$ $(\nu\in N)$ が制約条件となっている．

仮定としておいた(U1)-(U3)，(T1)-(T3)によって，この社会的最適配分と私的財と公共財との帰属価格などの relevant な変数の値は一意的に定まる．これらの変数の値を $c^\nu(N)$, $x^\nu(N)$, $a^\nu(N)$, $a(N)$, $p(N)$, $q(N)$ であらわす．$(c^\nu(N), x^\nu(N), a^\nu(N), a(N))$ は，つぎの feasibility 条件および限界条件によって特徴づけられる．

(12)
$$\sum_{\nu\in N} c^\nu(N) = \sum_{\nu\in N} x^\nu(N),$$

(13)
$$a(N) = \sum_{\nu\in N} a^\nu(N),$$

(14)
$$(x^\nu(N), a^\nu(N)) \in T^\nu \qquad (\nu\in N),$$

(15)
$$u^\nu_{c^\nu}(c^\nu(N), a(N)) = p(N) \qquad (\nu\in N),$$

(16)
$$\sum_{\nu\in N} u^\nu_a(c^\nu(N), a(N)) = q(N),$$

(17)
$$p(N)x^\nu(N) + q(N)a^\nu(N) \geqq p(N)x^\nu + q(N)a^\nu, \text{ for all } (x^\nu, a^\nu) \in T^\nu.$$

Coalition N の価値 $v(N)$ は，つぎの式で与えられる．

(18) $$v(N) = \sum_{\nu \in N} u^{\nu}(c^{\nu}(N), a(N)).$$

社会的最適にかんする Kuhn-Tucker の限界条件(15)-(17)の意味は明確である．(15)は，各経済主体 ν について，私的財の限界効用は，私的財の帰属価格 $p(N)$ に等しく，(16)は公共財の帰属価格 $q(N)$ は公共財の社会的限界生産に等しいことを意味する．公共財の社会的限界生産は，(16)であらわされる公共財の限界生産をすべての経済主体について足し合わせたものである．利潤最大化の条件(17)では，公共財の帰属価格にもとづいて評価された社会的限界生産が使われている．

まったく同じような分析を，任意の coalition S についておこなうことができる．Coalition S についての配分$(c^{\nu}: \nu \in S, \bar{a})$が coalition S について optimum となるための必要，十分な条件は，$(\bar{c}^{\nu}, \bar{x}^{\nu}, \bar{a}^{\nu}, (\nu \in S), a; \bar{p}, \bar{q}_S)$が，つぎのラグランジュ形式の non-negative な鞍点となるような生産のプラン$(\bar{x}^{\nu}, \bar{a}^{\nu})$，$(\nu \in S)$と帰属価格のベクトル $\bar{p}$，$\bar{q}_S$ が存在することである．

$$L_S(c^{\nu}, x^{\nu}, a^{\nu}(\nu \in S), a\,; p, q_S)$$
$$= \sum_{\nu \in S} u^{\nu}(c^{\nu}, a) + p\Big(\sum_{\nu \in S} x^{\nu} - \sum_{\nu \in S} c^{\nu}\Big) + q_S\Big(\sum_{\nu \in S} a^{\nu} + a_{N-S} - a\Big).$$

ここで，feasibility 条件，$(x^{\nu}, a^{\nu}) \in T^{\nu}(\nu \in S)$，が制約条件となっている．また，$a_{N-S}$ は，complementary coalition $N-S$ に属する経済主体によって生産された公共財の産出量である．

(U1)-(U3)，(T1)-(T3)によって，coalition S にかんする optimum と私的財と公共財との帰属価格などの relevant な変数の値は，所与の a_{N-S} に対して一意的に定まる．これらの変数の値を $c^{\nu}(S), x^{\nu}(S), a^{\nu}(S), a(S), a_S(S), p(S), q_S(S), q(S)$ であらわす．$c^{\nu}(S), x^{\nu}(S), a^{\nu}(S), a(S), a_S(S), p(S), q_S(S), q(S)$ は，つぎの条件によって特徴づけられる．

(19) $$\sum_{\nu \in S} c^{\nu}(S) = \sum_{\nu \in S} x^{\nu}(S),$$

(20) $$a(S) = a_S(S) + a_{N-S} = \sum_{\nu \in S} a^{\nu}(S) + a_{N-S},$$

(21) $$(x^{\nu}(S), a^{\nu}(S)) \in T^{\nu} \qquad (\nu \in S),$$

(22) $$u^{\nu}_{c^{\nu}}(c^{\nu}(S), a(S)) = p(S) \qquad (\nu \in S),$$

(23) $$\sum_{\nu \in S} u^{\nu}_{a}(c^{\nu}(S), a(S)) = q_S(S),$$

(24) $$q(S) = q_S(S) + q_{N-S}(N-S).$$

ここで，$\theta_{N-S}(N-S)$ は complementary coalition $N-S$ についての公共財の帰属価格のベクトルである．

(25) $$p(S)x^{\nu}(S) + q_S(S)a^{\nu}(S) \geqq$$
$$p(S)x^{\nu} + q_S(S)a, \text{ for all } (x^{\nu}, a^{\nu}) \in T^{\nu} \quad (\nu \in S).$$

Coalition S の optimum にかんする限界条件(22)，(23)の意味は，社会的の場合とまったく同様である．

(22)の条件は，coalition S に入っている各経済主体 ν の私的財の限界効用が，その財の帰属価格に等しく，公共財の帰属価格は，coalition S に入っている経済主体の公共財に対する限界効用の総和に等しいことを意味する．しかし，ここで，注意しなければならないのは，coalition S に属する経済主体について，公共財の社会的限界効用 $q(S)$ は，coalition S だけでなく，complementary coalition $N-S$ も含めてすべての経済主体の公共財に対する限界効用の総和に等しいことである．このことは，(24)の関係からただちにわかることである．利潤最大化の条件(25)では，公共財の帰属価格 $q_S(S)$ にもとづいて評価された社会的限界生産が使われている．

Coalition S にかんする optimality は，coalition S によって生産される公共財のベクトル a_S だけでなく，complementary coalition $N-S$ によって生産される公共財のベクトル a_{N-S} にも依存する．

Complementary coalition $N-S$ にかんする optimality も，同じようにして導き出すことができる．Complementary coalition $N-S$ にかんする optimality は，coalition S にかんする optimality の条件にも依存する．

Coalition S にかんする optimality と complementary coalition $N-S$ にかんする optimality とが均衡にあるというのは，どちらも，同じ公共財の生産量のベクトルを想定しているときである．均衡が得られるのは，coalition S にかんする最適条件(19)-(25)と，それに対応する complementary coalition $N-S$ にかんする最適条件とが，同時に成立しているときである．

4. Coalition の価値の決定

定理 1　サミュエルソン的な公共財が数種類存在する経済の一般的なモデルについて，上の条件(U1)-(U3)，(T1)-(T4)がみたされていると仮定する．このとき，各 coalition S とその complementary $N-S$ との間の均衡はつねに存在する．

［証明］　T_S，T_{N-S} をそれぞれ，coalition S，$N-S$ の生産可能集合とすれば，

$$T_S=\sum_{\nu\in S}T^{\nu},\quad T_{N-S}=\sum_{\nu\in N-S}T^{\nu}.$$

集合 Ω をつぎのように定義する．

$$\Omega=\{(a_S,a_{N-S})\colon a_S\in T_S,\ a_{N-S}\in T_{N-S}\}.$$

この集合 Ω は n 次元ユークリッド空間のなかで，コンパクト，かつ convex な集合となる．

Ω から Ω 自身への mapping $f(a_S, a_{N-S})$ をつぎのように定義する．

$$(a_S, a_{N-S}) \Longrightarrow f(a_S, a_{N-S}) = (\alpha(a_{N-S}), \beta(a_S)).$$

ここで，

(S)　$a_S = \alpha(a_{N-S})$ は，coalition S にかんする社会的効用

$$\sum_{\nu \in S} u^\nu(c^\nu, a), \quad a = a_S + a_{N-S}$$

を，coalition S について feasible な配分のなかで最大にする．このとき，a_{N-S} の値は所与とする．

(N-S)　$a_{N-S} = \beta(a_S)$ は，coalition $N-S$ にかんする社会的効用

$$\sum_{\nu \in N-S} u^\nu(c^\nu, a), \quad a = a_S + a_{N-S}$$

を，coalition $N-S$ について feasible な配分のなかで最大にする．このとき，a_S の値は所与とする．

この mapping $(\alpha(a_{N-S}), \beta(a_S))$ は，Ω から Ω 自身への連続な mapping となる．ブラウワーの不動点定理を適用すれば，

$$a_S = \alpha(a_{N-S}), \quad a_{N-S} = \beta(a_S)$$

をみたすような $(a_S, a_{N-S}) \in \Omega$ が存在する．(a_S, a_{N-S}) は coalition S，$N-S$ との間の均衡となる．　Q.E.D.

つぎに，任意に与えられた coalition S と，その complementary coalition $N-S$ との間の均衡が一意的に定まるか，どうかを検討したい．じじつ，効用関数と生産可能集合にかんする新古典派的諸条件がみたされ，さらに，ある適格的(qualifying)な条件がみたされているとすれば，任意に与えられた coalition S と，その complementary coalition $N-S$ との間の均衡が一意的に定まるという命題を証明することができて，coalition S の価値が一意的に決まることがわかる．したがって，サミュエルソン的な公共財が数種類存在する経済の一般的なモデルが，ゲーム理論における協調ゲームとして適格なものとなる．しかし，この命題の証明は複雑である．

2つの coalition S，$N-S$ からなるペア $(S, N-S)$ が均衡にあるというのは，それぞれの optimum における公共財の供給のベクトルが一致することを意味する．

$$a(S) = a(N-S).$$

Coalition S と，その complementary coalition $N-S$ との間の均衡が成立するために必要，十分な条件は，coalition S にかんする条件(19)-(25)と coalition $N-S$ にかんする同様の条件がみたされることである．

まず，coalition S にかんする最適条件(22)-(25)を取り上げる．つぎのように，書き換え

る．

$$u^{\nu}_{c^{\nu}}(c^{\nu}(S), a(S)) = p(S) \qquad (\nu \in S), \tag{26}$$

$$\sum_{\nu \in S} u^{\nu}_{a}(c^{\nu}(S), a(S)) = q(S), \tag{27}$$

$$x^{\nu}(S) = x^{\nu}(p(S), q(S)),\ \ a^{\nu}(S) = a^{\nu}(p(S), q(S)) \qquad (\nu \in S), \tag{28}$$

$$\sum_{\nu \in S}\{x^{\nu}(S) - c^{\nu}(S)\} = 0, \tag{29}$$

$$a(S) = a_S(S) + a_{N-S}(S), \tag{30}$$

$$a_S(S) = \sum_{\nu \in S} a^{\nu}(p(S), q(S)). \tag{31}$$

(26)-(31)の両辺の微分をとれば，

$$u^{\nu}_{c^{\nu}c^{\nu}}dc^{\nu} + u^{\nu}_{c^{\nu}a}da = dp \qquad (\nu \in S), \tag{32}$$

$$\sum_{\nu \in S} u^{\nu}_{ac^{\nu}}dc^{\nu} + \sum_{\nu \in S} u^{\nu}_{aa}da = dq, \tag{33}$$

$$dx^{\nu} = x^{\nu}_{p}dp + x^{\nu}_{q}dq \qquad (\nu \in S), \tag{34}$$

$$da^{\nu} = a^{\nu}_{p}dp + a^{\nu}_{q}dq \qquad (\nu \in S), \tag{35}$$

$$\sum_{\nu \in S}(dx^{\nu} - dc^{\nu}) = 0, \tag{36}$$

$$da = da_S + da_{N-S}, \tag{37}$$

$$da_S = \sum_{\nu \in S} da^{\nu}. \tag{38}$$

ここで，関数の値はcoalition S にかんする optimum$(c^{\nu}(S), x^{\nu}(S), a^{\nu}(S), a_S(S), a(S))$ における値とし，$a_{N-S}(S)$ は complementary coalition $N-S$ についての optimum において供給される公共財のベクトルとする．

等式(32)を dc^{ν} について解けば，

$$dc^{\nu} = (u^{\nu}_{c^{\nu}c^{\nu}})^{-1}dp - (u^{\nu}_{c^{\nu}c^{\nu}})^{-1}u^{\nu}_{c^{\nu}a}da \qquad (\nu \in S). \tag{39}$$

この式を(33)に代入すると，

$$\sum_{\nu \in S} u^{\nu}_{ac^{\nu}}(u^{\nu}_{c^{\nu}c^{\nu}})^{-1}dp + \sum_{\nu \in S}\{u^{\nu}_{aa} - u^{\nu}_{ac^{\nu}}(u^{\nu}_{c^{\nu}c^{\nu}})^{-1}u^{\nu}_{c^{\nu}a}\}da = dq. \tag{40}$$

一方，(34)を(36)に代入して，(39)に留意すれば，

$$\sum_{\nu \in S}\{x^{\nu}_{p} - (u^{\nu}_{c^{\nu}c^{\nu}})^{-1}\}dp + \sum_{\nu \in S}(u^{\nu}_{c^{\nu}c^{\nu}})^{-1}u^{\nu}_{c^{\nu}a}da = -\sum_{\nu \in S} x^{\nu}_{q}dq. \tag{41}$$

また，(35)，(38)から

$$da_S = \sum_{\nu \in S} a^{\nu}_{p}dp + \sum_{\nu \in S} a^{\nu}_{q}dq. \tag{42}$$

以下の計算を容易にするために，(41)，(40)，(42)をマトリックスであらわす．

$$\begin{pmatrix} A & B \\ B' & C \end{pmatrix}\begin{pmatrix} dp \\ da \end{pmatrix} = \begin{pmatrix} -D \\ I \end{pmatrix}dq, \tag{43}$$

$$da_S = (D', I)\,dp + Edq. \tag{44}$$

ここで,

(45) $$A=\sum_S\{x_p^\nu-(u_{c^\nu c^\nu}^\nu)^{-1}\},$$

(46) $$B=\sum_S(u_{c^\nu c^\nu}^\nu)^{-1}u_{c^\nu a}^\nu,$$

(47) $$C=\sum_{\nu\in S}\{u_{aa}^\nu-u_{ac^\nu}^\nu(u_{c^\nu c^\nu}^\nu)^{-1}u_{c^\nu a}^\nu\},$$

(48) $$D=\sum_{\nu\in S}x_q^\nu,$$

(49) $$D'=\sum_{\nu\in S}a_p^\nu.$$

A は対称的な positive definite マトリックスで, C は対称的な negative definite マトリックスである.

第2節で述べた対称的なマトリックスにかんする恒等式(A)から, つぎの関係式を導き出すことができる.

$$\begin{pmatrix}A & B\\ B' & C\end{pmatrix}^{-1}=\begin{pmatrix}I & -A^{-1}B\\ 0 & I\end{pmatrix}\begin{pmatrix}A^{-1} & 0\\ 0 & (C-B'A^{-1}B)^{-1}\end{pmatrix}\begin{pmatrix}I & 0\\ -B'A^{-1} & I\end{pmatrix}.$$

したがって, 一次方程式体系(43)は, つぎのように書き直せる.

$$\begin{pmatrix}dp\\ da\end{pmatrix}=\begin{pmatrix}I & -A^{-1}B\\ 0 & I\end{pmatrix}\begin{pmatrix}A^{-1} & 0\\ 0 & (C-B'A^{-1}B)^{-1}\end{pmatrix}\begin{pmatrix}-D\\ I+B'A^{-1}D\end{pmatrix}dq.$$

または,

(50) $$\begin{pmatrix}dp\\ da\end{pmatrix}=\begin{pmatrix}I & -A^{-1}B\\ 0 & I\end{pmatrix}\begin{pmatrix}A^{-1}D & 0\\ 0 & (C-B'A^{-1}B)^{-1}(I+B'A^{-1}D)\end{pmatrix}dq.$$

したがって,

(51) $$da=(C-B'A^{-1}B)^{-1}(I+B'A^{-1}D)\,dq,$$

(52) $$da_S=\{-D'A^{-1}D-D'A^{-1}B(C-B'A^{-1}B)^{-1}(I+B'A^{-1}D)+E\}dq.$$

(51)から(52)を差し引いて, (30)に留意すれば,

(53) $$da_{N-S}=\{-(E-D'A^{-1}D)+(I+D'A^{-1}B)(C-B'A^{-1}B)^{-1}(I+B'A^{-1}D)\}dq.$$

マトリックス

$$D'A^{-1}D=\Bigl(\sum_S a_p^\nu\Bigr)\Bigl(\sum_S\{x_p^\nu-(u_{c^\nu c^\nu}^\nu)^{-1}\}\Bigr)^{-1}\Bigl(\sum_S x_q^\nu\Bigr)$$

の各成分 $b_{kk'}$ は, 公共財 k' の帰属価格の限界的上昇によって惹き起こされる公共財 k の生産の限界的増加を, 私的財の生産に与える限界的な影響を通じて間接的にはかった効果の大きさによってあらわす. 他方, マトリックス

$$E=\Bigl(\sum_S a_q^\nu\Bigr)$$

の各成分 $b_{kk'}$ は, 公共財 k' の帰属価格の限界的上昇によって惹き起こされる公共財 k の生産

の限界的増加を，直接的にはかった効果の大きさによってあらわす．

(T3)′ の仮定から，E は positive definite で，つぎのマトリックスが対称的で，positive definite となることがわかる．

(54) $$\varDelta = E - D'A^{-1}D.$$

また，仮定(U3)′，(T3)′ によって，A^{-1} は positive definite で，C は negative definite となることがわかる．したがって，

(55) $$R = B'A^{-1}B - C$$

は対称的，かつ positive definite となる．

さらに，

$$B'A^{-1}D = \left(\sum_S u^{\nu}_{ac^{\nu}}(u^{\nu}_{c^{\nu}c^{\nu}})^{-1}\right)\left(\sum_S \{x^{\nu}_{p} - (u^{\nu}_{c^{\nu}c^{\nu}})^{-1}\}\right)^{-1}\left(\sum_S x^{\nu}_{q}\right)$$

の成分 $h_{kk'}$ は，公共財 k' の帰属価格の限界的上昇によって惹き起こされる公共財 k の社会的限界便益の限界的増加を，私的財の生産に与える限界的な影響を通じて間接的にはかった効果の大きさによってあらわす．つぎの記号であらわすことにする．

(56) $$\varGamma = B'A^{-1}D.$$

(51)，(53)の関係は，つぎのようにあらわされる．

(57) $$da = -R_S^{-1}(I + \varGamma_S)\, dq_S,$$

(58) $$da_{N-S} = -\{\varDelta_S + (I + \varGamma_S')\, R_S^{-1}(I + \varGamma_S)\} dq_S.$$

ここで，coalition S が明示的にあらわされている．

Complementary coalition $N-S$ にかんする optimum についても，まったく同じような関係が得られる．

(59) $$da = -R_{N-S}^{-1}(I + \varGamma_{N-S})\, dq_{N-S},$$

(60) $$da_S = -\{\varDelta_{N-S} + (I + \varGamma_{N-S}')\, R_{N-S}^{-1}(I + \varGamma_{N-S})\} dq_{N-S}.$$

(58)と(60)を足し合わせて，(30)に注目すれば，

(61) $$\begin{aligned} da = &-\{\varDelta_S + (I + \varGamma_S')\, R_S^{-1}(I + \varGamma_S)\} dq_S \\ &-\{\varDelta_{N-S} + (I + \varGamma_{N-S}')\, R_{N-S}^{-1}(I + \varGamma_{N-S})\} dq_{N-S}. \end{aligned}$$

ここで，(57)，(61)の 2 つの関係式は，2 つの coalition S と $N-S$ が均衡にあるための必要，十分な条件である．これらの均衡条件をマトリックスを使ってあらわすと，

(62) $$\begin{pmatrix} R_S^{-1}(I + \varGamma_S) & 0 & I \\ 0 & R_{N-S}^{-1}(I + \varGamma_{N-S}) & I \\ \varDelta_S + (I + \varGamma_S')\, R_S^{-1}(I + \varGamma_S) & \varDelta_{N-S} + (I + \varGamma_{N-S}')\, R_{N-S}^{-1}(I + \varGamma_{N-S}) & I \end{pmatrix} \begin{pmatrix} da_S \\ da_{N-S} \\ da \end{pmatrix} = \begin{pmatrix} 0 \\ 0 \\ 0 \end{pmatrix}.$$

2つのcoalition S と $N-S$ の間の均衡が一意的に定まるのは，この一次方程式体系(62)がnon-singularであるときである．このことは，つぎのようにして示される．

一次方程式体系(62)のマトリックスについて，マトリックス

$$\begin{pmatrix} I & 0 & 0 \\ 0 & I & 0 \\ I+\Gamma_S' & I+\Gamma_{N-S}' & -I \end{pmatrix}$$

を左から掛けると，

$$\begin{pmatrix} R_S^{-1}(I+\Gamma_S) & 0 & I \\ 0 & R_{N-S}^{-1}(I+\Gamma_{N-S}) & I \\ -\Delta_S & -\Delta_{N-S} & I+\Gamma_S'+\Gamma_{N-S}' \end{pmatrix}. \tag{63}$$

(63)について，マトリックス

$$\begin{pmatrix} \Delta_S^{-1} & 0 & 0 \\ 0 & \Delta_{N-S}^{-1} & 0 \\ 0 & 0 & I \end{pmatrix}$$

を右から掛けると，

$$\begin{pmatrix} R_S^{-1}(I+\Gamma_S)\Delta_S^{-1} & 0 & I \\ 0 & R_{N-S}^{-1}(I+\Gamma_{N-S})\Delta_{N-S}^{-1} & I \\ -I & -I & I+\Gamma_S'+\Gamma_{N-S}' \end{pmatrix}. \tag{64}$$

マトリックス(64)がnon-singularとなることをみるためには，つぎの方程式をみたすベクトルが $(z_S, z_{N-S}, z)=(0, 0, 0)$ の他には存在しないことを示せばよい．

$$\begin{pmatrix} R_S^{-1}(I+\Gamma_S)\Delta_S^{-1} & 0 & I \\ 0 & R_{N-S}^{-1}(I+\Gamma_{N-S})\Delta_{N-S}^{-1} & I \\ -I & -I & I+\Gamma_S'+\Gamma_{N-S}' \end{pmatrix}\begin{pmatrix} z_S \\ z_{N-S} \\ z \end{pmatrix} = 0. \tag{65}$$

一次方程式体系(65)の両辺に (z_S, z_{N-S}, z) を掛けると，

$$z_S'\{R_S^{-1}(I+\Gamma_S)\Delta_S^{-1}+\Delta_S^{-1}(I+\Gamma_S')R_S^{-1}\}z_S = 0, \tag{66}$$

$$z_{N-S}'\{R_{N-S}^{-1}(I+\Gamma_{N-S})\Delta_{N-S}^{-1}+\Delta_{N-S}^{-1}(I+\Gamma_{N-S}')R_{N-S}^{-1}\}z_{N-S} = 0, \tag{67}$$

$$z'\{(I+\Gamma_S'+\Gamma_{N-S}')+(I+\Gamma_S+\Gamma_{N-S})\}z = 0. \tag{68}$$

ここで，つぎの条件がみたされているとすれば，(66)-(68)をみたすベクトル (z_S, z_{N-S}, z) は必ず $(0, 0, 0)$ となる．

$$\begin{cases} R_S^{-1}(I+\Gamma_S)\Delta_S^{-1}+\Delta_S^{-1}(I+\Gamma_S')R_S^{-1} \gg 0, \\ I+\Gamma_S+\Gamma_S' \gg 0, \end{cases} \tag{69}$$

$$\begin{cases} R_{N-S}^{-1}(I+\Gamma_{N-S})\Delta_{N-S}^{-1}+\Delta_{N-S}^{-1}(I+\Gamma_{N-S}')R_{N-S}^{-1} \gg 0, \\ I+\Gamma_{N-S}+\Gamma_{N-S}' \gg 0. \end{cases} \tag{70}$$

ここで，$\gg$ という記号はpositive definiteであることを意味する．

このようにして，つぎの命題が成立することが示された．

定理 2 任意の coalition S，$(S \subset N)$について，上の適格性の条件(69)，(70)がみたされていれば，2つの coalition S，$N-S$ の間の均衡は一意的に定まる．

5. 一般的な公共財のモデルのコア

これまで，サミュエルソン的な公共財が数種類存在するような経済の一般的なモデルを構築し，transferable utility をもつ協調ゲームと考えることができるための条件を求めた．この節では，このようなモデルを transferable utility をもつ協調ゲームと考えたとき，そのコアが空集合ではないための条件を導き出す．このさい，効用関数，生産可能集合について，(U1)-(U3)，(T1)-(T3)であらわされる新古典派の前提条件はみたされているとする．

第3節で示したように，サミュエルソン的な公共財が数種類存在するような経済の一般的なモデルについて，各 coalition S の価値 $v(S)$は一意的に定まり，ゲーム理論にいうところの transferable utility をもつ協調ゲーム $G=(N, v(S))$となる．この協調ゲームの特性関数 $v(S)$は，coalition S の価値 $v(S)$そのものとなる．

(71) $$v(S) = \sum_{\nu \in S} u^{\nu}(c^{\nu}(S), a(S)).$$

ここで，2つの coalition S，$N-S$ はお互いに均衡にあるとする．

協調ゲームのコアについては，第3章でくわしく説明したが，念のため，くり返しておく．ある協調ゲーム $G=(N, v(\cdot))$が与えられたとき，ゲームの全価値 $v(N)$の割り当て(allotment)が，どのような coalition によってもブロックされないとき，コア(core)のなかに入っているという．

ゲームの全価値 $v(N)$の割り当てというのは，つぎの条件をみたすようなベクトル $x=(x^{\nu})$を指す．

(72) $$\sum_{\nu \in N} x^{\nu} = v(N).$$

ゲームの割り当て $x=(x^{\nu})$がコアに入っているのはつぎの条件がみたされるときを指す．

(73) $$\sum_{\nu \in S} x^{\nu} \geqq v(S), \text{ for all } S \subset N.$$

コアが空集合でないための条件は Bondareva-Shapley の定理によって与えられる．Bondareva-Shapley の定理については，第3章に説明したが，ここでは，異なる表現を与えておこう．

まず，実数のシステム $\{\delta_S^{\nu}\}$を，すべての経済主体 $\nu \in N$ と coalition $S \subset N$ について，つぎ

のように定義する．

(74) $$\delta_S^\nu = \begin{cases} 1, & \nu \in S \\ 0, & \nu \notin S. \end{cases}$$

この実数のシステム $\{\delta_S^\nu\}$ は，identification function とよばれることがある．

すべての coalition $S \subset N$ について決められたウェイト・システム $\{\pi_S\}$ が balancing となるための必要，十分な条件は，

(75) $$\pi_S \geqq 0, \quad \text{for all} \quad S \subset N,$$

(76) $$\sum_S \pi_S \delta_S^\nu = 1, \quad \text{for all} \quad \nu \in N.$$

ここで，$\sum_S$ はすべての coalition $S \subset N$ について足し合わせることを意味する

とくに，集合 $N=\{1, 2, \cdots, n\}$ の partition $\{S_1, \cdots, S_k\}$ of N，すなわち，

$$S_1 \cup \cdots \cup S_k = N, \quad S_j \cap S_{j'} = \phi (j \neq j')$$

はウェイト 1 の balancing なウェイト・システムである．

ここで，ウェイト・システム (π_S) というのは，

$$\pi_S \geqq 0, \quad \text{for all} \quad S \subset N$$

をみたすようなベクトルを指す．

あるウェイト・システム (π_S) が balancing というのは，

$$\sum_{S \ni \nu} \pi_S = 1, \quad \text{for all} \quad \nu \in N$$

がみたされているときを指す．

Bondareva-Shapley の定理　協調ゲーム $G=(N, v(\cdot))$ が与えられている．$v(S)\,(S \subset N)$ はゲームの特性関数である．ゲーム G のコアが空集合でないための必要，十分な条件は，

(77) $$\sum_S \pi_S v(S) \leqq v(N)$$

がすべての balancing weight (π_S) について成り立つことである．ここで，$\sum_S$ はすべての coalition S についての和を意味する．

Bondareva-Shapley の定理を使って，つぎの命題を証明することができる．

定理 3　サミュエルソン的な公共財が数種類存在するような経済の一般的なモデルを，transferable utility をもつ協調ゲーム $G=(N, v(S))$ と考える．この協調ゲームの特性関数 $v(S)$ は，coalition S の価値 $v(S)$ とする．

つぎの条件がみたされているとすれば，この協調ゲーム $G=(N, v(S))$ のコアは空集合ではない．

(78)　　$\theta(N)\,a_S(N) = \theta_S(N)\,a(N)$, for all $S \subset N$.

ここで,

(79)　　$\theta(N) = \sum_{\nu \in N} \theta^\nu(N),\quad \theta_S(N) = \sum_{\nu \in S} \theta^\nu(N),$

$$\theta^\nu(N) = u_a^\nu(c^\nu(N),\ a(N)),\quad (\nu \in N),$$

(80)　　$a(N) = \sum_{\nu \in N} a^\nu(N),\quad a_S(S) = \sum_{\nu \in S} a^\nu(S).$

条件(78)は,第3章で導いた地球温暖化の協調ゲームのコアが空集合ではないための条件を一般化したものである.定理3は,地球温暖化の協調ゲームの場合と同じようにして証明できる.

［証明］　まず,つぎの不等式に注目する.

(81)
$$\begin{aligned} &u^\nu(c^\nu(N), a(N)) - u^\nu(c^\nu(S), a(S)) \\ &\geqq u_{c^\nu}^\nu(c^\nu(N), a(N))(c^\nu(N) - c^\nu(S)) \\ &\quad + u_a^\nu(c^\nu(N), a(N))(a(N) - a(S)),\quad (\nu \in N). \end{aligned}$$

ここで,$c^\nu(N), a(N), c^\nu(S), a(S)$はそれぞれ,coalition N, Sにかんするoptimumにおけるrelevantな変数の値である.前節に説明した通りである.

不等式(81)は,効用関数についてのconcavityの条件(1)から導き出される.(15)に留意すれば,不等式(81)はつぎのようにあらわすことができる.

(82)
$$\begin{aligned} &u^\nu(c^\nu(N), a(N)) - u^\nu(c^\nu(S), a(S)) \\ &\geqq p(N)(c^\nu(N) - c^\nu(S)) + \theta^\nu(N)(a(N) - a(S)),\quad (\nu \in N). \end{aligned}$$

$\{\pi_S\}$を任意のbalancing weightとする,すなわち,(75),(76)がみたされているとする.ここで,δ_S^νは,(74)で定義されたidentification functionである.

$$c^\nu = \sum_S \pi_S \delta_S^\nu c^\nu(S),\quad x^\nu = \sum_S \pi_S \delta_S^\nu x^\nu(S),\quad a^\nu = \sum_S \pi_S \delta_S^\nu a^\nu(S),\quad (\nu \in N)$$

とおけば,(76),(29)から

(83)
$$\begin{aligned} \sum_{\nu \in N} c^\nu &= \sum_{\nu \in N} \sum_S \pi_S \delta_S^\nu c^\nu(S) = \sum_S \pi_S \sum_{\nu \in S} c^\nu(S) \\ &= \sum_S \pi_S \sum_{\nu \in S} x^\nu(S) = \sum_{\nu \in N} \sum_S \pi_S \delta_S^\nu x^\nu(S) = \sum_{\nu \in N} x^\nu. \end{aligned}$$

Balancednessの条件(75),(76)によって

$$(c^\nu, a^\nu) \in T^\nu,\quad (\nu \in N).$$

(82)の両辺に$\pi_S \delta_S^\nu$を掛けて,すべての$\nu \in N$と$S \subset N$について足し合わせて,(75),(76)を使えば,

(84)
$$\begin{aligned} &\sum_{\nu \in N} u^\nu(c^\nu(N), a(N)) - \sum_S \sum_{\nu \in S} \pi_S u^\nu(c^\nu(S), a(S)) \\ &\geqq \left\{p(N) \sum_{\nu \in N} c^\nu(N) + \theta(N)\,a(N)\right\} - \left\{p(N) \sum_{\nu \in N} c^\nu + \sum_{\nu \in N} \sum_S \pi_S \delta_S^\nu \theta^\nu(N)\,a(S)\right\}. \end{aligned}$$

Coalition N, S の価値についての条件(18), (71)に注目すれば, (84)の左辺は,

$$v(N)-\sum_{S}\pi_S v(S)$$

に等しい．他方, (12), (83)を使うと, 不等式(84)の右辺は, つぎのようにあらわされる．

$$\sum_{\nu\in N}\{p(N)x^{\nu}(N)+\theta(N)a^{\nu}(N)-(p(N)x^{\nu}+\theta(N)a^{\nu})\} \qquad (85)$$

$$+\{q(N)a_S(S)-q_S(S)a(S)\}.$$

利潤最大の条件(T3)を(85)に代入して, 仮定の条件(78)を使えば, 不等式(84)は, つぎのようになる．

$$v(N)-\sum_{S}\pi_S v(S) \geqq \sum_{\nu\in S}\pi_S\{q(N)a_S(S)-q_S(N)a(S)\}=0.$$

したがって,

$$v(N)-\sum_{S}\pi_S v(S)\geqq 0,\ \text{for all balancing weights}\ \{\pi_S\}.$$

Bondareva-Shapley の定理を適用すると, 協調ゲーム $G=(N, v(S))$ のコアが空集合ではないことが示される．　Q.E.D.

6. 公共財の一般的なモデルにかんする協調ゲームの代替的な定義

第3章では, 地球温暖化のモデルにかかわる協調ゲームについて, 代替的な定義を導入した．代替的な定義のもとでは, 協調ゲームを transferable あるいは non-transferable utility のどちらで考えても, コアの non-emptiness を一般的な条件のもとで証明することができた．まったく同じ考え方を使って, 公共財の一般的なモデルにかんする協調ゲームの場合についても, 代替的な定義のもとで, コアの non-emptiness を一般的な条件のもとで証明することができる．

まず, admissibility の概念を導入する．2つの配分$(c^{\nu}:\nu\in S, a_S)$, $(c^{\nu}:\nu\in N-S, a_{N-S})$はそれぞれ, coalition S, complementary $N-S$ について feasible であって, ともに公共財の全産出量として共通のベクトル a をもつとする．

$$a=a_S+a_{N-S}.$$

Coalition S, $N-S$ に属する経済主体の効用の総和をそれぞれ, u_S, u_{N-S} とおけば,

$$u_S=\sum_{\nu\in S}u^{\nu}(c^{\nu}, a),\quad u_{N-S}=\sum_{\nu\in N-S}u^{\nu}(c^{\nu}, a).$$

1組の配分, $(c^{\nu}:\nu\in S, a_S)$, $(c^{\nu}:\nu\in N-S, a_{N-S})$, が coalition S, $N-S$ について admissible であるというのは, 2つの配分がそれぞれ, coalition S, $N-S$ について feasible であって, しかも, それぞれ coalition S, $N-S$ について feasible な配分$(c^{\nu\prime}:\nu\in S, a_S')$, $(c^{\nu\prime}:\nu\in N-S, a_{N-S}')$で, つぎの条件をみたすようなものは存在しないと定義する．

$$u_S \leqq u_S', \quad u_S \leqq u_{N-S}'.$$

どちらか1つは，厳密な意味での不等号で成立する．ここで，

$$u_S' = \sum_{\nu \in S} u^\nu(c^{\nu\prime}, a'), \quad u_{N-S}' = \sum_{\nu \in N-S} u^\nu(c^{\nu\prime}, a'),$$

$$a' = a_S' + a_{N-S}'.$$

公共財の一般的なモデルにかんする新しい協調ゲームとして，coalition S の価値 $v(S)$ をつぎのように定義してみよう．

$$v(S) = \sum_S u^\nu(c^\nu, a), \quad v(N-S) = \sum_{N-S} u^\nu(c^\nu, a).$$

ここで，$(c^\nu : \nu \in S, a_S)$，$(c^\nu : \nu \in N-S, a_{N-S})$ は coalition S，$N-S$ について admissible であって，

$$a = a_S + a_{N-S}.$$

この定義は，transferable utility をもつ協調ゲームとして，coalition S の価値 $v(S)$ としては適格性を欠く．$v(S)$ は一意的に定義されないからである．そこで，coalition S，$N-S$ について admissible な配分のペア $(c^\nu : \nu \in S, a_{N-S})$，$(c^\nu : \nu \in N-S, a_S)$ のなかから，1つだけ選び出すルールを考えて，$v(S)$ の値が一意的に定義されるようにする．

仮定(U1)-(U3)，(T1)-(T3)のもとで，coalition S，$N-S$ について feasible な配分のペア $(c^\nu : \nu \in S, a_{N-S})$，$(c^\nu : \nu \in N-S, a_S)$ が admissible となるために必要，かつ十分な条件は，$(c^\nu : \nu \in S, a_{N-S})$，$(c^\nu : \nu \in N-S, a_S)$ がつぎの最大問題の optimum solution となるような正数のペア $\beta = (\beta_S, \beta_{N-S})$ が存在することである．

ウェイトのついた社会的厚生関数

(86) $$\beta_S \sum_{\nu \in S} u^\nu(c^\nu, a) + \beta_{N-S} \sum_{\nu \in N-S} u^\nu(c^\nu, a)$$

をつぎの制約条件のもとで，最大にせよ．

(87) $$\sum_{\nu \in S} c^\nu = \sum_{\nu \in S} x^\nu,$$

(88) $$a_S = \sum_{\nu \in S} a^\nu, \quad (x^\nu, a^\nu) \in T^\nu, \quad (\nu \in S),$$

(89) $$\sum_{\nu \in N-S} c^\nu = \sum_{\nu \in N-S} x^\nu,$$

(90) $$a_{N-S} = \sum_{\nu \in N-S} a^\nu, \quad (x^\nu, a^\nu) \in T^\nu, \quad (\nu \in N-S),$$

(91) $$a = a_S + a_{N-S}.$$

最大化関数(86)は relevant な変数にかんして厳密な意味で concave であり，(T1)-(T3)が仮定されているから，上の最大問題の optimum solution は必ず存在して，一意的に定まる．Kuhn-Tucker の定理を適用して，制約条件(87)-(91)にかんするラグランジュ係数をそれぞれ，$\beta_S p_S$，$\beta_S q_S$，$\beta_{N-S} p_{N-S}$，$\beta_{N-S} q_{N-S}$，q とすれば，optimum 解はつぎの Kuhn-Tucker 条件によって特徴づけられる．

(92)　$u^{\nu}_{c^{\nu}} = p_S, \quad (\nu \in S),$

(93)　$x^{\nu} = x^{\nu}(p_S, q_S), \quad a^{\nu} = a^{\nu}(p_S, q_S), \quad (\nu \in S),$

(94)　$q_S = \theta_S = \sum_{\nu \in S} u^{\nu}_{a}.$

同じような条件がcomplementary coalition $N-S$ についても成立し，

(95)　$q = \beta_S q_S = \beta_{N-S} q_{N-S},$

(96)　$q = \beta_S \theta_S = \beta_{N-S} \theta_{N-S}.$

(88)，(89)，(93)，(94)の両辺の微分をとり，整理すれば，

$$\sum_{\nu \in S} \{x^{\nu}_{p} - (u^{\nu}_{c^{\nu}c^{\nu}})^{-1} dp_S\} = -\sum_{\nu \in S} x^{\nu}_{q} dq_S - \sum_{\nu \in S} (u^{\nu}_{c^{\nu}c^{\nu}})^{-1} u^{\nu}_{c^{\nu}a} da$$

$$-\sum_{\nu \in S} a^{\nu}_{p} dp_S + da_S = \sum_{\nu \in S} a^{\nu}_{q} dq_S.$$

マトリックスの表現を使うと，

(97)　$$\begin{pmatrix} A_S & 0 \\ -D_S' & I \end{pmatrix} \begin{pmatrix} dp_S \\ da_S \end{pmatrix} = \begin{pmatrix} -D_S & -B_S \\ E_S & 0 \end{pmatrix} \begin{pmatrix} dq_S \\ da \end{pmatrix}.$$

ここで，A_S，B_S，C_S，D_S，E_S は第4節で導入したマトリックスである．

$$A_S = \sum_{\nu \in S} \{x^{\nu}_{p} - (u^{\nu}_{c^{\nu}c^{\nu}})^{-1}\},$$

$$B_S = \sum_{\nu \in S} (u^{\nu}_{c^{\nu}c^{\nu}})^{-1} u^{\nu}_{c^{\nu}a}, \quad B_S' = \sum_{\nu \in S} u^{\nu}_{ac^{\nu}} (u^{\nu}_{c^{\nu}c^{\nu}})^{-1},$$

$$C_S = \sum_{\nu \in S} \{u^{\nu}_{aa} - u^{\nu}_{ac^{\nu}} (u^{\nu}_{c^{\nu}c^{\nu}})^{-1} u^{\nu}_{c^{\nu}a}\},$$

$$D_S = \sum_{\nu \in S} x^{\nu}_{p}, \quad D_S' = \sum_{\nu \in S} a^{\nu}_{p},$$

$$E_S = \sum_{\nu \in S} a^{\nu}_{q}.$$

つぎの性質を思い出していただきたい．

$$\begin{pmatrix} A_S & -B_S \\ -B_S' & -C_S \end{pmatrix}$$

は対称的で，positive definiteであるから，

(98)　$A_S \gg 0, \quad \Delta_S = B_S' A_S^{-1} B_S - C_S \gg 0.$

ここで，$\gg$ という記号はpositive definiteを意味することは，前に述べた通りである．

同じように，

$$\begin{pmatrix} A_S & D_S \\ D_S' & E_S \end{pmatrix}$$

は対称的で，positive definiteであるから，

(99)　$\Delta_S = E_S - D_S' A_S^{-1} D_S \gg 0.$

(97)の両辺に左から

$$\begin{pmatrix} A_S^{-1} & 0 \\ D_S A_S^{-1} & I \end{pmatrix}$$

を掛ければ,

(100) $$\begin{pmatrix} dp_S \\ da_{N-S} \end{pmatrix} = \begin{pmatrix} -A_S^{-1}D_S & A_S^{-1}B_S \\ \varDelta_S & -\varGamma_S' \end{pmatrix} \begin{pmatrix} dq_S \\ da \end{pmatrix}.$$

ここで, $\varDelta_S$ は(99)によって定義され,

$$\varGamma_S = B_S' A_S^{-1} D_S, \quad \varGamma_S' = D_S' A_S^{-1} B_S$$

は(56)によって定義される.

(91)の両辺の微分をとれば,

(101) $$da = da_S + da_{N-S}.$$

(100)から

(102) $$da_S = \varDelta_S dq_S - \varGamma_S' da.$$

同じような関係が da_{N-S} についても成立する.

他方, (96)から

(103) $$dq_S = \frac{1}{\beta_S} dq - q_S = \frac{d\beta_S}{\beta_S}.$$

同じような関係が dq_{N-S} についても成立する.

(102), (103)に留意すれば, (101)はつぎのようにあらわされる.

(104) $$\left(\frac{1}{\beta_S}\varDelta_S + \frac{1}{\beta_{N-S}}\varDelta_{N-S}\right) dq - (I + \varGamma_S' + \varGamma_{N-S}')\, da = \varDelta_S q_S \frac{d\beta_S}{\beta_S} + \varDelta_{N-S} q_{N-S} \frac{d\beta_{N-S}}{\beta_{N-S}}.$$

他方,

$$\theta_S = \sum_{\nu \in S} u_a^\nu$$

の両辺の微分をとって,

$$d\theta_S = \sum_{\nu \in S} u_{ac^\nu}^\nu (u_{c^\nu c^\nu}^\nu)^{-1} dp_S = \sum_{\nu \in S} \{u_{aa}^\nu - u_{ac^\nu}^\nu (u_{c^\nu c^\nu}^\nu)^{-1} u_{c^\nu a}^\nu\} da.$$

マトリックスの表現を使うと,

(105) $$d\theta_S = (B_S', 0) \begin{pmatrix} dp_S \\ da_S \end{pmatrix} + c_S da.$$

(100)を(105)に代入して, 整理すると,

$$d\theta_S = -B_S' A_S^{-1} D_S dq_S + (C_S - B_S' A_S^{-1} B_S)\, da.$$

あるいは

(106) $$d\theta_S = -\varGamma_S dq_S - R_S da.$$

同じような関係が $d\theta_{N-S}$ についても成立する.

(96)の両辺の微分をとると,

(107)　$$dq = (\beta_S d\theta_S + \beta_{N-S} d\theta_{N-S}) + \left(\beta_S\theta_S \frac{d\beta_S}{\beta_S} + \beta_{N-S}\theta_{N-S}\frac{d\beta_{N-S}}{\beta_{N-S}}\right).$$

(106)を(107)に代入して，(103)に留意すると，

(108)　$$-(I+\Gamma_S+\Gamma_{N-S})\,dq - (\beta_S R_S + \beta_{N-S} R_{N-S})\,da$$
$$= -(\beta_S\theta_S + \Gamma_S q)\frac{d\beta_S}{\beta_S} - (\beta_{N-S}\theta_{N-S} + \Gamma_{N-S} q)\frac{d\beta_{N-S}}{\beta_{N-S}}.$$

一次方程式体系(104)，(108)はマトリックスの表現を使ってあらわすと，

(109)　$$\begin{pmatrix} -R & -(I+\Gamma) \\ -(I+\Gamma') & \varDelta \end{pmatrix}\begin{pmatrix} da \\ dq \end{pmatrix}$$
$$= \begin{pmatrix} -(\beta_S\theta_S+\Gamma_S q) & -(\beta_{N-S}\theta_{N-S}+\Gamma_{N-S} q) \\ \frac{1}{\beta_S}\varDelta_S q & \frac{1}{\beta_{N-S}}\varDelta_{N-S} q \end{pmatrix}\begin{pmatrix} \frac{d\beta_S}{\beta_S} \\ \frac{d\beta_{N-S}}{\beta_{N-S}} \end{pmatrix}.$$

ここで，

$$\varDelta = \frac{1}{\beta_S}\varDelta_S + \frac{1}{\beta_{N-S}}\varDelta_{N-S} \gg 0,$$
$$R = \beta_S R_S + \beta_{N-S} R_{N-S} \gg 0,$$
$$\Gamma = \Gamma_S + \Gamma_{N-S}.$$

一次方程式体系(109)のマトリックスは，つぎのように変換できる．

$$\begin{pmatrix} I & 0 \\ -(I+\Gamma')R^{-1} & I \end{pmatrix}\begin{pmatrix} -R & -(I+\Gamma) \\ -(I+\Gamma') & \varDelta \end{pmatrix}\begin{pmatrix} I & -R^{-1}(I+\Gamma) \\ 0 & I \end{pmatrix} = \begin{pmatrix} -R & 0 \\ 0 & \nabla \end{pmatrix}.$$

ここで，

$$\nabla = \varDelta + (I+\Gamma')R^{-1}(I+\Gamma) \gg 0.$$

したがって，(109)の行列式は0でないから，$\beta=(\beta_S, \beta_{N-S})$が与えられているとき a, q はともに一意的に決まる．

Coalition S と complementary coalition $N-S$ とについて，balanced の概念は，第3章で論じた地球温暖化のゲームの場合とまったく同じようにして定義される．経済を構成するすべての経済主体について，その効用の総和(6)が，すべての feasible な配分のなかで最大となっている social optimum を考える．Social optimum における relevant な変数の値を $c^\nu(N)$, $x^\nu(N)$などとし，帰属価格を $\theta^\nu(N)$, $\theta(N)$などであらわす．任意の coalition S について，

$$\theta_S(N) = \sum_{\nu\in S}\theta^\nu(N) = \sum_{\nu\in S} u_a^\nu(\theta^\nu(N), a(N)).$$

Coalition S と complementary $N-S$ が balanced であるというのは，つぎの条件をみたすようなウェイトのペア $\beta=(\beta_S, \beta_{N-S})$が存在するときとして定義する．

(110)　$$\theta(N)\,a_S(S,\beta) = \theta_S(N)\,a(S,\beta),\quad \theta(N)\,a_{N-S}(S,\beta) = \theta_{N-S}(N)\,a(S,\beta).$$

ここで，$a(S,\beta)$, $a_S(S,\beta)$, $a_{N-S}(N-S,\beta)$は，coalition S, $N-S$ の効用に対して，それぞれウェイト β_S, β_{N-S} がつけられているときの optimum における relevant な変数の値である．

任意の coalition S に対して，balancedness の条件(110)をみたすような正のウェイトのペア $\beta=(\beta_S, \beta_{N-S})$の存在はかんたんに証明できる．

任意の正数 β_{N-S}^0 に対して，関数 $\phi(\beta_S)$をつぎの式によって定義する．

$$\phi(\beta_S) = \frac{\theta(N)\,a_S(S,\beta)}{\theta_S(N)\,a(S,\beta)}, \quad \beta = (\beta_S, \beta_{N-S}^0).$$

$\theta(N)$, $\theta_S(N)$, $a(S,\beta)$, $a_S(S,\beta)$はすべて正のベクトルであるから，関数 $\phi(\beta_S)$は，任意の $\beta_S>0$ に対して定義でき，連続となる．

$a(S,\beta)$，$a_S(S,\beta)$の定義から，すぐわかるように，

$$\lim_{\beta_S\to 0} a_S(S,\beta) = 0, \quad \lim_{\beta_S\to +\infty} a_S(S,\beta) = \lim_{\beta_S\to +\infty} a(S,\beta) < +\infty.$$

したがって，

$$\lim_{\beta_S\to 0}\phi(\beta_S) = 0, \quad \lim_{\beta_S\to +\infty}\phi(\beta_S) > 1.$$

このとき，

$$\phi(\beta_S^0) = 1$$

をみたすような β_S^0 の存在はすぐわかる．すなわち，coalition S, $N-S$ は $\beta^0=(\beta_S^0, \beta_{N-S}^0)$について balanced である．

このようにして，つぎの命題が証明された．

定理 4 新古典派的諸条件(U1)-(U3)，(T1)-(T3)がみたされている一般的な公共財のモデルに関連して導入された transferable utility をもつ協調ゲームを $G(N, v(S))$とする．

このとき，任意の coalition S に対して，正のウェイトのペア $\beta^0=(\beta_S^0, \beta_{N-S}^0)$が存在して，coalition S と complementary coalition $N-S$ が $\beta^0=(\beta_S^0, \beta_{N-S}^0)$について balanced となり，coalition S の価値 $v(S)$が，coalition S に属するすべての経済主体の $\beta=(\beta_S, \beta_{N-S})$における効用の総和に等しい．

$$v(S) = \sum_S u^\nu(c^\nu(S,\beta),\ a(S,\beta)).$$

この一般的な公共財のモデルに関連して導入された transferable utility をもつ協調ゲームのコアは空集合ではない．

7. リンダール均衡と一般的な公共財のモデルのコア

これまでの節では，サミュエルソン的な公共財が数種類存在するような経済の一般的なモデ

ルを transferable utility をもつ協調ゲームと考えて，そのコアが空集合ではないための条件を導き出した．この節では，経済を構成する各経済主体の効用が ordinal である場合を考える．このとき，異なる経済主体の効用の大きさを比較することはできない．このような経済をあらわす協調ゲームは non-transferable utility をもつ．したがって，Bondareva-Shapley の定理を適用することはできない．

Bondareva-Shapley の定理を適当に修正して，non-transferable utility をもつ n-person cooperative game のコアが空集合でないための条件を導き出すという試みは，これまで数多くのゲーム理論の専門家たちによってなされてきた．とくに重要な貢献は，Scarf(1967)，Billera(1970)，Shapley(1973)である．しかし，公共財の一般的なモデルを non-transferable な効用をもつ n-person cooperative game を考えるとき，Scarf-Billera-Shapley の議論を援用しないで，このようなゲームのコアの存在を直接証明することができる．すなわち，リンダール均衡に関連する配分が，この n-person cooperative game のコアのなかに入っていることを示すことができる．第5章でくわしくみたように，リンダール均衡の存在は，一般的な公共財のモデルについて証明できているから，このことは，問題の n-person cooperative game のコアが空集合ではないことを間接的に証明したことになる．

以下，考察するモデルは，第2節に導入したサミュエルソン的な公共財を数種類もつ一般的な経済のモデルを考える．第2節に説明した記号，仮定はそのまま，使うことにする．完全競争的な市場の制度的諸条件のもとにおける稀少資源の配分を分析の対象とするとき，公共財の生産，供給にかかわる費用を，各経済主体がどのような形で負担するかにかんするルールを明示的に取り扱わなければならない．

Lindahl(1919)で，リンダールは，政府の役割が，社会の構成員に公共財を供給するものであると考えて，公共財の生産，供給にかかわる費用は，社会の各構成員に課する税によって賄われるとした．そして，課税が公正(fair, just)であるための条件を求めたのであった．リンダールによれば，課税が公正であるのは，社会の各構成員に賦課されている税の額が，その構成員が，自ら享受している公共財の便益に対して支払ってもよいと考える額とちょうど一致しているときであると定義した．サミュエルソン的な公共財をもつ経済の一般的なモデルに即していえば，リンダール解はつぎのように表現できる．課税が公正であるのは，社会の各構成員に賦課されている税の額が，その構成員が自ら享受している公共財の限界効用とちょうど一致しているときである．

リンダール解の概念は，サミュエルソン的な公共財の理論の枠組みのなかで，多くの経済学者の手によっていっそう精緻化されていった．そのなかで，われわれの議論に重要なかかわりをもつのは，Foley(1967, 1970)と Roberts(1974)である．Foley と Roberts によれば，リンダール解が得られるのは，かりに，公共財が市場で取引されていたとして，社会の各構成員があたかも，公共財から得られる限界効用の大きさに等しい価格を支払わなければならないかのように考えたときに，じっさいに供給されている公共財の量が，各構成員が欲しいと思う量とちょうど一致しているときとなる．

Foley と Roberts によるリンダール均衡の準市場的アプローチは，Mäler and Uzawa (1994) によって，直接的な形での厚生経済学的解釈が与えられ，リンダール均衡の存在証明の基礎として使われた．経済の各構成員の効用関数が relevant な変数について concave であるという条件のもとで，social optimum は，つぎの形をして social welfare function (社会的厚生関数) を，資源配分の feasible なパターンのなかで最大化する．

$$\sum_{\nu \in N} \alpha^{\nu} u^{\nu}(c^{\nu}, a). \tag{111}$$

このとき，効用のウェイト・ベクトル $\alpha=(\alpha^{\nu})$ は，各人の効用に対する社会の評価を formal にあらわしたものと考えてよい．このとき，効用のウェイト・ベクトル $\alpha=(\alpha^{\nu})$ のなかで，(111) によってあらわされる social welfare function を最大化する資源配分のパターンがリンダール均衡に対応するようなものがある．このことは，つぎのようにしてみることができる．

任意の効用にかんする non-zero, non-negative なウェイト・ベクトル $\alpha=(\alpha^{\nu})$ が与えられたとき，social utility function (111) を最大にする資源配分のパターンは常に存在して，一意的に決まってくる．この social optimum における relevant な変数の値を $c^{\nu}(\alpha), x^{\nu}(\alpha), a^{\nu}(\alpha), a(\alpha)$ とし，私的財および公共財の帰属価格を $p(\alpha), q(\alpha)$, $q^{\nu}(\alpha)$ とする．これらの変数は，第3節で，全体の coalition N に対応する social optimum の場合とまったく同じような feasibility 条件と限界条件をみたす．

効用にかんするウェイト・ベクトル $\alpha=(\alpha^{\nu})$ に対する social optimum がリンダール均衡に対応する資源配分のパターンと一致するために必要，かつ十分な条件は，各人 ν について，つぎの条件がみたされていることである．

$$p(\alpha)\,c^{\nu}(\alpha)+\theta^{\nu}(\alpha)\,a(\alpha) = p(\alpha)\,x^{\nu}(\alpha)+q(\alpha)\,a^{\nu}(\alpha), \quad (\nu \in N). \tag{112}$$

ここで，

$$q(\alpha) = \sum_{\nu \in N} \theta^{\nu}(\alpha), \quad \theta^{\nu}(\alpha) = \alpha^{\nu} u^{\nu}_{c^{\nu}}(c^{\nu}(\alpha), a(\alpha)), \quad (\nu \in N).$$

つぎの関数を考える．

$$Z^{\nu}(\alpha) = \{p(\alpha)\,x^{\nu}(\alpha)+q(\alpha)\,a^{\nu}(\alpha)\}-\{p(\alpha)\,c^{\nu}(\alpha)+\theta^{\nu}(\alpha)\,a(\alpha)\}, \quad (\nu \in N).$$

このとき，効用にかんするウェイト・ベクトル $\alpha=(\alpha^{\nu})$ に対する social optimum がリンダール均衡に対応する資源配分のパターンと一致するために必要，かつ十分な条件は，つぎの条件がみたされていることである．

$$z^{\nu}(\alpha) = 0, \quad (\nu \in N).$$

第2章あるいは第6章で説明したリンダール均衡の存在証明は，効用にかんするウェイト・

ベクトル $\alpha=(\alpha^\nu)$ に対する social optimum がリンダール均衡に対応するのは，つぎの mapping の不動点となっているときであることを使う．

$$\alpha=(\alpha^\nu)\to\bar{\alpha}=(\bar{\alpha}^\nu).$$

ここで，

$$\bar{\alpha}^\nu u^\nu(c^\nu,a^{(\nu)})-\{p(\alpha)c^\nu+\theta^\nu(\alpha)a\}$$

は $(\bar{c}^\nu,\bar{a}^{(\nu)})$ で最大となり，

$$p(\alpha)\bar{c}^\nu+\theta^\nu(\alpha)\bar{a}^{(\nu)}=p(\alpha)x^\nu(\alpha)+q(\alpha)a^\nu(\alpha).$$

存在証明を完結するために，この mapping を normalize して，n 次元のユークリッド空間の unit simplex から自分自身のなかへの mapping となるようにして，ブラウワーの不動点定理を適用する．とくに，リンダール均衡に対応する効用にかんするウェイト・ベクトル $\alpha=(\alpha^\nu)$ は常に正であることが示される．

$$\alpha>0\,;\text{すなわち，}\ \alpha^\nu>0,\ \text{for all}\ \nu\in N.$$

さて，サミュエルソン的な公共財が数種類存在するような経済の一般的なモデルで，各経済主体の効用が cardinal ではなく，ordinal である場合を考える．つまり，選好関係を表現する1つの utility indicator にすぎない．このとき，異なる経済主体の効用の大きさを比較することはできない．各構成員の選好関係が，消費者行動の理論で通例仮定されている条件をみたしているとすれば，効用関数は，第2節で導入した条件(U1)-(U3)をみたす．

この公共財の経済の協調ゲームは non-transferable utility をもつ．この協調ゲームの特性関数 $V(S)$ は，point-valued function ではなく，set-valued function である．すなわち，任意の coalition $S(S\subset N)$ に対して，coalition S に属する各経済主体の選択する私的財および公共財のベクトル，ならびに経済全体で供給される公共財のベクトルとの組み合わせのすべてからなる集合 $V(S)$ が対応する．厳密には，特性関数 $V(S)$ は，つぎのように定義される．

$$\text{(113)}\qquad V(S)=\{(u^\nu:\nu\in S);\,u^\nu\leqq u^\nu(c^\nu,a),\ \sum_{\nu\in S}c^\nu\leqq\sum_{\nu\in S}x^\nu,$$
$$a_S=\sum_{\nu\in S}a^\nu,\ (x^\nu,a^\nu)\in T^\nu(\nu\in S)\}.$$

ここで，$a=a_S+a_{N-S}$ で，a_{N-S} は complementary coalition $N-S$ に属する経済主体によって供給される公共財のベクトルである．

このようにして定義された特性関数 $V(S)$ は complementary coalition $N-S$ に属する経済主体によって供給される公共財のベクトル a_{N-S} に依存する．

協調ゲームが transferable utility をもつときには，coalition S の価値 $v(S)$ は，coalition S と complementary coalition $N-S$ とが均衡にあるときの $v(S)$ の値として一意的に決まってくることは，第4節でくわしく説明した．non-transferable utility をもつ協調ゲームの場合にも，同じようにして，2つの coalition S, $N-S$ のペアについて均衡の概念を導入すること

ができる.

任意の coalition S を考える. Coalition S と complementary $N-S$ が均衡にあるというのは, coalition S, $N-S$ にかんして feasible な配分 $(c_0^\nu : \nu \in S, a_S^0)$, $(c_0^\nu : \nu \in N-S, a_{N-S}^0)$ が存在して, 経済を構成する経済主体すべてについて admissible となる場合と定義する. すなわち, つぎの条件をみたす coalition S, $N-S$ にかんして feasible な配分 $(c^{\nu\prime} : \nu \in S, a_S')$, $(c^{\nu\prime} : \nu \in N-S, a_{N-S}')$ が存在しないときである.

$$u^\nu(c_0^\nu, a_0) \leqq u^\nu(c^{\nu\prime}, a'), \quad \text{for all } \nu \in S, \ N-S.$$

少なくとも, 1人の $\nu \in S$ あるいは $N-S$ について, 不等号が厳密な意味で成り立つ. ここで,

$$a_0 = a_S^0 + a_{N-S}^0, \quad a' = a_S' + a_{N-S}'.$$

ある配分 $(c_0^\nu : \nu \in N, a_0)$ が non-transferable utility をもつ協調ゲーム $G(N, V(S))$ のコアのなかに入っているというのは, $(c_0^\nu : \nu \in N, a_0)$ が経済全体の coalition N について feasible であって, つぎの条件をみたすような coalition S について feasible な配分 $(c^{\nu\prime} : \nu \in S, a_S')$ が存在しないときと定義する.

$$u^\nu(c_0^\nu, a_0) < u^\nu(c^{\nu\prime}, a'), \quad \text{for all } \nu \in S.$$

ここで, $a' = a_S' + a_{N-S}'$.

2つの配分のペア $(c_0^\nu : \nu \in S, a_S^0)$, $(c_0^\nu : \nu \in N-S, a_{N-S}^0)$ が, 仮定(U1)-(U3), (T1)-(T3)をみたす公共財の経済の non-transferable utility をもつ協調ゲームについて admissible となるための必要, 十分な条件は, ある正のウェイト・ベクトル $\alpha = (\alpha^\nu : \nu \in N)$, $(\alpha^\nu > 0, \nu \in N)$ が存在して, 所与の配分のペア $(c_0^\nu : \nu \in S, a_S^0)$, $(c_0^\nu : \nu \in N-S, a_{N-S}^0)$ が, つぎのような効用関数のもとにおける transferable utility をもつ協調ゲームにかんして admissible となることである.

$$\alpha^\nu u^\nu(c^\nu, a), \quad (\nu \in N).$$

したがって, feasible な配分 $(c_0^\nu : \nu \in N, a_0)$ が non-transferable utility をもつ協調ゲームのコアのなかに入っているための必要, 十分な条件は, coalition S にかんする正のウェイト・ベクトル $\alpha_S = (\alpha_S^\nu : \nu \in S)$, $(\alpha_S^\nu > 0, \text{ for all } S \subset N \text{ and } \nu \in N)$ が存在して

$$(114) \qquad \sum_{\nu \in S} \alpha_S^\nu u^\nu(c_0^\nu, a_0) \geqq \sum_{\nu \in S} \alpha_S^\nu u^\nu(c^\nu, a)$$

が, coalition S についてすべての feasible な $(c^\nu : \nu \in S, a_S)$, $(a = a_S + a_{N-S})$ が存在することである.

ノート　ここで, 1つ注意しておかなければならないことがある. ここで定義したコアの概念は, サミュエルソン的公共財の経済に関連する n-person cooperative game の分析でとられている概念と本質的に異なることである. Foley(1970)の定式化が典型的に示すように, 任意の coalition S に属する経済主体は, complementary coalition $N-S$ に属する経済主体の行

動とはまったく無関係に，それぞれの選択をおこなうという前提条件のもとで議論が展開されている．すなわち，coalition S に属する経済主体 ν の効用は，

$$\sum_{\nu\in S} u^{\nu}(c^{\nu}, a_S), \quad a_S = \sum_{\nu\in S} a_{\nu}$$

によって与えられるという仮定がおかれている，

公共財の概念の本来的な意味からは，当然，ここで前提としているように，

$$\sum_{\nu\in S} u^{\nu}(c^{\nu}, a), \quad a = \sum_{\nu\in N} a_{\nu}$$

でなければならない．

(U1)-(U3)，(T1)-(T3)という仮定のもとで，coalition S に属する経済主体についての non-negative, non-zero のウェイト・ベクトル $\alpha_S=(\alpha_S^{\nu})$ が任意に与えられたとき，つぎの coalition S にかんする社会的効用関数を最大にするような配当のパターンは常に存在して，一意的に決まる．

$$\sum_{\nu\in S} \alpha_S^{\nu} u^{\nu}(c^{\nu}, a).$$

このときの relevant な変数の値を $c^{\nu}(S), x^{\nu}(S), a^{\nu}(S), a(S)$ であらわし，帰属価格を $p(S)$, $q(S)$, $\theta^{\nu}(S)$ であらわす．Feasibility の条件(19)-(21)と限界条件(22)-(25)がみたされている．2つの coalition S，$N-S$ は均衡にあるから，

$$a_S = a_S(S) = \sum_{\nu\in S} a^{\nu}(S), \quad a_{N-S} = a_{N-S}(S) = \sum_{\nu\in N-S} a^{\nu}(S).$$

リンダール均衡に対応する効用のウェイト・ベクトルを $\alpha=(\alpha^{\nu})$ とする．リンダール関係(112)は，すべての経済主体 ν ($\nu\in N$)にかんする feasibility の条件と限界条件とである．

(115)
$$\sum_{\nu\in N} c^{\nu}(N) = \sum_{\nu\in N} x^{\nu}(N),$$
$$a(N) = \sum_{\nu\in N} a^{\nu}(N), \quad (x^{\nu}(N), a^{\nu}(N)) \in T^{\nu}, \quad (\nu \in N),$$

(116)
$$p(N)x^{\nu}(N) - q(N)a^{\nu}(N) \geqq p(N)x^{\nu} - q(N)a^{\nu},$$
$$\text{for all}\,(x^{\nu}, a^{\nu}) \in T^{\nu}, \quad (\nu \in N),$$

(117)
$$\alpha^{\nu} u_{c^{\nu}}^{\nu}(c^{\nu}(N), a(N)) = p(N),$$

(118)
$$q(N) = \sum_{\nu\in N} \theta^{\nu}(N), \quad \theta^{\nu}(N) = \alpha^{\nu} u_a^{\nu}(c^{\nu}(N), a(N)), \quad (\nu \in N),$$

(119)
$$p(N)c^{\nu}(N) - \theta^{\nu}(N)a(N) = p(N)x^{\nu} - q(N)a^{\nu}(N), \quad (\nu \in N).$$

Transferable utility をもつ n-person cooperative game $G=(N, v(S))$ を考える．このゲームの特性関数 $v(S)$ は，つぎのように定義される．

(120)
$$v(S) = \max\{\sum_{\nu\in S} \alpha^{\nu} u^{\nu}(c^{\nu}, a): \sum_{\nu\in S} c^{\nu} \leqq \sum_{\nu\in S} x^{\nu},$$

$$a=\sum_{\nu\in S}a^{\nu}+a_{N-S},\ \ (x^{\nu},a^{\nu})\in T^{\nu}\},\ \ (\nu\in S)$$

ここで，coalition S，$N-S$ は均衡にあるとする．

このようにして定義された coalition S の価値 $v(S)$ は，$\alpha=(\alpha^{\nu})$ を convex な集合 $V(S)$ の supporting function と考えたときの値である．

$$v(S)=\alpha\cdot V(S)=\max\left\{\sum_{\nu\in S}\alpha^{\nu}u^{\nu}:(u^{\nu})\in V(S)\right\},\ \ (S\subset N).$$

Billera による Bondareva-Shapley の定理の拡張(Billera, 1970)は，non-transferable utility をもつ協調ゲームを，つぎの式によって与えられる特性関数 $v(S)$ によって定義される transferable utility をもつ協調ゲームに変換することによって得られる．

$$v(S)=\alpha_S\cdot V(S)=\max\left\{\sum_{\nu\in S}\alpha_S^{\nu}u^{\nu}:(u^{\nu})\in V(S)\right\}.$$

ここで，sporting hyperplane α_S は coalition S によって異なるのが一般的である．しかし，ここでは，リンダール均衡に対応する効用のウェイト・ベクトル $\alpha=(\alpha^{\nu})$ はすべての coalition $S\subset N$ について，常に同じベクトルを用いることができる．

Coalition S の価値 $v(S)$ は，coalition S と complementary coalition $N-S$ とが均衡にあるときとして定義されているから，つぎの不等式が成り立つ．

$$v(N)\geqq v(S)+v(N-S),\ \ \text{for all}\ \ S\subset N.$$

経済全体の coalition N がリンダール均衡になっているときには，つぎのよりつよい関係が成り立つことを示したい．

(121) $$V_S(N)\geqq v(S),\ \ \text{for all}\ \ S\subset N.$$

ここで，

$$V_S(N)=\sum_{\nu\in S}\alpha^{\nu}u^{\nu}(c^{\nu}(N),a(N))\qquad(S\subset N).$$

つぎの不等式は，効用関数にかんする concavity の条件(T3)から導き出される．

(122) $$\begin{aligned}&\alpha^{\nu}\{u^{\nu}(c^{\nu}(N),a(N))-u^{\nu}(c^{\nu}(S),a(S))\}\\&\geqq\alpha^{\nu}u^{\nu}_{c^{\nu}}(c^{\nu}(N),a(N))(c^{\nu}(N)-c^{\nu}(S))\\&\quad+\alpha^{\nu}u^{\nu}_{a}(c^{\nu}(N),a(N))(a(N)-a(S))\qquad(\nu\in S).\end{aligned}$$

(117)，(118)によって，不等式(122)は，つぎのようにあらわされる．

(123) $$\begin{aligned}&\alpha^{\nu}\{u^{\nu}(c^{\nu}(N),a(N))-u^{\nu}(c^{\nu}(S),a(S))\}\\&\geqq p(N)(c^{\nu}(N)-c^{\nu}(S))+\theta^{\nu}(N)(a(N)-a(S))\qquad(\nu\in S).\end{aligned}$$

リンダール関係(119)を不等式(123)の右辺に代入すれば，

(124) $$\begin{aligned}&\alpha^{\nu}u^{\nu}(c^{\nu}(N),a(N))-\alpha^{\nu}u^{\nu}(c^{\nu}(S),a(S))\\&\geqq\{p(N)x^{\nu}(N)+q(N)a^{\nu}(N)\}+\{p(N)c^{\nu}(S)+\theta^{\nu}(N)a(S)\}\\&\qquad(\nu\in S).\end{aligned}$$

この不等式を $\nu \in S$ について足し合わせて，coalition S にかんする feasibility の条件(19)と全体の coalition N についての利潤最大化の条件(116)に注目すれば，

$$\text{(125)} \quad \sum_{\nu \in S} \alpha^{\nu} u^{\nu}(c^{\nu}(N), a(N)) - \sum_{\nu \in S} \alpha^{\nu} u^{\nu}(c^{\nu}(S), a(S)) \geqq \{q(N) a_S(S) - q_S(N) a(S)\}.$$

不等式(121)が各 coalition S について成り立つことを示すために，coalition S と complementary coalition $N-S$ に属する経済主体の utility indicator にかんする正のウェイト β_S, β_{N-S} を適当に選んで，coalition S, $N-S$ に属する経済主体の効用のウェイトをそれぞれ，$\beta_S \alpha^{\nu}(\nu \in S)$，$\beta_{N-S}\alpha^{\nu}(\nu \in N-S)$ としたとき，つぎの関係が成り立つ．

$$\text{(126)} \quad q(N) a_S(S) = q_S(N) a(S),$$

$$\text{(127)} \quad q(N) a_{N-S}(S) = q_{N-S}(N) a(S).$$

ここで，$a(S)$，$a_S(S)$，$a_{N-S}(S)$ は，2つの coalition S, $N-S$ が均衡にあるときの optimum の値である．

これまで，coalition S, $N-S$ に属する経済主体の効用のウェイトがそれぞれ，$\beta_S \alpha^{\nu}(\nu \in S)$，$\beta_{N-S}\alpha^{\nu}(\nu \in N-S)$ であるときに，(126)，(127)という関係がみたされることを示した．したがって，(125)によって，

$$\text{(128)} \quad \sum_{\nu \in S} \alpha^{\nu} u^{\nu}(c^{\nu}(N), a(N)) - \sum_{\nu \in S} \alpha^{\nu} u^{\nu}(c^{\nu}(S), a(S)) \geq 0, \quad \text{for all } S \subset N.$$

不等式(128)を使って，リンダール均衡に対応する配分 $(c^1(N), \cdots, c^n(N), a(N))$ が，サミュエルソン的な公共財経済の一般的なモデルに関連する non-transferable utility をもつ n-person cooperative game のコアに入っていることを証明できる．これは，つぎのようにしてみることができる．

もしかりに，$(c^1(N), \cdots, c^n(N), a(N))$ がコアに入っていないとすれば，ある coalition S が存在して，その coalition S について feasible な配分 $(c^{\nu}(\nu \in S), a)$ で，つぎの条件をみたす．

$$u^{\nu}(c^{\nu}(N), a(N)) < u^{\nu}(c^{\nu}, a), \quad \text{for all } \nu \in S.$$

これは，(128)に矛盾する．

このようにして，つぎの命題が成立することが証明された．

定理5　サミュエルソン的な公共財経済の一般的なモデルに関連する non-transferable utility をもつ n-person cooperative game $G=(N, v(S))$ について，リンダール均衡は必ず存在して，コアのなかに入っている．

8. おわりに

本章ではまず，サミュエルソンの意味における公共財が数種類存在し，経済循環のプロセスで重要な役割を演ずるような経済の一般的なモデルを構築した．このモデルの経済理論的分析については，サミュエルソンの古典的な論文[Samuelson, P. A.(1954)]に始まり，数多くの貢献がなされてきた．とくに，重要なのは，Foley(1970)とRoberts(1974)の貢献である．

本章の分析の焦点はリンダール均衡におかれている．リンダール均衡の概念は，資源配分と所得分配が，たんに効率的であるだけでなく，ひろい意味で公正な配分のパターンをもたらすために重要な役割をはたす．サミュエルソン的な公共財をもつ経済について，リンダール均衡のはたす公正な配分メカニズムに焦点を当てた分析は，もともと，Mäler and Uzawa(1994)で導入されたもので，第2章，第3章で，その厚生経済学的インプリケーションをくわしく説明した．

Mäler-Uzawaモデルでのリンダール均衡の存在の証明は，経済を構成する個々の経済主体の効用に対してウェイトをつけた社会的厚生関数を使ってなされた．しかも，Mäler-Uzawaモデルでは，経済主体の効用に対するウェイトについて，大局的に安定な調節のメカニズムが導入された．

これに対して，本章では，サミュエルソン的な公共財をもつ経済をn-person　cooperative gameと考えて，そのコアが空集合でないための条件を求めた．

本章の前半では，サミュエルソンの意味における公共財をもつ経済の一般的なモデルをtransferable utilityをもつ協調ゲームとして考える．この協調ゲームがゲーム理論にいう，n-person cooperative gameとなるためには，各coalition Sの価値が，一意的に決まらなければならない．この命題を証明するために，かなり複雑な計算を必要とした．サミュエルソンの意味における公共財をもつ経済をtransferable utilityをもつ協調ゲームと考えたとき，そのコアが存在するか否かという問題は，Bondareva-Shapleyの定理を援用して考察した．第3章と同じように，コアが空集合でないための条件は，きわめてきびしく，例外的な場合にしかみたされない．

本章の後半では，サミュエルソンの意味における公共財をもつ経済の一般的なモデルをnon-transferable utilityをもつ協調ゲームとして考えて，リンダール均衡に対応する配分が必ず存在することを証明した．さらに，リンダール解がこの協調ゲームのコアのなかにあることを証明した．このことは，コアが空集合でないことを間接的に証明したことにもなる．

本章の後半で展開される議論は，単純な経済学的思考にもとづくもので，さらに一般的な経済的状況をnon-transferable utilityをもつ協調ゲームと考えて分析を進めるさいに，重要な示唆を与えるものとなっている。

参考文献

Arrow, K. J., L. Hurwicz, and H. Uzawa (1958). *Studies in Linear and Non-linear Programming*, Stanford University Press.

Billera, L. J. (1970). "Some Theorem on the Core of an n-Person Game without Side Payments," *SIAM Journal on Applied Mathematics* **18**, 576-579.

Bondareva, O. N. (1962). "The Theory of Core in an n-Person Game," Bulletin of Leningrad University, Mathematics, Mechanics, and Astronomy Series, No. 13, 141-142 (in Russian).

——. (1963). "Some Applications of Linear Programming Methods to the Theory of Cooperative Games," *Problemy Kybernikiti* 10, 119-139 (in Russian).

Farbre-Sender, F. (1969). "Biens collectifs et biens ếqualitế variable," CEPREMAP.

Fenchel, W. (1953). *Convex Cones, Sets, and Functions*, Princeton University, Department of Mathematics.

Foley, D. (1967). "Resource Allocation and the Public Sector," *Yale Economic Essays* **7**, 43-98.

—— (1970). "Lindahl Solution and the Core of an Economy with Public Goods," *Econometrica* **38**, 66-72.

Goldman, S. M., and H. Uzawa (1964). "A Note on the Separability in Demand Analysis," *Econometrica* **32**, 387-398.

Johansen, L. (1963). "Some Notes on the Lindahl Theory of Determination of Public Expenditures," *International Economic Review* **4**, 346-358.

Kaneko, M. (1977). "The Ratio Equilibrium and a Voting Game in a Public Goods Economy," *Journal of Economic Theory* **16**, 123-136.

Kannai, Y. (1992). "The Core and Balancedness," in *Handbook of Game Theory* I, edited by R. J. Aumann and S. Hart, Amsterdam: Elsevier Science B. V., Chapter 12, 355-395.

Kurz, M. (1994). "Game Theory and Public Economics," in *Handbook Game Theory* II, edited by R. J. Aumann and S. Hart, Amsterdam: Elsevier Science B. V., Chapter 33, 1153-92.

Lindahl, E. (1919). "Positive Lösung," in *Die Gerechtigkeit der Besteuerung*, Part I, Chapter 4, Lund, 85-98. Translated as "Just Taxation——a Positive Solution," in *Classics in the Theory of Public Finance*, edited by R. A. Musgrave and A. T. Peacock, London and New York: Macmillan, 1958, 168-176.

Mäler, K.-G., and H. Uzawa (1994). "Tradable Emission Permits, Pareto Optimality, and Lindahl Equilibrium," *Beijer Institute Discussion Paper*.

Malinvaud, E. (1971). "A Planning Approach to the Public Goods Problem," *Swedish Journal of Economics* **11**, 96-112.

Mas-Colell, A. (1980). "Efficiency and Decentralization in the Pure Theory of Public Goods," *Quarterly Journal of Economics* **94** (4), 625-641.

Milleron, J.-C. (1972). "The Theory of Value with Public Goods: A Survey Article," *Journal of*

Economic Theory **5**, 419-477.

Roberts, D. J. (1974). "The Lindahl Solution for Economies with Public Goods," *Journal of Public Economics* **3**, 23-42.

Samuelson, P. A. (1954). "The Pure Theory of Public Expenditures," *Review of Economics and Statistics* **37**, 387-389.

Scarf, H. E. (1967). "The Core of n-Person Game," *Econometrica* **35**, 50-67.

Shapley, L. S. (1973). "On Balanced Games Without Side Payments," in *Mathematical Programing,* edited by T. C. Hu and S. M. Robinson, New York : Academic Press, 261-290.

Uzawa, H. (1999). "Global Warming as a Cooperative Game," *Environmental Economics and Policy Studies*, 2, 1-37.

第8章　クールノー均衡のゲーム理論的アプローチ：プレリュード

クールノー均衡の概念は，1838年にさかのぼる[Cournot(1838)]．それは寡占にかんする最初の理論的考察を与えたもので，現在にいたるまで，この問題を考えるときに基本的な観点を与えるものである．本章ではクールノー均衡のゲーム理論的アプローチについて簡単な解説を与える．つぎの第9章へのプレリュードとしての意味をもつ．本章は主として Uzawa(1996, 1999)で展開された分析手法にもとづく．

1. クールノー・モデルの原型

n 人の生産者がいて，同じ生産物をつくって，同じ市場に供給しているとする．生産物の市場は不完全競争市場であって，需要価格 p は全産出量 X の関数としてあらわされる．

$$p = p(X).$$

需要価格関数 $p(X)$ はすべての $X>0$ で定義され，$p(X)>0$，$p'(X)<0$，$p''(X)<0$ と仮定する．

需要の価格弾力性 η は，

$$\eta = -\frac{p(X)}{p'(X)}\frac{1}{X}$$

によって与えられる．このとき $0<\eta<1$ と仮定してもよい．

このとき，各生産者 $\nu(\nu=1, \cdots, n)$ の利潤は，

$$V_\nu = p(X)X_\nu - C_\nu(X_\nu) \tag{1}$$

によって与えられる．ここで，X_ν は生産者 ν の産出量，$C_\nu(X_\nu)$ はそのときの費用をあらわす．

各生産者 ν は当然この利潤 V_ν を最大とするような産出量 X_ν を選択しようとするであろう．しかし，ある1人の生産者 ν がその産出量を変えると，それによって全産出量 X も変わってくるから，市場価格 $p=p(X)$ もまた影響を受けるわけである．

完全競争市場の場合，一人一人の生産者は規模が小さく，全体からみたとき無視できると仮定されている．したがって，各生産者 ν がその産出量 X_ν を変えても全産出量 X は影響を受けないと考えてよい．このときには，利潤 V_ν を最大にするような産出量 X_ν は，(1)式で，X は X_ν が変化しても変わらない定数であると考えて，利潤最大化をおこなう．したがって，つ

ぎの限界条件がみたされる．

(2) $$p(X) = C'_\nu(X_\nu) \qquad (\nu = 1, \cdots, n).$$

ここで当然，限界費用逓増の法則はみたされていると仮定する．

$$C'_\nu(X_\nu) > 0,\ C''_\nu(X_\nu) > 0 \qquad (X_\nu > 0).$$

このようにして，完全競争市場の場合，市場均衡は，(2)の限界条件をみたすような産出量 X_ν について，

(3) $$X = \sum_\nu X_\nu$$

がみたされているときに実現することになる．

寡占の問題を考えるとき，事柄はこのように単純ではない．各生産者の規模が全体として必ずしも無視できるものではなく，ある一人の生産者 ν の産出量 X_ν を変えたとき，全産出量 X もそれに応じて変化し，したがって市場価格 $p=p(X)$ にも影響が出てくるからである．クールノー・モデルでは，各生産者 ν がその産出量 X_ν を限界的に1単位ふやしたとき，全産出量 X もまた限界的に1単位だけふえると想定して，各自の利潤 V_ν が最大となるように産出量 V_ν を決めると仮定する．したがって，限界条件はつぎの式によってあらわされることになるわけである．

(4) $$p(X) + p'(X)X_\nu = C'_\nu(X_\nu).$$

すなわち，

(4)′ $$\left(1-\beta\frac{X_\nu}{X}\right)p(X) = C'_\nu(X_\nu).$$

ここで $\beta=\dfrac{1}{\eta}$ は需要の価格弾力性の逆数である．利潤 V_ν が産出量 X_ν について concave となる．

クールノー均衡は，各生産者 ν が最適な産出量 X_ν を選ぶときに想定した全産出量 X が，実際に各生産者の最適産出量 X_ν を足し合わせた量と等しいときに実現する．すなわち，(3)，(4)がみたされているときにクールノー均衡が得られるわけである．

このとき，クールノー均衡は必ず一意的に定まることが示される．

［証明］　いま，全産出量 X をパラメータとして取り扱い，(4)ないし(4)′によって一意的に決まってくる X_ν を X の関数と考える．(3)式を考慮に入れて，(4)式の両辺の微分をとれば，

$$[C''_\nu(X_\nu) - p''(X)]dX_\nu = [p'(X) + p''(X)X_\nu]dX.$$

したがって，

(5) $$\frac{dX_\nu}{dX} = \frac{p'(X) + p''(X)X_\nu}{C''_\nu(X_\nu) - p''(X)} < 0.$$

ここで，

$$X^s = \sum_\nu X_\nu$$

とすれば，

$$\frac{dX^s}{dX} < 0.$$

したがって，

$$X^s = X$$

となるような全産出量 X の水準は一意的に決まることがわかる．　Q.E.D.

クールノー均衡の存在は，需要価格関数 $p(X)$，費用関数 $C_\nu(X_\nu)$ について，適当な境界条件をもうければ保証することができる．この点についてはのちほどくわしく考察するので，ここではふれないことにしたい．

また，クールノー・モデルの経済学的性格について，それを一期限りの短期的状況にかんするものとしてとらえるのか，または何期間と同じような状況が繰り返されるのかについて重要な問題提起がなされてきた．この問題については，たとえば Friedman (1982, 1983) にくわしい議論が展開されているので，読者がこれらの文献を参照されることを望む．この点についてものちほどふれることにしたい．

さて，クールノー均衡の下で，各生産者 ν が得ることのできる利潤 V_ν は，クールノー・モデルを1つのゲームと考えたとき，各生産者 ν がこのゲームに参加するときに得られる最大の価値と考えてもよい．このときクールノー均衡はゲーム理論にいうナッシュ均衡の概念に相当するわけである．このように，クールノー・モデルを1つのゲームとみなし，各生産者 ν が得ることのできる利潤 V_ν を pay-off と考えるとき，生産者が coalition を形成したときに得られる価値(value)は，各生産者の利潤を，その coalition に属する生産者すべてについて足し合わせた額として定義される．クールノー・モデルを1つのゲームとみなしたとき，生産者の間の coalition がどのようにして形成され，全産出量あるいは市場価格にどのような影響を与えるかという問題を考察することが可能となる．本章ではこのような観点にたって，寡占の問題を分析するわけであるが，まず，クールノー・モデルをきわめて単純化された状況の下で考察し，そのゲーム理論的展開の可能性を探ることとしたい．

2. 単純化されたクールノー・モデル

クールノー・モデルで coalition のはたす役割に焦点を当てるために，生産技術，費用構造についてきわめて単純化された状況を考察することにする．すなわち，各生産者は同じ生産技術を使って生産活動をおこなうと仮定し，生産者の間の差違は，各生産者が所有する工場・機械・設備などの固定的生産要素の量だけであるような状況を考える．したがって，各生産者 ν の費用関数 $C_\nu(X_\nu)$ はつぎのような形であらわされると仮定してよい．

$$C_\nu(X_\nu) = c(z_\nu)K_\nu, \quad z_\nu = \frac{X_\nu}{K_\nu}.$$

ここで，K_ν は各生産者 ν が所有している固定的生産要素の蓄積を，その実質的生産能力を尺度としてはかったものである．『基礎編』第 29 章で導入したペンローズ的な意味における実質資本の尺度をとればよい．各生産者 ν の生産技術は，実質資本 K_ν と労働をはじめとする可変的生産要素の投入にかんして収穫一定の法則がみたされていて，しかも生産技術は各生産者にとって共通であると仮定する．したがって，実質資本 1 単位当たりの費用は，

$$c(z_\nu), \quad z_\nu = \frac{X_\nu}{K_\nu}$$

の形であらわすことができ，すべての生産者にとって共通の関数 $c(\cdot)$ によって費用が特定化されることになる．限界費用逓増の法則がみたされているから，

$$c'(z) > 0, \quad c''(z) > 0 \qquad (z \geqq 0),$$

かつ，

$$c(0) = 0$$

と仮定することにしよう．

この節で考察するクールノー・モデルのプロトタイプでは，さらに単純化の仮定をもうける．すなわち，実質資本 1 単位当たりの費用関数 $c(z)$ がつぎの形をしている場合を考察する．

(6)
$$c(z) = wz^{1+\gamma} \qquad (z > 0).$$

ここで，w は実質賃金をあらわし，γ は正の定数とする ($\gamma>0$)．

さらに，需要価格関数 $p(X)$ にかんしても，つぎのような場合を想定する．

(7)
$$p(X) = X^{-\beta} \qquad (X > 0).$$

ここで，β は正の定数とする ($\beta>0$)．需要の価格弾力性 η は，$\eta=\dfrac{1}{\beta}$ となるから，$\beta>1$ と仮定してもよい．

いま生産者が n 人いて，それぞれ上に特定されたような構造をもっているとすれば，利潤 V_ν およびクールノー均衡はつぎの条件によって特徴づけられる．

各生産者 ν の利潤 V_ν：

(8)
$$V_\nu = X^{-\beta}X_\nu - w\left(\frac{X_\nu}{K_\nu}\right)^{1+\gamma}K_\nu.$$

利潤最大化条件：

(9)
$$X^{-\beta} - \beta X^{-\beta-1}X_\nu = (1+\gamma)\,w\left(\frac{X_\nu}{K_\nu}\right)^{\gamma}.$$

市場均衡条件：

(10)
$$X = \sum_{\nu} X_{\nu}.$$

(9)式から，各生産者νの最適産出量X_{ν}はXによって一意的に決まってくる．一般にK_{ν}が大きくなると，最適産出量X_{ν}も大きくなる．市場均衡条件(10)をみたすような全産出量Xもまた決まってくる．このようにして決まる全産出量Xは，各生産者の所有する実質資本量$(K_1, \cdots, K_n)$の関数となることがわかる．

$$X = X(K_1, \cdots, K_n).$$

このようにして得られる全産出量Xおよびそのときの各生産者の産出量$(X_1, \cdots, X_n)$の間にはどのような関係が存在するであろうか．このクールノー均衡の存在および一意性についてまず分析しておこう．

(9)式の両辺にX^{β}を掛けて，

(11)
$$1-\beta\frac{X_{\nu}}{X} = (1+\gamma)\,w\left(\frac{X_{\nu}}{K_{\nu}}\right)^{\gamma}X^{\beta}.$$

ここで各生産者νのシェアをx_{ν}とおく．

$$x_{\nu} = \frac{X_{\nu}}{X} \qquad (\nu = 1, \cdots, n).$$

(11)式は，つぎのように書き直せる．

(12)
$$\frac{1-\beta x_{\nu}}{x_{\nu}^{\gamma}} = (1+\gamma)\,w\frac{X^{\beta+\gamma}}{K_{\nu}^{\gamma}}.$$

(12)式の両辺の対数的全微分をとって，整理すれば，

$$\left(\gamma+\frac{\beta x_{\nu}}{1-\beta x_{\nu}}\right)\frac{dx_{\nu}}{x_{\nu}} = -(\beta+\gamma)\frac{dK}{K}+\gamma\frac{dK_{\nu}}{K_{\nu}},$$

(13)
$$\frac{dx_{\nu}}{x_{\nu}} = \frac{(1-\beta x_{\nu})}{\beta x_{\nu}+\gamma(1-\beta x_{\nu})}\left(-(\beta+\gamma)\frac{dX}{X}+\gamma\frac{dK_{\nu}}{K_{\nu}}\right).$$

(13)式は，各生産者νのシェア$x_{\nu}=\dfrac{X_{\nu}}{X}$が，全産出量$X$あるいは生産者$\nu$の生産能力$K_{\nu}$の変化にともなってどのように変化するかを示す．

クールノー均衡は，

(14)
$$\sum_{\nu} x_{\nu} = 1$$

によってあらわされる．

全産出量Xが0に近づくとき，$p(X)\to+\infty$となり，$x_{\nu}\to+\infty$．また$X\to+\infty$のときには，$p(X)\to 0$，$x_{\nu}\to 0$となるから，(14)式をみたす全産出量Xが存在することがわかる．また，

$$0<\beta<1,\quad \gamma>0.$$

しかもクールノー均衡(14)のもとでは，

$$0<x_{\nu}<1 \qquad (\nu = 1, \cdots, n)$$

となるから，(14)式をみたす全産出量 X は一意的に定まる．

したがって，(13)，(14)式から，

$$\text{(15)}\qquad \frac{dX}{X}=\frac{\gamma}{\beta+\gamma}\frac{\sum_{\nu}\frac{(1-\beta x_\nu)x'_\nu}{\beta x_\nu+\gamma(1-\beta x_\nu)}\frac{dK_\nu}{K_\nu}}{\sum_{\nu}\frac{(1-\beta x_\nu)x_\nu}{\beta x_\nu+\gamma(1-\beta x_\nu)}}.$$

つぎに，各生産者 ν の利潤 V_ν の変化を計算しよう．利潤 V_ν の定義式(8)に(9)式を代入して整理すれば，

$$\text{(16)}\qquad V_\nu=\frac{\gamma+\beta x_\nu}{1+\gamma}x_\nu X^{1-\beta}.$$

この(16)式の両辺の対数的全微分をとって，

$$\text{(17)}\qquad \frac{dV_\nu}{V_\nu}=\left(1+\frac{\beta x_\nu}{\gamma+\beta x_\nu}\right)\frac{dx_\nu}{x_\nu}+(1-\beta)\frac{dX}{X}.$$

(17)式に(13)式を代入すれば，

$$\text{(18)}\qquad \frac{dV_\nu}{V_\nu}=\left\{(1-\beta)-(\beta+\gamma)\frac{1-\beta x_\nu}{\beta x_\nu+\gamma(1-\beta x_\nu)}\left(1+\frac{\beta x_\nu}{\gamma+\beta x_\nu}\right)\right\}\frac{dX}{X}$$
$$+\gamma\frac{1-\beta x_\nu}{\beta x_\nu+\gamma(1-\beta x_\nu)}\frac{dK_\nu}{K_\nu}.$$

全産出量 X について，その変化は(15)式によって与えられているから(18)式から，各生産者 ν について，その利潤 V_ν の変化が，各生産者の生産能力の賦与量の変化によってどのように影響されるかを知ることができる．

n 人の生産者のうち，何人かが集まって coalition をつくるとき，その coalition に属する生産者の利潤の合計は，個別的な生産者の利潤の合計より大きくなるのが一般的であろう．このことをくわしく考察するためにまず，すべての生産者が集まって coalition をつくる場合を取り上げよう．$N=\{1,\cdots,n\}$ 自体が coalition で，独占的市場の場合に他ならない．

Coalition N の値 $v(N)$ は，つぎの最大問題を解くことによって求められる．

総利潤

$$\sum_{\nu\in N}[p(X)X_\nu-C_\nu(X_\nu)]$$

を利約条件

$$\sum_{\nu\in N}X_\nu=X$$

の下で最大にせよ．

各生産者 ν について，その生産能力を K_ν とし，技術的条件はすべての生産者にとって共通であるというこれまでの仮定をそのままもうけると，

$$C_\nu(X_\nu)=c\left(\frac{X_\nu}{K_\nu}\right)K_\nu.$$

総利潤

$$p(X)X-c\left(\frac{X}{K}\right)K$$

を最大化せよ．ただし，

$$K=\sum_{\nu\in N}K_\nu.$$

この最大問題はいうまでもなく，つぎの限界条件の解として得られる．

$$(1-\beta)p(X)=c'\left(\frac{X}{K}\right).$$

このときの総利潤 V の値は K の関数となるから，

$$V=\phi(K)$$

とあらわすことにしよう．

これまで考察してきたケース

$$p(X)=X^{-\beta},\quad c(z)=wz^{1+\gamma}\qquad(0<\beta<1,\quad \gamma>0)$$

について，上の最大問題の解のつぎのような形になる．

$$(1-\beta)X^{-\beta}=(1+\gamma)w\left(\frac{X}{K}\right)^{\gamma}.$$

したがって，

$$X=\left(\frac{1-\beta}{(1+\gamma)w}\right)^{\frac{1}{\beta+\gamma}}K^{\frac{\gamma}{\beta+\gamma}},$$

$$V=aK^{\frac{(1-\beta)\gamma}{\beta+\gamma}},\quad a=\frac{(1-\beta)^{\frac{1-\beta}{\beta+\gamma}}(1+\gamma)^{\frac{1+\gamma}{\beta+\gamma}}(\beta+\gamma)}{w^{\frac{1-\beta}{\beta+\gamma}}},$$

$$K=\sum_{\nu\in N}K_\nu$$

であるから，coalition N の値 $V=v(N)$ は，個別的な各生産者 ν の生産能力 K_ν には無関係で，その総和 $K=\sum_{\nu\in N}K_\nu$ にのみ依存することがわかる．

つぎに任意の coalition $S\subset N$ について，その値 $V=v(S)$ がどのようにして決まってくるかという問題を取り上げよう．これは寡占の理論で中心的な問題の1つであるが，coalition S の値 $V=v(S)$ は，coalition S に属さない生産者がどのように行動するかに依存する．coalition S の値 $V=v(S)$ は，S に属さない生産者が集まって1つの coalition $N-S$ を形成するときに最小値をとることは容易に推測される．そこで，coalition S の値 $V=v(S)$ を考えるときに，もう1つの coalition $N-S$ との間の複占(duopoly)の状態を想定することにしよう．この複占は，S および $X-S$ に属する生産者は共通の生産技術をもっていると仮定しているから，その生産能力の合計 K_S, K_{N-S} に依存して決まってくる．

$$K_S=\sum_{\nu\in S}K_\nu,\quad K_{N-S}=\sum_{\nu\in N-S}K_\nu.$$

このようにして，寡占の状況におけるcoalitionの問題は複占の場合に帰着されることがわかる．

複占の問題

いま2つの企業があって，同じ生産物を生産し，共通の生産技術をもっているとする．各企業の生産能力は，それぞれのなかに蓄積されている固定的な生産要素の大きさによってはかられるとし，$K_\nu(\nu=1,2)$であらわす．

各生産者νは，その利潤

$$V_\nu = p(X)X_\nu - c\left(\frac{X_\nu}{K_\nu}\right)K_\nu$$

が最大となるような生産規模X_νを選ぶとする．

このとき，

$$X = X_1 + X_2$$

であって，需要価格関数$p(X)$，費用関数$c(z)$はこれまで通りの形をしていると仮定する．

$$p(X) = X^{-\beta},\quad c(z) = wz^{1+\gamma} \qquad (0<\beta<1,\ \gamma>0).$$

このような複占の状況のもとでのナッシュ均衡を考えよう．すなわち，つぎの均衡条件がみたされているとする．

$$(1-\beta x_\nu)X^{-\beta} = (1+\gamma)wx_\nu\left(\frac{X^\gamma}{K_\nu^\gamma}\right),\quad x_\nu = \frac{X_\nu}{X} \qquad (\nu=1,2).$$

したがって，

$$\text{(19)} \qquad \frac{1-\beta x_\nu}{x_\nu^\gamma} = (1+\gamma)w\frac{X^{\beta+\gamma}}{K_\nu^\gamma} \qquad (\nu=1,2),$$

$$\text{(20)} \qquad x_1 + x_2 = 1.$$

(19)，(20)の両辺の対数全微分をとれば，

$$\text{(21)} \qquad \frac{\gamma+\beta(1-\gamma)x_\nu}{(1-\beta x_\nu)x_\nu}dx_\nu = (\beta+\gamma)\frac{dX}{X} - \gamma\frac{dK_\nu}{K_\nu} \qquad (\nu=1,2),$$

$$\text{(22)} \qquad dx_1 + dx_2 = 0.$$

故に，

$$\frac{dX}{X} = \frac{\gamma}{\beta+\gamma}\left[\frac{\omega_1}{\omega_1+\omega_2}\frac{dK_1}{K_1} + \frac{\omega_2}{\omega_1+\omega_2}\frac{dK_2}{K_2}\right],\quad \omega_\nu = \frac{\gamma+\beta(1-\gamma)x_\nu}{(1-\beta x_\nu)x_\nu} > 0 \qquad (\nu=1,2).$$

参 考 文 献

Cournot, A. A. (1838). *Reserches sur les Principles Mathêmatiques de la Theorie des Richesses*, Paris: Hachette. Translated by N. T. Bacon, as *Researches into the Mathematical Principles of the Theory of Wealth*, New York : Macmillan, 1929.

Friedman, J. W. (1982). "Oligopoly Theory," in *Handbook of Mathematical Economics* **II**, edited by K. J. Arrow and M. D. Intriligator, Amsterdam : Elsevier Science B. V., 491-534.

——(1983). *Oligopoly Theory*, New York : Cambridge University Press.

Uzawa, H. (1996). "Lindahl Equilibrium and the Core of an Economy Involving Public Goods," The Beijer Institute Discussion Paper Series.

——(1999). "Global Warming as a Cooperative Game," *Environmental Economics and Policy Studies,* Vol. 2, pp. 1-37.

第9章　オリゴポリーの経済分析

本章は，オリゴポリー(oligopoly)の問題を，ゲーム理論の手法を使って分析する．オリゴポリーは，比較的少数の企業が，同じ製品か，あるいは代替性の高い製品を，同一の市場で販売しているような状況を指す．オリゴポリーは，しばしば寡占と訳されている．独占を意味するモノポリーを一般化した状況である．

本章で用いるゲーム理論の手法は，Uzawa(1996, 1999)で展開したものである．とくに，オリゴポリー市場における企業の行動を n-person cooperative game と考えて，そのコアが空集合でないための条件を求める．この問題については，前章で，古典的な業績であるクールノーの複占理論について，プレリュード的に説明した．本章では，クールノーにはじまる数多い貢献をふまえて，オリゴポリーの理論を，ゲーム理論的な観点から整理することにしたい．

ここで，1つ注意しておきたいことがある．それは，オリゴポリーの理論における考察の前提は，オリゴポリー企業の利益であって，それは往々にして，公衆の利益と相反するものであることである．本章の目的は，現代資本主義を特徴づけるオリゴポリー企業にかんする実証的(positive)な分析であって，規範的(normative)な性格のものではないことを，はじめに強調しておきたい．

1. はじめに

第7章で，数種類のサミュエルソン的な公共財をもつ経済のモデルを，n-person cooperative game と考えて，そのゲーム理論的分析を展開した．そのさい用いられた手法は，もともと地球温暖化の問題を協調ゲーム理論の枠組みのなかで考察するために考え出されたものであった．この間の経緯は，第3章でくわしく説明した．そこで，とくに問題としたのは，このような n-person cooperative game のコアが空集合でないための条件であった．

第3章，第7章で展開したゲーム理論的アプローチは，各個別的な経済主体の限界効用と限界生産のスケジュールが，経済全体の経済活動の水準に依存して，変化する一般的な場合にも，そのまま，適用される．

本章では，第3章，第7章で展開した n-person cooperative game の手法を使って，オリゴポリー市場における企業の行動を n-person cooperative game と考えて，そのコアが空集合でないための条件を求める．

オリゴポリー市場というのは，比較的少数の企業が，同じ製品か，あるいは代替性の高い製品を，同一の市場で販売している状況を指す．オリゴポリー企業については，クールノーの古典的な論文[Cournot(1838)]にはじまり，最近のゲーム理論的アプローチにいたるまで，数多くの貢献がなされてきた．ゲーム理論的アプローチにかんしては，Friedman(1982)とShapiro(1989)という2つのすぐれたsurvey articleがある．ともに，全体の流れを的確にとらえて，しかも，立ち入った分析の内容にまでくわしい解説がなされている．以下展開する分析は主として，FriedmanとShapiroのsurvey articleに準拠しながら，オリゴポリーの理論を構築するものであるが，その他にも，Friedman(1977, 1983)，Fudenberg and Tirole(1986)などの貢献を参考にした．

オリゴポリーの理論は，比較的少数の企業が，同じ製品か，あるいは代替性の高い製品，すなわちdifferentiated productを生産し，同じ市場で販売している状況を分析する．クールノーが取り扱ったのは，2つの企業が，同一の製品をつくり，同一の市場に供給しているデュオポリーの場合であった．以後，デュオポリーの理論における貢献は，ほとんど例外なく，クールノー・モデルを発展させたものである．

クールノー・モデルは，デュオポリー企業の行動を，1つの単位期間に限定して考察した．いくつもの期間にわたるデュオポリー企業の行動を分析したのが，Edgeworth(1925)，Bowley(1924)，von Stackelberg(1934)，Sweezy(1939)，Cyert and de Groot(1970)などの業績である．なかでも，Chamberlin(1956)は，differentiated productの概念を厳密に定義して，産業組織に対するインプリケーションを明らかにした．Chamberlinの問題意識は，Bain(1949)によってさらに発展され，産業組織論(theory of industrial organization)として経済学の中心的な領域の1つとして確立されることになった．

オリゴポリーの理論にゲーム理論的アプローチを最初に導入したのは，Cyert and de Groot(1970)である．Cyert and de Grootの論文を受けて，単一の製品，あるいはdifferentiated productにかんするオリゴポリー企業のゲーム理論的アプローチが，数多くの経済学者によって全面的に展開されることになった．なかでも，重要なのは，repeated game理論のパワフルな分析手法を使って，オリゴポリー企業が産業組織に与える影響を分析するという作業が，積極的におこなわれるようになってきたことである．

この章では，むしろ，オリゴポリー企業にかんする静学的な分析に焦点を当てて，協調ゲーム理論の手法を使って，その行動を分析し，動学的分析の発展に寄与しうる命題をいくつか導きだすことにしたい．この章で使われる手法は，もっぱら，第3章，第7章で展開した考え方を基礎とする．

2. クールノー理論の再検討

クールノー理論は，2つの企業が，同一の製品を生産し，同一の市場で販売しているような状況を問題とする．しかし，生産技術と資本蓄積の段階は，2つの企業の間で異なるものとする．

各企業 $\nu (\nu=1,2)$ によって生産される製品の量を x^ν とし，2つの企業によって生産される製品の全量を X であらわす．

(1) $$X = x^1 + x^2.$$

市場の構造は，demand price(需要価格)のスケジュールによってあらわされる．

$$p = p(X) \qquad (X > 0).$$

この demand price のスケジュールは，製品の産出量 X と，産出量 X に対して市場が均衡するような価格 p との間の関係を特定するものである．

需要価格関数 $p(X)$ はすべての $X \geqq 0$ について定義され，正の値をとり，$X \geqq 0$ について連続的に2回微分可能であると仮定する．

さらに，需要価格の関数 $p(X)$ について，つぎの条件を仮定する．

(2) $$p(X) > 0, \ p'(X) < 0, \ p''(X) < 0, \ \text{for all } X > 0.$$

標準的なクールノー理論ではふつう，上の条件より弱い，つぎの条件が仮定されている．

(3) $$2p'(X) + p''(X)X < 0, \ \text{for all } 0 < X < \bar{X}.$$

ここで，$\bar{X}$ はある与えられた正の定数とする．$\bar{X}$ は，以下出てくる X のすべてより大きい数である．以下の議論では，つよい条件(2)を使うことが多い．

さらに，つぎの条件も仮定する．

$$p(X) + p'(X)X > 0, \ \text{for all } 0 < X < \bar{X}.$$

各企業 ν について，費用関数 $c_\nu = c_\nu(x^\nu)$ によって，産出量を x^ν だけ生産するために必要な最小なコスト c_ν を特定化する．

費用関数 $c_\nu(x^\nu)$ は，すべての $x^\nu > 0$ について定義され，正の値をとり，$X \geqq 0$ について連続的に2回微分可能であると仮定する．さらに，限界費用(marginal cost)は常に正で，逓減的であると仮定する．

(4) $$c_\nu(0) = 0, \ c_\nu'(x^\nu) > 0, \ c_\nu''(x^\nu) > 0, \ \text{for all } x^\nu > 0.$$

つぎの関係が成り立つ．

(5) $$c_\nu'(x^\nu) > \frac{c_\nu(x^\nu)}{x^\nu}, \ \text{for } x^\nu > 0.$$

デュオポリーにかんするクールノー理論では，各企業 ν は，その利潤を最大化するような産出量 x^ν を選ぶ．

(6) $$\pi_\nu(x^\nu, X) = p(X)x^\nu - c_\nu(x^\nu).$$

企業νの生産量の選択によって，他の企業の生産量がどのように変化するかによって全産出量Xが変わる．もしかりに，企業νの生産量が変化しても，他の企業の生産量は変わらないと仮定すれば，たとえば，企業1の直面する最大問題はつぎのようになる．

利潤

$$\pi_1(x^1, X) = p(X)x^1 - c_1(x^1)$$

を制約条件

(1) $$X = x^1 + x^2$$

のもとで最大化するような$x^1 = x^{10}$を選ぶ．ここで，x^2は，企業2がじっさいに生産している産出量で，企業1にとって所与とする．

企業1のラグランジュ形式は，つぎの式で与えられる．

$$L(x^1, \lambda) = p(X)x^1 - c_1(x^1) + \lambda(X - x^1 - x^2).$$

限界条件は，つぎのようになる．

(7) $$p(X^0) - c_1'(x^{10}) \leqq \lambda.$$

$x^{10} > 0$のときには，等号で成り立つ．

(8) $$-p'(X^0)x^{10} = \lambda,$$

$$X^0 = x^{10} + x^2, \text{ with given } x^2.$$

ここで，λは正数となる．

(7)，(5)から，利潤$\pi^1(X^0, x^{10})$は負にはならない．

$$p(X^0)x^{10} - c_1(x^{10}) \geqq (p(X^0) - c_1'(x^{10}))x^{10} \geqq 0.$$

以下，一般性を失うことなく，限界条件(7)は等号で成り立つとする．

このとき，つぎの最大条件が成り立つ．すべての$x^1 > 0$，$X = x^1 + x^2$について，

$$p(X^0)x^{10} - c_1(x^{10}) \geqq p(X)x^1 - c_1(x^1),$$

$x^1 \neq x^{10}$のときには，等号で成り立つ．

この関係式は，つぎのようにして示すことができる．[quasi-concave プログラミングにかんする修正された Kuhn-Tucker 定理を使わないで済む．]

(x^1, X)をつぎの条件をみたすような任意の企業1の産出量x^1と全産出量Xのペアとする．

$$x^1 > 0, \quad X = x^1 + x^2.$$

このとき，つぎのように定義する．

$$x^1(t) = x^{10} + t(x^1 - x^{10}), \quad X(t) = X^0 + t(X - X^0) = x^1(t) + x^2,$$

(9) $$\phi(t) = p(X(t))x^1(t) - c_1(x^1(t)) \qquad (0 \leqq t \leqq 1).$$

したがって，

(10) $$\phi(0) = p(X^0)x^{10} - c_1(x^{10}),$$

(11) $$\phi'(t) = p'(X(t))x^1(t)\frac{dX}{dt} + (p(X(t) - c_1'(x^1(t)))\frac{dx^1}{dt}.$$

ここで,

$$\frac{dx^1}{dt} = x^1 - x^{10},\ \frac{dX}{dt} = X - X^0 = \frac{dx^1}{dt},$$

これは, t に無関係となる.

したがって,

$$\phi'(0) = 0.$$

(11)を t について微分すれば,

$$\phi''(t) = p''(X(t))x^1(t)\left(\frac{dX}{dt}\right)^2 + 2p'(X(t))\frac{dX}{dt}\frac{dx^1}{dt} - c_1''(x^1(t))\left(\frac{dx^1}{dt}\right)^2$$
$$= (p''(X(t))x^1(t) + 2p'(X(t)))\left(\frac{dX}{dt}\right)^2 - c_1''(x^1(t))\left(\frac{dx^1}{dt}\right)^2.$$

(3), (4)の仮定によって,

(12) $$\phi''(t) \leqq 0,\ \text{for all}\ 0 \leqq t \leqq 1.$$

ここで, $x^1 \neq x^{10}$ のときには, 厳密な意味での不等号で成り立つ.

(8), (10), (11)から,

$$\phi(0) \geqq \phi(1),$$

すなわち,

$$p(X^0)x^{10} - c_1(x^{10}) \geqq p(X)x^1 - c_1(x^1),$$

$x^1 \neq x^{10}$ のときには, 厳密な意味での不等号で成り立つ.

以上の議論によって, つぎのことが証明された. 任意に与えられた企業2の産出量 x^2 が任意に与えられたとき, つぎの利潤を最大にする企業1の産出量 x^1 は一意的に定まる.

$$\pi_1 = p(X)x^1 - c_1(x^1),\ X = x^1 + x^2.$$

企業2の産出量 x^2 が与えられたときの, 利潤を最大にする企業1の産出量 x^1 をつぎの関数であらわす.

$$x^1 = \alpha(x^2).$$

企業1の response function という. 企業2の response function も同じようにして求められる.

$$x^2 = \beta(x^1).$$

つぎに, 企業2の産出量 x^2 が変わったとき, それに対応して, 企業1の産出量 x^1 がどう変化するかは, つぎの関係式で与えられる.

$$\alpha'(x^2) = \frac{-(p''(X)x^1 + p'(X))}{(p''(X)x^1 + p'(X)) + (p''(X)x^1 + c_1'(x^1))}.$$

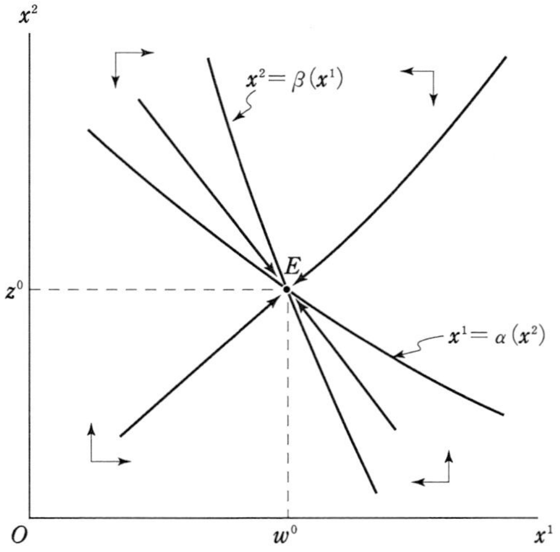

図 9-1　最適産出量の決定

仮定(2), (4)から

$$(13)\qquad -1 < \alpha'(x^2) < 0.$$

同じようにして, 企業 2 の response function についても,

$$\beta'(x^1) = \frac{-(p''(X)x^2+p'(X))}{(p''(X)x^2+p'(X))+(p''(X)x^2-c_2'(x^2))}$$

$$(14)\qquad -1 < \beta'(x^1) < 0.$$

クールノー均衡は, つぎの条件をみたすような 2 つの企業の産出量 x^1, x^2 によって与えられる.

$$x^1 = \alpha(x^2),\quad x^2 = \beta(x^1).$$

クールノー均衡が一意的に決まることは, つぎのマトリックスが non-singular となることからわかる.

$$\det\begin{pmatrix} -1 & \alpha'(x^2) \\ \beta'(x^1) & -1 \end{pmatrix} = 1-\alpha'(x^2)\beta'(x^1) > 0.$$

これまでの議論を整理すれば, つぎの命題が得られる.

命題 1　2 つの企業 1, 2 について, 条件(2), (4)がみたされているとすれば, クールノー均衡は必ず存在して, 一意的に決まる

このとき, つぎの調節過程(adjustment process)は常に, 大局的に安定的(globally stable)となる.

(15)
$$\begin{cases} \dot{x}^1 = k_1(\alpha(x^2) - x^1) \\ \dot{x}^2 = k_2(\beta(x^1) - x^2) \end{cases} \qquad (k_1, k_2 > 0).$$

動学方程式(15)によってあらわされる調節過程の global stability は，2つの不等式(13)，(14)からただちにわかる．図9-1で示すとおりである．図9-1では，2つの企業の産出量がそれぞれ2つの軸であらわされ，動学方程式(15)の解径路は，矢印のついた曲線群であらわされている．

以上，クールノーのデュオポリー理論の概要をかんたんに説明した．クールノー理論を基礎にして，デュオポリー，さらに一般的にオリゴポリーの理論について，ゲーム理論的なアプローチが展開された．Friedman(1983)，Fudenberg and Tirole(1986)によって代表される．

クールノー均衡の概念は，2つの企業の response function の考え方を使って定式化された．この，response function の考え方は，完全競争的でない市場の問題を考察するさいに，重要な意味をもつ．とくに，クールノー均衡が admissible でないことに留意する必要がある．すなわち，2つの企業の利潤がどちらも，クールノー均衡におけるより，じっさいにおおきくなるような産出量の組み合わせが存在する．

議論を進める前に注意しておきたいことがある．利潤関数(6)は，x^ν について厳密な意味で concave であるが，(x^ν, X) については concave ではない．しかし，つぎの条件がみたされているときには，利潤関数(6)は，(x^ν, X) について厳密な意味で quasi-concave となる．

(16)
$$p(X) - c_\nu'(x^\nu) \geqq 0.$$

利潤関数(6)の bordered Hessian を計算すれば，

$$\begin{pmatrix} -c_\nu''(x^\nu) & p'(X) & p(X) - c_\nu'(x^\nu) \\ p'(X) & p''(X)x^\nu & p'(X)x^\nu \\ p(X) - c_\nu'(x^\nu) & p'(X)x^\nu & 0 \end{pmatrix}.$$

この行列式は，(16)の条件がみたされているとき，

$$c_\nu''(x^\nu)p'(X)^2 x^{\nu 2} + 2p'(X)^2 x^\nu (p(X) - c_\nu'(x^\nu)) - p''(X)x^\nu (p(X) - c_\nu'(x^\nu))^2 > 0.$$

したがって，Fenchel の Lemma によって，つぎの条件をみたす関数 $u(\pi)$ がわかる．

(17)
$$u(\pi) > 0, \quad u'(\pi) > 0, \quad \text{fol all } \pi > 0,$$

(18)
$u(\pi_\nu(x^\nu, X))$ は (x^ν, X) について厳密な意味で concave.

2つの企業の産出量のペア (x^{10}, x^{20}) が admissible であるというのは，つぎの条件をみたすような2つの企業の産出量のペア (x^1, x^2) が存在しないときである．

$$\pi_1(x^{10}, X^0) < \pi_1(x^1, X), \quad \pi_2(x^{20}, X^0) < \pi_2(x^2, X),$$

ここで，$X^0 = x^{10} + x^{20}$，$X = x^1 + x^2$．

第2章，第3章で用いたのと同じ方法によって，つぎのことを示すことできる．2つの企業の産出量のペア (x^{10}, x^{20}) が admissible となるために必要，十分な条件は，つぎの条件をみたす

ような2つの正数のペア$(\beta_1, \beta_2)>(0,0)$が存在するときである．

すべての$x^1, x^2 \geqq 0$，$X=x^1+x^2$について，

$$\beta_1 u(\pi_1(x^{10}, X^0))+\beta_2 u(\pi_2(x^{20}, X^0)) \geqq \beta_1 u(\pi_1(x^1, X))+\beta_2 u(\pi_2(x^2, X)),$$

ここで，$X^0=x^{10}+x^{20}$．

つぎの数α_1, α_2を考える．

$$\alpha_1 = \beta_1 u'(\pi_1(x^{10}, X^0)),\quad \alpha_2 = \beta_2 u'(\pi_2(x^{20}, X^0)).$$

このとき，

$$\alpha_1, \alpha_2 > 0.$$

(x^{10}, x^{20})はつぎの最大問題の一次条件をみたす．

(A)　2つの企業の利潤のウェイトをつけた和

$$\alpha_1\pi_1+\alpha_2\pi_2 = \alpha_1(p(X)x^1-c_1(x^1))+\alpha_2(p(X)x^2-c_2(x^2))$$

を最大にするような(x^1, x^2)を，つぎの制約条件のもとで求めよ．

(19)　$$X = x^1+x^2,\quad x^1, x^2 \geqq 0.$$

このとき，つぎのラグランジュ条件がみたされる．

(20)　$$\alpha_\nu(p(X^0)-c_\nu'(X^{\nu 0})) = \lambda \qquad (\nu = 1, 2),$$

(21)　$$-(p'(X^0)(\alpha_1 x^{10}+\alpha_2 x^{20})) = \lambda.$$

ここで，$\lambda>0$は制約条件(19)にかかわるLagrangeの未定係数である．

しかし，利潤関数$\pi_1(x^1, X)$，$\pi_2(x^2, X)$は必ずしも，concaveではないから，ラグランジュ条件(20)，(21)は，(x^{10}, x^{20})がoptimumとなるための必要条件ではあるが，十分条件ではない．

限界条件(21)，(8)を比較すれば，クールノー均衡が，任意の正数の組み合わせ(α_1, α_2)にかかわる最大問題(A)がoptimumではなく，したがってadmissibleではないことがわかる．

ここで，admissibleとなるような2つの企業の産出量の組み合わせ(x^1, x^2)に注目することにする．もし，2組の正数のウェイトの組み合わせ(β_1', β_2')，(β_1'', β_2'')が比例的でないとすると，それぞれ対応する2つのoptimum解$(x^{1'}, x^{2'})$，$(x^{1''}, x^{2''})$は必ずお互いに異なるものとなる．したがって，2つの企業の産出量のadmissibleな組み合わせ(x^1, x^2)の全体はcontinuumの濃度をもつ集合となり，ただ1つのadmissibleな産出量の組み合わせ(x^1, x^2)を選び出すためには，なんらかのルールを必要とする．

いま，かりに，2つの企業がcoalitionを形成して，独占的に行動するとしよう．このとき，つぎの最大問題を考える．

(B)　制約条件(19)のもとで，combined profit

$$\pi_1+\pi_2 = (p(X)x^1-c_1(x^1))+(p(X)x^2-c_2(x^2))$$

を最大にするような(x^{10}, x^{20})を求めよ．

(x^{10}, x^{20}) が最大問題(B)の optimum 解であるとすれば，限界条件(20)，(21)を $\alpha_1=\alpha_2=1$ のもとでみたすような Lagrange の未定係数 λ が存在する．このとき，限界条件(20)，(21)は十分条件となる．このことをみるために，feasibility の条件(19)をみたす (x^1, x^2) に対して，つぎの関数を定義する．

$$(22)\quad \phi(t) = (p(X(t))x^1(t)-c_1(x^1(t)))+(p(X(t))x^2(t)-c_2(x^2(t))).$$

ここで，

$$x^\nu(t) = x^0+t(x^\nu-x^0),\quad \nu=1,2,$$
$$X(t) = \sum_\nu x^\nu(t) = X^0+t(X-X^0),\quad 0 \leqq t \leqq 1.$$

したがって，

$$\frac{dx^\nu}{dt} = x^\nu - x^{\nu 0},\quad \nu=1,2,$$
$$\frac{dX}{dt} = (X-X^0) = \sum_\nu \frac{dx^\nu}{dt},\quad 0 \leqq t \leqq 1.$$

(22)の両辺を t について微分すれば，

$$\phi'(t) = p'(X(t))X(t)\frac{dX}{dt}-\sum_\nu c_\nu'(x^\nu(t))\frac{dx^\nu}{dt},$$
$$\phi''(t) = (p''(X(t))X(t)+p'(X))\left(\frac{dX}{dt}\right)^2-\sum_\nu c_\nu''(x^\nu(t))\left(\frac{dx^\nu}{dt}\right)^2.$$

故に，

$$\phi'(0) = 0,$$
$$\phi''(t) \leqq 0,\quad \text{for all } 0 \leqq t \leqq 1.$$

$(x^1, x^2) \neq (x^{10}, x^{20})$ のときには，等号で成立する．

したがって，

$$\phi(0) > \phi(1),\quad \text{for all } (x^1, x^2) \neq (x^{10}, x^{20}).$$

この関係は，(x^{10}, x^{20}) が最大問題(B)の optimum 解として一意的に決まることを意味する．

この最大問題(B)の optimum 解 (x^{10}, x^{20}) は，$(x^1(N), x^2(N))$ としてあらわす．全体の coalition $N=\{1, 2\}$ の解になっているからである．

3. オリゴポリーにかんするクールノー＝ナッシュ解

前節でかんたんにレビューしたデュオポリーにかんするクールノー理論を拡張して，オリゴポリー企業の行動を分析した論文が数多く出された．その間の経緯は，Friedman(1982)，Shapiro(1989)にくわしく述べられている．

数多くの企業が，同一の製品を生産し，同じ市場で販売している場合を考察する．この市場の需要の条件は，需要価格関数によって特定される．

$$p = p(X).$$

この関数は，市場均衡のもとにおける，市場価格 p と，その市場に供給される製品の全産出量 X との間の関係を規定する．

(23) $$X = \sum_{\nu \in N} x^{\nu}.$$

ここで，$N=\{1, \cdots, n\}$ は，問題としている企業の集合で，x^{ν} は，各企業 ν の産出量である．

各企業 ν について，生産技術と固定資本の蓄積にかんする条件は，つぎの費用関数に集約される．

$$c_{\nu} = c_{\nu}(x^{\nu}) \qquad (\nu \in N).$$

需要価格関数 $p(X)$ と費用関数 $c_{\nu}(x^{\nu})$ は，デュオポリー企業の場合とまったく同じ条件をみたすと仮定する．

(24) $$p(X) > 0,\ p'(X) < 0,\ p''(X) < 0,\ \text{for all } X > 0,$$

(25) $$c_{\nu}(0) = 0,\ c_{\nu}'(x^{\nu}) > 0,\ c_{\nu}''(x^{\nu}) > 0,\ \text{for all } x^{\nu} > 0 \qquad (\nu \in N).$$

クールノー＝ナッシュ均衡が実現するのは，各企業 ν が，その利潤

$$\pi_{\nu}(x^{\nu}, X) = p(X)x^{\nu} - c_{\nu}(x^{\nu})$$

を制約条件

(26) $$X = x^{\nu} + x^{(\nu)},\ \text{with given } x^{(\nu)} = \sum_{\mu \neq \nu} x^{\mu}$$

のもとで最大化して，しかも均衡条件(23)がみたされているときである．

各企業 ν の利潤関数 $\pi_{\nu}(x^{\nu}, X)$ は，条件(26)のもとで，x^{ν} について厳密な意味で concave となる．したがって，クールノー＝ナッシュ均衡が得られるのは，つぎの限界条件がみたされているときである．

(27) $$p(X) + p'(X)x^{\nu} = c_{\nu}'(x^{\nu}) \qquad (\nu \in N).$$

ここで，均衡条件(23)もみたされている．

つぎに，クールノー＝ナッシュ均衡は常に存在して，一意的に決まることを証明しよう．仮定した条件(24)，(25)から，$X>0$ が任意の水準に与えられたとき，(27)をみたす各企業 ν の産出量 x^{ν} は常に存在して，一意的に決まる．

(27)式の両辺を微分して，

$$(p'(X) + p''(X)x^{\nu})\,dX = (c_{\nu}''(x^{\nu}) - p'(X))\,dx^{\nu}.$$

この関係は，つぎのようにあらわされる．

(28) $$dx^{\nu} = -\frac{p'(X) + p''(X)x^{\nu}}{p'(X) - c_{\nu}''(x^{\nu})}\,dX \qquad (\nu \in N).$$

(28)の両辺をすべての $\nu \in N$ について足し合わせると，

$$(1+\gamma)\,dX = 0.$$

ここで，

$$\gamma = \sum_{\nu\in N} \frac{p'(X)+p''(X)\,x^{\nu}}{p'(X)-c_{\nu}''(x^{\nu})} > 0.$$

したがって，クールノー＝ナッシュ均衡における全産出量 X は一意的に決まり，各企業 ν の産出量 x^{ν} も一意的に決まることがわかる．

つぎの命題が証明されたわけである．

命題 2　オリゴポリー市場における企業を $\nu=1,\cdots,n$ とし，需要価格関数 $p=p(X)$ と費用関数 $c_{\nu}(x^{\nu})$ が(24)，(25)をみたすとする．

このとき，クールノー＝ナッシュ均衡は常に存在して，一意的に決まる．

オリゴポリー市場におけるクールノー＝ナッシュ均衡が admissible でないことは，前節のデュオポリー市場の場合とまったく同様である．

オリゴポリー企業の産出量のパターン $(x^{10},\cdots,x^{n0})$ が admissible であるというのは，つぎの条件をみたす産出量のパターン $(x^{1},\cdots,x^{n})$ が存在しないときである．

$$\pi_{\nu}(x^{\nu},X) > \pi_{\nu}(x^{\nu 0},X^{0}),\ \text{for all}\ \nu\in N.$$

ここで，

$$X^{0}=\sum_{\nu\in N}x^{\nu 0},\quad X=\sum_{\nu\in N}x^{\nu}.$$

つぎの条件をみたす関数 $u_{\nu}=u(\pi_{\nu})\ (\nu\in N)$ を考える．

$$u(\pi_{\nu}) > 0,\quad u'(\pi_{\nu}) > 0,\ \text{for all}\ \pi_{\nu} > 0,$$

かつ，

$$u_{\nu}=u(\pi_{\nu}(x^{\nu},X)),\quad \pi_{\nu}(x^{\nu},X)=p(X)\,x^{\nu}-c_{\nu}(x^{\nu})$$

がすべての $(x^{\nu},X)\geqq(0,0)$ について厳密な意味で concave となる．

このとき，n 企業の産出量のパターン $(x^{10},\cdots,x^{n0})$ が admissible であるために必要，十分な条件は，つぎの条件をみたすような正のウェイト・ベクトル $\beta=(\beta_1,\cdots,\beta_n)$，$(\beta_{\nu}>0,\nu\in N)$ が存在することである．

$$\text{(29)}\qquad \sum_{\nu\in N}\beta_{\nu}u(\pi_{\nu}(x^{\nu 0},X^{0})) \geqq \sum_{\nu\in N}\beta_{\nu}u(\pi_{\nu}(x^{\nu},X)),$$

$$\text{for all}\ (x^{1},\cdots,x^{n}),\ x^{\nu}\geqq 0 \qquad (\nu\in N).$$

かつ

$$\text{(30)}\qquad X=\sum_{\nu\in N}x^{\nu}.$$

ここで，正のウェイト・ベクトル $\alpha=(\alpha_1,\cdots,\alpha_n)$ をつぎのように定義する．

(31) $$\alpha_\nu = \beta_\nu u'(\pi_\nu(x^{\nu 0}, X^0)) > 0 \qquad (\nu \in N).$$

$(x^{10}, \cdots, x^{n0})$は，つぎの最大問題にかんする一次条件をみたす．

(A)′　制約条件(23)のもとで，n 企業の利潤のウェイトのついた和

(32) $$\sum_{\nu \in N} \alpha_\nu \pi_\nu = \sum_{\nu \in N} \alpha_\nu (p(X)x^\nu - c_\nu(x^\nu))$$

を最大にするような$(x^{10}, \cdots, x^{n0})$を求めよ．

このとき，つぎのラグランジュ条件がみたされる．

(33) $$\alpha_\nu(p(X^0) - c_\nu'(x^{\nu 0})) = \lambda \qquad (\nu \in N),$$

(34) $$-p'(X^0)\sum_{\nu \in N} \alpha_\nu x^\nu = \lambda.$$

ここで，$\lambda > 0$ は制約条件(23)にかんする Lagrange の未定係数である．

各企業 ν について，利潤関数 $\pi_\nu(x^\nu, X)$は(x^ν, X)について concave ではないから，ラグランジュ条件(33)，(34)は，最大問題(A)′の optimum 解にかんする必要条件ではあるが，十分条件ではない．しかし，ラグランジュ条件(33)，(34)は，(31)がみたされているとき，$(x^{10}, \cdots, x^{n0})$が最大問題(A)′の optimum 解となるための十分条件となる．

さて，ウェイト・ベクトル$(\alpha_1, \cdots, \alpha_n) = (1, \cdots, 1)$に対応する産出量のパターンを取り上げよう．すなわち，つぎの最大問題を考える．

(N)　制約条件(23)のもとで，

$$\sum_{\nu \in N} \pi_\nu = \sum_{\nu \in N} (p(X)x^\nu - c_\nu(x^\nu))$$

を最大にする$(x^{10}, \cdots, x^{n0})$を求めよ．

最大問題(N)のラグランジュ条件は，つぎの条件によって与えられる．

(35) $$p(X) - c_\nu'(x^\nu) = \lambda \qquad (\nu \in N),$$

(36) $$-p'(X)X = \lambda,$$

と制約条件(23)そのものである．

最大問題(N)については，ラグランジュ条件(35)，(36)はたんに必要条件であるだけでなく，十分条件でもあり，その optimum 解は一意的に決まり，$(x^1(N), \cdots, x^n(N))$によってあらわす．

$$X(N) = \sum_{\nu \in N} x^\nu(N).$$

オリゴポリー企業の行動を解明するために，n-person cooperative game の考え方を使って分析する．任意に与えられた coalition $S \subset N$ について，つぎの最大問題を考える．

(S)　制約条件

$$X=\sum_{\nu\in S}x^{\nu}+x_{N-S}\qquad \left(x_{N-S}=\sum_{\nu\in N-S}x^{\nu}\text{ は所与}\right)$$

のもとで，

$$\pi_S=\sum_{\nu\in S}(p(X)x^{\nu}-c_{\nu}(x^{\nu}))$$

を最大にするような産出量のパターン$(x^{\nu 0}:\ \nu\in S)$を求めよ．

最大問題(S)の optimum 解$(x^{\nu 0}:\ \nu\in S)$にかんするラグランジュ条件は，つぎの条件によって与えられる．

(37) $$p(X^0)-c_{\nu}'(x^{\nu 0})=\lambda\qquad(\nu\in S),$$

(38) $$-p'(X^0)x_S^0=\lambda.$$

ここで，

(39) $$x_S^0=\sum_{\nu\in S}x^{\nu 0},\quad X^0=x_S^0+x_{N-S}.$$

ラグランジュ条件(37)-(39)をみたす解$(x^{\nu 0}:\ \nu\in S)$が，最大問題(S)の optimum 解となることを示すために，(23)をみたす任意の産出量のパターン$(x_1,\cdots,x_n)$に対して，つぎの関数を定義する．

(40) $$\phi(t)=\sum_{\nu\in S}(p(X(t))x^{\nu}(t)-c_{\nu}(x^{\nu}(t))).$$

ここで，

$$x^{\nu}(t)=x^{\nu 0}+t(x^{\nu}-x^{\nu 0})\qquad(\nu\in S),$$
$$X(t)=X^0+t(X-x^0)\qquad(0\leqq t\leqq 1),$$
$$X=\sum_{\nu\in S}x^{\nu}+x_{N-S}.$$

このとき，

$$\frac{dx^{\nu}}{dt}=x^{\nu}-x^{\nu 0},\quad \frac{dX}{dt}=X-X^0=\frac{dx_S}{dt}.$$

ここで，

$$x_S(t)=x_S^0+t(x_S-x_S^0),\quad x_S=\sum_{\nu\in S}x^{\nu}.$$

(40)の両辺を微分して，

$$\phi'(t)=p'(X(t))x_S(t)\left(\frac{dX}{dt}\right)+\sum_{\nu\in S}(p(X)-c_{\nu}'(x^{\nu}))\left(\frac{dx^{\nu}}{dt}\right).$$

さらに，微分すれば，

$$\phi''(t)=(p''(X(t))x_S(t)+2p'(X(t)))\left(\frac{dx_S}{dt}\right)^2-\sum_{\nu\in S}c''(x^{\nu}(t))\left(\frac{dx^{\nu}}{dt}\right)^2.$$

故に，

$$\phi'(0)=0,$$

$$\phi''(t) \leqq 0, \text{ for all } 0 \leqq t \leqq 1.$$

$(x^1, \cdots, x^n) \neq (x^{10}, \cdots, x^{n0})$のときには，厳密な意味での不等号で成立する．

したがって，

$$\phi(0) > \phi(1),$$

あるいは，

$$\sum_{\nu \in S} (p(X^0) x^{\nu 0} - c_\nu(x^{\nu 0})) > \sum_{\nu \in S} (p(X) x^\nu - c_\nu(x^\nu)), \text{ for all } (x^1, \cdots, x^n) \neq (x^{10}, \cdots, x^{n0}).$$

このようにして，complementary coalition $N-S$の産出量x_{N-S}が与えられたときに，最大問題(S)に対するoptimum解が必ず存在して，一意的に決まることが示された．このとき，coalition Sに属する企業の産出量の和x_Sも一意的に決まる．つぎのようにあらわす．

(41)
$$x_S = \alpha(x_{N-S}).$$

まったく同じようにして，coalition Sの産出量x_Sが与えられたときに，complementary coalition $N-S$にかんする最大問題($N-S$)を考えることができる．このとき，coalition $N-S$に属する企業の産出量の和x_{N-S}も一意的に決まる．つぎのようにあらわす．

(42)
$$x_{N-S} = \beta(x_S).$$

2つのcoalition S, $N-S$が均衡にあるというのは，上の関係(41)，(42)が同時に成り立つときとして定義される．任意のcoalition $S \subset N$について，coalition Sの価値(value)は，coalition Sとcomplementary coalition $N-S$とが均衡にあるときのcoalition Sに属するすべての企業の利潤の和として定義される．

このようにして定義されたcooperative gameが，ゲーム理論にいうn-person cooperative gameとなっているためには，任意のcoalition $S \subset N$について，coalition Sとcomplementary $N-S$とが均衡にあるときに，coalition Sに属するすべての企業の利潤の和が一定の値をとることを示さなければならない．

はじめに，coalition Sのoptimumな産出量x_Sが，complementary coalition $N-S$の産出量x_{N-S}が変化したときに，どのように変化するかを考察する．

Optimumにかんする条件(37)，(38)は，つぎのようにあらわすことができる．

(43)
$$c_\nu'(x^\nu) = p(X) + p'(X) x_S \qquad (\nu \in S).$$

ここで，optimumにおける産出量を，たんに，x^ν, Xであらわす．

(43)の両辺を微分すれば，

$$dx^\nu = \frac{1}{c_\nu''(x^\nu)}((p'(X) + p''(X) x_S) dX + p'(X) dx_S).$$

すべての$\nu \in S$について足し合わせると，

(44)
$$(\gamma_S - p'(X)) dx_S = (p'(X) + p''(X) x_S) dX.$$

ここで，

$$\frac{1}{\gamma_S} = \sum_{\nu \in S} \frac{1}{c_\nu''(x^\nu)}.$$

(42), (44)から

$$dx_S = \frac{p'(X)+p''(X)x_S}{(\gamma_S - p'(X)) - (p'(X)+p''(X)x_S)} dx_{N-S}.$$

したがって，

(45)　$$-1 < \alpha'(x_{N-S}) < 0, \text{ for all } x_{N-S} > 0.$$

同じようにして，complementary coalition $N-S$ の response function $\beta(x_S)$についても，

(46)　$$-1 < \beta'(x_S) < 0, \text{ for all } x_S > 0.$$

したがって，

(47)　$$\begin{pmatrix} 1 & -\alpha'(x_{N-S}) \\ -\beta'(x_S) & 1 \end{pmatrix} \begin{pmatrix} dx_S \\ dx_{N-S} \end{pmatrix} = \begin{pmatrix} 0 \\ 0 \end{pmatrix}.$$

一次方程式体系(47)の行列式は，つぎの値をとる．

$$1-\alpha'(x_{N-S})\beta'(x_S) > 0.$$

故に，均衡条件(45)，(46)をみたす産出量の組み合わせ(x_S, x_{N-S})は一意的に決まる．

さらに，つぎの関係が成立することをかんたんに示すことができる．

$$\lim_{x_{N-S}\to 0} \alpha(x_{N-S}) > 0, \quad \lim_{x_{N-S}\to\infty} \alpha(x_{N-S}) = 0,$$
$$\lim_{x_S\to 0} \beta(x_S) > 0, \quad \lim_{x_S\to\infty} \beta(x_S) = 0.$$

したがって，2つの coalition S，$N-S$ が均衡するような(x_S, x_{N-S})が一意的に決まる．

つぎの命題が成立する．

命題 3　条件(24)，(25)がみたされる需要価格関数 $p(X)$ と費用関数 $c_\nu(x^\nu)$，$(\nu \in N)$が与えられている．

このとき，任意の coalition $S \subset N$ について，coalition S と complementary $N-S$ が均衡にあるような集計的な産出量の組み合わせ(x_S, x_{N-S})は常に存在して，一意的に決まる．

さらに，つぎの微分方程式体系によって定義される調節過程は大局的に安定的(globally stable)である．

(48)　$$\begin{cases} \dot{x}_S = k_S(\alpha(x_{N-S}) - x_S), \\ \dot{x}_{N-S} = k_{N-S}(\beta(x_S) - x_{N-S}). \end{cases}$$

ここで，k_S，k_{N-S} は正の定数である．

［証明］　微分方程式体系(48)の大局的安定性は，(45)，(46)の2つの関係からただちにわかる．均衡(x_S, x_{N-S})の存在と一意性は，図 9-2 から明らかであろう．図 9-2 では，横軸，縦軸は

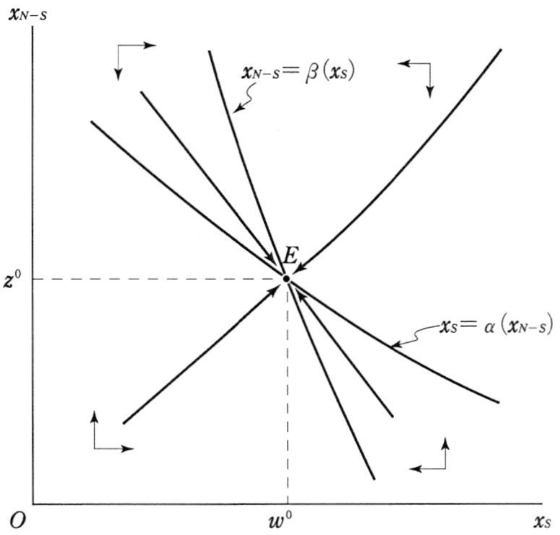

図 9-2　最適産出量の決定

それぞれ，x_S，x_{N-S} をあらわし，微分方程式体系(48)の解径路は，矢印のついた曲線群によってあらわされている．　　Q.E.D.

命題3によって，オリゴポリー企業の行動は，n-person cooperative game $G=(N, v(S))$ とみなすことができる．特性関数(characteristic function) $v(S)$ は，つぎのように定義される．

$$v(S) = \sum_{\nu\in S}(p(X(S))x^{\nu}(S) - c_{\nu}(x^{\nu}(S))) \qquad (S \subset N).$$

ここで，$x^{\nu}(S)$，$(\nu \in S)$，および $X(S)$ はそれぞれ，coalition S，$N-S$ が均衡にあるときの，coalition S に属する企業の産出量，および全産出量とし，

$$X(S) = x_S(S) + x_{N-S}(S), \quad x_S(S) = \sum_{\nu\in S} x^{\nu}(S).$$

つぎに，このオリゴポリー企業の行動にかんする n-person cooperative game $G=(N, v(S))$ のコア(core)が空集合ではないための条件を導き出したい．そのために，上に導入した各 coalition の価値 $v(S)$ の定義を再検討することからはじめる．

デュオポリー・ゲームの場合と同じように，coalition S，$N-S$ が均衡にあるときの，coalition S，$N-S$ に属する企業の産出量の和の組み合わせ $(x_S(S), x_{N-S}(S))$ は admissible ではない．容易に示すことができるように，つぎの条件をみたす feasible な集計的産出量の組み合わせ (x_S, x_{N-S}) が存在するからである．

$$\pi_S(S) = \sum_{\nu\in S}(p(X(S))x^{\nu}(S) - c_{\nu}(x^{\nu}(S))) < \pi_S = \sum_{\nu\in S}(p(X)x^{\nu} - c_{\nu}(x^{\nu})),$$

$$\pi_{N-S}(S) = \sum_{\nu\in N-S}(p(X)x^{\nu}(S) - c_{\nu}(x^{\nu}(S))) < \pi_{N-S} = \sum_{\nu\in N-S}(p(X)x^{\nu} - c_{\nu}(x^{\nu})).$$

ここで，$X=\sum_{\nu\in N}x^{\nu}$.

すべての admissible な集計的産出量の組み合わせ(x_S, x_{N-S})の集合の構造を明らかにするために，つぎのように定義された $\pi_S=\pi_S(x_S, X)$を考える．

$$\pi_S(x_S, X) = \max\left\{\sum_{\nu\in S}(p(X)x^{\nu}-c_{\nu}(x^{\nu})) : \sum_{\nu\in S}x^{\nu} = x_S,\ \ x^{\nu} \geqq 0\ (\nu \in S)\right\}.$$

この関数 $\pi_S(x_S, X)$は，(x_S, X)について厳密な意味で quasi-concave となる．このことは，つぎのようにして確かめることができる．

つぎの関数を定義する．

$$\text{(49)}\qquad \phi_S(t) = \sum_{\nu\in S}(p(X(t))x^{\nu}(t)-c_{\nu}(x^{\nu}(t)))\qquad (0\leqq t\leqq 1),$$

$$x_S(t) = x_S^0+t(x_S^1-x_S^0),\ \ X(t) = X^0+t(X^1-X^0).$$

ここで，$(x_S^0,\ X^0)$，(x_S^1, X^1)は，2 組の，coalition S に属する企業の産出量の和と全産出量の任意の組み合わせである．また，$(x^{\nu}(t) : \nu\in S)$は，$(x_S(t), X(t))$に対応する coalition S に属する各企業の個別的な産出量とする$(0\leqq t\leqq 1)$.

(49)の両辺を t について微分すると，

$$\text{(50)}\qquad \phi_S'(t) = p'(X(t))x_S(t)\left(\frac{dX}{dt}\right)+\sum_{\nu\in S}(p(X(t))-c_{\nu}'(x^{\nu}(t)))\left(\frac{dx^{\nu}}{dt}\right).$$

ここで，

$$\text{(51)}\qquad x_S(t) = \sum_{\nu\in S}x^{\nu}(t).$$

$(x^{\nu}(t) : \nu\in S)$は，$(x_S(t), X(t))$に対応する coalition S に属する各企業の個別的な産出量の optimum なパターンをあらわすから，つぎの条件をみたすような $\lambda_S(t)>0$ が存在する．

$$\text{(52)}\qquad p(X(t))-c_{\nu}'(x^{\nu}(t)) = \lambda_S(t).$$

ここで，$\lambda_S(t)$の値は(51)をみたすように決められている．

したがって，(50)はつぎのように書ける．

$$\text{(53)}\qquad \phi_S'(t) = p'(X(t))x_S(t)\left(\frac{dX}{dt}\right)+\lambda_S(t)\left(\frac{dx_S}{dt}\right).$$

(52)の両辺の微分をとり，整理すると，

$$\text{(54)}\qquad c_{\nu}''(x^{\nu}(t))dx^{\nu} = p'(X(t))dX-d\lambda_S.$$

(51)の両辺の微分をとると，

$$\text{(55)}\qquad dx_S = \sum_{\nu\in S}dx^{\nu}.$$

(54)を(55)に代入して，整理すると，

$$\text{(56)}\qquad d\lambda_S = p'(X(t))dX-\gamma_S(t)dx_S.$$

ここで，

$$\frac{1}{\gamma_S(t)}=\sum_{\nu\in S}\frac{1}{c_\nu''(x^\nu(t))}>0.$$

(53)の両辺をさらに t について微分すると

(57) $$\phi_S''(t)=p''(X(t))x_S(t)\left(\frac{dX}{dt}\right)^2+2p'(X(t))\left(\frac{dX}{dt}\right)\left(\frac{dx_S}{dt}\right)-\lambda_S(t)\left(\frac{dx_S}{dt}\right)^2.$$

したがって，つぎの条件をみたす μ が存在する．

(58) $$\phi''(t)-\mu(\phi'(t))^2<0,\ \ \text{for all}\ \ 0\leqq t\leqq 1.$$

(58)の関係をみたす μ が存在することは，(24)，(25)，およびつぎの bordered Hessian の行列式が正となることからすぐわかる．

$$\begin{vmatrix}0 & p' & p'x_S\\ p' & 0 & \lambda_S\\ p'x_S & \lambda_S & 0\end{vmatrix}=2(p')^2x_S\lambda_S>0.$$

(58)の関係は，$\pi_S(x_S, X)$ の quasi-concavity そのものである．

(17)と(18)をみたすような関数を $u(\pi)$ であらわす．このとき，$(\pi_S(x_S, X), \pi_{N-S}(x_{N-S}, X))$ が admissible となるために必要，十分な条件は，$(\pi_S(x_S, X), \pi_{N-S}(x_{N-S}, X))$ が，つぎの最大問題の optimum 解となるような正のウェイトの組み合わせ (β_S, β_{N-S}) が存在することである．

制約条件

$$X=x_S+x_{N-S},\ \ x_S, x_{N-S}\geqq 0$$

のもとで，

(59) $$\beta_S u(\pi_S(x_S, X))+\beta_{N-S}u(\pi_{N-S}(x_{N-S}, X))$$

を最大にするような (x_S, x_{N-S}) を求めよ．

(59)の最大化の必要条件は，つぎの最大問題の一次条件によって与えられる．

制約条件

$$X=x_S+x_{N-S},\ \ x_S, x_{N-S}\geqq 0$$

のもとで

$$\alpha_S\pi_S(x_S, X)+\alpha_{N-S}\pi_{N-S}(x_{N-S}, X)$$

を最大にするような (x_S, x_{N-S}) を求めよ．ここで，

$$\alpha_S=\beta_S u'(\pi_S(x_S, X)),\ \ \alpha_{N-S}=\beta_{N-S}u'(\pi_{N-S}(x_{N-S}, X)).$$

n-person cooperative game の理論は，その基本的前提として，ゲームの各プレイヤーが，その所属する coalition を自由に選んで，できるだけ大きな便益を得ることができるという仮定がおかれている．クールノー＝ナッシュ解が admissible でないとすれば，各プレイヤーは，

クールノー＝ナッシュ解におけるより大きな便益を求めて，他の解の可能性を探すと考えるのが自然である．クールノー＝ナッシュ解の概念は，経済学の教科書的な基準をみたしているが，現実のオリゴポリー市場における企業の行動の特質と矛盾したものとなっている．現実のオリゴポリー企業は，より大きな利益を求めて，その coalition を自由に選ぶことができる．したがって，各 coalition S の価値として，coalition S と complementary coalition $N-S$ が均衡にあるときにおいて，coalition S に属する企業の利潤の和の最大として定義するのが，自然であろう．しかし，この定義は，ゲーム理論にいう n-person cooperative game の定義をみたしていない．各 coalition S の価値が一意的に定まらないからである．

そこで，第3章，第7章と同じように，balanced という概念を用いて，オリゴポリー市場のモデルにかんする n-person cooperative game の解を考察する．

Coalition S とその complementary coallition $N-S$ がそれぞれ属する企業の産出量の組み合わせ(x_S, x_{N-S})について balanced であるというのは，(x_S, x_{N-S})が admissible であって，かつつぎの条件をみたすときと定義する．

$$x_S = \theta_S X,\quad x_{N-S} = \theta_{N-S} X,\quad X = x_S + x_{N-S}.$$

ここで，

$$\theta_S = \frac{x_S(N)}{X(N)},\quad \theta_{N-S} = \frac{x_{N-S}(N)}{X(N)}.$$

$X(N)$，$x_S(N)$は，最大問題(N)の optimum における relevant な変数の値である．

オリゴポリー市場のモデルにかんする n-person cooperative game について，各 coalition S の価値 $v(S)$をつぎのように定義する．

$$v(S) = \pi_S(x_S, X) = \sum_{\nu\in S}(p(X)x^\nu - c_\nu(x^\nu)).$$

ここで，coalition S，$N-S$ は balanced であるとする．

オリゴポリー市場のモデルにかんする n-person cooperative game について，コアの概念は，第3章，第7章の場合とまったく同様にして定義されるが，念のため，くり返しておく．

協調ゲーム $G=(N, v(\cdot))$の全価値 $v(N)$の割り当て(allotment)が，どのような coalition によってもブロックされないとき，コア(core)のなかに入っているという．形式的に定義すればつぎの通りである．

n-person cooperative game $G=(N, v(S))$の全価値 $v(N)$の割り当て(allotment)というのは，つぎの条件をみたすような n 次元のベクトル$(y^1, \cdots, y^n)$を指す．［ゲーム理論では，efficiency condiition という言葉が使われているが，経済学で使う efficiency の意味とは異なるので，ここでは，allotment とよぶことにする．］

$$\sum_{\nu\in N} y^\nu = v(N). \tag{60}$$

割り当て$(y_1, \cdots, y_n)$がコアに入っているのはつぎの条件がみたされるときとして定義する.

$$\sum_{\nu \in S} y^\nu \geqq v(S), \text{ for all coalitions } S \subset N.$$

ゲーム理論で通例とられているアプローチは，古典的なBondareva-Shapleyの定理を適用して，コアが空集合ではないことを示す．そのさい，n-person cooperative gameの特性関数$v(S)$の“convexity”にかんする条件が重要な役割を演ずる．しかし，オリゴポリー市場のモデルにかんするn-person cooperative gameについては，利潤関数$\pi^\nu(x^\nu, X)$が(x^ν, X)についてconcaveではないので，この特性関数$v(S)$の“convexity”にかんする条件はみたされない.

オリゴポリー市場のモデルにかんするn-person cooperative gameについて，上に述べてきたように，coalition S，$N-S$がbalancedとなる場合を考えればよい．つぎの命題が成立する.

命題4　オリゴポリー市場のモデルにかんするn-person cooperative game $G=(N, v(S))$ $[N=\{1, \cdots, n\}]$について，各coalition Sの価値$v(S)$として，coalition Sとcomplementary coalition $N-S$がbalancedしているときの，coalition Sに属する企業の産出量の和として定義する.

需要価格関数$p(X)$と費用関数$c_\nu(x^\nu)$は(24)，(25)をみたすと仮定する.

このとき，最大問題(N)のoptimum解$(x^1(N), \cdots, x^n(N))$は，このn-person cooperative game $G=(N, v(S))$のコアのなかに入っている.

［証明］　最大問題(N), (S)のoptimum解をそれぞれ，$(x^\nu(N): \nu \in N, X(N))$，$(x^\nu(S): \nu \in S, X(S))$であらわす．coalition Sの価値$v(S)$については，coalition S，$N-S$はbalancedである．したがって，つぎの関係が成り立つ.

(61)　$$p(X(N)) - c_\nu'(x^\nu(N)) = \lambda(N) \qquad (\nu \in N),$$

(62)　$$-p'(X(N))X(N) = \lambda(N),$$

$$X(N) = \sum_{\nu \in N} x^\nu(N),$$

(63)　$$x_S(S) = \theta_S(N)X(S).$$

ここで,

(64)　$$X(S) = \sum_{\nu \in N} x^\nu(S), \quad x_S(S) = \sum_{\nu \in S} x^\nu(S),$$

(65)　$$\theta_S(N) = \frac{x_S(N)}{X(N)}, \quad x_S(N) = \sum_{\nu \in S} x^\nu(N).$$

各企業νについて，つぎの関数を定義する.

(66) $$\phi_\nu(t) = p(X(t))x^\nu(t) - c_\nu(x^\nu(t)) \qquad (0 \leqq t \leqq 1).$$

ここで,

$$x^\nu(t) = x^\nu(N) + t(x^\nu(S) - x^\nu(N)),$$
$$X(t) = X(N) + t(X(S) - X(N)) = \sum_{\nu \in N} x^\nu(S, t).$$

(66)を t について微分すると,

(67) $$\phi_\nu{}'(t) = p'(X(t))x^\nu(t)\left(\frac{dX}{dt}\right) + p(X(t) - c_\nu{}'(x^\nu(t)))\left(\frac{dx^\nu}{dt}\right),$$

(68) $$\phi_\nu{}''(t) = p''(X(t))x^\nu(t)\left(\frac{dX}{dt}\right)^2 + 2p'(X(t))\left(\frac{dX}{dt}\right)\left(\frac{dx^\nu}{dt}\right) - c_\nu{}''(x^\nu(t))\left(\frac{dx^\nu}{dt}\right)^2.$$

つぎのような表現を用いる.

$$\phi_S(t) = \sum_{\nu \in S} \phi_\nu(t), \quad x_S(t) = \sum_{\nu \in S} x^\nu(t).$$

このとき, (67), (68), (61), (62)から

$$\phi_S{}'(0) = p'(X(N))x_S(N)\left(\frac{dX}{dt}\right) - X(N)\left(\frac{dx_S}{dt}\right),$$

$$\phi_S{}''(t) = p''(X(t))x_S(t)\left(\frac{dX}{dt}\right)^2 + 2p'(X(t))\left(\frac{dX}{dt}\right)\left(\frac{dx_S}{dt}\right) - \sum_{\nu \in S} c_\nu{}''(x^\nu(t))\left(\frac{dx^\nu}{dt}\right)^2.$$

Balancedness にかんする条件(63), (64)から

$$\frac{dx_S}{dt} = \theta_S(N)\left(\frac{dX}{dt}\right), \quad x_S(N) = \theta_S(N)X(N).$$

この式を(67), (68)に代入すれば,

$$\phi_S{}'(0) = 0,$$

$$\phi_S{}''(t) = (p''(X(t))x_S(t) + 2\theta_S p'(X(t)))\left(\frac{dX}{dt}\right)^2 - \sum_{\nu \in S} c_\nu{}''(x^\nu(t))\left(\frac{dx^\nu}{dt}\right)^2 \leqq 0,$$

$$\text{for all } 0 \leqq t \leqq 1.$$

故に,

$$\phi_S(0) \geqq \phi_S(1),$$

あるいは

$$\sum_{\nu \in S}(p(X(N)x^\nu(N) - c_\nu(x^\nu(N))) \geqq \sum_{\nu \in S}(p(X(S))x^\nu(S) - c_\nu(x^\nu(S))).$$

したがって,

$$v_S(N) \geqq v(S), \text{ for all } S \subset N.$$

すなわち, $(\pi_1(x^1(N), X(N)), \cdots, \pi_n(x^n(N), X(N)))$ は n-person cooperative game $G=(N, v(S))$ のコアのなかに入っている. Q.E.D.

4. Differentiated Product とオリゴポリー市場

これまで展開してきたオリゴポリー企業のゲーム理論的アプローチは，そのまま，differentiated product のオリゴポリー市場の一般的な状況に適用することができる．

いくつかの財が存在する場合を考える．財は generic に，$i(i=1, \cdots, m)$ であらわす．需要にかんする条件は，つぎの需要価格関数によってあらわされる．

$$p(X) = (p_1(X), \cdots, p_m(X)).$$

ここで，$X=(X_1, \cdots, X_m)$ は，市場に供給される財の全供給量のベクトルをあらわす．需要価格関数 $p(X)$ は，すべての $X=(X_1, \cdots, X_m) \geqq 0$ について定義でき，連続的に2回微分可能であると仮定する．

各財 i について，需要価格関数 $p_i=p_i(X)$ は，市場に供給される i 財の供給量が X_i のとき，i 財に対する需要がちょうど X_i に等しくなるような市場価格 p_i をあらわす．ただし，価格はすべて，賃金単位(wages-units)であらわされている．また，賃金単位ではかった総所得は，所得の限界効用が一定となるように調整されているとする．

需要価格関数 $p(X)$ について，つぎの条件を仮定する．

(P1)　各財 i について，$p_i(X)$ は，すべての正のベクトル X について定義され，正の値をとる．

$$p_i(X) > 0, \ \text{for all} \ X = (X_1, \cdots, X_m) > 0 \qquad (i = 1, \cdots, m).$$

すなわち，

$$p(X) > 0, \ \text{for all} \ X > 0.$$

(P2)　2次微分係数からなるマトリックス

$$p_X(X) = \left(\frac{\partial p_i}{\partial x_j}\right)_{i,j}$$

は symmetrical である．

$$\left(\frac{\partial p_i}{\partial x_j}\right) = \left(\frac{\partial p_j}{\partial p_i}\right), \ \text{for all} \ i, j = 1, \cdots, m.$$

すなわち，

$$p_X(X)' = p_X(X).$$

(P3)　2次微分係数からなるマトリックス

$$p_X(X) = \left(\frac{\partial p_i}{\partial x_j}\right)_{i,j}$$

は negative definite である．

すなわち，

$$P_X(X) \ll 0, \text{ for all } X > 0,$$

(P4) $$p_j(X) + \sum_{j=1}^{n} \frac{\partial p_i}{\partial X_j} x_j > 0, \text{ for all } 0 < x_j \leqq X_j \qquad (j=1, \cdots, m).$$

すなわち，

$$p(X) + p'(X)x \ll 0, \text{ for all } 0 \leqq x \leqq X.$$

(P5) 各財 i について，対称的マトリックス

$$\left(\sum_{i=1}^{m} \frac{\partial^2 p_i}{\partial X_j \partial X_k} x_i\right)_{j,k}$$

は negative semi-definite である［for all $0<x \leqq X$］．すなわち，

$$p_{XX}x \leqq 0, \text{ for all } 0 < x \leqq X.$$

これらの条件(P1)-(P5)は，m 次元の空間 R^m のなかで，ある特定の領域 Ω のなかのすべてのベクトル X について成り立つと仮定する．この領域 Ω は，closed，かつ convex であるとする．以下の議論では，この領域 Ω について明示的にふれない．

m 種類の財を生産する n の企業があるとする．これまでと同じように，企業は generic に ν であらわす($\nu=1, \cdots, n$)各企業 ν について，生産可能集合 T^ν は，企業 ν の技術的，資本的蓄積を集約したものである．

各企業 ν について，生産可能集合 T^ν は，生産可能な産出量のベクトル $x=(x_1, \cdots, x_m)$ をすべて集めた m 次元の空間 R^m のなかの集合である．各企業 ν について，生産可能集合 T^ν は，つぎの諸条件をみたすと仮定する．

(T1) T^ν は，non-negative なベクトル $x=(x_1, \cdots, x_m)$ からなる R^m の部分集合で，non-empty, closed, bounded である．

(T2) T^ν は monotone である．すなわち，

$$x^\nu \in T^\nu, \ 0 \leqq x^{\nu\prime} \leqq x^\nu \Longrightarrow x^{\nu\prime} \in T^\nu.$$

(T3) T^ν は convex set である．すなわち，

$$x^{\nu 0}, x^{\nu 1} \in T^\nu, \ 0 \leqq \theta \leqq 1 \Longrightarrow (1-\theta)x^{\nu 0} + \theta x^{\nu 1} \in T^\nu.$$

(T4) 任意の non-zero, non-negative な価格ベクトル $p=(p_1, \cdots, p_m) \geq 0$ に対して，産出量の値 px^ν を $x^\nu \in T^\nu$ のなかで最大にするような産出量のベクトル $x^\nu(p)=(x_1{}^\nu(p), \cdots, x_m{}^\nu(p))$ が必ず存在し，一意的に定まる．すなわち，

(i) $$x^\nu(p) \in T^\nu,$$

(ii) $$px^\nu(p) > px^\nu, \text{ for all } x^\nu \in T^\nu, \ x^\nu \neq x^\nu(p).$$

ここで，

$$px^\nu = \sum_{i=1}^{m} p_i x_i{}^\nu.$$

(T5)　上の関数 $x^\nu(p)$ は，価格ベクトル $p>0$ について 2 回連続微分可能である．

条件(T5)から，2 次偏微分係数のマトリックス

$$x_p{}^\nu(p) = \begin{pmatrix} \frac{\partial x_1{}^\nu}{\partial p_1}, \cdots, \frac{\partial x_1{}^\nu}{\partial p_m} \\ \cdots \\ \frac{\partial x_m{}^\nu}{\partial p_1}, \cdots, \frac{\partial x_m{}^\nu}{\partial p_m} \end{pmatrix}$$

は常に，対称的，かつ negative semi-definite となる．

企業のなかには，ある特定の製品の生産に完全に特化しているものもある．したがって，(T5)で，マトリックス $x_p{}^\nu(p)$ は必ずしも，negative definite とならない．また，(T4)から，$x^\nu(p^\nu)$ は p^ν にかんして，ゼロ次同次となる．

5. Differentiated Product とクールノー＝ナッシュ均衡

この節では，さきに説明したクールノー＝ナッシュ均衡の概念を，differentiated product にかんするオリゴポリー市場の場合に拡張する．

各企業 ν について，optimum な産出量のベクトル x^ν は，各企業 ν の利潤

$$\pi^\nu(x^\nu, X) = p(X)x^\nu, \quad x^\nu \in T^\nu$$

を，つぎの制約条件のもとで最大にすることによって得られる．

$$X = x^\nu + x^{(\nu)}. \tag{69}$$

ここで，$x^{(\nu)} = \sum_{\nu \neq \mu} x^\mu$ は所与とする．

各企業 ν の最大問題は，標準的な Lagrange の未定係数法を使って，解くことができる．制約条件(69)にかんする Lagrange の未定係数を λ^ν とおき，ラグランジュ形式を定義する．

$$p(X)x^\nu + \lambda^\nu(X - x^\nu - x^{(\nu)}).$$

このとき，optimum な産出量のベクトル x^ν にかんする一次条件は，つぎの通りとなる．

$$p(X) + p_X(X)x^\nu(p^\nu) = \lambda^\nu, \tag{70}$$

$$X = x^\nu(p^\nu) + x^{(\nu)}. \tag{71}$$

ここで，p^ν は帰属価格のベクトル，$x^\nu = x^\nu(p^\nu)$ は optimum な産出量のベクトルである．

一次条件(70)は，つぎのことを意味する．各企業 ν が帰属価格のベクトル p^ν のもとにおける optimum な生産計画 $x^\nu = x^\nu(p^\nu)$ を選ぶときに，全産出量 X は，企業 ν の産出量 x^ν によって影響をうけるが，他の企業の産出量 $x^{(\nu)}$ は一定の水準に保たれると仮定する．

(70)をみたす価格ベクトルの存在は，つぎのようにして証明できる．$(m-1)$ 次元の simplex を Σ であらわす．

$$\Sigma = \{p = (p_1, \cdots, p_m) : \sum_{i=1}^{m} p_i = 1,\ \ p_i \geqq 0\ (i = 1, \cdots, m)\}.$$

Σ における mapping $\beta^\nu(p^\nu)$ をつぎのように定義する.

$$\beta^\nu(p^\nu) = \frac{1}{\gamma(p)}(p(X) + p_X(X)x^\nu(p^\nu)) \qquad (p^\nu \in \Sigma).$$

ここで,

$$\gamma^\nu(p^\nu) = \sum_{j=1}^{m} p_j(X) + \sum_{i=1}^{m} \frac{\partial p_i}{\partial X_j} x_i^\nu(p^\nu) > 0.$$

X は(71)で与えられる.

このようにして定義された mapping $\beta^\nu(p^\nu)$ は, Σi から Σ 自身への連続な mapping となる. したがって, つぎの条件をみたす $p^\nu \in \Sigma$ が存在する.

$$p(X) + p_X(X)x^\nu(p^\nu) = \gamma^\nu(p^\nu)p^\nu.$$

$x^\nu(p^\nu)$ はゼロ次同次であるから, (70), (71)をみたす $p^\nu > 0$ の存在が示されたことになる.

Q.E.D.

しかし, 一次条件(70)は, 企業 ν の利潤最大化の十分条件ではない. (70), (71)をみたす企業 ν の産出量のベクトル $x^\nu(p^\nu)$ が, 生産可能集合 T^ν のなかで, 企業 ν の利潤 π^ν を最大化することを示すためには, もっとくわしい分析が必要となる.

(70), (71)をみたす企業 ν の産出量のベクトルを $x^{\nu 0} = x^\nu(p^\nu)$ とし, $x^{\nu 1}$ は, 生産可能集合 T^ν のなかの任意の産出量のベクトルとする. つぎの関数を定義する.

$$\phi(t) = p(X(t))x^\nu(t) \qquad (0 \leqq t \leqq 1). \tag{72}$$

ここで,

$$x^\nu(t) = x^{\nu 0} + t(x^{\nu 1} - x^{\nu 0}),\ \ X(t) = X^0 + t(X^1 - X^0),$$

$$X^0 = x^{\nu 0} + x^{(\nu)},\ \ X^1 = x^{\nu 1} + x^{(\nu)},$$

$$\frac{dx^\nu(t)}{dt} = \frac{dX(t)}{dt} = x^{\nu 1} - x^{\nu 0} = \varDelta x^\nu = \varDelta X. \tag{73}$$

(72)を t について微分して,

$$\phi'(t) = p_X(X(t))x^\nu(t)\varDelta X + p(X(t))\varDelta x^\nu, \tag{74}$$

$$\phi''(t) = \varDelta X(p_{XX}(X(t))x^\nu(t))\varDelta X + 2\varDelta X(p_X(X(t)))\varDelta x^\nu. \tag{75}$$

したがって,

$$\phi'(0) = p_X(X^0)x(p)\varDelta X + p(X^0)\varDelta x^\nu = p^\nu(x^{\nu 1} - x^{\nu 0}).$$

(T4)を使えば,

$$\phi'(0) \leqq 0. \tag{76}$$

一方, (73), (75)から,

(77)　$\phi''(t) = \varDelta X(p_{XX}(X(t))x^{\nu}(t)+2p_X(X(t)))\varDelta X \leqq 0 \qquad (0 \leqq t \leqq 1).$

(76), (77)から

$$\phi(0) \geqq \phi(1).$$

すなわち,

$$p(X^0)x^{\nu 0} \geqq p(X)x^{\nu 1}, \text{ for all } x^{\nu 1} \in T^{\nu}.$$

このようにして, 一次条件(70)とfeasibilityの条件(71)をみたす産出量のベクトル$x^{\nu 0}$が, 企業νにとってoptimumとなることがわかる.

クールノー＝ナッシュ均衡は, つぎの条件をみたす全企業の産出量のベクトル$(x^1, \cdots, x^n)$を見つければよい.

(i)　各企業νについて, x^{ν}は, その利潤$\pi^{\nu}=p(X)x^{\nu}$を生産可能集合T^{ν}のなかで最大化する.

(ii)　$$X = \sum_{\nu \in N} x^{\nu}.$$

したがって, $(x^1, \cdots, x^n)$がクールノー＝ナッシュ均衡となるために必要, 十分な条件は, つぎの条件をみたすn組の価格ベクトル$(p^1, \cdots, p^n)$が存在することである.

(78)　$$p(X)+p_X(X)x^{\nu}(p^{\nu}) = p_{\nu} \qquad (\nu \in N),$$

(79)　$$X = \sum_{\nu \in N} x^{\nu}(p^{\nu}).$$

クールノー＝ナッシュ均衡の存在を証明するために, つぎの集合を考える.

$$\Omega = \{X = \sum_{\nu \in N} x^{\nu} :\ x^{\nu} \in T^{\nu}\ (\nu \in N)\}.$$

この集合について, つぎのmapping $X \in \Omega \to \beta(X) \in \Omega$を定義する.

$$\beta(X) = \sum_{\nu \in N} x^{\nu}(p^{\nu}).$$

ここで, $(p^1, \cdots, p^n)$は, $X \in \Omega$にかんする(71)の解とする.

$\beta(X)$はΩからΩ自身への連続なmappingである. Ωは, n次元のユークリッド空間R^nのなかのコンパクト, かつconvexな集合であるから, ブラウワーの不動点定理を適用することができて, (71), (72)をみたすような$(p^1, \cdots, p^n)$が存在することが示される.

これまでの議論を整理すれば, つぎの命題が成立することがわかる.

命題5　オリゴポリー市場にn個の企業がかかわっているとする. 各企業をν, $(\nu \in N)$であらわす. 需要価格関数を$p(X)$とし, 各企業νの生産可能集合をT^{ν}とし, それぞれ, (P1)-(P5), (T1)-(T5)をみたすとする.

このとき, 限界条件(71)とfeasibilityの条件(72)をみたすクールノー＝ナッシュ均衡$(x^1, \cdots, x^n)$が必ず存在する.

1財の場合には，クールノー＝ナッシュ均衡が一意的に決まることを証明したが，多数財の場合には，クールノー＝ナッシュ均衡は必ずしも一意的に決まらない．

6. クールノー＝ナッシュ均衡と産出量のAdmissibleなパターン

1財の場合と同じように，多数財の場合にも，クールノー＝ナッシュ均衡はadmissibleではない．各企業の利潤がそれぞれ，クールノー＝ナッシュ均衡の場合よりも大きくなるような全企業の産出量のパターンを見いだすことができるからである．

全企業の産出量のパターン$(x^{\nu 0}:\ \nu \in N)$がadmissibleであるというのは，つぎの条件をみたすようなfeasibleな産出量のパターン$(x^{\nu}:\ \nu \in N)$が存在しないときとして定義される．

$$\pi^{\nu}(x^{\nu}, X) = p(X)x^{\nu} > \pi^{\nu}(x^{\nu 0}, X^0) = p(X^0)x^{\nu 0},\ \text{for all}\ \nu \in N.$$

ここで，

$$X = \sum_{\nu \in N} x^{\nu},\ x^{\nu} \in T^{\nu} \qquad (\nu \in N).$$

各企業νの収入関数

$$\pi^{\nu}(x^{\nu}, X) = p(X)x^{\nu},\ x^{\nu} \in T^{\nu}$$

は，(x^{ν}, X)についてconcaveではない．したがって，オリゴポリー市場における各企業の産出量のパターンのadmissibilityにかんしてふつう使われる方法を適用することはできない．

まず，各企業νの収入関数$\pi^{\nu}(x^{\nu}, X)$が(x^{ν}, X)について厳密な意味でquasi-concaveとなることを証明する．

つぎの条件をみたす$(x^{\nu 0}, X^0)$，$(x^{\nu 1}, X^1)$が与えられているとする．

$$p(X^0)x^{\nu 0} = p(X^1)x^{\nu 1},\ x^{\nu 0},\ x^{\nu 1} \in T^{\nu}.$$

$\phi(t)$は，(72)によって定義された関数とする．

$$x^{\nu}(t) = x^{\nu 0} + t\Delta x^{\nu},\ \Delta x^{\nu} = x^{\nu 1} - x^{\nu 0},$$
$$X(t) = X^0 + t\Delta X,\ \Delta X = X^1 - X^0.$$

これまでの議論とはちがって，Δx^{ν}とΔXとは必ずしも等しくないことに注意していただきたい．

(72)をtについて微分して得られる2つの関係式(74)，(75)を使えば，つぎの条件をみたす数λが存在する．

(80)
$$\phi''(t) - \lambda(\phi'(t))^2 = \Delta X(p_{XX}x^{\nu} - \lambda x^{\nu}p_X p_X x^{\nu})\Delta X + 2\Delta X(p_X - \lambda p p_X x)\Delta x^{\nu} - \lambda \Delta x^{\nu}(p \cdot p)\Delta x^{\nu}.$$

収入関係$\pi^{\nu}(x^{\nu}, X)$が(x^{ν}, X)について，厳密な意味でquasi-concaveであることを使えば，(80)の右辺がすべての$(x^{\nu}, X) \neq (0, 0)$について負の値をとるような正数λが存在することが

わかる．したがって，マトリックス

$$\begin{pmatrix} p_{XX}x^{\nu} & p_X & p_X x^{\nu} \\ p_X & 0 & p \\ (p_X x^{\nu})' & p' & 0 \end{pmatrix}$$

について，最後の行と列を含む principle minor の符号が交代することがわかる．

したがって，収入関数 $\pi^{\nu}(x^{\nu}, X)$ が厳密な意味で quasi-concave となるために必要，十分な条件は，つぎの条件がみたされているときとなる．

(81)
$$(p_X x^{\nu}, p)\begin{pmatrix} p_{XX}x^{\nu} & p_X \\ p_X & 0 \end{pmatrix}^{-1}\begin{pmatrix} p_X x^{\nu} \\ p \end{pmatrix} < 0.$$

このことを示すために，つぎの恒等式を使う．

$$\begin{pmatrix} A & B \\ B & 0 \end{pmatrix}^{-1} = \begin{pmatrix} 0 & B^{-1} \\ B^{-1} & -B^{-1}\ \ AB^{-1} \end{pmatrix},$$

ここで，A，B は対称的なマトリックスとし，B は non-singular とする．

(81)の左辺は，つぎのようにあらわされる．

$$-\{2px^{\nu} - (p_X^{-1}x^{\nu})p_{XX}x^{\nu}(p_X^{-1}x^{\nu})\}.$$

これは，(P5)によって，常に負となる．　Q.E.D.

収入関数 $\pi^{\nu}(x^{\nu}, X)$ は (x^{ν}, X) について厳密な意味で quasi-concave であるから，つぎの条件をみたす関数 $u = u(\pi^{\nu})$ が存在する．

$$u(\pi^{\nu}) > 0,\quad u'(\pi^{\nu}) > 0,\quad \text{for all } \pi^{\nu} > 0,$$

かつ，$u(\pi^{\nu}(x^{\nu}, X))$ は (x^{ν}, X) について concave となる．

じじつ，このような関数 $u(\pi^{\nu})$ は，つぎのようにして得られる．

$$u(\pi^{\nu}) = 1 - e^{-\lambda\pi^{\nu}}.$$

ここで，$\lambda>0$ は十分に大きな数とする．

とくに，すべての企業 $\nu \in N$ について，同じ関数 $u(\pi^{\nu})$ を使って，$u(\pi^{\nu}(x^{\nu}, X))$ が (x^{ν}, X) の concave な関数となるようにできることに注目したい．

オリゴポリー市場における全企業の産出量のパターン $(x^1, \cdots, x^n)$ が admissible であるとすれば，オリゴポリー企業の収入のウェイト・ベクトル $(\alpha^1, \cdots, \alpha^n)$ が存在して，$(x^1, \cdots, x^n)$ が

$$\sum_{\nu \in N} \alpha^{\nu} p(X) x^{\nu}$$

を，制約条件

(82)
$$X = \sum_{\nu \in N} x^{\nu},\quad x^{\nu} \in T^{\nu} \qquad (\nu \in N)$$

のもとで，最大化して得られる．

しかし，この，オリゴポリー市場にかんする最大問題の optimum 解は，通例の Lagrange の

未定係数法を適用して解くことはできない．

制約条件(82)にかんするLagrangeの未定係数をλとおけば，ラグランジュの限界条件は，つぎのようになる．

(83) $$p_X(X)Z+\lambda=0,$$

(84) $$x^\nu=x^\nu(p).$$

ここで，

(85) $$p=p(X)+p'(X)Z,$$

(86) $$Z=\sum_{\nu\in N}\alpha^\nu x^\nu.$$

関係式(83)-(86)は必ずしもoptimalityを意味しない．収入関数$\pi^\nu(x^\nu, X)$が(x^ν, X)についてconcaveであるという条件が仮定されていないからである．

産出量のパターン$(x^1, \cdots, x^n)$がadmissibleとなるために必要，十分な条件は，正のウェイト・ベクトル$(\beta^1, \cdots, \beta^n)$が存在して，$(x^1, \cdots, x^n)$が

(87) $$\sum_{\nu\in N}\beta^\nu u(\pi^\nu(x^\nu, X))$$

を，つぎの制約条件のもとで最大化することである．

(88) $$X=\sum_{\nu\in N}x^\nu,\quad x^\nu\in T^\nu\qquad(\nu\in N).$$

制約条件(88)にかんするLagrangeの未定係数をλとおけば，(87)を制約条件(88)のもとで最大化する問題のoptimumな条件がみたされるための必要，十分な条件は，(83)-(86)がみたされていることである．

$$\alpha^\nu=\beta^\nu u'(\pi^\nu(x^\nu, X))\qquad(\nu\in N).$$

以上の議論をまとめると，つぎの命題が成立する．

命題6　オリゴポリー市場にn個の企業がかかわっているとする．各企業をν，$(\nu\in N)$であらわす．需要関数を$p(X)$とし，各企業νの生産可能集合をT^νとし，それぞれ，(P1)-(P5)，(T1)-(T5)をみたすとする．

全産出量のパターン$(x^1, \cdots, x^n)$がadmissibleとなるために必要，十分な条件は，正のウェイト・ベクトル$(\beta^1, \cdots, \beta^n)$が存在して，$(x^1, \cdots, x^n)$がつぎの最大問題のoptimum解となる．

制約条件

$$X=\sum_{\nu\in N}x^\nu,\quad x^\nu\in T^\nu\qquad(\nu\in N)$$

のもとで，

$$\sum_{\nu\in N}\beta^\nu u(\pi^\nu(x^\nu, X))$$

を最大にする$(x^1, \cdots, x^n)$を求めよ．

全産出量のパターン$(x^1, \cdots, x^n)$が admissible であるとすれば，正のウェイト・ベクトル$(\alpha^1, \cdots, \alpha^n)$が存在して，$(x^1, \cdots, x^n)$がつぎの最大問題の optimum 解となる．

制約条件

$$X = \sum_{\nu \in N} x^\nu, \quad x^\nu \in T^\nu \qquad (\nu \in N)$$

のもとで，

$$\sum_{\nu \in N} \alpha^\nu \pi^\nu (x^\nu, X)$$

を最大にする$(x^1, \cdots, x^n)$を求めよ．

7. 協調ゲームとオリゴポリー企業の行動

前節で展開したオリゴポリー企業の行動にかんする分析は，n-person cooperative game の理論的枠組みのなかでさらにくわしく考察することができる．

まず最初に，オリゴポリー企業の行動に関連する n-person cooperative game について，coalition の価値を定義することからはじめよう．

企業全体の集合 $N=\{1, \cdots, n\}$ の任意の(空集合でない)部分集合 S について，つぎの最大問題を考える．

(S)　制約条件

$$X = \sum_{\nu \in S} x^\nu + x_{N-S}, \quad x^\nu \in T^\nu \qquad (\nu \in S)$$

のもとで，coalition S に属する企業の産出量の価値の総和

$$\sum_{\nu \in S} p(X) x^\nu$$

を最大にする coalition S に属する企業の産出量のパターン$(x^\nu : \nu \in S)$を求めよ．

ここで，complementary coalition $N-S$，x_{N-S}，は所与とする．

前節にも強調したように，各企業 ν について，産出量の価値をあらわす関数

$$\pi^\nu(x^\nu, X) = p(X) x^\nu, \quad X > 0, \quad x^\nu \in T^\nu$$

は(x^ν, X)について concave ではない．しかし，最大問題(S)にかんしては，Lagrange 条件が，coalition S に属する企業の産出量のパターン$(x^\nu : \nu \in S)$の optimality の十分条件となっている．

このことをみるために，coalition S に属する企業の産出量のパターン$(x^{\nu 0} : \nu \in S)$が，最大問題(S)にかんする Lagrange の一次条件をみたすとする．

(89)　$$x^{\nu 0} = x^\nu (p_S) \qquad (\nu \in S),$$

(90) $$p_S = p(X^0) + p'(X^0)x_S^0,\quad x_S^0 = \sum_{\nu \in S} x^{\nu 0}.$$

ここで，

(91) $$X^0 = x_S^0 + x_{N-S}.$$

この産出量のパターン$(x^{\nu 0}:\ \nu \in S)$が最大問題(S)の optimum 解となることを示すために，つぎの関数を考える．

(92) $$\phi_S(t) = p(X(t))x_S(t) \qquad (0 \leqq t \leqq 1).$$

ここで，$(x^{\nu}:\ \nu \in S)$は，任意に与えられた，feasibility の条件(83)をみたすような coalition S に属する企業の産出量のパターンとする．

$$x^{\nu}(t) = x^{\nu 0} + t(x^{\nu} - x^{\nu 0}),$$
$$x_S(t) = \sum_{\nu \in S} x^{\nu}(t) = x_S^0 + t(x_S - x_S^0),\quad x_S = \sum_{\nu \in S} x^{\nu},$$
$$X(t) = \sum_{\nu \in N} x^{\nu}(t) + x_{N-S} = X^0 + t(X - X^0).$$

このとき，

(93) $$\frac{dX(t)}{dt} = \frac{dx_S(t)}{dt} = \sum_{\nu \in S}(x^{\nu} - x^{\nu 0}).$$

(92)を t について微分して，(93)に注目すれば，

$$\phi_S'(t) = p_X(X(t))x_S(t)\frac{dX}{dt} + p(X(t))\frac{dx_S}{dt} = (p_X(X(t))x_S(t) + p(X(t)))(x_S - x_S^0),$$
$$\phi_S''(t) = (x_S - x_S^0)(p_{XX}(p(t))x_S(t) + 2p_X(X(t)))(x_S - x_S^0).$$

したがって，

(94) $$\phi_S'(0) = (p_X(X^0) + p(X^0))(x_S - x_S^0) = p_S(x_S - x_S^0) \leqq 0,$$

(95) $$\phi_S''(t) \leqq 0,\quad \text{for all } 0 \leqq t \leqq 1.$$

ここで，$(x^{\nu}:\ \nu \in S) \neq (x^{\nu 0}:\ \nu \in S)$のときには，厳密な意味での不等号で成り立つ．

(94)，(95)から，

$$\phi(0) \geqq \phi(1),$$

すなわち，

$$p(X^0)x_S^0 \geqq (X)x_S,\quad \text{for all feasible}(x_S, X).$$

ここで，$x_S \neq x_S^0$ のときには，厳密な意味での不等号で成り立つ．

つぎの命題を証明したことになる．

命題 7　任意の coalition $S \subset N$ について，最大問題(S)の optimum 解$(x^{\nu 0}:\ \nu \in S)$は常に存在して，一意的に定まる．

最大問題(S)の optimum 解は，$(x^{\nu}(S, x_{N-S}) : \nu \in S)$であらわし，

$$x_S(S, x_{N-S}) = \sum_{\nu \in S} x^{\nu}(S, x_{N-S}),$$

$$X(S, x_{N-S}) = x_S(S, x_{N-S}) + x_{N-S}.$$

つぎの関係が成り立つ．

$$x_S(S, x_{N-S}) = \sum_{\nu \in S} x(S, x_{N-S}),\quad x^{\nu}(S, x_{N-S}) = x^{\nu}(p(S, x_{N-S})),$$

$$p(S, x_{N-S}) = p(X(S, x_{N-S})) + p_X(X(S, x_{N-S}))x_S(S, x_{N-S}),$$

$$X(S, x_{N-S}) = x_S(S, x_{N-S}) + S_{N-S}.$$

ここで，とくに注目したいのは，すべてのオリゴポリー企業からなる coalition N である．

(N)　制約条件

$$X = \sum_{\nu \in N} x^{\nu},\quad x^{\nu} \in T^{\nu} \qquad (\nu \in N)$$

のもとで，全企業の産出量の価値

$$p(X)X$$

を最大にする全企業の産出量のパターン$(x^{\nu 0} : \nu \in N)$を求めよ．

最大問題(N)の optimum 解を$(x^1(N), \cdots, x^n(N))$であらわす．$(x^1(N), \cdots, x^n(N))$のつぎの条件によって特徴づけられる．

(96)
$$x^{\nu}(N) = x^{\nu}(p(N)) \qquad (\nu \in N),$$

(97)
$$p(N) = p(X(N)) + p_X(X(N))X(N),$$

(98)
$$X(N) = \sum_{\nu \in N} x^{\nu}(p(N)).$$

各 coalition S の価値 $v(S)$は，coalition S と complementary coalition $N-S$ が均衡にあるときの，coalition S に属する企業の産出量の価値の総和として定義する．すなわち，各 coalition S の価値 $v(S)$は，つぎのように定義される．

$$v(S) = p(X(S))x_S(S).$$

ここで，$x_S(S) = x_S(S, x_{N-S})$，$X(S) = X(S, x_{N-S})$．

(99)
$$x_S = x_S(S, x_{N-S}),\quad x_{N-S} = x_{N-S}(N-S, x_S).$$

均衡条件(92)がみたされるための必要，十分な条件は，

(100)
$$p(X) + p_X(X)x_S = p_S,\quad x_S = x_S(p_S) = \sum_{\nu \in S} x^{\nu}(p_S),$$

(101)
$$p(X) + p_X(X)x_{N-S} = p_{N-S},\quad x_{N-S} = x_{N-S}(p_{N-S}) = \sum_{\nu \in N-S} x^{\nu}(p_{N-S}),$$

(102)
$$X = x_S + x_{N-S}.$$

まず，(100)-(102)の関係をみたすような(x_S, x_{N-S})が必ず存在することを示そう．このために，m 次元のユークリッド空間 R^m のなかの集合 Ω をつぎのように定義する．

$$\Omega = T_S \times T_{N-S},\quad T_S = \sum_{\nu \in S} T^{\nu},\quad T_{N-S} = \sum_{\nu \in N-S} T^{\nu}.$$

集合 Ω は R^m の空集合でない部分集合で，コンパクト，かつ convex である．

集合 Ω で定義された，つぎの関数 $\psi_1(x_S, x_{N-S})$ を考える．

$$\psi_1(x_S, x_{N-S}) = (x_S(S, x_{N-S}),\ x_{N-S}(N-S, x_S)),\ \text{for all}\ (x_S, x_{N-S}) \in \Omega.$$

関数 $\psi(x_S, x_{N-S})$ は，Ω から Ω 自身への連続な mapping となるから，ブラウワーの不動点定理を適用することができる．つぎの条件をみたす $(x_S, x_{N-S}) \in \Omega$ の存在が保証される．

$$x_S = x_S(S, x_{N-S}),\quad x_{N-S} = x_{N-S}(N-S, x_S).$$ Q.E.D.

このようにして，多数財のオリゴポリー市場にかんする n-person cooperative game について，各 coalition S の値 $v(S)$ を定義することができた．しかし，ナッシュ均衡の場合と同じように，この，coalition S の値 $v(S)$ は必ずしも一意的に定義されない．したがって，ゲーム理論の枠組みのなかでの n-person cooperative game としての資格をもたない．さらに，この場合も，1財のオリゴポリー市場にかんする企業行動の場合と同じように，2つの coalition S，$N-S$ が均衡にあるときの，それぞれの coalition の全産出量の組み合わせ $(x_S(S), x_{N-S}(S))$ は admissible ではない．すなわち，feasible，かつつぎの条件をみたすような coalition S，$N-S$ の全産出量の組み合わせ (x_S, x_{N-S}) が存在する．

(103)　$p(X)x_S > p(X(S))x_S(S),\ p(X)x_{N-S} > p(X(S))x_{N-S}(S).$

ここで，

$$X = x_S + x_{N-S}.$$

(103)の条件をみたす feasible な coalition S，$N-S$ の全産出量の組み合わせ (x_S, x_{N-S}) は，つぎの性質からすぐわかるであろう．

つぎの関数 $\pi_S(x_S, X)$ を定義する．

$$\pi_S(x_S, X) = \max\left\{\sum_{\nu \in S} p(X)x^{\nu} :\ x^{\nu} \in T^{\nu},\ (\nu \in S)\right\}.$$

命題6を導き出したときと同じ議論を使って，つぎの条件をみたす関数 $u(\pi)$ が存在することを示すことができる．

$u(\pi_S(x_S, X))$ にかんする厳密な意味で concave な関数で

$$u(\pi) > 0,\ u'(\pi) > 0,\ \text{for all}\ \pi > 0.$$

このとき，coalition S，$N-S$ の feasible な全産出量の組み合わせ (x_S, x_{N-S}) が admissible となるために必要，十分な条件は，つぎの条件をみたすような正数の組み合わせ (β_S, β_{N-S}) が存在することである．

すべての feasible な (x_S, x_{N-S}) について，

$$\beta_S u(S(x_S^0, X^0)) + \beta_{N-S} u(S(N-S(x_{N-S}^0, X^0)) \geqq \beta_S u(\pi_S(x_S, X)) + \beta_{N-S} u(\pi_{N-S}(x_{N-S})),$$

$$X^0 = x_S^0 + x_{N-S}^0,\quad X = x_S + x_{N-S}.$$

したがって，つぎの条件をみたす正数 λ が存在する．

(104) $$\alpha_S \frac{\partial \pi_S}{\partial x_S} = \alpha_{N-S} \frac{\partial \pi_{N-S}}{\partial x_{N-S}} = \lambda,$$

(105) $$-\alpha_S \frac{\partial \pi_S}{\partial X} - \alpha_{N-S} \frac{\partial \pi_{N-S}}{\partial X} = \lambda,$$

(106) $$X = x_S + x_{N-S}.$$

ここで，

$$\alpha_S = \beta_S u'(\pi_S(\pi_S, X)),\quad \alpha_{N-S} = \beta_{N-S} u'(\pi_{N-S}(x_{N-S}, X)).$$

1財のオリゴポリー市場にかんする企業行動の場合と同じように，(104)-(106)の条件は，つぎの最大問題に対する optimum 解の必要条件である．

制約条件(106)のもとで，

$$\alpha_S \pi_S(x_S, X) + \alpha_{N-S} \pi_{N-S}(x_{N-S}, X)$$

を最大にする (x_S, x_{N-S}) を求めよ．

しかし，限界条件(104)-(106)は，(x_S, x_{N-S}) の optimality の十分条件ではない．

Coalition S と complementary coalition $N-S$ が balanced であるというのは，つぎの条件がみたされているときである．

(107) $$x_S(S) = \theta_S(N) X(S),\quad x_{N-S}(S) = \theta_{N-S}(N) X(S).$$

ここで，

$$\theta_S(N) = \frac{x_S(N)}{X(N)},\quad \theta_{N-S}(N) = \frac{x_{N-S}(N)}{\partial X(N)},$$

$$x_S(N) = \sum_{\nu \in S} x^\nu(N),\quad x_{N-S}(N) = \sum_{\nu \in N-S} x^\nu(N).$$

$x^\nu(N)$，$X(N)$ は，最大問題(N)の optimum における relevant な変数の値である．

(107)の条件をみたすような正のウェイトの組み合わせ (α_S, α_{N-S}) が存在することは，1財のオリゴポリー市場の場合とまったく同じようにして示すことができる．Coalition S の価値は，coalition S と complementary coalition $N-S$ が balanced のときの $v(S)$ の値として，一意的に定義されることになっているわけである．

命題8　m 種類の differentiated product を生産する n 個の企業($\nu=1, \cdots, n$)がかかわるオリゴポリー市場を考える．需要価格関数 $p(X)$，各企業 ν の生産可能集合 T^ν はそれぞれ，(P1)-(P5)，(T1)-(T5)をみたすとする．

このオリゴポリー市場にかんする n-person cooperative game $G=(N, v(S))$ における各 coalition S の価値 $v(S)$ を，coalition S と complementary coalition $N-S$ が balanced の

ときの coalition S に属する企業の産出量の値の総和として定義する．このとき，各 coalition S の価値 $v(S)$ は一意的に定まる．[各 coalition S と complementary coalition $N-S$ が balanced しているというのは，均衡条件(99)と balancedness の条件(107)がみたされているときである．]

また，全企業からなる coalition N にかんする最大問題(N)の optimum 解 $(x^1(N), \cdots, x^n(N))$ は，このオリゴポリー市場にかんする n-person cooperative game $G=(N, v(S))$ のコアになかに入っている．

[証明]　命題8は，命題4とまったく同じようにして，証明することができる．任意に与えられた coalition $S \subset N$ について，coalition S と complementary coalition $N-S$ とが balanced のときの，オリゴポリー市場の全企業の産出量のパターンを $(x^1(S), \cdots, x^n(S))$ とおく．このとき，

$$v(S) = p(X(S))x_S(S) = \sum_{\nu \in S} p(X(S))x^\nu(S),$$

および(107)の条件がみたされている．

最大問題(N)の optimum 解を $(x^1(N), \cdots, x^n(N))$ とおく．$(x^1(N), \cdots, x^n(N))$ において，(96)-(98)の関係が成り立つ．

つぎの関数を定義する．

$$\phi_S(t) = p(X(t))x_S(t), \quad 0 \leqq t \leqq 1. \tag{108}$$

ここで，

$$x_S(t) = x_S(N) + t(x_S(S) - x_S(N)), \quad X(t) = X(N) + t(X(S) - X(N)).$$

このとき，

$$\frac{dx_S(t)}{dt} = x_S(S) - x_S(N), \quad \frac{dX(t)}{dt} = X(S) - X(N). \tag{109}$$

一方，balancedness の条件(107)から，

$$x_S(S) - x_S(N) = \theta_S(N)(X(S) - X(N)). \tag{110}$$

(108)の両辺を t で微分して，(109)に注目すれば，

$$\phi_S'(t) = p_X(X(t))x_S(t)(X(S) - X(N)) + p(X(t))(x_S(S) - x_S(N)), \tag{111}$$

$$\begin{aligned}\phi_S''(t) = {} & (X(S) - X(N))(p_X(X(t)) + p_{XX}(X(t))x_S(t))(X(S) - X(N)) \\ & + (X(t) - X(N))p_X(X(t))(x_S(N) - x_S(N)).\end{aligned} \tag{112}$$

(111)，(112)から

$$\begin{aligned}\phi_S'(0) &= (p_X(X(N))X(N) + p(X(N)))(x_S(S) - x_S(N)) \\ &= p(N)(x_S(S) - x_S(N)).\end{aligned} \tag{113}$$

$x_S(N)$ は，feasible な x_S のなかで，$p(N)x_S$ を最大にするから，(113)から

(114) $$\phi_S'(0) \leqq 0.$$

一方，(P3)，(P4)の条件がみたされているから，(112)と(110)から

(115) $$\phi_S''(t) \leqq 0, \text{ for all } 0 \leqq t \leqq 1.$$

2つの不等式(114)，(115)から

$$\phi_S(0) \geqq \phi_S(1),$$

すなわち，

$$p(X(N))x_S(N) \geqq p(X(S))x_S(S).$$

この不等式を書き直すと，

(116) $$\sum_{\nu \in S} \pi^{\nu}(x^{\nu}(N), X(N)) \geqq v(S), \text{ for all coalitions } S \subset N.$$

定義によって，(116)は，$(x^1(N), \cdots, x^n(N))$は，問題としているオリゴポリー市場にかんする n-person cooperative game $G=(N, v(S))$のコアのなかに入っていることを意味する．

Q.E.D.

参考文献

Bain, J. S. (1949). "A Note on Pricing in Monopoly and Oligopoly," *American Economic Review* 39, 448-464.

Bowley, A. L. (1924). *The Mathematical Groundwork of Economics*, Oxford: Oxford University Press.

Chamberlin, E. H. (1956). *The Theory of Monopolistic Competition*, Cambridge, Mass.: Harvard University Press.

Cournot, A. A. (1838). *Reserches sur les Principles Mathêmatiques de la Theorie des Richesses*, Paris: Hachette. Translated by N. T. Bacon, as *Researches into the Mathematical Principles of the Theory of Wealth*, New York: Macmillan, 1929.

Cyert, R. M., and M. de Groot (1970). "Multiperiod Decision Models with Alternating Choice as a Solution to the Duopoly Problem," *Quarterly Journal of Economics* **84**, 410-429.

Edgeworth, F. Y. (1925). "The Pure Theory of Monopoly," in *Papers Relating to Political Economy* **1**, London: Macmillan, 111-142.

Friedman, J. W. (1977). *Oligopoly and the Theory of Games*, New York: North-Holland.

——(1982). "Oligopoly Theory," in *Handbook of Mathematical Economics* **II**, edited by K. J. Arrow and M. D. Intriligator, Amsterdam: Elsevier Science B. V., 491-534.

——(1983). *Oligopoly Theory*, New York: Cambridge University Press.

Fudenberg, D., and J. Tirole (1986). *Dynamic Models of Oligopoly*, Chur, Switzerland: Hardwood Academic Publishers.

Shapiro, C. (1989). "Theories of Oligopoly Behavior," in *Handbook of Industrial Organization* **I**, edited by R. Schmalensee and R. D. Willig, Amsterdam: Elsevier Science B. V., 329-414.

Sweezy, P. M. (1939). "Demand under Conditions of Oligopoly," *Journal of Political Economy* **47**, 568-573.

Uzawa, H. (1996). "Lindahl Equilibrium and the Core of an Economy Involving Public Goods," The Beijer Institute Discussion Paper Series.

——(1999). "Global Warming as a Cooperative Game," *Journal of Environmental Economics*

von Stackelberg, H. (1934). *Marktform und Gleichtgewicht*, Vienna : Springer.

第10章　時間選好と資本蓄積にかんする動学的双対原理

1. は じ め に

希少資源の最適配分が，選好集合と生産可能集合を分離する価格ベクトルによって実現するというのは，価格理論の基本的命題の1つである．この命題が動学的な状況のもとで成立するために選好と生産とにかんする必要な条件については，これまで数多くの研究がなされてきた．この章では，この動学的双対性にかんする命題を取り上げるが，従来のアプローチとは異なって，時間選好率がアプリオリに与えられるのではなく，消費のパターンに依存して決まってくるような状況を想定して分析を進める．

本章の分析は，ベーム-バヴェルク(1884-89)によって最初に導入された時間選好(time preference)の概念の再検討に始まる．ベーム-バヴェルクの時間選好はのちにアーヴィング・フィッシャー(1907)によって数学的な形で定式化された．現在の消費が限界的に低下したときに，将来の消費がどれだけ上昇しなければ異時点間を通じて同じ効用水準を保ちえないかをあらわすもので，資本理論で中心的な役割をはたす．ベーム-バヴェルク＝フィッシャーの時間選好理論はさらに，Hirschleifer(1958)，Koopmans(1960)，Uzawa(1968, 1969, 1996)，Weitzman(1973)によって展開された．最近，Epstein and Haynes(1983)，Epstein(1983, 1987), Lucas and Stokey(1984)，Stokey and Lucas(1989)などによって現代的な装いをもって最構築された．

本章の分析はこれらの研究にもとづいたものであるが，分離性(separability)，recursiveness などの性質について焦点を当て，また数学的にはもっぱら古典的なアプローチを用いる．現代的なアプローチについては第12章にゆずることにしたい．

第3節では，時間選好関係が time-invariant かつ分離的であるときには，それは，現在から将来にかけての効用水準をある一定の割引率で割り引いた現在価値によってあらわされることを示す．すなわち，Ramsey-Koopmans-Cass の効用積分によってあらわされる時間選好関係となることが示される．

つぎに，効用水準の割引率が定数ではなく，異時点間にわたる消費のパターンに依存して内生的に決まる場合を考察する．そのさい中心的な役割をはたすのは，効用水準の割引率ではなく，全効用の価値を現在の価値に割り引くために使われる割引率である．このような割り引きによって導き出される時間選好関係が単調増加(monotone)かつ，厳密な意味で quasi-concave となるために必要にして十分な条件を求める．このとき，任意に与えられた効用の時間的径路について価格の時間的径路が定義される．与えられた効用径路と無差別かあるいはそれより選好される効用径路の集合にかんするseparating hyperplaneが，価格の役割をはたす．第6節では，このような帰属価格の時間的径路を導き出すために，簡単な解析的な公式が求められる．ここで，改めて強調しておきたいのは，帰属価格の時間的径路について重要な割引率は，限界的な割引率だということである．この点についてくわしいことは第6節で展開されるが，Ramsey-Koopmans-Cassの効用積分の場合については，平均的割引率と限界的割引率との間に乖離は存在しない．

さらに，時間選好の概念は，生産，消費の異時点にわたる配分のプロセスに対して展開される．ここで最初に考察するのは，Ramsey(1928)，Koopmans(1965)，Cass(1965)によって導入された，資本蓄積にかんする集計的なモデルである．そのさい，中心的な役割をはたすのは，time rate of productivityで，帰属価格の時間的径路の形であらわされる．任意に与えられた消費の時間的径路に対して，このような帰属価格の時間的径路の存在が証明される．このような帰属価格体系にかんする割引率が資本の限界生産に等しいことも示される．

時間選好と資本蓄積にかんする双対原理は，第8節の定理6として定式化される．ここでは，最大問題と最小問題とがつぎのように定義される．最大問題は，初期の資本ストックが与えられたとき，feasibleな消費の時間的径路全体の集合のなかで，もっとも時間選好水準の高くなるような消費の時間的径路を求めるという問題である．他方，最小問題は，所与の時間選好水準が与えられたとき，少なくともその水準に等しいか，あるいはそれよりも高い選好水準に達するような消費に時間的径路をfeasibleにするような資本ストックの初期の水準のなかで，もっとも低いものを求めるという問題である．第6節で展開される動学的双対原理(Dynamic Duality Principle)は，最大問題と最小問題とが同値であって，同じ帰属価格体系によって特徴づけられることを示す．動学的双対原理は，最適資本蓄積にかんするRamsey-Koopmans-Cassの理論に適用される．

第9節では，動学的双対原理を使って，最適蓄積，消費にかんする理論が展開される．効用の内生的な割引率(endogenous rate of time preference)という概念はもともとUzawa(1968)で導入され，『基礎篇』第II部でくわしく解説されている．しかし，そこで展開された議論は，概念的な点で若干の曖昧さを残す．この点にかんしてもくわしい説明を加える．

2. 時間選好関係

時間選好関係(intertemporal preference ordering)は，想定しうる消費の時間的径路全体の集合の上で定義された二項関係(binary relation)である．

消費の時間的径路 $x=(x_t)$ は，各時点 $t\,(0\leqq t<+\infty)$ における消費水準 x_t を特定する．ここ

では単純化のため，消費財は1種類しかなく，x_t はスケーラ量とする．

想定しうる消費経路 $x=(x_t)$ の全体を Ω であらわす．Ω を構成する消費経路 $x=(x_t)$ はすべて正値をとり($x>0$；$x_t>0$, for all t)かつ，piecewise に2回微分可能で $\lim_{t\to\infty} x_t$ は常に存在し($+\infty$ を含んで)，closed，convex な集合とする．

2つの消費経路 $x=(x_t)$，$x'=(x_t')$ は，有限個の時点を除いては $x'=x_t'$ となるとき，同一の径路と考えることにする．

時間選好関係 $\gtrsim$ はつぎの諸条件をみたすと仮定する．

Irreflexibility:　$x \gtrsim x$ 　for all 　$x \in \Omega$.

Transitivity:　$x \gtrsim x' \quad x' \gtrsim x'' \Longrightarrow x \gtrsim x''$.

Monotonicity:　$x > x'$(i.e., $x_t > x_t'$ for all t) $\Longrightarrow x > x' \quad x \gtrsim x'$.

ここで，$x>x'$ は $x \gtrsim x'$ かつ，$x' \gtrsim x$ ではないことを意味する．

Continuity:　任意の $x, x' \in \Omega$ に対して，$x \sim \beta x'$ となるような β が一意的に存在する．

ここで，無差別関係$\sim$はつぎのように定義される．

(1)
$$x \sim x' \Longleftrightarrow x \gtrsim x', \quad x' \gtrsim x.$$

連続性の条件はつぎのようにあらわされる．

任意の $x, x' \in \Omega$ に対して，一意的に定まる正数 β が存在して，

$$x < \beta' x' \qquad (\beta' > \beta),$$
$$x > \beta' x' \qquad (\beta' < \beta).$$

Convexity:　$x^0 \neq x^1, \; x^0 \sim x^1 \Longrightarrow x^\theta > x^0$ 　for all $0 < \theta < 1$.

ここで，convex combination $x^\theta=(1-\theta)x^0+\theta x^1$ は $x_t^0=(1-\theta)x_t^\theta+\theta x_t^1$ (for all t)を意味する．

Time invariance:　$x \gtrsim x' \Longrightarrow {}^t x \gtrsim {}^t x'$ 　(for all t).

ここで，$x=(x_t)_{t\geqq 0}$ に対して，${}^\tau x=(x_{\tau+t})_{t\geqq 0}$ と定義する．

無差別関係$\sim$は(1)で定義されたが，つぎの同値関係をみたす．

Reflexibility:　$x \sim x$ 　for all $x \in \Omega$，かつ $x \sim x' \Longrightarrow x' \sim x$.

Transitivity:　$x \sim x', \; x' \sim x'' \Longrightarrow x \sim x''$.

Transitivity のみを証明すればよい．もし transitivity の条件がみたされていないとすると，$x \sim x'$，$x' \sim x''$，$x'' > x$ となるような x，x'，x'' が存在する．連続性から，$x' \sim x''$ のとき

$$x' > \beta x'' \quad (0 < \beta < 1).$$

また，$x''>x$ から $\beta x''>x$ となるような $0<\beta<1$ が存在する．したがって $x'>x$ となって，$x \sim x'$ という条件と矛盾する．

Ramsey-Koopmans-Cass 効用積分

時間選好関係について古典的な例は Ramsey-Koopmans-Cass 効用積分によって表現されるものである．これは，Ramsey(1928)で最初に導入され，のちに Koopmans(1965)，Cass(1965)によって最適経済成長の理論としてくわしく分析されたものである．この間の事情は『基礎篇』第 VII 部でくわしく解説した．

各時点 t における効用水準が効用関数 $u_t=u(x_t)$ によってあらわされているとする．この効用関数は時間を通じて不変であるとし，つぎの条件をみたすとする．

(i)　$$u(x)>0,\ u'(x)>0,\ u''(x)<0 \quad (x>0),$$

(ii)　$$u(0)=0,\ u(+\infty)=+\infty.$$

Ramsey-Koopmans-Cass 効用積分は，つぎのように定義される．

(2)　$$U(x)=\int_0^\infty u(x_t)e^{-\delta t}dt.$$

ここで，$\delta>0$ は正の割引率で定数である．

この Ramsey-Koopmans-Cass 効用積分によって，つぎのようにして時間選好関係 $\gtrsim$ が定義される．

$$x>x' \Longleftrightarrow U(x)>U(x').$$

このようにして導入された時間選好関係 $\gtrsim$ は

$$\Omega=\{x=(x_t):U(x)<+\infty\}$$

の上で定義され，上に述べた条件をすべてみたす．

内生的な割引率

Ramsey-Koopmans-Cass 効用積分について，将来の効用水準の割引率 δ は外生的に定まり，消費径路 $x=(x_t)$ には無関係であると仮定されている．効用割引率が内生的，可変的であるような時間選好関係は Uzawa(1968)で導入され，『基礎篇』第 II 部で，ベーム－バヴェルクの時間選好理論として展開されている．

いま，つぎの形をした効用積分によって定義される時間選好関係 $\gtrsim$ を考える．

(3)　$$U(x)=\int_0^\infty u(x_t)e^{-\Delta_t}dt.$$

ここで，Δ_t は各時点 t における累積的割引率であって，つぎのように定義される．

$$\Delta_t=\int_0^t \delta(u(x_\tau))d\tau.$$

$\delta(u)$ は，各時点 t における効用水準に対応する割引率である．

このようにして定義された時間選好関係 $\gtrsim$ は上に述べた諸条件のうち，convexity を除いてすべてみたす．内生的な効用割引率をもつ時間選好関係で，convexityの条件をみたすものは存在するであろうか．これは，本章の主要な課題の1つである．

3. 時間選好率

時間選好率の概念は時間選好関係の構造を解明するさいに重要な役割をはたす．この概念はもともと，Böhm-Bawerk(1884-89)によって導入されたもので，Fisher(1907)によって敷衍され，資本理論の基礎的な概念となっている．

時間選好率は，異なった2時点における消費の間の限界的代替関係を尺度化したもので，静学的な場合と同じように，消費者でもっとも中心的な役割をはたす．

ある特定の消費径路 $x=(x_t)$ を考える．2つの時点 t_1，t_2 をとって，それぞれの時点における消費 x_{t_1}，x_{t_2} の間の限界代替率はつぎのようにして定式化される[『基礎篇』第II部]．2つの時点 t_1，t_2 から始まる同じ長さ Δt をもつ期間 $[t_1, t_1+\Delta t]$，$[t_2, t_2+\Delta t]$ を考える．第1期間 $[t_1, t_1+\Delta t]$ で，消費が一様に $-\Delta x_1$ だけ減少したときに，第2期間 $[t_2, t_2+\Delta t]$ で消費が一様に Δx_2 だけ増加したとすれば，最初に与えられた消費径路 $x=(x_t)$ と同じ時間選好関係の水準を保つことができる．すなわち，第1期間で消費が一様に $-\Delta x_1$ だけ減少し，第2期間では消費が一様に Δx_2 だけ増加し，他の時点では $x=(x_t)$ と同じような消費径路を新しく考えたときに，前の消費経路 $x=(x_t)$ と無差別となることを意味する．このとき，

$$\frac{\Delta x_2}{-\Delta x_1}$$

は，第1期間と第2期間の消費の間の代替関係をあらわす．このとき，2つの時点 t_1，t_2 における消費の限界代替率 $M(t_1, t_2)$ はつぎのように定義される．

$$M(t_1, t_2) = \lim_{\Delta t\to 0}\lim_{\Delta x_1\to 0}\left(-\frac{\Delta x_2}{\Delta x_1}\right).$$

限界代替率 $M(t_1, t_2)$ は最初に与えられた消費径路 $x=(x_t)$ に依存するのが一般的であるから，$M(t_1, t_2\,;\,x)$ のようにあらわすこともある．$M(t_1, t_2\,;\,x)$ は $x=(x_t)$ にかんして連続である．

ここで，時間 t の関数 $x=(x_t)$ にかんして連続であるというのは，関数 $x=(x_t)$ の一様収斂(uniform convergence)による位相(topology)について連続であることを意味する．すなわち，$x^\nu=(x_t^\nu)$，$x^o=(x_t^o)$ について

$$\lim_{\nu\to\theta} x^\nu = x^o$$

は，任意の正数 $\varepsilon>0$ に対して，ある $\bar{\nu}=\bar{\nu}(\varepsilon)$ が存在して，

$$|x_t^\nu - x_t^o| < \varepsilon \qquad (\text{for all } t \geqq 0,\ \nu > \bar{\nu}).$$

また，$M(x)=M(t_1, t_2; x)$が $x=(x_t)$について連続的に微分可能というのは，$x(\theta)=(x_t(\theta))$がある与えられた区間 $0 \leqq \theta \leqq \bar{\theta}$ で定義され，θ について連続的に微分可能な消費径路であれば

$$m(\theta) = M(x(\theta))$$

もまた必ず連続的に微分可能となる場合を意味する．

このとき，各時点 t における時間選好率 μ_t はつぎの式によって定義される．

$$\mu_t = \frac{\partial M(t, t_2)}{\partial t_2}\bigg|_{t_2 = t}.$$

限界代替率 $M(t_1, t_2)$がつぎの関係をみたすことは明らかであろう．

$$M(t, t) = 1, \ \text{for all } t,$$
$$M(t, t_1)M(t_1, t_2) = M(t, t_2), \ \text{for all } t < t_1 < t_2.$$

$M(t_1, t_2)>0$ であるから，

$$m(t_1, t_2) = \log M(t_1, t_2)$$

が定義できる．

このとき，

$$m(t, t) = 1, \ \text{for all } t,$$
$$m(t, t_1) + m(t_1, t_2) = m(t, t_2), \ \text{for all } t < t_1 < t_2.$$

したがって，

$$m(t_1, t_2) = m(t_2) - m(t_1) \qquad (t_1 < t_2).$$

ここで，

$$m(t) = m(0, t) \qquad (t \geqq 0).$$

時間選好率 μ_t はつぎのようにあらわすことができる．

$$\mu_t = m'(t) \qquad (t \geqq 0).$$

ここで，

$$m'(t) = \frac{dm(t)}{dt}.$$

Ramsey-Koopmans-Cass 効用積分

念のため，Ramsey-Koopmans-Cass 効用積分の場合について，時間選好率を計算しておこう．Δx_1, Δx_2 をそれぞれ限界代替率 $M(t_1, t_2)$の定義に使われた消費の限界的増分とすれば，

$$\int_{t_1}^{t_1+\Delta t} [u(x_\tau + \Delta x_1) - u(x_\tau)] e^{-\delta\tau} d\tau + \int_{t_2}^{t_2+\Delta t} [u(x_\tau + \Delta x_2) - u(x_\tau)] e^{-\delta\tau} d\tau = 0.$$

あるいは，

$$\int_{t_1}^{t_1+\Delta t}\frac{u(x_\tau+\Delta x_1)-u(x_\tau)}{\Delta x_1}e^{-\delta\tau}d\tau+\left(\frac{\Delta x_2}{\Delta x_1}\right)\int_{t_2}^{t_2+\Delta t}\frac{u(x_\tau+\Delta x_2)-u(x_\tau)}{\Delta x_2}e^{-\delta\tau}d\tau=0.$$

$\Delta x_1\rightarrow 0$ のときの極限をとれば

$$\int_{t_1}^{t_1+\Delta t}u'(x_\tau)e^{-\delta\tau}d\tau+\lim_{\Delta x_1\rightarrow 0}\left(\frac{\Delta x_2}{\Delta x_1}\right)\int_{t_2}^{t_2+\Delta t}u'(x_\tau)e^{-\delta\tau}d\tau=0.$$

Δt で割って，$\Delta t\rightarrow 0$ のときの極限をとれば，

$$M(t_1,t_2)=\frac{u'(x_{t_1})e^{-\delta_{t_1}}}{u'(x_{t_2})e^{-\delta_{t_2}}},$$

$$m(t_1,t_2)=(-\log u'(x_{t_2})+\delta_{t_2})-(-\log u'(x_{t_1})+\delta_{t_1}).$$

したがって，

(4)
$$u_t=\delta-\frac{u''(x_t)}{u'(x_t)}\dot{x}_t,\quad \dot{x}_t=\frac{dx_t}{dt}.$$

Ramsey-Koopmans-Cass 効用積分について，各時点 t における時間選好率 μ_t は，t 時点における消費水準 x_t，消費水準の変化率 $\dot{x}_t$ とによって一意的に定まる．すなわち

(5)
$$\mu_t(x)=\mu(x_t,\dot{x}_t)$$

のようにあらわすことができる．

4. 帰属価格と時間選好率

静学的な消費行動の理論で，限界代替率の概念は，完全競争的市場における価格体系に対応する．

消費財が n 種類あるとして，その市場価格を $p=(p_1,\cdots,p_n)$ であらわす．消費財のパターン $x=(x_1,\cdots,x_n)$ が，ある特定の無差別曲面の上にあるか，あるいはより高い水準にあるような消費財のパターンのなかで，支出額

$$px=p_1x_1+\cdots+p_nx_n$$

を最小にするとき，2 つの財 i，j の間の限界代替率 M_{ij} は価格比 p_i/p_j に等しくなる．

$$M_{ij}=\frac{p_i}{p_j}.$$

逆に，限界代替率がすべて価格比に等しいときには，支出額 px が最小となる．この基本的関係は，動学的な時間選好関係についても成立する．つぎのような意味である．

異時点間にわたる消費のパターン $(t\geqq 0)$ にかんする価格体系を $p=(p_t)$ であらわす．各時点 t における価格 p_t は現時点 $t=0$ に割り引かれているものとする．価格体系 $p=(p_t)$ は時間 t の関数として，常に正の値をとり $(p_t>0)$，すべての $t\,(t\geqq 0)$ について連続とし，piecewise に連続的に微分可能であるとする．消費径路 $x=(x_t)$ にかんする全支出額は

(6)
$$px = \int_0^\infty p_t x_t dt$$

によって与えられる．

ある特定の消費径路 $x=(x_t)$ が，それと無差別か，あるいはそれより選好されるような消費径路全体の集合のなかで，支出額(6)を最小にするものであるとしよう．

限界代替率 $M(t_1, t_2)$ の定義のなかで導入された消費の限界的変化を $\varDelta x_{t_1}$，$\varDelta x_{t_2}$ とする．与えられた消費径路 $x=(x_t)$ に対して，2つの期間 $[t_1, t_1+\varDelta t]$，$[t_2, t_2+\varDelta t]$ でそれぞれ $\varDelta x_{t_1}$，$\varDelta x_{t_2}$ だけ異なる新しい消費径路を考えると，この2つの消費径路は無差別であるから，

$$\int_{t_1}^{t_1+\varDelta t} p_\tau \varDelta x_{t_1} d\tau + \int_{t_2}^{t_2+\varDelta t} p_\tau \varDelta x_{t_2} d\tau \geqq 0.$$

ここで，$\varDelta x_{t_1}>0$ としよう．

$$\lim_{\substack{\varDelta x_{t_1}\to 0 \\ \varDelta x_{t_1}>0}} \left(-\frac{\varDelta x_{t_2}}{\varDelta x_{t_1}}\right) \leqq \frac{\int_{t_1}^{t_1+\varDelta t} p_\tau d\tau}{\int_{t_2}^{t_2+\varDelta t} p_\tau d\tau}.$$

同じように $\varDelta x_{t_1}<0$ の場合について，

$$\lim_{\substack{\varDelta x_{t_1}\to 0 \\ \varDelta x_{t_1}<0}} \left(-\frac{\varDelta x_{t_2}}{\varDelta x_{t_1}}\right) \geqq \frac{\int_{t_1}^{t_1+\varDelta t} p_\tau d\tau}{\int_{t_2}^{t_2+\varDelta t} p_\tau d\tau}.$$

したがって，

$$\lim_{\varDelta x_{t_1}\to 0} \left(-\frac{\varDelta x_{t_2}}{\varDelta x_{t_1}}\right) = \frac{\int_{t_2}^{t_2+\varDelta t} p_\tau d\tau}{\int_{t_1}^{t_1+\varDelta t} p_\tau d\tau}.$$

ここで，$\varDelta x_t \to 0$ のときの極限をとれば，

$$M(t_1, t_2) = \frac{p_{t_1}}{p_{t_2}}.$$

時間選好率 μ_t は

$$\mu_t = -\frac{\dot{p}_t}{p_t}.$$

したがって，つぎの命題が成立する．

定理1　価格体系 $p=(p_t)$ が与えられているとする．$p=(p_t)$ は必ず正の値をとり $(p_t>0)$，連続で，piecewise に連続微分可能であるとする．

もし，ある特定の消費径路 $x=(x_t)$ が，それと無差別か，あるいはそれより選好されるような消費径路全体の集合のなかで，支出額

(6)
$$px = \int_0^\infty p_t x_t dt$$

を最小にするとすれば，$x=(x_t)$にかんする時間選好率 μ_t は常に価格の低下率に等しくなる.

(7)
$$\mu_t = -\frac{\dot{p}_t}{p_t}.$$

同じようにしてつぎの命題を証明することができる.

定理 2　$x=(x_t)$は任意の消費径路とし，$p=(p_t)$は価格体系とする．すべての t について $p_t>0$，p_t は t について微分可能である.

もし(7)の条件がすべての時点 t についてみたされ，支出額(6)が有限であるとすれば，所与の消費径路 $x=(x_t)$は，それと無差別であるか，あるいはそれより選好される消費径路全体の集合のなかで，支出額(6)を最小とするものとなる.

[証明]　与えられた消費径路を $x^0=(x_t^0)$であらわし，$x^0=(x_t^0)$と無差別となるような任意の消費径路を $x^1=(x_t^1)$とする．この 2 つの消費径路 x^0，x^1 を結ぶ直線 $x(\theta)$を考える.

$$x(\theta) = (1-\theta)x^0+\theta x^1,\ \ 0 \leqq \theta \leqq 1.$$

時間選好関係は convex であるから，

$$x(\theta) > x^0 \sim x^1,\ \ 0 < \theta < 1.$$

さらに，時間選好関係にかんする連続性の仮定から，

$$x^0 \sim x(\theta) = \alpha(\theta)x^0+\theta(x^1-x^0)$$

となるような正数 $\alpha(\theta)$ $(0\leqq\theta\leqq1)$が一意的に定まる.

時間選好関係の convexity から，

$$\alpha(\theta) < 1 \qquad (0 < \theta < 1),$$
$$\alpha(0) = \alpha(1) = 1.$$

したがって，つぎの不等式が成立する.

(8)
$$\alpha'(0) \leqq 0.$$

$x(\theta)$を θ について微分して，

(9)
$$x'(0) = \alpha'(0)x^0+(x^1-x^0).$$

ここで，

$$x(\theta) \sim x^0,\ \ \text{for all}\ 0 < \theta < 1$$

であるから，限界代替率 $M(t_1, t_2)$の定義によって

(10)
$$\int_0^\infty \frac{x_t'(0)}{M(0, t)}\,dt = 0.$$

この(10)式を求めるために，支出額(6)が $x=x^0$ のとき有限であることを用いた.

(7)式はつぎのようにあらわすことができる.

$$\frac{\dot{M}(0,\, t)}{M(0,\, t)} = -\frac{\dot{p}_t}{p_t}.$$

この両辺を積分して，

$$\frac{M(0,\, t)}{M(0,\, 0)} = -\frac{1}{p_t}.$$

したがって，(10)式を書き直して，

$$\int_0^\infty p_t x_t{}'(0)\, dt = 0. \qquad (11)$$

(9)式を(11)式に代入すれば，

$$\alpha'(0)\, px^0 + p(x^1 - x^0) = 0.$$

ここで，(8)式を用いて，

$$p(x^1 - x^0) = -\alpha'(0)\, px^0 \geqq 0.$$ Q.E.D.

5. 分離的な時間選好関係

Ramsey-Koopmans-Cass 効用積分から導き出される時間選好関係について，各時点 t におけるその時間選好率 μ_t は(5)式からわかるように，t 時点における消費水準 x_t とその時間的変化率 $\dot{x}_t$ に依存する．これに対して，一般の時間選好関係については，その時間選好率 μ_t は消費径路 $x=(x_t)$ 全体のパターンに依存する．

選好関係の分離性にかんしては，これまで数多くの論文が発表されている．とくに，Leontief (1947)，Strotz (1957)，Gorman (1959) などの業績がある．ここで展開される分析は Goldman and Uzawa (1964) で導入されたアプローチを一般化したものである(『基礎篇』第3章)．

時間選好関係 $\gtrsim$ が分離的(separable)であるというのは，任意の2つの時点 t_1，t_2 における消費の間の限界代替率 $M(t_1,\, t_2)$ が，期間 $[t_1,\, t_2]$ の消費のパターンのみに依存して決まり，$[t_1,\, t_2]$ 以外の消費のパターンには無関係となるときである．

Ramsey-Koopmans-Cass 効用積分から導き出される時間選好関係が，このような意味で分離的となることは容易にわかるであろう．

一般の時間選好関数について，限界的代替率はつぎの条件をみたす．

$$m(0,\, t) = m(0,\, t-\Delta t) + m(t-\Delta t,\, t), \quad \text{for all } \Delta t > 0, \qquad (12)$$

$$m(t_1,\, t_2) = \log M(t_1,\, t_2).$$

$m(t_1,\, t_2)$ は時間 $[t_1,\, t_2]$ 以外の消費のパターンには無関係であるから，(12)式から $m(0,\, t)$ は，任意の $\Delta t > 0$ に対して，$[t-\Delta t,\, t]$ 以外の消費のパターンには無関係となる．したがって，$m(0,\, t) = m(0,\, t\,;\, x)$ とおけば，

$$m(0, t) = m(0, t\,;\,x) = g(t, x_t) \qquad (t > 0,\ \ x \in \Omega).$$

この両辺を時間 t について微分すれば，

$$\text{(13)} \qquad \mu(t\,;\,x) = g_1(t, x_t) + g_2(t, x_t)\dot{x}_t,$$

$$g_1(t, x_t) = \frac{\partial g(t, x_t)}{\partial t},\ \ g_2(t, x_t) = \frac{\partial g(t, x_t)}{\partial x_t},\ \ \text{etc.}$$

時間選好関係は時間 t について invariant であると仮定したから，(13)式の右辺は時間 t について独立となる．したがって，

$$g_{11}(t, x_t) + g_{12}(t, x_t)\dot{x}_t = 0,\ \ \text{for all } t, x_t, \dot{x}_t.$$

すなわち

$$g_{11}(t, x_t) = 0,\ \ g_{12}(t, x_t) = 0,\ \ \text{for all } t, x_t.$$

したがって，

$$g(t, x_t) = \delta t + \beta(x_t).$$

ここで，δ は正の定数，$\beta(x_t)$ は x_t の関数である．

各時点 t における時間選好率 μ_t はつぎのようにあらわせることなる．

$$\text{(14)} \qquad \mu_t(x) = \delta + \beta'(x_t)\dot{x}_t.$$

このようにして，時間選好関係が分離的のとき，各時点 t における時間選好率 $\mu_t(x)$ は，x_t, $\dot{x}_t$ のみに依存して決まってくることがわかる．この命題は Mills(1969) によって最初に証明された．その概要は Uzawa(1989) に述べられている．

時間選好率 $\mu_t(x)$ が(14)の形をしているとき，限界代替率関数 $m(0, t)$ はつぎのようにあらわすことができる．

$$m(0, t) = \mu_t + \beta(x_t) + \text{constant}.$$

ここで，$u(x_t)\,(x_t > 0)$ をつぎのように定義する．

$$u(x_t) = e^{-\beta(x_t)}.$$

このとき，

$$\text{(15)} \qquad \mu_t(x) = \delta - \frac{u''(x_t)}{u'(x_t)}\dot{x}_t.$$

定理 1，定理 2，(15)式から，分離的な時間選好関係は Ramsey-Koopmans-Cass 効用積分から導き出されたものと一致することがわかる．以上まとめて，つぎの定理が成立する．

定理 3　時間選好関係 $\gtrsim$ が分離的であるとすると，任意の消費径路 $x = (x_t)$ について，時間選好率 μ_t は(15)式の形であらわされる．ここで，δ は正の定数，$u_t = u(x_t)$ は(i)，(ii)の性質をみたす関数である．

したがって，時間選好関係 $\gtrsim$ は，Ramsey-Koopmans-Cass 効用積分(2)から導き出された

ものと一致する．ここで，効用積分(2)が有限となるような消費径路に限定するものとする．

逆に，Ramsey-Koopmans-Cass 効用積分(2)から導き出された時間選好関係は分離的となり，その時間選好率 $\mu_t(x)$ は(15)式であらわされる．

定理 3 によって，分離的な時間選好関係の構造が明らかにされ，同時に Ramsey-Koopmans-Cass 効用積分から導き出された時間選好関係の本質的な意味が明確にされた．

このようにして分離的な時間選好関係は，将来の効用水準にかんする割引率が一定であるという性質によって特徴づけられることになった．効用水準の割引率が内生的に決まり，したがって可変的となる場合をつぎに考察することにしよう．

6. 内生的な時間選好率

時間選好率が内生的に決まってくるような時間選好関係の構造を調べるために，時間選好率の概念について，これまでとは異なった観点から考察しよう．

いま所与の時間選好関係 $\gtrsim$ が，utility functional によって表現されるとしよう．すなわち，Ω の上で定義された functional $U(x)$，$x=(x_t)\in\Omega$ が存在して，

$$x > x' \Longleftrightarrow U(x) > U(x').$$

ここで，utility functional $U(x)$ は $x=(x_t)$ にかんして連続的に微分可能であると仮定する．

時間選好関係 $\gtrsim$ は time-invariant であるから，同じ functional U が，t 時点で truncate された消費径路 ${}^tx=(x_{t+\tau})_{\tau\geqq 0}$ にかんする utility functional U として用いることができる．すなわち，

$${}^tx > {}^tx' \Longleftrightarrow U({}^tx) > U({}^tx').$$

ここで，${}^tx=(x_{t+\tau})$，${}^tx'=(x_{t+\tau}')$．

消費径路 $x=(x_\tau)$ が所与のとき，t 時点で truncate された消費径路 ${}^tx=(x_{t+\tau})$ について utility functional の値を U_t であらわす．

$$U_t = U({}^tx),\ \ {}^tx = (x_{t+\tau})_{\tau\geqq 0}.$$

いまここで，各時点 t における効用水準 $u_t=u(x_t)$ は well-defined で，条件(i)，(ii)がみたされているとする．t 時点で truncate された消費径路 ${}^tx=(x_{t+\tau})$ を考え，それを 2 つの部分に分割する．第 1 は期間$[t, t+\varDelta t]$，第 2 は期間$[t+\varDelta t, +\infty]$における消費とする．第 1 部分における utility functional の値は $u_t\varDelta t$ によって近似され，第 2 部分は $U_{t+\varDelta t}=U({}^{t+\varDelta t}x)$ によってあらわされる．

将来の効用を割り引く率を δ_t とすれば，

$$U_t = u_t\varDelta t+(1-\delta_t\varDelta t)\,U_{t+\varDelta t}.$$

すなわち，

$$\frac{U_{t+\Delta t}-U_t}{\Delta t}=-u_t+\delta_t U_{t+\Delta t}.$$

したがって，$\Delta t\to 0$ のときの極限をとれば，

(16) $$\dot{U}_t=-u_t+\delta_t U_t.$$

時点 t における割引率 δ_t は 2 つの変数に依存する．1 つは，各時点での効用水準 u_t であり，もう 1 つの変数は将来の効用水準全体をあらわす U_t である．すなわち，つぎのような関数関係が存在すると仮定することにしよう．

$$\delta_t=\delta(u_t,U_t),\quad u_t=u(x_t).$$

(16)式を積分して，つぎの式を得ることができる．

(17) $$U_0=\int_0^\infty u_\tau e^{-\int_0^\tau \delta_s ds}d\tau.$$

第 2 節で導入した内生的な割引率にかんする効用積分の例は，$\delta(u_t,U_t)$ が U_t に無関係な場合である．

(17)式であらわされるような効用積分から導き出された時間選好関係の構造を調べるために，つぎの割引要素(discounting factor)の概念を導入しよう．

$$\beta_t=\beta(u_t,U_t)=\delta(u_t,U_t)U_t.$$

基本的な微分方程式(16)はつぎのようにあらわされる．

$$\dot{U}_t=-u_t+\beta(u_t,U_t).$$

(17)式であらわされる効用積分に対応する時間選好関係が convex となるためには $\beta(u,U)$ が (u,U) にかんして convex な関数とならなければならない．すなわち，

(18) $$\beta_{uu}>0,\quad \beta_{UU}>0,\quad \beta_{uu}\beta_{UU}-\beta^2{}_{uU}\geqq 0.$$

u_t は各時点 t における効用水準をあらわし，U_t は将来の効用水準全体をあらわす代理変数であるから，つぎの条件がみたされていると仮定してもよい．

(19) $$\beta=\beta(u,U)>0,\quad \beta_u=\beta_u(u,U)<0,\quad \text{for all }(u,U)>0.$$

さらに，

(20) $$\beta(0,U)=+\infty\qquad (U>0)\ ;\ \beta(u,0)=0,\quad \beta(u,\infty)=+\infty\qquad (u>0).$$

$\beta(u,U)$ は (u,U) にかんして convex であるから

$$\frac{\beta}{U}<\beta_U.$$

しかも，u が所与のとき $\dfrac{\beta(u,U)}{U}$ は U の増加変数となる．

ここで，$\beta(u,U)$ から導き出された utility functional $U=U(u)$，$u=(u_t)$ に対して形式的な定義を与えておこう．

$\beta(u,U)$ は，すべての (u,U)，$u>0$，$U\geqq 0$，で定義され，常に連続的に 2 回微分可能で，

(u, U)にかんしてconvexであるとし，(19)，(20)をみたすとする．任意に与えられた$u=(u_t)$，$(u_t>0)$，に対して，効用積分の値$V^0=V(u)$をつぎのように定義する．

$$V^0 = \int_0^\infty u_t e^{-\hat{\Delta}_t} dt. \tag{21}$$

ここで，

$$\hat{\Delta}_t = \int_0^\infty \delta(u_\tau, U_\tau)\, d\tau. \tag{22}$$

δ_tは平均的割引率

$$\delta_t = \delta(u_t, U_t) = \frac{\beta(u_t, U_t)}{U_t}$$

であり，(U_t)はつぎの基本的微分方程式の解径路である．

$$\dot{U}_t = \beta(u_t, U_t) - u_t, \quad U_0 = V^0. \tag{23}$$

ここで初期条件はV^0である．

このようなutility functional $V^0=V(u)$，$u=(u_t)$，が一意的に定義されることを証明するために，微分方程式(23)の解径路の構造を調べてみよう．

与えられた効用水準の時間的径路を$u=(u_t)$，$u_t>0$，とする．任意に与えられた正数$V>0$に対して，Vを初期条件とする微分方程式(23)の解が存在するような時間tの最大値を$T(V)$であらわす．この，$T(V)$関数が一意的に定義されることをみるために，つぎの条件をみたすようなTのsupremumを考えよう．すなわち，微分方程式(23)の解がすべてのt，$0 \leqq t \leqq T$，について存在するようなTの最大値として定義される．

$$U_{T(V)} = 0,$$
$$U_t > 0, \text{ for all } t, \ 0 \leqq t < T(V).$$

(21)，(23)の条件をみたすような値V^0はつぎの式によって定義される．

$$V^0 = \sup\{V : T(V) < +\infty\}. \tag{24}$$

まず，

$$T(V^0) = +\infty$$

が成立することを証明しよう．

もし仮に

$$T(V^0) < +\infty$$

としよう．このとき，

$$U_{T(V^0)} = 0, \quad \beta(u_{T(V^0)}, U_{T(V^0)}) = 0, \quad u_{T(V^0)} > 0.$$

したがって，初期条件$V^0+\delta$に対する微分方程式(23)の解U_tについて，つぎの条件をみたすような正数ε，δが存在する．

$$U_{T(V^0)+\varepsilon} = 0.$$

このとき，

$$T(V^0+\delta) < T(V^0)+\varepsilon < +\infty$$

となって，V^0 の定義(24)と矛盾する．

初期条件 V をもつ(23)式の両辺に $e^{-\tilde{\Delta}_t}$ を掛けて，0 から t まで積分して，

(25) $$U_t e^{-\Delta_\tau} = V - \int_0^t x_\tau e^{-\tilde{\Delta}_\tau} d\tau,\ 0 \leqq t \leqq T(V).$$

(25)式の両辺は時間 t の減少関数となり，$\{V^\nu : 0< V^\nu < V^0,\ \lim_{\nu\to+\infty} V^\nu = V^0\}$ に対して，

$$\lim_{\nu\to+\infty} T(V^\nu) = +\infty,\ U_{T(V^0)} = 0.$$

したがって，初期条件 V^0 の微分方程式(23)の解 $U^0 = (U_t^0)$ について，

(26) $$\lim_{t\to+\infty} U_t^0 e^{-\Delta_t^0} = 0.$$

(25)式が成立するから，(21)式が，成立するために必要かつ十分な条件は，(26)式がみたされることである．すなわち，$V^0 = V(u)$．

つぎに，$V^0 = V(u)$ は，u が与えられたときに一意的に決まることを示そう．

もしかりに，

$$V^0 < V^1,\ \lim_{t\to+\infty} U_t^0 e^{-\tilde{\Delta}_t^0} = \lim_{t\to+\infty} U_t^1 e^{-\tilde{\Delta}_t^1} = 0$$

となるような 2 つの値 V^0，V^1 が存在したとしよう．

このとき，

$$V(\theta) = V^0 + \theta(V^1 - V^0),\ 0 \leqq \theta \leqq 1$$

とすれば，

$$V(0) = V^0 \leqq V(\theta) \leqq V(1) = V^1.$$

(27) $$\lim_{t\to+\infty} U_t(\theta) e^{-\tilde{\Delta}_t(\theta)} = 0 \qquad (0 \leqq \theta \leqq 1).$$

ここで，

(28) $$\dot{U}_t(\theta) = \beta(u_t, U_t(\theta)) - u_t,\ U_0(\theta) = V(\theta) \qquad (0 \leqq \theta \leqq 1),$$

$$\Delta_t(\theta) = \int_0^t \delta(u_\tau, U_\tau(\theta)) d\tau,$$

$$\delta(u, U) = \frac{\beta(u, U)}{U}.$$

(28)式から，

$$U_t(\theta) e^{-\tilde{\Delta}_t(\theta)} = V(\theta) - \int_0^t u_t e^{-\tilde{\Delta}_\tau(\theta)} d\tau.$$

この式を θ にかんして微分すれば，

$$\frac{d}{d\theta}[U_t(\theta) e^{-\tilde{\Delta}_t(\theta)}] = (V^1 - V^0) + \int_0^t u_\tau \tilde{\Delta}_\tau'(\theta) e^{-\tilde{\Delta}_\tau(\theta)} d\tau.$$

ここで，

$$\hat{\Delta}_t'(\theta) = \int_0^\infty \delta'(u_\tau, U_\tau(\theta))\,d\tau,$$

$$\delta'(u_t, U_t(\theta)) = \left(\frac{\beta_U - \frac{\beta}{U}}{U}\right) U_t'(\theta) > 0.$$

したがって，

$$\frac{d}{d\theta}(U_t(\theta)e^{-\hat{\Delta}_t(\theta)}) > V^1 - V^0 \qquad (t \geqq 0).$$

これは(27)の仮定に矛盾することになり，$V^0 = V(u)$となるような値は一意的に決まる．

つぎに，$V = V(u)$が$u = (u_t)$にかんして単調増大の functional となることを示そう．すなわち，

(29) $$V(u) < V(u'),\ \text{for all}\ u = (u_t),\ u' = (u_t'),\ u < u'.$$

(29)を証明する前に，つぎの式に注意しておこう．(23)式の右辺の全微分をとれば，

(30) $$d(\beta - u) = -(1-\beta_u)\,du + \beta_U dU.$$

ここで，

$$-(1-\beta_u) < 0,\ \beta_U > 0.$$

いま，$u = (u_t)$，$u' = (u_t')$，$u < u'$ ($u_t < u_t'$, for all $t > 0$)が与えられているとしよう．このとき，(U_t)，(U_t')が微分方程式(23)の解であり，初期条件はともにVで，効用径路$u = (u_t)$，$u' = (u_t')$に対応するものとする．

すべてのtについて，$u_t < u_t'$，かつ(30)の条件がみたされているから，

$$U_t \leqq U_t' \Longrightarrow \dot{U}_t > \dot{U}_t'.$$

この条件と，$U_0 = U_0' = V$の仮定から，

(31) $$U_t > U_t',\ \text{for all}\ t > 0.$$

平均的な割引率$\delta = \frac{\beta}{U}$の微分をとれば，

$$d\delta = \frac{\beta_u}{U}\,du + \left(\beta_U - \frac{\beta}{U}\right)\frac{dU}{U}.$$

したがって，

$$\delta(u_t, U_t) > \delta(u_t', U_t'),\ \text{for all}\ t > 0,$$
$$V(u) < V(u').$$

つぎに，$V(u)$が$u = (u_t)$にかんして厳密な意味で quasi-concave であることを示そう．すなわち，

$$V((1-\theta)u^0 + \theta u^1) > V^0,\ \text{for all}\ u^0 \neq u^1,\ V(u^1) > V^0,\ 0 < \theta < 1.$$

$V(u)$が厳密な意味で quasi-concave であることを示すために，まず，つぎの時間径路$u(\theta) = (u_t(\theta))$を定義しよう．

$$u_1(\theta) = \alpha(\theta)u_t^0 + \theta(u_t^1 - u_t^0) \qquad (0 \leqq \theta \leqq 1).$$

ここで，

$$(32)\qquad V(u(\theta)) = V^0 \qquad (0 \leqq \theta \leqq 1),$$
$$u(0) = u^0,\ \ u(1) = u^1,\ \ V(u^0) = V(u^1) = V^0.$$

(32)の仮定は，つぎの条件をみたすような時間径路 $U(\theta)=(U_t(\theta))$ が存在することを意味する．

$$(33)\qquad \dot{U}_t(\theta) = \beta(u_t(\theta), U_t(\theta)) - u_t(\theta),\ \ U_0(\theta) = V^0,$$

$$(34)\qquad V^0 = \int_0^\infty u_t e^{-\Delta_t(\theta)} dt,$$

$$(35)\qquad \hat{\Delta}_t(\theta) = \int_0^t \delta_\tau(\theta)\, d\tau,$$

$$(36)\qquad \delta_t(\theta) = \frac{\beta_t(\theta)}{U_t(\theta)} = \delta(u_t(\theta), U_t(\theta)).$$

微分方程式(33)を積分して，

$$(37)\qquad U_t(\theta)\, e^{-\hat{\Delta}_t(\theta)} = V^0 - \int_0^t u_\tau(\theta)\, e^{-\hat{\Delta}_\tau(\theta)} d\tau.$$

したがって，(34)がみたされるために必要かつ十分な条件は

$$(38)\qquad \lim_{t\to+\infty} U_t(\theta)\, e^{-\hat{\Delta}_t(\theta)} = 0.$$

すなわち，transversality condition がみたされることである．

(33)式を θ について微分して，

$$(39)\qquad \dot{U}_t'(\theta) = (\beta_u - 1)\, u_t'(\theta) + \beta_U U_t'(\theta).$$

(39)式をさらに θ について微分すれば

$$(40)\qquad \dot{U}_t''(\theta) = B_t(\theta) + (\beta_u - 1)\, u_t''(\theta) + \beta_U U_t''(\theta).$$

ここで

$$(41)\qquad B_t(\theta) = \beta_{uu} u_t'(\theta)^2 + 2\beta_{uU} u_t'(\theta)\, U_t'(\theta) + \beta_{uu} U_t'(\theta)^2 \geqq 0.$$

$p_t(\theta)$ をつぎのようにして定義する．

$$(42)\qquad p_t(\theta) = (1-\beta_u)\, e^{-\Delta_t(\theta)},$$

$$(43)\qquad \Delta_t(\theta) = \int_0^t \beta_U(u_\tau(\theta), U_\tau(\theta))\, d\tau.$$

ここで，β_U は効用の限界割引率をあらわし，δ は効用の平均割引率をあらわす．

このとき，つぎの関係式が成立することを証明しよう．

$$(44)\qquad \int_0^\infty p_t(\theta)\, u_t'(\theta)\, dt = 0.$$

$u_t'(\theta)$ は $u_t(\theta)$ を θ について微分したものである．(39)式の両辺に $e^{-\Delta_t}$ を掛けて，0 から t まで積分すれば，

(45)
$$-U_t'(\theta)e^{-\Delta_t(\theta)}=\int_0^t p_\tau(\theta)u_t'(\theta)d\tau,$$
$$\lim_{t\to+\infty}U_t'(\theta)e^{-\Delta_t(\theta)}=0.$$

したがって，(45)式の左辺は，$t\to+\infty$ のとき，0に収斂し，(44)式が求められる．

同じように，(40)式の両辺に $e^{-\Delta_t(\theta)}$ を掛けて，0から t まで積分すれば，

(46)
$$U_t''(\theta)e^{-\Delta_t(\theta)}=\int_0^t[B_\tau(\theta)+(\beta_u-1)u_t''(\theta)]e^{-\Delta_t(\theta)}d\tau.$$

この(46)式について，$t\to+\infty$ のときの極限をとれば，(44)式が導き出される．

同じように，(40)式の両辺に $e^{-\Delta_t(\theta)}$ を掛けて，0から t まで積分すれば，

(47)
$$\int_0^\infty p_t(\theta)u_t''(\theta)dt \geqq 0.$$

すなわち，
$$\alpha''(\theta)p(\theta)u^0 \geqq 0.$$

したがって，

(48)
$$\alpha''(\theta) \geqq 0,$$
$$\alpha(0)=\alpha(1)=1,\ \ \alpha(\theta)\geqq 0,\ \ 0\leqq\theta\leqq 1.$$

ここで，つぎの不等式を証明しよう．

(49)
$$\alpha'(0)<0.$$

仮に，$\alpha'(0)\geqq 0$ としよう．このとき，(48)式から
$$\alpha'(\theta)\geqq 0,\ \ 0\leqq\theta\leqq 1.$$

したがって，
$$\alpha'(\theta)=0,\ \ 0\leqq\theta\leqq 1,$$
$$u_t(\theta)=(1-\theta)u_t^0+\theta u_t^1,\ \ 0\leqq\theta\leqq 1.$$

このとき，
$$u_t'(\theta)=u_t^1-u_t^0,\ \ u_t''(\theta)=0,\ \ t\geqq 0,\ \ 0\leqq\theta\leqq 1.$$

したがって，(40)と(41)の両式から
$$\dot{U}_t''(\theta)\geqq\beta_U U_t''(\theta),\ \ t\geqq 0,\ \ 0\leqq\theta\leqq 1.$$

この関係式から，
$$\lim_{t\to+\infty}U_t''(\theta)e^{-\Delta(\theta)}=0.$$

(50)
$$U_t''(\theta)=0,\ \text{for all}\ t\geqq 0,\ \ 0\leqq\theta\leqq 1.$$

(33)の条件は $\theta=0,1$ のときみたされている．$\beta(u,U)$が(u,U)にかんしてconvexで，しかも(33)式がみたされているから，

(51)
$$\dot{U}_t^*(\theta)\geqq\beta(u_t(\theta),U_t^*(\theta))-u_t(\theta),\ \ U_0^*(\theta)=V^0.$$

ここで，

$$U_t^*(\theta) = (1-\theta)U_t(0)+\theta U_t(1).$$

$\beta(u, U)$は U にかんして単調増加関数であるから，基本的微分方程式(33)および不等式(51)から，

(52) $$U^*(\theta) \geqq U_t(\theta),\ \ t \geqq 0,\ \ 0 \leqq \theta \leqq 1.$$

(52)から $U_t(\theta)$は θ にかんして一次関数となることが導き出され，

$$U_t^*(\theta) = U_t(\theta),\ \ t \geqq 0,\ \ 0 \leqq \theta \leqq 1.$$

(52)の不等式は，$u_t^0 \neq u_t^1$ のときには不等号 $>$ で成立する．すなわち(52)の不等式は，$u_t^0 \neq u_t^1$ のときには $>$ となる．

このようにして，不等式(49)が成立することが示された．(49)式から

(53) $$V((1-\theta)u^0+\theta u^1) > V^0,\ \ \text{for all } \theta \text{ sufficiently close to } 0.$$

このとき，

$$u^\theta = (1-\theta)u^0+\theta u^1,\ \ 0 \leqq \theta \leqq 1,$$

$$(1-\eta)u^\theta+\eta u^1 = (1-(\theta+\eta-\theta\eta))u^0+(\theta+\eta-\theta\eta)u^1,\ \ 0 \leqq \eta \leqq 1.$$

したがって(53)が $0 \leqq \theta \leqq 1$ の範囲内で成立することがわかる．

以上展開した議論を要約して，つぎの定理が得られる．

定理 4　割引要素関数 $\beta(u, U)$がすべての $u>0$, $U \geqq 0$ について定義されているとし，(u, U)にかんして連続的微分可能とする．さらに $\beta(u, U)$はつぎの諸条件をみたす．

$$\beta = \beta(u, U) > 0,\ \ u > 0,\ \ U \geqq 0,$$

$$\beta_u < 0,\ \ \beta_U > 0,\ \ u > 0,\ \ U \geqq 0.$$

ここで，$\beta(u, U)$は(u, U)にかんして concave で，かつ厳密な意味で quasi-concave と仮定する．すなわち

$$\beta_{uu} > 0,\ \ \beta_{UU} > 0,$$

$$\beta_{uu}\beta_{UU}-\beta_{uU}{}^2 \geqq 0,\ \ u > 0,\ \ U \geqq 0.$$

このとき，utility functional $V^0 = V(u)$, $u = (u_t)$, をつぎの条件によって定義する．

$$\dot{U}_t = \beta(u_t, U_t)-u_t,\ \ U_0 = V^0,$$

$$V^0 = \int_0^\infty u_t e^{-\hat{\Delta}_t} dt.$$

ここで，

$$\hat{\Delta}_t = \int_0^t \delta(u_\tau, U_\tau)d\tau,$$

$$\delta(u, U) = \frac{\beta(u, U)}{U}.$$

このとき，utility functional $V^0=V(u)$はすべての$u=(u_t)>0$について，一意的に定義され，連続的に2回微分可能で，つぎの諸条件をみたす．

$V(u)$はuにかんして単調増大である．

$$u^0 > u^1 \Longrightarrow V(u^0) > V(u^1).$$

$V(u)$はuにかんして厳密な意味でquasi-concaveである．

$$u^0 \neq u^1,\ V(u^0) = V(u^1) = V^0,\ 0 < \theta < 1 \Longrightarrow V((1-\theta)u^0+\theta u^1) > V^0.$$

定理4の証明から明らかなように，帰属価格体系$(p_t(u))$はつぎのようにして定義される．

$$p_t(u) = (1-\beta_u)e^{-\Delta_t(u)}.$$

ここで，$U=(U_t)$は$u=(u_t)$に対応する微分方程式(23)の解であり，

$$\Delta_t(u) = \int_0^t \beta_U(u_\tau, U_\tau)\,d\tau.$$

時間選好率は定理1，2を適用すれば容易に求められる．すなわち，効用径路$u=(u_t)$が所与のとき，時間選好率$\mu_t(u)$はつぎの公式によって与えられる．

$$\mu_t(u) = -\frac{\dot{p}_t(u)}{p_t(u)} = \beta_U(u_t, U_t)+\frac{\dot{\beta}_u(u_t, U_t)}{1-\beta_u(u_t, U_t)}.$$

ここで，$U=(U_t)$は$u=(u_t)$に対応する時間的径路である．

これまで展開してきた議論をそのまま消費径路$x=(x_t)$について適用すれば，帰属価格$p_t(x)$は，

$$p_t(x) = u'(x_t)(1-\beta_u)e^{-\bar{\Delta}_t(u)}$$

によってあらわされ，時間選好率$\mu_t(x)$はつぎの式によって求められる．

$$\mu_t(x) = -\frac{\dot{p}_t(u)}{p_t(u)} = \beta_U+\frac{\beta_u}{1-\beta_u}-\frac{u''(x_t)}{u'(x_t)}\dot{x}_t.$$

7. 動学的生産過程と時間生産性

これまで展開してきた時間選好の理論を使って，資本蓄積と迂回生産の問題を取り上げる．ここで考察の対象とする資本蓄積のモデルは，もっとも単純なケースで，財は1種類で，資本は産出物と同じものとする．しかし，産出物は一度資本として投下されると，それをそのまま産出物として使うことはできないとする．

各時点tにおける資本のストックをk_tであらわし，産出量は，資本のストックk_tのみによって決まると仮定する．生産関数$f(k)$は，すべての正の$k>0$について定義され，連続的に2回微分可能とし，つぎの条件がみたされるとする．

(i)′　　$f(k) > 0,\ f'(k) > 0,\ f''(k) > 0 \qquad (k>0),$

(ii)′ $f(0) = 0,\ f(+\infty) = +\infty\ ;\ f'(0) = +\infty,\ f'(+\infty) = 0.$

新古典派条件(i)′, (ii)″がみたされているときには，限界生産は常に平均生産より小さくなる．

$$f'(k) < \frac{f(k)}{k} \qquad (k>0).$$

資本蓄積の動学的プロセスはつぎの微分方程式によってあらわされる．

(54) $$\dot{k}_t = f(k_t) - x_t,\quad k_0 = K.$$

ここで，x_t は t 時点における消費水準で，K は初期時点における資本のストックである．

上の微分方程式について，その解径路 $k=(k_t)$ が存在すれば，与えられた初期条件 $K \geqq 0$ について一意的に決まる．初期条件 K に対する解径路を $k(t, K)$ と記せば，$k(t, K)$ は K にかんして連続的に 2 回微分可能となる．

資本のストック K が所与のとき，消費径路 $x=(x_t)$ が feasible であるというのは，初期条件 $k_0=K$ に対して，微分方程式(54)の解径路 $k=(k_t)$，$k_t>0$，がすべての時間 t について存在するときである．

逆に，消費径路 $x=(x_t)$，$x_t>0\,(t\geqq 0)$，が所与のとき，資本ストック $K^0=K(x)$ を，与えられた消費径路が feasible になるような資本の初期ストック K の最小値として定義する．

このとき，$K^0=K(x)$ となるための必要十分条件はつぎの関係式が成立することである．

$$K^0 = \int_0^\infty x_t e^{-\hat{\nabla}_t(k)} dt.$$

ここで，$\hat{\nabla}_t(k)$ はつぎのようにして定義される．

$$\hat{\nabla}_t(k) = \int_0^t \frac{f(k_\tau)}{k_\tau}\, d\tau.$$

この関係式を示すために，消費径路 $x=(x_t)$，$x_t>0\,(t\geqq 0)$ が与えられているとしよう．任意の正数 $K>0$ に対して，$T(K)$ をつぎのように定義する．初期条件 K に対する微分方程式(54)の解 k_t に対して

$$k_{T(K)} = 0,$$
$$k_t > 0,\ \text{for all}\ 0 \leqq t < T(K).$$

このように定義された関数 $T(K)$ は K にかんして連続で，単調増加関数であることはただちにわかる．

このとき，

$$K^0 = \sup\{K : T(K) < +\infty\}$$

と定義すると，

$$T(K^0) = +\infty,$$

$$K^0 = \int_0^\infty x_t e^{-\hat{\nabla}_t} dt,$$

$$\lim_{t\to+\infty} k_t e^{-\nabla_t} = 0.$$

すなわち，$K^0 = K(x)$ となるが，$K(x) = +\infty$ の場合もありうる．

ここで，$k = (k_t)$ は初期条件 $k_0 = K^0$ に対する微分方程式(54)の解径路とし，

$$g(K) = \int_0^\infty x_t e^{-\hat{\nabla}_t(k)} dt$$

と定義する．このとき，$K^0 = K(x)$ となるための必要十分条件をつぎのようにあらわすことができる．

(55) $$g(K) = K.$$

K が大きくなるとき，初期条件 K に対する微分方程式(54)に対する解径路 $k = (k_t)$ はすべての t について大きくなる．他方，$\dfrac{f(k)}{k}$ が k の単調減少関数となることは，つぎの関係式からわかる．

$$\frac{d}{dk}\left(\frac{f(k)}{k}\right) = \frac{1}{k}\left(f'(k) - \frac{f(k)}{k}\right) < 0.$$

したがって，$g(K)$ は K の単調増加関数となる．さらに

(56) $$g'(K) \leqq 1, \text{ for all } K > 0$$

がみたされることを示そう．

このためにまず，$K^0 < K^1$ のとき，$K(\theta)$ をつぎのように定義する．

$$K(\theta) = K^0 + \theta(K^1 - K^0), \quad 0 < \theta < 1.$$

初期条件 $K(\theta)$ に対する微分方程式(54)の解径路を $k(\theta) = (k_t(\theta))$ であらわす．

(57) $$\dot{k}_t(\theta) = f(k_t(\theta)) - x_t, \quad k_0(\theta) = K(\theta).$$

この(57)式の両辺に $e^{-\nabla_t(\theta)}$ を掛けて，0 から t まで積分すれば，

(58) $$K_t(\theta) e^{-\hat{\nabla}_t(\theta)} = K(\theta) - g_t(K(\theta)).$$

ここで，

$$g_t(K(\theta)) = \int_0^t x_\tau e^{-\hat{\nabla}_t(\theta)} d\tau.$$

(58)式の両辺を θ について微分して，

(59) $$K_t'(\theta) - K_t(\theta)\hat{\nabla}_t'(\theta) e^{-\hat{\nabla}_t(\theta)} = K(\theta)(1 - g_t(\theta)).$$

ここで，記号 $'$ は θ にかんする微分をあらわし，

$$K'(\theta) = K^1 - K^0 > 0,$$

$$\hat{\nabla}_t'(\theta) = \int_0^t -\left(\frac{f(k_\tau(\theta))}{k_\tau(\theta)}\right) - f'(k_\tau(\theta)) \frac{k_\tau'(\theta)}{k_\tau(\theta)} d\tau < 0.$$

微分方程式(57)の両辺を θ について微分して

$$\dot{k}_t'(\theta) = f'(k_t(\theta))k_t'(\theta),\quad k_0'(\theta) = K'(\theta).$$

この式の両辺に $e^{-\hat{\nabla}_t(\theta)}$ を掛けて，0から t まで積分すれば，

(60)
$$k_t'(\theta) = K'(\theta)e^{\nabla_t(\theta)},$$
$$\nabla_t(\theta) = \int_0^t f'(k_\tau(\theta))d\tau.$$

(60)式からわかるように

$$k_\tau'(\theta) > 0,\ \text{for all}\ t \geqq 0.$$

したがって，(59)の左辺は常に正となり，不等式(56)が成立することが証明された．

つぎに，(56)式は，$g(K)=K$ のときには，厳密な意味での不等号で成立する．

(58)式からわかるように，

(61)
$$g(K) = K \Longleftrightarrow \lim_{t\to\infty} k_t e^{-\hat{\nabla}_t(k)} = 0.$$

他方，つぎの不等式が成立する．

(62)
$$\lim_{t\to\infty} K_t(\theta)e^{-\nabla_t(\theta)} = 0,\ \lim_{t\to\infty} K_t'(\theta)e^{-\nabla_t(\theta)} = 0.$$

したがって，(61)，(62)から，

$$g(K^0) = K^0,\ g(K^1) = K^1,\ K^0 < K^1$$

とすれば，

$$K'(\theta) = K^1 - K^0 = 0$$

となって矛盾する．すなわち，$g(K)-K$ は $g(K)=K$ のとき，K にかんして単調増大となる．

このようにして定義された $K(x)$ は正の消費径路 $x=(x_t)$，$x_t \geqq 0(t \geqq 0)$，について一意的に定義された functional で，正の値をとり，$x=(x_t)$ について単調増大で，2回連続微分可能となる．

つぎに $K(x)$ が $x=(x_t)$ にかんして厳密な意味で convex となることを証明しよう．すなわち，

(63)
$$(1-\theta)K(x^0)+\theta K(x^1) \geqq K((1-\theta)x^0+\theta x^1) \qquad (0\leqq\theta\leqq 1),$$

$x^0 \neq x^1$，$0<\theta<1$ のときには，厳密な意味での不等号をとる．

まず，$K(\theta)$ をつぎのように定義する．

$$K(\theta) = K(x(\theta)),\ K^0 = K(x^0),\ K^1 = K(x^1),$$
$$x_t(\theta) = (1-\theta)x_t^0 + \theta x_t^1,\ 0 \leqq \theta \leqq 1.$$

初期条件 $K(\theta)$ に対する微分方程式(54)の解径路を $k_t(\theta)$ によってあらわす．すなわち，

(64)
$$\dot{k}_t(\theta) = f(k_t(\theta)) - x_t(\theta),\ k_0(\theta) = K(\theta).$$

(64)式の両辺を θ について微分して，

(65)
$$\dot{k}_t'(\theta) = f'(k_t(\theta))k_t'(\theta) - x_t'(\theta),\ k_0'(\theta) = K'(\theta).$$

この式の両辺に $e^{-\nabla_t(\theta)}$ を掛けて，0 から t まで積分すれば

(66) $$\dot{k}_t'(\theta)e^{-\nabla_t(\theta)}=K'(\theta)-\int_0^t x_\tau'(\theta)e^{-\nabla_\tau(\theta)}d\tau.$$

(66)式の両辺について，$t\to\infty$ のときの極限をとって，(62)式を代入すれば

(67) $$p(\theta)x'(\theta)=\int_0^\infty p_t(\theta)x_t'(\theta)dt=K'(\theta).$$

ここで，$p(\theta)=(p_t(\theta))$はつぎのように定義される．

(68) $$p_t(\theta)=e^{-\hat{\nabla}_t(\theta)},\ \ p_0(\theta)=1.$$

(65)式の両辺を θ について微分して，

(69) $$\dot{k}_t''(\theta)=f'(k_t(\theta))k_t''(\theta)+f''(k_t(\theta))k_t'(\theta)^2,\ \ k_0''(\theta)=K''(\theta).$$

(69)式の両辺に $e^{-\nabla_t(\theta)}$ を掛けて，0 から t まで積分すれば

(70) $$k_t''(\theta)e^{-\nabla_t(\theta)}=K''(\theta)-\int_0^t f''(k_\tau(\theta))k_t'(\theta)^2e^{-\nabla_t(\theta)}d\tau.$$

(70)式の両辺について，$t\to\infty$ のときの極限をとり，(62)に注目すれば，

(71) $$K''(\theta)=-\int_0^\infty f''(k_t(\theta))k_t'(\theta)^2e^{\nabla_t(\theta)}d\tau\geqq 0.$$

(71)の不等式は，$K(\theta)$が θ について convex な関数となることをあらわし，不等式(63)が成立することがわかる．

もしここで，(63)式が等号で成立するような θ，$0<\theta<1$ が存在したとしよう．このとき，$K''(\theta)=0$ となるから，(71)を使えば，

$$k_t'(\theta)=0,\ \ t\geqq 0.$$

したがって，(65)式から

$$x_t'(\theta)=0,\ \ t\geqq 0\ \Longrightarrow\ x^0=x^1$$

となって，$x^0\neq x^1$ という仮定に反する．すなわち，(63)は，$x^0\neq x^1$，$0<\theta<1$，のとき，不等号で成立することが証明された．

以上の議論を要約して，つぎの定理が成立することがわかる．

定理 5 生産関数 $f(k)$がすべての $k\geqq 0$ について定義され，k にかんして 2 回連続微分可能で，(i)′，(ii)′ の条件がみたされているとする．

$K^0=K(x)$，$x=(x_t)(x_t>0)$をつぎのように定義する．

$$\dot{k}_t=f(k_t)-x_t,\ \ k_t=K^0,$$

$$K^0=\int_0^\infty x_te^{-\hat{\nabla}_t(k)}dt,$$

$$\hat{\nabla}_t(k)=\int_0^t\frac{f(k_\tau)}{k_\tau}d\tau.$$

この functional $K^0=K(x)$は，すべての $x=(x_t)$，$x_t>0(t\geqq 0)$について一意的に定義され［$K(x)=+\infty$ を含めて］，正の値をとり，x にかんして 2 回連続微分可能となる．

しかも，$K(x)$は x について単調増加である．

$$K(x^0)>K(x^1),\ \text{for all}\ x^0,\ x^1,\ x^0>x^1.$$

また，$K(x)$は x にかんして厳密な意味で concave となる．

$$K((1-\theta)x^0+\theta x^1)\leqq(1-\theta)K(x^0)+\theta K(x^1),\ 0\leqq\theta\leqq 1.$$

ここで，$x^0\neq x^1$，$0<\theta<1$，のとき，不等号で成立する．

$K(x^0)=K(x^1)=K^0$ となるような任意の $x^0=(x_t^0)$，$x^1=(x_t^1)$に対して，$x(\theta)=(x_t(\theta))$ $(0\leqq\theta\leqq 1)$を x^0 と x^1 とに結ぶ smooth な曲線とする．すなわち，

$$x(0)=x^0,\ x(1)=x^1.$$

$x(\theta)$は θ にかんして 2 回連続微分可能で，

$$K(x(\theta))=K^0,\ 0\leqq\theta\leqq 1.$$

このとき，$p(\theta)=(p_t(\theta))$を帰属価格径路

$$p_t(\theta)=e^{-\nabla_t(k)},\ \nabla_t(k)=\int_0^\infty f'(k_\tau)d\tau$$

とすれば，

$$p(\theta)x'(\theta)=0,$$
$$p(\theta)x''(\theta)\leqq 0.$$

このとき，時間生産性(time rate of production)，$v_t(k)$，をつぎのように定義する．

$$v_t(k)=-\frac{\dot{p}_t(k)}{p_t(k)}=f'(k_t).$$

資本ストック $K^0>0$ および価格径路 $p=(p_t)>0$ が与えられたとき，消費径路 $x=(x_t)$が制約条件 $K(x)\leqq K^0$ のもとで割引現在価値

$$px=\int_0^\infty p_tx_tdt$$

を最大にするために必要かつ十分な条件は

$$-\frac{\dot{p}_t}{p_t}=v_t(k)=f'(k_t),\ \text{for all}\ t\geqq 0$$

となることである．

8. 動学的双対原理(Dynamic Duality Principle)

これまで展開した議論を整理して，つぎの定理を導き出すことができる．

定理 6(動学的双対原理)　時間選好関係と動学的生産構造がそれぞれ定理 4，定理 5 の諸条件をみたしているとする．$V=V(u)$，$K=K(x)$ はそれぞれ定理 4，定理 5 で導入された utility functional，capital functional とし，瞬時的効用関数 $u=u(x)$ と生産関数 $f(k)$ はそれぞれ(i)，(ii)ならびに(i)′，(ii)′ をみたすとする．

ここで，つぎの 2 つの最適問題を考える．

最大問題　資本ストック K^0 が所与のとき，制約条件

$$K(x) \leqq K^0,\ \ x(x_t) > 0$$

のもとで $V(u)$，$u=(u(x_t))$ を最大とせよ．

最小問題　Utility functional の水準 U^0 が所与のとき，制約条件

$$V(u) \geqq V^0,\ \ u = (u(x_t)),\ \ x_t > 0$$

のもとで最小にせよ．

このとき，最大問題に対する最適解 $x^0=(x_t^0)$ が存在するとすれば，x^0 は一意的に定まり，x^0 は最小問題の最適解となる．ただし，

$$V^0 = V(u^0),\ \ u^0 = (u(x_t^0)).$$

消費径路 $x^0=(x_t^0)$ が最大問題の最適解[したがって最小問題の最適解]となるために，必要にして十分な条件は，定理 4，定理 5 で定義された帰属価格径路が比例的となることである．すなわち

$$u'(x_t^0)(1-\beta_t^0)e^{-\hat{\Delta}_t^0} = \ell e^{-\hat{\Delta}_t^0} \qquad (t \geqq 0) \tag{72}$$

となるような正数 $\ell>0$ が存在することである．ここで，$U^0=(U_t^0)$ は $u^0=(u(x_t^0))$ に対応する効用積分径路で，β_n^0，$\hat{\Delta}_t^0$ などは (n^0, U^0) での値で，$\hat{\nabla}_t^0$ は $x^0=(x_t^0)$ に対応する資本ストックの径路 $k^0=(k_t^0)$ における値である．

動学的双対原理はさらにつぎのようにもあらわされる．

定理 7(動学的双対原理)　消費径路 $x^0=(x_t^0)$ が最大問題あるいは最小問題の最適解であるための必要にして十分な条件は，時間選好率 $\mu_t(u^0)$，$u^0=(u_t^0)$，が時間生産性 $v_t(x^0)$ とすべての時間 t で等しくなることである．

$$\mu_t(u^0) = v_t(x^0) \qquad (t \geqq 0),$$
$$\beta_U^0 + \frac{\dot{\beta}_U^0}{1-\beta_U^0} - \frac{u''(x_t^0)}{u'(x_t^0)}\dot{x}_t = f'(k_t^0) \qquad (t \geqq 0).$$

Ramsey-Koopmans-Cass 問題の再検討

定理 6 として表現された動学的双対原理を適用して，集計的経済成長モデルにおける資本蓄

積の最適径路を見出すことができる．

叙述を簡単にするために，効用関数が一次同次である場合

$$u(x) = x$$

を考え，相対的帰属価格 $p=(p_t)$ をつぎのように定義する．

$$p_t = \ell e^{-(\hat{\nabla}_t - \hat{\Delta}_t)} \qquad (t \geqq 0).$$

ここで，ℓ は(72)における定数とする．

したがって，基本的微分方程式体系はつぎのように要約される．

(73) $$\dot{U}_t = \beta(u_t, U_t) - u_t, \quad U_0 = V^0,$$

(74) $$\dot{k}_t = f(k_t) - x_t, \quad k_0 = K^0,$$

(75) $$\frac{\dot{p}_t}{p_t} = \beta_U(u_t, U_t) - f'(k_t).$$

ここで $u_t = x_t$ はつぎの条件によって定義される．

(76) $$p_t = 1 - \beta_u(u_t, U_t).$$

この微分方程式体系の定常状態(U^*, k^*, p^*)を分析するために，つぎの式によって定義される関数 $U=U^*(u)$ を導入する．

(77) $$\beta(u, U^*(u)) - u = 0.$$

この関数 $U^*(u)$ は，すべての $u>0$ に対して一意的に定義される．また(77)式を u について微分すれば，

$$\frac{dU^*}{du} = \frac{1-\beta_u}{\beta_U} > 0,$$

$$\frac{d^2U^*}{du^2} = \frac{1}{\beta_U^3}[\beta_{UU}\beta_U^2 + 2\beta_{uU}\beta_U(1-\beta_u) + \beta_{UU}(1-\beta_u)^2] < 0.$$

さらに，

$$\frac{d\beta_U}{du} = \frac{1}{\beta_U}(1-\beta_u)\beta_{UU} + \beta_U\beta_u U > 0$$

と仮定する．

ここで，U の値は常に $U=U^*(u)$ に保たれるとすれば，微分方程式(75)は，(76)に注目すれば，つぎの微分方程式に単純化される．

(78) $$\dot{x}_t = \frac{1-\beta_u}{\beta_{uu}} f'(k_t) - \beta_U(u_t, U_t^*).$$

微分方程式体系(73)-(75)の定常状態は，(x_t, k_t) にかんする微分方程式体系(74)，(78)の定常状態となる．

微分方程式体系(74)，(78)にかんする phase diagram は図10-1に例示されている．図10-1で，横軸は資本ストック k をあらわし，縦軸は消費水準 x をあらわす．

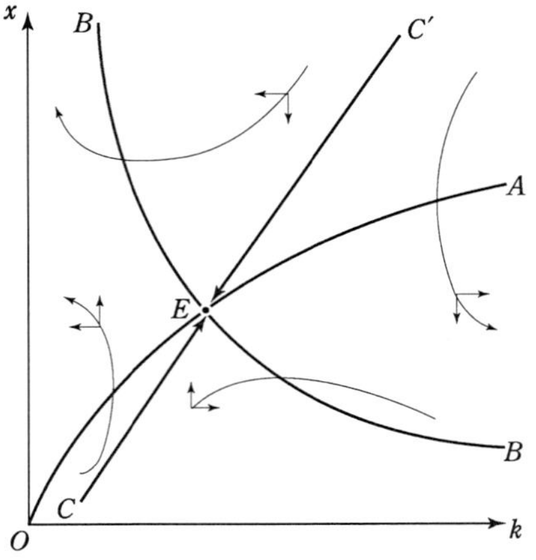

図 10-1　Phase diagram と最適な trajectory

$\dot{k}=0$ となるような(k, x)は OA 曲線すなわち $x=f(x)$ であらわされる．(k, x)が OA 曲線の上方に位置するときは $\dot{k}<0$，下方に位置するときには $\dot{k}>0$．

他方，$\dot{x}=0$ となるような(k, x)は BB 曲線によってあらわされる．図 10-1 に示されているように，BB 曲線は右下がりとなる．このことは $\frac{d\beta_U}{du}<0$ から明らかである．また，(k, x)が BB 曲線の上方に位置するときには $\dot{x}<0$，下方に位置しているときには $\dot{x}>0$ となる．

微分方程式体系(74)，(78)に対する解径路(k, x)は図 10-1 で矢印の付いた曲線群であらわされる．定常状態 $E=(k^*, x^*)$は一意的に定まり，定常状態 E に収斂するような 2 つの解曲線 CE，$C'E$ が存在する．

はじめの微分方程式体系(73)-(75)の解径路は，還元された微分方程式体系(74)，(78)の解径路と同じような構造をもつ．初期の資本ストック K^0 に対して，初期条件(k^0, x^0, U^0)からの trajectory が最適解となるような消費水準 x^0 と効用積分の値 U^0 が存在する．

9. 最適な貯蓄と消費パターン

本章で展開された動学的双対原理は，多少の修正によって，個別的な経済主体の貯蓄と消費にかんして，最適なパターンの分析に適用される[『基礎篇』第 II 部]．

いまある消費主体を考えて，現時点 $t=0$ で，実質資産を a^0 だけ保有し，将来の各時点 $t(t\geqq 0)$で実質賃金 w_t を受け取るという期待をもっているとする．この消費者は，その時間選好基準のもとで最適な消費径路を実現できると期待するような貯蓄，消費のパターンを求めるとする．

将来の各時点 t で期待される実質所得を y_t であらわせば，

$$y_t = \rho_t a_t + w_t.$$

ここで，a_t は計画される実質資産残高，ρ_t は期待実質利子率[名目利子率から期待インフレーション率を差し引いたもの]である．

実質所得 y_t は実質消費 x_t と実質貯蓄 $\dot{a}_t$ とに分けられる．

$$y_t = x_t + \dot{a}_t.$$

したがって，実質資産残高の蓄積にかんする動学的方程式はつぎの式によってあらわされる．

(79) $$\dot{a}_t = \rho_t a_t + w_t - x_t,\quad a_0 = a^0.$$

この消費者の時間選好基準は，定理4で想定されたような構造をもっているとする．さらに $\beta(u, U)$ 関数は (u, U) にかんして一次同次であると仮定する．すなわち，

(80) $$\beta(u, U) = \delta(z)\,U,\quad z = \frac{u}{U}.$$

ここで $\delta(z)$ は平均割引率で，$z=\dfrac{u}{U}$ のみの関数となる．

つぎの関係式に留意しておこう．

$$\beta_u = \delta'(z),\quad \beta_U = \hat{\delta}(z) = \delta(z) - \delta'(z)z,$$

$$\beta_{uu} = \frac{\delta''(z)}{U},\quad \beta_{uU} = \frac{\delta''(z)z}{U},\quad \beta_{UU} = \frac{\delta''(z)z^2}{U}.$$

ここで，つぎの諸条件がみたされているとする．

$$\delta(z) > 0,\quad \delta'(z) < 0,\quad \delta''(z) > 0,\quad \text{for all } z > 0.$$

Utility functional $V^0 = V(u)$ はつぎの諸条件によって特徴づけられる．

(81) $$\frac{\dot{U}_t}{U_t} = \delta(z_t) - z_t,\quad z_t = \frac{u_t}{U_t},\quad U_0 = V^0.$$

ここで $u_t = u(x_t)$，

(82) $$V^0 = \int_0^\infty u_t e^{-\Delta_t}dt,$$

(83) $$\hat{\Delta}_t = \int_0^t \delta(z_\tau)\,d\tau.$$

消費経路 $x=(x_t)$ が最適(optimum)であるというのは，$x=(x_t)$ は feasible，すなわち，動学方程式(79)が初期条件 a^0 でみたされ，utility functional $V(u)$ の値が，feasible な消費径路のなかでも最大となるときである．

ここで，定理6の形で表現された動学的双対原理を適用すれば，つぎの結果が得られる．

(84) $$u'(x_t)(1-\delta(z_t))e^{-\Delta_t} = \ell e^{-\Delta_t}\qquad (t \geqq 0).$$

ここで ℓ は正の定数で，

$$\varDelta_t = \int_0^t \hat{\delta}(z_\tau)\,d\tau,$$

$$\nabla_t = \int_0^t \rho_\tau d\tau.$$

さらに，(80)-(82)がみたされ，つぎの feasibility 条件がみたされている．

(85) $$\int_0^\infty x_t e^{-\nabla_t} dt = a^0 + \int_0^\infty x_t e^{-\nabla_t} dt \equiv \hat{a}^o.$$

つぎに，期待実質利子率が一定であり，

$$\rho_t = \rho \qquad (t \geqq 0).$$

しかも，$u(x) = x$(for all $x \geqq 0$)となる場合を考えることにしよう．

このとき，相対的帰属価格体系

$$p_t = \ell e^{(\hat{\varDelta}_t - \hat{\nabla}_t)}$$

を導入すれば，限界条件(83)はつぎのようになる．

(86) $$p_t = (1 - \delta'(z_t)),$$

(87) $$\frac{\dot{p}_t}{p_t} = \delta(z_t) - \rho.$$

$\delta'(z) > 0$ だから，z_t の値は(85)式から一意的に定まり，p_t の上昇にともなって z_t は減少する．また，

$$\hat{\delta}'(z) = -\delta''(z) z < 0.$$

したがって，微分方程式(87)の右辺は p_t の増加関数となる．したがって，安定的な解径路は一意的に定まり，

$$p_t = p^o \qquad (\text{for all } t \geqq 0).$$

ここで，p^o は定常条件によって一意的に求められる．

(88) $$p^o = (1 - \delta'(z^o)),\ \ z^o = \frac{x_t^o}{U_t^o},$$

(89) $$\hat{\delta}(z^o) = \rho.$$

したがって，U_t^o と x_t^o とはともに $\delta(z^o) - z^o$ の割合で exponential に増加する．

(85)，(86)がみたされているから，

(90) $$V^o = \frac{\rho - \delta(z^o) + z^o}{z^o} \hat{a}^o,$$

(91) $$x = (\rho - \delta(z^o) + z^o) \hat{a}^o.$$

最適な z^o の値がどのようにして決まってくるかは図 10-2 に例示されている通りである．図 10-2 で，横軸には $z = u/U$ をはかり，縦軸には割引率 δ をはかる．$\delta(z)$のスケジュールは AA 曲線によってあらわされる．$\delta(z)$にかんする仮定から，AA 曲線は厳密な意味で concave で，右下がりとなる．

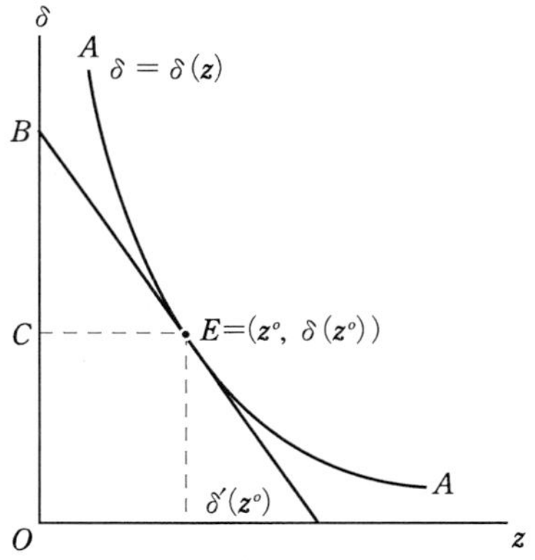

図 10-2　最適な z^o の決定

AA 曲線上の各点$(z, \delta(z))$で接線を引くと，縦軸との交点は原点から $\hat{\delta}(z)=\delta(z)-\delta'(z)z$ の距離をもつ．したがって，z^o の最適値はつぎのようにして得られる．縦軸の上に，原点 O からの距離が実質利子率 ρ に等しくなるような点 B をとり，B 点から AA 曲線に接線を引く．その接点 $E^o=(z^o, \delta(z^o))$が最適値 z^o となる．

図 10-2 はまた，(90)式をみたす z^o の値が最適となることを示している．(90)式は utility functional V^o が最大となるのは $\dfrac{\rho-\delta(z)}{z}$ が最大となるときであることを示し，この大きさは，与えられた $E=(z, \delta(z))$に対して $\angle BEC$ の勾配に等しくなる．図 10-2 からただちにわかるように，この勾配は $E^o=(z^o, \delta(z^o))$においてで最大となる．

(91)式は，貯蓄理論で普通使われている形に書きあらわすことができる．現時点 $t=0$ における permanent income y^e は，消費主体が $t=0$ で所有している人的および物的資本すべてから得られると予想される恒常的所得 $\hat{a}^o$ と定義する．このとき

$$y^e = \rho\hat{a}^o,$$
$$x^o = (1-s(\rho))\,y^e.$$

ここで $s(\rho)$は平均貯蓄性向をあらわす．

$$s(\rho) = \frac{\delta(z^o)-z^o}{\rho}.$$

これまで展開してきた分析は適当に修正することによって，期待実質利子率が時間を通じて一定ではなく，また効用関数 $u=u(x)$が一般的な形をとる場合にも適用することができる．

参 考 文 献

Böhm-Bawerk, E. von (1884-89). *Kapital und Kapitalizins*, 3 Bde., Jena : Gustav Fischer, 3 Aufl., 1909-14, 4 Aufl., 1921. Translated by G. D. Huncke and H.F. Sennholz, as *Capital and Interest*,

3 vols, South Holland: Libertarian Press, 1959.

Cass, D. (1965). "Optimum Savings in an Aggregative Model of Capital Accumulation", *Review of Economic Studies* **32**, 233-240.

Epstein, L. G. (1983). "Stationary Cardinal Utility and Optimal Growth under Uncertainty", *Journal of Economic Theory* **31**, 133-152.

——(1987). "A Simple Dynamic General Equilibrium Model", *Journal of Economic Theory* **41**, 68-95.

Epstein, L. E., and Haynes, J. A. (1983). "The Rate of Time Preference and Dynamic Economic Analysis", *Journal of Political Economy* **91**, 611-681.

Fisher, I. (1907). *The Theory of Interest*, New York: Macmillan.

Goldman, S. M., and H. Uzawa (1964). "On Separability in Demand Analysis", *Econometrica* **32**, 387-398.

Gorman, W. M. (1959). "Separable Utility and Aggregation", *Econometrica* **27**, 469-481.

Hirschleifer, J. (1958). "On the Theory of Optimal Investment Decision", *Journal of Political Economy* **46**, 329-352.

Koopmans, T. C. (1960). "Stationary Ordinary Utility and Impatience", *Econometrica* **28**, 287-309.

——(1965). "On the Concept of Optimum Economic Growth", *Semaine d'Etude sur le Role de l'Analyse dans la Formulation de Plans de Development*, Pontificiae Academemiae Scientiarum Scripta Varia, 225-287.

Leontief, W. W. (1947). "Introduction to the Theory of Internal Structure of Functional Relationships", *Econometrica* **15**, 361-373.

Lucas, R. E., Jr., and N. L. Stokey (1984). "Optimal Growth with Many Consumers", *Journal of Economic Theory* **32**, 139-171.

Mills, F. D. (1969). "Time Preference, the Consumption Function, and Optimum Economic Growth", *Seminar in Mathematical Economics*, No. 11, The University of Chicago.

Ramsey, F. P. (1928). "A Mathematical Theory of Saving", *Economic Journal* **38**, 543-559.

Stokey, N. L., and R. E. Lucas, Jr. (1989). *Recursive Methods in Economic Dynamics*, Cambridge, Mass. and London: Harvard University Press.

Strotz, R. H. (1957). "The Empirical Implications of Utility Tree", *Econometrica* **25**, 269-280.

Uzawa, H. (1968). "Time Preference, the Consumption Function, and Optimum Asset Holdings", in *Value, Capital, and Growth: Papers in Honour of Sir John Hicks*, edited by J. N. Wolfe, Edinburgh: The University of Edinburgh Press, 485-504. Reprinted in *Preference, Production, and Capital: Selected Papers of Hirofumi Uzawa*, Cambridge and New York: Cambridge University Press, 1988, 65-84.

——(1969). "Time Preference and the Penrose Effect in a Two-Class Model of Economic Growth", *Journal of Political Economy* **77**, 628-652.

——(1989). "Time Preference and an Extension of the Fisher-Hicksian Equation", in *Value and Capital: Fifty Years Later*, edited by L.W. McKenzie and S. Zamagni, New York: Macmillan, 90-110.

——(1996). "An Endogenous Rate of Time Preference, the Penrose Effect, and Dynamic Optimality of Environmental Quality", *Proceedings of the National Academy of Sciences of the United States of America*, **93**, 5770-76.

Weitzman, M. (1973). "Duality Theory for Infinite Horizon Convex Models", *Management Science* **19**, 783-789.

第11章　内生的時間選好，ペンローズ効果，環境の質の動学的最適化

この章では，前章で展開した内生的時間選好の理論をさらに発展させて，資本蓄積の過程と環境の質の変化との間の関係を分析し，考察の対象としている社会の代表的個人の時間選好を基準として，動学的最適性の問題を分析する．環境の質の動学的変化にかんしては，第I部で展開したが，とくに漁場および森林のコモンズにかんする分析の一般化となっていることに言及しておきたい．

本章の分析でとくに焦点を当てたいのは，時間選好率が内生的でかつ，資本蓄積のプロセスが非可逆的で，ペンローズ効果をもつときである．第10章で導入した時間選好と資本蓄積とにかんする双対原理が，私的資本あるいは社会的共通資本の蓄積のプロセスがペンローズ効果をもつ場合にも拡大できることを示す．

動学的最適性は，2つの帰属価格の時間的径路が比例的という条件によって特徴づけられる．1つは，所与の時間選好関係にかんするもので，他の1つは，私的な資本と社会的共通資本との蓄積にかんするものである．

1. はじめに

持続可能な経済発展(sustainable development)の概念は，近年になって，多くの発展途上諸国の経済発展のプロセスとの関連で多くの経済学者によって議論されるようになった．持続可能な経済発展というとき，理論的，政策的な観点からいくつかの問題を提示する．環境破壊の非可逆性，異なる世代間の公正，環境のもつ静学的，ならびに動学的外部性など，これまでの経済解析の手法をもってしては必ずしも満足できるような形で分析することが困難な問題が数多く起こってくる．しかし，この20年ほどの間に，環境破壊の社会的影響を十分検討して，自然環境と調和しうる経済発展のプロセスを分析するための理論的枠組みと解析的手法が開発されてきた．この間の事情は一部『基礎篇』でもふれたが，さらにくわしい経緯についてはたとえばClark(1990)に述べられている．

本章の目的は，資本蓄積のプロセスと環境の質の時間的変化とについて，社会的時間選好基準のもとで動学的に最適となるための条件を明らかにすることである．本章は，環境の質の動学的分析にかんして，Mäler(1974)をはじめとして，Gordon(1954)，Schaefer(1957)，Clark and Munro(1975)，Clark(1990)，Tahvonen(1991)などで導入された理論的枠組みのなかで展

開される．

とくに，この章で取り上げたいのは，前章で導入した内生的時間選好率の概念が，動学的最適性とどのような関わりをもつかについて，ペンローズ効果が存在し，資本の蓄積過程が非可逆的となる場合についてくわしく分析する．

2. 時間選好と帰属価格

前章で展開した内生的時間選好の概念について，その要点を述べることからはじめよう．消費径路 $x=(x_t)$ の全体を Ω であらわす．ここでは，x_t は n 次元のベクトルで，時間 t について piecewise に連続的に微分可能，かつ $x_t \geqq 0$ とする．

$$\Omega = \{x_t : \text{piecewise に連続微分可能 } x_t \geqq 0 \quad (0 \leqq t < +\infty)\}.$$

時間選好関係 $\gtrsim$ は，Ω の上で定義された二項関係で，前章で説明したように，irreflexible, transitive, monotone, continuous, convex, かつ time-invariant であると仮定する．また，ここで考察する時間選好関係 $\gtrsim$ は各時点 t における効用水準 $u_t=u(x_t)$ にかんして定義されているとする．効用関数 $u_t=u(x_t)$ は常に正の値をとり，連続的に 2 回微分可能，かつ厳密な意味で concave であると仮定する．

$$u(x_t) > 0, \quad u'(x_t) > 0, \quad u''(x_t) < 0, \quad \text{for all } x_t > 0.$$

さらに，時間選好関係 $\gtrsim$ 自体も，utility functional $U=U(u)$，$u=(u_t)$ によってあらわすことができると仮定する．

$$x \gtrsim x' \Longleftrightarrow U(u) \geqq U(u'), \quad u = (u(x_t)), \quad u' = (u(x_t')).$$

与えられた効用の時間的径路 $u=(u_t)$ に対して，ある時点 t の truncate された径路を $_tu=(u_{t+\tau})_{\tau \geqq 0}$ であらわし，U_t をその utility functional とする．

$$U_t = U({}^tu)$$

この utility functional $U=U(u)$ はつぎの微分方程式をみたすと仮定する．

$$\text{(1)} \qquad \dot{U}_t = \beta(u_t, U_t) - u_t.$$

このとき，$\beta(u, U)$ は将来の効用を現在時点に割り引くための操作をあらわす．

この割引関数 $\beta(u, U)$ はすべての $(u, U)>0$ で定義され，連続的に 2 回微分可能で，かつ，つぎの条件をみたすと仮定する．

$$\beta = \beta(u, U) > 0, \quad \text{for all } (u, U) > (0, 0),$$
$$\beta(0, U) = \beta(u, 0) = 0, \quad \text{for all } (u, U) \geqq 0,$$
$$\beta_u < 0, \quad \beta_U > 0, \quad \text{for all } (u, U) > (0, 0).$$

また，$\beta(u, U)$ は convex かつ厳密な意味で quasi-convex であるとする．

$$\beta_{uu} > 0, \quad \beta_{UU} > 0,$$

$$\beta_{uu}\beta_{UU}-\beta_{uU}^2 \geqq 0, \text{ for all } (u, U) > (0, 0).$$

任意の効用径路 $u=(u_\tau)$ に対して，utility functional の値 $V=U(u)$ はつぎのようにして求められる．

基本的動学方程式(1)について，初期値 $U_0=V$ の解 (U_t) が

$$\text{(2)} \qquad \int_0^\infty u_t e^{-\hat{\Delta}_t} dt = V$$

をみたすとき，$V=U(u)$ と定義する．ここで $\hat{\Delta}_t$ は集積的平均割引率で，つぎのように定義される．

$$\text{(3)} \qquad \hat{\Delta}_t = \int_0^t \delta(u_\tau, U_\tau) d\tau,$$

$$\text{(4)} \qquad \delta(u, U) = \frac{\beta(u, U)}{U}.$$

前章で証明したように，任意の効用径路 $u=(u_t)$，$u_t>0 (t \geqq 0)$，に対して，utility functional $V=U(u)$ は一意的に決まってくる．じじつ，$V=U(u)$ は，微分方程式(1)の解 (U_t) がすべての $t \geqq 0$ について存在し，しかも $U_t>0 (t \geqq 0)$ となるような初期値 $U_0=V$ の最小値に等しくなる．

さらに，条件(2)がみたされるための必要十分条件は，

$$\text{(5)} \qquad \lim_{t\to\infty} U_t e^{-\hat{\Delta}_t} = 0.$$

この条件はまたつぎのようにもあらわすことができる．

$$\text{(6)} \qquad \lim_{t\to\infty} U_t e^{-\Delta_t} = 0.$$

ここで，Δ_t は集積的限界割引率である．

$$\text{(7)} \qquad \Delta_t = \int_0^t \beta_U(u_\tau, U_\tau) d\tau.$$

$\beta(u, U)$ は convex だから，

$$0 < \delta(u, U) < \beta_U(u, U).$$

任意に与えられた効用径路 $u=(u_t)$ にかんする帰属価格径路 $p(u)=(p_t(u))$ はつぎのようにあらわされる．

$$\text{(8)} \qquad p_t(u) = (1-\beta_u(u_t, U_t)) e^{-\Delta_t}.$$

ここで，(U_t) は，所与の効用径路 $u=(u_t)$ の微分方程式(1)の解径路で，Δ_t は集積的限界割引率である．

帰属価格 $p(u)=(p_t(u))$ の意味を明らかにするために，2つの効用径路 $u^0=(u_t^0)$，$u^1=(u_t^1)$ が与えられた時間選好基準のもとで無差別であるとしよう．

$$u^0 \sim u^1.$$

このとき，$u(\theta)=(u_t(\theta))$ を無差別曲面上で u^0 と u^1 を連結する smooth な曲線とする．す

なわち，$u(\theta)$は，$0\leqq\theta\leqq1$ で定義され，正の値をとり，連続で，piecewise に 2 回連続微分可能であって，

$$u(0) = u^0,\ \ u(1) = u^1,$$
$$u(\theta)\sim u^0\sim u^1,\ \ \text{for all}\ \ 0 \leqq \theta \leqq 1.$$

このとき，帰属価格 $p(u)=(p_t(u))$はつぎの条件をみたす．

(9)
$$\int_0^\infty u_t{}'(\theta)p_t(u(\theta))dt = 0,$$

(10)
$$\int_0^\infty u_t{}''(\theta)p_t(u(\theta))dt \geqq 0 \qquad (0 \leqq \theta \leqq 1).$$

このようにして，静学的状況の場合と同じように，帰属価格 $p(u)=(p_t(u))$は無差別曲面に対して，separating hyperplane の役割をはたす．すなわち，与えられた効用径路 $u^0=(u_t^0)$が，ある所与の価格径路 $p=(p_t)$，$p_t>0(t\geqq0)$のもとでの支出

(11)
$$p\cdot u = \int_0^\infty p_t u_t dt$$

を，$u^0=(u_t^0)$と無差別か，あるいは $u^0=(u_t^0)$より選好される効用径路 $u=(u_t)$のなかで最大とする径路となっているとすれば，

(12)
$$p_t = \ell p_t(u^0),\ \ \text{for all}\ \ t \geqq 0.$$

ここで，ℓ は正数である．

逆に，(12)の条件がみたされ，同時に，transversality condition

(13)
$$\lim_{t\to+\infty} p_t u_t^0 = 0$$

がみたされているとき，$u^0=(u_t^0)$は，支出(11)を，u^0 と無差別か，あるいは u^0 より選好される効用径路 u のなかで最大化する．

このアプローチと，古典的なオイラー＝ラグランジュの方法との関係は明らかである．

$$\xi_t = \frac{1}{p_t}e^{-\Delta t}$$

とし，時間 t について対数的に微分すれば，

(14)
$$\frac{\dot{\xi}}{\xi} = \beta_U - \frac{\dot{p}}{p},$$

(15)
$$1-\beta_u = \xi.$$

微分方程式(1)，(14)，条件(15)と transversality condition

$$\lim_{t\to+\infty} \xi_t U_t = 0$$

が，オイラー＝ラグランジュの方法に一致する．このとき，基本的微分方程式(1)の初期値 V が，utility functional(2)の値に等しくなる．

3. 資本蓄積と帰属価格

前節では，時間選好関係に対応して，帰属価格の概念を導入したが，資本蓄積にかんしても同じような概念を導入することができる．

各時点 t における資本のストックを k_t であらわす．生産要素は資本だけとし，1種類しか存在しないとする．

生産関数は $f(k)$ であらわす．$f(k)$ はすべての $k \geqq 0$ について定義され，連続的に2回微分可能とし，つぎの条件がみたされていると仮定する．

$$f(k) > 0,\ f'(k) > 0,\ f''(k) < 0,\ \text{for all}\ k > 0,$$
$$f(0) = 0,\ f(+\infty) = +\infty:\ f'(0) = \infty,\ f'(+\infty) = 0.$$

財は1種類しか存在しないものとし，ひとたび資本として投下されるときは，消費財として使うことはできないとする．

資本蓄積の動学的プロセスはつぎの微分方程式によってあらわされる．

(16)
$$\dot{k}_t = f(k_t) - x_t,\ k_0 = K.$$

ここで，x_t は t 時点における消費水準で，K は初期時点 $t=0$ において存在する資本のストックとする．この基本的動学方程式(16)の解 (k_t) は常に non-negative でなければならない．

$$k_t \geqq 0 \qquad (t \geqq 0).$$

いま，消費の時間的径路 $x=(x_t)$ が与えられたとき，基本的動学方程式(16)の解 (k_t) がすべての時点 t において non-negative になるような初期値 K^0 のうちの最小値は一意的に決まってくる．この最小の初期値 K^0 は，与えられた消費の時間的径路 $x=(x_t)$ によって一意的に定まるから，

$$K^0 = K^0(x)$$

のように functional としてあらわすことができる．

$K^0=K^0(x)$ はつぎの条件によって，特徴づけられる．

(i)　初期値が $K^0=K^0(x)$ のとき基本的動学方程式(16)の解 (k_t) はすべての t について存在し，$k_t \geqq 0 (t \geqq 0)$．

(ii)　初期値 $K < K^0(x)$ に対する解 (k_t) について，

$$k_t > 0\ (0 \leqq t < T),\ k_T = 0$$

となるような時点 T が必ず存在する．

一般に，初期値 K に対して基本的動学方程式(16)の解 (k_t) がすべての t について存在し，non-negative となるとき，消費の時間径路 $x=(x_t)$ は，初期の資本ストック K について feasible という．したがって，$K^0=K^0(x)$ は，所与の消費径路 $x=(x_t)$ が feasible となるような

資本ストックの最小値となる．

定理1　$x=(x_t)$ を任意に与えられた消費の時間径路とし，$x_t>0$ $(0\leqq t<+\infty)$ とする．このとき，$K^0=K^0(x)$ となるために必要にして十分な条件は

(17) $$\lim_{t\to+\infty} k_t e^{-\nabla_t}=0.$$

ここで，(k_t) は初期値 K に対する基本的動学方程式(16)の解で，∇_t は集積的限界割引率である．

$$\nabla_t=\int_0^t f'(k_\tau)\,d\tau.$$

［証明］　かりに，(17)がみたされていなかったとする．すなわち，

$$\lim_{t\to+\infty} k_t e^{-\nabla_t}>0$$

とすれば，初期値 $K'<K$ について基本的動学方程式(16)の解 (k_t) がすべての t について存在し，non-negative となることを示そう．

このとき，

(18) $$k_t e^{-\nabla_t}>\varepsilon>0,\ \text{for all } t$$

をみたすような正数 $\varepsilon>0$ が存在する．

初期値 $K(\theta)=K-\theta\varepsilon$ $(0\leqq\theta\leqq1)$ に対する基本的動学方程式(16)の解を $(k_t(\theta))$ とすれば，

(19) $$\dot{k}_t(\theta)=f(k_t(\theta))-x_t,\ \ k_0=K(\theta)=K-\theta\varepsilon.$$

(19)式の両辺を θ について微分して，

(20) $$\dot{k}_t'(\theta)=f'(k_t(\theta))k_t'(\theta)=0,\ \ k_0'(\theta)=-\varepsilon.$$

ここで，$\dot{k}_t'(\theta)=\dfrac{dk_t(\theta)}{d\theta}$.

(20)式の両辺に $e^{-\nabla_t(\theta)}$ を掛けて，積分すれば

(21) $$k_t'(\theta)e^{-\nabla_t(\theta)}=-\varepsilon,\ \text{for all } t\geqq0.$$

平均値定理を使えば，

$$k_t(1)-k_t(0)=k_t'(\theta_t),\ \ 0\leqq\theta_t\leqq1,\ \text{for all }\ t\geqq0$$

となるような θ_t が存在する．したがって，

$$k_t(1)>0,\ \text{for all}\ \ t\geqq0.$$

すなわち，与えられた消費の時間的径路 $x=(x_t)$ は初期値 $K(1)=K-\varepsilon<K$ に対する基本的動学方程式(16)の解となる．

つぎに，任意の $K'<K$ が与えられたとき，K' を初期値とする基本的動学方程式(16)の解 (k_t) について，(17)はみたされない．

$k_t(\theta)$を初期値$K(\theta)=K-\theta\varepsilon$に対する基本的動学方程式(16)の解とする．ここで，

$$\varepsilon = K-K' > 0,\ \ 0 < \theta < 1.$$

このとき，$k_t(\theta)$は微分方程式(19)の解となり，θについて微分し，0からtまで積分すれば(21)が求められる．

基本的動学方程式(16)の解k_tは，初期値Kが大きくなると大きくなるから，(21)から

$$0 < k_t(1) < k_t(0) = k_t,\ \ \nabla_t(1) > \nabla_t(0),$$
$$0 \leqq \lim_{t\to+\infty} k_t(1)\,e^{-\nabla_t(1)} < \lim_{t\to+\infty} k_t(0)\,e^{-\nabla_t(0)}.$$

Q.E.D.

同じようにして，つぎの定理が成立する．

定理 2　$x=(x_t)$を任意に与えられた消費径路とし，$x_t>0$ $(0\leqq t<+\infty)$とする．$K=K^0(x)$のとき，

(22)
$$\int_0^\infty x_t e^{-\hat{\nabla}_t}dt = K.$$

ここで，$\hat{\nabla}_t$は集積的平均割引率である．

(23)
$$\hat{\nabla}_t = \int_0^t \frac{f(k_\tau)}{k_\tau}d\tau.$$

［証明］　(16)式の両辺に$e^{-\hat{\nabla}_t}$を掛けて，

(24)
$$[\dot{k}_t - f(k_t)]e^{-\hat{\nabla}_t} = -x_t e^{-\hat{\nabla}_t}.$$

(24)式の両辺を0からtまで積分して，初期値が$k_0=K$であることに注目すれば，

(25)
$$k_t e^{-\hat{\nabla}_t} = K - \int_0^t x_\tau e^{-\hat{\nabla}_\tau}d\tau,\ \ \text{for all } t \geqq 0.$$

$K=K^0(x)$とすれば，定理1を使って，

$$\lim_{t\to+\infty} k_t e^{-\hat{\nabla}_t} = 0.$$

ところが，不等式

$$\frac{f(k)}{k} > f'(k)$$

が成立する．

したがって，

$$\lim_{t\to+\infty} k_t e^{-\hat{\nabla}_t} = 0.$$

この関係式と(25)から等式(22)が成立する．

Q.E.D.

注意　(22)が成立していても，初期値 K に対して所与の消費径路 $x=(x_t)$ は必ずしも feasible とはならない．

つぎに，資本蓄積をともなう動学的生産過程にかんして，帰属価格の体系を具体的に計算することを試みたい．

K を初期時点の資本ストックとし($K>0$)，初期値 K に対する基本的動学方程式(16)の解(k_t)がすべての時点 t において存在するような消費径路 $x=(x_t)$ の全体を $X(K)$ であらわす．すなわち，

$$X(K) = \{x = (x_t) \colon x_t > 0 \ (t \geqq 0),\ K^0(x) \leqq K\}.$$

任意に与えられた $K>0$ について，$X(K)$ が空集合でないことは明らかである．消費径路 0 ($x_t \equiv 0$)が $X(K)$ に属するからである．

$f(k)$ は concave であることから，$X(K)$ は convex な集合となる．つぎの不等式から明らかである．

$$(1-\theta)f(k^0)+\theta f(k^1) < f[(1-\theta)f(k^0)+\theta k^1],\ 0<\theta<1,\ k^0 \neq k^1.$$

消費径路 $x=(x_t)$ が初期の資本ストック K について efficient であるというのは，$x \in X(K)$，かつ $x' \in X(K)$，$x'>x$ となるような消費径路 $x'=(x_t')$ は存在しないときである．$x=(x_t)$ が K について efficient とすれば，$K=K^0(x)$．すなわち，K は，基本的動学方程式(16)の解(k_t)がすべての時点 t について存在するような初期値 K' の最大値となる．

このことを証明するために，かりに $K>K^0(x)$ とする．このとき，$K'<K$ で，与えられた消費径路 $x=(x_t)$ が初期の資本ストック K' について feasible となる．したがって，

$$x_t' > x_t,\ \text{for all } t$$

となるような消費径路 $x'=(x_t')$ が存在して，初期の資本ストック K について feasible となり，x が efficient であるという仮定と矛盾する．　Q.E.D.

逆に，$K=K^0(x)$ であっても，$x=(x_t)$ が初期の資本ストック K について efficient であるとはかぎらない．

さて，2つの消費径路 $x^0=(x_t^0)$，$x^1=(x_t^1)$ がどちらも $X(K)$ に属して，efficient であるとしよう．ここで，$K>0$ は任意に与えられた初期の資本ストックであるとする．

$$x(\theta) = (x_t(\theta)),\ 0 \leqq \theta \leqq 1$$

を x^0 と x^1 とを結ぶ efficiency frontier 上の smooth な曲線とする．すなわち，$x(\theta)=(x_t(\theta))$ は $0 \leqq \theta \leqq 1$ で定義され，θ にかんして2回連続微分可能で，$x(\theta)$ は，$X(K)$ のなかで efficient で，

$$x(0) = x^0,\ x(1) = x^1.$$

$k(\theta)=(k_t(\theta))$は，消費径路$(x_t(\theta))$と初期値Kに対する基本的動学方程式(16)の解とする．すなわち，

(26) $$\dot{k}_t(\theta)=f(k_t(\theta))-x_t(\theta),\quad k_0(\theta)=K.$$

$x(\theta)$がefficientであるから，

(27) $$\lim_{t\to\infty}k_t(\theta)e^{-\nabla_t(\theta)}=0 \qquad (0\leqq\theta\leqq 1).$$

ここで，$\nabla_t(\theta)$は$k(\theta)$にかんする集積的限界割引率である．

(28) $$\nabla_t(\theta)=\int_0^t f(k_\tau(\theta))\,d\tau.$$

(26)式の両辺をθについて微分し，整理すれば

(29) $$\dot{k}_t'(\theta)-f'(k_t(\theta))k_t'(\theta)=-x_t'(\theta),\quad k_0'(\theta)=0.$$

(29)式の両辺に$e^{-\nabla_t(\theta)}$を掛けて，0からtまで積分すれば，

(30) $$K_t'(\theta)e^{-\nabla_t(\theta)}=-\int_0^t x_t'(\theta)e^{-\nabla_\tau(\theta)}d\tau.$$

つぎに，

(31) $$\lim_{t\to\infty}k_t'(\theta)e^{-\nabla_t(\theta)}=0$$

が成立することを示そう．

かりに，(31)が成立しないようなθ_0が存在したとしよう．議論を簡単化するために，$\theta-\theta_0$あるいは$\theta_0-\theta$をθであらわすことにしよう．このとき，

(32) $$\lim_{t\to\infty}k_t'(0)e^{-\nabla_t(0)}>\varepsilon>0$$

となるような正数εが存在する．

初期値$K(\theta)=K-\frac{\theta}{2}\varepsilon$に対する基本的動学方程式(16)の解を$(k_t^0(\theta))$であらわす．すなわち，

(33) $$\dot{k}_t^0(\theta)=f(k_t^0(\theta))-x_t(\theta),\quad k_t^0(\theta)=K-\frac{\theta}{2}\varepsilon.$$

(33)式の両辺をθについて微分し，$e^{-\nabla_t^0(\theta)}$を掛け，0から∞まで積分して，

(34) $$\lim_{t\to\infty}k_t^{0\prime}(\theta)e^{-\nabla_t^0(\theta)}=-\frac{\varepsilon}{2}-\int_0^\infty x_t^{0\prime}(\theta)e^{-\nabla_t^0(\theta)}dt.$$

ここで，$\nabla_t^0(\theta)$は$(k_t^0(\theta))$にかんする集積的限界割引率で，

$$k_t^0(0)=K_t(0),\quad \nabla_t^0(0)=\nabla_t(0).$$

したがって，(30)，(32)から，$\bar{\theta}>0$が十分に小さな正数のとき，

(35) $$\lim_{t\to\infty}k_t^{0\prime}(\theta)e^{-\nabla_t^0(\theta)}=-\frac{\varepsilon}{2}-\int_0^\infty x_t(\theta)e^{-\nabla_t^0(\theta)}dt>\frac{\varepsilon}{2}>0 \qquad (0\leqq\theta\leqq\bar{\theta}).$$

平均値定理を用いて，

$$k_t^0(\theta)-K_t^0(0)=\theta K_t^{0\prime}(\theta_t^*),\quad 0<\theta_t^*<\theta$$

をみたすような θ_t^* が存在することがわかる．したがって，(35)から $\theta>0$ が十分に小さな正数のとき，

$$\lim_{t\to\infty} k_t^0(\theta)\, e^{-\nabla_t^0(\theta)} > 0, \quad \text{for sufficiently small } \theta > 0.$$

したがって，$x(\theta)$ は初期値 $K(\theta)$ にかんして feasible となり，仮定と矛盾する．

(30)式の両辺について，$t\to\infty$ のときの極限をとり，(31)を使えば，つぎの基本的条件を導き出すことができる．

(36)
$$\int_0^\infty x_t'(\theta)\, e^{-\nabla_t(\theta)} dt = 0.$$

つぎに，(29)式の両辺を θ について微分して，

(37)　$k_t''(\theta) - f'(k_t(\theta))\, k_t''(\theta) = f''(k_t(\theta))\, k_t'(\theta)^2 - x_t''(\theta), \quad k_t''(\theta) = 0.$

(37)式の両辺に $e^{-\nabla_t(\theta)}$ を掛けて，0 から t まで積分すれば，

(38)
$$k_t''(\theta)\, e^{-\nabla_t(\theta)} = \int_0^t f''(k_\tau(\theta))\, k_\tau'(\theta)^{2e-\nabla_t(\theta)} d\tau - \int_0^t x_\tau''(\theta)\, e^{-\nabla_t(\theta)} d\tau.$$

(31)を導入したときと同じ論法を用いて，

$$\lim_{t\to\infty} k''(\theta)\, e^{-\nabla_t(\theta)} \geqq 0.$$

したがって，(38)と $f(k)$ の concavity を使えば，

(39)
$$\int_0^\infty x_t''(\theta)\, e^{-\nabla_t(\theta)} dt \leqq 0.$$

ただし，$x^0 \neq x^1$ のときには，厳密な意味での不等号が成立する．

以上の議論から，つぎの定理が成立することが証明されたことになる．

定理 3　$x=(x_t)$，$x_t>0\,(t\geqq 0)$，は任意に与えられた消費径路で，$k=(k_t)$は，初期値 $K=K^0(x)$ に対する基本的動学方程式(16)の解とする．このとき，$p(x)=(p_t(x))$をつぎのように定義する．

(40)
$$p_t(x) = e^{-\nabla_t(\theta)}.$$

ここで，$\nabla_t(k)$ は集積的限界割引率である．

(41)
$$\nabla_t(k) = \int_0^t f_\tau'(k_\tau)\, d\tau.$$

このようにして定義された $p(x)=(p_t(x))$ は消費径路 $x=(x_t)$ に対応する帰属価格の体系をあらわす．すなわち，$x(\theta)=(x_t(\theta))$，$0\leqq\theta\leqq 1$ は，初期の資本ストック K に対応する efficiency frontier 上で，任意の 2 つの消費径路 x^0，x^1 を結ぶ smooth な曲線，$x(0)=x^0$，$x(1)=x^1$，とすれば，

(42)
$$\int_0^\infty x_t'(\theta)p_t(x(\theta))\,dt = 0,$$

(43)
$$\int_0^\infty x_t''(\theta)p_t(x(\theta))\,dt \leqq 0.$$

4. 動学的双対原理：単純化された資本蓄積モデル

帰属価格の概念を用いて，時間選好と資本の蓄積過程とにかんする双対原理を導き出すことができる．このことについては，前章でくわしく説明したが，社会的共通資本の汚染，破壊を包含する一般的なモデルの分析に入る前に，単純化された資本蓄積モデルを取り上げて，双対原理が動学的最適性とどのような意味で関連をもつのかについて説明することにしたい．

初期時点 $t=0$ において，経済のなかに賦与されている資本ストックの量を K とし，生産関数 $f(k)$ は，第3節に述べた性質をもっていると仮定する．

消費の時間的径路 $x=(x_t)$，$x_t>0\,(t \geqq 0)$ が初期の資本ストック K について feasible であるというのは，基本的動学方程式

(44)
$$\dot{k}_t = f(k_t) - x_t', \quad k_0 = K$$

が，すべての t について解をもつときである．

消費の時間的径路 $x=(x_t)$ に対応して，効用の時間的径路 $u=(u_t)$ は

(45)
$$u_t = u(x_t)$$

によって与えられる．ここで，効用関数 $u(x)$ は第2節で導入した性質をみたす．

前章で示したように，utility functional $U_t=U({}^tu)$ はつぎの微分方程式をみたす．

(46)
$$\dot{U}_t = \beta(u_t, U_t) - u_t.$$

ここで，$\beta(u, U)$ は効用の割り引きのプロセスを特徴づける関数で，第2節でふれた性質をみたす．

与えられた効用の時間的径路 $u=(u_t)$ 自体の utility functional $U_0=U(u)$ は，つぎの transversality condition がみたされるような水準に決まってくる．

(47)
$$\lim_{t\to\infty} U_t e^{-\Delta_t} = 0.$$

ここで，Δ_t は消費の集積的限界割引率である．

(48)
$$\Delta_t = \int_0^t \beta_U(u_\tau, U_\tau)\,d\tau.$$

資本蓄積径路 $k=(k_t)$，あるいは消費の時間的径路 $x=(x_t)$ が動学的に最適である (dynamically optimum) というのは，utility functional $U(u)$，$u=(u(x_t))$ の値が，初期の資本ストック K について feasible な消費径路のなかで最大となるときである．

動学的双対原理を使えば，動学的最適性はつぎのようにして特徴づけられる．Feasible な消

費径路 $x=(x_t)$ が動学的に最適となるのは，2つの帰属価格の時間的径路 $(p_t(u))$，$(p_t(x))$ が比例的となるときであり，またそのときにかぎられる．

$$u'(x_t)(1-\beta(u_t, U_t))e^{-\Delta_t} = \ell f'(k_t)e^{-\nabla_t}, \tag{49}$$

ここで，$u_t=u(x_t)$，ℓ は正の定数である．

前章でくわしく説明したように，動学的に最適な資本蓄積径路は，(49)式の両辺を時間 t について対数的に微分して，分析することができる．しかし，環境，あるいは，社会的共通資本が重要な役割をはたすような経済における動学的最適性の構造を明らかにするためには，資本の蓄積過程において投資のはたす役割についてより立ち入った考察が必要となるであろう．

基本的動学方程式(44)で定式化された資本の蓄積過程は，新古典派経済理論の考え方をそのまま反映したものである．すなわち，生産された財のうち，投資として振り向けられた量が，そのまま実物資本の増分となって現われるという前提条件である．企業のなかに固定的な生産要素として蓄積されている実物資本の場合，投資の限界的増加は必ずしもそのまま実物資本の限界的増加となって現われず，その限界的増加は，投資の量が大きくなるにしたがって逓減的となるのが一般的である．『基礎篇』第29章でくわしく分析したように，ペンローズ効果(Penrose effect)として概念化されている．

ペンローズ効果をわれわれのモデルのなかに組み込むために，実質投資 A を1つの明示的な変数として導入しよう．各時点 t における産出量 $f(k_t)$ は消費 x_t と投資 A_t とに分けられる．

$$f(k_t) = x_t + A_t. \tag{50}$$

資本の蓄積過程はつぎの微分方程式によって表現される．

$$\dot{k}_t = \alpha(A_t, k_t), \tag{51}$$

ここで，$\alpha(A, k)$ はペンローズ関数で，『基礎篇』第29章に論じたように，一般につぎの諸条件をみたす．

$\alpha(A, k)$ はすべての $A\geqq 0$，$k>0$ について定義され，連続的に2回微分可能，(A, k) にかんして concave，かつ，

$$\alpha_A(A, k) > 0, \quad \alpha_k(A, k) < 0, \tag{52}$$

$$\alpha_{AA} < 0, \quad \alpha_{kk} < 0, \quad \alpha_{AA}\alpha_{kk} - {\alpha_{Ak}}^2 \geqq 0. \tag{53}$$

消費の時間的径路 $x=(x_t)$ が efficient のときには，帰属価格体系は

$$p_t(x) = \alpha_A(A_t, k_t)f'(k_t)e^{-\nabla_t}, \tag{54}$$

ここで，∇_t は生産についての集積的限界割引率である．

$$\nabla_t = \int_0^t [\alpha_A(A_\tau, k_\tau)r(k_\tau) + \alpha_k(A_\tau, k_\tau)]d\tau. \tag{55}$$

動学的双対原理(49)はつぎのような形に修正される．

(56)　$$u'(x_t)(1-\beta_u(u_t, U_t))e^{-\Delta_t} = \ell\alpha_A(A_t, k_t)f'(k_t)e^{-\nabla_t},$$

ここで，Δ_t は消費についての集積的限界割引率で，(48)で定義されたものである．

動学的双対原理の意味を明確にするために，帰属価格の体系 $\xi=(\xi_t)$ を新しく定義しなおす．

(57)　$$\xi_t = \ell e^{\Delta_t-\nabla_t} \qquad (t \geqq 0).$$

このとき，(56)はつぎのように書きあらわされる．

(58)　$$\xi = \frac{1-\beta_u}{\alpha_A},$$

(58)式の両辺を t について対数的に微分して，

(59)　$$\frac{\dot{\xi}}{\xi} = \beta_U-(r\alpha_A+\alpha_k),$$

このようにして，k_t, U_t はつぎの微分方程式体系によって特徴づけられることがわかる．

(60)　$$\dot{k} = \alpha(A, k),$$

(61)　$$\dot{U} = \beta(u, U)-u \qquad (u = u(x)),$$

$$k^0 = K(x),\quad U^0 = U(u).$$

$f(k)$，$\beta(u, U)$が一次同次の場合

$$f'(k) = r : \text{constant},\quad r > 0,$$

$$\beta(u, U) = \delta(z)U,\quad z = \frac{u}{U},$$

ここで，平均割引率の関数 $\delta(z)$，$z=\dfrac{u}{U}$ はつぎの条件をみたすと仮定する．

$$\delta(z) > 0,\quad \delta'(z) < 0,\quad \delta''(z) > 0 \qquad (z > 0).$$

さらに，ペンローズ関数 $\alpha(A, k)$は一次同次で，つぎのように表現されるとする．

$$\alpha(A, k) = \alpha(a)k,\quad a = \frac{A}{k},$$

ここで，$\alpha(a)$について，

$$\alpha(a) > 0,\quad \alpha'(a) < 0 \qquad (\forall a > 0).$$

また，効用関数 $u(x)$についても，

$$u(x) = x \qquad (x \geqq 0)$$

の場合を考える．

このとき，限界条件(58)は

(62)　$$\xi = \frac{1-\delta'(z)}{\alpha'(a)}$$

となり，feasibility にかんする条件(50)もつぎのように簡単化される．

(63)　$$r = zw+a,$$

ここで，$w=\dfrac{U}{k}$，$z=\dfrac{x}{U}$．

微分方程式体系(59)-(61)はつぎのような形になる．

(64)　$$\frac{\dot{\xi}}{\xi}=\hat{\delta}(z)-[\alpha(a)+(r-a)\alpha'(a)],\quad \hat{\delta}(z)=\delta(z)-\delta'(z)z,$$

(65)　$$\frac{\dot{k}}{k}=\alpha(a),$$

(66)　$$\frac{\dot{U}}{U}=\delta(z)-z.$$

各時点 t における z と a の最適値は，2 つの方程式(62)，(63)の解として，$w=\dfrac{U}{K}$，ξ が与えられたときに一意的に決まってくる．(62)，(63)の両辺の微分をとって，dz，da について解けば，

$$\begin{pmatrix} dz \\ da \end{pmatrix}=\frac{1}{\delta''-\xi w\alpha''}\begin{pmatrix} z\delta'' & \xi-\alpha'' \\ -z\delta'' & w\alpha'' \end{pmatrix}\begin{pmatrix} dw \\ d\xi \end{pmatrix}=\begin{pmatrix} - & - \\ - & + \end{pmatrix}\begin{pmatrix} dw \\ d\xi \end{pmatrix}.$$

(z, a)がどのようにして決まってくるかは図 11-1 に図示される．図 11-1 で，第 1 象限には，投資/資本比率 $a=\dfrac{A}{k}$ と資本蓄積率の限界的増分 $\alpha'(a)$ との間の関係が右下がりの曲線 AA によって示されている．第 3 象限には，消費と utility functional の比率 $z=\dfrac{x}{U}$ と $1-\delta'(z)$ を縦軸の負方向にはかったものとを，右下がりの曲線 CC によってあらわしている．この CC 曲線は，原点 O に向かって concave となっている．

第 2 象限の OB 直線は横軸と 45° 線の角度をもつ．したがって，最適条件(62)をみたすような(a, z)の組み合わせは，第 4 象限の DD 曲線によってあらわされる．DD 曲線は，AA，BB，CC の 3 つの曲線を変換して得られたものである．

他方，(63)の条件は，第 4 象限の直線 FF によってあらわされる．FF 直線は，r，$\dfrac{r}{w}$ の切片をもつ．

DD 曲線と FF 直線の交点 E は，(62)，(63)という 2 つの最適性条件がみたされるような(a, z)の組み合わせをあらわす．図 11-1 から容易によみとれるように，ξ の上昇によって，DD 曲線は $D'D'$ 曲線にシフトし，a の増加および z の減少という結果を生み出す．他方，w の増加は，FF 直線を F′F′ 直線にシフトさせ，a も z もどちらも減少する．

さて，微分方程式体系(64)-(66)の定常状態(ξ^0, k^0, U^0)は一意的に決まってくる．このことをみるために，微分方程式体系(64)-(66)を簡単化して，(w, ξ)にかんする微分方程式体系に還元することができる．(64)式とつぎの微分方程式とである．

(67)　$$\frac{\dot{w}}{w}=\delta(z)-z-\alpha(a).$$

(64)，(67)式の右辺の微分をとれば，

$$\left(\frac{dz}{da}\right)_{\dot{w}=0}=-\frac{\alpha'(a)}{1-\delta'(z)}<0,$$

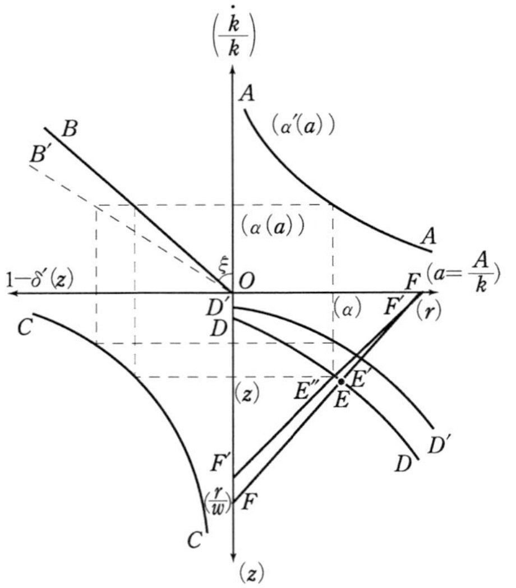

図 11-1　(a, z)の決定

$$\left(\frac{dz}{da}\right)_{\dot{\xi}=0} = -\frac{(r-a)\alpha''(a)}{z\delta''(z)} > 0 \qquad (a < r).$$

したがって，微分方程式体系(64)，(67)の定常状態(w^0, ξ^0)に対応する(z, a)の組み合わせは，つぎの2つの方程式の解として一意的に決まってくる．

(68)　$$\delta(z) - z - \alpha(a) = 0,$$

(69)　$$\hat{\delta}(z) = \alpha(a) + (r-a)\alpha'(a).$$

定常状態(w^0, ξ^0)は

$$\xi^0 = \frac{1-\delta'(z)}{\alpha'(a)}, \quad w^0 = \frac{r-a}{z}$$

によって与えられる．

微分方程式体系(64)，(67)の phase diagram は，つぎの関係式を使ってかんたんに分析することができる．

$$\left(\frac{d\xi}{dw}\right)_{\dot{w}=0} = -\frac{z(\alpha''-\alpha''\xi^2)}{\alpha'(\xi-w)} \gtreqless 0 \qquad (\xi \gtreqless w),$$

$$\left(\frac{d\xi}{dw}\right)_{\dot{\xi}=0} = \frac{(\alpha''-\alpha''\xi^2)\alpha'}{(\xi-w)z\delta''\alpha''w} \lesseqgtr 0 \qquad (\xi \gtreqless w).$$

微分方程式体系(64)，(67)の解(w, ξ)の構造は図11-2に例示されている．図11-2の第1象限には，投資/資本比率 $a=\dfrac{A}{k}$ と資本蓄積率 $\alpha(a)$ との間の関係が OA 曲線によってあらわされている．第2象限には，消費/効用比率 $z=\dfrac{x}{U}$ と効用割引率 $\delta(z)$ との間の関係が BB 曲線によってあらわされている．第4象限で，CC 曲線は，$\dot{\xi}=0$ となるような(a, z)の組み合わせ

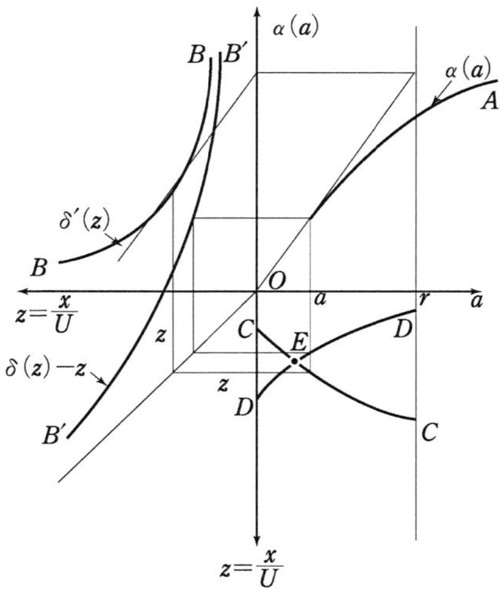

図 11-2 定常状態の決定

をあらわし，DD 曲線は $\dot{w}=0$ となるような (a, z) の組み合わせをあらわす．

微分方程式体系(64)，(67)の定常状態は，CC 曲線と DD 曲線の交点 E によってあらわされ，一意的に決まることが図 11-2 からただちによみとれるであろう．このとき，対応する消費の時間的径路が動学的に最適な解を与える．このことはつぎのようにして証明することができる．

定常状態にかんする条件(68)，(69)を整理して，

$$\frac{U_0}{k_0} = w = \frac{r-a}{\delta(a)-\alpha(a)}, \tag{70}$$

また，(63)式の両辺を a について微分して，

$$\frac{dz}{da} = -\frac{z}{r-a},$$

(70)式の両辺を a について微分して，

$$\begin{aligned}\frac{dw}{da} &= \frac{1}{(r-a)^2}\left\{-(\delta-\alpha)-(r-a)\left(\delta'\frac{dz}{da}-\alpha'\right)\right\}\\ &= \frac{1}{(r-a)^2}\{-\delta+\alpha+z\delta'+(r-a)\alpha'\},\end{aligned}$$

したがって，

$$\frac{dw}{da} = 0 \Longleftrightarrow \delta(z)-z\delta'(z) = \alpha(a)+(r-a)\alpha'(a). \tag{71}$$

さらに，かんたんな計算から

$$\frac{d^2w}{d\alpha^2} \sim -\frac{z\delta''}{w} + zw\delta'' < 0,$$

ここで，記号 ～ は，両辺が同符号をもつことを意味する．

したがって，(71)式が，(63)の制約条件のもとで w の最大値を与えるものである．

資本の限界生産が逓減的である場合

以上展開した分析は適当な修正を施すことによって，資本の限界生産が逓減的となる一般の場合にも適用することができる．

$$f'(k) > 0, \quad f''(k) < 0 \qquad (k \geqq 0).$$

基本的な動学方程式体系はつぎのように要約される．

$$\frac{\dot{U}}{U} = \delta(z) - z, \tag{72}$$

$$\frac{\dot{k}}{k} = \alpha(a), \tag{73}$$

$$\frac{\dot{\xi}}{\xi} = [\delta(z) - z\delta'(z)] - [\alpha(a) + (r-a)\alpha'(a)], \tag{74}$$

ここで，

$$f(k) = x + ak, \quad z = \frac{x}{U}, \tag{75}$$

$$1 - \delta'(z) = \xi\alpha'(a). \tag{76}$$

(75)，(76)の両辺の微分をとって，

$$\begin{pmatrix} \frac{\delta''}{U} & \alpha''\xi \\ 1 & k \end{pmatrix} \begin{pmatrix} dx \\ da \end{pmatrix} = \begin{pmatrix} \frac{\delta'' z}{U} & 0 & -\alpha' \\ 0 & r-a & 0 \end{pmatrix} \begin{pmatrix} dU \\ dk \\ d\xi \end{pmatrix},$$

$$\begin{pmatrix} dx \\ da \end{pmatrix} = \frac{1}{\Delta_1} \begin{pmatrix} \frac{\delta'' zk}{U} & -(r-a)\alpha''\xi & -k\alpha' \\ -\frac{\delta'' z}{U} & (r-a)\frac{\delta''}{U} & \alpha' \end{pmatrix} \begin{pmatrix} dU \\ dk \\ d\xi \end{pmatrix}, \tag{77}$$

ここで，

$$\Delta_1 = \frac{\delta'' k}{U} - \alpha''\xi > 0.$$

他方，微分方程式(72)，(73)，(74)の両辺の微分をとって，(77)式を代入して，

$$\begin{pmatrix} d\dot{U} \\ d\dot{k} \\ d\dot{\xi} \end{pmatrix} = \frac{1}{\Delta_1} \left(\begin{matrix} -\frac{(1-\delta')\delta'' zk}{U^2} + \Delta_1 \frac{(1-\delta')z}{U} & \frac{(1-\delta')a''\xi(r-a)}{U} \\ -\frac{\delta'' z\phi'}{U} & -\frac{\delta''\alpha'(r-a)}{U} \\ -\frac{\delta'' z}{U}\left(\frac{\delta'' zk}{U} - (r-a)\phi''\right) + \Delta_1 \frac{\delta'' z^2}{U} & \frac{\delta''\alpha''}{U}((r-a)z\xi - (r-a)) - \Delta_1 r'\alpha' \end{matrix} \right.$$

$$\left.\begin{matrix} \dfrac{(1-\delta')k\alpha'}{U} \\ \phi'^2 \\ \alpha'\left(\dfrac{\delta'' zk}{U}-(r-a)\alpha''\right) \end{matrix}\right)\begin{pmatrix} du \\ dk \\ d\xi \end{pmatrix},$$

この行列式 D を計算すれば,

$$D\sim\begin{vmatrix} -z\alpha''\xi & \alpha''\xi(r-a) & k\alpha' \\ -\dfrac{\delta'' z}{U} & \dfrac{\delta''(r-a)}{U} & \alpha' \\ -\dfrac{\delta'' z\alpha''}{U}(z\xi-r+a)\alpha & \dfrac{\delta''\alpha''(r-a)}{U}(z\xi-r+a)-r'\alpha'\left(\dfrac{\delta'' k}{U}-\alpha''\xi\right) & \alpha'\left(\dfrac{\delta' zk}{U}-(r-a)\alpha''\right) \end{vmatrix}$$

$$\sim\begin{vmatrix} -\alpha''\xi & \alpha''\xi(r-a) & k \\ -\dfrac{\delta''}{U} & \dfrac{\delta''(r-a)}{U} & 1 \\ -\dfrac{\delta''\alpha''}{U}(z\xi-r+a) & \dfrac{\delta''\alpha''(r-a)}{U}(z\xi-r+a)-r'\alpha'\left(\dfrac{\delta'' k}{U}-\alpha''\xi\right) & \dfrac{\delta' zk}{U}-(r-a)\alpha'' \end{vmatrix}$$

$$\sim\begin{vmatrix} -\alpha''\xi & 0 & k \\ -\dfrac{\delta''}{U} & 0 & 1 \\ -\dfrac{\delta''\alpha''}{U}(z\xi-r+a) & -r'\alpha'\Delta_1 & \dfrac{\delta' zk}{U}-(r-a)\alpha'' \end{vmatrix}=r'\alpha'\Delta_1{}^2<0.$$

一方，上のマトリックスの trace はかんたんに計算でき，正であることがわかる．したがって，微分方程式体系(64)-(66)は catenary となる．定常状態は一意的に定まり，特有根 1 つだけが負の実数となる．

任意に与えられた(U,k)の値に対して，微分方程式体系(64)-(66)の解が定常状態に収斂するような帰属価格 ξ の値は一意的に定まる．このとき，動学的に最適な時間的径路が得られる．

5. 社会的共通資本に対する投資の動学的最適性

これまで議論してきた動学的双対原理は，時間選好が自然環境の変化によって影響を受けるような場合にも適用することができる．ここでは，自然環境をもっと広く，社会的共通資本の概念に包括して考察することにする(『基礎篇』第 34 章)．

以下の議論は，前節に導入したモデルに対して，適当な修正を加えることによって展開される．資本として，私的な生産財としての資本の他に，社会的共通資本もまた考察の対象となる．

各時点 t において存在する社会的共通資本のストックを V_t であらわす．k_t は前節と同じように私的な実物資本のストックである．各時点 t における産出量 $f(k_t)$ は，消費 x_t，私的資本に対する投資 A_t，社会的共通資本に対する投資 B_t の 3 つに分けられる．

(78)
$$f(k_t) = x_t + A_t + B_t,$$

ここで，生産関数 $f(k)$ は第 3 節で述べた性質をみたすとする．

私的資本のストックの増加率 $\dot{k}_t$ はペンローズ関数 $\alpha(A, k)$ によって決まってくる．

(79)
$$\dot{k}_t = \alpha(A_t, k_t),$$

このとき，ペンローズ関数 $\alpha(A, k)$ は，第 4 節の(52)，(53)をみたすとする．

社会的共通資本についても，その蓄積過程はペンローズ効果をもつと仮定する．社会的共通資本のストックの増加率 $\dot{V}_t$ もまた社会的共通資本にかんするペンローズ関数 $\psi(B, V)$ によって規定される．

(80)
$$\dot{V}_t = \psi(B_t, V_t).$$

このとき，社会的共通資本の蓄積にかんするペンローズ関数 $\psi(B, V)$ も第 4 節の(52)，(53)と同じような条件をみたすとする．

第 2 節で導入した時間選好関係を考える．t 時点で truncate された消費の時間的径路 ${}^t u = (u_{t+\tau})_{\tau \geqq 0}$ の utility functional U_t は，第 4 節の基本的動学方程式(46)をみたす．各時点 t における効用水準 u_t は消費水準 x_t だけでなく，社会的共通資本のストック V_t にも依存する．

(81)
$$u_t = u(x_t, V_t).$$

ここで，効用関数はつぎの性質をみたす．

$$u_x > 0,\ \ u_V > 0,$$
$$u_{xx} < 0,\ \ u_{VV} < 0,\ \ u_{xx}u_{VV} - u_{xV}^2 \geqq 0.$$

私的資本と社会的共通資本の帰属価格をそれぞれ ξ_t，η_t であらわす．つぎの基本的動学方程式体系が成立する．

(82)
$$\frac{\dot{\xi}}{\xi} = -\alpha_k - r\alpha_A,\ \ r = f_k,$$

(83)
$$\frac{\dot{\eta}}{\eta} = -\psi_V - s\psi_B,\ \ s = \frac{u_V}{u_x}.$$

帰属価格 (ξ, η) にかんする公式を導き出すために，2 つの時間的径路 (x_t^0, k_t^0, V_t^0)，(x_t^1, k_t^1, V_t^1) について，

$$(k_0^0, V_0^0) = (k_0^1, V_0^1) = (k^0, V^0)$$

が成立し，(x_t^0) (x_t^1) はともに efficient であるとする．

ここで，$(x_t(\theta), k_t(\theta), V_t(\theta))$は，$(x_t^0, k_t^0, V_t^0)$と$(x_t^1, k_t^1, V_t^1)$とを結ぶ時間的径路とし，efficient であるとする．

(84) $$\dot{k}_t(\theta) = \alpha(A_t(\theta), k_t(\theta)),\quad k_0(\theta) = k^0,$$

(85) $$\dot{V}_t(\theta) = \psi(B_t(\theta), V_t(\theta)),\quad V_0(\theta) = V^0.$$

(84)，(85)の両辺をθについて微分すれば，

(86) $$\dot{k}_t' = \alpha_A A_t' + \alpha_k k_t',\quad k_0' = 0,$$

(87) $$\dot{V}_t' = \psi_B B_t' + \psi_V V_t',\quad V_0' = 0.$$

ここで，記号$'$はθについての微分をあらわし，記号・は時間tについての微分をあらわす．

Feasibility の条件(78)を書きなおせば，

$$f(k_t(\theta)) = x_t(\theta) + A_t(\theta) + B_t(\theta).$$

この式の両辺をθについて微分すれば，[time suffix t は省略する.]

(88) $$rk' = x' + A' + B',\quad r = f'(k).$$

他方(81)の両辺をθについて微分して，

(89) $$u' = u_x(x' + sV'),\quad s = \frac{u_V}{u_x},$$

各時点tにおける産出物の帰属価格をπ_tとすれば，

(90) $$\xi_t\psi_A = \eta_t\psi_B = \pi_t.$$

(86)と(87)の両辺にそれぞれξ_t，η_tを掛けて，(88)，(90)を代入すれば，

(91) $$\xi\dot{k}' + \eta\dot{V}' = -\pi x' + \pi rk' + \xi\alpha_k k' + \eta\psi_V V'.$$

他方，微分方程式(82)，(83)の両辺にそれぞれ$\xi k'$，$\eta V'$を掛けて，(90)式を使って，

(92) $$\dot{\xi}k' + \dot{\eta}V' = -(\xi\alpha_k k' + \eta\psi_V V') - \pi(rk' + sV'),$$

(91)，(92)式を足し合わせて

(93) $$\frac{d}{dt}(\xi_t k_t' + \eta_t V_t') = -\pi_t(x_t' + sV_t') = -\xi_t u_t'\frac{\alpha_A}{u_x}.$$

また，transversality condition から，

$$\lim_{t\to\infty}(\xi_t k_t' + \eta_t V_t') = 0,\quad k_0' = V_0' = 0,$$

したがって，(93)式の両辺を積分して，

(94) $$\int_0^\infty u_t' p_t dt = 0.$$

ここで，

(95) $$p_t = \frac{\alpha_A}{u_x}\xi_t.$$

さらにつぎの不等式が成立する．

(96) $$\int_0^\infty u_t'' p_t dt \leqq 0.$$

この関係式(96)を証明するためにまず，(86)，(87)の両辺を θ について微分して，

(97) $$\dot{k}_t'' = S_k + \alpha_A A_t'' + \alpha_k k_t'',$$

(98) $$\dot{V}_t'' = S_V + \psi_B B_t'' + \psi_V V_t'',$$

ここで，

$$S_k = \alpha_{AA} A'^2 + 2\alpha_{Ak} A' k' + \alpha_{kk} k'^2,$$

$$S_V = \psi_{BB} B'^2 + 2\psi_{BV} B' V' + \psi_{VV} V'^2,$$

ペンローズ関数 $\alpha(A, k)$，$\psi(B, V)$ は concave だから，

(99) $$S_k \leqq 0, \quad S_V < 0.$$

また，(89)を θ について微分すれば，

(100) $$u_t'' = S_u + u_x (x_t'' + s V_t''),$$

ただし，

$$S_u = u_{xx} x'^2 + 2u_{xV} x' V' + u_{VV} V'^2.$$

$u(x, V)$ が concave だから，

(101) $$S_u \leqq 0.$$

(97)，(98)の両辺にそれぞれ ξ_t，η_t を掛けて，足し合わせ，(90)を使うと，

(102) $$\xi \dot{k}'' + \eta \dot{V}'' = \xi S_k + \eta S_V + \pi(A'' + B'') + \xi \alpha_k k'' + \eta \psi_V V''.$$

(82)，(83)の両辺にそれぞれ $\xi_t k_t''$，$\eta_t V_t''$ を掛けて，足し合わせると，

(103) $$\dot{\xi} k'' + \dot{\eta} V'' = -\pi(r k'' + s V'') - (\xi \alpha_k k'' + \eta \psi_V V''),$$

(102)，(103)を足して，

(104) $$\frac{d}{dt}(\xi k'' + \eta V'') = -\xi S_k + \eta S_V + \pi(A'' + B'' - r k_t'' - s V'').$$

他方，(88)の両辺を θ について微分して，

(105) $$r k'' + f_{kk} k'^2 = x'' + A'' + B'',$$

(105)を(104)に代入して，(100)を使えば，

(106) $$\frac{d}{dt}(\xi k'' + \eta V'') = \xi S_k + \eta S_V + \frac{1}{u_x} S_u + f_{kk} k'^2 - \frac{\xi \alpha_A}{u_x} u'',$$

Transversality condition から，

$$\lim_{t \to \infty} (\xi_t k_t'' + \eta_t V_t'') = 0, \quad k_0'' = V_0'' = 0,$$

(106)，(99)，(101)から不等式(96)が導き出される． Q.E.D.

(95)式によって与えられた価格体系 (p_t) が，efficient な効用径路 (u_t) についての帰属価格と

なることを示した．微分方程式(82)に注目すれば，(95)式によって与えられる帰属価格の体系(p_t)はより明示的につぎのようにあらわすことができる．

$$p_t = \frac{a_A}{u_x} e^{-\nabla_t}, \qquad (107)$$

ここで，∇_t は生産についての集積的限界割引率である．

$$\nabla_t = \int_0^t [r(k_\tau) a_A(A_\tau, k_\tau) + a_k(A_\tau, k_\tau)] d\tau. \qquad (108)$$

(107)によって与えられる帰属価格の体系は，社会的共通資本のストックの時間的径路には無関係に決められる．社会的共通資本のストックの変化は，各時点での効用水準$u_t = u(x_t, V_t)$の変化を通じてはじめて，その影響が現われるからである．

参考文献

Cass, D.(1965). "Optimum Growth in an Aggregative Model of Capital Accumulation," *Review of Economic Studies* **32**, 233-240.

Clark, C. W.(1990). *Mathematical Bioeconomics : The Optimal Management of Renewable Resources*, Second Edition, New York : John Wiley.

Clark, C. W., and G. R. Munro(1975). "The Economics of Fishing and Modern Capital Theory," *Journal of Environmental Economics and Management* **2**, 92-106.

Epstein, L. G.(1983). "Stationary Cardinal Utility and Optimal Growth under Uncertainty," *Journal of Economic Theory* **31**, 133-152.

——(1987). "A Simple Dynamic General Equilibrium Model," *Journal of Economic Theory* **41**, 68-95.

Epstein, L. G., and J. A. Haynes(1983). "The Rate of Time Preference and Dynamic Economic Analysis," *Journal of Political Economy* **91**, 611-681.

Gordon, H. S.(1954). "The Economic Theory of a Common Property Resource : The Fishery," *Journal of Political Economy* **62**, 124-142.

Koopmans, T. C.(1960). "Stationary Ordinal Utility and Impatience," *Econometrica* **28**, 287-309.

——(1965). "On the Concept of Optimum Economic Growth," *Semaine d'Etude sur le Role de l' Analyse dans la Formation. de Plans de Developments*, Pontificae Academemiae Scientiarum Scprita Varia, 225-287.

Lucas, R. E., Jr., and N. L. Stokey(1984). "Optimal Growth with Many Consumers," *Journal of Economic Theory* **32**, 139-171.

Mäler, K.-G.(1974). *Environmental Economics : A Theoretical Inquiry*, Baltimore and London : Johns Hopkins University Press.

Ramsey, F. P.(1928). "A Mathematical Theory of Saving," *Economic Journal* **38**, 543-559.

Schaefer, M. B.(1957). "Some Consideration of Population Dynamics and Economics in Relation to the Management of Commercial Marine Fisheries," *Journal of the Fisheries Research*

Board of Canada **14**, 669-681.

Stokey, N. L., and R. E. Lucas, Jr. (1989). *Recursive Methods in Economic Dynamics*, Cambridge, Mass.: Harvard University Press.

Tahvonen, O. (1991). "On the Dynamics of Renewable Resource Harvesting and Pollution Control," *Environmental and Resource Economics* **1**, 97-117.

Uzawa, H. (1968). "Time Preference, the Consumption Function, and Optimum Asset Holdings," in *Value, Capital, and Growth : Papers in Honour of Sir John Hicks*, edited by J. N. Wolfe, Edinburgh : The University of Edinburgh Press, 485-504. Reprinted in *Preference, Production, and Capital : Selected Papers of Hirofumi Uzawa*, Cambridge and New York : Cambridge University Press, 1988, 65-84.

——(1996). "An Endogenous Rate of Time Preference, the Penrose Effect, and Dynamic Optimality of Environmental Quality," *Proceedings of the National Academy of Sciences of the United States of America*, **93**, 5770-76.

第12章　内生的時間選好にかんする クープマンス＝宇沢＝エプシタイン理論

1. は じ め に

前章までに展開した内生的時間選好(endogenous time preference)にかんする理論はさらに，一般的な形で，数学的により厳密な形で定式化される．本章では主として，Epstein(1987a)を参考にしながら，新しい展開の輪郭を解説したい．

ここで考察する経済は，無限大の time horizon をもつ消費者として，有限個の資本財とから成り立っている．消費者の時間選好は recursive であるとする．この recursive な時間選好については，Koopmans(1960)，Koopmans, Diamond and Williamson(1964)によって，discrete な時間をもつ場合にくわしく分析された．Uzawa(1968)で定式化された内生的な時間選好理論はある意味では，Koopmans たちの理論を continuous な時間に拡張したものであるといってもよい．

Epstein(1987b)ではさらに，動学的経済モデルにおける効率的な資源配分の問題が取り上げられ，第10章，第11章で導入した動学的双対原理がより一般的な形で定式化されている．そこで用いられている手法は，Functional Analysis の考え方であって，大局的な Turnpike Theorem が導き出される．

2. Functional Analysis と内生的時間選好理論

消費財は1種類で，連続的な時間で消費可能であるとする．消費径路 $c=(c(t))$は，すべての時間 $t\,(0\leqq t<\infty)$で定義され，連続的に微分可能で，有界であるとする．このような消費径路 $c=(c(t))$の全体を Λ とする．

$\Lambda=\{c=(c(t))$：$[0, \infty]$で定義された non-negative, 連続微分可能，有界な functional$\}$.

第10章，第11章では，$c=(c(t))$は必ずしも有界ではなく，また，piecewise に連続微分可能であればよかった．本章の分析をこの一般的な場合に拡張することは可能であるが，分析はきわめて煩雑にならざるをえない．

$c=(c(t))$について，ある時点 t で truncate された消費径路を ${}_{\tau}c$ であらわす．

$$ {}_{\tau}c = (c(t))_{t\geqq\tau}. $$

また，${}_{\tau_0}c_{\tau_1}$ は $c=(c(t))$ を時間区間$[\tau_0, \tau_1]$に限定して考えたものとする．

$$ {}_{\tau_0}c_{\tau_1} = (c(t))_{\tau_0 \leqq t \leqq \tau_1}. $$

さらに，$c=(c(t))$，$c'=(c'(t)) \in \Lambda$ に対して，$c''=({}_0c_\tau, c_\tau')$をつぎのように定義する．

$$ c''(t) = \begin{cases} c(t), & 0 \leqq t \leqq \tau, \\ c'(t), & \tau < t < \infty, \end{cases} $$

$({}_0c_\tau, c_\tau') \in \Lambda$となるためには，$c(\tau)=c'(\tau)$でなければならない．

各時点 t で一定の値 c を取るような消費径路(c_t)，$c_t=c$ はたんに c であらわすことにする．

L^∞ は，$[0, \infty]$の上で定義され，ルベーグ可積な実関数で，本質的に有界(essentially bounded)なものの全体とする．また L^1 は，$[0, \infty]$の上で定義され，ルベーグ可積な実関数で，絶対積分可能(absolutely integrable)なものの全体とする．L^∞ および L^1 のノルムをそれぞれ $\|\cdot\|_\infty$，$\|\cdot\|_1$ であらわす．

L^∞，L^1 について，その要素は，ルベーグ測度が 0 となるよう集合についてだけ異なっているときには，同じ要素であるとみなす．

L^∞ について，$(L^1, \|\cdot\|_1)$がその dual になっているような topology のなかでもっとも強い topology が Mackey topology といわれるものである．Mackey topology は，L^1 の weakly compact な部分集合にかんする uniform convergence の topology である．Mackey topology は，sup norm にもとづく topology より弱い．

Λ は L^∞ の部分集合として，Mackey topology によって induce された topology をもつと考える．このとき，つぎの Bewley による命題が成立する［Bewley(1972)］．

定理 1［Bewley(1972)］　$C^n \in \Lambda$，$C \in \Lambda$，$n=0, 1, 2, \cdots$ は有界(すべての n について $\|C^n\|_\infty < K$ となるような正数 K が存在する)とする．このとき，すべての n について $E_n \supset E_{n+1}$，$\bigcap_0^\infty E_n = \phi$ (空集合)とすれば(ただし，$E_n \equiv \{t : c^n(t) \neq c(t)\}$ とする)，Mackey topology の意味で $C^n \to C$．

上の定理の一例をあげておこう．$E_n=(n, \infty)$のとき，Mackey topology の意味で $C^n \to C$．

さて，h を Λ の上で定義された実数の値をとる functional としよう．すなわち任意の $C=(c(t)) \in \Lambda$ に対して $h(C)$は実数値をとる functional として定義されているとする．この h に対して，各 T 時点における Volterra 微分を $h_T(C)$であらわす[Volterra(1959)]．$h_T(C)$は，T 時点の近傍において，消費径路に沿って消費の限界的な増分に対して，h の値の限界的変分の割合とする．

Λ は，各時点で連続的微分可能な関数の集合として定義したから，通例の意味における

Volterra微分は，その点を考慮して修正を加えなければならない．この点についてはWan(1970)にくわしい．

Λの上で定義されたfunctional hについて，任意の$C \in \Lambda$に対して，すべての時点$T \geqq 0$で，Volterra微分$h_T(C)$が存在し，$h_T(C)$がMackey topologyについて連続であるとき，hはVolterraの意味で連続微分可能であるということにしよう．同じようにして，hがVolterraの意味で，2回連続微分可能であるというのは，すべての$T \geqq 0$について，$h(\cdot)$が連続微分可能であり，$h_T(\cdot)$もまた連続微分可能であるときである．

R^nのある領域で定義された関数がstrongly concave(convex)であるというのは，2回連続微分可能で，Hessianが常にnegative(positive) definiteであるときを指す．

消費の時間径路$c=(c(t))$は，Λの要素と考えて，時間選好関係をあらわす効用関数$U(C)$は，$C \in \Lambda$で定義されたfunctionalとして取り扱う．Utility functional $U(C)$はつぎの諸条件をみたすと仮定する．

(i)
$$U(0) = 0.$$

(ii)　連続性：$U(C)$，$C \in \Lambda$はMackey topologyにかんして連続である．

(iii)　単調性：C，$C' \in \Lambda$，$C(t) \geqq C'(t)$，for all $t \geqq 0$，$C \neq C' \Longrightarrow U(C) > U(C')$.

(iv)　不変性：C，$C' \in \Lambda$，$({}_0C_t, {}_tC') \in \Lambda$のとき，

$$U({}_tC) \geqq U({}_tC') \Longleftrightarrow U({}_0C_t, {}_tC) \geqq U({}_0C_t, {}_tC').$$

効用functionalについて，recursiveという性質が重要な役割をはたす．Recursiveの概念は，discreteな時間の場合について，Koopmans(1960)によって最初にその定式化が試みられた．その後，Blackorby-Primont-Russell(1978)によって，有限時間の場合について，recursiveかつseparableな効用functionalの構造が明らかにされた．上の条件(iv)がみたされているとき，効用functional $U(C)$はrecursiveであると定義しよう．

Koopmans(1960)ではrecursiveな効用functional $U(C)$を特徴づける条件として，つぎの条件が定式化された．

$$U({}_tC) = W(c(t), U({}_{t+1}C)), \text{ for all } t \geqq 0.$$

ここで，$W(\cdot, \cdot)$が中心的な役割をはたす．

(v)　$U({}_tC)$は時間tについて微分可能である．

Koopmansの定式化は，連続的な時間にかんしては，つぎのような形で表現される．

定理2　効用functional Uについて，上の仮定(i)-(v)がみたされ，$U({}_tC)$が時間tの関数として微分可能であるとする．このとき，

(1)
$$\dot{U}(t) = f(c(t), U(t))$$

が成立するような関数 f が存在する．ここで，

$$U(t) = U({}_tC)$$

とし，$f(c, U)$ の定義域は

$$0 \leqq c < \infty,\ 0 \leqq U < \sup\{U(C) : C \in \Lambda\}.$$

定理 2 の $f(c, U)$ を時間選好 U の generating function とよぶことにしよう．
さらに，つぎの 2 つの条件を導入する．

(vi)　U および $D = \dot{U} = \dfrac{dU}{dt}$ は Λ の functional として，3 回連続微分可能である．

(vii)　$$U_T(C) > 0 \qquad (T \geqq 0,\ C \in \Lambda).$$

定理 3　時間選好 U が上の条件(i)-(vii)をみたすとき，定理で導入された generating function $f(c, U)$ は (c, U) にかんして 3 回連続微分可能な関数となる．

例 1　(Ramsey-Koopmans-Cass 効用積分)

$$U(C) = \int_0^\infty u(c(t))e^{-\delta t}dt$$

(ここで，$\delta > 0$，$u(0) = 0$，$u(c)$ は 3 回連続微分可能とし，$u_c > 0$，$u_{cc} < 0$)，

$$f(c, U) = u(c) - \delta U \qquad (c > 0,\ U \geqq 0).$$

例 2　[Uzawa Utility Functional, Uzawa(1968)]

$$U(C) = \exp\left\{-\int_0^\infty u(c(t))e^{-\int_0^t U(c(\tau))d\tau}dt\right\}.$$

ここで，

$u(0) = -U(0) < 0$，u，U は 3 回連続微分可能 $(0 \leqq c < \infty)$，

$$U_c > 0,\ U_{cc} < 0,\ u \leqq 0,\ u_{cc} \leqq 0$$

とする．

$$f(c, U) = u(c)e^U + U(c) \qquad (c \geqq 0,\ U \geqq 0).$$

つぎに，implicit rate of time preference ρ をつぎのように定義する．

(2)　$$\rho = -\frac{d \log U_T(C)}{dT}\bigg|_{T=0} \qquad (C \in \Lambda).$$

定理 4　時間選好関数 U が上の条件(i)-(ii)をみたすとき，(2)によって定義される implicit rate of time preference ρ は，generating function $f(c, U)$ と同じ領域 $C \in \Lambda$ をもち，

$$\rho=\rho(c(0),U(C))\qquad(C\in\Lambda).$$

さらに，$f_c>0$ のとき，

$$\rho(c,U)=f\frac{f_{cU}}{f_c}-f_U(c,U).$$

つぎの条件を仮定する.

(viii)　$C\in\Lambda,\ c(T)>0$ のとき，

$$-\frac{d\log U_T(C)}{dT}>\rho(c(T),U({}_TC)),$$

(ix)　$$\rho_U(c,U)>0,$$

(x)　$$\rho_c(c,U)=0,$$

(xi)　$$\rho(c,U)>\rho_{\min}>0.$$

定理5　時間選好関数 U が上の条件(i)-(xi)をみたすとき，つぎの性質をもつ generating function $f(c,U)$によって生成される時間選好関係と同値となる.

(I)　$f(c,U)$は3回連続微分可能.

(II)　$f_c>0,\ f_{cc}<0,\ f(0,0)=0,\ \lim_{U\to 0}f(c,U)<0\qquad(c>0).$

(III)　$f(c,U)$は(c,U)について concave.

(IV)　$$\sup_{c,U}[f_U(c,U)]<0.$$

(V)　$$\frac{\partial}{\partial U}\left[f(c,U)\cdot\frac{f_{cU}(c,U)}{f_c(c,U)}-f_U(c,U)\right]>0.$$

(VI)　$$f_{cU}=0.$$

参 考 文 献

Bewley, T.(1972). “Existence of Equilibria in Economies with Infinitely Many Commodities”, *Journal of Economic Theory* **4**, 514-540.

——(1982). “An Integration of Equilibrium Theory and Turnpike Theory”, *Journal of Mathematical Economics* **10**, 233-267.

Blackorby, C., D. Primont, and R. Russell(1978). “Duality, Separability and Functional Structure”, *Theory and Economic Applications*, New York : Elsevier.

Epstein, L. G.(1987a). “A Simple Dynamic General Equilibrium Model”, *Journal of Economic Theory* **41**(1), 68-95.

——(1987b). “The Global Stability of Efficient Intertemporal Allocations”, *Econometrica* **55**, 329-355.

Epstein, L. G., and J. A. Haynes (1983). "The Rate of Time Preference and Dynamic Economic Analysis", *Journal of Political Economy* **91**, 611-625.

Koopmans, T. C. (1960). "Stationary Ordinal Utility and Impatience", *Econometrica* **28**, 287-309.

Koopmans, T. C., P. Diamond, and R. Williamson (1964). "Stationary Utility and Time Perspective", *Econometrica* **32**, 82-100.

Uzawa, H. (1968). "Time Preference, the Consumption Function and Optimum Asset Holdings", in *Value, Capital and Growth: Papers in Honour of Sir John Hicks*, edited by J. N. Wolfe, Edinburgh : The University of Edginburgh Press, 485-594.

——(1989). "Time Preference and an Extension of the Fisher-Hicksian Equation", in *Value and Capital : Fifty Years Later*, edited by L. W. McKenzie and S. Zamagni, New York : Macmillan, 90-110.

——(1992). "Dynamic Duality Principles on Intertemporal Preference and Capital Accumulation", *CARESS Working Paper* #92-34, University of Pensylvania.

——(1996). "An Endogenous Rate of Time Preference, the Penrose Effect, and Dynamic Optimality of Environmental Quality", *Proceedings of the National Academy of Sciences of the United States of America*, **93**, 5770-76.

Volterra, V. (1959). *Theory of Functionals and of Integral and Integro-Differential Equations*, New York : Dover.

Wan, H. (1970). "Optimal Saving Programs under Intertemporally Dependent Preferences", *International Economic Review* **11**, 521-547.

第 III 部　社会的共通資本の理論

第13章 「コモンズの悲劇」と社会的共通資本の理論

1. はじめに

地球環境の汚染破壊は，この近年大きな問題となりつつあり，将来の世代に対して深刻な社会的，経済的影響をもたらすことは必至であるといってよい．地球環境の問題は，地球温暖化，酸性雨，海洋汚染，オゾン層の破壊，熱帯雨林の破壊，生物種の多様性の喪失などという多様な形態をとって起こりつつある．それは，地球環境という人類，あるいは全生物にとっての社会的共通資本をどのように管理し，維持していったらよいかという問題としてとらえられる．ここでは，『経済解析——基礎篇』で展開した社会的共通資本の理論，最適経済成長の理論を使って，地球環境の問題を経済解析の考え方にもとづいて考察する．本章および第14章では，一般的な見地にたって，地球環境の問題を考察する．他の章との間にかなり重複が存在するが，問題の複雑さ，分析手法の未完成という観点から，あえてそのままの形で説明することにしたい．本章の議論は，Wicksell(1901)，Uzawa(1974, 1991a, 1991b, 1992, 1998, 2004)，宇沢(1989, 1995, 1996)で展開された．

2. ハーディンの「コモンズの悲劇」

地球温暖化，海洋汚染，熱帯雨林の破壊，生物種の多様性の喪失などという地球環境問題は結局，社会的共通資本としての自然環境をいかにして管理し，維持するかという問題に帰着される．この点にかんして，よく引用されるのがハーディンの「コモンズの悲劇」(The Tragedy of the Commons)である．この考えはもともと，Hardin(1968)で提起されたものであって，共有的に管理されている生物資源は必ず過度に利用され，完全に消滅し，共同体自体もまた破滅してしまうという主張である．ハーディンは生物学者であったが，19世紀初めに存在していたWilliam Lloydという，あまり知られていない経済学者の論文[Lloyd(1833)]にもとづいて，つぎのような考え方を展開したのである．

ハーディンの議論は，中世におけるイギリスの共有地を例にとって展開される．ある牧草地が，村の共有地(commons)として，牛の放牧に使われているとする．村の1人1人の牛飼いは，牧草地に自由に入ることができる，つまりopen accessの権利をもっていて，自由に好きなだけ使うことができると，ハーディンは仮定する．そのとき，牛飼いは，自分のもっている牛をできるだけ多く牧草地で飼っておいた方が有利となる．各牛飼いが，1匹の牛を追加的にコモンズに放牧したとき，その限界的コストは村の牛飼い全体が負担することになるから，各牛飼いにとっての限界的便益の方が必ず大きくなると，ハーディンは主張する．したがって，各牛飼いはできるだけ多くの牛をコモンズに放牧するようになり，コモンズの牧草地は荒れ果てて，結局牧草が消滅してしまう．すべてにとって破滅である(Ruins for all！)．ハーディンはこのようにして，私有制ではなく，共有財産の形で管理されているコモンズについては，個別的な経済主体の合理的行動の結果，コモンズ全体としてきわめて非合理的な状況を生み出すという結論を導き出した．ハーディンのいう「コモンズの悲劇」である．

ハーディンの「コモンズの悲劇」に対する経済学者たちの反応はさまざまであった．たとえば，Godwin and Shepard(1979)によれば，「コモンズの悲劇」にかんするハーディンの理論は「社会科学者が，環境や資源の問題を取り扱うときに，基本的な枠組みを与える」という高い評価を与えている．他方，Smith(1984)は，ハーディンの議論は，「悲劇」ではなく，「喜劇」というにふさわしいと一笑に付す．Dasgupta(1982)は，ハーディン論文の一節を利用して，「この短い文章のなかに，これほど多くの誤謬を含んでいる論文は他に見当たらない」として，きびしい批判をおこなっている．

いずれにせよ，ハーディン論文は，第二次世界大戦後における経済開発，発展がいかに深刻な自然環境の破壊をもたらし，いかに広範囲にわたって，社会的，自然的損失を招いてきたかを如実にあらわすものであるといってよいであろう．ハーディン論文を契機として，個人の自由と社会的管理との間の矛盾という，古くて新しい問題が改めて経済学者に突き付けられたといってよいであろう．

ハーディン論文は，ある1つの経済学の考え方の流れのなかで受け入れられていった．それは，Demsetz(1967)，Furubotn and Pejovich(1972)などによって精力的に展開された．「コモンズの悲劇」は，コモンズの所有および利用にかんして，私的所有関係が欠如しているために必然的に起こる現象であるという主張である．もし，コモンズの土地，自然資源にかんして，民有化(privatization)をおこなえば，各個人がそれぞれ私的な利益追求の立場からの合理的，効率的な利用を考え，自然資源の慎重かつ保全的な管理がおこなわれることになるはずである．そのときには，不確実性もなくなり，フリー・ライダー(free rider)の問題も起こらないであろうというのである．民有化にかんするロイドの最初の議論の現代版である．

コモンズの制度は，所有権が共有化されているため，市場機構がうまく働かず，効率的な資源配分が実現しない．アダム・スミスの「見えざる手」は，コモンズの資源が私有化されたときにはじめて機能する．この考え方は，1970年代から1980年代の初めにかけて，多くの経済学者を巻き込んだだけでなく，いわば，時代精神(Zeitgeist)ともいえる役割をはたした．アメリカのレーガン政権，イギリスのサッチャー政権，そして日本の中曽根政権に共通した政治思想を支えていたのであった.

しかし,この考え方は,コモンズとオープン・アクセス(open access)との区別について,完全な誤解にもとづいている.オープン・アクセスというときには,コモンズの資源をだれでも自由に利用することができることを意味するが,コモンズについては,その資源を利用することのできる人は,ある特定の村,地域の人々か,あるいはある特定の職業的,社会的集団に属する人々に限定されている.しかも,どのようなルールにしたがって,コモンズの資源を利用するかについてきびしく規定され,またコモンズの維持のために,各構成員がどのようなサービスを提供するかについてくわしく規定されている.コモンズの概念自体がオープン・アクセスを否定するものであるといってもよいのである.コモンズにかんする所有権と管理の問題は,社会的,文化的,歴史的な条件と密接な関わりをもち,きわめて多様な形態をもっている.コモンズにおける希少資源の配分がどのような性質をもつかは,コモンズを規定する制度的諸条件によって決まってくる.歴史的,伝統的なコモンズにかんしては,これまで数多くの研究がなされてきた.とくに,McCay and Acheson(1987),Berkes(1989)には,これらのコモンズの研究にかんして,要領の良い解説がなされている.ここでは,コモンズの問題を,より一般的な社会的共通資本の理論的枠組みのなかで考察することにしたいが,まず,「コモンズの悲劇」にかんするハーディンの命題について,漁業コモンズの場合を取り上げて考察することからはじめよう.

3. 漁業コモンズのモデル

漁業コモンズにかんして,先駆的な研究をおこなったのはGordon(1954)とScott(1955)である.この2つの論文は現在でもコモンズの理論の展開にさいして基礎的な役割をはたしている.Gordon, Scott論文はともに,漁業コモンズの問題を資本の理論の枠組みのなかで考察したもので,その考え方は,Schaefer(1957),Crutchfield and Zellner(1962),Plourde(1970),Clark(1973),Clark and Munro(1975),Tahvonen(1991),宇沢・茂木(1994)などでさらにくわしく展開されて,漁業のダイナミクスを解明するために役立っている.

この節では,漁業コモンズにかんして,エコロジカルな要因と経済的な要因の相関関係を明示的に示すような理論モデルをつくって,そのモデルを使って,ハーディンの「コモンズの悲劇」が成立するか,否かをみることにしたい.

ここで考察の対象とするのは,ある1つの明確に境界づけられた漁場である.河川,湖沼,沿海にあってもよいが,ある特定の漁民の集落がその所有権をもって,管理しているとする.この漁民のコモンズに属さない人は,この漁場を利用することは禁じられている.

コモンズの漁場のストックは,漁場のなかにいる魚の数で測られると仮定する.魚の種類は

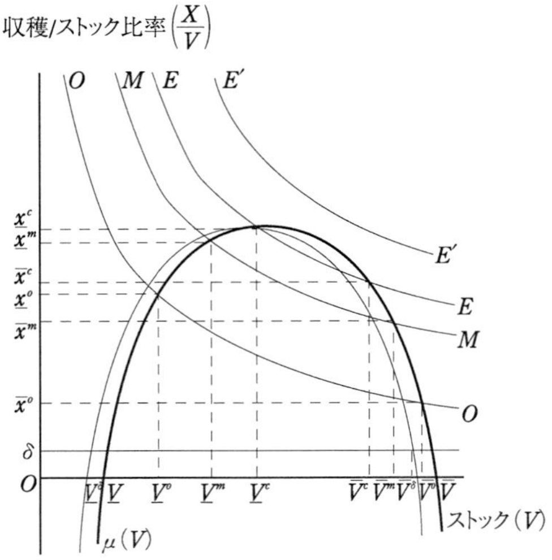

図 13-1　コモンズのストックの成長率

1 つしかなく，年齢構成は問わないとする.「コモンズの悲劇」にかんして以下に展開する議論は，適当に修正すれば，より一般的な場合にそのまま適用される.

ある時点 t における漁業コモンズのストックを V_t であらわす．ストック V_t の時間的変化 $\dot{V}_t = dV_t/dt$ は，エコロジカルな要因によって決まってくる部分と，経済的な要因によって左右される部分との 2 つに分けられる.

ストック V_t の時間的変化 $\dot{V}_t$ について，エコロジカルな要因によって決まってくる部分は，魚の再生産能力に加えて，藻類，プランクトン，餌となる魚その他の小動物が漁場のなかにどれだけ存在するかに依存する．また，水温，海流などの影響も受けるし，さらに，漁業を取り巻く地域における産業的，民生的活動にともなう廃棄物によっても影響される．漁場ストック V_t のエコロジカルな要因にもとづく時間的変化はある特定の関数 $\mu=\mu(V)$ によってあらわされると仮定する．$\mu(V)$ は図 13-1 によって典型的にあらわされるような形をしている.

図 13-1 に示されているように，$\underline{V}$，$\overline{V}$ という 2 つの critical なストックの水準が存在する.

$$\mu(\underline{V}) = \mu(\overline{V}) = 0.$$

低い方の critical な水準 $\underline{V}$ は，つぎのような意味をもつ．もし，漁業コモンズのストック V が $\underline{V}$ より低くなると，ストック V は減少しつづけ，やがて絶滅してしまう．他方，高い方の critical な水準 $\overline{V}$ は，漁業コモンズのストック V が，その水準を超えると，同じように減少しつづけ，$\overline{V}$ に近づく．公海の漁業コモンズの場合，$\overline{V}=+\infty$ と考えてもよいケースが多い.

$\mu(V)$ は，ストック V の増加率 $(\dot{V}/V)$ をあらわすから，ストック V の増加 $\dot{V}$ は $\mu(V)V$ と

なる．このとき，限界増加関数は

$$\hat{\mu}(V) = \frac{d}{dV}[\mu(V)V] = \mu(V) + \mu'(V)V$$

によって定義される．$\hat{\mu}(V)$曲線は，横軸と2つの点，$\underline{\hat{V}}$，$\overline{\hat{V}}$，で交わる．

漁業コモンズのストック V の時間的変化はまた経済的な要因によって左右される．コモンズの各構成員を j であらわし，漁民 j が捕った魚の数を X_j とする(X_j は単位期間当たりの漁獲量である)．全漁獲量 X は

$$X = \sum_j X_j$$

で与えられる．

漁業コモンズのストック量 V の時間的変化はつぎの微分方程式であらわされる．

(1) $$\dot{V} = \mu(V)V - X.$$

漁獲がおこなわれないとき($X=0$)には，微分方程式(1)は2つの定常点，$\underline{V}$，$\overline{V}$，をもつ．$\underline{V}$ は不安定的で，$\overline{V}$ が安定的であることは図13-1からただちにわかるであろう．

魚の全捕獲量 X は，漁業コモンズの管理形態，漁業にかんする技術的，制度的諸条件によって左右される．まず，コモンズを構成する各漁師が自由に漁をすることができる場合を考えてみよう．各漁師の費用関数について，2つの場合が存在する．ケースIは，各漁師の費用が，自分自身の漁獲量のみに依存する場合で，ケースIIは，コモンズの全漁獲量によっても左右される場合である．ケースIは，費用関数が

$$C = C(X)$$

の形で与えられる．このとき

$$C(X) > 0,\ C'(X) > 0,\ C''(X) > 0 \qquad (X > 0),$$
$$C(0) = 0.$$

ケースIIについては，費用関数は

$$C = C(X, V)$$

の形をとる．

ケースIIについて，つぎの諸条件がみたされているとする．

$$C_X(X, V) > 0,\ C_{XX}(X, V) > 0 \qquad (X, V > 0),$$
$$C(0, V) = 0.$$

また，ケースIIについては，費用関数は一次同次と仮定する．したがって，

$$C(X, V) = c(x)V,\ x = \frac{X}{V}.$$

このとき，$c(x)$は漁師1人1人について，コモンズのストック1単位量当たりの費用をあらわし，つぎの条件をみたしている．

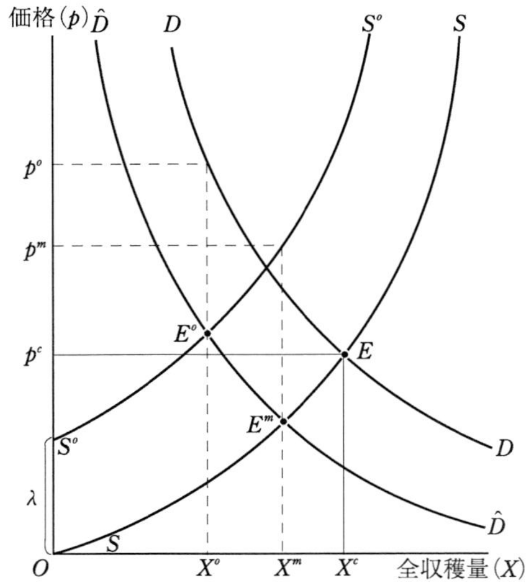

図 13-2　競争的，独占的，最適収穫量の決定

$$c(0)=0,\ \ c(x)>0,\ \ c'(x)>0,\ \ c''(x)>0 \qquad (x>0).$$

以下では，つぎの関数 $\hat{c}(x)$をよく使う．

$$\hat{c}(x)=c'(x)x-c(x).$$

この関数 $\hat{c}(x)$はすぐわかるように $-C_V(X, V)$に他ならない．すなわち，コモンズのストックが限界的に1単位減少したときにどれだけ費用が高くなるかをあらわす．このとき，

$$\hat{c}(0)=0,\ \ \hat{c}(x)>0,\ \ \hat{c}'(x)>0 \qquad (x>0).$$

まず最初に，コモンズの構成員である漁師が，何の制約もなく，自由に漁をおこなうことができるとしよう．いま，魚の市場価格を p とすると，各漁師 j がとる魚の量 X_j は

$$pX_j-C_j$$

が最大となるように決まってくるであろう．したがって

$$p=C_j'(X_j),$$

あるいは，

$$p=c_j'(x_j),\ \ x_j=\frac{X_j}{V}.$$

どちらのケースについても，市場価格 p が高くなると，各漁師 j のとる魚の量も増える．したがって，全漁獲量

$$X=\sum_j X_j$$

もまた，市場価格 p が高くなると，大きくなる．市場価格 p と，それに対応する全漁獲量 X との間は，図 13-2 の曲線のように，右上がりの SS 曲線によってあらわされる．図 13-2 で，横

軸は全漁獲量 X を測り，縦軸は市場価格 p を測っている．

各漁師がその漁獲量を決めるときには，市場価格 p は与えられたものとして考えているが，市場価格 p 自体は全漁獲量 X によって左右される．市場価格 p が全漁獲量 X の変化によってどのような影響を受けるかをあらわしたのが，需要価格関数

$$p = p(X)$$

である．需要価格関数 $p(X)$ はつぎの条件をみたしているとする．

$$p(X) > 0, \ p'(X) < 0 \qquad (X > 0).$$

したがって，需要価格関数 $p(X)$ は図13-2の DD 曲線のように右下がりの曲線によってあらわされる．

均衡市場価格は，SS 曲線と DD 曲線の交点 E で決まってくる．市場均衡のもとにおける全漁獲量を X^C とし，全漁獲量/ストック比率を $x^C = X^C/V$ であらわす．

漁業コモンズのストック V にかんする動学方程式(1)は，つぎのように書きあらわされる．

$$\frac{\dot{V}}{V} = \mu(V) - x^C. \tag{2}$$

動学方程式(2)の解径路の構造を調べるために，まず，競争均衡のもとにおける全漁獲量/ストック比率 x^C が，コモンズのストック V が大きくなったとき，どのように変化するかをみてみよう．ケースIについては，費用関数は，ストック V に無関係となっているから，全漁獲量 X^C もまた一定となる．したがって，全漁獲量/ストック比率 $x^C = X^C/V$ は，V の減少関数となる．図13-1の EE 曲線で示されている．

他方，ケースIIの場合には，全漁獲量/ストック比率 $x = X/V$ は市場価格 p のみによって定まり，ストック V には無関係となる．需要価格 p はストック V の減少関数となるから，ケースIIについても，市場均衡のもとにおける全漁獲量/ストック比率 x^C は V の減少関数となり，ケースIの場合と同じように，図13-1の EE 曲線のような右下がりの曲線であらわされる．

図13-1で，EE 曲線は，エコロジカルの要因で決まってくる．成長率曲線 $\mu(V)$ と2つの点 $\underline{C}$, $\overline{C}$ で交わるか，あるいはまったく交点をもたない．[$\underline{C} = \overline{C}$ の可能性もある．] 交点が2つより多い可能性も排除できないが，一般的な場合についても，以下の分析は同じように適用される．$\underline{V}^C$, $\overline{V}^C$ を $\underline{C}$, $\overline{C}$ に対応するコモンズのストック量の水準とする．

ストック V が小さい分の critical な水準 $\underline{V}^C$ より小さいときには，市場均衡のもとにおける全漁獲量/ストック比率 x^C がエコロジカルな成長率 $\mu(V)$ を上回り，ストック V は一様に減少しつづけ，やがて絶滅してしまう．

ストック V が $\underline{V}^C$ と $\overline{V}^C$ の間にあるときには，V は増加をつづけ，$\overline{V}^C$ に収斂する．V が大きい方の critical な水準 $\overline{V}^C$ より大きいときには，V は減少し，$\overline{V}^C$ は収斂する．

大きい方の critical な水準 $\overline{V}^C$ は，競争的市場のもとにおける，安定的な長期均衡状態にお

ける漁業コモンズのストックである．図 13-1 では，$\overline{V}^C$ が，エコロジカルに持続可能な(sustainable)最大水準のストック量 $\overline{V}$ より小さい場合を示している．

EE 曲線が $\mu(V)$ 曲線と交点をもたない場合には，全漁獲量/ストック比率は，漁業コモンズのストックのエコロジカルな成長率を常に上回り，ストック V は常に減少し，やがて絶滅の状態に到達する．この場合が，Hardin のいう「コモンズの悲劇」に対応するものである．

このようにして，コモンズを構成する各漁師が利己的動機だけにもとづいて行動して，コモンズのストックの減少に留意しなかったとしても，コモンズのストックが，安定的な長期定常状態に収斂する可能性が存在することがわかる．しかし，この競争均衡の状態は必ずしも最適(optimum)ではない．もし，コモンズを構成する漁師たちが協同して，もっと慎重に漁獲の計画を立てたとすれば，コモンズ全体として，もっと漁獲量を多くする可能性が存在するであろう．

漁業コモンズを構成する漁師全体の利益は全利潤

$$p(X)X-C$$

ではかることができる．このとき

$$C=\sum_j C_j$$

は全費用である．

この全利潤を最大にするような漁獲計画(X_j)を考えれば，競争均衡の場合よりも大きな全利潤を実現できるわけである．しかし，コモンズはたんに現在の時点で存在するだけでなく，ずっと将来にわたって存在しつづける perpetual な制度である．したがって，現時点における短期的な全利潤よりはむしろ，将来にわたって得られるであろう全利潤の時間径路を考慮に入れて，漁業コモンズのストックの経営，管理を考えるであろう．

いま，将来の時点 t におけるコモンズの全利潤を π_t であらわす．

$$\pi_t=p(X_t)X_t-C_t,$$

ここで，X_t，C_t はそれぞれ将来時点 t における全漁獲量および全費用である．

現在から将来にわたって得られるコモンズの利益は，つぎの割引現在価値によってあらわされるとしよう．

$$\int_0^\infty \pi_t e^{-\delta t}dt, \tag{3}$$

ここで，δ は社会的割引率で，正の定数とする．

漁業コモンズが直面する問題は，将来の利益の割引現在価値(3)を最大にするような全漁獲量の計画(X_t)を求めるという変分法の問題として定式化される．ここで，全漁獲量の計画(X_t)は，与えられた初期条件 V_0 のもとで，動学方程式(1)をみたしていなければならない．

この問題は最適経済成長理論として，Ramsey(1928)，Koopmans(1965)，Cass(1965)などに

よって論じられてきた．『基礎篇』第VII部でくわしく解説したところである．コモンズとの関連では，Mäler(1974)に始まって，Clark and Munro(1975)，Tahvonen(1991)など数多くの研究が発表されている．この問題については後章でもっと一般的な形でくわしく述べることにして，ここでは，漁業コモンズの場合に焦点を当てて，expository な解説をおこなうことにしたい．後章の議論とかなりの重複があることをおことわりしておきたい．

上の問題は，帰属価格の概念を使って解くことができる[『基礎篇』第31章]．各時点 t における漁業コモンズのストック V_t の帰属価格 λ_t は，t 時点におけるストック V_t が限界的に1単位増えたときに，全将来にわたって漁業コモンズ全体の利益を限界的にどれだけ増加するかをみて，その割引現在価値を計算したものである．

各時点 t での帰属価格 λ_t を使って，実質所得 H_t が定義される．

(4) $$H_t = p(X_t)X_t - C_t + \lambda_t[\mu(V_t)V_t - X_t].$$

各時点 t における最適な全漁獲量 X_t は，(4)式で定義された実質所得 H_t を最大化して得られる．したがって，各漁民 j の漁獲量 X_t についても最適な水準はつぎの条件をみたす．

$$\hat{p}(X_t) = \lambda_t + C_j'(X_{jt}),$$

あるいは，

$$\hat{p}(X_t) = \lambda_t + c_j'(x_{jt}), \quad x_{jt} = \frac{X_{jt}}{V_t}.$$

ここで，$\hat{p}(X)$は限界収益をあらわす関数である．これらの最適条件が，帰属価格 λ_t を市場価格と考えると，独占的市場均衡の条件と一致することはただちにわかるであろう．

上の条件は，Virtual Cost Function の概念を用いれば，つぎのように書きあらわされる．

(5) $$\hat{p}(X) = \lambda + C'(X),$$

あるいは，

(6) $$\hat{p}(xV) = \lambda + C'(x), \quad x = \frac{X}{V}.$$

まず最初にケースIを取り上げよう．このとき，(5)の条件が成立する．この場合は，図13-2を使って説明できる．$\hat{D}\hat{D}$ 曲線は限界収益 $\hat{p}(X)$のスケジュールをあらわす．他方，社会的限界費用

$$\lambda + C'(X)$$

は S^oS^o 曲線によってあらわされている．S^oS^o 曲線は SS 曲線を上方に λ だけシフトしたものである．この2つの曲線 S^oS^o，$\hat{D}\hat{D}$ は1点 E^o で交わる．E^o 点に対応する全漁獲量と市場価格をそれぞれ X^o，p^o とする．最適な全漁獲量 X^o は減少する．

SS 曲線と $\hat{D}\hat{D}$ 曲線の交点を E^m とし，E^m 点に対応する全漁獲量と市場価格をそれぞれ X^m，p^m とする．(X^m, p^m)は独占的市場均衡である．

ケースIIの場合については，最適条件は(6)によって与えられる．この場合，図13-2で，横軸は全漁獲量/ストック比率 $x=X/V$ をとる．DD 曲線は，全漁獲量/ストック比率 x と需要価格 $p(x, V)$ の間の関係をあらわす．限界収入 $\hat{p}(x, V)$ のスケジュールは，全漁獲量/ストック比率 x の関数として，$\hat{D}\hat{D}$ 曲線によってあらわされる．SS 曲線は，限界費用 $c'(x)$ のスケジュールをあらわす．SS 曲線と DD 曲線の交点に対応して，競争均衡 (X^c, p^c) が求められ，SS 曲線と $\hat{D}\hat{D}$ 曲線の交点に対応するのが独占的市場均衡 (X^m, p^m) である．

社会的限界費用 $\lambda+c'(x)$ のスケジュールは，SS 曲線を λ だけ上方にシフトして得られる．図13-2で曲線によってあらわされている．S^oS^o 曲線と $\hat{D}\hat{D}$ 曲線の交点に対応する全漁獲量/ストック比率 x^o が，与えられた帰属価格 λ のもとにおける最適水準となる．帰属価格 λ が高くなると，S^oS^o 曲線は上方にシフトして，最適な全漁獲量/ストック比率 x^o は低くなり，市場価格 p^o は高くなる．最適な全漁獲量/ストック比率 x^o は，独占的市場に対応する x^m のとき最大値をとり，帰属価格 λ がさらに高くなると一様に減少しはじめる．

つぎに，各時点 t で，帰属価格 λ_t がどのようにして決められるかをみてみよう．いまかりに，漁業コモンズのストックが V_t から $V_t+\varDelta V$ に $\varDelta V$ だけ限界的に増加したとしよう．そのとき，将来の時点 t におけるストックの限界的増加は

$$\varDelta V_\tau = \hat{\mu}(V_\tau)\varDelta V$$

によって与えられ，コモンズの全利潤 π_τ は

$$\frac{\partial \pi_\tau}{\partial V_\tau}\varDelta V$$

だけふえることになるであろう．

したがって，t 時点における帰属価格 λ_t は

$$\lambda_t = \int_t^\infty \lambda_t \left[\frac{\partial \pi_\tau}{\partial V_\tau} + \hat{\mu}(V_\tau)\right] e^{-\delta(\tau-t)} d\tau$$

となる．この式の両辺を時間 t で微分すれば，

(7)
$$\frac{\dot{\lambda}}{\lambda} = \delta - \hat{\mu}(V) - \frac{\partial \pi}{\partial V},$$

ここで時間の suffix t は省略してある．

最適な全漁獲量の時間径路 (X_t) は，2つの基本的動学方程式(1)，(7)の解径路で，つぎの transversality condition

$$\lim_{t\to\infty} \lambda_t V_t e^{-\delta t} = 0$$

をみたすものを求めればよい．

動学方程式(1)はつぎのようにあらわされる．

(8)
$$\frac{\dot{V}}{V} = \mu(V) - x,$$

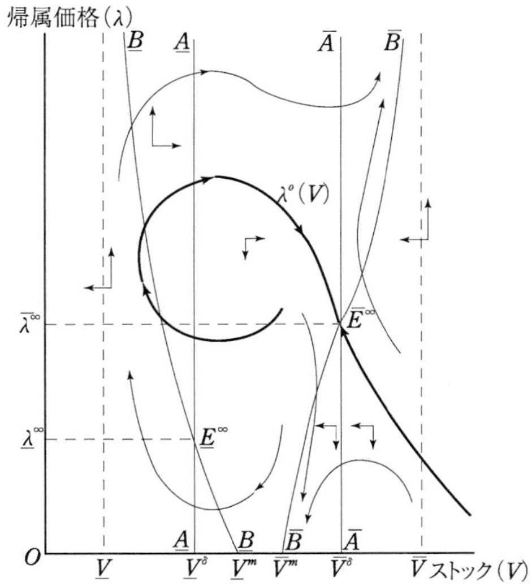

図 13-3　コモンズの動学的過程にかんする phase diagram：ケース I

ここで，$x=X/V$ は最適な全漁獲量/ストック比率である．

まず最初にケース I を取り上げよう．ケース I の場合，最適条件は(5)式によって与えられ，最適な全利潤 π_t は，漁業コモンズのストック V_t とは無関係に決まってくる．したがって，動学方程式(7)はつぎのような形になる．

(9)
$$\frac{\dot{\lambda}}{\lambda} = \delta - \hat{\mu}(V).$$

動学方程式体系(8)，(9)の解径路の構造をみるために，帰属価格 λ が定常的となるようなストック量の水準 V を考察しよう．図 13-1 からわかるように，λ が定常的となるようなストック量の水準が 2 つ，$\underline{V}^\delta$，$\overline{V}^\delta$ 存在する．

$$\hat{\mu}(\underline{V}^\delta) = \hat{\mu}(\overline{V}^\delta) = \delta.$$

図 13-1 が示すように，

$$\underline{\hat{V}} < \underline{V}^\delta < \overline{V}^\delta < \overline{\hat{V}}.$$

帰属価格 λ_t の時間的変化は図 13-3 に示されている．図 13-3 で，横軸は漁業コモンズのストック V をはかり，縦軸は帰属価格 λ をはかる．帰属価格 λ の定常条件に対応する 2 つの critical な水準 $\underline{V}^\delta$，$\overline{V}^\delta$ は垂直線によってあらわされている．

漁業コモンズのストック V が，低い方の critical な水準 $\underline{V}^\delta$ より小さいとき，あるいは高い方の critical な水準 $\overline{V}^\delta$ より大きいときには，帰属価格 λ は上昇する傾向を示す($\dot{\lambda}>0$)．他方，ストック V が 2 つの critical な水準 $\underline{V}^\delta$，$\overline{V}^\delta$ の間にあるときには，帰属価格 λ は低下する傾向を示す($\dot{\lambda}<0$)．この間の事情は，図 13-3 で矢印の付いた直線で示されている通りである．

つぎに，ストック V が定常的となるための条件を考えてみよう．$\dot{V}=0$ となるのは

$$x = \mu(V)$$

の条件がみたされるときである．ケース I の場合，最適な全漁獲量 X がストック V には無関係に決まってくるから，帰属価格 λ に対応する最適な全漁獲量/ストック比率 $x=X/V$ は，図 13-1 の OO 曲線のように，右下がりの曲線であらわされる．

図 13-1 からただちにわかるように，ストック V が定常的になるような critical な水準が 2 つ，$\underline{V}^o$，$\overline{V}^o$ 存在する．

独占的な市場のもとでの全漁獲量/ストック比率 $x^m=X^m/V$ は，図 13-1 の MM 曲線であらわされている．これは $\lambda=0$ に対応する．したがって，つぎの関係が成り立つ．

$$\underline{V} < \underline{V}^o < \underline{V}^m < \overline{V}^m < \overline{V}^o < \overline{V}.$$

帰属価格 λ が高くなると，低い方の critical な水準 $\underline{V}^o$ は低くなる．帰属価格 λ が無限大に近づくとき，$\underline{V}^o$ は $\underline{V}$ に収斂する．また，高い方の critical な水準 $\overline{V}^\infty$ は，帰属価格 λ の上昇にともなって高くなり，帰属価格 λ が無限大に近づくとき，$\overline{V}^o$ は $\overline{V}$ に収斂する．帰属価格 λ と，それに対応する 2 つの critical な水準 $\underline{V}^o$，$\underline{V}$ との間の関係は，図 13-3 の $\underline{B}\underline{B}$，$\overline{B}\overline{B}$ 曲線によってあらわされている．

この 2 つの曲線 $\underline{B}\underline{B}$，$\overline{B}\overline{B}$ はまた，ストック V の時間的変化の sign にかんして，critical な役割をはたす．(λ, V) が，2 つの曲線 $\underline{B}\underline{B}$，$\overline{B}\overline{B}$ の上方に位置しているときには，ストック V は増加する傾向を示し，下方に位置しているときには，V は減少する傾向を示す．図 13-3 で，矢印の直線で示されている通りである．

したがって，動学方程式体系(8)，(9)の解径路 (λ, V) は，図 13-3 で，矢印を付けた曲線群によってあらわされるような構造をもつ．このとき，$\overline{B}\overline{B}$ 曲線と高い方の critical な水準 $\overline{V}^\delta$ の交点 $\overline{E}^\infty$ に収斂するような 2 つの解径路が存在することがわかる．この，安定的な解径路をつぎのような関数としてあらわそう．

$$\lambda^o = \lambda^o(V).$$

漁業コモンズの漁獲量にかんして，動学的に最適な時間径路 (X_t) は，各時点 t で，つぎの式によって与えられる帰属価格 λ_t^o にもとづいて決められる．すなわち，各時点 t で，限界収益 $\hat{p}(X_t)$ が社会的限界費用 $\lambda_t + C'(X_t)$ に等しくなるように X_t を決めたときに，動学的最適問題の解となる．

漁業コモンズのストック量の長期的定常水準は $\overline{V}^\delta$ によって与えられる．この水準 $\overline{V}^\delta$ は，独占的条件のもとでの長期的定常水準 $\overline{V}^m$ よりも高い．しかし，コモンズの全利潤の時間径路の割引現在価値は，最適径路の場合の方が，独占的径路の場合よりも高くなる．

動学的に最適な時間径路に対応する安定的な長期定常水準 $\overline{V}^\infty$ は，漁業コモンズのストック量にかんする sustainable な最大水準である．この動学的最適径路を具現化するためには，各

時点で，コモンズのストックの最適帰属価格に見合う額を，各漁師の漁獲量に応じて賦課するような制度的条件を想定すればよい．じじつ，漁業にかんする伝統的，歴史的なコモンズのなかには，長期間にわたって，漁業資源を持続的(sustainable)に維持してきた例が少なくない．McCay and Acheson(1987)，Berkes(1989)にもくわしく述べられている．

ケースIIは，費用関数がコモンズのストック V によって影響を受ける場合である．このとき，

$$\frac{\partial\pi}{\partial V} = \hat{c}(x)$$

となり，帰属価格 λ にかんする動学方程式はつぎのようになる．

$$(10) \qquad \frac{\dot{\lambda}}{\lambda} = \delta - \hat{\mu}(V) - \frac{\hat{c}(x)}{\lambda}.$$

動学的に最適な時間径路は，動学方程式体系(8)，(10)の解径路のなかで，transversality condition(6)をみたすものを選べばよい．

各時点 t で，最適な全漁獲量/ストック比率 x^o の決定は図13-2に示される．図13-2で，社会的限界費用 $\lambda + c'(x)$ は S^oS^o 曲線によってあらわされている．最適な全漁獲量/ストック比率 x^o は，S^oS^o 曲線と $\hat{D}\hat{D}$ 曲線の交点 E^o によって与えられる．そのときの価格を p^o とする．

独占市場の場合は，SS 曲線と $\hat{D}\hat{D}$ 曲線との交点 E^m によってあらわされる．そのときの全漁獲量/ストック比率と市場価格を，それぞれ x^m，p^m とする．図13-2からわかるように，

$$x^o < x^m < x^c, \quad p^o > p^m > p^c.$$

最適な全漁獲量/ストック比率 x^o は，独占的な場合に最大の値 x^m をとる($\lambda=0$)．帰属価格 λ が高くなると，x^o は小さくなり，0に近づく．

最初に，動学方程式(8)にかんするphase diagramを考察しよう．ストック V が定常的になるためには

$$(11) \qquad \mu(V) = x^o$$

という条件がみたされていなければならない．

帰属価格 λ が与えられたとき，定常条件(11)をみたすような2つのcriticalなストック量の水準 $\underline{V}^o$，$\overline{V}^o$ が存在する．図13-1に示す通りである．図13-1ではさらに，完全競争的な場合のcriticalな水準 $\underline{V}^c$，$\overline{V}^c$ と，独占的な場合のcriticalな水準 $\underline{V}^m$，$\overline{V}^m$ が示されている．つぎの関係が成り立つ．

$$\underline{V} < \underline{V}^o < \underline{V}^m < \underline{V}^c < \overline{V}^c < \overline{V}^m < \overline{V}^o < \overline{V}.$$

帰属価格 λ が変化したときに，criticalな水準 $\underline{V}^0$，$\overline{V}^0$ がどのように変化するかは，図13-4に示されている．帰属価格 λ が0から $+\infty$ に上昇するとき，$\underline{V}^o$，$\overline{V}^o$ はそれぞれ $\underline{B}\underline{B}$，$\overline{B}\overline{B}$ 曲線に沿って，$\underline{V}^m$ から $\overline{V}^m$ に動き，$\underline{V}$，$\overline{V}$ に近づく．

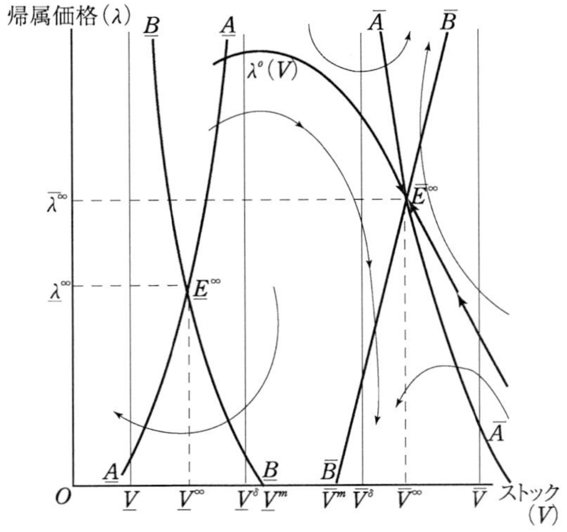

図 13-4　コモンズの動学的過程にかんする phase diagram：ケース II

動学方程式(10)の phase diagram は多少複雑となる．帰属価格 λ が定常的となるための必要十分条件はつぎのようになる．

$$\delta-\hat{\mu}(V)=\frac{\hat{c}(x)}{\lambda}. \tag{12}$$

(12)式の左辺 $\delta-\hat{\mu}(V)$ は，図 13-5 で 2 つの曲線 $\underline{G}\,\underline{G}$, $\overline{G}\,\overline{G}$ によってあらわされている．帰属価格 λ が与えられたとき，$\dfrac{\hat{c}(x)}{\lambda}$ は，ストック V の増加にともなって，減少する．図 13-5 で，右下がりの曲線 HH によってあらわされている通りである．

HH 曲線は，$\overline{G}\,\overline{G}$ 曲線と 1 点 E^{λ} で交わり，それに対応するストック V の値を $\overline{V}^{\lambda}$ とする．

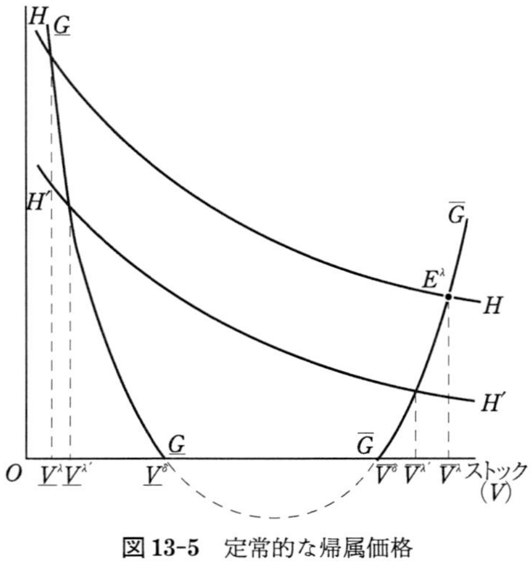

図 13-5　定常的な帰属価格

HH 曲線と $\overline{G}\overline{G}$ 曲線との交点は1つ，またはそれ以上あることもあり，また存在しない場合もありうる．ここではかんたんのため，交点は1つしかないとする．このとき，(12)式の右辺 $\hat{c}(x)/\lambda$ は，λ の単調減少関数となり，λ が0から $+\infty$ に動くとき，$+\infty$ から0の値をとる．したがって，$\underline{V}$, $\overline{V}$ の値もそれぞれ，$\underline{A}\underline{A}$, $\overline{A}\overline{A}$ 曲線の上を動く．(λ, V) が $\underline{A}\underline{A}$ 曲線の左側に位置するか，あるいは $\overline{A}\overline{A}$ 曲線の右側に位置するときには，帰属価格 λ は上昇する傾向を示し，逆に，$\underline{A}\underline{A}$ 曲線と $\overline{A}\overline{A}$ 曲線の間にあるときには，帰属価格 λ は低下する傾向を示す．

このようにして，動学方程式体系(8)，(10)の解径路 (λ, V) は，図13-4で矢印を付けた曲線群であらわされることがわかる．このとき，$\overline{A}\overline{A}$，$\overline{B}\overline{B}$ 曲線の交点 $\overline{E}^{\infty}$ に収斂する2つの解径路が存在する．つぎの関数

$$\lambda^o = \lambda^o(V)$$

としてあらわすと，動学的最適径路が求まることになる．

動学的に最適な漁獲量の時間径路は，各時点で，コモンズを構成する漁師に対して，その漁獲量の帰属価格に見合う額を賦課することによって得られる．コモンズのストック V_t が，安定的な長期定常水準 $\overline{V}^o$ に収斂することもケースIの場合とまったく同様となる．

4. 森林コモンズにかんする動学モデル

前節で展開した漁業コモンズの動学的分析は，森林コモンズの場合にも適当な修正を施すことによって適用することができる．後章でより一般的な形で展開するが，森林コモンズの動学モデルについても本節で簡単に述べておくことにしたい．

ここで考察するのは，ある特定の森林が，ある特定の村によって共有財産として所有され，コモンズとして管理されているような状況である．森林は，そこから生み出されるさまざまな自然資源を利用したり，焼き畑農法のために使われることもあり，また商業的な目的をもって伐採されることもある．いずれの場合にも，コモンズの村に所属する人々だけが森林コモンズの自然資源を利用することができ，外部者は排除されているものとする．森林コモンズの自然資源の利用，管理にかんしては，明確に規定された規則，慣行，義務が存在していて，コモンズの構成員によって守られているものとする．

森林コモンズのストックはかんたんのために，森林のなかに存在する樹木の量として一意的にあらわされると仮定する．樹木の種類，樹齢構成については無視して議論を進めることにしよう．各時点 t での森林コモンズのストックを V_t であらわす．このストック量 V_t の時間的変化は2つの要因によって決まってくる．エコロジカルな要因と経済的，ないしは人工的な要因とである．

第1のエコロジカルな要因については，森林を形成する樹木の再生産，減耗にかんしてある

一定の関数関係が存在すると仮定する．森林のストックが V のとき，エコロジカル要因にもとづく純成長率が $\mu(V)$ という関数で与えられているとする．漁場コモンズの場合と同じように，森林ストックのエコロジカルな再生産関数 $\mu(V)$ は図 13-1 の $\mu(V)$ 曲線であらわされていると仮定する．

$\mu(V)$ 曲線について，2 つの critical な水準 $\underline{V}$，$\overline{V}$ が存在する．

$$\mu(\underline{V}) = \mu(\overline{V}) = 0.$$

低い方の critical な水準 $\underline{V}$ は，森林コモンズのストック V が $\underline{V}$ より小さくなると，森林の再生産を維持することができなくなって，やがて森林は消滅してしまうことになるような水準である．他方，高い方の critical な水準は，森林コモンズのストック V が $\overline{V}$ より大きくなると，混雑現象が起こって，森林の再生産が円滑におこなわれなくなり，森林のストック V が $\overline{V}$ まで減少するような水準である．$\overline{V}$ はエコロジカルに維持することができるような最大のストック量をあらわす．

森林コモンズの村に所属する人々は，森林資源の利用だけでなく，その再生産のための活動もおこなう．したがって，森林コモンズのストック V_t の時間的変化はつぎの動学方程式によって与えられる．

$$\dot{V} = \mu(V)\,V + Y - X, \tag{13}$$

ここで，Y は育林活動によって増加した森林のストック量とし，時間の suffix t は省略する．

森林資源の利用にともなう費用はつぎの費用関数によって特徴づけられる．

$$C_j = C_j(X_j),$$

ここで，X_j は構成員 j が伐り倒した樹木の量，C_j はそれにともなう費用とする．

森林資源の全使用量 X は

$$X = \sum_j X_j.$$

森林コモンズの育林活動にともなう費用関数については，2 つのケースを考える．

ケース I は，育林活動のともなう費用が，森林全体のストック V とは無関係な場合である．

$$B = B(Y). \tag{14}$$

ここで，Y は育林によって増加した森林コモンズのストック量とし，B はそれにともなう費用とする．ここで，つぎの条件がみたされていると仮定する．

$$B(0) = 0,\ B(Y) > 0,\ B'(Y) > 0,\ B''(Y) > 0 \qquad (Y > 0).$$

ケース II は，育林活動にともなう費用が，森林全体のストック V に依存する場合である．

$$B = B(Y, V) = b(y)\,V,\ y = \frac{Y}{V}, \tag{15}$$

ここで，つぎの条件がみたされているとする．

$$b(0) = 0,\ b(y) > 0,\ b'(y) > 0,\ b''(y) > 0 \qquad (y > 0).$$

需要の条件についても同じようにして定式化される．木材の市場価格 p は，市場に供給された量 X の関数とする．

$$p=p(X),$$

ここで，

$$p(X)>0,\ \ p'(X)<0 \qquad (X>0),$$
$$p(0)=+\infty,\ \ p(+\infty)=0.$$

収入関数 $p(X)X$ についても，同じように正の値をとり，限界収入は逓減的であるとする．

$$\tilde{p}(X)=p(X)+p'(X)X>0,$$
$$\tilde{p}'(X)=2p'(X)+p''(X)X<0.$$

最初に，コモンズの各構成員が，森林資源を，他の構成員の行動あるいは森林のストックの減少には無関係に利用する場合を考えよう．この完全競争的な条件のもとでは，各構成員が伐り倒す樹木の量は，その限界費用が市場価格に等しくなるような水準に決まってくる．費用関数を $C=C(X)$ とすれば，この限界条件は，

$$p=C'(X)$$

となる．図13-2の SS 曲線であらわされている．

他方，市場価格 p は，需要価格関数 $p=p(X)$ によって与えられる．図13-2で，DD 曲線であらわされている．市場均衡は，SS 曲線と DD 曲線の交点 E によって与えられる．そのときの市場価格と全収穫量をそれぞれ p^c，X^c とする．

森林コモンズのダイナミクスはつぎの動学方程式によって与えられる．

$$\frac{\dot{V}}{V}=\mu(V)-x^c, \tag{16}$$

ここで，$x^c=X^c/V$ は全収穫量/ストック比率とする．競争的全収穫量/ストック比率 x^c は，図13-1で右下がりの EE 曲線としてあらわされる．EE 曲線が $\mu(V)$ 曲線と交わる点を $\underline{V}^c$，$\overline{V}^c$ とする．もっとも，図13-1の $E'E'$ 曲線の場合のように交点が存在しない可能性も排除できない．

動学方程式(16)の定常状態は，2つの critical な水準 $\underline{V}^c$，$\overline{V}^c$ によって与えられる．森林コモンズのストック V が $\underline{V}^c$ より小さいときには，V は減少しつづけ，やがては消滅してしまう($V=0$)．他方，V が $\underline{V}^c$ より大きいときには，$\overline{V}^c$ に収斂する．高い方の critical な水準 $\overline{V}^c$ が，競争的条件のもとにおける森林コモンズのストックの安定的な長期定常水準になるわけである．

EE 曲線が，$\mu(V)$ 曲線と共通点をもたないときには，競争的な全収穫量/ストック比率 $x^c=X^c/V$ は常に減少しつづけて，$V=0$ の状態になる．森林コモンズにかんする Hardin の悲劇が妥当する場合である．

もし，森林コモンズを構成する村人たちが，全収穫量 X をふやすと，市場価格 $p=p(X)$ が低下することに気付いたとすれば，コモンズ全体で協同して，全収穫量 X を，全利潤が最大となるような水準に決めようとするであろう．独占的な場合となる．

独占的市場均衡は，図 13-2 で，SS 曲線と $\hat{D}\hat{D}$ 曲線の交点として求められる．

$$\hat{p}(X) = C'(X).$$

このときの全収穫量を X^m であらわし，市場価格を p^m であらわす．森林コモンズのストック V にかんする動学方程式はつぎのようになる．

$$\frac{\dot{V}}{V} = \mu(V) - x^m, \tag{17}$$

ここで，$x^m = X^m/V$ は，全収穫量/ストック比率である．

この動学方程式(17)の解径路は，図 13-1 を使って分析することができる．図 13-1 で，MM 曲線と $\mu(V)$ 曲線の交点に対応して，2 つの critical な水準 $\underline{V}^m$，$\overline{V}^m$ が得られる．このとき，

$$\underline{V} < \underline{V}^m < \underline{V}^c < \overline{V}^c < \overline{V}^m < \overline{V}.$$

競争的な条件のもとではもちろん，独占的な条件のもとでも，長期定常状態は，コモンズ全体の動学的観点からみて必ずしも最適ではない．コモンズはつぎの動学的基準のもとに最適な全収穫量の時間径路(X_t)を選ぶものとする．すなわち，将来の時点 t で森林コモンズの自然資源から得られる全利潤 π_t の割引現在価値

$$\int_0^\infty \pi_t e^{-\delta t} dt$$

を最大にするという基準である．ここで，

$$\pi_t = p(X_t)X_t - C(X_t) - B_t,$$

費用 B_t は，(14)あるいは(15)で与えられるとする．

競争的ないしは独占的な場合には，コモンズの構成員は，育林活動に従事するインセンティブをもたない．しかし，動学的に最適性を求めようとするとき，育林活動が重要な役割をはたす．いまここで，各時点 t での森林のストックの帰属価格 λ_t がわかっているとしよう．t 時点での実質国民所得 H_t はつぎの式で与えられる．

$$H_t = [p(X_t)X_t - C(X_t) - B_t] + \lambda_t[\mu(V_t)V_t - X_t + Y_t].$$

ケース I:　　　　　　$B_t = B(Y_t).$

この場合には，各時点 t で，最適な育林の量 Y_t は，育林にともなう限界費用 $B'(Y_t)$ が帰属価格 λ_t に等しくなるように決められる．

$$B'(Y) = \lambda. \tag{18}$$

他方，各時点 t で，最適な全収穫量 X_t は，限界収入 $\hat{p}(X_t)$ が社会的限界費用 $\lambda_t + C'(X_t)$ に等しくなるように決められる．

(19) $$\bar{p}(X) = \lambda + C'(X).$$

最適な全収穫量 X^o の決定は，図 13-2 に示される．社会的限界費用 $\lambda + C'(X)$ のスケジュールは S^oS^o 曲線であらわされる．この S^oS^o 曲線と $\hat{D}\hat{D}$ 曲線の交点 E^o によって，最適な全収穫量 X^o とそれに対応する価格 p^o とが求められる．図 13-2 からわかるように，

$$x^o < x^m < x^c, \quad p^o > p^m > p^c.$$

帰属価格 λ が高くなると，それに対応する最適な全収穫量 X^o は減少する．独占的な場合は，$\lambda=0$ に対応し，最適収穫量が最大の値をとる．

帰属価格 λ が高くなると，(18)式によって求められる最適な育林量 Y^o は大きくなり，最適な全収穫量 X^o は減少する．したがって，$X^o - Y^o$ は，帰属価格 λ の減少関数となる．

全収穫量と育林量にかんする最適な時間径路(X_t^o, Y_t^o)は，つぎの微分方程式から求められる．

(20) $$\dot{V} = \mu(V)V - X^o + Y^o,$$

ここで transversality condition もみたされていなければならない．

森林コモンズのストック V にかんする定常条件は

(21) $$\mu(V)V = X^o - Y^o$$

によって与えられる．V にかんする phase diagram は，図 13-6 に示される．図 13-6 で，第1象限には，森林コモンズにかんするエコロジカルな成長曲線がえがかれている．第2象限では，帰属価格 λ が縦軸に負の方向に沿ってはかられ，2つのスケジュールがえがかれている．第1のスケジュールは，最適な全収穫量 X^o と帰属価格 p^o の間の関係をあらわす．第2のスケジュールは，$X^o - Y^o$ と帰属価格 λ の間の関係をあらわす．$(X^o - Y^o)$ 曲線は，$\lambda=0$ のとき最

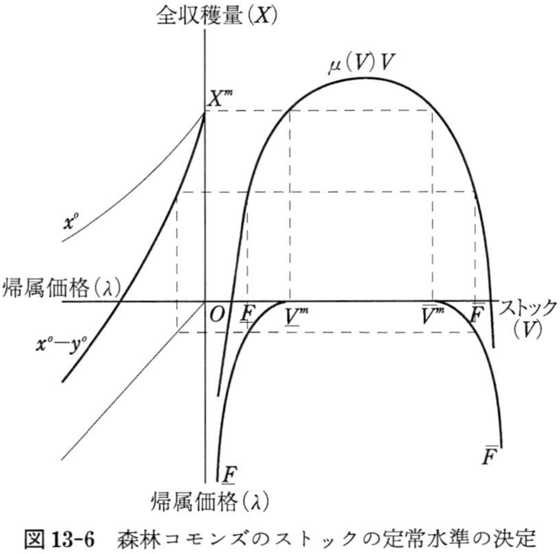

図 13-6　森林コモンズのストックの定常水準の決定

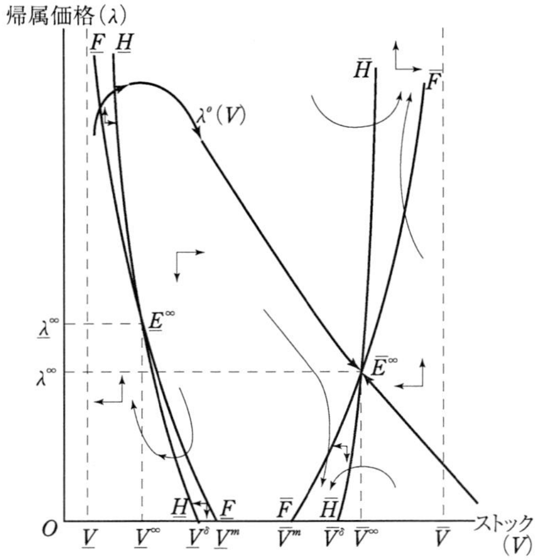

図 13-7 動学的体系にかんする phase diagram

大値 X^m をとり，λ が高くなると下方にシフトする．帰属価格 λ の値が大きいときには $X^o - Y^o < 0$ となる．

定常条件(21)がみたされるような(λ, V)の組み合わせは，第 4 象限で，$\underline{F}\underline{F}$，$\overline{F}\overline{F}$ という 2 つの曲線であらわされる．第 4 象限では，帰属価格 λ が，縦軸に沿って負の方向にはかられていて，横軸の負の方向にはかった帰属価格 λ を 45° 線によって反転されている．この 2 つの曲線 $\underline{F}\underline{F}$，$\overline{F}\overline{F}$ は図 13-7 にえがかれている．図 13-7 は，図 13-6 の第 4 象限を移したものである．

(λ, V)が $\underline{F}\underline{F}$，$\overline{F}\overline{F}$ 曲線の上方に位置しているときには，森林コモンズのストック V は増加する傾向をもち$(\dot{V}>0)$，下方に位置しているときには V は減少する傾向をもつ$(\dot{V}<0)$．

帰属価格 λ にかんする phase diagram も同じようにして求めることができる．森林コモンズのストックにかんして，2 つの critical な水準 $\underline{V}^\delta$，$\overline{V}^\delta$ をつぎのように定義する．

$$\hat{\mu}(\underline{V}^\delta) = \hat{\mu}(\overline{V}^\delta) = \delta,$$

ここで，δ は社会的割引率である．

(λ, V)がこの 2 つの critical な水準 $\underline{V}^\delta$，$\overline{V}^\delta$ の間にあるときには，帰属価格 λ は上昇する傾向をもち$(\dot{\lambda}>0)$，その他の場合には，λ は低下する傾向をもつ$(\dot{\lambda}<0)$．

動学方程式(20)の解径路は，図 13-7 で，矢印を付けた曲線群であらわされるような構造をもつ．図 13-7 で，2 つの定常状態 $\underline{E}^\infty$，$\overline{E}^\infty$ が存在する．低い方の critical な $\underline{F}\underline{F}$ 曲線に対応する定常状態 $\underline{E}^\infty$ は不安定的であるが，高い方の critical な $\overline{F}\overline{F}$ 曲線に対応する定常状態 $\underline{E}^\infty$ は鞍点となる．定常状態 $\overline{E}^\infty$ に対応する森林コモンズのストックと帰属価格をそれぞれ $\overline{V}^\infty$，λ^∞

であらわす．この定常状態 $\overline{E}^{\infty}$ に収斂するような2つの解径路が存在するが，つぎの関数関係としてあらわす．

(22) $$\lambda^o = \lambda^o(V).$$

動学的に最適な全収穫量と育林量の時間径路 (X_t^o, Y_t^o) は，各時点 t で，(22)式で与えられる帰属価格に見合う額が，コモンズの各構成員に対して，その収穫量に応じて賦課され，また育林活動については補助金として支払われるような制度をとるときに得られる．

ケースII: $$B = b(y)\,V, \quad y = \frac{Y}{V},$$

この場合にも同じようにして分析を展開することができる．(λ, V) にかんする基本的動学方程式体系は，つぎの形をとる．

(23) $$\begin{cases} \dfrac{\dot{V}}{V} = \mu(V) - (x-y), \\[2mm] \dfrac{\dot{\lambda}}{\lambda} = \delta - \hat{\mu}(V) - \dfrac{\hat{b}(y)}{\lambda}, \end{cases}$$

ここで，$x = X/V$，$y = Y/V$，

(24) $$\hat{b}(y) = b'(y)\,y - b(y).$$

最適な全収穫量 X^o は，限界収入 $\hat{p}(X)$ と社会的限界費用 $\lambda + C'(X)$ とが等しいときに求められる．すなわち(19)の条件がみたされているときである．他方，最適な育林量/ストック比率 $y^o = Y^o/V$ は，限界費用 $b'(y)$ が帰属価格 λ に等しくなるときに得られる．

(25) $$b'(y) = \lambda.$$

まず，森林コモンズのストック V が定常的となるための条件を求めよう．

(26) $$\mu(V) = x - y.$$

ここで，図13-6を使うことにするが，縦軸は X，あるいは $X-Y$ の代わりに x，$x-y$ をはかるものとする．第1象限の曲線は $\mu(V)$ によって代替される．このとき，(26)式をみたすような (λ, V) の組み合わせは，(λ, V) が図13-7の $\underline{FF}$ 曲線か，$\overline{FF}$ 曲線の上にあるときである．

他方，帰属価格 λ が定常的となるための条件は

(27) $$\delta - \hat{\mu}(V) = \frac{\hat{b}(y)}{\lambda}$$

によって与えられる．

$\hat{b}(y)$ は(24)式によって与えられ，限界条件(25)がみたされているから，定常条件(27)の右辺はつぎのように書きあらわされる．

$$\phi(y) = \frac{\hat{b}(y)}{\lambda} = y - \frac{b(y)}{b'(y)},$$

したがって

$$\phi'(y) = \frac{b(y)b''(y)}{b'(y)^2}.$$

(26)式の両辺を V について微分して

(28)
$$\left(\frac{d\lambda}{dV}\right)_{\dot{\lambda}=0} = -\hat{\mu}'(V)\frac{[b'(y)]^2}{b(y)}.$$

他方，最適な全収穫量 X^o が，V と λ との変化にともなってどのように変化するかを計算して，つぎの関係式を導き出すことができる．

(29)
$$\left(\frac{d\lambda}{dV}\right)_{\dot{V}=0} = \frac{-\mu'(V)-\frac{X}{V}}{\frac{1}{b''(y)}-\frac{\frac{\partial X^o}{\partial\lambda}}{V}}.$$

いまここで

$$\hat{\mu}'(V) < 0,\ \hat{\mu}''(V) < 0$$

と仮定する．さらに育林にかんする費用関数 $b(y)$について，$\frac{b(y)}{b'(y)}$ は y の増加関数であるとする．したがって，

$$[b'(y)]^2 > b(y)b''(y).$$

(28)式と(29)式を比較すれば，$\hat{\mu}'(V)<0$ のとき，

(30)
$$\left(\frac{d\lambda}{dV}\right)_{\dot{\lambda}=0} > \left(\frac{d\lambda}{dV}\right)_{\dot{V}=0} < 0.$$

したがって，帰属価格 λ が定常的となるための条件(28)は，図13-7で，$\underline{H}\underline{H}$，$\overline{H}\overline{H}$ という2つの曲線としてあらわすことができる．(30)の関係式からわかるように，$\underline{H}\underline{H}$，$\overline{H}\overline{H}$ 曲線のそれぞれ $\underline{F}\underline{F}$，$\overline{F}\overline{F}$ 曲線との交わり方は，図13-7に示されているような形をしている．

動学方程式体系(23)の解径路(λ, V)は，図13-7で，矢印を付けた曲線群であらわされる．このとき，定常状態は2つ $\underline{E}^\infty$，$\overline{E}^\infty$ 存在するが，高い方のcriticalな水準に対応する定常状態 $\overline{E}^\infty$ が，森林コモンズのストックの最適な定常水準 $\overline{V}^\infty$ と，帰属価格 $\overline{\lambda}^\infty$ を与える．ケースIと同じように，$\overline{V}^\infty$ に収斂する2つの解径路によって動学的に最適な時間的径路(Y_t^o, X_t^o)が求められる．

動学的に最適な時間的径路(Y_t^o, X_t^o)は，育林活動に対して，帰属価格 λ_t^o に見合った補助金が支払われ，収穫活動に対しては，賦課金が課せられる制度をとるときに実現される．このとき，最適な長期定常水準 $\overline{V}^\infty$ は，限界的エコロジカル成長率が社会的割引率と等しくなるようなストックの水準 $\overline{V}^\delta$ より大きくなることがわかる．

5. コモンズと社会的共通資本

前節に展開したコモンズにかんする動学的最適理論は，漁業コモンズと森林コモンズを例にとって展開された．そこでは，動学的最適性の基準は，コモンズの村にとってどれだけ金銭的便益を得ることができるかということだけに依存して定められていた．しかし，コモンズを形成する自然環境の多くについて，自然環境の存在自体は，コモンズの村だけでなく，社会全体に対して，さまざまな形での有形，無形の便益を生み出している．このことはとくに，森林の場合について妥当する．本節では，コモンズの概念をさらに一般化して，社会的共通資本の概念を用いて，上に述べたような社会的外部効果の現象を考慮に入れて，動学的最適性の理論のアウトラインを略述することにしたい．ここで社会的共通資本の概念は，『基礎篇』第34章で導入されたもので，後章でさらにくわしく論ずる予定である．本節は，その序論的性格をもつものである．

社会的共通資本は一般に，自然資本，インフラストラクチャー，制度資本という3つのカテゴリーに分けられる．しかし，ここでは，主として自然資本を念頭において考察する．さらに同質の量から成り立つ，ある特定の尺度ではかられるという仮定をもうけて議論を進めることにしよう．各時点 t における社会的共通資本のストックを V_t であらわす．社会的共通資本のストックにかんして，自然的な要因によって定まってくる純成長率は $\mu(V)$ という関数によってあらわされるとする．このとき，$\underline{V}$，$\overline{V}$ という2つの critical な水準が存在する．

$$\mu(\underline{V}) = \mu(\overline{V}) = 0.$$

前節までの議論と同じように，つぎの関数 $\hat{\mu}(V)$ が重要な役割をはたす．

$$\hat{\mu}(V) = \frac{d}{dV}[\mu(V)\,V] = \mu(V) + \mu'(V)\,V.$$

社会的共通資本はコモンズの制度によって管理されているとし，そのストックは，生産要素として使われるとする．ここで記述を簡単にするために，社会的共通資本以外に，希少資源は存在しないという仮定をもうける．以下展開する分析は容易に，一般的な場合に拡張することができる．

生産関数はつぎのような形をしていると仮定する．

$$Q = f(X),$$

ここで，Q は産出物の量で，ある一定の尺度ではかることができるし，X は生産活動のために使われている社会的共通資本の使用量をあらわす．生産関数 $f(X)$ はつぎの条件をみたすとする．

$$f(0) = 0,\ f(X) > 0,\ f'(X) > 0,\ f''(X) < 0 \qquad (X>0).$$

社会的共通資本のストックの時間的変化はつぎの動学方程式によってあらわされる．

(31)　　$$\dot{V}_t = \mu(V_t)V_t - X_t.$$

産出物 $Q_t = f(X_t)$ は消費だけに用いられると仮定する．産出物が投資のためにも用いられる場合についても，以下の議論は適当に修正すれば妥当する．

コモンズの管理している社会的共通資本のストックは，社会全体にとって固有な(intrinsic)価値をもつとする．森林，湖沼，河川，海洋あるいは土壌，水，大気などの自然資本の例が典型的に示す通りである．この前提は，社会的効用の水準 U が，消費 C だけでなく，社会的共通資本のストック量 V にも依存するという条件によって表現される．すなわち，各時点 t における社会的効用水準 U_t がつぎのようにあらわせる．

$$U_t = U(C_t, V_t),$$

ここで，$U(C, V)$ は標準的な条件をみたすとする．

$$U_c(C, V) > 0, \quad U_V(C, V) > 0.$$

$U(C, V)$ は，(C, V) について厳密な意味で concave で，とくに

$$U_{cc}(C, V) < 0, \quad U_{VV}(C, V) < 0.$$

さらに，分析を簡単にするために，効用関数 $U(C, V)$ は (C, V) にかんして separable であると仮定する．

$$U(C, V) = u(C)\phi(V).$$

ここで，

$$u(0) = 0, \quad u(C) > 0, \quad u'(C) > 0, \quad u''(C) < 0 \qquad (C > 0),$$
$$\phi(0) = 0, \quad \phi(V) > 0, \quad \phi'(V) > 0, \quad \phi''(V) < 0 \qquad (V > 0).$$

時間径路 (X_t) が動学的に最適であるというのは，一定の初期条件のもとでみたす基本的動学方程式(31)のもとで，つぎの効用積分を最大にするときである．

$$\int_0^\infty U(C_t, V_t)e^{-\delta t}dt,$$

ここで

$$U_t = u(C_t)\phi(V_t), \quad C_t = f(X_t).$$

動学的最適問題は例によって，帰属価格 λ_t の概念を使って解くことができる．各時点 t で，最適な収穫量 X_t は帰属実質所得

$$H_t = u(C_t)\phi(V_t) + \lambda_t[\mu(V_t)V_t - X_t]$$

が最大となるような水準に決められる．したがって，つぎの限界条件がみたされる．

(32)　　$$f'(X_t) = \lambda_t.$$

帰属価格 λ_t にかんする動学方程式がつぎのようになることは，前節までの議論をそのまま適用すればよい．

(33) $$\frac{\dot{\lambda}}{\lambda} = \delta - \hat{\mu}(V) - \frac{u(C)\phi'(V)}{\lambda}.$$

動学方程式体系(31)，(33)の解径路(λ, V)を分析するために，つぎの新しい帰属価格p_tを使って簡単化しよう．

$$p_t = \frac{\lambda_t}{\phi(V_t)}.$$

限界条件(32)は

(34) $$u'(C)f(X) = p, \quad C = f(X)$$

となる．また動学方程式体系(31)，(33)はつぎのように書き直すことができる．

(35) $$\frac{\dot{V}}{V} = \hat{\mu}(V) - \frac{X}{V},$$

(36) $$\frac{\dot{p}}{p} = \delta - [\hat{\mu}(V) + \gamma\mu(V)] - \frac{u(C)}{p} + \frac{X}{V},$$

$$0 < \gamma = \gamma(V) = \frac{\phi'(V)V}{\phi(V)} < 1.$$

新しい帰属価格pが与えられるとき，動学方程式(35)の右辺が0となるような社会的共通資本のストック量の水準$\underline{V}^o$，$\overline{V}^o$が存在する．帰属価格pが高くなると，最適な収穫量Xも最適な消費量Cもどちらも減少する．社会的共通資本のストックVが定常的となるような(p, V)の組み合わせは，図13-8のBB曲線で与えられる．図13-8で，Vは横軸に沿ってはかられ，帰属価格pは縦軸に沿ってはかられている．(p, V)がBB曲線の上方に位置していると

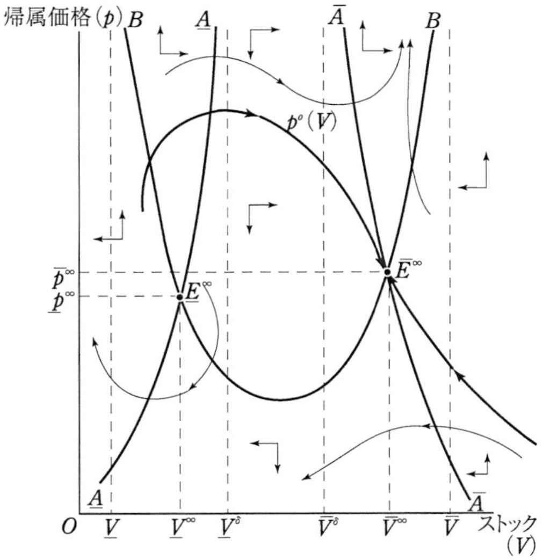

図13-8 社会的共通資本のストックにかんするphase diagram

きには，$\dot{V}>0$，下方に位置しているときに $\dot{V}<0$ となる．

帰属価格 p にかんする定常条件はつぎのように書きあらわされる．

$$\delta-[\bar{\mu}(V)+\gamma\mu(V)]=\frac{u(C)}{p}-\beta\frac{X}{V}. \tag{37}$$

帰属価格 p が与えられたときに，(37)式をみたすような水準が一般に2つ $\underline{V}^o$，$\overline{V}^o$ 存在する．帰属価格 p が無限大に近づくとき，critical な水準 $\underline{V}^o$，$\overline{V}^o$ はそれぞれ $\underline{\hat{V}}^\delta$，$\overline{\hat{V}}^\delta$ に収斂する．ここで，$\underline{\hat{V}}^\delta$，$\overline{\hat{V}}^\delta$ はつぎの条件をみたす水準として定義される．

$$\bar{\mu}(V)+\gamma\mu(V)=\delta.$$

帰属価格 p が定常的となるための条件は，図 13-8 の $\underline{A}\underline{A}$，$\overline{A}\overline{A}$ 曲線によってあらわされる．$\underline{A}\underline{A}$，$\overline{A}\overline{A}$ 曲線が BB 曲線と交わる点をそれぞれ $\underline{E}^\infty$，$\overline{E}^\infty$ とする．図 13-8 に示されているように，$\overline{E}^\infty$ 点において，BB 曲線の勾配は $\overline{A}\overline{A}$ 曲線より大きい．$\overline{E}^\infty$ 点に対応するコモンズのストック量の水準 $\overline{V}^\infty$ が，動学的に最適な長期定常水準を与えることになる．この安定的な長期定常状態 $\overline{E}^\infty$ に収斂する解径路を関数

$$p^o=p^o(V)$$

を用いてあらわす．各時点 t で，$p_t^o=p^o(V_t)$ によって最適な帰属価格が得られ，それに対応する収穫量 X_t^o が，動学的に最適な収穫量となる．

参 考 文 献

Berkes, F. (1989). *Common Property Resources : Ecology and Community-Based Sustainable Development*, ed., London : Balhaven Press.

Cass, D. (1965). "Optimum Growth in an Aggregative Model of Capital Accumulation," *Review of Economic Studies* **32**, 233-340.

Clark, C. W. (1973). "The Economics of Over-Exploitation," *Science* **181**, 630-634.

Clark, C. W., and G. R. Munro (1975). "The Economics of Fishing and Modern Capital Theory," *Journal of Environmental Economics and Management* **2**, 92-106.

Crutchfield, J. A., and A. Zellner (1962). *Economic Aspect of the Pacific Halibut Fishery*, Washington, D. C.: US Government Printing Office.

Dasgupta, P. (1982). *The Control of Resources*, Oxford : Blackwell.

Demsetz, H. (1967). "Toward a Theory of Property Rights," *American Economic Review* **62**, 347-359.

Furubotn, E. H., and S. Pejovich (1972). "Property Rights and Economic Theory : A Survey of Recent Literature," *Journal of Economic Literature* **10**, 1137-62.

Godwin, R. K., and W. B. Shepard (1979). "Forcing Squares, Triangles, and Ellipses into a Circular Paradigm : The Use of the Commons Dilemma in Examining the Allocation Common Resources," *Western Political Quarterly* **32**, 265-277.

Gordon, H. S. (1954). "The Economic Theory of a Common Property Resources: The Fishery," *Journal of Political Economy* **62**, 124-142.

Hardin, G. (1968). "The Tragedy of the Commons," *Science* **162**, 1243-48.

Koopmans, T. C. (1965). "On the Concept of Optimum Economic Growth," Semaine d'Etude sur le Rôle de l'Analyse Écnométrique dans la Formulation de Plans de Development, 225-287.

Lloyd, W. F. (1833). "On the Checks to Population". Reprinted in *Managing the Commons*, edited by G. Hardin and J. Baden, San Francisco: W. H. Freeman, 1977, 8-15.

Mäler, K.-G. (1974). *Environmental Economics: A Theoretical Inquiry*, Baltimore and London: The Johns Hopkins University Press.

McCay, B. J., and J. M. Acheson (1987). *The Question of the Commons: The Culture and Economy of Communal Resources*, eds., Tuscon: The University of Arizona Press.

Plourde, C. G. (1970). "A Simple Model of Replenishable Natural Resource Exploitation," *American Economic Review* **60**, 518-522.

Ramsey, F. P. (1928). "A Mathematical Theory of Saving," *Economic Journal* **38**, 543-559.

Schaefer, M. B. (1957). "Some Considerations of Population Dynamics and Economics in Relation to the Management of Commercial Marine Fisheries," *Journal of the Fisheries Research Board of Canada* **14**, 669-681.

Scott, A. D. (1955). "The Fishery: The Objectives of Sole Ownership," *Journal of Political Economy* **63**, 116-124.

Smith, M. E. (1984). "The Tragedy of the Commons," Paper Presented at the Annual Meeting of the Society for Applied Anthropology, Toronto.

Tahvonen, O. (1991). "On the Dynamics of Renewable Resource Harvesting and Population Control," *Environmental and Resource Economics* **1**, 97-117.

Uzawa, H. (1974). "Sur la théorie économique du capital collectif social," *Cahier du Séminaire d'Éonometrie*, 103-122. Translated in *Preference, Production, and Capital: Selected Papers of Hirofumi Uzawa*, New York and Cambridge: Cambridge University Press, 1988, 340-362.

——(1991a). "Global Warming: The Pacific Rim," in *Global Warming: Economic Policy Responses*, edited by R. Dornbusch and J. M. Poterba, Cambridge and London: MIT Press, 275-324.

——(1991b). "*Rerum Novarum* Inverted: Abuses of Capitalism and Illusions of Socialism," *Rivista di Politica Economica* **81**(4), 19-31.

——(1992). "The Tragedy of The Commons and The Theory of Social Overhead Capital," The Beijer Institute and JDB Research Center on Global Warming Discussion Paper.

——(1998). "Toward a General Theory of Social Overhead Capital," in *Markets, Information, and Uncertainty*, edited by G. Chichilinsky, New York and Cambridge: Cambridge University Press, 1998, 253-304.

——(2004). *Economic Theory and Global Warming*, New York and Cambridge: Cambridge University Press.

Wicksell, K. (1901). *Föreläsningar i Nationalekonomi, Häfte 1, Gleerups*, Lund. Translated by E.

Classen, as *Lectures on Political Economy*, 2vols, London: Routledge and Kegan Paul, 1934-35.
宇沢弘文(1989).『経済学の考え方』岩波新書.
——(1995).『地球温暖化の経済学』岩波書店.
——(1996).『地球温暖化を考える』岩波新書.
宇沢弘文・國則守生(1993).『地球温暖化の経済分析』東京大学出版会.
——(1995).『制度資本の経済学』東京大学出版会.
宇沢弘文・茂木愛一郎(1994).『社会的共通資本：コモンズと都市』東京大学出版会.

第14章　社会的共通資本の一般理論

1. は じ め に

社会的共通資本(social overhead capital)は，どの社会についても，重要な，中心的要素である．社会的共通資本は一般に，自然資本(natural capital)，社会的インフラストラクチャー(social infrastructure)，制度資本(institutional capital)に分けられる．社会的共通資本の理論については，『基礎篇』第34章で，その概略について説明したが，この章では，さらに一般的な観点から，社会的共通資本について，とくに動学的最適性に焦点を当てながら考察したい．後章で展開する制度主義の経済理論に対する序論的考察という意味をもつ．

自然資本は，森林，河川，湖沼，湿地帯，沿海，海洋，水，土壌，さらに大気などという自然環境であるが，そこから生み出されるさまざまな資源に焦点を当てて，自然資本という表現を用いる．自然資本を構成するさまざまな要素はいずれも，再生産可能であって，生物学的ないしはエコロジカルな要因によってきわめて複雑な様相を呈している．自然資本は，人類だけでなく，地球上の，すべての生物が生存し，繁殖することができるような環境を提供している．しかし，この数十年間の，急速な経済発展と人口増加によって，社会的環境の大きな変化が起こり，同時に，自然環境を支えていたデリケートな安定条件が大きく影響を受け，世界中いたるところで，きわめて深刻な自然破壊が起こりつつある．

このとき，自然資本の持続的管理(sustainable management)はどのような条件のもとで可能となるであろうか．この設問は，社会的共通資本の理論でもっとも中心的な課題である．この設問に対する効果的な回答は，歴史的あるいは伝統的なコモンズ(commons)の概念によって与えられる．前章でもかんたんにふれたし，またMcCay and Acheson(1987)，Berkes(1989)にもくわしく述べられているように，とくに漁業，森林にかんするコモンズは，重要な役割をはたしてきたが，これから展開する議論も主として，これらの歴史的，ないしは伝統的なコモンズの制度的諸条件を経済理論の枠組みのなかで分析しようとするものである．しかし，工業化，都市化の大きなペースに巻き込まれて，これらのコモンズの多くはすでに正常に機能することができなくなってしまって，現在では，世界中にごくわずかしか残っていない．

インフラストラクチャーは，社会的共通資本のもう1つの重要な構成要素である．インフラストラクチャーの代表的な例として，道路，橋，鉄道などの公共的大量輸送機関，水，電力などの供給施設，情報伝達のシステム，汚水浄化施設，消防などがある．

制度資本は，社会的共通資本を主として制度的な側面に焦点を当てたもので，医療制度，学校教育制度の他に，司法制度，行政制度，金融制度など多様な構成要因をもつ．

これらの社会的共通資本の構成要因は，市民の１人１人が人間的尊厳をまもり，魂の自立をはかり，市民的自由が最大限に保たれるような生活を営むために，重要な関わりをもつものである．社会的共通資本は原則として，私有，あるいは私有管理を認められず，社会にとって共通の財産として，社会的な基準にしたがって管理，維持されている．このとき，社会的共通資本を管理するための社会的組織はどのような形態をとり，どのような基準にしたがって管理，維持されるべきであろうか．この問題を考察するのが本章の主題であるが，そのとき外部性(externalities)の概念が重要な役割をはたす．

外部性の問題は経済学で古くから言及されてきたが，この問題をもっとも明示的に取り上げたのはピグー[Pigou(1925)]であった．しかし，ピグーの議論も，外部性の現象をむしろ例外的な場合として取り扱い，必ずしも，経済理論の枠組みのなかに組み込まれたものではなかった．

環境破壊の問題が大きくクローズ・アップされるようになってから，この状況は変わりはじめた．環境の問題を考察しようとするとき，外部性の現象がもっとも中心的な関心事となるからである．理論的な観点からも，また実証的な観点からも，外部性の問題について数多くの研究がなされてきた．本章では，外部性の現象を，Uzawa(1974)で導入された社会的共通資本の理論的枠組みのなかで考察するものである．Uzawa(1974)，ないしは『基礎篇』第 34 章で導入した社会的共通資本の理論的枠組みのなかで，外部性は２つのタイプに分けられる．静学的外部性(static externalities)と動学的外部性(dynamic externalities)とである．第 13 章では，この点に焦点を当てながら，自然資本を中心として，社会的共通資本にかんして動学的に最適な資源配分はどのような条件がみたされなければならないかについて考察した．本章ではさらに一般的な立場から，社会的共通資本にかんして，動学的最適性をみたすような異時点にわたる資源配分の特徴を分析することにしたい．

本章ではまず，自然資本と社会的インフラストラクチャーとについて，かんたんな分析を展開することからはじめる．自然資本の場合については，第１章の議論と重複するところが多いが，本章の主題であるアクティビティ分析の手法を説明するという意味もあって，くわしく説明することにしたい．

自然資本ないしは自然環境については，第 13 章で言及したように，主として漁業と森林のコモンズにかんして資本理論の枠組みのなかで分析が展開されてきた．よく引用される文献として，Gordon(1954)，Scott(1955)の２つの古典的論文をはじめとして，Schaefer(1957)，Crutchfield and Zellner(1962)，Clark and Munro(1975)，Tahvonen(1991)があげられる．第 13 章では，このような流れのなかで，Hardin のいう「コモンズの悲劇」がきわめて限定された，非現実的な状況でしか起こりえないことを強調したわけである．

本章の第2節で展開する自然資本のモデルは，漁業コモンズだけでなく，森林コモンズをはじめとして自然環境一般に適用されるものである．とくに森林の場合，ヴィクセル[Wicksell (1901)]以来，資本理論の中心的な概念として取り扱われてきた．最近刊行されたJohansson and Löfgren(1985)は，自然資本の動学的理論に対して，ヴィクセル理論の伝統のなかで現代的な装いを与えたものであるといってよい．

第3節では，社会的インフラストラクチャーの動学理論を展開する．社会的インフラストラクチャーは自然資本とならんで，社会的共通資本の主要な構成要素であるが，その分析的構造は，自然資本とはきわめて対照的な特質をもつ．社会的インフラストラクチャーの規模，構造は，年々希少資源のどれだけを使って，その建設，維持をはかるかという社会的な決定によって規定される．社会的インフラストラクチャーの建設をどれだけ，どのようにおこなったらよいかという問題はじつは，経済理論において中心的な課題であるだけでなく，公共政策にとっても重要な意味をもつ．

第2節と第3節で導入される動学モデルは，第13章で展開された動学モデルを一般均衡モデルの枠組みのなかで考察するものである．ここでも，帰属価格(imputed price)の概念が基本的な役割を演ずる．社会的共通資本の帰属価格は，さまざまな希少資源をどのような形で，私的資本の蓄積と社会的共通資本の蓄積との間に配分したらよいかという問題を解決するために基本的な尺度だからである．

以下導入するモデルはいずれも，これまで展開してきた議論，とくに『基礎篇』第34章，本書第13章と密接な関わりをもつ．しかし，本章の理論的枠組みは後章の議論に対して基本的な関わりをもつものであって，しかも，その解析的構造は必ずしも単純ではない．これまで展開してきた議論と重複するところが多いが，改めて説明することにしたい．本章の議論については，Koopmans(1965)，Cass(1965)，Mäler(1974)，Uzawa(1974, 1991a, 1991b, 1992, 1998)，宇沢(1989, 1995, 1996)，宇沢・國則(1993, 1995)，宇沢・茂木(1994)を参照されたい．

2. 社会的共通資本としての自然環境

自然環境は，社会的共通資本の重要な構成要素である．自然環境は一般に，共有財産資源(common property resources)としてコモンズを形成するか，あるいは国家，あるいは政府によって管理されている．たとえば，大気はいうまでもなく，全世界の人々あるいは国々にとって共有の自然資源であって，最大のコモンズであるということができよう．

第13章で展開した漁業コモンズあるいは森林コモンズの自然資源にかんする理論モデルは，自然資源から得られる便益が，コモンズの構成員に対する金銭的な収入の形をとる場合のみを

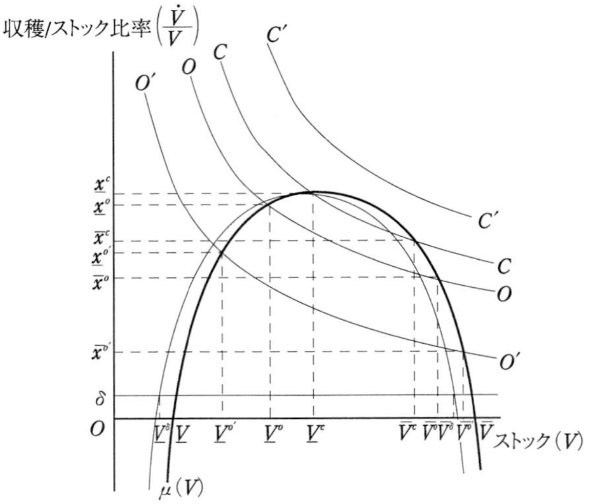

図 14-1　自然環境のストック量の時間的変化率
——エコロジカルな要因と経済的な要因

考えた．しかし，コモンズを形成する自然環境は，このような金銭的便益だけでなく，さまざまな形での外部性をもち，社会全体を構成する人々に対して，直接的，間接的な便益をもたらす．しかし，ここで展開する理論モデルでは差し当たって，これらの社会的便益について直接言及しないことにする．

自然環境のストックは同質な量で構成されていて，ある尺度をもってはかることができるとする．第 13 章で展開した漁業あるいは森林のコモンズと同様であると仮定するわけである．各時点 t における自然環境のストック量を V_t であらわす．以下時間の suffix t は明示的に記さないことが多い．ストック量 V_t の時間的変化 $\dot{V}_t = dV_t/dt$ を決定する要因は，エコロジカルな要因と経済的要因とに分けられる．

エコロジカルな要因によるストック量の時間的変化率 $(\dot{V}/V)$ は，ある与えられた関数 $\mu(V)$ によってあらわされるとする．関数 $\mu(V)$ は，図 14-1 の $\mu(V)$ 曲線であらわされるような形をしていると仮定する．図 14-1 で，横軸はストック V をはかり，縦軸には，ストック V の時間的変化率 $\dot{V}/V$ をはかる．このとき，$\underline{V}$，$\overline{V}$ という 2 つの critical なストック量が存在する．

$$\mu(\underline{V}) = \mu(\overline{V}) = 0.$$

森林の場合には，$\underline{V}=0$ と考えてよいが，他方，公海の漁場の場合には，$\overline{V}=+\infty$ と考えてもよい．

自然環境のストック V にかんして，経済的な要因にもとづく時間的変化を考察するために，アクティビティ分析の手法を用いる[『基礎篇』第 34 章]．アクティビティ・ベクトルを $a=(a_j)$ であらわす．ここで，j はアクティビティのタイプで，a_j はその水準である．

アクティビティ j が単位レベルで操作されているときに，自然環境のストックの減耗は ξ_j であるとする．アクティビティ・レベルが $a=(a_j)$ のとき，自然環境のストックの減耗 X は

$$X = \xi a = \sum_j \xi_j a_j,$$

ここで $\xi=(\xi_j)$ は自然環境のストックの減耗にかんする技術係数のベクトルである．

したがって，自然環境のストック V_t の時間的変化はつぎの式によってあらわされる．

(1) $$\dot{V}_t = \mu(V_t)\,V_t - X_t,$$

ここで

(2) $$X_t = \xi a_t$$

は，t 時点におけるアクティビティ・ベクトルである．

アクティビティの操作によって，私的な希少資源も必要となってくる．私的な希少資源を一般に l であらわし，アクティビティ j が単位レベルで操作されているときに必要とされる希少資源 l の量を a_{lj} であらわす．

私的な希少資源の賦与量は $K=(K_l)$ というベクトルであらわされるとする．このとき，アクティビティ・ベクトル $a_t=(a_{jt})$ が feasible となるのは，つぎの条件がみたされるときである．

(3) $$a_t \geqq 0,\ \ Aa_t \leqq K,$$

ここで，$A=(a_{lj})$ は希少資源の必要量にかんする技術関数のマトリックスである．

消費財の生産量は，アクティビティ・ベクトルによって決まってくる．生産された消費財のベクトルを一般に，$c=(c_i)$ であらわす．ここで，i は消費財の種類である．したがって，各時点 t において生産される消費財のベクトルを $c_t=(c_{it})$ とすれば，

(4) $$c_t = Ca_t,$$

ここで，$C=(c_{ij})$ は消費財の生産にかんする技術係数のマトリックスとする．

自然環境が，社会を構成する人々にとって重要な意味をもつということは，各人の効用水準が，私的な消費財のベクトル $c=(c_i)$ だけでなく，自然環境のストック量 V によって影響されることを意味する．すなわち，効用関数は

$$U = u(c, V)$$

という形によってあらわされる．したがって各時点 t における効用水準 U_t は

(5) $$U_t = u(c_t, V_t) = u(c_t)\,\phi(V_t),$$

ここで，$u(c)$，$\phi(V)$ はそれぞれ c，V にかんして，正の値をとり，厳密な意味で concave な関数とする．

以下の議論では，(5)式で表現されるように，効用関数 $u(c, V)$ が c，V について separable という仮定がもうけられているわけである．このとき，

(6)
$$\gamma = \frac{\phi'(V)\,V}{\phi(V)}$$

は定数とし，$0<\gamma<1$ と仮定する．

各時点 t における競争均衡は，つぎの条件をみたすような消費財の価格ベクトル $p_t=(p_{it})$，アクティビティ・ベクトル $a_t=(a_{jt})$ によって実現される．

(7)　$u_c(c_t, V_t)$ と p_t とは比例的，

(8)　$p_t c_t$ は feasible なアクティビティ・ベクトルのなかで最大となる．

競争均衡が存在して一意的に定まることは容易にわかる．上に述べた競争均衡の条件は，効用関数 $u(c, V)$ を制約条件(3)，(4)のもとで最大化するという concave プログラミングの問題に帰着されるからである．t 時点における競争均衡におけるアクティビティ・ベクトルと消費財のベクトルをそれぞれ a_t^c，c_t^c であらわす．

動学方程式(1)はつぎのように書き直せる．

(9)
$$\frac{\dot{V}_t}{V_t} = \mu(V_t) - \frac{X_t^c}{V_t},$$

ここで，$X_t^c = \xi a_t^c$．

競争均衡における自然環境のストックの減耗率 X_t^c/V_t は図 14-1 で示されているような，右下がりの曲線 CC によってあらわされる．この CC 曲線は一般に，エコロジカルな要因にもとづく自然環境のストックの時間的変化率の $\mu(V)$ 曲線と 2 つの点 $\underline{V}^c$，$\overline{V}^c$ で交わる．CC 曲線と $\mu(V)$ の交点が 2 つより多い可能性ももちろん存在する．このときには，$\overline{V}^c$ の値が 2 つ以上存在することになるが，大きい方の $\overline{V}^c$ の値をとることにする．また，CC 曲線が $\mu(V)$ 曲線と交点をもたない場合もある．図 14-1 で，$C'C'$ 曲線であらわされる場合があるが，ハーディンのいう「コモンズの悲劇」が起こるのは，この場合に限られることは第 13 章でふれた通りである．

図 14-1 からすぐわかるように，大きい方の critical な水準 $\overline{V}^c$ は，競争均衡のもとにおける，自然環境のストック量の安定的な長期定常状態に対応する．他方，小さい方の critical な水準 $\underline{V}^c$ は不安定的な長期定常状態をあらわす．

動学的最適性の基準は例のように，つぎの Ramsey-Koopmans-Cass 効用積分によって規定されるとする．

(10)
$$\int_0^\infty U_t e^{-\delta t} dt,$$

ここで，$U_t = u(c_t, V_t)$ は各時点 t における効用水準，δ は社会的割引率である．δ は正の定数とする．

消費財ベクトル c_t とアクティビティ・ベクトル a_t の時間的径路 (c_t, a_t) が動学的に最適 (dynamically optimum) であるというのは，(c_t, a_t) が feasible，すなわち，制約条件(3)，(4)

がみたされ，しかも効用積分(10)が feasible な時間的径路(c_t, a_t)のなかで最大となっているときである．このとき，自然環境のストック量 V_t は動学方程式(9)にしたがって変化し，初期条件は V_0 であることに留意されたい．

動学的最適径路(c_t, a_t)を求めるために，各時点 t における自然環境のストックの帰属価格 λ_t の概念を導入する．各時点 t における自然環境のストックの帰属価格 λ_t は，t 時点で，自然環境のストック量が限界的に 1 単位だけふえたときに，全将来時点にわたって社会的効用がどれだけ限界的にふえるかを計算して，社会的割引率 δ を使った割引現在価値として定義される．かんたんな計算によって，帰属価格(λ_t)はつぎの方程式をみたすことがわかる．

$$\lambda_t = \int_0^\infty u(c_\tau)\phi(V_\tau)e^{-\int_t^\tau(\delta-\mu(V_s)-\mu'(V_s)V_s)ds}d\tau.$$

この方程式の両辺を時間 t で微分すれば，

$$\frac{\dot{\lambda}_t}{\lambda_t} = [\delta-\mu(V_t)-\mu'(V_t)V_t]-\frac{u(c_t)\phi'(V_t)}{\lambda_t}.$$

他方，各時点 t における最適なアクティビティ・ベクトル a_t は，つぎの帰属実質国民所得を制約条件(2)，(3)，(4)のもとで最大化するものである．

$$H_t = u(c_t)\phi(V_t)+\lambda_t[\mu(V_t)V_t-X_t].$$

動学的に最適な時間的径路を求めるために，つぎの帰属価格の概念を導入しよう．

$$\pi_t = \frac{\lambda_t}{\phi(V_t)}.$$

各時点 t における最適なアクティビティ・ベクトル a_t^o は，つぎの効用

$$u(c_t)-\pi_t X_t$$

を制約条件(2)，(3)，(4)のもとで最大化するものとなる．

新しく導入された帰属価格 π_t はつぎの動学方程式の解として求められる．

(11) $$\frac{\dot{\pi}}{\pi} = [\delta-\hat{\mu}(V)]-\gamma\frac{\frac{u(c^o)}{\pi}-X^o}{V},$$

ここで，$a^o = a_t^o$ は

(12) $$u(c)-\pi X$$

を制約条件

(13) $$c = Ca,\ \ X = \xi a,\ \ a \geqq 0,\ \ Aa \leqq K$$

のもとで最大化して求められる．

動学方程式(11)で，γ は(6)で定義された正の定数で，$\hat{\mu}(V)$は

(14) $$\hat{\mu}(V) = (1+\gamma)\mu(V)+\mu'(V)V$$

によって定義される．

動学的に最適な時間的径路(c^o, a^o)は，帰属価格 π_t にかんする動学方程式(11)と自然環境の

ストック V_t にかんする動学方程式

(15) $$\frac{\dot{V}}{V}=\mu(V)-\frac{X^o}{V}$$

とによって特徴づけられる.

この2つの動学方程式(11), (15)をみたす時間的径路(c_t, a_t)のなかで, つぎの transversality condition

(16) $$\lim_{t\to\infty}\pi_t V_t e^{-\delta t}=0$$

をみたすものをとればよい.

動学方程式体系(11), (15)の解径路は, phase diagram の手法を用いて分析できるが, その前に, 帰属価格 π と最適な消費財ベクトル c との間に存在する一般的関係を導入しておこう.

帰属価格が π から $\pi+\varDelta\pi$ に変わり, それにともなって最適な消費財ベクトルが c から $c+\varDelta c$ に変わり, 自然環境のストックについても, 最適な減耗が X から $X+\varDelta X$ に変わったとしよう.

このとき, (c, X)と$(c+\varDelta c, X+\varDelta X)$とはともに feasible だから,

$$(u+\varDelta u)-\pi(X+\varDelta X)\leqq u-\pi X,$$
$$u-(\pi+\varDelta\pi)X\leqq(u+\varDelta u)-(\pi+\varDelta\pi)(X+\varDelta X).$$

この2つの不等式の両辺を足し合わせると, つぎの不等式が得られる.

$$\varDelta\pi\varDelta X\leqq 0.$$

したがって, 自然環境の最適な減耗 X^o は, 自然環境の帰属価格 π の減少関数となる. 同じように, 帰属価格 π が高くなると, $\frac{u(c^o)}{\pi}-X^o$ も大きくなる.

さて, 自然環境のストック V が定常的となるのはどのようなときかみてみよう. すなわち,

(17) $$\mu(V)=\frac{X^o}{V}.$$

最適なアクティビティ・ベクトル a^o に対応する自然環境の減耗 X^o は, 自然環境のストック V 自体には無関係に決まってくる. したがって, (17)式の右辺の量は, 図14-1の OO 曲線のように, 右下がりの曲線によって表現される. この OO 曲線は一般に, $\mu(V)$曲線と2つの点 $\underline{V}^o$, $\overline{V}^o$ で交わる. 帰属価格 π が高くなると, 最適なアクティビティ・ベクトルに対応する自然環境の減耗 X^o は小さくなる. したがって, 図14-1に示されているように, OO 曲線は下方にシフトして, $O'O'$ 曲線となる. このとき, 低い方の critical な水準 $\underline{V}^o$ は減少し, 高い方の crirical な水準 $\overline{V}^o$ は増加する. とくに, 帰属価格が0のときは, 競争均衡となり, CC 曲線と一致する.

他方, 帰属価格 π が無限大に近づくと, OO 曲線は横軸に近づく. したがって,

$$\underline{V}^o\to\underline{V},\ \overline{V}^o\to\overline{V}.$$

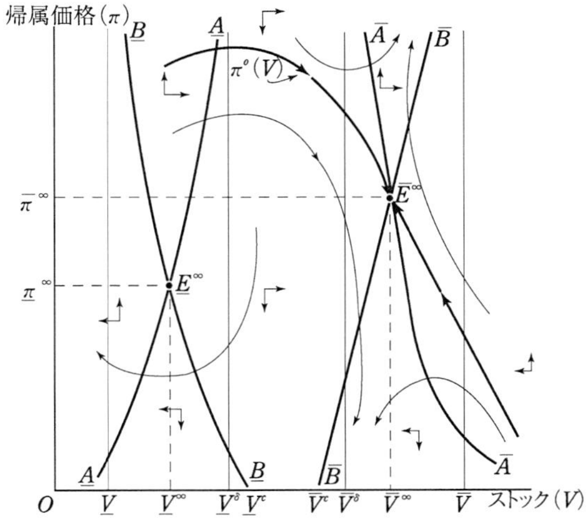

図 14-2 自然環境のストックの動学にかんする phase diagram, ケース I

このようにして，定常条件(17)がみたされているとき，帰属価格 π と自然環境のストック V との間には，図 14-2 の $\underline{B}\,\underline{B}$, $\overline{B}\,\overline{B}$ という 2 つの曲線によってあらわされるような関係が存在することがわかる．図 14-2 で，横軸は自然環境のストック V をはかり，縦軸には，帰属価格 π がはかられている．

もし(π, V)が，$\underline{B}\,\underline{B}$, $\overline{B}\,\overline{B}$ の 2 つの曲線の上方に位置しているときには，V は増加する傾向をもち，逆に下方に位置しているときには V は減少する．図 14-2 では矢印で示されている．

図 14-1 の $C'C'$ 曲線のように競争均衡が，$\mu(V)$曲線と交わらない場合には，自然環境のス

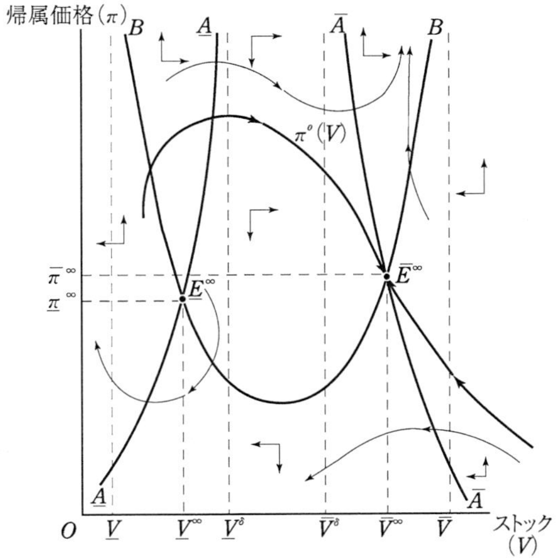

図 14-3 自然環境のストックの動学にかんする phase diagram, ケース II

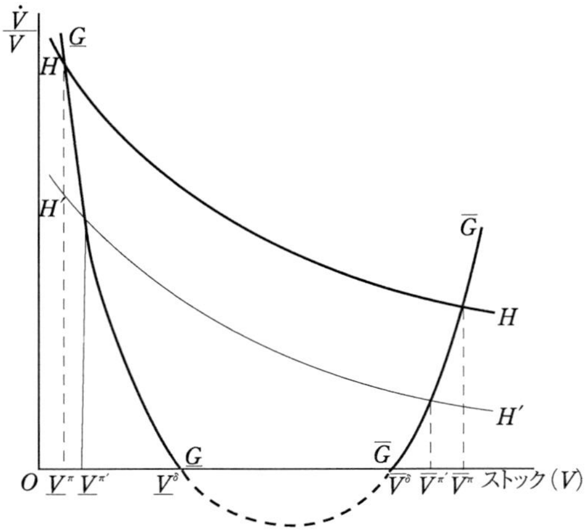

図 14-4　帰属価格にかんする定常条件

トック V にかんする phase diagram は，図 14-3 の BB 曲線のように，単一の曲線で表現される．

帰属価格 π にかんする phase diagram も同じようにして求めることができる．帰属価格 π が定常的となるための条件は，動学方程式(11)の右辺が 0 となることである．したがって，

$$(18)\qquad \delta-\hat{\mu}(V)=\gamma\frac{\dfrac{u(c^o)}{\pi}-X^o}{V}.$$

(18)式の左辺は，図 14-4 の $\underline{G}\,\underline{G}$, $\overline{G}\,\overline{G}$ という 2 つの曲線によってあらわされる．図 14-4 で，横軸には自然環境のストック V をはかり，縦軸には，V の時間的変化率 $\dot{V}/V$ をはかる．自然環境のストック V について，2 つの critical な水準 $\underline{V}^{\delta}$, $\overline{V}^{\delta}$ はつぎの条件をみたすものとして定義される．

$$\hat{\mu}(\underline{V}^{\delta})=\hat{\mu}(\overline{V}^{\delta})=\delta.$$

帰属価格 π が与えられたとき，(18)式の右辺は，図 14-4 の HH 曲線のように，右下がりの曲線であらわされる．この HH 曲線は一般に，$\underline{G}\,\underline{G}$, $\overline{G}\,\overline{G}$ の 2 つの曲線とそれぞれ 1 点で交わる．この交点に対応する自然環境のストック量をそれぞれ $\underline{V}^{\pi}$, $\overline{V}^{\pi}$ とする．図 14-4 からすぐわかるように，帰属価格 π が高くなると，低い方の critical な水準 $\underline{V}^{\pi}$ は増加し，高い方の critical な水準 $\overline{V}^{\pi}$ は減少する．π が無限大に近づくとき，この 2 つの critical な水準はそれぞれ $\underline{V}^{\delta}$, $\overline{V}^{\delta}$ に近づく．(18)式がみたされるような(π, V)の組み合わせは，図 14-2 あるいは図 14-3 の $\underline{A}\,\underline{A}$, $\overline{A}\,\overline{A}$ という 2 つの曲線によってあらわされる．(π, V)が，$\underline{A}\,\underline{A}$, $\overline{A}\,\overline{A}$ 曲線の上方に位置しているときには，帰属価格 π は増加する傾向を示し，逆に，下方に位置するときには，帰属価格 π は減少する．図 14-2 あるいは図 14-3 に示す通りである．

AA, BB 曲線の交点$(\underline{\pi}^\infty, \underline{V}^\infty)$, $(\overline{\pi}^\infty, \overline{V}^\infty)$は定常状態に対応する．これらの定常点を $\underline{E}^\infty$, $\overline{E}^\infty$ と記す．動学方程式体系(11), (12)に対する解径路は，図 14-2 あるいは図 14-3 で，矢印を付けた曲線群によってあらわされる．したがって，定常点 $\overline{E}^\infty$ に収斂するような解径路が必ず 2 つ存在する．図 14-2 あるいは図 14-3 で，矢印を付けた太い曲線で示されている．この 2 つの安定的な解径路を関数の形で $\pi^o(V)$ のように表現する．動学的に最適な時間的径路は，各時点 t で，自然環境の帰属価格 π_t が

$$\pi_t = \pi^o(V_t)$$

によって与えられ，アクティビティ・ベクトル a_t^o, 消費財のベクトル c_t^o がそれぞれ最適になるように決められているときに実現する．

図 14-2 あるいは図 14-3 からわかるように，長期定常状態における自然環境のストック $\overline{V}^\infty$ は競争均衡のもとでの定常状態の水準 $\overline{V}^c$ より常に大きくなっているが，エコロジカルに sustainable な長期定常状態における水準 $\overline{V}$ より小さい．

このようにして求められた長期定常状態における自然環境のストック量 $\overline{V}^\infty$ は，自然資源を利用して生産活動をおこなうことによって得られる便益と，自然環境のストックの減耗による社会的効用の損失との間に最適なバランスが実現している．したがって，自然環境のストックにかんする長期定常水準 $\overline{V}^\infty$ は，長期にわたって sustainable な自然環境のストックのなかで，社会的な観点からもっとも望ましい水準をあらわす．このような長期定常状態は，経済構成員に対して，その経済活動によって惹き起こされる自然環境のストックの減耗を帰属価格で評価した額を賦課することによって実現される．社会的限界費用にもとづく価格づけの原理(the principle of marginal social cost pricing)の動学化であるといってよい．

ここで導入した単純な動学モデルを使って，市場機構にもとづく資源配分のプロセスは必ずしも，動学的に最適な資源配分をもたらさないことを示すことができる．たとえば，完全競争の条件のもとでは，ハーディンのいう「コモンズの悲劇」は起こらないにせよ，完全競争のもとにおける自然環境のストックの長期定常水準は，最適な sustainable 水準よりも必ず低くなっていて，社会的効用の減少をもたらす．コモンズの制度は，自然環境から生み出される自然資源を最適な，sustainable な形で利用するために歴史的に機能してきた制度であるといってよい．このような，歴史的ないし伝統的なコモンズの制度にかんして，数多くの研究がなされてきた[たとえば，McCay and Acheson(1987), Berkes(1989)]．とくに，沿岸漁業にかんする日本の漁業協同組合の制度がしばしば，もっとも効率的かつ民主的に管理されたコモンズの例として引用される[Berkes(1989)のなかの Ruddle 論文]．

3. 社会的共通資本としての社会的インフラストラクチャー

前節ではもっぱら自然環境にかんして，経済活動によって自然環境のストックの減耗に焦点を当てて，自然環境から生み出される自然資源の利用について，動学的に最適な資源配分がどのような条件のもとで実現するかを分析した．この節では，社会的インフラストラクチャーを取り上げて，社会的共通資本としての社会的インフラストラクチャーにかんする動学的最適性の問題を考察したい．

社会的インフラストラクチャーは，社会的共通資本の重要な構成要素である．社会的インフラストラクチャーは，社会の物理的，制度的枠組みを構成するもので，すべての人間活動を営むために必要不可欠なサービスを提供するものである．

社会的インフラストラクチャーは原則として，私的な経済主体に分属されることなく，社会全体あるいは特定のコミュニティにとって，共有財産として管理，維持される．社会的インフラストラクチャーは，生産要素としての役割をはたすこともあり，また，各市民にとって，それぞれの生活水準を高めるために重要な役割をはたすこともある．

この節では，社会的インフラストラクチャーのストックは同質の量から構成されていて，ある一定の尺度をもってはかることができるとする．各時点 t における社会的インフラストラクチャーのストックを V_t であらわし，その減耗率 μ は技術的な条件によって決まっているとする．減耗率 μ は一定で，$\mu>0$ と仮定する．

自然環境の場合と同じように，各時点 t における社会的インフラストラクチャーの減耗 X_t は，アクティビティ・ベクトル $a_t=(a_{jt})$ に依存して決まってくる．

(19)　　$$X_t = \xi a_t,$$

ここで，$\xi=(\xi_j)$ は自然環境のストックの減耗にかんする技術係数のベクトルとする．私的な希少資源にかんする技術係数のマトリックスを $A=(a_{ij})$ とすれば，アクティビティ・ベクトル $a_t=(a_{jt})$ に対する希少資源の利用は Aa_t によって与えられる．

社会的インフラストラクチャーのストックは，さまざまな希少資源を投下して，その物理的，制度的な規模を拡大することができる．このような投資活動を一般に s であらわし，そのアクティビティ・レベルは $b=(b_s)$ によってあらわされるとする．投資のアクティビティ・ベクトルが $\eta=(\mu_s)$ のとき，社会的インフラストラクチャーのストックの増加は

(20)　　$$Y_t = \eta b_t$$

によって与えられる．

投資のアクティビティに必要な私的な希少資源の量は，技術係数のマトリックス $B=(b_{is})$ によって規定される．投資のアクティビティ・ベクトルを b_t とすれば，そのとき必要な私的

な希少資源の利用は Bb_t によってあらわされる.

このようにして，社会的インフラストラクチャーのストック V_t の時間的変化はつぎの動学方程式によって与えられることになる.

(21) $$\dot{V}_t = Y_t - X_t - \mu V_t,$$

ここで，初期条件 V_0 は所与であるとする.

アクティビティ・ベクトル a_t，b_t が feasible であるためには，つぎの制約条件がみたされなければならない.

(22) $$a_t,\ b_t \geqq 0,\ \ Aa_t + Bb_t \leqq K,$$

ここで，$K=(K_l)$ は私的な希少資源の賦与量をあらわすベクトルである.

消費財の生産にかんする条件，効用関数の性質については，前節で展開した自然環境の場合とまったく同一であるとする.

アクティビティ・ベクトル $a_t=(a_{jt})$ によって生産される消費財のベクトル $c_t=(c_{it})$ は

(23) $$c_t = Ca_t$$

によって与えられる. ここで $C=(c_{ij})$ は技術係数のマトリックスである. 他方，t 時点における効用 U_t は

(24) $$U_t = u(c_t, V_t) = u(c_t)\phi(V_t)$$

によって与えられる.

アクティビティ・ベクトルと消費財のベクトルの時間径路 (a_t, b_t, c_t) が動学的に最適であるというのは，feasibility の条件(19)-(23)をみたし，効用積分(10)を最大化するものとして定義される. 自然環境の場合と同じように，帰属価格の概念を使って，動学的最適性の問題を解くことができる.

各時点 t における社会的インフラストラクチャーのストックの帰属価格を λ_t であらわす. 帰属価格 λ_t の定義によって，

$$\lambda_t = \int_t^{\infty} u(c_\tau)\phi'(V_\tau)e^{(\delta+\mu)(\tau-t)}d\tau.$$

この式の両辺を時間 t で微分して

(25) $$\frac{\dot{\lambda}_t}{\lambda_t} = (\delta+\mu) - \frac{u(c_t)\phi'(V_t)}{\lambda_t}.$$

各時点 t における最適な (a_t, b_t, c_t) は，つぎの帰属実質国民所得 H_t' を制約条件(19)，(20)，(22)，(23)のもとで最大にすることによって得られる.

$$H_t' = u(c_t)\phi(V_t) + \lambda_t(Y_t - X_t - \mu V_t).$$

前節と同じように，新しい帰属価格 π_t を導入する.

$$\pi_t = \frac{\lambda_t}{\phi(V_t)}.$$

このとき，(a_t, b_t, c_t)が最適となるのは，つぎの帰属実質国民所得 H_t が，制約条件(19)，(20)，(22)，(23)，(24)のもとで最大となるときである．

$$H_t = u(c_t) + \pi_t (Y_t - X_t).$$

自然環境の場合と同じように，帰属価格 π_t が高くなると，社会的インフラストラクチャーの純増加分 $Y_t - X_t$ は増加するが，帰属価格ではかった帰属実質国民所得

$$\frac{u(c_t)}{\pi_t} + (Y_t - X_t)$$

は減少する．

社会的インフラストラクチャーのストック V_t と新しく定義された帰属価格 π_t にかんする動学方程式は，(21)，(25)を変形して得られる．

(26) $$\frac{\dot{V}}{V} = \frac{Y-X}{V} - \mu,$$

(27) $$\frac{\dot{\pi}}{\pi} = \delta + (1+\gamma)\mu - \gamma \frac{\frac{u(c)}{\pi} + (Y-X)}{V}.$$

動学的に最適な時間的径路(a_t, b_t, c_t)は，動学方程式体系(26)，(27)の解径路(V_t, π_t)で，transversality condition(16)をみたすものを求めればよい．

まず，社会的インフラストラクチャーのストック V_t が定常的となるための条件を求めよう．この条件は，動学方程式(26)の右辺が 0 となることである．すなわち，

(28) $$V = \frac{Y-X}{\mu}.$$

ここで，$Y-X$ は V には無関係に決まってくるから，(28)式の右辺は，図 14-5 の EE 曲線にように，右上がりの曲線によってあらわされる．図 14-5 で，社会的インフラストラクチャーのストック V は横軸に沿ってはかられ，縦軸には帰属価格 π がはかられている．EE 曲線と縦軸との交点 E は原点 O から離れた点である．帰属価格 π が無限大に近づくと，EE 曲線は漸近的に，原点からの距離が $(\overline{Y}-\overline{X})/\mu$ であるような垂直な直線に近づく．

$\overline{Y}-\overline{X}$ の値は，制約条件(19)，(20)，(22)のもとで $Y-X$ を最大化することによって求められる．

(π, V)が EE 曲線の上方に位置しているときには，動学方程式(26)の右辺は正となり，$\dot{V}>0$ となる，逆に，下方に位置しているときには，$\dot{V}<0$ となる．

帰属価格 π にかんする phase diagram も同じようにして求めることができる．すなわち，

(29) $$V = \gamma \frac{\frac{u(c)}{\pi} + (Y-X)}{\delta + (1+\gamma)\mu}.$$

(29)式の右辺は，社会的インフラストラクチャーのストック V には無関係となり，帰属価格

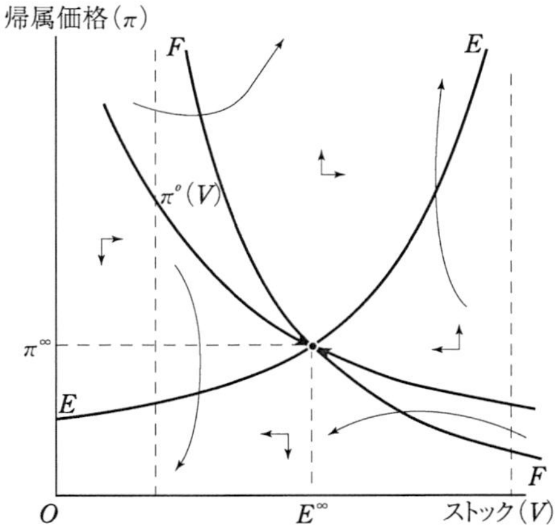

図 14-5　社会的インフラストラクチャーのストックにかんする phase diagram

π の減少関数となる．したがって，(29)式の右辺は，図 14-5 の FF 曲線のように，右下がりの曲線によってあらわされる．帰属価格 π が無限大に近づくと，FF 曲線は，縦軸からの距離が

$$\gamma\frac{\overline{Y}-\overline{X}}{\delta+(1+\gamma)\mu}$$

に等しくなるような垂直な直線に漸近的に収斂する．

(π, V) が FF 曲線の上部に位置しているときには，帰属価格 π は上昇し$(\dot{\pi}>0)$，下部に位置しているときには π は低下する$(\dot{\pi}<0)$．図 14-5 で矢印を付けた直線の示す方向に動く．

このようにして動学方程式体系(26)，(27)の解径路 (π, V) は，図 14-5 で，矢印を付けた曲線群によってあらわされることがわかる．このとき，定常状態 (π^∞, E^∞) に収斂するような，2 つの解径路が存在する．この安定的な解径路を関数関係 $\pi=\pi^o(V)$ によってあらわそう．動学的に最適な時間的径路 (π_t, V_t) は，各時点 t で，$\pi_t=\pi^o(V_t)$ を帰属価格としてとったときに実現する．

社会的インフラストラクチャーのストックにかんして，長期定常水準 V^∞ は，技術的条件，私的な希少資源の賦与量，時間選好にかんする条件によって決まってくる．たとえば，社会的割引率 δ が高くなると，図 14-5 の FF 曲線は下方にシフトし，長期定常状態における社会的インフラストラクチャーのストック V^∞ は減少し，帰属価格 π^∞ は上昇する．他方，社会的インフラストラクチャーにかんする sensitivity のパラメータである γ が大きくなると，長期定常状態において，社会的インフラストラクチャーのストック V^∞ も帰属価格 π^∞ もともに大きくなる．

私的な希少資源の賦与量 K が大きくなるか，あるいは技術進歩が起こると EE 曲線も FF 曲線もともに右方にシフトする．したがって，長期定常状態における社会的インフラストラクチャーのストック V^∞ は大きくなるが，帰属価格 π^∞ は高くなることもあり，あるいは低くなる可能性も否定できない．

この節で導入した社会的インフラストラクチャーの蓄積にかんする動学モデルでは，技術的諸条件は一定で，私的な希少資源の賦与量も一定であると仮定した．しかし，社会的インフラストラクチャーの存在によって，技術進歩の条件は大きな影響を受け，それにともなって，私的な希少資源の蓄積もまた大きく左右される．この問題は『基礎篇』第 34 章で取り上げた．本書でも後章でくわしく議論する予定である．また，社会的インフラストラクチャーの各構成要素について，どのような社会的組織によって，どのような基準にしたがって，維持，管理すべきかという問題も重要な意味をもつ．この問題はいわば，社会的インフラストラクチャーにかんする制度論的分析にかかわるものである．

4. 外部性と帰属価格

前節までに展開してきた自然環境と社会的インフラストラクチャーにかんする動学的分析では，外部性の問題については直接ふれなかった．この節では，第 13 章で萌芽的に論じた外部性の定式化について，さらに一般的な枠組みのなかで論ずる．

まず自然資本の場合からはじめよう．第 13 章で論じたように，漁業あるいは森林のコモンズを念頭に置きながら議論を進めたい．第 2 節で定式化したように，各時点 t における自然資本のストックを V_t とし，$\mu(V)$は，エコロジカルな要因によって決まるストック V の時間的変化率 $\dot{V}/V$ をあらわす．$\mu(V)$は，図 14-1 の $\mu(V)$曲線のような形をしていると仮定する．

経済を構成する生産主体を generic に β という記号であらわし，生産者 β が選択するアクティビティ・ベクトルを $a^\beta=(a_j^\beta)$であらわす．生産者 β がアクティビティ・ベクトル a^β で生産活動をおこなっているとき，それによって惹き起こされる自然資本の減耗 X^β は

$$X^\beta = X^\beta(a^\beta)$$

という関数関係によってあらわされると考える．

生産者 β によって生産される消費財のベクトルを $Y^\beta=(Y_i^\beta)$であらわす．生産者 β の生産関数は

$$Y^\beta = Y^\beta(a^\beta)$$

によってあらわされるとする．

生産活動は必ず，私的な生産要素の投入を必要とする．生産者 β がアクティビティ・ベクトル a^β をとるときに使用される私的な生産要素のベクトルは

$$K^\beta(a^\beta) = (K_\ell^\beta(a^\beta))$$

によってあらわされていると仮定する．

自然資本の管理に当たっている社会的組織を generic に α という記号であらわし，そのアク

ティビティ・ベクトルを a^α であらわす．アクティビティ・ベクトル a^α によって再生産される自然資本の量を $Y^\alpha = Y^\alpha(a^\alpha)$ とし，a^α に必要な生産要素のベクトルを $K^\alpha = K^\alpha(a^\alpha)$ であらわす．

私的な生産要素の賦与量は $K=(K_l)$ によって与えられていて，以下の議論を通じて一定不変に保たれると仮定する．

アクティビティ・ベクトル a^α，a^β が feasible であるためにはつぎの条件がみたされなければならない．

(30) $$\sum_\alpha K^\alpha(a^\alpha) + \sum_\beta K^\beta(a^\beta) \leqq K.$$

また，自然資本のストックの全減耗量 X は

(31) $$X = \sum_\alpha X^\alpha(a^\alpha) + \sum_\beta X^\beta(a^\beta)$$

によって与えられる．

第 13 章でもふれたように，自然資本にかんしては，外部性の現象がみられるのが一般的である．まず，静学的外部性の現象から取り上げることにしよう．各生産者 β が生産活動に従事するとき，その生産条件は，生産者 β のアクティビティ・ベクトル a^β だけでなく，他の生産者たちがどのようなアクティビティ・ベクトルを選択しているかにも依存する．ここでは，単純化のために，他の生産者たちが選択しているアクティビティ・ベクトルを一括して，全体として，自然資本のストックがどれだけ使われているかによってあらわされるものとする．自然資本の全使用量を X とすれば，生産者 β の生産関数はつぎのような形をとると仮定する．

$$Y^\beta = Y^\beta(a^\beta, X).$$

また，必要とする私的な生産要素についても

$$K^\beta = K^\beta(a^\beta, X)$$

と仮定するわけである．このとき，外部不経済の現象をつぎのような条件によって表現する．

$$Y^\beta_X < 0,\ \ K^\beta_X > 0,\ \ Y^\beta_{XX} < 0,\ \ K^\beta_{XX} > 0.$$

同じような条件は，自然資本の管理に当たっている社会的組織 α についても成立していると仮定する．

$$Y^\alpha = Y^\alpha(a^\alpha, X),\ \ K^\alpha = K^\alpha(a^\alpha, X),$$

$$Y^\alpha_X < 0,\ \ K^\alpha_X > 0,\ \ Y^\alpha_{XX} < 0,\ \ K^\alpha_{XX} > 0.$$

アクティビティ・ベクトル a^α，a^β が feasible であるための条件はつぎのように書きあらわされることになる．

(32) $$\sum_\alpha K^\alpha(a^\alpha, X) + \sum_\beta K^\beta(a^\beta, X) \leqq K.$$

ここで，新古典派的な条件が，私的な部門でも，また公的な部門でも成立しているとする．生産関数 $Y^\alpha(a^\alpha, X)$，$Y^\beta(a^\beta, X)$ はそれぞれ (a^α, X)，(a^β, X) について正の値をとり，厳密な

意味で quasi-concave で，一次同次，かつ連続的に 2 回微分可能であるとし，つぎの条件がみたされていると仮定する．

$$Y^{\alpha}(0, X) = 0,\quad Y^{\alpha}_{a^{\alpha}a^{\alpha}}(a^{\alpha}, X) > 0,$$

$$Y^{\beta}(0, X) = 0,\quad Y^{\beta}_{a^{\beta}a^{\beta}}(a^{\beta}, X) > 0.$$

同じような条件は，私的な希少資源にかんする関数についても仮定する．$K^{\alpha}(a^{\alpha}, X)$，$K^{\beta}(a^{\beta}, X)$ はそれぞれ (a^{α}, X)，(a^{β}, X) について，正の値をとり，厳密な意味で quasi-convex であり，一次同次，かつ連続的に 2 回微分可能であるとし，つぎの条件がみたされているとする．

$$K^{\alpha}(0, X) = 0,\quad K^{\alpha}_{a^{\alpha}a^{\alpha}}(a^{\alpha}, X) > 0,$$

$$K^{\beta}(0, X) = 0,\quad K^{\beta}_{a^{\beta}a^{\beta}}(a^{\beta}, X) > 0.$$

自然資本の全使用量 X については

(31) $$X = \sum_{\alpha} X^{\alpha}(a^{\alpha}) + \sum_{\beta} X^{\beta}(a^{\beta})$$

が成立する．

自然資本のストック V_t の時間的変化はつぎの動学方程式によって規定される．

(33) $$\dot{V}_t = \mu(V_t)V_t + Y_t - X_t,$$

$$Y_t = \sum_{\alpha} Y^{\alpha}_t,\quad X_t = \sum_{\beta} X^{\beta}_t + \sum_{\alpha} X^{\alpha}_t,$$

ここで初期条件 V_0 は与えられているものとする．

つぎに，消費財の生産が経済主体の間でどのように分配されているかを明示的に示さなければならないが，ここでは，主として分析の単純化のために，消費財の分配は，ある社会的効用関数が最大化されるように決められるという前提のもとで以下の議論を進めることにしよう．すなわち，各時点 t における社会的効用 U_t はつぎのように表現されると仮定するのである．

(34) $$U_t = U(C_t, V_t),$$

ここで，

(35) $$C_t = \sum_{\beta} Y^{\beta}(a^{\beta}_t, X_t).$$

さて，動学的に最適なアクティビティ・ベクトル (a^{α}, a^{β}) の時間径路を求める問題を分析する前に，われわれのモデルについて競争均衡の構造と，自然資本の蓄積過程に与える影響を調べることにしよう．

消費財および私的な生産要素の価格を，$p=(p_i)$，$r=(r_\ell)$ という 2 つのベクトルであらわす．完全競争の前提のもとで，各生産者 β は，純利潤

(36) $$pY^{\beta}(a^{\beta}, X) - rK^{\beta}(a^{\beta}, X)$$

が最大となるようなアクティビティ・ベクトル a^{β} を選択する．このとき，自然資本の全減耗量 X は与えられていて，a^{β} の選択によっては直接影響を受けないものとする．

完全競争のもとでは，自然資本の再生産に対してのインセンティブは存在しない．したがっ

て

$$a^{\alpha} = 0, \quad Y^{\alpha} = 0.$$

Feasibility の条件(30)はつぎのように単純化される．

(37) $$\sum_{\beta} K^{\beta}(a^{\beta}, X) \leqq K.$$

他方，上に導入した消費財の分配にかんする前提条件から，社会的限界効用と価格が比例的となる．すなわち

(38) $$U_C \sim p,$$

ここで，$\sim$は両辺のベクトルが比例的であることをあらわすものとする．

競争均衡は，均衡条件(37)，(38)，(31)がみたされ，純利潤(36)の最大化が保証されているときである．上に述べた前提条件のもとで，競争均衡は必ず存在して，一意的に決まってくることがかんたんに示される．競争均衡のもとにおける価格ベクトルを $p(0)$，$r(0)$とし，それに対応する私的部門のアクティビティ・ベクトルを $a^{\beta}(0)$とする．競争均衡のもとでの社会的効用水準は

$$U(0) = U(C(0))$$

によって与えられる．ここで，

$$C(0) = \sum_{\beta} Y^{\beta}(a^{\beta}(0), X(0)),$$

$$X(0) = \sum_{\beta} X^{\beta}(a^{\beta}(0)).$$

自然資本の動学モデルの前提条件からただちにわかるように，競争均衡のもとにおける資源配分は静学的な観点からも効率的ではない．競争均衡のもとでの社会的効用水準 $U(C)$よりも高くなるような feasible な資源配分のパターンが存在するからである．これは，自然資本は社会的な観点から希少であるにもかかわらず，その使用に対して料金あるいは賦課金を支払わなくとも済むからである．そこで，生産者に対して，自然資本の使用の大きさに応じて使用料金を賦課するような制度を考えて，社会的効用の水準がどのような形で影響を受けるかをみてみよう．

生産者が，その使用した自然資本に対して，1 単位当たり支払う価格を θ とする．各生産者 β の純利潤は，つぎのようになる．

(39) $$pY^{\beta}(a^{\beta}, X) - rK^{\beta}(a^{\beta}, X) - \theta X^{\beta}(a^{\beta}).$$

競争均衡の場合には(36)式で与えられたものである．純利潤(39)が最大となるのは，つぎの限界条件がみたされているときである．

(40) $$pY^{\beta}_{a^{\beta}} = rK^{\beta}_{a^{\beta}} + \theta X^{\beta}_{a^{\beta}}.$$

新しい均衡状態は，自然資本の価格 θ によって一意的に決まってくる．$p(\theta)$，$r(\theta)$，$a^{\beta}(\theta)$，$X^{\beta}(\theta)$，$K^{\beta}(\theta)$，$X(\theta)$によってあらわす．均衡条件は(40)式に加えて，つぎのように

なる．

$$X(\theta) = \sum_\beta X^\beta(\theta),$$

$$\sum_\beta K^\beta(\theta) = K.$$

この 2 つの式の両辺を θ で微分すれば，

(41) $$X'(\theta) = \sum_\beta X^{\beta\prime}(\theta),$$

(42) $$\sum_\beta K^{\beta\prime}(\theta) = 0,$$

ここで，私的な生産要素の賦与量 K は一定であることに留意されたい．

ここで，社会的効用の水準 $U(\theta)$

(43) $$U(\theta) = U(C(\theta)),\ \ C(\theta) = \sum_\beta Y^\beta(a^\beta(\theta), X(\theta))$$

が，自然資本の価格 θ の変化にともなってどのように変わるかを計算する．

(43)式を θ で微分すれば，

$$U'(\theta) \sim p\Big[\sum_\beta \{Y^\beta_{a^\beta} a^{\beta\prime}(\theta) + Y^\beta_X X'(\theta)\}\Big]$$

$$= \sum_\beta [rK^\beta_{a^\beta} a^{\beta\prime}(\theta) + \theta X^\beta_{a^\beta} a^{\beta\prime}(\theta)] + \sum_\beta pY^\beta_X X'(\theta) \qquad [(40)]$$

$$= \sum_\beta [-rK^\beta_X a^{\beta\prime}(\theta)] + \theta X'(\theta) + \sum_\beta pY^\beta_X X'(\theta)$$

[(41), (42)]

$$= \Big[\theta + \sum_\beta (pY^\beta_X - rK^\beta_X)\Big] X'(\theta).$$

したがって，

(44) $$\frac{dU(\theta)}{d\theta} \sim (\theta^* - \theta)\Big(-\frac{dX(\theta)}{d\theta}\Big).$$

ここで，θ^* はつぎの式によって与えられる．

(45) $$\theta^* = \sum_\beta (-pY^\beta_X + rK^\beta_X).$$

(45)式で定義された価格 θ^* は，自然資本の使用あるいは減耗にともなう社会的限界費用の概念に対応する．自然資本のストックが限界的に 1 単位減少したときに，経済の全構成員がどれだけの損失をこうむるかを計算して，集計したものである．この社会的限界費用の概念はあくまでも静学的なもので，あとで導入する動学的な概念とは異なる．

(44)式から，価格 θ が社会的限界費用 θ^* より小さいときには，価格 θ を高くすれば，効用水準 $U(\theta)$ は高くなる．他方，価格 θ が社会的限界費用 θ^* より大きいときには，逆に効用水準 $U(\theta)$ は低くなる．したがって自然資本の価格 θ が社会的限界費用 θ^* に等しいときに，社会的効用水準 $U(\theta)$ がもっとも高くなることがわかる．これは，社会的限界費用にもとづく価格付けの原理に他ならない．競争均衡は，$\theta=0$ の場合に対応する．

しかし，社会的効用水準が $\theta=\theta^*$ のときにもっとも大きな値をとるという命題は，資源配分について，自然資源に対しては価格を通じて，その使用ないしは減耗を調整し，私的な生産要素に対しては，完全競争的な市場制度の枠組みのなかで考えているわけである．したがって，もし，もっと自由に feasible な資源配分全体を考えると，$U(\theta^*)$の値よりももっと大きな社会的効用水準が得られる可能性を否定するものではない．しかし，このような可能性は存在しない．このことは『基礎篇』第 34 章にくわしく議論したことであるが，ここで改めて，その証明の要点だけを述べておこう．

ここで，つぎの最大問題を考える．社会的効用 $U(C)$をつぎの制約条件のもとで最大化する．

(46) $$C=\sum_\beta Y^\beta(a^\beta, X),$$

(47) $$\sum_\beta K^\beta(a^\beta, X) \leqq K,$$

(48) $$X=\sum_\beta X^\beta(a^\beta, X).$$

例のとおり，ラグランジュの方法を使って解く．制約条件(46)，(47)，(48)にかんするラグランジュの変数をそれぞれ p，r，θ とし，ラグランジュ形式をつくる．

(49) $$L(a^\beta, X, p, r, \theta)=U(C)+p\Big(\sum_\beta Y^\beta(a^\beta, X)-C\Big)+r\Big(K-\sum_\beta K^\beta(a^\beta, X)\Big)+\theta\Big(X-\sum_\beta X^\beta(a^\beta)\Big).$$

このラグランジュ形式(49)にかんして，一次条件を計算すればつぎの最適条件が求められる．

(50) $$U_C=p,$$

(51) $$pY^\beta_{a^\beta}-rK^\beta_{a^\beta}-\theta X^\beta_{a^\beta}=0,$$

(52) $$\theta+\sum_\beta pY^\beta_X-\sum_\beta rK^\beta_X=0.$$

このようにして求められた最適条件(50)-(52)と制約条件(46)-(48)とは，自然資本の価格 θ が社会的限界費用 θ^* に等しいときの，競争均衡の解と完全に一致する．すなわち，自然資本の使用ないし減耗に対して，社会的限界費用 θ^* に見合う価格を賦課し，私的な生産要素ならびに生産物は完全競争的な市場を通じて配分されるとき，その結果得られる社会的効用水準 $U(\theta^*)$は真の意味における最適な水準となることが示されたわけである．

5. 自然資本に対する最適投資

前節では，自然資本を社会的共通資本と考えて，そのモデルをつくり，静学的な観点から，私的な生産要素も含めて，希少資源の最適な配分を考察した．この節では，自然資本の再生産，減耗のプロセスを明示的に定式化し，資源配分と社会的効用とはどのような形で関連しているかについて動学的な分析を展開する．

基本的な動学方程式は，(33)式によって与えられる．

$$\dot{V}_t = \mu(V_t)V_t + Y_t - X_t, \tag{33}$$

ここで，$\mu(V)$はエコロジカルな要因によって決まってくる自然資本の再生産率，Y_t，X_t はそれぞれ自然資本の再生産あるいは減耗である．

$$Y_t = \sum_t Y_t^\alpha,\ \ X_t = \sum_\alpha X_t^\alpha + \sum_\beta X_t^\beta.$$

自然資本の減耗 X_t は，経済の各構成員によっておこなわれる経済活動の結果として決まってくる．ここでは，自然資本を管理する社会的組織の活動によって惹き起こされる自然資本の減耗 $X^\alpha(a_t^\alpha)$も考慮に入れている．

$$X_t = \sum_\alpha X^\alpha(a_t^\alpha) + \sum_\beta X^\beta(a_t^\beta), \tag{53}$$

ここで，a_t^α，a_t^β は t 時点におけるアクティビティ・ベクトルである．

他方，自然資本の再生産 Y_t は，自然資本を管理している社会的組織によって決定される．

$$Y_t = \sum_\alpha Y_t^\alpha,\ \ Y_t = \sum_\alpha Y^\alpha(a_t^\alpha, X_t). \tag{54}$$

競争均衡のもとでは，自然資本の再生産をおこなうインセンティブは存在しない．同じような状況は，自然資本の使用ないしは減耗に対して，社会的限界費用に見合う額 θ^* を賦課する制度のもとでも同様である．

しかし，動学的な観点からみるとき，自然資本のストックの再生産は重要な役割をはたす．このことを明確にするために，(34)式で定義された社会的効用関数を考えてみよう．

$$U_t = U(C_t, V_t), \tag{34}$$

ここで，

$$C_t = \sum_\beta Y^\beta(a_t^\beta, X_t). \tag{35}$$

自然資本の再生産，減耗は，将来の世代の社会的効用水準に対して直接的な影響を及ぼす．動学的最適性の規準はつぎの Ramsey-Koopmans-Cass 効用積分によって与えられる．

$$U = \int_0^\infty U_t e^{-\delta t} dt, \tag{10}$$

ここで，δ は社会的割引率で，正の定数とする．

動学的に最適な時間径路を求める問題は複雑な計算を必要とするので，ここでは，単純なケースについて考察する．社会的効用関数 $U(C, V)$が C と V にかんして separable なときであるが，この場合について得られる結論は一般的な場合についても適当な修正を施すことによって拡張することができる．

社会的効用関数はつぎの形をしていると仮定する．

$$(55)\qquad U_t = u(C_t)\phi(V_t),$$

ここで，$u(C)$，$\phi(V)$はそれぞれC，Vについて，正の値をとり，厳密な意味でconcave，連続的に2回微分可能であるとする．さらに$u(C, V)$は(C, V)についてconcaveであると仮定する．また，以下の分析では，前節と同じように

$$\gamma = \frac{\phi'(V)V}{\phi(V)}$$

は定数であるとする．

私的な生産要素の賦与量$K=(K_i)$は一定であるとする．Feasibilityの条件は(32)であらわされた．

$$(32)\qquad \sum_\alpha K^\alpha(a_t^\alpha, X_t) + \sum_\beta K^\beta(a_t^\beta, X_t) \leqq K.$$

アクティビティ・ベクトルの時間的径路(a_t^α, a_t^β)が動学的に最適であるというのは，feasible，すなわち(33)，(53)，(54)，(35)，(32)がみたされ，しかもRamsey-Koopmans-Cass効用積分(10)を最大にするときである．動学的に最適な時間的径路(a_t^α, a_t^β)は，自然資本の帰属価格λ_tを使って求めることができる．

第2節に導入した方法をそのまま適用すれば，自然資本の帰属価格λ_tにかんする動学方程式が求められる．

$$(56)\qquad \frac{\dot{\lambda}_t}{\lambda_t} = \delta - \mu(V_t) - \mu'(V_t)V_t - \frac{u(C_t)\phi'(V_t)}{\lambda_t}.$$

他方，帰属価格λ_tを使って，つぎの帰属実質国民所得が定義される．

$$(57)\qquad H_t = u(C_t)\phi(V_t) + \lambda_t(Y_t^\alpha - X_t).$$

各時点tにおいて最適なアクティビティ・ベクトル(a_t^α, a_t^β)は，帰属実質国民所得(57)をfeasibilityの条件(53)，(54)，(35)，(32)のもとで最大化することによって求められる．

制約条件(35)，(32)，(53)にかんするラグランジュの未定係数をp，r，θとし，ラグランジュ形式を定義する．

$$(58)\qquad L(a^\alpha, a^\beta, X, p, r, \theta) = u(C)\phi(V) + \lambda(Y - X) + p\Bigl(\sum_\beta Y^\beta(a^\beta, X) - C\Bigr)$$
$$+ r\Bigl(K - \sum_\alpha K^\alpha(a^\alpha, X) - \sum_\beta K^\beta(a^\beta, X)\Bigr)$$
$$+ \theta\Bigl(X - \sum_\alpha X^\alpha(a^\alpha, X) - \sum_\beta X^\beta(a^\beta, X)\Bigr).$$

このラグランジュ形式に対する一次条件はつぎのようになる．

$$(59)\qquad U_C = p,$$

$$(60)\qquad \lambda Y_{a^\alpha}^\alpha = rK_{a^\alpha}^\alpha + \theta X_{a^\alpha}^\alpha,$$

$$(61)\qquad pY_{a^\beta}^\beta = rK_{a^\beta}^\beta + \theta X_{a^\beta}^\beta,$$

(62) $$\theta = \lambda + \sum_{\alpha} (-\lambda Y_X^{\alpha} + rK_X^{\alpha}) + \sum_{\beta} (-pY_X^{\beta} + rK_X^{\beta}).$$

(59)式は，各消費財に対する社会的限界効用と価格とが比例的であることを意味する．(60)式は，自然資本の管理に当たっている社会的組織について，自然資本の再生産に対して，帰属価格にもとづいて支払いがおこなわれ，自然資本の使用に対しては，限界的社会費用 θ に見合う額が賦課されていることを意味する．(61)式は，私的な生産者について，純利潤最大の条件がみたされていることを示す．

(62)式の右辺は，自然資本の使用にともなう社会的限界費用 θ^* である．

(63) $$\theta^* = \lambda + \sum_{\alpha} (-\lambda Y_X^{\alpha} + rK_X^{\alpha}) + \sum_{\beta} (-pY_X^{\beta} + rK_X^{\beta}).$$

生産関数と再生産関数にかんする前提条件のもとで，各時点 t での最適なアクティビティ・ベクトル$(a_t^{\alpha}, a_t^{\beta})$は，自然資本の帰属価格 λ_t がわかっているときには，必ず一意的に決まる．帰属価格 λ_t のはたす役割を分析するために，前節と同じように，新しい帰属価格 π_t を導入する．

$$\pi_t = \frac{\lambda_t}{\phi(V_t)}.$$

動学方程式体系(33)，(56)は，(V, π)にかんする動学方程式体系に書き直すことができる．

(64) $$\frac{\dot{V}}{V} = \mu(V) - \frac{X-Y}{V},$$

(65) $$\frac{\dot{\pi}}{\pi} = \hat{\mu}(V) - r\,\frac{\frac{u(C)}{\pi} - (X-Y)}{V},$$

ここで，時間の suffix t は省略している．また

$$\hat{\mu} = \delta + (1+\gamma)\mu(V) + \mu'(V).$$

各時点 t における最適なアクティビティ・ベクトル$(a_t^{\alpha}, a_t^{\beta})$は，つぎの最大問題の解として得られる．

制約条件(53)，(54)，(35)，(32)のもとで

(66) $$u(C) - \pi_t(X-Y)$$

を最大化せよ．

この最大問題は，自然資本のストック V_t には無関係となり，最適なアクティビティ・ベクトル$(a_t^{\alpha}, a_t^{\beta})$は，新しい帰属価格 π_t だけに依存して，一意的に決まってくる．第 2 節で使った手法をそのまま適用することによって，新しい帰属価格 π_t が高くなると，自然資本のストックの純蓄積 $Y-X$ は大きくなり，逆に帰属価格 π_t ではかった実質国民所得

$$\frac{u(C)}{\pi} - (X-Y)$$

は小さくなることが示される．

動学的に最適なアクティビティ・ベクトルの時間的径路(a_t^α, a_t^β)を求めるためには，transversality condition(16)がみたされるような動学方程式体系(64)，(65)の解径路を見つければよいことになる．したがって，最適な解径路の構造は，第2節で使った手法をそのまま適用することができる．

動学方程式体系(64)，(65)にかんするphase diagramは，図14-1に示すように競争均衡が$\mu(V)$曲線と交点をもつか，否かによって異なった構造をもつ．図14-2は，競争均衡と$\mu(V)$曲線とが交点をもつ場合のphase diagramを示す．ここで，$\underline{V}^\infty$，$\overline{V}^\infty$は，競争均衡と$\mu(V)$曲線との交点に対応する自然資本のストックの水準である．

大きい方のcriticalな水準$\overline{V}^\infty$が，自然資本の安定的な長期定常水準をあらわす．競争均衡は，時間tの経過にともなって，長期定常水準$\overline{V}^\infty$に収斂する．自然資本のストックの安定的な長期定常水準$\overline{V}^\infty$は，エコロジカルにsustainableな自然資本のストックの水準$\overline{V}$より小さい．

図14-2で，自然資本のストックVが定常的となるような(V, π)の組み合わせは，$\underline{B}\,\underline{B}$，$\overline{B}\,\overline{B}$曲線であらわされる．他方，帰属価格$\pi$が定常的となるような$(V, \pi)$の組み合わせは，$\underline{A}\,\underline{A}$，$\overline{A}\,\overline{A}$曲線であらわされる．動学方程式体系(64)，(65)の解径路は一般に，矢印の付いた曲線群によってあらわされている．そのうち，安定的な定常状態$\overline{E}^\infty$に収斂するような2つの解径路が存在する．関数記号で$\pi^o(V)$によってあらわされるとする．この解径路が動学的に最適なアクティビティ・ベクトルの時間的径路に対応するものである．

動学的に最適な時間的径路について，自然資本のストックV_tが減少すると，自然資本の動学的帰属価格π_tは高くなる．このことは，図14-2からただちにわかる．また，自然資本の安定的な長期定常水準$\overline{V}^\infty$は，競争均衡の場合，$\overline{V}^c$より高いが，エコロジカルにsustainableな最大水準$\overline{V}^\infty$よりは低い．さらに，$\overline{V}^\infty$はもう1つのcriticalな水準$\overline{V}^\delta[\hat{\mu}(\overline{V}^\delta)=0]$より高いこともわかるであろう．

図14-3は，競争均衡と$\mu(V)$曲線とが交点をもたない場合について，phase diagramを示す(図14-1で，$C'C'$曲線の場合に対応する)．この場合には，競争均衡のもとでの自然資本のストックV_tは減少しつづけ，やがては絶滅の状態$(V_t=0)$に近づく．

動学的に最適な時間的径路について，自然資本のストックV_tが定常的となるような(V, π)の組み合わせは，単一の曲線BBによってあらわされる．BB曲線は，$\underline{A}\,\underline{A}$，$\overline{A}\,\overline{A}$曲線と2つの交点$\underline{E}^\infty$，$\overline{E}^\infty$で交わる．それぞれ対応する自然資本のストックを$\underline{V}^\infty$，$\overline{V}^\infty$とする．最適なtrajectoryは，大きい方のcriticalな水準$\overline{V}^\infty$に収斂するような2つの解径路によって求められる．動学的に最適なアクティビティ・ベクトルの時間的径路についても．前の場合と同じように分析することができる．

これまで，自然資本の管理について，動学的な観点から最適な経済活動の時間的径路が，自然資本にかんする 2 つの帰属価格を用いて求められることをみてきた．静学的な帰属価格は，自然資本の限界的な減耗によって，私的な経済主体だけでなく，自然資本の管理に当たっている社会的組織をも含めて，経済の構成員にどれだけの限界的損失を与えるかを計算して，全構成員について集計したものであった．他方，動学的な帰属価格は，自然資本のストックの限界的な増加にともなって，将来の世代の社会的効用が限界的にどれだけ増加するかを計算して，すべての将来の世代について，適当な社会的割引率を使って，足し合わせたものである．

静学的な帰属価格によって，自然資本のストックの最適な減耗が求められる反面，動学的な帰属価格によって，自然資本のストックの最適な再生産が決められるのである．

ここでは，このような pricing scheme にともなう administrative な費用は無視できるとし，また，技術的，制度的な条件に対してなんら影響を及ぼさないという前提のもとで分析を進めてきた．

世界の各地に存在する歴史的，伝統的なコモンズの制度について，この節で展開したような意味で動学的に最適な形で，自然資本の管理をおこなってきた例が少なくない．とくに，アジアに多くみられる森林，漁場，灌漑などにかんするコモンズについて，このことが妥当する．この点については第 13 章でもふれたが，つぎの第 15 章でくわしく取り上げることにしたい．

6.　一般的な社会的共通資本の動学モデル

前 2 節で展開した自然資本の動学的分析は，他のタイプの社会的共通資本についても適用することができる．この節では，第 3 節に述べた社会的インフラストラクチャーの理論も念頭におきながら，社会的共通資本にかんする一般的動学モデルを展開する．

経済の基本的構造は，第 3 節で説明した通りである．私的な生産主体は generic に β であらわし，さまざまな社会的共通資本の管理に当たる社会的組織は generic に α であらわす．さらに，この節では，消費主体を明示的に導入する．消費主体は generic に ν という記号を用いてあらわすことにする．私的な生産主体も，社会的共通資本の管理組織もどちらも私的な生産要素だけでなく，社会的共通資本のサービスも使って，それぞれの経済活動をおこなうとする．

私的な生産主体 β のアクティビティ・ベクトルが a^β のとき，消費財の生産は $Y^\beta = Y^\beta(a^\beta)$ によって与えられ，そのとき，私的な生産要素の使用量は $K^\beta=K^\beta(a^\beta)$，社会的共通資本のサービスは $X^\beta=X^\beta(a^\beta)$ であるとする．

社会的共通資本の管理に当たっている社会的組織 α についても，そのアクティビティ・ベクトルが a^α のとき，$Y^\alpha=Y^\alpha(a^\alpha)$ は新しく生産された社会的共通資本のストックの量をあらわし，そのときに使用される私的な生産要素は $K^\alpha=K^\alpha(a^\alpha)$ とし，社会的共通資本のサービスは $X^\alpha=X^\alpha(a^\alpha)$ によって与えられる．

社会的共通資本のサービスの全使用量 X はつぎの式によって与えられる．

$$X = \sum_{\alpha} X^{\alpha}(a^{\alpha}) + \sum_{\beta} X^{\beta}(a^{\beta}).$$

前節でも説明したように，社会的共通資本の使用にかかわる静学的な外部性は，私的な経済主体についても，また社会的共通資本の管理に当たっている社会的組織についても，それぞれの生産関数，生産要素関数がともに，社会的共通資本の全使用量 X に依存するという仮定に明示的に現われている．社会的共通資本の全使用量 X がふえたとき，消費財の生産も，新しく生産される社会的共通資本のストックの量も，どちらも減少し，私的な生産要素の使用量は増加する．これらの関数関係は

$$Y^{\alpha}(a^{\alpha}, X, V),\ K^{\alpha}(a^{\alpha}, X, V)\ ;\ Y^{\beta}(a^{\beta}, X, V),\ K^{\beta}(a^{\beta}, X, V)$$

のように表現される．ここで，V は社会的共通資本のストックである．

消費財の全生産量はつぎの式によって与えられる．

$$C_t = \sum_{\beta} Y^{\beta}_t(a^{\beta}_t, X_t, V_t). \tag{67}$$

また，私的な生産要素にかんする feasibility の条件は

$$\sum_{\alpha} K^{\alpha}(a^{\alpha}_t, X_t, V_t) + \sum_{\nu} K^{\nu}(a^{\nu}_t, X_t, V_t) + \sum_{\beta} K^{\beta}(a^{\beta}_t, X_t, V_t) \leqq K. \tag{68}$$

ここで，$K=(K_l)$ は私的な生産要素の賦与量のベクトルである．また，a^{ν} は消費主体 ν のアクティビティ・ベクトルをあらわす．

消費主体 ν についても，その経済活動にさいして私的な生産要素 $K^{\nu}(a^{\nu}, X, V)$ を使用する．また，消費財の使用量を $C^{\nu}=C^{\nu}(a^{\nu}, X, V)$ とし，社会的共通資本の使用量を $X^{\nu}=X^{\nu}(a^{\nu})$ とする．

したがって，社会的共通資本のサービスの全使用量はつぎのように書き直せる．

$$X_t = \sum_{\alpha} X^{\alpha}(a^{\alpha}_t) + \sum_{\nu} X^{\nu}(a^{\nu}_t) + \sum_{\beta} X^{\beta}(a^{\beta}_t). \tag{69}$$

また，消費財については

$$C_t = \sum_{\nu} C^{\nu}(a^{\nu}_t, X_t, V_t). \tag{70}$$

各経済主体 ν について，その効用水準 U^{ν} は，アクティビティ・ベクトル a^{ν}_t によって決まってくるが，社会的共通資本のサービスの全使用量 X と社会的共通資本のストック V にも依存する．

$$U^{\nu}_t = U^{\nu}(a^{\nu}_t, X_t, V_t). \tag{71}$$

効用については，異なる個人間で比較可能という前提をもうける．社会的効用は単純につぎのような形で与えられるとする．

$$U_t = \sum_{\nu} U^{\nu}(a^{\nu}_t, X_t, V_t). \tag{72}$$

以下の議論は，もっと一般的な社会的効用関数

$$U = W(\cdots, U^{\nu}, \cdots)$$

についても同じように妥当するが，説明の便宜上，(72)の形を仮定することにする．

生産関数，生産要素関数，効用関数について標準的な前提条件をもうけるが，念のためここに書き出しておこう．

生産関数 $Y^{\beta}(a^{\beta}, X, V)$，$Y^{\alpha}(a^{\alpha}, X, V)$はそれぞれ$(a^{\beta}, X, V)$, (a^{α}, X, V)について，正の値をとり，一次同次，厳密な意味で quasi-concave，連続的に 2 回微分可能で，つぎの条件がみたされている．

$$Y^{\beta}_{a^{\beta}} > 0, \quad Y^{\beta}_{X} < 0, \quad Y^{\beta}_{V} > 0, \quad Y^{\beta}_{XX} < 0, \quad Y^{\beta}_{VV} < 0,$$

同様の条件が Y^{α} についても成り立つ．

また，生産要素関数 $K^{\beta}(a^{\beta}, X, V)$，$K^{\alpha}(a^{\alpha}, X, V)$はそれぞれ$(a^{\beta}, X, V)$, (a^{α}, X, V)について，正の値をとり，一次同次，厳密な意味で quasi-convex，連続的に 2 回微分可能で，つぎの条件がみたされている．

$$K^{\beta}_{a^{\beta}} > 0, \quad K^{\beta}_{X} > 0, \quad K^{\beta}_{V} < 0, \quad K^{\beta}_{XX} > 0, \quad K^{\beta}_{VV} > 0,$$

同様の条件が K^{α} についても成り立つ．

さらに，$X^{\beta}(a^{\beta})$，$X^{\alpha}(a^{\alpha})$にかんしてそれぞれ a^{β}，a^{α} について，正の値をとり，一次同次，厳密な意味で quasi-concave，連続的に 2 回微分可能で，

$$X^{\beta}_{a^{\beta}} > 0, \quad X^{\alpha}_{a^{\alpha}} > 0.$$

効用関数 $U^{\nu}(a^{\nu}, X, V)$にかんしても，(a^{ν}, X, V)について，正の値をとり，厳密な意味で quasi-concave，連続的に 2 回微分可能で，

$$X^{\nu}_{a^{\nu}} > 0, \quad U^{\nu}_{X} < 0, \quad U^{\nu}_{V} > 0.$$

さらに，無差別曲面はすべて homothetic で，(a^{ν}, X)と V にかんして separable であると仮定する．したがって，

$$U^{\nu}(a^{\nu}, X, V) = U^{\nu}(a^{\nu}, X)\,\phi(V).$$

ここで，$a^{\nu}=\dfrac{a^{\nu}}{V}$，$x=\dfrac{X}{V}$ とおく．(同じ a^{ν} が別の意味に使われている！)

以下の分析で

$$\gamma = \frac{\phi'(V)\,V}{\phi(V)}$$

は定数で，

$$0 < \gamma < 1.$$

時間選好関数は，例の通り，Ramsey-Koopmans-Cass 効用積分によって与えられている．

$$\int_0^{\infty} U_t e^{-\delta t} dt, \tag{73}$$

ここで，U_t は t 時点における社会的効用水準(72)で，社会的割引率 δ は正の定数である．

社会的共通資本 V_t の時間的変化について，2 つの要因に分けられる．第 1 の要因は，社会的共通資本の再生産，あるいは建設によるもので，第 2 の要因はエコロジカルないしは経済的な要因にもとづくものである．

第 1 の要因による社会的共通資本の時間的変化は Y_t によって与えられる．

$$Y_t = \sum_\alpha Y_t^\alpha = \sum_\alpha Y^\alpha(a_t^\alpha, X_t, V_t).$$

第 2 の要因による社会的共通資本のストックの減少は $\mu(X_t, V_t)$ によって与えられると仮定する．この $\mu(X, V)$ は，(X, V) について，convex，一次同次であるとする．したがって

$$\mu(X, V) = \mu(x)\, V, \quad x = \frac{X}{V}$$

と書きあらわすことができる．このとき，$\mu(x)$ はつぎの条件をみたすと仮定する．

$$\mu(0) = 0, \quad \mu(x) > 0, \quad \mu'(x) > 0, \quad \mu''(x) > 0.$$

基本的な動学方程式はつぎのようになる．

$$\dot{V}_t = Y^\alpha(a_t^\alpha, X_t, V_t) - \mu(X_t, V_t), \tag{74}$$

ここで，初期条件は V_0 とする．

社会的共通資本のストックとアクティビティ・ベクトルの時間的径路 $(a_t^\nu, a_t^\beta, a_t^\alpha, V_t)$ が動学的に最適であるというのは，feasible，すなわち (67)-(72)，(74) がみたされていて，しかも Ramsey-Koopmans-Cass 効用積分 (73) が最大となっているときである．

各時点 t における社会的共通資本のストックの帰属価格を λ_t とし，帰属実質国民所得をつぎのように定義する．

$$H_t = \sum_\nu U^\nu(a_t^\nu, X_t, V_t) + \lambda_t(Y_t - \mu(X_t, V_t)). \tag{75}$$

各時点 t で，最適なアクティビティ・ベクトル $(a^\nu, a^\alpha, a^\beta)$ は，帰属実質国民所得 H_t が，feasibility の条件 (67)-(71) のもとで最大となるように決まる．この最大問題について，制約条件 (67)，(68)，(69) にかんするラグランジュ係数を p_t，η_t，θ_t とし，ラグランジュの一次条件を求めるとつぎのようになる．

$$U_{a^\nu}^\nu = pC_{a^\nu}^\nu + \theta X_{a^\nu}^\nu, \tag{76}$$

$$pY_{a^\beta}^\beta = rK_{a^\beta}^\beta + \theta X_{a^\beta}^\beta, \tag{77}$$

$$\lambda Y_{a^\alpha}^\alpha = rK_{a^\alpha}^\alpha + \theta X_{a^\alpha}^\alpha, \tag{78}$$

$$\theta = \sum_\nu (-U_X^\nu + pC_X^\nu) + \sum_\beta (-pY_X^\beta + rK_X^\beta) + \sum_\alpha (-\lambda Y_X^\alpha + rK_X^\alpha) + \lambda\mu_X. \tag{79}$$

一般的には，feasibility の条件とラグランジュの一次条件とは不等号であらわされるが，以下の議論はそのまま，一般的な場合にも妥当する．

(78) 式の右辺は，社会的共通資本のストックの減耗にともなう社会的限界費用 θ^* の概念に対応し，(78) 式は社会的限界費用にもとづく価格づけの原理に他ならない．

帰属価格 λ_t にかんする動学方程式を導き出す前に，静学的最適問題について，一次同次性の仮定をもうけて，かんたんな形に直しておきたい．まず，つぎの諸変数を導入する．

$$a^\nu = \frac{a^\nu}{V},\ a^\beta = \frac{a^\beta}{V},\ a^\alpha = \frac{a^\alpha}{V},\ x = \frac{X}{V},\ x^\nu = \frac{X^\nu}{V},\ x^\beta = \frac{X^\beta}{V},\ x^\alpha = \frac{X^\alpha}{V}$$

（ここでも，a^ν，a^β，a^α は二重の意味に用いられているが，誤解は招かないであろう．）

静学的最大問題はつぎのようになる．

帰属実質国民所得

(80) $$\sum_\nu u^\nu(a^\nu, x)\phi(V) + \lambda\{y - \mu(x)\}V$$

をつぎの制約条件のもとで最大にせよ．

(81) $$\sum_\nu c^\nu(a^\nu, x) \leqq \sum_\beta y^\beta(a^\beta, x),$$

(82) $$\sum_\alpha k^\alpha(a^\alpha, x) + \sum_\beta k^\beta(a^\beta, x) \leqq k,$$

(83) $$x = \sum_\nu x^\nu(a^\nu) + \sum_\beta x^\beta(a^\beta) + \sum_\alpha x^\alpha(a^\alpha),$$

ここで，$k = \frac{K}{V}$，$y^\beta(a^\beta, x)$，$k^\beta(a^\beta, x)$，… はいずれも社会的共通資本のストック V を単位としてはかった量である．

この最大問題の制約条件は，(82)を除いては，V には無関係となる．(82)式にかんするラグランジュ係数を λ_t とあらわすことにしよう．

帰属価格 λ_t についての動学方程式はつぎのようになる．

(84) $$\dot{\lambda} = \delta - \left\{\sum_\nu u^\nu(a^\nu, x)\phi'(V) + \lambda(y^\alpha(a^\alpha) - \mu(X)) - \lambda rk\right\}.$$

また，社会的共通資本のストック V_t にかんする動学方程式は

(85) $$\frac{\dot{V}}{V} = y^\alpha(a^\alpha, x) - \mu(x).$$

動学的に最適な時間的径路$(a_t^\nu, a_t^\beta, a_t^\alpha, V_t)$は，動学方程式体系(84)，(85)の解径路のなかで，transversality condition

$$\lim_{t\to\infty} \lambda_t V_t e^{-\delta t} = 0$$

をみたすものを見出せばよい．

動学方程式体系(84)，(85)の解径路を分析するために新しい帰属価格 π_t をつぎのように定義する．

$$\pi_t = \lambda_t \frac{V_t}{\phi(V_t)}.$$

新しい帰属価格 π_t にかんする動学方程式は

(86) $$\frac{\dot{\pi}}{\pi} = \delta - \left[\gamma\left\{\frac{1}{\pi}\sum_\nu u^\nu(a^\nu, x) + (y^\alpha(a^\alpha, x) - \mu(x))\right\} - rk\right]$$

によって与えられる．

新しい帰属価格 π_t を使うと，静学的最大問題は，つぎの最大値を求める問題になる．

$$\frac{1}{\pi}\sum_{\nu} u^{\nu}(a^{\nu}, x)+\left\{\sum_{\alpha} y^{\alpha}(a^{\alpha}, x)-\mu(x)\right\}.$$

この最大問題の解は，新しい帰属価格 π と $k=K/V$ に依存して決まってくる．この最大値を $g(\pi, k)$ という関数記号を使ってあらわす．かんたんにわかるように，$g(\pi, k)$ は k について concave で，

$$g_{\pi}(\pi, k) < 0,\ \ r = g_k(\pi, k),$$

しかも，$g(\pi, k)-rk$ は k の単調増加関数となる．したがって，V が大きくなると $k=K/V$ は小さくなって，$g(\pi, k)-rk$ は減少する．

第 2 節の手法を使って，帰属価格 π が高くなると，

$$\sum_{\nu} u^{\nu}(a^{\nu}, x)$$

は減少するが，

$$\sum_{\alpha} y^{\alpha}(a^{\alpha}, x)-\mu(x)$$

は増加することがわかる．これらの性質を使って，動学方程式体系(85)，(86)について phase diagram の構造を調べることができる．

まず最初に，V が定常的となるための条件を考えよう．すなわち動学方程式(85)の右辺は 0 であるために，(V, π)はどのような組み合わせでなければならないかをみるわけである．

$y-\mu(x)$は，π の増加関数となっているから，図 14-6 の AA 曲線のように，右上がりの曲線によってあらわされる．図 14-6 で，π は横軸に沿ってはかられている．V が大きくなると，$k=K/V$ は減少し，それに対応する AA 曲線は下方にシフトし，

$$y-\mu(x) = 0$$

となるような帰属価格 π は高くなる．

V が定常的となるための条件は，図 14-5 の右上がりの曲線 EE によってあらわされる．図 14-5 で，V は横軸に沿ってはかられ，π は縦軸に沿ってはかられている．(π, V)が EE 曲線の左側に位置しているときには，V は増加し，右側に位置しているときには V は減少する．

帰属価格 π が定常的となるときの条件はもっと複雑である．帰属価格 π が定常的であるために必要，十分な条件はつぎにようになる．

(87)
$$\delta = \gamma g(\pi, k)-rk.$$

(87)式の右辺は一般に V の減少関数となるから$(k=K/V)$，図 14-7 の BB 曲線のように右下がりの曲線であらわすことができる．図 14-7 で，横軸には V がとられている．例外的に，(87)式の右辺が V の増加関数となることもありうるが，このときにも，以下の分析はわずかの

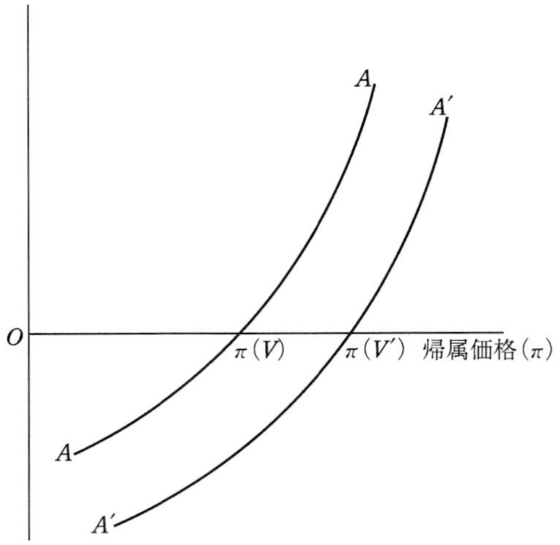

図 14-6　社会的共通資本のストックにかんする定常条件

修正で妥当する．

図 14-7 で，BB 曲線と，横軸からの距離が δ となるような水平直線との交点が，帰属価格 π が定常的となるような社会的共通資本のストックの水準に対応する．帰属価格 π が高くなると，図 14-7 の BB 曲線は下方にシフトする．したがって(87)をみたすような V は減少する．したがって，動学方程式(86)が定常的となるような(π, V)の組み合わせは，図 14-5 の FF 曲線のように，右下がりの曲線であらわせる．(π, V)が BB 曲線の上方に位置しているときには，$\dot{\pi}>0$ となり，逆に下方に位置しているときには $\dot{\pi}<0$ となる．

したがって動学方程式体系(85)，(86)の解径路は，図 14-5 で矢印を付けた曲線群のような形

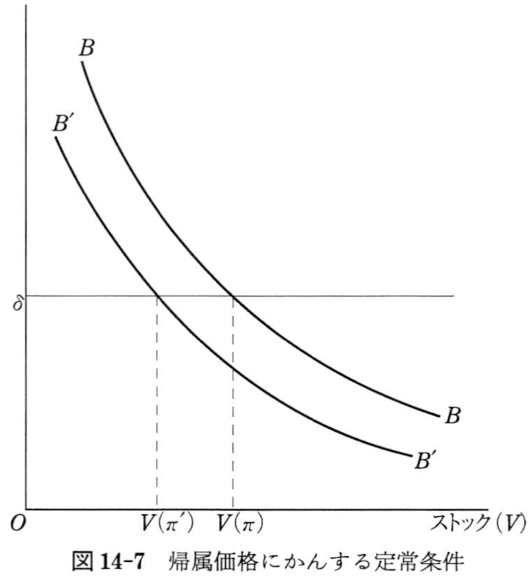

図 14-7　帰属価格にかんする定常条件

をとる．このとき，長期定常状態 $\overline{E}^{\infty}$ に収斂するような 2 つの解径路が存在する．この解径路を関数記号 $\pi=\pi^{o}(V)$ であらわすと，$\pi_t=\pi^{o}(V_t)$ が動学的に最適な時間径路となる．

以上に示したように，一般的な社会的共通資本にかんする動学的最適性の構造は，社会的インフラストラクチャーにかんする単純な動学モデルの場合とまったく同じようになることがわかる．

7. 競争均衡と社会的共通資本

前節では，社会的共通資本にかんする一般的な動学モデルを作成して，私的な希少資源だけでなく，社会的共通資本のサービスを含めて，動学的な観点から最適な経済活動の時間径路について，その基本的な性格を分析した．

この節では，完全競争的な市場における資源配分のパターンと，動学的に最適な資源配分との間にどのような関係が存在するかについて考察することにしたい．この節ではさらに，社会的共通資本が 1 種類だけでなく，いくつかの異なった機能をはたす社会的共通資本が存在する場合を取り上げる．

モデルの基本的前提条件は，前節の場合と同じであるが，社会的共通資本についてだけ異なる．社会的共通資本のストック V_t はスケーラー量ではなく，ベクトルである．その成分は，ある特定の機能をもった社会的共通資本のストック量である．社会的共通資本を管理する社会的組織をここでも generic に α という記号であらわす．社会的組織 α はある特定の社会的共通資本を管理することもあり，またいくつかの異なる社会的共通資本を管理することもある．また，同じ社会的共通資本についても，複数の異なった社会的組織によって管理されることもある．

前節と同じように，各時点 t で，使用されたり，減耗してしまった社会的共通資本のストックのベクトルを X_t であらわす．

$$X_t=\sum_{\nu}X^{\nu}(a_t^{\nu})+\sum_{\alpha}X^{\alpha}(a_t^{\alpha})+\sum_{\beta}X^{\beta}(a_t^{\beta}). \tag{88}$$

動学的最適性の概念は，前節の場合とまったく同じような形で定義される．しかし，社会的共通資本の種類が数多く存在するには，動学的に最適な経済活動の時間径路の存在は必ずしも一般的に保証されない．問題は多次元の変分法の問題になってしまって，数学的にきわめて困難なものだからである．ここでは単純に，動学的最適解は必ず存在するとして，各時点 t における社会的共通資本の帰属価格のベクトル λ_t によって規定されるという仮定のもとに議論を進める．

ここで中心的な問題として取り上げたいのはつぎの設問である．

動学的な観点から最適な経済活動の時間径路が実現しうるような，制度的な枠組みは果たして存在するだろうか，もし存在するとすれば，それはどのような性格をもつべきであろうか，という問題である．

ある1つの国で，すべての社会的共通資本をすべて包括して，社会的に fiduciary な信託を受けてそれらの管理に当たっている社会的組織全体を考えると，広い意味における「政府」を構成すると考えてよい．「政府」というときには，たんにこのような社会的共通資本の fiduciary な管理者だけでなく，国家の統治機構としての意味をもつが，ここでは，「政府」の経済的，社会的機能に焦点を当てようとしているわけである．このように解釈すれば，社会的共通資本の理論は，公共経済学に対して，その基本的枠組みを形成するものであるといってよいであろう．

さて，この問題を考察するために，さまざまな希少資源の所有関係について，くわしくみることからはじめる．前節まで説明してきたように，私的な希少資源の全賦与量は $K=(K_i)$ というベクトルで与えられている．経済を構成する主体は generic に ν という記号であらわされていて，私的な生産組織は generic に β という記号を使ってあらわした．ここで，各経済主体 ν は，生産組織の株式(share)を $s_{\nu\beta}$ の割合で所有しているとしよう．すなわち，各経済主体 ν は，私的な生産組織 β の純利潤

(89)
$$\Pi^\beta = pY^\beta - rK^\beta - \theta X^\beta$$

のうち，$s_{\nu\beta}\pi^\beta$ だけ配当(dividends)として受け取る権利をもつわけである．ここで，p，r はそれぞれ消費財および私的な生産要素の市場価格のベクトルで，θ は社会的共通資本の使用に対する賦課金率である．

純粋な意味で完全競争的な市場では，$\theta=0$ であるが，動学的に最適な資源配分は θ が社会的限界費用 θ^* に等しくならなければならない．ここで社会的限界費用 θ^* はつぎの式によって与えられる．

(90)
$$\theta^* = \sum_\nu \left(-\frac{U_X^\nu}{\varepsilon} + pC_X^\nu\right) + \sum_\beta \left(-rY_X^\beta + rK_X^\beta\right) + \sum_\alpha \left(-rY_X^\alpha + rK_X^\alpha\right),$$

ここで，ε は効用単位ではかった量を市場価格に変換するための係数である．

また，経済主体 ν の所有する私的な生産要素のベクトルを K^ν とする．つぎの条件がみたされていなければならない．

(91)
$$\sum_\nu K^\nu = K.$$

ここで，

$$s_{\nu\beta} \geqq 0,\ \ \sum_\nu s_{\nu\beta} = 1.$$

各経済主体 ν の所得は

(92)
$$Y^{\nu}=\sum_{\beta}s_{\nu\beta}\Pi^{\beta}+rK^{\nu}$$

によって与えられる．

各経済主体 ν の所得に対して，T^{ν} だけ課税されるとすればその可処分所得は $Y^{\nu}-T^{\nu}$ となる．経済主体 ν は，予算制約条件

(93)
$$pC^{\nu}+\theta X^{\nu}=Y^{\nu}-T^{\nu}$$

のもとで，効用 $U^{\nu}(C^{\nu}, X^{\nu}, X, V)$ が最大となるように (C^{ν}, X^{ν}) を選ぶわけである．

(89)，(93)の両辺を足し合わせて，β と ν とについて集計すれば

(94)
$$T+\theta X=\sum_{\alpha}rK^{\alpha}+\sum_{\alpha}\theta X^{\alpha}$$

となる．[ここで(67)-(70)，(91)-(92)を使った．] ただし，税収総額 T は

(95)
$$T=\sum_{\nu}T^{\nu}.$$

(94)式の左辺は，「政府」部門の総収入をあらわし，右辺は，社会的共通資本の再生産あるいは投資のための総支出額をあらわしている．

前節までに展開した議論をそのまま使って，つぎの命題が成立することがわかる．消費財および私的な生産要素の価格ベクトルをそれぞれ p，r，社会的共通資本の使用に対する賦課率を θ とし，各経済主体 ν に対する税額を T^{ν}（$T^{\nu}<0$ ならば補助金）とする．各私的生産組織 β は，その純利潤 Π^{β} を最大化し，各経済主体 ν は，予算制約条件(93)のもとで効用を最大化し，「政府」部門は，社会的共通資本のストックを動学的に最適な水準に維持するために必要な投資を最小の費用でおこなう．他方，社会的共通資本のサービスに対する賦課金は，社会的限界費用 θ^{*} に等しく，また，社会的共通資本自体の使用あるいは減耗に対しては動学的な帰属価格 λ に見合う額が賦課されるとする．

このような条件のもとで，私的な生産物および生産要素にかんして完全競争的な市場が設定され，社会的共通資本の使用に対しては，社会的限界費用にもとづく価格付けの原理が適用され，社会的共通資本の蓄積に対しては，動学的帰属価格に見合う額が支払われるとすれば，経済活動の時間径路が動学的に最適な資源配分をもたらすものとなることが証明される．

これまで展開してきた社会的共通資本にかんする動学的分析では，社会的共通資本の管理に当たる社会的組織にかんして，社会的共通資本の再生産と投資の活動に焦点を当ててきた．社会的共通資本から生み出されるサービスを社会の構成員に供給することを業務とする社会的組織の存在を想定するときにも，同じような形で動学的分析をおこなうことができる．このような社会的組織についても，generic に α という記号であらわし，そのアクティビティ・ベクトルを b^{α} とする．アクティビティ・ベクトル b^{α} によって供給される社会的共通資本のサービスの量は $X^{\alpha}(b^{\alpha})$ であらわされ，私的な生産要素の使用の量は $K^{\alpha}(b^{\alpha}, X, V)$ であらわされるとする．このとき，feasibility の条件(68)はつぎのようになる．

(96)
$$\sum_\alpha K^\alpha(b^\alpha)+\sum_\alpha K^\alpha(a^\alpha)+\sum_\beta K^\beta(a^\beta)+\sum_\nu K^\nu(a^\nu) \leqq K,$$

ここで(X, V)は省略してある．

$X^\alpha(b^\alpha)$, $K^\alpha(b^\alpha)$ にかんしても $X^\alpha(a^\alpha)$, $K^\alpha(a^\alpha)$と同じような前提条件がもうけられているとする．新しい制約条件は

(97)
$$X=\sum_\alpha X^\alpha(b^\alpha)$$

となり，各時点 t でそれに対応するラグランジュ係数を η_t であらわす．

社会的共通資本の使用にともなう社会的限界費用 θ^* の概念も修正を必要とする．

(98)
$$\theta^*=\eta+\sum_\nu(-U_X^\nu+pC_X^\nu)+\sum_\beta(-pY_X^\beta+rK_X^\beta)+\sum_\alpha(-\lambda Y_X^\alpha+rK_X^\alpha)+\lambda\mu_X.$$

また，最適なアクティビティ・ベクトル b^α は

(99)
$$\eta X^\alpha(b^\alpha)-rK^\alpha(b^\alpha)$$

を最大にするように決められることになる．

アクティビティ・ベクトル b^α にかんする費用

$$\sum_\alpha rK_K^\alpha$$

は，「政府」部門の経常支出に対応し，アクティビティ・ベクトル a^α にかんする費用は，資本支出に対応する．このようにして，本章で展開した社会的共通資本にかんする一般的な動学モデルは，「政府」部門の経済的側面を分析するための理論的な枠組みを提供するものであるといってよい．

補論　ポントリャーギンの最大原理が十分条件となっている

本章では，社会的共通資本にかんして，一般的な動学モデルを作成して，動学的に最適な資源配分の時間的径路について分析を展開してきた．そのさい明示的ではなかったが，ポントリャーギンの最大原理(Pontryagin's maximum principle)を使った．この補論で，本章で使ったポントリャーギンの最大原理は，十分条件となっていることを証明しておこう．

本章で取り扱った動学的に最適な時間的径路を求める問題は一般的に，つぎの形に定式化される．

各時点 t におけるアクティビティ・ベクトルを $a=(a_j)$ であらわし，社会的共通資本のストックを V であらわす．社会的効用水準 U_t はつぎのように与えられている．

(A1)
$$U_t=u(a_t)\phi(V_t).$$

ここで，$u(a)$, $\phi(V)$はそれぞれ a, V について，正の値をとり，連続的に 2 回微分可能で，単調増加，かつ厳密な意味で quasi-concave であるとする．また，$\phi(V)$については

$$\frac{\phi'(V)\,V}{\phi(V)} = \gamma$$

は正の定数であるとする．したがって，

$$\phi(V) = V^{\gamma}.$$

$u(a)$，$\phi(V)$ がたとえ concave であっても，$u(a)\phi(V)$ は必ずしも (a, V) について concave 関数になるとは限らないことに留意されたい．

以下の議論では，$u(a)$ は a について homothetic であると仮定する．したがって，

$$u(\theta a) = \theta^{\alpha} u(a),\ \text{for all}\ a \geqq 0,\ \theta > 0,$$

ここで，α は正の定数とする．

社会的効用関数はつぎのようにあらわされる．

(A2) $$U = u(a)\phi(V) = u(V^{\frac{\gamma}{\alpha}}a).$$

社会的共通資本のストックにかんする動学方程式は一般につぎのような形をしている．

(A3) $$\dot{V}_t = f(a_t, V_t).$$

ここで，$f(a, V)$ は (a, V) について，連続的に2回微分可能で，一次同次で concave である．

生産要素関数は $g(a, V)$ とし，私的な生産要素の賦与量は $K = (K_l)$ で与えられているとする．

$$K > 0,\ \text{すなわち},\ K_l > 0,\ \text{for all}\ l.$$

したがって，feasibility の条件は

(A4) $$g(a_t, V_t) \leqq K.$$

生産要素関数 $g(a, V)$ は (a, V) について，正の値をとり，連続的に2回微分可能，一次同次，かつ concave であると仮定する．また，つぎの条件もみたされているとする．

$$g(0, V) = 0.$$

したがって，つぎの条件をみたすようなアクティビティ・ベクトル a^* が存在する(たとえば $a^*=0$)．

(A5) $$g(a^*, V) < K.$$

アクティビティ・ベクトルと社会的共通資本のストックの時間的径路 (a_t, V_t) が feasible であるというのは，ある与えられた初期条件 V_0 をもつ動学方程式(A3)の解径路となっていて，各時点 t で生産要素制約条件(A4)がみたされているときである．動学的最適問題はつぎのように表現される．

効用積分

(A6) $$\int_0^{\infty} u(a_t)\phi(V_t)e^{-\delta t}dt$$

を最大にする feasible な時間的径路(a_t, V_t)を求めよ．ここで，社会的割引率 δ は正の定数である．

ポントリャーギンの最大原理

動学的最適問題に対して，必要条件を与えるのがポントリャーギンの最大原理である．

動学的に最適な時間的径路(a_t^o, V_t^o)が存在したとする．このとき，つぎの条件をみたすような，時間 t について連続な帰属価格 λ_t が存在する．

各時点 t において，a_t^o は Hamiltonian

$$H_t = u(a_t)\phi(V_t^o) + \lambda_t f(a_t, V_t^o) \tag{A7}$$

を制約条件(A4)のもとで最大化する，

$$\dot{\lambda}_t = \frac{\partial H_t}{\partial V_t} + \delta\lambda_t, \tag{A8}$$

$$\lim_{t\to\infty} \lambda_t V_t^o e^{-\delta t} = 0. \tag{A9}$$

上の条件(A7)の意味するところを考えてみよう．(A5)の条件がみたされているから，『基礎篇』第16章の定理を適用することができる．私的な生産要素の帰属価格 r_t $(r_t > 0)$で，(a_t^o, r_t)がラグランジュ形式

$$L_t = u(a_t)\phi(V_t) + \lambda_t f(a_t, V_t^o) + r_t\{K - g(a_t, V_t^o)\}$$

の鞍点となるようなものが存在する．

したがって，(A7)の条件はつぎのように表現される．

$$u_a(a_t^o)\phi(V_t^o) + \lambda_t f_a(a_t^o, V_t^o) - r_t g_a(a_t^o, V_t^o) \leqq 0, \tag{A10}$$

$a_t^o > 0$ のときには，等号 = で成立する．

$$g_a(a_t^o, V_t^o) \leqq K, \tag{A11}$$

$r_t > 0$ のときには，等号 = で成立する．

(A8)の条件は，くわしく書くとつぎのようになる．

$$\dot{\lambda}_t = \delta\lambda_t - \{u(a_t^o)\phi'(V_t^o) + \lambda_t f_V(a_t^o, V_t^o) - r_t g_V(a_t^o, V_t^o)\}. \tag{A12}$$

ポントリャーギンの最大原理が十分条件となっていることを一般的な場合に示す前に，$u(a)\phi(V)$ が(a, V)について concave な関数である単純な場合に十分性を証明しておこう．

定理1 上に述べた前提条件に加えて，$u(a)\phi(V)$ が(a, V)について concave な関数であるとする．このとき，(A7)-(A9)の条件をみたすような feasible な時間的径路(a_t^o, V_t^o)は動学的に最適となる．

［証明］ 最初に concave な関数にかんする不等式に留意しておく．$f(a, V)$が(a, V)について，concave な関数であると，

(A13)　$f(a^o, V^o)-f(a, V) \geqq f_a(a, V)(a^o-a)+f_V(a^o, V^o)(V^o-V).$

もし，$f(a, V)$が厳密な意味でconcaveであるとすれば，不等式(A13)は$(a^o, V^o) \neq (a, V)$のとき，不等号$>$で成立する．

つぎの関数$\psi(a, V)$を導入する．

$$\psi(a, V)=\int_0^\infty [u(a_t)\phi(V_t)+\lambda_t\{f(a_t, V_t)-\dot{V}_t\}+r_t\{K-g(a_t, V_t)\}]e^{-\delta t}dt.$$

ここで，λ_tはポントリャーギンの最大原理によって，その存在が保証されている帰属価格である．

$\psi(a, V)$のintegrandは(a_t, V_t)についてconcaveだから，(A13)式を適用することができる．

$$\begin{aligned}\psi(a^o, V^o)-\psi(a, V) \geqq \int_0^\infty [&u(a_t^o)\phi(V_t^o)(a_t^o-a_t)+u(a_t^o)\phi'(V_t^o)(V_t^o-V_t)\\ &+\lambda_t\{f_a(a_t^o, V_t^o)(a_t^o-a_t)+f_V(a_t^o, V_t^o)(V_t^o-V_t)\}-\lambda_t(\dot{V}_t^o-\dot{V}_t)\\ &-r_t\{g_a(a_t^o, V_t^o)(a_t^o-a_t)+g_V(a_t^o, V_t^o)(V_t^o-V_t)\}]e^{-\delta t}dt,\end{aligned}$$

ここで，$(a_t^o, V_t^o) \neq (a_t, V_t)$のときには，不等号$>$で成立する．

したがって，(A10)-(A12)の条件を使って，

$$\begin{aligned}\psi(a^o, V^o)-\psi(a, V) &\geqq \int_0^\infty \{(-\dot{\lambda}_t+\delta\lambda_t)(V_t^o-V_t)+\lambda_t(\dot{V}_t^o-\dot{V}_t)\}e^{-\delta t}dt\\ &=\lambda_t(V_t^o-V_t)e^{-\delta t}\Big|_0^\infty\\ &=0[\text{transversality conditions}(A9)],\end{aligned}$$

ここで，$(a_t^o, V_t^o) \neq (a_t, V_t)$のときには，不等号$>$で成立する．

したがって，(A4)，(A11)の条件に留意すれば，(a_t, V_t)がfeasibleで，$(a_t, V_t) \neq (a_t^o, V_t^o)$のとき，

$$\int_0^\infty u(a_t^o)\phi(V_t^o)e^{-\delta t}dt > \int_0^\infty u(a_t)\phi(V_t)e^{-\delta t}dt \qquad \text{Q.E.D.}$$

一般的なケースは，つぎの定理を適用すればよい．

定理2　上にあげた前提条件に加えて，効用関数$u(a)$がhomotheticであるとする．このとき，(A7)-(A9)の条件をみたす時間的径路(a_t^o, V_t^o)は動学的に最適となる．

[証明]　効用関数$u(a, V)$は(A2)の形にあらわされる．つぎの変数を新しく定義する．

$$\hat{V}_t = V_t V_t^{\frac{\gamma}{\alpha}} = V_t^{\frac{\alpha+\gamma}{\alpha}}, \quad \hat{a}_t = V_t^{\frac{\gamma}{\alpha}} a_t.$$

このとき，動学的最適問題はつぎのようになる．

効用積分

$$\int_0^\infty u(\hat{a}_t)e^{-\delta t}dt$$

を，制約条件

$$\dot{\hat{V}} = \frac{\alpha+\gamma}{\alpha}f(\hat{a}_t, \hat{V}_t)$$

のもとで最大にするような時間的径路$(\hat{a}_t, \hat{V}_t)$を求めよ．ただし

$$\hat{K}_t = \hat{V}_t^{\frac{\gamma}{\alpha+\gamma}}K.$$

この問題で，$u(\hat{a})$，$f(\hat{a}, \hat{V})$ はそれぞれ $\hat{a}$，$(\hat{a}, \hat{V})$について，concaveであり，$\hat{K}_t$ も $\hat{V}$ についてconcaveとなる．したがって，定理1の前提条件がみたされているから，定理1を適用すればよい． Q.E.D.

参 考 文 献

Berkes, F. (1989). *Common Property Resources: Ecology and Community-Based Sustainable Development*, ed., London: Balhaven Press.

Cass, D. (1965). "Optimum Economic Growth in an Aggregative Model of Capital Accumulation," *Review of Economic Studies* **23**, 233–240.

Clark, C. W., and G. R. Munro (1975). "The Economics of Fishing and Modern Capital Theory," *Journal of Environmental Economics and Management* **2**, 92–106.

Crutchfield, J. A., and A. Zellner (1962). *Economic Aspect of the Pacific Halibut Fishery*. Washington, D. C.: U.S. Government Printing Office.

Gordon, H. S. (1954). "The Economic Theory of a Common Property Resources: The Fishery," *Journal of Political Economy* **62**, 124–142.

Hardin, G. (1968). "The Tragedy of the Commons," *Science* **162**, 1243–48.

Johansson, P.-O., and K.-G. Löfgren (1985). *The Economics of Forestry and Natural Resources*, Oxford and New York: Basil Blackwell.

Koopmans, T. C. (1965). "On the Concept of Optimum Economic Growth," *Semaine d'Étude sur le Rôle de l'Analyse Économētrique dans la Formulation de Plans de Development*, 225–287.

Mäler, K.-G. (1974). *Environmental Economics: A Theoretical Inquiry*, Baltimore and London: The Johns Hopkins University Press.

McCay, B. J., and J. M. Acheson (1987). *The Question of the Commons: The Culture and Economy of Communal Resources*, eds., Tuscom: The University of Arizona Press.

Pigou, A. C. (1925). *The Economics of Welfare*, London: Macmillan.

Ramsey, F. P. (1928). "A Mathematical Theory of Saving" *Economic Journal*, 38, 543–559.

Schaefer, M. B. (1957). "Some Considerations of Population Dynamics and Economics in Relation to the Management of Commercial Marine Fisheries," *Journal of the Fisheries Research Board of Canada* **14**, 669–681.

Scott, A. D. (1955). "The Fishery: The Objectives of Sole Ownership," *Journal of Political*

Economy **63**, 116–124.

Tahvonen, O. (1991). "On the Dynamics of Renewable Resource Harvesting and Population Control," *Environmental and Resource Economics* **1**, 97–117.

Uzawa, H. (1974). "Sur la théorie économique du capital collectif social," *Cahier du Séminaire d'Économétrie*, 103–122. Translated in *Preference, Production, and Capital : Selected Papers of Hirofumi Uzawa*, Cambridge and New York : Cambridge University Press, 1988, 340–362.

——(1991a). "Global Warming : The Pacific Rim," in *Global Warming : Economic Policy Responses*, edited by R. Dornbusch and J. M. Poterba, Cambridge and London : MIT Press, 275–324.

——(1991b). "Rerum Novarum Inverted : Abuses of Capitalism and Illusions of Socialism," *Rivista di Politica Economica* **81** (4), 19–31.

——(1992). "Institutions, Development, Environment," in *Social and Ethical Aspects of Economics : A Colloquium in the Vatican*, edited by Pontifical Council for Justice and Peace, Vatican City, 129–143.

——(1998). "Toward a General Theory of Social Overhead Capital," in *Markets, Information, and Uncertainty*, edited by G. Chichilinsky, New York and Cambridge : Cambridge University Press, 1998, 253–304.

——(2004). *Economic Theory and Global Warming*, New York and Cambridge : Cambridge University Press.

Wicksell, K. (1901). *Föreläsningar i nationalekonomi*, Häfte 1, Gleerups, Lund. Translated as *Lectures on Political Economy, Vol. 1 : General Theory*, edited by L. Robbins, London : George Routhledge, 1934.

宇沢弘文(1989).『経済学の考え方』岩波新書.

——(1995).『地球温暖化の経済学』岩波書店.

——(1996).『地球温暖化を考える』岩波新書.

宇沢弘文・國則守生(1993).『地球温暖化の経済分析』東京大学出版会.

——(1995).『制度資本の経済学』東京大学出版会.

宇沢弘文・茂木愛一郎(1994).『社会的共通資本：コモンズと都市』東京大学出版会.

第15章　社会的共通資本の静学的，動学的外部性

1. は じ め に

この30年ほどの間に，環境問題の性格が大きく変化し，環境破壊によってもたらされる経済的，社会的，文化的影響についても，その様相が著しく異なるものとなってきた．1960年代から1970年代初めにかけては，環境問題の焦点は，急速な工業化と都市化にともなってもたらされた自然環境および人間の健康の直接的被害であった．それは，水俣病，四日市ゼンソクなどに象徴されるように，硫黄酸化物，二酸化窒素，有機水銀など，それ自体が有毒であるような化学物質が大量に排出され，公害問題を惹き起こしてきた．しかし，最近私たちの関心を集めているのは，地球温暖化，熱帯雨林の消滅，それにともなう生物種の多様性の喪失，あるいは砂漠化の進行などの，いわゆる地球環境問題である．

1960年代から70年代にかけて猛威を振るった産業公害については，その被害が直接的であり，また医学的，疫学的因果関係が確立しているものが多かった．したがって，被害者救済についての社会的合意の形成は必ずしも困難でなかった．しかし，水俣病問題が示すように，被害者に対する全面的な救済の道が長い期間にわたって完全に閉ざされてしまったケースは必ずしも例外的ではないことに留意しておきたい．

それに反して，地球温暖化，生物種の多様性の喪失などの地球環境問題は，その影響する範囲が，地域的にも，社会的にも広範で，しかも，その被害者は主として将来の世代である場合が多い．

地球環境問題についてはまた，人間の行動と自然環境との間に存在する複雑な因果関係に関するものであって，その科学的知見の蓄積は必ずしも十分ではない．したがって，その対応策を策定することも，また，そのための社会的合意を形成することも必ずしも容易ではない．

しかし，漁業，林業などの産業の経済学的分析については，数多くの論文が発表されている．それらはもっぱら，漁場，森林，河川などという自然環境の特質を的確にとらえて，資本理論の枠組みのなかで分析し，政策的インプリケーションを論ずるものである．その概要はたとえば，Clark (1990)，Johansson and Löfgren (1985) にまとめられているが，いずれも，漁場や森林などをコモンズ(commons)としてとらえて，自然環境の持続的利用のためにどのような組織を考えて，どのような基準にもとづいて希少資源を使ったらよいかという問題を分析する．

とくにここで考察したいのは，自然環境をはじめとして社会的共通資本一般について，動学的最適性(dynamic optimality)の問題をどのように定式化すればよいかという問題である．こ

の問題にかんしては，別の機会にくわしく論ずることにして，ここでは伝統的な解析手法を用いることにしたい．

地球環境の諸問題はまた，人間活動――経済的，文化的を問わず――と自然における生物的，エコロジカルなプロセスとの間に存在する，デリケートで複雑な関係にかかわるものである．この問題については，これまでの経済学の理論的枠組みのなかでは必ずしも満足できるかたちで分析することはできなかった．とくに重要なのは，地球環境の諸問題が，人間活動，とくに工業的，都市的活動が，自然的，エコロジカルな環境の安定性と弾力性とに対してどのような破壊的影響を及ぼすかにもっぱらかかわるものであることである．

自然環境の持続可能な利用については，歴史的に多様な形態をもつ組織が形成されてきた．それはいずれもコモンズの概念によって統一的に分析されてきた．コモンズについて，その歴史的，伝統的，さらに現代的な，さまざまな形態が存在する．最近，文化人類学，経済学，生物学など多様な専門領域の人々が，コモンズについて大きな関心を示すようになってきた．この点にかんしてはたとえば，McCay and Acheson(1987)，Berkes(1989)にくわしい．

McCay and Acheson(1987)，Berkes(1989)で議論されているコモンズは，漁場，森林，牧草地，さらには灌漑水路，地下水など多様な自然環境から生み出される自然資源の利用にかかわるものである．これらのコモンズの大部分は，工業化のプロセスで消滅してしまった．工業化と都市化にともなう経済的，社会的，文化的な変化によって，コモンズの維持が社会的，政治的に困難となってしまったからである．

本章では，コモンズの管理する自然資源の動学的配分のプロセスにかんして，動学的最適理論を適用して分析を展開するが，そのさい，静学的および動学的外部性(externalities)に焦点を当てることにしたい．

静学的外部性は，自然環境のストックが所与のとき，そこから生み出される自然資源のサービスにかんする生産要素の限界生産のスケジュールが，コモンズを構成する人々の経済活動の水準によって影響される場合を意味する．また動学的外部性は，現時点でコモンズの自然資源をどのように使うかによって，将来の限界生産のスケジュールが影響される場合を意味する．

ここでとくに問題としたいのは，コモンズの自然資源の利用が動学的に最適なパターンとなるためには，どのような制度的前提条件がみたされなければならないかという問題である．この問題は基本的には，Uzawa(1974, 1998)で展開された社会的共通資本にかんする分析的枠組みのなかで定式化されるが，この章では，漁業，森林，農業コモンズの場合を取り上げて，それぞれのコモンズについて特有の理論モデルを作成して，動学的最適性の問題を論ずることにしたい．

2. 漁業コモンズ

前節で述べたコモンズの動学的分析がもっとも典型的な形で展開されたのは漁場ないしは漁業にかんするコモンズである．その代表的な文献として，Gordon(1954)，Scott(1955)に始まって，Schaefer(1957)，Crutchfield and Zellner(1962)，Clark and Munro(1975)，Tahvonen(1991)，があげられよう．これらの研究はいずれも，漁業コモンズの動学的分析を資本理論の枠組みのなかで定式化したものである．その分析方法は，最適経済成長理論の場合と同じように，変分法ないしはその現代版であるポントリャーギンの最大原理にもとづく．

いまある1つの漁業コモンズを考える．コモンズの漁場は，河川，湖沼，海浜，沿海，あるいは公海のなかにあり，明確な境界によって囲まれている．この漁場で漁業に従事する権利は，コモンズの構成員全体に帰属し，その資源は，コモンズの共有財産資源(common property resources)として管理されているものとする．コモンズの構成員が漁業に従事するとき，使用する漁具，獲ってもよい魚介類とその量，漁業に従事する時間などについて，明確に取り決められたルールにしたがっておこなう．すべての漁業コモンズについて共通している点がある．それは，コモンズに所属しない人々が，コモンズの漁場で漁業に従事することはきびしく禁じられていることである．いわゆる「コモンズの悲劇」というとき，コモンズの構成員以外の人々が，だれでも自由にコモンズの資源をとることができるという前提がおかれているが，そのようなコモンズの例は，世界でもごくまれにしか存在しない．著者の知る範囲では，スウェーデンの森林において，キノコその他の植物について，Hardinのいうような意味でのopen accessをもつコモンズの例がみられるだけである．

分析を簡単化するために，コモンズの漁場には1種類の魚しかいなくて各時点でのコモンズのストックは，魚の数ではかられるとする．魚の大きさや年齢構成は問わないものとする．

各時点tにおけるコモンズのストックをV_tであらわす．コモンズのストックの時間的変化$\dot{V}_t = dV_t/dt$は，コモンズのエコロジカルならびに生物学的要因によって決まってくる．

$\dot{V}_t$は，コモンズの魚の再生産能力によって左右されるが，それは，コモンズの漁域に生存する，海藻類，プランクトン，餌となる魚介類などの量，質に依存し，また，コモンズの漁場を取り巻くエコロジカルな諸条件や気候的諸条件にも左右される．

コモンズのストックV_tの時間的変化はさらに，コモンズの漁師たちが獲る魚の数X_tに依存する．コモンズの魚のストックがVだけ存在して，漁獲量がXのときに，ストックの時間的変化をあらわす関数を$G(X, V)$で記す．このとき

$$\dot{V}_t = G(X_t, V_t). \tag{1}$$

$G(X, V)$について，つぎの条件がみたされている．

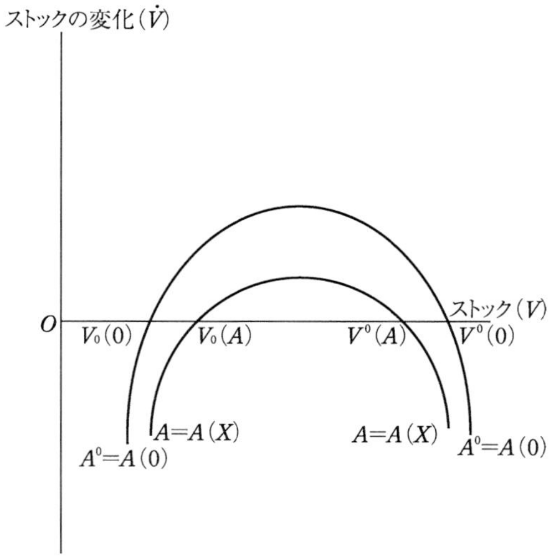

図 15-1　ストックの変化をあらわす曲線

(2)　$$G_X(X, V) < 0, \text{ for all } X, V.$$

さらに，漁獲量 X がある水準 $\bar{X}$ より小さいときの魚のストックについて，つぎの条件がみたされるような 2 つの critical な水準 $V_0(X)$, $V^0(X)$が存在する．

$$V_0(X) < V^0(X), \ G(X, V_0(X)) = G(X, V^0(X)) = 0,$$
$$G(X, V) > 0, \text{ for all } V_0(X) < V < V^0(X).$$

図 15-1 は，コモンズのストックの時間的変化を図示したものである．ここで，横軸はコモンズのストック V をあらわし，縦軸はその時間的変化 $\dot{V}$ をあらわす．図 15-1 で，A^0A^0 曲線は漁獲量が 0 の場合を図示し，一般の場合は AA 曲線であらわされている．

$G(0, V)$はコモンズの漁場が自然的な条件におかれているときに，エコロジカル，生物学的条件によって時間的変化がどのように決まってくるかをあらわす．それはまた，自然的条件だけでなく，コモンズの周辺において，工業活動などによって排出される化学物質による汚染，汚濁の影響をも受ける．

コモンズの魚の生息数が $V_0(0)$よりも小さいときには，魚の人口を維持するだけの再生産がおこなわれず，魚の生息数は減少しつづけて($\dot{V}<0$)，結局絶滅してしまう($V=0$)．他方，魚の生息数 V が $V^0(0)$より大きいときには，魚の生息数 V はまた減少しつづけ，$V^0(0)$に近づく．

コモンズの漁獲量 X がふえると，図 15-1 の AA 曲線が下方にシフトする．普通，文献で取り扱われている場合は

(3)　$$G(X, V) = G(0, V) - X.$$

しかし，漁獲量 X の増加は，魚の生息数の再生産能力にも影響を及ぼし，$G(X, V)$は必ず

しも X の1次関数ではない.

魚の生息数の変化にかんする関数 $G(X, V)$ についてつぎの条件を仮定する.

(4) $$G_{XX} < 0,\ G_{VV} < 0,\ G_{XV} > 0,$$

(5) $$G_{XX}G_{VV} - G_{XV}^2 > 0, \text{ for all } X,\ V > 0.$$

コモンズのストックについての2つの critical レベルのうち, $V^0(0)$ が重要な役割をはたす. $V^0(0)$ は, 漁獲量がゼロのとき, 魚の生息数の成長率が維持可能な水準で最大なものに対応する. この, 最大な, 維持可能な水準という概念は, さらに一般的な状況に拡大することができる.

コモンズの漁獲量 X がある閾値 $\overline{X}$ を超えないとき, コモンズの漁業資源が持続可能な形で維持することができるような最大のストックの水準を $V^0(X)$ によってあらわそう. $V^0(X)$ はつぎの式によって定義される.

(6) $$G(X, V^0(X)) = 0.$$

この(6)式の微分をとれば, $G_X<0$, $G_V<0$ だから

(7) $$V^{0\prime}(X) = -\frac{G_X}{G_V} > 0.$$

$V^0(X)$ の逆関数を $X=X^0(V)$ であらわすと,

$$G(X^0(V), V) = 0,\ G_V(X^0(V), V) < 0.$$

$X^0(V)$ は, コモンズのストックが V のときに, 持続可能な最大水準の漁獲量をあらわす. このとき,

(8) $$X^{0\prime}(V) > 0.$$

漁業コモンズの静学的外部性

漁業にかんしては, 外部性の現象が顕著にみられる. コモンズの漁業資源の再生産にかかわる現象は動学的外部性の範疇に属するが, 静学的外部性はもっぱら生産のコストに直接かかわるものである.

コモンズの漁業活動にかんする静学的外部性を明示的に取り扱うために, コモンズの漁師1人1人の限界生産のスケジュールが, 他の漁師の漁業活動にどのように関係するかをみてみよう.

個別的な漁師を generic に j であらわす. 漁師 j についての生産関数がつぎのように表現されると仮定する.

(9) $$X_j = F_j(L_j, X, V).$$

ここで, X_j は漁師 j の漁獲量とし, L_j は漁師 j が単位期間に漁業に従事した時間をあらわし, V はコモンズの漁場のストックとし, X はコモンズの漁師全体の漁獲量をあらわす.

(10) $$X = \sum_j X_j.$$

生産関数(9)は，つぎの新古典派的生産条件がみたされていると仮定する．

(i) $F_j(X_j, X, V) > 0$, for all $(X_j, X, V) > (0, 0, 0)$,

(ii) $F_j(X_j, X, V)$ は (X_j, X, V) にかんして concave，かつ厳密な意味で quasi-concave.

さらに，全漁獲量 X が大きくなるとき，コモンズの漁業条件に対して好ましくない影響を及ぼす．

(iii) $F_{jX}(X_j, X, V) < 0$, $F_{jX_jX}(X_j, X, V) < 0$,

(iv) $F_{jV}(X_j, X, V) > 0$, $F_{jX_jV}(X_j, X, V) > 0$.

最初に，コモンズで獲れる魚が完全競争的な市場で売られているとし，コモンズの漁師はそれぞれ他の漁師とは独立に漁業に従事しているとしよう．このとき，各漁師 j が何時間漁業に従事するかは，その純利潤

$$\Pi_j = pX_j - w_jL_j$$

が最大となるような水準 L_j に決まってくるであろう．ここで，p は魚の市場価格(実質価値ではかったもの)，w_j は漁師 j が漁業に従事しないときに得られる実質賃金の水準をあらわす．

最大利潤が得られるのは各漁師 j について，その労働の限界生産が限界費用に等しくなるときである．

(11) $$pF_{jL_j} = w_j.$$

限界条件(11)の分析を容易にするために，(9)式を L_j について解いて費用関数

$$C_j = w_jL_j = C_j(X_j, X, V)$$

を求めよう．この費用関数 $C_j(X_j, X, V)$ がつぎの諸条件をみたすことは，上に仮定した (i)-(iv)から容易に導き出される．

(i)′ $C_j > 0$, $C_{jX_j} > 0$, $C_{jX_jX_j} > 0$, for all $X_j, X, V > 0$,

(ii)′ $C_j(X_j, X, V)$ は (X_j, X, V) について convex,

(iii)′ $C_{jX} > 0$, $C_{jX_jX} > 0$,

(iv)′ $C_{jV} < 0$, $C_{jX_jV} < 0$.

このとき，限界条件(11)はつぎのように書き直せる．

(12) $$p = C_{jX_j}.$$

この(12)式の両辺の微分をとれば，

(13) $$dX_j = -\frac{C_{jX}}{C_{jX_j}}dX - \frac{C_{jV}}{C_{jX_j}}dV + \frac{1}{C_{jX_j}}dp.$$

したがって，

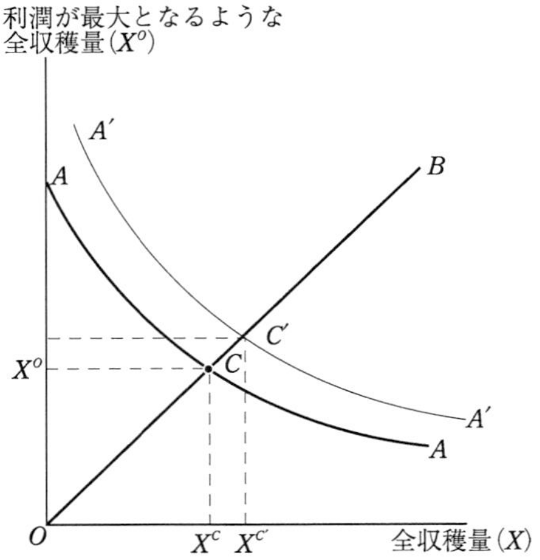

図 15-2 利潤が最大となるような全収穫量

$$\frac{\partial X_j}{\partial X} < 0,\ \frac{\partial X_j}{\partial V} > 0,\ \frac{\partial X_j}{\partial p} > 0.$$

漁業活動の水準が短期間にどのように決まってくるのかをみるために，コモンズのストック V は所与であるとする．市場価格 p が与えられ，また全漁獲量がある水準 X であると想定するとき，各漁師 j について，最適な漁獲量 X_j^o は(12)によって決まり，全漁獲量 X も決まってくる．

$$X^o = \sum_j X_j^o. \tag{14}$$

利潤が最大となるような全漁獲量 X^o は，初めに所与と仮定した全漁獲量 X の増加にともなって減少する．これは，図 15-2 を使って証明することができる．図 15-2 で，横軸は，最初に所与と想定した全漁獲量 X をはかり，縦軸には，利潤が最大となるような全漁獲量 X^o がはかられている．AA 曲線は，X と X^o との関係をあらわしたもので，AA 曲線と 45° 線 OB との交点が，市場価格が p であるときに，コモンズの各漁師がそれぞれ，他の漁師とは，無関係に，利潤最大となるように行動したときの，実際の全漁獲量に対応する．

市場価格 p が高くなると，AA 曲線は上方にシフトし，実際の全漁獲量 X は大きくなる．コモンズのストック V が大きくなったときにも，AA 曲線は上方にシフトし，実際の全漁獲量 X は大きくなる．

外部性の条件(iii)′ からただちにわかるように，完全競争的の前提のもとでの漁獲のパターンは，コモンズ全体の立場からみて最適ではない．

コモンズの全利益

$$\Pi = \sum_j \Pi_j = \sum_j [pX_j - C_j(X_j, X, V)] \tag{15}$$

を最大にするような漁獲のパターン(X_j)が他に存在するからである．このことをみるために，コモンズの漁師に対して，それぞれの漁獲量に応じて「税」を徴収することを考えてみよう．各漁師に対して，その漁獲量に対して単位量当たり，θ だけ課税すると，漁師 j の純利潤はつぎのようになる．

(16)
$$\Pi_j = pX_j - C_j(X_j, X, V) - \theta X_j.$$

純利潤(16)が最大となるのは，つぎのような限界条件がみたされているときである．

(17)
$$p = C_{jX_j} + \theta.$$

この限界条件(17)をみたすような各漁師 j について最適な漁獲量を $X_j(\theta)$ であらわし，全漁獲量を $X(\theta)$ であらわす．

(18)
$$\sum_j X_j(\theta) = X(\theta).$$

(17)，(18)式を「税率」θ について微分すれば，

(19)
$$C_{jX_j}X_j'(\theta) + C_{jX}X'(\theta) = -1,$$

(20)
$$\sum_j X_j'(\theta) = X'(\theta).$$

(19)式を(20)式に代入して，

(21)
$$X'(\theta) = -\frac{\displaystyle\sum_j \frac{1}{C_{jX_j}}}{1 + \displaystyle\sum_j \frac{C_{jX}}{C_{jX_j}}} < 0.$$

ここで，「税率」θ に対して，最大となる全利潤を $\Pi(\theta)$ であらわすと，

(22)
$$\Pi(\theta) = \sum_j [pX_j(\theta) - C_j(X_j(\theta), X(\theta), V)].$$

(22)式を θ について微分し，(17)式を使って，

(23)
$$\Pi'(\theta) = (MSC - \theta)\{-X'(\theta)\}.$$

ここで，

(24)
$$MSC = \sum_j C_{jX}.$$

(24)式で定義された MSC は，コモンズの全漁獲量 X が限界的に増大したときに，コモンズ全体の限界費用がどれだけ大きくなるかをあらわす量である．このような意味で，MSC は漁獲にともなう社会的限界費用(marginal social costs)の概念に対応する．

(23)式から明らかなように，コモンズの全利潤 $\Pi(\theta)$ が最大となるのは，「税率」θ が漁獲の社会的限界費用 MSC に等しいときである．

(25)
$$\theta = MSC.$$

(25)式は社会的限界費用にもとづく価格づけの原則(principle of marginal social cost pricing)といわれる，外部経済をともなう現象について一般的に適用される考え方を表現したものである．このときに得られるコモンズの全利潤 $\Pi(\theta)$ は，コモンズにおける漁業活動を価格原

理にしたがって，調整したときに得られる最大の全利潤であることを示したわけであるが，もっと直接的な割り当てによって，より高い全利潤が得られる可能性は存在しないのだろうか．このような可能性が存在しないことを証明するために，つぎの数学的最大問題を考えてみよう．

(15)式によって与えられるコモンズの全利潤 Π を制約条件(10)のもとで最大にするような漁獲のパターン(X_j)を求めよ．

この最大問題を解くために，制約条件(10)式にかんするラグランジュの未定係数を導入し，θ であらわそう．ラグランジュ形式はつぎのように定義される．

(26)
$$\psi = \sum_j \{pX_j - C_j(X_j, X, V)\} + \theta\left(X - \sum_j X_j\right).$$

ラグランジュ形式(26)を X_j, X, θ について偏微分して 0 とおけば，(17)，(25)，(10)という制約条件が求められる．すなわち，社会的限界費用による価格づけの原則にもとづく「税率」とまったく同じ漁獲のパターンが得られる．　Q.E.D.

費用関数 $C_j(X_j, X, V)$にかんする条件，(iii)′，(iv)′から社会的限界費用 MSC にかんして，つぎの条件が導き出される．

(27)
$$\frac{\partial MSC}{\partial X} > 0, \quad \frac{\partial MSC}{\partial V} < 0.$$

統合費用関数

静学的外部性をどのようにして内部化したらよいかという問題は，社会的限界費用による価格付けの原理にもとづいて解決されることはこれまで述べてきた通りである．この間の事情をもっと明確にするために，統合費用関数(consolidated cost function)の概念を導入することにしよう．

コモンズのストックを V とし，全漁獲量を X とする．このとき，つぎの全費用

(28)
$$C = \sum_j C_j(X_j, X, V)$$

を

(29)
$$\sum_j X_j = X$$

という制約条件のもとで最小にするような漁獲のパターン(X_j)を考える．

このような最適な漁獲のパターン(X_j)は，制約条件(29)にかんするラグランジュ乗数(θ)を導入することによって求められる．最適な漁獲のパターン(X_j)は，(28)式をみたすようなパターン(X_j)で，つぎの条件をみたす．

(30)
$$C_{jX_j} = \theta, \ \text{for all } j.$$

したがって，コモンズの全費用の最小水準 C は(X, V)の関数となる．

$$C = C(X, V) = \sum_j C_j(X_j, X, V).$$

ここで，X_j は(29)，(30)によって一意的に決まってくる．

統合費用関数 $C(X, V)$ は(X, V)にかんして，convex な関数となる．この統合費用関数 $C(X, V)$ について，全漁獲量 X の限界費用はつぎのようにあらわされる．

$$C_X = \sum_j C_{jX_j} \frac{dX_j}{dX} + \sum_j C_{jX} = \theta + \sum_j C_{jX} > 0.$$

ここで，ラグランジュ乗数 θ は私的限界費用に対応し，$\sum_j C_{jX}$ は社会的限界費用 MSC に等しくなる．

コモンズのストックにかんする限界費用はつぎの式によって与えられる．

$$C_V = \sum_j C_{jX} > 0.$$

統合費用関数 $C(X, V)$ はつぎの新古典派的前提条件をみたす．

(31)　$$C_X > 0,\quad C_V < 0,$$

(32)　$$C_{XX} > 0,\quad C_{VV} > 0,\quad C_{XV} < 0,$$

(33)　$$C_{XX}C_{VV} - C_{XV}^2 \geqq 0.$$

完全競争的，独占的漁獲のパターン

コモンズの受け取る利潤を，統合費用関数 $C(X, V)$を用いてあらわすと，

$$pX - C(X, V).$$

ここで，p は市場価格，X は全漁獲量，V はコモンズのストックである．

完全競争的な条件のもとでは，各漁師 j は市場価格 p を所与として，個別的な利潤

(34)　$$\Pi_j = pX_j - C_j(X_j, V)$$

を最大にするように漁獲量 X_j を決める．最大条件はつぎの標準的な限界条件によってあらわされる．

$$p = C_{jX_j},\quad \text{for all } j.$$

しかし，コモンズの漁業資源にかんする静学的な外部性の仮定のもとでは，完全競争的な市場においては，コモンズの全利潤の最大化は得られない．コモンズの全利潤が最大化されるのは，各漁師 j について，私的限界費用 C_{jX_j} が市場価格 p から社会的限界費用 MSC を差し引いた額に等しくなるときである．

$$C_{jX_j} = p - MSC.$$

したがって，完全競争的な場合にかんする最適条件はつぎのようにあらわされる．

$$p = C_X(X, V).$$

コモンズが魚市場で独占者(monopolist)の場合にも，同じような分析を展開することができる．コモンズの全漁獲量が X のときの需要価格(実質単位ではかって)を $p(X)$ であらわすとすれば，コモンズの全利潤は

(35)　$$\Pi = \sum_j [p(X)X_j - C_j(X_j, X, V)].$$

ここで

(36)　$$\sum_j X_j = X.$$

最適な全漁獲量は，(36)の制約条件のもとで利潤(35)を最大化することによって得られる．(36)式にかんするラグランジュ乗数を θ とおいて，最適解は，つぎの最適条件に求められる．

(37)　$$p(X) - \theta = C_{jX_j}, \text{ for all } j,$$

(38)　$$p'(X)X + \theta = \sum_j C_{jX}.$$

この最適条件(37)，(38)から

(39)　$$p(X) = C_X(X, V).$$

このとき，$\hat{p}(X)$は限界収入関数である．

$$\hat{p}(X) = p(X) + p'(X)X.$$

また，$C_X(X, V)$は，さきに導入した限界統合費用関数である．収入関数 $p(X)X$ は X についてconcaveで，その限界収入は正である．

$$\hat{p}(X) > 0, \ \hat{p}'(X) < 0, \text{ for all } X > 0,$$

$$0 < \hat{p}(X) < p(X), \text{ for all } X > 0.$$

独占的な場合にかんする最適な漁獲のパターンは，各漁師に対して，社会的限界費用 MSC に見合う額を「課税」して，そのeffectiveな価格が，市場価格から社会的限界費用を差し引いた額に等しくなり，全漁獲量 X が，限界統合費用 $C_X(X, V)$と限界収入 $\hat{p}(X)$に等しくなるような水準に決まることになる．

動学的最適性と漁獲のパターン

コモンズが漁業活動によって得る収益は(34)式の純利潤であらわされるが，それはあくまでも短期の性格をもつ．コモンズの漁業資源は，そのストックが存在しつづけるかぎり，コモンズの漁民たちに利益をもたらす．したがって，コモンズの漁民たち全体にとって，長期的な利益を生み出す漁獲のパターンをもたらすような制度的条件は何かを考察することが必要となってくる．

コモンズの漁獲のパターン(X_{jt})について，動学的に最適な時間的径路は全将来にわたるコモンズの全利潤の割引現在価値

(40)　$$\int_0^\infty \Pi_t e^{-\delta t} dt$$

を最大化するようにして求められる．ここで，

$$(41)\qquad \Pi_t = \sum_j \left[p_t X_{jt} - C_j(X_{jt}, X_t, V_t) \right],$$

p_t は t 時点における実質利潤，X_{jt} は漁師 j の漁獲量，X_t はコモンズの全漁獲量，V_t はコモンズの漁業資源のストックである．

$$(42)\qquad X_t = \sum_j X_{jt},$$

$$(43)\qquad \dot{V}_t = G(X_t, V_t),$$

ここで，初期のストックは V_0 である．

動学的に最適な漁獲のパターンを求めるという問題は，変分法の問題となる．この問題は，最適経済成長理論として，Ramsey (1928)，Cass (1965)，Koopmans (1965) などによって精力的に展開された．この点については『基礎篇』でくわしくふれたところである．漁業コモンズの場合については，Clark and Munro (1975)，Clark (1990)，Tahvonen (1991) によって分析が展開されてきた．ここではこれらの業績をふまえて，漁業コモンズの動学的に最適な漁獲のパターンについて考察することにしたい．

漁業コモンズの動学的最適問題を解くために，コモンズのストックの帰属価格 ψ_t の概念を導入しよう．コモンズのストックの帰属価格は，ある時点 t においてコモンズのストック V_t が限界的に 1 単位だけふえたときに全将来にわたってどれだけコモンズに限界的な利益の増大をもたらすかを予想して，その割引現在価値を計算したものである．

この帰属価格 ψ_t を用いて，t 時点における帰属実質所得 H_t をつぎのように定義する．

$$(44)\qquad H_t = \Pi_t + \psi_t G(X_t, V_t),$$

ここで，Π_t は (41) 式で定義された t 時点におけるコモンズの全利潤，X_t は (42) 式をみたすような全漁獲量である．

動学的に最適な漁獲のパターン，(X_{jt})，(X_t) を求めるためにはまず，各時点 t において，(42) 式の制約のもとで，帰属実質所得 H_t を最大化する必要がある．したがって，(42) 式にかんするラグランジュ乗数を θ_t とすれば，

$$(45)\qquad p_t - \theta_t = C_{jX_j}, \text{ for all } j,$$

$$(46)\qquad \theta_t = \sum_j C_{jX} + \psi_t(-G_X),$$

ここで，C_{jX_j}，C_{jX}，G_X はすべて (X_{jt}, X_t, V_t) での値を意味する．

(46) 式の右辺，$\psi_t(-G_X)$ は，全漁獲量が X_t のときの，コモンズのストックの限界的減少 $(-G_X)$ にともなう帰属所得の限界的喪失をあらわす．したがって，(46) 式の右辺は，限界環境的費用 MEC の概念に対応する．

$$(47)\qquad MEC = \sum_j C_{jX} + \psi_t(-G_X).$$

この(47)式が意味するところはつぎの通りである．限界環境的費用 MEC に等しい額の「税」が，個々の漁師に賦課され，各漁師 j の漁獲量 X_j が，私的限界費用と市場価格から限界環境的費用を差し引いたもの，p_t-MEC に等しくなるように決まってくる．

統合費用関数 $C(X, V)$ についてみれば，(45)式と(46)式はつぎのように集約される．

$$p_t = C_X + \psi_t(-G_X). \tag{48}$$

つぎに，帰属価格 ψ_t の時間的径路がどのようにして決まってくるかをみてみよう．帰属価格 ψ_t はつぎの式によって定義される．

$$\psi_t = \int_t^\infty (-C_X + \psi_\tau G_V) e^{-\delta(\tau-t)} d\tau. \tag{49}$$

ここで，$(-C_X)$は，当初の時点 t におけるコモンズのストックの限界的増加によって惹き起こされる，時点 t におけるコモンズの全利潤の限界的増分をあらわし，$\psi_\tau G_V$ は時点 t におけるコモンズのストックの帰属価値の限界的増分をあらわす．一般に，V の値は $G_V<0$ がみたされるような範囲内にあると仮定してよい．

(49)式の両辺を微分すれば

$$\dot{\psi}_t = \delta\psi_t - (-C_V + \psi_t G_V). \tag{50}$$

したがって，動学的に最適な漁獲のパターン(X_{jt}, X_t)を求めるためには，(43)，(50)，(48)の動学方程式をみたし，しかもつぎの transversality condition をみたすものを探せばよい．

$$\lim_{t\to\infty} \psi_t V_t e^{-\delta t} = 0. \tag{51}$$

ここで，もっとも簡単な場合を考え，市場価格 p_t は一定であるとする．すなわち

$$p_t = p$$

がすべての時間 t について成立する場合を考える．

以下，叙述を簡単化するために，時間をあらわす suffix t は省略することが多い．このとき基本的な動学過程はつぎの2つの微分方程式によって記述される．

$$\dot{V} = G(X, V), \tag{52}$$

$$\frac{\dot{\psi}}{\psi} = \delta - \left(\frac{-C_V}{\psi} + G_V\right). \tag{53}$$

ここで，コモンズのストック V の初期条件 V_0 は所与であり，全漁獲量 X はつぎの限界条件をみたすような水準に決められる．

$$p = C_X + \psi(-G_X). \tag{54}$$

微分方程式(52)，(53)の解については，phase diagram の手法を用いて分析される．まず，最初に，(55)式が定常的となるような(V, ψ)を考察する．すなわち

$$G(X, V) = 0, \tag{55}$$

ここで，(54)式がみたされるように X が決められている．

(54)と(55)の両辺の微分をとると，

$$(56)\qquad (C_{XX}-\psi G_{XX})dX+(C_{XV}-\psi G_{XV})dV-G_X d\psi = dp,$$

$$(57)\qquad G_X dX+G_V dV = 0.$$

(56)と(57)の2つの式から dX を消去して，

$$(58)\qquad \left[\frac{dV}{d\psi}\right]_{\dot{V}=0} = \frac{-G_X^2}{G_X(-C_{XV}+\psi G_{XV})+G_V(C_{XX}-\psi G_{XX})}.$$

コモンズのストックの再生産関数 $G(X, V)$ と統合費用関数 $C(X, V)$ とについて，(10)-(12)，(31)-(33)という条件がみたされている．さらにコモンズのストック V と全漁獲量 X についてはつぎの不等式が成り立っていると仮定しても差し支えない．

$$(59)\qquad G_V(X, V) < 0.$$

したがって，(58)式から，

$$(60)\qquad \left[\frac{dV}{d\psi}\right]_{\dot{V}=0} > 0$$

つぎに，帰属価格 ψ が定常的となるとき，すなわち $\dot{\psi}=0$ となるような(V, ψ)を考えてみよう．このとき

$$\frac{-C_V}{\psi}+G_V = \delta.$$

したがって，両辺の微分をとって，

$$(-C_{XV}+\psi G_{XV})dX+(-C_{VV}+\psi G_{VV})dV+\frac{1}{\psi}C_V d\psi = d\delta.$$

この式と(56)式からつぎの関係が求められる．

$$(61)\qquad [-C_V(C_{XX}-\psi G_{XX})-G_X(-C_{XV}+\psi G_{XV})]\frac{d\psi}{\psi}$$
$$= -[(C_{XX}-\psi G_{XX})(C_{VV}-\psi G_{VV})-(C_{XV}-\psi G_{XV})^2]dV-(C_{XX}-\psi G_{XX})d\delta.$$

$C(X, V)$ は convex，$G(X, V)$ は concave であると仮定しているから，

$$C(X, V)-\psi G(X, V)$$

は(X, V)について convex な関数となる．したがって

$$(C_{XX}-\psi G_{XX})(C_{VV}-\psi G_{VV})-(C_{XV}-\psi G_{XV})^2 \geqq 0.$$

(61)式から

$$(62)\qquad \left[\frac{dV}{d\psi}\right]_{\dot{\psi}=0} < 0.$$

(60)，(62)という2つの不等式から，微分方程式体系(52)，(53)の phase diagram は図15-3で描かれているような形をもっていることがわかる．図15-3では，コモンズのストック V は横軸に，帰属価格 ψ は縦軸にとられている．V が定常的($\dot{V}=0$)となるような(V, ψ)の組み合わせは，右上がりの曲線 AA によってあらわされる．また，帰属価格 ψ が定常的($\dot{\psi}=0$)

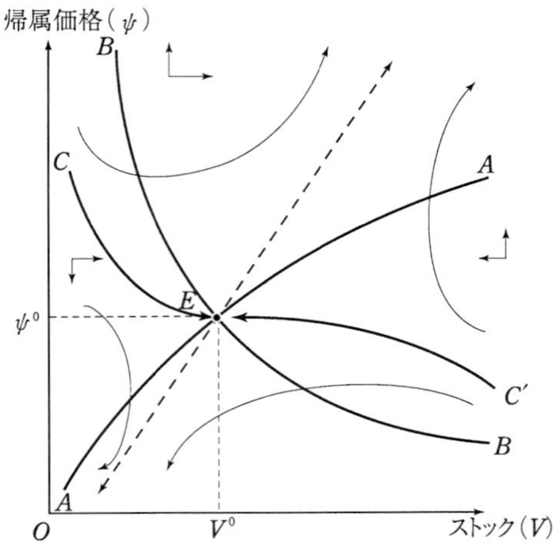

図 15-3 漁業コモンズの phase diagram

となるような(V, ψ)の組み合わせは，右下がりの曲線 BB によってあらわされる．

したがって，微分方程式体系(62)，(63)の解径路は，図 15-3 で，矢印のついた曲線群で表現されることが容易にわかるであろう．このとき，定常状態は AA 曲線と BB 曲線の交点 $E=(V^0, \psi^0)$ として一意的に定まり，この定常点 E に収斂するような 2 つの解径路，CE，$C'E$ が存在する．この 2 つの曲線 CE，$C'E$ を関数

$$\psi = \psi^0(V)$$

によってあらわす．このとき，

$$\psi^0 = \psi^0(V^0).$$

動学的最適径路を求めるためには，初期時点におけるコモンズのストック V_0 に対して，帰属価格 ψ_0 を

$$\psi_0 = \psi^0(V_0)$$

のように選べばよい．このとき，任意の時点 t において帰属価格 ψ_t を

$$\psi_t = \psi^0(V_t)$$

とすることによって，動学的最適径路が得られる．

長期定常状態の構造：特殊な場合

これまで，動学的最適径路を求めるために，帰属価格の概念が重要な役割をはたすことをみてきた．つぎに，定常状態における漁場コモンズのストック，全漁獲量，全利潤額の間にどのような関係が存在するかを調べてみよう．

まず最初に，コモンズの漁業資源の再生産関数 $G(X, V)$がつぎのような標準的な形をとる場合を考える．

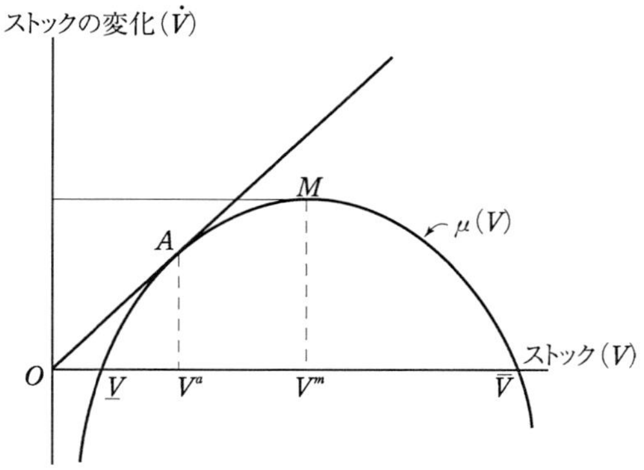

図 15-4　ストックの変化をあらわす曲線

$$G(X, V) = \mu(V) - X. \tag{63}$$

ここで，$\mu(V)$関数は，コモンズの漁場が自然の状態におかれているときのコモンズのストックの再生産にかんするものである．

再生産関数 $\mu(V)$はつぎの条件をみたすと仮定する．

$$\mu''(V) < 0, \text{ for all } V > 0, \tag{64}$$

$$\mu(\underline{V}) = \mu(\overline{V}) = 0, \text{ for critical } \underline{V}, \overline{V} \quad (\underline{V} < \overline{V}). \tag{65}$$

再生産関数 $\mu(V)$のグラフは図 15-4 に例示されているような形をしている．このとき，2 つの critical な水準，V^m，V^a があって，漁業コモンズの分析で重要な役割をはたす．V^m は $\mu(V)$曲線の最高点 M に対応するコモンズのストックの水準，V^a は，原点 O からの直線 OA が $\mu(V)$曲線に接する点 A に対応するコモンズのストックの水準である．

このとき，

$$\mu'(V) \gtreqless 0, \text{ according to } V \lesseqgtr V^m,$$

$$a'(V) \gtreqless 0, \text{ according to } V \lesseqgtr V^a,$$

ただし，

$$a(V) = \frac{\mu(V)}{V}.$$

コモンズの漁場のストックにかんして，限界的変化 $\mu'(V)$と平均的変化 $a(V)$は，図 15-5 に例示されているような形をしている．ただし，図 15-5 の縦軸は $\dfrac{\dot{V}}{V}$ をあらわしていることに留意されたい．

いま，統合費用関数 $C(X, V)$が一次関数であると仮定する．このとき，

$$C(X, V) = c(x)\,V, \quad x = \frac{X}{V}.$$

ここで，$c(x)$はコモンズのストック 1 単位当たりの費用をあらわす関数で，つぎの条件を

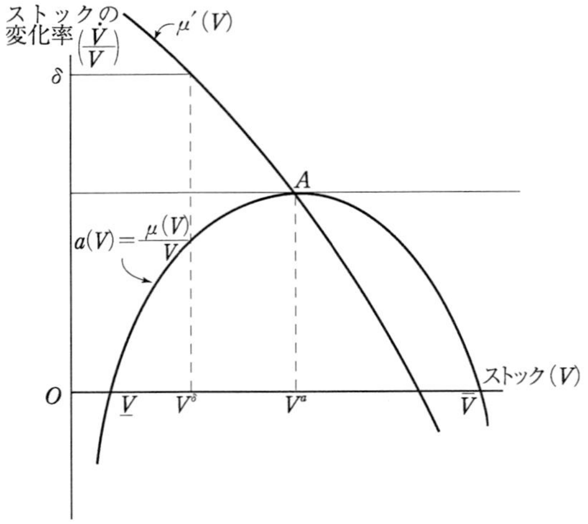

図 15-5 ストックの平均および限界変化率

みたしていると仮定する.

(66) $$c(0)=0,\ \ c'(x)>0,\ \ c''(x)>0,\ \text{for all}\ \ x>0.$$

このとき，基本的動学方程式(52)，(53)はつぎのような形に表現される.

(67) $$\frac{\dot V}{V}=a(V)-x,$$

(68) $$\frac{\dot\psi}{\psi}=\delta-\mu'(V)+\frac{\hat c(x)}{\psi}.$$

ここで，

$$x=\frac{X}{V},\ \ a(V)=\frac{\mu(V)}{V},$$

$$\hat c(x)=c'(x)x-c(x).$$

長期定常状態は，つぎのような条件をみたす(V^0, x^0, ψ^0)によって特徴づけられる.

(69) $$a(V)-x=0,$$

(70) $$\hat c(x)-(\delta-\mu'(V))\psi=0,$$

(71) $$c'(x)+\psi=p.$$

ここで，(71)式は(54)式から導き出されたものである.

(69)-(71)式の両辺の微分をとれば，

(72) $$\begin{pmatrix}-1 & a' & 0\\ \hat c' & \mu''\psi & -(\delta-\mu')\\ c'' & 0 & 1\end{pmatrix}\begin{pmatrix}dx\\ dV\\ d\psi\end{pmatrix}=\begin{pmatrix}0 & 0\\ 0 & \psi\\ 1 & 0\end{pmatrix}\begin{pmatrix}dp\\ d\delta\end{pmatrix}.$$

(72)を解いて

$$\begin{pmatrix} dx \\ dV \\ d\psi \end{pmatrix} = \frac{1}{\Delta}\begin{pmatrix} -a'(\delta-\mu') & -a'\psi \\ -(\delta-\mu') & \psi \\ -a'\hat{c}'-\mu''\psi & \psi a'c'' \end{pmatrix}\begin{pmatrix} dp \\ d\delta \end{pmatrix},$$

$$\Delta = -\mu''\psi - a'\{r'+(\delta-\mu')c''\} > 0.$$

長期定常状態でつぎの条件がみたされていると仮定する．

$$a' = a'(v) < 0, \quad u'(V) < \delta,$$

このとき，

$$\begin{pmatrix} dx \\ dV \\ d\psi \end{pmatrix} = \begin{pmatrix} + & + \\ - & + \\ + & - \end{pmatrix}\begin{pmatrix} dp \\ d\delta \end{pmatrix}.$$

市場価格 p が高くなると($dp>0$)，帰属価格 ψ も高くなるが($d\psi>0$)，長期定常状態におけるコモンズのストック V の水準は低くなる($dV<0$)．同時に，ストック1単位当たりの漁獲量 $x=\frac{X}{V}$ は高くなる($dx>0$)．

市場価格 p が高くなったとき，全漁獲量の長期的な水準 X^0 は高くなる．つぎの関係式が成立するからである．

$$dX = \mu'(V)dV, \quad \mu'(V) < 0.$$

他方，割引率 δ が高くなると($d\delta>0$)，帰属価格 ψ は低くなるが($d\psi<0$)，コモンズのストックの長期的な水準 V は高くなり($dV>0$)，ストック1単位当たりの漁獲量 x は増大する($dx>0$)．

コモンズのストック V の動学的最適径路をくわしく分析するために，(V_t, ψ_t)にかんする微分方程式体系(67)，(68)を，(V_t, X_t)にかんする微分方程式体系に転換する．

短期の最適条件(71)の両辺の微分をとって，

$$d\psi = -c''(x)dx.$$

この式を(68)式に代入して，x にかんする微分方程式が求められる．

$$\dot{x} = \frac{p-c'(x)}{c''(x)}\left\{\frac{\hat{c}(x)}{p-c'(x)}-(\delta-\mu'(V))\right\}. \tag{73}$$

図15-6は(V, X)にかんする phase diagram を示す．第1象限の AA 曲線は，横軸の V に対して，縦軸のコモンズの平均変化率 $a(V)=\frac{\mu(V)}{V}$ との関係をあらわす．したがって，AA 曲線は，$\dot{x}=0$ となるような(V, X)の組み合わせをあらわしている．(V, X)が AA 曲線の上方にあるときには，コモンズのストック V は減少する傾向をもち($\dot{V}<0$)，逆に，(V, X)が AA 曲線の下方にあるときには，V は増加する($\dot{V}>0$)．

他方，ストック1単位当たりの漁獲量 $x=\frac{X}{V}$ が定常的となるような(V, X)の組み合わせは，図15-6の CC 曲線および FF 曲線によって例示される．第3象限で，CC 曲線はつぎのような組み合わせをあらわす．

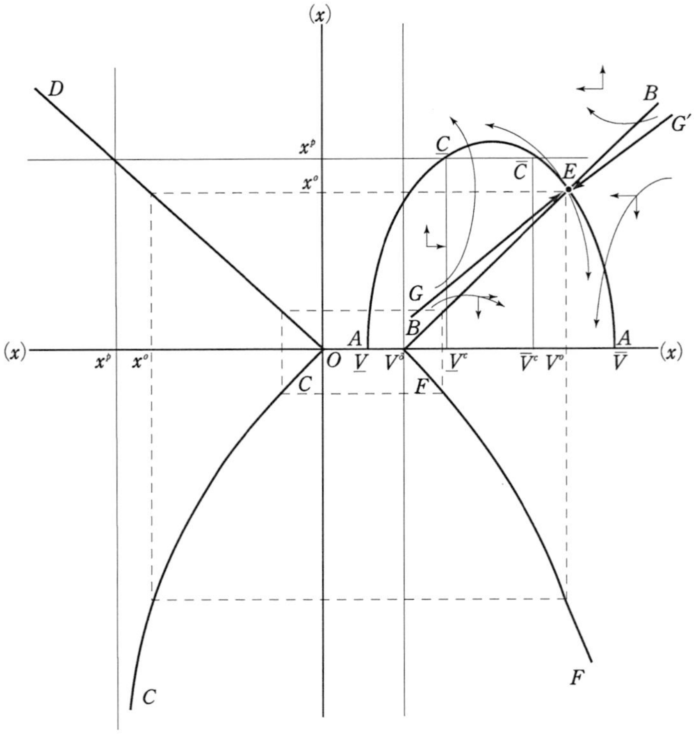

図 15-6　漁業コモンズの phase diagram

$$\left(x, \frac{\hat{c}(x)}{p-c'(x)}\right),$$

ここで，x^p は $c'(x^p)=p$ によって特徴づけられる．第 4 象限の FF 曲線はつぎのような組み合わせをあらわしている．

$$(V, \delta-\mu'(V)).$$

第 2 象限で，x の値を 45° 線 OD によって変換して，第 1 象限の BB 曲線を求めることができる．BB 曲線は，$\dot{x}=0$ となるような(V, X)の組み合わせをあらわす．(V, X)が BB 曲線の上方にあるときは $\dot{x}>0$，また，(V, X)が BB 曲線の下方にあるときには $\dot{x}<0$．

したがって，微分方程式体系(67)，(73)の解径路(V, X)は，図 15-6 の第 1 象限で矢印のついた曲線群によってあらわされることがわかる．

このとき，定常状態 $E=(V^o, x^o)$に収斂する 2 つの解径路 GE，$G'E$ が存在することが容易に検証される．この 2 つの曲線を関数の形で表現する．

$$x = \xi(V).$$

各時点 t におけるコモンズのストックが V_t のとき，動学的に最適なストック 1 単位当たりの漁獲量 $x_t^o=X_t/V_t$ は

$$x_t^o = \xi(V_t)$$

であり，最適な全漁獲量 X_t^o は

$$X_t^o = x_t^o V_t,$$

最適な帰属価格 ψ_t^o は

$$\psi_t^o = p - c'(x_t^o)$$

によって与えられる．

市場価格 p および割引率 δ の変化が動学的最適径路に及ぼす影響は，図 15-6 の第 1 象限から容易に分析することができる．市場価格 p の上昇 $(dp>0)$ は，CC 曲線の上方へのシフトをもたらし，BB 曲線もまた，上方にシフトする．したがって，コモンズのストック V の長期的な水準は低下し $(dV<0)$，逆にストック 1 単位当たりの漁獲量 $x=X/V$ は大きくなり $(dx>0)$，同時に全漁獲量も大きくなる $(dX>0)$．

他方，割引率 δ が高くなると，図 15-6 の第 4 象限の FF 曲線が下方にシフトして，第 1 象限の BB 曲線の上方へのシフトとなって現われる．したがって，コモンズのストックの長期的水準 V は低くなり $(dV<0)$，ストック 1 単位当たりの漁獲量 $x=X/V$ は大きくなり $(dx>0)$，同時に全漁獲量 X も大きくなる $(dX>0)$．

動学的最適径路の上では，

$$\left(\frac{dx}{dV}\right)_{opt.} \sim \frac{\hat{c}(x) - (p - c'(x))(\delta - \mu'(V))}{\mu(V) - x} \tag{74}$$

となる．ここで，～という記号は，両辺の量が比例的となり，しかもその比例係数が市場価格 p あるいは割引率 δ には無関係となることを意味する．

市場価格 p，あるいは割引率 δ が高くなると，(74)式の右辺は小さくなる．したがって，図 15-6 からただちにわかるように，最適な径路 GE が上方にシフトし，$G'E$ は下方にシフトする．したがって，市場価格 p あるいは割引率 δ の上昇は，ストック 1 単位当たりの漁獲量 $x_t^o = X_t^o/V_t$ の増加を惹き起こし，同時に最適な全漁獲量 X_t^o も大きくなる．このとき，長期的定常状態におけるコモンズのストック V^o は減少する．

動学的最適性と市場的配分

これまで展開してきた漁業コモンズの資源配分にかんする動学的最適性の分析は一般的な制度的前提のもとにおける異時点にわたる資源配分の問題に適用することができる．

まず第 1 に取り上げたいのは，コモンズの各漁師がそれぞれ他の漁師とはまったく無関係に，独立に行動している場合である．このとき，前節で取り扱った，もっとも単純なケースについてみると，各時点 t で，コモンズのストック 1 単位当たりの漁獲量 x_t は，限界私的費用が市場価格 p に等しくなるような水準 x^p に決まってくる．すなわち，

(75)　$$p = c'(x^p),\ \ x_t = \frac{X_t}{V_t} = x^p.$$

また，コモンズのストックの長期的水準は，ストックの平均変化率が，完全競争的な漁獲/ストック比率 x^p に等しくなるように決まってくる．図 15-6 の第 1 象限に示したように，ストックの平均変化率 $a(V)$ をあらわす AA 曲線が高さ x^p をもつ水平線と交わる点に対応する．図 15-6 の場合は，コモンズのストックの長期的水準が 2 つ存在する．

$$a(\underline{V}^c) = a(\overline{V}^c) = x^p.$$

この 2 つの長期的水準 $\overline{V}^c$，$\underline{V}^c$ のうち，$\overline{V}^c$ は安定的で，$\underline{V}^c$ は不安定的である．コモンズのストックの初期の水準 V_0 が小さい方の長期的水準 $\underline{V}^c$ より小さいときには，V_t は減少しつづけ，究極的には 0 に近づく．他方，V_0 がもう 1 つの長期的水準 $\overline{V}^c$ より大きいときには V_t は減少しつづけて，$\overline{V}^c$ に近づく．また $\underline{V}^c < V_0 < \overline{V}^c$ のときには，V_t は増加しつづけて，$\overline{V}^c$ に近づく．

図 15-6 で，AA 曲線が x^p 線と交点をもたないというケースも当然存在する．このときには，初期のストック V_0 の如何にかかわらず，V_t は減少しつづけて，コモンズは究極的に消滅することになる．この場合が，Hardin(1968) が「コモンズの悲劇」とよんだ状況にほぼ(必ずしも厳密ではないが)対応すると考えてよい．

図 15-6 からただちにわかるように，ストック 1 単位当たりの漁獲量 x_t は最適な水準 x_t^o より常に大きいから，完全競争の条件のもとにおけるコモンズのストックの長期的水準 $\overline{V}^c$ は(必ず安定的となるが)最適な長期的水準 V^o より小さくなる．

コモンズが市場で独占的な役割をはたすときにも，同じような分析を展開することができる．図 15-6 の第 1 象限で，x^p 線の代わりに，独占的な市場条件のもとで得られるストック 1 単位当たりの漁獲量 x_t^m をあらわす曲線によって置き換えればよい．ここで，

(76)　$$c'(x_t^m) = \hat{p}(X_t^m),\ \ X_t^m = x_t^m V_t,$$

ここで，$\hat{p}(X)$ は限界収入関数である．

(76)式の両辺を微分して，

$$\frac{dx_t^m}{dV_t} = \frac{\hat{p}'(X_t^m)}{c''(x_t^m) - \hat{p}'(X_t^m)\,V_t} < 0.$$

したがって，独占的な市場条件のもとでのストック 1 単位当たりの漁獲量 x_t^m は，ストック量 V_t について右下がりの曲線であらわされる．図 15-6 からわかるように，V_t が最適な長期的水準 V^o より小さいときには，x_t^m 曲線は常に最適径路曲線 GE の上方に位置している．

これまで考察してきた漁業コモンズについて，2 つのタイプの外部性を想定してきた．第 1 のタイプの外部性は，コモンズの個々の漁師の費用曲線が，コモンズの他の漁師たちの行動に

よって影響を受けるという形をとる．第2のタイプの外部性は，コモンズの漁業資源のストックが減少することによって，将来時点で，コモンズの漁師たちの費用曲線が影響を受ける場合であった．

この2つのタイプの外部性はいずれも，漁獲活動に関連した帰属価格の概念を導入し，外部性を内部化することによって動学的最適性を実現することができることをみたわけである．

3. 森林コモンズ

前節で展開した漁業コモンズの分析は，他の種類のコモンズに対しても適用することができる．ここでは森林コモンズを取り上げて考察することにしたい．

ここで，森林コモンズというとき，ある1つの境界が明確に規定されている森林を考え，その自然資源を利用し，管理する権利がある特定の村落に対して，排他的に賦与されているとする．どのような森林の自然資源を，どのように利用するかについても，限定的に規定されている場合も多い．焼畑農法のために森林を利用する，燃料として薪を採る，あるいは建築用の木材として伐採するなど多様な形態が存在する．漁業コモンズの場合と同じように，森林コモンズについて，その自然資源を利用することができるのはコモンズの村に所属する人々に限定されていて，それ以外の人々には許されないことを強調しておこう．コモンズの村には，森林資源の利用について，明確に定義された規制，習慣が存在し，コモンズの村の人々は，コモンズの森林資源の維持・管理に対して一定の義務と責任を負うこともまた明確に規定されている．

森林コモンズのストックは，漁業コモンズの場合と同じように，森林を構成する樹木の数によってはかられると仮定する．ここでも樹木の種類は1種類で，樹齢を問わないものとする．この仮定は，地球温暖化や生物種の多様性の喪失などという，いわゆる地球環境問題について考察しようとするとき，きわめて制約的とならざるを得ないことに留意しておきたい．

ある時点 t における森林コモンズのストックを V_t であらわす．V_t は森林を構成する樹木の数によってはかられるが，この V_t の時間的変化は2つの要因によって決まってくる．第1の要因はエコロジカル的，生物学的な性格をもち，森林が成長し，成熟化し，衰退してゆくプロセスにかかわるものである．第2の要因は，経済的，社会的，文化的活動にかかわり，とくに，森林を伐採したり，育林したりする活動によって大きく影響を受ける．

エコロジカルないしは生物学的要因にもとづく森林のストックの時間的変化は再生産関数 $\mu(V)$ によって表現される．$\mu(V)$ 関数は図15-4に例示されるような形をしていると仮定する．すなわち，$\mu(V)$ は V にかんして厳密な意味で concave であって，森林のストックが定常的となるような水準が2つ $\underline{V}$，$\overline{V}$ 存在するとする．

(77)
$$\mu''(V) < 0, \ \text{for all } V > 0,$$

(78) $$\mu(\underline{V}) = \mu(\overline{V}) = 0, \quad \underline{V} < \overline{V}.$$

大きい方の critical な水準 $\overline{V}$ は安定的な長期定常状態をあらわす．森林が自然の状態におかれているとき，そのストック V_t は，$\underline{V}$ より大きいときには，$\overline{V}$ に収斂する．他方，$\underline{V}$ は不安定的な長期定常状態をあらわす．

森林コモンズの自然資源の利用にかんしては，漁業コモンズの場合と異なって，静学的外部性の現象が起こらないのが一般的であるといってよい．まず，森林コモンズの利用について，樹木を伐採して，市場で売ることだけを考えよう．

コモンズの各構成員 j が単位期間中に伐り倒して市場に出す樹木の数 X_j は，森で働いた時間 L_j によって決まってくるが，森林の大きさ V にも依存する．すなわち，つぎのような生産関数を想定することができる．

(79) $$X_j = F_j(L_j, V).$$

この生産関数 $F_j(L_j, V)$ は，(L_j, V) にかんして concave であって，つぎの諸条件がみたされていると仮定する．

$$F_j(L_j, V) > 0, \quad \text{for all } L_j, V > 0,$$
$$F_{jL_j} > 0, \quad F_{jV} > 0, \quad \text{for all } L_j, V > 0,$$
$$F_{jL_jL_j}, \quad F_{jVV} > 0, \quad F_{jL_jL_j}F_{jVV} - F_{jL_jV}{}^2 > 0.$$

分析を簡単化するために，漁業コモンズの場合と同じように，統合費用関数の概念を導入する．コモンズの杣人 j の純収入は，

(80) $$\Pi_j = pX_j - w_jL_j$$

によって与えられる．ここで，p は材木の市場価格で，w_j は，杣人 j が他の仕事に従事したときに得られるであろう最高の(実質)賃金である．したがって，かれの純収入が最大となるのは，限界生産が実質賃金に等しいときである．

(81) $$pF_{jL_j} = w_j.$$

この(81)式を L_j について解いて，費用関数 $C_j(X_j, V)$ が導き出される．

(82) $$C_j = w_jL_j = C_j(X_j, V).$$

費用関数 $C_j(X_j, V)$ は (X_j, V) にかんして concave な関数で，つぎの条件がみたされる．

$$C_j = C_j(X_j, V) > 0, \quad \text{for all } X_j, V > 0,$$
$$C_{jX_j} > 0, \quad C_{jV} < 0, \quad \text{for all } X_j, V > 0.$$

統合費用関数 $C = C(X, V)$ はつぎの最大問題の解として求められる．

全費用

$$C = \sum_j w_jL_j$$

を制約条件

$$\sum_j X_j = X, \quad X_j = F_j(L_j, V)$$

のもとで最小にするような伐採計画(X_j)を求めよ．

統合費用関数 $C(X, V)$がつぎの諸条件をみたすことは容易にわかるであろう．

$$C = C(X, V) > 0, \text{ for all } X, V > 0,$$
$$C_X > 0, \quad C_V < 0,$$
$$C_{XX} > 0, \quad C_{XV} < 0, \quad C_{VV} > 0, \quad C_{XX}C_{VV} - C_{XV}{}^2 \geqq 0.$$

森林コモンズにかんしては，静学的外部性は存在しないと仮定しているから，私的費用と社会的費用の間の乖離は起こらない．完全競争的な条件のもとで，コモンズの個々の構成員にとって最適な伐採計画がコモンズ全体の立場からも最適となる．

漁業コモンズの場合とは異なって，森林コモンズについては，植林，育林活動を通じて，森林コモンズのストックをふやすことが重要な役割をはたす．いま，各時点 t における育林によって増加した森林コモンズのストックを Y_t とし伐り倒された樹木の数を X_t とすれば，

(83)
$$\dot{V}_t = \mu(V_t) + Y_t - X_t.$$

育林にともなう費用はつぎの費用関数によってあらわされるとする．

$$B = B(Y, V).$$

育林にかんする費用 $B(Y, V)$はつぎの諸条件をみたすと仮定する．

$$B(Y, V) > 0, \text{ for all } Y, V > 0,$$
$$B(0, V) = 0, \text{ for all } V > 0,$$
$$B_Y > 0, \quad B_V < 0,$$
$$B_{YY} > 0, \quad B_{YV} < 0, \quad B_{VV} > 0, \quad B_{YY}B_{VV} - B_{YV}{}^2 \geqq 0.$$

育林活動の成果はコモンズ全体に帰属し，直接個々の構成員の利益とはならない．また，その成果はもっぱら将来の世代によって享受されるものである．このような意味で，育林活動は純粋な意味で外部的である．したがって，もし個別的な合理性のみを追っているとすれば，育林活動はまったくおこなわれず，森林を，エコロジカルおよび経済的な観点から望ましい状態に維持しつづけることは不可能となる．

まず，森林コモンズのストックを動学的な観点から最適な状態に保つために，育林活動に対してどれだけ希少資源が投下されなければならないかを考えてみよう．

いま，V_t，X_t，Y_t をそれぞれ t 時点における森林コモンズのストック，伐り倒された樹木の数，育林された樹木の数とする．このとき，

(84)
$$\dot{V}_t = \mu(V_t) - X_t + Y_t, \quad V_0 = V^o.$$

動学的に最適な時間的径路(V_t^o, X_t^o, Y_t^o)はつぎのように定義される．動学方程式(84)をみ

たすような(V_t, X_t, Y_t)のなかで，現在から将来にわたる森林コモンズの利潤の割引現在価値

(85)
$$\Pi = \int_0^\infty \Pi_t e^{-\delta t} dt$$

を最大にするようなものとしてである．ここで，

(86)
$$\Pi_t = pX_t - C_t(X_t, V_t) - B_t(Y_t, V_t).$$

動学的に最適な径路(V_t^o, X_t^o, Y_t^o)を求めるために，森林コモンズのストックの帰属価格ψ_tが用いられる．このψ_tがわかっているとすれば，各時点tにおける森林コモンズの帰属利潤は次のように定義される．

$$H_t = \{pX_t - C(X_t, V_t) - B_t(Y_t, V_t)\} + \psi_t\{\mu(V_t) - X_t + Y_t\}.$$

各時点tで，最適な伐採および育林X_t^o，Y_t^oは，この帰属利潤が最大となるような水準に決められる．したがって，

(87)
$$p = C_X(X_t, V_t) + \psi_t,$$

(88)
$$B_Y(Y_t, V_t) = \psi_t.$$

一方，帰属価値ψ_tは，つぎの動学方程式をみたす．

$$\dot{\psi}_t - \delta\psi_t = -\frac{d}{dt}\left\{\frac{\partial H_t}{\partial V_t}\right\},$$

あるいは，

(89)
$$\dot{\psi}_t = (\delta - \mu'(V_t))\psi_t + (C_V + B_V).$$

動学的に最適な径路(V_t^o, X_t^o, Y_t^o)は，(84)，(87)，(88)，(89)をみたし，つぎの transvesality condition をみたすような，連続かつ正の帰属価格の径路(ψ_t)を見いだすことに帰着される．

(90)
$$\lim_{t\to\infty} \psi_t V_t^o e^{-\delta t} = 0.$$

動学的に最適な径路を見いだすために，まず，短期の最適問題を解こう．(87)，(88)の両式を微分して，

(91)
$$dX = \left(-\frac{C_{XV}}{C_{XX}}\right) dV - \frac{1}{C_{XX}} d\psi,$$

(92)
$$dY = \left(-\frac{B_{YV}}{B_{YY}}\right) dV - \frac{1}{B_{YY}} d\psi.$$

費用関数$C(X, V)$，$B(X, V)$にかんする仮定によって，(91)，(92)からつぎの不等式が成立することがわかる．

$$\frac{\partial X}{\partial V} > 0,\quad \frac{\partial X}{\partial \psi} < 0,$$

$$\frac{\partial Y}{\partial V} < 0,\quad \frac{\partial Y}{\partial \psi} > 0.$$

つぎに，長期定常状態(V^o, X^o, Y^o)がどのように決まるかをみる．(V^o, X^o, Y^o)はつぎの

2 つの方程式の解として得られる．

(93) $$\mu(V^o)-X^o+Y^o=0,$$

(94) $$(\delta-\mu'(V^o))\psi^o+(C_V+B_V)=0.$$

(93)，(94)式の微分をとり，(91)，(92)を代入することによって，

(95) $$\begin{pmatrix}\beta_{11} & \beta_{12}\\ \beta_{21} & \beta_{22}\end{pmatrix}\begin{pmatrix}dV^o\\ d\psi^o\end{pmatrix}=\begin{pmatrix}\dfrac{1}{C_{XX}} & 0\\ -\dfrac{C_{XV}}{C_{XX}} & -\psi\end{pmatrix}\begin{pmatrix}dp\\ d\delta\end{pmatrix},$$

ここで，

$$\beta_{11}=\frac{C_{XV}}{C_{XX}}-\frac{B_{YV}}{C_{XX}}+\mu'<0,$$

$$\beta_{12}=\frac{1}{C_{XX}}+\frac{1}{B_{YY}}>0,$$

$$\beta_{21}=\frac{C_{XX}C_{VV}-C_{XV}{}^2}{C_{XX}}+\frac{B_{YY}B_{VV}-B_{YV}{}^2}{B_{YY}}-\mu''>0,$$

$$\beta_{22}=-\frac{C_{XV}}{C_{XX}}+\frac{B_{YV}}{B_{YY}}+(\delta-\mu')>0.$$

一次方程式体系(95)の行列式 $\varDelta$ は負となる．

(96) $$\varDelta=\beta_{11}\beta_{22}-\beta_{12}\beta_{21}<0.$$

したがって，長期定常状態(V^o,ψ^o)は一意的に決まる．

市場価格 p，割引率 δ の変化が，長期定常状態における森林コモンズのストック V^o に与える影響は，一次方程式体系(95)から計算される．

$$\frac{\partial V^o}{\partial p}=\frac{1}{\varDelta}\left\{\frac{C_{XV}+B_{YV}}{B_{YY}}+(\delta-\mu')\right\}\leqq 0,\quad \frac{\partial V^o}{\partial\delta}=\frac{\beta_{12}\psi}{\varDelta}>0.$$

長期定常状態における森林コモンズのストック V^o および帰属価格 ψ^o は，動学方程式(84)，(89)にかんする phase diagram によっても調べることができる．

森林ストック V_t が定常的となるような(V_t,ψ_t)の組み合わせについて，

$$\left(\frac{d\psi}{dV}\right)_{\dot V=0}=\frac{-\beta_{11}}{\beta_{12}}>0.$$

したがって，$\dot V=0$ は，図 15-7 の AA 曲線のように，右上がりの曲線によってあらわされる．図 15-7 で，森林コモンズのストック V は横軸に沿ってはかられ，帰属価格 ψ は縦軸に沿ってはかられる．(V,ψ)が AA 曲線の右上方に位置するときには，$\dot V<0$ となり，AA 曲線の左下方に位置するときには，$\dot V>0$ となる．

つぎに，帰属価格 ψ_t が定常的となるような(V_t,ψ_t)の組み合わせを考えてみよう．

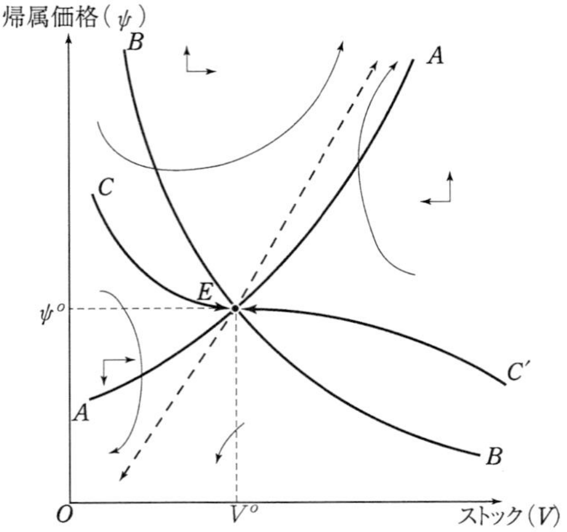

図 15-7　森林コモンズの phase diagram

$$\left(\frac{d\psi}{dV}\right)_{\dot{\psi}=0} = -\frac{\beta_{22}}{\beta_{21}} < 0.$$

このような(V_t, ψ_t)の組み合わせは，図 15-7 の BB 曲線によってあらわされる．(V, ψ)が BB 曲線の上方に位置するときには，$\dot{\psi}>0$ となり，BB 曲線の下方に位置するときには，$\dot{\psi}<0$.

したがって，動学方程式(84)，(89)の解径路(V_t, ψ_t)は，図 15-7 で，矢印のついた曲線群によってあらわされることがわかる．

長期定常状態 $E=(V^o, \psi^o)$に収斂するような 2 つの解径路 CE，$C'E$ が存在する．この解径路が，動学方程式(84)，(89)をみたし，transversality condition(90)がみたされるような唯一の解径路となる．

このとき，CEC' に対応する関数を $\psi=\psi^o(V)$によってあらわす．この関数によって動学的に最適な径路が求められる．各時点 t で，森林コモンズの帰属価格 ψ_t^o を

$$\psi_t^o = \psi^o(V_t)$$

によって決めればよい．

図 15-7 からただちにわかるように，最適な帰属価格 $\psi^o=\psi^o(V)$は森林コモンズのストック V の減少関数となる．V が大きくなると，最適な帰属価格 ψ^o は小さくなる．

これまで展開してきた分析からわかるように，市場価格が高くなると$(dp>0)$，AA 曲線は上方にシフトし，BB 曲線もまた上方にシフトするが，長期定常状態における森林コモンズのストックは減少し$(dV^o<0)$，その帰属価格は高くなる$(d\psi^o>0)$.

同じようにして，割引率が高くなると$(d\delta>0)$，BB 曲線は上方にシフトし，長期定常状態における森林コモンズのストックは減少し$(dV^o<0)$，その帰属価格も減少する$(d\psi^o<0)$.

4. 農業にかんするコモンズ

世界的に農業が現在おかれている環境は危機的な状況にある．かつては，農業は生あるものの育成に本来的な性向をもち，自然の力と調和した生活を営む雅量をもつ人々に対して，高貴な職業を提供し，同時に所得を生み出す機会もつくっていた．しかし，農業がはたしてきた，このような役割が消滅してしまってからすでに久しい．農業はまた，地下水，森林，湖沼，河川，湿地帯などという自然環境をたくみに維持しながら，人間の営みをつづけることを可能としてきた．しかし，現代社会のきびしい競争的な条件のもとで，農業がはたしてきた，自然環境の持続的利用をつづけることは不可能となってしまった．とくに，生産性が高く，またpredatory(略奪的な)性向をもつ工業部門の発展にともなって，農業部門もまた，環境破壊的，汚染的な技術，生産工程を用いざるをえなくなり，人間の生命，健康に対しても好ましくない影響を与えるようになってきた．

第二次世界大戦後，すでに50年を経過したが，その間，農業はその衰退の道を歩みつづけてきた．このことは，新古典派経済学の理念と無縁ではない．新古典派経済学は，その理論前提として，市場機構を通じておこなわれる希少資源の配分過程が社会的な観点からもっとも望ましいものであり，市場活動に対する政府の介入は基本的に排除されるべきであるという理念にもとづいている．産業構造についても，市場機構の力が自由に働いた結果として得られたものが効率的であり，かつ社会的に望ましいものであるという理念が支配していた．もちろん，幼稚産業，公共財の例はあるとしても，それはむしろ例外的，ないし緊急的な性格をもつとされてきた．市場的プロセスを通じて実現した産業構造以外に，社会的に望ましいものを想定することは，理論前提によって否定されてきた．

この，第二次大戦後，半世紀にわたって支配的であった新古典派経済学の政治思想は，農業の衰退を決定的なものとしていった．農業と工業との間の生産性格差はもともときわめて大きいものがある．しかも，工業部門では，その企業形態，組織は，もっとも大きな利潤を生み出すことができるように，自由に構成することが可能であり，規模の経済もまた大きい．それに反して，農業部門ではもともと生産性が低く，天候その他の要因にもとづく不確実性は高く，通例の意味における規模の経済は存在しない．しかも，農業については，法律あるいは慣行上，農地の所有制度，営農のあり方，組織などについてきびしい制約条件が課せられていることが多く，農業部門において生産活動に従事して，正当な利潤を得ることはきわめて困難な制度的環境が存在している．

このことはとくに，日本農業の場合深刻である．法制的にも，慣行的にも，日本で農業を営むことに対してとくにきびしい制約条件が課せられているからである．日本農業が現在おかれている状況を規定するのは1961年に制定された農業基本法である．農業基本法は，農地法，農業協同組合法，農事組合法人法など数多くの農業関係の規制的法律とともに，過去40年間にわたって日本農業のあり方を規定し，その衰退に対して決定的な役割をはたしてきた．農業基本法は，農地所有にかんしてきびしい限定的な条件をもうけ，農業を営む経済的主体を原則として個々の自営農家に限定した．しかも，農民たちが集まって協力的な営みをおこなうことに対して禁止的に近いような制約条件をもうけた．その上，農民の生産物を販売する自由もまた大幅に限定され，生産のために必要な種子，肥料農薬，さらに農業機械などの生産要素の購入についても，農業協同組合による搾取的介入を許した．ときとしては，農民の生活資糧の購入についても農業協同組合は介入をおこない，金融，信用活動にかんしても，独占的な役割をはたすこともまれではなかった．

農業基本法をはじめとして，これらの諸制度は，工業ないし商業部門の略奪的行為に対して，農民を保護するという名目がとられていたが，究極的には，日本農業の衰退にいっそうの拍車をかけ，現在の悲惨な状況を必然なものとするという結果を生み出してしまった．

この節では，農業のもつ技術的，環境的，市場的，諸条件のもとで，農業を営むためにもっとも望ましい経営組織はどのような形態をもつか，またその行動的規範は如何にあるべきかという問題を考察するための理論的枠組みを構築することを試みたい．それは自然的，社会的環境を持続的に維持しながら，同時に市場経済のなかで持続的に維持することができるような農業のあり方を模索することをも意味する．

分析的枠組みは，これまで展開してきた漁業コモンズ，森林コモンズの場合と同じ性格をもつ．しかし，農業の場合については，静学的にも，動学的にも，その外部性は，外部不経済ではなく，もっぱら外部経済の形をとることに対して分析の焦点がおかれる．

さらに，農業の場合については，自然環境の他に，灌漑施設その他のインフラストラクチャー，さらには農村という形態で，農業の私的な生産性を高め，安定化する社会的，制度的装置のはたす役割が大きい．農業に直接関わりをもつ，これらの社会的共通資本の集まりが，農業コモンズの中心を形成している．農業活動は，これら，農業コモンズを形成する社会的共通資本から生み出されるサービスを利用しておこなわれる．と同時に，農業活動によって，これらの社会的共通資本のストックは消耗する．動学的に最適な農業活動のパターンを求めるためには，農業活動によって得られる直接的な便宜と，それによって惹き起こされる農業コモンズの社会的共通資本の消耗にともなう損失をどのようにバランスさせるかという問題を解かなければならない．

農業コモンズについての，動学的最適性と持続可能性とにかんする分析は，一般に社会的共通資本の動学的分析にそのまま適用される．

農業コモンズの理論モデル

農業コモンズは，特定の農民から構成される 1 つの村落共同体と，明確に定義された一定の農耕地から構成される．コモンズを構成する農民たちは，その農地に対する耕作権を排他的に所有している．しかし，農地の所有関係にかんしては，私有の場合もあり，またコモンズ全体でその使用権をもつ場合もある．農業コモンズはまた，農業に従事し，生活を営むために必要なさまざまな社会的共通資本を所有するか，あるいはそのサービスを利用する権利をもつ．

この節では，きわめて単純化された農業コモンズを考察する．すなわち，農作物は 1 種類だけとし，同質的な生産物として生産されるとする．また，農業活動の生産要素は労働だけとし，同質的であると仮定する．

コモンズの農民を generic に j であらわす．農民 j が生産する農作物の量 X_j は，その労働時間 L_j によって決められる．

$$X_j = F_j(L_j),$$

ここで，生産関数 $F_j(\cdot)$ はつぎの諸条件をみたすと仮定する．

$$F_j(L_j) > 0,\ \ F_j'(L_j) > 0,\ \ F_j''(L_j) < 0,\ \ \text{for all}\ \ L_j > 0.$$

農業の生産性は，コモンズが使うことのできる農地の広さ，質に依存するだけでなく，灌漑施設をはじめとするさまざまな社会的共通資本によって大きく左右される．いま単純化のために，コモンズの支配している農地，コモンズが利用することのできる社会的共通資本を一緒にして，ある 1 つの尺度ではかることができると仮定する．このとき，生産関数 $F_j(\cdot)$ はつぎのような形をしていると仮定してよいであろう．

(97)
$$X_j = F_j(L_j, X, V).$$

ここで，X はコモンズの全生産量をあらわす．

(98)
$$X = \sum_j X_j.$$

コモンズが利用できる農地や社会的共通資本にかんしては，限界生産逓減の法則が妥当していると考えられるから，

(99)
$$F_{jXV} < 0,\ \ F_{jVV} < 0.$$

他方，農業コモンズにおける農業活動にかんしては，外部経済性がみられるのが一般的である．

(100)
$$F_{jX} > 0,\ \ F_{jL_jX} > 0.$$

生産関数 (97) はさらに，つぎの標準的な条件をみたすと仮定する．

(101)
$$F_{jL_j} > 0,\ \ F_{jV} > 0.$$

$F_j(L_j, X, V)$ は (L_j, X, V) にかんして concave な関数で，

(102) $$F_{jL_jL_j} < 0,\ F_{jXX} < 0,\ F_{jVV} < 0.$$

農業コモンズのキャパシティは，農業活動によって減耗し，しかも，その影響は農業活動の水準の上昇にともなって逓増的であると考えられる．

(103) $$\mu(X, V) > 0,\ \mu_X > 0,\ \mu_V > 0.$$

さらに $\mu(X, V)$ は (X, V) にかんして convex な関数であると仮定する．

(104) $$\mu_{XX} > 0,\ \mu_{VV} > 0,\ \mu_{XX}\mu_{VV} - \mu_{XV}^2 > 0.$$

また，全生産量 X が一定のとき，μ_X は農業コモンズのキャパシティ V の増加にともなって減少すると仮定してもよいであろう．

(105) $$\mu_{XV} < 0.$$

農業コモンズのキャパシティ V は，労働その他の希少資源の投下によって大きくすることができる．キャパシティを Y だけ増加するために必要な投資 B はつぎのような関数関係であらわされるとする．

(106) $$B = B(Y, V).$$

ここで，コモンズのキャパシティの増加に対する投資額 Y は賃金単位ではかられるとし，Uzawa (1969) で導入されたような形でのペンローズ効果が存在すると仮定する．すなわち，

(107) $$B(Y, V) > 0,\ B_Y > 0,\ B_V > 0,$$

$B(Y, V)$ は (Y, V) にかんして convex な関数で，

(108) $$B_{YY} > 0,\ B_{VV} > 0,\ B_{YY}B_{VV} - B_{YV}^2 > 0.$$

コモンズのキャパシティ V_t の時間的変化はつぎの基本的動学方程式によってあらわされる．

(109) $$\dot{V}_t = Y_t - \mu(X_t, V_t).$$

ここで，コモンズの初期条件は V_0 で，各時点 t における全生産量 X_t は

(110) $$X_t = \sum_j X_{jt}$$

によって与えられる．

各時点 t でコモンズに帰属する全利潤 Π_t は，

(111) $$\Pi_t = pX_t - L_t - B_t,$$

ここで，p は生産物の市場価格（賃金単位ではかって）で，一定水準に保たれると仮定し，L_t はコモンズ全体の労働時間とし，

(112) $$L_t = \sum_j L_{jt},\ X_{jt} = F_j(L_{jt}, X_t, V_t),$$

B_t は投資額である．

農業コモンズを構成する村は恒久的な組織であって，短期の利潤よりむしろ長期間にわたる利潤を求める．

動学的に最適な時間径路 (X_{jt}, X_t, B_t, V_t) は，全将来にわたる利潤の割引現在価値

(113) $$\Pi = \int_0^\infty \Pi_t e^{-\delta t}\, dt$$

をコモンズのストックの初期条件 V_0 のもとで feasible な径路 (X_{jt}, X_t, B_t, V_t) のなかで最大にするような径路である．ここで，割引率 δ は，賃金の上昇率に対する期待で，一定であると仮定する．

動学的最適性の問題はこのように，変分法の問題として定式化され，これまで展開してきた分析をそのまま適用することができる．しかし，農業コモンズの場合には，(99)，(100)式によって定義される外部経済性が仮定されているので，分析方法についても，結論についても若干の修正を必要とする．

統合費用関数

統合費用関数を導き出すために，市場が完全競争的である場合を考えよう．市場価格が p のとき，農民 j の利潤は，

$$\Pi_j = pX_j - L_j,\quad X_j = F_j(L_j, X, V)$$

によって与えられる．ここで，X はコモンズの全生産量である．

(114) $$X = \sum_j X_j.$$

農民 j の利潤が最大となるのは，かれの労働の限界生産が賃金/価格比に等しいときである．すなわち，

(115) $$pF_{jX_j}(L_j, X, V) = 1.$$

X，V の値が与えられているとき，限界条件(115)を解いて，農民 j の費用関数

(116) $$L_j = C_j(X_j, X, V)$$

が得られる．ここで市場価格 p はパラメータとして取り扱われている．

このようにして導き出された費用関数(116)が (X_j, X, V) にかんして convex な関数となることは，生産関数 F_j にかんする前提条件(101)，(102)を使って，つぎのようにして検証される．

農民 j の費用関数はつぎのように特徴づけられる．

$$C_j = C_j(X_j, X, V) \iff X_j = F_j(C_j, X, V).$$

個別的な農民の費用関数 $C_j(X_j, X, V)$ が (X_j, X, V) にかんして convex な関数となるために必要にして十分な条件はつぎのようにあらわされる．

(117) $$C_j\{(1-\theta)X_j^0 + \theta X_j^1,\ (1-\theta)X^0 + \theta X^1,\ (1-\theta)V^0 + \theta V^1\}$$
$$\leqq (1-\theta)C_j(X_j^0, X^0, V^0) + \theta C_j(X_j^1, X^1, V^1),$$
$$(X_j^0, X^0, V^0) \neq (X_j^1, X^1, V^1),\quad 0 \leqq \theta \leqq 1.$$

また，費用関数 $C_j(X_j, X, V)$ が (X_j, X, V) にかんして厳密な意味で convex な関数となるた

めに必要にして十分な条件は，$(X_j^0, X^0, V^0) \neq (X_j^1, X^1, V^1)$ のときには必ず，(117)が不等号 $<$ で成立するときである．

任意の(X_j^0, X^0, V^0)，(X_j^1, X^1, V^1)に対して，

$$X_j^\theta = (1-\theta)X_j^0 + \theta X_j^1,\quad X^\theta = (1-\theta)X^0 + \theta X^1,$$
$$V^\theta = (1-\theta)V^0 + \theta V^1 \qquad (0 \leqq \theta \leqq 1)$$

とする．

もし $C_j^0 = C_j(X_j^0, X^0, V^0)$，$C_j^1 = C_j(X_j^1, X^1, V^1)$ ならば，$X_j^0 = F_j(C_j^0, X^0, V^0)$，$X_j^1 = F_j(C_j^1, X^1, V^1)$．

生産関数 $F_j(L_j, X, V)$ は(L_j, X, V)にかんして concave であると仮定しているから，

$$F_j(C_j^\theta, X^\theta, V^\theta) \geqq (1-\theta)F_j(C_j^0, X^0, V^0) + \theta F_j(C_j^1, X^1, V^1),$$
$$C_j^\theta = (1-\theta)C_j^0 + \theta C_j^1.$$

したがって，

$$F_j(C_j^\theta, X^\theta, V^\theta) \geqq (1-\theta)X_j^0 + \theta X_j^1,$$
$$C_j^\theta = (1-\theta)C_j^0 + \theta C_j^1 \geqq C_j(X_j^\theta, X^\theta, V^\theta).$$

同じようにして，生産関数 $F_j(L_j, X, V)$ が(L_j, X, V)にかんして厳密な意味で concave のとき，費用関数 $C_j(X_j, X, V)$ が(X_j, X, V)にかんして厳密な意味で convex となることを示すことができる．

統合費用関数 $C(X, V)$ はつぎのように定義される．

$$C(X, V) = \min\left\{\sum_j C_j(X_j, X, V) : \sum_j X_j \geqq X\right\}. \tag{118}$$

個別的な費用関数 $C_j(X_j, X, V)$ が(X_j, X, V)にかんして convex であるから，(118)式で定義された統合費用関数 $C(X, V)$ も(X, V)にかんして convex となる．

(X^0, V^0)，(X^1, V^1)が与えられたとき，つぎのように定義する．

$$X^\theta = (1-\theta)X^0 + \theta X^1,\quad V^\theta = (1-\theta)V^0 + \theta V^1 \quad (0 \leqq \theta \leqq 1).$$

統合費用関数の定義(118)で(X^0, V^0)，(X^1, V^1)に対応して，全費用を最小にするような農業活動の水準をそれぞれ(X_j^0)，(X_j^1)であらわす．すなわち，

$$C(X^0, V^0) = \sum_j C_j(X_j^0, X^0, V^0),\quad \sum_j X_j^0 = X^0,$$
$$C(X^1, V^1) = \sum_j C_j(X_j^1, X^1, V^1),\quad \sum_j X_j^1 = X^1.$$

このとき，

$$X_j^\theta = (1-\theta)X_j^0 + \theta X_j^1$$

とすれば，

$$\sum_j X_j^\theta = X^\theta.$$

したがって，統合費用関数 $C(X, V)$ の定義(118)によって

(119) $$C(X^\theta, V^\theta) \leqq \sum_j C_j(X_j^\theta, X^\theta, V^\theta).$$

他方，個別的な費用関数 $C_j(X_j, X, V)$ の convexity によって，

$$C_j(X_j^\theta, X^\theta, V^\theta) \leqq (1-\theta)C_j(X_j^0, X^0, V^0) + \theta C_j(X_j^1, X^1, V^1).$$

ここに(119)式を代入して，

$$C(X^\theta, V^\theta) \leqq (1-\theta)C(X^0, V^0) + \theta C(X^1, V^1),$$

すなわち，$C(X, V)$ が(X, V)にかんして convex であることが示された．

同じようにして，生産関数 $F_j(L_j, X, V)$ が(L_j, X, V)にかんして厳密な意味で concave であるときには，統合費用関数 $C(X, V)$ も(X, V)にかんして厳密な意味で convex になることが示される．

個別的な生産関数(X, V)にかんする(99)-(102)の仮定から，費用関数 $C_j(X_j, X, V)$にかんするつぎの性質が導き出される．

$$C_j > 0,\ C_{jX_j} > 0,\ C_{jX} < 0,\ C_{jV} < 0,$$

$$C_{jX_jX_j} > 0,\ C_{jXX} > 0,\ C_{jVV} > 0,$$

$$C_{jX_jX} < 0,\ C_{jX_jV} < 0,\ C_{jXV} < 0.$$

統合費用関数 $C(X, V)$についてもつぎの性質がみたされていることが容易に示される．

(120) $$C(X, V) > 0,\quad C_X < 0,\quad C_V < 0,$$

(121) $$C_{XX} > 0,\quad C_{VV} > 0,\quad C_{XV} = C_{VX} < 0,$$

(122) $$C_{XX}C_{VV} - C_{XV}{}^2 \geqq 0.$$

統合費用関数 $C(X, V)$を導き出すために，通例はラグランジュの方法を用いる．つぎのラグランジュ形式を考える．

(123) $$L((X_j), \lambda) = \sum_j C_j(X_j, X, V) + \lambda\Big(X - \sum_j X_j\Big).$$

ここで λ は制約条件

$$\sum_j X_j \geqq X$$

に対応するラグランジュ乗数である．

農業活動の最適水準(X_j^o)は，non-negative のラグランジュ乗数 λ^o で$((X_j^o), \lambda^o)$がラグランジュ形式(123)の鞍点になるようにとればよい．すなわち，

$$L((X_j), \lambda^o) \geqq L((X_j^o), \lambda^o) \geqq L((X_j^o), \lambda),\ \text{for all } (X_j), \lambda \geqq 0.$$

したがって，つぎの限界条件が成立する．

(124) $C_j(X_j^o, X, V) \leqq \lambda^o$　　[$X_j^o > 0$ のときは等号で成立する],

(125) $\sum_j X_j^o \geqq X$ [$\lambda^o > 0$ のときは等号で成立する].

以下の分析では，(124)，(125)は常に等号で成立していると仮定して議論を進める．これは，$X > 0$，かつ X_j が 0 に近づくとき，各農民 j の限界費用が 0 に近づくか，あるいは無限大に近づく場合には成立する．一般の場合の証明も容易である．

各農民の限界費用と統合費用関数にかんする限界費用との間にどのような関係が存在するのかをまずみてみよう．統合費用関数

$$C(X, V) = \sum_j C_j(X_j^o, X, V)$$

を微分して，

(126) $$dC = \sum_j \{C_{jX_j} dX_j^o + C_{jX} dX + C_{jV} dV\}.$$

ここで，(125)式を代入して，

(127) $$\sum_j dX_j^o = dX.$$

(124)式を(126)式に代入して，(127)式を考慮すれば，

$$dC = \left(\lambda^o + \sum_j C_{jX}\right) dX + \sum_j C_{jV} dV.$$

したがって，

(128) $$\frac{\partial C}{\partial X} = \lambda^o - MSB$$

ここで，

(129) $$MSB = \sum_j (-C_{jX})$$

は，農業活動にかんする社会的限界便益(marginal social benefits)に対応する．

農業コモンズでの農業活動にともなう外部経済の現象は，(100)，(120)によってあらわされ，他方，$(-C_{jX})$は，コモンズ全体の農業活動の水準が限界的に高くなったときに，個別的な農民 j の受け取る限界的便益の大きさをあらわす．(129)式で定義された MSB は，コモンズ全体の農業活動の水準が限界的に高くなったときのコモンズ全体の受ける限界的便益をあらわす．

(128)式は，統合費用関数にかんする限界費用と私的限界費用 λ^o との乖離は社会的限界便益 MSB に等しいことをあらわす．したがって，コモンズの農業活動が短期の最適条件をみたすためには，コモンズの各農民が，その生産物1単位当たりに対して社会的限界便益 MSB に等しい補助的支払いを受けるような制度的条件を準備することが必要となってくる．つぎに，この命題をよりくわしく分析することにしよう．

農業コモンズのストック V が所与で一定であるとする．短期の農業活動のパターン(X_j)はつぎの最大問題の解として決まってくる．

コモンズの全利潤

$$\Pi = \sum_j \{pX_j - C_j(X_j, X, V)\} \tag{130}$$

を，制約条件

$$X = \sum_j X_j \tag{131}$$

のもとで最大にするような農業活動のパターン(X_j)を求めよ．

この最大問題と，上に議論してきた統合費用関数を用いたアプローチとの関連を明らかにしよう．

制約条件(131)にかんするラグランジュ乗数を λ とし，つぎのラグランジュ形式を考える．

$$L((X_j), X ; \lambda) = \sum_j \{pX_j - C_j(X_j, X, V)\} + \lambda\Big(\sum_j X_j - X\Big).$$

最適な農業活動のパターン(X_j^o)とコモンズの全産出量 X^o とは，つぎの限界条件の解として求められる．

$$\begin{aligned} & C_{jX_j} = p + \lambda, \\ & \sum_j X_j^o = X^o, \\ & \lambda = \sum_j (-C_{jX}) = MSB. \end{aligned} \tag{132}$$

限界条件(132)は，各農民にとって最適な農作物の水準 X_j^o は，社会的限界便益 MSB に等しい補助金が産出量 1 単位当たり支払われるときに得られることを示している．

統合費用関数 $C(X, V)$ についてみれば，短期の最適水準 X^o はつぎの条件から求められる．

$$C_X(X^o, V) = p.$$

帰属価格と動学的最適性

農業コモンズについて，動学的に最適な農業活動のパターンの時間的径路は，漁業コモンズ，森林コモンズの場合と同じように，帰属価格の概念を使って求めることができる．

コモンズのストック V_t の時間的変化はつぎの微分方程式であらわされる．

$$\dot{V}_t = Y_t - \mu(X_t, V_t), \quad V_0 = V^0, \tag{133}$$

ここで，Y_t は投資活動によって増加したコモンズのストック，$\mu(X_t, V_t)$は，コモンズの全生産量が X_t のときのコモンズのストック V_t の減耗をあらわす．

コモンズのストック V_t を Y_t だけふやすために必要な投資額を B_t であらわし，つぎのような関数関係が成立すると仮定する．

$$B_t = B(Y_t, V_t),$$

ここで $B(Y, V)$ は(107)，(108)をみたすとする．

コモンズのストックの減耗関数 $\mu(X, V)$ は(103)，(104)，(105)をみたす．さらに，農業活動にかんする経常的費用は統合費用関数 $C(X, V)$ によって表現される．$C(X, V)$ について，(120)，(121)，(122)がみたされる．

このとき，各時点 t での利潤 Π_t は

$$\Pi_t = pX_t - B(Y_t, V_t) - C(X_t, V_t) \tag{134}$$

によって与えられる．ここで，市場価格 p は一定と仮定する．

資源配分の時間的径路 (Y_t, X_t, V_t) が動学的に最適であるというのは，利潤の割引現在価値

$$\Pi = \int_0^\infty \Pi_t e^{-\delta t} dt, \tag{135}$$

を feasible な径路のなかで最大にするときである．

農業コモンズのストック V_t の帰属価格を ψ_t であらわし，コモンズの帰属実質所得を

$$H_t = \{pX_t - B(Y_t, V_t) - C(X_t, V_t)\} + \psi_t\{Y_t - \mu(X_t, V_t)\} \tag{136}$$

によって定義する．

各時点 t で，コモンズの全生産量 X_t および投資額 Y_t が短期的に最適であるのには，(136)で定義された帰属価格 H_t を最大にするときである．したがって，(136)式を Y_t，X_t について微分して，

$$B_Y = \psi_t, \tag{137}$$

$$C_X + \psi\mu_X = p. \tag{138}$$

(137)式は，コモンズのストックに対する投資の最適水準 Y_t では，投資の限界費用 B_Y が，帰属価格 ψ_t に等しいことを意味する．(138)式の左辺は，コモンズの農業活動に関連する社会的限界費用，すなわち経常費用の限界的増加 (C_X) とコモンズのストックの減耗の限界的増分 $(\psi_t\mu_X)$ の和をあらわし，短期の最適配分を達成するためには，社会的限界費用が市場価格 p に等しくなることを意味する．

最適条件(138)を個別的な費用関数 $C_j(X_j, X, V)$ を使ってあらわすと，つぎのようになる．

$$C_{jX_j} = p + MSB - \psi\mu_X. \tag{139}$$

(139)式が意味するところはつぎの通りである．個々の農民の農業活動にかんし，コモンズの中で希少資源の配分が短期的な観点から最適となるためには，各農民に，生産高に応じて，1単位当たり社会的限界便益 MSB に等しい額の補助金を交付し，コモンズのストックの減耗分の価値 $\psi_t\mu_X$ に等しい額を賦課することが必要となる．

コモンズのストックの帰属価格 ψ_t は，漁業コモンズ，森林コモンズの場合と同じようにして決めることができる．帰属価格 ψ_t の定義からただちにつぎの関係式が成立することがわかる．

(140)
$$\psi_t = \int_t^{\infty} \{-B_V(\tau) - C_V(\tau)\} \exp\left(-\int_t^{\tau} {}^{(\delta+\mu_V(v))dv} d\tau\right),$$

ここで，混乱を避けるために，積分変数を(τ)であらわす．

(140)式の両辺を微分して，

(141)
$$\dot{\psi}_t = (\delta + \mu_V)\psi_t + (B_V + C_V).$$

動学的な観点から最適な時間的径路(Y_t^o, X_t^o, V_t^o)を求めるためには，正値をとり，連続な帰属価格 ψ_t で，2つの基本的な微分方程式(133)，(141)をみたし，transversality condition

(142)
$$\lim_{t\to\infty} \psi_t V_t^o e^{-\delta t} = 0$$

をみたすようにすればよい．

微分方程式体系(133)，(141)の解の構造を調べるために，投資 Y_t，農業活動 X_t の最適水準が，コモンズのストック V_t，帰属価格 ψ_t の変化に対応してどう変わるかをみてみよう．

(137)，(138)の両辺の微分をとり，dY，dX について解けば，

(143)
$$dY = -\frac{B_{YV}}{B_{YY}} dV + \frac{1}{B_{YY}} d\psi,$$

(144)
$$dX = -\frac{C_{XV} + \psi\mu_{XV}}{C_{XX} + \psi\mu_{XX}} dV - \frac{\mu_X}{C_{XX} + \psi\mu_{XX}} d\psi.$$

これまでに仮定してきたことから

$$B > 0,\ B_Y > 0,\ B_V > 0,\ B_{YY} > 0,\ B_{YV} > 0,\ B_{VV} > 0,$$
$$C > 0,\ C_X > 0,\ C_V < 0,\ C_{XX} > 0,\ C_{XV} < 0,\ C_{VV} > 0,$$
$$\mu > 0,\ \mu_X > 0,\ \mu_V < 0,\ \mu_{XX} > 0,\ \mu_{XV} < 0,\ \mu_{VV} > 0,$$

したがって，

(145)
$$Y_V = \frac{\partial Y}{\partial V} < 0,\quad Y_\psi = \frac{\partial Y}{\partial \psi} > 0,$$
$$X_V = \frac{\partial X}{\partial V} > 0,\quad X_\psi = \frac{\partial X}{\partial \psi} < 0,$$
$$Y_\psi = -\frac{1}{B_{YV}} Y_V,\quad X_\psi = \frac{\mu_X}{C_{XV} + \psi\mu_{XV}} X_V.$$

つぎに，基本的微分方程式体系(133)，(141)の定常状態(V^o, ψ^o)を調べることにしよう．(133)，(141)を単純化した形に書き直しておこう．

(146)
$$\begin{cases} \dot{V} = Y - \mu(X, V), \\ \dot{\psi} = (\delta + \mu_V) + (B_V + C_V). \end{cases}$$

定常状態(V^o, ψ^o)はつぎの2つの方程式によって特徴づけられる．

(147)
$$\begin{cases} Y - \mu(X, V) = 0, \\ (\delta + \mu_V) + (B_V + C_V) = 0. \end{cases}$$

(147)の2つの両辺の微分をとれば，

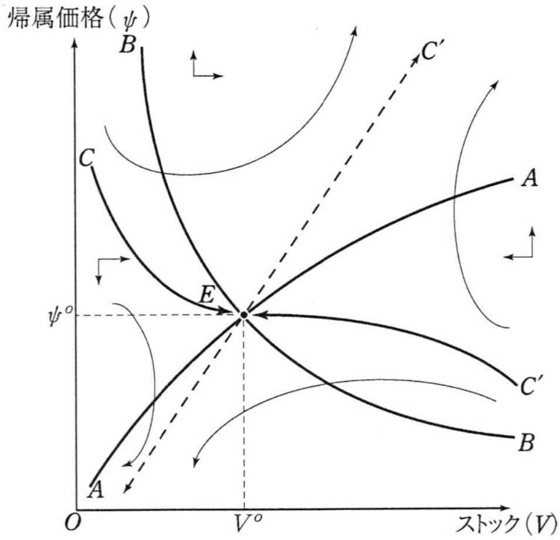

図 15-8　農業コモンズの phase diagram

(148)
$$\begin{pmatrix}\beta_{11} & \beta_{12}\\ \beta_{21} & \beta_{22}\end{pmatrix}\begin{pmatrix}dV\\ d\psi\end{pmatrix}=\begin{pmatrix}0\\ 0\end{pmatrix},$$

ここで，

$$\beta_{11}=Y_V-\mu_X X_V-\mu_V<0,$$
$$\beta_{12}=Y_\psi-\mu_X X_\psi>0,$$
$$\beta_{21}=B_{YV}Y_V+(C_{XV}+\psi\mu_{XV})X_V+(B_{VV}+C_{VV}+\psi\mu_{VV}),$$
$$\beta_{22}=\delta+\mu_V+B_{YV}Y_\psi+(C_{XV}+\psi\mu_{XV})X_\psi,$$

(145)式を使って，

$$\beta_{11}+\beta_{22}=\delta>0,$$
$$\varDelta=\beta_{11}\beta_{12}-\beta_{12}\beta_{21}=\beta_{11}\delta-\beta_{12}(B_{VV}+C_{VV}+\psi\mu_{VV})$$
$$+\frac{1}{X}\left\{\mu_X+\frac{C_{XV}+\psi\mu_{XV}}{B_{YV}}\right\}^2 Y_\psi X_\psi-\mu_V(\mu_V-2Y_V+\mu_X X_V)<0.$$

したがって，定常状態(V^o, ψ^o)は一意的に決まり，微分方程式体系(146)の特性根はどちらも実数で，1つは負，他の1つは正で，しかも負根の絶対値は，正根の値より大きい．微分方程式体系(146)の解径路は，図 15-8 に示されるような構造をもつ．

コモンズのストック V が定常的$(\dot{V}=0)$となるような(V, ψ)の組み合わせは，右上がりの AA 曲線によってあらわされる．もし(V, ψ)が AA 曲線の右上方に位置しているときには$(\dot{V}<0)$となり，左下方に位置しているときには$(\dot{V}>0)$となる．

他方，帰属価格 ψ が定常的$(\dot{\psi}=0)$となるような(V, ψ)の組み合わせは，図 15-8 の BB 曲線によってあらわされる．もし(V, ψ)が BB 曲線の上方に位置していれば$(\dot{\psi}>0)$となり，下方に位置しているとすれば$(\dot{\psi}<0)$となる．したがって，微分方程式体系(146)の解径路は，図 15

-8 で，矢印のついた曲線群によってあらわされるような構造をもつ．図 15-8 からただちにわかるように，定常点 $E=(V^o, \psi^o)$ に収斂するような 2 つの解径路 CE，CE' が存在する．この 2 つの収斂解について，transversality condition(142) がみたされることは容易にわかるであろう．

コモンズにおける資源配分が動学的に最適となるのは，各時点 t で帰属価格 ψ_t^o が

$$\psi_t^o = g(V_t)$$

となる場合である．ここで，$\psi=g(V)$ は収斂解 CE，$C'E$ に対応する関数である．

コモンズのストック V が増加すると，その帰属価格 ψ が減少することは，図 15-8 からただちにわかるであろう．市場価格 p あるいは割引率 δ の変化が及ぼす影響も図 15-8 から容易に調べることができる．

5. おわりに

この章では，漁業，森林，農業のコモンズについて，静学的および動学的外部性に焦点を当てながら，その動学的インプリケーションを分析した．その基本的な分析手法は，Ramsey, Koopmans, Cass, Mäler などによって展開された動学的最適配分の理論あるいは最適経済成長の理論であった．とくに分析の重点がおかれたのは，環境資源の帰属価格のはたす役割についてであった．

動学的に最適な資源配分のプロセスにおける静学的外部性のインプリケーションを解明し，動学的最適性が実現されるためには，どのような制度的，政策的条件が要請されるかについて簡単にふれた．コモンズの自然資源，あるいは社会的共通資本一般にかんして，その管理が，どのような社会的組織によってどのような行動基準にしたがってなされたときに，動学的な観点から最適な資源配分が実現できるかについて理論的な考察を加えたが，それはあくまでも序論的性格を超えるものではない．

参考文献

Berkes, F. (1989). *Common Property Resources: Ecology and Community-Based Sustainable Development*, ed., London: Balhaven Press.

Cass, D. (1965). "Optimum Growth in an Aggregative Model of Capital Accumulation," *Review of Economic Studies* **32**, 233-240.

Clark, C. W. (1973). "The Economics of Over-Exploitation," *Science* **181**, 630-634.

——(1990). *Mathematical Bioeconomics: The Optimal Management of Renewable Resources,*

Second Edition, New York : John Wiley.

Clark, C. W., and G. R. Munro (1975). "The Economics of Fishing and Modern Capital Theory," *Journal of Environmental Economics and Management* **2**, 92-106.

Crutchfield, J. A., and A. Zellner (1962). *Economic Aspect of the Pacific Halibut Fishery*, Washington, D. C.: US Government Printing Office.

Demsetz, H. (1967). "Toward a Theory of Property Rights," *American Economic Review* **62**, 347-359.

Furubotn, E. H., and S. Pejovich (1972). "Property Rights and Economic Theory: A Survey of Recent Literature," *Journal of Economic Literature* **10**, 1137-62.

Godwin, R. K., and W. B. Shepard (1979). "Forcing Squares, Triangles, and Ellipses into a Circular Paradigm: The Use of the Commons Dilemma in Examining the Allocation Common Resources," *Western Political Quarterly* **32**, 265-277.

Gordon, H. S. (1954). "The Economic Theory of a Common Property Resources : The Fishery," *Journal of Political Economy* **62**, 124-142.

Hardin, G. (1968). "The Tragedy of the Commons," *Science* **162**, 1243-48.

Johansson, P.-O., and K.-G. Löfgren. (1985). *The Economics of Forestry and Natural Resources*, Oxford and New York : Basil Blackwell.

Koopmans, T. C. (1965). "On the Concept of Optimum Economic Growth," *Semaine d'Etude sur le Rôle de l'Analyse Ênomērique dans la Formulation de Plans de Development*, 225-287.

Lloyd, W. F. (1833). "On the Checks to Population". Reprinted in *Managing the Commons*, edited by G. Hardin and J. Baden, San Francisco : W. H. Freeman, 1977, 8-15.

Mäler, K.-G. (1974). *Environmental Economics : A Theoretical Inquiry*, Baltimore and London : The Johns Hopkins University Press.

McCay, B. J., and J. M. Acheson (1987). *The Question of the Commons: The Culture and Economy of Communal Resources*, eds., Tuscon : The University of Arizona Press.

Pigou, A. C. (1925). *The Economics of Welfare*, London : Macmillan.

Plourde, C. G. (1970). "A Simple Model of Replenishable Natural Resource Exploitation," *American Economic Review* **60**, 518-522.

Ramsey, F. P. (1928). "A Mathematical Theory of Saving," *Economic Journal* **38**, 543-559.

Schaefer, M. B. (1957). "Some Considerations of Population Dynamics and Economics in Relation to the Management of Commercial Marine Fisheries," *Journal of the Fisheries Research Board of Canada* **14**, 669-681.

Scott, A. D. (1955). "The Fishery : The Objectives of Sole Ownership," *Journal of Political Economy* **63**, 116-124.

Smith, M. E. (1984). "The Tragedy of the Commons," Paper Presented at the Annual Meeting of the Society for Applied Anthropology, Toronto.

Tahvonen, O. (1991). "On the Dynamics of Renewable Resource Harvesting and Population Control," *Environmental and Resource Economics* **1**, 97-117.

Uzawa, H. (1969). "Time Preference and the Penrose Effect in a Two-Class Model of Economic

Growth," *Journal of Political Economy,* Vol. 77, 628–652.

——(1974). "Sur la théorie économique du capital collectif social," *Cahier du Séminaire d'Éonometrie*, 103–122. Translated in *Preference, Production, and Capital : Selected Papers of Hirofumi Uzawa*, New York and Cambridge : Cambridge University Press,. 1988, 340–362.

——(1991a). "Global Warming : The Pacific Rim," in *Global Warming : Economic Policy Responses*, edited by R. Dornbusch and J. M. Poterba, Cambridge and London : MIT Press, 275–324.

——(1991b). "*Rerum Novarum* Inverted : Abuses of Capitalism and Illusions of Socialism," *Rivista di Politica Economica* **81**(4), 19–31.

——(1998). "Toward a General Theory of Social Overhead Capital," in *Markets, Information, and Uncertainty*, edited by G. Chichilinsky, New York and Cambridge : Cambridge University Press, 1998, pp. 253–304.

——(2004). *Economic Theory and Global Warming*, New York and Cambridge : Cambridge University Press.

Wicksell, K.(1901). *Föreläsningar i Nationalekonomi, Häfte 1, Gleerups*, Lund. Translated by E. Classen, as *Lectures on Political Economy*, 2vols, London : Routledge and Kegan Paul, 1934 –35.

第16章　社会的共通資本とリンダール均衡

本章では，社会的共通資本の存在が，希少資源の配分のプロセスとどのような形でかかわるかについて考察する．はじめに，社会的共通資本のストックが所与として，静学的な場合をもっぱら取り上げることにする．まず，社会的共通資本から生み出されるサービスが社会的な観点から最適(optimum)となるための条件を分析する．ついで，社会的な観点から最適な(social optimum)資源配分と準競争均衡(quasi-competitive equilibrium)における資源配分との間には，どのような関係が存在するかを明らかにする．つづいて，生産可能集合と選好関係にかんする新古典派的諸条件がみたされているとき，リンダール均衡が必ず存在することを証明する．さらに，社会的共通資本のストックを選択することが可能であるとして，社会的な観点から最適な社会的共通資本のストックという概念を考察し，社会的な観点から最適な社会的共通資本のストックと準競争均衡における資源配分との間の関係を明らかにする．

また，社会的共通資本のストックの長期定常状態における水準が，選好関係，生産にかんする技術的な条件，そして生産要素の賦与量(endowments of factors of production)が決まってくる一般的な状況を考えたとき，リンダール均衡の概念をどのように導入したらよいかという問題を考察する．

最後に，第4章で展開した，世代間を通じて公正な資源配分(intergenerationally equitable allocation of resources)が，社会的共通資本の存在を仮定するとき，どのような結果を生み出すかを考察したい．

1. はじめに

社会的共通資本の概念はもともと，経済発展の過程における自然環境のはたすcrucialな機能を効果的にとらえ，同時に，社会的インフラストラクチャー(social infrastructure)のマネージメントを整合的に分析するための理論的枠組みを構築するために導入された．

社会的共通資本の概念は，サミュエルソンの公共財と本質的に異なる．新古典派の経済理論における公共財の概念は，サミュエルソン[Samuelson(1954)]によって導入された．社会的共通資本の概念を最初に導入したのは，Uzawa(1974)であったが，その後，環境破壊，地球温暖化の問題を考察するために，Uzawa(1992, 1995, 1998)で拡張された．この点については，これまでの各章でくわしく述べてきた通りである．

社会的共通資本の概念は，サミュエルソンの公共財と，つぎの2つの点で異なる．第1に，経済を構成する経済主体は，社会的共通資本のサービスをどれだけ使うかを，それぞれの主観的選好関係にもとづいて，最大の効用が得られるように，主体的に決めることができる．このとき，各経済主体は，社会的共通資本のサービスに対して，決められた価格にもとづいて使用料金を支払う．第2に，社会的共通資本のサービスにともなって，混雑(congestion)がみられる．すなわち，各経済主体が，社会的共通資本のサービスを使ったときに得られる効用の水準は，その経済主体が使った社会的共通資本のサービスの量に依存するだけでなく，他の経済主体が，同じ社会的共通資本のサービスをどれだけ使っているかにも依存する．

しかし，これまで展開してきた社会的共通資本の分析では，この2つの相違点が資源配分と所得分布に及ぼす影響については，十分な考慮をはらってこなかった．本章では，社会的共通資本のもつ2つの特徴が，私的な希少資源の配分のプロセスにどのような影響を及ぼすかについて分析を展開する．とくに，分析の焦点を当てたいのは，社会的共通資本にかんするリンダール均衡の存在が保証されるための条件を明らかにし，リンダール均衡と社会的最適な配分との間の関係を明らかにすることである[Lindahl(1919)].

2. 社会的共通資本の一般的なモデル

はじめに，社会的共通資本が1種類しか存在しない，単純な場合を取り上げる．社会的共通資本は，同質的な尺度によってはかることができるとする．ある時点における社会的共通資本のストックの存在量 V が所与として，社会的共通資本のサービスが経済を構成する各経済主体の間でどのように分配されたときに，社会的な観点からみて最適であるかみたいわけである．

経済を構成する個々の経済主体を ν，$(\nu=1, \cdots, n)$によってあらわす．各個人 ν の効用水準 u^ν は，私的な財をどれだけ消費しているか，と社会的共通資本のサービスをどれだけ使っているかによって決まってくる．各個人 ν の私的な財の消費ベクトルを $x^\nu=(x_1^\nu, \cdots, x_m^\nu)$ であらわす，ここで，x_j^ν は各個人 ν の消費する第 j 財$(j=1, \cdots, m)$の量とする．また，各個人 ν が使う社会的共通資本のサービスの量を a^ν であらわす．

このとき，各個人 ν の効用水準 u^ν は，つぎの効用関数によってあらわされる．

$$u^\nu = u^\nu(x^\nu, a^\nu),$$

すなわち，各人の効用 u^ν が，社会的共通資本のサービスの使用量 a^ν に依存するという，社会的共通資本の第1の特徴を表現したものである．

社会的共通資本の第2の特徴は，社会的共通資本のサービスの使用にともなう混雑現象である．ここでは，社会的共通資本のサービスの使用にともなう混雑の影響の程度は，社会的共通資本のサービスが全体としてどれだけ使われているかによって決まってくると仮定する．すなわち，各個人 ν の効用水準 u^ν は，つぎのようにあらわされると仮定する．

$$u^\nu = u^\nu(x^\nu, a^\nu, a) \qquad (\nu \in N),$$

ここで,

$$a = \sum_{\nu \in N} a^\nu.$$

社会的共通資本のサービスの使用にともなう混雑にかんする条件は，つぎのようにあらわされる.

$$u_a^\nu = u_a^\nu(x^\nu, a^\nu, a) < 0, \text{ for all } (x^\nu, a^\nu, a) \geqq 0.$$

ここで，各個人 ν の効用関数 $u^\nu = u^\nu(x^\nu, a^\nu, a)$ は，つぎの諸条件をみたすと仮定する.

(U1)　$u^\nu = u^\nu(x^\nu, a^\nu, a)$ は，すべての $(x^\nu, a^\nu, a) \geqq 0$ で定義され，正の値をとり，連続的に2回微分可能である.

(U2)　私的な財消費および社会的共通資本のサービスにかんする限界効用は常に正である．すなわち,

$$u_{x^\nu}^\nu > 0, \ u_{a^\nu}^\nu > 0, \text{ for all } (x^\nu, a^\nu, a) \geqq 0.$$

(U3)　社会的共通資本のサービスの使用にともなう混雑は常に起こる．すなわち,

$$u_a^\nu < 0, \text{ for all } (x^\nu, a^\nu, a) \geqq 0.$$

(U4)　効用関数 $u^\nu(x^\nu, a^\nu, a)$ は (x^ν, a^ν, a) にかんして常に厳密な意味で concave である．すなわち,

$$u^\nu(x^\nu(\theta), a^\nu(\theta), a(\theta)) > (1-\theta)u^\nu(x_0^\nu, a_0^\nu, a_0) + \theta u^\nu(x_1^\nu, a_1^\nu, a_1),$$

$$\text{for all } (x_0^\nu, a_0^\nu, a_0) \neq (x_1^\nu, a_1^\nu, a_1), \ 0 < \theta < 1,$$

ここで,

$$(x^\nu(\theta), a^\nu(\theta), a(\theta)) = (1-\theta)(x_0^\nu, a_0^\nu, a_0) + \theta(x_1^\nu, a_1^\nu, a_1).$$

効用関数 $u^\nu(x^\nu, a^\nu, a)$ の concavity にかんする条件(U4)はつぎのように表現することができる.

(U4)′

$$u^\nu(x_1^\nu, a_1^\nu, a_1) - u^\nu(x_0^\nu, a_0^\nu, a_0)$$
$$< u_{x^\nu}^\nu(x_0^\nu, a_0^\nu, a_0)(x_1^\nu - x_0^\nu) + u_{a^\nu}^\nu(x_0^\nu, a_0^\nu, a_0)(a_1^\nu - a_0^\nu) + u_a^\nu(x_0^\nu, a_0^\nu, a_0)(a_1 - a_0),$$
$$\text{for all } (x_0^\nu, a_0^\nu, a_0) \neq (x_1^\nu, a_1^\nu, a_1).$$

あるいは，少しつよい形で,

(U4)″　2次偏微分係数からなるマトリックスは，すべての $(x^\nu, a^\nu, a) \geqq 0$ について，対称的(symmetrical)，かつ negative definite である.

$$\begin{pmatrix} v_{x^\nu x^\nu}^\nu & u_{x^\nu a^\nu}^\nu & u_{x^\nu a}^\nu \\ u_{a^\nu x^\nu}^\nu & u_{a^\nu a^\nu}^\nu & u_{a^\nu a}^\nu \\ u_{a x^\nu}^\nu & u_{a a^\nu}^\nu & u_{aa}^\nu \end{pmatrix} \ll 0, \text{ for all } (x^\nu, a^\nu, a) \geqq 0.$$

典型的な効用分析では，個別的な効用関数 $u^\nu(x^\nu, a^\nu, a)$ は (x^ν, a^ν, a) について厳密な意味で quasi-concave という仮定がもうけられている．各無差別曲面(indifference surface)が，convex，コンパクトな領域 Ω で定義されていて，連続的に 2 回微分可能で，原点に向かって厳密な意味で concave であると仮定すれば，Fenchel の Lemma[第 2 章，参照]を適用して，厳密な意味で concave な効用関数で置き換えることできる．すなわち，つぎの条件をみたす単調増大な関数 $\phi(u^\nu)$ の存在を証明することができる．

(i) $$\phi(u^\nu) > 0, \ \ \phi'(u^\nu) > 0.$$

(ii) $\phi(u^\nu(x^\nu, a^\nu, a))$ は，問題の Ω のなかで，(x^ν, a^ν, a) について厳密な意味で concave である．

じじつ，このような関数 $\phi(u^\nu)$ はつぎのようにして得られる．

$$\phi(u^\nu) = 1 - \lambda e^{-u^\nu(x^\nu, a^\nu, a)}.$$

ここで，$\lambda>0$ を十分大きくとれば，上の条件(i)，(ii)をみたすことが，かんたんな計算でわかる．したがって，すべての個人 ν について，共通の関数 $\phi(u^\nu)$ をとることができる．

以下の議論で，つぎの関係式がよく用いられる．

(i) $$\begin{pmatrix} u^\nu_{x^\nu x^\nu} & u^\nu_{x^\nu a^\nu} \\ u^\nu_{a^\nu x^\nu} & u^\nu_{a^\nu a^\nu} \end{pmatrix} \ll 0,$$

(ii) $$u^\nu_{aa} - (u^\nu_{ax^\nu} \quad u^\nu_{aa^\nu}) \begin{pmatrix} u^\nu_{x^\nu x^\nu} & u^\nu_{x^\nu a^\nu} \\ u^\nu_{a^\nu x^\nu} & u^\nu_{a^\nu a^\nu} \end{pmatrix}^{-1} \begin{pmatrix} u^\nu_{x^\nu a} \\ u^\nu_{a^\nu a} \end{pmatrix} < 0.$$

これは，対称的なマトリックスにかんするつぎの関係式から容易に導き出すことができる[第 3 章，参照]．

$$\begin{pmatrix} I & -A^{-1}B \\ 0 & I \end{pmatrix}' \begin{pmatrix} A & B \\ B' & C \end{pmatrix} \begin{pmatrix} I & -A^{-1}B \\ 0 & I \end{pmatrix} = \begin{pmatrix} A & 0 \\ 0 & C - B'A^{-1}B \end{pmatrix},$$

ここで，$A = A'$，$C' = C$ とし，A は non-singular であるとする．

各個人 ν について，社会的共通資本の使用と，それにともなう混雑との間の限界代替率(marginal rate of substitution)は，つぎのように定義される．

(1) $$\theta^\nu = \frac{-u^\nu_a}{u^\nu_{a^\nu}} > 0 \qquad (\nu \in N).$$

この限界代替率をすべての人 ν について足し合わせたものが，社会的共通資本の使用にともなう社会的限界費用(marginal social costs)の概念である．社会的限界費用を θ であらわすとすれば，

$$\theta = \sum_{\nu \in N} \theta^\nu > 0.$$

社会的共通資本から生み出されるサービスは，資源配分のプロセスで重要な役割をはたす．したがって，つぎの諸条件がみたされていると仮定する．

(U5) 社会的共通資本の使用にともなう社会的限界費用は常に正であるが，その値は 1

より小さい．

$$0 < \theta < 1, \text{ for all } (x^\nu, a^\nu, a) \geqq 0 \qquad (\nu \in N).$$

消費者の数は多いと仮定するが，生産主体の数は1つしかないとする．生産主体が多数存在する一般的な場合は，生産主体の数が1つの場合に帰着することができる．

生産主体の構造的特質と技術的な条件は，与えられた生産要素の賦与量のもとで，生産可能集合 T として要約される．生産可能集合 T は $(m+1)$ 次元のベクトル (x, a) からなる集合である．ここで，$x=(x_j)$ は私的な財 j が x_j だけ生産されたことを示し $(j=1, \cdots, m)$，a は社会的共通資本のサービスの供給量をあらわす．生産可能集合 T は，つぎの諸条件をみたすと仮定する．

(T1)　T は，$(m+1)$ 次元の空間 R^{m+1} のなかの空集合でない，closed で，有界な集合である．T の要素 (x, a) は必ず non-negative である．

$$(x, a) \geqq 0, \text{ for all } (x, a) \in T, \text{ and } (0, 0) \in T.$$

(T2)　T は convex，かつ単調(monotone)である．

(i)　$(x_0, a_0),\ (x_1, a_1) \in T \Longrightarrow (x_1(\theta), a_1(\theta)) \in T, \text{ for all } 0 \leqq \theta \leqq 1,$

(ii)　$(x_0, a_0) \in T,\ 0 \leqq (x_1, a_1) \leqq (x_0, a_0) \Longrightarrow (x_1, a_1) \in T.$

(T3)　任意の non-negative, non-zero なベクトル (p, q)［$p=(p_j)$ は n 次元のベクトル，q はスケーラー］に対して，

$$px - qa$$

を生産可能集合 $T[(x, a) \in T]$ のなかで最大化するベクトル (x^0, a^0) は必ず存在し，一意的に定まる．

このベクトルをつぎのような記号であらわす．

$$x^0 = x(p, q), \quad a^0 = a(p, q) \qquad (p = (p_j) \geqq 0, \quad a \geqq 0),$$

$(x(p, q),\ a(p, q))$ はすべての $(p, q) \geq (0, 0)$ について，連続的に2回微分可能と仮定する．

条件(T3)は，つぎのような，いくぶんつよい形であらわすことができる．

(T3)′　偏微分係数のマトリックス

$$\begin{pmatrix} x_p & -x_q \\ a_p & -a_q \end{pmatrix}, \quad \left[x_p = \left(\frac{\partial x_j}{\partial p_j} \right)_{ij}, \quad x_q = \left(\frac{\partial x_i}{\partial q} \right)_i, \text{ etc.} \right]$$

は，すべての $(p, q) \geq (0, 0)$ について，対称的(symmetrical)，かつ positive definite である．［$(p, q) \geq (0, 0)$ は，$(p, q) \geqq (0, 0)$，$(p, q) \neq (0, 0)$ を意味する．］

(T3)′からつぎの条件を導き出すことができる．

(i)　$(x_p) = (-a_q)',$

(ii)　$x_p \gg 0, \quad a_q - a_p (x_p)^{-1} x_q < 0.$

生産可能集合 T はしばしば，技術的条件と生産要素の賦与量とを明示的にあらわして表現されることがある．

アクティビティ・ベクトルを $\xi=(\xi_s)$ であらわす．ここで，ξ_s はアクティビティ s のアクティビティ・レベルとする．[s は，生産アクティビティを generic にあらわす.] アクティビティ・ベクトル $\xi=(\xi_s)$ に対応する生産量ベクトル (x, a) を，つぎの関数記号であらわす．

$$x = x(\xi),\quad a = a(\xi).$$

一方，生産がアクティビティ・ベクトル $\xi=(\xi_s)$ によっておこなわれるときに必要な生産要素のベクトルを，つぎの関数記号であらわす．

$$K(\xi) = (K_l(\xi)),$$

ここで，$K_l(\xi)$ は必要となる生産要素 l の量をあらわす．[l は，生産要素を generic にあらわす.]

生産主体のなかに蓄積されている生産要素の賦与量のベクトルを $K=(K_l)$ とすれば，生産可能集合 T はつぎのようにあらわされる．

$$T = \{(x, a): 0 \leqq (x, a) \leqq (x(\xi), a(\xi)),\ K(\xi) \leqq K,\ \text{for all } \xi \geqq 0\}.$$

このとき，生産可能集合 T はつぎの諸条件をみたすと仮定する．

(A1)　$(x(\xi), a(\xi))$ は，アクティビティ・ベクトル $\xi=(\xi_s)[\xi\geqq 0]$ について定義される $(n+1)$ 次元のベクトルを値にとる関数で，常に連続的に 2 回微分可能，かつ

$$(x(\xi), a(\xi)) \geqq 0,\ \text{for all } \xi \geqq 0.$$

(A2)　$K(\xi)$ は，アクティビティ・ベクトル $\xi=(\xi_s)[\xi\geqq 0]$ について定義されるスケーラーを値にとる関数で，常に連続的に 2 回微分可能，かつ

$$K(\xi) \geqq 0,\ \text{for all } \xi \geqq 0.$$

(A3)　異なる産出量と生産要素との間の限界代替率は常に逓減的である．すなわち，

(i)　$(x(\xi), a(\xi))$ は ξ について厳密な意味で quasi-concave である．

$$(x(\xi_0), a(\xi_0)) = (x(\xi_1), a(\xi_1)),\ \xi_0 \neq \xi_1$$
$$\Longrightarrow (x(\xi(\theta)), a(\xi(\theta))) > (x(\xi_0), a(\xi_0)),\ \text{for all } 0 < \theta < 1,$$

ここで，$\xi(\theta)=(1-\theta)\xi_0+\theta\xi_1$.

(ii)　$K(\xi)$ は ξ について convex である．

$$K(\xi(\theta)) \leqq (1-\theta)K(\xi_0)+\theta K(\xi_1),\ \text{for all } \xi_0,\ \xi_1,\ 0 \leqq \theta \leqq 1.$$

(A4)　技術は収穫一定の法則(constant returns to scale)にしたがう．

$$(x(t\xi), a(t\xi)) = t(x(\xi), a(\xi)),\ K(t\xi) = tK(\xi),\ \text{for all } t > 0.$$

(A1)-(A3) がみたされているときには，生産可能集合 T は (T1)-(T3) をみたす．ただし，すべての生産要素の賦与量が正であるとする．

$$K = (K_l) > 0.$$

このときには，concave プログラミングにかんする Kuhn-Tucker の定理を適用することができる［たとえば，Arrow, Hurwicz, and Uzawa (1958) 参照］.

生産要素の non-negative な帰属価格 (imputed price) のベクトル $r=(r_l)$ が存在する．すなわち，$(x(\xi^0), a(\xi^0))=(x(p,q), a(p,q))$ となるための必要にして十分な条件は，

(i) $$\sum_j p_j \frac{\partial x_j}{\partial \xi_s} - q\frac{\partial a}{\partial \xi_s} \leqq \sum_l r_l \frac{\partial x_l}{\partial \xi_s}, \quad \text{for all } s,$$

$\xi_s>0$ のときには，等号で成立する．

(ii) $$K_l(\xi^o) \leqq K_l, \quad \text{for all } l,$$

$r_l>0$ のときには，等号で成立する．

以下，Kuhn-Tucker の限界条件が，等号で成立すると仮定して議論を進めることにするが，一般性を失うことはない．［同じ仮定は，以下取り扱う最大問題についても妥当する．］

収穫一定の法則 (A4) のもとでは，つぎの関係が成り立つ．

$$px(p,q)+qa(p,q) = rK, \quad \text{for all } (p,q) \geq (0,0).$$

したがって，生産要素の帰属価格のベクトルは完全競争の条件のもとにおける市場価格と一致するためには，社会的共通資本のサービスの使用に対して，その社会的限界費用に見合う料金を課さなければならない．この問題を考察するのが，本章の議論の目的の1つである．

3. 社会的最適性と社会的共通資本

社会的共通資本の概念が導入されたのはもともと，社会的観点からみて最適な資源配分と所得分配を実現するためにはどのような制度的諸条件を必要とするかを考察するためであった．社会的共通資本のストックが与えられているときには，社会的最適性の基準は，経済を構成するすべての個人の主観的効用の総和によって判断されるとする．［ここではまず，第 III 部のこれまでの章と同じように，cardinal な効用を考える．］前節で導入した社会的共通資本のモデルを使って，最適な資源配分のパターンを分析することにしたい．

ある資源配分のパターン $\{(x^{\nu o}, a^{\nu o}): \nu \in N\}$ が社会的に最適であるというのは，つぎの条件がみたされているときである．Feasibility の条件がみたされ，

$$(x^o, a^o) \in T, \quad x^o = \sum_{\nu \in N} x^{\nu o}, \quad a^o = \sum_{\nu \in N} a^{\nu o}$$

かつ，社会的効用

$$U = \sum_{\nu \in N} u^\nu(x^\nu, a^\nu, a), \quad a = \sum_{\nu \in N} a^\nu$$

が feasible な配分 $\{(x^\nu, a^\nu): \nu \in N\}$ のなかで最大化されている．

命題1　ある資源配分のパターン$\{(x^{\nu o}, a^{\nu o}) : \nu \in N\}$が社会的に最適であるためには，つぎの条件をみたすような正の帰属価格のベクトル(p, q)が存在することが必要にして十分である．

$$(2)\qquad u^{\nu}_{x^{\nu}}(x^{\nu o}, a^{\nu o}, a^{o}) = p,\ \ u^{\nu}_{a^{\nu}}(x^{\nu o}, a^{\nu o}, a^{o}) = q \qquad (\nu \in N),$$

$$(3)\qquad (x^{o}, a^{o}) \in T,\ \ x^{o} = \sum_{\nu \in N} x^{\nu o},\ \ a^{o} = \sum_{\nu \in N} a^{\nu o},$$

$$(4)\qquad x^{o} = x(p, q^{o}),\ \ a^{o} = a(p, q^{o}),$$

$$(5)\qquad q^{o} = (1-\theta)q,$$

$$(6)\qquad \theta = \sum_{\nu \in N} \theta^{\nu},\ \ \theta^{\nu} = \left.\frac{-\partial u^{\nu}/\partial a}{\partial u^{\nu}/\partial a^{\nu}}\right|_{(x^{\nu o}, a^{\nu o}, a^{o})}.$$

このとき，社会的に最適な資源配分のパターンは常に存在して，一意的に定まる．

［証明］　ラグランジュ形式Lを考える．

$$L = \sum_{\nu \in N} u^{\nu}(x^{\nu}, a^{\nu}, a) + p(x - \sum_{\nu \in N} x^{\nu}) - q(a - \sum_{\nu \in N} a^{\nu}),\ \ (x, a) \in T,$$

ここで，すべての変数はnon-negativeとする．

Concaveプログラミングにかんする Kuhn-Tucker の定理によって，つぎのことがわかる．資源配分のパターン$\{(x^{\nu o}, a^{\nu o}) : \nu \in N\}$が社会的に最適であるために必要，十分な条件は，(2)，(3)をみたし，かつ(x^{o}, a^{o})が

$$(7)\qquad px - qa + \sum_{\nu \in N} u^{\nu}(x^{\nu o}, a^{\nu o}, a),\ \ (x, a) \in T$$

を最大にするようなnon-negativeな(p, q)が存在することである．

すぐわかるように，(x^{o}, a^{o})が(7)を最大にするのは，(5)で定義されたq^{o}について，

$$x^{o} = x(p, q^{o}),\ \ a^{o} = a(p, q^{o})$$

となるときであり，また，そのときにかぎられる．　Q.E.D.

社会的に最適な資源配分におけるrelevantな変数をつぎのような関数記号を用いてあらわすことにする．

$$x^{\nu}(N),\ a^{\nu}(N),\ a(N),\ x(N),\ p(N),\ q(N),\ p^{o}(N),\ \theta^{\nu}(N),\ \theta(N),$$

Coalition $N=\{1, \cdots, n\}$にかんして社会的に最適な資源配分であることを明示するためである．

これまでの議論は，主観的効用がcardinalの場合について考察してきた．主観的効用がcardinalではなくて，ordinalな効用の場合には，社会的最適性ではなく，パレート最適(Pareto-optimum)を考えなければならない．

ある資源配分のパターン$\{(x^{\nu o}, a^{\nu o}) : \nu \in N\}$がパレート最適であるというのは，まず，feasibleである，すなわち，(4)の条件がみたされていて，しかも，つぎの条件をみたすようなfeasibleな資源配分のパターン$\{(x^{\nu}, a^{\nu}) : \nu \in N\}$が存在しないことである．

$$u^\nu(x^\nu, a^\nu, a) > u^\nu(x^{\nu o}, a^{\nu o}, a^o), \text{ for all } \nu \in N,$$

ここで，

$$a = \sum_{\nu \in N} a^\nu, \quad a^o = \sum_{\nu \in N} a^{\nu o}.$$

命題 2　ある資源配分のパターン$\{(x^{\nu o}, a^{\nu o}) : \nu \in N\}$がパレート最適であるために必要，十分な条件は，つぎの条件をみたすような効用にかんするウェイト・ベクトル$\alpha = (\alpha^\nu) > 0$が存在し，資源配分のパターン$\{(x^{\nu o}, a^{\nu o}) : \nu \in N\}$が，つぎの最大問題の最適解(optimum solution)となっていることである．

(α)　Feasibility の制約条件

$$(x, a) \in T, \quad x = \sum_{\nu \in N} x^\nu, \quad a = \sum_{\nu \in N} a^\nu$$

のもとで，ウェイト付きの社会的効用

$$U = \sum_{\nu \in N} \alpha^\nu u^\nu(x^\nu, a^\nu, a)$$

を最大にせよ．

この最大問題(α)の最適解は，つぎの限界的諸条件によって特徴づけられる．

(8)　$$\alpha^\nu u^\nu_{x^\nu} = p, \quad \alpha^\nu u^\nu_{a^\nu} = q \qquad (\nu \in N),$$

(9)　$$(x^o, a^o) \in T, \quad x^o = \sum_{\nu \in N} x^{\nu o}, \quad a^o = \sum_{\nu \in N} a^{\nu o},$$

(10)　$$x^o = x(p, q^o), \quad a^o = a(p, q^o),$$

ここで，q^o は，命題 1 の場合と同じようにして導入されたものである．

［証明］　命題 2 の前半は，第 3 章での証明をそのまま適用すればよい．命題 2 の前半も，concave プログラミングにかんする Kuhn-Tucker の定理を適用して，証明できるが，ここでは，異なった方法での証明を与えておこう．以下の議論に役立つ考え方である．

資源配分のパターン$\{(x^{\nu o}, a^{\nu o}) : \nu \in N\}$が上の関係(8)-(10)をみたし，かつ，(5)，(6)をみたすとしよう．

関係(8)-(10)をみたし，かつ，(5)，(6)をみたすような任意の資源配分のパターンを$\{(x^{\nu o}, a^{\nu o}) : \nu \in N\}$とする．

一般に，任意に与えられた feasible な資源配分のパターン$\{(x^{\nu o}, a^{\nu o}) : \nu \in N\}$に対して，$t$ にかんする関数 $\phi(t)$を考える．

(11)　$$\phi(t) = \sum_{\nu \in N} \alpha^\nu u^\nu(x^\nu(t), a^\nu(t), a(t)) \qquad (0 \leqq t \leqq 1),$$

ここで，

$$x^\nu(t) = x^{\nu o} + t(x^\nu - x^{\nu o}), \quad a^\nu(t) = a^{\nu o} + t(a^\nu - a^{\nu o}),$$

$$x(t) = \sum_{\nu \in N} x^{\nu}(t) = x^o + t(x - x^o), \quad a(t) = \sum_{\nu \in N} a^{\nu}(t) = a^o + t(a - a^o).$$

このとき，

(12) $$\frac{dx^{\nu}}{dt} = x^{\nu} - x^{\nu o}, \quad \frac{da^{\nu}}{dt} = a^{\nu} - a^{\nu o},$$

(13) $$\frac{dx}{dt} = x - x^o, \quad \frac{da}{dt} = a - a^o.$$

関係(11)を t について微分して，(12)，(13)に注目すれば，

$$\phi'(t) = \sum_{\nu \in N} \alpha^{\nu} \{u^{\nu}_{x^{\nu}}(x^{\nu} - x^{\nu o}) + u^{\nu}_{a^{\nu}}(a^{\nu} - a^{\nu o}) + u^{\nu}_{a}(a - a^o)\}.$$

さらに，t について微分して，

(14) $$\phi''(t) = \sum_{\nu \in N} \alpha^{\nu} \{u^{\nu}_{x^{\nu}x^{\nu}}(x^{\nu} - x^{\nu o})^2 + u^{\nu}_{a^{\nu}a^{\nu}}(a^{\nu} - a^{\nu o})^2 + u^{\nu}_{aa}(a - a^o)^2$$
$$+ 2u^{\nu}_{x^{\nu}a^{\nu}}(x^{\nu} - x^{\nu o})(a^{\nu} - a^{\nu o}) + 2u^{\nu}_{x^{\nu}a}(x^{\nu} - x^{\nu o})(a - a^o) + 2u^{\nu}_{a^{\nu}a}(a^{\nu} - a^{\nu o})(a - a^o)\}.$$

関係(11)，(8)，(9)に注目すれば，

(15) $$\phi'(0) = p(x - x^o) - q^o(a - a^o) \leqq 0.$$

一方，concavity の仮定(U4)″ を使って，不等式(15)から

(16) $$\phi''(t) \leqq 0, \quad \text{for all } 0 \leqq t \leqq 1.$$

この不等式は，$(x^{\nu}, a^{\nu}) \neq (x^{\nu o}, a^{\nu o})$ for all ν のときには，厳密な意味で成り立つ．2つの不等式(15)，(16)から

$$\phi(0) \leqq \phi(1),$$

あるいは

$$\sum_{\nu \in N} \alpha^{\nu} u^{\nu}(x^{\nu o}, a^{\nu o}, a^o) \geqq \sum_{\nu \in N} \alpha^{\nu} u^{\nu}(x^{\nu}, a^{\nu}, a), \quad \text{for all feasible } \{(x^{\nu}, a^{\nu}) : \nu \in N\}.$$

この不等式は，$\{(x^{\nu}, a^{\nu}) : \nu \in N\} \neq \{(x^{\nu o}, a^{\nu o}) : \nu \in N\}$のときには，厳密な意味で成り立つ．

Q.E.D.

命題2の証明からただちにわかるように，上の不等式(16)は，限界条件(8)をみたすような feasible な資源配分のパターン$\{(x^{\nu o}, a^{\nu o}) : \nu \in N\}$がパレート最適であるために必要，十分な条件となっている．したがって，関係(10)もまた，限界条件(8)をみたすような feasible な資源配分のパターン$\{(x^{\nu o}, a^{\nu o}) : \nu \in N\}$がパレート最適であるために必要，十分な条件となっている．

上の最大問題(α)の最適解はつねに存在して，一意的に定まる．最適解における relevant な変数の値を $x^{\nu}(\alpha)$，$a^{\nu}(\alpha)$，$x(\alpha)$，$a(\alpha)$，$p(\alpha)$，$q(\alpha)$，$q^o(\alpha)$，$r(\alpha)$，$\theta^{\nu}(\alpha)$，$\theta(\alpha)$のような関数記号を用いてあらわすと，つぎの諸関係が成り立つ．

$$u^{\nu}_{x^{\nu}}(x^{\nu}(\alpha), a^{\nu}(\alpha), a(\alpha)) = p(\alpha),$$

$$u^{\nu}_{a^{\nu}}(x^{\nu}(\alpha), a^{\nu}(\alpha), a(\alpha)) = q(\alpha) \qquad (\nu \in N),$$
$$x(\alpha) = \sum_{\nu \in N} x^{\nu}(\alpha),\ \ a(\alpha) = \sum_{\nu \in N} a^{\nu}(\alpha),\ \ (x(\alpha), a(\alpha)) \in T,$$
$$x(\alpha) = x(p(\alpha), q^{o}(\alpha)),\ \ a(\alpha) = a(p(\alpha), q^{o}(\alpha)),$$
$$p(\alpha)x(\alpha) - q^{o}(\alpha)a(\alpha) = r(\alpha)K,$$
$$q^{o}(\alpha) = (1-\theta(\alpha))q(\alpha),$$
$$\theta(\alpha) = \sum_{\nu \in N} \theta^{\nu}(\alpha),\ \ \theta^{\nu}(\alpha) = -\frac{u^{\nu}_{a}(x^{\nu}(\alpha), a^{\nu}(\alpha), a(\alpha))}{u^{\nu}_{a^{\nu}}(x^{\nu}(\alpha), a^{\nu}(\alpha), a(\alpha))}.$$

最大値を $U(\alpha)$ であらわすと，

$$U(\alpha) = \sum_{\nu \in N} u^{\nu}(x^{\nu}(\alpha), a^{\nu}(\alpha), a(\alpha))$$

4.　社会的最適性と競争均衡

本章の主題は，社会的に最適な資源配分と所得分配を実現するためにはどのような制度的諸条件を必要とするかを考察することであった．この問題を取り上げる前に，完全競争市場の制度的条件のもとにおける配分のパターンについて考察する．

生産主体の全収入 $px-qa$ を個々の個人にどのように分配するかにかんして，2 つの異なった前提条件を考える．それぞれ，(σ)，(ω) とよぶことにする．

(σ)　各個人 ν は生産主体の全収入 $px-qa$ のある一定比率 σ^{ν} を受け取る．すなわち，各個人 ν の収入 y^{ν} は，

$$y^{\nu} = \sigma^{\nu}(px-qa) \qquad (\nu \in N),$$

ここで，σ^{ν} は定数で，

$$\sum_{\nu \in N} \sigma^{\nu} = 1,\ \ \sigma^{\nu} \geqq 0 \qquad (\nu \in N).$$

(ω)　各個人 ν が生産主体に賦与されている生産要素 $K=(K_{l})$ の一部分を所有している．すなわち，各個人 ν が所有する生産要素のベクトルを $K^{\nu}=(K^{\nu}_{l})$ とすれば，

$$K = \sum_{\nu \in N} K^{\nu},\ \ K^{\nu} \geqq 0 \qquad (\nu \in N).$$

生産要素の市場価格のベクトルを $r=(r_{l})$ とすれば，個人 ν の所得は，

$$y^{\nu} = rK^{\nu} \qquad (\nu \in N)$$

によって与えられる．

最初に，私的な財，社会的共通資本のサービスを含めて，すべて完全競争的な市場で取引されている場合を考える．私的な財の市場価格のベクトルを $p=(p_{j})$ とし，社会的共通資本のサ

ービスの市場価格を q とする．

(σ)，あるいは(ω)のどちらの前提条件のもとでも，つぎの関係が成り立つ．

(17) $$\sum_{\nu \in N} y^{\nu} = rK.$$

私的な財の全生産量を x，社会的共通資本のサービスの全使用量を a とすれば，(x, a)は，生産主体の全利潤

$$px + qa, \quad (x, a) \in T$$

が最大になるように決まる．すなわち，

(18) $$x = x(p, q), \quad a = a(p, q).$$

各個人 ν について，私的な財の消費ベクトル x^{ν}，社会的共通資本のサービスの使用量 a^{ν} は，効用水準 $u^{\nu}(x^{\nu}, a^{\nu}, a)$を予算制約条件

(19) $$px^{\nu} + qa^{\nu} = y^{\nu}$$

のもとで最大にするように決められる．このとき，

$$y = \sum_{\nu \in N} y_{\nu}.$$

したがって，効用にかんするウェイト・ベクトル $\alpha = (\alpha^{\nu}) > 0$ が存在し，関係(18)をみたし，

(20) $$\alpha^{\nu} u^{\nu}_{x^{\nu}} = p, \quad \alpha^{\nu} u^{\nu}_{a^{\nu}} = q.$$

私的な財の全生産量 x，社会的共通資本のサービスの全使用量 a は，つぎの条件によって与えられる．

(21) $$x = \sum_{\nu \in N} x^{\nu}, \quad a = \sum_{\nu \in N} a^{\nu}.$$

ここで，(x, a)は

$$px + qa, \quad (x, a) \in T$$

を最大にする．

また，つぎの関係が成り立つことは明らかであろう．

$$\sum_{\nu \in N} y^{\nu} = rK = y.$$

競争均衡は，(19)-(21)をみたすような私的な財の価格のベクトル p，社会的共通資本のサービスの価格 q のもとで実現する．命題2によって，競争均衡がパレート最適とはならないことがすぐわかる．このことは，社会的共通資本のサービスの使用にともなう混雑現象の存在からもただちにわかることである．

競争均衡のもとにおける配分がパレート最適となるためには，社会的共通資本のサービスにかんして，2つの機能的な価格が存在することに注目する必要がある．

1つは，生産主体によって，最適なアクティビティ・ベクトルを選ぶときの価格シグナルとして用いられるものである．もう1つは，経済を構成する経済主体に対してチャージされるも

ので，社会的共通資本のサービスの使用にともなう混雑のもたらす社会的限界費用を反映するものである．この2つのシグナルとしての社会的共通資本のサービスの価格をそれぞれ，q^o, q とする．このとき，社会的共通資本のサービスの使用にともなう混雑のもたらす社会的限界費用は θq によって与えられる．ここで，θ は(6)で定義された量である．また，つぎの関係が成り立つ．

(22) $$q = q^o + \theta q.$$

生産主体は，つぎの利潤を最大にするようなアクティビティ・ベクトルを選ぶ．

$$px - q^o a, \quad (x, a) \in T,$$

すなわち，

(23) $$x = x(p, q^o), \quad a = a(p, q^o).$$

各個人 ν が受け取る補助金 τ^ν は，つぎの条件がみたされるように決められる．

(24) $$\sum_{\nu \in N} \tau^\nu = \theta q a.$$

各個人 ν の予算制約は，

(25) $$px^\nu + qa^\nu = y^\nu + \tau^\nu \qquad (\nu \in N)$$

によって与えられる．また，

(26) $$x = \sum_{\nu \in N} x^\nu, \quad a = \sum_{\nu \in N} a^\nu$$

準競争均衡が実現するのは，(22)-(26)がみたされるときである．

命題3 関係(24)をみたすような補助金政策(τ^ν)がとられたとする．このとき，準競争均衡は常に存在して，パレート最適となる．

他方，パレート最適な配分は関係(24)をみたすような補助金政策(τ^ν)のもとにおける準競争均衡としてあらわすことができる．

[証明] Ω を$(n-1)$次元の simplex とする．

$$\Omega = \{\alpha = (\alpha^\nu) : \sum_{\nu \in N} \alpha^\nu = 1, \ \alpha^\nu \geqq 0, \ (\nu \in N)\}.$$

命題2の証明で使った最大問題(α)を考える．最適解における relevant な変数をつぎのようにあらわす．

$$x^\nu(\alpha), \ a^\nu(\alpha), \ x(\alpha), \ a(\alpha), \ p(\alpha), \ q(\alpha), \ q^o(\alpha), \ r(\alpha), \ \theta(\alpha), \ \theta^\nu(\alpha).$$

任意の正のウェイト・ベクトル $\alpha = (\alpha^\nu) \in \Omega$ に対して，つぎの最大問題を考える．

制約条件

$$\bar{\alpha}^\nu u^\nu(\bar{x}^\nu, \bar{a}^\nu, a(\alpha)) - \{p(\alpha)\bar{x}^\nu - q(\alpha)\bar{a}^\nu\} \qquad [\bar{\alpha}^\nu \text{ は定数}]$$

を最大にするような$(\bar{x}^\nu, \bar{a}^\nu)$を求めよ．

この最大問題の最適解$(\bar{x}^\nu, \bar{a}^\nu)$について，

$$(27) \qquad p(\alpha)\bar{x}^\nu - q(\alpha)\bar{a}^\nu = y^\nu(\alpha) + \tau^\nu(\alpha)$$

がみたされるような正数 $\bar{a}^\nu$ は必ず存在して，一意的に定まる．ここで，

$$y^\nu(\alpha) = r(\alpha)K^\nu \qquad (\nu \in N),$$

$r(\alpha)$は最大問題(α)の最適解において評価される生産要素の帰属価格で，$\tau^\nu(\alpha)$は各個人νに対して支払われる補助金である．

(27)の関係がみたされるような $\bar{a}^\nu > 0$ の存在を示すために，つぎのLemmaを必要とする．

Lemma　つぎの最大問題の解が常に存在し，一意的に定まるとする．

$$\sum_i p_i f_i(x)$$

を制約条件

$$g_k(x) \geqq 0 \qquad (k = 1, \cdots, K)$$

のもとで最大にするような $x = (x_j)$ を求めよ．ここで，$f_i(x)$，$g_k(x)$は与えられた関数とする．

x^0，x^1 をそれぞれ，p^0，p^1 に対応する最大問題の最適解とすれは，つぎの不等式が成り立つ．

$$\Delta p \Delta f = \sum_i (p_i^1 - p_i^0)(f_i(x^1) - f_i(x^0)) \geqq 0,$$

ここで，$p \neq 0$ のときには，等号で成立する．

Ω から自分自身への mapping $\beta(\alpha)$をつぎのように定義する．

$$\beta^\nu(\alpha) = \frac{1}{\lambda}\bar{a}^\nu \qquad (\nu \in N),$$

ここで，

$$\lambda = \sum_{\nu \in N} \bar{a}^\nu > 0.$$

すぐわかるように，この mapping $\beta(\alpha)$は Ω から自分自身への連続な mapping となる．したがって，ブラウワーの不動点定理を適用することができ，つぎの性質をみたす $\alpha \in \Omega$ が存在することがわかる．

$$(28) \qquad \bar{a}^\nu = \lambda \alpha^\nu \qquad (\nu \in N).$$

ここで，$\lambda = 1$ となることを示したい．もしかりに，$\lambda \neq 1$ だとする．たとえば，$\lambda > 1$ とすると，(27)と Lemma から

$$p(\alpha)x^\nu(\alpha) - q(\alpha)a^\nu(\alpha) < y^\nu(\alpha) + \tau^\nu(\alpha) \qquad (\alpha \in N).$$

この不等式をすべての $\nu \in \mathrm{N}$ について足し合わせると，

$$(29) \qquad p(\alpha)x(\alpha) - q(\alpha)a(\alpha) < \sum_{\nu \in N} y^\nu(\alpha) + \sum_{\nu \in N} \tau^\nu(\alpha).$$

一方,

$$\sum_{\nu\in N} y^{\nu}(\alpha) = y(\alpha) = p(\alpha)x(\alpha)+q^{o}(\alpha)a(\alpha), \tag{30}$$

$$\sum_{\nu\in N} \tau^{\nu}(\alpha) = \theta(\alpha)q(\alpha)a(\alpha). \tag{31}$$

このとき,(30),(31),(19)から

$$p(\alpha)x(\alpha)-q(\alpha)a(\alpha) < p(\alpha)x(\alpha)-q(\alpha)a(\alpha)$$

となって,矛盾する.

同様にして,$\lambda<1$ と仮定するときも,矛盾する.したがって,$\lambda=1$.すなわち,最大問題(α)の最適解は準競争均衡となることが示された.

他方,任意の準競争均衡に対して,限界条件(20)がみたされるように,効用にかんするウェイト・ベクトル $\alpha=(\alpha^{\nu})$ を選ぶと,与えられた準競争均衡が,最大問題(α)の最適解になることがすぐわかる.　Q.E.D.

5. 社会的最適性とリンダール均衡

前節で,準競争均衡はパレート最適となり,逆に,パレート最適な配分は準競争均衡としてあらわすことを証明した.準競争均衡の概念は,所与の社会的共通資本のストックのもとで,補助金の総和が,社会的共通資本の使用にともなう社会的限界費用にちょうど等しくなるような補助金政策との関連で導入されたものである.

このような補助金政策のなかで,社会的共通資本にかんするゲーム理論的アプローチとの関連で重要な役割をはたすものがある.それは,リンダール解とよばれるものである.リンダール解は最初,Lindahl(1919)によって導入された.その後,Johansen(1963),Foley(1967, 1970),Malinvaud(1971),Roberts(1974)など数多くの貢献がなされてきたことはすでにふれた.また,第 3 章,第 4 章では,サミュエルソン的な公共財の場合について,さらに地球温暖化との関連でくわしく論じた.

一般的な社会的共通資本の場合には,リンダール解の概念はつぎのようにして導入される.

準競争均衡の概念は,経済を構成する各経済主体がそれぞれ,自らの効用なり,利潤が最大になるように,私的財の消費,生産を決め,社会的共通資本のサービスの使用,供給を決めるという制度的前提条件にもとづいて組み立てられている.消費を担当する各経済主体は,生産主体から受け取る収入に補助金を加えた予算制約条件のもとで,社会的共通資本のサービスの総使用量を所与の水準と仮定して,その主観的効用が最大になるように,私的な財の消費計画と社会的共通資本のサービスの使用量とを決める.他方,生産を担当する経済主体は,その供給する社会的共通資本のサービスに対して,社会的限界費用に見合う額を料金として受け取る

という前提のもとで，収入を計算して，利潤が最大になるように，私的な財の生産計画と社会的共通資本のサービスの供給量とを決める．

このとき，生産を担当する経済主体が，その供給する社会的共通資本のサービスに対して受け取る料金の総額が補助金の総額に等しくなるような補助金政策がとられていることを前提としているわけである．

各個人 ν が受け取る所得は

$$y^{\nu}+\tau^{\nu}$$

によって与えられる．ここで，y^{ν} は，生産主体から受け取る収入，τ^{ν} は，社会的共通資本のサービスにともなう社会的限界費用との関連で支払われる補助金である．

前節では，補助金の支払いについて，2 つの場合を想定した．

$$(\sigma)\qquad y^{\nu}=\sigma^{\nu}(px-q^{o}a)\qquad(\nu\in N),$$
$$\sum_{\nu\in N}\sigma^{\nu}=1,\ \ \sigma^{\nu}\geqq 0\qquad(\nu\in N).$$

$$(\omega)\qquad y^{\nu}=rK^{\nu}\qquad(\nu\in N),$$

K^{ν} は各個人 ν が所有する生産要素のベクトルで，r は生産要素の価格ベクトルである．このとき，

$$px-q^{o}a=rK,$$
$$K=\sum_{\nu\in N}K^{\nu}.$$

これまでの定式化では，社会的共通資本のサービスの使用にともなう社会的限界費用が各個人 ν に対する補助金としてどのように分配されるかについては，特定化しなかった．社会的限界費用の総額が各個人 ν に対する補助金の総額に等しいという条件のみ課せられていた．すなわち，

$$\sum_{\nu\in N}\tau^{\nu}=\theta qa,$$

ここで，

$$q=q^{o}+\theta q,$$
$$\theta=\sum_{\nu\in N}\tau^{\nu},\ \ \theta^{\nu}=\frac{-u_{a}^{\nu}}{u_{a^{\nu}}^{\nu}}\qquad(\nu\in N).$$

社会的共通資本にかんするリンダール解の概念は，サミュエルソンの公共財の場合とまったく同じようにして導入される．

補助金のシステム(τ^{ν})がリンダール解となっているというのは，つぎの諸条件がみたされているときと定義する．

(i)　各個人 ν について,

$$\tau^{\nu} = \theta a^{\nu} \qquad (\nu \in N),$$

(ii)　$(x^{\nu}, a^{\nu}, a)[a = a^{(\nu)}]$は, 予算制約条件

$$px^{\nu} - qa^{\nu} - \theta^{\nu} a^{(\nu)} = y^{\nu}$$

のもとで, 効用

$$u^{\nu}(x^{\nu}, a^{\nu}, a^{(\nu)})$$

を最大にする.

すなわち, 補助金のシステム(τ^{ν})がリンダール解となるのは, 社会的共通資本のサービスの全使用量 a と, 経済を構成する各個人 ν がその予算制約条件のもとで選ぶ最適な水準 $a^{(\nu)}$ とが等しい場合である.

命題 4　社会的共通資本のモデルが, 上の仮定(U1)-(U5), (T1)-(T3)をみたし, 生産主体の利潤の分配がルール(σ), あるいはルール(ω)によって決められるとする. このとき, リンダール解は常に存在する.

[証明]　命題 4 は, 命題 3 と同じようにして証明できる. 任意の効用のウェイト・ベクトル $\alpha = (\alpha^{\nu}) \in \Sigma$ に対して, 命題 2 で導入したように, 各個人 ν について, つぎの最大問題を考える.

最大問題　つぎの表現を最大にするような $a^{(\nu)}$ を求めよ.

$$\bar{\alpha}^{\nu} u^{\nu}(x^{\nu}(\alpha), a^{\nu}(\alpha), a^{(\nu)}) - \{p(\alpha) x^{\nu}(\alpha) - q(\alpha) a^{\nu}(\alpha) - \theta^{\nu}(\alpha) q(\alpha) a^{(\nu)}\},$$

ここで, $\bar{\alpha}^{\nu}$ はある定数とする.

上の Lemma を適用して,

$$p(\alpha) x^{\nu}(\alpha) - q(\alpha) a^{\nu}(\alpha) - \theta^{\nu}(\alpha) q(\alpha) a^{(\nu)} = y^{\nu}(\alpha)$$

となるような $\bar{\alpha}^{\nu}$ が一意的に存在する.

つぎの Ω から Ω のなかへの mapping $\beta(\alpha)$をつぎのように定義する.

$$\beta^{\nu}(\alpha) = \frac{1}{\lambda} \bar{\alpha}^{\nu} \qquad (\nu \in N),$$

ここで

$$\lambda = \sum_{\nu \in N} \bar{\alpha}^{\nu} > 0.$$

このようにして定義した mapping $\beta(\alpha)$が連続であることはすぐわかるから, ブラウワーの不動点定理を使って,

$$\bar{\alpha}^{\nu} = \lambda \alpha^{\nu} \qquad (\nu \in N)$$

をみたすような $\alpha \in \Omega$ が存在することがわかる. ここで, $\lambda = 1$ となることを示したい. もし

かりに，$\lambda \neq 1$ だとする．たとえば，$\lambda > 1$ とすると

$$a(\alpha) > a^{(\nu)} \qquad (\nu \in N).$$

この不等式から，

$$p(\alpha)x^{\nu}(\alpha) - q(\alpha)a^{\nu}(\alpha) - \theta^{\nu}(\alpha)q(\alpha)a(\alpha) < y^{\nu}(\alpha) \qquad (\nu \in N),$$

ここで，

$$\theta(\alpha) = \sum_{\nu \in N} \theta^{\nu}(\alpha),$$

$$\theta(\alpha)q(\alpha)a(\alpha) = \sum_{\nu \in N} \tau^{\nu}(\alpha).$$

上の不等式をすべての $\nu \in N$ について足し合わせると，

$$p(\alpha)x(\alpha) - q(\alpha)a(\alpha) < y(\alpha) - \theta(\alpha)q^{o}(\alpha)a(\alpha).$$

したがって，

$$q^{o}(\alpha) = (1 - \theta(\alpha))q(\alpha)$$

と矛盾する．

同様にして，$\lambda < 1$ と仮定するときも，矛盾する．したがって，$\lambda = 1$．すなわち，最大問題(α)の最適解が，リンダール解に対応する準競争均衡となることが示された．　Q.E.D.

リンダール解(τ^{ν})に対応する配分のパターン$\{(x^{\nu}, a^{\nu}) : \nu \in N\}$を，リンダール均衡(Lindahl equilibrium)という．

6. 社会的共通資本の最適な供給

これまでの節では，社会的共通資本のストックが所与の条件のもとで，社会的共通資本のサービスの分配が，社会的な観点から最適になるための条件を考察してきた．この節では，社会的共通資本のストックそのものが，与えられた主観的選好関係のもとで，社会的な観点から最適となるための条件を考察することにしたい．分析は，これまでと同じ社会的共通資本のモデルを使っておこなわれるが，社会的共通資本が希少資源の配分，実質所得の分配のプロセスにおいてはたす役割を明示的に取り扱う．

経済を構成する各個人 ν の効用 u^{ν} はつぎのような形で特定化されると仮定する．

$$u^{\nu} = u^{\nu}(x^{\nu}, a^{\nu}, a, V).$$

このようにして，効用水準 u^{ν} が社会的共通資本のストック V に依存することが明示的にあらわされるとする．

各個人 ν の効用関数 $u^{\nu}(x^{\nu}, a^{\nu}, a, V)$は，つぎの新古典派的諸関係をみたすと仮定する．

(U1)′　$u^{\nu}(x^{\nu}, a^{\nu}, a, V)$は，すべての$(x^{\nu}, a^{\nu}, a, V) \geqq 0$ において定義され，正の値をと

り，連続的に 2 回微分可能である．

(U2)′　私的財な消費，社会的共通資本のサービス，社会的共通資本自体の限界効用は常に正である．すなわち，

$$u^\nu_{x^\nu} > 0,\quad u^\nu_{a^\nu} > 0,\quad u^\nu_V > 0,\quad \text{for all } (x^\nu, a^\nu, a, V) \geqq 0.$$

(U3)′　社会的共通資本のサービスの使用にともなう混雑現象は，社会的共通資本のストックの増加にともなって低下する．すなわち，

$$u^\nu_a < 0,\quad u^\nu_{aV} > 0,\quad \text{for all } (x^\nu, a^\nu, a, V) > 0.$$

(U4)′　効用関数 $u^\nu(x^\nu, a^\nu, a, V)$ は $(x^\nu, a^\nu, a, V)>0$ にかんして常に厳密な意味で concave である．すなわち

$$u^\nu(x^\nu(\theta), a^\nu(\theta), a(\theta), V(\theta)) > (1-\theta)(x^\nu_0, a^\nu_0, a_0, V_0) + \theta u^\nu(x^\nu_1, a^\nu_1, a_1, V_1),$$

$$\text{for all } (x^\nu_0, a^\nu_0, a_0) \neq (x^\nu_1, a^\nu_1, a_1, V_1),\quad 0 < \theta < 1.$$

ここで，

$$(x^\nu(\theta), a^\nu(\theta), a(\theta), V(\theta)) = (1-\theta)(x^\nu_0, a^\nu_0, a_0, V_0) + \theta(x^\nu_1, a^\nu_1, a_1, V_1).$$

社会的共通資本のサービスの使用にともなう混雑度は，社会的共通資本のストック量 V と社会的共通資本のサービスの全使用量 a とに依存する．

$$a = \sum_{\nu \in N} a^\nu.$$

ここで考察の対象としている社会的共通資本の効用関数 $u^\nu(x^\nu, a^\nu, a, V)$ は，第 12 章，第 13 章で導入した動学的最適(dynamic optimum)に対応する定常状態における個別的な効用水準と考えることができる．あるいは，第 9 章，第 10 章で導入した動学的最適径路(dynamically optimum path)において評価された各個人 ν の utility functional の値と考えてもよい．

社会的共通資本の使用とそれにともなう混雑との間の限界代替率の概念は，単純なモデルの場合について，上に定義した．この概念はそのまま，一般的なモデルに適用できる．ただし，効用水準 u^ν が社会的共通資本のストック V に依存することを明示的に取り扱う必要がある．

また，社会的共通資本の使用にともなう社会的限界費用の概念も，同じようにして定義される．

(U5)′　社会的共通資本の使用にともなう社会的限界費用 θ はつねに正であるが，1 より小さい．

$$0 < \theta < 1,\quad \text{for all } (x^\nu, a^\nu, a, V) \geqq 0.$$

ここで，重要な役割をはたすのが，社会的共通資本の社会的限界便益(marginal social benefit)の概念である．社会的共通資本の社会的限界便益を q であらわせば，

$$q = \sum_{\nu \in N} q^{\nu},$$

ここで，

$$q^{\nu} = u_V^{\nu}(x^{\nu}, a^{\nu}, a, V) \qquad (\nu \in N).$$

さらに，社会的共通資本のストックを生産するために必要となる希少資源を考慮に入れる必要がある．しかし，ここで考察しているのは，定常状態であって，社会的共通資本のストック量は年々ある一定の水準 V に保たれているから，社会的共通資本のストックを生産するために必要となる希少資源は amortize しておかなければならない．

生産可能集合 T は，経済のなかに蓄積されている希少資源の賦与量は所与として，技術的に生産可能な(x, a, V)のすべてから成る集合である．

$$(p, q, \psi) \geqq 0.$$

生産可能集合 T は，つぎの諸条件をみたすと仮定する．

(T1)′　T は，$(m+2)$次元の空間 R^{m+2} のなかの空集合でない，closed で，有界な集合である．T の要素(x, a)は必ず non-negative である．

$$(x, a, V), \text{ for all } (x, a, V) \in T, \text{ and } (0, 0, 0) \in T.$$

(T2)′　T は convex，かつ単調(monotone)である．

(i)　(x_0, a_0, V_0)，$(x_1, a_1, V_1) \in T \Longrightarrow (x(\theta), a(\theta), V(\theta)) \in T$，for all $0 \leqq \theta \leqq 1$.

ここで，

$$x(\theta) = (1-\theta)x_0 + \theta x_1, \quad a(\theta) = (1-\theta)a_0 + \theta a_1, \quad V(\theta) = (1-\theta)V_0 + \theta V_1.$$

(ii)　$(x_0, a_0) \in T, \ 0 \leqq (x_1, a_1) \leqq (x_0, a_0) \Longrightarrow (x_1, a_1, V_1) \in T.$

(iii)　$(x_0, a_0, V_0) \in T, \ 0 \leqq (x_1, a_1, V_1) \leqq (x_0, a_0, V_0)$ imply $(x_1, a_1, V_1) \in T.$

(T3)′　任意の non-negative, non-zero なベクトル$(p, q, \psi) \in R^{m+2}$，$(p, q, \psi) \geq (0, 0, 0)$に対して，

$$px - qa + \psi V$$

を生産可能集合 $T[(x, a, V) \in T]$のなかで最大化するベクトル$(x^o, a^o, V^o) \in T$ は必ず存在し，一意的に定まる．

このベクトルをつぎのような記号であらわす．

$$x^o = x(p, q, \psi), \quad a^o = a(p, q, \psi), \quad V^0 = V(p, q, \psi),$$

$(x(p, q, \psi), a(p, q, \psi), V(p, q, \psi))$はすべての$(p, q, \psi) \geq (0, 0, 0)$について，連続的に 2 回微分可能と仮定する．

第 2 節と同じように，生産可能集合 T はしばしば，技術的条件と生産要素の賦与量とを明示的にあらわして表現されることがある．アクティビティ・ベクトルを $\xi = (\xi_s)$であらわす．こ

こで，ξ_sはアクティビティsのアクティビティ・レベルとする．$x(\xi)$，$a(\xi)$，$V(\xi)$，$K(\xi)$は，第2節と同じように定義される．

生産主体のなかに蓄積されている生産要素の賦与量のベクトルを$K=(K_l)$とすれば，生産可能集合Tはつぎのようにあらわされる．

$$T=\{(x, a, V): 0 \in (x, a, V) \leqq (x(\xi), a(\xi), V(\xi)),\ K(\xi) \leqq K,\ \text{for some } \xi \geqq 0\}.$$

このとき，生産可能集合Tはつぎの諸条件をみたすと仮定する．

(A1)′ $(x(\xi), a(\xi), V(\xi))$は，アクティビティ・ベクトル$\xi=(\xi_s)[\xi \geqq 0]$について定義される$(n+2)$次元のベクトルを値にとる関数で，常に連続的に2回微分可能，かつ

$$(x(\xi), a(\xi), V(\xi)) \geqq 0,\ \text{for all } \xi \geqq 0.$$

(A2)′ $K(\xi)$は，アクティビティ・ベクトル$\xi=(\xi_s)[\xi \geqq 0]$について定義されるスケーラーを値にとる関数で，常に連続的に2回微分可能，かつ

$$K(\xi) \geqq 0,\ \text{for all } \xi \geqq 0.$$

(A3)′ 異なる産出量と生産要素との間の限界代替率は常に逓減的である．すなわち，

(i) $(x(\xi), a(\xi), V(\xi))$はξについて厳密な意味でquasi-concaveである．

$$(x(\xi_0), a(\xi_0), V(\xi_0)) = (x(\xi_1), a(\xi_1), V(\xi_1)),\quad \xi_0 \neq \xi_1$$

$$\Longrightarrow (x(\xi(\theta)), a(\xi(\theta)), V(\xi(\theta))) > (x(\xi_0), a(\xi_0), V(\xi_0)),\ \text{for all } 0 \leqq \theta \leqq 1,$$

ここで，$\xi(\theta)=(1-\theta)\xi_0+\theta\xi_1$.

(ii) $K(\xi)$はξについてconvexである．

$$K(\xi(\theta)) \leqq (1-\theta)K(\xi_0)+\theta K(\xi_1),\ \text{for all } \xi_0,\ \xi_1,\ 0 \leqq \theta \leqq 1.$$

(A4)′ 技術は収穫一定の法則(constant returns to scale)にしたがう．

$$(x(t\xi), a(t\xi), V(t\xi)) = t(x(\xi), a(\xi), V(\xi)),\ K(t\xi) = tK(\xi),$$
$$\text{for all } \xi \geqq 0,\ \text{and } t \geqq 0.$$

収穫一定の法則(A4)′から，

$$px(p, q, \psi)-qa(p, q, \psi)+rV(p, q, \psi) = rK,$$
$$\text{for all } (p, q, \psi) \geqq (0, 0, 0),\ (p, q, \psi) \neq (0, 0, 0).$$

資源配分のパターン$\{(x^{\nu o}, a^{\nu o}): \nu \in N, V^o\}$が社会的観点からみて最適(social optimum)というのは，つぎの2つの条件がみたされるときと定義する．

(i) $\{(x^{\nu o}, a^{\nu o}): \nu \in N, V^o\}$はfeasibleなパターンである．

$$(x^o, a^o, V^o) \in T,$$

ここで，

$$x^o = \sum_{\nu \in N} x^{\nu o},\ a^o = \sum_{\nu \in N} a^{\nu o}.$$

(ii)　$\{(x^{\nu o}, a^{\nu o}) \colon \nu \in N,\ V^o\}$は，feasibleな配分$\{(x^\nu, a^\nu) \colon \nu \in N,\ V\}$，

$$(x, a, V) \in T,\quad x = \sum_{\nu \in N} x^\nu,\quad a = \sum_{\nu \in N} a^\nu$$

のなかで，社会的効用

$$U = \sum_{\nu \in N} u^\nu(x^\nu, a^\nu, a, V)$$

を最大にする．

つぎの命題は，第3節とまったく同じようにして証明することができる．

命題5　資源配分のパターン$\{(x^{\nu o}, a^{\nu o}) \colon \nu \in N,\ V^o\}$が社会的観点からみて最適であるために必要，十分な条件は，つぎの諸条件をみたすような正の帰属価格のベクトル(p, q, ψ)が存在することである．

$$u^\nu_{x^\nu}(x^{\nu o}, a^{\nu o}, a^o, V^o) = p,\quad -u^\nu_{a^\nu}(x^{\nu o}, a^{\nu o}, a^o, V^o) = q \qquad (\nu \in V),$$

$$x^o = \sum_{\nu \in N} x^{\nu o},\quad a^o = \sum_{\nu \in N} a^{\nu o},$$

$$x^o = x(p, q^o, \psi),\quad a^o = (p, q^o, \psi),\quad V^o = V(p, q^o, \psi),$$

$$q^o = (1-\theta) q,$$

$$\theta = \sum_{\nu \in N} \theta^\nu,\quad \theta^\nu = -\left.\frac{u^\nu_a}{u^\nu_{a^\nu}}\right|_{(x^{\nu o}, a^{\nu o}, a^o, V^o)}.$$

社会的観点からみて最適な配分はつねに存在し，一意的に定まる．

社会的観点からみて最適な配分におけるrelevantな変数をつぎのような関数記号であらわす．

$x^\nu(N)$，$a^\nu(N)$，$x(N)$，$a(N)$，$V(N)$，$p(N)$，$q(N)$，$\psi(N)$，$q^o(N)$，$\theta^\nu(N)$，$\theta(N)$．

経済を構成する各個人の効用がcardinalではなく，ordinalのときには，社会的最適の概念の代わりに，パレート最適(Pareto-optimum)の概念が使われる．命題2を証明したのとまったく同じ方法で，つぎの命題を証明することができる．

命題6　ある資源配分のパターン$\{(x^{\nu o}, a^{\nu o}) \colon \nu \in N,\ V^o\}$がパレート最適であるために必要，十分な条件は，つぎの条件をみたすような効用にかんするウェイト・ベクトル$\alpha = (\alpha^\nu) > 0$が存在し，$\{(x^{\nu o}, a^{\nu o}) \colon \nu \in N,\ V^o\}$が社会的効用関数

$$(\alpha) \qquad U = \sum_{\nu \in N} \alpha^\nu u^\nu(x^\nu, a^\nu, a, V)$$

にかんして，社会的観点からみて最適な配分となっていることである．

社会的効用関数(α)について，社会的観点からみて最適な配分におけるrelevantな変数をつ

ぎのような関数記号であらわす．

$x^{\nu}(\alpha)$，$a^{\nu}(\alpha)$，$x(\alpha)$，$a(\alpha)$，$V(\alpha)$，$p(\alpha)$，$q(\alpha)$，$\psi(\alpha)$，$q^{o}(\alpha)$，$\theta^{\nu}(\alpha)$，$\theta(\alpha)$，$r(\alpha)$．

また，対応する社会的効用関数の水準は $u(\alpha)$ であらわす．

これらの変数の値は，つぎの関係によって特定化される．

$$u(\alpha)=\sum_{\nu\in N}\alpha^{\nu}u^{\nu}(x^{\nu}(\alpha),a^{\nu}(\alpha),a(\alpha),V(\alpha)),$$

$$\alpha^{\nu}u^{\nu}_{x^{\nu}}(x^{\nu}(\alpha),a^{\nu}(\alpha),a(\alpha),V(\alpha))=p(\alpha),$$

$$-\alpha^{\nu}u^{\nu}_{a^{\nu}}(x^{\nu}(\alpha),a^{\nu}(\alpha),a(\alpha),V(\alpha))=q(\alpha)\qquad(\nu\in N),$$

$$x(\alpha)=\sum_{\nu\in N}x^{\nu}(\alpha),\quad a(\alpha)=\sum_{\nu\in N}a^{\nu}(\alpha),$$

$$x(\alpha)=x(p(\alpha),q^{o}(\alpha),\psi(\alpha)),$$

$$a(\alpha)=a(p(\alpha),q^{o}(\alpha),\psi(\alpha)),$$

$$V(\alpha)=V(p(\alpha),q^{o}(\alpha),\psi(\alpha)),$$

$$p(\alpha)x(\alpha)-q^{o}(\alpha)a(\alpha)+\psi(\alpha)V(\alpha)=r(\alpha)K,$$

$$q^{o}(\alpha)=(1-\theta(\alpha))q(\alpha),$$

$$\theta(\alpha)=\sum_{\nu\in N}\theta^{\nu}(\alpha),\quad\theta^{\nu}(\alpha)=-\frac{u^{\nu}_{a}(x^{\nu}(\alpha),a^{\nu}(\alpha),a(\alpha),V(\alpha))}{\partial u^{\nu}_{a^{\nu}}(x^{\nu}(\alpha),a^{\nu}(\alpha),a(\alpha),V(\alpha))},$$

$$\psi(\alpha)=\sum_{\nu\in N}p(\alpha)u^{\nu}_{V}(x^{\nu}(\alpha),a^{\nu}(\alpha),a(\alpha),V(\alpha)).$$

所得分配を決定するメカニズムを考察するために，経済を構成する各個人はそれぞれ，生産要素のある一定割合を所有していると仮定して議論を進める．

各個人 ν が所有する生産要素のベクトルを K^{ν} とする．

$$K=\sum_{\nu\in N}K^{\nu},\quad K^{\nu}\geqq 0\qquad(\nu\in N),$$

$$y^{\nu}(\alpha)=r(\alpha)K^{\nu}\qquad(\nu\in N).$$

準競争均衡は，第4節の場合とまったく同じようにして定義される．すなわち，資源配分のパターン$\{(x^{\nu o},a^{\nu o})\colon\nu\in N,\ V^{o}\}$が準競争均衡であるというのは，つぎの条件をみたすような税のシステム(τ^{ν})が存在するときとして定義される．

(i)　財政均衡の条件がみたされる．

$$(\tau)\qquad\sum_{\nu\in N}\tau^{\nu}=\psi V^{o}-\theta^{o}qa^{o}.$$

(ii)　各個人 ν について，$(x^{\nu o},a^{\nu o})$ はその効用関数 $u^{\nu}(x^{\nu},a^{\nu},a^{o},V^{o})$ をつぎの予算制約式のもとで最大にする．

$$px^{\nu}+qa^{\nu}=y^{\nu o}-\tau^{\nu},\quad y^{\nu o}=rK^{\nu},$$

ここで，r は生産要素の価格のベクトルとする．

(iii)　(x^{o},a^{o},V^{o}) は

$$px-q^{o}a+\psi V,\quad(x,a,V)\in T$$

を最大にする．

(iv)
$$x^o = \sum_{\nu \in N} x^{\nu o}, \quad a^o = \sum_{\nu \in N} a^{\nu o}.$$

(v)
$$\psi = \sum_{\nu \in N} p u_V^{\nu}(x^{\nu o}, a^{\nu o}, a^o, V^o).$$

このとき，つぎの命題が成立する．

命題 7　税のシステム(τ^{ν})が財政均衡の条件(τ)をみたすとすれば，準競争均衡がつねに存在し，パレート最適となる．

逆に，パレート最適の配分は，財政均衡の条件(τ)をみたす適当な税のシステム(τ^{ν})のもとにおける準競争均衡としてあらわすことができる．

リンダール均衡の概念も，これまでと同じようにして定義することができる．税のシステム(τ^{ν})がリンダール解となるのは，社会的共通資本のストック(V^o)と，経済を構成する各個人νがその予算制約条件のもとで選ぶ最適な水準$V^{o(\nu)}$とが等しい場合である．

つぎの命題も，同じようにして証明することができる．

命題 8　社会的共通資本のモデルが，上の仮定(U1)-(U5)′，(T1)-(T3)′，(A1)-(A3)′をみたしているとすれば，リンダール解は常に存在する．

7. 世代間の公正とコモンズの理論

この節では，コモンズについて，異時点間にわたる希少資源の配分のパターンについて，世代間を通じて公正(intergenerationally equitable)の考え方を適用して，コモンズの持続可能な(sustainable)な経済活動のパターンを考察する．

考え方のエッセンスを浮き彫りにするために，もっとも単純な構造をもつコモンズを取り上げることにする．社会的共通資本は1種類しかなく，同質的な尺度Vによってはかられると仮定する．私的な財も1種類しかなく，私的な資本と同じであるとする．経済はn人の個人によって構成されていて，各個人は，genericにν, $(\nu=1, \cdots, n)$という記号であらわされる．

各個人νの効用u^{ν}は，つぎの関数によって与えられる．

$$u^{\nu} = u^{\nu}(x^{\nu}, a^{\nu}, a, V), \quad (\nu = 1, \cdots, n),$$

ここで，x^{ν}, a^{ν}はそれぞれ個人νの私的な財の消費，社会的共通資本のサービスの使用量とし，aは社会的共通資本のサービスの全使用量とする．

$$a = \sum_{\nu \in N} a^{\nu}.$$

各個人 ν の効用 u^ν の私的な財の消費 x^ν，社会的共通資本のサービスの使用量 a^ν，社会的共通資本のサービスの全使用量 a，社会的共通資本のストック V にかんする弾力性はすべて一定と仮定し，それぞれ $\eta_{x^\nu}, \eta_{a^\nu}, \eta_a, \eta_V$ という記号であらわす．このとき，つぎの条件がみたされていると仮定する．

$$\eta_{x^\nu}, \eta_{a^\nu}, \eta_V > 0, \quad \eta_{x^\nu}+\eta_{a^\nu}+\eta_V < 1, \quad \eta_a < 0.$$

したがって，とくに，つぎのようにあらわされる．

$$u^\nu = u^\nu(x^\nu, a^\nu, a, V) = u(x^\nu, a^\nu, a)\, V^{\eta_V},$$

ここで，$u(x^\nu, a^\nu, a)$は各個人 ν には無関係に与えられると仮定する．

各個人 ν について，社会的共通資本の使用とそれによってもたらされる混雑との間の限界代替率は，つぎの式で与えられる．

$$\theta^\nu = \frac{-\eta_a}{\eta_{a^\nu}}\frac{a^\nu}{a} > 0 \qquad (\nu \in N).$$

ここで，η_{a^ν} はすべての個人 ν について同じ値をとるから，

$$\theta = \sum_{\nu\in N}\theta^\nu = \frac{-\eta_a}{\eta_{a^\nu}}, \quad 0 < \theta < 1.$$

私的財の全産出量 y は生産関数

$$y = f(k)$$

によって与えられるとする．ここで，k は各時点 t における私的資本のストック量である．生産関数は，つぎの諸条件をみたすと仮定する．

$$f(k) > 0, \quad f'(k) > 0, \quad f''(k) < 0, \quad \text{for all } k.$$

資本蓄積と環境の質の変化との間の動学分析にさいして，その基本的前提条件として，社会の主観的選好関係は，技術的条件や資本蓄積のプロセスとは無関係に決まるという仮定がおかれている．

その代表的な例として，Ramsey-Koopmans-Cass の効用積分を考える．

$$U = \int_0^\infty \omega_t U_t e^{-\delta t} dt,$$

ここで，

$$U_t = \sum_{\nu\in N} \alpha^\nu u^\nu(x_t^\nu, a_t^\nu, a_t, V_t), \quad \alpha^\nu > 0$$

は各時点 t における瞬時的効用水準をあらわし，δ は効用の割引率(utility rate of discount)，$(\delta > 0)$，ω_t は各時点 t における瞬時的効用水準に対するウェイトである．このウェイトは，つぎの条件をみたすと仮定する．

$$\omega_t > 0, \quad \lim_{t\to\infty}\omega_t = \bar{\omega}, \quad \text{for some } \bar{\omega}.$$

各時点 t における私的資本のストックを k_t とし，総消費，私的資本および社会的共通資本に

対する投資をそれぞれ，x_t，A_t，B_t とおく．

$$x_t+A_t+B_t=f(k_t).$$

このとき，私的資本および社会的共通資本の蓄積率をそれぞれ，$\dot{k}_t$ $\dot{V}_t$ とおけば，

$$\dot{k}_t=\alpha(A_t, k_t),\quad k_0=K,$$
$$\dot{V}_t=\beta(B_t, V_t),\quad V_0=V,$$

ここで，K は初期時点における私的資本のストック，$\alpha(A, k)$，$\beta(B, V)$ はそれぞれ，私的資本，社会的共通資本にかんするペンローズ関数(Penrose function)とする．ペンローズ関数 $\alpha(A, k)$, $\beta(B, V)$ はつぎの条件をみたすと仮定する．

$$\alpha_A=\alpha_A(A, k)>0,\quad \alpha_k=\alpha_k(A, k)<0,$$
$$\beta_B=\beta_B(B, V)>0,\quad \beta_V=\beta_V(B, V)<0.$$

いわゆるペンローズ効果(Penrose effect)は，ペンローズ関数 $\alpha(A, k)$, $\beta(B, V)$ がそれぞれ，(A, k), (B, V) にかんして concave，かつ quasi-concave という条件として表現される．

$$\alpha_{AA}<0,\quad \alpha_{kk}<0,\quad \alpha_{AA}\alpha_{kk}-\alpha_{Ak}{}^2\geqq 0,$$
$$\beta_{BB}<0,\quad \beta_{VV}<0,\quad \beta_{BB}\beta_{VV}-\beta_{BV}{}^2\geqq 0.$$

つぎの条件も，しばしば仮定される．

$$\alpha_{Ak}=\alpha_{kA}<0,\quad \beta_{BV}=\beta_{VB}<0.$$

私的資本にかんする投資の限界効率(marginal efficiency of investment)，$m=m(A, k)$，はつぎの式によって与えられる．

$$m=m(A, k)=r\alpha_A+\alpha_k,$$

ここで，$r=f'(k)$ は私的資本の限界生産(marginal product of capital)である．

社会的共通資本にかんする投資の限界効率 $n=n(B, V)$ は，つぎの式によって与えられる．

$$n=n(B, V)=s\beta_B+\beta_V,$$

ここで，s は私的消費と社会的共通資本との間の限界代替率である．

$$s=\sum_{\nu\in N}\frac{u_V^\nu}{u_{x^\nu}^\nu}=\sum_{\nu\in N}\frac{\eta_V}{\eta_x}\frac{x^\nu}{V}=\frac{\eta_V}{\eta_x}\frac{x}{V}.$$

消費と資本蓄積の時間的径路(x_t, k_t)が世代間を通じて公正である(intergenerationally equitable)であるというのは，つぎの諸条件をみたすような私的資本と社会的共通資本の帰属価格 ψ, λ $(\psi, \lambda>0)$ が存在するときとして定義される．

$$\dot{k}_t=\alpha(A_t, k_t),\quad k_0=K,$$
$$\dot{V}_t=\beta(B_t, V_t),\quad V_0=V,$$
$$x_t+A_t+B_t=f(k_t),$$
$$m_t=r(k_t)\alpha_A(A_t, k_t)+\alpha_k(A_t, k_t)=\delta,$$

$$n_t = s(x_t, V_t)\beta_B(B_t, V_t) + \beta_x(B_t, V_t) = \delta,\ \ s(x_t, V_t) = \frac{\eta_V}{\eta_x}\frac{x_t}{V_t},$$

$$\frac{\psi}{\alpha_A(A_t, k_t)} = \frac{\lambda}{\beta_B(B_t, V_t)}.$$

消費 x は，つぎの最大問題の最適解として得られる．

制約条件

$$f(k) = x+A+B$$

のもとで，社会的効用

$$U_t = \sum_{\nu \in N} \alpha^\nu u^\nu(x^\nu, a^\nu, a, V)$$

を最大にするような $x = \sum_{\nu \in N} x^\nu$ を求めよ．

私的資本と社会的共通資本のストックのベクトル，$(k, V) > 0$，が与えられているとき，消費と投資にかんする世代間を通じて公正な水準 (x, A, B) は一意的に定まる．これは，つぎの方程式体系の解として得られる．

$$x+A+B = f(k),$$
$$m = r(k)\alpha_A(A, k) + \alpha_k(A, k) = \delta,$$
$$n = \frac{\eta_V}{\eta_x}\frac{x}{V}\beta_B(B, V) + \beta_x(B, V) = \delta.$$

私的資本に対する投資の最適な水準 A は，投資の限界効率にかんする原則にもとづいて決まってくる．

$$m = r(k)\alpha_A(A, k) + \alpha_k(A, k) = \delta.$$

したがって，

$$dA = -\frac{r'\alpha_A + r\alpha_{Ak} + \alpha_{kk}}{r\alpha_{AA} + \alpha_{AA}}dk + \frac{1}{r\alpha_{AA} + \alpha_{AA}}d\delta = [+]dk + [-]d\delta$$

社会的共通資本に対する投資の水準 B が与えられた水準のとき，つぎの最大問題の最適解として得られる総消費 $x = \sum_{\nu \in N} x^\nu$ を考える．

予算制約条件

$$x = \sum_{\nu \in N} x^\nu = f(k) - A - B$$

のもとで，

$$U_t = \sum_{\nu \in N} \alpha^\nu u^\nu(x^\nu, a^\nu, a, V) = \left[\sum_{\nu \in N} \alpha^\nu u(x^\nu, a^\nu, a)\right] V^{\eta_V}$$

を最大にするような $x = \sum_{\nu \in N} x^\nu$ を求めよ．

このとき，産出量の最適水準 x は，$f(k) - A - B$ の関数となり，B の増加にともなって減少し，したがって，社会的共通資本に対する投資の限界効率

$$n = \frac{\eta_V}{\eta_x}\frac{x}{V}\beta_B(B, V) + \beta_x(B, V)$$

もまた減少する．したがって，

$$n = \frac{\eta_V}{\eta_x}\frac{x}{V}\beta_B(B, V) + \beta_x(B, V) = \delta$$

の条件をみたすような B の水準は一意的に定まる．

かんたんな計算によって，

$$dB = [+]dk + [-]dV + [-]d\delta.$$

第 4 章とまったく同じ方法を使って，つぎの命題が成り立つことを証明することができる．

命題 9　私的資本と社会的共通資本ともに，多数種類存在する場合を考え，それぞれのストックのベクトル，$(k, V) > 0$，が与えられているとき，私的消費と，私的資本および社会的共通資本とに対する投資にかんする世代間を通じて公正な水準 (x, A, B) は常に一意的に定まる．

私的資本のストック k が大きくなったときに，世代間を通じて公正な時間径路における私的消費と社会的共通資本に対する投資も大きくなる．これに反して，社会的共通資本のストック k が大きくなったときには，世代間を通じて公正な時間径路における私的消費は大きくなるが，社会的共通資本に対する投資は小さくなる．

社会的割引率 δ が高くなると，世代間を通じて公正な時間径路における私的消費は大きくなるが，私的資本に対する投資は小さくなる．しかし，社会的共通資本に対する投資に及ぼす影響は，確定できない．

私的消費と，私的資本および社会的共通資本とに対する投資にかんする世代間を通じて公正な時間径路 (x, A, B) は，時間 t が無限大に近づくにつれて，長期定常状態(long-run stationary state)に一様に収斂する．

8. お わ り に

本章では，社会的共通資本が，資源配分のプロセスにどのような関わりをもつかについて分析を展開した．

はじめに，社会的共通資本のストックが所与として，静学的な場合をもっぱら取り上げた．まず，社会的共通資本から生み出されるサービスが社会的な観点から最適となるための条件を分析し，ついで，社会的な観点から最適な資源配分と準競争均衡における資源配分との間に存在する関係を明らかにした．つづいて，生産可能集合と選好関係にかんする新古典派的諸条件がみたされているとき，リンダール均衡が必ず存在することを証明した．さらに，社会的共通資本のストックを選択することが可能であるとして，社会的な観点から最適な社会的共通資本のストックという概念を考察し，社会的な観点から最適な社会的共通資本のストックと準競争均衡における資源配分との間の関係を明らかにした．また，社会的共通資本のストックの長期定常状態における水準が，選好関係，生産にかんする技術的な条件によって生産要素の賦与量が決まってくる一般的な状況を考えたとき，リンダール均衡の概念を導入した．最後に，第4章で展開した，世代間を通じて，公正な資源配分の性質を分析した．

参考文献

Arrow, K. J., L. Hurwicz, and H. Uzawa (1958). *Studies in Linear and Non-Linear Programming*, Stanford: Stanford University Press.

Fenchel, W. (1953). *Convex Cones, Sets, and Functions*, Princeton: Princeton University, Department of Mathematics.

Foley, D. (1967). "Resource Allocation and the Public Sector," *Yale Economic Essays*, **7**, 43-98.

—— (1970). "Lindahl Solution and the Core of an Economy with Public Goods," *Econometrica* **38**, 66-72.

Johansen, L. (1963). "Some Notes on the Lindahl Theory of Determination of Public Expenditures," *International Economic Review* **4**, 346-358.

Lindahl, E. (1919). "Positive Löung," in *Die Gerechtigkeit der Besteuerung*, Part I, Chapter 4, Lund, 85-98. Translated as "Just Taxation—a Positive Solution," in *Classics in the Theory of Public Finance*, edited by R. A. Musgrave and A. T. Peacock, London and New York: Macmillan, 1958, 168-176.

Malinvaud, E. (1971). "A Planning Approach to the Public Goods Problem," *Swedish Journal of Economics* **11**, 96-112.

Roberts, D. J. (1974). "The Lindahl Solution for Economies with Public Goods," *Journal of Public Economics* **3**, 23-42.

Samuelson, P. A. (1954). "The Pure Theory of Public Expenditures," *Review of Economics and Statistics* **37**, 387-389.

Uzawa, H. (1974). "Sur la théorie économique du capital collectif social," *Cahier du Séminaire d'Économetrie*, 103-122. Translated in *Preference, Production, and Capital: Selected Papers of Hirofumi Uzawa*, Cambridge and New York: Cambridge University Press, 1988, 340-362.

—— (1999). "Global Warming as a Cooperative Game," *Environmental Economics and Policy Studies* **2**, 1-37.

第17章　社会的不安定性と社会的共通資本

1. はじめに

いわゆる資本主義的な市場経済制度のもとにおける経済循環のメカニズムは，2つの意味における不均衡を生み出す．第1の不均衡は動学的不均衡ともいうべきものであって，各時点で，需要と供給が均等するような市場均衡は必ずしも成立せず，しかもこの不均衡は時間の経過にともなっても安定化する傾向をもたない．第2の不均衡は社会的不均衡にかかわるものであって，私的な資本の蓄積と社会的共通資本の蓄積との不均衡を内在的に安定化するメカニズムが市場制度のなかには存在しないため，この不均衡が実質所得分配の不安定化を誘発する．「政府」の経済的機能を大別すれば，この2つの不均衡に対応することができる．第1の機能は，動学的不均衡を解決するために，さまざまな政策的手段を用いて，完全雇用，物価水準の安定化を求めようとする．いわゆる総需要政策と呼ばれるものである．第2の機能は，生活関連ならびに産業基盤的な社会的共通資本を建設，維持し，そこから生み出されるサービスを社会的な基準にしたがって配分することによって，社会的な安定性を回復しようとする．

この2つの機能は相互に密接にかかわり合っていて，個別的な政府の役割について，必ずしも排他的にこの2種類に分けることはできないが，財政の機能的な側面を考察するために，このような分類は意味がないとはいえないであろう．『経済解析――基礎篇』では，主として，第1の不均衡現象について，動学的不均衡理論の立場から，分析を試みてきた．

ここでは，第2の不均衡現象，すなわち，社会的共通資本と私的資本との蓄積の不均衡から生ずるさまざまな問題について，分析的な枠組みの構築を試みたい．以下で展開する議論は，基本的には，これまで展開してきた社会的共通資本の理論の枠組みのなかで定式化されるが，主として，純粋な意味における市場経済制度がどのような点から問題となるのかということを，社会的不安定性という概念を使って分析することにしたい．そのためにまずはじめに，純粋な意味における市場経済制度の意味と，そこにおける価格決定のメカニズムを考察することにしよう．

2. 純粋な意味における市場経済制度での価格決定メカニズム

市場経済制度における価格決定メカニズムを，もっとも単純なモデルをつくって考察する．議論の要旨を浮き彫りにするために，2財，2生産要素の経済モデルをつくって考察しよう．

各財はそれぞれ同質的な財であって，ある特定の単位ではかることができるとする．どちらの財も，2つの生産要素を用いて，新古典派的な生産過程を通じて生産されるものとする．2つの生産要素をかりに労働と実物資本と呼ぶことにし，人的な生産要素と物的な生産要素を代表させるものとする．同時に，労働は可変的な生産要素とし，実物資本は固定的な生産要素とする．すなわち，各企業が各時点で雇用する労働の量は，そのときどきの市場条件に応じて，自由に調整することができるものとする．労働のサービスを売買する市場が存在していて，すべての雇用契約は短期的な性格をもっていると仮定する．このような性格をもった労働市場は現実には存在しない．どのような雇用契約も多かれ少なかれ固定的な側面をもっているからである．しかし，新古典派理論はもちろんのこと，ケインズ経済学においても，労働雇用の可変性が重要な前提条件の1つになっていることは注目すべきであろう．

これに反して，実物資本はすべて固定的な生産要素であると仮定する．すなわち，各企業が，各時点で使用することのできる実物資本の量は，そのときどきの市場条件の変化に対応して自由に決めることはできない．過去の投資活動を通じて，企業内に蓄積されている，いわば歴史的に確定していて，たとえ現時点での市場条件が，過去に予想されたものと異なっていても，実物資本の量を調節することはできない．実際には，実物資本のなかでも可変的な性格をもったものが存在し，また労働雇用の大部分は固定的である．以下の議論では，労働を可変的な生産要素とし，実物資本を固定的な生産要素としてモデルをつくるが，より一般的な場合に，拡張することは容易である．

純粋な意味における市場経済制度というとき，そのもっとも基本的な前提条件は生産手段の私有制である．すなわち，生産および消費のプロセスにおいて必要となるような希少資源はすべて私的な経済主体に分属され，市場を通じて取引されるという前提条件である．上の説明で，2財はそれぞれ，労働と実物資本という2つの生産要素をつかって生産されると述べたが，この2つの生産要素はそれぞれなんらかの私的経済主体に分属され，各経済主体は，自ら私有している労働および実物資本を自らの主体的な判断基準に照らしてもっとも望ましいと考えられる方法で使用するなり，市場に供給する．しかも，各財の生産過程で，労働と実物資本という2つの私的な生産要素のほかに，制約的(limitational)になるような生産要素は存在しないという仮定をもうける．したがって，各財を生産するプロセスを要約して，つぎのような生産関数であらわすことができる．j 財の産出量 Q_j は，j 財の生産に投下された労働量 N_j と実物資本の量 K_j とによって，

$$(1)\qquad Q_j = F_j(N_j, K_j) \qquad (j=1,2)$$

のような関数としてあらわされる．

この生産関数 $F_j(N_j, K_j)$ は N_j と K_j について一次同次である．すなわち，労働と資本との投入量(N_j, K_j)が何倍かになったときに，産出量 Q_j もまた同じ比率で増加するという条件で

ある．

(2) $$F_j(\lambda N_j, \lambda K_j) = \lambda F_j(N_j, K_j).$$

もしかりに，生産要素(N_j, K_j)の投入量をλ倍しても，産出量がλ倍にならなかったとすれば，それは，労働N_j，実物資本K_j以外の希少資源があって，j財の生産のプロセスで制約的となっているからである．したがって，労働と実物資本の他に limitational な生産要素が存在しないという仮定のもとでは，生産関数の一次同次性は，論理的に当然みたされる．

したがって，

(3) $$Q_j = f_j(n_j)K_j$$

のようにあらわすことができる．このとき，

$$n_j = \frac{N_j}{K_j}$$

は労働/資本比率であって，$f_j(n_j)$は

(4) $$f_j(n_j) = F_j(n_j, 1)$$

によって定義される．

各時点で，実物資本量K_jは所与であって，各企業が自由に調節することができるのは，可変的な生産要素としての労働の投入量N_jのみである．このとき，供給の価格弾力性σ_jはつぎのようにして定義される．市場価格P_jが1% だけ上がったときに，生産量がσ_j% だけ上がるとき，供給の価格弾力性がσ_jであるという．

(5) $$\sigma_j = \frac{P_j}{Q_j}\frac{\partial Q_j}{\partial P_j},$$

ここで，Q_jは価格がP_jのときのj財の供給量をあらわす．

供給の弾力性は生産関数を用いて簡単に計算することができる．まず，企業の産出量が完全競争的な市場で売られていているとしよう．いま，j財の市場価格を賃金単位ではかってp_jとする．p_jは名目価格P_jを賃金率W_jで割ったものである．

(6) $$p_j = \frac{P_j}{W_j}.$$

このとき，企業の利潤は

(7) $$p_jQ_j - N_j$$

であらわせる．

ここで，産出量Q_jは上の生産関数によってあらわされる．そこで，企業が現時点で自由に選択することのできる量は労働の投入量N_jだけであるから，利潤(7)を最大にするような産出量を労働投入量N_jによって偏微分したものをゼロとおくことによって求められる．

(8) $$p_j\frac{\partial F_j}{\partial N_j} = 1,$$

あるいは，

$$p_j f_j'(n_j) = 1 \tag{9}$$

となる．j 財の生産にかんする労働/資本比率 $n_j = \dfrac{N_j}{K_j}$ は，労働の限界生産が実質賃金に等しい水準に求められる．

したがって，

$$\frac{dQ_j}{Q_j} = s_{N_j}\frac{dn_j}{n_j} + (1-s_{N_j})\frac{dK_j}{K_j}, \tag{10}$$

$$s_{N_j} = \frac{n_j f_j'(n_j)}{f_j(n_j)} \tag{11}$$

は j 財生産部門における労働の相対的シェアである．

$$\frac{dp_j}{p_j} = -\frac{n_j f_j''(n_j)}{f_j'(n_j)}\frac{dn_j}{n_j}. \tag{12}$$

この式で，dn_j/n_j の係数はつぎのような意味をもつ．まず，労働と資本の代替の弾力性 σ_{s_j} を定義する．代替の弾力性 σ_{s_j} は，労働賃金が実物資本サービスの価格に比して 1% だけ高くなったとき，j 財の生産者が労働の投入量を実物資本の量に比して σ_{s_j}% だけ低くするということを意味している．代替の弾力性 σ_{s_j} は生産関数を用いてあらわすことができる．労働賃金と実物資本のレンタル価格との比率を ω とすれば，利潤最大化の条件のもとでは，ω は労働の限界生産と実物資本の限界生産との比に等しくなる．すなわち，

$$\omega = \frac{f_j'(n_j)}{f_j(n_j) - n_j f_j'(n_j)} \tag{13}$$

が成立する．このとき，代替の弾力性 σ_{s_j} は，

$$\sigma_{s_j} = -\frac{\omega}{n_j}\frac{dn_j}{d\omega} \tag{14}$$

によって定義される．したがって，

$$\frac{d\omega}{\omega} = \frac{n_j f_j''(n_j)}{f_j'(n_j)}\frac{dn_j}{n_j} - \frac{-n_j^2 f_j''(n_j)}{f_j(n_j) - n_j f_j'(n_j)}\frac{dn_j}{n_j} \tag{15}$$

$$= \frac{n_j f_j''(n_j) f_j(n_j)}{f_j'(n_j)[f_j(n_j) - n_j f_j'(n_j)]}\frac{dn_j}{n_j},$$

$$\sigma_{s_j} = -\frac{\omega}{n_j}\frac{dn_j}{d\omega} = \frac{f_j'(n_j)[f_j(n_j) - n_j f_j'(n_j)]}{-n_j f_j(n_j) f_j''(n_j)}. \tag{16}$$

ゆえに，

$$\frac{-n_j f_j''(n_j)}{f_j'(n_j)} = \frac{f_j(n_j) - n_j f_j'(n_j)}{f_j(n_j)}\frac{1}{\sigma_{s_j}} = (1-s_{N_j})\frac{1}{\sigma_{s_j}}, \tag{17}$$

$$\frac{dp_j}{p_j} = \frac{1-s_{N_j}}{\sigma_{s_j}}\frac{dn_j}{n_j}. \tag{18}$$

したがって，(10)式を(18)式で割れば，

(19) $$\sigma_j = \frac{dQ_j/Q_j}{dp_j/p_j} = \frac{\sigma_{s_j}}{1-s_{N_j}}\left[s_{N_j}+(1-s_{N_j})\frac{dK_j/K_j}{dn_j/n_j}\right].$$

われわれはここで短期的な状況を考察しているから，固定的な実物資本の量 K_j は一定であり，変化しないものと仮定できる．

$$\frac{dK_j}{K_j} = 0.$$

したがって，

$$\sigma_j = \frac{s_{N_j}}{1-s_{N_j}}\sigma_{s_j}.$$

すなわち，j 財に対する供給の価格弾力性 σ_j は，労働と資本の代替の弾力性 σ_{s_j} に比例し，その比例係数は，j 財の生産にかんする労働の相対的シェア s_{N_j} と実物資本の相対的シェア $\frac{s_{N_j}}{1-s_{N_j}}$ の比率に等しい．

すべての生産要素が可変的であるとすれば，

$$s_{N_j} = 1,\ \ 1-s_{N_j} = 0.$$

したがって，

$$\sigma_j = +\infty.$$

他方，すべての生産要素が固定的であるのは，

$$s_{N_j} = 0,\ \ 1-s_{N_j} = 1$$

によって特徴づけられるから，

$$\sigma_j = 0.$$

一般に，j 財の生産過程において，固定的な生産要素の占める役割が大きければ大きいほど，代替の弾力性 σ_j は小さくなり，ゼロに近づく．このように，供給の弾力性 σ_j は，j 財の生産にかかわる固定性の程度をあらわす尺度であるといってもよい．

これまで，市場が完全競争的な場合について，供給の弾力性を計算したが，不完全競争的な市場に直面している場合について同じような分析をおこなうことができる．いま簡単のために，独占的な市場の場合について計算しておこう．j 財の生産者が想定する需要関数を

$$X_j = X_j(p_j, y)$$

とする．例の通り，p_j は賃金単位ではかった j 財の価格であり，y は同じく賃金単位ではかった国民所得である．

このとき，j 財の生産者の利潤は，

$$p_jX_j - N_j$$

によってあらわされるから，その最大値を求めると，

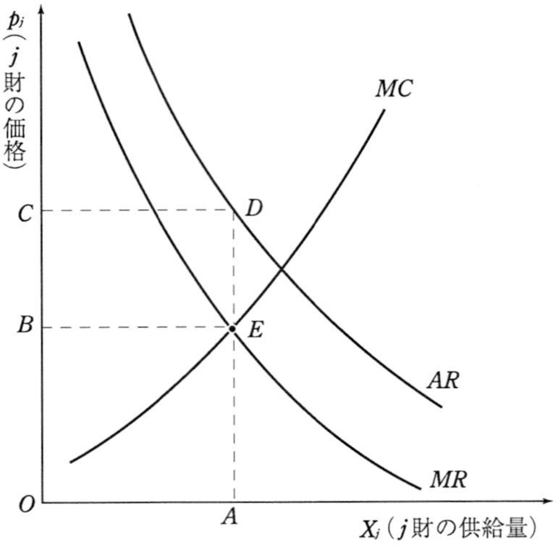

図 17-1 供給量の決定

$$\left(1-\frac{1}{\eta_j}\right)p_j = \frac{1}{f_j'(n_j)},$$

ここで，η_j は j 財に対する需要の価格弾力性である．

$$\eta_j = -\frac{p_j}{X_j}\frac{\partial X_j}{\partial p_j}.$$

周知のように，この式の左辺は限界収入をあらわし，右辺は限界費用をあらわす．もしかりに，需要の価格弾力性 η_j の変化を無視することができるとすれば，上の式を微分して，供給の弾力性 σ について，

$$\sigma_j = \frac{p_j}{X_j}\frac{dX_j}{dp_j} = \frac{s_{N_j}}{1-s_{N_j}}\sigma_{s_j}$$

という式を導き出すことができる．これは完全競争の場合とまったく同じである．

この間の事情は図 17-1 のように示すことができる．図の横軸は，j 財の産出量ないし供給量 $X_j=Q_j$ をあらわし，縦軸は，賃金単位ではかった価格 p_j をあらわす．限界費用のスケジュールは MC 曲線によってあらわされ，限界収入は MR 曲線によってあらわされる．AR 曲線は年収収入曲線であり，したがって，j 財に対する需要曲線をあらわす．利潤最大点は MR 曲線と MC 曲線との交点 E によって与えられ，そのときの生産量 X_j は OA，価格は OC によって与えられる．

3. 需要の弾力性

これまで，各財の生産者は他の財の生産者と無関係に価格なり生産量を決めるという前提で

議論を進めてきたが，需要にかんしては，このような条件を前提とすることは困難である．そこで，需要の条件について，よりくわしく分析しよう．

これまでと同じように，価格，所得はすべて賃金単位ではかるものとし，いちいち断わらないこととする．第 1 財および第 2 財の価格をそれぞれ p_1, p_2 であらわし，国民所得水準を y であらわす．第 1 財および第 2 財に対する需要 X_1, X_2 はつぎの需要関数によって表現される．

$$X_1 = X_1(p_1, p_2, y), \quad X_2 = X_2(p_1, p_2, y).$$

このとき，予算制約条件

$$p_1 X_1(p_1, p_2, y) + p_2 X_2(p_1, p_2, y) = y$$

がみたされなければならない．この式は恒等式であって，すべての p_1, p_2, y について両辺が等しくなるということを意味する．

各財に対する需要の価格弾力性はそれ自身の価格の変化に対応するもの(own elasticity)と，他財の価格の変化に対応するもの(cross elasticity)と 2 種類存在するので，つぎのように定義する．

$$\left.\begin{array}{ll} \eta_{11} = -\dfrac{p_1}{X_1}\dfrac{\partial X_1}{\partial p_1}, & \eta_{12} = -\dfrac{p_2}{X_1}\dfrac{\partial X_1}{\partial p_2} \\ \eta_{21} = -\dfrac{p_1}{X_2}\dfrac{\partial X_2}{\partial p_1}, & \eta_{22} = -\dfrac{p_2}{X_2}\dfrac{\partial X_2}{\partial p_2} \end{array}\right\}.$$

さらに，需要の所得弾力性をつぎのように定義する．

$$\eta_{1y} = -\frac{y}{X_1}\frac{\partial X_1}{\partial y}, \quad \eta_{2y} = -\frac{y}{X_2}\frac{\partial X_2}{\partial y}.$$

これらの需要弾力性の間にはつぎのような関係が存在する．まず，需要関数はいずれも p_1, p_2, y について，ゼロ次同次でなければならないから，

$$\frac{\partial X_1}{\partial p_1}p_1 + \frac{\partial X_1}{\partial p_2}p_2 + \frac{\partial X_1}{\partial y}y = 0,$$

$$\frac{\partial X_2}{\partial p_1}p_1 + \frac{\partial X_2}{\partial p_2}p_2 + \frac{\partial X_2}{\partial y}y = 0.$$

したがって，

$$-\eta_{11} + \eta_{12} + \eta_{1y} = 0,$$

$$-\eta_{11} + \eta_{12} + \eta_{1y} = 0,$$

$$\eta_{21} - \eta_{22} + \eta_{2y} = 0.$$

また，予算制約式をそれぞれ p_1, p_2, y について偏微分して，需要弾力性で表現すればつぎのような関係式が成立しなければならない．

$$s_1(1-\eta_{11}) + s_2\eta_{21} = 0,$$

$$s_1\eta_{12} + s_2(1-\eta_{22}) = 0,$$

$$s_1\eta_{1y}+s_2\eta_{2y}=1.$$

ただし，s_1，s_2 は第 1 財および第 2 財に対する支出の相対的シェアである．

$$s_1=\frac{p_1X_1}{y},\quad s_2=\frac{p_2X_2}{y},$$

$$s_1+s_2=1.$$

以下の議論では，第 1 財が生活必需的な性格をもち，第 2 財は選択的な性格をもつ財であると考える．需要の弾力性についていえば，第 1 財が必需的であるというのは，たとえ第 1 財の価格 p_1 が上がったとしても，第 1 財に対する需要は必ずしもそれに応じて減少させることはできないというかたちで表現できる．したがって，第 1 財にかんして，その価格弾力性 η_{11} は小さくて，ゼロに近いということを意味する．

$$\eta_{11}\sim 0.$$

これに反して，第 2 財は選択的な性格をもつから，第 2 財の価格 p_2 が上がったときに，比較的容易に他の財によって代替することが可能である．したがって，第 2 財の需要弾力性 η_{22} について，比較的大きな値をとると仮定してもよい．

$$\eta_{22}\gg 0.$$

したがって，cross elasticities に対して，つぎの条件がみたされる．

$$\eta_{21}<0,\quad \eta_{12}>0.$$

ここでは，実質所得 y が増加しつつあるような状況を一般に考察の対象とするので，相対的弾力性の概念を導入する必要がある．第 1 財および第 2 財に対する需要の相対的価格弾力性 β_1 および β_2 はつぎのようにして定義される．

$$\beta_1=\frac{\eta_{11}}{\eta_{1y}},\quad \beta_2=\frac{\eta_{22}}{\eta_{2y}}.$$

したがって，第 1 財が必需的であり，第 2 財が選択的であるということは，β_1 がゼロに近く，β_2 がかなり大きいということによって表現される．

$$\beta_1\sim 0,\quad \beta_2\gg 0.$$

さらに，供給の相対的弾力性 γ_1，γ_2 をつぎのように定義する．

$$\gamma_1=\frac{\sigma_1}{\eta_{1y}},\quad \gamma_2=\frac{\sigma_2}{\eta_{2y}}.$$

以下の議論では，第 1 財が必需的であるというのは，需要の条件だけでなく，供給の条件をも考慮に入れて考えることとする．すなわち，第 1 財については，需要の相対的弾力性も，供給の相村的弾力性もどちらも小さく，ゼロに近い．

$$\beta_1+\gamma_1\sim 0.$$

これに対して，第 2 財は需要だけでなく供給の条件を考慮に入れたときに選択的であるとし，需要の相対的弾力性 β_2 が大きいか，あるいは供給の相対的弾力性 γ_2 が大きいかという仮定がもうけられている．

$$\beta_2 + \gamma_2 \gg 0.$$

4. 市場価格体系の決定

以上の前提のもとに，2 財の価格 p_1, p_2 が完全競争的な市場でどのように決定されるかを分析することができる．

つぎのような市場の均衡条件がみたされる．

$$X_j = f_j(n_j)K_j, \quad n_j = \frac{N_j}{K_j},$$

$$p_j = \frac{1}{f_j'(n_j)},$$

$$X_j = X_j(p_1, p_2, y).$$

さらに，所得 y については賃金所得と利潤との和に等しいという条件がみたされなければならないが，この点にかんする考察は以下の議論ではとくに必要としない．

この 3 つの均衡条件が各時点でみたされているとすれば，市場価格 p_1, p_2 の変化率と国民所得 y の変化率との間に存在する関係を導き出すことができる．このとき，p_1, p_2, X_1, X_2, y などの変数はすべて，時間 t の関数であるから，その変化率をつぎのような記号であらわすことにする．

$$\hat{p}_1 = \frac{\dot{p}_1}{p_1}, \quad \hat{p}_2 = \frac{\dot{p}_2}{p_2}, \quad \hat{y} = \frac{\dot{y}}{y}, \quad \text{etc.}$$

ただし，$\dot{p}_1$, $\dot{p}_2$, $\dot{y}$ は

$$\dot{p}_1 = \frac{dp_1}{dt}, \quad \dot{p}_2 = \frac{dp_2}{dt}, \quad \dot{y} = \frac{dy}{dt}, \quad \text{etc.}$$

上の式を時間 t で対数微分して，さきに導入した需要および供給の弾力性概念を用いれば，つぎのような関係を求めることができる．

$$\hat{X}_1 = \sigma_1 \hat{p}_1, \quad \hat{X}_2 = \sigma_2 \hat{p}_2,$$

$$\hat{X}_2 = \eta_{21}\hat{p}_1 - \eta_{22}\hat{p}_2 + \eta_{2y}\hat{y}.$$

したがって，

$$(\eta_{11} + \sigma_1)\hat{p}_1 - \eta_{12}\hat{p}_2 = \eta_{1y}\hat{y},$$

$$-\eta_{21}\hat{p}_1 + (\eta_{22} + \sigma_2)\hat{p}_2 = \eta_{2y}\hat{y}.$$

このとき，η_{12} および η_{21} を消去すれば，

$$(\eta_{11} + \sigma_1)\hat{p}_1 - (\eta_{11} - \eta_{1y})\hat{p}_2 = \eta_{1y}\hat{y},$$

$$-(\eta_{22} - \eta_{2y})\hat{p}_1 + (\eta_{22} + \sigma_2)\hat{p}_2 = \eta_{2y}\hat{y}.$$

この各式の両辺をそれぞれ η_{1y} および η_{2y} で割って，相対的弾力性の記号を用いれば，

$$(\beta_1+\gamma_1)\hat{p}_1+(1-\beta_1)\hat{p}_2=\hat{y},$$
$$(1-\beta_2)\hat{p}_1+(\beta_2+\gamma_2)\hat{p}_2=\hat{y}.$$

この連立一次方程式を $\hat{p}_1$，$\hat{p}_2$ について解けば，

$$\hat{p}_1=\frac{\gamma_2+(\beta_1+\beta_2-1)}{\varDelta}\hat{y},$$

$$\hat{p}_2=\frac{\gamma_1+(\beta_1+\beta_2-1)}{\varDelta}\hat{y}.$$

ただし，

$$\varDelta=\begin{vmatrix}\beta_1+\gamma_1, & 1-\beta_1\\ 1-\beta_2, & \beta_2+\gamma_2\end{vmatrix}=(\beta_1+\gamma_1)(\beta_2+\gamma_2)-(1-\beta_1)(1-\beta_2)$$
$$=\beta_1\gamma_2+\beta_2\gamma_1+\gamma_1\gamma_2+(\beta_1+\beta_2-1),$$

$$(*)\qquad\begin{cases}\hat{p}_1=\dfrac{\dfrac{1}{\gamma_1}+\dfrac{\beta_1+\beta_2-1}{\gamma_1\gamma_2}}{\dfrac{\beta_1}{\gamma_1}+\dfrac{\beta_2}{\gamma_2}+1+\dfrac{\beta_1+\beta_2-1}{\gamma_1\gamma_2}}\hat{y},\\[2ex] \hat{p}_2=\dfrac{\dfrac{1}{\gamma_2}+\dfrac{\beta_1+\beta_2-1}{\gamma_1\gamma_2}}{\dfrac{\beta_1}{\gamma_1}+\dfrac{\beta_2}{\gamma_2}+1+\dfrac{\beta_1+\beta_2-1}{\gamma_1\gamma_2}}\hat{y}.\end{cases}$$

この基本的関係式(*)は，市場価格の変化率 $\hat{p}_1$，$\hat{p}_2$ と(1 人当たりの)国民所得の変化率 $\hat{y}$ との間にどのような関係が存在しなければならないかを示す．

このとき，つぎの関係が成立する．

$$\beta_1+\beta_2>1.$$

このことを証明するために，代表的な個人の効用関数を

$$u=u(X_1, X_2)$$

とする．需要関数 $X_1=X_1(p_1, p_2, y)$，$X_2=X_2(p_1, p_2, y)$ は，効用関数 $u(X_1, X_2)$ を

$$p_1X_1+p_2X_2=y$$

という予算制約条件のもとで最大化して得られる．したがって，この予算制約式にかんするラグランジュ乗数を λ とすれば，最大条件は，

$$u_1=\lambda p_1,$$
$$u_2=\lambda p_2,$$

と予算制約式とを解いて求められる．ただし，

$$u_1=\frac{\partial u}{\partial X_1},\quad u_2=\frac{\partial u}{\partial X_2},\quad \text{etc.}$$

したがって，

$$u_{11}dX_1+u_{12}dX_2-p_1d\lambda=\lambda ap_1,$$
$$u_{21}dX_1+u_{22}dX_2-p_2d\lambda=\lambda ap_2,$$
$$p_1dX_1+p_2dX_2=dy-X_1dp_1-X_2dp_2,$$

ただし，

$$u_{11}=\frac{\partial^2 u}{\partial X_1^2},\quad u_{12}=\frac{\partial^2 u}{\partial X_1\partial X_2},\quad \text{etc.}$$

ここで，

$$\begin{pmatrix} u_{11} & u_{12} & p_1 \\ u_{21} & u_{22} & p_2 \\ p_1 & p_2 & 0 \end{pmatrix}^{-1}=\begin{pmatrix} a_{11} & a_{12} & a_{13} \\ a_{21} & a_{22} & a_{23} \\ a_{31} & a_{32} & a_{33} \end{pmatrix}$$

とおけば，

$$\begin{pmatrix} dX_1 \\ dX_2 \\ -d\lambda \end{pmatrix}=\begin{pmatrix} a_{11} & a_{12} & a_{13} \\ a_{21} & a_{22} & a_{23} \\ a_{31} & a_{32} & a_{33} \end{pmatrix}\begin{pmatrix} \lambda & 0 & 0 \\ 0 & \lambda & 0 \\ -X_1 & -X_2 & 1 \end{pmatrix}\begin{pmatrix} dp_1 \\ dp_2 \\ dy \end{pmatrix}.$$

したがって，

$$\frac{\partial X_1}{\partial p_1}=a_{11}\lambda-a_{13}X_1,\quad \frac{\partial X_1}{\partial y}=a_{13},$$
$$\frac{\partial X_2}{\partial p_2}=a_{22}\lambda-a_{31}X_2,\quad \frac{\partial X_2}{\partial y}=a_{23}.$$

ここで，第 1 財も第 2 財もともに劣等財でないとすれば，

$$a_{13}>0,\quad a_{23}>0$$

と仮定することができる．また，効用関数は厳密な意味で quasi-concave だから，

$$a_{11}<0,\quad a_{22}<0.$$

したがって，需要の弾力性を求めると

$$\eta_{11}=a_{13}p_1-a_{11}\frac{\lambda p_1}{X_1},\quad \eta_{1y}=\frac{a_{13}y}{X_1},$$
$$\eta_{22}=a_{31}p_2-a_{22}\frac{\lambda p_2}{X_2},\quad \eta_{2y}=\frac{a_{23}y}{X_2}.$$

したがって，

$$\beta_1=\frac{p_1X_1-\dfrac{a_{11}}{a_{13}}\lambda p_1}{y},\quad \beta_2=\frac{p_2X_2-\dfrac{a_{22}}{a_{23}}\lambda p_2}{y}.$$

ゆえに，

$$\beta_1+\beta_2=1+\frac{-\dfrac{a_{11}}{a_{13}}\lambda p_1-\dfrac{a_{22}}{a_{23}}\lambda p_2}{y}>1.$$

したがって，基本的関係式(＊)で，右辺の分母は正になることがわかる．

$\hat{y}>0$ とすれば,

$$\hat{p}_1 > \hat{p}_2 \Longleftrightarrow \gamma_1 < \gamma_2$$

という関係が導き出される．すなわち，1人当たりの実質国民所得 y が増加しつつあるとき，第1財の価格上昇率 $\hat{p}_1$ が第2財の価格上昇率 $\hat{p}_2$ より高いのは，第1財の供給の相対的弾力性 γ_1 が第2財の γ_2 より小さいとき，またそのときにかぎられる．

5. ミニマム・インカムと社会的不安定性

以上の計算を使って，ミニマム・インカムの上昇率についての公式を求めておこう．ミニマム・インカムというのはつぎのようにして定義される．代表的な効用関数を

$$u = u(X_1, X_2)$$

であらわし，市民の基本的権利として，すべての人々が享受されなければならない最低限の生活水準 $u_{\min}$ が社会的に設定されたとしよう．市場価格体系が p_1, p_2 であるとき，この最低限の水準 $u_{\min}$ を達成するために最低どれだけの所得がなければならないかをあらわすのがミニマム・インカム(minimum income) $y_{\min}$ である．すなわち，

$$y_{\min} = y_{\min}(p_1, p_2) = \min\{y = p_1X_1 + p_2X_2 : u(X_1, X_2) = u_{\min}\}.$$

ミニマム・インカム $y_{\min}$ はまた，つぎの条件からも求められる．

$$y_{\min} = p_1X_1^0 + p_2X_2^0,$$
$$u(X_1^0, X_2^0) = u_{\min},$$
$$\frac{u_1}{p_1} = \frac{u_2}{p_2}.$$

したがって，最低水準 $u_{\min}$ は時間を通じて不変であるとすれば，

$$\hat{y}_{\min} = s_1^0(\hat{p}_1 + \hat{X}_1^0) + s_2^0(\hat{p}_2 + \hat{X}_2^0) = (s_1^0\hat{p}_1 + s_2^0\hat{p}_2) + (s_1^0\hat{X}_1^0 + s_2^0\hat{X}_2^0),$$

ただし，s_1^0 および s_2^0 は，最低生活水準における第1財および第2財に対する相対的支出性向である．

$$s_1^0 = \frac{p_1X_1^0}{y_{\min}}, \quad s_2^0 = \frac{p_2X_2^0}{y_{\min}},$$
$$s_1^0 + s_2^0 = 1, \quad s_1^0, s_2^0 > 0.$$

さらに,

$$u_1\dot{X}_1^0 + u_2\dot{X}_2^0 = 0.$$

したがって,

$$p_1X_1^0 \cdot \hat{X}_1^0 + p_2X_2^0 \cdot \hat{X}_2^0 = 0,$$

あるいは,

$$s_1^0\hat{X}_1^0+s_2^0\hat{X}_2^0=0,$$

$$\hat{y}_{\min}=s_1^0\hat{p}_1+s_2^0\hat{p}_2.$$

この2つの関係式から，ミニマム・インカム $y_{\min}$ の変化率にかんする基本方程式を求めることができる．

$$\hat{y}_{\min}=\frac{\dfrac{s_1^0}{\gamma_1}+\dfrac{s_2^0}{\gamma_2}+\dfrac{\beta_1+\beta_2-1}{\gamma_1\gamma_2}}{\dfrac{\beta_1}{\gamma_1}+\dfrac{\beta_2}{\gamma_2}+1+\dfrac{\beta_1+\beta_2-1}{\gamma_1\gamma_2}}\hat{y}.$$

したがって，ミニマム・インカムの上昇率 $\hat{y}_{\min}$ が平均所得 $\hat{y}$ の上昇率より高くなるのは，

$$\hat{y}_{\min}=\hat{y}\Longleftrightarrow\frac{s_1^0-\beta_1}{\gamma_1}+\frac{s_2^0-\beta_2}{\gamma_2}>1$$

という条件がみたされているとき，またそのときにかぎられる．

一般に，第1財が必需財であるときには，β_1，γ_1 がともに小さくゼロに近く，また s_1^0 は1に近いから，この条件はみたされていると考えてよい．すなわちミニマム・インカム $y_{\min}$ の上昇率の方が，平均所得 y の上昇よりも高くなる．このようなときに，所得分配のメカニズムが社会的に不安定である(socially unstable)という．

これまで，完全競争的な市場機構を通ずる所得分配が社会的に不安定であることを，簡単な2財・2生産要素モデルについて検証したが，この結論はより一般的な場合についても妥当する．

所得分配のメカニズムが社会的に不安定なときには，その所得がミニマム・インカム以下になって，市民的な権利として最低限の生活水準を営むことのできない人々のパーセンテージが全人口のなかで増加する傾向をもつ．このときに，所得再分配制度を通じて，ミニマム・インカム以下に所得が落ち込んだ人々を救済しようとすると，トランスファーのために必要な額が国民所得に比して増加しつづけ，同時にミニマム・インカムの水準は上昇しつづける．このことはさらに，ミニマム・インカム以下の水準に所得が落ち込んでしまう人々の全人口における比率の増加を意味する．市場経済制度のもとにおける所得分配のメカニズムが不安定であるというのはこのような意味をもつ．

6. 社会的共通資本の役割

これまで論じてきたように，純粋な意味における市場経済制度のもとにおける所得分配のメカニズムは社会的に不安定となる．ここで純粋な意味における市場経済制度というときに，生産および消費の過程で limitational になるような希少資源がすべて，個別的な経済主体に分属され，市場を通じて取引されるという，いわゆる生産手段の私有制を意味していた．そして，

生産手段のなかで，固定的な生産要素が存在し，また消費にかんして，代替性が必ずしも十分でないような必需的な財に対する支出の割合が大きいという条件のもとで，所得分配のメカニズムが社会的に不安定的となるということを示した．

社会的に不安定的な市場機構のもとで，所得のトランスファーを通ずる所得再分配政策をとろうとすると，ミニマム・インカムのいっそうの上昇を惹き起こし，ミニマム・インカム以下に落ち込む人々のパーセンテージがさらに高くなることをみた．このように，生産手段の私有制と固定性とが，所得分配のメカニズムの社会的不安定性を生み出す主たる要因であるが，社会的安定性を回復するためにはどのような方策が存在するであろうか．

上にみたように，社会的不安定性と需要および供給の弾力性が低いということは密接な関係をもっていた．したがって，需要および供給の弾力性が低いような，必需的な財について，それを生産する主体が市場制度的なメカニズムではなく，なんらかの意味で社会的な基準にしたがって行動し，そこで生産された財を社会的な基準にしたがって分配するようにすれば，社会的不安定性の問題を解決できるのではないか，ということはただちに想定される．すなわち，このような必需性の高い財・サービスを生み出すような希少資源にかんして，私有制を認めないで，社会的な資源として，社会的に管理したらよいのではないかということである．この問題は，これまで社会的共通資本の理論として展開してきた．

これまで何度か述べてきたように，社会的共通資本という概念は，なんらかの理由で私有ないしは私的管理を認められないか，あるいは私有制ないしは私的管理をつらぬくことが技術上，不可能ないしはそれに近いような希少資源であって，社会全体の共有財産として管理されていて，そこから生み出されるサービスがなんらかの意味で社会的な基準にしたがって分配されているようなものである．大気，河川，水，土壌，森林，海浜，海洋などの自然環境の多くは，この社会的共通資本のカテゴリーに含まれるし，また，道路，港湾，電力，鉄道，その他のいわゆる社会資本もまたこのカテゴリーに属する．しかし，ある希少資源が純粋な意味で私的資本であるのか，あるいは社会的共通資本であるのか，ということは決して経済技術的，テクニカルな理由によって決定されるものではない．その社会の歴史的，文化的，社会的な条件によっても左右され，また社会的安定性というような経済学的な理由にもとづくこともある．要するに，純粋な意味で私的資本と社会的共通資本との区別，分類は相対的，歴史的なものであって，必ずしも経済論理の立場から明確に規定されるものではない．しかし大ざっぱにいって，ある希少資源が純粋な意味で私的な資本であるのか，社会的共通資本であるのかということは，主として，それがどの程度，上に述べた意味での社会的不安定性にかかわっているのかということによって規定される．一般に，どの社会をとってみても，社会的共通資本と分類されて，社会的に管理されているものはおおむね，そこから生み出されるサービスが生活必需的な性格をつよくもつか，あるいは産業基盤的なインプリケーションが大きく，純粋な意味での私的な資本として，私的な基準にもとづいて分配されるときに，社会的な不安定性の大きな要因となるような種類のものである．これまでの議論との関連でいうならば，需要についても供給についても，相対的価格弾力性がともにきわめて小さく，ゼロに近いようなものである．このような必需的な性格をもつサービスを生み出すような希少資源については，それが私的な利潤動機にもとづいて配分されるときにきわめて望ましくない分配上の問題を惹き起こし，社会的な基準にしたがって管理され，分配されることが要請される．

一般に，社会的共通資本として分類されているものは，そのはたす経済的，文化的，社会的役割なり，そこから生み出されるサービスなりが，人々の生活にとってきわめて重要な意味をもっていて，もし私的な経済主体に分属されて，私的な基準にしたがって配分されるときに，上に論じてきたような社会的不安定性を生み出す．

社会的共通資本は，そこから生み出されるサービスが，いわゆる公共財として，人々の間に分配される．そのとき，サミュエルソンの導入した純粋な意味における公共財とは異なる性質をもつ．ここで問題としたいのは，つぎの2つの点である．第1には，各人がどれだけ社会的共通資本のサービスを使うかということは，それぞれのおかれている経済的条件と，社会的共通資本のサービスをどのような条件のもとで使うことができるかに依存して，それぞれ主体的に決めることができるという点である．これに反して，サミュエルソンの公共財は，社会全体としてある量だけ供給されるかが決まると，各人がどれだけその公共財を使うかということは一意的に決まってしまうという性質をもっていた．

第2の点は，混雑(congestion)にかかわるものである．すなわち，社会的共通資本から生み出されたサービスは，各経済主体が自由に使うことができたとしても，社会的全体からみて限られたキャパシティしかもっていないため，必ず混雑現象が起きるということである．サミュエルソンの公共財については，このような混雑現象は一切起きない．

したがって，社会的共通資本のキャパシティがきわめて大きくて，各経済主体が自由にどれだけ使用しようと，混雑が起きないという状況に妥当するものであるということができよう．つまり，サミュエルソンの場合，社会的共通資本の建設に厖大な資源を投下して，全体として希少性がなくなるまで，そのキャパシティを大きくしているということが暗黙裡に認められている．ところが，社会的共通資本の基本的特徴は，たとえそのサービスを個々の私的経済主体が自由に使用することができたとしても，社会的にみて希少なキャパシティしかもっていないということである．一般に，社会的共通資本のキャパシティを大きくするためには，厖大な資源の投入を必要とするからである．これは社会的共通資本ないしは公共財にかかわるもっとも重要な点であって，一方では市民的生活に基本的な意味をもつようなサービスを生み出すとともに，社会的にみてきわめて希少性が高いということから，希少資源一般にかんする，私的な用途と公共的な配分との間の緊張関係が形成される．

この点を繰り返しておこう．簡単化のために，私的な希少資源は，労働と実物資本とだけであって，それぞれ N と K という generic な記号で投入量ないしは存在量をあらわすとする．社会的共通資本も1種類しかなく，ある時点における社会全体のストック量は所与であって，一般に V という記号で generic にあらわす．

経済主体を2種類に分けて，消費者と生産者とする．それぞれ i, j という generic な記号であらわす．消費者 i の効用水準 U_i は，それが私的な財・サービスをどれだけ消費しているのか (C_i) ということとともに社会的共通資本のサービスをどれだけ使っているのか (X_i) ということに依存する．さらに，混雑現象がみられるのが一般的であるから，社会全体で社会的共通資本をどれだけ使っているのか (X) ということにも依存し，また社会全体での社会的共通資本の存在量 (V) にも依存する．したがって，消費者 i の享受する効用水準 U_i はつぎのような効用関数の形であらわせる．

$$U_i = U_i(C_i, X_i, X, V).$$

ここで混雑現象は，

$$\frac{\partial U_i}{\partial X} < 0,\ \frac{\partial U_i}{\partial V} > 0$$

という条件によって表現される．

同じように，生産者 j について，その生産量 Q_j は，私的な生産要素をどれだけ使用しているのか（N_j および K_j であらわす）ということの他に，社会的共通資本のサービスをどれだけ用いているか (X_i) に依存する．生産過程についても，社会的共通資本の使用にともなう混雑現象が起きている．そのことは，産出量 Q_j が，社会全体で社会的共通資本のサービスをどれだけ使っているのか (X) ということと，社会的共通資本の社会的存在量 (V) に依存することによって表現される．したがって，生産者 j のもっている生産関数はつぎのようにあらわされる．

$$Q_j = Q_j(N_j, K_j, X_i, X, V).$$

このとき，混雑現象は

$$\frac{\partial Q_j}{\partial X} < 0,\ \frac{\partial Q_j}{\partial V} > 0$$

という形で定式化される．

社会的共通資本のサービスを社会全体でどれだけ使っているか (X) ということは，つぎのようにして定義される．

$$X = \sum_i X_i + \sum_j X_j.$$

社会的共通資本のはたす役割をこのように定式化したときに，社会全体で存在する社会的共通資本が所与であるとき，すなわち V が所与であるときに，そこから生み出されるサービスをどのようなルールにしたがって配分したら，社会的にみてもっとも望ましいものになるであろうか．この社会的共通資本の最適配分の問題をつぎに考えてみよう．

7. 社会的費用と社会的共通資本の最適配分

社会的共通資本の最適配分は一般に，社会的限界費用にもとづく価格づけの原理といわれる考え方を用いて解かれる．

社会的限界費用(marginal social costs, *MSC*)，あるいはたんに社会的費用(social costs)の概念は，つぎの式で定義される．

$$MSC = \sum_i \frac{-\partial U_i/\partial X}{\partial U_i/\partial C_i} + \sum_j -\frac{\partial Q_j}{\partial X} + \frac{\partial W}{\partial X}.$$

ここで，消費者 i および生産者 j にかんする効用関数および生産関数は上に定義した通りである．社会的共通資本のストック量が V だけ存在するときに，社会全体でそのサービスを X だけ使用しているときの(実物単位ではかった)経常的費用 W は，つぎの関数であらわすことができるとする．

$$W = W(X, V).$$

社会的限界費用にもとづく価格づけ(marginal social cost pricing)の原理というのはつぎのような考え方である．すなわち，社会全体で，社会的共通資本の存在量 V が所与であり，私的な希少資源もまた N, K だけ存在しているとする．このとき，社会的な観点からみて効率的資源配分を実現するためには，私的な希少資源(N, K)は完全競争的な市場を通じて配分し，社会的共通資本のサービスについては，その使用に対して，上に定義した社会的限界費用 *MSC* に見合う額を使用料金として徴収すればよいというのである．

社会的限界費用 *MSC* の大きさは，社会全体で，社会的共通資本と私的な希少資源との蓄積がどのような関係にあるのかということに依存する．すなわち，社会的共通資本の蓄積量 V に比べて，私的な希少資源の存在量(N, V)が大きくなればなるほど，社会的限界費用 *MSC* は高くなる．また社会的共通資本の蓄積量 V に対して，私的な経済活動の水準が高くなればなるほど，社会的限界費用 *MSC* は高くなる．このように，社会的共通資本の使用にともなう社会的限界費用 *MSC* は，経済全体における社会的な資源と私的な資源との間にどのようなバランスが存在しているのかということを反映する．*MSC* は社会的共通資本の社会的希少性をあらわす尺度であるといってよい．

一般に，社会的共通資本の使用に対して賦課する使用料金を θ とする．使用料金 θ が高くなればなるほど，社会的共通資本の社会全体での使用は減少する．したがって，社会的共通資本の使用量 θ と，それに見合う社会的限界費用 *MSC* との間には，図 17-2 の *MSC* 曲線であら

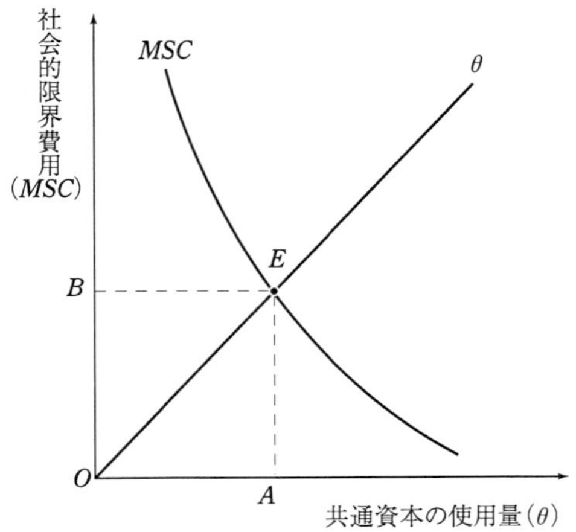

図 17-2 社会的限界費用のスケジュール

わされるような関係が存在する．ただし，私的な希少資源(N, K)にかんしては，完全競争的な市場で配分されているものとする．したがって，MSC 曲線と 45° 線とはある 1 点 E で交わり，それに対応する $OA=OB$ が社会的限界費用にもとづく価格づけの原理を適用した使用料金の大きさをあらわす．

社会的限界費用 MSC(あるいは正確にはそのスケジュール)は，社会全体における社会的共通資本の蓄積と私的な希少資源の蓄積の相対的な関係を反映する．したがって，その大きさは，社会的共通資本の蓄積をどれだけおこなうかという，政策的な決定によって左右される．社会的共通資本の蓄積をどのような基準にしたがっておこなったならば，社会的に望ましい希少資源の配分が実現するであろうか，これが動学的最適化の問題である．

この問題を解くためには，社会的共通資本の限界的社会生産物(margical social product, MSP)という概念を導入する必要がある．MSP は，社会的共通資本の蓄積を限界的に 1 単位増やしたときに，現在から将来にかけてどれだけの便益を社会的にもたらすかということをあらわすもので，一般にある社会的割引率を考えて，それで割り引いた割引現在価値が，社会的共通資本の社会的価値となる．限界的社会生産物 MSP はつぎの式で定義される．

$$MSP=\sum_i \frac{\partial U_i/\partial V}{\partial U_i/\partial C_i}+\sum_j \frac{\partial Q_j}{\partial V}-\frac{\partial W}{\partial V},$$

ただし，$W=W(X, V)$は，社会的共通資本のストック量が V のとき，そのサービスを全体として X だけ供給するために必要な経常的費用をあらわす．X が一定のとき，社会的共通資本のストック量 V が多くなればなるほど，経常的費用 W は減少すると考えてよいから，

$$\frac{\partial W}{\partial V}<0$$

がみたされている．

社会的共通資本の蓄積に対して，どれだけの希少資源の投下をしたらよいかという問題は，限界的社会生産物 MSP をある社会的割引率 δ で割り引いた額(社会的共通資本の社会的価値)

$$\frac{MSP}{\delta}$$

と，社会的共通資本のストック量を限界的に 1 単位だけ増やすためにどれだけの資源投下(投資)が必要であるのかということを勘案して決められる．

8. 社会的共通資本の中立性と独立採算の原則

社会的共通資本に対する最適な投資量と，そのサービスの経済構成員に対する最適な配分という問題を解くために，社会的共通資本の管理をおこなうある 1 つの経済主体をつくって考えてみよう．公社あるいは公団の類である．この経済主体に対して，社会的共通資本のマネージメントにかんする規則をもうけて，強制するときに，どのような規則をもうければ，社会的に最適な資源配分が(動学的な観点から)実現できるであろうか．とくに，ここで取り上げたいのは，この「公社」が私的な経済主体とまったく同じルールにもとづいて行動したときに，それが社会的にみて最適な資源配分をもたらすにはどのような条件がみたされなければならないのかという問題である．いいかえれば，private optimum と social optimum とが一致するのはどのような場合であろうか．独立採算の原則が妥当するような条件を明確にしようということである．

そのために，社会的共通資本が中立的(neutral)であるということをつぎのようにして定義する．すなわち，社会的共通資本の使用にかんするルールをきびしくして，社会全体の使用量 X が 1% だけ減少するようにした場合と，社会的共通資本のストック量 V を 1% だけ増やした場合とを比較したときに，個々の経済主体におよぼす影響がまったく同じときに，社会的共通資本は中立的であるという．式で表現すれば，つぎの諸条件がみたされているときに，社会的共通資本が中立的であると定義されることになる．

すべての消費者 i に対して，

$$-\frac{X}{U_i}\frac{\partial U_i}{\partial X}=\frac{V}{U_i}\frac{\partial U_i}{\partial V},$$

すべての生産者 j に対して，

$$-\frac{X}{Q_j}\frac{\partial Q_j}{\partial X}=\frac{V}{Q_j}\frac{\partial Q_j}{\partial V},$$

また

$$\frac{X}{W}\frac{\partial W}{\partial X} = -\frac{V}{W}\frac{\partial W}{\partial V}.$$

混雑現象について，混雑度(degree of congestion)

$$x = \frac{X}{V}$$

の概念を用いて表現することがよくある．このとき，

$$U_i = U_i(C_i, X_i, x),$$
$$Q_j = Q_j(N_j, K_j, X_j, x),$$
$$W = W(x)\,V.$$

ここで

$$\frac{\partial U_i}{\partial x} < 0,\ \ \frac{\partial Q_j}{\partial x} < 0,\ \ \frac{dW}{dx} > 0.$$

混雑度 x を用いて混雑現象が表現されているときには，

$$\frac{\partial U_i}{\partial X} = \frac{\partial U_i}{\partial x}\frac{1}{V},\ \ \frac{\partial U_i}{\partial V} = -\frac{\partial U_i}{\partial x}\frac{1}{V^2},$$
$$\frac{\partial Q_j}{\partial X} = \frac{\partial Q_j}{\partial x}\frac{1}{V},\ \ \frac{\partial Q_j}{\partial V} = \frac{\partial Q_j}{\partial x}\frac{1}{V^2},$$
$$\frac{\partial W}{\partial X} = W'(x),$$
$$\frac{\partial W}{\partial V} = W(x) - xW'(x).$$

このとき，混雑現象が混雑度 x によって表現されているときには，社会的共通資本は中立的となるのは，簡単な計算でわかるであろう．

社会的共通資本が中立的であるときには，社会的限界費用 MSC と限界的社会生産物 MSP の定義とから，つぎのような関係式が求められる．すなわち，

$$\theta = MSC,\ \ r = MSP$$

とおけば，

$$\theta X - W = rV.$$

この式の意味するところはつぎの通りである．左辺 $\theta X - W$ は，この社会的共通資本を管理する「公社」が，そのサービスの使用に対して，社会的限界費用 $MSC = \theta$ に見合う料金を徴収したときの経常的収入である．右辺は，社会的共通資本から生み出される社会的な便益をあらわす．この 2 つの額が等しいということは，私的な収益と社会的な便益とが一致するということを意味する．したがって，この公社に，社会的割引率と(実質)市場利子率との乖離分だけの利子補給をおこなえば，動学的にも private optimum と social optimum とが一致し，利子補給を無視すれば独立採算の原則が妥当することになる．

一般に，社会的共通資本が“social”であるというのは，つぎの条件がみたされているときであると定義する．

$$-\frac{X}{U_i}\frac{\partial U_i}{\partial X} \leqq \frac{V}{U_i}\frac{\partial U_i}{\partial V},$$

$$-\frac{X}{Q_i}\frac{\partial Q_i}{\partial X} \leqq \frac{V}{Q_i}\frac{\partial Q_i}{\partial V}.$$

そして，少なくとも１人の消費者 i か生産者 j については不等号で成立する．

これに反して，社会的共通資本が“asocial”であるというのは，上の不等号の向きが反対になっているときを指すことにする．

社会的共通資本が“social”であるときには，「公社」に対して，social optimum を実現するためには経常的補助金が必要となり，逆に“asocial”であるときには，経常的賦課金を徴収することが必要となって，独立採算の原則はもはや妥当しなくなる．

9. 社会的共通資本の社会的管理

これまで，市場経済制度は社会的な不安定性を生み出す要因を内在的にもっているということを示し，とくに必需的な性格の高い財・サービスを生み出すような希少資源の一部を社会的共通資本として，社会的に管理することによって，一方では社会的安定性を回復し，他方では社会的な観点からする希少資源の最適配分を実現することが可能であるということを主張してきた．しかし，このような社会的な観点からの基準を，現実の制度的，社会的条件のもとでどのようにして具体化し，実行に移すことができるのかという点にかんしてはなにもふれてこなかった．逆に，希少資源をすべて私的な経済主体に分属し，分権的な市場機構を通じて配分するという制度こそは，このような社会的な観点からの基準を具体的な形で策定し，実現するということが原則的に不可能であるという認識の上に，その現実的有効性と規範的正当性とが考えられてきたものである．この点にかんして，民主主義的なルールの下で，個人的価値基準を集計して社会的な価値基準を形成することが不可能であるということを論理的に証明したのが，有名なケネス・アローの不可能性定理である．

上に展開した社会的共通資本は，その基本的前提として，個人的価値基準を集計したものとしての社会的価値基準の可能性を暗黙裡ではあるが仮定してはじめて，その有効性が主張される．この点について，アローの不可能性定理との矛盾はどのように考えたらよいのであろうか．

この問題を考察するときにまず指摘したいのは，アローの不可能性定理における「社会」の概念についてである．アローは，ある１つの「社会」を考えるとき，その構成員はそれぞれ独立で，ランダムな価値基準をもって，構成員相互間にはなんら関係が存在しないということを仮定する．しかも，各人がもっている主観的価値判断の基準は，さまざまな多様な可能性が存在しているような状況を想定して，各人がどのような価値基準をもっていても妥当するような社会的集計関数を定義する．そして，どのような社会的集計関数をとっても，アローのいう，いわゆる民主主義的なルールをみたすものは存在しないということを形式論理的に証明したのであった．ところが，通例「社会」という概念を考えるとき必ず，その構成員相互間にある共通の諒解が存在し，共通の価値基準が——かなり広い範囲でしか規定されないであろうが——存在するということが前提となっている．人々の行動の基本的な制約条件について共通の理解が存在してはじめて「社会」の形成が可能になるのであって，アローの定式化はまずこの点について矛盾を含んだものであるといえよう．また，アローは，かれのいう民主主義的なルールをいくつかの形式論理的な要請条件として定式化し，これらの諸条件をすべてみたすような社会的集計関数は存在しないという形で，不可能性定理を証明している．しかも，これらの民主主義的なルールは，社会を構成する経済主体の価値基準には無関係であるとされている．民主主義的なルールをいくつかの形式論理的な要件のかたちで定式化しようとするのは，いわゆる公理主義の立場をとるとき往々にしてみられる傾向である．１つ１つの公理的要件はそれぞれreasonableであると考えられても，全体を組み合わせたときに，すべての要件をみたすような解が存在しないということから，民主主義的ルールをみたす社会的集計関数の非存在を導き出すには，これらの１つ１つの公理的要件およびそれらの相互間の関連について恣意的な要素が多すぎるのではなかろうか．

社会という概念はすでに，それを構成する主体のもつ倫理的要件にかんして共通の理解をもち，社会的価値基準の形成について，個別的な主観的価値基準をどのように集計するかについて，すでにあるルールの存在を想定している．これまでの議論との関係でいうならば，人々の生活の共同の基盤であり，生産・消費活動をおこなう共通の場として，社会的共通資本の性格が社会的なプロセスを経てすでに形成され，確定しているといってよい．生産手段の私有制を前提とする分権的な市場経済制度は，このような社会的共通資本を核とする希少資源の社会的配分のメカニズムを補完して，社会的安定性を否定しないかたちで，資源配分の効率性を高め，個々の経済主体の選択域を広げるための第二義的(secondary)な制度であるということができよう．これまで，純粋な意味における市場経済に内在する社会的不安定性を除去するための制度として，社会的共通資本という概念を想定したのであるが，じつは，考え方の順序としてはその逆が妥当するように思われる．

社会的共通資本を核とする社会的な資源配分制度を補完するものとして市場制度を位置づけるべきではなかろうか．そしてこのように考えるときに，アローの不可能性定理と矛盾することなく，社会的共通資本の社会的管理にかんする原則とその具体化とを論ずることができるように思われる．

社会的共通資本の問題を考えるときにもっとも crucial な要素は，ある経済社会で，すべての人々が，その経済的，地域的，職業的状況にかかわりなく，市民として当然享受することのできるような基礎的なサービスの社会的供給ということである．すなわち，健康，基礎教育，交通など，人々が健康にして文化的な最低限の生活を営むために必要で不可欠な財・サービスを，社会的な基準にしたがって供給しようということである．さきに論じたようなミニマム・インカムの概念は，このような社会的に認められた最低限の生活を営むために最低どれだけの所得が必要となるかということによって定義されたものである．

社会的共通資本の理念をその極限まで貫くときには，健康にして文化的な最低限の生活という市民の基本的な権利にかかわる財・サービスの充足を社会的におこなうということになって，上に定義したような意味におけるミニマム・インカムがゼロになる．すなわち，たとえ所得がゼロであっても，「健康にして文化的な最低限」の生活を営むことができるようになり，市民の基本的権利の充足がすべての人々に対して自動的にみたされることになる．しかし，このとき，社会的な観点からは希少な社会的共通資本をすべての人々が自由に使用するということになってしまって，いわゆる混雑現象をともなう資源配分の非効率性が起きてくる．したがって，上に述べたように，たとえ市民の基本的権利にかかわる財・サービスであって，社会的共通資本から生み出されるときであっても，社会的限界費用にもとづく価格づけ，ないしそれと同じような効果をもつように社会的共通資本のサービスの使用が規制されなければならない．そして，この限界的社会費用の大きさは，社会的共通資本の蓄積がどれだけおこなわれていて，私的な経済活動とのバランスがどのようになっているのかということに crucial にかかわってくる．結局，市民の基本的権利にかかわる財・サービスを供給する共通資本の蓄積は，限界的社会生産物によってあらわされる．社会的共通資本の社会的便益と，その蓄積のために希少資源をどれだけ犠牲にしなければならないかということを社会的にどのように判断するか，という問題に帰着されることになる．このような意味で，社会的共通資本の問題は，より広い社会的，文化的な諸条件を考慮して，歴史的，制度的な分析を背景として解明されるべき性質のものであって，たんなる形式論理的思考の枠のなかで考察されるべきものではないように思われる．

10. 完全雇用の場合

これまでの分析では，労働の供給量は無制限であって，必要なだけの雇用は常に可能であるという状況を問題とした．したがって，“per capita” というときには，全人口を一定として，1人当たり(あるいは1戸当たり)の量をあらわしていた．つぎに，労働の供給は一定であって，労働に対する需要と供給とが等しくなるように，賃金水準が定まるとする．完全雇用の場合には，上に展開した分析の重要な部分に対して修正を加えなければならない．これまでと多少異なる記号を使うため，まずはじめに，使用される記号と概念とをもう一度改めて説明しておこう．前と同じように，2 財，2 生産要素の経済を考えるが，生産要素のうち，物的な生産要素(実物資本)は固定的であって，もう 1 つの生産要素(労働)は可変的とする．K_1 および K_2 を第 1 財および第 2 財の生産に向けられる実物資本の蓄積とし，労働の供給量を N とし，N は以下の分析を通じて一定とする．したがって，$N=1$ であるとしてもよい．j 財の生産関数は

$$Y_j = f_j(n_j)K_j,\quad n_j = \frac{N_j}{K_j}$$

であらわされる．生産関数 $f_j(n_j)$ はつぎの新古典派の条件をみたすとする．

$$f_j(n_j) > 0,\ f_j'(n_j) > 0,\ f_j''(n_j) < 0 \qquad (\text{すべての } n_j > 0 \text{ に対して}).$$

生産条件にかんする弾力性概念はつぎのように定義される．まず，労働と資本の代替の弾力性 σ_{s_j} は，

$$\sigma_{s_j} = \frac{[f_j(n_j)-n_jf_j'(n_j)]f_j'(n_j)}{-f_j(n_j)f_j''(n_j)n_j} = \frac{1-s_j}{-\dfrac{f_j''(n_j)n_j}{f_j'(n_j)}},$$

ここで s_j は j 部門における労働の相対的シェアである．

$$s_j = \frac{f_j''(n_j)n_j}{f_j'(n_j)},\quad 0 < s_j < 1.$$

したがって，

$$-\frac{f_j''(n_j)n_j}{f_j'(n_j)} = \frac{1-s_j}{\sigma_{s_j}}.$$

供給の弾力性 σ_j は，

$$\sigma_j = \frac{s_j}{1-s_j}\sigma_{s_j}.$$

需要関数は $X_j=X_j(p_1, p_2, y)$ によって与えられる．ここで p_1, p_2, y はそれぞれ第 1 財，第 2 財の価格および所得(いずれも賃金単位ではかった)とする．需要関数はつぎの条件をみたす．

$$p_1X_1(p_1, p_2, y) + p_2X_2(p_1, p_2, y) \equiv y,$$

$$X_1(p_1, p_2, y),\ X_2(p_1, p_2, y) \text{ は } p_1,\ p_2,\ y \text{ にかんしてゼロ次同次}.$$

需要の弾力性はつぎのように定義された．

$$\eta_{11} = -\frac{p_1}{X_1}\frac{\partial X_1}{\partial p_1},\quad \eta_{12} = -\frac{p_2}{X_1}\frac{\partial X_1}{\partial p_2},\quad \eta_{1y} = -\frac{y}{X_1}\frac{\partial X_1}{\partial y},$$

$$\eta_{21} = -\frac{p_1}{X_2}\frac{\partial X_2}{\partial p_1},\quad \eta_{22} = -\frac{p_2}{X_2}\frac{\partial X_2}{\partial p_2},\quad \eta_{2y} = -\frac{y}{X_2}\frac{\partial X_2}{\partial y}.$$

したがって，弾力性の間につぎのような関係が存在する．いま，各財に対する支出の相対的シェアを

$$\tau_1 = \frac{p_1X_1}{y},\quad \tau_2 = \frac{p_2X_2}{y},$$

$$\tau_1+\tau_2=1,\quad \tau_1,\tau_2>0$$

とすると，

$$\tau_1(1-\eta_{11})+\tau_2\eta_{21}=0,$$
$$\tau_1\eta_{12}+\tau_2(1-\eta_{22})=0,$$
$$\tau_1\eta_{1y}+\tau_2\eta_{2y}=1,$$
$$\tau_2\eta_{2y}=1-\tau_1\eta_{1y},$$
$$\tau_2\eta_{21}=-\tau_1(1-\eta_{11}),$$
$$\tau_2\eta_{22}=\tau_1\eta_{12}+\tau_2.$$

さらに，

$$-\eta_{11}+\eta_{12}+\eta_{1y}=0,$$
$$\eta_{21}-\eta_{22}+\eta_{2y}=0.$$

これらの弾力性概念を用いて，均衡条件の時間的変化についてつぎのように計算することができる．均衡条件は，

$$X_j(p_1,p_2,y)=y_i=f_j(n_j)K_j,\quad j=1,2,$$
$$p_j=\frac{1}{f_j{}'(n_j)},$$
$$n_1K_1+n_2K_2=N(\equiv 1),$$
$$y=p_1y_1+p_2y_2.$$

これらの均衡式を時間 t にかんして対数的に微分すると，

$$\hat{p}_j=\frac{1-s_j}{\sigma_{s_j}}\hat{n}_j,\quad \hat{n}_j=\frac{\sigma_j}{s_j}\hat{p}_j,$$
$$\hat{y}_j=\sigma_j\hat{p}_j+\hat{K}_j.$$

所得の定義から

$$\hat{y}=\tau_1(1+\sigma_1)\hat{p}_1+\tau_2(1+\sigma_2)\hat{p}_2+\tau_1\hat{K}_1+\tau_2\hat{K}_2.$$

また，労働に対する均衡条件から，

$$v_1(\hat{n}_1+\hat{K}_1)+v_2(\hat{n}_2+\hat{K}_2)=0,$$
$$v_1\frac{\sigma_1}{s_1}\hat{p}_1+v_2\frac{\sigma_2}{s_2}\hat{p}_2+v_1\hat{K}_1+v_2\hat{K}_2=0,$$

ここで，

$$v_1=\frac{N_1}{N},\quad v_2=\frac{N_2}{N},\quad v_1+v_2=1.$$

財に対する均衡条件は第 1 財と第 2 財とに対して存在するが，ワルラスの条件によって，そ

のうち1つだけが独立である．たとえば，第1財だけをとって考えよう．第1財に対する均衡条件を，時間 t にかんして対数的に微分すれば，

$$-\eta_{11}\hat{p}_1+\eta_{12}\hat{p}_2+\eta_{1y}[\tau_1(1+\sigma_1)\hat{p}_1+\tau_2(1+\sigma_2)\hat{p}_2+\tau_1\hat{K}_1+\tau_2\hat{K}_2]=\tau_1\hat{p}_1+\hat{K}_1,$$

あるいは，

$$[-\eta_{11}+\eta_{1y}\tau_1(1+\sigma_1)-\sigma_1]\hat{p}_1+[\eta_{12}+\eta_{1y}\tau_2(1+\sigma_2)]\hat{p}_2=(1-\tau_1\eta_{1y})\hat{K}_1-\tau_2\eta_{1y}\hat{K}_2,$$

$$\tau_1[-\eta_{11}+\tau_1\eta_{1y}(1+\sigma_1)-\sigma_1]\hat{p}_1-\tau_2[-\eta_{22}+\tau_2\eta_{2y}(1+\sigma_2)-\sigma_2]\hat{p}_2=\tau_1\tau_2[\eta_{2y}\hat{K}_1-\eta_{1y}\hat{K}_2],$$

あるいは，

$$\tau_1[(\eta_{11}-\tau_1\eta_{1y})+\sigma_1(1-\tau_1\eta_{1y})]\hat{p}_1-\tau_2[(\eta_{22}-\tau_2\eta_{2y})+\sigma_2(1-\tau_2\eta_{2y})]\hat{p}_2$$
$$=[-\tau_1(1-\tau_1\eta_{1y})\hat{K}_1+\tau_2(1-\tau_2\eta_{2y})\hat{K}_2].$$

また，つぎの関係が成り立つから，

$$v_1\frac{\sigma_1}{s_1}\hat{p}_1+v_2\frac{\sigma_2}{s_2}\hat{p}_2=-v_1\hat{K}_1-v_2\hat{K}_2.$$

この2つの方程式を $\hat{p}_1$，$\hat{p}_2$ について解けば，

$$\varDelta'=\frac{v_1\sigma_1}{s_1}\frac{v_2\sigma_2}{s_2}\frac{\tau_1[(\eta_{11}-\tau_1\eta_{1y})+\sigma_1(1-\tau_1\eta_{1y})]}{\frac{v_1\sigma_1}{s_1}}+\frac{\tau_2[(\eta_{22}-\tau_2\eta_{2y})+\sigma_2(1-\tau_2\eta_{2y})]}{\frac{v_2\sigma_2}{s_2}},$$

$$\begin{pmatrix}\hat{p}_1\\ \hat{p}_2\end{pmatrix}=\frac{1}{\varDelta'}\begin{pmatrix}\frac{v_2\sigma_2}{s_2}, & \tau_2[(\eta_{22}-\tau_2\eta_{2y})+\sigma_2(1-\tau_2\eta_{2y})]\\ \frac{v_1\sigma_1}{s_1}, & \tau_1[(\eta_{11}-\tau_1\eta_{1y})+\sigma_1(1-\tau_1\eta_{1y})]\end{pmatrix}\begin{pmatrix}-\tau_1(1-\tau_1\eta_{1y}), & -\tau_2(1-\tau_2\eta_{2y})\\ -v_1, & -v_2\end{pmatrix}\begin{pmatrix}\hat{K}_1\\ \hat{K}_2\end{pmatrix},$$

$$\varDelta=\frac{\tau_1[(\eta_{11}-\tau_1\eta_{1y})+\sigma_1(1-\tau_1\eta_{1y})]}{\frac{v_1\sigma_1}{s_1}}+\frac{\tau_2[(\eta_{22}-\tau_2\eta_{2y})+\sigma_2(1-\tau_2\eta_{2y})]}{\frac{v_2\sigma_2}{s_2}}$$

とおけば，

$$\begin{pmatrix}\hat{p}_1\\ \hat{p}_2\end{pmatrix}=\frac{1}{\varDelta}\begin{pmatrix}-\frac{\tau_1(1-\tau_1\eta_{1y})}{\frac{v_1\sigma_1}{s_1}}-\frac{\tau_2[(\eta_{22}-\tau_2\eta_{2y})+\sigma_2(1-\tau_2\eta_{2y})]}{\frac{\sigma_1}{s_1}\frac{v_2\sigma_2}{s_2}}, & \frac{\tau_2(1-\tau_2\eta_{2y})}{\frac{v_1\sigma_1}{s_1}}-\frac{\tau_2[(\eta_{22}-\tau_2\eta_{2y})+\sigma_2(1-\tau_2\eta_{2y})]}{\frac{\sigma_2}{s_2}\frac{v_1\sigma_1}{s_1}}\\ \frac{\tau_1(1-\tau_1\eta_{1y})}{\frac{v_2\sigma_2}{s_2}}-\frac{\tau_1[(\eta_{11}-\tau_1\eta_{1y})+\sigma_1(1-\tau_1\eta_{1y})]}{\frac{\sigma_1}{s_1}\frac{v_2\sigma_2}{s_2}}, & \frac{-\tau_2(1-\tau_2\eta_{2y})}{\frac{v_2\sigma_2}{s_2}}-\frac{\tau_1[(\eta_{11}-\tau_1\eta_{1y})+\sigma_1(1-\tau_1\eta_{1y})]}{\frac{\sigma_2}{s_2}\frac{v_1\sigma_1}{s_1}}\end{pmatrix}\begin{pmatrix}\hat{K}_1\\ \hat{K}_2\end{pmatrix}.$$

これらの関係式から所得水準 y が K_1 および K_2 の変化によってどのような影響を受けるかということがわかる．

$$\hat{p}_1 = -\frac{1}{\varDelta}\left(\frac{\tau_1(1-\tau_1\eta_{1y})}{\frac{v_1\sigma_1}{s_1}} + \frac{\tau_2[(\eta_{22}-\tau_2\eta_{2y})+\sigma_2(1-\tau_2\eta_{2y})]}{\frac{\sigma_1}{s_1}\frac{v_2\sigma_2}{s_2}}\right)\hat{K}_1$$

$$+\frac{1}{\varDelta}\left(\frac{\tau_2(1-\tau_2\eta_{2y})}{\frac{v_1\sigma_1}{s_1}} - \frac{\tau_2[(\eta_{11}-\tau_1\eta_{1y})+\sigma_2(1-\tau_2\eta_{2y})]}{\frac{\sigma_2}{s_2}\frac{v_1\sigma_1}{s_1}}\right)\hat{K}_2,$$

$$\hat{p}_2 = \frac{1}{\varDelta}\left(\frac{\tau_1(1-\tau_1\eta_{1y})}{\frac{v_2\sigma_2}{s_2}} - \frac{\tau_1[\eta_{11}-\tau_1\eta_{1y})+\sigma_1(1-\tau_1\eta_{1y})]}{\frac{\sigma_1}{s_1}\frac{v_2\sigma_2}{s_2}}\right)\hat{K}_1$$

$$-\frac{1}{\varDelta}\left(\frac{\tau_2(1-\tau_2\eta_{2y})}{\frac{v_2\sigma_2}{s_2}} + \frac{\tau_1[(\eta_{11}-\tau_1\eta_{1y})+\sigma_1(1-\tau_1\eta_{1y})]}{\frac{\sigma_2}{s_2}\frac{v_1\sigma_1}{s_1}}\right)\hat{K}_2,$$

$$\hat{y} = \frac{1}{\varDelta}\left(\frac{\tau_1 s_1}{v_1}\frac{\eta_{11}-1}{\sigma_1} + \frac{\tau_2 s_2}{v_2}\left(\frac{\eta_{22}}{\sigma_2}+1\right) - \frac{s_1\tau_2 s_2}{v_2}\left[1+\frac{\eta_{11}}{\sigma_1}+\frac{\eta_{22}}{\sigma_2}+\frac{1}{\sigma_1\sigma_2}(\eta_{11}+\eta_{22}-1)\right]\right)\tau_1\hat{K}_1$$

$$+\frac{1}{\varDelta}\left(\frac{\tau_2 s_2}{v_2}\frac{\eta_{22}-1}{\sigma_2} + \frac{\tau_1 s_1}{v_1}\left(\frac{\eta_{11}}{\sigma_1}+1\right) - s_2\frac{\tau_1 s_1}{v_1}\left[1+\frac{\eta_{11}}{\sigma_1}+\frac{\eta_{22}}{\sigma_2}+\frac{1}{\sigma_1\sigma_2}(\eta_{11}+\eta_{22}-1)\right]\right)\tau_2\hat{K}_2.$$

ミニマム・インカム $y_{\min}$ は前と同じようにして導き出される．

$$y_{\min} = \min\{y = p_1X_1+p_2X_2 : u(X_1, X_2) = u_{\min}\}.$$

このミニマム・インカム $y_{\min}$ は (X_1^0, X_2^0) で実現できるものとする．

$$y_{\min} = p_1X_1^0+p_2X_2^0,$$

$$u(X_1^0, X_2^0) = u_{\min},$$

$$\left(\frac{\partial u/\partial X_1}{\partial u/\partial X_2}\right)_{(X_1{}^0, X_2{}^0)} = \frac{p_1}{p_2}.$$

ミニマム・インカムにおける支出の相対的シェアを τ_1^0，τ_2^0 とする．

$$\tau_1^0 = \frac{p_1X_1^0}{y_{\min}},\quad \tau_2^0 = \frac{p_2X_2^0}{y_{\min}},$$

$$\tau_1^0+\tau_2^0 = 1,\quad \tau_1^0,\ \tau_2^0 > 0.$$

このとき，$y_{\min}$ の変化はつぎの公式であらわすことができる．

$$\hat{y}_{\min} = \frac{1}{\varDelta}\left(\frac{\tau_1^0\tau_1(1-\tau_1\eta_{1y})}{\frac{v_1\sigma_1}{s_1}} + \frac{\tau_2^0\tau_1(1-\tau_1\eta_{1y})}{\frac{v_2\sigma_2}{s_2}}\right.$$

$$\left. - \frac{\tau_1^0\tau_2[(\eta_{22}-\tau_2\eta_{2y})+\sigma_2(1-\tau_2\eta_{2y})]+\tau_2^0\tau_1[(\eta_{11}-\tau_1\eta_{1y})+\sigma_1(1-\tau_1\eta_{1y})]}{\frac{\sigma_1}{s_1}\frac{v_2\sigma_2}{s_2}}\right)\hat{K}_1$$

$$+\frac{1}{\varDelta}\left(\frac{\tau_2^0\tau_2(1-\tau_2\eta_{2y})}{\frac{v_2\sigma_2}{s_2}} + \frac{\tau_1^0\tau_2(1-\tau_2\eta_{2y})}{\frac{v_1\sigma_1}{s_1}}\right.$$

$$-\frac{\tau_2^0\tau_1[(\eta_{11}-\tau_1\eta_{1y})+\sigma_1(1-\tau_1\eta_{1y})]+\tau_1^0\tau_2[(\eta_{22}-\tau_2\eta_{2y})+\sigma_2(1-\tau_2\eta_{2y})]}{\frac{\sigma_2}{s_2}\frac{v_1\sigma_1}{s_1}}\Bigg)\hat{K}_2.$$

平均所得 y の変化をあらわす式と，ミニマム・インカム $y_{\min}$ の変化をあらわす式とを比較して，社会的不安定性の条件をつぎのように求めることができる．

$$\frac{\tau_1^0\tau_1(1-\tau_1\eta_{1y})}{\frac{v_1\sigma_1}{s_1}}+\frac{\tau_2^0\tau_1(1-\tau_1\eta_{1y})}{\frac{v_2\sigma_2}{s_2}}$$

$$-\frac{\tau_1^0\tau_2[(\eta_{22}-\tau_2\eta_{2y})+\sigma_2(1-\tau_2\eta_{2y})]+\tau_2^0\tau_1[(\eta_{11}-\tau_1\eta_{1y})+\sigma_1(1-\tau_1\eta_{1y})]}{\frac{\sigma_1}{s_1}\frac{v_2\sigma_2}{s_2}}$$

$$>\tau_1\left(\frac{\tau_1 s_1}{v_1}\frac{\eta_{11}-1}{\sigma_1}+\frac{\tau_2 s_2}{v_2}\left(\frac{\eta_{22}}{\sigma_2}+1\right)-\frac{s_1\tau_2 s_2}{v_2}\left[1+\frac{\eta_{11}}{\sigma_1}+\frac{\eta_{22}}{\sigma_2}+\frac{1}{\sigma_1\sigma_2}(\eta_{11}+\eta_{22}-1)\right]\right).$$

11. 労働と実物資本とがともに可変的な場合

これまで展開してきた社会的不安定性の理論は，実物資本が固定的であるという条件と重要な関わりをもっている．実物資本が労働と同じように可変的であるときには，市場機構は常に社会的に安定的であることを示すことができる．

労働も資本もともに可変的であるときには，均衡条件はつぎのようになる．

$$y_j = f_j(n_j)K_j,$$

$$p_j = \frac{1}{f_j'(n_j)},$$

$$r = \frac{f_j(n_j)}{f_j'(n_j)}-n_j,$$

$$y = p_1y_1+p_2y_2,$$

$$n_1K_1+n_2K_2 = 1(\equiv N),$$

$$K_1+K_2 = k\left(\equiv\frac{K}{N}\right),$$

$$X_j(p_1, p_2, y) = y_j,\quad (j=1, 2).$$

ただし，r は実物資本のレンタル価格と賃金との比率である．

いま，第 1 財の方が第 2 財より労働集約的であるとすれば，労働/資本比率 n_1，n_2 について，つぎの条件がみたされる．

$$n_1 > n_2.$$

上の均衡式を解けば，

$$K_1 = \frac{1-n_2K}{n_1-n_2},\quad K_2 = \frac{n_1K-1}{n_1-n_2},$$

$$y_1 = f_1(n_1)\,\frac{1-n_2K}{n_1-n_2},\quad y_2 = f_2(n_2)\,\frac{n_1K-1}{n_1-n_2},$$

$$y = p_1y_1+p_2y_2 = \frac{f_1(n_1)}{f_1'(n_1)}\frac{1-n_2K}{n_1-n_2}+\frac{f_2(n_2)}{f_2'(n_2)}\frac{n_1K-1}{n_1-n_2}$$

$$= (n_1+r)\,\frac{1-n_2K}{n_1-n_2}+(n_2+r)\,\frac{n_1K-1}{n_1-n_2},$$

$$y = 1+rK,$$

$$\hat{p}_j = \frac{r}{n_j+r}\,\hat{r},$$

$$\hat{X}_1 = -\left(\frac{\sigma_1}{1-\dfrac{n_2}{n_1}}\frac{r+n_2}{r+n_1}+\frac{\sigma_2}{\dfrac{n_1}{n_2}-1}\frac{n_1K-1}{1-n_2K}\right)\hat{r},$$

$$\hat{X}_2 = \left(\frac{\sigma_1}{1-\dfrac{n_2}{n_1}}\frac{1-n_2K}{n_1K-1}+\frac{\sigma_2}{\dfrac{n_1}{n_2}-1}\frac{r+n_1}{r+n_2}\right)\hat{r}.$$

また，需要関数が，効用 $u=u(X_1, X_2)$ の最大化によって導き出されるとすれば，均衡条件はつぎのようになる．

$$m(X_1, X_2) = \frac{p_1}{p_2}.$$

ここで，$m(X_1, X_2)$ は (X_1, X_2) における限界代替率である．

$$m(X_1, X_2) = \frac{u_1(X_1, X_2)}{u_2(X_1, X_2)}.$$

$u_1(\cdot)$，$u_2(\cdot)$ は u の X_1 および X_2 にかんする偏微分である．

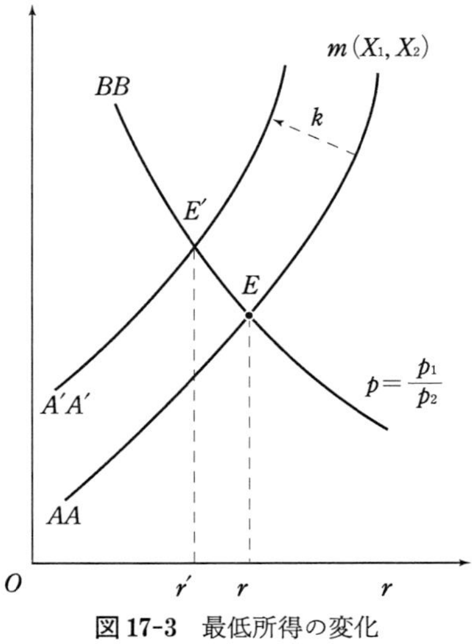

図 17-3　最低所得の変化

$$\hat{m} = \left(\frac{u_{11}X_1}{u_1} - \frac{u_{21}X_1}{u_2}\right)\hat{X}_1 + \left(\frac{u_{12}X_2}{u_1} - \frac{u_{12}X_2}{u_2}\right)\hat{X}_2,$$

$$\frac{\hat{m}}{\hat{r}} = \left(\frac{u_{21}X_1}{u_2} - \frac{u_{11}X_1}{u_1}\right)\left(\frac{\sigma_1}{1-\frac{n_2}{n_1}}\frac{r+n_2}{r+n_1} + \frac{\sigma_2}{\frac{n_1}{n_2}-1}\frac{n_1K-1}{1-n_2K}\right)$$
$$+\left(\frac{u_{12}X_2}{u_1} - \frac{u_{22}X_2}{u_2}\right)\left(\frac{\sigma_2}{1-\frac{n_2}{n_1}}\frac{1-n_2K}{n_1K-1} + \frac{\sigma_2}{\frac{n_1}{n_2}-1}\frac{r+n_1}{r+n_2}\right) > 0.$$

また，$p=\frac{p_1}{p_2}$ とおけば

$$\frac{\hat{p}}{\hat{r}} = \frac{n_2-n_1}{\left(\frac{n_1}{r}+1\right)\left(\frac{n_2}{r}+1\right)} < 0.$$

この間の関係を図示すれば図 17-3 のようになる．AA 曲線は限界代替率 $m(X_1, X_2)$ をあらわし，BB 曲線は第 1 財と第 2 財の価格比をあらわす．この 2 つの曲線の交点 E が均衡をあらわす．資本/労働比率 k が大きくなれば，AA 曲線は左方にシフトし，r は r' に下がる．しかし，一般に，$y=1+rk$ は減少しない．これに反して，k の増加は p_1 および p_2 の低下を意味するから，

$$\hat{y}_{\min} = \tau_1^0\hat{p}_1 + \tau_2^0\hat{p}_2 < 0$$

となる．

第 IV 部　国際経済学にかんする若干の問題

第18章　経済統合と政策協調のゲーム理論的アプローチ

経済統合と政策協調の問題は，最初，1953年，ジェームズ・ミードの*Problems of Economic Union*のなかで提起された[Meade(1953)]．その後，ロバート・マンデルによってTheory of Optimum Currency Areasとして展開され，第二次大戦後における国際経済学の分野において，1つの金字塔を打ち立てることになった[Mundell(1961)]．本章では，第3章で導入した協調ゲームの理論を適用して，この問題を分析する．経済統合と政策協調の問題を，n-person cooperative gameとみなして，そのコア(core)が空集合でないための条件を導き出すのが，主な目的である．自由貿易，関税同盟，政策協調などの問題を考察するための一般的な枠組みの構築に焦点を当てる．

1. はじめに

ロバート・マンデルの古典的な論文Theory of Optimum Currency Areasは，まったく新しい問題意識と分析手法をもって，経済理論に新しい領域を切り開いていった．マンデルは，ジェームズ・ミードの*Problems of Economic Union*の後を受けて，経済統合と政策協調という，経済学の原点ともいうべき問題意識において国際経済学の理論的展開を主導しただけでなく，Common MarketからEuropean Community，そしてEuropean Unionへという歴史的展開のプロセスにおいて，大きな貢献をしたのであった．本章では，このミード＝マンデルの考え方を，協調ゲームの理論的枠組みのなかで，定式化し，その経済学的意味を，立ち入って考察することにしたい．

ゲーム理論では，何人かのプレイヤーが，お互いに利害の対立するstrategyをとるような状況を考えるが，そのさい，はっきり決められたルールにしたがってゲームをプレイすることを最初に約束する．協調ゲーム(cooperative game)は，何人かのプレイヤーが一緒になって，coalitionをつくり，協調して，ゲームをプレイしようとするものである．

じつは，ゲームのルールが具体的にそのような内容から構成されていて，どのようにして決められるか，について，伝統的なゲーム理論では，必ずしも明確にされていない．というより，伝統的なゲーム理論が取り扱っていたのは，ポーカー，チェス，碁，将棋などのように，ルールの内容がすでに明確に決められていて，ゲームのプレイヤーたちが，ルールの内容に容喙する余地はまったくないゲームである．これに対して，経済学で取り扱うゲームについては，ゲームのプレイヤーたちが相談して，ゲームのルールを決めることができるのが，一般的であるといってよい．このことは，とくに，国際的な経済統合と政策協調の問題を1つのゲームとして考察しようとするときに重要な意味をもつ．経済統合と政策協調のゲームに参加する国々が集まって，どのようなルールにしたがってゲームをプレイするかを相談して決めることができる．そのさい，何人かのプレイヤーが一緒になって，coalition をつくり，協調して，ゲームをプレイすることも，当然，ゲームのルールの一部であると考えてよい．このような意味で，国際的な経済統合と政策協調の問題を1つのゲームとみなすとき，協調ゲームを考えるのが自然である．

国際的な経済統合と政策協調の問題を1つの協調ゲームとみなすというとき，ゲームのプレイヤーは，世界のすべての国々で，その数は n とする．また，ゲームの payoff として，各国の総効用とする．効用が，cardinal か，ordinal かによって，ゲームは，transferable utility か，non-transferable utility かに分かれる．

本章の主な結論は，国際的な経済統合と政策協調の問題を n-person cooperative game と考えるとき，ゲームのコアはつねに空集合ではないことを証明する．すなわち，ゲームのコアに属する coalition が必ず存在するということである．第3章の場合と同じように，Bondareva-Shapley の定理を援用する．

2. 国際貿易を含む一般均衡理論

国際的な経済統合と政策協調の n-person cooperative game の議論に入る前に，国際貿易を含む一般均衡理論をかんたんにレヴューして，以下の議論に必要ないくつかの命題を導き出しておきたい．

はじめに，閉鎖経済(closed economy)を考える．経済は n 人の個人から構成されているとし，$\nu=1, \cdots, n$ という記号を用いてあらわす．各個人 ν の効用水準は，つぎの効用関数によってあらわされるとする．

$$u^\nu = u^\nu(x^\nu),$$

ここで，$x^\nu=(x_j^\nu)$ は各個人 ν が享受するすべての財貨・サービス(たんに，財ということにする)のベクトルをあらわし，j は財の種類を generic にあらわす($j=1, \cdots, m$)．

各個人 ν が市場に供給する労働も，財のなかに含まれている．その労働を j とし，個人 ν が市場に供給する労働量を l_j^ν とすれば，

$$x_j^\nu = -l_j^\nu.$$

各個人 ν の効用関数 $u^\nu=u^\nu(x^\nu)$ は，つぎの新古典派の諸条件をみたすと仮定する．

(U1) $u^\nu=u^\nu(x^\nu)$ すべての $x^\nu \in X^\nu$ について定義される．

ここで，

$$X^{\nu}=\{x^{\nu}=(x_j^{\nu}): -K_j'\leqq x_j^{\nu}\leqq K_j'', \text{ for all } j\},$$

K_j'，K_j'' は定数である．

(U2)　$u^{\nu}=u^{\nu}(x^{\nu})$ は，正の値をとり，連続，かつ 2 回連続微分可能である．

(U3)　財の限界効用は常に正である．

$$u_{x^{\nu}}^{\nu}(x^{\nu})>0, \text{ for all } x^{\nu}\in X.$$

(U4)　$u^{\nu}(x^{\nu})$ は x^{ν} にかんして厳密な意味で concave である．

$$u^{\nu}(x^{\nu}(\theta))>(1-\theta)u^{\nu}(x_0^{\nu})+\theta u^{\nu}(x_1^{\nu}), \text{ for all } x_0^{\nu}\neq x_1^{\nu},\ 0<\theta<1.$$

ここで，

$$x^{\nu}(\theta)=(1-\theta)x_0^{\nu}+\theta x_1^{\nu}.$$

財の生産については，生産主体は 1 つしかなく，その技術的，組織的特質は生産可能集合 T によってあらわされるとする．生産可能集合 T は，J 次元の空間 R^J のなかの集合で，その要素 $y=(y_j)$ は J 次元のベクトルで，生産可能なすべての財をあらわす．

各国 ν の生産可能集合 T^{ν} はつぎの条件をみたすと仮定する．

(T1)　T は J 次元の空間 R^J のなかの集合で，non-empty で closed である．

(T2)　T^{ν} は convex で monotone である．

(T3)　T は monotone である．

$$y\in T,\ y'\leqq y\Longrightarrow y'\in T.$$

さらに，つぎの条件を仮定することもある．

(T4)　T は厳密な意味で quasi-convex である．

$$y_0,\ y_1\in T,\ y_0,\ y_1 \text{ が比例的でない}\Longrightarrow t_0y_0+t_1y_1\in \text{interior}(T).$$

(T2) によって，任意に与えられた non-negative な価格ベクトル $p=(p_j)$ に対して，

$$\sup\{py : y\in T\}$$

は，$+\infty$，あるいは 0 となる．

もしかりに，$\sup\{py : y\in T\}>0$ だとすると，$\sup\{py : y\in T\}=+\infty$ となるからである．

(T4) を仮定するとき，もし $\max\{py : y\in T\}$ が存在したとすれば，つぎの条件をみたすような $y(p)$ が必ず存在して，一意的に定まる．

(i)　$$py(p)=0,\ y(p)\in T.$$

(ii)　$$y\in T \text{ が } y(p) \text{ に比例的でない}\Longrightarrow py<0.$$

$y(p)$ は p にかんするゼロ次同次の関数となり，その 2 回偏微分係数のマトリックス (y_{pp}) は negative semi-definite となる．

経済の状態は，生産のベクトル $y \in T$ と，その各個人への分配 $(x^\nu : \nu \in N)$ によって特定される．ただし，つぎの feasibility の条件がみたされていなければならない．

$$\sum_{\nu \in N} x^\nu = y, \quad x^\nu \in X^\nu, \quad y \in T.$$

競争均衡 (competitive equilibrium) $(x^\nu : \nu \in N, y)$ は，non-zero, non-negative な価格ベクトル $p = (p_j)$，生産のベクトル $y \in T$，その各個人への分配 $(x^\nu : \nu \in N)$ が決まっていて，つぎの均衡条件をみたすときに得られる．

(i)　利潤が最大となっている：$y = y(p)$．すなわち，

$$y \in T, \quad py = 0 \geqq py', \quad \text{for all } y' \in T.$$

(ii)　各個人の効用は，予算制約条件のもとで，最大化されている．すなわち，

$$px^\nu = 0, \quad x^\nu \in X^\nu, \quad (\nu \in N),$$

$$u^\nu(x^\nu) \geqq u^\nu(x^{\nu\prime}), \quad \text{for all } x^{\nu\prime} \in X^\nu, \quad px^{\nu\prime} \leqq 0.$$

(iii)

$$\sum_{\nu \in N} x^\nu = y.$$

命題 1　(U1)-(U4)，(T1)-(T4) をみたす経済について，競争均衡 $(x^\nu : \nu \in N, y)$ は必ず存在する．

［証明］　まず，つぎの社会的効用関数を定義する．

(1)

$$\sum_{\nu \in N} \alpha^\nu u^\nu(x^\nu), \quad \alpha = (\alpha^1, \cdots, \alpha^n) \in \Sigma.$$

ここで，

$$\Sigma = \{\alpha = (\alpha^1, \cdots, \alpha^n) : \sum_{\nu \in N} \alpha^\nu = 1, \ \alpha^\nu \geqq 0, \ (\nu \in N)\}.$$

つぎの最大問題 (α) を考える．

(α)　制約条件

$$\sum_{\nu \in N} x^\nu = y, \quad x^\nu \in X^\nu, \quad y \in T$$

のもとで，社会的効用関数 (1) を最大にするような $(x^\nu : \nu \in N, y)$ を求めよ．

(U4)，(T4) を仮定しているから，concave プログラミングにかんする Kuhn-Tucker の定理を適用することができる［たとえば，Arrow, Hurwicz, and Uzawa (1958) 参照］．最大問題 (α) を解くことは，つぎのラグランジュ形式の non-negative な鞍点 $(x^{1o}, \cdots, x^{no}, y^o ; p^o)$ を求めることに帰着される．

$$L(x^1, \cdots, x^n, y ; p) = \sum_{\nu \in N} \alpha^\nu u^\nu(x^\nu) + p(y - \sum_{\nu \in N} x^\nu), \quad x^\nu \in X^\nu, \quad y \in T.$$

したがって，$(x^{1o}, \cdots, x^{no}, y^o)$ が最大問題 (α) の最適解になるための必要，十分な条件は，つぎの条件をみたす non-negative なベクトル p^o が存在することである．

$$\sum_{\nu\in N} x^{\nu o} = x^o,\quad x^{\nu o} \in X^{\nu o},\quad y^o \in T,$$

$$u^{\nu}_{x^\nu}(x^{\nu o}) = p^o \qquad (\nu \in N),$$

$$y^o = y(p^o);\ \text{i.e.,}\ \ p^o y^o \geqq p^o y \quad \text{for all } y \in T.$$

最大問題(α)の最適解はつねに存在して，一意的に定まる．最適解における，relevant な変数の値をそれぞれ，$x^\nu(\alpha)$，$y(\alpha)$，$p(\alpha)$とおくと，

(2) $$\sum_{\nu\in N} x^\nu(\alpha) = y(\alpha),\quad x^\nu(\alpha) \in X^\nu,\quad y(\alpha) \in T,$$

(3) $$u^{\nu}_{x^\nu}(x^\nu(\alpha)) = p(\alpha) \qquad (\nu \in N),$$

(4) $$y(\alpha) = y(p(\alpha)),$$

(5) $$p(\alpha)y(\alpha) = 0.$$

競争均衡の存在を証明するために，つぎの mapping $\beta(\alpha)$を考える．

$$\alpha \in \Sigma \Longrightarrow \beta(\alpha) \in \Sigma.$$

各個人 ν について，$\bar{\alpha}^\nu$ をつぎの条件によって定義する．

(i)　$\bar{x}^\nu$ は $\bar{\alpha}^\nu u^\nu(x^\nu) - p(\alpha)x^\nu$，$x^\nu \in X^\nu$ を最大にする．

(ii) $$p(\alpha)\bar{x}^\nu = 0.$$

このような数 $\bar{\alpha}^\nu$ は必ず存在して，一意的に決まり，

$$\lambda(\alpha) = \sum_{\nu\in N} \bar{\alpha}^\nu > 0.$$

$\beta(\alpha)=(\beta^\nu(\alpha))$を，つぎのように定義する．

$$\beta^\nu(\alpha) = \frac{1}{\lambda(\alpha)}\bar{\alpha}^\nu \qquad (\nu \in N).$$

この mapping $\beta(\alpha)$は，Σ から Σ 自身への連続な mapping となる．したがって，ブラウワーの不動点定理を適用することができる．つぎの条件をみたす $\alpha=(\alpha^\nu) \in \Sigma$ が存在する．

$$\bar{\alpha}^\nu = \lambda(\alpha)\alpha^\nu \qquad (\nu \in N).$$

ここで，$\lambda(\alpha)=1$ となることを示せば，すぐわかるように，
$(x^1(\alpha), \cdots, x^n(\alpha), y(\alpha); p(\alpha))$が競争均衡となる．

もしかりに，$\lambda(\alpha)>1$ だったとする．このとき，上の条件(i)，(ii)から，

$$p(\alpha)x^\nu(\alpha) < p(\alpha)\bar{x}^\nu = 0 \qquad (\nu \in N).$$

したがって，

$$p(\alpha)x(\alpha) = \sum_{\nu\in N} p(\alpha)x^\nu(\alpha) < \sum_{\nu\in N} p(\alpha)\bar{x}^\nu = 0.$$

(5)の性質と矛盾する．

同じように，$\lambda(\alpha)<1$ とすれば，矛盾する．故に，$\lambda(\alpha)=1$.　Q.E.D.

命題 1 によって，競争均衡の存在がわかる．以下の議論では，この競争均衡は常に一意的に

決まると仮定する.

ここで導入した競争均衡のモデルは，経済を構成する経済主体の選好関係，生産可能集合によってあらわされた技術的諸条件が，市場の均衡過程においてはたす役割が明示的にあらわされている．経済統合と政策協調の問題を取り扱うために，政策的変数，制度的条件を明示的に取り入れることが必要である．

政策的変数，制度的条件を $a=(a_s)$ というベクトルであらわすとする．ここで，s は政策的変数，制度的条件の要素を generic に記したもので，$a=(a_s)$ の各成分 a_s は，その大きさをあらわすと仮定する．経済のなかでじっさいに具現化可能な政策的変数，制度的条件 $a=(a_s)$ の全体を A とする．

経済の生産可能集合 T も，政策的変数，制度的条件の選択を明示的にあらわすために，つぎのように修正する．ある特定の政策的変数，制度的条件 $a \in A$ のもとにおける生産可能集合を $T(a)$ であらわす．$(y, a) \in T(a)$ は，政策的変数，制度的条件 $a \in A$ のもとで，財をベクトル $y=(y_j)$ だけ生産することが可能になることを意味する．

新しい生産可能集合 $T(a)$ の全体を ∇ であらわす．

$$\nabla = \bigcup_{a \in A} T(a) = \{(y, a): a \in A,\ (y, a) \in T(a)\},$$

∇ は，政策的変数，制度的条件のベクトル a と産出量のベクトル y の選択可能な組み合わせ (y, a) から成る集合である．

各 $a \in A$ について，生産可能集合 $T(a)$ は上に導入した条件(T1)-(T4)をみたすと仮定する．さらに，政策的変数，制度的条件の影響を考慮に入れて拡大化された生産可能集合 ∇ について，つぎの諸条件がみたされていると仮定する．

(∇1)　∇ は，空集合でない，closed な集合である．

(∇2)　∇ は convex な集合である，

$$(y_0, a_0),\ (y_1, a_1) \in \nabla \Longrightarrow ((1-\theta)y_0+\theta y_1,\ (1-\theta)a_0+\theta a_1) \in \nabla,$$
$$\text{for all } 0 \leqq \theta \leqq 1.$$

経済を構成する各個人の選好関係も，政策的変数，制度的条件の選択によって，直接的な影響を受けるとする．$u^\nu(x^\nu, a)$ は，政策的変数，制度的条件 $a \in A$ が選択されたときの各個人 ν の効用関数をあらわす．つぎの条件がみたされているとする．

(∇3)　各個人 ν について，$u^\nu(x^\nu, a)$ は (x^ν, a) にかんして厳密な意味で concave である．

政策的変数，制度的条件のベクトル $a \in A$ が選択されたときの競争均衡に対して，命題1を適用することができる．この競争均衡を $(x^1(a), \cdots, x^n(a), y(a), p(a))$ とし，各個人の効用水準の総和を $w(a)$ であらわす．

(6)
$$w(a) = \sum_{\nu \in N} u^{\nu}(x^{\nu}(a), a).$$

ここで,

$$\sum_{\nu \in N} x^{\nu}(a) = y(a), \quad (y(a), a) \in \nabla,$$
$$p(a)x^{\nu}(a) = 0, \quad x^{\nu}(a) \in X^{\nu} \qquad (\nu \in N),$$
$$u^{\nu}(x^{\nu}(a), a) \geqq u^{\nu}(x^{\nu}, a), \quad x^{\nu} \in X^{\nu}, \quad p(a)x^{\nu} \leqq 0.$$

以下の節で経済統合と政策協調の協調ゲームを考察するときには，(6)によって与えられた社会的効用 $w(a)$ が $a \in A$ にかんして厳密な意味で concave であるという仮定をもうける.

3. 政策協調を協調ゲームとして考える

前節で導入した競争均衡のモデルは，閉鎖経済にかんするものであった．経済統合と政策協調の問題を考察するために，このモデルを修正して，国際的な経済取引を考慮に入れる必要がある.

いま，n カ国からなる国際経済を考える．各国の経済はそれぞれ，前節で導入した競争均衡のモデルの前提条件をみたすとする．各国を generic に ν であらわし($\nu=1, \cdots, n$)，その社会的効用関数を $u^{\nu}=u^{\nu}(x^{\nu})$，生産可能集合を T^{ν} であらわす．ここで，前節と異なって，記号 ν は国を意味していることに留意されたい.

各国 ν の経済の状態は，集計的生産のベクトル $y^{\nu}=(y_j^{\nu})$，集計的消費のベクトル $x^{\nu}=(x_j^{\nu})$，価格のベクトル $p^{\nu}=(p_j^{\nu})$ によって特徴づけられる．各国 ν の経済の状態 $(y^{\nu}, x^{\nu}, p^{\nu})$ が競争均衡であるというのは，つぎの条件がみたされているときである.

(i)　$y^{\nu}=y^{\nu}(p^{\nu})$，すなわち，y^{ν} は制約条件 $y \in T^{\nu}$ のもとで，$p^{\nu}y$ を最大にする.

(ii)　x^{ν} は予算制約 $p^{\nu}x \leqq 0$ のもとで，効用 $u^{\nu}(x)$ を最大にする.

(iii)
$$x^{\nu} = y^{\nu}.$$

規模の経済が一定の条件(T4)のもとでは,

(7)
$$p^{\nu}y^{\nu} = 0.$$

したがって，$(y^{\nu}, x^{\nu}, p^{\nu})$ が競争均衡であるための必要，十分な条件は，$(y^{\nu}, x^{\nu}, p^{\nu})$ がつぎの最大問題の最適解となっていることである.

最大問題(ν)　制約条件

(8)
$$x^{\nu} = y^{\nu}, \quad y^{\nu} \in T^{\nu}$$

のもとで，$u^{\nu}(x^{\nu})$ を最大にせよ,

このラグランジュ形式は，つぎの式で与えられる．

(9)　　$L(y^\nu, x^\nu, p^\nu) = u^\nu(x^\nu) + p^\nu(y^\nu - x^\nu),\quad y^\nu \in T^\nu,$

ここで，p^ν は制約条件(8)にかんするラグランジュ係数である．

(y^ν, x^ν, p^ν)が最大問題(ν)の最適解となるために必要，十分な条件は，feasibility の条件(8)に加えて，つぎの関係が成り立つことである．

(10)　　$u^\nu_{x^\nu} = p^\nu,$

(11)　　$p^\nu y^\nu = 0,\quad p^\nu y \leqq 0,\quad \text{for all } y \in T^\nu.$

したがって，(y^ν, x^ν, p^ν)が競争均衡となるために必要，十分な条件は，それが，ラグランジュ形式(9)の non-negative な鞍点となっていることである．

すべての国が，孤立状態(autarky)のときには，各国 ν の経済の状態(y^ν, x^ν, p^ν)が競争均衡となるのは，上の(8)，(10)，(11)の条件がみたされているときである．

つぎに，すべての財が国際間で自由に取引されるときを考えよう．各国 ν の経済の状態が(y^ν, x^ν, p)によって与えられているとする．このとき，財の価格はすべての国々で同じとなる．国際的な市場における価格のベクトルを $p=(p_j)$ とすれば，自由貿易のもとにおける競争均衡は，つぎの条件をみたす正のウェイト・ベクトル $\alpha=(\alpha^\nu)$が存在するときに得られる．

(12)　　$u^\nu_{x^\nu} = p,\quad px^\nu = 0 \qquad (\nu \in N),$

(13)　　$y^\nu \in T^\nu,\quad py^\nu = 0,\quad py \leqq 0,\quad \text{for all } y \in T^\nu \qquad (\nu \in N),$

(14)　　$\sum_{\nu \in N} x^\nu = \sum_{\nu \in N} y^\nu.$

この均衡条件(12)，(13)，(14)をみたすようなウェイト・ベクトル $\alpha=(\alpha^\nu)$の存在は，命題1の証明で使った手法をそのまま適用して証明することができる．じじつ，自由貿易のもとにおける世界経済の状態$(y^\nu, x^\nu : \nu \in N, p)$は，つぎの最大問題の最適解と一致する．

(N)　ウェイト・ベクトル $\alpha=(\alpha^\nu)$による全世界の効用

(15)　　$\sum_{\nu \in N} \alpha^\nu u^\nu(x^\nu)$

を制約条件

(16)　　$\sum_{\nu \in N} x^\nu = \sum_{\nu \in N} y^\nu,\quad y^\nu \in T^\nu \qquad (\nu \in N)$

のもとで最大にするような全世界の経済の状態$(y^\nu, x^\nu : \nu \in N)$を求めよ．ここで，価格のベクトル p は制約条件(16)にかんするラグランジュ係数と一致する．

このことから，自由貿易のもとにおける世界経済の状態がパレート最適となることがすぐわかる．

上の議論は，財貨・サービスだけが自由に貿易され，労働をはじめとする生産要素の一部は国際的に取引されていない場合にも，適当な修正をほどこすことによって拡張することができる．生産ベクトル $x=(x_j)$ を，国際的に取引されるものと，そうでないものとに対応する2つのサブ・ベクトルに分けて考えればよい．

さて，経済統合と政策協調の問題を，n-person cooperative game として考えることにする．この協調ゲームのプレイヤーは，世界の国々 $N=\{1, \cdots, n\}$ である．

N の任意の部分集合 S に対して，coalition S はこの集合 S に属する国々によってつくられる coalition である．coalition S に属する国々の間では自由な貿易がおこなわれるが，coalition S に属さない国との間には，いっさい貿易はないとする．Coalition S の価値 $v(S)$ は，coalition S に属する国々の効用の和とする．

$$v(S)=\sum_{\nu\in S}u^{\nu}(x^{\nu}(S)). \tag{17}$$

ここで，

$$a^{\nu}(S)u^{\nu}_{x^{\nu}}(x^{\nu}(S))=p(S),\ \ p(S)x^{\nu}(S)=0 \qquad (\nu\in S), \tag{18}$$

$$y^{\nu}(S)\in T^{\nu},\ \ p(S)y^{\nu}(S)=0;\ p(S)y^{\nu}\leqq 0,\ \text{for all}\ y^{\nu}\in T^{\nu} \qquad (\nu\in S), \tag{19}$$

$$\sum_{\nu\in S}x^{\nu}(S)=\sum_{\nu\in S}y^{\nu}(S). \tag{20}$$

Coalition S に属する国々にかんする relevant な変数の値は $x^{\nu}(S)$，$y^{\nu}(S)$，$p(S)$ であらわす．条件(18)-(20)とまったく同じようにして，条件(12)-(14)が得られる．Coalition N という意味で，$x^{\nu}(N)$，$y^{\nu}(N)$，$p(N)$ とあらわす．

自由貿易を n-person cooperative game と考えるとき，もっとも重要な問題は，そのコア(core)に属する coalition が存在するか，否かの問題である．

第3章でくわしく説明したように，ある協調ゲーム $G=(N, v(\cdot))$ が与えられたとき，ゲームの全価値 $v(N)$ の割り当て(allotment)が，どのような coalition によってもブロックされないとき，コア(core)のなかに入っているという．形式的に定義すればつぎの通りである．

ゲームの全価値 $v(N)$ の割り当てというのは，つぎの条件をみたすようなベクトル $x=(x^{\nu})$ を指す．

$$\sum_{\nu\in N}X^{\nu}=v(N) \tag{21}$$

ゲームの割り当て $x=(x^{\nu})$ がコアに入っているのはつぎの条件がみたされるときを指す．

$$\sum_{\nu\in S}x^{\nu}\geqq v(S),\ \text{for all}\ S\subset N. \tag{22}$$

コアが空集合でないための条件は Bondareva-Shapley の定理によって与えられる．

Bondareva-Shapley の定理　協調ゲーム $G=(N, v(\cdot))$ が与えられている．$v(S)$ $(S\subset N)$ はゲームの特性関数である．ゲーム G のコアが空集合でないための必要，十分な条件は，

(23)　$$\sum_S \pi_S v(S) \leqq v(N)$$

がすべての balancing weights(π_S)について成り立つことである．ここで，$\sum_S$ はすべての coalition S についての和を意味する．

ここで，ウェイト(π_S)というのは，

(24)　$$\pi_S \geqq 0,\ \text{for all } S \subset N$$

をみたすようなベクトルを指す．

あるウェイト(π_S)が balancing というのは，

(25)　$$\sum_{S \ni \nu} \pi_S = 1,\ \text{for all } \nu \in N$$

がみたされているときを指す．

第3章とまったく同じようにして，Bondareva-Shapley の定理を使って，つぎの命題を証明することできる．

命題2　上に導入した国際貿易の協調ゲーム $G=(N, v(S))$のコアは空集合ではない．

［証明］　効用関数 $u^\nu(x^\nu)$の concavity から，つぎの不等式が得られる．

(26)　$$u^\nu(x^\nu(N)) - u^\nu(x^\nu(S)) \geqq u^\nu_{x^\nu}(x^\nu(N))(x^\nu(N) - x^\nu(S))$$
$$= p(N)(x^\nu(N) - x^\nu(S)) \qquad (\nu \in N,\ S \subset N).$$

この(26)の両辺に π_S を掛けて，それぞれ $\sum_{S \ni \nu}$，$\sum_{\nu \in N}$ について足し合わせる．Balancedness の条件(24)，(25)に注目すれば，

(27)　$$v(N) - \sum_S \pi_S v(S) \geqq p(N) \sum_{\nu \in N} \{x^\nu(N) - x^\nu\},$$

ここで，

$$x^\nu = \sum_{S \ni \nu} \pi_S x^\nu(S),\ \ y^\nu = \sum_{S \ni \nu} \pi_S y^\nu(S) \qquad (\nu \in N).$$

Feasibility の条件(20)を使って，

(28)　$$\sum_{\nu \in N} x^\nu = \sum_S \sum_{\nu \in S} x^\nu(S) = \sum_S \sum_{\nu \in S} y^\nu(S) = \sum_{\nu \in N} y^\nu.$$

(14)，(28)を(27)に代入して

$$v(N) - \sum_S \pi_S v(S) \geqq \sum_{\nu \in N} p(N)(y^\nu(N) - y^\nu(S)).$$

(13)を使って

(29)　$$v(N) - \sum_S \pi_S v(S) \geqq 0,\ \text{for all balancing weights}(\pi_S)$$

Bondareva-Shapley の不等式が証明された．　　Q.E.D.

命題2で，自由貿易のモデルの n-person cooperative game のコアが空集合ではないことを証明した．経済統合のモデルについても，その n-person cooperative game のコアが空集合ではないことを証明することができる．

経済統合のモデルについて，coalition S の価値 $v(S)$は，つぎのように定義される．

(30) $$v(S) = \sum_{\nu \in S} u^{\nu}(x^{\nu}(S)) \qquad (S \subset N).$$

ここで，$(x^{\nu}(S)\colon \nu \in S)$は，

$$\sum_{\nu \in S} u^{\nu}(x^{\nu})$$

を制約条件

$$\sum_{\nu \in S} x^{\nu} = \sum_{\nu \in S} y^{\nu}, \quad y^{\nu} \in T^{\nu} \qquad (\nu \in S)$$

のもとで最大にする．

命題2の証明とまったく同じ手法を使って，つぎの命題を証明することができる．

命題3　経済統合の協調ゲーム $G=(N, v(S))$のコアは空集合ではない．

これまでの議論を拡張して，前節で導入したように，各国 ν の生産可能集合 T^{ν} が，政策的変数，制度的条件の選択によって影響を受ける場合を取り扱うことができる．各国 ν について，∇^{ν} は，政策的変数，制度的条件のベクトル a^{ν} と産出量のベクトル y^{ν} の選択可能な組み合わせ(y^{ν}, a^{ν})から成る集合である．x^{ν} を消費のベクトルとすれば，各国 ν について，経済の状態$(x^{\nu}, y^{\nu}, a^{\nu})$が feasible であるための必要，十分な条件は，つぎの条件である．

$$x^{\nu} = y^{\nu}, \quad (y^{\nu}, a^{\nu}) \in \nabla^{\nu} \qquad (\nu \in N).$$

経済統合の n-person cooperative game は，つぎのようにして定義される．

各 coalition $S \subset N$ について，その価値 $v(S)$は，

(31) $$v(S) = \sum_{\nu \in S} u^{\nu}(x^{\nu}(S), a^{\nu}(S)).$$

ここで，$(x^{\nu}(S), y^{\nu}(S), a^{\nu}(S)\colon \nu \in S)$は

$$\sum_{\nu \in S} u^{\nu}(x^{\nu}, a^{\nu})$$

を制約条件

$$\sum_{\nu \in S} x^{\nu} = \sum_{\nu \in S} y^{\nu}, \quad (y^{\nu}, a^{\nu}) \in \nabla^{\nu} \qquad (\nu \in S)$$

のもとで，最大にする．

したがって，

(32) $$u^{\nu}_{x^{\nu}}(x^{\nu}(S), a^{\nu}(S)) = p(S), \quad u^{\nu}_{a^{\nu}}(x^{\nu}(S), a^{\nu}(S)) = q^{\nu}(S) \qquad (\nu \in S),$$

(33) $$\sum_{\nu \in S} x^{\nu}(S) = \sum_{\nu \in S} y^{\nu}(S),$$

(34)　$$p(S)y^{\nu}(S)+q^{\nu}(S)a^{\nu}(S) \geqq p(S)y^{\nu}+q^{\nu}(S)a^{\nu},$$
$$\text{for all } (y^{\nu}, a^{\nu}) \in \nabla^{\nu} \qquad (\nu \in S).$$

とくに，全世界の coalition N について，

(35)　$$u^{\nu}_{x^{\nu}}(x^{\nu}(N), a^{\nu}(N)) = p(N), \quad u^{\nu}_{a^{\nu}}(x^{\nu}(N), a^{\nu}(N)) = q(N) \qquad (\nu \in N),$$

(36)　$$\sum_{\nu \in N} x^{\nu}(N) = \sum_{\nu \in N} y^{\nu}(N),$$

(37)　$$p(N)y^{\nu}(N)+q^{\nu}(N)a^{\nu}(N) \geqq p(N)y^{\nu}+q^{\nu}(N)a^{\nu},$$
$$\text{for all } (y^{\nu}, a^{\nu}) \in \nabla^{\nu} \qquad (\nu \in N).$$

つぎの命題が成立する．

命題 4　各国 ν の生産可能集合 T^{ν} が，政策的変数，制度的条件の選択によって影響を受ける一般的モデルを考える．この経済統合の一般的モデルに関連する n-person cooperative game を $G=(N, v(S))$ とする．n-person cooperative game $G=(N, v(S))$ のコアはつねに空集合ではない．

［証明］ concavity にかんする条件(U4)，(∇2)から

(38)　$$u^{\nu}(x^{\nu}(N), a^{\nu}(N)) - u^{\nu}(x^{\nu}(S), a^{\nu}(S))$$
$$\geqq u^{\nu}_{x^{\nu}}(x^{\nu}(N), a^{\nu}(N))(x^{\nu}(N)-x^{\nu}(S)) + u^{\nu}_{a^{\nu}}(x^{\nu}(N), a^{\nu}(N))(a^{\nu}(N)-a^{\nu}(S))$$
$$= p(N)(x^{\nu}(N)-x^{\nu}(S)) + q^{\nu}(N)(a^{\nu}(N)-a^{\nu}(S)) \qquad (\nu \in N, \ S \subset N),$$

ここで，(35)を使った．

(38)の両辺に π_S を掛けて，$\sum_{S \ni \nu}$，$\sum_{\nu \in N}$ について足し合わせて，その順序を変えれば，

(39)　$$v(N) - \sum_{\nu \in N} \pi_S v(S) \geqq \sum_{\nu \in N} \{p(N)(x^{\nu}(N)-x^{\nu}) + q^{\nu}(N)(a^{\nu}(N)-a^{\nu})\}.$$

2 つの関係(36)，(37)を(39)に代入すれば，

(40)　$$v(N) - \sum_{\nu \in N} \pi_S v(S) \geqq \sum_{\nu \in N} \{p(N)(y^{\nu}(N)-y^{\nu}) + q^{\nu}(N)(a^{\nu}(N)-a^{\nu})\}.$$

ここで，

$$x^{\nu} = \sum_{S \ni \nu} \pi_S x^{\nu}(S), \quad y^{\nu} = \sum_{S \ni \nu} \pi_S y^{\nu}(S), \quad a^{\nu} = \sum_{S \ni \nu} \pi_S a^{\nu}(S),$$
$$\sum_{\nu \in N} x^{\nu} = \sum_{\nu \in N} y^{\nu}, \quad (y^{\nu}, a^{\nu}) \in \nabla^{\nu} \qquad (\nu \in N).$$

(37)に注目すれば，不等式(40)から Bondareva-Shapley の不等式を導き出すことができる．

$$v(N) \geqq \sum_{S} \pi_S v(S), \quad \text{for all balancing weights} (\pi_S).$$　　Q.E.D.

まったく同じようにして，つぎの命題を証明することができる．

命題 5　各国 ν の生産可能集合 T^{ν} が，政策的変数，制度的条件の選択によって影響を受け

る一般的モデルを考える．$G=(N, v(S))$は，国際貿易に関連するn-person cooperative gameで，coalitionに属する国々の間では，財貨・サービスの自由貿易がおこなわれるが，coalitionに属さない国々との間には，貿易はいっさいおこなわれない．このn-person cooperative game $G=(N, v(S))$のコアはつねに空集合ではない．

4. おわりに

本章では，経済統合と政策協調の問題をn-person cooperative gameと考えて，そのコアが空集合ではないことを証明した．そのさい，各国νの生産可能集合T^{ν}が，政策的変数，制度的条件の選択によって影響を受ける一般的モデルを考えた．しかし，本章で展開した，経済統合と政策協調のモデルはきわめて抽象度の高いものであるだけでなく，マネタリーな要因をまったく無視して，実物的な側面だけに，分析の焦点を当てた．この点，マンデルのoptimum currency areasの理論の問題意識から大きく乖離したものである．

参考文献

Arrow, K. J., L. Hurwicz, and H. Uzawa (1958). *Studies in Linear and Non-Linear Programming*, Stanford: Stanford University Press.

Meade, J. E. (1953). *Problems of Economic Union*, Chicago: University of Chicago Press.

Mundell, R. E. (1961). "A Theory of Optimum Currency Areas," *American Economic Review* **51**, 509-517. Reprinted in *International Economics*, New York: Macmillan.

第19章　資本蓄積と対外債務の最適なパターン

1. はじめに

工業化のプロセスを促進するために，どの程度まで対外債務に依存したらよいかという問題は，経済発展理論でもっとも困難な，しかし政策的にきわめて重要な問題である．これは，各国において，希少資源の配分を，消費財と投資財との2つの部門の間にどのような基準にしたがって配分したらよいかという問題と密接な関わりをもつ．このとき，動学的最適性の基準が中心的な役割をはたす．『基礎篇』第VII部でくわしく説明したところでもあるが，本章では，最適経済理論を，国際経済の問題に適用しようとするとき，どのような形での修正が必要となるかに焦点を当てて説明したい．

2. 国際経済にかんする二部門経済成長モデル

『基礎篇』第25章，第26章で導入した二部門経済成長モデルを拡張して，国際経済に適用することから始めよう．

二部門経済は，投資財と消費財との2つの部門から構成される．投資財，消費財どちらも同質な量から成り立っていて，それぞれ単一の尺度ではかることができるとする．投資財と消費財はともに労働と資本という2つの生産要素を使って生産されるが，それぞれ新古典派的な生産技術にかんする条件をみたしているとする．

考察の対象としている経済について，外国貿易の可能性が存在し，また外国との間に貸借関係をもつことができるとする．

経済のパフォーマンスは究極的には，その構成員の1人1人が消費することができる消費財の量によって決まってくる．消費財は瞬時的に消費されて，なくなってしまうが，投資財は資本の一部分に組み込まれて，将来の消費財の生産に貢献する．

技術進歩はハロッドの意味で中立的(neutral)であると仮定する．『基礎篇』第12章でくわしく説明したように，労働を効率単位ではかることによって，あたかも技術進歩が存在しないかのように取り扱うことができる．

効率単位ではかった労働供給の年々増加率をνとする．このνは，労働供給の増加率と技術進歩率との和である．

(1) $$\frac{\dot{L}(t)}{L(t)} = \nu.$$

技術的諸条件は，規模の経済一定とし，限界代替率逓減の法則にしたがうとする．外部経済あるいは不経済は存在しないと仮定する．投資財および消費財を生産する部門をそれぞれ I 部門，C 部門と呼ぶことにする．

各時点 t における資本財のストック量は経済全体で $K(t)$ だけ存在するとする．$K(t)$ は過去の投資活動の結果として決まってくる．

資本ストック $K(t)$ の時間的変化は，新しい投資財の生産量 $Y_I(t)$ から資本の減耗を差し引いたものに等しくなる．

(2) $$\dot{K}(t) = Y_I(t) - \delta K(t), \quad K(0) = K_0,$$

ここで，資本の減耗率 δ は正の定数とする．

各時点 t における投資財の生産量 $Y_I(t)$ は，I 部門で使われている資本 $K_I(t)$ と労働 $L_I(t)$ によって，つぎの生産関数の形であらわされる．

(3) $$Y_I(t) = F_I(K_I(t), L_I(t)).$$

同じように，消費財の生産量 $Y_C(t)$ も，C 部門で使われている資本 $K_C(t)$ と労働 $L_C(t)$ の関数としてあらわされる．

(4) $$Y_C(t) = F_C(K_C(t), L_C(t)).$$

各時点 t で利用可能な資本と労働はそれぞれ $K(t)$，$L(t)$ であるから，

(5) $$K_I(t) + K_C(t) = K(t),$$

(6) $$L_I(t) + L_C(t) = L(t).$$

ここでは，資本の蓄積は，国内で生産された投資財のみに依存すると仮定するが，消費財にかんしては，輸入あるいは輸出の可能性を想定する．消費財の純輸入（＝輸入－輸出）を $X(t)$ であらわせば，国内経済に供給される消費財の量 $C(t)$ はつぎの式によって与えられる．

(7) $$C(t) = Y_C(t) + X(t).$$

以下の分析をかんたんにするために，国際資本市場では，ある一定の利子率 ρ' でいくらでも貸したり，借りたりすることができるという仮定をもうける．各時点 t における国際資本市場からの負債残高を $B(t)$ であらわす．負債残高 $B(t)$ の時間的変化 $\dot{B}(t) = dB(t)/dt$ はつぎの式によって与えられる．

(8) $$\dot{B}(t) = X(t) + \rho' B(t),$$

ここで，$B(t)$ は消費財を単位としてはかられているものとする．したがって，ρ' は実質利子率となる．$B(t)$ が負の値をとるときは，対外債権の残高をあらわすわけである．

初期時点 $t=0$ では，対外債務の残高は0であるとし，

$$B(0) = 0,$$

対外負債は最終的には返済しなければならない．

(9) $$\lim_{t\to\infty} B(t)e^{-\rho' t} = 0.$$

(7)，(8)式によって，(9)式はつぎのように書きあらわされる．

(10) $$\int_0^\infty C(t)e^{-\rho' t}dt = \int_0^\infty Y_C(t)e^{-\rho' t}dt.$$

経済のパフォーマンスに対する評価は，例の通り，Ramsey-Koopmans-Cass 効用積分によって与えられるとする[『基礎篇』第 31，32 章]．各時点 t における 1 人当たりの消費財の量を $c(t)$ であらわす．すなわち，

$$c(t) = \frac{C(t)}{L(t)}$$

とする．

各時点 t での効用水準を $u(t) = U(c(t))$ とし，将来の効用にかんする社会的割引率を β ($\beta>0$) とすれば，Ramsey-Koopmans-Cass 効用積分は

(11) $$U = \int_0^\infty U(c(t))e^{-\beta t}dt$$

によって与えられる．

最適経済成長の問題は，(11)の効用積分 U を最大にするように feasible な消費径路 $C=(c(t))$ を見つけだすことである．すなわち，時間的径路 $(K(t), K_I(t), K_C(t), L_I(t), L_C(t), Y_I(t), Y_C(t), X(t), C(t))$ が feasible，すなわち，(2)-(10)の条件をみたし，効用積分 U を最大にするようなものを見いだそうという問題である．

3. 技術的な制約条件

前節で定式化した動学的最適問題について，その最適解が存在するためには，生産関数，効用関数がいくつかの前提条件をみたさなければならない．

生産関数にかんしては，さきに仮定したように，規模の経済は一定で，限界代替率逓減の法則が成り立つ．したがって，すべてを労働投入量を単位として，単純な形に還元できる．つぎの記号を導入しよう ($j=I, C$)．

$$k_j = \frac{K_j}{L_j}：j \text{ 部門における資本/労働比率},$$

$$y_j = \frac{Y_j}{L_j}：j \text{ 部門における労働投入量当たりの産出量}.$$

このとき，

$$y_j = f_j(k_j),\quad f_j(k_j) = F_j(k_j, 1).$$

つぎの新古典派的前提条件を仮定する.

$$f_j'(k_j) > 0,\ f_j''(k_j) < 0,\ \text{for all } k_j > 0,$$
$$f_j(k_j) - k_j f_j'(k_j) > 0,\ \text{for all } k_j > 0.$$

さらに，生産要素価格，産出物価格，最適な資本/労働比率，その弾力性の間に存在する関係についてふれておこう[『基礎篇』第24，25章].

賃金/レンタル比率を ω とすれば，要素費用を最小にするような最適な資本/労働比率 k_j はつぎの関係式から一意的に定まる.

$$\omega = \frac{f_j(k_j)}{f_j'(k_j)} - k_j. \tag{12}$$

(12)式の右辺は資本/労働比率 k_j の増加関数となることはかんたんにわかるから，(12)式をみたすような k_j は賃金/レンタル比率 ω の関数として書きあらわされる.

$$k_j = k_j(\omega).$$

この関数は，最適資本・労働関数とよばれるものである．(12)式の両辺を ω について微分すれば,

$$\frac{dk_j(\omega)}{d\omega} = \frac{[f_j'(k_j)]^2}{f_j(k_j) f_j''(k_j)} > 0. \tag{13}$$

つぎに，産出物市場も，生産要素市場もともに完全競争的であると仮定して，投資財と消費財の相対価格を p とすれば,

$$p = \frac{f_C'(k_C)}{f_I'(k_I)} \tag{14}$$

ここで，$k_j = k_j(\omega)$ は要素価格比率 ω に対する最適資本/労働比率である．したがって，投資財と消費財の相対価格 p は要素価格比率 ω の関数としてあらわされる.

$$p = p(\omega).$$

(14)式の両辺を対数的に微分して，(13)に留意すれば,

$$\frac{dp}{d\omega} = \frac{1}{k_I + \omega} - \frac{1}{k_C + \omega}. \tag{15}$$

以下の分析では，消費財の方が投資財よりも常に資本集約的である(more capital-intensive)と仮定する．すなわち,

$$k_C(\omega) > k_I(\omega),\ \text{for all } \omega.$$

このとき，要素価格比率 ω は，投資財と消費財の相対価格 p によって一意的に決まってくる.

$$\omega = \omega(p),$$

しかも

$$\frac{dp}{d\omega} > 0,\ \frac{d\omega}{dp} > 0.$$

つぎに，資本と労働の 2 つの生産要素が，I 部門と C 部門の 2 つの部門の間にどのように配分されるかをみてみよう．資本と労働の賦与量を K，L とし，経済全体の資本/労働比率を k であらわす．

$$k=\frac{K}{L}.$$

資本と労働の二部門への配分を，K_I，K_C，L_I，L_C とする．また，二部門における資本/労働比率を k_C，k_I であらわす．

$$k_C=\frac{K_C}{L_C},\quad k_I=\frac{K_I}{L_I}.$$

消費財と投資財について，1 人当たり産出量をそれぞれ y_C，y_I であらわすと，

$$y_j=f_j(k_j)x_j,\quad x_j=\frac{L_j}{L}.$$

このとき，

$$k_Cx_C+k_Ix_I=k,$$
$$x_C+x_I=1.$$

この連立一次方程式体系を x_C，x_I について解くと，

$$(16)\qquad \begin{cases} x_C=0,\quad x_I=1, & \text{for } k\leqq k_I,\\ x_C=\dfrac{k-k_I}{k_C-k_I},\quad x_I=\dfrac{k_C-k}{k_C-k_I}, & \text{for } k_I\leqq k\leqq k_C,\\ x_C=1,\quad x_I=0, & \text{for } k\geqq k_C. \end{cases}$$

このとき，対応する消費財，投資財の産出量も決まってくる．それぞれ $y_C(p,k)$，$y_I(p,k)$ という関数記号を使ってあらわし，相対価格 p と相対的生産要素賦与率 k に依存していることを明示する．以上の議論を図示したのが図 19-1 である．

(16)式からつぎの式が導き出される．

$$(17)\qquad \begin{cases} y_C=0,\quad y_I=f_I(k), & \text{for } k\leqq k_I,\\ y_C=f_C(k_C)\dfrac{k-k_I}{k_C-k_I},\quad y_I=f_I(k_I)\dfrac{k_C-k}{k_C-k_I}, & \text{for } k_I\leqq k\leqq k_C,\\ y_C=f_C(k),\quad y_I=0, & \text{for } k\geqq k_C, \end{cases}$$

ここで，$k_j=k_j(p)\,(j=C,I)$．

利潤率も一意的に決まってくる．投資財を単位としてはかった利潤率を $r(p,k)$ であらわすと，

$$(18)\qquad r(p,k)=\begin{cases} f_I'(k), & \text{for } k\leqq k_I,\\ f_I'[k_I(p)], & \text{for } k_I<k<k_C,\\ \dfrac{f_C'[k_C(p)]}{p}, & \text{for } k\geqq k_C, \end{cases}$$

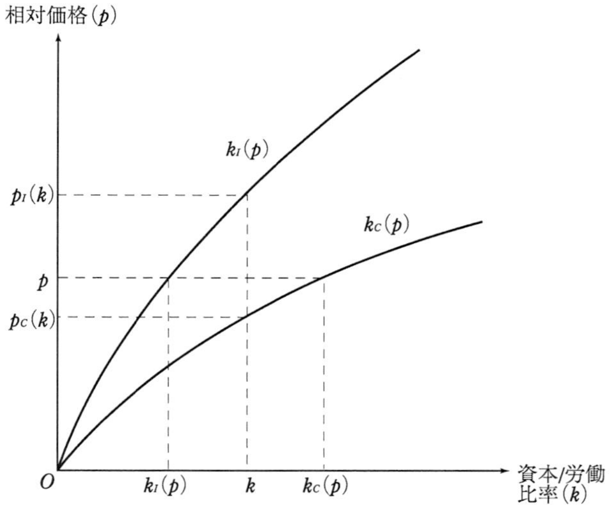

図 19-1　最適資本/労働比率

ここで，$k_I(p)$，$k_C(p)$ は相対価格 p に対する賃金/レンタル比率 ω についての最適資本/労働比率である．

$$k_I(p) = k_I[\omega(p)],\quad k_C(p) = k_C[\omega(p)],$$

$$p = \frac{f_C'[k_C(\omega(p))]}{f_I'[k_I(\omega(p))]}.$$

図 19-2，図 19-3 はそれぞれ，最適産出量と利潤をあらわす．

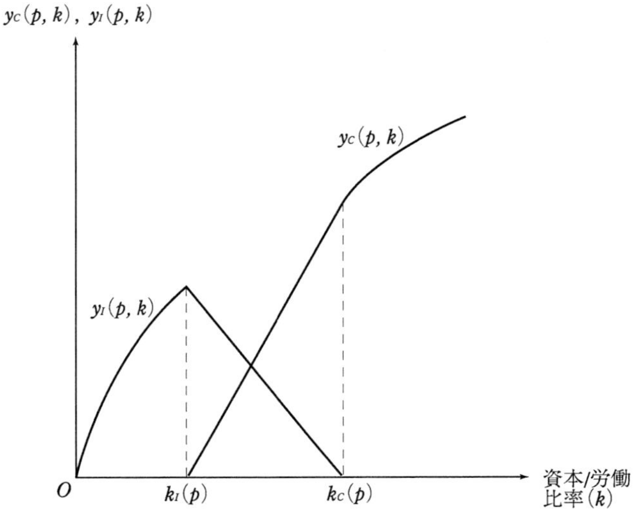

図 19-2　最適産出量曲線

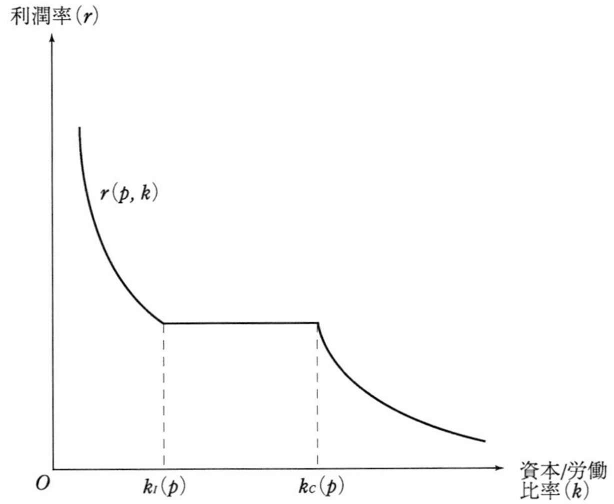

図 19-3　利潤率曲線

4. 最適径路の一意性

効用関数 $U(c)$が1人当たりの消費 C について concave な関数となっているとき，動学的最適径路はもし存在すれば，一意的に定まる．閉鎖的な二部門経済モデルについては，一意性は『基礎篇』第32章で証明した．もしかりに，資本の初期値 K_0 に対して，最適な時間的径路が2つ存在したとしよう．

$$(K^j(t), K_I^j(t), K_C^j(t), L_I^j(t), L_C^j(t),\ Y_I^j(t),\ Y_C^j(t),\ X^j(t),\ C^j(t),\ c^j(t)),\quad j=0,1.$$

このとき，

$$\int_0^\infty U(c^0(t))\,e^{-\beta t}dt = \int_0^\infty U(c^1(t))\,e^{-\beta t}dt,$$

$$c^j(t) = \frac{C^j(t)}{L(t)},$$

$$C^j(t) = Y_C^j(t) + X^j(t),$$

$$Y_C^j(t) = F_I(K_C^j(t), L_C^j(t)),$$

$$Y_I^j(t) = F_I^j(K_I^j(t), L_I^j(t)),$$

$$K^j(t) = Y^j(t) - \delta K^j(t),\quad K^j(0) = K_0,$$

$$\int_0^\infty C^j(t)\,e^{-\rho' t}dt = \int_0^\infty Y^j(t)\,e^{-\rho' t}dt,$$

$$K_I^j(t) + K_C^j(t) = K^j(t),$$

$$L_I^j(t) + L_C^j(t) = L^j(t),\quad j=0,1.$$

つぎの変数を導入する$(0 \leqq \theta \leqq 1)$.

$$K^{\theta}(t) = (1-\theta)K^{0}(t) + \theta K^{1}(t),$$
$$K_i^{\theta}(t) = (1-\theta)K_i^{0}(t) + \theta K_i^{1}(t), \quad i = I, C,$$
$$L_i^{\theta}(t) = (1-\theta)L_i^{0}(t) + \theta L_i^{1}(t), \quad i = I, C,$$
$$Y_i^{\theta}(t) = F_i(K_i^{\theta}(t), L_i^{\theta}(t)), \quad i = I, C,$$
$$X^{\theta}(t) = (1-\theta)X^{0}(t) + \theta X^{1}(t),$$
$$C^{\theta}(t) = (1-\theta)C^{0}(t) + \theta C^{1}(t),$$
$$c^{\theta}(t) = (1-\theta)c^{0}(t) + \theta c^{1}(t).$$

ただちにわかるように，新しい径路，$(K^{\theta}(t), K_I^{\theta}(t), K_C^{\theta}(t), L_I^{\theta}(t), L_C^{\theta}(t), Y_I^{\theta}(t), Y_C^{\theta}(t), X^{\theta}(t), C^{\theta}(t), c^{\theta}(t))$も feasible で，つぎの条件をみたす.

(19)
$$\int_0^{\infty} U(c^{\theta}(t))e^{-\beta t}dt \geqq \int_0^{\infty} U(c^{0}(t))e^{-\beta t}dt,$$
$$Y_i^{\theta}(t) = (1-\theta)Y_i^{0}(t) + \theta Y_i^{1}(t), \quad i = I, C,$$

しかも，

(20)
$$\frac{K_i^{0}(t)}{L_i^{0}(t)} \neq \frac{K_i^{1}(t)}{L_i^{1}(t)}$$

のときに，不等号で成立する.

したがって動学的最適性の前提から

(21)
$$\frac{K_i^{0}(t)}{L_i^{0}(t)} = \frac{K_i^{1}(t)}{L_i^{1}(t)}.$$

この(21)の条件から$K^{0}(t) = K^{1}(t)$, for all t となって矛盾する.

5. 最適径路の構造

上に定式化された動学的最適問題は，ラグランジュの方法あるいは帰属価格の概念を使って解くことができる．しかし，ここに定式化された問題は，普通の変分法の問題とは異なって，(10)式のような積分方程式が制約条件のなかに含まれている．したがって，動学的最適解を求める手続きを少しくわしく説明することにしよう.

上の動学的最適問題を解くために，まずすべての変数を1人当たりの量で変換する．つぎの記号を導入する.

$$c(t) = \frac{C(t)}{L(t)}, \quad k(t) = \frac{K(t)}{L(t)},$$
$$b(t) = \frac{B(t)}{L(t)}, \quad y_j(t) = \frac{Y_j(t)}{L(t)}, \quad j = I, C,$$

$$k_j(t)=\frac{K_j(t)}{L_j(t)},\ \ x_j(t)=\frac{L_j(t)}{L(t)},\ \ j=I,C.$$

動学的最適問題はつぎのように書きあらわされる.

(11)式で与えられた効用積分を，つぎの制約条件のもとで最大にする時間的径路$(c(t), b(t), y_C(t), y_I(t), k(t), k_I(t), k_C(t), x_I(t), x_C(t))$を見いだせ.

$$\int_0^\infty c(t)e^{-\rho' t}dt=\int_0^\infty y_C(t)e^{-\rho' t}dt,$$
$$\dot{b}(t)=\rho' b(t)+c(t)-y_C(t),$$
$$b(0)=0,\ \ \lim_{t\to\infty} b(t)e^{-(\rho'-\nu)t}=0,$$
$$\dot{k}(t)=y_I(t)-\nu k(t),$$
$$y_j(t)=F_j(K_j(t), L_j(t)),$$
$$K_I(t)+K_C(t)=\bar{k}(t),$$
$$L_I(t)+L_C(t)=1.$$

ここで

$$\frac{K(0)}{L(0)}=k_0.$$

また

$$\rho=\rho'-n,\ \ \nu=\nu'+\delta$$

はそれぞれ，effective な利子率および効率単位当たりではかった労働供給の増加率である.

この最適問題は，ラグランジュ変数あるいは帰属価格の概念を使って解くことができる．各制約条件に対応するラグランジュ変数をそれぞれ$\lambda(t)$，$\psi'(t)$，$p_j'(t)$，$r'(t)$，$w'(t)$とおいて，ラグランジュ形式を定義する.

$$\int_0^\infty\{U(c(t))-\lambda(t)[\rho b(t)+c(t)-y_C(t)]+p_I'[F_I(K_j(t), L_j(t))-y_I(t)]$$
$$+p_C'[F_C(K_C(t), L_C(t))-y_C(t)]+r'(t)[k(t)-K_I(t)-K_C(t)]$$
$$+w'(t)[1-L_I(t)-L_C(t)]+\psi'(t)[y_I(t)-\nu k(t)]\}e^{-\beta t}dt.$$

ここで，変数はすべて non-negative で，$k(0)=k_0$は所与であるとする.

最大問題の解は，つぎの条件をみたすような feasible な時間的径路を求めることによって得られる.

(22)　　$$U'(c(t))=\lambda(t),$$

(23)　　$$p_C'(t)\frac{\partial F_C}{\partial K_C}\leqq r'(t),\ \ p_C'(t)\frac{\partial F_C}{\partial L_C}\leqq w'(t),$$

$y_C(t)>0$のときは等号で成立する.

(24)　　$$p_I'(t)\frac{\partial F_I}{\partial K_I}\leqq r'(t),\ \ p_I'(t)\frac{\partial F_I}{\partial L_I}\leqq w'(t),$$

$y_I(t)>0$ のときに等号で成立する．

(25) $$\frac{\dot{\lambda}(t)}{\lambda(t)}=\beta-\rho,$$

(26) $$\frac{\dot{\psi}'(t)}{\psi'(t)}=\beta+\nu-\frac{r'(t)}{\psi'(t)},$$

ここで，すべての変数は non-negative で有界である．

(22)-(26)の条件を簡単化するために，つぎの変数を導入する．

$$p(t)=\frac{p_I(t)}{p_C(t)}=\frac{r'(t)}{\psi'(t)}.$$

ラグランジュ＝オイラーの条件はつぎの微分方程式体系としてあらわされる．

(27) $$\dot{k}(t)=y_I[p(t),k(t)]-\nu k(t),\ \ k(0)=k_0,$$

(28) $$\frac{\dot{p}(t)}{p(t)}=\rho-r[p(t),k(t)],$$

(29) $$\frac{\dot{\lambda}(t)}{\lambda(t)}=\beta-\rho,$$

(30) $$U'[c(t)]=\lambda(t),$$

(31) $$\int_0^\infty c(t)e^{-\rho t}dt=\int_0^\infty y_C[p(t),k(t)]e^{-\rho t}dt,$$

ここでまた，変数はすべて non-negative で有界である．$y_I(p,k)$，$y_C(p,k)$は，1人当たりの帰属国民所得 y_C+py_I を制約条件

$$y_C=F_C(K_C,L_C),\ \ y_I=F_I(K_I,L_I),$$
$$K_C+K_I=k,\ \ L_C+L_I=1$$

のもとで最大化して求められる．第3節で説明したとおりである．

生産と投資の時間的径路は，消費 $c(t)$の時間的径路あるいは，効用の社会的割引率 β とは無関係に一意的に決まってくる．(27)，(28)の条件からただちにわかることである．したがって，消費の最適な時間的径路$(c(t))$は，(29)-(31)の条件によって一意的に決まってくる．この separability の性質は，以下の議論で重要な役割をはたすので，その証明をかんたんに述べておこう．

(30)の微分方程式を解いて，

$$\lambda(t)=\lambda_0e^{-(\rho-\beta)t},$$

ここで，λ_0 は任意に与えられた初期条件である．消費の時間的径路 $c(t)$は，

$$c(t)=U'^{-1}[\lambda(t)]=U'^{-1}[\lambda_0e^{-\rho t}]$$

となる．これを(31)式に代入すれば，

$$\int_0^\infty U'^{-1}[\lambda_0e^{-(\rho-\beta)t}]e^{-\rho t}dt=\int_0^\infty y_C[p(t),k(t)]e^{-\rho t}dt.$$

初期条件の値 λ_0 は最適な生産パターンがわかれば一意的に求められる．

最適な生産パターンは，(27)，(28)の 2 つの微分方程式から求められる．(27)，(28)は書き直すとつぎのように簡単化される．

$$\dot{k} = y_I(p, k) - \nu k, \tag{32}$$

$$\frac{\dot{p}}{p} = \rho - r(p, k), \tag{33}$$

ここで，$k=k(t)$，$p=p(t)$ で $y_I(p, k)$，$r(p, k)$ は第 3 節で導入した関数である．k の初期値 $k(0)$ は，transversality condition (31) がみたされるように決められる．

微分方程式体系(32)，(33)の解径路は，k，p にかんする phase diagram を使って分析することができる．まず最初に，k が定常的 $\dot{k}=0$ となるような(k, p)の組み合わせを考えよう．すなわち，

$$y_I(p, k) = \nu k. \tag{34}$$

(34)式を解いて，つぎの関係式が得られる．

$$\frac{f_I(k)}{k} = \nu, \quad \text{for } k < k_I(p), \tag{35}$$

$$k = \frac{f_I[k_I(p)]k_C(p)}{f_I[k_I(p)] + \nu[k_C(p) - k_I(p)]}, \quad \text{for } k_I(p) \leqq k. \tag{36}$$

(36)式の右辺は常に $k_C(p)$ より小さいことはすぐわかるであろう．$k_C(p)$ より大きくなるのは

$$\frac{f_I[k_I(p)]}{k_I(p)} > \nu$$

の条件がみたされているときで，またそのときに限る．$\dot{k}=0$ となるような(k, p)の組み合わせは，図 19-4 の $\hat{k}(p)$ 曲線であらわされている．図 19-4 で，k は横軸に沿ってはかられ，p は縦軸に沿ってはかられている．最適資本/労働比率 $k_I(p)$，$k_C(p)$ は，図 19-4 で同じような曲線であらわされている．

図 19-4 で $\dot{k}=0$ となるような(k, p)の組み合わせは一般につぎのように書きあらわされる．

$$\hat{k}(p) = \begin{cases} \dfrac{f_I[k_I(p)]k_C(p)}{f_I[k_I(p)] + \nu[k_C(p) - k_I(p)]} & \text{for } p < \hat{p}, \\ k_I(\hat{p}), & \text{for } p \geqq \hat{p}. \end{cases}$$

ここで，相対価格の critical な水準 $\hat{p}$ は

$$\frac{f_I[k_I(\hat{p})]}{k_I(\hat{p})} = \nu$$

によって定義される．すぐわかるように

$$\dot{k} \gtreqless 0 \Longleftrightarrow k \lesseqgtr \hat{k}(p).$$

つぎに，$\dot{p}=0$ となるような(k, p)の組み合わせをみてみよう．これはつぎの条件によって特

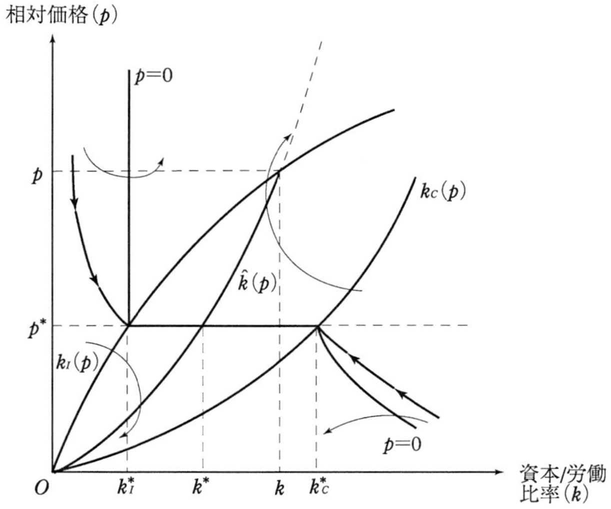

図 19-4　最適な資本蓄積径路

徴づけられる．

$$\dot{p}=0 \Longleftrightarrow r(p,k)=\nu.$$

まず，critical な相対価格 p^* を

$$f_I'[k_I(p^*)]=\rho$$

によって定義し，それに対応する最適資本/労働比率を k_I^*，k_C^* であらわす．

$$k_I^*=k_I(p^*),\ \ k_C^*=k_C(p^*).$$

このとき，$\dot{p}=0$ となるための必要十分条件はつぎのようになる．

$$k=k_C^*,\ \ \text{for}\ \ p<p^*$$
$$k_I^*\leqq k\leqq k_C^*,\ \ \text{for}\ \ p=p^*,$$
$$k=k_I^*,\ \ \text{for}\ \ p>p^*.$$

微分方程式体系(32)，(33)の解径路$(k(t),p(t))$の構造は，図 19-4 の phase diagram を使って分析することができる．

定常状態(k^*,p^*)はつぎの条件から求められる．

$$f_I'(k_I^*)=\rho,$$
$$k_I^*=k_I(p^*),\ \ k_C^*=k_C(p^*),$$
$$k^*=\frac{f_I(k_I^*)k_C^*}{f_I(k_I^*)+\nu[k_C^*-k_I^*]}=\hat{k}(p^*).$$

定常状態(k^*,p^*)が一意的に決まり，しかも effective な利子率 ρ とは無関係となることはすぐわかる．解径路$(k(t),p(t))$は一般に，図 19-4 で矢印を付けた曲線群であらわされる．このとき，定常状態(k^*,p^*)に収斂する 2 つの解径路が存在する．ポントリャーギンの最大原理によって，この安定的な解径路が動学的最適径路となる．すなわち，安定的な解径路を関数の形 $p=h(k)$ で書きあらわすと，動学的最適径路 $k^o(t)$ はつぎのようにして求められる．

$$k^o(0)=k_0,$$
$$\dot{k}^o=y_I[p^o(t),k^o(t)]-\nu k^o(t),$$
$$p^o(t)=h[k^o(t)].$$

図 19-4 からすぐにわかるように，資本/労働比率の初期値 k_0 が k_I^* より小さいときには，動学的最適径路では，経済は，投資財の生産に完全に特化し(complete specialization)，資本/労働比率 $k(t)$ が定常値 k^* に近づくまで特化がつづく．他方，資本/労働比率の初期値 k_0 が k_C^* より大きいときには，動学的最適径路では，経済は，消費財の生産に完全に特化し，critical な比率 k_C^* に到達するまで特化がつづき，そのあと，投資財と消費財をどちらも生産し，定常値 k^* に近づく．

消費財と投資財を両方とも生産しはじめる時間 t^* はかんたんに計算できる．もし，資本/労働比率の初期値 k_0 が k_I^* より小さいときには，

$$t^*=\int_{k_0}^{k_I^*}\frac{dk}{f_I(k)-\nu k}.$$

t^* 時点以降の経済は，

$$\dot{k}^o(t)=a[k^*-k^o(t)],\quad k^o(t^*)=k_I^*$$

によって特徴づけられる．ここで，

$$a=\frac{f_I(k_I^*)}{(k_C^*-k_I^*)}+\nu$$

したがって，

$$k^o(t)=-(k^*-k_I^*)e^{-a(t-t^*)}\quad \text{for}\ t\leqq t^*.$$

1 人当たりの消費財の水準 $y_C^o(t)$ は，つぎの式によって与えられる．

$$y_C^o(t)=\begin{cases}0, & \text{for}\ t\leqq t^*,\\ y_C^*[1-e^{-a(t-t^*)}], & \text{for}\ t>t^*,\end{cases}$$

ここで，y_C^* は 1 人当たりの消費財の定常値である．

$$y_C^*=f_C(k_C^*)\,\frac{k^*-k_I^*}{k_C^*-k_I^*}.$$

最適な動学的径路の上で，1 人当たりの消費量 $c^o(t)$ と 1 人当たりの消費財生産量 $y_C^o(t)$ との間には，図 19-5 に示されたような関係が存在する．$k_0<k_I^*$ のときには，経済はまず投資財の生産に完全に特化する．すなわち $y_C^o(t)=0$ で，この特化は，資本/労働比率 k が，critical な資本/労働比率 k^* に等しくなるまでつづく．この時点で消費財の生産が始まり，1 人当たりの消費財生産の定常値 y_C^* に一様にふえつづける．

他方，1 人当たりの消費財の最適水準 $c^o(t)$ は，図 19-5 の $c^o(t)$ 曲線によって示される．1

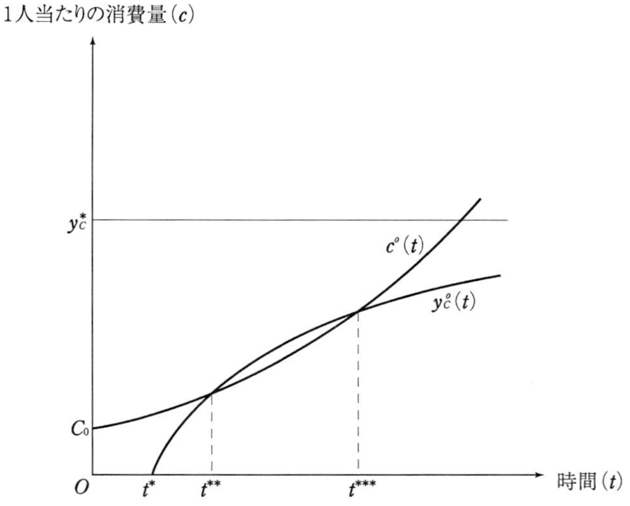

図 19-5 消費と貿易の最適径路

人当たりの消費量の最適水準 $c^o(t)$ の上昇率は $(\beta-\rho)/\eta(c)$ によって与えられる．ここで，$\eta(c)$ は限界効用の弾力性である．したがって，$y_c^o(t)$ と $c^o(t)$ の2つの曲線は2時点 t^{**}，t^{***} で交わる．ここで，$t^*<t^{**}<t^{***}$．

経済は，投資財への完全特化の段階を終えて，消費財の生産を始めるようになってからも，t^{**} 時点に到達するまで，消費財の輸入をおこなう．t^{**} 時点で，消費財の輸出を始めるが，t^{***} 時点に到達するとふたたび消費財の輸入国になる．したがって，動学的に最適な時間的径路については，t^{**} 時点まで，貿易収支は赤字であるが，その時点を超えると，t^{***} 時点まで，貿易収支は黒字となる．そして，t^{***} 時点を超えると，貿易収支はふたたび赤字となる．

6. おわりに

本章では，資本蓄積にかんする二部門経済モデルの手法を用いて，貿易と対外債務とにかんして動学的な観点から最適な時間的径路について，その構造を分析した．

経済は消費財部門と投資財部門とから構成されている．消費財と投資財はともに同質な量から成っていて，資本と労働という2つの生産要素を使用して生産される．投資財は non-tradable であるが，消費財は輸出または輸入が可能である．ある一定の利子率のもとで，自由に債務あるいは債権を発行することもできるが，究極的には負債残高を清算しなければならないという条件が課せられている．利子率と労働供給の増加率との差は effective な利子率 ρ として定義されるが，以上の分析で中心的役割をはたす．

経済活動のパフォーマンスは，社会的効用をある一定の割引率 β で割り引いた現在価値を基準として評価される．このとき，資本と労働との二部門への配分径路の動学的最適性は，effective な利子率と，二部門における技術的条件とによって規定され，効用の割引率 β とは無関係となる．消費財部門が投資財部門より常に資本集約的であるという前提条件のもとでは，経済は，資本/労働比率 k が critical な資本/労働比率 k_I^* に到達するまで，投資財の生産に完全に特化する．この critical な k_I^* は，定常状態における相対価格 p^* に対応する投資財部門の最適資本/労働比率 $k_I(p^*)$ として定義されたものである．

また，定常的な相対価格 p^* は，投資財を単位としてはかった資本の限界生産が effective な利子率 ρ に等しくなるように決められる．

経済が投資財への完全特化を終えて，消費財と投資財とを両方とも生産しはじめる時点 t^* はつぎの式によって与えられる．

$$t^* = \int_{k_0}^{k_I^*} \frac{dk}{f_I(k)-\nu k},$$

ここで，k_0 は資本/労働比率の初期値，ν は effective な労働供給の増加率(＝人口増加率＋技術進歩率＋資本減価償却率)である．

経済は t^* 時点を超えると，消費財の生産をふやしはじめ，定常水準 y_C^* に近づく．

$$y_C^* = f_C(k_C^*)\,\frac{k^*-k_I^*}{k_C^*-k_I^*},$$

ここで，k^* は資本/労働比率の定常水準で，つぎの式によって与えられる．

$$k^* = \frac{f_I(k_I^*)\,k_C^*}{f_I(k_I^*)+\nu(k_C^*-k_I^*)}.$$

ここで，k_C^*，k_I^* はそれぞれ，定常相対価格 p^* に対応する消費財部門と投資財部門の最適資本/労働比率である．

1 人当たりの最適消費量 $c(t)$ について，その年々の増加率 $\dot{c}(t)/c(t)$ は，効用の割引率 β と effective な利子率 ρ との差 $\beta-\rho$ を限界効用の弾力性 $\eta(c)$ で割ったものに等しくなる．

$$\frac{\dot{c}(t)}{c(t)} = \frac{\beta-\rho}{\eta(c)}.$$

したがって，1 人当たりの消費量の初期値 c_0 は，$c(t)$ の割引現在価値と 1 人当たりの消費財の産出量の割引現在価値とが等しくなるような水準に決められる．このことから，つぎの結論が得られる．

資本蓄積の初期の段階では，経済は投資財の生産に完全に特化し，消費財を輸入する．投資財への特化の段階を終えてからも，消費財の輸入はつづくが，やがて，消費財の輸出を始めるようになる．この，資本蓄積の初期の段階では，対外債務が蓄積し，貿易収支の赤字とともに増加しつづける．対外負債の増加は，消費財を輸出しはじめてからもしばらくはつづくが，やがて減少しはじめる．

対外負債は減少しつづけ，債務国ではなくなり，債権国になるときがくる．対外債権の残高がある critical な水準に到達すると，消費財を輸入しはじめることになる．動学的最適径路では，1人当たりの消費量 $c(t)$ は，年率 $\frac{\beta-\rho}{\eta(c)}$ で増加しつづけ，消費財の輸入量もまた増加しつづける．したがって，貿易収支の赤字は累積的にふえつづけ，対外債権の残高は減少しつづける．

本章で考察した二部門経済モデルでは，その技術的構造についてかなり限定的な前提条件がもうけられていた．また，動学的最適性の基準もまたきわめて限定的であった．とくに，消費財部門が投資財部門より常に資本集約的であるという条件は必ずしも一般的な状況のもとで妥当するものではない．しかし，これらの前提条件の多くはより一般的な条件に置き換えても，本章の分析は適当な修正を施すことによって妥当することを示すことができる．とくに，工業化の初期の段階では，投資財の生産に特化して，資本蓄積をはかることが望ましいという結論はかなり一般的に妥当する．資本蓄積が進んだ段階で，消費財の国内生産がふえはじめ，やがて輸出する段階にいたる．そして，債務国から債権国に移行し，究極的には輸入が常に輸出を超して，貿易収支の赤字が増加しつづけることについても一般的な状況のもとで妥当すると考えられよう．しかし，本章の分析はあくまでも抽象的な理論分析の域を出るものではなく，経済発展のプロセスの一面に光を当てようとするにすぎない．

参　考　文　献

Cass, D.(1965). “Optimum Growth in an Aggregate Model of Capital Accumulation,” *Review of Economic Studies* **32**, 233-240.

Koopmans, T.(1965). “On the Concept of Optimal Economic Growth,” *Semaine d'Etude sur le Rôle de l'Analyse Èconomētrique dans la Formulation de Plans de Development*, 225-287.

Ramsey, F. P.(1928). “A Mathematical Theory of Saving,” *Economic Journal* **38**, 543-559.

Robinson, J.(1937). “The Classification of Inventions,” *Review of Economic Studies* **5**, 139-142.

Srinivasan, T. N.(1964). “Optimal Savings in a Two-Sector Model of Economic Growth,” *Econometrica* **32**, 358-373.

Uzawa, H.(1961). “Neutral Inventions and the Stability of Growth Equilibrium,” *The Review of Economic Studies*, Vol. 28 (1961), 117-124.

——(1961). “On a Two-Sector Model of Economic Growth,” *Review of Economic Studies* **29**, 40-47.

——(1963). “On a Two-Sector Model of Economic Growth, II,” *Review of Economic Studies*, Vol. 193, 105-118.

——(1964) “Optimal Growth in a Two-Sector Model of Capital Accumulation,” *The Review of Ecoomic Studies*, Vol. 31, 1-24.

——(1965). “Optimum Technical Change in an Aggregative Model of Economic Growth,” *Interna-*

tional Economic Review, Vol. 6, 18-31.

——(1990). "Optimum Patterns of Capital Accumulation and External Indebtedness in a Two-Sector Model of Economic Growth," *Functional Analysis, Optimization, and Mathematical Economics : A Collection of Papers Dedicated to the Memory of Leonid Vital'evich Kantorovich*, edited by Lev J. Leifman, Oxford: Oxford University Press, 314-331.

Weizsäcker, C. von(1965). "Existence of Optimal Programs of Accumulation for an Infinite Time Horizon," *Review of Economic Studies* **32**, 85-104.

第20章　インフレーション過程の国際的拡散

1. はじめに

インフレーション過程の国際的拡散は，第二次世界大戦の一時期きわめて深刻な経済的，政治的問題となった．とくにIMF 制度のもとで，固定為替相場制がとられていた時代，この問題は，先進工業諸国，発展途上諸国をともに巻き込んで，いくつかの国際経済の危機を形成してきた．インフレーション過程の国際的拡散は経済理論の観点からも重要な問題提起となった．もともとインフレーションという現象自体，新古派経済学の静学的，均衡論的な理論枠組みのなかでは，整合的に説明することが困難であった．とくにその国際的波及というすぐれて不均衡動学的な現象については，新古典派経済理論の枠組みを超えて，新しい理論的視点を必要とするものであった．本章では，インフレーション過程の国際的拡散について，国際貿易の動学的モデルを構築して，その不均衡動学的な分析を試してみることにしたい．本章はまた，『基礎篇』第30章で展開された不均衡分析の手法をインフレーション過程に適用して，その動学的インプリケーションを解明するものである．

第二次世界大戦後における世界経済のインフレーション過程について，アメリカのはたした役割を無視することはできない．かつてイギリスがはたしていた世界の中央銀行としての機能をアメリカがはたすようになり，国際間の取引に必要な国際的な流動性(liquidity)を供給することになった．しかしアメリカ自体の国際収支の残高は常に赤字の状態がつづいていった．これは1つには，国際的経済取引が全体としてきわめて高い率で増加していったことに起因する．と同時にアメリカ経済のインフレーショナリーな傾向が，西ヨーロッパ諸国，日本などの先進工業諸国に波及していって，いわゆる輸入インフレーション(imported inflation)を惹き起こしていったからである．

国際的流動性を提供している基軸通貨国であるアメリカが国際収支の恒常的な赤字に悩まされているとき，固定為替相場制度のもとでは，これらの国々は，拡大的な金融政策をとって，インフレーションを輸入せざるを得なかったのである．輸入インフレーションの現象はある意味では，アメリカもその他の国々も，対外需要が将来も高いと予想される状況のもとで，国内では完全雇用の状態を維持するために拡大政策をとった方が有利であった．この間の事情にかんしては，Mundell(1970,　1971)によって，その理論的分析の基礎がつくられた．さらに，Uzawa(1967, 1971, 1973)によって展開された．マンデル論文では，長期定常均衡の概念が導入され，中心的な役割をはたしている．

本章では，国際経済にかんする動学モデルを作成して，この，輸入インフレーションの現象を解明し，開放経済(open economy)における価格の安定性と完全雇用の条件にかんして，いくつか命題を導き出す．

ここで，用いられる分析は，マネタリー・ダイナミクス(monetary dynamics)にかんするケインズ理論の枠組みのなかで展開される．モデルの基本的前提として，労働の完全雇用は有効需要の理論にしたがって決定され，消費と投資とはともに実質利子率にかんする期待に依存して決まるという仮定がもうけられている．完全雇用の条件がみたされるためには，価格と賃金水準が上昇して，実質利子率を低くして総需要量を高くして完全雇用の総供給量にちょうど等しくなるようになっていることが要請される．

マネー・サプライの増加はまず，市場利子率を引き下げ，期待実質利子率を少しずつ低くする効果をもつ．期待実質利子率の低下は，投資と消費の水準を高め，有効需要を引き下げ，価格の上昇を惹き起こす．その反面，投資の増加は，経済全体の供給能力を高め，価格の安定に効果をもつ．

財政支出の増加がもたらす効果は単純である．総需要額をふやすが，将来の生産能力には，直接影響を与えない．したがって，財政支出の増加は常に，労働雇用をふやし，価格を引き上げ，インフレーションの率を高める．ある財政支出の増加率に対して完全雇用の条件を維持し，しかもインフレーション率を安定的に抑えることのできるようなマネー・サプライの増加率が一意的に定まる．この，財政支出の増加率と安定的なインフレーション率との間の関係は，単調である．財政支出率が高ければ高いほど，対応する安定的なインフレーション率も高くなる．

マネー・サプライの増加率が，この安定的な水準より低いときには，螺旋的なインフレーションの状態となる．他方，安定的な水準より高いときには，完全雇用の状態を維持しえなくなるという逆説的な現象が起こる[『基礎篇』第27章]．

国際貿易の可能性が存在するとき，輸出は，財政支出の増加と同じような効果をもつ．インフレーション率も貨幣賃金の上昇率もともに高くなり，安定化効果をもつマネー・サプライの増加率もまた高くなる．インフレーション率が安定的に保たれていた状態は失われ，螺旋的なインフレーションの状態に入ってしまう．したがって，金融当局は，マネー・サプライの増加率を高くし，インフレーション率を高めるという政策決定をおこなわざるを得ない．

2. マネタリー・ダイナミクスにかんするケインズ理論

インフレーション過程の国際的拡散については，マネタリー・ダイナミクスにかんするケインズ理論の枠組みのなかで分析される．マネタリー・ダイナミクスにかんするケインズ理論の特徴をもっとも鮮明な形で表現したのがHarry Johnson(1967)である．『基礎篇』第27，30章では，ケインズ理論について，不均衡動学の枠組みのなかで再構築を試みた．そこでは，労働について非自発的失業が発生する場合についてのみ分析を展開し，しかも国際貿易の可能性はまったく考慮に入れなかった．インフレーション過程の国際的拡散を考察するためにはまず，完全雇用の条件のもとでの開放的経済をどのように定式化するかから始めなければならない．

マネタリー・ダイナミクスにかんするケインズ理論は，つぎのような単純な構造をもつ理論モデルの形に集約される．ここで考察する国民経済を構成する私的な経済主体は家計(households)と企業(business corporations)との 2 つの部門に分けられるとする．

家計は，労働を所有し，金融的ないしはその他の資産を保有している．その収入は，労働サービスの提供に対して支払われる賃金と，その所有する金融資産に対する利息，配当支払いから成り立つ．家計の収入は，一部消費に使われ，残りは貯蓄，すなわち，金融資産の購入に当てられる．家計が貯蓄をするのは，将来の収入を多くして，消費水準を高めるためである．現在から将来にかけての消費から得られる効用水準の時間径路を社会的割引率で割り引いて現在価値をとった，いわゆる Ramsey-Koopmans-Cass 効用積分によって，家計の時間選好基準が特徴づけられるものとする．家計は，この時間選好基準にもとづいて，最適な消費径路が実現できるようにその収入をして消費と貯蓄とに分ける．したがって消費は，現在の所得ではなく，むしろ将来の所得に対する期待にもとづいて形成される恒常所得(permanent income)と，保有する金融資産に対する収穫率とに依存して決まってくる[『基礎編』第 5 章]．

他方，ポートフォリオ・バランスはもっぱら，現在時点の市場における収穫率に依存して決まってくる．

金融資産のなかでもっとも重要な役割をはたすのがマネー(money)である．ここではマネーとして，通貨と当座預金残高を考える．したがって，ケインズの『一般理論』のなかで考えていたマネーとは異なる概念であることに注意しておこう[『基礎篇』第 27 章]．ケインズの使ったマネーの概念はさらに，短期の(満期が単位期間より短いような)金融資産も含んでいる．したがって，ケインズの貨幣需要は，取引動機にもとづくものに加えて，機会的および予備的動機にもとづくものも含められていたのである．しかし，ここで定義するような M_1 としてのマネーの概念を使うとき，貨幣保有に対する需要はもっぱら取引動機にもとづくものを中心として考えればよいであろう．したがって，貨幣需要は，現在の所得水準と，alternative な金融資産に対する収穫率(rate of return)に依存すると仮定してよい．

以下展開する分析では，金融資産の性格によって大きく左右されない，金融資産に対する収穫率が明確に定義されているような場合を考えればよい．私的な営利企業は，財・サービスの生産にかかわる．各企業は，1 つの有機体的組織であり，固定的(fixed)，そして specific な生産要素から構成されている．これらの固定的，specific な生産要素は，過去における投資活動を通じて，企業のなかに蓄積されてきたものである．これらの生産要素の固定性は，ペンローズ効果(Penrose Effect)の形であらわされる[『基礎篇』第 29 章].

企業の生産活動は，短期の生産関数によって特徴づけられる．短期の生産関数は，可変的な生産要素の雇用量ないしは使用量と，そのときに得られる最大の産出量との間の関係を規定したものである．ここでは，可変的な生産要素として，主として労働を考える．短期の生産関数は，その時点で，企業のなかに蓄積されている固定的，specific な生産要素の量，質によって，その形が決められる．これらの固定的，specific な生産要素の全体が，生産活動の過程でどのような役割をはたしているのかを尺度としてあらわしたものが実質資本(real capital)の概念である．固定資本形成によって，企業の実質資本の大きさは増加するが，投資と実質資本の増加との間には，収穫逓減の法則が成立する．いわゆるペンローズ効果である．

企業の投資行動は，現在から将来にかけてのネット・キャッシュ・フローの時系列の割引現在価値を最大化することを目的としておこなわれる．したがって，最適投資の水準を決定するのは，主として企業が将来長期間にわたる市場の条件に対してもっている長期的期待(long-run expectations)である．

また，ネット・キャッシュ・フローの割引現在価値を計算するときに使われる利子率は，長期的期待利子率であって，金融証券市場で現在の時点で実現する市場利子率によって近似されていると考えてよい．

これに対して，労働の雇用量は，現在の市場条件のみによって決まってくる．労働の雇用は可変的であると仮定しているからである．

貨幣需要については，取引需要が中心となっていると仮定しているから，現在時点における総産出量の水準と市場利子率によって決まってくると考えてよい．

企業部門および家計部門については，それぞれ代表的な経済主体の行動によって，各部門の行動が規定されるという通例の仮定をもうける．また，将来の利子率に対する期待は，この 2 つの部門で同じであるとする．

ケインズ的動学モデルを構築するとき，経済を構成するさまざまな市場における調節のメカニズムにかんしていくつかの単純化のための前提条件をもうける．

財・サービス市場は，完全競争的で，価格と産出量とは，常に市場均衡が成立するように調節されていると仮定する．不完全競争的な場合についても，以下の分析は，適当な修正を施こすことによって適用される．

労働市場は，賃金が上昇するときにかぎって，flexible であって，賃金の下降に対しては硬直的であるとする．すなわち，貨幣賃金率は，失業が存在するときにも現行の水準に保たれ，また，労働市場は超過需要が存在するときには，貨幣賃金率は，その超過需要がちょうど吸収されるだけ上昇する．貨幣賃金率の下方硬直性にかんするこの前提条件は，フィリップス曲線(Phillips curve)とよばれる現象と矛盾する．フィリップス曲線は，経験的に得られた法則で，貨幣賃金率の上昇が失業率と反比例するというものである．しかし，フィリップス曲線については，平均的貨幣賃金率を問題としたのに対して，ここでは，限界的貨幣賃金率を取り上げている．したがって，資本蓄積と工業化にともなって，さまざまなタイプの労働サービスの間の賃金格差は大きくなるかもしれないが，限界的貨幣賃金率は安定的な水準に維持されると考えてもよい．

以下の分析では，金融資産市場を 2 つのタイプに分けて考察する．マネー・マーケットと金融市場との 2 つである．マネー・マーケットは，ハイパワード・マネーや Treasury Bill(財務省証券)のように，流動性の高い短期の金融資産を取引する市場である．それに反して，金融資産では，長期性の金融資産を取り扱う市場である(この点については，くわしい議論は，『基礎篇』第 30 章で展開した)．

このモデルで，政府の役割は 2 つある．財政と金融である．政府は，企業部門で生産された財・サービスを購入する．政府の全支出は，純国民生産に比例的であると仮定する．政府の支出は，課税あるいは通貨の発行によってファイナンスされるが，分析を簡単化するために貨幣の発行のみを考察の対象とする．

貨幣の発行は，オープンマーケット・オペレーションか，公定歩合の引き下げ(あるいは引き上げ)を通じておこなわれる．財政当局と金融当局とは独立であると仮定する．財政支出の国民所得にたいする比率とマネー・サプライの増加率とが 2 つの独立した政策変数である．

さて，以上の制度的前提条件をもつ数学的モデルを定式化することにしよう．以下導入する数学的モデルは一財経済についてなされる．生産された財は，消費財ともなり，投資財ともなる．もっと一般的な二部門経済については，数学的分析はずっと複雑となるが，以下の議論は適当な修正を施すことによって妥当する[『基礎篇』第 23 章，第 25 章，第 26 章]．

各時点 t で，つぎの諸変数は所与として，短期的な調節のプロセスがおこなわれる．

K_t：企業部門における実質資本(real capital)の全存在量，

M_t：マネー・サプライのストック量，

W_t：貨幣賃金率，

ρ_t^*：期待実質利子率(企業部門，家計部門について共通とする)，

r_t^*：期待利潤率(純利潤/実質資本量比率)，

$\nu = \dfrac{\dot{N}^S}{N^S}$：労働供給の増加率，

β：期待実質利子率の調整速度，

$\theta = \dfrac{G}{Q}$：政府財政支出/国民純生産比率，

$\mu = \dfrac{\dot{M}}{M}$：マネー・サプライの増加率．

ここで，政府財政支出/国民純生産比率 θ とマネー・サプライの増加率 μ とは政策変数であって，政策的にコントロールすることができるものとする．この，2つの政策変数はともに時間を通じて一定水準に保たれ，経済の構成員はそのことを知っていると仮定して議論を進める．

企業部門のなかに蓄積されている技術的，経営的条件はつぎの短期的生産関数によって特徴づけられる．

$$\frac{Q_t}{K_t} = f\left(\frac{N_t}{K_t}\right), \tag{1}$$

ここで，N_t は労働の雇用量である．また，企業のなかに蓄積されている実質資本のストック K_t の蓄積にかんするペンローズ曲線の条件はつぎの投資効果関数によってあらわされるとする．

$$\frac{I_t}{K_t} = \phi\left(\frac{\dot{K}_t}{K_t}\right), \tag{2}$$

ここで，I_t は t 時点における実質投資額をあらわし，$\dot{K}_t=\dfrac{dK_t}{dt}$ は実質資本の時間的変化をあらわす[Penrose(1959), Uzawa(1968, 1969, 1971, 1973)]．

生産関数 $f(n)\left(n=\dfrac{N}{K}\right)$，ペンローズ関数 $\phi(\alpha)\left(\alpha=\dfrac{\dot{K}}{K}\right)$にかんしてつぎの条件がみたされている．

$$f(n) > 0,\ \ f'(n) > 0,\ \ f''(n) < 0 \qquad (n > 0),$$
$$\phi(\alpha) > 0,\ \ \phi'(\alpha) > 0,\ \ \phi''(\alpha) > 0 \qquad (\alpha > 0).$$

短期の市場均衡過程を通じて，つぎの諸変数の値が定められる．

N_t：労働雇用量，

Q_t：実質国民純生産，

C_t：実質消費額，

I_t：実質投資額，

i_t：市場利子率(名目)，

$\alpha_t = \dfrac{\dot{K}_t}{K_t}$：実質資本の蓄積率，

P_t：価格水準，

$\pi_t = \dfrac{\dot{P}_t}{P_t}$：インフレーション率，

$\omega_t = \dfrac{\dot{W}_t}{W_t}$：貨幣の賃金の上昇率，

A_t：家計部門における全資産保有量の市場価値．

実質価値はつぎのように定義する．

$\dfrac{A_t}{P_t}$：全資産保有量の実質価値，

$$w_t = \frac{W_t}{P_t}$$：実質賃金率，

$$P_t = i_t - \pi_t$$：実質利子率.

期待実質利子率 ρ_t^e は，実際の実質利子率 ρ_t との乖離に adaptive に調節されると仮定する.

$$\dot{\rho}_t^e = \beta(\rho_t - \rho_t^e),$$

ここで β は調節の速度で，常に正の定数とする.

財・サービス市場の均衡条件は，総需要額と総供給額が等しくなるときに実現する．市場価格を P とするとき，総供給量 Q は，

$$Q = Kf\left(\frac{N}{K}\right)$$

となる．ここで，

$$\frac{W}{P} = f'\left(\frac{N}{K}\right).$$

総需要額は，消費，投資，政府の財政支出の和によって与えられる.

消費は，permanent income Y^e と期待利子率 ρ^e の関数となる．もし，実質賃金率に対する期待が定常的であるとすれば，

$$Y^e = wN + \rho^e \frac{A}{P}$$

となる．さらに，家計部門の時間選好が homothetic であるとすれば消費関数はつぎのような形をとる.

$$C = (1 - s(\rho^e))\, Y^e,$$

ここで，$s = s(\rho^e)$ は permanent income についての平均貯蓄性向である.

平均貯蓄性向 $s = s(\rho^e)$ がどのようにして決定されるかについては，Mills(1969)，Uzawa(1968)で展開されたように，Fisher の時間選好理論の枠組みのなかで説明される．とくに，平均貯蓄性向 $s = s(\rho^e)$ は期待実質利子率 ρ^e の増加関数となる[『基礎篇』第 5 章].

中央銀行の保有する金融資産にかんしては，その利息は結果として一般大衆に支払われると人々は期待すると仮定すれば，中央銀行によるオープン・マーケット・オペレーションによって，permanent income の水準になんの影響も受けない.

実質資本 1 単位当たりの投資 $\frac{I}{K}$ は期待実質利子率 ρ^e と期待利潤率 r^e との関数としてあらわされる.

$$\frac{I}{K} = \phi(\rho^e, r^e).$$

ここで，

$$\frac{\partial \phi}{\partial \rho^e} < 0.$$

実質資本の時間的変化率も同じようにして決まってくる.

$$\frac{\dot{K}}{K} = \alpha(\rho^e, r^e).$$

ここで,

$$\frac{\partial \alpha}{\partial \rho^e} < 0, \quad \frac{\partial \alpha}{\partial r^e} > 0.$$

政府の財政支出の実質額 G は実質国民総生産 Q に比例すると仮定する.

$$G = \theta Q,$$

ここで, θ は政策的に決められるパラメータである.

したがって, 総需要は

$$C+I+G = (1-s(\rho^e))Y^e + \phi(\rho^e, r^e)K + \theta Q$$

になり, 超過需要 X は

$$X = (1-\theta)Q - (1-s(\rho^e))Y^e - \phi(\rho^e, r^e)K$$

によって与えられる.

短期市場均衡条件は

$$\frac{P}{W} = \frac{1}{f'\left(\frac{N}{K}\right)} : \text{労働市場},$$

$$X = 0 : \text{財・サービス市場},$$

$$\lambda(i)\frac{PQ}{W} = \frac{M}{W} : \text{マネー・マーケット}.$$

これらの均衡条件を分析するために, すべての変量を実質資本1単位当たりの量であらわすことにしよう.

$$n = \frac{N}{K} : \text{労働/資本比率},$$

$$q = \frac{Q}{K} : \text{実質国民総生産/資本比率},$$

$$m = \frac{M}{WK} : \text{貨幣/資本比率},$$

$$x = \frac{X}{K} : \text{財に対する超過需要},$$

$$a = \frac{A}{PK} : \text{金融資産/資本比率}.$$

このとき,

$$x = (1-\theta)f(n) - (1-s(\rho^e))(wn + \rho^e a) - \phi(\rho^e, r^e).$$

短期の市場均衡条件はつぎの方程式体系によってあらわされる.

$$
(3)\qquad \begin{cases} \dfrac{P}{W} = \dfrac{1}{f'(n)}, \\ x = 0, \\ \lambda(i)\dfrac{f(n)}{f'(n)} = m. \end{cases}
$$

均衡方程式(3)によって，価格水準 P，雇用/資本比率 n，市場利子率 i が決まってくる．このときの労働雇用 $n=\dfrac{N}{K}$ が完全雇用水準 $n^s=\dfrac{N^s}{K}$ より小さいときに非自発的失業が発生することになるわけである．

逆に，労働雇用/資本比率 n が完全雇用水準 n^s を上回るときには，貨幣賃金率 W が，超過需要を吸収するまで上昇する．

実質資本1単位当たりの金融資産の実質価値 a は期待利子率 ρ^e と期待利潤率 r^e との関数となる．もし金融資産が株式だけであるとすれば，

$$
a = \frac{r^e-\phi(\alpha)}{\rho^e-\alpha}
$$

となる．

以下，期待利潤率 r^e は常に現在時点での利潤率に等しいと仮定する．すなわち，

$$
r^e = r = f(n)-nf'(n).
$$

したがって，permanent income について，

$$
y^e = wn+\rho^e a.
$$

このとき，超過需要 x について

$$
x = (s(\rho^e)-\theta)f(n)-(1-s(\rho^e))(\rho^e a-r)-\phi(\rho^e, r).
$$

ここで，

$$
f(n) = r+wn.
$$

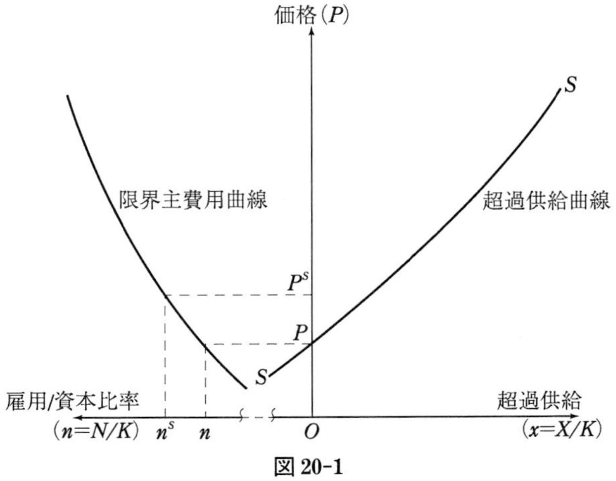

図20-1

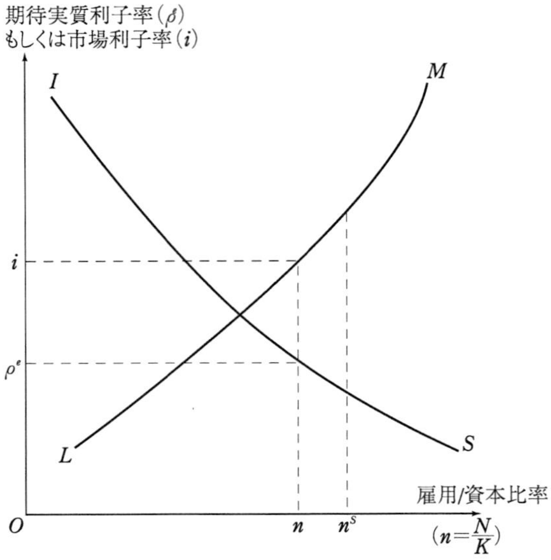

図 20-2

貨幣賃金率 W が所与のとき，労働雇用水準 $n=\dfrac{N}{K}$ が決まってくる．この間の経緯は図 20-1 に要約される．

超過需要曲線 SS は，期待実質利子率 ρ^e が高くなると左方にシフトし，均衡状態における価格水準 P，雇用水準 n はともに低下する．この間の関係をあらわしたのが，図 20-2 の IS 曲線である．

マネー・マーケットの均衡条件は図 20-2 の LM 曲線であらわされる．労働雇用水準 n が所与のとき，マネー・マーケットが均衡するように市場利子率 i が決まってくるが，右上がりの LM 曲線が示すように，労働雇用率の n の増加を吸収するために，市場利子率 i は上昇しなければならない．

動学的なプロセスは，期待実質利子率 ρ^e と貨幣/資本比率 $m=\dfrac{M}{WK}$ との時間的変化によってあらわされる．

(4)
$$\dot{\rho}^e = \beta(\rho-\rho^e),$$

(5)
$$\frac{\dot{m}}{m} = \mu-\alpha(\rho^e, r).$$

このとき，動学方程式(4)をつぎのような形に変形することができる．

(6)
$$\frac{\dot{n}}{n} = \frac{\beta\eta}{1-\beta\eta\varepsilon}[\rho^e(n, \theta)-i(n, m)],$$

このとき，$\rho^e(n, \theta)$，$i(n, m)$ はそれぞれ，財市場，マネー・マーケットが均衡するような期待実質利子率および市場利子率の水準をあらわす．

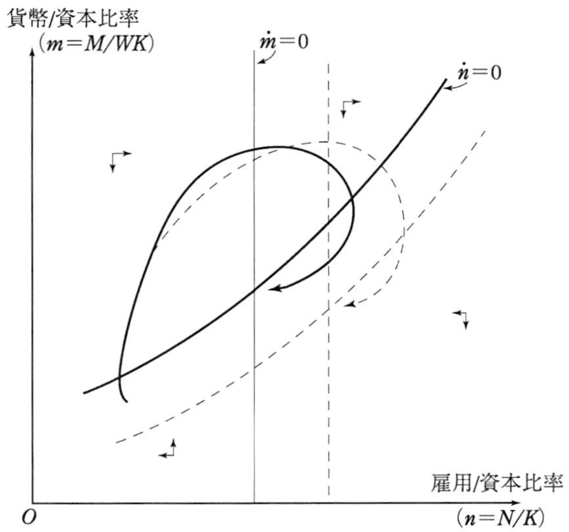

図 20-3

ここで，いくつかの弾力性係数を導入しておこう．

$$\pi = \varepsilon\frac{\dot{n}}{n},$$

$$\varepsilon = \frac{1-S_N}{\sigma},\quad S_N = \frac{nf'(n)}{f(n)}.$$

σ は労働と資本の間の代替の弾力性である．また，期待実質利子率 ρ^e に対する労働雇用 n の弾力性 η は IS 曲線から求められる．

$$\eta = -\frac{1}{n}\frac{\partial n}{\partial \rho^e}.$$

経済の状態は(n, m)によって与えられ，その動学的プロセスは，微分方程式体系(5)，(6)によって特徴づけられることになる．(n, m)の時間径路は，図 20-3 に示されるように cyclical な安定性の性質をもつ．

3. 価格安定性と完全雇用の条件

前節でみたように，労働雇用水準 n は，マネー・サプライの増加率 μ，財政支出係数 θ という 2 つの政策パラメータに依存して決まってくる．マネー・サプライの増加率 μ，財政支出係数 θ の上昇はともに，労働雇用水準 n の増加をもたらす．労働が完全雇用の状態にあるときには，労働市場における超過需要を吸収するために貨幣賃金率 W は上昇しなければならない．

完全雇用の状態が長期間にわたってつづけられるためには 2 つの条件がみたされなければならない．まず第 1 に，価格水準と貨幣賃金率とが，労働市場の均衡が成立するように上昇しなければならない．第 2 には，期待実質利子率の水準が，マネー・マーケットの市場均衡を維持するように変化していなければならない．この 2 つの条件と短期市場均衡の条件とを組み合わせると，つぎのような結果が得られる．

まず，労働供給の増加率 ν を一定とする．

$$\frac{\dot{N}}{N} = \nu.$$

このとき，

$$\frac{\dot{n}}{n} = \nu - \alpha,$$

ここで，$\alpha = \alpha(\rho^e, r)$．

また，

$$\frac{\dot{P}}{P} = \pi, \quad \frac{\dot{W}}{W} = \omega$$

とおけば，

$$\pi - \omega = \varepsilon \frac{\dot{n}}{n}.$$

期待実質利子率 ρ^e について，その調節速度(speed of adjustment) β は一定としたから，つぎの方程式が求められる．

$$\pi = i - \rho^e + \frac{1}{\beta n}(\nu - \alpha),$$

$$\omega = i - \rho^e + \left(\frac{1}{\beta\eta} - \varepsilon\right)(\nu - \alpha),$$

ここで，$i = i(n, m)$，$\rho^e = \rho^e(n, \theta)$．

また，$m = M/WK$ については，

$$\frac{\dot{m}}{m} = \mu - \nu + \rho^e - i + \left(\frac{1}{\beta\eta} - 1 - \varepsilon\right)(\nu - \alpha).$$

さらに，

$$\frac{\dot{n}}{n} = \nu - \alpha.$$

長期的均衡を (n^*, m^*) であらわすと，

$$\nu^* = \alpha(\rho^{e*}, r^*), \quad i(n^*, m^*) = (\mu - \nu) + \rho^e(n^*, \theta),$$

$$\pi^* - \omega^* = \mu - \nu, \quad \rho^{e*} = \rho^* = i^* - \pi^*,$$

$$i^* = \rho^* + (\mu - \nu), \quad m^* = \lambda(i^*) f(n^*).$$

ここで，＊を付けた変量はいずれも長期的均衡における値を意味する．図 20-4 は，長期的均衡の決定をあらわす．

さらに，経済の動学的プロセス (n, m) は，図 20-5 で示されるような構造をもつことが，多少

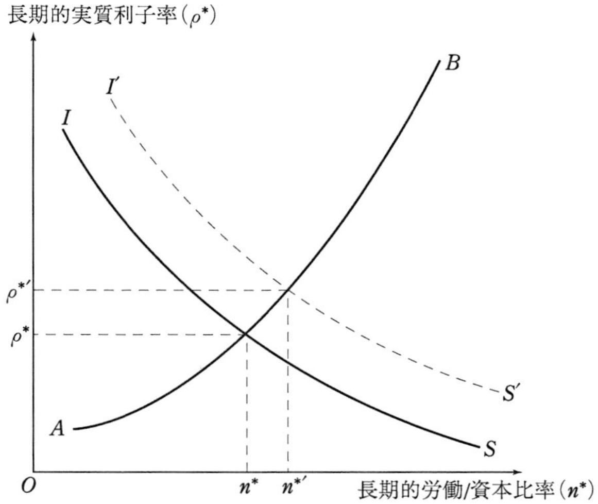

図 20-4

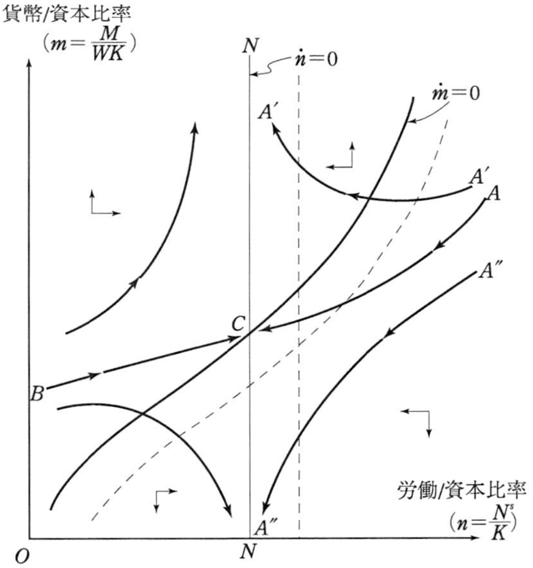

図 20-5

の計算によってわかるであろう．

4. 国際貿易の動学モデル

前節までに展開した分析を用いて容易に国際貿易の動学モデルを作成することができる．ここで中心的な課題は，通貨基軸国が expansinonary(拡大主義的)な政策をとって経済成長をはかるときに，他の国々にどのような影響を及ぼすかという問題である．

国際的な流動性資産を提供する基軸通貨国の他に 1 国しかないという単純な場合を考察の対象にする．基軸通貨国にかんする変量はすべて suffix $\varDelta$ を付けてあらわすものとする．基軸通貨国を外国(米国)と呼び，他の国を本国(日本)とよぶことにする．

本国，外国はそれぞれ前節までに説明したような構造をもつと仮定する．基軸通貨(米国ドル)は他の国での国内通貨と同じものとし，国際貿易の決済に使われるものとする．

本国の外貨準備は現行の貿易決済には十分存在するものとし，貿易黒字ないしは赤字によってだけ増減すると仮定する．財の国際市場は完全競争的であるとする．本国の通貨であらわした価格水準を P とする．外国為替率を e とすれば，外国での価格水準は $P_{\varDelta}=eP$ となるわけである．

最初に，2 国のどちらでも労働が不完全雇用の状態である場合を取り上げよう．

前節と同じような記号を用いれば，国際市場の均衡条件はつぎのようにあらわされる．

$$\frac{P}{W}=\frac{1}{f'(n)}：\text{本国での均衡条件},$$

$$x=(1-\theta)f(n)-[1-s(\rho^e)](\rho^e a+wn)-\phi(\rho^e, r)：\text{本国の輸出},$$

$$\lambda(i)\frac{f(n)}{f'(n)}=m：\text{マネー・マーケットの均衡},$$

同じような関係が外国の場合とも成立する．

財の国際市場が均衡するのはつぎの条件がみたされているときである．

$$xK+x_{\varDelta}K_{\varDelta}=0.$$

動学的プロセスはつぎの微分方程式体系によってあらわされる．

$$\begin{cases}\dfrac{\dot{K}}{K}=\alpha,\\ \dfrac{\dot{m}}{m}=\mu-\alpha.\end{cases}$$

ここで，

$$\dot{\rho}^e=\beta(\rho-\rho^e),\quad \rho=i-\pi.$$

貨幣賃金率 W が所与のとき，価格水準 P，雇用/資本比率 n，輸出量 $X=xK$ の間の関数は図 20-1 に示されている通りとなる．図 20-6 は図 20-1 の一部分を抜き出したものである．

本国および外国における財の超過供給についてのスケジュールは，図 20-6 に示されているような構造をもつ．

つぎに本国で労働が完全雇用となっている場合を考察する．このとき，超過需要曲線は，図 20-6 の AA 曲線ではなく垂直な直線となり，貨幣賃金率 W がちょうど労働の超過需要を吸収するだけ上昇する．したがって，各時点で，完全雇用のもとでの労働の限界生産が実質賃金に

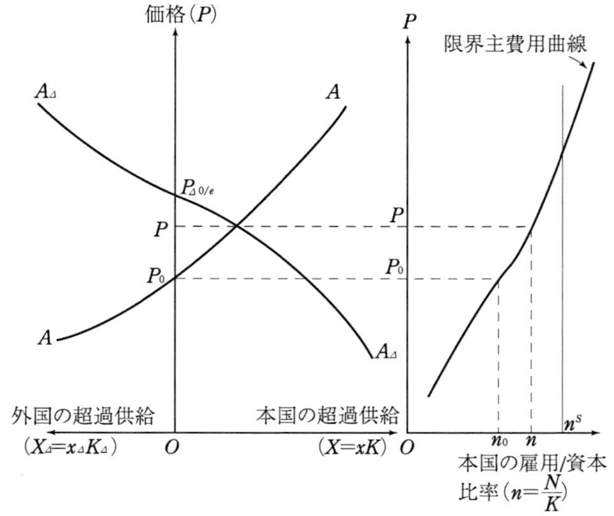

図 20-6

等しくなる.

$$w = f'(n),\quad n = \frac{N^s}{K}.$$

他方，permanent income の水準 $y^e = \rho^e a + wn$ は価格水準 P とは無関係に決まってくることになる．したがって，本国における実質資本1単位当たりの超過供給——輸出——はつぎの式によって与えられる.

$$\begin{aligned} x &= (1-\theta)f(n) - [1-s(\rho^e)]y^e - \phi(\rho^e, r) \\ &= (s-\theta)f(n) - (1-s)(\rho^e a - r) - \phi(\rho^e, r). \end{aligned}$$

ここで，

$$s = s(\rho^e).$$

本国における財の超過供給は，図 20-7 の AA 曲線であらわされる．もし，外国で非自発的失業が発生しているとすれば，国際市場における均衡価格 P は AA 曲線と $A_{\varDelta}A_{\varDelta}$ 曲線の交点で決まってくる.

市場利子率 i は，図 20-2 に示されたメカニズムによって決定される．すなわち，

$$\lambda(i)\frac{f(n)}{f'(n)} = m.$$

動学的プロセスはつぎの微分方程式体系によってあらわされる.

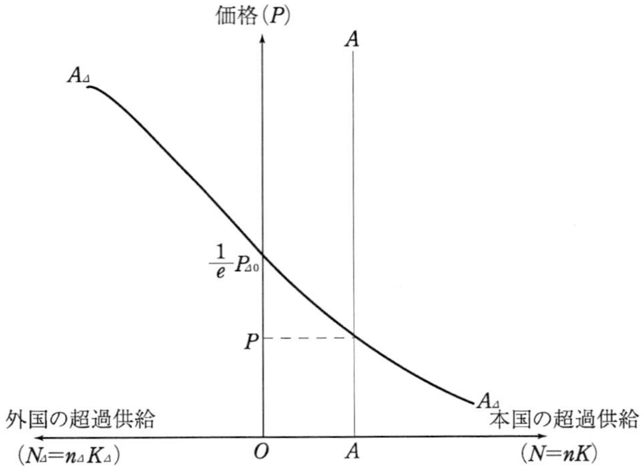

図 20-7

$$
(*)\qquad \begin{cases} \dfrac{\dot{n}}{n} = \nu - \alpha, \\ \dfrac{\dot{m}}{m} = \mu - \omega - \alpha, \\ \dot{\rho}^e = \beta(\rho - \rho^e), \quad \rho = i - \pi. \end{cases}
$$

この微分方程式体系の解径路の構造を調べるために，財の外国における需要は定常的であるという期待を本国の企業部門でもっているという仮定をもうける．したがって，K と $K_{\varDelta}$ とが同じ率で増加すると考えてもよい．

ここで，$D_{\varDelta}=D_{\varDelta}(P)$は，財に対する外国からの需要とする．つぎの弾力性を定義する．

$$
\eta_{\varDelta} = -\frac{P}{D_{\varDelta}}\frac{\partial D_{\varDelta}}{\partial P},
$$

$$
\eta_n = \frac{n}{x}\frac{\partial x}{\partial n}, \quad \eta_{\rho} = -\frac{\rho^e}{x}\frac{\partial x}{\partial \rho^e},
$$

$$
\eta = -\frac{\eta_{\rho}}{\eta_n}.
$$

財市場の均衡条件

$$
x(n, \rho^e) = D(P)
$$

を時間 t について微分し，上の動学方程式体系(＊)を考慮に入れると，つぎの関係式が求められる．

$$
\pi = \frac{1}{\beta\eta_{\rho} - \eta_{\varDelta}}\{\eta_n(\nu - \alpha) + \beta\eta_{\rho}(i - \rho^e)\},
$$

$$
\omega = \frac{1}{\beta\eta_{\rho} - \eta_{\varDelta}}\{[\eta_n - \varepsilon(\beta\eta_{\rho} - \eta_{\varDelta})](\nu - \alpha) + \beta\eta_{\rho}(i - \rho^e)\},
$$

$$
(**)\qquad
\begin{cases}
\dfrac{\dot{n}}{n}=\nu-\alpha,\\[2mm]
\dfrac{\dot{m}}{m}=\dfrac{\beta\eta_\rho}{\beta\eta_\rho-\eta_\Delta}\left\{\rho^e+\gamma-i-\left[\dfrac{1}{\beta\eta}-\gamma(1-\varepsilon)\right](\nu-\alpha)\right\},\\[2mm]
\dot{\rho}^e=-\dfrac{\eta_\Delta}{\beta\eta_\rho-\eta_\Delta}(\nu-\alpha)-\dfrac{\eta_\Delta}{\beta\eta_\rho-\eta_\Delta}(i-\rho^e).
\end{cases}
$$

ここで，

$$\beta\eta_\rho-\eta_\Delta>0$$

という条件がみたされていると仮定する．

このとき，微分方程式体系(＊＊)は，貨幣/資本比率 m と期待実質利子率 ρ^e とについて，不安定的となるが，雇用/資本比率 n については，安定的となる．すなわち，ここで導入した国際経済モデルは，閉鎖経済の場合と同じように，ハロッド的な不安定性をもつことがわかる[Keynes(1936)，Harrod(1948)，Jorgenson(1960)]．マネー・サプライがある一定の率 μ で増加するとき，物価水準の上昇は不安定的なものとなるか，あるいは，労働の非自発的失業の発生を惹き起こすかのいずれとなるわけである．閉鎖経済で，物価水準の上昇率をある一定水準に保ちながら，労働の完全雇用を実現するようなマネー・サプライの増加率を μ_0 としよう．このとき，国際貿易の可能性が開かれたとすると，経済は安定的な steady な径路に止まることができず，不安定なインフレーションの現象が起こることになる．したがって，物価水準の上昇率を安定的に抑えるために本国におけるマネー・サプライの増加率を高くしなければならないという逆説的な結論が得られるわけである．

上の分析は，外国で非自発的失業が起こっている場合についてであったが，完全雇用の場合についても同じような結果を求めることができる．

参考文献

Harrod, R. F.(1948). *Towards A Dynamic Economics*, London: Macmillan.

Johnson, H. G.(1967). "A Survey of Theories of Inflation," in *Essays in Monetary Economics*, London: George Allen and Unwin, Chapter 3, 104-142.

Jorgenson, D. W.(1960). "A Dual Stability Theorem," *Econometrica* **28**, 892-899.

Keynes, J. M.(1936). *The General Theory of Employment, Interest, and Money*, London: Macmillan.

Mills, F. D.(1969). "Time Preference and Marginal Rates of Substitution," Unpublished Paper.

Mundell, R. A.(1970). "Monetary Equilibrium in the World Economy," Unpublished Paper.

——(1971). "The International Distribution of Money in a Growing World Economy," in *Monetary Theory; Inflation, Interest and Growth in the World Economy*, Pacific Palisades: Goodyear Publishing Company, Chapter 15, 147-160.

Penrose, E. T. (1959). *The Theory of the Growth of the Firm*, Oxford: Blackwell.

Uzawa, H. (1967). "On a Neoclassical Model of Economic Growth," *Economic Studies Quarterly* **17**, 1-14.

——(1968). "The Penrose Effect and Optimum Growth," *Economic Studies Quarterly* **19**, 1-14.

——(1969). "Time Preference and the Penrose Effect in a Two-Class Model of Economic Growth," *Journal of Political Economy* **17**, 628-652.

——(1971). "Diffusion of Inflationary Processes in a Dynamic Model of International Trade," *Economic Studies Quarterly* **22**, 14-47.

——(1973). "Towards a Keynesian Model of Monetary Growth," in *Models of Economic Growth*, edited by J. A. Mirrlees and N. H. Stern, London: Macmillan, 53-70.

第Ｖ部　経済学の新しい展開を求めて

第21章　20世紀の経済学を振り返って

世界の経済学はいま1つの大きな転換点に立っている．現実に起きつつあるさまざまな経済的，社会的問題がもはや，新古典派理論，ケインズ経済学，あるいは新・新古典派理論というこれまでの考え方にもとづいては，十分に解明することができなくなり，新しい発想と分析の枠組みとを必要としている．この章では，経済理論の解析的手法の背後にある経済学の考え方について，20世紀を通じて，どのような歴史的展開をとげてきたかをかんたんに振り返り，新しい経済学の展望を考えたい．

これまで，『経済解析――基礎篇』，『経済解析――展開篇』を通じて，経済解析のテクニカルな面に焦点を当てて解説してきた．しかし，その背後には，経済の実態をどのように理解したらよいか，についての形而上学的な理解がある．と同時に，理想的な経済社会のあり方を模索しようという実践的動機も存在していたのである．本章と第22章では，これらの点を念頭におきながら，解説を進めることにしたい．この解説を通じて，読者の方々に，本書でこれまで展開してきた経済理論の解析的手法が上にあげた問題を考えるときに重要な役割をはたすことを知っていただきたいと思う．

1920年代の終わり頃から1930年代にかけて，ほとんどすべての先進的資本主義諸国をおそった大恐慌を前にして，それまでの正統派であった新古典派の経済学は，その根底から揺り動かされた．そして，ケインズの「一般理論」という新しい分析方法が生み出され，現代資本主義制度のもとにおける経済循環のメカニズムに新しい光が投げかけられ，国民経済の運営に大きな変革がもたらされた．いわゆるケインズ革命が起きたのは，今から半世紀以上も前のことである．

その後，第二次世界大戦を経て，世界の多くの国々で，このケインズ的な発想法にもとづいて，経済政策が策定されるようになった．とくに，日本などの先進工業諸国で，二十数年という長期間にわたって，完全雇用に近い状態のもとで経済成長がつづけられてきたのも，このようなケインズ的政策にその一因を見いだすことができるといっても過言ではないであろう．また，いわゆる発展途上諸国の経済発展にかんしても，ケインズ的な思考方法が重要な役割をはたしてきたということは，たとえば，アメリカによる対外経済援助のあり方を通じてもうかがい知ることができる．

しかし，1970年代から1990年代にかけて，先進工業諸国と，いわゆる発展途上諸国とを問わず，多くの社会的，経済的問題が発生してきた．いずれも公害，環境破壊，貧困，都市問題など所得分配の公正という問題に，多かれ少なかれかかわるものであって，ケインズ経済学の枠組みのなかでは十分に解明することができないだけでなく，その政策的なインプリケーションは往々にして逆進的な性格をもつようにさえなってきた．

1930年代の大恐慌とそれにともなう新古典派理論の崩壊によってケインズ理論が生み出されたと同じような意味で，20世紀の世紀末における経済学の危機は新しい理論を必要とするということができよう．

ジョーン・ロビンソン教授のいう「経済学の第二の危機」である．この経済学の第二の危機は経済学者にどのような影響を与え，どのような意識変革をもたらしたであろうか．この問題はたんに経済学を研究し，学習するわたくしたちにとって重要なものであるだけでなく，もっと広く，現代の杜会問題に関わりをもち，将来の発展の方向を模索するときに，きわめて重要な足掛りを与えるものである．

現代経済学に対する批判は，大ざっぱにいってつぎの2つの類型に分類することができよう．

第1は，経済学が，その分析対象をあまりにも狭く市場的現象に限定しすぎて，より広範な，政治的，社会的，文化的側面を無視ないし軽視してきたという批判である．環境破壊，公害，人間疎外，ゆたかさの中の貧困などすべて，このカテゴリーに属するものである．第2は，経済学の分析的方法にかんするもので，いわば内在的な批判である．すなわち，いわゆる近代経済学の理論的枠組みを形づくっている新古典派の経済理論が，あまりにも静学的な均衡分析に終始しすぎていて，インフレーション，失業，寡占，所得分配の不平等化などというすぐれて動学的な不均衡状態にかんする問題に対して有効な分析をおこなうことができないということにかかわるものである．

この2つのカテゴリーは必ずしも排他的なものではなく，またお互いに重要な関わり合いをもっているが，このように分類して考えることは，これまでなされてきた経済学批判に対して，なんらかの意味で積極的な回答を与えようと試みるときに，1つの思考的枠組みを提供するともいえよう．

本章では，このような視点に立って，いわゆる近代経済学の理論的な支柱を形成している新古典派経済理論について，その基本的な骨組を考察し，その意味と限界とを明確にすることから始める．そして，新古典派理論に対して重要な修正を加え，新しいマクロ経済分析の視点を与えたケインズ理論の性格を説明し，それがどのような制度的，政策的インプリケーションをもっているかをくわしく論ずることにしたい．そして，最後に，現在展開されつつある動学的不均衡の理論と社会的共通資本の理論にかんして，その基本的な論理構成を解説し，その制度的，政策的な意味づけを論じ，新しい経済学の視点に対して，1つの展望を与えることを試みたい．

本章，およびつぎの第22章の叙述は，基本的には，『近代経済学の再検討――批判的展望』

(岩波新書，1977年)に準拠したが，その後の理論的，思想的展開をふまえて，大幅に加筆，訂正した部分も多い．

1．新古典派理論の輪郭——ワルラスの一般均衡モデル

新古典派の経済学はどのような内容をもつものであるのか．この設問に対して簡単に答えることは不可能に近い．新古典派理論の創始者といわれるジェヴォンズ，メンガー，ワルラスの3人の経済学者の間にも，その基本的な考え方について，すでに大きな差違がみられたことは周知のことであるが，その後100年間に，新古典派の経済学はきわめて多岐多様な展開をなしとげてきたからである．しかし，これらの新古典派理論全体を通じて，かなり明白に共通した考え方が貫かれている．この考え方をもっとも整合的なかたちで展開し，現在にいたるまで重要な理論的枠組みを提供しているのは，レオン・ワルラスの『一般均衡理論』である．

ワルラスの『一般均衡理論』は，20世紀に入って，とくに1930年代に，ジョン・ヒックスなどの経済学者の手によって敷衍されたが，さらに1950年代から1960年代の初期にかけて，ケネス・アロー，ジェラルド・デブルュー，レオニード・ハーヴィッチなどによって数学的な面からも完全に近いようなかたちに精緻化されていった．

このワルラスの『一般均衡理論』については，ヒックスの『価値と資本』に明快に解説されている．ここでは主としてヒックスにしたがって，新古典派理論の基本的な支柱を形成する『一般均衡理論』の梗概を述べることから始めることにしよう．

『一般均衡理論』の骨組

『一般均衡理論』では，多くの個人から構成される国民経済を想定する．ここにいう個人とは，経済活動をおこなう経済主体を指し，1つの家族から構成される家計であってもよいが，重要なことは，ある一定の主観的価値基準のもとで整合的に選択，行動するものであるということである．各個人は，生産を計画，実行する生産者であることもあり，また労働を提供し，消費をおこなう消費者であってもよい．通例は，各個人について，生産者であるか，消費者であるか事前に確定しているかのような前提条件がもうけられているが，1人の個人が，経済的環境によって，生産者になったり，消費者になったりすることを排除するものではない．

生産者の行動

個人が生産者として行動するときには，ある特定の生産物を生産するための技術をすでに獲得しているということを前提として，生産過程において必要となるさまざまな生産要素を市場を通じて入手して，生産活動をおこなう．生産物を市場に供給し，売上げ収入を得るが，生産

者の関心は，売上げから生産要素に支払った残余，すなわち利潤であって，この利潤ができるだけ大きくなるように生産物，生産過程，投入生産要素の組み合わせを採用する．すなわち，生産者は利潤最大化の法則にしたがって行動しているということができる．

ある特定の技術が採用されたとき，産出物の量は投入された生産要素の量に依存して決まってくる．産出量が生産要素の投入量の変化に応じてどのように変わるか，ということをあらわすのが生産関数である．このとき，ある生産主体にかんして，産出物の水準は，その生産者が市場で購入して生産過程に投入した生産要素のみに依存し，他の生産者が採用する技術，生産規模，生産要素の投入量には無関係に決まるというのが，新古典派の基本的な前提条件となっている．

一般にある経済主体の生産過程について，産出水準がたんにその経済主体が投入した生産要素の量だけでなく，他の経済主体の生産活動の水準によって影響されるときに，生産にかんする外部性(externalities on production)が存在するという．この影響が産出量を増加させるか，あるいは生産要素の投入量を減少させるような方向に働くときには外部経済(external economies)が存在するといい，逆の場合には外部不経済(external dis-economies)が存在するという．

このような用語法を用いれば，上に述べた新古典派の前提条件は，各経済主体の生産活動にかんして，外部不経済も外部経済も存在しないということになる．

いま，論点を明らかにするために，生産要素が1種類しかないような生産過程を考えることにしよう．この生産要素を仮に，労働と呼ぶことにする．このとき，産出物の量 Q は労働の投入量 N だけに依存して決まり，労働の投入量 N が変化すれば，産出量 Q もそれに応じて変化

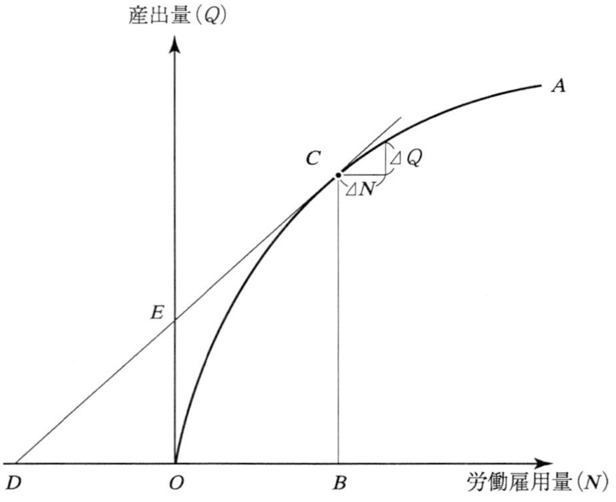

図 21-1

する．この関数関係を図であらわせば，図21-1のようになる．図21-1で，労働投入量Nは横軸ではかられ，産出量Qは縦軸ではかられている．OA曲線は，労働投入量Nがさまざまな水準をとったとき，それに対応する産出量Qとの関係をあらわす．この曲線が生産曲線，正確に言えば短期の生産曲線であって，いま問題としている経済主体が使用している技術に依存して決まるものである．外部性が存在しないという条件は，この生産曲線OAが，他の経済主体の生産活動の水準が変わってもなんら影響を受けないということを意味する．

図21-1では，生産曲線が原点を通るように描かれているが，これは，労働の投入がなければ生産活動をおこなうことができないということをあらわしている．

労働の投入量NがOBであるときに，産出量QはBCであるが，このとき，労働投入量Nをごくわずかふやせば，産出量Qもまたごくわずかな量だけふえるであろう．この産出量の限界的増分の労働投入量の限界的増分に対する比率が，労働の限界生産と呼ばれるものであって，新古典派理論でもっとも基本的な概念の1つである．図21-1についてみれば，労働の限界生産は，生産曲線上の点Cにおける接線の勾配，すなわち角CDBの勾配によってあらわされる．

生産曲線がOAによってあらわされるときには，労働の限界生産は，労働投入量Nが増加するにつれて減少する．すなわち，労働の限界生産は逓減的となっている．この条件もまた，新古典派の理論で一般に仮定されていて，この条件がみたされないときには，新古典派理論の重要な部分について大きな修正を必要とする．

個々の経済主体にかんする生産の条件をこのように生産曲線であらわすのは，新古典派理論で常におこなわれていることであるが，その背後にはさきにふれたような外部性にかんする前提条件のほかにいくつかの前提が暗黙裡ではあるが仮定されている．この点については，後章でくわしく論ずることにするが，ここではつぎの点にだけふれておこう．それは，労働投入の可変性にかんする前提である．

まず，産出量Qも労働投入量Nもともに，ある単位期間に生産あるいは雇用された量であって，フローの次元をもっていることを注意する必要がある．このとき，労働投入量Nも産出量Qも，同じ期間における労働投入量あるいは産出量でなければならない．つまり，ある特定の期間のなかで，労働をあるNだけ雇用したときに，同じ期間のなかで，産出量がQだけ生産されるということを意味している．言い換えれば，生産期間がゼロということである．しかも，この労働投入量をさまざまな水準に変えたときに，同じ期間での産出量もまたそれに応じて変化するというのである．新古典派理論で，この点にかんして，たとえば，労働を投入したとき，生産過程を完了するまでに時間的経過を必要とし，産出物となって出てくるまでにある時間的おくれが存在する場合について分析したものもある．しかし，その場合にも，労働投入と産出との間の時間的おくれが，技術的要因だけで決まってきて，生産主体の経済的な動機にもとづいて決定されるものではなく，いわば外生的にしか取り扱われていないということに，言及しておこう．

さて，この労働投入量 N については，生産主体が，そのときどきの必要に応じて，自由に，自ら好ましいと思われる水準に選ぶことができるという前提がもうけられている．すなわち，生産主体と労働者との間に結ばれる雇用契約は，現在の単位期間中だけの労働のサービスにかんするものであって，そのときどきに，必要に応じて変えることができるという前提がおかれている．言い換えるならば，労働雇用は可変的であるということである．

このような労働投入の可変性の条件のもとで，生産主体が選択する生産規模にかんする分析が展開される．この点は周知のことであろうが，念のためにその要点だけを述べておこう．

いま，労働サービス1単位に支払われる価格――賃金――を産出物を単位としてはかったものを実質賃金率 w と呼ぶことにする．貨幣単位ではかった産出物価格で貨幣賃金率を割ったものである．実質利潤は産出量 Q から実質賃金 wN を差し引いたものとなる．図21-2で，労働投入量 N が OB' であるときには，産出量 Q は $B'C'$ となり，C' から勾配が実質賃金率 w に等しくなるような直線を引き，縦軸との交点を E' とすれば，OE' が実質利潤に等しくなる．

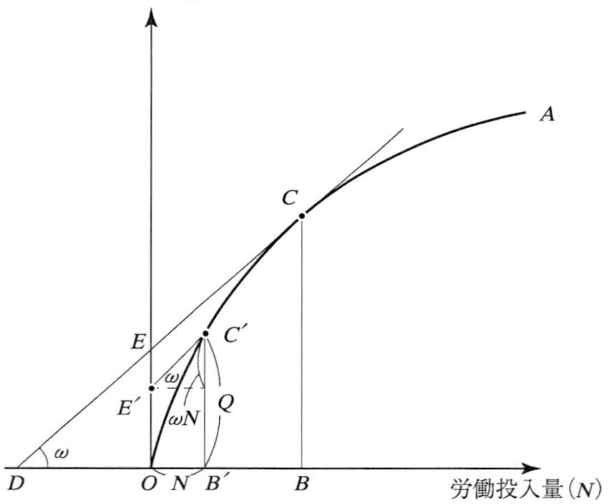

図21-2

$$OE' = Q - wN$$

したがって，実質利潤が最大になるような労働投入量 N は，それに対応する産出点 C における生産曲線の接線の勾配が実質賃金率 w に等しいときである．すなわち，労働の限界生産が実質賃金率 w に等しくなるようなときに，実質利潤が最大になり，したがって名目的利潤もまた最大となる．この限界原理は，新古典派の生産理論のなかでもっとも基本的な命題の1つであり，新古典派経済学がしばしば限界革命(marginality revolution)と呼ばれるのは，この限界原理にもとづいて理論が形成されているからである．

繰り返して強調しておきたいのは，限界原理が成立するためには，労働投入量を自由に変えることができ，必要に応じて市場で労働を調達することも可能であり，またすでに雇用している労働を解雇することもなんのコストをもかけないでできるということである．さらに，労働投入量を変えたときに，産出量の水準もまたそれに応じてただちに変化するという，生産期間がゼロないしきわめて短いということがまた前提されているときにはじめて限界原理が妥当することにも，重ねて留意する必要があろう．

限界原理は，一般に可変的な生産要素すべてに適用される．すなわち，利潤が最大となるような生産計画のもとでは，おのおのの可変的生産要素の投入量について，その限界生産が実質価格に等しくなる．生産過程に投入物として使用される生産要素のうち，可変的でないものについてはどのように考察したらよいであろうか．ある生産要素について，その投入量が固定的であって，単位期間中に変えることができないときに，その生産要素は固定的であるという．生産要素の固定性は，物理的ないし技術的要因にもとづくこともあり，また制度的，組織的要因にもとづくこともあるが，この点については，のちにくわしく論ずることにして，ここではたんに可変的でないような生産要素を一般に固定的ということにしておこう．

固定的な生産要素の投入量は，過去の選択の結果決まってくるもので，問題としている現在の単位期間中には変えることができない．したがって，その限界生産がそのサービスの実質価格に等しくなるような必然性は存在しない．

一般に，何種類かの産出物と可変的な生産要素が存在するときにも上に述べた限界原理を拡張して，各産出物について，生産の規模と生産要素の組み合わせを求めることができる．すなわち，産出物および生産要素について，価格体系が所与であるとき，各生産主体は，それぞれ利潤が最大になるように，産出物の種類，量および投入される生産要素の組み合わせを決定し，一方では産出物を供給し，他方では生産要素に対する需要を明示する．このような供給と需要とのスケジュールをすべての生産主体にかんして集計して，経済全体としての，産出物の供給と生産要素に対する需要のスケジュールを求めることが可能となってくる．

消費者の行動

つぎに，消費者の行動について，新古典派はどのように考えているかということを説明しよう．消費者は，自ら所有する労働や物的，金融的な希少資源を市場に供給して，市場価格にもとづく報酬を受け取る．消費者は，その所得を使ってさまざまな消費財を市場で購入するが，どのような基準にしたがって消費のパターンを選択するのであろうか．

この点にかんして新古典派の前提条件はつぎの通りである．各消費者はそれぞれ，消費活動

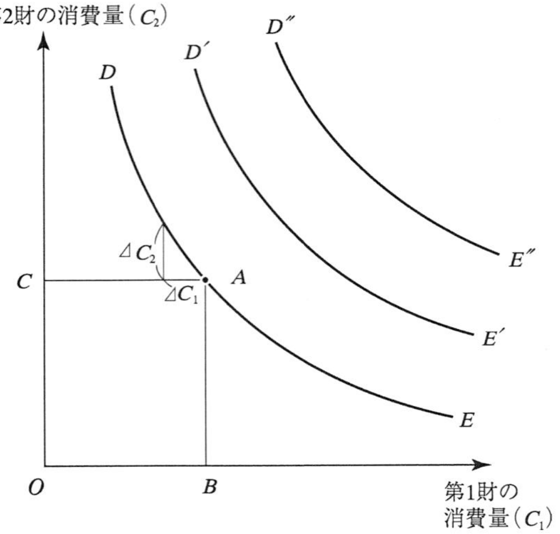

図 21-3

から得られる満足感についてある主観的な判断基準をもっているという前提をもうけ，各消費者はその所得を使って，この主観的な価値判断の基準に照らしてもっとも好ましいと思われるような消費のパターンを選択するというように考える．このことを，消費財が 2 種類しかないもっとも単純な場合について多少くわしく説明しよう．

2 種類の消費財をそれぞれ第 1 財，第 2 財と呼ぶことにし，いま問題としている消費者が消費する量をそれぞれ横軸，縦軸の方向にはかることにする．たとえば，図 21-3 で，A 点は，第 1 財を OB，第 2 財を OC だけ消費するということを意味する．この平面上の各点に対して，横軸，縦軸の座標がそれぞれ第 1 財，第 2 財の消費量をあらわすような消費パターンが対応する．この平面の正象限は想定しうる消費パターンをつくしていると考えられるが，各消費パターンに対して，消費者がどれだけの主観的満足感を得ることができるかということが確定していると仮定する．いま A 点によってあらわされる消費パターンと同じだけの主観的満足感を与えるような消費パターンを考えよう．このような消費パターンは A と無差別であるというが，A と無差別な消費パターンの全体がたとえば DE 曲線であらわされたとする．すなわち，DE 曲線上の各点は，A 点と同じだけの主観的満足感を与えるような消費パターンをもち，逆に，A 点と無差別であるような消費パターンは必ず DE 曲線上にあるとする．このような曲線を無差別曲線という．図 21-3 で，$D'E'$，$D''E''$ などの曲線もまた無差別曲線をあらわすが，$D'E'$ 曲線上の消費点は，DE 曲線上の消費点よりも高い効用を与える．すなわち $D'E'$ 曲線上の消費点は DE 曲線上の消費点に比べて，より選好されることになる．

いま，A 点を (C_1, C_2) とし，第 1 財の消費がごくわずかな量 ΔC_1 だけ減少したときには，逆に第 2 財の消費が ΔC_2 だけ増加しなければ前と同じだけの満足感を得られないということから，$(C_1-\Delta C_1, C_2+\Delta C_2)$という消費パターンは$(C_1, C_2)$と無差別であるとしよう．このとき，

$$\frac{\Delta C_2}{\Delta C_1}$$

は，A点で，第1財の消費が限界的に1単位だけ減少したときに，第2財の消費が限界的にどれだけ増加しなければ同じ無差別曲線上に止まれないかをあらわすもので，その極限をとれば，A点における2財の間の限界代替率をあらわすことになる．すなわち，2財の間の限界代替率は，A点における無差別曲線に対する接線の勾配であって，第1財の消費を第2財の消費によって代替しようとしたときの限界的な比率をあらわすものである．無差別曲線が図21-3であらわされているような形をもっているときには，2財の間の限界代替率は，第1財の消費がふえるにつれて減少する．すなわち，限界代替率逓減の法則が成り立っている．これは新古典派の消費理論で一般に仮定されていることである．

いま，消費者の名目所得がある一定水準Yであるとし，第1財，第2財の市場価格をそれぞれ，P_1, P_2とすれば，消費者が購入することができるような消費財の組み合わせ(C_1, C_2)はつぎのような予算制約式をみたさなければならない．

$$P_1C_1+P_2C_2 \leqq Y.$$

ここで，不等号の場合を考えるのは，所得全部を消費財の購入に当てないこともありうるからである．この予算制約式をみたすような消費パターン(C_1, C_2)は，つぎの図21-4にみられるように，原点を1つの頂点とする三角形の内部あるいは境界線上にある．

消費者は，この予算制約条件をみたすような消費パターンのうちで，主観的満足感——効用——がもっとも高いものを選択しようとする．このような消費パターンは，予算制約線AB

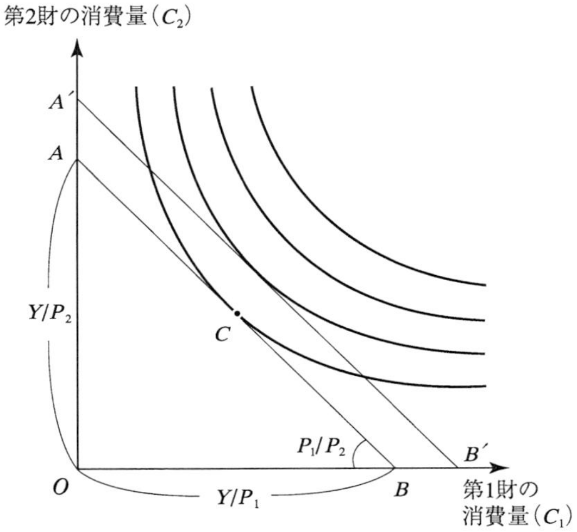

図 21-4

上で，無差別曲線が接するような点 C に対応するものであるということは，図 21-4 から明白であろう．予算制約線 AB 上で，C 点以外の点を通る無差別曲線は必ず，AB 曲線より効用水準が低いものになってしまうからである．このとき，C 点では，2 財の間の限界代替率が，2 財の価格比，P_1/P_2 に等しくなる．したがって，消費者の行動にかんしてつぎの命題が成立することになる．

消費者がその所得を 2 財の消費に当てるとき，もっとも望ましい消費パターンは，予算制約式を等号でみたすようなもののうちで，限界代替率と価格とが等しくなるような消費パターンである．これが消費にかんする限界原理であるが，財の種類がいくつあっても一般に成立する命題である．

財・サービスの種類が多様であるときにも，所与の価格体系のもとで各消費者がその所有する希少資源をどれだけ市場に提供するかによってその所得が決まり，自らの効用水準をもっとも大きくするような消費のパターンを選択する．このような個々の消費者の行動を集計して，国民経済全体にかんして，財・サービスに対する需要と生産要素の供給とを価格体系の関数としてあらわすことができる．

このとき留意しなければならないのは，消費の場合についても，生産の場合と同じように，消費計画の可変性という条件が前提とされていることである．すなわち，消費者の所得水準が変わったり，2 財の市場価格が変動したりしたときに，消費者は，その消費計画をただちに変更して，もっとも望ましいと思われる計画を採用することができるという前提条件である．さらに，このような変化が起きたときにも，消費計画の優劣を判断する主観的価値基準，あるいは消費パターンから生み出される効用のスケジュールには変化がないという前提条件が暗黙裡に仮定されていることに，とくに留意する必要があろう．別の言葉を使えば，消費者が直面する予算制約条件が変化して，図 21-4 の予算制約線 AB がたとえば $A'B'$ 線に転位しても，消費者の主観的価値基準をあらわす無差別曲線体系は変わらないということである．

このように，消費者の行動を説明するために，まず効用とか無差別曲線体系などによって目的を設定し，その目的を達成するためにもっとも効率的な手段を選択するというかたちで定式化するのは，新古典派理論を貫いて共通する発想形式である．しかも，さまざまな手段の選択によって，所与の目的は影響を受けないという，目的と手段の二分法がその大前提となっている．事実，このような前提がみたされないときには，新古典派理論の重要な部分を構成することができなくなってしまう．消費者行動の理論についても，もし仮に，消費パターンの選択を変えたときに，無差別曲線体系自体が転位してしまったとすれば，最適な消費パターンという概念がまったく意味をなさないものとなってしまい，消費者行動を整合的に説明しようという試みは失敗してしまうことになるのである．

新古典派の消費理論についてもう1つ留意しておかなければならない点は，消費にかんする外部性の排除である．消費にかんする外部性は，生産の場合と同じように定義される．すなわち，個々の消費者について，その効用が彼自身が消費した財・サービスだけでなく，他の消費者がどのような財・サービスをどれだけ消費しているかにも依存するときに，消費にかんする外部性が存在するという．この影響が効用を高める方向に働くときには，外部経済といい，逆の場合には，外部不経済ということは，生産の場合とまったく同じである．

現実の経済社会については，消費にかんして，外部不経済ないしは外部経済が存在するのが一般的であって，新古典派で前提しているような，個々の消費主体が，他の消費主体とまったく関わりをもたないような状況はきわめて例外的でしかありえない．しかし，この点にかんしては，新古典派の消費理論を適当に修正することによって一般的な場合を取り扱うことができるので，新古典派理論の本質的な欠陥ではないことを指摘しておこう．

一般均衡モデルの機能

これまで説明してきた限界原理をもう一度要約しておけばつぎのようになるであろう．

まず各個人は，生産主体という側面をもつと同時に，消費主体という側面をもあわせもつ．生産者として行動するときには，所与の市場価格体系のもとで，利益がもっとも大きくなるように，生産技術，生産要素の組み合わせ，産出量の組み合わせを選択する．このとき，生産技術にかんする知識はなんら費用を投下することなく獲得できるとし，生産要素はすべて可変的であると仮定するのが一般的であるといえよう．また消費主体として行動するときには，消費活動から得られる主観的満足感にかんしてある価値判断をもち，その基準にもとづいて，自らの所得を使って，もっとも好ましいと思われる消費パターンを選択する．

各個人が，生産者および消費者として行動するという前提の間にはなんら矛盾は存在しない．むしろ，各個人が，それぞれ所有しているさまざまな希少資源――労働をも含めて――に加えて，市場で調達した生産要素を使って生産活動をおこない，その結果得られた利潤を自らの所得とし，もっとも好ましいと考える消費パターンを選択すると考えた方が良いかもしれない．

このとき，生産にかんしては，各生産要素の限界生産がその市場価格に等しくなるような水準に生産規模および生産要素の組み合わせが選択される．他方，消費にかんしては，各消費主体について，すべての財の組み合わせに対する限界代替率が価格比率に等しくなるように決定される．この2つの限界原理が，希少資源の効率的な配分をもたらすために重要な役割をはたすことになるのである．

さて，すべての産出物と生産要素とについて，ある市場価格体系が与えられたとしよう．各生産主体はそれぞれ利潤が最大になるように，技術の選択，産出物，生産要素の組み合わせを決定する．これらをすべての生産者について集計すれば，各産出物の供給量および各生産要素に対する需要量が決まってくる．

他方，各消費主体については，それぞれ所有する生産要素をどれだけ市場に供給するかということを決め，それに対して市場価格にもとづいた報酬を受け取り，自らの主観的価値判断のもとでもっとも望ましいと思われる消費計画を立てる．これらをすべて消費主体にかんして集計すれば，各産出物に対する需要量と各生産要素の供給量とが確定する．このようにして産出物および生産要素の価格体系が与えられたとき，各産出物および生産要素に対する需要と供給とが確定する．そして，各産出物および生産要素に対する需要と供給とが等しくなるような市場価格体系が実現したときに，一般的な市場均衡が成立するという．実際に市場で実現している市場価格体系はこのような市場均衡が成立しているものでなければならない，というのがワルラスの「一般均衡理論」であり，新古典派理論の基本的な骨組を形成するものである．

ワルラスの一般均衡モデルがどのように機能するかという問題に対して，ここではヒックスの着想にしたがって，上に導入した一般均衡モデルの機能について簡単に説明しておこう．ヒックスは，「週」という概念を導入し，それをたくみに使用することによって一般均衡モデルの機能を説明する．この「週」の概念は，新古典派理論の性格とその限界とを浮き彫りにするものでもある．

ヒックスの「週」は，普通のカレンダーにおける週とは異なって，経済循環のプロセスが一応完結する経済的期間を指す．それは1日であることもあろうし，1年であるかもしれない．いずれにせよ，外的な条件がこの期間中一定不変に保たれ，各経済主体がそれぞれ自ら望ましいと思うような生産計画ないし消費計画を立てて，すべての財，サービスの市場で，需要と供給とが等しくなるような価格体系が実現し，各経済主体が生産・消費計画を実行に移すまでの期間を意味する．

ヒックスの「週」は月曜日にはじまる．月曜日の朝，国民経済の構成員はすべて，それぞれ自ら所有する財をもって市場に集まる．市場では，オークショナーが各財について需要と供給とが一致するような価格体系を見いだすために，いわゆるタトヌマン(tâtonnement)のプロセスをおこなう．まず，試行的に出された価格体系のもとで，各経済主体は，自ら所有する生産要素をどれだけ市場に提供し，それから得られる所得をどのように使うかという計画を立て，オークショナーに提出する．この計画には，どのような生産要素をどれだけ市場で購入して，どのような生産計画をおこなうかということも含まれている．オークショナーはすべての財について，どれだけの需要と供給が存在するかを，全員から提出された計画を集計して求める．そして，需要と供給とが一致しないような財について，価格を修正して新しい価格体系を発表する．各構成員は，新しい価格体系のもとで計画を修正し，ふたたびすべての財について需要と供給とをオークショナーに提出する．オークショナーはまた，すべての財にかんして各人の計画を集計して，需要と供給とを計算し，乖離が存在するような財にかんしては価格を修正する．月曜日を通じてこのようなプロセスが繰り返され，月曜日の夕方には，オークショナーはすべての財について需要と供給とが一致するような価格体系を見いだすことができるとする．このとき留意すべきことは，月曜日におこなわれる過程によって均衡価格体系を見いだすことができ，夕方にはその価格体系のもとで各構成員がその消費・生産計画を立てるということが仮定されていることである．このタトヌマン過程の安定性については，個々の経済主体の主体的行動を分析して検証されたものではなく，むしろ前提条件として仮定されていることである．また，このような意味における市場機構の安定性を仮定することなく，ヒックスの「週」概念を理解することはできないということを指摘する必要があろう．

さて，火曜日から金曜日にかけて，各人は，月曜日の夕方立てた計画にもとづいて，生産要素の供給および生産活動をおこなう．そして，金曜日の夕方に，賃金その他の支払いが，これも月曜日に立てられた計画通りになされる．実際の消費活動は土曜日から日曜日にかけておこなわれ，ヒックスの「週」は終わる．つぎの月曜日には，また新しい「週」がはじまり，同じような過程が繰り返される．

ヒックスは，このような「週」という概念を導入して，ワルラスの一般均衡理論を啓蒙的に解説することに成功した．そして現在にいたるまで，彼の『価値と資本』は新古典派理論に対するもっとも標準的な入門書となっている．ところが，この「週」概念はまた新古典派理論の限界をきわめて明白なかたちであらわしているものということもできる．1970年代に入って，これまで経済学の指導的立場にあった人々，たとえば，カルドア，ウォーズヴック，レオンチェフ，ジョーン・ロビンソンなどという経済学者によって，新古典派理論にもとづく経済学に対して痛烈な批判がなされるようになったのも，1つには，ヒックスによってなされた一般均衡理論の啓蒙が大きな役割をはたしている．この意味で，クリストファー・ブリッスがウォーズヴックの所説に対して，一般均衡理論の精緻化，一般化によって，その限界を明確にすることが逆に可能になってきた，として一般均衡理論の弁護にたっているのは皮肉でもあり，また興味深いことである．

一般均衡モデルの非時間性

ヒックスの「週」概念についてまず指摘されなければならないのは，「週」が具体的にどのような期間を指しているのか，不明確なことである．この不明確さはむしろヒックスが意図していたことでもあって，現実の期間の長さとはまったく対応しないものであることが繰り返し強調されている．しかし，月曜日における市場均衡の過程が完了するためには，その期間は普通きわめて長いものでなければならない．すべての構成員が市場に集まるということはもちろん現実には不可能であって，ヒックスは比喩的にこのような表現を使っているにすぎないが，逆に，現実の市場経済でおこなわれている価格調整のメカニズムをこのような比喩によって説明したときに，じつは現実とは大きく乖離したものとなってしまう可能性が大きい．まして，価格調節のプロセスが月曜日に完了するという前提は，理論的にも実証的にも検証できないような性格をもつ．仮にこのような価格調節の過程が安定的であると想定しても，すべての財市場にかんして均衡条件がみたされるようになるためには，長い時間的経過を必要とし，ヒックスの「月曜日」はじつはきわめて長い期間であると考えざるをえない．

ところが，月曜日に立てられた生産・消費計画にもとづいて，火曜日から日曜日にかけて実際の経済活動がおこなわれるという前提は，逆に，この「週」が実際には非常に短い期間であることを意味する．とくに生産期間はきわめて短いと考えなければ，整合性を保ちえないともいえる．また，月曜日から日曜日にかけて，市場経済の内部ではこのようなさまざまな調節がおこなわれているにもかかわらず，外界では，すべての条件は一定不変に保たれ，なんら変化が起きていないという前提が暗黙のうちにもうけられている．

このようにして，ヒックスの「週」は，一方ではすべての調整過程が完了してしまうという長期的な側面と，すべての外的な条件が一定に保たれるという短期的な側面とをあわせもつ．このような点に注目して，ジョーン・ロビンソンは，一般均衡理論のもつ二重性，定常状態と短期均衡との間の矛盾を指摘したのである(『異端の経済学』1971年，とくに第2章参照)．ヒックスの「週」はまさに，邯鄲一炊(かんたんいっすい)の夢の状況と軌を一にする虚構の世界であるということができよう．ヒックスの「週」はまた，新古典派理論における時間の取り扱い方を端的にあらわしたものとなっている．すなわち，基本的には時間的経過をともなわない静学的な分析の枠組みのなかで，すべての市場が均衡するという長期的な現象を取り扱おうとしていることである．

ヒックスの「週」概念にもとづく一般均衡モデルのワーキングが明快に示すように，ワルラスの一般均衡理論を中核とする新古典派経済学を特徴づけるものは，無時間性と可変性との前提条件である．

外的な条件が所与であって，不変に保たれるような1「週」の間に，各経済主体がそれぞれ自らもっとも望ましいと思うような生産ないしは消費計画を策定し，市場価格が絶えず需要と供給との乖離に応じて変動し，やがてすべての財・サービスの市場で需給が均衡するような価格体系が実現し，そこで，すべての経済主体が計画通りに生産と消費をおこない，1「週」が終わる．1「週」が終わると外部の時間が動き，1時点だけ時間が進み，つぎの「週」の月曜日の朝を迎える．そして，新しい「週」でふたたび前と同じようなヒックス的調整過程が繰り返される．

これをダムに喩えてみれば，1「週」間だけ時計が止まり，その間に水門が開かれ，水が流れ込み，または流れ出して，やがて静止状態に落ちつく．そこで，水門が閉じられ，時計の針が一齣だけ進められ，外的な条件が変化する．また，時計の針が止められ，水門を開き，前と同じような調整が起きる．このような操作を繰り返し，ダムの水量の時間的な系列を分析することができるというのが，新古典派の理論構造の前提になっているといってよい．

また，新古典派の理論的な枠組みのなかで，生産を計画し，実行する組織を想定することはきわめて困難となる．生産企業といっても，各時点ごとに，そのときどきの市場の条件に応じて，最適な生産要素の組み合わせから構成されている．つぎの時点ではまったく異なった構成をもつことになり，時間を通じての連続性を保つことはできない．新古典派理論では，時間的連続性を保つのは個々の個人だけであって，企業もまた，時間を通じてアイデンティティをもつ組織ではなく，空に浮かぶ雲のように，その瞬間瞬間かたちを変えて利潤を追求する幻影にすぎない．

新古典派の政策的命題

新古典派の経済学では，ワルラスの「一般均衡理論」の枠組みのなかで，理論的な演繹を経て，多くの制度的，政策的な命題を導き出してきた．そのなかでもとくに重要と思われるものをいくつか取り出して，その意味を考えてみたい．

まず第一にあげなければならないのは，市場機構の自律的安定性が妥当すると考えられてきたということである．とくに，労働をはじめとする希少資源が完全に雇用され，その配分にかんする基準もまた，私的な最適性と社会的最適性とがまったく一致するという帰結をもつとされてきた．このような理論は，1930年代の世界的不況を前にして，その現実的妥当性も，論理的整合性も，ともに喪失してしまったはずであるが，現在でもかなり根強く残存している考え方であり，第二次世界大戦後のいわゆる新・新古典派経済学の中核をなしている．

つぎに指摘しなければならないのは，完全競争的な市場制度のもとにおける資源配分が効率的であるという命題である．すなわち，分権的な市場経済制度のもとで，各産出物および生産要素にかんする市場がそれぞれ完全競争的であるときには，実現した希少資源の配分が効率的であるという命題が検証される．各人がそれぞれ自らの主観的価値基準にもとづいて，もっとも望ましいと思われる行動を選択したときに，その結果実現する資源配分がパレート最適性という基準に照らしてみて，社会的な観点からも最適であるということは，往々にして，分権的市場経済制度のもつ最大のメリットとして理解されてきた．この命題はたんに完全競争的な市場制度を擁護するためだけでなく，他の多くの政策的な命題を導き出すためにも使われてきた．

このうちとくに重要な政策的インプリケーションをもつものとして，国際貿易にかんする命題が存在する．この命題はもともと，リカードーの比較優位にかんする学説をさらに一般的な状況から批判しようとした，1919年に発表されたヘクシャーの論文を契機として展開されたものである．国際貿易のパターンを，各国におけるさまざまな生産要素の賦与量と，生産過程の要素集約度とによって説明しようとするものであるが，のちに，オリーン，サミュエルソンなどによって，一般均衡理論の枠組みのなかで，一般化され，精緻化されたもので，通例ヘクシャー＝オリーン理論と呼ばれ，現在貿易理論においてもっとも基幹的な考え方を形成している．

ヘクシャー＝オリーンの理論は，生産手段の私有制と生産要素の可変性とを経とし，国際貿易市場における均衡過程の安定性を緯として織り上げられたもので，新古典派理論の特質を浮き彫りにしてあらわしている．その論理的な帰結として，いわゆる貿易自由化の命題がある．すなわち，関税その他の障壁を取り除いて国際間の自由な貿易をおこなったときに，世界的な観点からみて希少資源の最適な配分がもたらされ，各国の経済的厚生がそれぞれ貿易前に比較して高くなる，という命題である．この命題が厳密な意味で妥当するためには，生産過程の技術的条件にかんしていくつかの前提条件がみたされなければならないが，この貿易自由化命題は一般的状況に対して適用できると考えられ，重要な政策的プログラムを提供してきた．

同じような考え方は，直接投資に対しても適用され，いわゆる資本自由化にかんする命題として，1960年代に，日本をはじめとして多くの先進工業諸国によって，その政策的具体化が積極的になされてきたものである．しかし，直接投資は，企業という1つの経済的主体の国際間の移動にかかわるものであって，新古典派的な微視的分析視点に立って考察することはそもそも不可能である．さらに，直接投資は，たんに経済的な側面だけでなく，文化的，歴史的，社会的な点からも重要な影響を国民経済に及ぼすものであって，これらの側面を十分に考慮しなければ，資本自由化の功罪を判断することはできない．

さらに，新古典派理論の枠組みのなかで検証される命題として，税制の中立性という考え方を説明しておこう．これは，ある一定額の財政支出を賄うためにどのような税を課したらよいかという問題にかかわるものである．税は大ざっぱに言って，2種類に分けられる．各経済主体の所得ないしは利潤に対してかけられる所得税，つまり直接税と，個別的な財に対してかけられる物品税，つまり間接税とである．所与の財政支出を賄うだけの税額を各経済主体の経済的厚生の損失がもっとも少なくて済むような方法で徴収するためには，間接税方式ではなく，直接税方式の方が望ましいという命題が，新古典派的な条件のもとで成立する．間接税方式のもとでは，生産者にとっての限界代替率と消費者にとっての限界代替率とが乖離するが，直接税についてはこのような乖離が起きないからである．

同じような考え方は，公共事業体または公益企業体の経営についても適用される．すなわち，鉄道，電力など準公共的サービスを供給する経済組織にかんして，その収支が均衡することが望ましいとされているのも，このような新古典派的考え方にその理論的な根拠が求められているといってもよい．

2. 新古典派理論の基本的枠組み

前節では，新古典派経済学の理論的支柱を形づくる一般均衡理論について，その大まかな骨組を説明した．そのさい，新古典派理論の前提となっている制度的ならびに構造的な諸条件についても断片的に言及してきたのであるが，この節で改めて，新古典派理論の理論的および制度的な前提条件についてくわしく説明し，その政策的，社会的インプリケーションを論ずることにしたい．

新古典派経済理論の前提条件をどのように理解し，その理論的な枠組みをどのようにしてとらえたらよいか，という問題について，経済学者の間で必ずしも厳密な意味で共通の理解が存在するわけではない．しかし現在大多数の経済学者にとって共通な知的財産として，ほとんど無意識的に前提とされているような基本的な考え方の枠組みが存在するのは否定できない事実であろう．これは，いわゆる近代経済学を専門としている人々にとって自明な考え方の枠組みであり，トマス・クーンの言うパラダイムを形成するものと考えてもよい．したがって，多くの場合に必ずしも明示的に表現されることはなく，研究論文はもちろんのこと，教科書の類いですら，この点にくわしく言及することはまず皆無であるといってよいであろう．逆に，このような理論の基本的枠組みについては，わたくしたち経済学者が当然熟知していなければならないものであり，1つ1つ検討する必要のないほど自明のこととされてきた．そして，この論理的整合性を問うたり，基本的な命題に疑問を提起することは，ジョーン・ロビンソンがいみじくも指摘したように，近代経済学の研究にさいしての重大なルール違反であるとみなされることもあったのである．

生産手段の私有制

前節の議論からも明白なように，新古典派経済学が分析の対象としているのは，分権的な市場経済制度を通じて資源配分と所得分配とが決定されるような，「純粋な意味における資本主義経済」である．そのもっとも基本的な制度的特徴は言うまでもなく，生産手段の私有制であるが，ここに言う生産手段は，たんに通例の意味での生産要素を指すのではなく，もっと一般的に，生産，消費を問わずあらゆる経済活動にさいして必要となってくる希少資源をすべて包含したものであることをまず明確にしておかなければならないであろう．すなわち，あらゆる経済活動をおこなうために必要となる希少資源，財・サービスはすべて，いずれかの経済主体に分属され，その私有に帰し，各経済主体は，それぞれ自ら所有する希少資源，財・サービスを自らの好むように自由に使用あるいは処分することができるという制度的条件がみたされていることである．このような私有制が機能できるためには，さまざまな希少資源，財・サービスを分属することが物理的に可能で，各経済主体は，自分の所有するものにかんして，他の主体による使用を排除することが可能でなければならないだけでなく，私有を保障するための社会的，法的な制度が確立していることが前提とされなければならない．しかもこのような制度を運営するために必要となってくる希少資源は，経済活動の全体的な水準に比べて無視できるような程度であるか，あるいは，経済活動の変動には無関係に決まってくるという前提もまたみたされなければならない．

生産手段の私有というときに，その具体的な所有形態は，個々の生産手段の個別的な性格に依存し，多様なかたちをとり，必ずしも単純に類型化することはできない．たとえば土地の所有にしても，土地そのものの所有を意味することもあれば，その土地を特定の目的に限定して使用する権利の所有を意味することもある．また労働のように，サービスを生み出す源泉そのものにかんしては所有権を設定することはできないが，生み出されたサービスにかんしては所有権を明確にすることが可能で，またその移転をおこなうことも可能になっているようなものもある．このように具体的な所有形態は，各希少資源によってそれぞれ異なっていても，各経済主体への帰属が明確に規定されているということが新古典派理論を通じて前提とされているということは否定できないであろう．

この生産手段の私有制はまた，各経済主体が自ら所有する希少資源，財・サービスを自由に，自ら好む通りに使用したり，処分することができるということを含意するものであるが，このとき，各経済主体の行動がどこまで許容されるのであろうか．われわれが想定できる経済社会については，それがどのようなものであっても，各経済主体の行動は必ず，第三者または社会一般に，なんらかのかたちで影響を及ぼさざるをえない．したがって，各経済主体の行動の自由がどこまで許容されるか，ということは，他の経済主体に対してどのような影響が及ぼされ，それがどのように評価され，受け止められるか，ということに大きくかかわることになってくる．このように，ある経済主体が経済活動をおこなうときに，他の経済主体になんらかのかたちで影響を及ぼすとき，外部不経済または外部経済が起きているとして，マーシャル，ピグーをはじめとして多くの経済学者によって取り扱われてきたが，新古典派理論では，このような現象はむしろ例外的なものとされてきた．この点については前節でも言及したが，新古典派では，各経済主体が自ら所有する希少資源をどのように使用しようとも，他の経済主体にはなんら影響を及ぼさないという前提をもうけることによって，外部性にともなう困難を排除しようとしたのである．すなわち，異なる経済主体の間にはなんらの相互的連関関係あるいは緊張関係は存在せず，各経済主体が希少資源を私有することによって，他の経済主体がその分だけ使用できなくなるという排除性を通じてのみ関連し合っているというのが，新古典派を貫いて前提されているところである．またこのような条件がみたされないときは，新古典派の理論的枠組みのなかで整合的に分析を展開することが不可能になってしまう．このことは，のちに説明するアローの不可能性定理によって検証されることである．各経済主体の行動が，第三者あるいは社会全体に直接影響を及ぼすのが一般的な現象であって，例外的なものではないとするならば，各経済主体の行動の自由がどこまで許容されるかということにかんして，なんらかの意味での社会的合意の形成が前提とされなければならないが，このような社会的合意の形成の可能性は，アローの不可能性定理によって否定されてしまうからである．

外部性と私有制

生産，消費という経済活動をおこなうために必要となる希少資源はすべて私有されるという前提条件が厳密な意味でみたされているときには，外部不経済または外部経済をともなう経済活動は存在しないと言ってよい．

新古典派の経済学が，このように外部経済ないし外部不経済をともなう経済現象の存在を否定して議論を展開しているということには疑問を抱く人々が多いに違いない．しかし，新古典派の経済学では外部性をともなう経済活動は例外的なものとして取り扱われてきたのであって，決して国民経済の全体的な構造分析のなかに整合的に組み込まれてきたものではなかったということを強調したい．そして，このことは，生産手段の私有制という前提条件から必然的に演繹されるものであるということにも注意を喚起しておこう．

このことはつぎのような意味である．いま仮に，2つの経済主体A，Bを考えて，Aの生産活動によって，Bの生産曲線が影響を受け，たとえば下方に転位したとする．すなわち，Aの生産活動がBに外部不経済を及ぼしたとする．このことは，Bの生産過程で，投入物として明示化された生産要素のほかに，生産活動に必要となるような希少資源が存在して，その希少資源をBがどれだけ利用できるかということが，Aの生産活動によって影響を受け，減少したということを意味する．たとえば，大気汚染を例にとってみよう．Aの生産活動によって，大気が汚染され，Bの生産活動に影響を及ぼし，外部不経済の発生をみたとしよう．このとき，Bの生産活動にさいして，大気がなんらかのかたちで投入物として使用されていて，しかも，Bの生産関数のなかには明示的にあらわされていない．したがって，Aの生産活動によって，大気が汚染され，Bが利用できる清浄な大気の量が減少するなり，質が低下して，Bの生産性が低くなって，外部不経済が発生したと考えられよう．このとき，AおよびBがそれぞれ使用する大気の量を，生産要素として明示的に生産関数のなかにあらわしたとすれば，外部不経済が起きるのは，このような大気という生産要素が希少性をもっているにもかかわらず，各経済主体に分属されていないからであるということが明らかになるであろう．

一般に，外部不経済ないしは外部経済が起きるのは，生産過程で必要となるような希少資源が存在するにもかかわらず，各経済主体に分属されていないからであると考えられる．したがって，もし仮に，生産過程で必要とされる希少資源がすべて私有されていたとすれば，外部不経済ないしは外部経済をともなう生産活動は存在しないことになる．同じようなことは，消費活動についても主張することができる．

したがって生産手段の私有制が前提されているような市場経済制度のもとでは，外部不経済ないし外部経済をともなう経済活動は存在しないと仮定してもよいことになる．このような意味で，新古典派の生産および消費の理論で，外部性を排除して議論を進めてきたのは必ずしも偶然ではないことがわかるであろう．この点は，後節で展開する社会的共通資本の概念と密接な関わりをもつ．

市場制度と私有制

新古典派の理論はまた，すべての生産要素，財・サービスが市場を通して取引されるような経済制度を分析の対象としている．もっと一般的に，新古典派の経済学は，取引される市場が存在しないような財・サービスは，たとえそれが生産，消費の過程でどのように重要な役割をはたし，社会的に希少な資源であっても，経済学の取り扱う対象とは考えない．

市場で取引される財・サービスや生産要素にかんしては，当然，それらの量をはかり，市場価格にもとづいて評価できるという前提条件がみたされている．したがって，新古典派経済学は，その分析対象を市場性をもつものに限定することにより，すべてはかることが可能であり，しかも市場価格またはそれに準ずる尺度を用いて評価できるという性質をもつことになる．この定量性ということによって，経済学の理論的精緻化，実証的展開が可能になったのであるが，市場性をもつ財・サービスに分析を限定しているという前提条件のもとではじめて妥当するという点に留意する必要があろう．国民総生産，国民所得などという概念も，このように市場価格を媒介としてはかられたものであって，いわば市場経済的指標といわれるべき性格をもつ．

サミュエルソンの公共財概念

新古典派の理論が，その分析対象を，市場で取引される財・サービス，生産要素に限定していると言うとき，その反例として，ポール・サミュエルソンによる公共財の理論を指摘する人もいるかもしれない．

サミュエルソンの公共財理論は1954年に発表され，多くの経済学者によって一般化され，精緻化されてきたもので，その考え方を要約すればつぎのようになるであろう．サミュエルソンの公共財は非排他性と非競合性とによって特徴づけられる．ある財・サービスが排他的であるというのは，それをある特定の経済主体だけが所有あるいは使用して，他の経済主体の使用ができないようにすることが可能であるときであって，非排他的というのは，このようなことが不可能な場合を意味する．また，ある財・サービスが非競合的であるというのは，各経済主体がそれをどれだけ使っても，他の経済主体が使うことのできる量なり質になんの影響をも及ぼさないときである．このときには，じつは各経済主体がそれをどれだけ使ったとしても同じだけの効用ないしは生産用役しか得られないということとほぼ同じことを意味することになってしまう．

サミュエルソンの公共財はこの非排他性と非競合性とによって特徴づけられるが，ある財・サービスがサミュエルソンの意味で公共財であるか否かということは，社会的ないしは制度的な条件によって決定されるのではなく，財・サービス自体の経済技術的ないしは物理的な特性によって規定されるものであることにとくに注意を喚起しておきたい．

公共財をこのような2つの条件をみたすものとして定義すると，生産および消費の過程で公共財のはたす機能については，つぎのように定式化することができる．いまある特定の公共財を考察することにして，社会全体で供給されている量を V であらわす．この公共財は必ずしも計量可能なものでなくともよく，その場合には，V はたんにある一定のものであるということを示すだけだと考えて議論を進めればよい．

個々の生産主体の生産過程に対する影響についてみると，各生産主体が生産する産出量は，それぞれ市場で購入するなり，雇用する生産要素の量に依存するとともに，社会全体で存在する公共財の量 V にも依存する．いま仮に，私的な生産要素が物的な資本と労働と2種類だけしかないとし，ある生産主体 j が所有または雇用しているこれらの私的な生産要素の量をそれぞれ K_j，N_j とすれば，産出量 Q_j は K_j と N_j だけでなく，V にも依存し，生産関数は，

$$Q_j = F_j(K_j, N_j, V)$$

のようにあらわされることになる．

同じように，消費面についてみると，各消費主体の効用水準は，市場で購入してきた私的な消費財の量に加えて，社会全体の公共財の量 V にも依存することになる．消費財の種類が1つだけあるとすれば，消費主体 i について，その効用水準 U_i は，私的な消費 C_i と公共財 V とによって決定される．したがって効用関数は，

$$U_i = U_i(C_i, V)$$

のようなかたちをとることになる．

私的な生産要素あるいは消費財にかんしては，社会全体の量をすべての経済主体について集計したものになる．すなわち，

$$K = \sum_j K_j,\ \ N = \sum_j N_j,\ \ C = \sum_i C_i$$

がそれぞれ，物的資本，労働，消費財について社会全体で存在する量である．他方，公共財 V については，V そのものが，個々の経済主体の生産関数ないしは効用関数のなかに現われている．

サミュエルソンの公共財の条件をみたす例を，たとえ近似的にせよ，現実に見いだすことは困難であって，たかだか国防がその例としてあげられるにすぎない．普通に公共財または公共的サービスといわれているものは，各経済主体がどれだけ使用するかということをそれぞれ決定できるものであるし，また必ず混雑現象を起こし，非競合性の条件をみたさないのが一般的だからである．

主観的価値基準の独立性

生産手段の私有制という前提条件は，個々の経済主体が自ら所有する生産要素，財・サービスを自らの主観的価値基準のもとでもっとも望ましいと思われるように使用あるいは処分することを包含するものである．このことは，新古典派理論のもう１つの前提条件と密接な関わりをもつことになる．すなわち国民経済の基本的な構成要素としての抽象的な経済人としての個人という前提条件である．この経済人としての個人は，文化的，歴史的，社会的な側面から切り離された，経済的計算だけを中心としたものであり，それぞれ自らの主観的な価値基準にしたがってもっとも望ましいと思われる行動を選択するという理論前提である．この前提条件は，つぎに導入する生産手段のマリアビリティと結合して考えてみると，新古典派理論の想定する世界が，前節で説明したような，まさに夢幻的な様相をもつようになってくるのも必然的であるということが理解できよう．

各個人は，自らの生産活動なり，消費活動の結果について，それぞれ主観的価値基準にもとづいて判断することができる，と仮定する．そして，所与の制度的，技術的制約条件のもとで，自らの価値基準に照らして，もっとも望ましい，最適な結果が得られるような経済行動，とくに市場での取引をおこなう．そのとき，各人が費用として支出しなければならないのは，市場を通じて購入した財・サービスに対する支払いであり，また，各人が所得として受け取る額も，それぞれ所有する希少資源を市場に提供することによって得られるものからなっている．このような個人の経済的合理性はいくつかの重要な条件を暗黙のうちに前提している．

まず，各人が自らの経済行動の結果を判断する主観的価値基準は，彼自身あるいは他の経済主体の行動とは無関係に，独立に与えられるものであり，また，その価値基準にもとづいて選択，行動するために必要な情報は，まったく費用をかけることなく獲得することができるという仮定である．これは，普通，消費者主権といわれるものであるが，もっとも基本的な前提であり，新古典派理論は，この前提を承認しなければ成立しえない．

しかし，現実には，このような前提のもとに演繹された結論の妥当性については多くの問題点が含まれている．各人のもっている主観的価値基準は，彼自身がどのような社会的，経済的環境のなかに生きてきたかということに大きく依存する．と同時に，現在どのような制度的条件によって制約されているか，ということにも強く影響を受ける．たとえば，どのような職業に従事しているかによって，主観的価値基準は異なるものになり，また，雇用者であるか被雇用者であるかによっても左右される．

さらに，このような主観的価値基準にもとづいて選択，行動するために必要な情報を得るための主観的ならびに客観的なコストは必ずしも小さいものではない．とくに，現在の日本とか，アメリカの場合のように，各個人の主観的価値基準に対して影響を与えることによって大きな利益を享受しようとする企業活動が一般的であるときには，この消費者主権はたんなる虚構にすぎなくなってしまう．

また日本のように，社会的な環境，官僚的な制度のもとでの教育が，各個人の自主的な，主体的な能力を開発し，成長させるというのではなく，既成の社会的規範をできるだけ円滑に受け入れさせるためのものであるときに，この消費者主権の虚構は，もはや社会的に無視することができなくなってくる．これは，多くの薬品，化粧品，あるいは自動車の氾濫にみられる歪められた消費者の選択となって現われ，それによって作為的な利潤が発生する要因となっている．

新古典派的なホモ・エコノミクスについて，ソースティン・ヴェブレンのつぎの有名な文章ほど，その間の経緯を明快にあらわしたものはないであろう．この文章はまた一般均衡理論の本質を衝くものでもあるので，少し長くなるが引用しておこう．

> The hedonistic conception of man is that of a lightning calculator of pleasures and pains, who oscillates like a homogeneous globule of desire of happiness under the impulse of stimuli that shift him about the area, but leave him intact. He has neither antecedent nor consequent. He is an isolated, definitive human datum, in stable equilibrium except for the buffets of the impinging forces that displace him in one direction or another. Self-poised in elemental space, he spins symmetrically about his own spiritual axis until the parallelogram of forces bears down upon him, whereupon he follows the line of the resultant. When the force of the impact is spent, he comes to rest, a self-contained globule of desire as before.(Thorstein Veblen, "Why is Economics not an Evolutionary Science?" *Quarterly Journal of Economics*, July 1898, pp. 373-397)
>
> 快楽主義的な立場に立って人間を考えるとき，人間は，快楽と苦痛とを電光のようにすばやく計算する計算機であって，幸福を追求する同質的な欲望の塊りとして，刺激を受けて，あちこちぐるぐる回るが，自らは決して変わらない存在としてとらえられている．前歴ももたなければ，将来もない．他から孤立し，つよく安定した人間的素材であって，衝撃的な力に揉まれてあちこちに動かされる場合を除いては，安定的な均衡状態にある．単

元的な空間のなかで釣合いを保って，特有の精神的な軸のまわりを対称的にくるくる回りながら，やがては力の平行四辺形の法則が働いて，直線的な歩みをつづけるようになる．そして，衝撃の力がつきたときには静止して，前と同じような独立した欲望の塊りに返る．

新古典派の立場に立つときにはまた，各個人のもっている主観的価値基準の内容については問わない．極端に言えば，各人がどのような非倫理的な価値基準をもっていようと，その行動さえ市場制度のルールに従っているかぎり，支障はないとする．主観的価値の内容に立ち入って分析するのは，倫理学ないしは心理学の領域に属するものであって，経済学の問題とするところではない．新古典派の経済学は，倫理的規範から自由な，中立的な，いわゆる科学としての経済学を志向したのであるが，そのような前提自体，じつは1つの倫理的規範にもとづくものとなっている，ということを指摘しておかなければならないであろう．

新古典派は，このように，個人の主観的価値基準の独立性，絶対性を，その基本的前提とするのであって，異なる個人については，それぞれの主観的価値基準の比較はまったく不可能であるという立場をとる．

各個人の経済活動の合理性にかんして，もう1つの問題点は，そこで前提とされている経済的な収支に対する考え方である．すなわち，各個人の収入は，それぞれが所有する財・サービスまたは生産要素を市場に供給することによって得られる報酬からなっている．また，支出も，市場で購入したものに対する支払いである．当然，政府との関係から発生する課税，補助金の類いを考慮する必要があるが，このような問題を分析することのできる理論的根拠は存在せず，また，それらに対して，各個人はほとんど選択の余地のない消極的な役割しかはたさないとする．

この前提は，分権的な市場経済のもつ制度的な帰結であるということもできるが，経済学的な見地からは，必ずしも中立的な前提とは考えられない．というのは，もしなんら生産手段を所有しない個人(老人，病人など)を考えると，まったく収入がなく，したがってその生活は，社会保障によらないかぎり，個人的な慈善に頼るほかに方法がない．しかし，このような補助金的なものは，その個人が当然の権利として得るのではないと考えられる．市場で得られたものだけが，社会的に当然の権利として認められるとするのである．ところが，後節で展開する社会的共通資本の理論でくわしくふれるように，現在の民主主義的なルールのもとでは，各人は，健康で文化的な最低限度の生活を営むという市民の基本的権利をもつと考えられる．具体的にどのようにしてこのような基本的権利の内容を決めるかは，社会的な選択を経て決定されるものではあるが，そのような生活のために必要な所得は，最低限は各人に与えられなければならない．とくに住宅，医療，教育などは，ある水準のものが各人に保障される必要があって，たんなる市場的操作によって解決してはならないものである．

この点に関連して，かつて新古典派の代表的な経済学者が，アメリカの黒人問題を論じて，つぎのように主張したことがあった．すなわち，黒人問題の核心は貧困の問題であり，黒人の平均的所得が少ないのは黒人の教育水準が低いからである．教育水準が低いのは，子どものときに勉学するか遊ぶかという選択にさいして，遊ぶということを選択した結果であり，本人が合理的に選択したからである．したがって，黒人の貧困は，本人が合理的に選択したものであって，この問題に介入することは個人の自由な主体的行動を阻害することになり，経済学者として許されることではない，という主張である．このような主張がなされたのは1950年代であり，現在では新古典派の経済学者といえどもこのような主張をする人はいないが，新古典派理論の意味するところをきわめて端的にあらわしているということができよう．

新古典派の効率性基準

近代経済学のこの規範的観点をはじめて明快に定式化したのは，1932年に公刊されたライオネル・ロビンスの『経済学の本質と意義』である．ロビンスによれば，科学としての経済学はつぎのような性格をもつ．すなわち，経済学は，与えられた目的を達成するために，さまざまな希少資源をどのように配分し，どのような制度的，技術的手段を選択したらよいか，という問題を考察する．このとき，さまざまな目的と選択された手段との相互関係を分析することはあっても，どのような目的を選択したらよいかという問題にかんしては，もはや経済学の関与するところではないとする．

個々の消費者について，どのような目的，つまり主観的価値基準をもっているかについてはまったく問わないで，たんに限られた希少資源をどのように配分すればよいか，という問題だけを考察してきた．同じように，国民経済全体についても，所与の希少資源をどのように配分すればもっとも効率的であるか，ということだけを問題にする．すなわち，資源配分のパレート最適性を求めることになる．

希少資源の配分がパレート最適，より正確には効率的であるという概念は，つぎのように定義される．社会的に所与の希少資源を配分することによって，各個人がそれぞれ主観的価値基準のもとである満足感を得たとする．もし，同じだけの希少資源を別の方法で配分したときに，各人の得る満足感が前よりも低くはなっていないで，少なくとも1人については，実際に高くなっているとする．このとき，はじめの資源配分よりも後者の資源配分の方がより効率的であるという．ある資源配分について，他により効率的な配分が存在しないときに，効率的，あるいはパレート最適という．

パレート最適という概念は，弱い，非限定的な概念であって，また，最適性ということとはまったく無縁のものである．たとえば，希少資源が，すべて，ある特定の個人に配分され，他の人々にはまったく配分されないときも，上の定義にしたがえば，パレート最適な配分となる．

したがって，効率的という言葉を使ったほうが，定義の意味するところにより忠実であろう．

ロビンスの主張は，ひと言でいえば，科学としての経済学は資源配分の効率性を問題とすべきであるということである．ロビンスのこの考え方は，もともとピグーの厚生経済学に対する批判として生まれたものであって，とくにベンサム的な効用概念に対する批判として展開されたものである．

ベンサム＝ピグー的な効用理論は，各個人が享受する主観的な満足感，つまり効用は，ある実体的な尺度ではかることができるとするものである．しかも，たんに同一人の効用をはかることができるだけでなく，異なった個人の効用を，同じ比較可能な尺度ではかることができるという前提がもうけられている．すなわち，Ａという個人が享受している主観的満足感も，もう１人の個人Ｂのそれも，ともに，ある共通の尺度ではかることができるという前提である．したがって，社会的な厚生指標も，このような個人の効用を加え合わせることによって求められると考える．このような考え方がピグーの厚生経済学の前提とするところである．ロビンスは，この効用の可測性，比較可能性を，実証的に検証できないという理由から否定する．このロビンスの立場は，じつはパレート以来展開され，精緻化された市場均衡の理論にかかわるものである．

20 世紀に入ってから，市場均衡の存在なり，安定性を分析するためには，効用の可測性を前提する必要がないということが，次第に明白になってきた．とくに，1930 年代から現在にかけて，ヒックス，サミュエルソンなどの貢献によって，この命題が厳密に証明されることになった．

その論旨は簡単である．各個人の主体的選択は，実質的満足感――効用――を最大にするようになされるが，そのさい，効用の可測性は必要なく，選好順序だけわかればよい．すなわち，ある状態ａの方が他の状態ｂに比べて，より選好されているか否かを知ればよい．したがって，市場均衡を論ずるためには，ａの効用がｂの効用より大きいかどうかだけを知る必要があって，ａの効用がｂの効用の何倍になっているかを知る必要はまったくないというのである．第１節の図 21-4 に即して言えば，無差別曲線体系だけを知れば消費者の行動を分析することができ，効用水準そのものを知る必要はまったくないということである．効用の比較可能性が，市場均衡の理論で必要のない概念であることも明白である．

効用の可測性，比較可能性は，このようにして市場均衡の理論から排除されることになってきた．と同時に，効用尺度は，各人が市場でどのように選択，行動しているか，ということからは類推できない．これに反して，主観的価値基準をあらわす選好順序，あるいは無差別曲線は，各人の市場での行動から類推できることも示された．

効用の可測性，比較可能性は，結局，一方では，市場均衡分析でのリダンダンシーを理由として，他方では，市場行動を通じてはリヴィールされないという根拠にもとづいて，否定されることになった．別の言葉を使えば，可測かつ比較可能な効用という概念は市場経済の理論によって否定されたといってもよいであろう．効用概念の本質にかんする分析にもとづくものではなく，むしろ，形式理論体系として，より整合的，審美的なものを求めて，経済学研究のプラグマティズムの立場から追放されたのである．

このとき市場機構を通じて実現する希少資源の効率性にかんする基本的命題が成立することは，ほぼ自明のことになるであろう．もちろん，市場の完全競争性とか，主観的価値基準や生産技術の条件について外部経済が存在しないということのほかにも制約条件が必要となってくることはいうまでもない．事実，1950年代から現在まで，数理経済学の少なからぬ部分が，この命題が成立するのに必要な条件を明確にするために費やされてきた．

効率性と公正性

さて，ここで問題となっている効率性の基準は所得分配には無関係な概念であって，平等性，公正性などという面とはまったく関わりをもたない．もし，所得分配にかんして，なんらかの基準をもうけようとすれば，それは価値判断にかかわるものであって，科学としての経済学の領域から逸脱した目的選択の問題となると考えられる．したがって，ロビンス以降，半世紀にわたる厚生経済学の発展の過程において，所得分配の平等性，公正性にかんする貢献はごくわずかであって，経済学者の主たる関心事とはならなかった．そして，市場機構による資源配分の効率性だけに注目して，なんらかの社会的判断にもとづく分配の平等性などについては，経済学者の関与するところではないとしてきた．

このように，資源配分の効率性だけに注目して，公正，平等などという基準を無視するのが近代経済学の立場である．しかし，このような効率性の基準のもとで資源配分を評価すること自体，じつはある特定の価値判断にもとづく．

市場制度は，希少資源のさまざまな用途への配分と，それにともなう各経済主体に対する所得の分配にかんするある一定のルールを意味する．したがって，市場機構を通じておこなわれる希少資源の配分を評価するときに，たんに効率性だけでなく，所得分配の公正性ないし平等性についても考慮しなければならない．しかし，所得分配の評価を与えるときには，なんらかの価値判断にもとづかなければならない，というのが近代経済学の立場であることは，さきにもふれたとおりである．そこで，近代経済学では，この価値判断がどのように定式化されているのであろうか．この点について簡単にふれてみよう．

ここで所得分配というときには，たんなる名目的所得の分配を意味するのではなく，各個人が消費活動によってそれぞれどれだけの実質的満足感を得ているか，についてであって，いわば実質的満足感の分布にかんして考察するものである．

さきにもふれたように，実質的満足感をある1つの実体的な，普遍的な尺度——効用——によってはかることができるというベンサム＝ピグー的な立場をとるときには，社会的効用は，たんに個々人の享受する効用の和としてあらわすことができる．しかし，このような普遍的な効用尺度は存在しえないという前提のもとでは，各個人の効用を加え合わせるという操作はまったく無意味なものとなってしまう．そこで，社会的効用を求めるためには，各個人の享受する効用を社会の構成員全体について集計するためのルールを設定しなければならない．このルールは，各個人の効用，あるいは限界効用を社会的な見地からどのように評価するか，を明示するものであって，ある1つの規範的判断にもとづくものとなる．すなわち，所得分配にかんする価値基準を，このような個人の効用を社会的に集計して，社会的効用を求めるルールとして明示的に表現することができると考える．この立場が，いわゆるバーグソン＝サミュエルソンの社会的厚生関数の理論である．

この理論によれば，どのような社会的厚生関数を選択するか，という点はまったく恣意的に決められ，各人がそれぞれ自らの価値判断にもとづいて，社会的効用を求めるルール，社会的厚生関数を1つずつもっているということができるとする．

各個人のもっている主観的な価値基準，ここで言う社会的厚生関数をもとにして，社会全体として，所得分配にかんする価値基準——社会的価値基準——を集計的に求めることができるであろうか．この個人の価値から社会の価値への集計の手続きがどのような論理的条件のもとで可能であろうか．この問題で，形式論理的な手法によって，精緻な分析を展開したのがアローの社会的選択(social choice)の理論であり，わが国でも稲田献一，村上泰亮両氏によって大きな貢献がなされた分野である．

この社会的選択の理論によれば，各個人の価値を集計して社会的価値を求めるルールが形式論理的な整合性をみたすときには，ある特定の個人のもつ価値観によって支配されるか，あるいはなんらかの偏見にもとづいて決定されるような性質のものとなることが示される．したがって，民主主義的な社会については，論理的整合性をもった社会的選択のルールは存在しえない，という命題が導き出される．このように，アロー＝稲田の理論は，所得分配にかんする価値判断が主観的，相対的なものであるという新古典派の厚生経済学の立場を肯定し，同時に，そのような価値判断を合理的な手続きによって求めようという試みを否定する．

アロー＝稲田理論についての問題点は，個人的価値を集計して社会的価値を求めるという社会的選択の問題を，たんに抽象的な，形式論理的なものとして定式化して，論理的な性質だけに注目しようとする点である．社会的選択は，必然的に，社会的，経済的な側面をもち，歴史的，制度的な要因を十分に配慮して考察されなければならない問題であって，形式論理の次元を超えたものであるからである．

さきにもふれたように，アローの不可能性定理が成立するためには，個々人の価値観の間にはなんの関連も存在しないということになるが，このような社会は，わたくしたちが普通「社会」というときに意味するところときわめて対照的である．すなわち，「社会」を構成する主体の間には，その行動形式，価値観は相互に連関し合うものであって，いわゆる社会的連帯感と緊張感とを形成する契機を含む．とくに市民の基本的権利にかかわる現象にかんしては，かなり広範な層にわたって共通の価値観の形成がみられる．逆にこのような社会的連帯感を否定しては，「社会」の存続すら疑問視されざるをえなくなるであろう．このような意味で，アローの不可能性定理については，そのもっとも基本的な前提条件の妥当性に対して疑問が提起されざるをえない．しかも，1951年，アローの『社会的選択と個人的価値』に展開された定式化はじつは論理的誤りを含んでいて，個人の価植観の多様性にかんしてはさらにきびしい条件が加えられなければアローの不可能性定理が成立しないことは，はやくからピーター・ブラウなどによって指摘されているところでもある．

生産要素のマリアビリティ

新古典派の理論前提について，つぎにあげなければならないのは，これまでも繰り返し言及してきた生産要素のマリアビリティないしは可変性の条件である．

一般に，ある生産要素がマリアブルというのは，その生産要素が特定の用途に対して固定化されないで，各時点で必要に応じて，1つの用途から他の用途に転用することが可能であって，そのためにとくに費用を必要とせず，時間的経過をもともなわないという前提条件がみたされているときである．これに対して，ある生産要素が可変的というのは，各時点で，そのときどきの必要に応じて市場を通じて調達することが可能であって，そのためになんら時間的ないしは物的な費用をかけないでも済むという条件がみたされているときである．

この2つの条件は一見相異なる内容をもっているが，可変的であるような生産要素はあたかも可塑的であるかのように取り扱っても差し支えない．いま仮に2つの生産要素A，Bがあって，どちらも可変的であるとすれば，必要に応じて，AとBとを市場で交換することができるから，生産主体にとっては，Aを自由にBに変えることも，その逆も可能となるからである．したがって，以下生産要素の可変性と可塑性とについては，必ずしも厳密な用語法にしたがわないものとする．

希少資源のマリアビリティにかんする前提はまた生産期間についても特異な仮定をもうけることになる．すなわち生産期間は常にゼロであって，さまざまな生産要素を生産過程に投入するとき，ただちに産出物になって現われるという条件である．生産要素が可塑的であって，生産期間がゼロであるというような前提条件のもとでは，資本主義的な経済制度の成立自体，理論的に意味をなさないことについては，たとえばジョーン・ロビンソンが，その著『異端の経済学』のなかでも言及しているところである．

もちろん，新古典派理論の文献のなかで，生産期間について論じたものも多く，とくに1940年代から1950年代にかけて景気循環にかんする論文が多数発表されたが，そこでは生産期間の長さと景気循環の周期との間に存在する関係が1つの重要な論点であった．しかし，このような貢献はいずれも，生産期間の長さが技術的，あるいは他の要因にもとづいて外生的に決まるという機械論的な取り扱いがなされていて，生産期間決定についての経済学的な分析がおこなわれてはいなかったといってよい．少なくとも生産期間が企業家の選択によって変化するような状況を解明して，全体のマクロ経済的な理論モデルを構築する試みはなかったということができる．事実，生産要素の可塑性という強い条件のもとでは，生産期間の問題は存在しなくなるといってもよいであろう．

生産要素の可塑性と生産期間の瞬時性という条件が上のような意味でみたされているときには，企業あるいは家計というような制度，組織はまったく無意味なものとなる．とくに企業はたんなる生産要素の集りにすぎず，市場条件の変化にともなって自由に変形することができる一種の幻影にすぎなくなってしまう．したがって，企業の行動を分析するためには，企業を構成する個々の生産要素の所有者が個人としてどのような行動をとるか，ということを分析し，それらを集計することによってはじめて可能となる．企業というような制度的組織の存在を前提としないで，すべて個人の行動に分解し，それを集計することによって，企業なり国民経済なりの行動を分析することができる，という個人行動への分解可能性が，前節でみたように新古典派理論のきわめて特徴的な側面となってくる．

投資行動の理論

新古典派理論で，生産要素が可変的ないし可塑的であるという前提で理論の枠組みが形成されているということがもっとも明白なかたちで浮き彫りにされてきたのは，企業の投資行動にかんする理論においてであった．投資という行動は，固定的な生産要素の蓄積にかかわるもので，生産要素の可変性を前提としているときに，投資行動ということはそもそも存在しえないともいえ，新古典派理論において投資の理論が欠如していることの直接的な原因でもある．投資の理論が欠如しているというのは，実証分析にもとづく経験的な投資関数は存在しても，企業行動にかんする整合的な理論分析をもとにして投資関数が導き出されたものではないという意味である．このような企業行動の分析は，企業を，生産，販売といういわゆる企業活動を利潤動機にもとづいておこなう1つの有機体的な経営組織であると考えることによって，はじめて可能となる．このような組織に固定化し，特殊化しているような希少資源の調節にかんする分析が投資の理論だからである．この点については，たとえば，ホーヴェルモ『投資理論の研究』(*A Study in the Theory of Investment*, 1960)などで指摘されてきたし，またジョーン・ロビンソンによる新古典派理論における資本概念の問題点の批判に関連して注目されてきたが，そのマクロ経済的な意味については必ずしも十分に議論がつくされていないように思われる．新古典派理論でも，投資理論と称するものは存在する．たとえばジョルゲンソンによって定式化され，1963年，『アメリカン・エコノミック・レヴュー』に発表された投資関数の理論がそのもっとも代表的なものである．ジョルゲンソンの理論は，その基本的な考え方を要約すればつぎの通りである．

各企業の産出量は，さまざまな生産要素のサービスをどれだけ使用したかに依存して決まるが，とくに資本と労働との関数であると考える．ここで，資本としては，労働以外の物的な生産要素を考えるのであるが，すべて市場で取引されるものとし，市場価格にもとづいて，その評価がなされる．さきに指摘したような生産要素の固定性を考慮しないで，すべての生産要素は可変的なものであると仮定する．企業行動の基準としては，現在から将来にかけての純収益(net cash flow)をある適当な割引率で割り引いた現在価値を最大にするように，各生産要素の雇用あるいは購入計画を立てるように考える．ここで，純収益は，売上額から経常費用および粗投資額，課税額を差し引いたものである．このような企業行動を前提とすれば，各企業は，それぞれの時点で，生産要素をどれだけ雇用または購入したら，もっとも大きな純収益の割引現在価値を実現できるか，という問題を解くと考えることができる．したがって，各時点で，どれだけ労働を雇用したらよいか，ということと，どれだけ物的な生産要素のストックを保有したらよいか，という2つの需要関数を求めることができるようになる．後者が，資本ストックの望ましい水準と呼ばれる概念になる．

ある時点 t における資本ストックの望ましい水準 K_t^* は，企業がその時点 t で保有する資本ストックの現実の水準 K_t とは異なるのが一般的である．そこで，ジョルゲンソンはつぎのように主張する．すなわち，もし，資本ストックの水準をなんの摩擦もなく，自由に変えることができるとすれば，企業は，現在の水準 K_t からただちに望ましい水準 K_t^* に移るまで投資活動をおこなって，資本ストックの水準を変えるであろう(このとき，投資額は無限大になることに留意されたい)．しかし現実には，資本ストックの水準を変えるためには，なんらかの摩擦をともなうもので，自由に変えることはできない．したがって，企業は，その保有する資本ストックを，望ましい水準 K_t^* にただちに変えることはないのであって，現在の水準 K_t からの乖離 $K_t^*-K_t$ のうち，一部分だけ投資によって調節しようとするであろう．すなわち，投資 I_t は，

$$I_t = \beta_0(K_t^*-K_t)$$

のように決定されると考えようとする．ここで，β_0 は調節速度で，資本ストックの水準を変え

るためのコストに依存して決まるものである．ジョルゲンソンは，投資関数の統計的推定の適合度をさらに良くするために，現時点における望ましい水準と現実の水準との乖離 $K_t{}^*-K_t$ だけでなく，過去の時点での乖離も影響を与えると考えて，つぎのような一般的な投資関数を導き出した．

$$I_t=\beta_0(K_t{}^*-K_t)+\beta_1(K_{t-1}{}^*-K_{t-1})+\beta_2(K_{t-2}{}^*-K_{t-2})+\cdots\cdots$$

ここで，$\beta_1, \beta_2, \cdots\cdots$ はそれぞれ，1期前，2期前，……の乖離にかんする調節係数である．

このような一般的なかたちでの投資関数を考えれば，統計的推定の適合度が高くなるのは，当然，予想されることである．事実，ジョルゲンソン教授および彼の協力者たちによって，多くの場合について，投資関数の統計的推定がなされ，適合度が高いことが示されている．ところが，このジョルゲンソンの投資関数によって代表されるような新古典派の投資理論は必ずしも理論的な整合性をもっているとはいえない．資本ストックの望ましい水準 $K_t{}^*$ は，そもそも資本水準を変えるためになんらの摩擦もなく，コストもかからないという前提のもとで求められたものである．したがって，企業がその保有する資本ストックを，現実の水準 K_t から望ましい $K_t{}^*$ にただちに変えるはずである．すなわち，前々式で β_0 は1になるべきである．もし，ジョルゲンソンが主張するように，資本ストックの水準を変えるためにコストがかかるのであれば，そのことは，企業が純収益の現在価値を最大にするように選択，行動するときに，当然考慮されていなければならなかったはずである．そのときには，資本ストックのもっとも望ましい水準という概念は意味のないものとなってしまって，投資のもっとも望ましい水準という概念が必要となる．

ケンブリッジ的投資理論

資本ストックの調節にともなうコストを明示的に取り入れ，最適な投資行動についての理論的分析をおこなってきたのは，シトロツ，アイズナー，ルーカス，トレドウェイなどの経済学者たちである．しかし，彼らの理論は依然として，新古典派的な資本概念にもとづくものであって，企業の投資行動にかんする本格的な分析については，ジョーン・ロビンソン，ペンローズ，マリスなど，いわゆるケンブリッジ的な資本理論ないしは企業成長の理論の展開にまたねばならなかったのである．そこで，以下，主としてジョーン・ロビンソンの資本理論とペンローズの企業成長の理論とにもとづき，ケンブリッジ的な投資理論をもっとも単純な場合について，その概略を説明しておこう．

ケンブリッジ的な投資理論の特徴は，資本に対する考え方である．資本，とくに固定資本をたんなる生産要素としてとらえるのではなく，生産の主体である企業組織の制度的な側面との関連で考えてゆこうとするものである．とくに，生産活動の大部分が，法人化された企業ないしはそれに準ずる主体によっておこなわれている現代資本主義経済の特質を抽象化したものであるということができよう．

企業は，工場，機械設備などの有形な物的生産要素，技術的な知識，マーケティングの能力，新しい製品・技術の開発のための能力などという人的資源などから構成されている．しかも，このようなさまざまな生産要素が，1つの有機体的構成をもった経営・管理組織であると考えることができる．企業活動は，このような有機体的な組織が，さまざまな生産要素を使って生産・販売活動をおこなうものであるが，このさい必要とされる生産要素は，2つの種類に大別することができる．固定的な生産要素と可変的な生産要素とにである．もちろん，このような分類は相対的なものであって，とくに，期間の単位をどのようにとるか，ということに依存して決まってくる．

固定的な生産要素は，企業という組織に特化し，固定化して，その有機体的構成の一部となっているものである．工場，機械設備などの多くは，注文生産によって調達されたり，建設，据付けのために大きな費用を必要とするものであって，固定的な生産要素と考えられる．また，経営，管理，または技術的な資源も，多くは企業に特化したものであって，固定的な面をもつ．また，労働の雇用にかんしてみられるように，社会的観点からみて固定的な要素と考えられるものもある．企業は，ある意味では，このような固定的な生産要素のかたまりであるととらえることができる．固定的な生産要素と違って，可変的な生産要素は，市場を通じて自由に調達されるようなものである．したがって，前節で説明したように，企業は，各種類の可変的生産要素を，その限界生産が市場価格に等しくなるまで雇用する，という限界原理が成立する．

しかし，固定的な生産要素にかんしては，このような限界原理を適用することはできない．固定的な生産要素は市場化されないものであって，そのストックについても，それから生み出されるサービスについても，市場価格を考えることができないからである．

このように，固定的な生産要素に市場性がないとしたら，いくつもの種類が存在するときには，どのように評価したらよいであろうか．固定的な生産要素の建設，据付けのために要した費用にもとづいても，あるいは購入価格にもとづいても意味のないことは明らかである．このように企業のなかに蓄積されて，特殊化している固定的な生産要素のかたまりを評価するのには，それらが生産活動の過程でどのような役割をはたしているか，ということを通しておこなわなければならない．

いま，ある特定の時点を考えよう．企業は，さまざまな可変的な生産要素を市場で雇用または購入してきて，それらを固定的な生産要素と組み合わせて，生産活動をおこなう．そのとき，使用された可変的な生産要素の量と生産された産出物との間の関係を規定するのが短期の生産関数であった．したがって，固定的な生産要素は，この短期の生産関数を通じて評価されるべきものである．

もし，つぎの時点で，投資活動その他の要因によって，企業のなかに蓄積されている固定的な生産要素の量が増加したとしよう．そのとき，新しい時点では，異なった短期の生産関数を得ることができる．この生産関数の転位を通じて，はじめの時点での固定的な生産要素に比べて，つぎの時点での固定的な生産要素がどのように評価されるか，を知ることができる．このような生産関数の転位は，いろいろな方法で指数化することができよう．そのもっとも標準的な方法は，可変的な生産要素および産出物の市場価格が，仮に変わらなかったとして，利潤がどれだけ増加したかを使って，生産関数の転位を尺度化するものである．

いずれにせよ，企業のなかに蓄積されている固定的な生産要素が，企業活動のプロセスでどのような役割をはたすか，ということを尺度化して，その評価をおこなおうとするものである．このような尺度が，実質資本に対する1つの指標になるが，一般には，そのような尺度は，基準として使っている可変的な生産要素の市場価格の変化に応じて変化する．資本という概念を考えるときに，必然的に利子率なり，実質賃金率なりにかかわってくるというジョーン・ロビンソンの指摘の意味するところである．

実質資本の尺度が，実質賃金率に無関係に定まるという特殊な場合には，生産量が，可変的な生産要素の雇用量とこのようにしてはかられた実質資本との関数であらわされるという新古典派的な状況が実現する．しかし，このような単純な場合でも，実質資本の意味するところはまったく異なったものになることに留意すべきである．このように考えると，実質資本の尺度は，結局，企業能力を指標化したものであるといってもよいことになる．この企業能力指標が増加するのは，投資活動の結果であるが，その間の関係を規定するのが投資効果関数である．しかし，投資量をふやしても，それによって得られる企業能力指標の上昇は必ずしも比例的ではない．企業能力指標，あるいは実質資本の尺度が，固定的な生産要素に対する評価をあらわすものであったからである．この投資効果関数は，また，企業のなかに蓄積されている資源のうち，企業の成長，拡大のために必要なものがどれだけあるか，ということにも依存している．

このような投資効果を前提とするときに，将来の純収益の割引現在価値を最大にするような企業の行動基準のもとで，企業にとってもっとも望ましい投資水準を導き出すことができる．この点にかんする詳細な分析は『基礎篇』で展開した．重要なことは，固定的な生産要素の固定性を明示的にあらわすことによって，はじめて，企業の投資行動を説明する理論を構築することができるということである．

市場均衡の安定性

新古典派理論はさらに，市場均衡の安定性についてきわめて特異な仮定をもうける．すなわち，すべての財・サービスについて，需要と供給とが等しくなるような市場価格体系が存在し，しかも需要と供給との乖離はただちに価格体系の変動となって現われ，この均衡市場価格体系が常に成立するという条件がみたされている．この条件は普通いわれている価格機構の安定性よりはるかにきびしい条件で，均衡価格体系への収斂がきわめてはやい速度でおこなわれるということを意味している．ここでまた，新古典派理論ではたしてこのような非現実的な前提が仮定されているのか，という点について疑問をもつ読者が多いに違いない．そこでこの点について多少考察を加えておこう．

もし市場均衡への接近が必ずしも安定的でないとすれば，不均衡状態のもとで実際に財・サービスの生産，交換，消費をおこなわなければならない．すなわち，財・サービスによっては必ずしも需要と供給が一致しないような状況のもとで交換がなされなければならない．たとえば，ある財・サービスにかんして，需要が供給を上回るとすれば，すべての需要をみたすことができない．なんらかの方法で需要の割り当てがなされなければならない．ある人の需要がみたされなかったときには，彼は所得をどう使うかということについて，その財を購入できないという制約条件のもとで，新しく需要計画を立て直さなければならない．このとき，いま考察している財・サービスだけでなく，他の財・サービスについてもその需要と供給のスケジュールが影響を受けることになる．

また，ある財・サービスにかんして供給が需要を上回っているとしよう．このときには，供給者のうち，だれがその財・サービスを売ることができて，自らの収入を得ることができるか，ということをまず決定しなければならない．このとき，供給することのできない人にとっては，その計画している収入はそれだけ減少することになり，その財・サービスが供給できないという制約条件を新しく付け加えて生産計画，それにともなって支出計画，消費計画をはじめから立て直さなければならない．このようにして，もし仮にある1つの財・サービスについて需要と供給とが一致しないときには，すべての財・サービスについて，すべての経済主体がその供給および需要計画を再検討しなければならなくなる．市場均衡が成立していないときに，実際に財・サービスの生産，交換，消費がおこなわれるためには，すべての財・サービスにかんして生産・消費計画が立て直され，実際に財・サービスがどれだけ生産され，どのように交換され，だれがなにをどれだけ消費するかということを決定するようなルールが存在しなければならなくなる．このようなルールは原則的にはすべての不均衡状態について，各人がどのようにその選択を変更し，どのような財・サービスをどれだけ供給し，需要するかということを指示し，しかも全体として財・サービスのマテリアル・バランスが整合的なものとなっていなければならない．しかし，このようなルールは分権性という市場制度の基本的前提に矛盾したものとなる．各人が所有する希少資源を自分自身の価値基準にもとづいて配分し，他の人々の状態，行動をまったく考慮する必要がないというのが分権的な制度の意味するところであるが，上のようなルールは経済社会の全構成員について，なんらかのかたちでの協定，協調を前提とするものだからである．しかも，すべての不均衡状態について，すべての財・サービスにかんして矛盾なく実際の交換が可能となるようなルールをつくるためには，たとえ原則的に可能であるとしてもはかり知れない希少資源の投下を必要とする．このとき必要となる希少資源の大きさに比較すれば，市場均衡価格を見つけ，希少資源の配分のパターンを計算するためのコストの方がはるかに小さく，分権的な市場機構を通じて資源配分をおこなうという意味がまったくなくなってしまう．

このような意味で新古典派の世界では，財・サービスにかんして需要と供給とが等しくないような不均衡の状態を論理的に想定できたとしても，現実に起こりうる状態ではない．

上にあげてきた新古典派理論の前提条件をみたしながら，実際に機能する一般均衡体系を想定することができる．このような一般均衡理論を最初に整合的なかたちで展開したのはいうまでもなく，レオン・ワルラスであり，前節にも説明した通りであるが，1950年代には，その精緻化が多くの数理経済学者によって試みられた．とくに，1954年に『エコノメトリカ』誌に発表されたケネス・アローとジェラルド・デブリューの論文のなかで定式化された一般均衡モデルは，戦後の数理経済学における1つの頂点を形成するものである．アロー＝デブリュー論文は主として，一般均衡モデルにおける競争的均衡の存在を証明するものであったが，1958年には，アローとレオニード・ハーヴィッチによって，競争的均衡が安定的であるための条件がいくつか導き出された．

これらの業績は，1950年代から60年代はじめにかけてのアメリカ経済学の性格を代表するものであって，その後，一般均衡モデルの数学的定式化および解の存在と安定性とにかんして多くの論文が発表された．しかし，これらはいずれもさきにあげた新古典派の理論的枠組みのなかで作成されたもので，その経済学的含意については，ヒックスの「週」概念に象徴されるような非現実性をもつものであることを重ねて強調しておきたい．

ヒックスの「週」は，その期間に均衡価格体系をタトヌマン的に模索してゆくという，きわめて長い時間をかけなければ不可能であるような過程が含まれ，また生産要素をさまざまな用途に転換して，すべての生産過程が完了してはじめておこなわれるという意味で，短期的な側面をもっている．さらに，ヒックスの各「週」のなかでは，外的な条件にはまったく変化がみられないという点で，マーシャル的な短期を想定していることになる．このように，ヒックスの「週」は一方では外生的な条件がまったく変化しないという短期的な期間をも意味する．これはもともとワルラスの一般均衡モデルに内在する2つの矛盾する側面である．ジョーン・ロビンソンが指摘しているように，定常状態と短期均衡の状態とをあわせもっているような一般均衡モデルについて，なんらかの整合性を求めようとすれば，これまで論じてきたように，生産手段のマリアビリティを仮定し，すべての生産過程，市場均衡過程が瞬時的に完了するという新古典派の理論前提を仮定しなければならなくなるのは，必然的であるということができよう．

このような分析的枠組みのなかで，たとえばインフレーションのようにすぐれて動学的，かつ不均衡過程にかんする現象を分析することができないことは，その理論的前提からむしろ自明のことであるといえよう．現代の資本主義諸国におけるインフレーション，とくにコスト・プッシュのインフレーションについても，新古典派理論に基礎をおく近代経済学が十分な解明をおこなうことができないのはむしろ当然である．しかし，このような虚構を批判的に検討するということはこれまで積極的になされてこなかった．ピーター・ワイルズ教授はこの現状を痛烈に指摘した論文を『エコノミック・ジャーナル』に寄せて，“This article is born of shame” と述べたが，経済学を専攻するものの1人としてわたくしもまた同じような感じをもたざるを得ない．

現代資本主義について，その制度的，政治的前提条件を十分にふまえながら，インフレーションや失業などという現象を解明し，それらの問題を解決するためには，どのような政策的枠組みをとったらよいかという問題を考察したのは，言うまでもなくケインズである．つぎに，ケインズの『一般理論』がどのような理論的構造をもったものであるのかを取り上げて考えてみよう．

3. ケインズ理論の展開

これまでに，新古典派経済学が，生産手段の私有制，主観的価値基準の独立性，生産要素のマリアビリティ，市場均衡の安定性を前提としながら構築されているということを説明した．そして，このような理論的枠組みのなかでは非現実的な理論的命題と反社会的な政策的帰結しか演繹されざるをえないということについて，断片的ではあるが言及してきた．

このような新古典派的な理論前提と現代資本主義の現実的な諸条件との乖離は20世紀に入ってからとくに顕著なものとなり，第一次大戦後の世界経済の実状のもとでは，たとえ第一次近似の意味においても，その現実妥当性を主張することは不可能に近くなっていった．とくに1930年代における世界的な次元での大恐慌のもとで，この乖離はもはや経済学者たちにとっても否定することができなくなっていった．この間の事情は，ジョーン・ロビンソンのいう「経済学の第一の危機」という表現によって，もっとも直截にあらわされている．そして，ケインズの『一般理論』の誕生によって，新古典派理論に代わって，新しい経済理論の形成が可能になったかの印象を与えたのである．この節では，ケインズの『一般理論』がどのような理論的内容をもつものであるかということを概観し，はたして新古典派理論に代わって新しいパラダイムを形成しうるものであるか，ということを考察してみよう．

第1，2節に説明したように，新古典派理論のもっとも基本的な特徴は，時間的要素の欠如である．これに対して，ケインズ理論の基本的特徴は時間のはたす役割を正確に認識し，経済循環の過程の分析に対して時間的要素を明示的に取り入れようとしたことであった．この間の経緯は，ジョーン・ロビンソン教授のつぎの言葉にきわめて簡潔に要約されている．

「ケインズ革命の核心は，人間の生活が時間を通じておこなわれるということをはっきり認識したことであった．すなわち，変えることのできない過去とまだ知られない将来との間に，たえず動きつつある瞬間において人間は生活しているのだということをはっきり認識したことであった．」

このような時間的要素の導入が経済分析の結果に決定的な差違を生み出してくるのは，ケインズ理論が対象とした国民経済は，新古典派理論のそれとは基本的な点で異なるからである．それは生産，消費という経済行動をおこなう経済主体の制度的前提条件にかんするものである．

企業概念の変遷

さきに述べたように，生産要素がすべてマリアブルという前提条件のもとでは，生産主体としての企業は，たんなる生産要素のばらばらな集りにすぎなく，1つの有機体的な組織としての意味をもたない．そのときどきの市場条件を反映して，さまざまな生産要素は利潤が最大となるようなかたちで組み合わされ，生産過程に投入される．しかし，生産期間がゼロであるという条件のもとでは，生産要素の投入によってただちに産出物が生産され，市場で売られることになる．このような状況では，生産主体といっても，企業はたんなるヴェールにすぎず，企業を構成する個々人の行動を集計することによってはじめて企業行動を説明することができる，という個人行動への分解可能性についての新古典派の基本的前提条件がみたされることになる．

これに反して，企業のなかに蓄積されている生産要素が必ずしも可塑的ではなく，固定的であるとするとき，事情はまったく異なったものになる．すなわち，企業を構成するさまざまな生産要素が可塑的ではなく，固定的なものであるときには，それらは相互に関連し合いながら1つの有機体的な組織を形成し，合目的的な選択，行動がなされる．したがって，企業が1つの組織としてどのような行動を選択するかという問題は，企業を構成する個々人のいわゆる合理的な行動を集計するという操作を通じて解決することは不可能になってくる．

新古典派理論の前提であった個人行動の合理性は，個人の主観的価値基準が絶対的なものであって，他の経済主体の行動に無関係なことはもちろん，自らがどのような環境で生活し，どのような職業に従事しているかということとは独立である，ということが，暗黙のうちに仮定されている．企業行動を個人行動に分解して説明しようとする新古典派的手法は，このような前提条件のもとではじめて意味をもつものであった．これに反して，企業を1つの有機体的組織として考えようとすると，1つの組織として企業がどのような目的をもち，どのような行動選択様式をとるか，ということにかんしての分析が必要となってくる．一般に多くの経済学者は，個人の合理的行動にかんして，新古典派理論では効用最大化ないしはそれに類似した仮説のもとに議論を進めるという理論の立て方に対して，なんら抵抗を感じない．それに反して，企業にせよ，家計にせよ，さらに社会などという集合体にかんして，その行動選択基準をアプリオリに前提することに対しては，強い批判がみられるのが通例である．たとえば，ある企業がどのような行動をするかという問題を分析するにさいして，企業の合目的性をはじめから前提するのではなく，経営者など個人の行動基準に照らして企業行動を分析しようとして，組織自体のもつ行動様式について留意しようとはしない．

企業はもともと生産活動をおこなって製品を販売し，利潤を獲得するための組織であり，生産活動をおこなうために必要とされるさまざまな生産要素に対する支払いを先払いする資本家がその利潤を獲得して，自らの意思にもとづいて処分する．このような意味で，資本家と経営者とは同一の経済主体であるか，あるいは少なくとも同一の動機にもとづいて行動の選択がなされるという前提がもうけられていた．しかし，企業が株式会社形態をとり，その法的所有者が多数の株主によって構成されるようになってくると，個々の株主が企業の経営に直接関与することはもはや制度的には不可能となってくる．個々の株主が経営に関与しうるのは，一般には，自ら所有する株式を売却するという消極的な意思行動をとる場合でしかなくなる．他方，企業を構成する物的資源は固定的なものとなり，生産期間が長期化し，人的資源の多くもまた固定性の高いものになってくると，企業を構成する生産要素を，その法的所有者の意思にもとづいて自由に移動させることはできなくなってくる．このように私的企業において所有と経営との分離が起きてきたが，この点についてはじめて実証的な研究をおこなったのが，1932年に出版されたバーリ＝ミーンズの『近代株式会社と私有財産』である．このような分離が起きるようになったのは，企業規模の拡大化と，生産過程における機械化の高度化という現象にもとづく．この点についてはすでに，ソースティン・ヴェブレンが1904年に『営利企業の理論』で指摘しているところでもあるが，現代資本主義のもっとも基本的な特徴は，生産要素の固定化と，それにともなって起こってきた私的企業における経営と所有との分離という現象であるともいえよう．ケインズは『一般理論』を構成するにさいして，この点にその考察の1つの焦点を当てた．このことは『一般理論』には必ずしも明示的に述べられていないが，ケインズの『貨幣改革論』にさかのぼってみると，そこには明快な説明がなされている．また，企業を1つの有機体的組織としてとらえて，全体的な観点からその行動を分析し，生産・投資行動を説明しようという試みは，ケインズ以後，イーデス・ペンローズの『企業成長の理論』およびロビン・マリスの『“経営者”資本主義の経済理論』で体系的に展開されたことは，さきに言及した通りである．

企業がある1つの実体的な組織としての形態をとるようになっていったのは，まずなによりも生産過程の技術的条件の変化に起因する．すなわち，工業化にともなって，機械的生産過程が支配的な役割をはたすようになり，固定的な生産要素の占めるウェイトが増大してくるとともに，生産期間の内生化という現象が起きてきた．すなわち，生産要素が雇用され，原材料が投入されはじめたときから，生産過程が完了して産出物が販売され，企業の収益となるまでに平均してどれだけの時間が経過したかをみるときに，機械化のプロセスの進行にともなって，この生産期間は，技術的，物理的な条件だけによって規定されるのではなく，市場的条件に応じて，生産主体が経済的な動機にもとづいて調整することが可能になってくる．

機械的生産過程の進行はまた，生産要素の物理的固定性を高めるだけでなく，経営・管理的機能および技術的な要因がはたす役割を増大させ，生産要素の制度的固定性も高まる傾向をもつ．生産活動をおこなうためにはもはや，マリアブルな生産要素を自由に，そのときどきの市場的条件に対応して組み合わせるということはできなくなる．このようにして，生産活動における生産要素の物理的，技術的，制度的な固定性は一般的な現象となり，企業は実体的な存在として，時間的連続性をもつ制度的な組織となる．

新古典派理論における企業とヴェブレン的な考え方とのこの差違は，資本概念にかんする論争を生み出していった．この論争のうちとくに重要なものは，ヴェブレンとジョン・ベーツ・クラークとの間におこなわれたものであるが，資本の固定性にかんするヴェブレンの考え方は，つぎのように明快に表現されている．

> 資本の「永続的な存在」——企業——がもっている連続性は，所有権の連続性であって，物理的なものの連続性ではない．じじつ，この連続性は非物質的な性質をもっていて，法的な権利，契約，売買にかかわるものである．この明白すぎることが，〔ジョン・ベーツ・クラークの論説では〕なぜ見逃されているのか．わざわざ念入りに見逃されているが，理解するのは容易ではない．「資本」は「制度」にかかわる事柄であり，機械的なものではない．すなわち，ある評価の結果得られたものであって，評価者の意見によって直接左右される．資本が他のものから区別される特徴的な点は，非物質的な，制度的な性格をもっているということである．(Thorstein Veblen, *The Place of Science in Modern Civilization, and Other Essays*, Viking Press, 1919, pp. 195-197).

このように，企業がある１つの制度的アイデンティティをもつ組織として，時間的連続性をもつようになるときには，それはたんに人的および物的生産要素のばらばらな集りではなく，１つの有機体的な組織であり，合目的的な行動をおこなう経済的主体として機能することになる．

『一般理論』における二部門分析

国民経済を構成する経済的単位は，新古典派理論で想定されているような経済人としての個人ではなく，一方では，生産的主体としての企業が存在し，他方では，文化的，社会的，経済的な側面をもつ個人，あるいはより正確には家計とから構成されることになる．国民経済をこのように，企業と家計との2つの部門に分割して考察しようとするのが『一般理論』の背後にあるもっとも基本的な考え方である．

『一般理論』における投資のはたす役割についても，このような二部門法を用いてはじめて的確にとらえることができる．ある特定の企業が，各時点で生産活動をおこなうときに必要とする生産要素は2つのカテゴリーに分類できることは，さきにもふれた．固定的な生産要素と可変的な生産要素とであるが，この分類は，制度的な組織としての企業が，どのような社会的，技術的，法的な条件のもとで機能しているか，ということによって左右されるものである．

ヴェブレンが主張したように，企業活動は，たんに物理的，機械的な要因によって支配されるのではなく，むしろ，社会的，文化的条件によって大きく影響される．いずれにせよ，企業の投資活動は，固定的な生産要素を蓄積するために，さまざまな財・サービスを市場を通じて獲得したり，労働その他の生産要素を雇用することであるが，どこまでを投資活動の範囲に入れるかは，企業概念がどのように規定されるかに依存することになる．

投資の限界効率と資本の限界効率

企業は投資額をどのようにして決めるのであろうか．投資の限界効率の原理にしたがうと考えるのが，もっとも一般的であり，また『一般理論』以後，この点にかんする実証的研究もある程度おこなわれてきたが，現在でもなお，投資の限界効率と資本の限界効率というまったく異なった2つの概念が往々にして混同されている．この2つの概念の区別についてはすでにはやくから，A. P. ラーナーやT. ホーヴェルモによって指摘されてきたところでもあり，前節でジョルゲンソンの投資理論との関係でふれた．

ある企業がある額の投資をおこなったときの投資の限界効率は，投資をさらに限界的な額だけふやしたときに，将来にわたって予想される限界的な純収益の増加分を，どのような割引率で割り引いて現在価値をとったならば，投資の限界的増加にともなうコストの増加分に見合うであろうか，ということをあらわすものである．したがって，投資の限界効率が長期市場利子率より高ければ，その企業は投資水準を高くした方が有利となり，逆の場合には投資水準を低くした方が有利となる．

したがって，企業にとってもっとも望ましいと思われる投資水準は，投資の限界効率が長期市場利子率に等しくなるような水準である．これがいわゆる投資の限界効率の原則であり，この原則にしたがって投資関数が導き出される．そのもっとも単純な場合については，前節で説明した通りであるが，一般に，投資の限界効率にかんするスケジュールは，製品価格，賃金，売上額など将来の市場的条件に対して，企業がどのような予想をもっているかに依存するとともに，過去の投資活動によって，企業のなかに固定的な生産要素がどれだけ蓄積されているかにも依存する．しかも，現在おこなわれる投資活動によって，将来における企業の生産能力が決まってしまう．

このように，企業内に蓄積されている生産要素の固定性を通じてはじめて，人間の生活が時間を通じておこなわれるというケインズ的な認識を，マクロ経済的な枠組みのなかに取り入れることができる．

これに対して，資本の限界効率は，時間的要素を含まない静学的な概念である．企業のなかに蓄積されている固定的資本のストックが限界的に１単位だけふえたとき，それにともなう将来の純収益をどのような割引率で割り引けば，その資本ストックの限界的な増加にともなうコストに見合うようになるかをあらわす．投資の限界効率は，企業がおこなっている投資水準，あるいはその計画に対して定まるが，資本の限界効率は，現存している固定的な資本ストック量に対して決まってくる．

資本の固定性を前提としないような新古典派的枠組みのなかでは，この２つの限界効率は常に等しくなり，資本の限界生産に一致する．このとき，利潤率と利子率とは常に一致しなければならなくなる．まったく相反する経済的役割をはたす利潤率と利子率とが，新古典派理論では往々にして混同して用いられているのは，このような事情にもとづく．

投資の限界効率と資本の限界効率とが基本的に性格の異なる概念であって，市場均衡の状態でも乖離しているということは，資源配分の効率性にかんして重要な意味をもつ．すなわち，企業の投資活動を考慮に入れたときに，完全競争的な市場を通じておこなわれる資源配分が動学的な意味で効率的であるためには，投資の限界効率と資本の限界効率とが等しくなるという条件が成立しなければならないが，生産要素の固定性が高まるにつれて，この２つの限界効率の乖離が大きくなり，資源配分の動学的非効率性の度合もまた大きくなるという結果となる．

生産要素の固定性は，さらに市場の競争条件にかんしていくつかのインプリケーションをもつ．固定的な生産要素が存在するときには，厳密な意味での完全競争条件は成立しえない．各企業の生産活動の過程で必要となってくる生産要素のうち，固定的なものは，その企業に特有なものであって，過去におこなわれた蓄積によってはじめてふやすことができるものであるから，市場的条件の変化に対応してすぐに固定的な生産要素のストックを増減することはできない．このような調整をおこなうためには必ず時間的経過を必要とし，しかもなんらかの追加的な費用が発生する．一般に，固定的な生産要素の占める比率が高まるにつれて，供給の価格弾力性は低くなり，市場の不完全競争性は高まる．

機械的な生産過程の発達にともなって生ずるもう１つの現象は，異なる企業間の相互依存度の高度化である．すなわち，各企業が必要とする投入物は他の企業によって生産されたものであり，後者の産出物も多くはまた別の企業によって投入物として使用される．しかも生産期間の長期化，あるいはその変動にともなって，この相互関係はいっそう複雑な様相を呈するようになる．ケインズはもちろんこの点に留意してはいたが，たかだか会計的な処理をおこなったにすぎず，そのマクロ経済的なインプリケーションは十分に配慮されなかった．

新古典派理論でも基本的には，生産期間がゼロ，あるいは外生的に与えられたものという仮定がもうけられていた．したがって，レオンチェフの投入・産出分析に典型的にみられるように，ある企業の産出物が他の企業の投入物として使用され，と同時に，後者の産出物が当初の企業の投入物として使用される．このような経済については，資本主義的な制度が発生する論理的必然性をもたないことはジョーン・ロビンソンも指摘する通りであるが，完全競争市場における資源配分の効率性という新古典派理論の基本的命題が妥当するためには，この条件が前提されなければならないことを，ここに改めて指摘しておこう．

生産，投資を決定する経済主体である企業に対置されるものとして，労働を所有し，企業の発行した負債を所有し，それぞれ賃金および利息を獲得して消費活動をおこなう家計が，もう1つの基本的な経済主体である．ケインズは『貨幣改革論』で，家計部門を，労働を供給して賃金を獲得する労働者と資産を保有して利子を得る利子生活者との2階級に分類したが，家計部門をさらに分割すべきか否かは，理論的な問題というより統計的な問題であるということができよう．労働者がその所得の一部を貯蓄して金融資産を購入すれば，その後の彼の所得はたんに賃金だけでなく，一部分は利子所得も含まれることになり，利子生活者としての面をもつことになる．また利子生活者も多くはその所得のうちに労働の供給から得られる賃金を含んでいて，純粋な意味での利子生活者とはいえない面をもつ．したがって，家計部門を労働者と利子生活者とに分類するよりは，所得水準にしたがって分類する方が自然であろう．消費，貯蓄はいずれも所得分配に密接に関係してくるからである．しかしここでは，所得分配は相対的に不変で，消費需要は実質国民所得水準に依存するというマクロ経済的関係が成立するとしよう．

さらに，動学的過程について生産期間をどう取り扱うか，という点に大きな問題が存在する．新古典派理論のように時間的要素を無視すれば，この問題は起こらないが，時間的流れのなかで生産，消費がおこなわれる過程を分析するために，各企業の生産期間を経済的条件の変化に応じて調節するメカニズムを解明することが必要となってくる．

『一般理論』の理論的構造を検討するためには，以上のような点を考慮しなければならないが，そのために『一般理論』がこれまでどのように理解されてきたかを，ヒックスのケインズ解釈に即して解説しておこう．

ヒックスのケインズ解釈

ケインズの『一般理論』を一般均衡理論の枠組みのなかで定式化したのは，ヒックスの所得・支出分析である．ヒックスの解釈はまた*IS*・*LM*分析とも呼ばれており，ケインズ解釈についてもっとも標準的な考え方を提供するものである．その内容についてはよく知られているが，その問題点に対しては必ずしも十分に検討されていない．ここで改めてヒックスの解釈の要点とその問題点を簡単に説明しておこう．

IS・*LM* 分析は，労働雇用決定にかんする有効需要理論と利子率決定にかんする流動性選好の理論とから構成されている．

有効需要の理論で基本的な役割をはたすのは総供給額と総需要額の概念である．総供給額は，所与の市場条件のもとで，各企業がそれぞれ利潤が最大となるように生産規模と生産要素の投入量を決定したときに，国民経済全体でどれだけ財・サービスが生産されるかを，賃金単位ではかった額である．各企業は，利潤が最大となるような生産規模，要素投入量を決定するさいに，どのような要因を考慮に入れるであろうか．まず第1に，労働のような可変的生産要素の投入をふやしたときに，産出量がどれだけ増加するかに依存する．ヒックスの前提のもとでは，生産期間はゼロであると仮定されていて，しかも産出物市場は完全競争的であるが，ジョーン・ロビンソンの意味で不完全競争的であると仮定されている．したがって，企業の雇用需要量は労働の限界生産が賃金単位ではかった産出物の価格に等しいか，あるいはマージン率がカレツキーの独占度に等しくなるような水準に決定される．

この条件はケインズが第1の公準と呼んだものであって，第2の公準とならんで新古典派理論を特徴づける2つの重要な性質の1つである．ケインズは『一般理論』で第2の公準は否定するが，この第1の公準については新古典派理論と同じように当然妥当するものとする．しかし，ヒックス的な前提条件のもとでこの公準はどのような意味をもつか，再考してみる必要があろう．まず第1に，労働が可変的な生産要素とされていて，そのときどきの市場的条件の変化にともなって各企業は自由にその雇用量を調節することができる，ということが前提され，第2に，労働雇用に対する需要は賃金単位ではかった産出物価格が変わったときにはじめて変化する，ということが仮定されている．さらに，産出物はすべて市場に供給され，在庫の蓄積はおこなわれないということである．事実，ケインズ理論では，在庫の存在は認めていたとしても，生産規模に対して常に一定の関係を保つように調節され，非自発的あるいは自発的な在庫投資については考慮に入れる必要がない，ということが暗黙裡に仮定されていたと考えてよい．

このように第1の公準を前提しているときには，企業部門における労働雇用量に対する需要は賃金単位ではかった産出物価格と限界主費用(マージナル・プライム・コスト)のスケジュールを通じて結び付けられることになる．総供給額曲線は，労働雇用量の水準とそのとき生み出される財・サービスの総額を賃金単位ではかった額との間に存在する関係をあらわすものであるが，その曲線上の各点には必ずある一定の価格体系が対応している．そして労働雇用量の変化は必ず価格水準の変化をともなわなければ起こりえないから，総供給額曲線上の異なる点には異なった価格が対応していることになる．そして，それぞれ各企業は利潤が最大になるような生産規模と労働など可変的な生産要素の雇用水準を決定している．

総需要額曲線は，労働雇用量あるいは実質国民所得額とそのときに発生する財・サービスの総額を賃金単位ではかったものとの間の関係をあらわす．労働雇用量がある一定の水準であるときに，どれだけの財・サービスが生産され，どれだけの実質国民所得額が得られるか，ということは総供給額曲線から求められるが，そのとき財・サービスに対してどれだけの需要額が発生するのか，ということをあらわすのが総需要のスケジュールである．財・サービスに対する需要は3つの成分に分けられる．消費，投資および政府財政支出である．

消費需要が国民所得水準に依存することはいうまでもないが，そのときどきの実際の所得に直接依存するのではなく，現在から将来にかけての平均的所得水準がどの程度であるかによって左右される．個々の家計について，今期どれだけ消費するかを決めるときに，さまざまな偶然的な要因によって変化する現在の所得水準に依存して決めるのではなく，将来どの程度の所得が見込まれるか，また過去にどのような消費生活を営んできたかによっても左右されるからである．

しかし，ケインズもヒックスも消費水準がそのときの所得水準に依存するという前提をもうけて，議論を進めている．この点については，ミルトン・フリードマンによって導入された恒常所得仮説が消費構造をより正確に説明することはいうまでもない．また，家計部門で消費水準が決定されるときに，普通の意味における所得概念ではなく，家計部門が受け取る賃金，配当などの収入と，保有する金融資産の市場価値がどれだけ増加するかというキャピタル・ゲインとを加えたものでなければならない．いわゆる実質所得に対応する概念であるが，これが国民経済計算での国民所得の実質額に等しくなるのは，キャピタル・ゲインにかんする期待に対して特殊な前提条件がもうけられているときにかぎられる．すなわち，利潤の内部留保分にちょうど等しいだけのキャピタル・ゲインが発生すると家計部門で期待して，実質所得を計算するときにかぎられる．

消費スケジュールの決定にさいして利子率がどのような役割をはたすか，という点については，ヒックスの解釈は必ずしも明確ではないが，アーヴィング・フィッシャーの利子理論にもとづいて貯蓄水準がどのように利子率に依存するかを分析し，消費スケジュールが利子率によって転位するという仮説を導入して考察を進めることができる．

投資需要の決定がケインズ理論の核心を構成するということは前に述べた通りである．生産期間がゼロで，在庫水準の変動を考慮しないとき，固定的な生産要素の蓄積としての投資は，投資財に対する需要となって現われると考えてよいが，投資活動によって企業の将来の利潤がどれだけ増加するかに対する期待と，投資資金調達のコストの大きさとの相対的な関係によって投資水準は決定される．投資は，限界投資効率が市場利子率と等しくなるような水準に決まるというのがケインズの投資理論であるが，第1に留意すべき点は，限界投資効率のスケジュールは，投資によって得られる将来の利潤に対する期待に依存し，基本的に不確定的な要因をもっていることである．

しかも，ひとたびある特定の投資プロジェクトに希少資源を配分したとき，将来その形態を変えるということは不可能に近いか，あるいは可能であってもきわめて大きなコストを必要とする．このように投資には将来の不確定性と過去の不可逆性という時間的な要因が内在していることは，ケインズ自身も強調したところである．

また，投資コストとしての市場利子率は長期の利子率であることを指摘しておきたい．ケインズがある程度暗黙裡に仮定し，ヒックスが明示的に前提したように，生産期間がゼロであるという状況を想定するとき，短期の市場利子率という概念はじつは存在しないと考えられるし，また，ケインズ＝ヒックスの理論では貨幣はいわゆる M_2 であって，現金性通貨，預金性通貨のほかに市場性の高い短期の金融資産を包含すると考えた方がよい．また投資のための資金調達は，必然的に長期間にわたって資金をファイナンスすることを意味するから，そのコストは長期利子率でなければならない．

政府財政支出にかんしてヒックスは名目額を政策的に決定でき，しかも計画策定から支出までの時間的おくれは存在しないという前提をもうける．このようにして，総需要額は消費，投資，財政支出の和となり，雇用量，実質国民所得および長期利子率によって左右される．長期市場利子率が所与であるとき，雇用量 N とそのとき発生する総需要額 D_W との間の関係は図21-5に示すような曲線によってあらわされる．

総供給額曲線 Z_W と総需要額曲線 D_W とは，図21-5に例示されているような関係をもつ．これは，民間および政府消費性向の和が1を超えないという条件から導き出される．

総供給額曲線と総需要額曲線とが交わる点は，財・サービス全体について供給と需要とが等しくなるような状態に対応する．このとき財・サービスに対する需要額を有効需要といい，労働雇用量はこの有効需要水準に対応して決定される．有効需要水準のもとでは，国民経済計算上の投資と貯蓄とが等しくなるが，有効需要点以外で仮に労働雇用量が決まっていたらどうなるであろうか．もし総供給額より総需要額が上回っているときには，企業部門全体として生産された額よりも需要が大きいことを意味するから，各企業はいままでよりも生産規模を大きくし，雇用量，したがって国民所得水準が高まり，総供給額と総需要額はともに大きくなり，その乖離は小さくなる．このような調整のプロセスは，有効需要に見合う雇用量に達するまでなされるであろう．このようにして，総供給額曲線と総需要額曲線とが図21-5に例示されているような関係にあるとき，財・サービス市場における均衡過程が安定的で，有効需要に見合う労働雇用量が実現する．しかも，この調整の過程を通じて価格水準は一定に保たれるというの

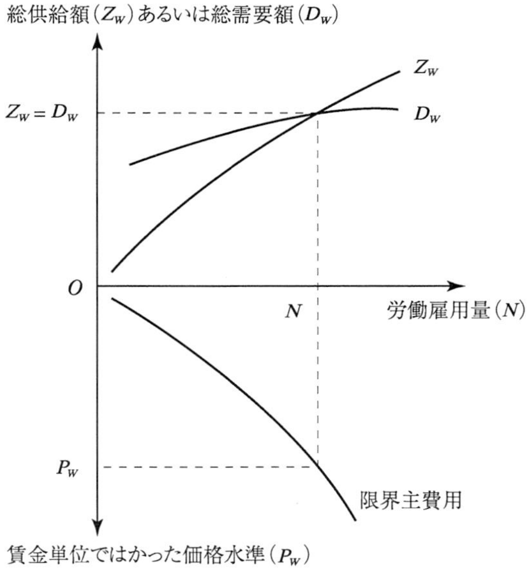

図 21-5

がヒックスのケインズ解釈であり，所得・支出アプローチと呼ばれる所以である．

ヒックス・モデルの問題点

このような解釈についてはいくつかの問題点が存在する．まず第一に，たとえ総需要額が総供給額を上回ったとしても，企業部門としては労働を雇用して生産規模を高める誘因は存在しない．現在の総供給額に見合う生産規模のときに利潤が最大となるのであって，たとえ需要が大きくても生産規模を大きくすれば利潤は小さくなるからである．企業がその生産規模を大きくするのは，賃金単位の価格水準が高くなり，労働の限界生産が低くなるような点で利潤が大きくなるときである．じつは，財・サービスに対する需要額が供給額より大きいときには，市場価格が上昇して，生産量が大きくなり，労働雇用に対する需要が増大すると考えなければ，ケインズの第1公準と矛盾することになる．すなわち，ヒックス的な解釈にもとづくと，財・サービスの市場で需要と供給とに乖離が存在するときに価格水準がきわめて速く調節されるということが仮定されていなければならない．しかも，企業が価格の変化に応じてその生産計画をきわめて敏感に調節し，供給量がそれに応じて変化するということを前提としていることになる．要するにヒックスのいう意味での「週」のなかで，すべての調節がなされるという新古典派的な前提のもとで議論が進められている．

第2の問題点は，労働が可変的生産要素とみなされていることである．すなわち，市場的条件が変化したときに，各企業は労働雇用量をただちに変化することができ，そのためになんの費用をも必要としないということである．この前提条件はまた，生産過程で固定的資本と労働

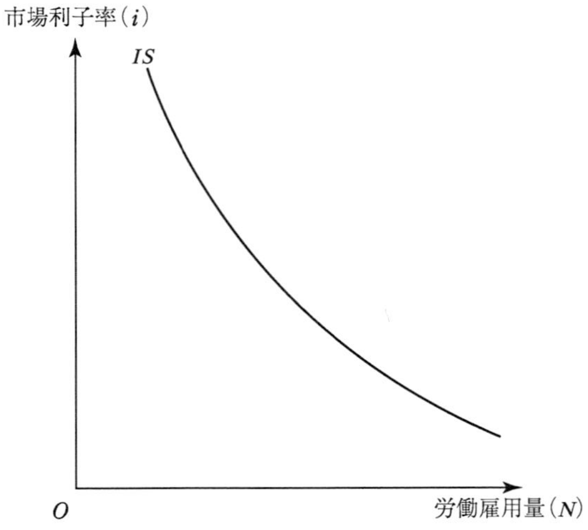

図 21-6

とが代替的であることをも意味することになる．この条件が非現実的であることはいうまでもないが，このような条件のもとでは，たとえば失業とインフレーションの共存というような現代的現象を説明することが理論的に不可能になってしまうということを指摘しておきたい．

つぎに，長期市場利子率の水準が変わったときに，投資需要がただちに変化し，有効需要もまたそれに応じて変化するという条件がみたされている．たとえば，市場利子率が上昇すれば，投資の限界効率が低くなり，投資需要は減少し，有効需要は低下し，労働雇用量も少なくなる．この間の関係をあらわすスケジュールが図 21-6 に例示されるような IS 曲線である．この曲線は，市場利子率 i の変化に応じて投資 I と貯蓄 S とが等しくなるような労働雇用量 N の変化をあらわすが，それぞれの点にはある一定の価格水準が対応する．

流動性選好理論

このようにして，有効需要の理論にもとづいて労働雇用量の水準が決められるが，市場利子率は流動性選好の理論によって決定されることになる．流動性選好の理論は，人々が貨幣と貨幣以外の金融資産とのポートフォリオを市場利子率との関連で決定することに注目して，貨幣供給量が所与であるときに，貨幣に対する需要と等しくなるような水準に利子率が決定されるということを主張する．

貨幣を保有するとき，もしそれだけの額を他の金融資産のかたちで保有したとすれば，保有貨幣 1 単位当たり市場利子率に見合うだけの収益を失うことになる．このような意味で，市場利子率は貨幣の価格とみなされるから，市場利子率と貨幣保有に対する需要との間にも通常の需要関係が存在すると想定される．しかも貨幣供給量は政策的にコントロールされるから，貨幣の供給と需要とが等しくなるような水準に市場利子率が定まることになる．

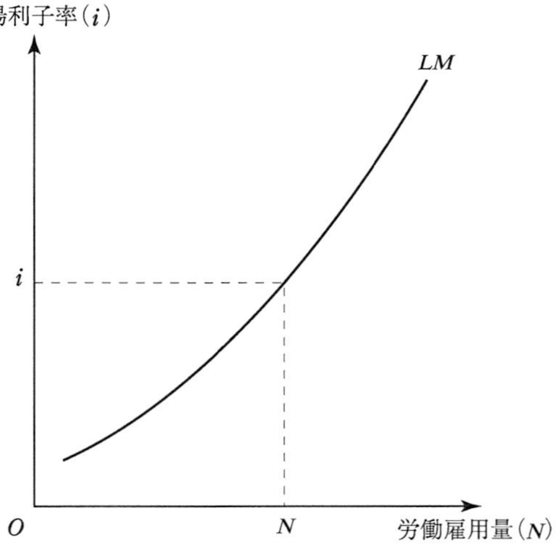

図 21-7

名目的な貨幣供給量を M とし，貨幣賃金率を W とすれば，実質的な貨幣供給量は $M_W=M/W$ によって与えられる．一方，貨幣需要は一般に，市場利子率 i と実質国民生産額 Y_W との関数 $L_W(i, Y_W)$になっていると考えられるから，均衡市場利子率 i は，つぎの需給均等にかんする方程式をみたすように定められる．

$$L_W(i, Y_W) = M_W$$

このとき，実質国民所得額 Y_W が上昇すれば，貨幣保有に対する需要も大きくなり，市場利子率 i が高くならなければ市場均衡が得られない．したがって，労働雇用量 N が変化して，実質国民所得額 Y_W がそれに対応して変化したときに，均衡市場利子率 i がどのように変わるかという関係は，図 21-7 の LM 曲線であらわされることになる．

以上がケインズ＝ヒックス的な流動性選好理論の要約であるが，金融理論の最近の傾向は，資産保有のポートフォリオについて詳細な分析をおこなって，市場利子率水準の決定要因を明確にするという点にもっぱら焦点が当てられてきたといってよい．しかしこの流動性選好の理論は，その基本的な考え方に問題があるといわなければならない．

まず第1の問題点は，名目的な貨幣供給量 M を政策的に決定し，他の経済的諸量とは独立に変えることができるということが暗黙のうちに前提されていることである．ところが，ここで用いられている貨幣は M_2 に対応するものであることはさきにふれた通りであるが，M_2 はたんに，M_1 だけでなく，短期の金融資産をも含んでいて，政策的な変数とみなすことはできない．中央銀行がハイ・パワー的貨幣の供給量を変えるとき，銀行体系の信用創造のプロセスに変化が起こり，経済活動の水準に影響を及ぼし，短期の市場利子率が変動し，上の意味での貨幣保有に対する需要の条件もまた変わらざるをえないからである．この点はつぎに述べる貨幣需要の定義とも関連するが，中央銀行がなんらかの手段で貨幣供給の条件を変え，貨幣供給量 M を変えようとするとき，実質国民所得，労働雇用量の水準を一定に保つことはできないという意味で，M は政策変数ではなくなる．

この点については多少ゆずって，貨幣供給量 M が近似的に政策変数とみなされるような状況を考えてみよう．このときにも，貨幣供給のストック量としての M 自身は，短期的な状況のもとでは政策変数と考えることはできない．現在の時点で存在する貨幣のストック量は，過去の貨幣政策の結果決まってくるもので，現在の時点で政策的に変えることはできない．政策的に選択することができるのは，貨幣のストック量 M をどれだけ増減するか，すなわち貨幣供給の変化率 $\dot{M}/M$ である．ストック量 M を変えたときと変化率 $\dot{M}/M$ を変えたときとでは，その経済的インプリケーションは往々にしてまったく逆のことが多いが，ヒックス的なモデル分析ではこの区別が明確になされない．もともとヒックスの「週」のなかでは，供給量の変化率はたんにストック量の異なる水準とみなされてしまうからである．

貨幣概念として M_2 が使用されていることはまた，貨幣保有に対する需要が長期の市場利子率だけでなく，ここでは考慮に入れなかった短期の市場利子率の変化によって大きく変わってくることを意味する．とくに投機的動機にもとづく貨幣保有を考えるときに，この点は重要になってくるが，ヒックスの分析では十分に考察することができない．

さらに流動性選好の理論における重要な問題点は，貨幣と他の金融資産とが交換されるような市場が存在して，しかも完全競争的に機能していて安定的であるという前提である．そして，貨幣供給量 M の変化はただちに市場利子率の変化となって現われ，市場均衡が常に実現しているという条件がみたされているという制度的前提が存在する．狭義の貨幣 M_1 と短期の金融資産とが交換される通例の意味でのマネー・マーケットにおいては，このような市場的条件はみたされていると考えてよい．しかし，ここで想定するような M_2 と長期金融資産との交換にかんしては，その市場を想定して，瞬時的に均衡が成立するという意味での安定性を仮定することは，もはやたんなる虚構にすぎないといってもよいであろう．

ヒックスの IS・LM 分析は，この2つの理論から組み立てられる．財・サービス市場における均衡条件は IS 曲線によってあらわされ，「貨幣」市場の均衡は LM 曲線によってあらわされる．この2つの市場がともに均衡するのは，市場利子率 i と労働雇用量 N とが IS 曲線と LM 曲線との交点に対応しているときである(図21-8)．

この IS・LM 分析を使って，財政支出および貨幣供給にかんする政策が，雇用水準，市場利子率，そして価格水準にどのような影響を及ぼすか，ということを考察することができる．この点については周知のことであるが，念のため要約だけ述べておこう．

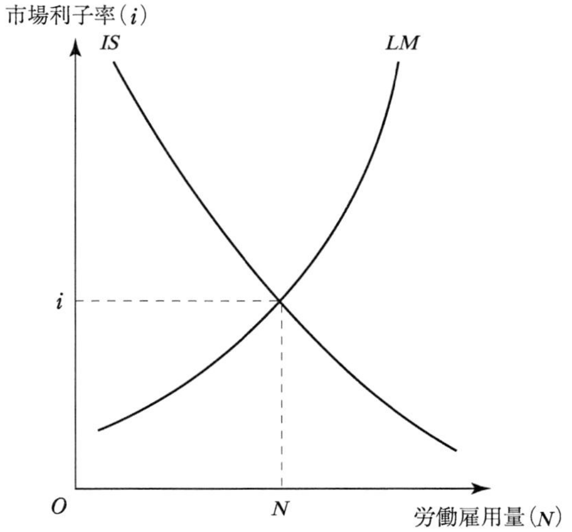

図 21-8

まず，財政支出政策についてみれば，財政支出の増大によって総需要額曲線は上方に転位し，*IS* 曲線も上方に転位することになる．したがって，労働雇用量は大きくなり，市場利子率が上昇することは，図 21-8 から容易に知ることができる．さきに述べたように，このような効果がみられるのは，財政支出政策にかんする時間的おくれを考慮に入れていないからである．さらにもう 1 つの前提として，財政支出の変化は直接には貨幣供給量に影響を及ぼさず，しかも短期の市場利子率が不変であるという仮定がおかれていることに注目すべきである．同じような効果は，投資の限界効率表の転位にともなって投資需要が変化したときにもみられ，それは *IS*・*LM* 分析から容易に知ることができよう．

つぎに貨幣供給量の変化が及ぼす効果について考えてみる．さきに述べたように供給量 M は過去の貨幣供給政策によって歴史的に決まるものであって，現時点で政策的に変えることができないものであるが，いま仮にヒックス的な世界を想定して，供給量 M を変えることができるとして考察を進めることにしよう．

貨幣供給量 M が増加すると，実質貨幣残高 M_w は大きくなり，実質国民所得水準は同じであっても，市場利子率は低下する．すなわち，*LM* 曲線は下方へ転位することになり，有効需要は大きくなる．したがって，雇用量 N は上昇し，市場利子率 i は低下するという効果を生み出す．M_2 の意味での貨幣供給を政策的に変えることはできないことはさきにふれたが，貨幣供給のストック量 M が変わったときに，どのような影響を経済循環の過程に及ぼすであろうか．これが貨幣供給の変化率 $\dot{M}/M$ の及ぼす影響とは異なることは，*IS*・*LM* 分析からも明白であろう．M の増加は *LM* 曲線の下方への転位を意味することになるが，$\dot{M}/M$ の上昇は一般に可処分所得の増加となって現われ，IS 曲線も同時に転位して，その効果は必ずしも一意的に分析できない．

ヒックス・モデルの政策的含意

この $IS \cdot LM$ 分析について，政策的命題のインプリケーションが問題となるのは，貨幣賃金率 W の引き下げが労働雇用量あるいは非自発的失業の水準に及ぼす影響である．名目的貨幣供給量 M が一定水準のときに，貨幣賃金率 W を引き下げれば，賃金単位ではかった実質貨幣残高 M_W は大きくなる．したがって LM 曲線は下方に転位することになり，有効需要は大きくなる．図 21-8 からわかるように，労働雇用量 N は大きくなり，市場利子率 i は上昇する．すなわち，貨幣賃金率 W を引き下げることにより，非自発的失業を減少させることができる．言い換えれば，労働市場における賃金調達機能が円滑に働かないため，貨幣賃金率が高すぎる水準に保たれていることから非自発的失業が発生しているというフィッシャー＝ピグー的な理解にもとづいて，貨幣賃金率の引き下げによって労働市場における需給の不均衡を解消することができ，非自発的失業の減少を実現することができることになる．

ところが，このような新古典派的な政策命題に対し，ケインズは『一般理論』を構築して，労働雇用量は有効需要に依存して定まるものであり，貨幣賃金率の引き下げによっては有効需要の減少，ひいては非自発的失業の増大をすらもたらすことがありうる，と主張したのであった．『一般理論』のモデル化と称するヒックスの $IS \cdot LM$ 分析にもとづけば，逆にピグー的な命題が成立することになる．この点にかんして考えられたのが有名な「流動性のワナ」の仮説である．すなわち，人々が金融資産を保有しようという誘因をもつためには，市場利子率がある最低限の水準以下に低下してはいけないと考える．しかもこの最低限の利子率水準は制度的な要因だけで決まるもので，経済的条件の変化とは独立であると仮定する．ここで考えられている利子率は長期の利子率であり，短期の市場利子率はさまざまな水準を取りうることを考慮に入れると，このような仮定は矛盾したものになるが，その点は一応無視して，上の仮定がみたされているとする．このような条件のもとで，短期均衡における市場利子率がこの最低限の水準であったとしよう．図 21-9 に例示されるように，貨幣賃金率が引き下げられても，LM 曲線の最低水準の利子率に対応する部分は不変であるから，有効需要は変化がなく，労働雇用量も不変で，非自発的失業も同じ水準になってしまう．

このように「流動性のワナ」の仮説がみたされていれば，貨幣賃金率の引き下げの及ぼす効果についてケインズ的な結論が導き出されることになる．しかし，「流動性のワナ」仮説のもとでは，貨幣供給量 M の変化にかんしてつぎのような結論が得られる．すなわち，貨幣供給のストック量 M が大きくなったときに，LM 曲線は図 21-9 に示すようなかたちで転位することになり，市場利子率も労働雇用量も変わらない．すなわち，貨幣供給政策は雇用，投資，消費，

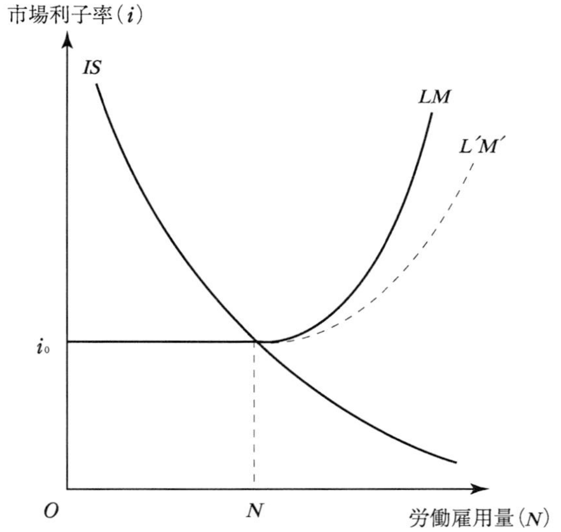

図 21-9

利子率，価格にまったく影響を及ぼさないことになり，“Money doesn't matter” という表現が妥当するような経済を考えていることになる．もともと『一般理論』の意図していたのは，経済循環のプロセスにおいて貨幣的な要因と実物的な要因とがどのように交錯し，関連し合っているか，ということを分析しようとしたのであるが，「流動性のワナ」仮説のもとでは，実物面で貨幣的要因がなんらの役割をもはたさないという奇妙な結論が得られることになってしまう．

この点でもヒックス・モデルが『一般理論』の適切な定式化ではないといえるが，ケインズ批判の多くがヒックス・モデルにもとづいてなされてきたことは留意しておく必要があろう．たとえば，1950 年代から活発になされてきたマネタリズムの立場からのケインズ批判は，もっぱら *IS*・*LM* 分析を対象としてきた点で，ケインズ理論に対する適切な批判とは言いがたい．

以上要するに，ヒックスの *IS*・*LM* 分析は『一般理論』の一面をとらえて，その基本的なメカニズムを単純，明快なモデルによって解明するものであるといえる．しかしその反面，動学的不均衡過程の短期的分析というケインズ理論の特徴をとらえることができず，ワルラス的な一般均衡論の枠組みのなかでの静学的な分析に終わってしまった．この結果，政策的インプリケーションについて必ずしも的確な分析をおこなうことができなかったのである．

現実に観察される経済は，すべての財・サービスおよび生産要素の市場で，需給が均衡しているような状態ではない．財・サービス，生産要素の多くについて，需要と供給とは必ずしも等しくなく，価格体系も生産水準も絶えず変動しつつあるような動学的不均衡状態が，市場経済制度のもとで実際に起きているといえよう．しかし，前節で説明したように，新古典派理論の枠組みのなかでは，このような不均衡状態を記述することすら不可能となり，また『一般理論』のヒックス的な解釈にもとづいては，不均衡状態の動学的分析を整合的におこなうことはできない．そこで，動学的不均衡の分析的枠組みをどのようにして形成したらよいか，という問題が，理論的な観点からも，また実証的，政策的な観点からも重要な課題となる．つぎの節で，この問題を取り上げて考察することにしよう．

4. 動学的不均衡理論の構想

本論に入るに先立って，動学的不均衡理論とはなにかということについて，これまでの所論をふまえながら簡単に説明しておこう．動学的不均衡理論は，通例，比較静学，動学的均衡理論の延長線上にあるとされているが，この2つの理論とは本質的に異なる現象を対象とし，したがって，その分析的方法もまたかなり異なったものでなければならない．いわゆる均衡分析の枠組みでは処理することができないものであるが，これまで，インフレーション，失業などというすぐれて動学的不均衡的な現象についてすら，均衡分析の方法をもって解明しようとしてきたために大きな混乱が生じてきたことは，前にもふれたところである．

不均衡状態の叙述

新古典派経済学のもつ理論的前提条件のもとでは，経済は常に均衡状態にあると想定され，不均衡状態については整合的に記述することすら不可能となる．すなわち，各時点で，各経済主体は，消費者であっても，生産者であっても，それぞれ自らもっとも好ましいと考える行動を選択することができ，各財・サービスに対して，その需要と供給との乖離は，ただちに価格あるいは生産・消費計画の調整を通じて解消される．したがって，各時点で，各経済主体は自らもっとも望ましいと思われる生産，消費計画を立て，しかも各財・サービスに対して，需給が均等するような状態，すなわち均衡状態が成立する．もし，経済がこのような均衡状態にないとすれば，価格あるいは生産・消費計画がただちに修正され，このような調整は，なんら追加的なコストも時間も必要とせずに可能になると考えられている．

したがって第2節で論じたように，均衡でないような状態自体，新古典派の理論的前提条件である生産要素のマリアビリティとプライス・メカニズムの安定性とに矛盾するものとなる．ワルラスのタトヌマン・プロセスの一段階，あるいはヒックスの「週」の1日におけるように，各経済主体が絶えず計画を立て直し，価格が常に修正されているような過渡的な状況をあらわし，実際の生産，交換，消費は決しておこなわれないような状態であり，しかもこのような調整がおこなわれている間中，時間はまったく進まない．ヒックスの1「週」のなかでは，時計を止めて一般均衡状態に向かって気の遠くなるような膨大な調整がおこなわれ，その間を通じて時計の針は進まないという無時間性の前提条件が暗黙裡ではあるが仮定されている．

比較静学は，ある均衡状態を他の均衡状態と比較してみて，価格，生産量，雇用水準などの経済的消費がどのように異なっているかを検討する．この2つの均衡状態については，外生的変数のうち1つないしはいくつかのものがなんらかの事情によって変化し，異なった値をとると考えるが，その変化がどのような時間的経過を辿って起きてきたのかという点はまったく捨象して，結果としての2つの均衡状態だけを比較するのである．ワルラスの一般均衡理論，あるいはその啓蒙版であるヒックスの『価値と資本』の基本的な枠組みは，この比較静学の考え方である．

これに対して，動学的均衡理論では，均衡状態が時間的経過にともなってどのような径路を辿って変化するかということを問題とする．このとき，各時点における均衡状態を規定する外生的条件自体も，そのときどきに実現する均衡状態に，あるときは無関係に，あるときは依存しながら変化してゆく．1950年代から60年代にかけて流行した新古典派の経済成長理論は，後者の意味における動学的均衡理論の典型であるといえよう．

比較静学も動学的均衡理論もともに均衡分析の枠組みのなかで展開されるものである．この点に関連して，読者の注意を喚起しておきたいことがある．それは，オスカー・ランゲ，ポール・サミュエルソンなどによって展開されたいわゆる価格機構の動学的分析についてである．この分析は，新古典派的な前提条件が妥当するような市場経済において，価格が均衡価格でないときに，需要と供給との差に比例して変化するとき，均衡状態に近づく傾向をもつか否か，ということにかんするものであった．しかし，不均衡価格に対応する需要と供給とはあくまでも仮想的なものであって，ヒックスの「週」のなかにおけるタトヌマン的な調整にすぎず，外的な時間は静止したまま，「週」のなかでおこなわれる仮想的な過程にかんする分析であって，現実的な対応をまったくもたない．

動学的不均衡理論は，上の2つの分析視角と異なって，不均衡状態を対象とする．このとき2つの問題が提起されよう．まず第1に，各経済主体の行動が必ずしも最適なものではなく，各財・サービスの市場については必ずしも需要と供給とが一致していないような状態をどのようにして叙述するか，という問題である．第2の問題は，このような不均衡状態が時間の経過にともなってどのような径路を経て変化するか，という動学的過程にかかわるものである．

第1の不均衡状態の叙述にかんする問題について，その内在的困難はすでに多くの人々によって指摘されてきたし，第3節でも簡単に言及しておいた．そのもっとも基本的な問題点は上に述べたように，各経済主体が自由にもっとも望ましいと考える行動を選択できるような物理的，制度的条件が一方で仮定されていて，他方では，価格が需給に応じて速やかに反応しうるという状況のもとで，どうして不均衡状態がそもそも起こりうるのかという点である．じじつ，新古典派の理論的前提をみたすような市場経済では，不均衡状態は起こりえない．しかも，もし仮にこのような不均衡状態が起きたとした場合，需要と供給とが乖離しているときに，各経済主体の生産計画，消費計画を，全体として整合性が保たれるようにして実際に決定するようなメカニズムは存在しうるであろうか．すなわち，需要と供給とが乖離しているときに，おのおのの経済主体がそれぞれどの財・サービスをどれだけ消費あるいは生産し，各生産要素をどれだけ供給あるいは使用するのかということを決めて，全体として実際に消費されたものと生産されたものとが一致するようにできるであろうか．

ロバート・クラワーをはじめとして多くの経済学者たちがこの設問に対する数学的な解答を求めてきた．しかし，それらはいずれも，現実の市場経済制度のもとで起きていると考えられるような性質のものではなく，たんにある数学的な基準をみたすものが存在しうるということを問題にしたものにすぎない．そのうえ，これらのメカニズムは分権性の基準をみたしていない．分権性は市場経済制度のもっとも特徴的な性質の１つである．すなわち，各経済主体は，価格のほかには，自分自らにかんする経済的変数――所得，資産のポートフォリオ，消費のパターンなど――だけを知って行動することができ，全体についての経済的変量あるいは他の経済主体の行動について事前に知る必要がないという前提条件である．この条件がみたされなくなってしまうときには，市場経済制度における経済循環のメカニズムにかんする分析という，本来の問題意識からまったく乖離してしまうことになるのである．

不均衡状態の叙述そのものにかかわるこのような問題点は，新古典派の理論前提に必然的に付随するものであって，このような理論前提のもとでは，不均衡状態の動学的分析という当初の問題を取り扱うことは当然不可能とならざるをえない．

以上の論点について，ケインズの『一般理論』が提起してきたさまざまなマクロ経済的な課題に焦点を当てながら，その意味をより明確なかたちで探ることにしよう．

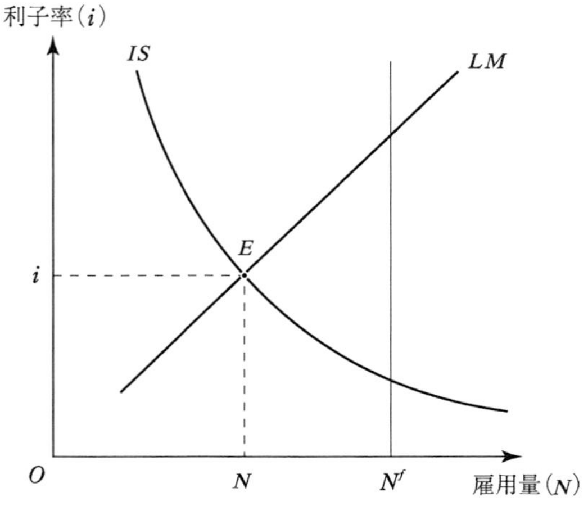

図 21-10

IS・*LM* 分析と不均衡過程

『一般理論』にかんするヒックスの *IS*・*LM* 分析から出発しよう．図21-10に示すように，*IS* 曲線は右下り，*LM* 曲線は右上りで，*E* 点で交わる．*IS* 曲線上の各点には，財・サービス市場で需要と供給とが全体として等しくなるような市場利子率 i と雇用量 N との組み合わせが対応している．市場利子率の水準が所与であるとき，ある一定量の投資需要が形成され，その投資量に見合って有効需要が求まり，それに対応する労働の雇用量が *IS* 曲線上の点に対応する．

これに対して，*LM* 曲線は，金融資産市場が均衡するような市場利子率と雇用量との組み合わせをあらわす．ある労働雇用量に対して，そのときに生成される国民総生産額あるいは経済活動水準一般に対応して，貨幣保有に対する需要が形成され，それが貨幣供給量に等しくなるよう，すなわち金融資産市場が均衡するように市場利子率が決まる．この利子率が *LM* 曲線上から求められるものである．

このように，*IS* 曲線は財・サービス市場の均衡条件をあらわし，また *LM* 曲線は貨幣市場(厳密には金融資産市場であるが)の均衡条件をあらわす．したがって，財市場と貨幣市場とがともに均衡しているような状態は，*IS* 曲線と *LM* 曲線との交点 *E* に対応する利子率と雇用量とによってあらわされる．このとき，労働供給量がたとえば図21-10の N^f であらわされるとすれば，労働市場では供給が需要を超え，$N^f - N$ だけケインズのいう非自発的失業の発生をみる．

さて，いま外生的条件の一部に変化が起きたとしよう．実物資本の蓄積量，技術的条件，消費性向などの外生的条件であってもよいし，また，財政支出政策，貨幣供給量あるいは税制などの政策的変数であってもよい．これらの条件の一部が変化すれば，*IS* 曲線，*LM* 曲線，あるいはその両方が転位し，新しい均衡点 E' が実現するであろう．

この2つの均衡点 E と E' とを比較して，たとえば，雇用量が増加したとか，利子率が上昇したとか，あるいは価格水準が上昇したか否かを検討するのが比較静学である．それに対して，均衡状態が E 点から E' 点に移動して行くプロセスを検討するのが動学的均衡分析である．とくに，はじめの均衡状態における投資，価格水準の大きさに応じて，つぎの時点における *IS* 曲線，*LM* 曲線の位置がどのように影響されるかということを分析し，動学的均衡径路に及ぼす外生的，政策的条件変化の効果を分析しようとする．

しかし，比較静学と動学的均衡分析との間には，問題意識，分析用具の難易などの点で若干の差違はみられるものの，どちらも本質的に均衡分析の域を出るものではない．インフレーション，失業などという不均衡過程にかかわる現象に対しても *IS*・*LM* 分析が適用されているが，いずれもこのような本質的に静学的な分析手法を用いているという点で，その政策的，実

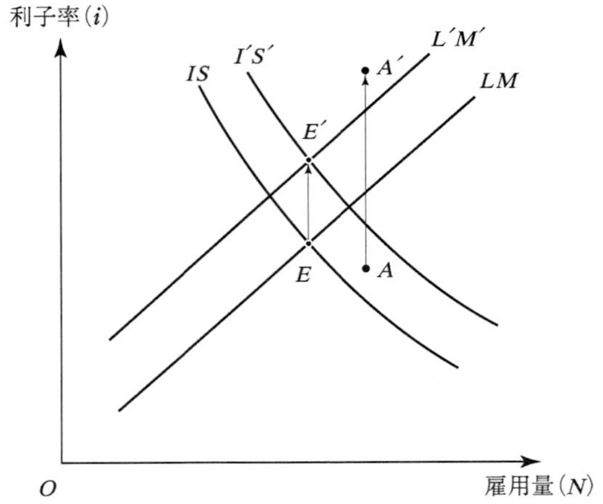

図 21-11

証的インプリケーションはきわめて非現実的なものにならざるをえないのは当然であるといえよう．

インフレーション，失業などという現象を問題としているときには，現実の経済は均衡状態 E 点にあるのではなく，たとえば図 21-11 の A 点のように IS 曲線，LM 曲線上にはないような不均衡状態にある．そしてつぎの時点では，E' 点ではなく A' 点のような不均衡状態に変化してゆくのが，インフレーション過程のような現象をあらわすことになる．しかし，均衡分析の前提条件のもとでは，A 点に対応する状態はきわめて速やかに均衡状態 E 点に近づき，A' 点もまた E' 点に近づく．したがって，A 点から A' 点への変化の過程は，E 点から E' 点への変化を分析することによって，その特徴を推察できるというのである．しかも，IS・LM 曲線から $I'S'$・$L'M'$ 曲線への転位は，はじめの状態 A が均衡点 E からどのくらい乖離しているかということとまったく無関係に決まってくるという前提もまた，暗黙のうちに想定されている．

しかし，現実には，インフレーション過程が示すように，IS・LM 曲線がどれだけ転位するかということは，はじめの状態において，各市場がどの程度不均衡であったかによって大きく左右され，また，均衡点 E への収斂性もまた必ずしもみたされない．

議論を進める前に，経済が IS 曲線上にない点 A であらわされるということはどのようなことを意味するのかを考えてみよう．このことは，総供給と総需要とのスケジュールについてあらわしてみるとき，その意味がより明確になるであろう．

図 21-12 において，横軸は雇用量をあらわし，縦軸は(貨幣賃金単位ではかった)実質国民生産額をあらわす．総供給額曲線は，各企業がそれぞれ利潤を最大にするように生産規模，雇用量を決めるという条件のもとで，全雇用量 N と，そのときに市場に供給される財・サービスの

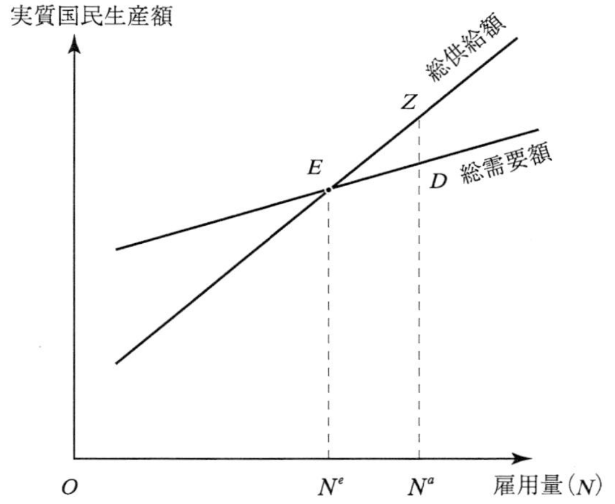

図 21-12

全額を貨幣賃金単位ではかったものとの関係を図示した曲線である．それに対して，総需要額曲線は，全雇用量 N と，そのときに生み出される所得がどれだけ財・サービスに対して需要を誘発するかということとを関係づけたものである．この 2 つの曲線の交点 E が有効需要を与える．利子率 i が変化したときに，総需要額曲線は転位し，有効需要額は変化し，対応する雇用量も変化する．このような利子率と雇用量との関係を図示したのが，図 21-11 の IS 曲線だったのである．

ところが，不均衡点 A は，たとえば図 21-12 における雇用量 N^a に対応し，総供給額 Z は総需要額 D より大きくなる．すなわち，実際の労働雇用量 N^a が，財市場が均衡するような水準 N^e，より大きく，財市場で ZD だけの超過供給が発生する．すなわち，図 21-11 の A 点に対して，労働の雇用水準は，企業部門で利潤最大条件をみたすような最適水準より高くなり，他方，財市場においては供給が需要を上回るような不均衡状態が対応する．また，A 点が IS 曲線の左方に位置しているときには，実際の労働の雇用水準 N^a は均衡水準 N^e より低くなり，財市場では超過需要が発生することになる．

さきに述べたように，このような不均衡状態は新古典派の理論前提とは矛盾する．もし現在の雇用水準 N^a が，企業が望ましいと思う水準 N^e と異なるとすれば，企業部門はその差だけの労働をただちに新しく雇い入れるなり，逆に解雇するであろうし，またそのような調整を妨げるものは存在しないというのが，労働雇用の可変性にかんする条件だからである．

換言すれば，労働の雇用量は，その限界生産が実質賃金水準に等しくなるように常に調整することができるということを意味する．この条件は，ケインズが，『一般理論』のなかで新古典派の第 1 公準と名付けたものであり，『一般理論』においてもそのまま仮定しつづけたものである．この労働の限界生産性原理のもとでは，実際の雇用量 N^a が均衡雇用量 N^e と乖離することはありえない.

労働雇用の固定性

したがって，不均衡状態のもとで実際の雇用量 N^a が最適雇用量 N^e と乖離するのは，労働の雇用が可変的であるという新古典派の前提条件が妥当しないような，物理的，制度的条件が存在する経済を考察しているからである．むしろ逆に，労働雇用が可変的で，そのときどきの市場的，経済的条件に応じていつでも自由に雇用量を変えることができるという条件が現実に妥当するような国民経済を見いだそうとすること自体，不可能であると言ってもよいであろう．この点にかんしては，これまで西部邁氏などごく少数の経済学者が注目したにすぎない．

ある企業が，その労働雇用量を変えようとするときには，さまざまな費用を必要とし，無視できない時間的経過をまたなければならない．このような費用，時間は，あるときには物理的，技術的な条件によって支配されることもあるであろうし，あるときには慣行的，法律的，あるいは制度的な要因にもとづくこともあるであろう．きわめて特殊な場合として，このような費用，時間をかけずに，労働雇用量の変化を実現することが可能なことがあるが，これはきわめて例外的であり，国民経済全体についてのマクロ経済的な議論にさいしては，その妥当性は一般には成立しないと言ってもさしつかえないであろう．

企業が雇用量をふやそうとするときに，まず問題となるのは，潜在的な労働供給のなかから，その企業の要請に応ずるような労働者を見いだすために必要な費用である．経済理論では，多くの場合，労働者は同質的で，同じような技術，能力を備えているという前提のもとで議論が進められるが，そのような単純化された理論においても，それぞれの企業が必要とするようなタイプの労働者を探し出すための費用は，依然として無視できないものであると考えるべきであろう．

この種の費用は，企業の要請する技術の特殊性，専門化度などに依存するだけでなく，新しく雇用しうる労働者がどの程度多数存在するかということにも大きく影響される．すなわち，雇用労働者の労働全供給に対する比率が1に近づけば近づくほど，各企業がその雇用量をふやすために必要な費用は高くなり，その結果，労働雇用が労働供給を上回るという状態は決して起こりえないと仮定してもよいであろう．

また，このような費用は，新しく雇用しようとする労働者の数に対する現雇用量の比率が高くなればなるほど高くなり，一般に限界費用逓増の現象を呈すると考えられよう．

逆に，労働の雇用量を減少させようとすれば，慣行上あるいは契約上，高い支払いを労働者に与えなければならないのが一般的であるか，または契約上自由に解雇できないか，あるいはかなり長い猶予期間を与えるなどの措置を取る必要がある場合も多い．

これらはいずれの場合にせよ，企業が労働雇用量を変えようとするときは，一般にその量にかんして逓増的な費用を支払わなければならず，また時間的経過をともなうのが一般的であるといえよう．言い換えれば，労働雇用は必ず固定的であって，可変的ではないということになる．

労働雇用が固定的であるときには，新古典派理論にみられるような単純なかたちで雇用理論を展開することは，もはやできなくなる．第3節で，物理的な生産要素が固定的であるときに，投資理論をどのように展開したらよいかという問題について簡単にふれたが，ここでは労働雇用についても，同じような理論を構築しなければならない．

さらに，不均衡状態においては，財に対する需給の均等は保証されない．このように需要と供給とが乖離しているときに，各経済主体について，実際の生産，取引，消費額がどのように決まり，需給の乖離をどのように矛盾なく解決できるであろうか．この問題は，在庫概念を導入して整合的に考えを進めることができるが，ここでは，不完全競争市場における企業の雇用，生産，価格づけ，投資などにかんする行動を分析するための一般的な枠組みを紹介し，それがわれわれの議論に対してどのようなインプリケーションをもっているかを簡単に論じよう．

論点を浮き彫りにするために，きわめて単純化された状況における企業の行動をモデル化することにしよう．いまある企業について，その製品は1種類で，差別化された不完全競争市場で販売されているとする．生産過程に必要な生産要素は，物的なものと人的なものと2つだけで，それぞれ同質な要素から構成されているとする．この2つの生産要素を理解しやすいように資本と労働と呼ぶことにするが，どちらも固定的である．また，この企業の製品は，なんら費用を必要としないで貯えることができ，その在庫は，過去の生産および販売によって決まってくるという意味でまた固定的な面をもっている．

したがって，この企業が各時点で保有している製品在庫，資本，労働雇用量はすべて歴史的な変数とも言うべき性格をもち，企業が過去においておこなった選択と市場の条件とによって決まってきて，現時点でそれらを自由に変えることはできない．しかし，労働の雇用を新しくどれだけふやし，あるいはどれだけ解雇するか，さらに新しく資本をどれだけ蓄積するかは，現時点で自由に選択できると仮定する．また，資本の操業度，労働雇用の集約度にかんしてもある程度選択の自由をもち，生産量を調節できるものと仮定するが，製品在庫にかんしては，その変化は，生産量と実際の販売量とによって左右され，事前には正確に予測しえない．

このような制約条件のもとで，企業は現在から将来にかけて予想される純収益の割引現在価値が最大になるように，生産規模，投資，新規雇用(あるいは解雇)，製品価格を決定すると想定する．このときに使用される割引率は，長期市場利子率あるいはその変形であるが，ここでは理解しやすいように，長期市場利子率がある一定水準に保たれるように貨幣供給政策がとられているとする(これは，いわばもっとも安定的な貨幣供給政策の場合である).

このような企業行動を想定するとき，生産，価格，投資，新規雇用などという企業の選択変数にかんする最適値はいずれも，現時点における製品在庫，資本ストック，雇用量に依存するだけでなく，将来の市場条件に対する予想によっても左右される．価格は，在庫の増加にともなって低下し，労働雇用量の増大にともなって上昇する．また，生産量は，在庫の減少関数で，資本および労働の増加関数となる．投資および新規雇用にかんしては，その動きは必ずしも単純ではなく，より複雑な様相を呈するのが一般的である．

おのおのの企業が，このような行動をするとき，経済全体にかんするマクロ的な特徴はどのようになるであろうか．集計の過程にかんしては単純な前提をもうけて，上に説明したような企業行動をもつ代表的企業によって，企業部門全体の行動が説明できるとしよう．

労働雇用が固定的であるときには，さきに導入した総供給額のスケジュールの意味を大きく修正しなければならない．労働が可変的であったときには，総供給額のスケジュールは，各企業がそれぞれ利潤が最大になるように雇用量の水準を選択するという前提のもとで導き出されたが，労働が固定的であるときには，各企業の雇用量は現時点て選択されるものではなく，過去の行動の結果として歴史的に決まる．

各企業が選択しうる自由度は，たかだか，固定資本にかんする操業度と，現在の雇用量をどれだけ集約的に使用するかだけであって，ある限定された範囲内で，最適な産出量水準を選択できるにすぎない．ある労働雇用量 N^a に対する総供給額は，このような意味での産出量をすべての企業にかんして集計した額を貨幣賃金単位ではかったものである．したがって，総供給額曲線は，歴史的に与えられた労働雇用量の水準が異なるときに，それに対応する総供給額をあらわすスケジュールとなる．

総需要額曲線についてもまったく同様である．労働雇用量がある水準 N^a であるとき，賃金，利息，配当などの所得が全体としてどれだけ生み出され，そのとき，財に対する需要がどれだけ発生するかをあらわすスケジュールである．どちらも，労働雇用量 N^a は過去の行動の結果決まり，現時点における市場の条件，企業の行動によっては左右されず，慣行的に定められた貨幣賃金の支払いを受ける．総供給額曲線をこのように解釈するとき，企業の製品が不完全競争市場で販売されているときにも，その意味を明確にとらえることができる．これに反して，労働が可変的なときには，不完全競争市場における総供給額曲線は導き出すことができないのは周知であろう．

さて，図 21-12 の 2 つの曲線が，このような修正された意味における総供給額曲線と総需要額曲線であるとしよう．現時点における労働雇用量を図の N^a とすると，供給 Z は需要 D を上回って，在庫は ZD だけ増加する．

もし仮に，つぎの時点において，固定資本および労働雇用量にはともに変化がないとすれば，

在庫ストックのみ ZD だけ増加しているため，さきに検討した企業行動のパターンにもとづけば，企業の産出量水準は低下し，販売価格もまた下落することになろう．このとき一般に，労働の新規雇用量は前より減少するか，あるいは解雇労働者数は増加するであろう．投資水準についてもまったく同様であって，在庫増加にともなって低下する傾向を示すのが一般的な場合である．

逆に，現時点における労働雇用量 N^a が，有効需要に対応する水準 N^e より低い場合にはどうなるであろうか．このときには，総供給額 Z は総需要額 D を下回り，在庫水準は，DZ だけ減少する．前の場合と同じように，固定資本，労働雇用量に変化がないとすれば，在庫の減少は，つぎの時点における企業の産出量水準を高め，その販売価格もまたそれに応じて高くなるであろう．したがって，投資水準は上昇し，労働の新規雇用量もまた増加するか，あるいは解雇労働者の数は減少することになろう．

以上の議論は，総供給額，総需要額のスケジュールはともに時間が経過しても転位しないという前提のもとで進められた．実際にはさきにみたように，この2つの曲線はともに，実物資本のストックや在庫などに依存して転位するから，上の結論は，この点を考慮に入れて修正する必要がある．しかし，その本質的な点については，そのまま妥当する．

動学的不均衡理論の展開にさいして，もっとも重要な役割をはたしたのは，労働雇用の固定性であった．このとき企業の行動様式がどのようなかたちをとるかが，その中心的な課題となるが，この問題にかんする理論的な分析は今後にまたざるをえない．ここでは，上に述べたことに対する補足的な説明をかねて，この問題にかんする一般的なアプローチについて簡単にふれておきたい．

まず留意しなければならないのは，企業が各時点で調整することができるのは，そのときの労働雇用量ではなく，労働雇用の変化量であるということである．したがって，労働の雇用量が，限界生産額と賃金とが等しくなるような水準に決められるという新古典派的な命題は，その意味を失ってしまう．この点についてはさきにふれた通りであるが，労働雇用の最適な変化量はどのようにして決められるのであろうか．

これは，固定資本の場合と同じように，労働雇用の限界効率という概念を使って解決することができる．ある時点で，労働の雇用量を限界的に1単位だけふやしたときに，この企業が獲得することのできる利潤は限界的に増加するが，利潤(より正確には純収益)のこの限界的な増加を現在から将来まで適当な割引率によって割り引いたときに，労働雇用を限界的に1単位だけふやすために必要となった限界的費用に等しくなるであろう．この割引率が，労働雇用の限界効率と呼ばれる概念であって，最適な雇用変化量は，労働雇用の限界効率が市場利子率に等しくなるような水準となる．

他方，固定資本の操業度あるいは生産規模の水準は，製品在庫の帰属価格に依存して決まる．

在庫の帰属価格は，在庫水準を限界的に1単位だけふやしたときに，企業の純収益の割引現在価値がどのくらいふえるかをあらわすもので，産出物あるいは在庫の限界的な1単位が企業にもたらす便益をあらわす尺度である．企業はその最適販売量を決定するにさいして，販売量を限界的に1単位だけふやしたときに得られる収入の限界的増分が在庫の帰属価格に等しくなるような水準に決めようとする．また，最適産出量は，産出量を限界的に1単位ふやしたときの費用の限界的増分が，在庫の帰属価格に等しくなるという条件によって決められる．

このようにして，企業の生産，販売，投資，労働雇用の調節にかんする行動は，投資の限界効率，労働雇用の限界効率，在庫の帰属価格のスケジュールによってあらわすことが可能になる．これらのスケジュールが，どのような要因によって左右されるか．また，金融資産市場の均衡条件を考慮に入れて，財政・金融政策が経済循環のプロセスにどのような影響を及ぼすかという問題を，われわれの理論的枠組みのなかでどのようにして分析することができるであろうか．そのとき，インフレーション過程の安定化，完全雇用政策の成長過程に及ぼす影響などという問題にかんして，これまでの均衡分析とは本質的に異なる結論が導き出される．

5. 社会的共通資本の理論

これまでの議論が示すように，ケインズの『一般理論』は，新古典派理論のもっとも基本的な前提条件であった生産手段の私有制とそれにともなう市場制度の意味するところには言及しなかった．そこで，この節では，この問題を取り上げて，どのような理論的考察が試みられてきたかということを説明することにしよう．

市民の基本的権利と市場機構

新古典派の経済理論では，すべての財・サービスの生産および消費が私的な利潤追求という動機にもとづいてなされるという前提がもうけられていた．わたくしたちが普通想定するような財・サービスについてはその生産，販売が私的利潤追求の対象とされることについて，なんら社会的あるいは倫理的問題がおきないと考えてもよい．しかし，財・サービスの性格によっては，このように私的利潤追求の対象とされることによって，大きな社会的問題を惹き起こすようなものが少なくない．そのもっとも極端なものは奴隷制であるが，人間を売買の対象として私的な利潤の追求がなされるということは，人道的見地から許されるべきものではなく，現在このようなことが許容されている国は存在しない．

もう1つの例として，警察があげられる．警察は，地域社会の治安を維持し，各人の安全を守るというサービスを提供するものであるが，もし仮に，警察サービスが私的利潤を追求するという動機にもとづいて供給されたとすればどうなるであろうか．そのときに生ずる社会的混乱は想像をこえるものがあり，たとえ経済的観点からこのような制度がより効果的であるにしても，社会的，人道的な観点から望ましくないものであることはいうまでもない．

上にあげた奴隷労働，警察などの例は，市場機構を通じて処理すべきではないことがきわめて明確なものである．しかし，このような判断も，現在の社会的条件を反映した，いわば社会的通念にもとづいてなされたものである．事実，古代ローマ，アメリカ南部の例をあげるまでもなく，奴隷制が当然なものとして許容されていた歴史的時代もあり，また，開拓時代のアメリカ西部にみられるように，警察サービスが私的に供給されたこともあったのである．したがって，奴隷労働，警察を市場機構を通じて処理すべきではないということは，あくまで現在の社会的，経済的条件を反映したうえでの価値判断であることに留意する必要がある．

現在の社会的条件のもとでは，もちろん人身売買という非人道的行為は禁止され，また警察サービスは公共的サービスとして提供される．どのような財・サービスが市場機構を通じて配分されるか，またどのようなものが公共的に供給されるかということは，そのときどきの社会的，経済的条件を反映して，社会的価値判断にもとづいて決定されるものである．逆に，市場機構がどのような財・サービスに対して適用されているかによって，じつはその国民経済の社会的特質を知ることができるともいえよう．

したがって，このような問題を考察しようとすると，必然的に近代的市民社会の制度的特質にふれなければならない．この点にかんする正確な理解なしには，市場機構の限界について語ることは困難だからである．市民社会の特質は，社会の各構成員が，それぞれどれだけの権利を賦与され，どのような義務をもっているかによって規定され，市民社会の進歩は，ある意味では，各市民に賦与されている権利の拡大によってはかることができる．このとき，国家のはたすべき任務は，市民がこのような権利を享受しうる社会的，経済的環境を整えることでなければならない．

しかし，各市民にどのような権利が賦与されなければならないかということを具体的に想定しようとすると，その内容についてのコンセンサスを得ることは必ずしも容易ではない．基本的人権を規定した憲法についても，その具体的な解釈を一般的に与えようとするのは容易ではないからである．しかし，その根本的理念に立ち返って考えるとき，市民の権利について，社会的な通念としてある程度の了解を得ることができよう．わたくしがここで社会的通念という曖昧な言葉を使うのは，むしろ意図的であって，このような市民の基本的権利という概念は，論理的な演繹を通じては求められず，市民の人間的権利にかんする社会的通念をどのように理解し，解釈するかによって規定されるものだからである．

ここで使われている市民の基本的権利という概念は，市民であることによって当然発生する基本的な権利であって，国家または社会によって温情的に与えられるものではない．このような市民の基本的権利については憲法に規定されるところであるが，生命，自由，および幸福追求という基本的な人権にはじまり，奴隷的拘束からの自由，思想・信教などの自由，職業選択・居住などの自由，教育・労働の権利などが，近代的市民社会におけるいわゆる市民的自由を構成する．さらに，市民はすべて健康で文化的な最低限度の生活を営む権利をもち，そして国は，市民がすべてこうした基本的権利を享受できるような制度，施設を用意しなければならない．しかも，このような市民的権利は，支払う能力があり，またその意志をもった人々にのみ供給されるのではなく，すべての人々に公正に供給されなければならない．

したがって，どのような財・サービスが私的なかたちで供給され，どのようなものが公共的に供給されるかということは，結局，このような市民のもつ基本的権利をどのように解釈するかに依存して定められることになる．

国家のはたすべき任務としてまず第1にあげられるのは，国防，外交など，アダム・スミスのいう「社会を他の独立の社会の暴力や不法行為から守る」ということである．ここにいう国防は，必ずしも軍事的なものにかぎられるのではなく，国防，外交という，いわばネーション・ステートを維持するための活動が国家によっておこなわれ，各市民はそれぞれその果実を享受することになる．

この国防，外交という公共サービスは，ポール・サミュエルソンの「公共財」の条件をみたすものであって，純粋公共財という性格をもつ．第2節で論じたように，こうした公共財は，まず第1に全市民にコレクティブに供給され，各市民がそのサービスの享受を選択する余地がないということである．すなわち，国家がある国防，外交活動をおこなうときに，市民がそのサービスを一部取捨選択することはできない．第2の特徴は，各市民間に競合関係という状態は発生しないということである．すなわち，Aという市民が国防サービスを享受することによって，他のBという市民の享受する国防サービスの量が影響を受けることはない．

サミュエルソンのいう純粋な公共財は，以上のように，その消費が集団的におこなわれ，排他性もなく，また混雑現象も起こらないようなものである．じつは，このような条件を備えた純粋公共財の例を見いだすことは非常に困難であって，国防，外交サービスがほぼ想定できる唯一のものであるということは，さきに言及した通りである．普通考えられている公共的な財・サービスは，必ず排他性なり，競合性なりをもち，サミュエルソンのいう純粋公共財の概念をもって律することはできない．

国家の任務の第2は，市民相互間に公正，正義を保障するものであって，司法制度や公正取引にかんする制度である．司法制度は，治安の維持，公正な裁判などを通じて，各市民間に公正な関係が成立することを保障する．このような司法サービスは，必ずしも集団的に供給されるのでなく，各市民がそれぞれのサービスをどれだけ享受するかについて，ある程度選択することができる．

たとえば，警察サービスを必要とするとしても，そのために発生する直接，間接のコストをたえず考慮して，ある程度主体的に選択することができる．このことはまた，司法サービスにかんして混雑現象が生ずることにも関係する．たとえば，限られた能力しかもたない裁判所に対して係争中の事件がふえればふえるほど，その効率は低下し，各市民が享受する司法サービスの質が変化することからも，混雑現象が一般的に生ずることが類推されよう．

つぎに，健康で文化的な生活を保障するためには，どのようなサービスが公共的なものとして供給されなければならないであろうか．この点にかんしては，国家の任務について必ずしも無条件のコンセンサスが得られないが，現在の社会的，経済的条件のもとでは，つぎのような性格をもつと考えてよいであろう．

まず，すべての市民が生存するために必要な生活環境を整備し，維持することである．このためには，大気，河川，森林などの自然環境と，さまざまな生活関連資本の集積である都市環境の管理，維持が図られなければならない．また，市民の基本的権利としての教育，医療サービスをはじめとして，交通，文化的なサービスを公共的に供給し，各人が自由に享受できるようにする必要がある．これらは広い意味での社会的，都市的環境にかんするものである．

このような自然的環境，社会的環境は，原則として私有化を許さず，社会的に共通な間接資本として管理，維持され，各市民が自由にそのサービスを享受することができることが，なによりも重要な要請となってくる．

社会的共通資本の概念

一般に，ある希少資源のストックについて，原則として私有が許されず，社会的に管理され，そこから生み出されるサービスが，なんらかの意味で社会的に配分されているときに，社会的共通資本という．この概念は，私有され，市場制度を通じて供給，配分されるような私的な希少資源あるいは私的資本と対置される．

社会的共通資本は，その機能によって大ざっぱに言ってつぎの3種類に分けることができる．大気，河川，土壌などの自然環境，道路，橋，港湾などの社会的インフラストラクチャー，そして，教育，医療，金融，司法などを生み出す多様な制度資本の3つである．しかし，このような分類法は必ずしも排他的ではなく，また包括的でもないが，社会的共通資本の性格を浮き彫りにするためにあげたにすぎない．

さて社会的共通資本ないしはそこから生み出されるサービスが経済循環の過程ではたす役割をどのように理解し，考察したらよいであろうか．上に述べたように，社会的共通資本から生み出されるサービスについては，もはやサミュエルソンの「公共財」の定義をみたさない．社会的共通資本から生み出されるサービスにかんして，個々の私的な経済主体がそれをどれだけ使用するかということを主体的に決めることが可能であるのが一般的である．また，ある経済主体がそのサービスを使用したときに，他の経済主体が利用することができるサービスについて，その量なり質が低下するという，いわゆる混雑現象が起きる．そこで，社会的共通資本が経済循環のプロセスではたす役割をどのように定式化したらよいかについて，ここで簡単に説明しておこう．よりくわしい点については，たとえば「社会共通資本の理論的分析」(『経済学論集』第38巻，第1，2号，1971年)，本書の第III部を参照されたい．

まず社会的共通資本が生産過程に投入され，生産要素として機能する場合を考えてみよう．いわゆる生産基盤的な社会的共通資本である．このとき，各生産主体 j について，その産出物の量 Q_j は，私的な生産要素の投入量だけでなく，社会的共通資本から生み出されるサービスをどれだけ使ったかということにも依存する．いま仮に，私的な生産要素が労働と私的な資本とであるとし，それぞれの投入量を N_j，K_j とし，社会的共通資本のサービススを X_j だけ使ったとすれば，生産主体 j の生産関数は，

$$Q_j = F_j(K_j, N_j, X_j)$$

のようなかたちをとるであろう．

しかし，生産主体 j にとって，社会的共通資本のサービス X_j がどれだけ生産に寄与するかということは，他の経済主体が同じ社会的共通資本のサービスをどれだけ使っていて，したがって，どれだけ混雑現象が起きているか，ということによっても影響を受ける．社会的共通資本の使用にともなう混雑の程度は，全体としてそのサービスがどれだけ使われているかということと，その社会的共通資本の賦与量がどのくらいであるかによって決まってくる．いま，X をすべての経済主体によって使われている社会的共通資本のサービス量とし，V を社会的共通資本のストック量とする．たとえば，

$$X = \sum_j x_j$$

であらわすことができる．ただし，和はすべての生産主体について合計したものである．

したがって，生産主体 j の生産関数は，

$$Q_j = F_j(K_j, N_j, X_j, X, V)$$

となる．X が増加すれば，Q_j は減少し，V が大きくなれば Q_j もまたふえるという性質によって，社会的共通資本の使用にともなって混雑現象が起きているということを表現することができる．

これに反して，サミュエルソン的な公共財については，生産関数が X_j にも依存せず，また X を変えても産出量にはまったく影響がない場合とみなすことができる．

生産関数がこのようなかたちをとっているときに，社会的限界費用の概念がはじめて意味の

あるものとなる．社会的限界費用というのは，私的な経済主体が，社会的共通資本のサービスを限界的に1単位だけ使ったときに，混雑度を高めて，他の経済主体全体にどれだけの被害を及ぼすかということを，なんらかの方法で尺度化したものである．生産関数が上のようなかたちをとっているときには，社会的限界費用を簡単に計算でき，つぎのようにあらわすことができる．すなわち，

$$\sum_j\left(-\frac{\partial F_j}{\partial X}\right)$$

ただし，この和はすべての生産主体について集計したものである．

この式で各項は，上に述べたように社会的共通資本のサービスの使用が限界的に1単位だけふえたときに生産主体 j がこうむる損害を産出物を単位としてはかったもので，すべての生産主体が同じ産出物を生産しているというもっとも単純な場合について導き出した．一般の場合についてまったく同じような公式が成立する．この式から明らかなように，サミュエルソン的な公共財については，社会的限界費用は常にゼロとなる．このことは，のちに述べるように，社会的共通資本の使用にともなって発生する重要な問題をはじめから排除してしまうことになる．

社会的共通資本が消費の過程で使用される場合についても，まったく同じような定式化が可能となる．いわゆる生活関連的な社会的共通資本の場合である．

消費主体 i について，その効用水準 U_i は，私的な消費 C_i だけでなく，社会的共通資本のサービスの使用 X_i にも依存する．さらに，生産の場合と同じように，他の経済主体が同じ社会的共通資本のサービスをどれだけ使用していて，社会的共通資本のストック量 V がどれだけあるかということにも依存する．したがって，効用関数はつぎのようなかたちをとる．

$$U_i = U_i(C_i, X_i, X, V),$$

ここで X_i は消費主体 i によって使用されている社会的共通資本のサービス量であり，全体の使用量 X はこの場合には，

$$X = \sum_j x_j + \sum_i x_i$$

のように，生産主体 j だけでなくすべての消費主体 i についても集計しなければならない．

消費の場合についても，社会的共通資本の全使用量 X が増加すれば，各消費主体 i の効用水準 U_i は低くなり，また社会的共通資本のストック量 V が増加すれば，U_i は高くなる．

このとき，社会的共通資本の使用にともなう社会的限界費用は，産出物を単位としてはかったとき，つぎのような式によってあらわすことができる．

$$\text{社会的限界費用} = \sum_j\left(-\frac{\partial F_j}{\partial X}\right) + \sum_i \frac{\dfrac{-\partial U_i}{\partial X}}{\dfrac{\partial U_i}{\partial X_i}}.$$

消費主体にかんする項は，社会的共通資本の使用が全体として限界的に１単位だけふえたときに，各消費主体 i が私的な消費水準を限界的にどれだけふやさなければ同じ効用水準を保ちえないか，すなわち限界代替率をあらわす．

この定式化は，生産および消費の過程で，各経済主体の選択が可逆的あるいは可変的であるということを前提としている．不可逆的な場合については，このような定式化は大きな修正を必要とする．

社会的共通資本の効率的使用

一般に，社会的共通資本のストック量が所与のとき，そこから生み出されるサービスをもっとも効率的に使うために，各経済主体に対して，社会的共通資本のサービスの使用１単位当たり，その限界的社会費用に見合う額を使用料金として課するか，あるいはそれと同様な効果を社会的共通資本の使用に与えるような方法をとればよいことが検証される．これは，いわゆる限界的社会費用による価格づけの原理であり，社会的共通資本の使用にかんするもっとも基本的な命題の１つである．

経済活動の水準が高くなるとともに，多くの自然資本や社会資本が相対的に希少化し，混雑現象が激化してくる．各人の使用するこれらの杜会的共通資本のサービスはわずかであっても，全体としては無視できないものになり，結果としてその機能は低下せざるをえない．たとえば，経済活動にともなって大気汚染という現象が起き，結果として各人が享受できる大気の質が低下し，その機能が低下する．これはいわゆる公害現象であって，大気という自然的な社会的共通資本の使用にかんする混雑であると考えることができよう．こうした混雑現象が発生するときには，社会的共通資本のもっとも効率的な利用を図るためには，その使用の社会的限界費用に見合う額を使用料金として徴収するということが考えられる．

いま仮に，大気という社会的共通資本を例にとって考えてみよう．大気の使用がまったく自由におこなわれるとすれば，各人にとって，自らの経済活動によって発生した大気汚染はなんら意味をもたない．たとえ自らの経済活動によって直接影響を受けることがあっても，他の多数の人たちによる汚染に比べては，無視してもさしつかえないからである．したがって各人は，大気汚染の社会的費用をほとんど無視して，生産，消費という経済活動をおこない，大気の使用は最大水準になるであろう．そのため，大気の汚染も全体としてきわめて高い水準になり，各人がその結果として客観的あるいは主観的に大きなコストをこうむることになる．

そこで仮に，大気の使用にともなう汚染に対して，汚染税を賦課することが可能であるとしよう．各人は，前のように無制限に大気の汚染を誘発するような経済活動をもはやおこなうことができなくなり，全体としての大気汚染度は低下する．したがって，各人の主体的満足感は前よりも高くなり，経済活動水準の低下にともなうコストを相殺してあまりあるのが一般的であろう．ここでもし，汚染税を大気汚染にともなう限界的社会費用に見合う水準に定めたとすれば，そのときには，大気のもっとも効率的な使用が可能となることが示される．

この命題は，社会的共通資本が大気１種類のときだけでなく，何種類もの資本が存在するときにも拡張することができる．各社会的共通資本の種類に応じて，それぞれ限界的社会費用に見合うだけの料金を徴収することによって，社会的共通資本のもっとも効率的な使用が可能になる．

社会的共通資本の建設にかんしては，その希少性を反映した汚染税が所得分配に好ましくない影響を与えないように，長期的視点から考慮される必要がある．もともと，このような汚染税制度は，社会的共通資本の使用にともなう社会的費用を各人の負担として内部化し，社会的共通資本のもっとも効率的な使用を図ろうとするものである．したがって，この汚染税からの収入は，必ずしも社会的共通資本の建設，管理に要する費用に見合うものである必要はない．一般に，社会的共通資本が希少になればなるほど汚染税は高くなり，収入も一般に多くなる．また，社会的共通資本から生み出されるサービスが必要不可欠になればなるほど，その建設，管理のために多くの費用が投下されることになる．

社会的共通資本の建設・管理

社会的共通資本をどれだけ建設し，管理，維持のためにどれだけの希少資源を使用するかは，まず，その資本から生み出されるサービスが，各市民の基本的権利に対してどの程度重要なものとなっているかに依存する．

市民の生命の安全を守るための，たとえば治山治水という国土保全のために必要な投資は，ある意味ではもっとも重要な社会的共通資本の建設の１つであろう．また，義務教育のために必要な施設・人員を供給したり，伝染病などを防ぐために必要な公衆衛生的な手段を講ずることも，市民の生活，健康に直接かかわるものであって，そのような社会環境の整備に要する費用もまた，当然もっとも重要度の高いものであろう．

このように市民の基本的権利に重要な関わりをもつサービスを生み出す社会的共通資本に対しては，上に述べたように混雑現象が起こらなくなるまで建設がおこなわれることが望ましい．ところが治山治水，公衆衛生にしても市民の生命の危険がまったくなくなるまで整備するためには，はかり知れない希少資源の投下が必要となる．したがって，社会的共通資本をどれだけ建設し，整備するかということは，一方ではそのためにどれだけ希少資源を必要とし，他方では市民の基本的要求をどれだけみたすことができるかを比較して決定されるものとなる．自然的な社会的共通資本の場合には一般に，その建設のために大きな費用を要し，再生産が必ずしも容易ではない．したがって，経済活動の高度化にともなって，このような自然的な社会的共通資本は相対的に希少になり，その使用にともなう限界的社会費用はきわめて高くなる．

公害現象は，大気，河川，土壌などの自然的な社会的共通資本の減耗，破壊によって生ずる一種の混雑現象としてとらえることができるが，高度成長にともなって，その使用にかんする限界的社会費用はきわめて高いものになっているに違いない．ところが，市場的な資源配分機構のもとでは，このような社会的費用は，普通私的な費用として計上されない．公害現象は，まさにこのような状況のもとで悪化してきたともいえよう．これはたんに希少資源の非効率的な使用を生み出しているだけでなく，大気汚染などの示すように，所得分配にも好ましくない影響を与えている．

自然的資本に比較してみると，社会環境的な社会的共通資本は，再生産のための費用がはるかに少ないのが普通である．むしろ，社会的共通資本を自然的なものと社会的なものに分類するのは，このような再生産のために必要な費用との関連でおこなわれると考えてもよい．すなわち，再生産が非常に困難で費用が多くかかるものが自然的な社会的共通資本であり，それに反して比較的容易に再生産することができるものが社会環境的な社会的共通資本であると考えてもよいであろう．

社会環境的な社会的共通資本は，つぎのような種類が主なものであろう．まず，住宅サービスを生み出すために必要な土地および道路，上下水道，電力などの生活関連資本である．つぎに，健康を維持するために必要な医療制度があり，さらに教育サービスを供給するための教育制度がある．また，文化的な生活を確保するための都市環境的な資本も必要となる．このような社会的共通資本のうち，ここでは交通，医療を取り上げて，それぞれの特質を考えてみよう．医療と交通の２つをここで取り上げるのは，いずれも市場機構的な解決をはかるべきでないようなものであるにもかかわらず，これまで安易に市場的資源配分機構が適用され，そのことが現在の日本の社会的，経済的混乱を生み出したもっとも大きな原因となっているからである．

医　療

医療を考えるために，一般に保健とはなにかということに簡単にふれておく必要があろう．保健という言葉は現在，世界保健機構(WHO)の憲章に述べられた広い意味で使われている．すなわち，保健とは疾病からの自由，苦痛からの自由，早期の死亡からの自由を図るためのサービスを意味する．

ここでは医療という言葉を，この保健の概念とほぼ同じように考えて，きわめて一般的に，市民の健康を維持し，疾病，傷害からの自由を図るためのサービスを提供するものを指すことにしよう．このような意味で，保健あるいは医療は，近代的社会で市民のもっとも基本的な権利にかかわるものであるといえよう．したがって，「政府」はこのような保健，医療サービスを市民に提供する義務を負い，各市民は基本的なサービスの供与を享受する権利をもつと考えてもよい．

すなわち，「政府」は地域別に，病院体系の計画を策定し，病院の建設，管理のために必要な財政措置をとる．さらに，医師，看護師など医療技術者の養成，医療行為に必要な設備，薬品などを供給し，各市民に原則としては無料ないしは低廉な価格で，保健，医療サービスを提供することを義務づけられている．このような保健，医療サービスの社会化は，近代国家において当然要請されるものであって，このような制度がとられない国は，文明社会であるとはいいがたいであろう．

しかし，医療制度に配分されうる希少資源は限られたものであって，各市民の必要とする医療サービスを無制限に提供することはできない．したがって，所与の医療資本をもっとも効率的に使用するために，なんらかのかたちでその使用を規制する必要がある．たとえば，料金制度を決定するためには，各医療サービスが市民の健康，保健のためにどの程度必要であるかということと，その供給がどの程度希少であるかということに依存して定める必要が生ずる．このような料金制度は，医療資本のもっとも効率的な使用を実現するためにとられるものであるが，大気汚染に対する汚染税とは異なる面をもつ．というのは，医療サービスはもともと，疾病，傷害によって失われた健康を元通りに回復するためか，あるいはその予防のために必要とされるのであって，限界的価値のきわめて高い，必需的な面を強くもっている．そして適切な医療サービスがおこなわれないときには，実質的所得水準の大きな低下を誘発する．したがって，たとえば大手術の料金をむしろ無料にして，簡単な診療に対しては料金を課するという料金制度がとられることが経済福祉という観点からは望ましいものとなる．そして長期的には，重症患者，長期療養のための病院をふやして，このような料金体系が大きな混雑を生じないように，医療資本の蓄積がおこなわれることが要請される．

医療サービスの需要面についてこのような制度が採用されるとすれば，その供給面についても望ましい形態が明確になるであろう．一般に，ある財・サービスが公共的に供給されるときには，そのような財・サービスを生み出す資本は，利潤追求の対象とすることを許さず，社会的共通資本として運営することが望ましい．医療制度についても，市民に必要な医療サービスを供給する医療資本もまた，国あるいは地方自治体が，その建設，管理，運営のために必要な財政的負担をすることが望ましい．そのときには，必要な医療サービスをもっとも効率的に供給するような制度が志向されなければならならない．

たとえば，病院と診療所との分離，一般医と専門医の機能的分化，医・薬分業，さらに薬品の公的機関による買上げ，無償供給というような制度をとって，医療サービスをもっとも効率的に供給できるような制度をつくることが望ましい．また，医師，看護師などの医療技術者に対しては，各医療機関の構成員として，経済的条件の許すかぎり高額の所得が，その診療行為とは直接関係なく定められ，支給されることが望ましい．また，そのような医療技術者の養成にかんしては，医科大学その他の社会的な機関でおこなわれる必要がある．

医療制度を考えるとき，わたくしたちがまず留意しなければならないことは，医療サービスが人間の生命，健康にかんするもっとも基本的な市民の権利にかかわるということである．したがって，医療サービスを私的な利潤追求の対象として，一般の財・サービスと同じように市場的なメカニズムによって処理しようとするときには，重大な社会的問題の発生を避けることはできない．ところが，現在の日本の医療制度は，このような医療サービスのもつ人間的，社会的な面を無視して，基本的には市場機構を通じて配分しようとするものである．現在の医療問題の多くはこの点に起因するものであるといっても過言ではない．

現在，日本での医療制度は，自由開業制を通して，医療サービスの供給を私的利潤追求の対象としておこなうのが基軸となっている．そして，需要面では広範な医療保険制度が採用され，その多くは社会保険的な色彩を強くもっている．このような私的供給制度と準公共的需要制度とは，どのような含意をもつものであろうか．

よく知られているように，日本における医療サービスの供給制度にはいくつかのきわめて特徴的な面がみられる．まず，医療サービスの供給の大部分が，いわゆる自由開業の病院，診療所によっておこなわれているということである．しかも，開業医の規模は，諸外国に比べて比較にならないほど小さい．また診療，投薬，入院，治療，手術も同時におこなっているという，世界でほとんど例のない制度がとられている．現在の医療技術のもとでは，手術，治療を効率的におこなうための病院の最適規模は，最小200床ないし300床であるとさえいわれている．ところが，日本の病院をみるとき，100床未満が約65％を占めるという現状である．また医療施設のうち，国あるいは公的な機関によって運営されるものが全体のわずか25％であり，しかも，この比率は年々減少する傾向を示している．

このように，医療サービスの供給が主として開業医によって，私的利潤追求の対象として考えられている．しかも，医師など医療技術者の数は患者数の増加に比べてはるかに下回っている．もともと医療サービスは価格弾力性が低く，ほとんどゼロに近いという推計すらなされている．

医薬品費が医療費の高い割合を占めるという現象はまさに異様であるが，その主な原因は，現行制度の診療行為別点数と薬価基準の定め方にあるといえよう．すなわち，現行保険点数制度のもとでは，いわゆる医師の技術的な貢献はほとんど無視されていて，投薬および検査によってはじめて十分な報酬を得ることができるような制度となっているからである．医師が良心的な医療行為をおこなおうとすれば，経済的採算をとることが非常に困難となり，逆に，投薬，検査に重点をおけば，莫大な利潤を享受できるというのが現行制度である．高橋晄正氏のいわゆる「悪意なき非倫理」という現象が起きてくるのもやむをえないことであろう.

また，医療サービスの需要面から眺めてみたとき，現行の健康保険制度は重大な欠陥を内蔵しており，上にあげた供給面の欠陥との相乗効果によって，日本の医療制度における混乱の原因ともなっている.

現行の健康保険制度は，主として大企業従業員のための組合健康保険から老齢者や自営業者のための国民健康保険にいたるまで，いくつかの保険制度からなっている．そのうち，国庫負担分をみれば，国民健康保険に多く，低所得者階級を一見優遇しているようにみえるが，給付率についてみると，きわめて逆進的である．組合健康保険の実効給付率が80％を超えるのに対して，国民健康保険は70％程度にすぎない．しかも，組合健康保険は大企業従業員とその家族であり，年齢的にも若年層が中心であり，健康的な条件に恵まれている.

これに反して，国民健康保険受給者は比較的高年層が多く，健康的な条件もはるかに悪いのが一般的である．しかも，わずか70％しか給付率が得られないため，長期療養者に対する負担がきわめて重くなり，この面からも逆進的な面をもっている．社会保険という一見所得再分配政策の1つであるような印象を与えながら，実際には，所得の実質的分配をさらに不公平化させるような効果すらもっている.

しかも，健康保険に対する政府負担分が，あたかも赤字であるかのように考えられているが，これは，本来ならば政府によって全額負担されるはずの医療費を，たまたま一部保険的な取り扱いをしているために生じたものである．したがって，この赤字の大小は，国民経済の福祉厚生という見地からは問題にならず，むしろどのような医療サービスが供給されて，国民の負担がどのように分配されているかを問題にしなければならない．しかしこの場合にも，医療サービスがもっとも効率的に供給されているかどうかが，依然として留意されなければならないことはいうまでもない.

医療サービスが，市民の基本的権利の1つとなっているという観点に立ったとき，どのような医療が望ましいものであるかについては，さきに簡単にふれた通りである．そして，現行の医療制度がいかに矛盾にみちたものであるか，その一端にふれてみたが，はたして現行の制度を改革して，理想的な状態に近づけることが可能であろうか．政治的な配慮を無視しても，経済的な観点から多くの問題が存在する.

現行の開業医制度のもとでなされてきたさまざまな固定的生産要素の蓄積，人的資源の配分，さらには医療従事者の養成などについて，総合的な，しかも長期的な視点に立った改革案がつくられなければならないであろう．この問題にかんしては，机上の計画すら作成されていないというのが現状ではなかろうか．しかし現実には，乱診・乱療，過剰投薬，医師，看護師などの職業的能力の欠如など，医療制度の不備にもとづいて多くの人々の生命，健康が犠牲となり，実際に起きている精神的，物質財的損失は，はかり知れないものがある．

交　通

交通サービスは医療サービスとならんで，市民の基本的権利を構成するもっとも重要なものであるといえよう．ところが，日本ではこの点にかんして必ずしも十分な論議が尽くされてこなかった．そして，交通サービスについても医療サービスと同じように，市場機構を安易に適用して資源配分をはかってきたといえよう．とくに高度成長の過程を通じて顕著になってきた交通制度の混乱のもっとも重要な原因は，この点にあるといってもよい．

交通サービスにかんしては，医療の場合と異なって２つの種類に大別して考える必要がある．生活のために必需的となっている基本的な交通サービスと，企業活動あるいは奢侈的消費活動のために必要な選択的な交通サービスとの２種類である．もちろん，医療についてもこのような分類を考えられないことはないが，選択的医療サービスは例外的にしかありえないし，また個々の医師の職業的判断にもとづいて判断することができる．ところが交通サービスにかんしては，この分類は必ずしも自明ではなく，また基本的なものと選択的なものとによってまったく異なった意味をもつので，この点についてまず説明を必要とするであろう．

第１の基本的な交通サービスは，市民が日常生活を円滑におこなうために必要と考えられる交通サービスである．このような基本的なサービスのうちもっとも重要なものの１つに徒歩通行がある．すなわち，通勤，通学，買物をはじめとして，日常生活を遂行するために欠くことのできない徒歩通行が自由に安全になされることは，現代の市民社会のもっとも重要な特徴ということができよう．さきにあげた警察サービスのうち，じつはこのような徒歩通行の安全を守るために向けられる部分は少なくない．徒歩通行を可能にし，安全なものとするためにもっとも必要とされるものが道路であることはいうまでもない．事実，道路の建設，維持はどの時代，社会にとってももっとも基軸的な役割をはたすものとされてきた．

限られた土地，自然的環境のもとで，各市民ができるだけ公平に，そして効率的に，このような徒歩通行というもっとも基本的なサービスを享受できるような道路網を建設することは，「政府」のはたすべき重要な責務であろう．しかし，その範囲をどこまでに限定して考えるかということについては，さきにふれたように，その時々の経済的，社会的条件を配慮して決められなければならない．たとえば現代の社会では，自転車による通行もこのような基本的交通サービスの１つにあげなければならないであろう．

ここで想定しているような基本的な交通サービスは，このような徒歩，自転車による通行に限定されるものではない．国鉄，私鉄による輸送の多くもまた，このような基本的サービスにあげられる．このようなサービスの多くは，市民生活を円滑におこなうために，ある意味で必需的な面を多くもっていて，さきに述べた市民の基本的権利にかんするものだからである．

基本的交通サービスはまた，その便益を享受する人たちが必ずしもある特定の人あるいは集団に限定されるものではなく，必要に応じてすべての市民が自由に使用し，享受できるものでなければならない．しかも，このような自由使用という原則のもとで，混雑現象は起きないものでなければならない．そこで求められるサービスがきわめて必要度の高いときには，自由に使用しても混雑現象が起きないように，十分な交通資本の建設をおこない，その能力を大きくすることが要請される．この点にかんしては，医療資本の場合とまったく同じように考えてもよいであろう．

交通サービスのなかには，右にあげたような基本的なもののほかに，個々の市民の主体的な選好にもとづいて選択されるようなサービスがある．自動車，新幹線，航空機などのように，そのサービスを享受できる人たちがきわめて限定的にならざるをえないか，さもなければ混雑現象が起きるようなものである．このような交通サービスは，普通の財・サービスの場合のように，多くは私的な利潤追求の対象とされ，市場機構を通じて生産，消費される．そのさい，このような交通サービスにかんしては，一般の場合と同じく，その社会的費用を内部化するような配慮がなされなければならない．

社会的費用という概念をどのように定義し，その内部化をどのようにしておこなえばよいかについては，『自動車の社会的費用』(岩波新書，1974年)でその一般的な議論を展開した．ここで簡単にその概要を述べておこう．

社会的費用という概念は，カップのいうように，「私的経済活動の結果，第三者あるいは一般大衆がこうむる直接，間接の損失」を指すのが一般的である．各企業が生産活動をおこなうとき，そのために必要な生産要素を雇用または購入し，市場価格にもとづく評価額を支払う．また，消費活動をおこなう各個人，家計も，そのために必要な消費財・サービスの購入に対して市場価格を支払うことになる．そして，各個人，企業がそれぞれ私的な経済計算にもとづいて利潤を最大化するような行動を選択するのが市場経済のたてまえであることは，さきにもふれた通りである．

ところが，各人が支払うのは，市場で取引されるような財・サービスに対する，市場価格を通じての評価額である．したがって，私有化されない，市場で取引されないような財・サービスに対しては，そのような資源がいかに社会的な観点から希少であっても，個々人の私的な経済計算には計上されない．すなわち，個々の経済主体に分属されず，社会にとって共有のものとなっている社会的共通資本の使用にかんしては，そのような資本がいかに希少であろうとも，その希少性を各個人の主体的合理的行動に反映させるようなメカニズムは市場経済には存在しない．

このような意味で，自動車の社会的費用のうち，もっとも重要なのは道路にかかわるものであることはいうまでもない．自動車通行が可能であるような道路を建設し，管理，維持をおこなうことによってはじめて自動車の機能が円滑に働くからである．したがって，道路の建設，管理，維持のために必要とされる希少資源のオルターナティヴ・コスト，つまりそのような希少資源を他のもっとも有効な方法で利用したときに得られるはずであった実質国民所得の増加分に相当する額が，自動車の杜会的費用の第１に計上されなければならない．

しかし，このような社会的費用はたんに現実の道路建設のためなり，その管理，維持のために費やされた希少資源によってはかられるものであってはならない．

まず，自動車保有台数の年々の増加に対応して，道路資本から得られるサービスの機能がそこなわれないように保たれるために，道路を建設するとき，限界的にどれだけの希少資源が投下されなければならなかったかを考慮しなければならない．

第２に，より重要な点として，このような道路の建設または使用が市民の基本的権利を制約したり，それに抵触するものであってはならないということである．とくに，市民の基本的権利として考えられる徒歩通行の自由に抵触しないように，道路の建設，管理がおこなわれる必要がある．この点をより具体的に述べれば，つぎのようなことを意味する．

日本にかぎらず，多くの社会で，道路はもともと徒歩通行を中心としてつくられてきたものである．したがって既存の道路について自動車通行を許すときには，徒歩通行の自由に抵触しないようなかたちでおこなわなければ，社会的費用を内部化することができない．歩・車道の分離，信号の整備などに必要な費用は，当然，社会的費用の一部に計上される．しかし，このような方法を講じても，徒歩通行の自由に必ず抵触せざるをえない．とくに歩道橋の利用はきわめて不十分な方法であって，本来ならば車道を低くして，徒歩横断がなんら支障のないようなかたちでなされなければならない．

しかし，現在存在する道路の幅，その他の物理的な条件のもとでは，歩・車道の分離などが実際には技術的に不可能であることが多い．とくに，東京などの大都市にみられる現象であるが，このようなときには自動車の社会的費用は，少なくともそのような道路にかんしては無限大になってくる．したがって，社会的費用の内部化は，このような道路については，自動車通行を禁止することによってはじめて可能になる．

自動車の社会的費用にかんして，この点で往々にして誤解にもとづいた議論がなされることがある．たとえば，実際に自動車道路建設なり修復なりに要した費用によって，道路にかんする自動車の社会的費用をはかろうとする考え方がある．ところが現実には，年々1万人を超える死者と100万人に近い負傷者が自動車に起因する交通事故によってもたらされている．しかも，その少なくない部分が歩行者または自転車利用者であるという，憂慮すべき状態が発生している．

もちろん，これは道路建設だけでなく，自動車運転の規制がきわめてゆるいものであるということにも起因するのであるが，とにかく，この点において，日本は文明国であるという資格をもたないといってよい．そのために，東京，大阪などのような大都市だけでなく，中小都市，さらに地方の住民が，その基本的権利である徒歩通行の自由を侵害され，交通事故による死傷によって受ける精神的，経済的損害には，まさにはかり知れないものがある．とくに，子どもの負傷も多く，一生を身体障害者として送らなければならないことを考えるとき，自動車の社会的費用は，この点だけをとったとしてもきわめて大きいものであるといえよう．

このように，自動車の社会的費用の一部としての道路建設，管理を考えるとき，それは現在のようなものではなく，当然，交通事故がまさに不可避の最小限度に抑えられるようなものでなければならない．現在，日本の自然的，社会的条件のもとで，とくに大都市においてこのような道路建設をおこなうとすれば，想像できないような費用を要するものとなろう．

このような交通事故の現状を考えるとき，現実の道路建設によって自動車の社会的費用をはかろうとすることは，たんに論理的に誤りであるだけでなく，人道的な観点からも問題とされるであろう．

また，このような交通事故にともなう社会的費用は，交通事故保険によって内部化されているという議論もありうる．しかし，上にあげたような交通事故の現状を眺めるとき，交通事故保険は，このような社会的費用のごく一部分しかカバーしていない．もし，交通事故保険によってかなりの部分が内部化されているとすれば，実際の交通事故が最小限にとどまるはずであって，現在の日本のように非人間的，非文明的なものとはなっていないはずだからである．

自動車の社会的費用の第3は，排ガスによる大気汚染と，その発生する騒音など，いわゆる公害現象である．このような公害現象は，大気などの自然的，社会的な社会的共通資本の機能が実質的に低下するものであって，ある意味では，社会的共通資本の減耗としてとらえることができる．したがって，理論的には，社会的共通資本の帰属価値にもとづいて評価することができる．実際にはつぎのようにして公害の社会的費用をはかることができる．すなわち，排ガス，騒音など公害現象の発生源に対して，いわゆる汚染税ないし公害税を賦課する．もし，そのときに発生する公害現象が，道路周辺の住民にとって忍耐の限度を超えないときに，公害税がじつは社会的費用，正確には限界的社会費用に見合うものということが示される．

さらに，自動車の社会的費用としてあげられるものとして，いわゆる混雑現象がある．すなわち，自動車の台数がふえるにしたがって，道路の混雑が激しくなり，その機能が実質的に低下してゆくことになる．このような混雑現象について，もし道路をもっとも効率的に使用しようとするときには，混雑にともなう社会的費用を通行料金として賦課する必要が生じてくる．

最後に自動車の社会的費用として考慮されなければならないのは，自動車通行にともなう都市環境，自然環境の破壊とそれに付随する文化的な悪影響である．すなわち，道路あるいは自動車にともなうさまざまな施設が，たんに効率性，安全性という観点からではなく，都市環境，自然環境を保全し，そこなわないような配慮のもとにつくられる必要があり，そのために発生する追加的費用が，当然，社会的費用のなかに組み入れられなければならないということである．たとえば，観光道路の建設によって必然的に自然環境が破壊されてゆくが，その社会的費用にはこのような破壊が十分に考慮されていなければならない．このような社会的費用にかんしては，公害現象の場合と同じように，間接的にはかることができる．

以上，自動車の社会的費用のうち，主要なものをあげてみた．社会的な希少資源について，そのもっとも望ましい配分は，このような自動車の社会的費用が内部化され，個々の自動車保有者なり運転者なりの負担に転嫁されるときにはじめて実現するものとなる．社会的な観点からもっとも望ましい交通体系は，自動車をはじめとして主要な交通サービスの手段に対して，それぞれの社会的費用が内部化されたときに実現する．

これまで説明したように，交通サービスはその性質上，2つの種類に分類することができる．基本的な交通サービスにかんしては，市場メカニズムを通じてその価格が決定されるのではなく，公共的な供給方式がとられるべきである．そして，その使用にともなう混雑をもっとも効率的な水準に保つために，混雑税的な料金が賦課される必要がある．これに反して，一般的な交通サービスについては，市場のメカニズムを通じて配分がおこなわれ，需給が均衡するような価格にもとづいて，その生産および消費が決定されることになる．ただし，自動車など社会的費用の著しく大きなものにかんしては，社会的費用に見合う料金が賦課されなければ，社会的共通資本を含めた意味での最適な資源配分はおこなわれなくなる．

市民の基本的権利と社会的共通資本

以上，医療と交通問題を例にとって考察したが，一般に市民の権利にかかわるものにかんしては，普通の財・サービスとは異なって，市場機構を通じてでなく，むしろ，各人の必要に応じて供給される必要がある．したがって，そのような財・サービスおよびそれを生み出す資本にかんしては，一般的に言って，「政府」によって建設，管理され，原則として無料ないしは低廉な価格で市民に供給される．市民の基本的権利は，ある経済社会の構成員が市民として当然享受する権利であって，所得の多寡によって左右されるものであってはならないからである．言い換えれば，公共財的なサービスとして供給されることになり，そのようなサービスを生み出す資本は，社会的共通資本となる．

ところが，このようなサービスを各市民に必要に応じて自由に供給するためには，財・サービスの性質によっては莫大な費用がかかることが少なくない．各市民が自由に享受できるようにサービスを生み出すだけの社会的共通資本を建設し維持するためには，多くの希少資源を必要とし，その機会費用はきわめて大きい．

したがって，この事情のもとでは，所与の社会的共通資本をもっとも効率的に使用するために，その使用にともなう限界的社会費用を混雑税として賦課する必要が生じてくる．この混雑税は，対象としている社会的共通資本の種類に応じて，汚染税，通行税，使用料金あるいは直接的規制などさまざまな形態を取りうるが，その経済学的な意味はいずれも，社会的共通資本のもっとも効率的な使用という観点から考えられる．ところが，市民の基本的権利とみなされるサービスの使用に対して，このような混雑税的な料金が高い率で課せられるということは，そもそもその定義に反するものであり，所得分配の公正性という観点からも望ましいものではない．したがって，限界的社会費用の建設がおこなわれなければならない．あるいは，もしそのような建設，管理にともなう機会費用が大きいときには，混雑税が低くなるまで投資をおこなうより，直接的な所得分配政策を通じて処理するほうが望ましいこともある．また，このような社会的共通資本の建設および公共財的なサービスの供給は，原則として「政府」の手に委ねられていると考えてきた．しかし，私的な経済組織によって建設されるなりして，「政府」はたんに仲介的ないし監査的な役割をはたすほうが，より効果的である場合も少なくない．

以上，社会的共通資本の概念について簡単に説明し，医療と交通という2つの代表的な場合について考察してきた．これまでの議論からも明らかなように，ある希少資源について原則として私有を認めず，社会的共通資本として社会的に管理するのは，その希少資源にかんする経済技術的な性質にもとづいてこのような分類がなされるのではない．むしろ，そこから生み出されるサービスが市民の基本的権利とどのような関わりをもつかという，いわば社会的な基準にもとづいて，このように私的な資本と社会的な共通資本との分析がなされたのであり，この管理もまた私的利潤という観点からではなく，社会的な観点からなされる．この点，ここで考察してきた社会的共通資本の概念は，サミュエルソンの公共財と異なる．

しかし，社会的共通資本は，そこから生み出されるサービスが個々の経済主体に対してどのような便益をもたらすか，といういわばミクロ的な基準にだけもとづいて規定されるのではなく，国民経済全体の社会的安定性という，いわばマクロ的な性質とも密接に関連している．つぎの節では，視点を変えて，社会的共通資本の問題を，マクロ的な社会的安定性という観点から考察することにしよう．

6. 社会的共通資本と社会的安定性

『一般理論』の最終章にも述べられているように，ジョン・メイナード・ケインズは，分権的市場経済制度のもつ内在的な欠陥のうち，つぎの2つの点がもっとも重大な社会的影響を惹き起こすと考えた．第1は，現代資本主義制度のもとでは，大量の非自発的失業の発生が不可欠にならざるをえないようなメカニズムが存在することであり，第2は，市場機構を通じての所得および富の分配は年々不均等化する傾向が必然的にみられることである．

ケインズの『一般理論』は，第1の問題点である非自発的失業の現象をどのように診断し，その対応策をどのように処方するか，という問題を解決しようとした．ケインズの基本的な考え方は，市場機構を通ずる資源配分のメカニズムをできるだけ維持しながら，金融・財政政策を適切に作動することによって，有効需要を生み出し，どのようにして完全雇用を達成できるか，ということを指向したのであった．

このような政策プログラムを策定するために，現代資本主義経済制度をどのように理論化し，そこにおける経済循環のメカニズムをどのようにして分析するか，という課題に対して，ケインズの『一般理論』は，新しい理論の枠組みを展開し，このような問題に対して解決を与えようとしたのであった．『一般理論』が，具体的にどのような理論構造をもち，ケインズ以前の正統派的な考え方であった新古典派の経済理論とどのような点において相違するのか，については，第3節で部分的ではあるが論じてきた通りであるが，この問題について，一般的には明確な学説史的結論はまだ得られていないのが現状であるといってよい．しかし，『一般理論』が経済学説の歴史において，一時代を画するような貢献をなし，20世紀における経済理論の展開においてもっとも重要な影響を及ぼしているということもまた否定できない事実であろう．

有効需要と社会的共通資本

ケインズが，新古典派の基本的命題のうちとくに問題としたのは，いわゆるセーの法則であった．供給は需要を生み出すというかたちに表現されるセーの法則は，企業と家計との制度的分離がみられないような市場経済制度のもとで，しかも生産のプロセスが瞬時的に完了するという条件がみたされているときにはじめて妥当する．セーの法則が成立しているような国民経済制度のもとでは，非自発的失業の発生はありえず，摩擦的失業の状態を除いては常に完全雇用の状態が実現するというのが，1930年代のはじめ頃まで正統派の地位を占めていた新古典派理論の立場であった．

しかし，19世紀の終わり頃から20世紀にかけて資本主義の制度的前提条件が大きく変わってゆくにつれて，セーの法則はもはや近似的な意味においてすら妥当しなくなっていった．ケインズがとくに留意したのは，第3節にくわしく論じたように，生産活動の主要な部分が，制度的な独立性をもつ企業によっておこなわれるようになり，投資と貯蓄とが本質的に異なる経済主体によって，基本的に異なる動機にもとづいて決定されるようになってきた点であった．セーの法則はもはや妥当せず，完全雇用をもたらす自律的なメカニズムは市場経済制度のなかにすでに存在しなくなった．国民経済全体についての労働雇用量は，財・サービスに対する有効需要の大きさに依存して決まり，貨幣賃金率の低下によっては必ずしも労働雇用量をふやすことができない．貨幣賃金率の切り下げによって，有効需要が逆に減少し，労働雇用量がむしろ減少するという場合もありうることを，ケインズは『一般理論』によって示そうとした．したがって，非自発的失業を減らすためには，有効需要をふやすような政策がとられなければならない．そのもっとも直接的な方法は，政府財政支出の増加による有効的需要の創出であり，第二次大戦後世界の多くの資本主義諸国においてとられてきた，いわゆるケインズ的な完全雇用政策の主柱をなすものであった．有効需要はもちろん貨幣供給政策を通じてもふやすことができるが，貨幣供給の増加が投資のコストを引き下げ，民間投資の増加を通じて有効需要に影響を及ぼすためには，かなりの時間的おくれをもつであろうということは当然想定される．このことは統計的研究によっても検証されていて，貨幣供給政策を通じて有効需要を調整しようとするときに留意しなければならない点ともなっている．

有効需要はさらに，投資の限界効率のスケジュールを変化させるような政策をとることによって調節することができる．すなわち，民間企業が工場建設などを通じて将来どれだけの利潤を獲得することができるかにかんする期待の形成に影響を及ぼし，その投資額の大きさを左右し，有効需要額をふやそうとする．

このような政策にはさまざまな方法が考えられるが，そのもっとも重要なものは，政府が公共投資によって，生産基盤的なインフラストラクチャーを社会的共通資本として形成し，民間投資がおこなわれる場をつくり出そうとするものである．工場用地を埋め立て，港湾を建設し，道路網を整備し，生産活動に必要な共同施設を用意することによって，私的企業が設備投資をおこなったときに，高い生産性と収益率を確保できるような条件をつくり出す．このような生産基盤的な社会的共通資本の形成は，1950年代から60年代の終わりにかけて，大規模工業基地の建設に典型的にみられたところである．1960年代における日本経済の高度成長の重要な要因として，このような公共投資を通じての生産基盤的インフラストラクチャーの形成をあげることが可能なことはさきにも簡単にふれたが，社会的共通資本は，そこから生み出されるサービスの種類によって，生産基盤的なものと生活関連的なものとに分けられる．同じ社会的共通資本について，あるときは生産基盤的な役割をはたし，あるときは生活関連的な役割をはたすことがありうるので，このような分類は必ずしも排他的なかたちになされるとはかぎらないが，社会的共通資本の性格を考えるときに，その機能的な観点から眺めることは往々にして有用である．

さて，公共投資の配分をどのようにしておこなったらよいか，という問題を考えてみよう．一般に，生産基盤的な社会的共通資本を建設し，民間企業が自由に，あるいはきわめて低廉な価格によって使用できるようにすれば，投資の限界効率のスケジュールに大きな影響を及ぼし，投資額をふやし，有効需要額を上昇させる効果をもつ．したがって，国民経済全体の生産能力を高め，雇用，投資効果を通じて経済成長率を高める．

他方，生活関連的な社会的共通資本に対して，公共投資を割り当てるとき，投資の限界効率のスケジュールに直接的な影響を及ぼさず，投資効果を通じては有効需要を刺激しない．むしろ，このような社会的共通資本を建設，維持するために必要な財・サービスの購入，雇用によって有効需要が直接的に増加するという，いわゆる有効需要効果のみ働くことになる．したがって，完全雇用の状態で，生活関連的な社会的共通資本に対する投資がなされると，国民経済の生産能力の増加にはあまり寄与せず，むしろ一般的な物価水準の上昇を惹き起こし，インフレーショナリーな状況を誘発する．

経済政策の目標として，国内総生産額などという市場経済的指標の増加が指向されると，公共投資の配分は生産基盤的な社会的共通資本の建設に向けられ，生活関連的な社会的共通資本に対しては必ずしも十分な投資がなされないであろうということは，当然予想されるところである．1950年代から60年代を通じての日本経済における公共投資のパターンをみても，このような予想が現実化していることを検証することは，必ずしも困難なことではない．事実，この期間を通じて，政府資本形成の約80%が生産基盤的な社会的共通資本に対する投資とみなされ，生活関連的な社会的共通資本に対しては約20%しか配分されなかったと，きわめて大ざっぱに考えることができるが，このことは高度経済成長の特徴を象徴的にあらわすものであると言ってよい．

社会的共通資本に対する公共投資の効果は，ここで述べたようなかたちで分析することが可能であるが，その理論的および統計的検証は必ずしも現実に政策的インプリケーションをもちうるだけの精緻さをもたなかった．このことは『一般理論』とそのあとをうけて展開されたケインズ的な経済理論のもつ理論的制約から容易に理解することができる．この点について多少くわしく述べてみよう．これは，現代経済学が直面している課題と無縁のものではなく，わたくしたちの思考のプロセスに重要な影響を与える．

さきに，新古典派の経済理論では，私有を認められない社会的共通資本について，その経済的役割にかんして十分な検討が加えられてこなかったということにふれた．この点については，ケインズ理論もまた，新古典派理論と同じような制約条件のもとにその理論的枠組みの構築がなされてきたということを，ここで改めて強調しておこう．すなわち，『一般理論』が対象とする国民経済も，基本的には生産手段の私有制を前提とする分権的市場経済制度のもとで資源の配分および所得分配がおこなわれるものである．したがって，生産および消費の過程において必要とされる希少資源はすべて個々の経済主体に分属され，それぞれ各経済主体の主観的価値判断にもとづいて望ましいと思われるようなかたちで，使用，あるいは市場を通じて交換される．逆に私的経済主体への帰属が明確に規定されないような生産要素については，たとえ社会全体での賦与量が限られていても，個々の経済主体にとって自由に使用することができることを前提している．

したがって，自然環境，社会資本のように，私有を認められていない社会的共通資本が経済循環のプロセスでどのような役割をはたし，経済成長のテンポおよびパターンにどのような影響を及ぼしているのか，という問題については，十分に検討しうる理論的な枠組みは，ケインズ経済学においても，新古典派理論と同じように，用意されていなかったというべきであろう．

この点にかんする『一般理論』のもつ制約条件は，『一般理論』を精緻化し，統計的検証可能性を十分に考慮しながら展開された計量経済モデルにきわめて明瞭なかたちで現われている．計量経済モデルでは，社会的共通資本に対する投資がおこなわれ，社会的共通資本のストック量がふえ，そこから生み出されるサービスの量ないしは質が上昇することにともなう効果はまったく無視されている．社会的共通資本の形成に必要な財・サービスを政府が購入または雇用することによって，有効需要を高め，労働雇用に対する需要を刺激する，という有効需要面についてだけ分析の対象となっていることはさきにふれた通りである．生産基盤的な社会的共通資本の蓄積にともなって，私的資本の限界生産性が高まり，投資の限界効率が高くなることは当然予想されることであるが，この点にかんする分析をおこなうための理論的な枠組みは想定されていない．また，生活関連的な社会的共通資本が蓄積されるとともに，より住みやすい環境が形成され，そこから生み出されるサービスが市民の生活をゆたかにしてゆく．このことにともなって，家計の消費，貯蓄行動にも大きな影響を与えずにはおかないであろう．しかしこの点についてもわたくしたちのもっている知識はたんなる推定の域を出ず，計量経済モデルの構成要因として要求される精緻性をもちえない．したがって，生産基盤的な社会的共通資本についても，生活関連的な社会的共通資本についても，そこに生み出されるサービスが生産および消費の過程でどのような役割をはたすかという点を十分に考慮した理論的な枠組みを想定せず，ケインズ的な計量経済モデルでは，たんに，このような資本形成のために財・サービスが使われることによってどれだけ有効需要を生み出すか，という面だけしか取り上げられていない．

市場機構の社会的不安定性

このような社会的共通資本にかんする『一般理論』のもつ内在的な欠陥は，新古典派理論の場合と同じように，市場機構の経済的，社会的インプリケーションを考察するときに重要な意味をもつ．

とくに社会的共通資本の存在は，市場経済制度における所得分配の不安定性ときわめて密接な関わりをもつ．社会的共通資本のマクロ的理論を展開するまえに，市場機構を通ずる所得分配の基本的なメカニズムを概括的に述べることにしよう．

すべての生産手段が私有されているような，純粋な意味における市場経済制度のもとでは，名目的な所得の分配が時間的経過，あるいは世代間について，不平等化する傾向をもつことはよく知られた命題である．各経済主体の所得は，自ら所有する希少資源が市場でどのように評価されるかを通じて決定される．その所得は大ざっぱにいって，つぎの2種類に分けられる．労働など，その期間にどれだけ働いたかということに依存するものと，利息など，過去において蓄積された資産に対して支払われるものである．もちろん，このような分類法は必ずしも厳密なものではない．たとえば技術，知識の財などのように，教育，研究活動を通じて過去に蓄積され，個人に体化されたものに対する報酬のように，上にあげた2つの性格をあわせもっている希少資源も少なくないからである．

ところが，所得水準の高い人ほど，低い人々に比較して，消費は所得のより低い比率で済み，より高い比率を貯蓄にあてるというのが一般的な状況であるということができる．

さらに，利潤率は長期間にわたって低下するという趨勢的な傾向をこれまで示してこなかったし，将来についても，利潤率がはっきり低下するということを予見する要因は一般に存在しないといってよい．

このような条件のもとでは，名自的所得分配の不平等性は年々悪化する傾向を示すことは，理論的な観点からも容易に検証されよう．

市場経済制度のもとにおける所得分配機構はこのような名目的所得の分布が不平等化するという点で不安定的であるだけでなく，インフレーショナリーな状態のもとでは，実質的所得の分布はいっそう不安定的な傾向を内在的にもつ．さきに述べたように，有効需要を誘発し，非自発的失業の発生を防ぐためにケインズ的な財政・金融政策がとられるが，その過程で，一般的物価水準の持続的上昇といういわゆるクリーピング・インフレーションの現象が起きることは，これまで多くの国々において経験されてきた．理論的な観点からも，完全雇用の状態のもとで経済成長がかなり長期間にわたってつづけられるときには賃金・物価水準の持続的上昇はほぼ必然的に起きることがわかるのであるが，このようなインフレーションは一般的に安定的であるということができる．すなわち，賃金・物価水準の上昇率がある水準より高くないときには，各経済主体の行動の変化を通じて，財・サービス市場における需給の均衡を回復するようなメカニズムが働き，一般的物価水準の上昇率はある範囲内に安定的に抑えられる．これは，少なくとも1960年代の終わり頃まで，世界の多くの国々に共通してみられた現象であった．

しかし，このような安定的なインフレーションの状態においても価格上昇率は一様ではなく，財・サービスによって異なるものであり，相対的価格体系は一定に保たれないのが通例の状態である．個々の財・サービスの価格上昇率を決定するのはどのような要因であろうか．各財について，その価格水準を決定する要因は需要面と供給面とに分けて考えることができる．需要面について，価格上昇率に決定的な影響を与えるものは，代替の可能性がどれだけ存在するかということである．すなわち，ある財の価格が上がったときに，その財が消費面ではたしていた役割を他の財によって代替することが困難になればなるほど，価格上昇率は高くなる傾向を示すであろう．需要にかんする代替の難易は価格弾力性によって尺度化される．価格弾力性は，ある財の価格が1% 上昇したときにその財に対する需要が何% 減少するかをあらわすもので，代替が困難になればなるほど需要の価格弾力性は低くなる．

他方，生産にかんする条件が価格上昇に及ぼす影響は，供給についての価格弾力性によってあらわすことができる．供給についての価格弾力性は，ある財の価格が1% 上昇したときに，その財の供給が何% 増加するか，によって定義される．供給の弾力性はまず，財の生産に使われている生産要素を他の用途から転換することがどれだけ容易に可能であるかをあらわす．これはさきに述べた生産要素のマリアビリティと密接な関係をもつ．もしすべての生産要素が可変的である，すなわち，価格体系に変化が生じたときにただちに生産要素の用途をなんらかのコストをかけないで転換することができるとするならば，供給の弾力性は無限大となる．逆に，すべての生産要素が固定的であって，可変的でないとすれば，供給の弾力性はゼロとなることは，容易に検証されるところである．

供給の弾力性はこのような生産技術的な面だけでなく，さらに市場の独占度にも依存する．すなわち，独占度が高ければ高いほど供給弾力性は低くなる．

さらに，所得水準が上昇しつつあるときには，価格上昇率は需要の所得弾力性の大小によって影響を受ける．需要の所得弾力性が高くなればなるほど，所得水準の上昇にともなって価格水準が高くなる傾向をもつことは，容易に想像できることである．

価格上昇率はこれらの諸要因が錯綜して決定されるもので，そのメカニズムについてここでくわしい説明を加えることはさけたいが，その基本的な特徴を要約すればつぎのようになるであろう．すなわち，価格上昇率を規定する主な要因は，需要にかんする価格弾力性が低いほど，価格上昇率は高くなる．また，需要にかんする所得弾力性が高くなればなるほど，価格上昇率は高くなると考えてよい．

生活必需的な財・サービスは，需要の価格弾力性が低く，また所得水準が低いときには，その所得弾力性は高いと考えられる．さらに，このような生活必需的なものについては，その生産のために必要な生産要素は可変的でないものが多く，供給の弾力性もまた低いのが一般的な場合であるということができる．

これに反して，選択的な財・サービスについては，需要面でも供給面でも価格弾力性は高いのが普通であって，また需要の所得弾力性はとくに低所得者にとっては高くないのが一般的であるということができよう．

都留重人教授は，財・サービスを基礎需要と任意需要との2種類に分類され，福祉経済制度を考察するときの基本的な概念とされている．基礎需要はここでいう生活必需的な性格をもち，価格弾力性は低く，他方，任意需要にかんしては選択的なもので，価格弾力性は高いということができよう．

完全雇用のもとで経済成長がつづけられ，平均的な所得水準が上昇しているときは，生活必需的な財・サービスの価格水準が選択的な財・サービスの価格水準より高い率で上昇する．このことは実質的所得水準の分配にきわめて好ましくない影響を及ぼす．名目的所得水準の低い人ほど，生活必需的な財・サービスに対する支出が所得のうちで占める比率が高くなる傾向をもっているからである．

ミニマム・インカムと社会的安定性

生活必需的なものと選択的なものとによって価格上昇率に差違が生ずるという現象は，ミニマム・インカム水準の変化についても好ましくない影響を及ぼす．ここでミニマム・インカムという概念はつぎのように定義する．いま，市民が基本的な権利として享受できるような「健康にして快適な最低限の生活」について，その水準にかんする社会的コンセンサスが成立しているとしよう．このような社会的コンセンサスがはたして成立しうるか否かという問題は，第5節に言及したように，じつは経済学にとってもっとも基本的な困難を内蔵するものであるが，この点についてはさしあたってふれないで，なんらかのかたちで，「健康にして快適な最低限」の生活水準にかんする社会的コンセンサスが形成されていることを前提として議論を進めることにしよう．

現在の価格体系のもとで，このような最低限の生活水準を営むために最小限どれだけの所得を必要とするかによって，ミニマム・インカムを定義することにしよう．ミニマム・インカムは「健康にして快適な最低限」の生活水準が高ければ高いほど高くなることはいうまでもない．また，このような最低限の生活水準にかんする社会的合意に変化はなくとも，価格水準の上昇にともなってミニマム・インカムの水準は高くなるということも明らかであろう．

さて，平均的な名目的所得水準が高くなり，価格水準も上昇しつつあるような状態では，さきにみたように，生活必需的な財・サービスの価格水準は選択的なものに対して高い率で上昇するのが一般的な場合であった．このような状況のもとでは，ミニマム・インカムの水準も当然上昇するはずである．

さらに，ミニマム・インカムに対する支出のパターンは主として生活必需的な財・サービスから構成されているから，ミニマム・インカムの上昇は一般的な価格水準の上昇率よりかなり高いことが予想される．事実，最低限の生活水準を維持するために必要な生活必需的な財・サービスにかんする需要および供給の価格弾力性がきわめて低いときには，ミニマム・インカムの上昇率は，平均的な所得水準の上昇よりはるかに高いことを検証することができる．平均的所得水準の上昇にともなって一般的な物価水準も上昇し，とくに生活必需的な財・サービスの価格水準は高い率で上昇し，ミニマム・インカムは平均的所得の上昇率より高い率で上昇する．このことは，ミニマム・インカムだけの所得を得ることのできない人々の数が相対的に増加して，社会的合意の得られた「健康にして快適な最低限の生活」を営むことのできない人々が全体のなかで年々高い比率を占めてゆくことを意味する．

このように，市場経済制度のもとにおける価格決定のメカニズムは，ミニマム・インカムを高めるという内在的な傾向をもっているといってよい．

したがって，市場経済制度には，名目的所得分配が年々不均等化するということに加えて，生活必需的な財・サービスの価格水準が相対的に高い率で上昇するという，二重の意味において所得分配が不公平化する傾向が存在する．すなわち，市場構成を通じての資源配分は効率的となっても，名目的および実質的所得分配の不均衡化という社会的不安定性をもたらす．

このようなときに「健康にして快適な最低限の生活」を所得のトランスファーによって保障しようとしたらどのようになるであろうか．

ケインズ自身も指摘しているように，所得・富の分配の不均等化という問題に対しては，累進的な所得税，相続税などの税制を通じて解決しようという試みが，19世紀末期から20世紀初頭にかけていわゆる先進資本主義諸国で定着してゆき，現在にいたるまで主要な政策手段として各国で採用されてきた．しかし，このような所得のトランスファーによって，上に述べたような社会的不安定性を解決することができるであろうか．価格弾力性が，上に議論したように，インフレーションの不安定化を誘発するような条件をみたしているときには，所得のトランスファーはミニマム・インカム水準をさらにいっそう高めることになり，したがってミニマム・インカム以下の所得水準しか得られない人々の比率が年々高まり，トランスファーのために必要な額が加速的に増加するという危険が常に存在する．

このとき，ミニマム・インカムを低水準に抑えることによって，社会的な安定性を回復することが，市場構造を通じて資源配分がおこなわれるような経済制度の基本的前提条件に抵触することなく，はたして可能になるのであろうか．

もし仮に，生産手段がすべて社会化され，資源配分がすべて集権的な機構を通じておこなわれるような純粋な意味における社会主義経済制度を想定するならば，ミニマム・インカムがゼロになる．したがって，このような制度のもとでは，市場経済制度にみられるような社会的不安定性は発生しないといってよい．

また，市場経済制度についても，希少資源の一部を社会的共通資本として社会的に管理し，そこから生み出されるサービスを低廉な価格で供給したとすれば，ミニマム・インカムの水準を低く安定的に保つことが可能になる．じつは，市場制度を通じて資源配分がおこなわれる国民経済についても，希少資源の少なからざる部分について私有が認められず，社会的共通資本として分類されている．これらはいずれも歴史的過程を経て，社会的，政治的な観点からとられてきた制度であるが，その背景には，ここで論じているような社会的安定性に対する配慮がなされていたと解釈することも不可能ではないであろう．

市場経済制度に内在する所得分配にかんする不安定性を是正するためには，市民が「健康にして快適な最低限の生活」を営むために必要な財・サービスのうち，主要なものについて準公共財的なかたちで供給し，そのために必要な希少資源の一部を社会的共通資本として，社会的に管理することが要請されることになる．いわゆる福祉経済制度の設計ともいうべき問題にかかわるものであるが，そのさい，もっとも基本的な基準は，どのようにして所得分配の安定性をはかるか，ということである．

すなわち，ミニマム・インカムを低水準に安定的なかたちで維持し，たとえ所得水準が低くとも「健康にして快適な最低限の生活」を営むことができ，しかも基本的には市場機構を通じて資源が配分され，職業・住居選択の自由などという市民的自由を確保することができるような制度を模索しようとするのである．

この点にかんする議論を進める前に，「健康にして快適な最低限の生活」の具体的内容にかんして，はたして社会的合意を形成しうるか，という問題にふれておこう．

市民の基本的権利にかんする社会的合意

「健康にして快適な最低限の生活」ということは，具体的にどのような内容をもつであろうか．人々はそれぞれ多様な嗜好をもち，異なった価値観をもっている．職業，住居の選択についても，衣服，食事の選択についても，また自由な時間をどう使用するかということにしても，それぞれ異なった選考基準にもとづいて人々の生活が営まれている．逆に，人々が自由に自らの嗜好，価値観にもとづいて選択し，行動できるということが市民社会のもっとも重要な条件の１つである，ということができよう．

このような個人の価値観の多様性を前提とする市民社会で，「健康にして快適な最低限の生活」がどのような内容をもつかについては，はたして社会的な合意を形成することができるであろうか．この設問に対して，新古典派経済学の答えはいうまでもなく否定的である．すなわち，各個人がそれぞれ自らの嗜好に適するようなかたちでその所得を消費して，さまざまな財・サービスを市場を通じて購入し，消費をおこない，あるいは貯蓄を決定する．「健康にして快適な最低限の生活」というときも，その具体的内容は人によって異なるものとなって，社会的な観点からすべての人々にとって共通な水準を決定しようということは不可能になると考える．

これに反して，純粋な意味における中央集権的な社会主義経済のもとでは，生産手段の社会化を前提として，すべての希少資源は社会的な観点から配分される．すなわち，すべての希少資源について，どのような用途に，どのように使用されるか，ということが，利潤追求などという私的な立場から決定されるのではなく，むしろ中央集権的なメカニズムを通じて社会的な必要性にもとづいて資源配分がおこなわれる．

このように中央集権的な計画経済制度は，各個人の価値判断に一様性を想定してはじめて，社会的な観点からみて最適な資源配分を実現するための経済計算をおこなうことが可能になるということができよう．もし個人的価値判断の多様性を前提とするときには，そのような価値判断を調査して，各個人について望ましいと思われる資源配分を求めるために，どれだけの資源の投下が必要となるか，はかりしれないものがある．このような経済計算を擬似的な市場機構を導入して解こうという古典的なランゲ＝テイラーの方法についても，実現可能な部分は，全体からみてごく一部の希少資源の配分にたいしてだけ適用されるものであることに留意する必要がある．とくに，投資という動学的資源配分にかかわる点については，ランゲ＝テイラーの方法を適用する余地のないことは周知のことであろう．

社会的安定性と社会的共通資本

このように，一方では個人の価値観を前提としたとき，分権的な市場経済制度のもとではじめて市民的自由が保障されるような経済社会が成立しうる，という新古典派的な立場が存在するとともに，他方の極では，個人の価値観が社会的なプロセスを経て形成されるものとして捉え，社会的必要性という観点から最適な資源配分を規定し，計算できるという立場が存在する．

しかし，現実の社会を規定しているのは，この2つの考え方の中間に位置するものであると言ってよい．すなわち，選択的な財・サービスについてはもちろんのことであるが，市民の基本的権利を構成する要因としての「健康にして快適な最低限の生活」について，その内容は個々人の主観的な価値判断にもとづくものであって，社会的にある統一的な観点から一様に規定することはできない．しかし，このような最低限の生活水準を決定して，そのような水準を達成するために必要な生活必需的な財・サービスのうち，その基本的な構成要因にかんして，かなりの広範囲にわたって社会的合意が形成されうる．そしてそれぞれの分野における専門的な知識にもとづいて，市民の基本的権利としてどのようなサービスをどのように享受できるようにすべきか，という問題を解決できる．基礎教育，医療，交通，さらに自然環境，都市環境などについて,「健康にして快適な最低限の生活」を営むためにはどれだけのサービスをどのように享受できることが必要となるかについて，そのときどきの社会的，経済的条件のもとで，広範な社会的合意を得ることは可能であると考えられる．というのは，このような最低限の生活水準を営むために必要となる財・サービスはおおむね受動的な性格の強いものであって，このような財・サービスを享受することによってある特定の人がとくに利益を受けるというものではなくて，むしろ，このような財・サービスを享受できないことによって大きな損失をこうむると判断することに対して，多くの人々の同意を得ることができるのが一般的だからである．しかも，このような財・サービスの供給について，すべてではなく，そのうち重要なものを社会的な管理下におくことによって，社会的安定性を確保することが可能となる．

さて，希少資源を社会的共通資本として，そこから生み出されるサービスを公共財的に供給するということは，経済学的にみてどのようなことを意味しているのかを，まず考えてみよう．きわめて大ざっぱにいうならば，各財について２つの価格を想定し，１つは消費にさいしてシグナルとして用い，もう１つの価格は生産のためのシグナルとして用いることによって，資源配分の効率性と所得分配の安定性という，一見相反する２つの基準を同時にみたそうとするのである．

一般に，市場経済制度のもとでは，各財に必ず１つだけ価格が表示される．その価格が，消費の過程においても，生産の過程においても，それぞれのシグナルとして利用され，消費者および生産者がそれぞれ自らにとってもっとも有利になるように行動する．その結果として，社会的な観点からも希少資源が効率的に配分されることになるというのが，市場機構のもっとも重要な政策的な意味づけであった．しかし，所得分配については不安定にならざるをえないというのが，市場機構のもう１つの特質だったのである．ところが，効率的な資源配分をもたらすために必要な生産の過程におけるシグナルとしての価格と，所得分配の安定性を維持するために要請される消費の過程におけるシグナルとしての価格とがアプリオリに一致しているという保証はない．むしろ，この２つの価格の間には必ず乖離が存在するのが一般的な状況であるといってよい．とくに生活必需的な財・サービスについては，この乖離は大きいと想像されよう．

そのもっとも極端な場合は，義務教育にみられるように，純粋な意味における公共財として各市民が無料で享受することのできるようなものである．ところが，このような公共財的に供給されるものの多くは，その生産のために膨大な資源の投下を必要とするものであって，生産要素を配分するためのシグナルとしての価格はきわめて高くなければならない．もちろん，このように公共財的に供給されるものは，国が直接生産している場合が多いが，そのときにも生産の過程にさいしてのシグナルとしての帰属価格という概念は，希少資源の配分に必要となることはいうまでもない．

生活産必需的な財・サービスについて，消費と生産とにかんしてそれぞれ異なる価格が所得分配の安定性をはかるために必要となってくるということは，その乖離に相当する額が価格差補給金，補助金，あるいは賦課金などのかたちで処理されなければならないことを意味する．

消費のためのシグナルとしての価格はどのような基準にもとづいて決められるのであろうか．一方では，ミニマム・インカムの安定性という要請がなされることはいうまでもないが，他方では，資源配分の効率性という条件も当然満たされなければならない．すなわち，ある生活必需的な財・サービスについて，その生産のために投下されている希少資源が必ずしも十分ではなく，もし無料ないしはそれに近いような価格で消費できるとすれば混雑現象を惹き起こし，資源の非効率的な利用をまねくときには，どのように考えたらよいであろうか．このときには，価格を上げるか，あるいは他の手段によって使用を規制し，そこに投下された希少資源がもっとも効率的に使用されるような方法をとらなければならない．

一般に，各経済主体の経済活動によって他の経済主体がどれだけ被害をこうむっているかということをすべての経済主体について集計して得られた社会的限界費用に見合う額を，価格として課することによって，希少資源のもっとも効率的な使用をはかることができる．これは，前節でふれた社会的限界費用にもとづく価格づけの理論といわれるものであり，社会的共通資本から生み出されるサービスの効果的使用をもたらすために一般に妥協する考え方である．

社会的限界費用の大きさはその財・サービスの生産に社会全体としてどれだけの資源が投下されているか，ということによって左右される．生産能力が大きければ大きいほど社会的限界費用は小さくなり，賦課される価格は低くなる．また，この社会的限界費用は，需要の代替可能性にも依存する．代替の可能性が乏しく，価格弾力性が低ければ低いほど，社会的限界費用は大きくなることを検証することは，必ずしも困難ではない．

このように，資源配分の効率性という基準から導き出された消費シグナルとしての価格は，一方では，対象としている財・サービスの必需性が高ければ高いほど，他方では，その生産のために投下された資源が多ければ多いほど低くなる．したがって，基本的な生活を構成する財・サービスについて，消費シグナルとしての価格水準は，その必需性を社会的な観点からどのように判断し，その生産のためにどれだけの資源が投下されなければならないかに依存する．

また，生産におけるシグナルとしての価格は，社会的限界費用にもとづく価格づけのもとで発生する需要に見合うだけの供給を生み出すようなインセンティヴを生産主体に与えるものでなければならない．したがって，消費シグナルとしての価格と生産シグナルとしての価格とは相互に関連しあうものであって，問題とされている財・サービスが市民の基本的生活にどのような関わりをもっているかと，その生産のためにどれだけ希少資源が投下されなければならないかに重要な関係をもつことになる．しかし，生産についても消費についても，各経済主体がそれぞれ自らの自由な意志にもとづいて，自らにとってもっとも望ましいと思われる選択をおこなうことができるという，分権的経済制度の基本的前提は侵害されていない．

このような経済制度のもとで，政府の役割は，「健康にして快適な最低限の生活」ということについて広範な社会的合意を形成し，このような基本的生活を構成する個々の財・サービスについて，どのようにして供給し，配分したらよいかという制度的な計画を策定し，消費シグナルとしての価格と生産シグナルとしての価格との乖離を財政的な手段によって平衡させようとすることである．いうまでもなく，伝統的な完全雇用政策と所得保障政策が必要になるが，ミニマム・インカムを低い水準に安定的に抑えることによって社会的安定性と資源配分の効率性とを両立させるためには，ここに述べたような「二重価格政策」が必須となる．

生活必需的な財・サービスについて，このような「二重価格制」がとられたときに，消費シグナルとしての価格は生産シグナルとしての価格よりもはるかに低いのが一般的な状況ということができるであろう．

もちろん例外的なケースはいくつか存在する．たとえば，現在の日本における大気についてみれば，大気汚染をともなう経済活動に比較して，現存する清浄な大気のストック量はかなり希少性をもっていると考えてよい．したがって，大気の消費に対する価格，すなわち大気汚染税は高くならなければ，日本に存在する大気の効率的で公正的な使用ははかれない．

清浄な大気の再生産に必要なコストはきわめて大きいと考えられるから，たとえ生産シグナルとしての価格を高くしても，全体として投下される希少資源は大きくなく，その生産価格による評価額は小さくなるであろう．したがって大気にかんしては，大気の消費に対して支払う額が，清浄な大気の再生産に支払われるべき帰属費用をはるかに上回っていると考えてよい．

このような例外はありうるものとしても，一般には「二重価格制」によって大きな財政純支出額を必要とするであろう．そして，そのために累進性をともなう所得税および相続税を引き上げることが要請されることはいうまでもない．もしこのような増税政策をとらないで，「二重価格制」にもとづく福祉経済政策が実行されたとすれば，財・サービス市場において超過需要が恒常的に発生するという状況を誘発し，インフレーションのプロセスが不安定化し，ひいては実質的所得分配の不平等性を高めるからである．

社会的共通資本が経済循環の過程ではたす役割を，このように「二重価格制」として，その形式的側面をとらえるとき，社会的共通資本をどれだけ建設すべきかという問題と，そこから生み出されるサービスをどのようにして分配すべきかという問題とが，この二重価格の差額を決定するという問題に帰着することになる．二重価格を構成する2つの価格について，それぞれの水準ではなく，差額ないしはその比率だけが政策的に定められ，2つの価格水準は市場における需要と供給との関係からおのずから決まるものとなる．

いずれにせよ，この価格差は，市民の基本的権利にかかわるさまざまな財・サービスにかんして，それぞれのもつ重要度に対する社会的な価値判断を表現したものになる．「福祉経済制度」が実際に機能しうるか否かということも結局，このような社会的判断がどのように形成され，社会の構成員のコンセンサスを得ることができるか否かという，すぐれて政治的な次元の問題に帰着される．

おわりに

本章の主題は，現代経済学の問題点を，その理論的前提条件にまでさかのぼって検討し，批評するとともに，現代的諸問題を解決するためには，その理論的枠組みをどのように修正し，新しい骨組の構築を試みたらよいかということを模索しようとするものであった．

現代経済学のパラダイムを構成する考え方は，普通新古典派理論と呼ばれているものであるが，第2節では，その理論的枠組みを特徴づけるような基本的前提条件についてくわしく論じた．そのうちとくに重要なものは，生産手段の私有制，主観的価値基準の独立性，生産要素のマリアビリティ，そして市場均衡の安定性にかんする諸条件であった．これらの前提条件はまた，新古典派理論の分析的枠組みと政策的命題との相性についても，いくつかの特徴と制約とを意味することについて，第3節で簡単にふれた．とくに強調したのは，市場機構を通ずる資源配分が効率的な配分をもたらすという命題は，これらの諸条件のどの1つが欠けても成立しなくなるという点であった．このことは，たとえば貿易自由化，基本自由化などという第二次世界大戦後の世界で支配的であった考え方が，じつは，このような制約的な条件のもとではじめて妥当することを意味するものであって，現代資本主義の政策的命題についても重要なインプリケーションをもつものであるということを重ねて強調したい．

このような新古典派的制約条件はそのまま，第二次世界大戦後，とくに1960年代の後半頃から顕在化してきた資本主義諸国が直面する現代的諸問題と密接な関わりをもつ．このような諸問題は，2つの大きな類型に分けて考えることができ，それぞれ新古典派理論の諸前提条件とも対応する．

第1は，環境破壊，公害，都市問題であり，これらはいずれも，生産手段の私有制と主観的価値判断の独立性とにかかわる現象であり，資本主義の基本的前提条件に言及することなくしては，その解決策なり，対応策を考えることはできない．第5，6節で展開した社会的共通資本の理論は，一方ではこのような現象を理解するための1つの試論的枠組みを提示するものであると同時に，他方では，公害，自動車問題など現実に起きている問題に対する1つの解決策を志向しようとするものであった．

第2の類型は，インフレーション，エネルギー資源の希少などによって代表されるもので，生産要素のマリアビリティと市場均衡の安定性とにかかわる問題であった．新古典派理論の分析的枠組みは，時間的要素を無視した静学的均衡ないしは比較静学的な性格をもつものであり，生産要素の可変性の前提のもとでは，不均衡過程の分析はもちろん，そのような状況を描写することすら不可能である．第4節では，生産要素の固定性という概念を明白に導入し，動学的不均衡の理論を展開するということを試みた．この試みは一方では，20世紀初頭からきわめて明確なかたちで現れてきた企業の組織化，巨大化という現象を理解するための理論的枠組みの構築をはかるとともに，他方では，不均衡状態の分析を通じて，インフレーション，失業などに対する政策的な対応策をどのように策定したらよいかという問題に対して，なんらかのかたちで理論的指針を与えようとするものであった．この試みは，とくに後者にかんしてはまだその萌芽的段階にすぎず，今後の展開をまつということにせざるをえなかったのであるが，その基本的な枠組みについては，第4節の叙述からその輪郭を知ることができるであろう．

新古典派理論の前提条件のいずれかにせよ，妥当しないような経済制度のもとでは，市場機構の意味するところが大きく変化し，資源配分の安定的なメカニズムをもはや形成しえなくなり，第6節で言及した社会的不安定性もまたいっそう高まるという結果が生み出される．このような社会的不安定性を是正するためには，伝統的な経済政策の理念の多くは現実に実行に移すことが困難となるか，あるいはその効果もまた必ずしも期待したような大きさと方向をとることができなくなる．このとき，「政府」のはたすべき経済的な役割についても，かなりニュアンスの異なるものとならざるをえない．これまで展開してきた，暫定的な性格をもつ理論的枠組みのなかでは，このような基本的な問題にふれることは困難であるが，これまでの所論から明らかなように，つぎの2つをとくにあげることができる．

「政府」のはたすべき第1の役割は，動学的不均衡過程としてとらえられる市場制度のもとにおける経済循環の過程を，財政・金融的な，マクロ経済的な政策によって安定化することである．これはいわば伝統的な機能であるが，「政府」のはたすべき第2の役割としてあげなければならないのは，社会的共通資本の建設，管理と，そこから生み出されるサービスの分配である．この2つの機能は必ずしも排他的なものでなく，じつはきわめて密接に関連していることに留意する必要があろう．

本章では，経済学が現在おかれている危機的状況，すなわち理論的前提と現実的条件との乖離という現象の特質をできるだけ鮮明に浮き彫りにするために，現代経済学(日本では近代経済学と呼ばれている)の基礎をなす新古典派の経済理論の枠組みについて，その皮と肉を剝いで，骨格を露わにするという手段を用いた．このような手法によってはじめて，修辞的な糊塗に惑わされることなく，新古典派理論の意味とその限界とを誤りなく理解することが可能であるだけでなく，現実的な状況に対応することができるような理論体系の構築もまた可能になると考えたからである．しかし，この極限的な接近方法は，審美的な観点から感性をそこなうような反応を感ずるだけでなく，職業的な観点から，往々にして非知的な，そして退嬰的な反撥を招く危険性が皆無ではない．とくにわが国では，高度経済成長期を通じて，いわゆる近代経済学者が，社会的にも政治的にも大きな役割をはたすようになり，政策的提言，社会的発言，アカデミックな地位などにおいて，比較にならないような影響力をもつようになってきたのであるが，そのもっとも重要な契機は，新古典派的経済理論という分析手法の効果的な適用という点にあった．現在でも，このようなかたちで批判的検討を加えようとすると，多くの経済学者の職業的なヴェステッド・インテレストに抵触せざるをえない．本章では，動学的不均衡理論と社会的共通資本の理論という2つの視点を契機として，経済学の新しい分析的枠組みの構築を試みたのであるが，どちらも試論的段階を出るものではなく，また，社会的価値規範の形成と，その資源配分過程への適用という，より根源的な問題についてなんら言及することがないままに終わってしまった．これらの点はいずれも，現代経済学が直面するもっとも重要な，そして困難な課題であって，新しい理論的視角とすぐれた分析的方法とをあわせもった若い世代の経済学者の貢献にまたざるをえないというのが，著者の偽らざる気持である．

参考文献

Arrow, K. J. (1951). *Social Choice and individual Values*, John Wiley.

Arrow, K. J., and G. Debreu (1954). "On the Existence of Competitive Equilibrium," *Econometrica*.

Arrow, K. J., and L. Hurwicz (1958). "On the Stability of Competitive Equilibrium," *Econometrica*.

Bergson, A. (1938). "A Reformulation of Certain Aspects of Welfare Economics", *Quarterly Journal of Economics*, vol. LII, pp. 310-334.

Berle, A. A., and G. C. Means (1932). *The Modern Corporation and Private Property*, Macmillan. (北島忠夫訳『近代株式会社と私有財産』文雅堂研究社，1958年).

Blau, P. (1957). "A Note on Arrow's Theorem in the theory of Social Choice," *Econometrica*.

Bliss, C. (1972). "Prices, Markets and Planning," *Economic Journal*, March.

Clower, R. W. (1965). "The Keynesian Counterrevolution : A Theoretical Appraisal," F. H. Hahn and F. Brechling (eds.), *The Theory of Interest Rates*, Macmillan.

Friedman, M. (1957). *A Theory of the Consumption Function*, University of Chicago Press. (宮川公男・今井賢一訳『消費の経済理論』巌松堂，1961).

Haavelmo, T. (1960). *A Study in the Theory of Investment*, University of Chicago Press.

Hicks, J. R. (1937). "Mr. Keynes and the 'Classicals,' *Econometrica*.

——(1939). *Value and Capital*, Clarendon Press. (安井琢磨・熊谷尚夫訳『価値と資本』Ⅰ，Ⅱ，岩波書店，1951年)

Jorgenson, D. W. (1963). "Capital Theory and investment behavior," *American Economic Review*.

Keynes, J. M. (1923). *A Tract on Monetary Reform*, Macmillan. (岡部菅司・内山直訳『貨幣改革問題』岩波書店，1924年).
——(1936). *The General Theory of Employment, Interest and Money*, Macmillan. (塩野谷祐一訳『雇傭・利子および貨幣の一般理論』東洋経済新報社，1995年).
Lange, O. (1949). *Price Flexibility and Employment*, The Principia Press.
Lerner, A. P. (1944). *The Economics of Control*, Macmillan.
Marris, R. (1963). *The Economic Theory of "Managerial" Capitalism*, Macmillan. (大川勉・森重泰・沖田健吉訳『経営者資本主義の経済理論』東洋経済新報社，1971年).
Penrose, E. T. (1959). *The Theory of the Growth of the Firm*, Blackwell's. (末松玄六監訳『社会成長の理論』ダイヤモンド社，1962年).
Robinson, J. (1971). *Economic Heresies*, Basic Books. (宇沢弘文訳『異端の経済学』日本経済新聞社，1973年).
Robinson, J. and J. Eatwell (1973). *Introduction to Modern Economics*, McGraw-Hill. (宇沢弘文訳『ロビンソン現代経済学』岩波書店，1976年).
Samuelson, P. A. (1944). "On the Stability of Competitive Equilibrium," *Econometrica*.
——(1947). *Foundations of Economic Analysis*, Harvard University Press. (佐藤隆三訳『経済分析の基礎』勁草書房，1972年).
——(1954). "The pure Theory of public Expenditures," *Review of Economics and Statistics*, vol. 36, pp. 387-389.
Uzawa, H. (1969). "Time Preference and the Penrose Effect in a Two-Class Model of Economic Growth," *Journal of Political Economy*, vol. 77.
——(1976). "Toward a Theory of Dynamic Dis-equilibrium", Presidential Address delivered at the Helsinki Meeting of the Econometric Society, 1976, *Optimality, Equilibrium, and Growth : Selected Papers of Hirofumi Uzawa*, University of Tokyo Press, 1988, pp. 132-163.
Veblen, T. (1904). *The Theory of Business Enterprise*, Viking Press. (小原敬士訳『企業の理論』勁草書房，1965年).
Walrras, L. (1874-77). *Éléments d'économie politique pure ou théorie de la richesse sociale*, 1st., L. Corbaz. (久武雅夫訳『純粋経済学要論』岩波書店，1983年).
Wiles, P. (1973). "Cost inflation and the State of Economic Theory," *Economic Journal*, June.
今井賢一・宇沢弘文・小宮隆太郎・根岸隆・村上泰亮(1972).『価格理論 II』岩波書店.
稲田献一・宇沢弘文(1972).『経済発展と変動』岩波書店.
宇沢弘文(1969).「資本自由化と国民経済——競争原理をめぐる理論的な検討——」『エコノミスト』12月23日号.
——(2000).『社会的共通資本』岩波書店.
——(2000).『ヴェブレン』岩波書店.

第22章　新しい経済学への展望

1. 現代経済学の展開

反ケインズ経済学の終焉

1970年代に猖獗を極めた反ケインズ経済学も，1980年代に入ってしばらくすると，やがて，その限界に達し，経済学に正常な雰囲気が少しずつであるが戻ってくるようになってきた．

1980年代に入ってからのこのような状況の変化はもちろん，反ケインズ経済学に内在する理論的矛盾がようやく経済学者の意識に上るようになったことに起因するが，その直接的な契機となったのは，反ケインズ経済学の考え方が，政治的にも社会的にも大きな影響力をもつようになったことによるところが大きい．このことは一見逆説的に聞えるかもしれないが，つぎのようなことを意味する．

アーサー・ラッファーの命題は，レーガン政権の政策綱領の作成に重要な役割をはたした．サプライサイドの経済学のもう1人の推進者であったマーティン・フェルドシュタインは，社会保障年金制度の撤廃という，かれの年来の目的ははたせなかったものの，レーガン大統領の経済諮問委員会の委員長として活躍する機会をもった．さらに，マネタリズムの経済学はたんに，金融政策の立案過程にとどまらず，ひろく，一般的な規制緩和ないし撤廃の過程で重要な役割をはたしていった．

反ケインズ経済学の考え方は，1970年代におけるアメリカの，政治的，社会的状況に適合するものであって，その要請をそのまま経済学的に表現したものともなっていた．1980年代に入って，レーガン政権のもとでこの傾向は一段と拍車がかけられることになった．その結果どのようなことが起こっていったのであろうか．

レーガン政権の初期についてみると，3年間に25%の所得税減税法案が成立し，軍事費の大幅な増大が実行に移され，同時に社会保障関係費は逆に大幅に削減されることになった．さらに，1970年代以来強行されてきたさまざまな分野で，規制措置の撤廃，公的な経済活動分野の縮小にいっそうの拍車がかけられるようになった．とくに重要な意味をもっているのは，金融制度の運営にかんする規制の緩和ないしは撤廃である．1930年代に，大恐慌の苦い経験から，金融機関に対して，その反社会的，投機的行動を規制する法律ないしは措置がとられてきたが，レーガン政権の時期に，そのような規制を取り外すという傾向がつよくみられた．

このような一連の政策は，反ケインズ経済学の考え方とも軌を一にするものであって，同じ経済思想を基盤とするものであるといってよい．これらの政策は，たまたま世界経済の不況的状況とならんで，アメリカ経済を著しく不安定化するという結果となった．失業率は一時期10％を超え，しかも連邦予算の赤字2,000億，貿易収支の赤字1,500億ドルという異常な，状態をつくり出した．外国為替市場の変動はきわめて不安定的なものとなり，国際貿易の拡大に対して大きな障害となっていった．発展途上諸国との間の関係も，対外累積債務の残高がついに1兆ドルを超えるという状況にまで進展していった．1980年代から2000年にかけての世界経済は，1930年代以来の規模をもつ，一大不均衡時代という表現がそのまま適用されるような危機的状況を形成していった．この流れのなかで，反ケインズ経済学に対する批判と反省とが，経済学者の意識のなかで大きく成長していった．そして，反ケインズ経済学の流行は，1970年代を通じておこなわれた1つの高価な代償をともなう実験にすぎないということが明らかになっていった．1980年代の半ば頃から，経済学の流れはふたたび大きな旋回をはじめ，ケインズ経済学の延長線上にたって，経済学本来の問題意識を回復し，新しい分析的な枠組みを求めて，大きな運動がはじまってきた．ジョーン・ロビンソンが，「経済学の第二の危機」で強調したことが，ようやく経済学者の間で定着し，この第二の危機を解決するための努力が真摯な形で始められることになった．経済学の世界に，1970年代の暗黒の時代を超えて，かすかではあるが，新しい光が差しはじめ，新しい流れが起きてきたといってよいであろう．この，経済学の新しい流れが，どのような形で進展してゆくのか，ということについて予断を許さない．しかし，アダム・スミス以来の古典派経済学の問題意識に立ち返って，新古典派経済学とケインズ経済学から受け継がれた分析的手法をさらに精緻化することによって，経済学の歴史に新しい偉大な章を付け加えることになるのは間違いないように思われる．

現代経済学の流れ

1980年代から現在にかけて，世界の資本主義諸国(社会主義諸国を含めてもよいかもしれない)のおかれている状況を不均衡の時代というように表現した．ここで，不均衡というとき，2つの意味をあわせもっている．市場的不均衡と社会的不均衡とである．市場的不均衡は，市場における需要と供給との乖離が，市場機構を通じて必ずしも，解消しえないような制度的，社会的な諸条件が存在し，ときとしては，螺旋的に不安定的となるような状況が存在するときを指す．資本主義的市場経済制度のもとでは，企業，個人などの個別的な経済主体の行動は，相互に輻湊した関係をもちながら，それぞれ主観的な価値基準にしたがって，分権的に決定される．市場機構の安定性というとき，このような個別的経済主体の行動を集計して得られる需要関数と供給関数の形態に依存して規定されるものである．個別的な経済主体の行動様式も，またその背後に存在する経済主体の範疇規範そのものも，社会全体の文化的，歴史的，政治的な構造的諸要因と密接にかかわっているものであって，これらの諸要因と切り離して，たんに合理的な経済人としての行動様式として分析することはできない．経済循環のメカニズムもまた，このような，より高次元の構造的特質を反映し，また逆に，市場経済における経済循環の結果が，これらの構造的諸要因の変革の契機ともなっている．市場的不均衡という現象は，このような，いわば制度的な諸要因と切り離すことのできないものであって，その分析は，新古典派理論，あるいはケインズ経済学が展開してきた分析的手法をはるかに超えたものが必要となってくるであろう．

第2の不均衡概念である社会的不均衡は，市場的不均衡のそれと密接な関わりをもつが，さらに市場経済制度の根底に存在する社会的，制度的諸要因に直接かかわるものである．それは，1つの国民経済を構成する希少資源あるいは生産要素にかんして，その相対的比率が必ずしも調和のとれたものではなく，しかもその蓄積が，バランスを保つようにおこなわれるようにはなっていないという現象である．希少資源が，どのような基準にもとづいて，私的な資本と社会的共通資本に分けられるのかということ自体，歴史的，社会的，政治的諸要因に依存して定められるだけでなく，その蓄積過程もまた，政治的，社会的，文化的諸要因によって大きく左右される．社会的不均衡というとき，このような過程のなかに，社会的共通資本と私的資本の相対的バランスを維持するようなメカニズムを内蔵していないような状況を指す．政府の政策的対応が，市場経済に内在する不安定的要因を相殺することができず，私的資本と社会的共通資本の間の相対的バランスが崩れて，しかもそのバランスを回復するメカニズムが，政策的な対応をも含めて考えたときに，すでに失われているような状況を社会的不均衡と呼ぶわけである．

現代経済学の直面する主要な問題は，市場的不均衡と社会的不均衡という2つの不均衡によって特徴づけられる，現代資本主義のおかれている病理学的状況をどのように描写し，どのように分析し，どのような方法を通じて解決できるかということを模索しようとするものであるといってよいであろう．

このような視点にたって，現代経済学の理論的展開を眺めるとき，2つの不均衡概念に照応して，不均衡動学の理論と社会的共通資本の理論という2つの大きな流れが存在していることに気付くであろう．以下，前章とは多少異なった視点から，この2つの流れについて，その基本的な側面を取り上げて，現代経済学の一斑をみることにしよう．

不均衡動学の理論

現代資本主義の制度的な諸条件を明示的に定式化し，市場的均衡の存在を求め，経済循環のメカニズムを解明するための分析的枠組みをつくり上げたのが，ケインズ経済学であった．そして，資本主義的な市場経済制度のもとにおける経済循環のメカニズムは一般に，不安定的であって，完全雇用と安定的物価水準とを同時に実現するような自律的なメカニズムは存在しないと考えた．完全雇用，安定的な物価水準，さらには安定的な経済成長を実現するためには，政府は，経済活動に対するさまざまな規制，財政・金融政策の機能的，弾力的運用を通じて，究極的には，総需要が安定的に調節されるような状況をつくり出さなければならないとされた．いわゆるケインズ主義的な安定化政策の理念であって，その基本的な発想は，ファイン・チューニング(微調整)の考え方であった．このようなファイン・チューニングが，経済理論の発展の現段階からみて，はたして技術的に可能であろうかという疑問がしばしば提起されてきたが，この点にかんして，政策目標の設定に依存して，ファイン・チューニングが可能か，否かが決まってくるということに留意しておきたい．たとえば，マネタリストの主張するように，貨幣供給の総額ないしはその変化率を，政策目標とするときには，ファイン・チューニングの可能性は，金融制度の運用にかんする現在の技術的知識，管理的能力という点から存在しえないといってよい．しかし，短期市場利子率の安定化を政策目標とする，いわゆるケインズ的な金融政策をとるときには，ファイン・チューニングが可能となってくる．政策目標の設定によって，このような差違が生じてくるのは，ケインズ的なマクロ経済理論の背後に存在する不均衡過程が動学的に安定的であるか，否かということに依存しているからである．

ファイン・チューニングの可能性という技術的次元の問題を超えて，ケインズ主義の政策理念については，より根元的な問題が存在する．それは，政府が中立的な立場にたって，有効需要のファイン・チューニングをおこなうことがはたして可能であろうかという問題である．ここで，政府の中立性というとき，2つの側面をもつ．まず第1に，政府のおこなう財政・金融政策，ないしは経済政策一般について，その効果が市場経済における経済循環のプロセスに対して中立的であるか，否かという問題である．第2の問題は，政府の選択する経済政策が，市場経済の制度的諸条件から中立的でありうるか，否かという問題である．資本主義的な市場経済制度自体，ある1つの社会体系のなかで歴史的過程を経て形成されてきた1つの歴史的段階であるが，政府の経済政策決定のメカニズムもまた，同じ社会的，歴史的条件のもとで形成されるものであって，とくに政治的民主主義をたてまえとするときに，政府の行動が市場経済制度を特徴づける諸条件と無関係に，中立的な立場にたって策定され，実行に移されてゆくという前提条件が妥当しているとは考えにくい．政府の行動も究極的には，資本主義的な市場経済制度を支えている歴史的，社会的，文化的な諸要因によって規定されるということが当然の帰結となるであろう．

ケインズ経済学を貫いて，政府行動の中立性という前提条件がおかれていて，それは，ハロッドのいう「ハーヴェイ・ロードの前提条件」と密接にかかわっている．1960年代の終わり頃からとくに顕著となったケインズ経済学に対する攻撃の根底には，この前提条件に対する批判が存在している．この批判に答えて，政府の行動様式をも包含するマクロ経済理論の構築は，現代の経済学に要請されているもっとも重要な課題の1つであり，制度学派の考え方をさらに発展させた，いわゆる進化論的経済学がその理論的枠組みを提供している．

ケインズ経済学のおかれている立場をこのように理解するとき，ヒックスによる *IS*・*LM* 分析を通じてのケインズ理論の解釈についても問題とならざるをえない．ヒックスの *IS*・*LM* 分析について，もっとも重要な問題点は，ケインズ理論を均衡分析の枠組みのなかに押し込めてしまったということである．この批判はすでに，ジョーン・ロビンソンによってはやくから指摘されていたことであるが，ヒックス自身も，その『ケインズ経済学の危機』(*The Crisis in Keynesian Economics*, 1974)のなかで，*IS*・*LM* 分析は，『一般理論』が刊行された当時の状況では適切な解釈であったかもしれないが，1970年代における世界の資本主義がおかれている状況のもとでは必ずしも適切なものではないと述べている．

リチャード・カーン

この批判はじつは，ケインズの『一般理論』自体に対しても向けられるのではなかろうか．より正確にいえば，リチャード・カーン(Richard Kahn)を中心としておこなわれたケインズ・サーカスが展開した不均衡動学の考え方を，ケインズの『一般理論』は的確に表現しているのであろうかという疑問である．

リチャード・カーンは，ケンブリッジ大学，キングズ・カレッジ，大蔵省におけるケインズの後継者であったが，イギリスにおける経済学研究，教育の面で主導的な役割をはたした経済学者である．リチャード・カーンは，乗数理論にかんする古典的論文の他に発表した論文の数はわずかであるが，その透徹した論理，深い洞察力，内に秘めた社会的正義感をもって，ケインズ以後のイギリスの経済学者のなかでもっとも影響力のつよい経済学者であるといわれている．

ケインズ・サーカスは1931年，リチャード・カーンを主導者として，ケンブリッジ大学の若い研究者たちの集団としてつくられたものであるが，その共通の問題意識は，現代資本主義経済の制度的諸条件のなかに，大恐慌のような深刻な形での不均衡を惹き起こすメカニズムが内蔵されていることを明らかにするとともに，景気の回復，非自発的失業の解消のためにどのような財政・金融政策をとるべきかという問題に対して，理論的な解決を与えようとするものであった．このケインズ・サーカスによる研究成果をのちになって，ケインズが『一般理論』という形でまとめることになったわけであるが，『一般理論』が必ずしも，ケインズ・サーカスの作業の成果を正確にあらわしてはいないのではなかろうかという疑問が存在する．しかし，ケインズ・サーカスの作業については，前記のカーンの論文，ジョーン・ロビンソンによるいくつかの啓蒙的著作，ラーナーの論文などを通じて，断片的にしか伝えられていない．

もともとケンブリッジでは，マーシャル以来の伝統として，「オーラル・トラディション」ということが強調されてきた．経済学の真髄は，ケンブリッジで学び，ケンブリッジのすぐれた経済学者から直接教えを受けなければ体得できない，公刊された書物や論文を通じては経済学の本質は理解できないという考え方であって，ケインズ・サーカスもまた，そこに実際に参加して，共同研究にたずさわった人でなければ，その成果の本質を理解できないという思想にとらわれていた．この点について，つぎのリチャード・カーンの言葉は印象的である．「自分は昨年(1978年)はじめて『一般理論』を読み通したが，『一般理論』の書き方はまったくひどい．一体なにをいい，なにを伝えようとしているのか，私にはまったく理解できない．」じつは，ケインズ自身は，直接ケインズ・サーカスのメンバーでなかった．ケインズ・サーカスの活動にかんしては，最近いくつかの論文が発表されたが，リチャード・カーンが中心になって構築した不均衡動学の考え方についてはくわしく知ることはできない．しかし，リチャード・カーン，ジョーン・ロビンソン，ラーナーたちの論文にもとづいて，ケインズ・サーカスが意図していた不均衡動学の構想について，ある程度推測することは不可能ではない．この作業が可能になったのは，1978年に発表された小谷清の『市場経済分析の新しい枠組み』(『季刊現代経済』第30号)に展開された分析的枠組みを通じてである．小谷論文は，『一般理論』のもつ理論的欠陥を解決し，不均衡動学への展開を可能にする，新しい分析的枠組みを構築したものであって，この分野で，1970年代に書かれた，もっともすぐれた，洞察にとんだ論文である．のちに，小谷清『不均衡理論』(東京大学出版会，1988年)として刊行されて，小谷理論の全体像がくわしく展開された．次節で展開する不均衡動学の構想は，ケインズ・サーカスの展開した不均衡動学の考え方を，小谷理論にもとづいて，再構築しようとするものである．

ホートレー＝小谷理論の展開

不均衡動学の理論を展開するに当たって，まず明確にしておかなければならないことは，現代資本主義の制度的特徴を，どのようにとらえて，マクロ経済モデルを作成してゆくかという点である．いわば現代資本主義にかんするビジョンをまず明確にするということであるが，ここでは，基本的にはヴェブレン＝ケインズ的なビジョンを出発点とする．それは，資本主義的な市場経済制度は本質的に性格を異にする企業と家計という2つの階級部門から構成されているという視点である．古典派経済学，マルクスの3大階級制度――資本家，労働者，地主階級――とも異なり，また新古典派理論の経済人仮説とも異なって，企業という実体的組織から構成されている1つの階級が，資本主義経済でもっとも重要な役割をはたすという認識である．

生産企業の多くが，営利企業の形態をとり，さまざまな固定的な生産要素から構成された1つの有機体的組織として，中枢的な経営管理系統をもち，合目的的な行動をするというヴェブレン的な企業が，現代資本主義経済制度を特徴づけるものである．

各企業を構成する生産要素の多くが固定的であるときには，それらを，そのときどきの市場条件に適応して調節し，利潤が最大となるような生産要素の組み合わせを実現することはできない．企業内に蓄積されている固定的な生産要素は，現在の市場条件が未知であるような過去の時点での投資活動の結果として決まってくるものだからである．とくに労働雇用が固定的であるような場合について，現時点での労働の雇用量は必ずしも，その限界生産が実質賃金と等しい水準に対応しない．ケインズは『一般理論』で，労働雇用量が，限界生産と実質賃金とが等しくなるような水準と常に一致するといういわゆる第1公準を前提として議論を進めた．しかし，労働雇用の固定性を前提とするとき，第1公準はもはや妥当しなくなる．

さらに，生産規模の調節にかんしても，各時点における実際の生産規模は必ずしも，その時点での市場条件のもとで最大利潤を生み出すものではない．いま，ある時点 t における市場条件のもとで，最大利潤を生み出すような生産額と労働雇用量をそれぞれ最適生産額 Y_t^o と最適雇用量 N_t^o と呼ぶことにしよう．このとき，生産額は，市場価格ではかった名目額を貨幣賃金率で割った実質生産額である．この時点 t における実際の生産額および雇用量をそれぞれ Y_t, N_t^a とすれば，これらの量は，t 時点で自由に調節することは不可能で，過去の行動によってすでに決まってしまっている．

各企業のなかに蓄積されている生産要素が固定的であるときには，総供給額と総需要額とが等しくなるようなメカニズムは存在しない．需要と供給とが乖離するのが一般的状況となる．総需要額は，消費，投資，政府の財政支出の3つの部分から成り立っている．ここで問題としている投資は固定投資である．すなわち，各企業が，将来の市場条件に対してもっている長期的な期待にもとづいて，決定される固定的な生産要素の蓄積が総需要額の一要因である投資であることに留意する必要がある．

この点にかんして，ケインズは，『一般理論』のなかで，重大な誤謬を犯しているように思われる．ケインズは，投資を定義して，固定資本，運転資本，流動資本をすべて含めて，その蓄積であるとした．流動資本の蓄積は，いわゆる在庫投資といわれるもので，生産物，原材料等の蓄積を，意図されるものと意図されざるものと含めて定義されるものである．このケインズの定義に対して，ラルフ・ホートレー(R. G. Hawtrey)が反論して，投資は，固定資本の蓄積に限定すべきであると主張した．ホートレーの主張は，固定資本形成と在庫投資はまったく性格の異なるもので，この2つを一緒にして取り扱うべきではないというのであった．固定資本形成は，企業が長期的な期待にもとづいて，事前に計画した通り実行に移すことができるのに対して，在庫投資はそのときどきの市場条件によって影響され，事前には計画できないものである．さらに重要な点として，固定資本形成のコストは長期市場利子率に依存するのに対して，在庫投資のコストは短期市場利子率によって左右されるというのがホートレーの主張であった．とくに，後者の指摘は重要な意味をもつことになるのであるが，このホートレーの反論に対して，ケインズは，自らの投資概念を主張してゆずらなかった．

しかし，投資の概念を，ケインズのいうようにひろい意味にとってしまうと，『一般理論』自体が論理的に矛盾したものになってしまう．もしかりに，総供給額 Y と総需要額 X とが等しくなかったとしよう．このとき，総需要額は消費 C，投資 I，政府の財政支出 G の和である．

$$X = C+I+G.$$

総供給額 Y と総需要額 X との差額 $Y-X$ は当然在庫投資の一部になっているはずであるから，ケインズの意味での投資は I ではなく，じつは

$$I' = I+(Y-X)$$

となっていなければならなかったはずである．したがって，総需要額も，X ではなく，

$$X' = C+I'+G = C+I+G+(Y-X) \equiv Y$$

となる．すなわち，総需要額 X' は総供給額 Y と恒等的に等しくなってしまって，有効需要は不確定となってしまう．ケインズが批判した新古典派理論の場合とまったく同じになって，有効需要の理論は妥当しなくなるわけである．

また，ケインズが『一般理論』のなかで展開している投資の理論は，固定資本形成にかんしてであって，在庫投資についてではない．この点についてさらに，ケインズは，投資水準を決定するのは「投資」の限界効率であるということを正確に理解することができず，誤って「資本」の限界効率という概念を使っていることも指摘しておく必要があろう．この点はすでに，ラーナーによって指摘された点でもある．

ケインズ理論を出発点として，不均衡動学モデルを構築しようとするとき，もう1つ大きな問題が存在する．それは価格水準がどのようにして決定されるかという問題である．ケインズの『一般理論』では，価格決定にかんして明確な定式化がおこなわれていない．またヒックスの IS・LM 分析でも，価格はあたかも一定の水準に固定されているかのような印象を与えている．この点についても，ホートレーの分析が私たちに大きな示唆を与えてくれる．ホートレーが注目したのは在庫が取引される市場であった．いま，生産企業と消費者との間に，多層的な流通過程が存在するとし，生産企業によって生産されたものは流通業者ないしは中間業者の倉庫に入れられ，消費者は中間業者だけからしか財を購入できないというような状況を考えよう．しかも中間業者同士の間で，それぞれ倉庫に保管されている在庫の売買がおこなわれるような市場が形成されているとしよう．このような在庫市場で取引されるのは，倉庫のなかに保管されている現物ではなく，預り証——倉荷証券——であって，在庫市場はきわめて高度に組織化され，効率的に取引がおこなわれていると考えてよい．このような在庫市場で成立する市場価格によって物価水準が決まってくるというのが，ホートレーの考え方であった．このような在庫市場はその基本的な性格について，マネー・マーケット，株式市場などの金融資産市場とまったく同じような構造をもっていて，市場における需給の均衡は常に成立していると仮定してもよいであろう．生産者および消費者に対する価格は，この在庫市場で成立した均衡価格に準じて定められることになる．

価格決定のメカニズムにかんして，ホートレー的な考え方をとるとき，経済循環の過程につ

いて，ケインズとはまったく対照的なプロセスが想定されることになる．ホートレー・プロセスとケインズ・プロセスとの相違を浮き彫りにするために，貨幣供給の変化が，経済循環の過程にどのような影響を及ぼすかということをみることにしよう．ただし，貨幣の定義にかんしても，ケインズとホートレーとの間では差違が存在するということに注意する必要がある．ケインズの貨幣概念はさきに述べたように，通例の貨幣量 M_1 に市場性の高い短期金融資産を加えたものであるのに対して，ホートレーが用いている貨幣概念は M_1 に相当するものである．

ホートレー・プロセスはつぎのようなメカニズムを想定する．いま貨幣の供給量がふえたとしよう．この貨幣供給の増加はまず，マネー・マーケットの均衡過程に影響を及ぼし，短期市場利子率の低下となって現われる．短期市場利子率の低下は，在庫保有のコストの低減となるから，中間業者たちの在庫保有に対する需要のスケジュールを押し上げ，在庫市場における均衡価格が上昇する．在庫市場での市場価格の上昇は，生産者価格の上昇をもたらし，生産者は，その生産規模を大きくしようとし，雇用量，国民所得の増加となり，さらに総需要の増加となって現われる．このような状態がしばらく継続して，生産者たちが，総需要の増加が恒久的なものと確信するようになってはじめて，投資(固定資本形成)の増加となり，さらに総需要を押し上げることとなる．

これに対して，ケインズ・プロセスはつぎのようなメカニズムを考える．ケインズの意味における貨幣の供給量がふえたとしよう．この増加はただちに，長期金融資産市場における均衡条件に影響を及ぼし，長期市場利子率の低下をもたらし，投資の限界効率のスケジュールを通じて投資の増加となって現われる．投資の増加は総需要額曲線を上方にシフトさせ，有効需要の増加という結果を生み出すというものである．

ホートレー・プロセスとケインズ・プロセスとを比較したとき，現実の経済循環のメカニズムを説明するものとしても，ホートレー・プロセスの方がはるかにまさっているということに気づくであろう．しかし，ケインズとホートレーとの間で交わされた長い論争は結局，ケインズの主張が通って，ホートレーの考え方はその後ほとんど注目されなくなってしまった．しかし，『一般理論』の本来の分析的枠組みを模索するという点からも，また不均衡過程の動学的分析を展開するという点からも，ホートレーの理論の方がすぐれた考え方を私たちに提供している．このホートレーの理論を厳密に定式化して，不均衡過程の動学的分析の出発点ともなるべき定式化をおこなったのが，小谷論文である．

ホートレー＝小谷モデル

ホートレー＝小谷モデルの分析は，つぎのようにして展開される．いまある時点 t における在庫の全ストック量を z_t とする．中間業者たちの在庫保有に対する需要は，在庫の市場価格 p_t と，その期待上昇率 $(p_t^*/p_t)^e$ とによって決まってくる．在庫の市場価格の期待上昇率が需

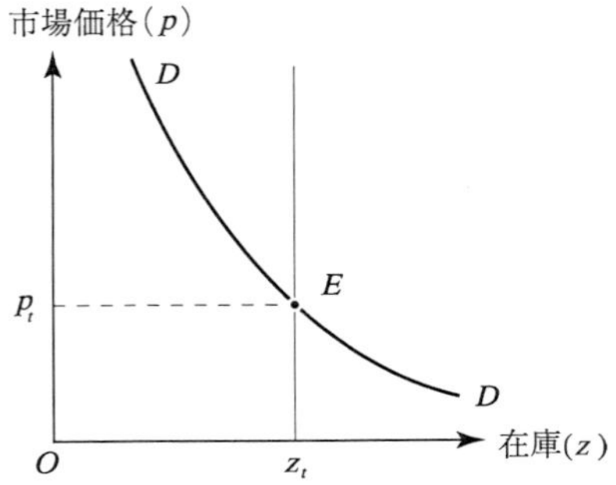

図 22-1

要に影響を与えるのは，在庫保有にともなうキャピタル・ゲインがその主要な動機だからであるが，いま簡単にするために，この影響は無視するか，あるいは在庫の市場価格の期待上昇率はある一定の水準に保たれていて，変わらないものとする．

在庫保有に対する需要曲線は，図 22-1 の DD 曲線によって示されるように一般に右下がりの曲線となるであろう．図 22-1 で，在庫量 z は横軸にはかり，縦軸は価格 p をはかる．価格は名目価格を貨幣賃金率で割った実質価格である．在庫市場の均衡価格 p_t は，この需要曲線 DD が，在庫のストック量 z_t と交わる点 E によって与えられる．

在庫市場で市場価格 p_t が決まるとき，総供給額曲線と総需要額曲線とを導き出すことができる．

総供給額曲線は，集計的生産関数を使って求められる．いまかりに労働が可変的であるとすれば，労働雇用量 N と実物単位ではかった国民所得 Y との間には，図 22-2 の AO 曲線によって示されるような関係が存在するであろう．これが集計的生産関数をあらわす．実質価格 p は実質賃金の逆数であるから，利潤が最大となるような水準は，集計的生産曲線の接線の勾配が $1/p$ に等しくなるような点 B に定まる．このとき，賃金単位ではかった実質国民所得は，接線が横軸と交わる点 C と N 点との距離に等しくなる．したがって，総供給額曲線は，図 22-3

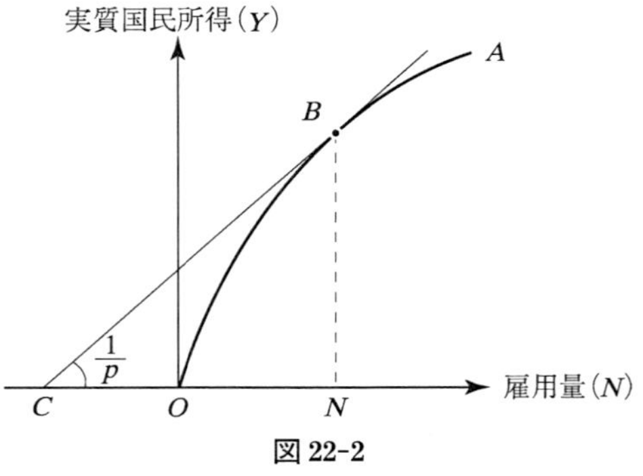

図 22-2

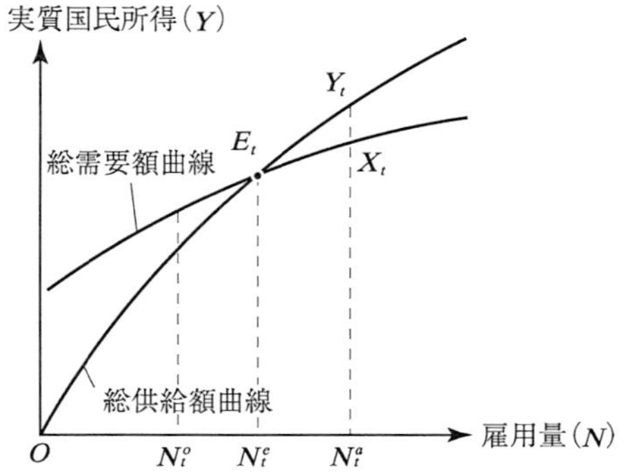

図 22-3

の Y 曲線で示されるように，右上がりの曲線によってあらわされる．それに対して，総需要額曲線は，X 曲線で示されるように，一般に，総供給額曲線より低い勾配をもつ．この2つの曲線の交点 E_t が，t 時点における有効需要をあらわす．このときの雇用量を N_t^e とする．

このようにして，各時点 t において3つの雇用量 N_t^a，N_t^o，N_t^e が存在する．N_t^a は実際の雇用量で，過去の経済行動の結果決まってくる雇用量で，t 時点で調節することはできない．N_t^o は，在庫市場で成立する市場価格 p_t に対応して，労働の限界生産が実質賃金率に等しくなるような最適雇用量である．N_t^e は，かりに労働が可変的で，生産規模を自由に調節することができたとしたときに，財・サービス市場が全体として均衡するような有効需要に対応する労働雇用量である．

この3つの雇用量は一般には一致しない．N_t^a が N_t^o と等しくなるという条件が，ケインズの第1公準であって，労働の可変性を前提としてはじめて成立する．また，N_t^a と N_t^e とが等しくなるのは，財・サービス市場において均衡が常に成立して，有効需要の水準に労働の雇用が調節されているという条件がみたされているときである．したがって，N_t^a，N_t^o，N_t^e の3つの雇用量がすべて等しくなるのは，経済がヒックスの IS 曲線上に位置しているのであるということができよう．

3つの雇用量 N_t^a，N_t^o，N_t^e は時間的経過にともなってどのように変化するであろうか．いまこの3つの雇用量が図 22-2 で示されているような関係にあったとしよう．このとき，最適雇用量 N_t^o が実際の雇用量 N_t^a よりも小さいから，企業部門は，その労働雇用をへらそうとするであろう．一般に，雇用量の変化率 N_t^{a*} は，$N_t^o - N_t^a$ に依存して決まり，同じ方向に動くと考えてよい．また，有効雇用量 N_t^e が N_t^a よりも小さいということは，在庫投資 $z_t{}^* = Y_t - X_t$ が正であるということを意味する．したがって，図 22-1 からただちにわかるように，在庫ストックの増加にともなって，市場価格 p_t は低下する傾向をもつ．一般に，市場価格の変化 $p_t{}^*$ は $N_t^e - N_t^a$ と同じ符号をもつであろう．市場価格 p_t の低下は，最適雇用量 N_t^o の減少となって現

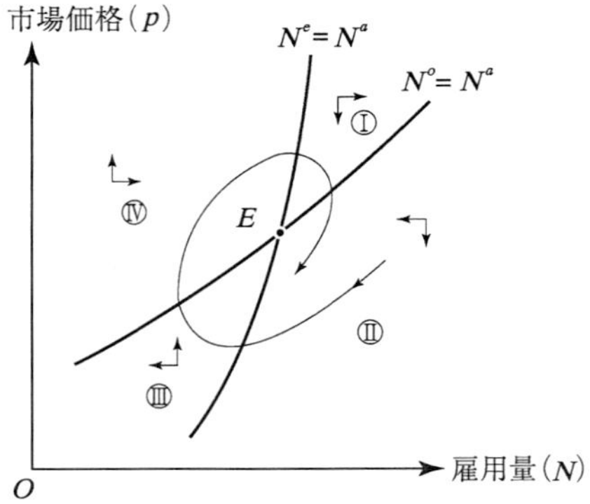

図 22-4

われ，N_t^a はさらに減少する傾向をもつ．このような動きがしばらくつづくとき，実際の雇用量 N_t^a はやがて，有効雇用量 N_t^e に等しくなり，さらに進んで，それよりも小さくなる．このとき，在庫ストックは逆に減少しはじめ，市場価格 p_t は上昇しはじめる．それに対応して，最適雇用量 N_t^o もまた増加し，やがて，実際の雇用量 N_t^a を上回るようになり，実際の雇用量 N_t^a は逆に増加することになる．実際の雇用量 N_t^a と市場価格 p_t の動きは，図 22-4 に示されるように，循環的な関係をもっている．$N^o=N^a$ 曲線の右側では，N_t^a は減少し，左側では増加する．他方，$N^e=N^a$ 曲線の右下に位置しているときには，市場価格 p_t は低下し，左上に位置しているときには上昇する傾向をもつ．したがって，N_t^a と p_t の動きは，図 22-4 で，矢印をもった曲線のような循環的な形をすることがわかる．この結論は，在庫保有に対する需要，雇用調整にかんする企業の行動などにかんしていくつかの制約条件がみたされているときに妥当するものであるが，ホートレー＝小谷プロセスの一般的な特徴をあらわすものと考えてもよいであろう．

ホートレー＝小谷プロセスの均衡解は，図 22-4 に示されるように，2 つの曲線の交点 E によって与えられる．この点では，3 つの雇用量 N_t^a，N_t^o，N_t^e がすべて一致するようなケインズ＝ヒックス均衡が成立することになる．したがって，ホートレー＝小谷プロセスが安定的であ

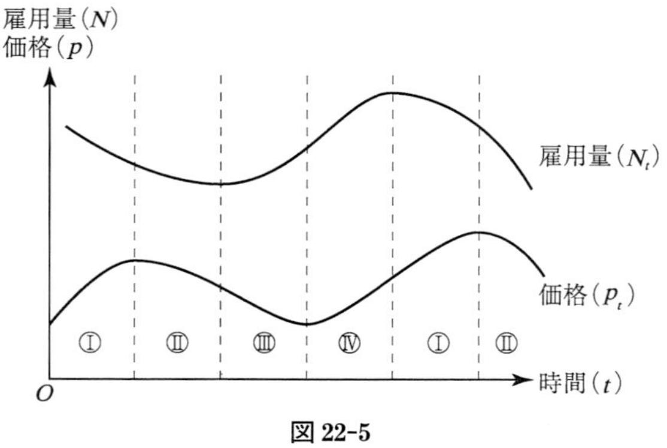

図 22-5

るとすれば，経済はケインズ＝ヒックス均衡に収斂することがわかる．しかし，ホートレー＝小谷プロセスは一般に安定的とはかぎらない．図22-5は，ホートレー＝小谷プロセスが循環的である場合に，実際の雇用量N_t^aと市場価格p_tが時間的経過にともなってどのような動きをするかということを図示したものである．ここに示されている4つの循環的局面は，図22-5のそれに対応している．ここで注目したいのは，phase IIとphase IVの2つの局面は，ケインズの第1公準ないしは新古典派理論の前提条件と矛盾しないが，phase Iとphase IIIの局面は，これらの前提条件と矛盾するということである．

ケインズ＝ヒックス均衡はじつは，さらに長期的な経済調整によって変化する．このような過程が安定的であるとすれば，究極的に収斂する長期均衡では，完全雇用が成立し，物価水準は安定的となる．すなわち，新古典派理論における市場均衡，ないしはアダム・スミスの「自然価格」の支配する世界に収斂すると考えてもよい．このような意味で，ホートレー＝小谷理論は，不均衡過程の動学的分析を展開するさいの基本的な枠組みを提示したものとなっているのである．

1960年代の終わり頃から1970年代にかけて，ケインズ経済学，とくに*IS*・*LM*分析を出発点とするアメリカン・ケインジアンの考え方に，さまざまな観点から批判がなされるようになった．これは前にも述べたことであるが，このような批判の一部は，*IS*・*LM*分析があまりにも均衡分析の枠組みのなかに閉じ込められすぎているというものであった．じじつ，アメリカ経済をはじめとして，世界の資本主義諸国の多くは，いわば不均衡の時代に入って，*IS*・*LM*分析が前提とするような均衡状態からの乖離が大きくなりつつあった．すなわち，世界の資本主義諸国がおかれていた状況は，ケインズ＝ヒックス均衡ではなく，循環的ないし不安定的なホートレー＝小谷プロセスの流れのなかにあったといってよい．このような状況のもとで，たとえば計量経済モデルを用いてなされた政策効果の予測が適合しなくなっていったということはむしろ当然であった．このような予測は，政策変数の変化によって，ケインズ＝ヒックス均衡がどのように変化するかということをみていたわけであって，ホートレー＝小谷プロセスの過程的状況の変化とは定性的にもまったく異なったものだったからである．

ホートレー＝小谷理論によって展開された新しい不均衡動学の分析的枠組みは，現代経済学が直面している市場的不均衡をどのようにして理論的に解明するかという理論的な課題に対する解決の方向を示唆するとともに，実証的，政策的な分析に対しても重要な視角を与えるものとなっている．

社会的不均衡

日本経済の現状を眺めるとき，そこには，過去40年以上にわたる経済成長が生み出したさまざまな経済的，社会的問題が山積し，救いようのない混迷状態が起こっているといってよい．

自然環境の汚染，破壊にともなう公害問題，社会資本の歪みに起因する都市問題に始まって，土地，交通，医療，教育にかんする諸制度によってもたらされた弊害が，この経済成長の過程によって拡大化され，名目国民所得，工業生産力の上昇とはまったく裏腹に，人々の実質的生活水準，文化的質を著しく低める結果となり，日本経済の構造的特質をきわめて明確に浮き彫りにしている．国民総生産，実質国民所得，輸出入の額，工業的技術水準の高さなどという点からみた経済的パフォーマンスのすばらしさと，人々の営む生活の実質的内容の貧しさ，文化的水準の低さとの対照が日本の経済社会ほど目立つ国は世界にあまりないのではなかろうか．つまり，日本経済の場合，さまざまな経済活動の成果，果実が必ずしも，人々の生活をゆたかにし，文化的，学問的，芸術的な面からの発展に結び付かないような構造をもっているのではなかろうか．さらに，日本経済の展開，成長はじつは，このような乖離，文化的，人間的水準の低さによってはじめて可能になったのではなかろうか．これらの設問は，日本経済の現状をみるとき，人々の心にまず浮かんでくる疑問であろう．

国民総生産，鉱工業生産指数，輸出入額などという統計的指標はいずれも市場経済的指標というべき性格をもっている．市場で取引される財・サービス，生産要素を市場価格で評価して集計したものであって，市場での取引の対象とされないような希少資源はすべて除外されているからである．それに対して，自然環境の破壊，汚染，都市環境の悪化などという現象はもともと，市場経済制度の外にはみ出したものであって，理論的，統計的に問題とならないものとされてきた．政策的な観点からみても，高度経済成長期以来一貫して，市場経済的指標を経済政策の効果をはかる尺度として，具体的な政策プログラムの策定がおこなわれてきた．

さらに，すべての希少資源について，私有制を前提として，利潤追求を軸とする市場機構を通じてその配分がおこなわれるときに，効率的な資源配分，所得分配が実現するという，新古典派的神話にもとづいて，制度改革，組織の改編がおこなわれてきた．医療，交通，土地，教育など，もともと私的な利潤追求の対象とすべきではない性格のものに対しても，市場機構的な制度が導入されてきたということによって，事態はいっそう深刻なものとなり，国民の実質的生活はいっそう貧しいものとなってきた．

日本経済のおかれている状況をこのようにとらえるとき，その基本的性格は，経済学が現在おかれている立場，とくに新古典派理論の考え方と一脈相通ずるものがあるといってよい．

もともと新古典派経済理論が対象としていたのは，純粋な意味における市場経済制度であって，そこでは，生産，消費の過程で制約的となる希少資源は，すべて私有されるという生産手段の私有制がもっとも重要な前提条件となっていた．したがって，自然環境あるいは都市環境などという，本来私有ということが想定されていないような希少資源については，考察の対象とはしていなかった．いわゆる公害とか環境破壊などという現象は，新古典派理論の語彙のなかに存在していなかった．同じことはじつは，ケインズ経済学についても妥当する．ケインズは，新古典派経済学の理論前提に対してきびしい批判を加えたが，この点にかんしては，新古典派理論の枠組みのなかで分析を進めていったのである．

純粋な意味における市場経済制度という概念は，合理的な経済人から構成された市場経済が，いわば真空状態のなかで機能しているように考えるものである．ヴェブレンが指摘したように，数多くの欲望の塊りとしての経済人が，歴史的な軌跡をもたず，それぞれ他の経済人から完全に孤立した存在として，快楽と苦痛を瞬時的に計算するコンピュータのように動き回る暗黒の世界が，新古典派理論(そしてケインズ理論についても)の対象とした世界だったのである．しかし，現実の市場経済は，いかに純粋な形態をとっていても，このような真空の世界のなかで機能してはいない．現実の市場経済は，そのおかれた歴史的，自然的条件のもとで形成された政治的，文化的，社会的な制度のなかで，空間的拡がりをもつ存在として位置づけられる．市場経済を構成する経済主体は，個人であれ，また企業であっても，たんなる経済人としてでなく，このような政治的，文化的，社会的な制度のなかで，相互に密接な関わりをもちながら，生活し，行動する社会的存在である．市場経済制度自体もじつは，このような条件のなかで形づくられてきたものであって，決して，マネタリズムの経済学が想定しているような，絶対的，不変的な制度ではない．市場経済制度をこのような形でとらえるとき，市場経済を包括するよりひろい社会を想定しなければならなくなる．このような社会を，市場経済との関連において，位置づけるために，社会的共通資本(social overhead capital)という概念を導入して，分析的枠組みの構築を試みたわけである．じつは，本書の主題も，社会的共通資本の経済解析が中心である．

社会的共通資本については，そこから生み出されるサービスは，市場を通じて取引されないで，社会的基準にしたがって供給，分配されると述べた．私的な財・サービスにかんしては，その生産が，私的利潤の追求を目的としておこなわれ，市場で成立する価格にもとづいて販売される．国民所得，消費，投資などという市場経済的な指標はすべて，市場を通じて交換されるような私的な財・サービスにかんして得られた統計的概念である．それに反して，社会的共通資本から生み出されるサービスにかんしては，このような統計的な取り扱いをおこなうことができない．

しかし，人々の実質的な生活水準はもちろん，私的な生産要素の生産性もまた，社会的共通資本の存在に大きく依存し，これらの経済活動を営むにさいして，社会的共通資本の存在が不可欠であることが多い．逆に，人々が，その基本的生活を営むために不可欠となるような財・サービスについて，もしかりに，私的利潤追求の対象として，市場を通じて供給されたとすると，社会的，文化的な観点からさまざまな望ましくない結果を生み出し，ひいては，経済的な観点から非効率的となるか，あるいは分配上の不公正をもたらして，不安定的社会をつくり出してゆくことになってしまう．

一国の経済社会について，どのような希少資源が社会的共通資本として，私有，あるいは私的管理が認められず，社会的に管理されるかということは，歴史的，政治的，社会的，さらには文化的諸条件によって決まっていて，ある意味では，一国経済社会の制度的特質を表現したものともなっている．とくに，社会的共通資本から生み出されるサービスは，考察の対象となっている国において，市民の基本的権利の具体的な内容がどのように規定されているかということと密接な関わりをもつ．

一般に，近代市民社会の理念は，市民の基本的権利にかんして，どのような手続きを経て，社会的コンセンサスを得るかということにかんして，明確な規定を前提としてはじめて有効に機能しうるものである．

市民の基本的権利という概念は，ある国の市民として当然享受することができるものであって，財産，所有の多寡など，先天的ないしは後天的な要因によって左右されてはならないような権利をひろく包括したものである．それは，市民革命を経て，18 世紀から 19 世紀にかけて徐々に形成されていった市民的自由が，もっとも重要な構成要因となっている．思想，言論，信教などの自由という，人間意識のもっとも内面的領域にかかわる市民的自由に始まって，各人が自らの嗜好と目的に合致した生活様式，職業を選択する自由，さらには，個人相互間にさまざまな形態をもつ団結を形成し，それに参加する，あるいは参加しない自由が含まれている．アダム・スミスによって提起され，ジョン・スチュアート・ミルによって規定されていった，古典派経済学の前提としての市民的自由が，市民の基本的権利を構成するもっとも重要な要素であることはいうまでもないが，20 世紀前半を通じて，市民の基本的権利の概念はさらに拡大されて，各人が健康にして快適な生活を営むことができるという生活権の思想を背景としたものとなってきた．すなわち，衣食住，教育，医療，交通，自然環境などについて，文化的に最低限のサービスを享受できるということが含まれるようになってきた．そして，政府の責務として，各市民が，このような広範な意味における市民の基本的権利を享受することができるような制度を維持しなければならなくなってきたのである．

このとき，健康にして快適な最低限の生活水準ということを具体的にどのように決めたらよいかということは困難な問題を提起する．しかし，基本的には，もしかりにある人が，このような生活を営むことができなかったとしたときに，その人が，人間的尊厳，市民的矜持を保つことがきわめて困難になるような水準を意味する．このことは，新古典派理論のような孤立した合理的経済人を想定するのではなく，アダム・スミスのいう共感に支えられた社会的存在としての市民を前提としてはじめて機能的な概念となり，現実的な尺度を提示することが可能となる．

社会的共通資本と社会的不安定性

社会的共通資本の概念は，市民の基本的権利に依存して，その具体的内容が規定される．ある希少資源から生み出されるサービスが市民の基本的権利と密接な関わりをもち，かつ市場的なメカニズムを通じて供給されるとき，社会的正義，実質所得分配の公正という観点から望ましくない帰結をもたらすときに，その希少資源は社会的共通資本として分類され，社会的に管理されることが望ましくなる．

市民の基本的権利の充足を，このような制度を通じてでなく，市場経済制度のもとで，所得再分配政策によって保証しようとするときには，一般に社会的に不安定的な状況を惹き起こすことになる．市場機構を通じての配分のメカニズムはそのままにしておいて，所得保障を通じて解決しようという場合を考えてみよう．

いまかりに，健康にして快適な最低限の生活水準の具体的な内容について，社会的合意が形成されているとする．そのために必要な最低所得が現行の市場価格体系のもとで，かりに月額10万円であったとし，各人の所得が少なくとも月額10万円になるように所得の再分配政策がとられたとしよう．これまで所得が10万円にみたなかった人々は10万円になるまでの所得補助を受け，その財源は，高所得者層から税金として徴収されるものとする．このとき，低所得者層の需要は増え，高所得者層のそれは減少する．したがって，基本的な生活にかかわる財・サービスの需要は増加し，選択的な財・サービスに対する需要は減少する．基本的な財・サービスにかんしては，需要の価格弾力性が低いのが一般的であるから，このような需要のシフトによって，基本的な財・サービスの市場価格は相対的に，上昇し，選択的な財・サービスの市場価格は低下する．したがって，つぎの期には，月額10万円で基本的な生活を営むことはできなくなってしまう．かりに10万5000円必要となったとしよう．このときにはまた同じような需要のシフトが起こり，基本的な財・サービスの市場価格はさらに上昇して，基本的な生活を営むための所得がさらに高くなる．このことは，最低限の所得を獲得することができないような人々が全人口のなかで占める割合が年々上昇する傾向をもち，所得のトランスファー額が相対的に上昇するという社会的に不安定的な状況を生み出すことになるのである．

社会的共通資本の制度はこのようにして，市民の基本的権利を充足し，しかも社会的に安定した状況をつくり出すために有効な制度となってくる．

最適な社会的共通資本の制度

社会的共通資本が存在して，経済循環のメカニズムに大きな役割りをはたすということは，ある意味では，現代資本主義を特徴づける1つの重要な契機となる．そこでは，政府は，このような社会的共通資本を建設し，維持して，そこから生み出されるサービスを公正に配分して，すべての人々が市民的権利にかかわるサービスを充足することができ，また私的な資本の効率的な配分を可能とするという本来的な機能をはたすことになる．アダム・スミスが『国富論』の第五編で論じた国家主権のなすべきことは，このような社会的共通資本という概念的枠組みのなかで考えるとき，その経済学的な意味が明確になるであろう．また，1970 年代に流行した反ケインズ経済学の思想がじつは，このような社会的共通資本の存在を否定して，きわめて限定された意味での資本主義経済制度を分析の対象としていたため，その政策的，制度的帰結が非現実的でかつ反社会的なものとなってしまったという事情も明らかになるであろう．

さて社会的共通資本が経済循環の過程においてはたす役割を分析するためにはどのような枠組みを考えたらよいであろうか．この問題にかんしては，本書でくわしく解説してきたので，ここでは簡単にその概要だけを述べておくにとどめよう．生産基盤的な社会的共通資本を例にとる．いま，社会全体での社会的共通資本の賦与量を V とする．ある生産主体 j の産出する生産量 Q_j は，その使用する私的な資本の量 K_j，労働雇用量 N_j に当然依存して定まってくる．さらに，これら私的な生産要素の限界生産のスケジュールは，生産主体 j が，社会的共通資本から生み出されるサービスの使用量 X_j によって左右される．社会的共通資本から生み出されるサービスについては，混雑現象がみられるのが一般的であるから，生産主体 j の生産的諸条件を要約する生産関数はつぎのような形をしていると考えられる．

$$Q_j = F_j(K_j, N_j, X_j, X, V).$$

ここで，X は，経済全体で，社会的共通資本のサービスがどれだけ使用されているかということをあらわす．この生産関数について重要な条件は，X が増加したときに生産量 Q_j は減少するということである．逆に，共通資本のストック量 V の増加は，生産量 Q_j の増加となって現われる．

社会的共通資本の賦与量 V と私的資本の賦与量 K がともに所与であるときに，どのような制度のもとで，社会的に最適な資源配分が実現するであろうか．静学的最適配分の問題である．容易に想像されるように，静学的最適配分は，私的資本および生産物にかんしては完全競争的市場を設定し，社会的共通資本のサービスにかんしては，その使用料が，社会的共通資本の使用にともなう限界的社会費用に見合うような水準に設定されたときに実現することがわかる．ここで限界的社会費用は，社会的共通資本の全体的使用が限界的に 1 単位だけふえたときに，各生産主体の生産量が限界的にどれだけ減少するかということを求めて，それをすべての生産主体について集計したものである．

社会的共通資本から生み出されるサービスが，消費財として使用される場合にもまったく同じような議論が展開される．いま，消費者 i について，その効用水準 U_i は，私的消費の量 C_i，社会的共通資本のサービスの使用量 X_i，経済全体での共通資本のサービスの使用量 X，および社会的共通資本の賦与量 V に依存して定められる．

$$U_i = U_i(C_i, X_i, X, V).$$

ここでまた，経済全体での共通資本の使用量 X が大きくなったとき，各消費主体 i の効用水準は低下する．

このとき，社会的共通資本の使用にともなう限界的社会費用は，さきに定義した額に加えて，すべての消費主体が，社会的共通資本の使用が限界的増加をしたときにどれだけの実質的損失をこうむるかということを求めて，それをすべての消費主体について集計した額を足したものである．

経済活動の水準が高くなるにつれて，多くの社会的共通資本が私的資本に比較して相対的に希少となり，混雑現象がはげしくなり，限界的社会費用は高くなる．そのことは，本来市民の基本的権利を充足するためのサービスを生み出す社会的共通資本の機能が低下することを意味する．大気を例にとってみれば，経済活動の水準が高くなって，大気汚染が深刻となり，各人の享受する大気の質が悪化し，その機能が低下することになる．いわゆる公害現象である．このとき，社会的共通資本の最適な使用をはかるためには，その使用に対して規制をきびしくするか，あるいは公共投資を通じて共通資本の蓄積をはからなければならない．社会的共通資本について，どのようなタイプの社会的共通資本を，どのような速度で蓄積したらよいか，というのが最適公共投資の問題である．この問題については前記の文献を参照していただくことにして，ここで言及することは避けたい．この問題は，現代資本主義におけるもっとも基本的問題の1つであって，市場経済制度の安定的な運営を可能とし，市場的不均衡の問題を解決するとともに，社会的共通資本本来の課題である社会的不均衡の問題を解決するために重要な意味をもつということを述べておきたい．

合理的期待形成仮説の悪夢

私は，1980年春から夏にかけて，6カ月間ほどアメリカのミネソタ大学に滞在した．ミネソタ大学は，規模は小さいが，魅力的な経済学部をもったところで，私は以前からよく訪れることが多かった．しかし，このときには，学生たちの雰囲気が異常であったのには，到着早々驚きの念を禁じえなかった．当時ミネソタは，合理的期待形成仮説を信奉する人々のメッカの1つになっていて，学生たちだけでなく，他の大学からも少なからぬ数の人々が集まっていた．かれらは，合理的期待形成仮説をREと呼んで，相互に，この仮説の信者であるということを確認し合っていた．ルーカスの2つの論文，「貨幣の中立性について」と「景気循環をどう理解するか」がかれらにとってもっとも大切な論文であった．いまでも記憶に鮮明に残っているのは，1人の女性の研究者が，ルーカスの後者の論文を，全部暗記していて，議論をするごとに，その論文の何ページに，こういう文章があるといって，眼をつぶって，あたかもコーランを暗誦するかのような調子で唱え出す光景は異様であった．

その年の4月には，ミルトン・フリードマンが，有名な「流れは変わった」という論文を発表して，ケインズ経済学はすでに陳腐化して，マネタリズムという新しい経済学の考え方が1つの大きな潮流となってきたということを強調した．8月には，大詐術師(グレート・コミュニケーター)ロナルド・レーガン氏が，3つの公約を掲げて登場する．3つの公約とは，軍事費の大幅な拡大，連邦政府予算赤字の解決，所得税の大幅な減税であって，その種明かしは，サプライサイドの経済学にかんするラッファーの命題であった．

ミネソタ大学には，私の滞在するしばらく前に，ジェームズ・トービンが1学期講義にきていたが，RE 信奉者たちの妨害にあって，ほとんど講義を進めることができなかったという．その頃，トービンはアメリカン・ケインジアンの総帥とみなされていて，ブキャナンの『赤字の民主主義——ケインズ卿の政治的遺産』に代表されるように，反ケインズ学派の攻撃の焦点にいた．トービンが笑いながら，アメリカの大学院で経済理論の分野での博士論文の80％は，合理的期待形成仮説に関係するものだといっていたのが印象的である．ミネソタにも，イスラエルからきた学生で，合理的期待形成仮説を使って，エジプトの農業の問題を考察するという奇想天外のテーマで博士論文を仕上げたという人もいた．農民の1人1人が将来の天候の客観的確率分布を正確に知っていて，もっとも合理的な行動を選択するという前提のもとで分析するものである．合理的期待形成仮説を使わなければ，学位論文も書けないし，専門的な雑誌でもなかなか受け付けてもらえないという状況が支配していたのである．

しかし，このような状況は，1980年代の半ば頃から大きく変わりはじめた．マネタリズム，サプライサイドの経済学に立脚したレーガン政権の初期の経済政策の失策が，あまりにも顕著で，これらの経済学の考え方の非論理性，非現実性がはしなくも，一般の人々の前に暴露されてしまったということが1つの原因ではあったが，なによりも，若い研究者の間で，1970年代の反ケインズ経済学の理論的欠陥がつよく意識されるようになり，また RE 信奉者の狂信的ともいえる言動に眉をひそめる人が多くなっていったということに大きく依存していたように思われる．経済学の流れはふたたび大きく変わって，経済学本来の問題意識に立ち返って，特定のイデオロギーあるいは神話にとらわれることなく新しい地平を切り開いてゆく作業が進められはじめた．

ジョージ・アカロフとジョーゼフ・スティグリッツ

新しい経済学の流れのなかで，主導的な役割をはたしているのが，ジョージ・アカロフ(George A. Akerlof)とジョーゼフ・スティグリッツ(Joseph E. Stiglitz)の2人の若い経済学者であった．アカロフは，自動車の中古市場をモデルとして，「レモン」(中身がくさっているかどうか売手にはわかっているが，買手にはわからない)の市場を定式化して，情報の非対称性が市場機構のパフォーマンスにどのような影響を与えるかということを分析した，1971年の有名な論文に始まって，経済学に新しい領域を開拓してきた人である．アカロフの業績はいずれも，市場経済の構成主体が，質点としての経済人ではなく，歴史をもち，社会的，文化的コミュニケーションを通じて自らの価値基準を形成してゆくという組織的な存在であるということを強調して，情報，知識，技術などという制度的要因が，経済循環のプロセスにどのような関わりをもつかということを明示的に定式化し，分析を進めるものである．それは，ソースティン・ヴェブレンの制度的，進化論的経済理論の流れを汲み，ジョージ・ロビンソンの問題意識を，論理的な形で定式化してゆくという基本的性向をもつ．しかも，1960年代以降，精緻化されてきた数理経済学，とくにゲーム理論の分析的用具を適切に使って，論理的演繹を押し進めるという点で，新しい次元を開くという意味をもつものである．スティグリッツは，この経済分析の新しい流れをさらに進展させて，産業組織，金融市場の構造，リスク，モラル・ハザードの理論的分析，さらには地方公共財の理論的展開にいたるまで広範な分野において，先駆的な仕事を精力的につづけている．とくに，これらの問題が，マクロ経済的な分析に対してどのようなインパクトを与えるかという点について必ずしもまだ明確な形では示されていないが，新しい経済分析の領域が，スティグリッツおよびかれの共同研究者たちの手によって切り開かれつつあることは疑う余地がないように思われる．アカロフ，スティグリッツを主導者として展開されつつある現代経済理論の研究成果がどのような形で実を結ぶのかということについて，その具体的なイメージはまだ鮮明に描かれていない．しかし，経済学の歴史において，1つの新しい章が，20世紀も終わりに近づいてからようやく開かれてきたといってよいであろう．

2000年，ジョージ・アカロフとジョーゼフ・スティグリッツの2人がノーベル経済学賞を受賞したことは，21世紀の経済学のあり方に明るい希望を与えるものである．

経済学の新しい流れのなかでとくに注目したいのは，環境の経済的分析にかかわる分野である．さきにくわしく述べたように，環境の問題は，社会的共通資本の理論体系のなかに組み込まれ，経済循環との関わりにかんして理論的分析が展開されてきた．社会的共通資本の概念自体，1960年代から70年代の初めにかけて，工業活動が自然環境を大きく破壊し，経済循環の安定性に対する重要な阻害要因となった頃導入された．その後，1980年代の後半に入ってから，環境破壊が，それまでとは本質的に異なる性格をもつようになる，社会的共通資本の理論のもつ意味がより明確となり，その分析的インプリケーションの重要性が浮き彫りにされた．

地球環境問題は，地球温暖化の現象に象徴されるように，もっぱら化石燃料の大量消費と熱帯雨林の破壊に起因する．それは，近代文明を特徴づけるものであり，地球環境の問題はすぐれて政治的，経済的次元における課題であり，その解決は，新しい経済学的発想を必要にする．さきに，現代経済学の2つの大きな問題領域として，市場経済の動学的不均衡分析と社会的共通資本の理論をあげたが，地球環境にかかわる問題は，とくに社会的共通資本の理論との関係で重要な意味をもつ．

とくに，地球環境の問題は，一方では，現在の世代と将来の世代との間の分配の公正にかかわるとともに，他方では，先進工業諸国と発展途上国との間に存在する経済的な格差にも関連をもつ．

分配の公正については，経済学，とくにいわゆる近代経済学では，これまで必ずしも十分な考慮がはらわれてこなかったが，地球環境の問題を契機として，分配の公正をどのようにして，経済学の理論のなかで考察するかという切実な課題がふたたび経済学者に提起されている．それはたんに，地球温暖化などの現象をどのような観点から分析するかを超えて，新しい経済分析の枠組みを構築し，経済学において新しい地平を切り開くことを意味する．

2. 新しい経済学への展望

21 世紀における経済学のあり方を考えようとするとき，すべての科学について共通していえるように，経済学の内包的深化と外延的展開がいかにあるべきかという視点から見ることができよう．経済学の内包的深化というときには，経済学がこれまで取り扱ってきた資本主義的市場経済制度のもとにおける経済循環のメカニズムの分析をいっそう精緻なものとし，その制度的，政策的インプリケーションをよりくわしく解明することを意味する．このとき，もっとも重要な課題は，これまで必ずしも十分ではなかった動学的不均衡のプロセスを分析するための理論的枠組みの構築と，現実の資本主義的市場経済制度の制度的諸条件の経済学的意味にかんする詳細な分析の展開である．他方，経済学の外延的展開というときにもっとも重要な課題は，20 世紀を支配してきた資本主義と社会主義という 2 つの体制概念を超えて，リベラリズムの理念に沿った，新しい経済体制をどのようにして構築し，その具現化をはかるかという問題であるといってよいであろう．このとき，もっとも基本的な視点を与えるのは，19 世紀の終わり頃から 20 世紀の初頭にかけて展開されたソースティン・ヴェブレンの制度主義の考え方である．ヴェブレンの制度主義は具体的には，社会的共通資本のネットワークとして具現化される．医療，教育，地球環境などはこれから 21 世紀にかけて，私たちが直面する緊急度の高い，重要な問題であるが，これまでの経済学の理論的な枠組みのなかでは満足しうる考察，分析をおこなうことは必ずしも容易ではない．しかし，社会的共通資本という新しい概念を導入することによって，これらの問題を経済学的に分析し，その制度的，政策的意味を明確にすることが可能になる．また，社会的共通資本の概念を導入することによって，経済学が，1 人 1 人の個人の人間的尊厳を保ち，市民的自由を守るということを基本としてものごとを考えるという，真の意味におけるリベラリズムの思想にもとづいた社会科学として，その公共的威信を回復し，社会的期待に応えることができるように思われる．

2つの「レールム・ノヴァルム」

20世紀は戦争と革命の世紀といわれ，また都市化と工業化の世紀ともいわれてきたが，経済学の立場から見ると，それは資本主義と社会主義の世紀といえるであろう．資本主義と社会主義という2つの体制概念の間に形成された緊張，対立関係によって，20世紀を彩るさまざまな経済的，社会的，政治的，文化的，そして軍事的事件が展開されてきたと同時に，20世紀の終焉とともに，この2つの体制概念はその歴史的役割を終えて，本質的な変質過程ないしは崩壊過程に入りつつあるからである．

1991年の「8月革命」を契機として，ソ連社会主義は壊滅し，ソ連帝国自体が消滅するという世界史的転換が起きた．そして東欧社会主義諸国をはじめとして，世界の社会主義の解体作業が進行するとともに，1917年のロシア革命に始まり，70年以上に及んだ社会主義体制がいかに深刻な形で，経済，社会，文化を破壊し，自然と人間を犠牲にしてきたかということが，だれの目にもわかるように明らかになってきた．

他方，世界の資本主義がおかれている状況も決して安定したものではない．1929年10月のニューヨーク株式市場の大暴落に始まり，1930年代を通じて世界のほとんどすべての資本主義経済諸国を巻き込んだ大恐慌は，新古典派経済学が理論的にも，現実的にも妥当しないことを明らかにした．新古典派経済学に対するケインズ的修正もまた，1980年代から現在にかけて起こりつつある大規模な経済構造の転換にともなう経済的軋轢と社会的混乱，さらに地球的規模をもった自然環境の破壊を前にして，その有効性を失ってしまったといっても過言ではない．

このような世界史的転換期にあって，経済学のあり方について根元的変革が求められている．このとき，2人のローマ法皇によって出された「レールム・ノヴァルム」と題される回勅が，問題の所在を鮮明に浮き彫りにするとともに，私たち経済学者に対して，21世紀における新しい経済学はいかにあるべきかという課題を投げかけている．経済学とはまったく無縁な，むしろ反経済学の立場にたつと考えられていたローマ教会から出された問題提起は，私たち経済学者が21世紀における新しい経済学はいかにあるべきかという課題を考察しようとするときにとくに重要な意味をもつように思われる．

第1の「レールム・ノヴァルム」は，1891年5月15日，ときのローマ法王レオ13世が出された回勅である．回勅(Encyclical)というのは，ローマ法王が重要なことがらについて，ローマ教会の正式の考え方を全世界の司教に通達する文書を指すが，1891年に出された回勅は「レールム・ノヴァルム」と題されている．「レールム・ノヴァルム」(Rerum Novarum)はラテン語で，「新しいこと」という意味で，ときとしては「革命」と訳されたりすることがある．

レオ13世は「レールム・ノヴァルム」のなかで，19世紀も，その最後のデケイドに入ろうとするとき，世界の先進工業諸国がいずれも，深刻な社会的，経済的，政治的問題をかかえていることを指摘し，新しい20世紀に向かってより人間的，協調的世界をつくるための心構えを示したのである．

この第1の「レールム・ノヴァルム」の基本的な考え方は，そのサブタイトルとして用いられたAbuses of Capitalism and Illusions of Socialism「資本主義の弊害と社会主義の幻想」という言葉に鮮明に現われている．

レオ13世は「レールム・ノヴァルム」のなかで，ヨーロッパをはじめとして，世界中いたるところで，いわゆる先進工業諸国がいずれも，資本主義という制度のもとで，ごく少数の資本家階級が富の大部分を私有して，「飽くことを知らないまでに貪欲に自らの利益を求めて」行動し，その結果，労働者をはじめとして一般大衆は徹底的に搾取され，貧困に苦しみ，悲惨な生き方を強いられていることを指摘している．しかし同時に，多くの人々は，社会主義に移行することによって，貧困と社会的不公正の問題は解決され，より人間的，調和的社会が実現すると思っているが，それはたんなる幻想にすぎないということをつよく警告したのである．社会主義のもとでは，人々の自由は失われ，その人間的尊厳は傷つけられ，市民の基本的権利は無視されざるをえないことを指摘している．人間的尊厳が守られ，市民の基本的権利が最大限に確保されるような社会は，人々の協同的，協調的性向が十分に発揮できるような経済・社会体制のもとではじめて実現するものである．

「レールム・ノヴァルム」が，ヨーロッパ，アメリカをはじめとして，世界の多くの国々に大きな影響を与え，協同精神を唱えて，カトリック系の新しい労働運動もはじまったことは周知の通りである．

第1の「レールム・ノヴァルム」が出されてからちょうど100年後，1991年5月15日，「新しいレールム・ノヴァルム」がヨハネ・パウロ2世によって出された．「新しいレールム・ノヴァルム」の主題は，Abuses of Socialism and Illusions of Capitalism「社会主義の弊害と資本主義の幻想」と名付けられている．

1917年，レーニンの指導のもとに，ロシア革命が起こり，世界ではじめて社会主義国家，ソビエト連邦が成立した．ソ連は究極的には，15の共和国から構成され，世界の陸地面積の6分の1を占め，人口3億人という巨大国家となった．ソ連は，1991年8月崩壊することになるが，それまで，70年間にわたって，世界の社会主義国の上に君臨していた．ロシアで最初の社会主義国家が成立したとき，世界の心ある人々は，長い間の，社会主義の夢が実現したことをよろこび，新しい人間的な社会に向かって，人類の歩みがはじまったように思った．ところが，ソ連社会主義70年の歴史は，このような期待が空しい幻想にすぎなかったことを示し，社会主義に対する人々の信頼を無残に打ちこわしてしまった．レオ13世が「レールム・ノヴァルム」で警告された通りになってしまったわけである．

ソ連社会主義のもとでは，労働者階級の立場を代表する共産党がすべての国家権力を掌握し，人々の生活を完全に管理していた．共産党が指導して，国全体についての経済計画が立てられ，社会主義建設のために，すべての人民が奉仕するということになっていた．しかし現実には，市民の基本的権利は無視され，個人の自由は完全に剝奪され，人間的尊厳は跡形もなく失われてしまった．とくに，狂気におちいった独裁者スターリンの支配下，ソ連全土が巨大な収容所と化し，何百万人という無実の人々が処刑されたのである．

ソ連共産党の支配は，ソ連だけでなく，ポーランド，東ドイツ，チェコスロヴァキア，ルーマニアなどの東欧の社会主義諸国に及んだ．これらの国々はいずれも，軍事，経済，政治，教育などほとんどすべての面で，ソ連の支配下におかれていた．これら東欧の社会主義諸国では，第二次世界大戦後40年間にわたって,ソ連の苛酷な支配のもとで，人間的尊厳は失われ，経済は麻痺し，社会は寸断され，自然は徹底的に破壊されてしまったのである．

ヨハネ・パウロ2世は，社会主義と資本主義とを問わず，20世紀における経済発展の結果，自然環境の破壊が地球的規模にまで拡大化されてきたことを深く憂慮し，さらに進んで，私たち経済学者に対してつぎのような設問を投げかけている．それは，資本主義と社会主義という2つの経済体制を超えて，すべての人々の人間的尊厳が守られ，魂の自立が保たれて，市民の基本的権利が最大限に確保できるような経済体制は，どのような特質をもつのか，またどのようにすれば具現化できるのか，という設問である．このヨハネ・パウロ2世の設問に対する回答として，制度主義の考え方が理想的な経済体制を特徴づけるものであるといってよい．

リベラリズムの理念と制度主義

新しい「レールム・ノヴァルム」は，20世紀の世紀末に立つ私たちが直面する問題を「社会主義の弊害と資本主義の幻想」としてとらえ，この2つの経済体制の枠組みを超えて，リベラリズムの思想にもとづいて新しい世紀への展望をひらこうとするという意味で，感動的な回勅である．

リベラリズムの思想は，一言でいうと，人間の尊厳を保ち，市民的自由を守るということを基本としてものごとを考え，行動することを意味する．決して政治的権力，経済的富，宗教的権威に屈することなく，1人1人が，人間的尊厳を失うことなく，それぞれがもっている先天的，後天的な資質を十分に生かし，夢と希望とが実現できるような社会をつくり出そうというのが，リベラリズムの立場である．

資本主義と社会主義という20世紀を支配してきた2つの考え方を超えて，リベラリズムの立場を貫き通すのが，制度主義の考え方である．制度主義というのは，1つの国のおかれている歴史的，社会的，文化的，自然的な諸条件を十分考慮して，すべての国民が，人間的尊厳を保ち，市民的自由を守ることができるような制度をつくることを意味し，制度主義の経済制度は，社会的共通資本が具体的にどのように用意されているか，そして，さまざまな社会的共通資本がどのようなかたちで管理，維持されているかということによって特徴づけられる．

現代社会における経済活動は，それぞれの社会の基本的条件を規定する社会的共通資本のあり方によって大きく左右される．社会的共通資本は，1つの国ないし特定の地域が，ゆたかな経済生活を営み，すぐれた文化を展開し，人間的に魅力ある社会を持続的，安定的に維持することを可能にするような社会的装置を意味する．社会的共通資本は原則として，私有ないしは私的管理が認められないような希少資源から構成され，社会全体にとって共通の財産として，社会的な基準にしたがって管理・運営される．社会的共通資本の具体的な構成は先験的あるいは論理的基準にしたがって決められるものではなく，そのときどきにおける自然的，歴史的，文化的，経済的，社会的，技術的諸要因に依存して決められる．社会的共通資本は結局，分権的市場経済制度が円滑に機能し，実質的所得分配が安定的となるような制度的諸条件を整備しようとするもので，ソースティン・ヴェブレンが唱えた制度主義の考え方を具現化するものである．教育，医療をはじめとして，重要な社会的共通資本が安定的に維持，管理され，そのサービスが社会正義に適ったかたちで国民の1人1人に供給されるような制度の実現を目指すことが，経済学者が直面する最大の課題であるといってよいであろう．

制度主義の考え方

資本主義の考え方は，すべての希少資源を私有化して，分権的市場経済制度のもとで，資源配分と所得分配とを決めるという制度を想定している．これに対して，社会主義の考え方は，すべての希少資源を公有化して，政府が中央集権的な経済計画を策定して，資源配分と所得分配とを決めようというものである．資本主義，社会主義のどちらの考え方も，1人1人の人間的尊厳と魂の自立が守られ，市民の基本的権利が最大限に確保されるという要請をみたしていない．このことは，20世紀の歴史が示す通りであるし，また理論的にも明らかにされてきた通りである．資本主義，社会主義のどちらの考え方も，1つの国あるいは社会のもっている歴史的条件を無視し，その文化的，社会的特質を切り捨てて，自然環境に対してなんらの考慮をも払わないという点で共通したものをもっている．これに反して，制度主義の考え方は，1つの国あるいは社会のもっている歴史的，文化的，社会的，自然的条件について十分に配慮して経済的諸制度を策定し，リベラリズムの理念にもとづいて，その現実化を図ろうとするものである．

リベラリズムという言葉は，きわめて多様な意味に使われているが，ここでは，ジョン・デューイとソースティン・ヴェブレンの2人が使った本来的な意味でのリベラリズムとして使いたいと思う．

ジョン・デューイは，人間が神から与えられた受動的な存在ではなく，1人1人がそのおかれた環境に対処して，人間としての本性を発展させようとする知性をもった主体的実体としてとらえる．そのとき，リベラリズムの思想は人間の尊厳を守り，魂の自立を支え，市民的自由が最大限に確保できるような社会的，経済的制度を模索するというユートピア的運動なり，学問的研究の原点として，20世紀を通じて大きな影響を与えてきた．

他方，ソースティン・ヴェブレンは，アメリカの生んだもっとも偉大な経済学者である．ヴェブレンは，制度のもつ経済的意味を解明し，経済的諸活動によって制度自体がどのように進化するかを分析した最初の経済学者で，ヴェブレンに始まる経済学の考え方は，制度学派の経済学あるいは進化論的経済学と呼ばれ，現在にいたるまで，重要な役割をはたしつづけている．ヴェブレンの考え方は，つぎのアーロン・ゴードンの文章にもっとも明確に表現されている．

> 「すべての経済行動は，その経済主体がおかれている制度的諸条件によって規定される．と同時に，どのような経済行動がとられるかによって制度的諸条件もまた変化する．この，ヴェブレンと経済行動の間に存在する相互関係は，進化のプロセスである．環境の変化にともなって人々の行動が変化し，行動の変化はまた，制度的諸条件の変化を誘発することになり，経済学に対する進化論的アプローチが必要になってくる．」(『現代経済学における制度的要素』1963年)

ヴェブレンがリベラリズムというとき，それは，ジョン・デューイと同じように，1人1人の人間的尊厳と魂の自立が守られ，市民の基本的権利が最大限に確保されるという視点に立って経済制度にかんする進化論的分析を展開するということを意味していたのである．

社会的共通資本の考え方

ヴェブレンのいう制度的諸条件は，社会的共通資本のネットワークとして具現化される．このとき，社会的共通資本の構成およびその管理にかんする組織・基準は，資源配分の効率性を求めるだけでなく，むしろ実質所得の分配の公正性に焦点を当てて，社会的安定性をもって，持続的経済発展を実現できることが要請されるわけである．

社会的共通資本は，1つの国ないし特定の地域が，ゆたかな経済生活を営み，すぐれた文化を展開し，人間的に魅力ある社会を持続的，安定的に維持することを可能にするような自然環境，社会的装置を意味する．社会的共通資本は原則として，私有ないしは私的管理が認められないような希少資源から構成され，社会全体にとって共通の財産として，社会的な基準にしたがって管理・運営される．社会的共通資本はこのように，純粋な意味における私的資本ないしは私的希少資源と対置されるものであるが，その具体的な構成は先験的あるいは論理的基準にしたがって決められるものではなく，自然的，歴史的，文化的，経済的，社会的，技術的諸要因に依存して，政治的なプロセスを経て決められることはこれまでも何度か強調した通りである．

社会的共通資本はこのように，分権的市場経済制度が円滑に機能し，実質的所得分配が安定的となるような制度的諸条件を整備しようとするものであって，ソースティン・ヴェブレンが唱えた制度主義の考え方を具現化するものであることは上に述べた通りである．社会的共通資本という概念は，現行の経済学の教科書にはほとんどふれられていないが，1930年代までの教科書には，social overhead capitalにかんしてかなり大きな一章がもうけられていた．たとえば，その頃のもっとも標準的な入門書であるタウシグの教科書がそのよい例である．社会的共通資本は，このsocial overhead capitalの概念を一般化したものであるといってよい．

社会的共通資本の類型

社会的共通資本の具体的な形態は，前章でも述べたように3つの類型に分けられる．自然環境，社会的インフラストラクチャー，制度資本の3つである．この分類は必ずしも，網羅的でもなく，また排他的でもない．社会的共通資本の意味を明確にするための類型化にすぎない．

自然環境は，森林，河川，湖沼，沿岸湿地帯，海洋，水，土壌，大気など多様な構成要因から成り立っている．これらの自然環境は，人間が生存するために不可欠なものであるだけでなく，人々の経済的，文化的，社会的活動のために重要な機能をはたす．このような視点から，自然環境はしばしば自然資本とよばれているわけである．

社会的インフラストラクチャーはふつう社会資本とよばれているものである．道路，橋，鉄道，上下水道，電力・ガスなどから構成されている．これらの社会的インフラストラクチャーの構成要因は，それぞれの機能に応じて，公的，私的いずれかの所有形態をとることはいうまでもないことである．

制度資本は，教育，医療，金融，司法，行政などさまざまな制度的要素から成り立っているが，自然環境，あるいは社会的インフラストラクチャーと必ずしも区別されない場合も少なくないことを強調しておきたい．

これらの社会的共通資本の構成要因の多くに共通していえることは，外部性をもっていることである．たとえば，森林を例にとってみよう．1つの森林は，ある一定の地域に，多様な樹木から構成されているが，数多くの種類のきのこ，つた，下草，さまざまな小動物なども含まれる．さらに，土壌，水も森林の重要な構成要因である．一般に，森林の土壌は，落ち葉，枯れた樹木，動物の糞，その死骸などが腐食してつくられた有機物を豊富に含み，すぐれた顆粒性をもっている．また，雨水は，森林の土壌で浄化され，適度の無機成分をもつ水となって，農業，漁業を支え，人々の生存を可能にし，その生活をゆたかにする．また，森林は，大気中の二酸化炭素を吸収して，地球温暖化を防ぐという点から重要な働きをしている．森林の機能はたんに，樹木を育て，伐採して，さまざまな用途に当てるだけでなく，数多くの外部効果をもっている．したがって，森林の管理は，社会的な観点からおこなわれるべきで，決して，市場的基準，ないしは官僚的基準にもとづくものであってはならない．

このように，社会的共通資本の概念は，デューイのリベラリズムの思想にもとづいて，ヴェブレンの制度主義の理念を具体的な形に表現したものであるといってよい．したがって，社会的共通資本は決して国家の統治機構の一部として官僚的に管理されたり，また利潤追求の対象として市場的な条件によって左右されてはならないことを強調したいと思う．社会的共通資本の各部門は，職業的専門家によって，職業的規範にしたがって，管理・維持されなければならないわけである．

これらの社会的共通資本はいずれも，市民の1人1人の人間的尊厳を守り，魂の自立を支え，市民の基本的権利を最大限に維持するために，不可欠な役割をはたすものである．自然環境，都市的インフラストラクチャーについては周知であると思うので，ここでは，制度資本について，とくに教育と医療に焦点を当てて考えてみたい．教育は，1人1人の子どもたちが，それぞれもっている先天的，後天的能力，資質をできるだけ育て，伸ばし，個性ゆたかな1人の人間として成長することを助けようとするものである．他方，医療は，病気や怪我によって，正常な機能をはたすことができなくなった人々に対して，医学的な知見にもとづいて，診療をおこなうものである．いずれも，1人1人の市民が，人間的尊厳を保ち，市民的自由を最大限に享受できるような社会を安定的に維持するために必要，不可欠なものであるといってよい．どちらも，人間が人間らしい生活を営むために，重要な役割をはたすもので，決して，市場的基準や官僚的管理によって支配されてはならないものであることはいうまでもない．

地球環境問題を考える

新しい世紀において，人類が直面するもっとも深刻な問題は，地球環境問題，とくに地球温暖化の問題である．持続的可能な経済発展のあり方を模索しようとするとき，地球環境にかかわる問題をどのようにとらえて，その解決への道をどのようにして探るかが，きわめて緊急度の高い課題となっているのは疑う余地のないことであろう．

環境問題はこの30年ほどの期間に，その基本的性格について大きな変化がみられる．それは，国連の主催によって開かれた2つの環境問題にかんする国際会議のテーマに象徴されている．第1は1972年，スウェーデンのストックホルムで開かれた第1回の環境問題に関する国際会議で，第2は1992年，ブラジルのリオデジャネイロで開かれた第3回の環境問題にかんする国際会議である．

第1のストックホルム環境会議における主要なテーマは，1950年代から1960年代を通じて極端な形で押し進められた工業化と都市化よって惹き起こされた公害，環境破壊であった．それは酸化硫黄物，二酸化窒素，有機水銀などそれ自身有毒な化学物質が産業活動によって排出され，直接自然環境を汚染，破壊し，人々の健康を傷つけ，ときとしては生命を奪うものだったのである．ストックホルム環境会議のAgendaを象徴したのは日本から参加した重症の水俣病患者であった．

これに対して，第2のリオデジャネイロ環境会議における主要なテーマは，地球温暖化，生物種の多様性の喪失，海洋の汚染，砂漠化の進行などにかんする問題であった．それは地球温暖化の問題に象徴されるように，二酸化炭素など，それ自体は無害な(場合によっては，むしろ有益な)化学物質が産業活動，都市活動によって大量に排出され，全体として膨大な量となって地球的規模における自然環境の均衡を攪乱し，人類だけでなく，地球上の全生物の存在に対して深刻な影響を及ぼすような規模になってきたことにかかわるものである．

もちろん，第1のストックホルム環境会議における主要なテーマであった工業化と都市化によって惹き起こされた公害，環境破壊の問題は解決されたわけではない．しかし，日本を含めて世界の多くの国々で，1950年代の工業化と都市化によって惹き起こされた公害，環境破壊の問題があまりにも悲惨な被害をもたらし，しかも広範囲にわたっていたため，大きな社会的，政治的問題となり，政府，民間企業ともに，公害防止，環境保全について，積極的な政策を打ち出さざるをえないような状況に追い込まれていった．また，このような公害，環境破壊の問題はおおむね局所的，地域的に限定されていた．したがって，これらの問題に対する政策的な手段は基本的には，個別的な企業に対する直接的な規制あるいは各地域ごとの総量規制の形をとるのが効果的であり，また経済学的な観点からも望ましいこともあって，全体としてみたときに，ストックホルム環境会議における主要なテーマであった環境問題については，解決の方向に進みつつあるといってよい．

それに反して，第3回のリオデジャネイロ環境会議における主要なテーマであった地球温暖化，生物種の多様性の喪失，海洋の汚染，砂漠化の進行などにかんする問題は，第1のストックホルム環境会議における主要なテーマに比べて，本質的に性格の異なるものであって，理論的にも，政策的にもはるかに困難な問題を提起している．上に述べたように，これらの問題がいずれも，それ自体無害ないしは無毒な化学物質が原因であるが，地球的規模において，自然環境の均衡を乱し，そのエコロジカルな条件に不可逆的な影響を及ぼしているからである．しかも，これらの問題はもっぱら，「ゆたかな」国々の経済活動によって惹き起こされ，その被害を直接受けるのは「まずしい」国々である．さらに，現在の世代が，その「ゆたかさ」を維持するためにこれらの問題が惹き起こされ，その被害を受けるのはもっぱら将来の世代である．このように第3回のリオデジャネイロ環境会議で提起された地球環境問題は，これまで経済学の中心的テーマであった効率にかかわる問題を超えて，異なる国々の間，あるいは異なる世代の間の分配にかかわり，本質的に困難な問題を提起するものとなっている．

付　論
ゲーム理論入門

付論1　ゲーム理論入門

ゲーム理論は，何人かのプレイヤーが，お互いに相反する利害関係におかれているとき，どのような行動をとるかを，論理的，数学的に分析するものである．このとき，ゲーム理論にいうゲームは，ある一定のルールと拘束力のある取り決めのもとにおこなわれる．ゲームに参加するプレイヤーがすべて，ゲームのルールと取り決めにしたがうということが，ゲームの基本的前提としておかれている．

ゲーム理論はすぐれて数学的な手法を用いて，数学的な観点にしたがって発展の方向が規定されてきたが，経済学の発展に多少の寄与をしてきた．本書のいくつかの章で，ゲーム理論の手法と結果を使うことによって議論の展開が可能になった箇所もある．

この付論では，ゲーム理論の基礎的な考え方をできるだけ平易なかたちで述べるとともに，基本的な分析手法と主要な結果を紹介する．ゲーム理論の理解に何らかの参考になることを期待したい．

1. は じ め に

ゲーム理論(theory of games)にいうゲーム(game)とは，何人かのプレイヤー(player)が，ある一定のルール(definite rules)と拘束力のある取り決め(binding constraints)のもとで，お互いに相反する利害関係におかれているような状況を指す．これらのプレイヤーが，どのような行動をとり，どのような結果をもたらすかを論理的，数学的に分析するのがゲーム理論である．このとき，ゲームに参加するプレイヤーがすべて，ゲームのルールと取り決めにしたがうことが，ゲームの基本的前提としておかれている．しかし，一定のルールと拘束力のある取り決めというとき，それは必ずしも，a priori(先験的)に決められるものではなく，a posteriori(経験的)に決められる場合も少なくない．

現在，ゲーム理論といわれているのは，1944年に出版された von Neumann, J., and O. Morgenstern の *Theory of Games and Economic Behavior* を出発点として，展開されたものである．この書名が示すように，ゲーム理論はもともと，経済学の問題を解くために，つくり出された理論である．しかし，基本的な理論の基礎をきずいたのは，天才的数学者 John von Neumann であった．その後のゲーム理論の発展は，すぐれて数学的な手法を用いて，数学的な観点にしたがって発展の方向が規定されてきた．しかし経済学の基本的問題意識において共通のものを少なからずもっている．この付論では，ゲーム理論の基礎的な考え方をできるだけ平易なかたちで述べ，基本的な分析手法と主要な結果を紹介することにしたい．

この付論を書くにさいして，もっぱら，*Handbook of Game Theory with Economic Applications*, edited by R. J. Aumann and S. Hart, Amsterdam : Elservier Science B. V., 1992, 1994., James W. Friedman, *Game Theory with Applications to Economics*, New York : Oxford University Press, 1990, 1986, Robert J. Aumann, *Lectures on Game Theory*, Boulder : Westview Press, 1989 などを参照した．

2. Non-cooperative Games

1つのゲームを特徴づけるのは，プレイヤーの集合 $N=\{1, \cdots, n\}$，各プレイヤー ν がとることのできる strategy s_ν の集合(strategy 空間) S_ν，各プレイヤー ν の payoff 関数 $v_\nu(s)$，$s=(s_1, \cdots, s_n)$，$(s_\nu \in S_\nu,\ \nu \in N)$ である．

各プレイヤー ν の strategy s_ν の集合 S_ν は，有限個の strategy からなる集合か，あるいはユークリッド空間の部分集合とする．ゲームの全プレイヤーの選択する strategy s_ν の組み合わせは，つぎのようにあらわす．

$$s=(s_1, \cdots, s_n),\quad s_\nu \in S_\nu(\nu \in N).$$

ゲームの全プレイヤーの選択する strategy s_ν の組み合わせ $s=(s_1, \cdots, s_n)$ の全体は，各プレイヤーの strategy 空間のデカルト積(Cartesian product)となる．

$$S=S_1\times\cdots\times S_n=\{s=(s_1, \cdots, s_n): s_\nu \in S_\nu(\nu \in N)\}.$$

S を，ゲームの strategy 空間とよぶことにする．各プレイヤー ν の payoff 関数 $v_\nu(s)$ はゲームの strategy 空間で定義された実数の値をとる関数である．各プレイヤー ν の payoff を $v_\nu(s)$ とするとき，payoff の組み合わせを，つぎのベクトルであらわす．

$$v(s)=(v_1(s), \cdots, v_n(s)),\quad s=(s_1, \cdots, s_n),\quad s_\nu \in S_\nu \qquad (\nu \in N).$$

ゲーム理論ではしばしば，ある特定のプレイヤー ν だけが，その strategy を変えて，他のプレイヤーの strategy は変えないという状況を考えることがある．このような状況を簡単にあらわすために，つぎのような記法を使う．

全プレイヤーの strategy の組み合わせ $s=(s_1, \cdots, s_n)$ に対して，ある特定のプレイヤー ν だけが，その strategy を s_ν から t_ν に変えて，他のプレイヤーの strategy は変えないとき，新しい strategy の組み合わせを $s|t_\nu$ であらわす．すなわち，

$$s|t_\nu=(s_1, \cdots, t_\nu, \cdots, s_n).$$

均衡の概念は，経済学と同じように，ゲーム理論でも，もっとも基本的なものの1つである．全プレイヤーの strategy の組み合わせ $s^0=(s_1^0, \cdots, s_n^0) \in S$ が均衡にあるというのは，つぎの条

件がみたされているときとして定義する．

$$v_\nu(s^0) \geqq v_\nu(s^0|t_\nu), \text{ for all } t_\nu \in S_\nu \qquad (\nu \in N).$$

ゲーム理論における均衡の概念は，Nash(1951)によってはじめて導入されたので，ナッシュ均衡，あるいはナッシュ解とよばれる．しかし，第9章でくわしく説明したように，同じ均衡の概念は，Cournot(1838)によって，Theory of Duopoly(デュオポリーの理論)の基本的概念として導入された．さらに，von Neumann(1928)では，two-person zero-sum gameの解(solution)の存在を証明するために使われている．

ゲーム理論でもっぱら取り扱うゲームのstrategy集合は，有限個のstrategyをもつゲームを除いては，各プレイヤーνのstrategy空間S_νは，ユークリッド空間のなかで，convex，かつcompactな集合である．各プレイヤーνのpayoff関数$v_\nu(s)$も，連続，かつ連続的に微分可能であるという仮定がよくおかれる．

ゲーム理論のもっとも特徴的な概念は，mixed strategyの考え方である．各プレイヤーが，確率的分布(probability distribution)をもつstrategyを選ぶことができると考えるわけである．各プレイヤーνのstrategy空間S_νが有限個のstrategy $s_\nu=(s_{\nu 1}, \cdots, s_{\nu m^\nu})$からなっているときを考える．各プレイヤー$\nu$は，確率分布$x=(x_1, \cdots, x_{m^\nu})$をもつmixed strategyを選ぶことできるとする．

$$\sum_{k=1}^{m^\nu} x_k = 1, \quad x_k \geqq 0 \qquad (k = 1, \cdots, m^\nu).$$

プレイヤーνのmixed strategyが$x=(x_1, \cdots, x_{m^\nu})$であるというのは，プレイヤー$\nu$が，確率$x_k$でstrategy $s_{\nu k}$を選ぶことを意味する．Pure strategyは，あるstrategyを確率1で選ぶ場合である．

プレイヤーνのmixed strategyの全体をX_νであらわす．

$$X_\nu = \{x = (x_1, \cdots, x_{m^\nu}) \colon \sum_{k=1}^{m^\nu} x_k = 1, \quad x_k \geqq 0 \qquad (k = 1, \cdots, m^\nu)\},$$

$$X = X_1 \times \cdots \times X_n.$$

Payoff関数はつぎのようになる．

$$V^\nu(x) = \sum_{k_l=1}^{m_l} \sum_{k_n=1}^{m_n} x^1_{k_l} \cdots x^n_{k_n} v_\nu(k_l, \cdots, k_n),$$

$$x = (x^1, \cdots, x^n), \quad x^\nu \in X^\nu (\nu = 1, \cdots, n).$$

つぎの定理はナッシュによって証明されたが，ゲーム理論でもっとも基礎的な命題である．

定理1 ［Nash(1951)］ 各プレイヤーνのstrategy空間が有限個のstrategyからなっているようなゲームについて，均衡が常に存在する．

［証明］ Mixed strategy のベクトル $x \in X$ について，つぎの関数を定義する．

$$\phi_k^\nu(x) = \max\{V^\nu(x|e_k^\nu), 0\},$$

ここで，$e_k^\nu = (0, \cdots, 0, 1, 0, \cdots, 0)$ は，プレイヤー ν の strategy k だけ確率 1 でとられている場合である．Mapping $f: X \to X$ を，つぎの式で定義する．

$$f_k^\nu(x) = \frac{x_k^\nu + \phi_k^\nu(x)}{1 + \sum_{k=1}^{m^\nu} \phi_k(x)}.$$

このようにして定義された関数 $f(x) = (f_k^\nu(x))$ は X から X 自身への連続な mapping となる．ブラウワーの不動点定理を適用することができて，$f(x)$ の不動点 $x^o \in X$ が存在する．

$$f(x^o) = x^o.$$

この x^o は与えられたゲームの均衡となる．　　　　　　　　　　　　Q.E.D.

3. Two-Person Zero-Sum Game

ゲーム理論で取り扱われるゲームのなかで，とくに興味深いのが，two-person zero-sum game である．これは，2 人のプレイヤー$\{1, 2\}$からなる non-cooperative game で，各人はそれぞれ，有限個の strategy 空間 $\{1, \cdots, l\}$，$\{1, \cdots, m\}$をもち，payoff 関数 $v_1(s)$, $v_2(s)$ の和が常にゼロとなる場合である．

$$v_1(s) + v_2(s) = 0, \ \text{for all} \ s \in S = S_1 \times S_2.$$

Two-person zero-sum game の構造は，payoff matrix であらわされる．

$$A = (a_{ij}) \qquad (i = 1, \cdots, l, \ j = 1, \cdots, m),$$

ここで，a_{ij} は，2 人のプレイヤー 1, 2 がそれぞれ，strategy i，j を選んだときのプレイヤー 1 からプレイヤー 2 への payoff をあらわす．

$$a_{ij} = v_1((i, j)) = -v_2((i, j)) \qquad (i = 1, \cdots, l, \ j = 1, \cdots, m).$$

つぎの定理は最初に，von Neumann(1928) によって証明された．ナッシュの存在定理の Corollary であるが，リニヤー・プログラミングの双対定理(duality theorem on linear programming)を使った証明を紹介しておく．

定理 2　Two-person zero-sum game は必ず均衡をもつ．

［証明］ 2 つの mixed strategy の組み合わせ $x^o = (x_i^o)$，$y^o = (y_j^o)$ が，two-person zero-sum game(a_{ij})の均衡となるための必要，十分な条件は，つぎの 2 つの性質がみたされることであ

る．

(1) $$\sum_{i=1}^{l}x_i^o=1,\ \ x_i^o \geqq 0(i=1,\cdots,l),\ \ \sum_{j=1}^{m}y_j^o=1,\ \ y_j^o \geqq 0(j=1,\cdots,m),$$

(2) $$\sum_{i=1}^{l}\sum_{j=1}^{m}a_{ij}x_iy_j^o \leqq \sum_{i=1}^{l}\sum_{j=1}^{m}a_{ij}x_i^oy_j^o \leqq \sum_{i=1}^{l}\sum_{j=1}^{m}a_{ij}x_i^oy_j$$

が，つぎの条件をみたすすべての(x_i)，(y_j)について成り立つ．

$$\sum_{i=1}^{l}x_i=1,\ \ x_i \geqq 0(i=1,\cdots,l),\ \ \sum_{j=1}^{m}y_j=1,\ \ y_j \geqq 0(j=1,\cdots,m).$$

ここで，すべてのa_{ij}が正であると仮定しても一般性を失わない．[必要ならば，十分大きな一定の正数をすべてのa_{ij}に加えればよい．]

上の条件(1)，(2)は，つぎのようにあらわすことができる．

つぎの条件をみたす数v^oが存在する．

(3) $$\max\{v:\sum_{i=1}^{l}a_{ij}x_i > v,\ \ j=1,l,m\} \leqq v^o,$$

$$\text{for all } \sum_{i=1}^{l}x_i=1,\ \ x_i \geqq 0(i=1,l,1),$$

(4) $$\min\{v:\sum_{j=1}^{m}a_{ij}y_j \leqq v,\ \ i=1,l,n\} \geqq v^o,$$

$$\text{for all } \sum_{j=1}^{m}y_j=1,\ \ y_j \geqq 0(j=1,l,m).$$

つぎの2つのリニヤー・プログラミングの問題を考える．

(I)　制約条件

$$\sum_{i=1}^{l}a_{ij}x_i \geqq 1,\ \ j=1,\cdots,m,$$

$$x_i \geqq 0,\ \ i=1,l,1$$

のもとで，

$$\sum_{i=1}^{l}x_i$$

を最小にせよ．

(II)　制約条件

$$\sum_{j=1}^{m}a_{ij}y_j \leqq 1,\ \ i=1,\cdots,l,$$

$$y_j \geqq 0,\ \ j=1,\cdots,m$$

のもとで，

$$\sum_{j=1}^{m}y_j$$

を最大にせよ．

2つのリニヤー・プログラミングの問題(I)，(II)はお互いにdualであるから，リニヤー・プログラミングの双対定理を適用して，2つの問題の解は等しくなる．その共通の値をw^oとすれば，$v^o=\dfrac{1}{w^o}$が条件(3)，(4)をみたす． Q.E.D.

定理2は，つぎのようにあらわすことができる．

$$v^o=\max_{(x_i)}\min_{(y_j)}\sum_i\sum_j a_{ij}x_iy_j=\min_{(y_j)}\max_{(x_i)}\sum_i\sum_j a_{ij}x_iy_j.$$

この共通の値v^oが，与えられたtwo-person zero-sum gameの値とよばれる数である．

4. Cooperative Game——Two-Person Gameの場合

Cooperative gameについては，プレイヤーが何人か集まって，お互いに拘束力のある協定を結ぶことが許されている．Cooperative gameの構造は，two-person gameか，あるいはn-person gameかによって，きわめて鮮明な相違をもたらす．この節では，two-person cooperative gameについて，かんたんな解説をおこなう．n-person gameについては，あとで，くわしく述べる．

Two-person cooperative gameにかんする最初の議論は，エッジワースによっておこなわれた[Edgeworth(1881)]．エッジワースの議論は，よく知られているEdgeworth boxを使ったものである．エッジワースは，2つの財が，2人の間で交換される状況を考察したのであったが，2人の間で，何らかのreasonableなagreementが形成される可能性を追求した．エッジワースがとくに強調したのは，reasonableなagreementはefficientでなければならないという点であった．2人のどちらもがbetter offとなるagreementが他に存在しないようなものでなければならない，つまり，reasonableなagreementは必ず，エッジワースのcontract curve，あるいはefficiency locusの上になければならない．他方，reasonableなagreementは，2人のどちらも，現在の状態よりworse offになってはならないと考えたのである．

エッジワースの，この2つの条件は，ゲーム理論の言葉を使えば，group rationality(efficiency)とindividual rationalityという2つの基本的な概念として定式化されている．

この，2人の間のreasonableなagreementの全体が，ゲーム理論にいうコアを形成する．Edgeworth boxからすぐわかるように，2人の間の交換の問題にかんするコアは数多くのagreementから成り立っている．一般に，continuumの濃度をもつ集合である．

これに対して，ナッシュが考えたのは，threatの概念である[Nash(1950, 1953)]．ナッシュは，threatの概念を使って，ナッシュ解とよばれるようになった1つの解の考え方を導入した．ナッシュ解は，一般に一意的に定まる．

2人の間のbargaining modelを考える．2人の間のpayoffの$d=(d_1, d_2)$がthreat pointであるというのは，各プレイヤーνが，agreementの結果，得られるpayoff u_νがd_νより小さいときには，そのagreementを考慮することを拒否するというものである．

ナッシュは，Nash axiomとよばれるようになったいくつかの条件を提示して，2人のbargaining modelについて，Nash axiomをみたすとき，2人のプレイヤーのどちらにとってもagreeableな結果が常に存在し，一意的に定まることを示したのである．

この考え方はもともと，ゾイテンが，労働争議(labor-management dispute)の問題を解決するために導入したもので[Zeuthen(1930]，ナッシュ解はゾイテン解の現代版ともいうべきものである．ナッシュ解の考え方は，のちにハサーニによって，formalな形で定式化された[Hasanyi(1956)]．

1つのtwo-person bargaining gameを考え，すべてのfeasibleな結果(u_1, u_2)の集合をΩとする．この集合Ωは2次元のユークリッド空間のなかにあって，compact，かつconvexな集合とする．Threat point $d=(d_1, d_2)$は，このfeasible set Ωのなかの任意の点として与えられるとする．ただし，Ωのなかに，$u \gg d$[$u \gg d$は，$u_1>d_1, u_2>d_2$を意味する]となるような点$u=(u_1, u_2)$が，少なくとも，1つは存在するとする．このようなbargaining gameをtwo-person fixed threat bargaining gameとよび，feasible set Ωとthreat point $d=(d_1, d_2)$を明示的にあらわして，$G=(\Omega, d)$と記す．Two-person fixed threat bargaining game $G=(\Omega, d)$の全体のclassを$\mathscr{W}$とする．

ここで，class $\mathscr{W}$のなかのbargaining game $G=(\Omega, d)$について，結果uが，2人のプレイヤーどちらにとってもagreeableとなるようなbargaining processが存在するだろうか．このようなbargaining processを，つぎのように，関数記号を使ってあらわす．

$$u=\phi(\Omega, d),\quad G=(\Omega, d)\in\mathscr{W}.$$

この解$u=\phi(\Omega, d)$が，つぎの条件をみたすとき，ナッシュ解と定義する．

(i) $$\phi(\Omega, d)\geqq d,\ \text{for all}\ (\Omega, d)\in\mathscr{W}.$$

(ii) $\phi(\Omega, d)$は，threat point $d=(d_1, d_2)$の一次変換にかんしてinvariantである．すなわち，

もし，$d_1'=\alpha_1 d_1+\beta_1,\ d_2'=\alpha_2 d_2+\beta_2 (\alpha_1>0,\ \beta_1\geqq 0,\ \alpha_2>0,\ \beta_2\geqq 0)$が，

$\Omega'=\{(\alpha_1 u_1+\beta_1, \alpha_2 u_2+\beta_2): (u_1, u_2)\in\Omega, (\Omega, d), (\Omega', d')\in\mathscr{W}\}$のなかにあるとすれば，

$$(\phi_1(\Omega', d'),\ \phi_2(\Omega', d'))=(\alpha_1\phi_1(\Omega, d)+\beta_1, \alpha_2(\Omega, d)+\beta_2).$$

(iii) もし，$(\Omega, d)\in\mathscr{W}$がsymmetricならば，$\phi_1(\Omega, d)=\phi_2(\Omega, d)$.

[(Ω, d)がsymmetricというのは，つぎの条件がみたされているときである．

$$d_1=d_2,\ (u_1, u_2)\in\Omega\Longrightarrow(u_2, u_1)\in\Omega].$$

(iv)　$(\Omega, d), (\Omega', d') \in \mathscr{W}, \ d = d', \ \Omega \subset \Omega', \ \phi(\Omega', d') \in \Omega$

$$\Longrightarrow \phi(\Omega, d) \subseteq \phi(\Omega', d').$$

Pareto-optimality の条件はなくとも済む．これは，Roth(1977)の指摘による．

$(\Omega, d) \in \mathscr{W}$，$u^0 = \phi(\Omega, d)$について，条件(i)-(iv)がみたされているとする．このとき，すべての $u \subset \Omega$，$u \neq u^0$ に対して，$u_1^0 > u_1$，あるいは $u_2^0 > u_2$.

［証明］　一般性を失うことなく，$d = (0, 0)$と仮定してよい．もしかりに，$y > u^0$ となるような $y \in \Omega$ が存在したとする．bargaining game$(\Omega', 0)$をつぎのように定義する．

$$\Omega' = \left\{ u = (u_1, u_2) \colon u_1 = \frac{u_1^0}{y_1}, \ u_2 = \frac{u_2^0}{y_2} \right\}.$$

ここで，$\Omega' \subset \Omega$，$u^0 \in \Omega'$($y \in \Omega$ から)．したがって，(iv)によって，u^0 は$(\Omega', 0)$の解となる．しかし，(ii)の条件から，

$$\left(\frac{u_1^0}{y_1} u_1^0, \ \frac{u_2^0}{y_2} \right) \neq u^0$$

が(Ω', d)の解となり，(iv)と矛盾する．　　　　　　　　　　　　　　Q.E.D.

(i)-(iv)の条件をみたすナッシュ解の存在は，図 A1-1 から明らかであろう．図 A1-1 で，u_1，u_2 はそれぞれ，横軸，縦軸に沿ってとられている．Threat point $d = (d_1, d_2)$からはじまる 2 つの軸に沿った直角双曲線は，$(u_1 - d_1)(u_2 - d_2)$が一定となるような結果の組み合わせ(u_1, u_2)をあらわす．Individually rational な結果の組み合わせ(u_1, u_2)はかげを付けた領域であらわされている．斜線を引いた領域の境界上で，直角双曲線に接する点がナッシュ解である．このことは，つぎのようにして厳密に証明することができる．

はじめに，$\mathscr{W}$ のなかにある$(\Omega, 0)$の形をした bargaining game を考える．この bargaining

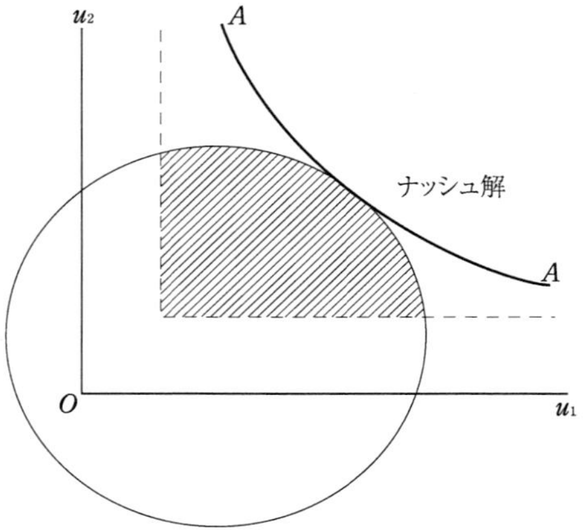

図 A1-1　ナッシュ解の決定

game$(\Omega, 0)$について，(i)-(iv)をみたす解 $u^o=(u_1^o, u_2^o)$は，つぎの条件によって，一意的に与えられる．

(5)　$$u_1^o u_2^o > u_1 u_2, \text{ for all } u=(u_1, u_2),\ u \geqq 0,\ u \neq u^o.$$

［証明］　双曲関数 u_1u_2 は厳密な意味で quasi-concave だから，(5)をみたす $u^o=(u_1^o, u_2^o)$は常に存在して，一意的に定まる．

条件(i)は定義によって明らか．簡単な計算によって，(ii)がみたされていることがわかる．対称性(iii)は双曲関数 u_1u_2 の対称性から明らか．条件(iv)は明らか．

つぎに，$u'=(u_1', u_2') \in \Omega$ が最大条件(5)をみたさないとすれば，$u'=(u_1', u_2')$はナッシュ均衡ではないことを示そう．そのために，ゲーム$(\Omega, 0)$についての maximizer を $u^o=(u_1^o, u_2^o)$とし，ゲーム$(\Omega, 0)$を，つぎのゲーム$(\Omega', 0)$に変換する．

$$\Omega' = \left\{\left(\frac{u_2^o u_2}{u_1^o}, u_2\right): u=(u_1, u_2) \in \Omega\right\}.$$

さらに，ゲーム$(\Omega', 0)$を$(\Omega'', 0)$に変換する．

$$\Omega'' = \{z=(z_1, z_2): z_1+z_2 \leqq 2u_2^o,\ |z_1|+|z_2| \leqq \max_{u \in \Omega'}|u_1|+|u_2|\}.$$

$\Omega'' \supset \Omega'$，しかも最初に与えられた $u^o=(u_1^o, u_2^o)$は Ω' に属する．Ω'' は symmetric な集合だから，(iii)によって，(u_1^o, u_2^o)は，ゲーム$(\Omega'', 0)$のナッシュ解となる．Independence of irrelevant condition(iv)によって，(u_1^o, u_2^o)もまたゲーム$(\Omega', 0)$のナッシュ解となる．ゲーム$(\Omega, 0)$に affine transformation を施して，$u^o=(u_1^o, u_2^o)$がゲーム$(\Omega, 0)$のナッシュ解となることがわかる．したがって，u' は(i)-(iv)をみたさない．u^o がゲーム$(\Omega, 0)$の唯一の解となることが示された．

Invariance condition(ii)を適用すれば，つぎの定理が証明されたことになる．

定理3［Nash(1953)］　任意の bargaining game(Ω, d)について，(i)-(iv)の条件をみたす Nash 解 $u^o=(u_1^o, u_2^o)$は一意的に決まる．u^o がナッシュ解となるために必要，十分な条件は，つぎの不等式が成り立つことである．

$$(u_1^o-d_1)(u_2^o-d_2) > (u_1-d_1)(u_2-d_2),$$
$$\text{for all } u=(u_1, u_2) \in \Omega,\ u \geqq d,\ かつ\ u \neq u^o.$$

5. n-Person Cooperative Game

n-person cooperative game を考えるとき，何人かのゲームのプレイヤーによって形成される coalition が中心的な問題となる．coalition の形成は，ゲームがはじまる前に決めなければならない．いうまでもなく，結果については，binding である．このことは，すべてのプレイヤーにとって，common knowledge である．

ある cooperative game $G=(N, v(\cdot))$を考える．N人のプレイヤーから構成され[$N=\{1, \cdots, n\}$]，$v(\cdot)$は payoff 関数である．各 coalition について，その coalition のメンバーの value(payoff)の総和が，coalition に参加するすべてのプレイヤーたちが求めるものである．各 coalition S，($S \subset N$)について，coalition S のメンバーの value の総和が最大になるときの値 $v(S)$であらわし，coalition S の value と定義する．このとき，coalition S に属さないプレイヤーたちは，自分たち自身の coalition $N-S$ を形成して，そのメンバーの value の総和を最大化するという仮定をおく．Cooperative game G を特定するためには，各 coalition S について，coalition S のメンバーの value の和の総和をあらわす関数 $v(S)$を特定する必要がある．この関数 $v(S)$を cooperative game $G=(N, v(\cdot))$の特性関数という．この cooperative game $G=(N, v(\cdot))$を，$G=(N, v(S); S \subset N)$，あるいは $G=(N, v(S))$であらわす．

コア

Cooperative game $G=(N, v(S))$について，全体の coalition N の value $v(N)$を，どのようにして分配するかという問題が起きる．Coalition N の value $v(N)$の，そのメンバーの間での分配を allotment(割り当て)とよぶ．そのなかで，重要な役割をはたすのが，コアに属する allotment である．ある allotment がコアに入っているのは，どのような coalition によっても，その agreement を block することができないときである．これらの概念をていねいに説明することにしよう．

全体の coalition N の value $v(N)$の allotment というのは，つぎの条件をみたす n 次元のベクトル $x=(x^\nu)$，($\nu \in N$)として定義する．

$$\sum_{\nu \in N} x^\nu = v(N). \tag{6}$$

ゲーム理論では，allotment ではなく，imputation という言葉が使われている．経済理論では，imputation という言葉は，Menger-Wieser の theory of imputation に代表されるように，まったく異なった意味をもって使われる．混乱を避けるために，ここでは，あえて allotment という言葉を使うことにする．

Allotment $x=(x^\nu)$が game $G=(N, v(S))$のコアのなかに入っているというのは，つぎの条件がみたされているときと定義する．

$$\sum_{\nu \in N} x^\nu \geqq v(S), \text{ for all coalitions } S \subset N. \tag{7}$$

空集合 ϕ については，$v(\phi)=0$ とする．

上の条件(7)はしばしば，efficiency condition とよばれる．(7)の条件を，1人のプレイヤー

からなる coalition に適用すると，

(8) $$x^{\nu} \geqq v(\nu), \quad \text{for all } \nu \in N.$$

これが individual rationality の条件である．

Bondareva-Shapley の定理

n-person cooperative game の理論でもっとも中心的な問題は，コアに属する coalition が存在するか，否かの問題である．コアが空集合ではないための条件を明らかにしたのが古典的な Bondareva-Shapley の定理である．Bondareva-Shapley の定理については，本書でも，何度か出てきたが，ここで，改めて解説することにする．Bondareva-Shapley の定理は，最初，Bondareva によって定式化され，リニヤー・プログラミングの考え方を使って，興味深い証明が与えられた[Bondareva(1962, 1963)]．しかし，*Bulletin of Leningrad University, Mathematics, Mechanics, and Astronomy Series* という，手に入りにくい雑誌に出た，しかもロシア語で書かれた論文であった．その後，Shapley によって，ゲーム論的意味が明らかにされ[Shapley(1967)]，当時，構築されつつあった n-person cooperative game の理論の展開に重要な役割をはたすことになったのである．以下の証明はもっぱら，Kannai(1992)に準拠する．

Bondareva-Shapley の定理を叙述する前に，経済学であまり使われない二，三の概念を説明しておこう．

全プレイヤーの集合 $N=\{1, \cdots, n\}$ の部分集合の集まり $\{S_1, \cdots, S_k\}$ が balanced collection であるというのは，つぎの条件をみたすような正数の集合 $\{\pi_{S_1}, \cdots, \pi_{S_k}\}$ が存在するときと定義する．

(9) $$\sum_{S_j \ni \nu} \pi_{S_j} = 1, \quad \text{for all } \nu \in N.$$

この条件(9)をみたす正数の集合 $\{\pi_{S_1}, \cdots, \pi_{S_k}\}$を balancing weight の集合という．

とくに，集合 $N=\{1, \cdots, n\}$ の partition$\{S_1, \cdots, S_k\}$ は，balancing weight 1[$\pi_{S_j}=1$, for $j=1, \cdots, k$]をもつ balanced collection となる．集合 N の partition$\{S_1, \cdots, S_k\}$というのは，つぎの条件がみたされるときである．

$$S_1 \cup \cdots \cup S_k = N, \quad S_i \cap S_j = \phi(i \neq j).$$

Balanced collection の概念は，non-transferable utility をもつ cooperative game の分析に重要な役割をはたすだけでなく，プレイヤーの数が無限の cooperative game の分析にさいしても，基本的な役割を演ずる．しかし，transferable utility をもつ cooperative game については，全プレイヤーの集合 $N=\{1, \cdots, n\}$ の部分集合すべての集まりだけを考えれば，十分である．ウェイトの集まり(π_S)というときには，S は N のすべての部分集合をとり，

$$\pi_S \geqq 0, \quad \text{for all } S \subset N$$

とする．ウェイトの集まり(π_S)がbalancedであるというのは，つぎの条件がみたされるときと定義する．

(10)
$$\sum_{S \ni \nu} \pi_S = 1, \quad \text{for all } \nu \in N.$$

定理4 [Bondareva and Shapley]　$G=(N, v(S))$を特性関数$v(S)$をもつn-person cooperative gameとする．$G=(N, v(S))$のコアが空集合ではないための必要，十分条件は，つぎの不等式が成り立つことである．

(11)
$$\sum_S \pi_S v(S) \leqq v(N), \quad \text{for all balancing weights}(\pi_S),$$

ここで，$\sum_S$は，Nの部分集合Sをすべて足し合わせることを意味する．

［証明］　Bondareva-Shapleyの不等式(11)が必要条件となっていることは簡単である．$v(N)$のallotment $x=(x^\nu)$がコアのなかに入っているとすれば，(6)，(7)がみたされている．任意のbalancing weight(π_S)に対して，(7)式の両辺にπ_Sを掛けて，すべてのcoalition Sについて足し合わせれば，

(12)
$$\sum_S \pi_S \{\sum_{\nu \in N} x^\nu\} \geqq \sum_S \pi_S v(S).$$

$\sum_{\nu \in N}\sum_{S \in N} = \sum_S \sum_{\nu \in S}$だから，balancednessの条件(10)に注目すれば，不等式(12)の右辺は，efficiencyの条件(6)に等しいことがわかる．

$$\sum_{\nu \in N} x^\nu = v(N).$$

Bondareva-Shapleyの不等式(11)が成り立つことが示された．

Bondareva-Shapleyの不等式(11)が十分条件となっていることを示すために，つぎの2つのリニヤー・プログラミング問題(B)，(C)を考える．(B)と(C)とはdualとなっている．

（B）　制約条件

$$\sum_S \Lambda_S(\nu)\, y_S = 1, \quad \text{for all } \nu \in N,$$

$$y_S \geqq 0, \quad \text{for all } S \subset N$$

のもとで，$\sum_S v(S)\, y_S$を最大にするような$y=(y_S)$を求めよ．

（C）　制約条件

(13)
$$\sum_{\nu \in N} \Lambda_S(\nu)\, x^\nu \geqq v(S), \quad \text{for all } S \subset N$$

のもとで，$\sum_{\nu \in N} x^\nu$を最小にするような$x=(x^\nu)$を求めよ．

ここで，$\Lambda_S(\nu)$はidentification functionとする．

$$\Lambda_S(\nu) = \begin{cases} 1, & \text{if } \nu \in S, \\ 0, & \nu \notin S. \end{cases}$$

リニヤー・プログラミングにかんする双対定理によって，この 2 つのリニヤー・プログラミングの値は等しい[『基礎篇』第 16 章].

ところで，プログラミング(B)の値は少なくとも $v(N)$ を超えない．Bondareva-Shapley の不等式(11)が成立しているとすれば，プログラミング(B)の値はちょうど $v(N)$ に等しくなる．双対定理によって，プログラミング(C)の値も $v(N)$ に等しくなる．すなわち，制約条件(13)をみたす $x=(x^{\nu})$ で，

$$\sum_{\nu \in N} x^{\nu} = v(N)$$

をみたすようなものが存在する．このような $x=(x^{\nu})$ がコアに入っていることは，プログラミング(C)の構造から明らか．したがって，Bondareva-Shapley の定理が証明された．Q.E.D.

Bondareva-Shapley の定理を，具体的な cooperative game に適用しようとするとき，balanced weight の集合があまりにも，大きすぎて，うまくいかない場合が多い．じつは，ずっと小さな balanced weight の集合で十分である．

Balanced collection のクラス $\{S_1, \cdots, S_k\}$ が minimal balanced collection であるというのは，$\{S_1, \cdots, S_k\}$ の真の部分集合は決して balanced とはならない場合を指す．coalition の集まり $\{S_1, \cdots, S_k\}$ が balanced collection であるというのは，つぎの条件をみたす正のウェイトの集まり $(\pi_{S_1}, \cdots, \pi_{S_k})$ が存在するときであることを思い出していただきたい．

$$\sum_{S_j \ni \nu} \pi_{S_j} = 1, \quad \text{for all } \nu \in N.$$

$\{S_1, \cdots, S_k\}$ が minimal balanced collection であるとすれば，$k \leqq n$ となり，balancing weight はすべて一意的に定まり，正数で，有理数の値をとることがわかる．さらに，balanced collection C に対する任意の balancing weight は，C に含まれる minimal balanced collection に対する balancing weight の convex combination となる．このことは，Shapley (1967) によって示された．

つぎの修正された Bondareva-Shapley の定理は，Bondareva (1963) および Shapley (1967) によって証明されたものである．

修正された Bondareva-Shapley の定理　Cooperative game $G=(N, v(S))$ のコアが空集合でないための必要，十分な条件は，Bondareva-Shapley の不等式が，balancing weight (π_{S_j}) をもつ minimal balanced collection $\{S_1, \cdots, S_k\}$ について成り立つことである．

ε-コア

Cooperative game のコアの考え方は，単純で，直観的であるが，経済学に出てくる cooperative game は，完全競争的市場にかかわる cooperative game の他は[本書の第 6 章]，ほとんどすべての場合について，コアは空集合になる．他方で，ゲーム理論の立場からは，コアに含まれる efficient な allotment があまりにも多すぎて，operational な意味をもたなくなってしまう場合が少なくない．

Shapley and Shubik (1966) によって導入された ε-コアの考え方は，コアの概念に内在するこのような問題点を解決して，より operational にしようとする試みの 1 つである．

Cooperative game $G=(N, v(S))$ について，その ε-コアは，つぎの条件をみたすようなゲームの value $v(N)$ の allotment $x=(x^{\nu})$ の全体の集合として定義される．

(i) $$\sum_{\nu\in N} x^{\nu}=v(N),$$

(ii) $$\sum_{\nu\in S} x^{\nu} \geqq v(N)-\varepsilon,\ \text{ for all } S\subset N,$$

ここで，ε はある一定の与えられた数とする．

このとき，任意の cooperative game $G=(N, v(S))$ に対して，つぎの条件をみたす ε^* が一意的に定まる．

$$\varepsilon\text{-コアが空集合ではない} \Longleftrightarrow \varepsilon \geqq \varepsilon^*.$$

Stable Set

ゲーム理論の文献には，n-person cooperative game について，数多くの解の概念が導入されている．そのなかから，いくつかの解の概念を取り出して，紹介しておこう．

Stable set (安定な集合) の概念は，コアと非常に近い概念で，古典的な von Neumann and Morgenstern (1944) のなかで，重要な役割をはたしている．

n-person cooperative game $G=(N, v(S))$ を考える．ゲームの value $v(N)$ の allotment の全体の集合を $A(N, v(S))$ であらわす．

$$A(N, v(S)) = \{x = (x^{\nu}) : \sum_{\nu\in S} x^{\nu} = v(N)\}.$$

この集合 $A(N, v(S))$ の部分集合 A^* が stable set であるというのは，つぎの条件がみたされているときと定義する．

(i) $y = (y^{\nu}) \in A^* \Longrightarrow y \ll z$ となるような $z=(z^{\nu}) \in A^*$ は存在しない，

(ii) $y = (y^{\nu}) \notin A^* \Longrightarrow y \ll z$ となるような $z = (z^{\nu}) \in A^*$ が存在する，

ここで，$y \ll z$ という記号は，$y^{\nu} < z^{\nu}$, for all $\nu \in N$ を意味する．

n-person cooperative gam $G=(N, v(S))$ の stable set の構造を考察するとき，つぎの (0, 1)-normalized form に変換すると，計算が簡単になる．

$$v(N) = 1,\ \ v(\nu) = 0,\ \text{ for all } \nu \in N$$

n-person cooperative game $G=(N, v(S))$ が，つぎの条件をみたすときには，(0, 1)-normalized form に変換することができる．

$$v(N) > \sum_{\nu \in N} v(\nu).$$

つぎの変換を考えればよい．

$$v^0(S) = \frac{v(S) - \sum_{\nu \in S} v(\nu)}{v(N) - \sum_{\nu \in S} v(\nu)} \qquad (S \subset N).$$

この変換によって得られる新しい n-person cooperative game $G^0 = G(N, v^0(S))$ は $(0, 1)$-normalized form で，$G = (N, v(S))$ と isomorphic(同型)である．

Bargaining Set

n-person cooperative game $G = (N, v(S))$ について，全プレイヤーの集合 $N = \{1, \cdots, n\}$ の partition $\{S_1, \cdots, S_k\}$ を coalition structure とよぶことにする．

$G = (N, v(S))$ の value $v(N)$ の allotment $x = (x^\nu)$ がつぎの条件をみたすとき，coalition structure $\{S_1, \cdots, S_k\}$ について payoff configuration となっていると定義する．

$$\sum_{\nu \in S_j} x^\nu = v(S_j), \quad j = 1, \cdots, k.$$

Payoff configuration $x = (x^\nu)$ が individually rational というのは，つぎの条件がみたされているである．

$$x^\nu \geqq v(\{\nu\}), \text{ for all } \nu \in N.$$

Cooperative game の bargaining set というのは，individually rational な payoff configuration の集合であって，この集合に対して effective complaint を立てる合法的な coalition が存在しないときとして定義する．このことは，厳密にはつぎのように定式化する．

任意の coalition $T \subset N$ が与えられているとき，coalition structure $\{S_1, \cdots, S_k\}$ のなかの T の partner というのは，coalition T と共通のメンバーをもつ S_j に属する任意のプレイヤーを指す．Coalition T の partner の全体を $P(T : \{S_1, \cdots, S_k\})$ であらわす．すなわち，

$$P(T : \{S_1, \cdots, S_k\}) = \cup \{S_j : S_j \cap T \neq \phi, \ (j = 1, \cdots, k)\}.$$

$x = (x^\nu)$ が coalition structure $\{S_1, \cdots, S_k\}$ について individually rational な payoff configuration となっているとする．ここで，2つの coalition T，W が，同じ partition coalition S_j に含まれ，disjoint であるとする．すなわち，

$$T, W \subset S_j, \quad T \cap W = \phi.$$

W に対する T の objection は，ある coalition structure $\{R_1, \cdots, R_l\}$ について individually rational な payoff configuration $y = (y^\nu)$ で，つぎの条件をみたすものの全体として定義される．

(i) $$p(T : \{R_1, \cdots, R_l\}) \cap W = \phi,$$

(ii)　　$y^\nu > x^\nu$, for all $\nu \in T$,

(iii)　　$y^\nu \geqq x^\nu$, for all $\nu \in P(T : \{R_1, \cdots, R_l\})$.

同じような状況のもとで，T に対する W の counter-objection は，ある coalition structure $\{Q_1, \cdots, Q_s\}$ について individually rational な payoff configuration $z=(z^\nu)$ で，つぎの条件をみたすものの全体として定義する．

(i)　　$T \not\subset P(R : \{Q_1, \cdots, Q_s\})$,

(ii)　　$z^\nu > x^\nu$, for all $\nu \in P(T : \{Q_1, \cdots, Q_s\})$,

(iii)　　$z^\nu \geqq y^\nu$, for all $\nu \in P(T : \{R_1, \cdots, R_l\}) \cap P(W : \{Q_1, \cdots, Q_s\})$.

Coalition structure $\{S_1, \cdots, S_k\}$ の bargaining set というのは，coalition structure $\{S_1, \cdots, S_k\}$ について individually rational な payoff configuration $x=(x^\nu)$ であって，ある coalition T が他の coalition W に対して objection を立てたとすれば，coalition W のなかの少なくとも 1 人のメンバーが T に対して counter-objection を立てることができるような payoff configuration $x=(x^\nu)$ の集合として定義される．

Kernel

Kernel は，bargaining set に関連した考え方である．任意の payoff ベクトル $x=(x^\nu)$ が与えられているとする．この payoff ベクトル $x=(x^\nu)$ に対する各 coalition S の excess(超過)は，つぎの式によって定義される．

$$\sigma(S, x) = v(S) - \sum_{\nu \in S} x^\nu$$

集合 N の任意の 2 人のメンバーの組み合わせ (ν, μ) について，μ に対する ν の surplus(余剰)は，つぎの式によって定義される．

$$\sigma_{\nu\mu}(x) = \max\{\sigma(S, x) : S \subset N,\ S \ni \nu,\ S \not\ni \mu\}.$$

Cooperative game $G=(N, v(S))$ の kernel は，ゲームの value $v(N)$ の allotment $x=(x^\nu)$ と，つぎの性質をもつ coalition structure $\{S_1, \cdots, S_k\}$ との組み合わせの全体からなる集合である．

任意の 2 人のメンバー ν, $\mu \in S_j (1 \leqq j \leqq k)$ について，つぎのいずれかが成り立つ．

(i)　　$\sigma_{\nu\mu}(x) = \sigma_{\mu\nu}(x)$,

(ii)　　$\sigma_{\nu\mu}(x) < \sigma_{\mu\nu}(x)$ and $x^\nu = v\{(\nu)\}$,

(iii)　　$\sigma_{\mu\nu}(x) < \sigma_{\nu\mu}(x)$ and $x^\mu = v\{(\mu)\}$.

定理 5　任意の cooperative game $G=(N, v(S))$ について，kernel は bargaining set に含まれる．

［証明］　以下の証明は，Friedman(1986)の証明をそのまま再現する．allotment $x=(x^{\nu})$と coalition　structure $\{S_1, \cdots, S_k\}$との組み合わせが，$G=(N, v(S))$の kernel であるとする．Kernel の定義にあるように，TとRを，coalition structure $\{S_1, \cdots, S_k\}$の1つの coalition S_jの2つの disjoint な部分集合とし，RがTに対して objection を立てたとする．Objection の定義によって，Tの任意の1人のメンバーνからなる集合$\{\nu\}$は，Rの任意の1人のメンバーμからなる集合$\{\mu\}$に対して objection を立てることができる．この，$\{\nu\}$が$\{\mu\}$に対してもつ objection が，allotment $y=(y^{\nu})$と coalition structure $\{R_1, \cdots, R_l\}$との組み合わせであるとする．$P(\{\nu\}:\{R_1, \cdots, R_l\})$は，プレイヤー$\nu$が属する coalition　structure $\{R_1, \cdots, R_l\}$の1つの coalition R_jのメンバーすべてからなる集合であるから，

$$\sigma_{\nu\mu}(x) \geqq \sum_{\eta \in R_j} (y^{\eta}-x^{\eta}), \quad \text{for } R_j \ni \nu.$$

1人のメンバーμからなる集合$\{\mu\}$が counter-objection を立てることができるのは，つぎの条件をみたす allotment　$z=(z^{\nu})$と coalition　structure の組み合わせ$\{Q_1, \cdots, Q_S\}$が存在するときである．

集合$\{\mu\}$のメンバーμの各 partner ηは少なくともx^{η}を受け取り，なかでも，$\{\mu\}$が$\{\nu\}$に対して立てた objection で，$\{\nu\}$の partner だったプレイヤーは少なくともy^{η}を受け取ることができる．

$\sigma_{\mu\nu}(x) \geqq \sigma_{\nu\mu}(x)$のときには，$\{\mu\}$のメンバー$\eta$は counter-objection を立てることできる．これは，$\sigma_{\nu\mu}(x)$は，μを含むが，νを含まない coalition の payoff が，最初の proposal$(x:\{S_1, \cdots, S_k\})$のもとで受け取った額を超えて受け取ることのできる額をあらわしているからである．$\sigma_{\nu\mu}(x)$はまた，ηが立てる objection に参加するメンバーに対して報酬として支払う額より大きくない．したがって，μは，最初の objection に参加したプレイヤーを取り戻すことができ，同時に，counter-objection に参加した他のプレイヤーに対して十分な報酬を与えることできる．

$\sigma_{\nu\mu}(x) > \sigma_{\mu\nu}(x)$のときには，$x=v(\{\mu\})$とすれば，$\{\nu\}$が$\{\mu\}$に対して立てる objection に対して，$\{\mu\}$は，proposal$(y:\{R_1, \cdots, R_l\})$によって counter-objection を立てることができる．ここで，$y=v(\{\mu\})$，$\{R_1, \cdots, R_l\}$は，$\{\mu\}$が1つの coalition R_jとなっているような coalition structure とする．　Q.E.D.

Nucleolus

Nucleolus も，よく引用される cooperative game の解の概念である．全プレイヤーの集合$N=\{1, \cdots, n\}$のすべての部分集合をある一定の順序$\{1, \cdots, 2^n\}$にならべる．2^n次元のユークリッド空間R^{2^n}のなかのベクトルを一般的に$w=(w_S)=(w_1, \cdots, w_{2^n})$とあらわす．

各 payoff ベクトル $x=(x^{\nu})$ に対して，つぎの成分をもつ 2^n 次元のベクトル $w(x)=(w_S(x))$ を考える．

$$w_S(x) = \sigma(S, x),$$

ここで，$\sigma(S, x)$ は，さきに定義した excess function である．

2^n 次元のユークリッド空間 R^{2^n} のなかのベクトル $w=(w_S)$ を lexicographic ordering の順序 $<_L$ にならべる．すなわち，

$$w <_L w' \Longleftrightarrow w_1 < w_1',\ \ w_1 = w_1', \cdots, w_{k-1} = w_{k-1}',\ \ w_k = w_k' \qquad (k = 2, 3, \cdots, 2^n).$$

Payoff ベクトル $x=(x^{\nu})$ の集合 X が任意に与えられているとき，X の nucleolus $\alpha(x)$ は，つぎのように定義される．

$$\alpha(x) = \{x \in X : w(x) \leqq_L w'(x),\ \text{for all}\quad x' \in X\}.$$

定理 6　X を n 次元のユークリッド空間 R^n の空集合ではない，compact な部分集合であるとすれば，X の nucleolus は空集合ではない．

［証明］　$A_1=\{w(x) : x \in X\}$ とおく．X は compact な集合で，excess function $\sigma(S, x)$ は $x \in X$ について連続であるから，つぎの条件をみたす $w^{(1)} \in A_1$ が存在する．

$$w_1^{(1)} = \min\{w_1 : w = (w_S) \in A_1\} = \beta_1.$$

$X_2=\{x \in X : w_1(x)=\beta_1\}$ とする．各 coalition S について，

$$B_1(S) = \{x \in X : \sigma(S, x) \leqq \beta_1\}$$

は X_2 の部分集合で，

$$X_2 = \bigcup_S B_1(S).$$

$B_1(S)$ が空集合とはならないような coalition S が必ず存在するから，X_2 も空集合ではない．A_2 をつぎのように定義する．

$$A_2 = \{w(x) : x \in X_2\},\ \ A_2 \subset A_1.$$

このようにして，集合の列 $\{A_1, A_2, \cdots\}$ を，帰納的に定義する．

まず，β_k をつぎのように定義する．

$$\beta_k = \mathrm{mix}\{w_k : w = (w_S) \in A_k\}.$$

X_k が空集合ではなく，compact とすれば，この β_k は定義できて，$w_k(x)=\beta_k$ となるような $w^{(k)} \in A_k$ が存在する．

つぎのように定義する．

$$X_{k+1} = \{x \in X : w_k(x) = \beta_k\},$$
$$B_k(S) = \{x \in X : \sigma(S, x) \leqq \beta_k\}.$$

このとき，

$$X_{k+1}=\bigcup_S B_k(S).$$

ここで，

$$A_{k+1}=\{w(x):x\in X_{k+1}\}$$

と定義すれば，A_{k+1} は空集合ではない，compact な集合となり，

$$A_{k+1}\subset A_k,\quad k=1,\cdots,2^n.$$

Nucleolus の定義からすぐわかるように，

$$\alpha(X)\subset X_k,\quad \text{for}\quad k=1,\cdots,2^n,$$

$$\alpha(X)=X_{2^n+1}\neq\phi \qquad \text{Q.E.D.}$$

Corollary　X が convex な集合であるとすれば，X の nucleolus $\alpha(X)$ はただ 1 つの点となる．

［証明］　この Corollary の証明も，Friedman(1986)にしたがう．X のなかに，2 つの異なる点 x，x' が存在したとする．すなわち，

$$w=w(x)=w'(x),\quad x,\quad x'\in X,\quad x\neq x',$$

$$w^0\leqq_L w,\quad \text{for all}\quad x\in X.$$

$w(x)=w(x')$ の 2^n 個の座標のなかには，r 個の異なる値があるとして，最大の値は k_1 回，つぎに大きな値は k_2 回，…，現れるとする．

$$k_1+k_2+\cdots+k_r=2^n.$$

$\{S_1,\cdots,S_{2^n}\}$ を，coalition を $w(x)$ の座標の順序にならべたものとする．このとき，

$$w_j(x)=\sigma(S_j,x),\quad \text{for all}\quad j=1,\cdots,2^n.$$

同じように，$\{S_1',\cdots,S_{2^n}'\}$ を，coalition を $w(x')$ の座標の順序にならべたものとする．

$$w_j(x')=\sigma(S_j',x'),\quad \text{for all}\quad j=1,\cdots,2^n.$$

つぎの関数を考える．

$$x(t)=(1-t)x+tx',\quad 0\leqq t\leqq 1.$$

このとき，$w(x(t))$ について，$w_1(x)$ が現れるのはたかだか k_1 回である．もし，$w(x(t))$ について，$w_{k_1+\cdots+k_{i-1}+1}(x)$ がちょうど k_i 回現れるとすれば($i=1,\cdots,j-1$)，$w_{k_1+\cdots+k_{j-1}+1}(x)$ が現れるのはたかだか k_j 回である．このことは，つぎのようにして，示すことができる．

$w(x(t))$ のなかに，$w_1(x)$ が何回現れるかを考える．$w_1(x)$ が k_1 回現れるのは，2 つの coalition strucutre$\{S_1,\cdots,S_{k_1}\}$，$\{S_1',\cdots,S_{k_1}'\}$ が同じとき，またそのときにかぎられる．

もし，この 2 つの coalition strucutre$\{S_1,\cdots,S_{k_1}\}$，$\{S_1',\cdots,S_{k_1}'\}$ が同じではないときには，

$\sigma(S_j, x) > \sigma(S_j, x')$となるようなcoalition $S_j (1 \leqq j \leqq k_1)$が存在する．

したがって，$w(x(t))$の座標の値が$w_1(x)$より小さいような座標の数はk_1より少なくなければならない．$w(x(t))$の座標の値はすべて$w_1(x)$を超えないから，$w(x(t)) <_L w(x)$となって，矛盾する．

もし，この2つのcoalition strucutre$\{S_1, \cdots, S_{k_1}\}$，$\{S_1', \cdots, S_{k_1}'\}$が同じときには，$w_{k_1+1}(x)$の値をもつ座標について，上と同じ議論をくり返すことによって，2つのcoalition strucutre $\{S_{k_1+1}, \cdots, S_{k_1+k_2}\}$と$\{S_{k_1+1}', \cdots, S_{k_1+k_2}'\}$が同一であるか，あるいは同一でないときには，$w(x(t)) <_L w(x)$となって，矛盾する．

数学的帰納法を使って，$w(x(t)) =_L u(x)$から$x = x'$が得られる．これは，$\alpha(X)$がただ1つの要素からなる集合であるという仮定に矛盾する．　Q.E.D.

あるcooperative game $G=(N, v(S))$について，coalition structure$\{S_1, \cdots, S_k\}$にかんするcooperative came $G=(N, v(S))$のnucleolus $\alpha(X)$は，Xとして，与えられたcoalition structure$\{S_1, \cdots, S_k\}$にかんしてindividually rationalなpayoff configuration全体の集合をとることによって求められる．すなわち，

$$X = \{x = (x^\nu) : x \in A(N, v(S)),\ x^\nu \geqq v(\{\nu\}),\ \text{for all } \nu \in N,$$
$$\sum_{\nu \in S_j} x^\nu = v(S_j),\ \text{for } j = 1, \cdots, k\}.$$

定理7　$\{S_1, \cdots, S_k\}$は，あるcooperative game $G=(N, v(S))$のcoalition structureとし，$x_0 = (x_0^\nu)$を，coalition structure$\{S_1, \cdots, S_k\}$にかんするcooperative game $G=(N, v(S))$のnucleolusの任意の要素とする．このとき，$(x_0 : \{S_1, \cdots, S_k\})$はcooperative game $G=(N, v(S))$のkernelに属する．

［証明］　定理の結論に反して，$(x_0 : \{S_1, \cdots, S_k\})$がcooperative game $G=(N, v(S))$のkernelに属していないとする．このとき，つぎの条件をみたす2人のプレイヤーの組み合わせν，μが存在する．

$$\sigma_{\nu\mu}(x_0) > \sigma_{\mu\nu}(x_0),\quad x_0^\mu > v(\{\mu\}).$$

Allotment $x_1 = (x_1)$をつぎのように定義する．

$$x_1^\nu = x_0^\nu + \delta,\quad x_1^\mu = x_0^\mu - \sigma,\quad x_1^\eta = x_0^\eta,\quad \text{for } \eta \neq \nu,\ \mu.$$

ここで，

$$\delta = \min\left\{\frac{1}{2}(\sigma_{\nu\mu}(x_0) - \sigma_{\mu\nu}(x_0)),\quad x^\mu - v(\{\mu\})\right\}.$$

S^*をつぎの条件をみたすcoalitionとする．

(i) $$S^* \ni \nu,\ \ S^* \not\ni \nu,$$

(ii) $$\sigma(S^*, x_0) = \sigma_{\nu\mu}(x_0) = \max\{\sigma(S, x) : S \ni \nu,\ \ S \not\ni \nu\},$$

(iii) S^* は，$w(x)$ の座標にかんする lexicographic ordering の順序で，$\sigma(S^*, x_0) = \sigma(T, x_0)$ となるようなすべての coalition T の後におかれている．

S^* の座標を k^* とすれば，つぎの条件がみたされている．

$$w_k(x_0) \leqq w_k(x_1), \ \text{for all}\ \ k < k^*.$$

このことを示すために，lexicographic ordering の順序で，S^* の前にくる coalition S_k がつぎの 3 つのカテゴリーに分類されることに注目する．

(i) $$S_k \ni \nu, \mu,$$

(ii) $$S_k \not\ni \nu, \mu,$$

(iii) $$S_k \ni \nu,\ \ S_k \not\ni \mu.$$

カテゴリー (i) あるいは (ii) の coalition S_j については，$w_k(x_0) = w_k(x_1)$ となる．また，カテゴリー (iii) の coalition S_j については，$w_k(x_0) < w_k(x_1)$．

他方，つぎの不等式が成り立つ．

$$w_k(x_1) < w_{k^*}(x_0), \ \text{for}\ \ k > k^*.$$

したがって，$w(x_1) <_L w(x_0)$ となり，x_0 が nucleolus のなかにあるという仮定と矛盾する．

Q.E.D.

6. 無限個のプレイヤーをもつ Cooperative Game

n-person cooperative game のコアの non-emptiness にかんする Bondareva-Shapley の定理は，プレイヤーの数が無限に多い場合に拡張することができる．ここでは，プレイヤーの集合が，countable な集合 $N=\{1, 2, \cdots, \text{ad inf.}\}$ の場合を考える．特性関数 $v(S)$ は集合 N の任意の部分集合 S で定義された関数である．このゲーム $G=(N, v(S))$ のコアは，つぎの条件をみたす $v(N)$ の allotment の集合である．

(14) $$\sum_{\nu=1}^{\infty} x^{\nu} = v(N),\ \ x^{\nu} \geqq 0 \qquad (\nu \in N),$$

(15) $$\sum_{\nu \in S} x^{\nu} \geqq v(S), \ \text{for all}\ \ S \subset N.$$

Balanced collection $\{S_1, \cdots, S_k\}$ と balancing weight $(\pi_{S_1}, \cdots, \pi_{S_k})$ の概念も，n-person cooperative game の場合とまったく同じようにして定義される．

プレイヤーの集合が countable な集合 $N=\{1, 2, \cdots, \text{ad inf.}\}$ であるゲーム $G=(N, v(S))$ について，Bondareva-Shapley の不等式が成り立つことは明らかである．しかし，逆は必ずしも成り立たない．つぎの Kannai の counter-example がある［Kannai (1969)］．

Kannai の Counter-Example

特性関数 $v(S)$ を，つぎのように定義する.

$$v(S)=\begin{cases}1, & S\supset\{\nu:\nu\geqq k\}\text{となるようなプレイヤー}R\text{が存在するとき},\\ 0, & \text{その他の場合}.\end{cases}$$

Bondareva-Shapley の不等式(11)が任意の balanced weight(π_S)について成り立つことは明らか，しかし，コアの条件(7)がみたされているとすれば,

$$\sum_{\nu=k}^{\infty}x^{\nu}=1,\ \text{for all}\ k\in N.$$

したがって,

$$\sum_{\nu=1}^{\infty}x^{\nu}=+\infty.$$

条件(14)と矛盾する.

Bondareva-Shapley の定理の条件を修正して，プレイヤーの集合が countable な集合 $N=\{1, 2, \cdots, \text{ad inf.}\}$ であるゲーム $G=(N, v(S))$ についても，Bondareva-Shapley の定理が成り立つように，いくつかの試みがなされてきた.

定理 8　$G=(N, v(S))$ は，プレイヤーの集合が countable な集合 $N=\{1, 2, \cdots, \text{ad inf.}\}$ で，つぎのような特性関数をもつとする.

$$v(S)=0,\ \text{S が無限個のプレイヤーからなり，しかも}\ S\neq N\ \text{のとき},$$

このとき，Bondareva-Shapley の定理が成り立つ.

このゲーム $G=(N, v(S))$ の payoff ベクトル(x^{ν})は，$N=\{1, 2, \cdots, \text{ad inf.}\}$ で定義された finitely additive measure の空間の上の measure $\mu(S)$ とする．このような measure $\mu(S)$ は，N の部分集合の上で定義される．Efficiency の条件(14)とコアの条件(15)はそれぞれ，つぎのようになる

$$\mu(N)=v(N),$$
$$\mu(S)\geqq v(S),\ \text{for all}\ S\subset N.$$

このとき，つぎの定理が成り立つ.

定理 9［Schmeidler(1967)］　$G=(N, v(S))$ は，プレイヤーの集合が countable な集合 $N=\{1, 2, \cdots, \text{ad inf.}\}$ で payoff ベクトル(x^{ν})は，N で定義された finitely additive measure の空間の上の measure $\mu(S)$ とする．このとき，Bondareva-Shapley の定理が成立する.

定理 9 は，Ky Fan(1956)によって証明されたpowerfulな定理を使って，簡単に証明できる．プレイヤーの集合がcountableな集合 $N=\{1, 2, \cdots, \text{ad inf.}\}$の $G=(N, v(S))$について，Ky Fanの定理を述べておく．

Ky FanのLemma　$\{\Lambda_S : S \in \Sigma\}$は，$\Sigma=\{S : S \subset N, S$：有限個の集合$\}$にかんするindicator function Λ_Sの全体の集合とする．

Indicator function Λ_Sというのは，つぎのように定義される

$$\Lambda_S(\nu) = \begin{cases} 1, & \text{if } \nu \in S, \\ 0, & \text{その他の場合.} \end{cases} \qquad (\nu \in N)$$

$v(S)$は，すべての $S \in \Sigma$ に対して定義される関数とする．この関数 $v(S)$について，σをつぎの式によって定義する．

$$(16) \qquad \sigma = \sup \sum_{j=1}^{k} \pi_{S_j} v(S_j),$$

ここで，supの記号は，すべての有限個のcoalition$\{S_1, \cdots, S_k\}$の組み合わせと，それに対応する正数の組み合わせ$\{\pi_{S_1}, \cdots, \pi_{S_k}\}$でつぎの条件をみたすものすべてについて，supremumをとることを意味する．

$$\left\| \sum_{j=1}^{k} \pi_{S_j} \Lambda_{S_j} \right\|^{\infty} = 1.$$

このとき，一次不等式のシステム

$$(17) \qquad x^*(\Lambda_S) \geqq v(S) \qquad (S \in \Sigma).$$

$B=1^{\infty}$のdual space B^*のなかに解 $x^* \in B^*$をもつために必要，十分な条件は，(16)で定義されたσが有限の値をとることである．

一次不等式のシステム(17)が解 $x^* \in B^*$をもち，zero functionalが(17)の解でないとすれば，σは，(16)のすべての解のnormの最小値と等しい．

Ky FanのLemmaをわれわれの場合に適用するためには，$B=1^{\infty}$のconjugate space B^*が，countableな集合 $N=\{1, 2, \cdots, \text{ad inf.}\}$の上で，normが有限となるようなfinitely additive measure全体の空間と一致することに注目すればよい．

$$\|x\|^{\infty} = \sum_{\nu=1}^{\infty} |x^{\nu}| < +\infty.$$

これまで説明してきた，countableな集合 $N=\{1, 2, \cdots, \text{ad inf.}\}$をプレイヤーの集合としてもつゲーム $G=(N, v(S))$にかんする議論は，プレイヤーの集合がunaccountableな集合の場合に拡張することができる．

Cooperative game $G=(\Omega, v)$を考える．Ωはmeasure spaceとし，payoff関数 vは，Ωの

部分集合からなる field Σ の上で定義された non-negative な set function とする．ここで，空集合 ϕ については，$\upsilon(\phi)=0$とする．Feasible な payoff は，つぎの条件をみたすような Σ の上で定義された finitely additive measure μ とする．

$$\mu(S) \geqq 0, \text{ for all } S \in \Sigma,$$

$$\mu(\Omega) = \upsilon(\Omega).$$

Feasible payoff μ がコアのなかに入っているというのは，

$$\mu(S) \geqq \upsilon(S), \text{ for all } S \in \Omega.$$

ゲーム $G=(\Omega, \upsilon)$ が balanced であるというのは，つぎの条件がみたされているときである．

$$\sup \sum_{j=1}^{k} \pi_{S_j}\upsilon(S_j) \leqq \upsilon(\Omega),$$

ここで，sup は，すべての有限個の coalition の組み合わせ $\{S_1, \cdots, S_k\}$ と，つぎの条件をみたす non-negative な数の組み合わせ $\{\pi_{S_1}, \cdots, \pi_{S_k}\}$ すべてにかんする supremum をとることを意味する．

$$\sum_{j=1}^{k} \pi_{S_j}\Lambda_{S_j}(a) \leqq \Lambda_{\Omega}(a), \text{ for all } a \in \Omega.$$

ふたたび，Ky Fan の Lemma を使って，つぎの定理を証明することができる．

定理 10［Schmeidler(1967)］ Cooperative game $G(\Omega, \upsilon)$ は，プレイヤーの集合が un-accountable な集合 Ω で，set function υ は，Ω の部分集合からなる field Σ の上で定義されているとする．このゲームのコアが空集合でないために必要，十分な条件は，ゲーム $G(\Omega, \upsilon)$ が balanced であることである．

［証明］ Σ のなかの有限個の集合 S の indicator function $\Lambda_S(a)$ の一次結合の uniform limit すべてからつくられる Banach space $B=B(\Omega, \Sigma)$ について，その conjugate space B^* が，Σ の上で定義された bounded additive set function 全体からなる空間であることに注目すればよい．

7. Cooperative Game with Non-transferable Utility

これまで説明してきた cooperative game の議論は，プレイヤーの効用がすべて cardinal であると仮定してきた．効用の和を考えることができた．この節では，プレイヤーの効用が cardinal ではなく，ordinal の場合を考察する．したがって，coalition のメンバーの効用を足し合わせるという操作をおこなうことはできない．ゲーム理論の言葉を使えば，non-transferable utility をもつ n-person cooperative game である．

Non-transferable utility をもつ n-person cooperative game については，特性関数は，実数の値をとる関数ではなく，集合を値とする set-valued function となる．この set-valued function の意味を明らかにするために，transferable utility をもつ n-person cooperative game $G(N, v(S))$ について考えると，n-player の集合 $N=\{1, \cdots, n\}$ の任意の部分集合 S について set-valued function $V(S)$ をつぎのように定義する．

$$V(S) = \{x = (x^{\nu}) : \sum_{\nu \in S} x^{\nu} \leqq v(S) \quad (S \in N)\}.$$

Non-transferable utility をもつ n-person cooperative game $G(N, V(S))$ については，characteristic set-valued function $V(S)$ は，n-players $N=\{1, \cdots, n\}$ のすべての部分集合 S について定義され，n 次元のユークリッド空間 R^n の部分集合を値 $V(S)$ としてもち，つぎの条件をみたすと仮定する．

(i)　S が空集合 ϕ のとき，$V(\phi)=\phi$,

(ii)　S が空集合ではないとき，$V(S)$ は n 次元のユークリッド空間 R^n の，空集合でない，closed な部分集合である．

(iii)　$x=(x^{\nu}) \in V(S)$，$y^{\nu} \leqq x^{\nu}$，for all $\nu \in S \Longrightarrow y \in V(S)$.

ここで，重要な役割を演ずる n 次元のユークリッド空間 R^n の closed な部分集合 F がある．F はつぎの条件をみたす．

(iv)　$V(N)=\{x=(x^{\nu})$：すべての $\nu \in N$ について，$x^{\nu} \leqq y^{\nu}$ となるような $y \in F$ が存在するとき$\}$.

Payoff $x=(x^{\nu})$ について，つぎの条件をみたす $y=(y^{\nu}) \in F$ が存在するとき，feasible であると定義する．

$$x^{\nu} \leqq y^{\nu}, \text{ for all } \nu \in N.$$

Payoff $x=(x^{\nu})$ が individually rational であるというのは，つぎの条件をみたす $\nu \in N$ が存在しないときとして定義する．

$$x^{\nu} < y^{\nu}, \text{ for some } y \in V(\{\nu\}).$$

つぎの条件がみたされていると仮定しても，一般性を失わない．

(v)　$V(\{\nu\}) = \{x = (x^1, \cdots, x^n) : x^{\nu} < 0\} \quad (\nu \in N)$.

さらに，F のなかに，つぎの条件をみたすようなベクトル $x=(x^{\nu})$ が存在すると仮定する．

$$x^{\nu} < 0, \text{ for all } \nu \in N.$$

ゲーム $G(N, V(S))$ の value の allotment $x=(x^{\nu})$ について，つぎの条件をみたすような allotment $y=(y^{\nu}) \in V(S)$ が存在しないとき，x がコアのなかに入っていると定義する．

$$x^{\nu} < y^{\nu}, \text{ for all } \nu \in N.$$

つぎの命題は，Bondareva-Shapley の定理を non-transferable utility をもつ n-person cooperative game $G(N, V(S))$に拡張したもので，スカーフによって証明された.

定理 11 ［Scarf(1967)］ Non-transferable utility をもつ n-person cooperative game $G(N, V(S))$について，コアは空集合でないとすれば，つぎの関係がみたされる.

関係

$$\bigcup_{j=1}^{k} V(S_j) \subset V(N)$$

が，$N=\{1, \cdots, n\}$ の部分集合の任意の balanced collection$\{S_1, \cdots, S_k\}$ について成り立つ.

$N=\{1, \cdots, n\}$ の部分集合の collection$\{S_1, \cdots, S_k\}$ が balanced collection であるというのは，つぎの条件をみたす正のウェイトの組み合わせ$(\pi_{S_1}, \cdots, \pi_{S_k})$が存在するときとして定義した.

$$\sum_{S_j \ni \nu} \pi_{S_j} = 1, \quad \text{for all } \nu \in N.$$

したがって，transferable utility をもつ n-person cooperative game $G(N, v(S))$の場合については，定理 11 が成り立つことはただちにわかるであろう.

Scarf(1967)の証明は非常にむずかしいものであったが，のちに，Shapley(1973)が，Kannai(1970)の結果を使って簡単化し，さらに Kannai(1992)によっていっそうわかりやすくなった. しかし，定理 11 の証明はいぜんとして，トポロジー(Topology)のもっとも輻輳した概念と考え方を必要とする.

Non-transferable utility をもつ n-person cooperative game $G(N, V(S))$について，定理 11 の逆は成り立たない. つぎの Billera の反例がある.

Billera の反例［Billera(1970)］

Three-person cooperative game をつぎのように定義する.

$$V(1,2,3) = \{(x^1, x^2, x^3) : x^1 \leqq 0.5, \ \ x^2 \leqq 0.5, \ \ x^3 \leqq 0\},$$
$$V(1,2) = \{(x^1, x^2, x^3) : x^1 + x^2 \leqq 1\},$$
$$V(S) = \{(x^1, x^2, x^3) : x^\nu \leqq 0, \ \text{for all } \nu \in S \ \text{ other } S \subset N\}.$$

このゲームのコアは 1 点(0.5, 0.5, 0)だけからなる集合である，ゲームは balanced でない. 部分集合の集まり$\{\{1, 2\}, \{3\}\}$は，ウェイト$\{1, 1\}$をもって balanced であるが,

$$(1,0,0) \in V(1,2) \cap V(3), \quad (1,0,0) \notin V(1,2,3).$$

つぎの定理もスカーフによって証明された. この定理も証明を省く.

定理12 [Shapley(1973)] Non-transferable utility をもつ n-person cooperative game $G(N, V(S))$について，つぎの条件がみたされているとき，コアは空集合でない.

関係

$$\bigcup_{j=1}^{k} V(S_j) \subset V(N)$$

が，つぎの条件をみたすような正のウェイトの組み合わせ$\{\pi_1, \cdots, \pi_k\}$が存在するような$N=\{1, \cdots, n\}$の部分集合の任意のcollection$\{S_1, \cdots, S_k\}$について成り立つ.

$$\sum_{j=1}^{k} \pi_j \alpha_{S_j}^{\nu} = 1, \quad \text{for all} \quad \nu \in N.$$

ここで，$\alpha_S=(\alpha_S^{\nu})$は，各部分集合$S \subset N$について与えられたnon-negativeなベクトル(α_S^{ν})で，つぎの条件をみたすようなものを任意にとるとする.

$$\alpha_S^{\nu} = 0 \ (\nu \notin S), \quad \sum_{\nu \in S} \alpha_S^{\nu} > 0, \quad \text{for} \quad S \neq \phi.$$

つぎの定理も，Billeraによって証明されたが，cooperative gameのコアの構造にかんして，transferable utilityのゲームとnon-transferable utilityのゲームとの間の関係を明らかにする重要な定理である.

定理13 [Billera(1970)] Non-transferable utility をもつ n-person cooperative game $G(N, V(S))$の特性関数 $V(S)$が，すべての$S \subset N$についてconvex setであるとする．このとき，ゲーム$G(N, V(S))$のコアが空集合ではないために必要，十分な条件は，つぎの関係が成り立つことである.

すべての$S \subset N$, $S \neq N$に対して，non-zero, non-negativeなベクトル$\alpha_S=(\alpha_S^{\nu})$で，$\alpha_S^{\nu}=0$, for $\nu \notin S$，かつ$\alpha_S(V(S))<\infty$であり，つぎの条件をみたすようなものが存在することである.

任意のn次元のベクトル$\alpha=(\alpha^{\nu})$について，$\sum_S \pi_S \alpha_S = \alpha$をみたすnon-negativeなウェイト$\{\pi_S\}$をとれば，

$$\sum_{S} \pi_S \alpha_S(V(S)) \leqq \alpha(V(N)) \tag{18}$$

が成り立つ.

ここで，$\alpha_S(V(S))$は，つぎのように定義する.

$$\alpha_S(V(S)) = \sup_{x \in V(S)} \alpha_S \cdot x, \quad \alpha(V(N)) = \sup_{x \in V(N)} \alpha \cdot x.$$

[証明] はじめに，定理13の必要部分を証明する．あるallotment $x_0=(x_0^1, \cdots, x_0^n)$がゲーム$G=(N, V(S))$のコアのなかに入っているとする．このとき，任意のcoalition Sについて，

つぎの条件をみたすような $y=(y^{\nu})\in S$ は存在しない．

$$x_0^{\nu} < y^{\nu}, \text{ for all } \nu\in V(S).$$

したがって，$V(S)$ が convex な集合であることと上に仮定した性質(iii)から，つぎの条件をみたす non-negative なベクトル $\alpha_S=(\alpha_S^{\nu})$ が存在する．

$$\alpha_S^{\nu}=0, \text{ for } \nu\notin S, \ \alpha_S^{\nu}\geqq 0, \text{ for } \nu\in S, \ \sum_{\nu\in S}\alpha_S^{\nu}>0, \tag{19}$$

$$\nu\in V(S)\,\alpha_S\cdot x_0 \geqq \alpha_S(V(S)). \tag{20}$$

Non-negative なウェイト $\{\pi_S\}$ がつぎの条件をみたす任意のベクトルとする．

$$\sum_S \pi_S\alpha_S^{\nu}=\alpha^{\nu}.$$

このとき，

$$\sum_S \pi_S\sigma_S^{\nu}\cdot x_0=\alpha\cdot x_0$$

となるから，(18)によって，

$$\sum_S \pi_S\alpha_S(V(S)) \leqq \alpha\cdot x_0 \leqq \alpha(V(N)).$$

つぎに，定理 13 の十分部分を証明する．N の各部分集合 S について定義された non-negative, non-zero なベクトル $\alpha_S=(\alpha_S^{\nu})$ が，条件(18)をみたすとする．

Transferable utility をもつ n-person cooperative game $G(N, v(S))$ をつぎのように定義する．

$$v(S)=\alpha_S(V(S)), \text{ for all } S\subset N, \ S\neq N,$$
$$v(N)=\alpha(V(S)),$$

ここで，$\alpha=(\alpha^{\nu})$ は，任意に与えられた n 次元のユークリッド空間 R^n のなかの定ベクトルとする．

定理 13 の条件は，つぎのように書き換えることができる．

不等式

$$\sum_S \pi_S v(S) \leqq v(N) \tag{21}$$

が，つぎの条件をみたす任意の non-negative なウェイト $\{\pi_S\}$ について成り立つことである．

$$\sum_S \pi_S\alpha_S^{\nu}=\alpha^{\nu}, \text{ for all } \nu\in N. \tag{22}$$

Bondareva-Shapley の定理の証明にさいして，リニヤー・プログラミングの双対定理(duality theorem on linear programming)を使ったことを思い出していただきたい．

不等式(21)を制約条件(22)のもとで考えると，$v(N)$ は，つぎのリニヤー・プログラミング(C)′ の最大解となっていることがわかる．

(C)′ 制約条件

$$\sum_S \alpha_S^\nu y_S = \alpha^\nu, \text{ for all } \nu \in N,$$

$$y_S \geqq 0, \text{ for all } S \subset N$$

のもとで，

$$\sum_S v(S) y_S$$

を最大にする(y_S)を求めよ．

このリニヤー・プログラミング(C)′に対する双対問題(dual problem)はつぎの(B)′である．

(B)′　制約条件

$$\sum_{\nu \in N} \alpha_S^\nu x^\nu \geqq v(S), \text{ for all } S \subset N,$$

$$x^\nu \geqq 0$$

のもとで，

$$\sum_{\nu \in N} \alpha^\nu x^\nu$$

を最小にする(x^ν)を求めよ．

リニヤー・プログラミングの双対定理を適用すれば，リニヤー・プログラミング(B)′の最小値が$v(N)$となり，つぎの条件をみたす$x_0=(x_0^\nu)$の存在が保証される．

$$\sum_{\nu \in N} \alpha^\nu x_0^\nu \geqq v(N),$$

$$\sum_S \alpha_S^\nu x_0^\nu \geqq v(S), \text{ for all } S \subset N, \ S \neq N.$$

すなわち，(x_0^ν)はゲームのコアのなかに入っている．　Q.E.D.

8. Repeated Game with Complete Information

Repeated game はたんに，同じゲームを何回もくり返し，くり返しプレイすることを意味する．repeated game におけるプレイヤーの行動の分析を通じて，threat, cooperation, altruism, reputation などという概念が形成されてきた．これらの概念は全体として，社会における各個人の行動様式を分析するために，1つの指針を与えるものとなっている．しかし，ここで，留意しておかなければならないことがある．それは，ゲーム理論の発展の過程で主導的な役割をはたしてきた人々がほぼ共通してもっている文化的，社会的，人間的性向である．それは，第二次世界大戦中から戦後のある時期までを通じて，主としてアメリカの知識人に共通してみられた性向である．論理的，演繹的思考にすぐれ，近代合理主義的精神を貫こうとするものである．既成の学問的パラダイムを超えて(往々にして，基本的パラダイムの理解が皆無の場合もあるが)，新しい思考の展開をはかろうとするものである．この Zeitgeist(時代精神)を象徴するのが，ゲーム理論である．しかし，この性向は，近代合理主義に対して，信仰ともいうべき信頼感にもとづいて理論的枠組みがつくられ，議論が展開されている．そのとき，歴史的，伝承的に受け継がれてきた人類の文化的，学問的，技術的，芸術的蓄積に対する知識と尊敬に欠けるところがあることも否定できないであろう．

以下，repeated game の理論について，complete information をもつ repeated game に限定して，その概略を垣間見ることにしたい．

Complete information をもつ repeated game の基本的前提条件は，各プレイヤーが，他のすべてのプレイヤーが，過去にとってきた strategy と，過去のゲームの結果とについて正確な information をもっていることである．そして，各プレイヤーは，他のすべてのプレイヤーも同じ information をもっていると考えて，ゲームの各 stage で，どのような strategy をとればよいかを決定する．Repeated game の payoff は，ゲームの stage における payoff の平均とするのが一般的である．

Rerepeated game の各 stage でプレイされるゲーム $G=(N, S, v(s))$ は，有限個のプレイヤーの集合 $N=\{1, \cdots, n\}$ をもち，各プレイヤー ν の strategy 空間 S^{ν} は，有限個の strategy の集合とする．プレイヤー全体の strategy 空間は，各プレイヤー ν の strategy 空間のデカルト積である．

$$S = S^1 \times \cdots \times S^n.$$

各プレイヤー ν の payoff 関数は $v(s)$，$(s \in S)$ によって与えられる．プレイヤー ν の payoff 関数 $v(s)$ はより正確には，つぎのようにあらわされる．

$$v(s) = (v^1(s), \cdots, v^n(s)), \quad s = (s^1, \cdots, s^n), \quad s^{\nu} \in S^{\nu} \qquad (\nu \in N).$$

各プレイヤー ν の mixed strategy は，generic に，つぎのようにあらわされる．

$$x^{\nu} = (x^{\nu}_{s^{\nu}}), \quad x^{\nu}_{s^{\nu}} \geqq 0, \quad \text{for all } s^{\nu}, \quad \sum_{s^{\nu}} x^{\nu}_{s^{\nu}} = 1.$$

各プレイヤー ν の mixed strategy 全体の集合を X^{ν} とすれば，payoff 関数 $v(s)$ は，$X=X^1 \times \cdots \times X^n$ に拡張することができる．

与えられたゲーム $G=(N, S, v(s))$ の supergame Γ は，上に述べたように，いくつもの stage にわたってプレイされる．stage 1 では，すべてのプレイヤーは同時に，strategy を選択する．このとき，各プレイヤーは，他のプレイヤーがどういう strategy をとるかを知らない．stage 1 で，すべてのプレイヤーのとった move の全体は，つぎの move profile によって与えられる．

$$s_1 = (s_1^{\nu}\,;\ \nu \in N),$$

ここで，s_1^{ν} は，プレイヤー $\nu \in N$ が stage 1 でとった move をあらわす．

Stage 1 における move profile s_1 は全プレイヤーにアナウンスされて，ゲームは stage 2 に進む．Stage 2 では，すべてのプレイヤーは同時に，strategy を選択する．このとき，各プレイヤーは，他のプレイヤーが，stage 1で，どういうmoveをしたかを正確に知っているとする．Stage 2におけるmove profile s_2は全プレイヤーにアナウンスされて，ゲームはstage 3に進む．

Supergame Γは，このようにして，帰納的に進められる．Stage $t+1$では，すべてのプレイヤーは同時に，strategyを選択する．このとき，各プレイヤーは，他のプレイヤーが，その前までの各stageにおけるmove profile$(s_1, s_2, \cdots, s_t)$を正確に知っているとする．Stage $t+1$におけるmove profile s_tは全プレイヤーにアナウンスされて，ゲームはstage $t+2$に進む．

Stage tまでのmove profile$(s_1, s_2, \cdots, s_t)$をhistory(歴史)とよび，genericに，h_tであらわす．

$$h_t = (s_1, s_2, \cdots, s_t), \quad s_\tau \in S \qquad (1 \leqq \tau \leqq t).$$

Historyの全体をHであらわし，そのなかで，stage tのhistoryからなる部分集合をH_tであらわす．

$$H = \{h_t : h_t = (s_1, s_2, \cdots, s_t), \quad s_\tau \in S (1 \leqq \tau \leqq t), \ 1 \leqq t \leqq +\infty\},$$

また，

$$H_\infty = \{h_t : h_t = (s_1, s_2, \cdots, s_t, \cdots), \quad s_t \in S, \ 1 \leqq t \leqq +\infty\}$$

とする．

Supergame Γにおける各プレイヤーνのpure strategyは，HからS^νへのmappingとして定義される．Mixed strategyは，pure strategy全体の集合の上の確率分布(probability distribution)である．

Perfect informationのもとにおけるsupergame Γについては，一般性を失うことなく，behavioral strategyを使って，議論を進めることができる．

各プレイヤーνのbehavioral strategyというのは，プレイヤーνが，supergame Γの各stage tで，全プレイヤーがそれ以前のすべてのstageでとったmoveのhistoryに対応して，どのようなstrategyをとるかを特定するものである．形式的には，つぎのようにして定義される．

Supergame Γのstage tにおけるプレイヤーνのpure strategyは，つぎの関数σ_t^νによってあらわされる．

$$s_t^\nu = \sigma_t^\nu(s_1, \cdots, s_{t-1}).$$

この関数は，各t-stageにおけるhistory$(s_1, \cdots, s_{t-1})$に対応して，プレイヤーνがt-stageにおいてとるstrategy s_t^νを値にとる．

Supergame Γのstage tにおける全プレイヤーのpure strategyは，つぎのvector-valued function $\sigma_t=(\sigma_t^1, \cdots, \sigma_t^n)$によってあらわされる．

$$\sigma_t(s_1, \cdots, s_{t-1}) = (\sigma_t^1(s_1, \cdots, s_{t-1}), \cdots, \sigma_t^n(s_1, \cdots, s_{t-1})),\quad (s_1, \cdots, s_{t-1}) \in H_t.$$

Pure strategy profile $\sigma=(\sigma_1, \cdots, \sigma_t, \cdots)$は，supergame Γ のすべての stage における全プレイヤーの pure strategy をあらわす．

このようにして，supergame Γ のプレイの全 history $h_\infty=(s_1, \cdots, s_t, \cdots)$は，つぎのようにして特定される．

$$s_1 = \sigma(\phi),\quad s_t = \sigma_t(s_1, \cdots, s_{t-1}) \qquad (t = 2, 3, \cdots).$$

Supergame Γ における全プレイヤーの pure strategy を mixed strategy に拡張することができる．Supergame Γ の各 stage t における各プレイヤー ν の mixed strategy σ_t は，stage t における history 全体の集合 H_t から，各プレイヤー ν の mixed strategy 全体の集合 X^ν への mapping σ_t^ν としてあらわされる．

$$x_t^\nu = \sigma_t^\nu(s_1, \cdots, s_{t-1}) \in X^\nu,\ \text{for all}\ (s_1, \cdots, s_{t-1}) \in H_t.$$

Supergame Γ における各プレイヤー ν の behavioral strategy σ^ν は，すべての stage t におけるプレイヤー ν の mixed strategy を特定するものとして定義される．

$$\sigma^\nu = (\sigma_1^\nu, \cdots, \sigma_t^\nu, \cdots),\quad \sigma_t^\nu = \sigma_t^\nu(s_1, \cdots, s_{t-1}) \qquad (t = 1, 2, \cdots).$$

Perfect information のもとにおける supergame Γ については，各 stage t において，各プレイヤー ν は，それまでの history$(s_1, \cdots, s_{t-1})$を知っているという仮定がおかれている．全プレイヤーが，それまでの stage において，じっさいにどの strategy をとってきたかを知っているが，どのような mixed strategy をとったかは，知らないことはいうまでもない．

各プレイヤー ν が supergame Γ の各 stage t において mixed strategy $x_t^\nu=\sigma_t^\nu(s_1, \cdots, s_{t-1})$を選ぶとき，supergame Γ をはじめる前に決めた behavioral strategy $\sigma^\nu=(\sigma_1^\nu, \cdots, \sigma_t^\nu, \cdots)$にもとづいて決める．そのときも当然，他のプレイヤーが stage t においてどのような mixed strategy を選ぶかについては知らないわけである．

Supergame Γ における各プレイヤー ν の behavioral strategy 全体の集合を Σ^ν であらわす．

$$\Sigma^\nu = \{\sigma^\nu = (\sigma_1^\nu, \cdots, \sigma_t^\nu, \cdots) : \sigma_t^\nu = \sigma_t^\nu(s_1, \cdots, s_{t-1}),\ (t = 1, 2, \cdots)\}.$$

この集合 Σ^ν は，$H_\infty=\{(s_1, \cdots, s_t, \cdots) : s_t \in S(t=1, 2, \cdots)\}$ からプレイヤー ν の mixed strategy 全体の集合 X^ν への mappings σ^ν で，つぎのような形にあらわされるものである．

$$\sigma^\nu = (\sigma_1^\nu, \cdots, \sigma_t^\nu, \cdots),\quad \sigma_t^\nu(s_1, \cdots, s_{t-1}) \in X^\nu,\ \text{for all}\ (s_1, \cdots, s_{t-1}) \in H_t.$$

Supergame Γ における全プレイヤーの behavioral strategy 全体の集合を Σ であらわす．

$$\Sigma = \Sigma^1 \times \cdots \times \Sigma^n.$$

したがって，Supergame Γ における全プレイヤーの behavioral strategy の集合 Σ の各要素 $\sigma^\nu=(\sigma_1^\nu, \cdots, \sigma_t^\nu, \cdots)$によって，全 history の集合 $H_\infty=S^\infty$ の上に確率を induce(誘導)する．この確率 P_σ は，つぎのようにして定義される．

$H_\infty=S^\infty$ の上の product σ-algebra,

$$\sigma(A) = \{\sigma(h) \in X^{\infty} : h \in H_{\infty}\}$$

にかんして，measurable な任意の部分集合 A について，

$$P_{\sigma}(A) = P_{X^{\infty}}(\sigma(A)),$$

ここで，$P_{X^{\infty}}$ は，X^{∞} にかんする確率である．

この確率 P_{σ} にかんする expectation operator(数学的期待値をとる操作)を E_{σ} であらわす．

ここで，supergame Γ の payoff の構造にかんして，いくつかの概念を導入しておく．Supergame Γ の payoff 関数 σ は，supergame Γ の behavioral strategy 全体の集合 Σ で定義され，n 次元のベクトルを値にとる関数である．

$$\phi : \sigma \in \Sigma \Longrightarrow \phi(\sigma) = (\phi^1(\sigma), \cdots, \phi^n(\sigma)) \in R^n.$$

Payoff 関数 ϕ は，全プレイヤーのとる behavioral strategy が $\sigma=(\sigma^1, \cdots, \sigma^n)$ のとき，各プレイヤー ν の payoff が $\phi^{\nu}(\sigma)$ によって与えられることを意味する．

Supergame Γ が，有限回数だけくり返される stage からなっているとする．たとえば，T 回の stage からなっているとする．このとき通例，各プレイヤー ν の payoff は，T 回の stage の payoff の算術平均をとる．

$$\phi^{\nu}(\sigma) = E_{\sigma}\left\{\frac{1}{T}\sum_{t=1}^{T} v^{\nu}(s_t^{\nu})\right\},$$

ここで，$v^{\nu}(s_t^{\nu})$ は，stage t における各プレイヤー ν の payoff とする．

Supergame Γ が，無限回にくり返されるときには，payoff の取り方について，2つの方法がある．discounted game, infinite game の2種類である．

Discounted game の場合，各プレイヤー ν の payoff 関数 $\phi^{\nu}(\sigma)$ は，つぎの式で与えられる．

$$\phi^{\nu}(\sigma) = E_{\sigma}\left\{\sum_{t=1}^{\infty} (1+\delta)^{-t} v^{\nu}(s_t^{\nu})\right\},$$

ここで，δ は discount rate で，$0<\delta<1$ とする．

Infinite game の場合，各プレイヤー ν の payoff 関数 $\phi^{\nu}(\sigma)$，はつぎの式で与えられる．

$$\phi^{\nu}(\sigma) = E_{\sigma}\left\{\lim_{t=1} v^{\nu}(s_t^{\nu})\right\}.$$

このようにして定義される payoff 関数 $\phi^{\nu}(\sigma)$ の値は，limit の概念の取り方にのみ依存する．ゲーム理論の文献でよく使われるのは，つぎの3つの limit の概念である．

$\phi_t(\sigma)=(\phi_t^1(\sigma), \cdots, \phi_t^1(\sigma))$ を，stage t までの段階における payoff 関数の expected value とする．

(i) Strategy profile σ_0 が lower equilibrium であるというのは，$t \to +\infty$ のときに $\phi_t(\sigma_0) \to \phi(\sigma_0)$ となるような $\phi(\sigma_0)$ が存在して，しかも

$$\underline{\lim}_{t\to+\infty} \phi_t^\nu(\sigma_0|\tau^\nu) \leqq \phi^\nu(\sigma_0), \text{ for all } \tau^\nu \in \Sigma^\nu \text{ and } \nu \in N,$$

ここで，$\underline{\lim}$ は lim inf を意味し，$(\sigma_0|\tau^\nu)$ の記号は，σ_0 の σ^ν- 成分だけを τ^ν に置き換えることを意味する．

(ii) Strategy profile σ_0 が upper equilibrium であるというのは，$t\to+\infty$ のときに $\phi_t(\sigma_0)\to\phi(\sigma_0)$ となるような $\phi(\sigma_0)$ が存在して，しかも

$$\overline{\lim}_{t\to+\infty} \phi_t^\nu(\sigma_0|\tau^\nu) \leqq \phi^\nu(\sigma_0), \text{ for all } \tau^\nu \in \Sigma^\nu \text{ and } \nu \in N,$$

ここで，$\overline{\lim}$ は lim sup を意味する．

(iii) Strategy profile σ_0 が uniform equilibrium であるというのは，$t\to+\infty$ のときに $\phi_t(\sigma_0)\to\phi(\sigma_0)$ となるような $\phi(\sigma_0)$ が存在して，しかも，任意の $\tau^\nu \in \Sigma^\nu$，$\nu \in N$ について，つぎの条件がみたされるときである．

任意に与えられた正数 $\varepsilon>0$ に対して，つぎの条件をみたす正の整数 T が存在する．

$$\phi_t^\nu(\sigma_0|\tau^\nu) \leqq \phi_t^\nu(\sigma_0)+\varepsilon, \text{ for all } t \geqq T.$$

Supergame Γ にかんする均衡(equilibrium)の概念は，標準的なゲームとまったく同じようにして定義できる．Behavioral strategy $\sigma_0=(\sigma_0^1, \cdots, \sigma_0^n) \in \Sigma$ が均衡であるのは，つぎの条件がみたされているときと定義する．

$$\phi^\nu(\sigma_0) = \phi^\nu(\sigma_0|\tau^\nu), \text{ for all } \tau^\nu \in \Sigma^\nu,\ \nu \in N.$$

Behavioral strategy(あるいは strategy profile) σ_0 が subgame perfect equilibrium というのは，つぎの条件がみたされているときと定義する．

任意の $h \in H$ に対して，$\sigma_0[h]$ が supergame Γ の均衡となるときである．ここで，strategy profile $\sigma_0[h]$ は，つぎのように定義される．

$$\sigma_0[h](h') = \sigma_0(h, h'),$$

ここで，任意の $h' \in H_\infty$ について，$(h, h') \in H_\infty$ は，history h の後，history h' がつづくことを意味する．

これまで説明してきた supergame Γ は strategy profile の集合 Σ と payoff 関数 ϕ とによって特定される．したがって，$\Gamma=(\Sigma, \phi)$ とあらわすことができる．3 つのタイプの supergame がある．G_T，G_δ，G_∞ の 3 つのタイプである．G_T は有限回の T-stage の supergame，G_δ は discounted supergame(δ は discount rate)，G_∞ は infinite supergame である．

Supergame $\Gamma=(\Sigma, \phi)$ について，achievable な payoff の全体の集合 Δ は，n 次元ユークリッド空間 R^n のなかの集合であって，つぎの式で与えられる．

$$\Delta = \{\phi(\sigma) : \sigma \in \Sigma\}.$$

3つのタイプの supergame G_T，G_δ，G_∞ の achievable な payoff の集合 Δ を，それぞれ，D_T，D_δ，D_∞ によってあらわす．

Equilibrium strategy profile の集合に対応するすべての payoff の集合 Ξ は，Nash equilibrium payoff の集合とよばれる．

$$\Xi = \{\phi(\sigma) : \sigma \text{ is an equilibrium in } \Gamma\}.$$

同じように，supergame Γ の subgame perfect equilibrium に対応するすべての payoff の集合は Ξ' であらわす．

3つのタイプの supergame について，それぞれ E_T，E_δ，E_∞ および E_T'，E_δ'，E_∞' という記号を使う．

もとの 1-stage game $G=(N, v(S))$ の feasible な payoff 全体の集合 D は，つぎの式で与えられる．

$$D = \{v(x) ; x \in X\}.$$

この集合 D も n 次元ユークリッド空間 R^n のなかにあって，上の 3 つのタイプの supergame について，いずれも，closed, compact, convex な集合である．それぞれ，D_T，D_δ，D_∞ という記号を使ってあらわす．

各プレイヤー ν の minimax level w^ν は，つぎのように定義される．

$$w^\nu = \min_{X^{(\nu)}} \max_{X^\nu} v^\nu(x^\nu, x^{(\nu)}),$$

ここで，$\max_{X^\nu}$ は，$x^\nu \in X^\nu$ のすべてについて最大値をとり，$\min_{X^{(\nu)}}$ は，$x^{(\nu)} \in X^{(\nu)} = \prod_{\mu \neq \nu} X^\mu$ のすべてについて，最小値をとることを意味する．

$x^{(\nu)}(v)$ を，上の最小値が実現するようなプレイヤー ν 以外のプレイヤーのとる strategy の組み合わせとする．

$$w^{(\nu)} = \max_{X^\nu} v^\nu(x^\nu, x^{(\nu)}(v)).$$

この strategy $x^{(\nu)}(v)$ をプレイヤー ν に対する，プレイヤー ν 以外のプレイヤーによる punishing strategy とよぶことにする．プレイヤー ν が，punishing strategy $x^{(\nu)}(v)$ に対してとることのできる best strategy を $x^{(\nu)}(v)$ であらわす．この点 $(v^1, \cdots, v^n)$ が threat point となる．

Feasible payoff ベクトル $u=(u^\nu)$ が individually rational であるのは，つぎの条件がみたされるときである．

$$u = (u^\nu) \in D, \ \ u^\nu \geqq d^\nu, \ \ \text{for all } \nu \in N.$$

Individually rational な payoff の全体を R であらわす．

2つのタイプの supergame G_T と G_δ については，feasible な payoff 全体の集合 D は，空集合ではなく，しかも compact となる．したがって，ナッシュ均衡の存在が保証される．

3 つのタイプの supergame の feasible な payoff 全体の集合 D について，つぎの性質がわかっている．

(i)　$$\lim_{T\to\infty} D_T = D,$$

(ii)　$$\lim_{\delta\to\infty} D_\delta = D,$$

(iii)　$$D_\infty = D.$$

［証明］

(i)　D のなかの任意の feasible point d は，$v(S)$ のなかにいくつかの点の有理数のウェイトをつけた平均

$$d_r = \sum_{j=1}^{k} \frac{r_j}{r} v(s_j),$$

［ここで，$r=\sum_{j=1}^{k} r_j$，r_j はすべて正の整数で $s_j \in S$(pure strategy 全体の集合)］の sequence によって，好きなだけ近似することができる．

したがって，strategy profile σ として，長さ r のサイクルを考え，strategy s_1 を r_1 回，strategy s_2 を r_2 回，…，をくり返す長さ r のサイクルを考えると，与えられた D のなかの feasible point d に好きなだけ近づくことができる．

(ii)　上の(i)で定義した strategy profile σ について，

$$\lim_{\delta\to 0} \bar{v}_\delta(\sigma) = d_r.$$

(iii)　Strategy $\{\sigma_k\}$ を，T_k 回の stage についてくり返す strategy profile を考えると，

$$\|\bar{v}_{T_k}(\sigma_k) - d\| \leqq \frac{1}{k}.$$

Q.E.D.

参 考 文 献

Abreu, D. and A. Rubinstein (1988). "The Structure of Nash Equilibria in Repeated Games with Finite Automata," *Econometrica* **56**, 1259-82.

Aumann, R. J. (1959). "Acceptable Points in General Cooperative n-Person Games," in *Contributions to the Theory of Games* **4**, *Annals of Mathematics Studies* **40**, 287-324.

——(1961). "The Core of a Cooperative Game without Side Payments," *Transactions of the American Mathematical Society* **98**, 539-552.

——(1967). "A Survey of Cooperative Game without Side Payments," in *Essays in Mathematical Economics in Honor of Osker Morgenstern*, edited by M. Shubik, Princeton: Princeton University Press, 3-27.

——(1981). "Survey of Repeated Games," in *Essays in Game Theory and Mathematical Economics in Honor of Osker Morgenstern*, Mannheim: Bibliographisches Institüt, 11-42.

——(1989). *Lectures on Game Theory*, Boulder : Westview Press.

Aumann, R. J. and S. Hart, ed.(1992, 1994). *Handlook of Game Theory with Economic Applications*, Amsterdam : Elservier Science B. V.

Aumann, R. J. and L. S. Shapley(1976). "Long-Term Competition——A Game Theoretic Analysis," Mimeo.

Axelrod, R.(1984). *The Evolution of Cooperation*, New York : Basic Books.

Billera, L. J.(1970). "Some Theorems on the Core of an n-Person Game without Side Payments," *SIAM Journal on Applied Mathematics* **18**, 567-579.

Blackwell, D.(1956). "An Analog of the Minimax Theorem for Vector Payoff's," *Pacific Journal of Mathematics* **6**, 1-8.

Bondareva, O. N.(1962). "The Theory of Core in an n-Person Game," *Bulletin of Leningrad University, Mathematics, Mechanics, and Astronomy Series*, No. 13, 141-142(in Russian).

——(1963). "Some Applications of Linear Programming Methods to the Theory of Cooperative Games," *Problemy Kybernetiki* **10**, 119-139(in Russian).

Cournot, A. A.(1838). *Reserches sur les Principles Mathēmatiques de la Theorie des Richesses*, Paris : Hachette. Translated by N. T. Bacon, as *Researches into the Mathematical Principles of the Theory of Wealth*, New York : Macmillan, 1929.

Edgeworth, F. Y.(1881). *Mathematical Psychics*, London : Kegan Paul.

Fan, Ky(1956). "On Systems of Linear Inequalities," *Linear Inequalities and Related Systems, Annals of Mathematics Studies* **38**, 99-156.

Friedman, J. W.(1971). "A Noncooperative Equilibrium for Supergames," *Review of Economic Studies* **38**, 1-12.

——(1986, 1990). *Game Theory with Applications to Economics*, New York : Oxford University Press.

Fudenberg, D., D. Kreps and E. Maskin(1990). "Repeated Games with Long-Run and Short-Run Players," *Review of Economic Studies* **57**, 555-573.

Fudenberg, D., and D. Levine(1989a). "Reputation and Equilibrium Selection in Games with a Patient Player," *Econometrica* **57**, 759-778.

Fudenberg, D., and E. Maskin(1989a). "The Folk Theorem in Repeated Games with Discounting and with Incomplete Information," *Econometrica* **54**, 533-554.

Fudenberg, D., D. Levine and E. Maskin(1989). "The Folk Theorem with Imperfect Public Information," Mimeo.

Hasanyi, J.(1956). "Approaches to the Bargaining Problem Before and After the Theory of Games : A Critical Discussion of Zeuthen's, Hicks's, and Nash's Theories," *Econometrica* **24**, 144-157.

Kannai, Y.(1969). "Countably Additive Measures in Cores of Games," *Journal of Mathematical Analysis and its Applications* **27**, 227-240.

——(1970). "On Closed Covering of Simplexes," *SIAM Journal on Applied Mathematics* **19**, 459-461.

——(1992). "The Core and Balancedness," in *Handbook of Game Theory* **1**, edited by R. J. Aumann and S. Hart, Amsterdam : Elsevier Science B. V., 355-395.

Karlin, S.(1957). "An Infinite Move Game with a Lag," in *Contributions to the Theory of Games* **3** *Annals of Mathematics Studies* **39**, 255-272.

Kreps, D., P. Milgrom, J. Robert and R. Wilson(1982). "Rational Cooperation in the Finitely Repeated Prisoner's Dilemma," *Journal of Economic Theory* **27**, 245-252.

Mertens, J.-F., S. Sorin and S. Zamir(1992). *Repeated Games*, book to appear.

Nash, J. F.(1950). "The Bargaining Problem," *Econometrica* **18**, 155-162.

——(1951). "Non-cooperative Games," *Annals of Mathematics* **54**, 286-295.

——(1953). "Tow-Person Cooperative Games," *Econometrica* **21**, 128-140.

Radner, R.(1980). "Collusive Behavior in Non-cooperative Epsilon-Equilibria in Oligopolies with Long but Finite Lives," *Journal of Economic Theory* **22**, 136-154.

——(1981). "Monitoring Cooperative Agreements in a Repeated Principal-Agent Relationship," *Econometrica* **49**, 1127-47.

Roth, A. E.(1977). "Individual Rationality and Nash's Solution to the Bargaining Problem," *Mathematics of Operations Research* **2**, 64-66.

Rubinstein, A.(1980). "Strong Perfect Equilibrium in Supergames," *International Journal of Game Theory* **9**, 1-12.

Scarf, H. E.(1967). "The Core of n-Person Game," *Econometrica* **35**, 50-67.

Scarf, H. E. and L. S. Shapley(1957). "Games with Partial Information," *Contributions to the Theory of Games* **3**, *Annals of Mathematics Studies* **39**, 213-229.

Schemeidler, D.(1967). "On Balanced Games with Infinitely Many Players," Hebrew University of Jerusalem, *mimeo*.

Selten, R.(1975). "Reexamination of the Prefectness Concept for Equilibrium Point in Extensive Games," *International Journal of Game Theory* **4**, 25-55.

Shapley, L. S.(1967). "On Balanced Sets and Cores," *Navel Research Logistics Quarterly* **14**, 453-460.

——(1973). "On Balanced Games without Side Payments," in *Mathematical Programming*, edited by T. C. Hu and S. M. Robinson, New York : Academic Press, 261-290.

Shapley, L. S. and M. Shubik(1966), "Quasi-Cores in a Monetary Economy with Nonconvex Preferences," Econometrica **34**, 805-827.

Smale, S.(1980). "The Prisoner's Dilemma and Dynamical Systems Associated to Non-cooperative Games," *Econometrica* **48**, 1617-34.

Sorin, S.(1986a). "On Repeated Games with Complete Information," *Mathematics of Operations Research* **11**, 147-160.

——(1986b). "Asymptotic Properties of a Non-zero Stochastic Game," *International Journal of Game Theory* **15**, 101-107.

von Neumann, J.(1928). "Zur Theorie der Gesellschaftsspiele", *Mathematische Annalen* **100**, 295-320.

von Neumann, J., and O. Morgenstern (1944). *Theory of Games and Economic Behavior*, Princeton: Princeton University Press.

Zeuthen (1930). *Problems of Monopoly and Economic Welfare*, London: Routledge.

付論 2　オーマン・レクチャー
——ゲーム理論の数学的基礎

ゲーム理論は，John von Neumann と Oskar Morgenstern の *Theory of Games and Economic Behavior*(1944)によってその原形が完成されたが，その数学的基礎は1928年の von Neumann の論文，"Zur Theorie der Gesellschaftsspiele", *Mathematische Annalen*, 100, pp. 295-320，によって築かれた．このように，ゲーム理論は数学の一分野として出発したといってもよい．ゲーム理論の数学的基礎については，イスラエルの数学者ロバート・オーマン(Robert J. Aumann)が，1975-76年，アメリカのスタンフォード大学でおこなった名講義がしばしば引用される．オーマン・レクチャーは幸いにして一冊の書物として版行された，*Lectures on Game Theory*(Westview Press, 1989)である．またその日本語訳も最近丸山徹・立石寛共訳として出版された(『ゲーム論の基礎』勁草書房，1991年)．以下本章で解説するゲーム理論の数学的基礎はもっぱらオーマン・レクチャーに準拠するが，くわしくは原著ないし丸山=立石訳を読まれたい．付論1と重複するところが多いが，オーマン・レクチャーを紹介する意味もあって，ここでまとめて述べることにする．

1.　非協力ゲーム(Non-cooperative Games)

N 人のプレイヤーがいて，その集合を $N=\{1,\cdots,n\}$ とする．各プレイヤー ν がとることのできる strategy を generic に s^ν であらわし，その全体を S^ν であらわす．N 人のプレイヤーの strategy の組み合わせ $s=(s^1,\cdots,s^n)=(s^\nu)\,(s^\nu\in S^\nu)$ に対して，各人 ν の payoff h^ν は

$$h^\nu = h^\nu(s) = h^\nu(s^1,\cdots,s^n) \qquad (s^\nu \in S^\nu)$$

のような形であらわされるとする．

いま1つの strategy の組み合わせ $s=(s^1,\cdots,s^n)$ が与えられているとき，ある1人のプレイヤー ν だけがその strategy を s^ν から t^ν に変えたとき，$(s|t^\nu)$ のように表現する．すなわち

$$(s|t^\nu) = (s^1,\cdots,t^\nu,\cdots,s^n) \qquad (\nu\text{ についてだけ } t^\nu).$$

ある strategy の組み合わせ $\bar{s}=(\bar{s}^1,\cdots,\bar{s}^N)\,(\bar{s}^\nu\in\bar{S}^\nu)$ が均衡点(equilibrium point)であるというのは，すべてのプレイヤー ν について

$$h^\nu(\bar{s}) \geqq h^\nu(\bar{s}|s^\nu) \qquad (s^\nu \in S^\nu)$$

となっているときと定義する．

プレイヤーが2人しかいないとき，strategy の組み合わせ $s=(s^1,s^2)$ について

$$h^1(s)+h^2(s)=0$$

が成立するとき，このゲームは zero-sum two-person game であるという．このとき，たとえばプレイヤー1の payoff を中心として考えて，$h(s)=h(s^1,s^2)$ とすれば

$$h^1(s)=h(s),\ \ h^2(s)=-h(s)$$

となるわけである．

定理1　$h(s)$ をある zero-sum two-person game の payoff 関数とする．各人の strategy 集合 S^ν はコンパクトなベクトルの集合とし，$h(s)=h(s^1,s^2)$ は $s=(s^1,s^2)$ の連続関数とする．このとき，このゲームに均衡点が存在するために必要十分な条件はつぎの等式が成立することである．

(1)
$$\max_{s^1}\min_{s^2}h(s^1,s^2)=\min_{s^2}\max_{s^1}h(s^1,s^2).$$

［証明］　まず，ゲームの均衡点 $\bar{s}=(\bar{s}^1,\bar{s}^2)$ が存在したとき，(1)が成立することを示そう．均衡点の定義から

$$h(s^1,\bar{s}^2)\leqq h(\bar{s}^1,\bar{s}^2)\leqq h(\bar{s}^1,s^2)$$

がすべての $s^1\in S^1$，$s^2\in S^2$ について成り立つ．したがって，

$$\max_{s^1}h(s^1,\bar{s}^2)=h(\bar{s}^1,\bar{s}^2)=\min_{s^2}h(\bar{s}^1,s^2).$$

さらに

$$\min_{s^2}\max_{s^1}h(s^1,s^2)\leqq h(\bar{s}^1,\bar{s}^2)\leqq\max_{s^1}\min_{s^2}h(s^1,s^2).$$

他方，任意の $s=(s^1,s^2)$ について，

$$\min_{s^2}h(s^1,s^2)\leqq h(s^1,s^2)\leqq\max_{s^1}h(s^1,s^2).$$

したがって

$$\max_{s^1}\min_{s^2}h(s^1,s^2)\leqq\min_{s^2}\max_{s^1}h(s^1,s^2)$$

となり，上の不等式と組み合わせて，(1)が証明された．

逆に，(1)が成立しているときには，ゲームの均衡点が存在することを証明しよう．

(1)式の右辺が成立するような s^1 の値を $\bar{s}^1$ とし，左辺が成立するような s^2 の値を $\bar{s}^2$ とする（S^1，S^2 はともにコンパクトであるから，このような $\bar{s}^1$，$\bar{s}^2$ の存在は保証されている）．すなわち，

$$\max_{s^2}h(\bar{s}^1,s^2)=\min_{s^1}\max_{s^2}h(s^1,s^2),$$

$$\min_{s^1}h(s^1,\bar{s}^2)=\max_{s^2}\min_{s^1}h(s^1,s^2).$$

このとき，任意の (s^1,s^2) に対して，

$$h(s^1, \bar{s}^2) \leqq \max_{s^1} h(s^1, \bar{s}^2),$$

$$h(s^1, \bar{s}^2) \leqq \max_{s^1} h(s^1, \bar{s}^2) = \min_{s^2} h(\bar{s}^1, s^2) \leqq h(\bar{s}^1, s^2).$$

ここで$(s^1, s^2)=(\bar{s}^1, \bar{s}^2)$とおけば

$$\max_{s^1} h(s^1, \bar{s}^2) = h(\bar{s}^1, \bar{s}^2) = \min_{s^2} h(\bar{s}^1, s^2).$$

すなわち，$(\bar{s}^1, \bar{s}^2)$はゲームの均衡点となっていることがわかる． Q.E.D.

ゲームの理論では，各プレイヤーがその strategy を確率論的に選ぶ場合を中心に考察する．いま各プレイヤーνの strategy の集合S^νが有限個の strategy から構成されているとする．

$$S^\nu = \{1, \cdots, m^\nu\}.$$

このとき，プレイヤーνが，各 strategy S^νを$x^\nu_{s^\nu}$の確率で選ぶような mixed strategy を考える．

$x^\nu=(x^\nu_{s^\nu})=(x^\nu_1, \cdots, x^\nu_{m^\nu})$は$m^\nu$次元のベクトルで，

$$x^\nu_{s^\nu} \geqq 0 \qquad (s^\nu = 1, \cdots, m^\nu), \quad \sum_\nu x^\nu_{s^\nu} = 1\,.$$

プレイヤーνの mixed strategy は確率ベクトル$x^\nu=(x^\nu_{s^\nu})$によってあらわされる．各プレイヤーνの mixed strategy が$x^\nu=(x^\nu_{s^\nu})$のとき，プレイヤーνに対する payoff は

$$H^\nu(x^1, \cdots, x^n) = \sum_{s^1}\cdots\sum_{s^N} x^1_{s^1}\cdots x^n_{s^N} h^\nu(s^1, \cdots, s^n)$$

によって与えられる．

定理 2［Nash(1951)］ 各プレイヤーνの strategy の集合が有限のとき，mixed strategy を考えると，均衡点が必ず存在する．

［証明］ 各プレイヤーνについて，その mixed strategy の全体をX^νであらわす．

$$X^\nu = \{x^\nu = (x^\nu_{s^\nu}) \colon x^\nu_{s^\nu} \geqq 0, \ \sum_{s^\nu} x^\nu_{s^\nu} = 1\}.$$

また，

$$X = \prod_\nu X^\nu$$

とすれば，Xは$\prod_\nu m^\nu$次元のユークリッド空間のなかでコンパクトな集合となる．

各プレイヤーνについて，つぎの関数$g^\nu(x)=(g^\nu_{s^\nu}(x))$を定義する．

$$g^\nu_{s^\nu}(x) = \max\{0, \ H^\nu(x|e^\nu_{s^\nu}) - H^\nu(x)\},$$

$$(s^\nu \in S^\nu, \ x = (x^1, \cdots, x^n) \in X).$$

ここで，$e^\nu_{s^\nu}=(0, \cdots, 1, \cdots, 0)$，$s^\nu$—成分だけが1で，あとの成分はすべて0となるようなベクトルとする．［pure strategy s^νそのものである！］

さらに，関数 $f(x)=(f^1(x),\cdots,f^n(x))$ をつぎのように定義する．

$$f^\nu_{s^\nu}(x)=\frac{x^\nu_{s^\nu}+g^\nu_{s^\nu}(x)}{1+\sum_{s^\nu}g^\nu_{s^\nu}(x)}\qquad(s^\nu\in S^\nu)$$

とし，$f(x)=(f^\nu_{s^\nu}(x))$ とする．

このとき，$f(x)\,(x\in X)$ は X から X 自身への実像で，連続となることは明らかである．したがって，ブラウワーの不動点定理[『基礎篇』数学付論 I]を適用することができて，不動点 $\bar{x}=f(\bar{x})$ が存在する．

$$\bar{x}^\nu_{s^\nu}=f^\nu_{s^\nu}(\bar{x}),\ \ \bar{x}=(\bar{x}^1,\cdots,\bar{x}^n),\ \ \bar{x}^\nu=(\bar{x}^\nu_{s^\nu}),$$

すなわち

$$\bar{x}^\nu_{s^\nu}(x)=\frac{\bar{x}^\nu_{s^\nu}+g^\nu_{s^\nu}(\bar{x})}{1+\sum_{s^\nu}g^\nu_{s^\nu}(\bar{x})}.$$

したがって，

$$g^\nu_{s^\nu}(\bar{x})=\lambda^\nu\bar{x}^\nu_{s^\nu},$$
$$\lambda^\nu=\sum_{s^\nu}g^\nu_{s^\nu}(\bar{x})\geqq 0.$$

一般に，

$$H^\nu(x)=\sum_{s^\nu}x^\nu_{s^\nu}H^\nu(x|e^\nu_{s^\nu})=\sum_{x^\nu_{s^\nu}>0}x^\nu_{s^\nu}H^\nu(x|e^\nu_{s^\nu}).$$

このとき，もし $x^\nu_{s^\nu}>0$ であるような s^ν について

$$H^\nu(x|e^\nu_{s^\nu})>H^\nu(x)$$

が成立したとすれば

$$\sum_{s^\nu}x^\nu_{s^\nu}H^\nu(x|e^\nu_{s^\nu})>\sum_{x^\nu_{s^\nu}>0}x^\nu_{s^\nu}H^\nu(x)=H^\nu(x)$$

となって矛盾する．したがって，

$$x^\nu_{s^\nu}>0,\ \ H^\nu(x|e^\nu_{s^\nu})=H^\nu(x)$$

となるような s^ν が必ず存在しなければならない．

$$\bar{x}^\nu_{s^\nu}>0,\ \ g^\nu_{s^\nu}(\bar{x})=0$$

となるような s^ν が存在する．したがって

$$\lambda^\nu=0$$

となり，$\bar{x}=(\bar{x}^1,\cdots,\bar{x}^N)$ は均衡点となる．　Q.E.D.

2. 協力ゲーム(Cooperative Game)にかんする Shapley Value

Shapley value は協力ゲームにかんして，基本的役割をはたす概念である．

いま n 人のプレイヤーから成るゲームを考える．プレイヤーの集合 $N=\{1,\cdots,n\}$ の部分集

合 S からなる coalition をとったとき，この coalition から得られる最大の価値を coalition S の価値(value)といい，$v(S)$ という関数記号を用いる．空集合 ϕ から成る coalition の価値は常に 0 であるとする．

$$v(\phi) = 0.$$

Coalition の価値関数について，つぎの定義を導入する．

単調性

$$S \subseteqq T \text{ のとき，} v(S) \leqq v(T).$$

Super-Additivity　$S \cap T = \phi$ のとき，

$$v(S \cup T) \geqq v(S) + v(T).$$

2 人のプレイヤー ν，μ について，この 2 人を含まない coalition S に対して必ず

$$v(S \cup \{\nu\}) = v(S \cup \{\mu\})$$

が成立するとき，ν と μ とはお互いに substitute という．

また，すべての coalition S に対して，

$$v(S \cup \{\nu\}) = v(S)$$

となるようなプレイヤー ν を null player という．

Shapley value $v = (v_1, \cdots, v_N)$ は，n 人のプレイヤーから成る任意のゲームに対して，各プレイヤー ν がそのゲームに参加することの価値をあらわすもので，つぎに特定される性質をもつものである．

(i)　2 人のプレイヤー ν，μ が substitute であるときは

$$v_\nu = v_\mu.$$

(ii)　ν が null player のときには

$$v_\nu = 0.$$

(iii)

$$\sum_\nu v_\nu = v(N).$$

(iv)　2 つのゲーム v，w の和 $v+w$ に対して，

$$(v+w)_\nu = v_\nu + w_\nu.$$

2 つのゲームの和というのは，各プレイヤーの payoff がそれぞれのゲームの payoff の和になっているときを指す．

定理 3［Shapley(1953)］　n 人から成る任意のゲームについて，Shapley value は必ず存在し，一意的に決まる．

［証明］　Shapley value の一意性をまず証明しよう．T をある 1 つの coalition とし，固定

する．ただし $T \neq \phi$．この T に対して，つぎのような価値関数 v_T をもったゲームを考える．

$$v_T(S) = \begin{cases} 1, & T \subseteq S \\ 0, & T \nsubseteq S. \end{cases}$$

任意の実数 α に対して，αv_T を coalition の価値とするゲームを導入する．与えられた coalition T に属さないプレイヤー ν は αv_T について null player となるから

$$(\alpha v_T) = 0.$$

また，coalition T に属する 2 人のプレイヤー ν，μ は必ず substitute となるから

$$(\alpha v)_\nu = (\alpha v)_\mu.$$

したがって条件(iii)によって，

$$\sum_{\nu \in N} (\alpha v_T)_\nu = (\alpha v_T)(N) = \alpha v_T(N) = \alpha.$$

故に，

$$\sum_{\nu \in T} (\alpha v_T)_\nu = |T|(\alpha v_T)_\nu = \alpha \qquad (\nu \in T),$$

ここで $|T|$ は coalition T に属するのプレイヤーの人数をあらわす．

したがって，

$$(\alpha\, v_T)_\nu = \begin{cases} \dfrac{\alpha}{|T|}, & \nu \in T, \\ 0, & \nu \notin T. \end{cases}$$

これらのゲーム T について，v_T は一次独立である．もし，一次独立でないとすると，

$$v_T = \sum_{i=1}^{I} \beta_i v_{T_i}$$

となるような T，$T_i (i=1, \cdots, I)$ が存在するはずである．ここで T，T_i はすべてお互いに相異なる N の non-empty な部分集合とする．このとき，

$$v_T(T) = 1, \ \ v_{T_i}(T) = 0 \qquad (i = 1, \cdots, I)$$

となって，上の仮定と矛盾する．

Coalition の価値 v は 2^n-1 次元のユークリッド空間となり，また v_T は一次独立で 2^n-1 だけ存在する．したがって，任意のゲームについて，その coalition の価値 v は一次結合 $\sum_i \alpha_i v_{T_i}$ の形であらわすことができる．したがって v は一意的に決まってくることがわかる．

Shapley value の存在を証明するために，n 人のプレイヤーを $\{1, 2, \cdots, n\}$ の順番に順序づける．そして，プレイヤー ν の payoff として，

$$v(1, 2, \cdots, \nu-1, \nu) - v(1, 2, \cdots, \nu-1)$$

を導入する．そして，プレイヤーのすべての可能な順序づけを考え，それぞれの限界的貢献を計算して，その平均をとると，Shapley value の条件をすべてみたすことがわかる．

Q.E.D.

上の証明からただちにわかるように，Shapley value はつぎの公式によって具体的に計算される．

$$v_\nu = \frac{1}{|n|!}\Sigma\{v(S_\nu U\{\nu\}) - v(S_\nu)\},$$

ここで Σ は n 人のプレイヤーの順序全体($|n|!$ 個存在する)について和をとり，S_ν はプレイヤー ν に先行するプレイヤーの集合をあらわす．

ここで，コアの理論および市場ゲームについて第6章と内容的に重複するが述べておくことにしよう．

3. コ　ア

N 人のプレイヤーから成るゲームを考える．coalition の価値関数は $v=v(S)$ によって与えられているとする．

payoff ベクトル $x=(x^\nu)$ が individually rational というのは，すべてのプレイヤー ν に対して，

$$x^\nu \geqq v(\nu)$$

がみたされているときである．また，

$$\sum_\nu x^\nu = v(N)$$

がみたされているとき efficient(効率的)であるという．

$x=(x^\nu)$ が efficient

$$\sum_\nu x^\nu < v(N)$$

とすれば，coalition N によってすべてのプレイヤーが improve される．

ゲーム v が super-additive ならば，N の分割 $\{S_1, \cdots, S_r\}[N=\cup S_i,\ S_i \cap S_j = \phi(i \neq j)]$ に対して，

$$v(N) \geqq \sum_{i=1}^r v(S_i)$$

となって，すべてのプレイヤーの payoff を coalition N より improve することはできない．

Payoff のベクトル $x=(x^\nu)$ が individually rational で efficient のとき，imputation と呼ぶことにする．すなわち，$x=(x^\nu)$ が imputation というのはつぎの2つの条件が成立するときである．

$$x^\nu \geqq v(\nu) \qquad (\nu = 1, \cdots, n),$$

$$\sum_\nu x^\nu = v(N).$$

すべての coalition $S \subset N$ に対して，

$$\sum_{\nu \in S} x^{\nu} \geqq v(S)$$

となるような imputation $x=(x^{\nu})$ の全体を所与のゲーム (N, v) のコアと定義する．

ゲーム (N, v) がどのような条件をみたしていれば，そのコアが non-empty となるであろうか．これは協力ゲームの理論でもっとも重要な問題の1つである．まず二，三の定義から始めよう．

任意の coalition S に対して，その characteristic ベクトル $\delta_S=(\delta_S^{\nu})$ をつぎのように定義する．

$$\delta_S^{\nu} = \begin{cases} 1, & \nu \in S, \\ 0, & \nu \notin S. \end{cases}$$

Coalition のクラス $\mathscr{S}=\{S\}$ が balanced であるというのは，

$$\sum_{S \in \mathscr{S}} \pi_S \delta_S = \delta_N$$

をみたすよう non-negative な数 $\{\pi_S : S \in \mathscr{S}\}$ が存在するときである．このとき $\{\pi_S : S \in \mathscr{S}\}$ を balancing weights と呼ぶことにしよう．

定理4 ［Bondareva (1962, 1963), Shapley (1967)］　ゲーム (N, v) のコアが non-empty であるために必要十分な条件は，すべての balanced class $\mathscr{S}=\{S\}$ について，

$$\sum_{S \in \mathscr{S}} \pi_S v(S) \leqq v(N) \tag{2}$$

が成立することである（ここで $\mathscr{S}$ に対応する $\{\pi_S : S \in \mathscr{S}\}$ は balancing weights とする）．

［証明］　一般性を失うことなく，

$$v(N) = 1, \quad v(\nu) = 0 \qquad (\nu = 1, \cdots, n)$$

の場合について考察すればよい．

まず必要性から証明しよう．すなわち，ゲーム (N, ν) のコアが non-empty のときには(2)の条件がみたされなければならないということである．

コアに属する imputation $x=(x^{\nu})$ をとってくる．このとき定義によって，

$$\sum_{\nu \in N} x^{\nu} \geqq v(N),$$

しかも任意の coalition S に対して

$$\sum_{\nu \in N} x^{\nu} \geqq v(S)$$

となる．

いま $\mathscr{S}=\{S\}$ を任意の balanced class とし，$\{\pi_S : S \in \mathscr{S}\}$ をその balancing weights とする．すなわち，

$$\sum_{S \in \mathscr{S}} \pi_S \delta_S = \delta_N.$$

このとき，すべての $S \in \mathscr{S}$ に対して

$$\pi_S \sum_{\nu \in S} x^{\nu} \geqq \pi_S v(S)$$

が成立するから，

$$\sum_{S \in \mathscr{S}} \sum_{\nu \in S} \pi_S x^{\nu} \geqq \sum_{S \in \mathscr{S}} \pi_S v(S).$$

他方，

$$\sum_{S \in \mathscr{S}} \sum_{\nu \in S} \pi_S x^{\nu} = \sum_{\nu \in N} \sum_{\substack{S \in \mathscr{S} \\ S \ni \nu}} \pi_S x^{\nu} = \sum_{\nu \in N} x^{\nu} = v(N).$$

したがって，

$$v(N) = \sum_{S \in \mathscr{S}} \pi_S v(S).$$

すなわち(2)の条件がみたされていることになる．

つぎに十分性を証明しよう．すなわち，すべての balanced class $\mathscr{S} = \{S\}$について(2)の条件がみたされているときに，コアが non-empty であることを証明するわけである．

そのために，つぎの zero-sum two-person game を考える．プレイヤーIの strategy は所与のゲーム(N, v)のプレイヤーνとし，プレイヤーIIは，$v(S) > 0$をみたすようなゲーム(N, ν)の coalition Sを選ぶとする．プレイヤーIの payoff $h(\nu, S)$は

$$h(\nu, S) = \begin{cases} \dfrac{1}{v(S)}, & \nu \in S, \\ 0, & \nu \notin S \end{cases}$$

によって与えられるものとする．

この新しい zero-sum two-person game の minimax value が1以上となっていることを示せば，コアが non-empty であることが示される．というのは，minimax value が1以上のときには，プレイヤーIIがどのような pure strategy を選んだとしても，プレイヤーIが適当な mixed strategy $x = (x^{\nu})$を選べば，プレイヤーIの payoff は1以上となる．すなわち，$v(S) > 0$であるようなすべての coalition Sに対して

$$1 \leqq \sum_{\nu \in N} x^{\nu} h(\nu, S) = \frac{1}{v(S)} \sum_{\nu \in S} x^{\nu}.$$

したがって，$v(S) > 0$となるような coalition Sに対して，

$$v(S) \leqq \sum_{\nu \in S} x^{\nu}.$$

$v(S) = 0$のときには同じような不等式が成立するから，すべての coalition $S \subset N$に対して，

$$v(S) \leqq \sum_{\nu \in S} x^{\nu}.$$

また，$x = (x^{\nu})$は mixed strategy であるから

$$\sum_{\nu \in S} x^{\nu} = 1.$$

このようにして $x=(x^\nu)$ コアに属する imputation であることが示される．

したがって，上に定義した zero-sum two-person game の minimax value が1以上であることを示せば，十分条件が証明されたことになるわけである．

もし仮に，minimax value が1より小さい値 b としよう．プレイヤーⅠが，ゲーム (N, ν) のすべてのプレイヤー ν に対して正の確率を付けるような mixed strategy をとったとすれば，必ず，正の payoff が保証されるから，

$$0<b<1$$

でなければならない．

このとき，プレイヤーⅠの payoff がどんなに高くても b を超えないように，プレイヤーⅡはその mixed strategy $\theta=(\theta_S)$ を選ぶことができる．この，プレイヤーⅡの mixed strategy $\theta=(\theta_S)$ に対して，確率 θ_S が正となるような coalition S だけを集めて，そのクラスを $\mathscr{S}$ とする．すなわち，

$$\mathscr{S}=\{S:\theta_S>0\}.$$

このとき，$\theta=(\theta_S)$ の定義によって，すべての $\nu\in N$ に対して，

$$b=\sum_{S\in\mathscr{S}}\theta_S h(\nu, S)=\sum_{\substack{S\in\mathscr{S}\\ S\ni\nu}}\frac{\theta_S}{v(S)}.$$

したがって，

$$1\geqq\sum_{\substack{S\in\mathscr{S}\\ S\ni\nu}}\frac{\theta_S}{bv(S)}.$$

ここで，

$$\pi_S=\frac{\theta_S}{bv(S)}\qquad(S\in\mathscr{S})$$

と定義する．

$$1\geqq\sum_{\substack{S\in\mathscr{S}\\ S\ni\nu}}\pi_S.$$

いま，

$$\pi_\nu=1-\sum_{\substack{S\in\mathscr{S}\\ S\ni\nu}}\pi_S$$

と定義して，$\mathscr{S}$ に加えて，1人のプレイヤー ν から成る coalition $\{\nu\}$ をすべて含んだクラスを考え，$\mathscr{T}$ であらわす．このとき

$$\sum_{\substack{S\in\mathscr{T}\\ S\ni\nu}}\pi_S=\sum_{\substack{S\in\mathscr{S}\\ S\ni\nu}}\pi_S+\pi_\nu=1$$

となって，$\mathscr{T}$ は weights $\{\delta_S\}$ をもつ balanced class になっていることがわかる．したがって，仮定によって

$$\sum_{S\in\mathscr{T}}\pi_S\, v(S)\leqq v(N).$$

また，

$$v(\{\nu\}) = 0 \qquad (\nu \in N)$$

であるから，

$$\sum_{S \in \mathscr{S}} \pi_S \, v(S) \leqq v(N).$$

したがって，

$$\sum_{S \in \mathscr{S}} \frac{\theta_S}{b} \leqq v(N) = 1,$$

すなわち，

$$\sum_{S \in \mathscr{S}} \theta_S \leqq b < 1$$

となってしまって，$\theta = (\theta_S)$がプレイヤーIIの mixed strategy であるということ($\sum_{S \in \mathscr{S}} \theta_S = 1$)と矛盾する．したがって，上に定義した zero-sum two-person game の minimax value は1以上でなければならないことが示された．　Q.E.D.

Bondareva-Shapley の定理について，リニヤー・プログラミングの双対原理を使った簡単な証明を紹介しておこう．

つぎのリニヤー・プログラミング問題を考える．

(I)
$$v_\rho = \sum_{S \subset N} v(S) \, y_S \qquad (\max)$$

を制約条件

$$\sum_{S \subset N} \delta_S(\nu) \, y_S = 1 \qquad (\nu = 1, \cdots, n),$$

$$y_S \geqq 0 \qquad (S \subset N)$$

のもとで，最大にするような(y_S)を求めよ．

ここで，

$$\delta_S(\nu) = \begin{cases} 1, & \nu \in S, \\ 0, & \nu \notin S. \end{cases}$$

このリニヤー・プログラミングの最大値 v_ρ が $v(N)$に等しいことと Bondareva-Shapley 定理の条件とは一致する．

いま，リニヤー・プログラミング問題(I)の双対問題を考えよう．

(II)′
$$v_\rho = \sum_{\nu} x_\nu \qquad (\min)$$

を制約条件

$$\sum_{S \ni N} \delta_S(\nu) \, x_\nu \geqq v(S)$$

のもとで最小にするような(x_ν)を求めよ．

双対問題(II)′の最小値 v_ρ が $v(N)$に等しいことはコアの存在を意味するから，リニヤー・プログラミングの双対原理によって，Bondareva-Shapley の定理の証明が完了するわけであ

る．

4. マーケットゲーム

第6章「コアの理論」で説明したように，コアの概念は，競争均衡の理論の枠組みのなかで生成されたものである．

ここで考察するマーケットゲームは，n 人のプレイヤーを中心として，1種類の消費財と l 種類の生産財とから構成されている．

各プレイヤー ν は，生産財の initial endowments として $a^\nu=(a_1^\nu, \cdots, a_l^\nu)$ を所有している．また各プレイヤー ν のもっている生産技術を使って，生産要素を投入して消費財を生産することができる．プレイヤー ν の生産関数は

$$u^\nu(x^\nu),\quad x^\nu = (x_1^\nu, \cdots, x_l^\nu)$$

とする．各プレイヤー ν について，その生産関数はすべての $x^\nu \geqq 0$ で定義され，x^ν にかんして concave な関数であると仮定する．

任意の coalition $S \subset N=\{1, \cdots, n\}$ に対して，その価値は，生産される消費財の量によって決まってくると考える．すなわち

$$v(S) = \max\left\{\sum_{\nu\in S} u^\nu(x^\nu) : \sum_{\nu\in S} x^\nu = \sum_{\nu\in S} a^\nu,\ x^\nu \geqq 0 \quad (\nu \in S)\right\}. \tag{3}$$

定理5 [Shapley and Shubik (1969)]　マーケットゲームのコアは non-empty である．

［証明］　定理4を使って証明しよう．そのために，coalition の balanced family $\mathcal{S}=\{S\}$ が任意に与えられているとしよう．coalition S の balanced weights を $\{\pi_S : S \in \mathcal{S}\}$ とする．このとき，

$$\sum_{S\in\mathcal{S}} \pi_S v(S) \leqq v(N)$$

を示せばよい．

$v(S)$ の定義によって，

$$v(S) = \sum_\nu u^\nu(x_S^\nu),\quad \sum_{\nu\in S} x_S^\nu = \sum_{\nu\in S} a^\nu$$

となるような (x_S^ν) が存在する．

このとき，

$$x^\nu = \sum_{S\in\mathcal{S},\, S\ni\nu} \pi_S x_S^\nu$$

と定義する．

このように定義された $x=(x^\nu)$ は coalition N について feasible である．じじつ，

$$\sum_{\nu\in N}\pi_S x^\nu = \sum_{\nu\in N}\sum_{S\in\mathscr{S}, S\ni\nu}\pi_S x_S^\nu = \sum_{S\in\mathscr{S}}\pi_S\sum_{\nu\in S}x_S^\nu$$
$$= \sum_{S\in\mathscr{S}}\pi_S\sum_{\nu\in S}a^\nu = \sum_{S\in\mathscr{S}}\sum_{\nu\in S}\pi_S a^\nu$$
$$= \sum_{\nu\in N}\sum_{S\in\mathscr{S}, S\ni\nu}\pi_S a^\nu = \sum_{\nu\in N}a^\nu\sum_{S\in\mathscr{S}, S\ni\nu}\pi_S = \sum_{\nu\in N}a^\nu.$$

しかも $x^\nu \geqq 0 (\nu\in N)$ がみたされるから，$x=(x^\nu)$ は feasible となる．したがって，

$$v(N) \geqq \sum_{\nu\in N}u^\nu(x^\nu).$$

さらに u^ν が concave という仮定から

$$u^\nu(x^\nu) \geqq \sum_{S\in\mathscr{S}, S\ni\nu}\pi_S u^\nu(x_S^\nu).$$

したがって，

$$u(N) \geqq \sum_{\nu\in N}a^\nu\sum_{S\in\mathscr{S}, S\ni\nu}\pi_S u^\nu(x^\nu) = \sum_{S\in\mathscr{S}}\pi_S\sum_{\nu\in S}u^\nu(x_S^\nu)$$
$$= \sum_{S\in\mathscr{S}}\pi_S v(S).$$

定理 4 を援用すれば，ここで考察しているマーケットゲームのコアは non-empty となることが示される．　Q.E.D.

5. von Neumann-Morgenstern 解

ゲーム理論は von Neumann and Morgenstern (1944) に始まることは前にもふれたところである．フォン・ノイマン＝モルゲンシュテルンが導入したゲームの解の概念は，コアの概念の原型と考えられている．この節ではフォン・ノイマン＝モルゲンシュテルン解について簡単な解説を述べることにしよう．

以下

$$x(S) = \sum_{\nu\in S}x^\nu$$

という表現を用いる．

$x=(x^\nu)$，$y=(y^\nu)$ を 2 つの payoff ベクトルとする．いまある，coalition S について

$$x^\nu > y^\nu \qquad (\text{すべての } \nu\in S),$$
$$x(S) \leqq v(S)$$

が成立するとき，x は coalition S について y を dominate すると呼ぶことにする．$x \underset{S}{>} y$ という表現を用いる．また 2 つの payoff ベクトル $x=(x^\nu)$，$y=(y^\nu)$ について，$x \underset{S}{\gtrsim} y$ となるような coalition S が存在するとき，x は y を dominate すると定義し，$x>y$ のようにあらわす．

Lemma 1　ある imputation $x=(x^\nu)$ がコアに属するための必要十分な条件は，$x=(x^\nu)$ を

dominate するような payoff ベクトルが存在しないことである．

［証明］ まず，imputation $x=(x^\nu)$ がコアに属しているとしよう．もし，$x \underset{S}{>} y$ ならば

$$v(S) \geqq y(S) > x(S)$$

となって，x がコアに属しているという仮定と矛盾する．

逆に，x がコアに属していないとする．このとき $x(S) < v(S)$ なるような coalition S が存在する．payoff ベクトル $y=(y^\nu)$ をつぎのように定義する．

$$y^\nu = \begin{cases} x^\nu + \dfrac{v(S)-x(S)}{|S|} & (\nu \in S), \\ 0 & (\nu \notin S). \end{cases}$$

このとき，すべての $\nu \in S$ に対して

$$y^\nu > x^\nu.$$

しかも，

$$y(S) = x(S) + |S|\frac{v(S)-x(S)}{|S|} = v(S),$$

すなわち $y \underset{S}{>} x$ となる．　Q.E.D.

Lemma 2 ゲーム (N, ν) は super additive であるとする．このとき，imputation $x=(x^\nu)$ がコアに属するための必要十分な条件は，x を dominate するような imputation が存在しないことである．

［証明］ 必要条件は，Lemma 1 から明らかである．十分条件を証明するために，いま imputation $x=(x^\nu)$ がコアに属していないとして，payoff ベクトル $y=(y^\nu)$ をつぎのように定義する．

$$y^\nu = \begin{cases} x^\nu + \dfrac{v(S)-x(S)}{|S|} & (\nu \in S), \\ v(\nu) + \dfrac{v(N)-[v(S)+\sum_{\nu \notin S} v(\nu)]}{|N-S|} & (\nu \notin S). \end{cases}$$

Super-additivity によって，

$$v(S) + \sum_{\nu \notin S} v(\nu) \leqq v(N).$$

したがって，y は individually rational となり，

$$\sum_{\nu \notin N} y^\nu = v(N)$$

をみたすから，y は imputation となる．しかも

$$y(S)=v(S),\ \ y \underset{S}{>} x. \qquad \text{Q.E.D.}$$

ゲーム(N, ν)が与えられているとき，その imputation の集合 K がフォン・ノイマン＝モルゲンシュテルン解であるというのは，K のすべての imputation が，K に属する他のいかなる imputation によっても dominate されないときであると定義する．

ある imputation の集合 K がフォン・ノイマン＝モルゲンシュテルン解となるための必要十分条件はつぎの 2 つの条件が成立することである．

(i)　$x, y \in K \Longrightarrow x$ は y を dominate しない．

(ii)　$y \notin K$ のときには，y を dominate する $x \in K$ が存在する．

6. Repeated Game

1 つのゲームを多数回繰り返しおこなうとき，プレイヤーの間で一種の協力的関係が発生することがある．ある 1 つのゲーム G を無限回繰り返すゲームを G の supergame といって，G^* であらわすことにしよう．Supergame G^* の strategy は，G の strategy を無限回繰り返すことによって得られる．$N=\{1, \cdots, n\}$ をプレイヤーの集合，Σ^ν は各プレイヤー ν の strategy の集合，$\Sigma=\Sigma^1\times\cdots\times\Sigma^n$，さらに

$$h(\sigma^1, \cdots, \sigma_n)=(h^1(\sigma^1, \cdots, \sigma^n), \cdots, h^n(\sigma^1, \cdots, \sigma^n)) \qquad (\sigma^1 \in \Sigma^1, \cdots, \sigma^n \in \Sigma^n)$$

は payoff 関数とする．

Supergame G^* の pure strategy は，

$$f_k^\nu : \underbrace{\Sigma\times\cdots\times\Sigma}_{k-1\text{回}} \to \Sigma^\nu$$

の形をもつ関数の sequence $\{f_1^\nu, f_2^\nu, \cdots\}$ によってあらわされる．すなわち，各プレイヤー ν が k 回目のプレイをするとき，それ以前 $k-1$ 回のプレイで，他のプレイヤーが用いた strategy を知っていて，k 回目のプレイでどのような strategy を選ぶかをあらわすものである．

Supergame G^* の mixed strategy はどのようにして定義されるであろうか．

ゲーム(N, ν)の任意の coalition $S\subset N$ に対して，$\Omega^S=[0, 1]$ とし，λ をそのルベーグ測度とする．

$$\Omega^\nu=\prod_{S\ni\nu}\Omega^S,\ \ \Omega=\prod_{S\subset N}\Omega^S.$$

また，$\omega\in\Omega$ の Ω^S への projection を ω^S であらわす．

各プレイヤー ν について，その randomized super-strategy として，

$$f_k^\nu : \underbrace{\Sigma \times \cdots \times \Sigma}_{k-1\text{回}} \times \Omega^\nu \to \Sigma^\nu$$

のような関数 f_k^ν の sequence $F^\nu = \{f_1^\nu, f_2^\nu, \cdots\}$ をとる．

いま，n 個の randomized super-strategy の組 $F=(F^1, \cdots, F^n)$ に対して，n 人のプレイヤーのとる random strategy の sequence σ_1, $\sigma_2, \cdots$ をつぎのように inductive に定義する．

$$\sigma_1(\omega) = (f_1^1(\omega^1), f_1^2(\omega^2), \cdots, f_1^n(\omega^n)),$$

$$\sigma_k(\omega) = (f_k^1(\sigma_1(\omega), \cdots, \sigma_{k-1}(\omega), \omega^1), \cdots, f_k^n(\sigma_1(\omega), \cdots, \sigma_{k-1}(\omega), \omega^n)) \qquad (k=2, 3, \cdots).$$

さらに randomized payoff の sequence をつぎのように定義する．

$$h_k^F(\omega) = h(\sigma_k(\omega)),$$
$$H_k(F) = E(h_k^F).$$

このとき，

$$\lim_{m\to\infty}\frac{1}{m}\sum_{k=1}^{m} H_k(F)$$

を supergame の payoff としよう．

n 人のプレイヤーのとる randomized super-strategy の組 F_* が upper equilibrium point というのは，つぎの条件がみたされているときと定義する．

(i)　$\frac{1}{m}\sum_{k=1}^{m} h_k^{F_*}(\omega)$ は確率 1 で定数 $L(F_*)$ に収斂する．

(ii)　各プレイヤー ν と，ν のとる randomized super-strategy F^ν に対して，不等式

$$\frac{1}{m}\sum_{k=1}^{m}(h_k^{F_*/F^\nu}(\omega))^\nu > L^\nu(F_*)+\varepsilon$$

が無限個の m について正の確率で成立するような正数 $\varepsilon>0$ は存在しない．

n 人のプレイヤーのとる randomized super-strategy が lower equilibrium point であるというのは，つぎの条件がみたされるときであると定義する．

(i)　$\frac{1}{m}\sum_{k=1}^{m} h_k^{F_*}(\omega)$ は確率 1 で定数 $L(F_*)$ に収斂する．

(ii)　各プレイヤー ν と，ν のとる randomized super-strategy F^ν に対して，不等式

$$\frac{1}{m}\sum_{k=1}^{m}(h_k^{F_*/F^\nu}(\omega))^\nu > L^\nu(F_*)+\varepsilon$$

が有限個を除くすべての m について確率 1 で成立するような正数 $\varepsilon>0$ は存在しない．

Supergame G^* の均衡概念はつぎのように定義される．

n 人のプレイヤーのとる randomized super-strategy の組 F_* が upper strong equilibrium point というのは，つぎの条件がみたされているときである．

(i)　$\frac{1}{m}\sum_{k=1}^{m} h_k^{F_*}(\omega)$ は確率 1 で定数 $L(F_*)$ に収斂する．

(ii)　不等式

$$\frac{1}{m}\sum_{k=1}^{m}(h_k^{F_*/F^S}(\omega))^\nu > F^\nu(F_*)+\varepsilon$$

が coalition S に属するすべてのプレイヤー ν と無限個の m について成立するような coalition S と，S の randomized super-strategy の組，および正数 $\varepsilon>0$ は存在しない．

n 人のプレイヤーのとる randomized super-strategy の組 F_* が lower strong equilibrium point というのは，つぎの条件がみたされているときである．

(i) $\frac{1}{m}\sum_{k=1}^{m}h_k^{F_*}(\omega)$ は確率 1 で定数 $L(F_*)$ に収斂する．

(ii) 不等式

$$\frac{1}{m}\sum_{k=1}^{m}(h_k^{F_*/F^\nu}(\omega))^\nu > L^\nu(F_*)+\varepsilon$$

が S に属するすべてのプレイヤー ν について確率 1 で成立するような coalition S，S の randomized super-strategy および正数 $\varepsilon>0$ は存在しない．

定理 6 Upper equilibrium point に対する payoff の集合は，lower equilibrium point に対する payoff の集合と一致し，ともに

$$D'=\{x \in D : x^\nu \geqq d^\nu,\ (\nu \in N)\}$$

に等しい．

ここで，

$$d^\nu=\min_\tau \max_\sigma E[h^\nu(\sigma,\tau)]$$

はゲーム $G=(N, \nu)$ におけるプレイヤー ν の minimax payoff である．定理 6 の証明には，つぎの Lemma が必要となる．

Lemma ある zero-sum two-person ゲーム G の minimax value を v とする．プレイヤー I の strategy を σ とし，プレイヤー I は supergame G^* では，randomized super-strategy として，この optimum strategy σ を独立に繰り返し使うような strategy F^1 を選ぶものとする．このとき，プレイヤー II が supergame G^* で選ぶ任意の randomized super-strategy F^2 に対して，

$$\liminf \frac{1}{m}\sum_{k=1}^{m}(h_*^F(\omega)) \geqq v$$

が確率 1 で成立する．

［証明］ プレイヤー II が stage k でとる strategy を τ_k とすれば，

$$E[(h_k^F)^1|\sigma_1, \tau_1, \cdots, \sigma_{k-1}, \tau_{k-1}] \geqq v \qquad (\forall k)$$

が成立する．

ここで，

$$x_k(\omega) = (h_k^F(\omega))^1 + v - E[(h_k^F)^1|\sigma_1(\omega), \tau_1(\omega), \cdots, \sigma_{k-1}(\omega), \tau_{k-1}(\omega)]$$

とおけば，

$$x_k(\omega) \leqq (h_k^F(\omega))^1,$$

$$E(x_k|\sigma_1, \tau_1, \cdots, \sigma_{k-1}, \tau_{k-1}) = v.$$

また，x_k，$x_l (k \neq l)$ は uncorrelated であるから，

$$\lim \frac{1}{m} \sum_{k=1}^{m} x_k = v$$

が確率1で成り立つ．

さらに，

$$x_k(\omega) \leqq (h_*^F(\omega))^1$$

がみたされているから，

$$\liminf \frac{1}{m} \sum_{k=1}^{m} (h_k^F(\omega))^1 \geqq v \qquad \text{Q.E.D.}$$

［定理6の証明］　つぎの3つの性質を証明すればよい．

(i)　{upper equilibrium point の集合} ⊂ {lower equilibrium point の集合},

(ii)　{lower equilibrium point の集合} ⊂ D',

(iii)　D' ⊂ {upper equilibrium point の集合}.

(i)は明らかである．(ii)はつぎの性質からわかる．

$$\frac{1}{m} \sum_{k=1}^{m} h_k^{F*}(\omega) \in D.$$

しかも D は closed である．また，$x = (x^\nu)$ を任意の lower equilibrium point における pay-off とすれば

$$x^\nu \geqq d^\nu \qquad (\nu \in N).$$

(iii)を証明するために，任意の $x \in D'$ をとる．

このとき，

$$\sum_j \alpha_j h(\xi_j) = x, \quad \alpha_j \geqq 0, \quad \sum_j \alpha_j = 1,$$

$$x^\nu \geqq d^\nu \qquad (\nu \in N)$$

をみたすような (α_j)，(x^ν) が存在する．

ここで mixed strategy $\sigma^N(\omega^N)$ を導入する．各プレイヤーがすべての stage j で確率 α_j で pure strategy ξ_j をとると，

$$E[h(\sigma^N\omega^N)] = x.$$

F_*^ν として，

$$f_{*k}^\nu(\sigma_1, \sigma_2, \cdots, \sigma_{k-1}, \omega^\nu) = \begin{cases} (\sigma_k^N(\omega^N))^\nu, & \text{if } \sigma_l = \sigma_l^N(\omega^N), \text{ for all } l \leqq k-1, \\ \tau_{\nu'}^\nu(\omega^\nu)^{N-\{\nu'\}}, & \text{otherwise.} \end{cases}$$

このとき $\tau_{\nu'}$ は

$$\max_\sigma E[h^{\nu'}(\sigma_0\tau_{\nu'})] = d^{\nu'}$$

をみたすような $N-\{\nu'\}$ の correlated strategy とする．ν' は stage l で F_* を捨てて，それ以後の stage $k=l, l+1, \cdots$ では strategy $\sigma_k^{\nu'}$ をとるものとする．それに対応する super-strategy を $F^{\nu'}$ とすれば，

$$E[h^{\nu'}(\hat{\sigma}_k^{\nu'}, (\tau_{\nu'})_k)] \leqq d^{\nu'} \qquad (k \geqq l+1).$$

したがって，

$$\limsup \frac{1}{m-l}\sum_{k=l+1}^{m} h_k^{F_*|F^{\nu'}}(\omega)^{\nu'} \leqq d^{\nu'}$$

が確率 1 で成り立つ．このことから，F_* は payoff λ の upper equilibrium point となっていることがわかる．　Q.E.D.

参考文献

Aumann, R. J. (1959). "Acceptable Points in General Cooperative *n*-Person Games," in *Contributions to the Theory of Games*, Vol. IV (Annals of Mathematical Studies, no. 40), edited by A. W. Tucker and R. D. Luce, Princeton: Princeton University Press, 287-324.

—— (1961). "The Core of a Cooperative Game without Side Payments," *Transactions of the American Mathematical Society* **98**, 539-552.

—— (1989). *Lectures on Game Theory*, Boulder: Westwiew Press (丸山徹・立石寛訳『ゲーム論の基礎』勁草書房，1991 年).

Bondareva, O. N. (1962). "Teoriia Idra v Igre *n* Lits" (The Theory of the Core in an *n* Person Game), *Vestnik Leningradskogo Universiteta, Seriia Matematika, Mekhanika i Astronomii* (Bulletin of Leningrad University, Mathematics, Mechanics and Astronomy Series), No. 13, 141-142 (Summary in English).

—— (1963). "Nekotorye Primeneniia Metodov Linejnogo Programmirovaniik Teorii Kooperativnykh Igr" (Some Applications of Linear Programming Methods to the Theory of Games), *Problemy Kibernetiki* (Problems of Cybernetics) **10**, 119-139.

Nash, J. F. (1951). "Non-Cooperative Games," *Annals of Mathematics* **54**, 286-295.

Shapley, L. S. (1953). "A Value for *n*-Person Games," in *Contributions to the Theory of Games*, Vol. II (Annals of Mathematical Studies, No. 28), edited by H. W. Kuhn and A. W. Tucker, Princeton: Princeton University Press, 307-317.

——(1967). "On Balanced Sets and Cores," *Naval Research Logistics Quarterly* **14**, 453-460.

Shapley, L. S. and M. Shubik (1969). "On Market Games," *Journal of Economic Theory* **1**, 9-25.

von Neumann, J. and O. Morgenstern (1944). *Theory of Games and Economic Behavior*, Princeton: Princeton University Press.

事 項 索 引

ア 行

IS・*LM* 分析　549,563,617
　ヒックスの――　556,558,559,563,609,612
isomorphic　651
IPCC(Intergovernmental Panel on Climate Change)　5
　――報告　5
アクティビティ　23
　――分析　314
アクティビティ・ベクトル　318,320,325,335,336,339,341,348,407,408
　――の時間的径路　337
agreement　646
亜酸化窒素　6
アダム・スミス
　――『国富論』　622
　――の共感　620
　――の「自然価格」　617
　――の「見えざる手」　186
attainable　132
admissibility　159
admissible　168,194,199-201,212,216
　――な産出量　191
　――な配分　160
atomless　133-135
　――な位相空間　135
upper equilibrium point　693,694
アメリカン・ケインジアン　617,624
altruism　665
allocation　76
　optimum な――　77
　feasible な――　76,104
allotment　646,648,650-653,656,661,663
アロー=稲田の理論　534
アロー=デブリュー型の一般均衡モデル　10
Arrow-Debreu の存在定理　131
アロー=デブリュー論文　113,542
アローの社会的選択の理論　534
鞍点(saddle-point)　42,107,148

硫黄酸化物　354
育林活動　22,23
　――の技術係数　27
育林補助金　29
一般均衡モデル　517
　――の非時間性　519
　ワルラスの――　509
一般均衡理論　529
　ワルラスの――　519,521
ε-コア　650
irreflexibility　223
irreflexible　255
医療　578,626
　――サービス　579-582
　――制度　313,579
　――保険制度　580
intertemporal な資源配分　87
intertemporal preference ordering　84
individually rational　644,651,652,656,661,671,682,689
infinite game　669
infinite supergame　670
imputation　682,683,685,688-690
インフラストラクチャー　382,589
　社会的――　313,315,324-328,338,396,573,632
　都市的――　633
implicit rate of time preference　280
インフレーション　488
　安定的な――　593
　不安定な――　503
　クリーピング――　592
　輸入――　487
インフレーション過程　564
　――の国際的拡散　487,489

virtual cost function　293
value　646
　ゲームの――　650,652
　Shapley――　682
ヴィクセル理論　315
ヴェブレン
　――『営利企業の理論』　545
　――的な企業　610

——の制度主義　626
ヴェブレン＝ケインズ的なビジョン　610
Volterra の意味で連続微分可能　279
Volterra 微分　278,279
Uzawa Utility Functional　280
ヴュルム氷期　5
運転資本　611

equilibrium strategy profile　671
excess function　654
エッジワース・プロセス　101
Edgeworth box　642
n-person game　642
n-person cooperative game　165,169,171,172,184,195,197,199,201-203,213,216-219,457,458,465,467-469,645,647,648,650,651,657,661-664
efficiency condition　202,646,648
efficient　261,272,274,682
effective complaint　651

Euler-Lagrange の微分方程式　28,86,92,96
オイラー＝ラグランジュの方法　257
Euler-Lagrange 方程式　18,24
汚染税　576,577,579
オゾン層の破壊　285
小谷清
　——『市場経済分析の新しい枠組み』　610
　——『不均衡理論』　610
小谷理論　610
ordinal　167,403,417,458
objection　653
optimum　61,62,64,73,74,76,79,146-149,152,154,202,209,212,217,249,396
　——解　160,191,192,195-197,201,203,211,214,217,218
　——な allocation　77
　——response　70
optimum currency areas（R. マンデル）　469
optimality　150,212,213,217
オープン・アクセス（open access）　285,287,356
オーマン
　——レクチャー　676
　——Lectures on Game Theory　676
オリゴポリー（oligopoly）　184
　——企業　184,185,194,199,213,215
　——市場　184,209,219
　——にかんするクールノー＝ナッシュ解　192
　——の理論　184,185,190
温室効果ガス　4,6,31,33,34,39,95,122,123
温帯林　33
温暖化効果　8

カ 行

海水面の上昇　5
回勅　627
外部経済　361,510,524,525
　——性　383
外部性（externalities）　81,314,328
　静学的（static）——　314,355,358,363,377
　生産にかんする——　510
　動学的（dynamic）——　254,314,355
外部不経済　510,524,525
開放経済　488
海洋汚染　3,285,634
counter-objection　653
価格機構の動学的分析　561
価格均衡　133
価格径路　245,257
　帰属——　245,246
Kakutani の不動点定理　54
家計　489
化石燃料
　——の消費　58
　——の大量消費　8,625
　——の燃焼　7,12,15
寡占　175,177
可測関数　134
学校教育制度　313
cardinal　167,403,417,458
　——な効用尺度　58
　——utility　77,101
catenary　271
kernel　652,653,656
株式（share）　145,346
　——市場　612
貨幣　552
　——の定義　613
　——保有　555,556
貨幣供給　556,608
　——の変化　613
　——の変化率　557
貨幣供給量　554-558

名目的——　558
貨幣需要　489,490,555
貨幣賃金率　554,558
環境影響指標　14,24,27,95
——当たりの帰属国民所得　19
——当たりの帰属純国民生産　18
——関数　29,97
環境の質の動学的分析　254
環境の質の動学的変化　254
環境破壊　314,601
——の非可逆性　254
間接税　522
完全競争市場　176
完全雇用　488,503
——政策　570,600
Kannai の counter-example　657

企業　489
技術係数のマトリックス　27
技術集合　103,108
希少資源　27
——の必要量　13
——の賦与量　23
気象条件の不安定化　5
基数的な効用概念　9
帰属価格　4,9,10,16,17,23-26,28-30,65,66,86,96,109,112,114,148,169,257,258,261,264,271,272,273,274,293,295,298,302,304-306,308,309,315,319,320,325-327,338,342-345,366-368,378-380,389-391,393,402,477
——径路　245,246
——体系　265,266
——の時間的径路　222,254,265
——の動学的理論　4
——ベクトル　120
環境影響指標当たりの——　18-21
公共財の——　148-150
在庫の——　570
CO_2 排出の——　65
自然資本の——　335,336
実質国民所得当たりの——　97
私的財の——　149
私的資本の——　92,93
資本蓄積の——　87
資本の——　86,88
社会的共通資本の——　84,92,93,272,315,341
消費財の——　9,17
森林の——　31
生産要素の——　9
製品在庫の——　569
相対的——体系　250
大気中の CO_2 の——　16,17,31,35
動学的——　347
排出権の——　45
帰属係数　32
帰属国民所得　23
環境影響指標当たりの——　19
帰属実質国民所得　16,319,325,326,335,341,342
帰属実質所得　86,92,308,365,390
帰属純国民生産　16,28,96
環境影響指標当たりの——　18
基礎需要　594
『基礎篇』　13,15,18,24,42,48,55,101,107,108,110,116,120,131,178,222,224,225,230,254,265,285,293,307,313-316,328,333,350,365,425,470,476,488,489,491,493,507,540,679
期待実質利子率　249-251,488,491,493
期待利潤率　493,495
Ky Fan の Lemma　659,660
基本的人権　571
capital functional　246
教育　626
供給の価格弾力性　593
供給の相対的弾力性　432
行政制度　314
競争均衡　101,108,109,111,114,131,330,460
——の安定性　115
——の静学的変分　112
——の存在　113
——の存在定理　48,109
協調ゲーム　72,80,81,140-142,147,157,457,458,465-467
——のコア　81,140,157,168
——理論　185
地球温暖化の——　69,75,140,159
地球温暖化の——のコア　158
transferable utility をもつ ——　156,157,164,165
non-transferable utility をもつ——　168,172
共有財産資源(common property resources)　315,356
共有地　→ コモンズ

協力ゲーム　683
均衡価格体系　542
均衡市場価格体系　540
均衡分析　561
均衡ベクトル　117
近代経済学　533
『近代経済学の再検討——批判的展望』　508
金融資産　489
——市場　570,612
長期——市場　613
金融市場　491
金融制度　314
金融理論　555

倉荷証券　612
クールノー
——のデュオポリー(複占)理論　184,186,190,192,639
——モデル　175,177,178,185
——理論　186
クールノー均衡　175-179,190
——のゲーム理論的アプローチ　175
クールノー＝ナッシュ解　201,202
オリゴポリーにかんする——　192
クールノー＝ナッシュ均衡　193,194,209,210
cross elasticities　432
Kuhn-Tucker の限界条件　43,66,160,402
Kuhn-Tucker の定理　42,45,64,107,120,148,160,402-404
quasi-stable　116

計画経済制度(中央集権的な)　597
経済　133
——のコア　130
『経済解析——基礎篇』 → 『基礎篇』
経済厚生　58
経済的格差　35
先進工業諸国と発展途上諸国の間の——　36
経済統合　458
経済発展
持続可能な——　254
持続的な——　35
ケインズ
——『一般理論』　489,507,543,547,549,550,558-560,562,563,565,570,588-590,609-613
——『貨幣改革論』　545
——以前の正統派　588
——革命　544
——経済学　507,606-609,617,618
——サーカス　609,610
——主義的な安定化政策　608
——主義の政策概念　608
——的動学モデル　490
——的な金融政策　608
——の投資　611
——の投資理論　552
——プロセス　613
——理論　489,543,544,551,619
マネタリー・ダイナミクスにかんする——理論　488
ケインズ＝ヒックス
——均衡　616,617
——的な流動性選好理論　555
——の理論　552
ゲーム　637,645
——の value　650,652
——の均衡点　676,677
——の全価値　156
——のルール　457
ゲーム理論　131,637,676
——の分析用具　625
協調——　185
限界革命　512
限界環境的費用　365
限界原理　512
限界収入　305,364
限界主費用　550
限界生産逓減の法則　383
限界代替率　226-229
——逓減の法則　471,472
限界的社会生産物　442
限界統合費用　364
——関数　364
限界投資効率　551
限界非効用　65,66
CO_2 排出の——　65,71
限界費用　186,305
——逓増の法則　176,178
現金性通貨　552
健康保険　581
国民——　581
現代資本主義の制度的特徴　610

ケンブリッジ
——的企業成長の理論　538
——的投資理論　538
——の「オーラル・トラディション」　609

コア(core)　72,76,80,131-134,136,138,140,156,159,165,184,457,468,647-650,663,682,688
——の理論　130
asymptonic——　133
協調ゲームの——　81,140,157,168,171
経済の——　130
ゲームの——　458,683
地球温暖化ゲームの——　63,81
地球温暖化の協調ゲームの——　158
マーケットゲームの——　687
レプリカ経済の——　136,137
coalition　58,61-74,77-81,131,132,134-137,140-142,146-152,154,156,159,163,164,167-172,177,180,181,191,195,197-203,213-218,403,457,458,465,467,645-647,651-657,659,681,683-685,687-689,692
——S の価値 $v(S)$　156
——N　148
——N の値　180,181
——structure　651-653,655
——の値　68
——の exess　652
——の価値(value)　140,177
——の payoff　653
complementary——　62,63,66,67,69,70,81,146,149-152,154,163,164,167,168,171,197,198,202,203,213,215,217,218
partition——　651
residual——　58,141
公害　601
交換経済　130,131,134,136-138
——の特性レベル　137
連続体の——　133
公共悪(public bads)　144
公共経済学　39
公共財(public goods)　39,48,108,118,119,144
——の一般的なモデル　159,164,165
——の価格ベクトル　120
——の帰属価格　148-150
——の供給のベクトル　151
——の供給量　147
——の社会的限界生産　149
——の社会的限界効用　150
——のベクトル　152
——モデル　39
サミュエルソンの——　39,81,140-142,147,150,156,157,164,165,171,172,184,396,410,411,439,526,527,572-574,587
公共サービス　572
公共政策　315
鉱工業生産指数　618
恒常所得　→　permanent income
公正性(equity)　106
——と効率性　533
交通　582
——サービス　582
高度経済成長期　618
効用
——径路　257
——の可測性　532
——の限界的損失　17
——の時間的径路　264
——の時間的割引率　84
——の内生的な割引率　222
——の平均割引率　237
——functional　279
——割引率　17,31,268,420
ordinal——　165
可測的——　101
主観的な——価値　9
効用関数　17,48,50,55,59,74,76,84,86,89,90,92-94,101-103,107,109,110,118,123,142,156,266,317,434,458
社会的——　41,47,76,104,107,127,148,169,334,339,417,460
瞬時的——　246
効用指標　13,14
——関数　14
効用水準　317
瞬時的——　420
効用積分　23,27,32,234
Ramsey-Koopmans-Cass——　84,85,87,221,224,226,227,230-232,280,318,334,335,340,341,420,472,489
効率性(efficiency)　106
——と公正性　533
合理的期待形成仮説　623,624
——の悪夢　623
合理的経済人　606,619

孤立した—— 620
cooperation 665
cooperative game 642,646,647,649,650,652,653,656,657,660,663
国際会議 8
国際的市場均衡 40,47
国際貿易 458,488
——の動学モデル 499
国民所得(1人当たりの)—— 35
国民総生産 618
——額 563
固定為替相場制度 487
固定資本 569,611
——形成 611
——の操業度 569
古典派経済学 610,620
——の問題意識 606
ゴードン『現代経済学における制度的要素』 631
コモンズ(commons) 285-287,307,313,354-356,358,359,361,363-365,371,373,374,381,383
漁業—— 254,287-289,293,296,307,314,315,328,355,356,358,365,369,375,382
森林—— 254,299,300,303,307,314,315,328,355,375-380,382,389,390
農業—— 355,383,384,389
「コモンズの悲劇」 285,286,356
ハーディンの—— 285-287,314,323
Common Market 457
collection 663
convex 255
convexity 223
concave プログラミング 42,63,404,460
混雑(congestion) 397
——現象 599
conjugate space 660
continuous 255
continuity 223
contract curve 130

サ 行

在庫 569,612
——市場 612,613
——投資 611
——の帰属価格 570
——の市場価格 614
——保有に対する需要曲線 614
財市場 496
最終消費
——ベクトル 12-15,95
1人当たりの——の最適量 18
1人当たりの——ベクトル 27
再生産関数 367-369
財政支出 488,556
——係数 497
最適解 109,110,112,114
最適経済成長理論 8,10,84,285,292,356,393
Ramsey-Koopmans-Cass の—— 10
最適経済理論 470
最適径路曲線 374
最適公共投資 623
最適雇用量 566
最適産出量 570
最適生産額 611
最適な全漁獲量 373
最適販売量 570
sustainability(持続可能性) 16
sustainable(持続可能な) 296,297,323,337,419
砂漠化 3
——の進行 634
subgame perfect equilibrium 671
サプライサイドの経済学 605,624
産業組織論 185
酸性雨 144,285

share → 株式
generating function 280,281
CO_2 → 二酸化炭素
時間生産性(time rate of production) 245
時間選好 15,221,254,264,280
——関数 281
——と資本蓄積にかんする双対原理 222,254
内生的—— 255,277
時間選好関係 91,221,222,229-233,255,258,272,281
分離的な—— 231,232
時間選好基準 256
社会的—— 254
時間選好率 225-228,231,232,240,254
内生的—— 255
時間選好理論 240
内生的—— 254
Fisher の—— 493
ベーム-バヴェルク=フィッシャーの—— 221

ベーム-バヴェルクの—— 224
時間的径路
帰属価格の—— 222,254,265
効用の—— 15,264
消費と資本蓄積の—— 83-86
消費と投資の—— 87
消費の—— 265
世代間を通じて公正な—— 18,24-26,28,29,32,87,89-91,93,96,97
動学的に最適な—— 16,18,21,26,29,31,85,86,90,92,93,306,319,326,335,342,348,364,377
動学的に最適なアクティビティ・ベクトルの—— 337
truncate された消費の—— 272
時間的要素 549
——の欠如 543
資源配分
——の動学的効率性 8
社会的に最適な—— 403
社会的に最適な——と所得分配 406
世代間を通じて公正な—— 396
市場価格 10,17,176
排出権の—— 44
市場機構の安定性 114,606
市場均衡の安定性 601
市場経済制度 4,619
分権的—— 588,597,630
市場経済的指標 618
市場制度と私有制 526
市場的不均衡 606,607
市場の完全競争性 533
市場利子率 17,444,554-556,558,563
均衡—— 555
短期—— 555,613
長期—— 613
自然環境 315,317,324,328,354,382,573,632,633
——の減耗 320
——のストック量 322,323
自然資本 313,315,328,330,333,334,336
——の価格 331,332
——の帰属価格 335,336
——の減耗 328
——のストック 337
——の蓄積過程 330
——の動学モデル 331
持続可能性(sustainability) 16
持続的管理(sustainable management) 313
実現可能な状態 134
実現可能な配分 → feasible allocation
実質貨幣残高 557
実質国民所得 16,27,29,30,95,302,556,614
——当たりの帰属価格 97
——額 551,555
——水準 557
1人当たりの—— 27
実質国民生産額 555
実質資産残高 249
実質資本 178
ペンローズ的な意味における——の尺度 178
実質消費 249
実質所得 248,249
実質所得分配の不安定化 425
実質貯蓄 249
実質的生産能力 178
私的限界費用 43,49,58,363,366,388
私的財 118,119
——の価格ベクトル 120
——の帰属価格 149
——の消費ベクトル 123
私的資本 89,90,92-94,254,423
——の帰属価格 92,93
——の限界生産 421
——のストック 91,93,94
『自動車の社会的費用』 583
司法制度 314
資本集約的 473
資本主義 626,629,630
資本蓄積
——過程(プロセス)が非可逆的 83,255
——と環境の変化の動学的分析 84
——と時間選好にかんする双対原理 222,254
——の動学的プロセス 241,258
最適—— 222
資本蓄積径路 264
動学的に最適な—— 265
資本蓄積率 268
——の限界的増分 267
資本の限界効率 547,612
資本理論 315
ケンブリッジ的な—— 538
市民の基本的権利 571,572,582,586,596,601,620,621,628

社会主義　626,629,630
社会的安定性　597
社会的外部効果　307
社会的共通資本　4,13,91-94,106,108,254,264,265,271,272,285,287,307,313-315,324,333,338,342,345-349,354,382,383,393,396-399,402,406-408,410-414,419-425,437,438,440-447,573-578,583,585-590,596-598,600,603,607,619-623,625,626,630-632
──としての大気　10
──に対する投資の限界効率　92
──の一般理論　31
──の概念　573
──の管理・維持　8
──の帰属価格　84,92,93,272,315,341,345
──の効率的使用　576
──のサービス　339
──の時間的変化　341
──のストック　91,93,94,272,275,308,309,344
──の蓄積　91,92
──の中立性　443
──の理論　8,11,285,313,425,438,508,570,601,607
"asocial"──　445
最適な──のストック　424
市民の権利と──　586
消費と──との間の限界代替率　92
"social"──　445
中立的──　443
社会的限界効用　331
社会的限界費用　43,44,49,294,302,305,332,334,336,341,346,361-363,390,399,410,441,574-576,599,623
──にもとづく価格づけ　323,341,361,362,441,599
公共財の──　150
社会的共通資本の使用にともなう──　348
社会的限界便益　388-390,414
社会的公正　39
社会的厚生関数(social welfare function)　166
社会的効用　76,81,319,339,340,534
──水準　331,348
社会的最適性　410,521
社会的選択の理論　534
アローの──　534
社会的に不安定　437
社会的費用　31,583
交通事故にともなう──　585
自動車の──　583-586
社会的不安定性　425,438,452,621
社会的不均衡　606,607,617
社会的便益　316
Shapley value　682
収穫一定の法則　416
収穫率　489
収支均衡　44
──条件　48
自由貿易　465
主観的価値基準　102,516,521,533,544
──の独立性　528,543,601
主観的価値判断　40
──の独立性　601
需要価格(demand price)　186,363
──関数　177,178,193,194,198,203,205,209,291,301
需要の価格弾力性　176,593
需要の弾力性　430,431,435
準競争均衡(quasi-competitive equilibrium)　396,410,418
純国民生産　30
純粋交換　132
──の理論　131
純利潤　30
乗数理論　609
消費径路　261,263
truncate された──　232,277
消費財　473,482-484
──の価格ベクトル　318
消費財ベクトル　101,325,328
──の最適産出水準　24
消費性向　552
消費の時間的径路　265
truncate された──　272
消費ベクトル　16
私的財の──　123
1人当たりの──の最適水準　17
所得再分配政策　438
所得税　522
所得分配　32
──の公正性　16
国際間および異なる世代間の──の公正性　8
所得保障政策　600
ジョルゲンソンの投資理論　547
進化論的経済学　608
新古典派　512,517

——経済学　512,543,560,606
——経済学の理論前提　619
——経済理論　265,523,570
——的条件　59,91,142,144,151,164,329
——の消費理論　517
——理論　507,509,511,516,518-521,524,540,542-544,570,601,602,607,612,618-620
——理論の経済人仮説　610
新・新古典派理論　507
信用創造　555
森林　22,23,27,33
——コモンズ　254,299,300,303,307
——税　29
——の帰属価格　31
——の帰属係数　33
——の伐採係数　27
——面積　23,25,27,31,95
——面積の時間的変化　22
——を含む動学的最適問題　23

水蒸気　6
数理経済学　625
Scarf-Billera-Shapley の議論　165
stable set　650
ストックホルム環境会議　3,633,634
strategy　58,140,457,638-640,666,667,676-678,690
——profile　670
super-additivity　689
supergame　666-672,690
superstrategy　694
threat　642,665
——point　644,671

静学的最適問題　16,342
生産可能集合　40,48,50,76,103,108,110,119,126,132,144-146,151,156,221,415,459,462
生産関数　85,86,89,90,93,94,244,307,340,386,426,472
集計的——　614
生産期間　536,544,549
生産計画　123,126
生産手段の私有制　523,543,570,601
生産要素　427
——関数　340,349
——の帰属価格　9
——の限界生産　9
——の固定性　602
——の最適な組み合わせ　9
——の賦与量　119,396
——のマリアビリティ　543,601
可変的——　539,540,547,553
固定的——　178,539,540,547
制度学派　608
——的問題　4
——的問題意識　10
制度資本　313,573,632,633
制度主義
——の考え方　630
——の経済理論　313
生物種の多様性の喪失　3,285,354,375,634
政府の中立性　608
世代間の公正　83,87,88,91,419,421-423
異なる——　254
絶対積分可能(absolutely integrable)　278
セーの法則　588
separability　→　分離性
separable　→　分離的
zero-sum two-person game　677,684-686,692
(0,1)-normalized form　651
選好関係　13,102,118,123,130,131,133,137
社会的——　41
主観的——　142
——の分離性　230
選好集合　221
先進工業諸国と発展途上諸国　35
全地球平均地表温度　5

総供給　493,564
総供給額　552,569,611,612
——曲線　551,552,564,568,614,615
総需要　488,493,564
総需要額　552,569,611,612
——曲線　550,552,565,568,613-615
相対的価格弾力性　439
相対的弾力性　434
双対原理　264
時間選好と資本蓄積にかんする——　222,254
動学的——　83,86,222,245,246,248,249,264-266,271
測度空間　133,134
social optimum　76,81,163,166,396,443,444
——配分　148

タ行

対外債務　471
　——の最適パターン　470
対外累積債務　606
大気安定化国際基金　34,36,37,54
大気均衡
　——の安定化　32,35,39
　——の安定性　123
　——の不安定化　10
大気圏　7,12
　——と表層海洋圏との間の炭素交換　12
time invariance　223
time invariant　255
time rate of productivity　222
タトヌマン　518,542,561
短期市場均衡条件　494
炭素交換
　3大炭素圏の間での——　7
　大気圏と表層海洋圏との間の——　12
炭素税　4,29-32,34,35
　——率　33
　公正の視点にたった——　123
　比例的——　35,36,39,83,95
炭素のレゼルボアール(貯蔵庫)　7
Turnpike Theorem　277

地球温暖化　3-5,8,11,34,39,48,58,59,76,83,91,123,
　141,142,144,285,354,375,625,633,634
　——ゲーム　73,75-77,80
　——ゲームのコア　63,81
　——効果　31
　——にかんする動学的な帰属理論　33
　——にかんする単純な動学モデル　16
　——の影響　6
　——の協調ゲーム　69,75,140,159
　——の協調ゲームのコア　158
　——のゲーム論的アプローチ　60,141
　——の動学的分析　31,32
　——の動学的問題　15
　——の動学モデル　11,22,27,31,32,95
　——モデル　59,80,81
　——の問題　15,37
地球環境　626
　——の不均衡化　5
　——問題　141,354,355,633
地表平均気温の持続的上昇　5
超過需要関数　53,138
超過需要曲線　500
長期均衡条件　26
長期定常均衡　487
長期定常水準　296,301,327
　最適な——　306
　動学的最適な——　310
長期的期待　490
直接税　522

定常状態　89,94
　長期——　21,22,31,323,370,378-380,423
discounted game　669
discounted supergame　670
discount rate　669
differentiated product　185,217
適性的制約条件　86,89,90,93
デューイのリベラリズムの思想　632
デュオポリー　→　複占

動学的安定性　21
動学的帰属理論　4,29,35
動学的均衡
　——径路　563
　——分析　563
　——理論　561
動学的最適　318
　——化　442
　——径路　296,319,368,371,378,414,476,482
　——条件　88
　——性　32,92,254,255,264,265,307,324,334,345,
　354,355,364,373,382,385
　——な漁獲のパターン　365
　——理論　307,355
動学的最適解　28
　近似的な意味における——　97
動学的最適問題　23,27,95,308,349,351,477
　森林を含む——　23
動学的不均衡　425,560,626
　——過程　602
　——理論　425,508,560,569,602,603
統合費用関数　362,363,366,367,369,376,377,385-389
投資行動の理論　536
投資財　473,482-484
投資/資本比率　268

投資の限界効率 421,422,547,612,613
私的資本に対する―― 31
社会的共通資本に対する―― 92
two-person game 642
two-person zero-sum game 639,640,642
two-person bargainning game 643
特性関数 147,156,157,169,199,465,648,663
独占者 363
独占的市場均衡 294,302
都市問題 601
dominate 130-134,136,137,688-690
transitivity 223
transitive 255
transversality condition 18,92,237,257,273,294,297,320,326,342,366,378,380,391,393,480
トランスファー基金 30
transferable utility 58,75-77,140,141,147,159,164,167,169,458,647,661-664
――をもつ協調ゲーム 156,157,164,165
取引需要 490
取引動機 489

ナ 行

内生的時間選好 255,277
――にかんするクープマンス = 宇沢 = エプシタイン理論 277
――率 255
――理論 254,277
Nash axiom 643
Nash equilibrium payoff 671
Nash 解 643
ナッシュ均衡 177,182
南極 6

二酸化炭素(CO_2) 3,4,6,39,40,95,122
――の吸収係数 33
――の全排出量 41,42,123,126,127
――の濃度 6
――の排出係数 27
――の排出権 44,126
――の排出権の国際市場 44,126
――排出の帰属価格 65
――排出の社会的限界費用 71
――排出の限界非効用 65,71
最適な――の排出量 21
産業革命の頃の大気中の ―― の量 11
大気中の――の帰属価格 16,17,31,35
大気中の――の長期定常水準 32
大気中の――の動学的変化 12
大気中の――の濃度 6
大気中の――の臨界値 33
大気中の――の臨海的水準 14
取引可能な――の排出権 39
二酸化窒素 354
二重価格政策 600
二部門経済成長モデル 470
二部門経済モデル 476,483,485
二部門分析 546
nucleolus 653,655,657
任意需要 594

null player 681
熱帯雨林 22,354
――の大量伐採 8
――の伐採 7,15,58
――の破壊 285,625
熱帯林 33

農業基本法 382
non-cooperative game 640
non-transferable utility 59,76,80,140,159,165,167,172,458,647,660-663
――をもつ協調ゲーム 168,172
non-malleable 32

ハ 行

排出権 126
――の価格 48
――の各国への割り当て 39
――の帰属価格 45
――の市場価格 44
――の割り当て 40
CO_2 の―― 44,126
CO_2 の――の国際市場 44,126
取引可能な―― 39
取引可能な CO_2 の―― 39
排出権市場 44,46,50
――の均衡 45,127
――の市場均衡 55
国際的―― 48,50,52-54
配当 346
配分 130,131,133,134,138

admissible な—— 160
社会的最適—— 148
動学的最適—— 393
リンダール—— 40,53
ワルラス—— 133,134,136-138
bounded additive set function 660
bargaining game 644,645
bargaining set 651-653
bargaining process 643
8月革命(1991年の) 627
発展途上諸国 35,95,606
先進工業諸国と—— 35
partition 647
——coalition 651
partner 651
Banach space 660
permanent income 251,489,493,495,501
——仮説 551
Hamiltonian 24,28,350
balancing 72,157
——weight 74,647,649,657,683
balanced 132,133,217,660,683
——weight 649,658,687
——class 683-685
——collection 647,657,662
——family 687
balancedness 218,648
バーリ＝ミーンズ『近代株式会社と私有財産』 545
パレート最適 39,41,44,45,47,49,50,101,104-106,108,119,121,124,403,405,407,410,417,419,531
ハロッド
——的な不安定性 503
——の「ハーヴェイ・ロードの前提条件」 608
反ケインズ経済学 605

比較静学 561,563
非協力ゲーム 676
ピグーの厚生経済学 532
非自発的失業 489,503,558,588
history 667,668,670
ヒックス
——『価値と資本』 509,519,561
——『ケインズ経済学の危機』 609
——的調整過程 520
——の *IS*・*LM* 分析 556,558,559,562,609,612
——の「週」 518-520,542,560,561
ヒックス・モデル 559
——の問題点 553
behavioral strategy 667-670
pure strategy 667,668,690,693
費用関数 177,178,193,198,203,306,359,362,376,385
氷床 5
表層海洋圏 7,12,21,22,33
氷棚の変化 5
Billera の反例 662

ファイン・チューニング(微調整) 608
functional 279
feasibility 209,266,273,341,349,404,460
feasible 61,119,199,210,216,222,249,261,263,264,319,325,331,333,341,385,390,403-405,643
——な配分 76,104,126,130
——なパターン 146
フィッシャーの利子理論 551
フィリップス曲線 490,491
phase diagram 18,25,247,268,297,303,322,326,337,343,366,371,379
Fenchel の Lemma 102,190,399
von Neuman の "Zur Theorie der Gesellschaftsspiele" 676
von Neuman-Morgenstern
——*Theory of Games and Economic Behavior* 637,676
——解 688
賦課金 331
ブキャナン『赤字の民主主義——ケインズ卿の政治的遺産』 624
不均衡過程 562,602
——の動学的分析 613,617
不均衡状態の動学的分析 562
不均衡動学 487,489,609,610,612
——の理論 607
不均衡の時代 606
複占(duopoly) 181
——企業 185
——にかんするクールノー理論 186,190,192
——の問題 182
物品税 522
プライス・メカニズムの安定性 114
private optimum 443,444
ブラウワーの不動点定理 51,110,167,409,640,679
Frank Knight の定理 10

フリー・ライダー(free rider)　286
プレイヤー　637,638,642,645,676
flexible　490
proposal　653
フロンガス(CFCs)　6,8
分権的な完全競争経済　29
分権的な市場経済　530
分離性(separability)　221,479
　選好関係の――　230
分離的(separable)　60,75,143,230,317,334
　――な時間選好関係　231,232

payoff　638-640,646,677,688,689,692
　――ベクトル　654
　――関数　666,669,670
　――configuration　651,652,656
　――matrix　640
　coalition の――　653
　Nash equilibrium――　671
平均気温　5,122
平均地表気温　6
閉鎖経済　458,463,503
ヘクシャー＝オリーン理論　522
ベンサム的な効用概念　532
ベンサム＝ピグー的な効用理論　532
ペンローズ
　――関数　85,86,89-91,93,94,265,266,272,421,492
　――『企業成長の理論』　545
　――曲線　492
　――効果　83-85,89,91,254,255,265,272,384,421

ホーヴェルモ『投資理論の研究』　536
放射阻害物質　6
補助金　347
　――政策　408,411
ホートレー＝小谷
　――プロセス　616,617
　――モデル　613
　――理論　610,617
ホートレー・プロセス　613
ホモ・エコノミクス　529
Bondareva-Shapley の定理　72,73,81,156,157,165,172,203,458,465,647,649,657-659,662,664,686
Bondareva-Shapley の不等式　73,75,81,468,648,649,658
ポントリャーギンの最大原理　24,348,350,356,481

マ 行

マウナロア　6
マーケットゲーム　687
　――のコア　687
Mackey topology　278,279
マネー・サプライ　488,497,503
　――の増加率　503
マネタリスト　608
マネタリズムの経済学　605,619,624
マネタリー・ダイナミクス　488
　――にかんするケインズ理論　488
マネー・マーケット　491,496,612,613
マリアビリティ(malleability)　32,528,535,542,560
　――の前提条件　32
　生産要素の――　543,601
マリアブル(malleable)　32,535,544,546
マリス『“経営者”資本主義の経済理論』　545
マルクスの3大階級制度　610
丸山徹・立石寛共訳『ゲーム論の基礎』　676

mixed strategy　639,640,666-668,685,690
ミードの *Problems of Economic Union*　457
ミード＝マンデルの考え方　457
minimax value　684-686,692
ミニマム・インカム　436-438,594-596,599,600
minimal balanced collection　649
Minkowski の定理　136
民有化(privatization)　286

無差別曲線体系　516
無差別曲面　256,257
move profile　666

measure　658
メタン　6
Mäler-Uzawa モデル　172
メンガーの帰属理論　10

monotonicity　223
monotone　255
モントリオール　8

ヤ 行

Jacobian マトリックス　117

有界
本質的に——(essentially bounded) 278
有機水銀 354
有効雇用量 615,616
有効需要 558,565,569,588,590,612,613,615
——の理論 612
輸出入額 618
utility functinal 232,233,239,240,246,249,255-257,264,267,272,279,414
uniform convergence 278
European Community 457
European Union 457

預金性通貨 552
予算制約条件 109

ラ 行

ラグランジュ
——形式 107,120,148,335,362,389,403
——条件 195,196
——乗数 76,389
——の一次条件 213
——の方法 477
——の未定係数 28,96,192,212
——変数 43
——未知数 46,50
ラッファーの命題 605,624
Ramsey-Koopmans-Cass 効用理論 15
Ramsey-Koopmans-Cass の理論 222
Ramsey-Koopmans-Cass 問題 246
Ramsey-Keynes の方程式 18
Randomized super-strategy 691,692

リオデジャネイロ環境会議 3,634
recursive 279
recursiveness 221
リカードーの比較優位 521
陸上生物圏 7,12
recontract curve 130
利子率 490
利潤関数 203
response function 190,198
Resouces for the Future 10
リニヤー・プログラミング 649
——の双対定理 73,640,664,686
repeated game 185,665,666,690
——with complete information 665,666
reflexibility 223
リベラリズム 630
——の思想 626,629
デューイの——の思想 632
Lyapunov
——関数 115
——の定理 116
——の不等号 115
流動資本 611
流動性選好理論 554
ケインズ＝ヒックス的な—— 555
「流動性のワナ」仮説 558,559
料金 331
臨界曲線 26
臨界水準 21
リンダール解 141,165,172,410,411,413
リンダール関係 76,77,169
リンダール均衡 39,48,49,52-55,76,80,81,118,121-123,125,126,140,141,165-167,169-172,397,410,413
——の安定性 40
——の経済学的意味づけ 40

ルベーグ測度 278

レオンチェフの投入・産出分析 549
レーガン政権の政策綱領 605
lexicographic ordering 654,657

reputation 665
レプリカ経済 136,138
——のコア 136,137
「レールム・ノヴァルム」 627-629
「新しい——」 628

労働
——供給量 563
——の可変性 615
労働雇用 488,566
——の限界効率 569
——の固定性 566,569
——量 556,558,563,565,568,569,611
lower equilibrium point 692,693
ロビンス『経済学の本質と意義』 531
ロビンソン
——『異端の経済学』 520,536

——の「経済学の第一の危機」　543
——の「経済学の第二の危機」　508,606
——の資本理論　538

ワ 行

割り当て(allotment)　72,202
割引現在価格　17
割引現在価値　16,86,92,292,293,319,378
　ネット・キャッシュ・フローの——　490
割引要素　233
　——関数　239
割引率　379
　限界的——　222
　効用——　268,420
　効用の内生的な——　222
　効用の平均——　237
　社会的——　16,89,90,292,319,444,489
　集積的限界——　256,262-266
　集積的平均——　256,260
　内生的な——　233
　平均——　266
　平均的——　222,234,236,249
　累積的——　224
World Resouces Institute の推計　7
ワルラス
　——『一般均衡理論』　509
　——的な一般均衡論　559
　——の一般均衡モデル　509
　——の一般均衡理論　519,521
　——のタトヌマン・プロセス　101

人名索引

A

Abrew, D.　672
Acheson, J. M.　287,313,323,355
Akerlof, G. A.　624,625
Axelrod, R.　673
Arrow, K. J.　64,101,128,130,148,183,219,402,460,509,542,603
Auman, R. J.　72,134,638,672,673,676,694

B

Bain, J. S.　185
Bentham, J.　534
Bergson, A.　603
Berkes, F.　287,313,323,355
Berle, A. A.　603
Bewley, T.　278,281
Billera, L. J.　165,170,662,663
Blackorby, C.　279
Blackwell, D.　673
Blau, P.　603
Bliss, C.　603
Böhm-Bawerk, E. von　221,225
Böm, V.　131,133
Bondareva, O. N.　72,173,647-649,683
Bowley, A. L.　185

C

Cass, D.　10,84,222,224,275,292,315,365,393,485
Chamberlin, E. H.　185
Chichilinisky, G.　128
Clark, C.W.　10,275,287,293,314,354,356,365,393
Clark, J. B.　546
Clower, R. W.　603
Cournot, A. A.　175,184,185,639
Crutchfield, J. A.　287,314,356
Cyert, R. M.　185

D

Dasgupta, P.　286
Debreu, G.　101,130,131,136,137,509,542,603
de Groot, M.　185
Demsetz, H.　286,394
Dewey, J.　630
Diamond, P.　277
Dyson, F.　22

E

Eatwell, J.　604
Edgeworth, F. Y.　130,136,185,642
Eisner, R.　538
Epstein, L. E.　83,221
Epstein, L. G.　84,221,275,277,282

F

Fabre-Sender, F.　118,141
Fan, K.　659
Feldstein, M.　605
Fenchel, W.　102,128,173,424
Fisher, I.　221,225
Foley, D.　52,118,141,142,165,166,168,172,410
Friedman, J. W.　177,185,190,192,638,653,655,673
Friedman, M.　551,603,624
Fundenberg, D.　185,190,673
Furuboth, E. H.　286,394

G

Goldman, S. M.　143,230
Godwin, R. K.　286,394
Gordon, H. S.　254,287,314,356
Gorman, W. M.　230

H

Haaveimo, T.　547,603
Hardin, G.　285,314,352,356,394
Harrod, R. F.　503
Hart, S.　638
Hasanyi, J.　643
Hawtrey, R. G.　611-613
Haynes, J. A.　83,221,275,282
Heal, G.　128
Heckscher, E.　522
Hicks, J. R.　509,520,532,549,551,552,603,609
Hirschleifer, J.　221

Hildenbrand, W. 130,136
Hurwicz, L. 64,128,148,402,460,509,542,603

I

今井賢一 604
稲田献一 534,604

J

Jevons, W. S. 509
Johannes Paulus 628,629
Johansen, L. 118,141,410
Johansson, P.-O. 315,354
Johnson, H. G. 488
Jorgenson, D. W. 503,537,603

K

Kahn, R. 609,610
金子守 56,118,141
Kannai, Y. 72,173,647,658,662
Kapp, K. W. 583
Karlin, S. 674
Keeling, C. D. 12
Keynes, J. M. 503,550-552,558,588,604,610-613, 618
Kneese, A.V. 10
小宮隆太郎 604
Koopmans, T. C. 10,84,221,222,224,275,277,279, 292,315,365,393,485
Kreps, D. 673,674
國則守生 38,57,129,312,315
Kurz, M. 141

L

Lange, O. 561,604
Leo XIII 627
Leontief, W. W. 230
Lerner, A. P. 547,604,610,612
Levine, D. 673
Lindahl, E. 56,118,141,165,397,410
Lloyd, W. F. 285,394
Löfgren, K.-G. 315,354
Lucas, R. E., Jr. 84,221,275,276,538,623

M

Mäler, K.-G. 9,10,56,83,123,142,172,254,293,315, 393,394
Malinvaud, E. 56,118,141,410
Marland, G. 22
Marris, R. 538,604
Marshall, A. 609
Mas-Colell, A. 56,118,141
Maskin, E. 673
McCay, B. J. 287,313,323,355
Meade, J. E. 457
Means, G. C. 603
Mertens, J.-F. 674
Menger, C. 9,509,646
Mill, J. S. 620
Milleron, J.-C. 57,118,141
Mills, F. D. 503
茂木愛一郎 38,287,315
Morgenstern, O. 650,688
Mundell, R. E. 457,469,487
Munro, G. R. 254,287,293,314,356,365
村上泰亮 534,604
Myers, N. 22

N

Nash, J. F. 639,640,642,645,678
根岸隆 604
Nordhaus, W. 10

O

Ohlin, B. 522
小谷清 610,613

P

Pejovich, S. 286,394
Penrose, E. T. 492,538,604
Pigou, A. C. 314,394,534
Plourde, C. G. 287,394
Primont, D. 279

R

Radner, R. 674
Ramanathan, V. 12
Ramsey, F. P. 38,83,84,222,224,275,292,352,365, 393,485
Reagan, R. 624
Roberts, D. J. 52,118,141,142,165,166,172,410
Robins, L. C. 531,532
Robinson, J. 485,508,520,536,538,544,549,604,609,

610,625
Roth, A. E. 644
Rubinstein, A. 674
Ruddle, E. 323
Russell, R. 279

S

Samuelson, P. A. 57,118,141,172,396,522,526,527, 532,561,572,604
Scarf, H. E. 130,131,136,137,165,662,674
Schaefer, M. B. 254,287,314,356
Schmeidler, D. 658
Scott, A. D. 287,314,356
Selten, R. 674
Shapiro, C. 192
Shapley, L. S. 72,98,165,647-650,662,663,673,683, 687,694
Shepard, W. B. 286,394
Shubik, M. 131,650,687
Smale, S. 674
Smith, A. 572,606
Smith, M. E. 286,394
Sorin, S. 674
Srinivasan, T. N. 485
Stiglitz, J. E. 624,625
Strotz, R. H. 230
Stokey, N. L. 84,221,276
Strolz, R. H. 538
Sweezy, P. M. 185

T

Tahvonen, O. 254,287,293,314,356,365
高橋太郎 12
高橋眺正 580
Taussig, F. W. 632
Tobin, J. 624
Tirole, J. 185,190
Treadway, A. B. 538

U

宇沢弘文 10,13,33,38,39,64,83-85,91,95,98,123,128, 129,142,143,148,172,175,184,221,222,224,230,252, 276,277,280,282,285,287,312,314,315,353,355,384, 394-396,402,424,460,485-487,492, 604

V

Veblen, T. B. 529,546,604,619,625,630,631
Vind, K. 131
von Neumann, J. 639,640,650,688
von Stackelberg, H. 185
Volterra, V. 278

W

Wan, H. 282
Walras, L. 509,542,604
Weitzmzn, M. 221
Weizsäcker, C. von 486
Wicksell, K. 285,315,395
Wieser, F. von 646
Wiles, P. 543,604
Williamson, R. 277

Z

Zeller, A. 287,314,356
Zeuthen, F. 643

■岩波オンデマンドブックス■

経済解析 展開篇

2003 年 7 月 24 日 第 1 刷発行
2015 年 6 月 10 日 オンデマンド版発行

著 者 宇沢弘文（うざわひろふみ）

発行者 岡 本 厚

発行所 株式会社 岩波書店
〒 101-8002 東京都千代田区一ツ橋 2-5-5
電話案内 03-5210-4000
http://www.iwanami.co.jp/

印刷／製本・法令印刷

ISBN 978-4-00-730208-4 Printed in Japan